서울대학교 발달심리연구실 시리즈
Series of SNU Developmental psychology Lab

발달과학

Marc H. Bornstein · Michael E. Lamb 편저
곽금주 · 김민화 · 신혜은 · 김연수 · 이새별 · 이승진 공역

DEVELOPMENTAL SCIENCE
An Advanced Textbook (5th Edition)

학지사

DEVELOPMENTAL SCIENCE: An Advanced Textbook
by Marc H. Bornstein and Michael E. Lamb

역자 서문

심리학의 여러 영역을 다루고 있다는 점에서 심리학의 소우주인 발달심리학과 관련된 여러 기본적인 영역을 설명하고 있는 『발달과학』을 번역 출판하게 된 것을 기쁘게 생각한다. 이 책은 여러 이슈들을 다양한 이론적 입장과 실증 연구를 통해 종합적으로 살펴본 Marc H. Bornstein과 Michael E. Lamb의 『발달과학(*Developmental Science*)』 5판에 해당한다. 특히 오랜 기간 동안 미국과 한국 아동발달과 부모 상호작용을 비교 연구해 오고 있는 Bornstein 박사의 기초 저서의 한국판이라는 점에서 그 의의가 크다. 이 책은 과학으로서의 발달심리학을 발달과학의 기초로부터 시작, 신경과학, 지각 및 인지, 언어 발달뿐 아니라 성격 및 사회성 발달까지 다양한 주제들을 폭넓게 망라하고 있다. 또한 이 책은 발달의 이론과 실제에 대한 논쟁 역시 깊이 있게 다루고 있어 발달과학을 이해하는 데 많은 도움이 될 것으로 기대된다. 특히 이 책은 학부과정에서 발달심리학 개론서를 읽은 다음 좀 더 고급과정을 원할 때, 또는 대학원 과정에서 심리학 및 인접 학문 분야의 흥미로운 연구 결과들을 체계적으로 접하고자 할 때 좋은 길잡이가 되리라 확신한다.

특히 이 책은 서울대학교 심리학과 발달심리연구실 구성원들이 참여한 번역 작업의 첫 결실이라는 점에서 더 값지게 느껴진다. 발달심리학과 아동발달을 전공한 여섯 사람이 번역했다. 1, 2장은 곽금주, 3, 5장은 김민화, 4, 12장은 신혜은, 8, 10장은 김연수, 6, 7장은 이새별, 9, 11장은 이승진이 맡아서 번역하였다. 다만 서구에 국한된 내용들이 주라서 우리 사회에의 함의가 상대적으로 적을 것으로 판단된 13장은 제외하였다. 가능한 원문에 충실한 번역을 원칙으로 했지만 우리말로 번역하는 데 어려움이 있는 곳은 더 분명한 의미 전달을 위해 의역을 하였다.

끝으로 이 책이 나오기까지 많은 도움을 주신 학지사의 김진환 사장님과 이세희 과장님, 그리고 같이 읽고 수정해 준 서울대 발달심리연구실의 전은애, 정현진, 김지연, 이유경, 한지선, 서정아 등 대학원생들과 전체적으로 코디네이트 역할을 했던 김연수에게 감사드린다.

2009년 2월

역자 대표 곽금주

저자 추천사

I am very pleased to introduce the 5th edition of *Developmental Science* which is translated and published in Korea at this time. I currently collaborate with Professor Kwak, the chief translator, in research on the longitudinal study of child development and mother-child interaction. I am especially pleased that Developmental Science has been translated into Korean by Professor Kwak and members of Developmental Psychology laboratory at Seoul National University. I hope that this book will guide many psychologists and students of human development in their study of the developmental sciences. I also hope readers in Korea will enjoy this book.

『발달과학(*Developmental Science*)』 5판이 한국에서 번역, 출간되는 것을 기쁘게 생각한다. 필자는 대표 역자인 서울대학교 곽금주 교수와 『아동발달과 엄마-영아 상호작용에 관한 10년 종단적 연구(Longitudinal study of child development and mother-child interaction)』를 공동으로 진행하고 있다. 곽금주 교수와 서울대학교 심리학과 발달심리연구실 구성원들이 이 책을 한국어로 번역해 주어서 특별히 더 기쁘다. 인간발달을 연구하는 전공자들이 발달과학의 길잡이로 활용하기를 바란다. 또한 한국의 독자들이 이 책을 마음껏 즐기기를 바란다.

February 2009

Editor Marc H. Bornstein

저자 서문

발달과학은 다음과 같은 세 가지 이유에 의해 지적 노력의 독특하고 광범위하며 중요한 영역으로 구성되어 있다. 첫째, 발달과학자들은 심리적 이론과 연구에 대한 중요한 관점을 제공한다. 예컨대, 심리학자들은 지각, 언어 영역의 실험을 수행하거나 성격을 공부할 때 대개 특정 연령—영아, 아동, 대학생, 성인 혹은 노인들—의 개인들의 지각, 언어 혹은 성격에 초점을 맞춘다. 이렇게 함으로써 그들은 지각, 언어 혹은 성격에 관한 중요한 지식을 얻게 될지도 모른다. 그러나 인생의 한 시점에서만 심리적 현상을 연구하는 것은 이러한 특성들을 발달연구 분야의 안정성이나 불안정성, 연속성이나 변화성으로서 고려하는 데 실패함으로써 우리의 지식이 제한되도록 만들 수 있다. 더욱이 우리가 어떤 심리적 현상에 대한 광범위한 분석을 수행할 때는 반드시 발달적 관점을 통합해야 한다. 어떻게 그와 같은 관점을 다룰까? 심리학의 기본적 영역에 대한 이 책의 내용—신경과학, 지각, 인지, 언어, 정서 그리고 사회적 상호작용—은 모두 인생에서 특정 시점에만 협소하게 초점을 맞추는 것을 넘어서는 것이다. 이 책의 한 가지 목표는 심리학에서 모든 기본적인 영역에 대한 포괄적인 발달관점을 제시하는 것이다.

둘째, 발달과학은 하나의 주요한 학문 분야다. 그 자체의 역사와 체계, 관점 그리고 방법론과 측정의 전통 및 분석이 이 책에 제시되어 있다. 심리학을 폭넓게 연구하려면, 심리학 전공자들이 반드시 알아 두어야 할 발달과학의 특정한 체계, 관점, 방법론들이 있다. 이러한 관점, 전통 그리고 접근법들은 이 책의 각 장에 제시되어 있다.

셋째, 발달과학의 많은 측면들은 실생활의 쟁점과 문제들에 명백하고 즉각적인 관련성을 지닌다. 이 책의 각 장들은 각 영역의 역사, 이론에 대한 개관을 통해 발달과학의 관련성을 극대화하며 발달 연구의 적용에 초점을 맞추고 있다.

요약하면, 발달과학은 심리학에서 본질적인 현상을 설명하는 관점을 제공하며, 그 자체의 가치를 지니며, 일상생활과 분명하게 관련된다. 이러한 이유에서 우리는 발달과학을 연구하며 이 영역에 대한 소개를 지속적으로 시도해 왔다.

이 책은 학부 고학년과 대학원 입문 과정에서 활용될 수 있다. 우리는 동시대 발달과학의 현재 상태를 제시하기 위하여 주요 발달과학 영역들의 전문가들을 동원하였다. 이전 판의 성공은 우리로 하여금 제5판을 준비하고, 최신 정보를 보충하고 개정하고 재조직하도록 하였다. 이번 판에서 이 책의 모든 장들은 발달과학의 모든 영역에서 학문적 노력의 현재 상태를 충분히 대표하는 내용들을 포괄하였다. 몇몇 사례들에서 지난 10년 동안의 극적인 진전이나 변화가 이루어졌으며, 우리는 이것을 완벽하게 포함하려고 노력하였다. 이 책은 고급 발달을 공부하고자 하는 전공자들에게 폭넓은 최근 정보를 제공할 것이다.

발달과학은 여러 목적을 가지고 있다. 우리는 이 책의 독자들이 심리학에 대한 새로운 관점과 다양한 현상에 대한 더 나은 이해 그리고 발달과학 자체에 대한 본질적인 이해를 얻을 수 있기를 바란다.

Marc H. Bornstein,
Michael E. Lamb

차 례

제2부 신경과학, 지각, 인지 및 언어발달

제 1 부

발달과학의 기초

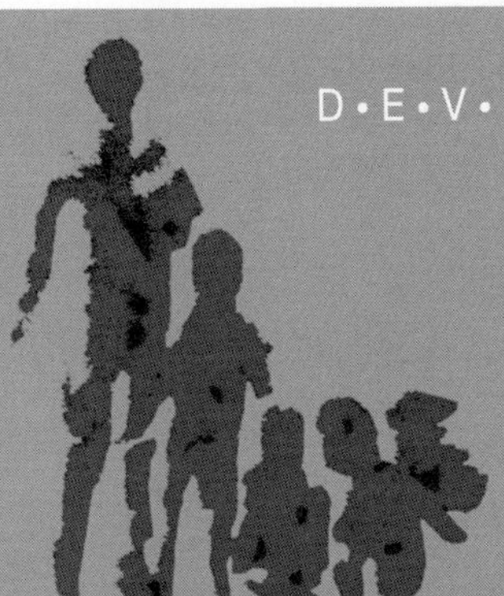

D·E·V·E·L·O·P·M·E·N·T·A·L S·C·I·E·N·C·E

발달과학의 제1부에 포함된 3개의 장은 발달과학의 역사를 요약하고, 인간발달에 대한 문화적 지향들을 개관하며, 발달에 대한 실증적 연구들을 기술하고 있다.

제1장에서 Richard Lerner, Christina Theokas 및 Deborah Bobek은 발달과학의 철학적 기원과 역사를 제시하고 있다. 그들은 동시대 발달연구의 맥락적 체계 관점을 강조하고 있다. 지금까지 발달과학은 발달을 설명하기 위해 시도하는 이론들의 논쟁의 장이 되어 왔다. Lerner와 그의 동료들은 여러 이론들 내에서 제시되는 발달의 정의와 발달에서의 주된 논쟁들을 설명하고 있다. Lerner, Theokas 및 Bobek은 발달과학에 이론의 적용을 논의하고 있다.

제2장에서 Michael Cole은 연구자가 발달에 대한 문화적 관점을 채택할 때 얻는 이해와 지혜를 요약하고 있다. Cole은 문화심리학의 주된 논쟁들을 개관한 후, 태내기부터 성인기까지 상이한 발달단계와 문화 간의 특정한 관련성을 논의하고 있다. 그가 설득력 있게 보여 주고 있듯이, 문화는 인간발달의 모든 영역에 실제로 영향을 미치므로 발달과학자들은 광범위하고 다양한 문화의 영향력에 주의를 기울여야 할 것이다.

마지막으로, 제3장에서 Donald P. Hartmann과 Kelley E. Pelzel은 증거가 수집되고 분석되며 해석되고 이해되는 다양한 방식들을 논의하고 있다. 발달과학자들은 방법론적으로 절충주의적이며 비체계적 관찰, 면접, 질문지, 실험뿐만 아니라 체계적인 방법들에 의존하고 있다. 그들은 자료를 분석하고 결론에 도달하기 위해 기술적 통계 기법과 추론적 통계 기법들을 사용하고 있다. 이러한 관련성에서 Hartmann과 Pelzel은 자료분석에 대한 질적 접근들을 개관하고 있다. 발달과학자들에 의해 수행되는 대부분의 연구들이 아동들과 독특한 민족적 논쟁들을 포함하므로 저자들은 이러한 측면을 충분히 고려하였다.

1 인간발달의 개념과 이론:
역사적, 현대적 차원들

CHAPTER>>

Richard M. Lerner
Christina Theokas
Deborah L. Bobek
Tufts University

1. 서론

발달의 의미에 대한 연구자들의 철학적, 이론적인 논쟁은 계속되어 왔다(예, Collins, 1982; Featherman, 1985; Ford & Lerner, 1992; Harris, 1957; Kaplan, 1983; Lerner, 2002; Overton, 1998, 2003; Reese & Overton, 1970) 이런 논쟁이 존재한다는 자체가 발달이라는 개념을 어느 정도 설명할 수 있다. 발달은 경험적인 개념이 아니다. 만약 발달이 경험적 개념이라면, 주어진 자료를 조사하여 발달의 존재 여부를 밝혀낼 수 있을 것이다. 그러나 과학자들은 동일한 자료에서도 발달의 발생 여부에 대해 서로 다른 의견을 보이기도 한다.

이 장에서는 현재까지 인간발달과학에서 사용되는 발달의 개념에 대해 논의해 보고자 한다. 그리고 개념의 철학적 토대와 역사적 뿌리를 살펴보고, 최근 인간발달의 이론적 모형에서 그 개념이 어떻게 사용되고 있는지 철학적이고 역사적인 기록에 기초하여 살펴보고자 한다.

과거의 발달에 대한 개념은 데카르트식 철학적 이념인 실재(real)와 허구(unreal)에서 비롯되었다(Overton, 1998, 2003). 인간발달에서 이러한 양분성의 대표적 예들은 발달에 대한 전통적 논쟁과 관련된다. 그 예로는 발달의 원천으로서의 유전과 환경, 인간발달 경로의 적합한 묘사로서의 연속성과 불연속성 그리고 발달적 변화를 설명하기 위한 수단으로서의 안정성과 불안정성 등이 있다. 하지만 최근의 대표적인 발달이론들은 이러한 양분성을 피하고자 하며(예, Lerner, 2002; Overton, 1998, 2003), 발달적 체계이론의 개념을 사용하여 인간발달의 다양한 생태학적인 요인들(예, Bronfenbrenner, 2001, 2005 참조)을 설명하려고 한다. 현대 발달과학에서 발달의 기본 과정은 조직 수준들 간의 상호적으로 영향을 주는 관계(양방향적 관계)와 관련이 있다. 발달 중인 개인을 둘러싼 환경체계는 가족과 같은 직접적인 환경으로부터 사회, 문화, 궁극적으로 역사와 같은 더 먼 맥락에 범위까지 포함한다(예, Baltes, Linderberger, & Staudinger, 1998; Elder, 1998; Ford & Lerner, 1992).

현재의 발달이론들은 인간발달과학의 학문 영역에서 기초과학과 응용이라는 또 다른 양분성을 극복하였다(예, Fisher & Lerner, 1994; Lerner, 2002). 역사적 일시성이 잠재적 변화 가능성을 의미하는 것처럼, 발달의 관계적 특징은 그 발달체계 내에서 어느 정도의 변화가 가능함을 의미한다. 일시성이란 상대적 가소성(체계적 변화를 위한 가능성)이 통합된 발달체계 내에 존재하고 개인과 환경 간 관계에서의 변화가 각 조직의 인간발달 생태 내에서 시작될 수 있음을 의미한다.

발달과정을 변화시키기 위해 이론적으로 서술된 시도—개인과 환경 간 관계의 경로를 변화시키기 위한—는 인간발달의 기초적이고 관계적인 과정을 검증하고 삶의 과정을 증진시키기 위한 시도로 구성되어 있다. 발달 과정에 대한 개입은 목표를 가지는데, 우리는 이러한 행위를 지칭하기 위해 프로그램이나 정책이라는 용어를 사용하고 있다. 그러므로 현대 발달과학을 정의하는 발달체계이론의 관점에서 보면, 개인을 다층의 생태체계와 연결하는 기초적이고 관계적인 과정에 대한 연구와 긍정적인 개인과 환경 간의 관계를 증진하고자 하는 응용 연구를 구분할 필요가 없다.

발달과학은 양분적 개념과 발달과정으로부터 인간발달의 관계적 특징을 강조하는 통합된 개념과 모형 그리고 기초적, 응용적 관점을 통합하기까지 어떤 과정을 거쳐 왔는가? 이 핵심적 질문에 답하기 위해서는, 인간발달과학의 과거와 현재의 정의적 특성을 논하기 위해 발달과학자들이 무엇을 가정하고 있는지 고려해 보아야 한다.

2. 인간발달과학자들의 가정

과학자들은 발달에 대한 어떤 명백한 개념을 가지고 연구를 시작한다. 그래야 자료를 수집할 때 자료의 특징이 그 개념에 적합한지 결정할 수 있기 때문이다. 그러나 과학자들은 각자 다른 개념적 틀을 가지고 있기 때문에 발달 개념에 대한 논쟁이 발생한다. 이러한 개념적 차이는 과학자들이 세상과 인간 삶에 관한 서로 다른 철학적이고 이론적인 믿음을 가지기 때문에 생긴다.

하지만 이러한 철학적, 이론적인 차이에도 불구하고 발달 개념에 대한 최소한의 합의는 이루어지고 있다. 대체로 발달이란 변화와 관련된다는 것이다. 하지만 발달과 변화가 명백히 동일한 용어는 아니다. 발달이 일어날 때 변화가 발생하지만, 모든 변화가 발달적인 것은 아니다. 변화가 발달로 정의되려면 체계적이고 조직적이어야 한다. 그러나 체계성이나 조직성만으로 발달을 정의하는 것은 충분치 않다. 이러한 조직적이고 체계적인 변화가 연속적인 특징을 가져야만 비로소 발달이라고 볼 수 있다. 연속성은 초기에 일어났던 변화의 영향으로 후기에 변화가 나타남을 의미한다. 그리고 후기 변화의 범위는 초기의 변화에 의해 제한된다.

그러나 발달과학자들 간에 발달이 체계적이고 연속적인 변화를 의미한다는 이론적 개념에 대해서는 상대적으로 많은 합의가 이루어지고 있으나, 용어를 적절하게 정의하기 위해서 어떤 개념을 첨가할 것인가에 관해서는 많은 불일치가 존재한다. 이러한 불일치는 이론적 차이와 관련이 있으며, 궁극적으로 이론적 차이는 서로 다른 철학적 입장의 차이에 기초한다(Kuhn, 1962; Lerner, 2003; Overton, 1998, 2003; Pepper, 1942). 이러한 철학적 입장은 과학자들이 자신의 이론, 가설 그리고 방법에 관해 세우는 명백하고 함축적인 가정과 관련된다.

과학자들은 함축적이고 명백한 가정 없이는 연구를 시작하지 않는다(Kagan, 1980). 이러한 가정들은 가설의 선택, 방법, 자료분석 절차 등의 선택에 길잡이가 되는 이론의 형태를 취한다. 과학자들은 집합적으로 이름 붙여진 '과학적 방법' 인 일련의 규칙과 절차들을, 현실을 정의하기 위해 사용한다. 과학자들은 기본적 작업인 관찰을 통해 현상을 질적, 양적으로 측정한다. 그러고 나서 이러한 관찰들에서 규칙들을 발견하고자 한다. 이렇게 변인들 간의 체계적이고 예측 가능한 관계를 '법칙' 이라고 한다. 마침내 이러한 법칙을 통합하고 추가적인 경험적 관계들의 발생을 이끄는 '이론' 이 정의되고, 상호 관련된 구조들로 구성된 일련의 설명이 전개된다. 그러므로 이론은 지식의 통합 이외에도 후속 연구를 유도하는 기능을 한다.

보통 우리는 세계를 지식에 대한 경험적인 접근에 의존하여 평가하며 어떤 절차들—관찰, 법칙 그리고 이론—이 관련되어 있는지 서술한다. 하지만 과학적 연구문헌에서도 살펴볼 수 있듯이, 과학자들은 자신의 관찰, 법칙 및 이론에 동의하지 않기도 한다. 또한 과학자들은 과학의 경험적 사실 이외의 비경험적인 믿음 또는 가정을 품기도 한다(Kagan, 1980). 이는 경험적 검증에 노출되지 않은 믿음이다.

이러한 세상에 대한 철학적인 모형들은 그들이 영향을 미치는 과학적 입장에 파급적인 영향을 미친다. 발달과학은 인간의 기본적인 특성, 현실 자체 그리고 인간의 특성을 포함하거나, 포함하지 않는 기능과 과학적 담론의 범위 안에 일어나는 세계 내의 사건들을 설명해 준다. 따라서 과학은 절대적이기보다는 상대적이다. 사실(fact)은 발견되기만을 기다리는 자연적으로 발생하는 사건이 아니다.

발달과학 내에 존재하는 다양한 모형들을 생각해 볼 때, 인간발달의 전체적인 이해는 하나의 이론이나 방법론 또는 경험적인 사실을 목록화하는 것으로 이루어질 수 없으며, 완벽한 이해에 이르려면 철학, 이론, 방법 및 연구 결과의 통합이 요구된다. 이러한 통합 내에서만 이론과 연구의 의미가 있다. 이것은 주어진 철학적 관점의 맥락 안에서 발달하고 해석될 수 있다. 그러므로 발달 연구의 기초가 되는 서로 다른 철학적 가정을 이해하려면 오늘날 인간발달 연구에서 사용되는 모형이나 세계관을 살펴보는 것이 필요하다.

3. 발달과학 역사의 개념적 양분성

오래전부터 사람들은 인간이 발달한다고 믿어 왔을까? 영아는 아동과 다르고 이 둘은 청소년, 성인과 다르다고 생각했을까? 청소년기나 노년기가 존재한다고 믿었을까? 인간발달 현상이 존재한다고 믿어 왔을까? 그렇지 않다면 언제 그리고 왜 이러한 믿음이 생겨났을까?

서구 사회에서 인간발달에 관한 많은 의문과 논쟁들은 오래전부터 존재해 왔으며, 이는 그리스와 서구 철학의 전통에서 그 뿌리를 찾을 수 있다. 이렇게 오랜 시간 동안 발달을 설명하기 위해 발전된 개념은 몇 가지 동일한 쟁점을 중심으로 하고 있으며, 이러한 쟁점은 발달에 관한 논의에서 핵심 개념을 반영하고 있다. 그리고 철학자와 과학자 간의 차이는 기본적 개념에 관한 각자의 입장을 살펴봄으로써 이해할 수 있다. 이러한 논쟁의 대부분이 유전과 환경에 관한 논쟁과 관련되어 있다.

극단적인 형태로, 유전-환경 논쟁은 행동과 발달이 유전(또는 성숙 또는 유전자)에서 유래하는지 또는 환경(경험과 학습)에서 유래하는지와 관련된다. 그러나 어떤 용어가 사용되든지 이러한 논쟁은 유전과 환경의 특징이 어떻게 발달에 기여하고, 발달에서 중요한 역할을 하는지 의문을 제기한다.

발달적 분석이 이러한 양분적 틀을 갖추게 되면, 일련의 경험적 관찰은 결국 각각의 논쟁에 대해 제한적인 답을 제공할 수밖에 없을 것이다. 여러 세대에 걸친 실증적 연구가 이러한 논쟁을 해결하는 데 실패해 왔다는 점은 이러한 가정이 부적절함을 증명하는 것이다(예, Gottlieb, 1992, 1997, 2003; Gottlieb, Wahlsten, & Lickliter, 1998 참조). 그럼에도 불구하고 세상을 양분하여 바라보는 개념적 편견은 계속 논란이 되고 있다(Overton, 1998).

사실 유전과 환경의 개념은 발달과학의 역사 속에서 마치 진자의 추가 흔들리듯이 번갈아 가면서 강조되어 왔다. 이 진자의 추는 유전을 강조하는 개념에서 환경을 강조하는 개념으로 움직이고 있다. 하지만 어느 한쪽으로 치우쳐 개념을 정의하는 것은 부적절하다. 인간발달의 요소들이 어떻게 생애 전반에 걸쳐 체계적인 변화를 촉진하는지 이해하려면 상호작용, 상관성, 융합, 통합 및 활동적 체계 등의 개념들을 활용해야 할 것이다(Lerner, 1998, 2002).

유전과 환경

Anne Anastasi(1958)는 유전과 환경의 양분적 개념이 실패한 이유에 대해 다음과 같이 설명하고 있다. 그녀는 연구자들이 유전-환경 논쟁에서 첫 번째로 가지는 의문은 '둘 중 어떤 것인가?' '유전 또는 환경이 행동의 결정원인을 제공하는가?'인데, 이런 식의 논쟁을 제기하는 연구자들은 둘 중 하나의 독립적이고 분리된 작용이 행동의 원인이라고 가정한다.

하지만 이런 형태의 논쟁을 제기하는 양분적 방식은 비논리적이기 때문에 지양해야 한다. 유전의 영향 없이 환경 내에 인간이 존재할 수 없으며 환경을 배제한 채 유전만의 영향으로 존재할 수 있는 장소는 없다. 유전은 허공에 존재하는 것이 아니며 그들은 환경 내에서 발생하는 행동을 통해 영향력을 발휘하기 때문이다. 동시에 유전자나 유전이 존재하지 않는다면 환경이 영향을 미치는 유기체도 존재할 수 없을 것이다. 따라서 유전과 환경은 서로 밀접한 관계에 있으며 서로 독립적이지 않다. 또한 Anastasi(1958)는 발달이론이 논리적이고 생애를 정확히 반영하려면(생태학적 타당성을 확보하려면), 유전과 환경이 항상 모든 행동과 관련되어 있음이 강조되어야 한다고 주장했다. 유전과 환경은 모두 유기체와 어떤 행동이 존재하기 위해 필수적이다.

일부 심리학자들(예, Hebb, 1949; Lehrman, 1953; Schneirla, 1956, 1957)은 Anastasi(1958)의 논문이 발표되기 이전부터 '둘 중 어떤 것인가'와 같은 양분적인 질문의 타당성에 의문을 제기하면서, 주어진 행동에 유전과 환경이 '얼마나' 영향을 미치는지 의문을 품었다. 반면에 다른 심리학자들은 Anastasi의 가정 또한 부적절하다며 다른 의문을 제기했다. 그녀의 주장처럼 유전과 환경이 특정 행동과 관련되어 있다면 이들 각각은 주어진 행동에 어느 정도 기여하는가? 이는 결론이 없는 질문이다. 왜냐하면 이 질문 또한 양분성에 기초를 두고 있으며 따라서 부적절한 기본 가정에 기반하기 때문이다. 이러한 양분성은 단절적이고 중독적인 가정(additive-action assumption)이다. 유전과 환경은 서로 관련되어 있으면서 두 가지 근원 모두 행동에 기여하고 있기 때문이다. 그러나 이 '얼마나' 라는 질문은 앞서 논한 양분적 질문과 같이 유전과 환경이 단절되게 만든다. 즉, '둘 중 어떤 것인가' 의 질문은 유전과 환경 간의 양분성을 암시하는 '얼마나' 란 질문의 한 예다.

그러므로 각 근원의 독립된 작용의 개념화는 개념적 교착 상태를 초래한다. 두 가지 주장은 앞서의 논쟁에서 나왔다. 첫째, 유전과 환경은 모든 행동과 완벽히 관련되어 있다. 이를 인식하지 못하고 유전과 환경을 인위적으로 구분하려는 것은 단지 개념적 혼란만을 가져올 뿐이다. 둘째, 유전과 환경이 독립적으로 행동에 기여한다는 개념화가 교착상태를 유발한다는 점을 고려해 볼 때, 이에 대한 대안적 개념화, 인간발달역동적 상호 교류 또는 융합작용이 적절할 것이다.

대안적 개념은 유전과 환경이 행동발달의 원천을 제공하기 위해 역동적으로 상호작용함을 나타낸다. 각각의 기여를 단순히 합하는 것이 부적절하다고 보기 때문에 적절한 질문은 "행동적 발달을 산출하기 위해 유전과 환경은 '어떻게' 역동적으로 상호작용하는가?" "각각의 영향이 통합된 발달체계 내에서 상호 관련되어 있는가?" 다.

이 세 번째 질문은 Anastasi가 주장하는 것처럼 논쟁을 공식화하는 적절한 방법일 것이다. 살아 있는 유기체를 위해 이 두 가지 영역이 모두 존재해야 한다는 논리적 필요성을 인식하고 있기 때문이다(Ford & Lerner, 1992). 이 질문은 유전과 환경 또는 한 가지 영역은 실재하는 것이며, 다른 영역은 허위라는 주장의 양분성을 부정하고 있다. 대신 각 영역은 서로 관련되어 있다고 본다. 이와 같이 유전 자체가 직접적으로 행동에 영향을 미치지 않으며, 유전은 내부 또는 외부의 환경 맥락 내에서 영향을 준다. 마찬가지로 환경은 단독으로 행동에 영향을 미치지 않으며, 유전과 관련된 조직의 성격에 의존하고 있다.

Anastiasi(1958)의 양육과 환경의 통합적 접근은 인간발달 특성을 이해하기 위한 다른 중요한 논쟁들에 틀을 제공한다. 이러한 쟁점 중의 하나가 연속성-비연속성이다.

연속성과 비연속성

만약 인생의 한 시점에서 관찰된 행동이 다른 시점에서 관찰된 행동과 같은 방식으로 표상되고 설명될 수 있다면, 기술적 연속성이 존재한다고 한다. 반대로 생의 한 시점에서 관찰된 행동이 다른 시점에서 관찰된 행동과 같은 방식으로 표상되고 설명될 수 없다면, 기술적 불연속성이 존재한다고 한다.

개인의 전 생애를 통해 발생하는 행동 기술(behavior of description)에서의 '변화'는 다양한 이유로 발생할 수 있다. 사실 동일한 변화라 할지라도 그 변화가 연속적 혹은 불연속적인지에 따라 다양한 이유로 설명될 수 있다. 전 생애에 걸쳐 인간의 행동을 설명하기 위해 하나의 설명을 사용할 수 있다면, 이는 그 행동이 불변의 법칙과 규칙으로 해석될 수 있음을 의미한다. 이러한 경우에 기술적 연속성이 존재한다고 한다. 이와 달리 행동을 설명할 수 있는 다양한 설명이 존재한다면, 기술적 불연속성이 존재한다고 한다.

발달의 기술 또는 설명은 양적 또는 질적 변화를 포함한다. 양적 변화는 무엇이 얼마만큼 존재하는지와 관련되어 있다. 예를 들면, 청소년기의 양적 변화는 키와 몸무게의 영역에서 발생한다. 청소년기에는 급격한 성장이 이루어지는데, 이는 성장 자극 호르몬의 생성에서 양적 증가가 일어나기 때문이다. 반면에 기술적 질적 변화는 무엇이 존재하는가에 대한 차이 또는 어떠한 현상의 존재 여부와 관련이 있다. 예를 들면, 청소년기에 새롭게 나타나는 추동의 상태—생식적으로 성숙한 성적 추동(Freud, 1969)— 및 더 어린 아동에게는 나타나지 않는 추상적인 사고 능력의 발생—형식적 조작기(Piaget, 1950, 1970)—은 질적 변화의 한 예로 볼 수 있다. 개인은 새로운 특질과 특성을 획득한 것이다.

발달의 해석은 변화를 양적 변화(예, 혈류 내에 존재하는 성장 촉진 호르몬 양의 증가) 또는 행동의 새로운 원인(예, 영아의 사회적 세상과의 상호작용은 세상에 대한 기본적 신뢰감을 형성하기 위해 필요한 것으로 설명할 수 있는 반면, 청소년의 사회적 상호작용은 정체성 또는 자기 정의를 세우기 위해 필요한 것과 관련되어 있다)을 가정하고 설명하는지에 따라 달라질 수 있다. 달리 말하면, 양적 또는 질적 변화를 포함하는 발달의 기술적인 불연속적 해석을 제공할 수 있다.

개인 내적 발달의 특징에 관한 설명들은 변화의 다음과 같은 세 가지 측면에 관한 명백하거나 함축적인 입장의 채택을 포함하고 있다. 그것은 ① 기술적인 연속성과 불연속성, ② 설명적인 연속성과 불연속성, ③ 기술과 설명의 양적 또는 질적인 특성이다.

인간발달과 관련된 특정 연결고리는 연구 대상이 되는 발달 영역들(예, 지능, 동기, 성격 또는 또래관계 등)과 주로 발달이론에 의해 형성된다. 어떤 특정한 개인 내적 변화의 기술과 묘사는 특정 발달이론의 관점에서 나온다. 따라서 특정한 과정 또는 변인에만 초점을 두는 이론은 발달이라는 다양한 변화에 대한 관점을 제한할 수 있다. 단지 발달 단계(예, Freud, 1954; Piaget, 1950)에 초점을 두는 것은 기술과 설명 모두에서 질적 불연속성만을 고려한 것이다. 자극-반응과의 관계(예, Bijou & Baer, 1961)에만 관심을 두는 것은 설명적 연속성과 기술적 불연속성만을 강조하게 할 수 있다. 그러므로 유전-환경의 양분성에 기초를 두는 이론들의 경우, 인간발달에 포함되는 가능한 개인 내적 변화의 범위는 특정 이론적 모형과 관련하여 제한된다. 따라서 자료가 아닌 이론은 발달의 연속성과 불연속성을 관찰할 수 있는 주요한 창이라고 할 수 있다.

안정성과 불안정성

안정성과 불안정성과 관련된 논쟁들은 개인 변화의 결과로 발생하는 집단 내 개인들 간의 차이를 기술할 수 있다. 즉, 인간과 관련된 두 가지 종류의 변화가 동시에 발생하는 것이다. 개인은 시간의 흐름과 함께 변화하지만 모든 사람이 같은 방식과 속도로 변화하는 것은 아니다. 따라서 그 개인의 상대적 위치는 계속 변화한다. 그러므로 시간에 따라 변화되는 개인의 여러 차원을 이해하려면 여러 가지 변화가 동시에 고려되어야 한다. 통합적, 동시적인 과정을 통해 전 생애 발달이 잘 설명될 수 있다.

대조 집단과 비교하여 한 개인의 위치가 상대적으로 발달하거나 변화할 때, 이를 불안정성이라고 한다. 반면에 대조 집단과 비교하여 한 개인의 위치가 상대적으로 변화하지 않을 때, 이를 안정성이라고 한다. 이러한 용어들은 관련 집단 내 특정 개인의 서열을 나타내기도 한다. 하지만 안정성, 불안정성의 발생이 어떤 절대적 변화의 발생을 의미하는 것은 아니다. 즉, 개인에게는 변화가 발생했더라도 여전히 안정성이라 간주될 수 있다. 대조 집단 내 다른 개인들도 변화하거나 대상이 된 개인의 상대적 위치가 동일할 때 발생할 수 있다. 반대로 두 시점에서 개인에게 변화가 발생하지 않았으나 대조 집단과 관련된 그들의 위치는 불안정으로 분류될 수 있다. 이는 대상이 된 개인은 변화하지 않았으나 집단 내 다른 구성원이 변화할 때 발생할 수 있다. 따라서 안정성과 불안정성의 용어는 상대적이며, 절대적인 변화를 의미하는 것은 아니다.

발달적 변화는 연속적이거나 불연속적 그리고 안정적이거나 불안정적인 것으로 특징지을 수 있다. 그리고 서로 다른 발달이론들은 인간의 발달과 관련되는 변화의 특징을 규정한다. 유전과 환경 또는 이들 간의 상호적이거나 통합적인 개념에 대한 서로 다른 비중을 두고 있는 이론들은 양적, 질적, 기술적 그리고 설명적 연속성과 불연속성 관련 개념의 포함에서도 뚜렷한 차이를 보일 것이다.

개념적 양분성의 통합

인간발달에 관련하여 몇몇 연구자들의 양분적 입장을 살펴보았으며, 이와는 다르게 Overton(1998)이 지칭한 관계적 개념을 선호하는 학자들도 살펴보았다. 관계적 개념은 발달체계 관점을 갖는 학파에 속한다. 관계적 입장은 유전과 환경을 통합하고자 한다. ① 전체 현상을 보는 대안적인 방법으로서 생물학적, 사회문화적인 것들을 설명하는 범주를 제시하고 있으며(예, Gottlieb, 1992; Overton, 1973, 1998, 2003; Tobach, 1981), ② 그 자체로서 생물학적이고 사회문화적인 발현과는 차별화되는 발달의 폭넓은 기제를 제시함으로써 양분성을 극복하고자 한다(예, Brandtstädter, 1998, 1999; Overton, 1998).

철학에서 양분적 또는 관계적 개념에 대한 Overton의 논의에 앞서, Overton과 Reese(1973, 1981; Reese & Overton, 1970)는 두 가지 세계관의 메커니즘적인 그리고 유기체적인 인간발달이론과 방법의 중요성에 대해 관심을 가지고 있었다. 이 두 가지 세계관은 역사적으로 발달이론에 많은 영향을 끼쳐 왔다. 기제나 유기체와 관련된 많은 발달이론들이 유전과 환경에 관한 양분론적 관점을 채택하고 있다는 점은 유사하나, Reese와 Overton은 차별화된 이론군과 메커니즘적이고 유기체적인 이론과 관련된 방법론적인 전통을 서술하면서 인간발달에 대한 이해를 상당히 진척시켰다.

Reese와 Overton(1970)의 연구는 다른 과학자에게 발달이론을 형성하는 다른 가설들의 잠재적 역할에 대한 관심을 높이는 데 중요한 역할을 하였다. 예를 들어, Reigel(1975, 1977)은 발달의 상호적(또는 변증법적) 모형을 제시했으며 Reese와 Overton(Overton, 1984; Overton & Reese, 1981; Reese, 1982)뿐만 아니라 Lerner(예, 1984; Lerner & Kauffman, 1985)는 '맥락적(contextual)' 가설(Pepper, 1942)이 발달이론에 사용될 수 있는 방법을 다루었다.

비록 Pepper(1942)가 '혼합 메타포'와 메커니즘적이고 유기체적이며 맥락적 견해의 혼합이 철학적으로 용인될 수 없다고 주장함에도 불구하고, 종종 학자들은 그것이 가능하다고 믿는다.

유용성 기준의 기초(다른 입장의 주장과 상반되는 주장의 발달에 관하여 그리고 이 주장은 발달적 자료에서 더 많은 변화를 설명할 수 있으며 다른 입장과 관련된 개념보다 새로운 발견을 이끌 수 있고 다른 입장의 경우보다 발달에 속하는 광범위한 현상의 범주를 통합할 수 있는 주장의 발달)에 대해 논하면서 Overton(1984), Lerner와 Kauffman(1985)은 발달이론의 새로운 틀을 형성하고 유기체설과 맥락주의를 결합하는 개념을 발전시켰다. 유기체설과 맥락주의 간 통합적 개념은 현대 발달과학에 대한 흥미를 가져왔고, 다양한 발달학적 체계이론들의 설명을 정교하게 하였다.

4. 발달체계 관점

발달체계 관점의 힘은 상호 밀접하게 관련된 융합이론의 다음과 같은 네 가지 구성 성분으로부터 나온다(Tobach & Greenberg, 1984). ① 변화와 상대적인 가소성, ② 관계주의와 조직 수준의 통합, ③ 역사적인 개입과 일시성, ④ 다양화, 일반화, 개인적인 차이의 제한성이다. 이러한 네 가지 개념적 요소가 인간발달 영역 내 현대 발달체계이론을 형성하고 있지만, 각 요소는 각 영역 내에서 풍부하고 오랜 전통을 가지고 있다.

변화와 상대적 가소성

발달체계이론은 발달적 이해의 초점이 체계적 변화에 있어야 함을 강조한다. 이러한 초점이 요구되는 이유는 ① 전 생애에 걸쳐서, ② 인간발달의 생태학을 구성하는 다양한 수준의 조직을 통한 잠재적인 변화가 존재한다는 믿음 때문이다. 체계적인 변화란 무한하지 않다고(예, 변화는 과거의 발달과 현재의 생태학적이고 맥락적인 상황 모두에 의해 제한되고 있다) 가정됨에도 불구하고 발달체계이론은 전 생애에 걸쳐 상대적 가소성의 존재를 강조한다(Lerner, 1984).

이러한 상대적 가소성에 대한 중요한 함의 중 하나는 개체 발생 동안 존재할 수 있는 개인 내적 변화의 범위를 이해하기 위한 것이며(Fisher, Jackson, & Villarruel, 1998), 또한 발달과학의 응용을 위한 것이다. 발달과학의 응용과 개체발생 동안 존재하는 개인 내적 변화의 범위를 이해하는 데 상대적인 가소성은 중요한 위치를 차지한다. 예를 들어, 상대적 가소성의 존재는 전 생애에 걸친 전망 연구를 가능케 한다. 이러한 연구는 개인의 긍정적 발달을 향상시키는 정책과 프로그램의 개발에 영향을 미칠 수 있는 사람과 환경의 특성을 다룬다(Birkel, Lerner, & Smyer, 1989; Fisher & Lerner, 1994; Lerner & Hood, 1986). 예를 들어, 정신 기능에 관한 체계적 관점의 특징인 지능발달의 가소성은 학교 정책과 인지적, 사회인지적 발달의 향상을 목표로 하는 학교 기반 및 사회 기반의 프로그램들에 타당성을 부여한다(Dryfoos, 1994; Lerner, 2004; Villarrul & Lerner, 1994). 정책과 프로그램의 개발을 위한 이러한 함의는 유전이 특정 소수 집단과 저소득 계층의 지적 발달을 제약한다는 기계론적, 유전적, 환원주의적 이론들(예, Herrnstein & Murray, 1994;

Rushton, 2000)과 뚜렷한 차이를 보인다.

관계주의와 조직체계의 통합

발달체계이론은 발달에서의 변화 그리고 적응성과 제약을 위한 요소가 인간 삶의 본질을 구성하는 다양한 조직체계에 존재하는 관계에 있음을 강조한다(Schneirla, 1957; Tobach, 1981). 이러한 수준들은 내적 생물학체계에서 시작하여 개인적이고 심리학적이며 가까운 사회적 관계(예, 또래집단 및 핵가족)를 통해 사회문화적 수준(교육, 공공정책, 정부 및 경제체계와 같은 중요한 거대 제도를 포함함)과 자연적이고 계획적인 인간발달의 물리 생태학체계에 이른다(Bronfenbrenner, 1979, 2001, 2005; Bronfenbrenner & Morris, 1998; Riegel, 1975). 이러한 단계들은 구조적, 기능적으로 통합되어 있으며, 따라서 인간 삶에서 관련 수준들의 발달적 체계의 사용을 강조하고 있다.

발달체계의 관점은 관계적 분석단위를 발달적 분석을 위해 필수적인 것으로 보고 있다. 조직의 특정 수준과 관련된 변인들은 다른 수준의 변인들과 관계적으로 존재한다. 특정 변인 기능의 질적, 양적인 차원 또한 다른 수준의 변인들과 관련된 변인과의 관계에 의해 형성된다. 분석의 단일 구성단위(또는 분석의 구성요소, 관계)는 발달적 분석의 궁극적 목표가 아니다. 이보다는 관계 그 자체, 즉 체계 간의 상호적 연결이 분석의 핵심이 되어야 한다(Fisher et al., 1998; Lerner, 1991; Riegel, 1975).

관계주의와 통합성은 발달의 단일수준이론에 대한 명백한 의미를 함축하고 있다. 보다 상위 체계의 상호작용에 개입된 주된 효과에 초점을 두고 있기 때문에 이러한 이론들은 제한적이고 발달에 대한 비현실적인 설명만을 제공할 뿐이다(예, Walsten, 1990 참조). 최악의 경우 이러한 이론들은 유용하거나 타당하지 않을 수 있다. 따라서 유전과 환경에 관한 양분적 이론은 인간발달을 이해하기 위한 개념적 틀을 제공하지 못한다(Hirsch, 1970; Lewontin, 1992 참조). 그리고 이런 관점에서 볼 때 많은 유전-환경 상호작용이론 또한 단점이 있다. 왜냐하면 이런 종류의 이론은 여전히 유전과 환경을 단절된 것으로 다루며, 이들 간의 연결을 변량(variance)분석에서의 상호작용과 유사한 방식으로 보고 있기 때문이다(예, Bijou, 1976; Erickson, 1959; Plomin, 2000; Hebb, 1970; Walsten, 1990). 발달체계이론은 발달의 근원을 유전 및 환경과 관련된 변인과 과정으로 단순화시켜 구분하는 것을 넘어섰다. 혼합된 발달체계의 부분으로서 인간발달 생태계 내에 존재하는 조직의 다양한 수준들을 본다.

역사적 개입과 일시성

발달체계이론에서 고려하는 분석의 관계적 단위는 변화단위로 이해된다. 이러한 구성단위의 변화적 요소는 인간발달과 관련된 모든 수준의 조직체들이 인간-맥락체계의 가장 광범위한 수준, 인간발달 역사 안에 개입된다는 개념으로부터 비롯된 것이다. 다시 말하면, 발달체계와 관련된 조직의 모든 수준들은 역사적 변화로 통합된다. 역사는 끊임없이 지속적으로 변화하며 다른 수준들과 함께 통합되는 조직의 한 수준이다. 이 연결은 변화는 필수적이고 불가피한 것이며, 조직의 모든 수준에서, 속해 있는 변인들의 특징을 의미한다. 게다가 이 연결은 변인들의 기능뿐 아니라 구조 역시 시간에 걸쳐 변화함을 의미한다.

역사적인 변화는 연속적이며, 변화의 결과로 만들어지는 발달적 차이인 일시성은 조직의 모든 수준에 부여되기 때문에(Elder, 1998; Elder, Modell, & Parke, 1993) 조직과 기능에 민감한 측정과 변화에 민감한 종단설계는 현대의 인간발달이론들에서 필수적이다(Baltes, Reese, & Nesselroade, 1977; Brim & Kagan, 1980). 이러한 연구들에서 일시성이란 변화의 발생 여부가 아니라 변화의 결과로 만들어지는 발달적 차이를 말한다(Lerner, Skinner, & Sorell, 1980).

이러한 연구가 조직의 다양한 수준에서 발생하는 변화의 양적, 질적인 특징의 평가와 관련되어 있다면, 양적이고 질적인 자료수집과 분석의 방법을 사용할 필요가 있다. 이는 질적, 양적 변화가 발생할 수 있는 다양한 수준의 조직에서 전문화된 지식과 기술을 가진 학문과 관련된 것이다(Shweder et al., 1998). 본질적으로 역사적 개입과 일시성은 인간 삶과 관련된 관계적, 통합적, 개입적 그리고 일시적 변화를 다룰 수 있는 발달과 관련된 연구 프로그램이 다양한 원인과 방법, 수준, 변인 및 집단을 포함해야 함을 지적한다(Baltes, 1987; Lerner, 1991; Schaie & Strother, 1968).

발달체계 관점 및 일시성과 같은 개념을 통한 연구들이 제안하는 함의는 기술적으로 쉽지 않은 일이다. 그리고 개인과 집단의 행동과 발달을 설명하는 데 정제되지 않아 개인적, 사회적인 삶의 향상 등의 목표 달성에 도움이 되지 않을 수 있다. 그러나 몇 세기에 걸쳐서 아동들과 그 가족구성원의 삶에 발생해 온 심오한 역사적 변화에도 불구하고(예, Elder et al., 1993; Hernandez, 1993) 인간 삶의 특징이 이러한 역사의 영향을 받지 않는다는 주장은 타당하지 않다. 역사적 변화의 영향과 그것이 일으킨 현대의 다양성을 통합하기 위해서 공변 매트릭스와 같은 발달적 체계가 필요하며, 이는 발달적 설명과 그 속에서 도출된 이상적인 결론을 담고 있을 것이다(Lerner & Miller, 1993).

그러나 역사적 변화와 인간(개인 또는 집단)발달의 다양성이 발달의 기본적 과정의 이해와 관련이 없다는 주장은 발달과학 내에서 관습적으로 전해 내려온다. 게다가 발달과학 내에서 인지, 정서, 성격 또는 사회인지는 시간과 공간을 초월하여 일반화가 가능한 기능이다. 그러나 Elder 등(1993)과 Hernandez(1993)에 의해 제시된 개인과 가족의 삶에 대한 2세기 동안의 역사적 변화를 분석한 연구는 기본적 과정과 발달심리학의 이론 그리고 인간 개체발생에 관한 연구의 관점에 입각한 개체발생적 가정에 대한 중요한 도전으로 구성되어 있다.

발달심리학에서 발견되는 기본 과정에 대한 전통적 관점은 지난 1세기 동안 미국의 개인과 가족으로 특징지어지는 역사적이고 맥락적인 변화에 보존되지 못했다. 게다가 일시성, 맥락, 기본적 가정의 다양성과 무관함에 대한 가정에 더해, 적절한 검증과 증거의 불충분으로 발달과학 영역에서 인간 삶의 과정을 현실적으로 반영하고자 하는 시도는 실패로 끝났다(Cairns, 1998).

역사적 변화와 맥락적 특수성을 인간발달 경로를 형성하는 인과관계의 공변 매트릭스에 엮어 넣음으로써 발달체계 관점은 인간발달의 핵심 과정을 환원주의적이고 개인적인 것에서 통합적인 것으로 재구성했다. 단순히 역사적인 변화, 맥락적 변화 그리고 개인적인 발달적 변화를 통합시킴으로써 발달학적 체계의 관점은 정신적인 생물 기원또는 2세기 동안 일반적으로 행해지는 인간발달이론들로 뒷받침된 환원주의적 환경학자 모델의 우연성을 제공할 수 있다(Gotthieb, 1992; Gottlieb et al., 1998; Lerner, 1991).

일반화, 다양성, 개인차의 제한

다양한 조직 수준들 속에서 일어나는 변화관계의 일시성은 한 역사적 시점에서 관찰되는 변화가 다른 시점에는 발견되지 않을 수 있음을 의미한다. 어떤 자료에서 관찰된 것은 존재하거나 존재할 수 있는 일시적인 것일 수도 있다(Baltes et al., 1977; Bronfenbrenner, 1979). 따라서 현대의 이론들은 개인, 관계, 환경 및 시간 측정의 다양성에 초점을 맞추고 있다(Lerner, 1991, 2002). 다양성은 인간발달의 상대적 적응성의 존재를 보여 주는 대표적인 실례라고 할 수 있다(Fisher et al., 1998; Lerner, 1984). 또한 인간 삶의 조건에 변화의 잠재력이 존재함을 보여 주는 가장 좋은 증거가 될 수 있다(Brim & Kagan, 1980).

예를 들어, 미국 청소년을 대상으로 한 몇몇 연구는 사춘기 성숙이 청소년과 부모 간 사회적 상호작용의 특징에 따라 부정적으로 변화될 수 있음을 보고하고 있다. 예를 들어, 사춘기가 한창일 때 부모와 청소년 사이에는 더 많은 갈등과 정서적 거리가 발견된다(예,

Hill, Holmbeck, Marlow, Green, & Lynch, 1985; Holmbeck & Hill, 1991; Steinberg, 1987). 그러나 이러한 발견의 대부분은 동질적인 미국의 백인 청소년과 가족을 대상으로 한 연구에서 밝혀진 결과다(Brooks-Gunn & Reiter, 1990). 사춘기의 변화와 청소년-부모 관계의 연결을 이해하기 위해 다양성을 고려하면 복잡하지만 풍부하고 흥미로운 패턴을 관찰할 수 있다. 라틴아메리카계 소년들과 그들의 가족(주로 멕시코계 미국인)을 표본으로 한 연구를 살펴보면, 사춘기의 성숙은 청소년과 부모 사이 관계를 더욱 밀접하게 만든다(Molina & Chassin, 1996). 이들 라틴아메리카계 청소년에게 사춘기는 사춘기인 백인 청소년 또는 사춘기 전후의 라틴아메리카계 청소년보다 더 많은 부모의 사회적인 지지와 적은 세대 간 갈등과 연합된 것이다.

인종적, 민족적, 문화적 그리고 발달적인 다양성의 특징적 변화를 올바르게 이해하기 위해서는 시간에 걸친 인간행동과 발달이 반드시 고려되어야 한다. 다시 말하면, 발달체계 안에서 개인차는 부각되어야 하며, 이는 다양성을 보다 정교하게 하는 방식으로 체계를 움직여 가야 할 것이다.

5. 발달체계이론의 예

앞서 언급한 네 가지 요소들은 발달체계 관점을 구성한다. 이 관점은 우리로 하여금 인간발달을 연구하는 데 적절하고 충분한 과학을 이루기 위해 관계적이고 일시적 방식으로 개인과 조직의 맥락적 수준을 통합적으로 연구해야 함을 인식하게 해 주었다(Bronfenbrenner, 1974; Zigler, 1998). 발달적 맥락주의는 발달적 체계이론 중 하나다. 개인과 맥락 간의 통합적이고 융합적인 관계를 강조한다는 점에서 다른 발달체계이론과 공통점을 갖는 발달적 맥락주의의 핵심 개념은 인간과 인간발달의 본질적 과정을 구성하는 다양한 맥락 간의 변화하고 상호적인 관계(또는 역동적인 상호작용)다(Lerner & Kauffman, 1985).

다음에서는 발달체계이론의 한 예인 발달적 맥락주의에 대해 살펴보고자 한다. 그리고 인간발달을 이해하기 위한 다른 주요한 접근도 간단히 살펴본다.

발달적 맥락주의

발달적 맥락주의는 인간발달 과학에 대한 접근인 동시에 인간발달에 도움을 주는 이론적 접근이다. Schneirla(1956, 1957; Tobach, 1981)의 생각에서 발견되는 통합적 개념에 기초한 발달적 맥락주의는 인간발달 연구에서 종종 발견되는 양분성을 뛰어넘는 인간 삶에 대한 모델을 제시한다(Overton, 1998).

발달적 맥락주의는 인간 삶과 관련된 다양한 조직 수준들(예, 생물학, 심리학, 사회조직, 문화; Bronfenbrenner, 1979; Lerner, 1991, 1998) 간에 양방향적 관계가 존재함을 강조한다. 이러한 역동적 관계는 인간행동 체계에 대한 틀을 제공한다(Ford & Lerner, 1992). 또한 이 체계 자체가 역사적 변화와 역동적으로 상호작용하고 있음을 강조한다. 이러한 일시성은 인간 삶에 변화적 요소를 제공한다(Dixon, Lerner, & Hultsch, 1991). 다시 말하면, 발달적 체계 내에서 관계의 변화적 형태는 인간 삶의 토대를 구성한다(Ford & Lerner, 1992).

발달적 맥락주의는 역동적 상호작용, 여러 수준의 통합, 인간발달의 개방적이고 활발한 발달체계이론과 관련된 자기-조직화의 개념을 반영한다. 이러한 모델들에 의해 틀을 갖춘 학문들은 인간발달의 환원주의, 개체의 단일 차원을 통한 평가 그리고 시간에 민감하지 않거나 시간을 초월한 분석을 피하고자 했다. 그 대신 환경 내 개인에게 중점을 둔 통합적, 전체적, 상관적, 변화 지향적 연구(예, Magnusson, 1999a, 1996; Magnusson & Stattin, 1998)가 활성화되어 왔다. 인간발달의 실제적 생태계 내에 개입하는 이러한 연구(Bronfenbrenner & Morris, 1998)들의 또 다른 중요한 특징은 인간발달을 촉진시킬 수 있는 프로그램이나 정책의 개입과 같은 행동의 중요성이다.

발달적 맥락주의 관점에서 연구는 발달에서 개인차를 이해하고 이에 기반하여 수행되어야 한다. 이러한 개인차는 전혀 다른 가족, 지역사회, 사회문화적 환경 등 다양한 인간발달의 결과로서 발생한다. 따라서 정책이나 프로그램들은 특정 집단에 속한 개인의 독특한 욕구의 충족을 최대화하기 위해 개인과 환경의 다양성에 맞춰 조율되어야 한다. 이러한 프로그램과 정책은 인간발달에 대한 통합적이고 여러 전문 분야에 걸친 관점에 입각한 연구로부터 비롯된 것이어야 한다. 이미 언급한 것처럼, 이러한 응용된 개인의 성공을 하는 데 필요한 개인의 정보와 발달적 맥락주의가 인간발달을 특징화하기 위해 가정한 종합적, 다차원적 과정의 타당성에 대해 이론적으로 유용한 자료를 제공할 수 있어야 한다.

연구와 정책, 개입 계획, 전달과 평가를 통합하려는 요구에 의해 제기된 도전은 인간과 환경의 연구를 새로운 지적 영역의 시초가 되게 하였다. 연구와 정책, 개입의 연결 고리는 과학자들에게 인간행동의 기초 과정이 개별적 개인과 특정 생태학적 환경 내에 존재하는 사회제도 간의 역동적, 상호적 발달과 관련되어 있음을 증명한다. 이러한 증명은 발달과학자들이 긍정적인 인간발달과 문화 및 사회를 성장시키기 위해 학문을 통해 지역사회와 협력하도록 할 것이다(Lerner, 2004; Lerner, Fisher, & Weinberg, 2000).

발달적 맥락주의 접근이 발달체계이론군에서 중요한 위치를 차지하나, 영향력 있는 다른 이론들도 존재한다. 다음에서는 특히 발달체계이론의 창조에 영향을 주었던 그 밖의 발달체계이론들에 대해 살펴보고자 한다. 이러한 이론들을 간단히 제시하는 것은 다양한 발달체계이론들이 공유하는 공통 개념과, 동시에 특정 이론만이 지니는 독특하고 핵심적 개념을 살펴볼 수 있게 할 것이다.

과거 및 현재의 발달체계 모델의 발달에서 중심적이고 생산적인 역할을 해 온 인간발달의 전 생애적 관점은 이 중에서도 가장 먼저 고려되어야 한다. 30년 이상 동안 Baltes와 그의 동료들(Baltes et al., 1987, 1997; Baltes, Reese, & Lipsitt, 1980)이 세운 업적은 이 이론의 개념적, 경험적 토대의 핵심을 이루고 있다.

전생애발달이론

전생애발달이론(Baltes, 1987, 1997; Baltes et al., 1980, 1998)은 태내기부터 노년기까지 개인의 발달을 연구한다. "전생애 발달심리학의 핵심 가정은 발달이란 성인기에 완성되지 않는다는 것이다. 기본 전제는 개체 발생이란 전 생애를 통해 지속되는 것이며 일생 동안의 적응적 과정과 관련되어 있다는 것이다." (Baltes et al., 1998, p. 1029) 이와 같은 맥락에서 Baltes 등(1998)은 이 이론이 다른 발달체계이론들의 공통적 관심사인 기초에서 응용까지의 연속체를 통합하는 몇 가지 과학적 목표를 갖는다고 언급했다.

이 목표를 추구하기 위해 Baltes 등(1998)은 연구를 수행하는 데 다음의 다섯 단계의 분석과정을 거쳤다. Baltes와 그의 동료들(1998, p. 1035)은 그 과정 중 1단계를 다음과 같이 설명하고 있다.

> …… 가장 기초적이고 일반적인 것으로, 명백한 토대와 '반응의 규준' 또는 전 생애에 걸친 개체발생의 잠재력을 만드는 것이다. 이 접근을 통해 개체발생 동안의 생물학과 문화 간의 상호작용을 다루는 진화론적, 역사적, 학제적 관점에 기초한 전 생애 발달의 일반적 영역과 형태에 대해 우리가 기대할 수 있는 정보를 획득할 수 있게 된다.

그들은 이어서 다음과 같이 언급했다.

> 2단계와 3단계에서 개체발달은 심리학적 이론으로 점점 더 접근할 수 있게 된다. 전 생애를 통한 획득과 상실의 전반적 형태에 관한 일반적 관점(2단계)으로부터 시작하고 다음으로 상위 이론적 관점의 계열(3단계)에 대해 설명한다. 이러한 이론적 계열은 보다 구체적인 전생애발달이론을 구체화하는 데 유용하다. 4단계에서는 구체화, 선택 및 대상작용의 세 과정을 통한 동등한 통합 조정에 기초를 두는 전생애발달이론에 대한 하나의 명백한 설명으로 나아간다. 5단계에서는 ……인지, 지능, 성격 그리고 자기와 같은 심리학적인 기능의 영역에서 전생애발달이론과 연구를 특성화한다.

전생애발달이론과 관련된 이론적 개념을 제시하면서 Baltes와 그의 동료들은 ① 전생애발달이론과 다른 발달체계이론 간 이론적 개념의 공통점(예, 가소성과 생물학에서 역사에 이르는 다양한 조직체로 구성된 역동적 체계에서 발달의 개입), ② 전생애발달이론에 의해 인간발달이론의 전면에 내세워지는 인간발달에 대한 개념(예, 전 생애를 통해 지속되는 발달, 획득과 상실의 역동성, 개체 발생과 역사적 맥락주의의 통합, 성공적이고 적응적인 발달과 관련된 선택, 최적화, 대상작용 과정 사이의 기능적 역동성)을 강조하였다. Baltes와 그의 동료들(1998)은 전 생애에 걸친 발달을 연구하는 데 사용한 다섯 단계를 개념화한 방법을 설명하기 위해 개체발생 동안 획득과 상실의 통합 구조인 두 번째 단계의 중요성을 강조했다. 이 통합에서 전 생애를 통한 발달과정의 특징을 이해하기 위해서 Baltes 등(1998, p. 1041)은 변화하는 개인과 환경의 네 가지 차원을 연구할 필요가 있다고 보았다.

1. 개인이 노년기에 가까워지면서 생물학적 기초를 둔 자원의 양과 질에서 발생하는 연령에 따른 일반적 감소
2. 보다 높은 단계로 성장하기 위해서 요구되는 문화의 양과 질에서 연령과 상호 관련된 증가
3. 문화적 자원을 사용하는 효율성에서 연령과 관련된 생물학적 기반의 손실
4. 상대적으로 부족한 문화적인 '노인 우호적' 지지 구조

Baltes와 그의 동료들(1998)이 이론적 분석의 다섯 단계와 관련된 발달적 현상을 개념화하고 연구하기 위해 전생애발달이론과 관련된 전제를 사용한 방법의 예는, 발달적 체계이론 내 다른 이론들과 공통적인(예, 전 생애에 걸친 변화) 그리고 전생애발달이론만의 독특한 개념(예, 전 생애에 걸친 사회문화적 영향의 철저한 통합)을 사용했음을 설명해 주고 있다.

특히, 이론적 틀과 선택, 최적화, 대상의 개념으로서의 개체 발생과 역사적 맥락주의에

대한 Baltes와 그의 동료들(1998)의 개념을 개관하는 것이 도움이 될 것이다. 전생애 발달적 이론이 제안하는 첫 번째 전제는 인간발달의 전생애 모델과 개념적 가교 역할을 한 반면, 두 번째 전제는 인간발달의 행위이론적 설명과 밀접한 관련이 있다.

이론적 틀로서 개체발생적, 역사적 맥락주의

전생애발달적 관점의 이론적 기여를 설명하기 위해서는 Baltes 등(1998)이 개인의 개체발생과 인간발달의 역사적 맥락을 어떻게 통합하였는지 논하는 것이 유용할 것이다. Baltes 등(p. 1049)은 다음과 같이 언급했다.

> 개인은 그들의 발달경로에 기회와 제한을 제공하는 환경 속에 존재한다. 사회계층, 민족, 역할, 연령에 기반한 변화와 같은 거시구조적 특징에 입각한 환경의 설명은 생애경로의 사회 환경론적인 분석의 주요 목표다.

Baltes 등(1980)은 개체발생적 발달과 역사적 변화의 특징을 통합함으로써 발달의 기초를 이해하기 위한 사회환경론적 접근(예, Elder, 1998)과 개인-심리학적 접근(Hetherington & Baltes, 1988)을 결합하여 세 부분으로 구분된 모델을 제공했다. 이 모델의 3가지 구성요소는 ① 규준적, 연령적 영향, ② 규준적, 역사적 영향, ③ 비규준적, 생애 사건 영향(Baltes et al., 1980)이다.

규준적, 연령적 영향은 연대기적 연령과 상호 관련되는 생물학적이고 환경적인 결정요인으로 구성된다. 많은 개인들이 결정인들의 발생 시점, 지속 기간, 집단에서 유사하다는 점에서 규준적이다. 예컨대, 키, 내분비계 기능, 중추신경계의 변화와 같은 성숙과 결혼, 출산, 은퇴와 같은 사회화 사건들이 포함된다. 규준적, 역사적 영향은 역사적 시간과 상호 관련되는 생물학적이고 환경적인 결정요인으로 구성된다. 동시대에 태어난 대부분의 구성원들이 경험한다는 점에서 규준적이다(예, 같은 해에 태어난 사람들의 집단, 더 넓은 의미에서 특정 역사적 시기에 태어난 집단). 이러한 점을 살펴볼 때, 표준의 역사로 구분되는 사건들은 해당 동시대 집단의 발달적 맥락을 정의하는 경향이 있다. 예로는 전쟁, 전염병, 경제적 공황 또는 부흥의 시대와 같은 역사적 사건들과 성 역할 기대, 교육체계, 아동양육 관습과 같은 사회문화적 혁명이 포함된다. 이러한 두 가지 영향 모두는 시간에 따라 시간과 함께 변화한다.

마지막으로 비규준적, 생애 사건 영향은 모든 사람들이 경험하는 것은 아니기 때문에 직접적으로 시간으로 나타낼 수는 없다. 그러므로 이와 같은 결정요인은 발달에서 개인 특유의 것이 된다(Baltes et al., 1998). 따라서 비규준적인 영향이 발생하면 이는 개인이 속한 집단, 발생 시점, 지속 기간에 따라 매우 다양한 현상을 일으킨다. 구체적 예로는 병, 이혼, 승진, 배우자의 죽음 등을 들 수 있다.

이처럼 다양한 원천 또는 차원에서 유래한 변수들이 발달에 영향을 미칠 수 있다. 전생애발달이론이 인간발달의 다차원적 특성을 강조한 것처럼 다차원으로부터 온 변수들은 발달적 변화와 관련되어 있다. 이러한 차원은 생물학과 연령으로 구분되는 사건부터 역사를 구성하는 표준적 그리고 비표준적 사건들을 포함한다. 이미 강조한 것처럼, 전 생애 발달이론에서 환경적 영향의 원천 표준적 연령으로 구분되는 표준적, 역사로 구분되는 비표준적인, 인생사건의 영향 사이의 관계는 역동적이며 상호적이다. 원천들은 지속적으로 변화하며, 각 원천은 서로 영향을 주고받는다.

Baltes 등(1980)은 세 가지 영향이 생애 주기에 걸쳐 서로 다른 프로파일을 보인다고 제안했다. 규준적, 연령적 영향은 아동기와 노년기에 특히 중요하다고 가정된다. 반면에 규준적, 역사적 영향은 청소년기와 그 이후 일정 기간 동안 중요한 것으로 생각되며, 이는 개인이 성인으로서의 삶을 시작할 때 사회문화적 환경의 중요성을 반영하는 것이다. 그리고 비규준적, 생애사건 영향은 개인마다 독특한 인생 사건들을 경험하면서 괴리가 증대되는 성인 중기와 노년기에 특히 중요하다고 가정된다. 이러한 관점은 전 생애에 걸친 다방향적 발달의 개념과도 일치하는 것이다. 개인 발달의 핵심 부분인 '역동적 협력'(Fischer & Bidell, 1998, p. 476)의 역할은 발달에 관한 역동적인 발달적 체계이론적 접근(예, Fischer & Bidell, 1998; Rogoff, 1998)과 일치한다.

전생애발달이론은 발달체계이론의 개념적으로는 풍부하고 경험적으로는 생산적인 예를 구성한다. Baltes와 그의 동료들(1998)이 제안한 개념의 깊이와 폭은 개인과 환경 간의 역동적 연결을 이해하는 데 창조적 수단을 제공한다. 이들 관계는 전 생애에 걸친 가소성의 변화적 특징을 강조하고 개인 스스로의 긍정적 발달을 증진하기 위해 능동적인 역할을 할 수 있게 한다.

전생애발달이론과 관련된 개념적 통합은 생물학으로부터 문화, 역사에 이르는 다양한 수준의 조직체들을 포함하며, 이는 전생애 발달심리학자들이 추구하는 다섯 단계의 분석과 관련된 또 다른 종류의 통합을 가능케 한다. 전생애발달이론은 좀 더 지시적이고 개인적 수준의 심리학적 관심에서 거시적, 사회제도적, 역사적인 흥미에 이르기까지 다양한 관심을 연결하는 그 밖의 발달체계이론들과 인간 생애 경로에 대한 논의를 통합하는 수단을 제공한다.

예를 들면, 전생애발달이론의 이론적 전제는 개인 삶의 실제적 생태계 환경 내에서 자신의 즉각적이고 장기적인 목표를 추구하기 위해 노력하는 사람들이 취하는 개인적 행동과 역사적 맥락주의와 관련된 모델들의 통합을 제공한다. 다시 말하면, 이 이론은 개인 행동과 생애 경로의 제도적, 사회문화적인 환경 그리고 인간발달의 광범위한 생태계의 통합적 관련성을 볼 수 있는 수단을 제공한다. 다음에서는 발달체계이론의 다른 영역과 관련된 이론들에 대해 살펴보고자 한다.

인간발달의 행위이론

발달체계이론 내 인간의 가소성과 관련된 학문은 발달적 조절—역동적인 개인-환경 간의 과정—이 인간발달 연구에서 핵심이 되어야 한다고 제안하고 있다. 행위이론(Brandtstädter, 1998; Brandtstädter & Lerner, 1999)은 이러한 관계적 과정에 초점을 둔 접근의 한 예다(Baltes & Baltes, 1990; Freund, Li, & Baltes, 선택, 최적화, 대상작용 모델(SOC)은 또 다른 예다).

자기-조절적 행위의 초점은 "개인은 행위의 주체자이며 개체발생의 산물이라는 것이다. ……따라서 발달적 변화들을 개인이 행동과 정신에서 개인적 발달을 구성하는 방식으로 연결하는 자기-조절적 고리는"(Brandtstädter, 1998, p. 807) 인간발달에 관한 행동적 관점의 핵심이다. 따라서 행위이론의 중심적 특성은 발달에서 스스로가 주체자로 작용한다는 발달체계이론의 발달적 맥락 이론들과 핵심 개념에서 유사점을 지닌다(Lerner, 1982; Lerner & Busch-Rossnagel, 1981; Lerner, Theokas, & Jelicic, 인쇄 중; Lerner & Walls, 1999).

인간발달의 조절과 가소성 개체발생 동안 인간은 인지적, 행동적인 가소성의 풍부한 잠재력을 실현해 나간다(Lerner, 1984). 그러나 인간 가소성의 기초가 되는 복잡성에서 진화론적 획득은 비교적 비싼 대가를 지불한다. 즉, 보다 상위 수준의 인지적, 행동적 역량의 발달은 개체발생적으로 지연된다(Glould, 1977). Heckhausen는 다음과 같이 언급하고 있다.

> 행동에 대한 생물학적인 기초의 상대적인 부족은 인간 개인과 사회체계의 일부분에 대한 높은 조절적 요구를 발생시킨다. 사회문화적 체계와 개인은 자원을 조직화되고, 집중된 방식으로 투자하기 위해 행동을 조절해야 하고, 실패의 경험은 행동의 방식을 향상시킨다.

인간에게 신경체계의 복잡성과 다양한 환경들은 환경과 행동 간의 적응적인 관계가 필수적이지 않으며 어떤 행동이 적응을 위해 필수적인지 확실치 않음을 의미한다. 결과적으로 가소성은 행동에 있어 거대한 변수를 제공함에도 불구하고 인간의 진화적 지위는 그들에게 가능한 행동의 배열 안에서의 적응적 선택이 인간발달에 있어 중요한 도전이 되게끔 한다. 그러므로 Heckhausen(1999, p. 7)는 다음과 같이 언급하고 있다.

> 기본적 도전으로서 실패에 대한 선택성과 경향성은 모두 인간행동의 변화성과 융통성으로부터 기인한다. 다른 비영장류들은 환경에 대한 활동들과 행동적 반응의 레퍼토리가 더욱 프로그램화되어 있으며, 보다 본능 추동적(instinct-driven) 행동과 매우 제한적인 행동적 선택을 한다. 대조적으로 인간은 다양한 환경 상태에 융통성 있게 적응할 수 있는 능력과, 특히 행동의 새로운 체계를 산출해 내는 능력을 지니고 진화되어 왔다.

비슷하게 Brandtstädter(1998, p. 46)는 다음과 같이 지적하고 있다.

> 개체발생의 문화적이고 개인적인 통제를 가능케 하고 동시에 강화하는 기초적인 진화적 특징은 발달의 엄청난 가소성과 개방성이다. ……인간 개체발생의 특징은 취약성뿐만 아니라 적응적 잠재력을 암시한다. 그리고 그들은 후자를 극복하기 위한 기제를 통해 지속적으로 진화한다. 문화를 창조하고 유지하고 실행하고 "사회적 제도에 관한 삶의 경로"(Berger, Berger, & Kellner, 1967, p. 67)를 구상하는 역량은 상호 진화적 과정에 뿌리를 두고 있다. 일반적으로 이러한 개념이 변형과 최적화에 개방된 과정의 양성을 의미하는 한 발달적 가소성은 이미 문화적 개념을 내포하고 있다.

본질적으로 복잡하고 지속적으로 변화하는 물리적, 사회적, 문화적 그리고 역사적 환경과 관계를 맺는 개인에게서 조절은 성공적인 발달을 위한 핵심이다. 개인과 맥락의 체계는 발달과학에서 중요한 도전이 되고 있다. 게다가 이 장 앞부분에서 논의되었던 Baltes와 그의 동료들은 획득-상실 과정의 문화적 개입을 이해하기 위해 설득시켰고, 사람들은 후생산적 시기를 거치며 개체발생적 중요성에서 인간행동의 생물학적 기반이 감퇴된다. 또한 그들의 성공적 발달을 위해 개인 심리적 또는 집합적(예, 문화) 자원에 의존하려는 인간의 요구는 점차 뚜렷해지고, 이는 전 생애 발달적 분석을 위한 필수적 목표가 된다(Balltes & Carstensen, 1998; Baltes & Baltes, 1990).

따라서 역동적 발달체계 내에서 사용되는 발달을 이해하고 이러한 발달에 대해 개인이 기여한 역할을 평가하기 위해서는, 환경 관여의 경로를 조절하고 가소성을 실현하기 위한 일관성과 변화를 촉진하는 개인 행위의 역할에 초점을 두어야 한다. 이러한 행위이론적 관점과 관련된 이론적, 경험적 학파에서 Jochen Brandtstädter(1998)의 연구는 핵심 개념에 관한 논쟁이 진행되는 데 중요한 역할을 했다. 따라서 그의 이론을 살펴보면서 행위이론에 대한 논의를 이어가는 것이 유용할 것이다.

Jochen Brandtstädter의 기여 Brandtstädter(1998)는 행위를 개인이 환경에 영향을 미치고 개인의 행동으로 야기된 결과를 통해 환경과 스스로에 대한 생각을 조직화하는 수단이라고 개념화하였다. 이러한 개념화의 결과로, 개인은 미래 행동을 위한 일련의 규준, 즉 동기들(예, 의도와 목표들) 또는 조절자들을 발달시킨다. Brandtstädter(1998)는 이러한 상호적 '행위-피드백-자기 조직화-이후의 행위' 과정을 발달로 보고 있다. 따라서 행위는 발달의 수단을 구성하며, 개인-환경 관계의 수단을 구성한다. 게다가 환경과의 관계를 조절하는 것은 개인이며, 스스로의 의도와 목표, 관심을 반영함으로써 지금 이 순간 자신이 누구이며 미래엔 어떠한 모습일지 이해한다.

그러므로 발달체계이론 내 다른 이론들과 유사하게 Brandtstädter(1998)가 개념화한 행위이론은 개인과 발달의 핵심 과정을 구성하는 환경 간의 역동적이고 통합적인 관계를 강조한다. 그러나 다른 발달체계이론이 그러하듯 Brandtstädter의 행위이론 또한 다른 이론과는 구별되는 특수한 특성을 갖는다. 이 중 하나는 개인과 환경 간에 발생하는 교환과 이러한 의도에 기반을 둔 교환에 의한 발달의 변화를 조절하는 개인의 의도성을 중심적 역할로 보는 것이다. 즉, Brandtstädter(p. 826)가 설명하는 것처럼 발달체계이론 내 다른 이론들은 다음을 강조하고 있다.

> 의도적 행위의 목표 지역으로서보다는 개인-환경 간 상호작용의 결과에 의한 발달, 다시 말해 행위와 발달 간의 관계는 주로 의도적이기보다는 기능적인 것으로 개념화된다.

Brandtstädter는 이러한 기능적 강조는 생애 초기에는 적합하지만 이 단계의 후반부부터 전 생애에 걸쳐 의도성은 개인과 물리적, 사회적인 세계와의 상호작용의 조절에 핵심적인 역할을 한다고 밝혔다. 발달체계와 관련된 개인-환경 간 통합 내 의도성의 중심적 역할을 가정하면서, Brandtstädter(1998, p. 815)는 행위를 다음과 같이 정의하고 있다.

> 행위(behavior)란 ① 의도적 상태(목표, 가지, 믿음, 결단)와 관련하여 예언되고 설명될 수 있고, ② 적어도 부분적으로는 개인의 통제 하에 있으며, 대안적 행동 목록에서 선택되고, ③ 사회적 규칙과 관습 또는 이러한 환경적 제약의 표상에 의해 구성되고 억제되며, ④ 상황을 개인이 바라던 미래에 대한 표상과 일치되게 변화시키는 것을 목표로 한다.

행위에 대한 맥락적, 발달적 제약 Brandtstädter(1998)에 따르면, 행위는 개인을 사회적 환경에 역동적으로 연결시켜 준다. 개인의 유동성은 환경 속에서 조절할 수 있게 해 주며, 어떠한 측면에서는 그들에 대한 환경의 영향력에 제한을 가할 수 있도록 해 준다. 개인의 발달적 역량은 그들과 환경과의 상호작용을 제한하고, 특히 발달적 조절에서 의도성에 대한 Brandtstädter의 강조에 대하여, 변화하는 인지적 능력은 의도를 형성하는 능력 획득에서 중요한 역할을 한다.

결론 Brandtstädter(1998)의 행위이론은 조절적 행위에서 개인의 의도성을 강조한다. 이러한 행위는 발달을 반영하고 촉진한다. 이처럼 행위는 능동적 환경과 통합된 능동적 개인이 자신을 발달시키고 지지하고 정교화하는 방법인 가소성의 잠재력을 실현케 하는 수단을 구성한다. 동시에 Brandtstädter는 자기의 의도성은 가소성에 대한 개인적, 환경적 제한으로 실현되는 발달적 목표에 의해 제한된다고 설명했다.

따라서 Brandtstädter(1998)는 행위이론적 관점에서 중요하게 보는 개념인 가소성과 제약성 간의 역동적인 관계를 이해하기 위해 수행되어야만 하는 세 가지 차원의 학문을 고안하였는데, 이를 다음과 같이 제시하고 있다.

> 의도적 자기 발달의 개체발생을 분석하기 위해서는 세 가지 기본적인 발달의 윤곽이 고려되어야 한다. ① 일반적으로 의도적인 행위의 발달 그리고 인지적, 표상적 과정과 관련된 의도성의 발달, ② 발달에 대한 개인의 통제와 관련된 신념과 능력의 형성, ③ 자기 조절을 이끌고 지시하는 자기 참조적 가치와 신념 그리고 기준의 다소 일관된 구조로서의 자기(또는 자기 개념)의 발달이다(p. 836).

다른 행위이론가들은 Brandtstädter(1998)의 학문과 일치하는 이론적, 경험적인 이론을 추구했다. 특히, Heckhausen(1999)은 행위이론의 주된 관심인 가소성과 제약성의 쟁점을 직접적으로 다루기 위한 연구 프로그램을 발달시키고자 했다.

행위이론은 개인과 전 생애에 걸쳐 존재하는 환경 간의 역동적 관계를 이해하는 수단을 제공한다. 인지발달이 의도를 형성하고 일차적 또는 이차적 통제를 위한 전략을 고안해 낼 수 있을 정도로 충분히 발달한 개체발생의 시점으로부터 개인은 남은 생애 동안 그들에게 영향을 미치는 그들의 사회세계의 영향을 받게 될 것이다.

따라서 인간발달을 위한 행위 맥락을 구성하는 다양한 발달체계 간의 통합을 이해하기 위해서는 개인이 발달하는 사회적 체계와 발달체계 내 사회적 체계의 역할을 구체화하기 위해 사용되는 역사적이고 환경적인 초점에 대한 논의가 포함되어야 한다. 인간발달에 대한 이러한 사회적 체계 접근을 생애경로이론이라고 한다. 그리고 Glen H. Elder, Jr.(1998)의 학파는, 인간발달의 특징—사회적 제도 또는 인간의 삶과 궤도의 사회적 제도의 개입에 의한 인간 삶의 경로의 형성과 관련된 제도의 변화에 영향을 미치는 생애경로의 중요성—을 이해하는 데 중심적인 역할을 했다.

Elder의 생애경로이론

Elder(1998, p. 969)에 의해 만들어진 이 이론은 다음과 같은 전제를 가정하고 있다.

> 인간의 삶은 그 내용과 패턴 및 방향을 형성해 가는 특정 역사적 시대와 장소에 사회적으로 편입된다. 역사적 변화의 형태는 개인의 역할과 연령에 따라 차별적으로 경험된다. …… 변화 그 자체는 삶의 과정을 변화시킴으로써 발달적 궤도에 영향을 미친다.

인간발달의 생애발달이론은 30년 전에 처음 등장하였고, 이것은 세 가지 일반적인 학문 영역의 이론적, 경험적 기여를 기초로 하고 있다. 이 영역은 다음의 연구들을 포함하고 있다.

① 사회적 관계, 예를 들어 자기를 연구하는 학문(예, 행위이론), 사회적 역할, 역할 변화(예, 학생에서 직장인으로의 변화) 그리고 세대 간의 연결(예, 자녀, 부모 그리고 조부모 포함)
② 이미 앞서 언급한 Baltes와 그의 동료들(1998)의 연구를 포함하는 전생애발달이론
③ 연령과 일시성, 예를 들어 동시대 집단, 나이 그리고 규준적인 또는 비규준적인 역사적 변화의 역할을 포함한다.

생애발달이론의 이러한 근원을 열거하면서 Elder(1998)는 종종 전생애발달이론과 협력하여 인간 삶의 전체적 경로에 대한 통합적이고 역동적인 관점을 고안하기 위한 상호 연관적인 세 가지 개념적이고 경험적인 도전들을 해결하기 위해 이와 같은 관점이 등장하였다고 설명했다. 첫 번째 도전은 인간을 연구하기 위해 사용되는 이론적 틀을 확장하는 것이다. 단지 발달과 성장만을 강조한 아동 중심적 이론의 틀에서 전 생애를 대상으로 한 연구에 유용하게 이론의 틀을 확장했다. 따라서 이러한 이론적 틀에는 발달과 노화, 성장과 퇴화 또는 획득과 손실 모두가 포함한다. 두 번째 도전은 이러한 이론적 틀을 일련의 개념들

을 발전시키기 위해 사용하는 것이다. 개념이란 개체 발생과 역사적 사건과 시대 동안 인간 삶에서의 변화와 조직들을 묘사하기 위한 것이다. 세 번째 도전은 인간의 삶과 변화하는 사회적 환경을 통합하는 데 이러한 개념들을 활용하는 것이다.

Elder(1998)는 생애경로발달이론이 연구자들로 하여금 발달이 전개되는 사회적 체계에 대한 단순한 상호작용적 관점을 능가하게 할 수 있을 것이라 보았다. 생애경로발달이론은 사회적 체계를 인간발달을 구성하는 구조들과 기능들의 실제적 구조 내로 통합했다. 이러한 통합을 가능하게 한 수단은 전생애발달이론(Baltes et al., 1998)과 행위이론(Brandtstädter, 1998)에서도 역시 강조되었다. 즉, 개인을 자신의 발달에서 주체자로 기능하게 하는 선택적, 의도적 조절 행위들의 통합을 가능케 하는 수단으로서 작용한다는 것이다.

전생애발달이론과 Elder의 이론은 인간 삶의 경로를 구성하는 구조와 기능의 발달에서 개인과 환경의 역동성에 대해 매우 유사한 생각을 가지고 있다. 뿐만 아니라 통합을 통하여 Elder는 행위이론적 관점과 삶의 과정 변화의 구성에서 역동적인 개인의 역할을 강조했다. 이러한 결합의 결과로서 Elder(1998)는 전생애발달이론, 행위이론 그리고 다른 발달체계이론과 완벽하게 일치하는 발달과정의 이론적 관점을 채택했다. 그는 다음과 같이 언급하고 있다.

> 생애발달이론에서 인간발달은 시간에 걸친 유기체와 환경 간의 상호작용 과정을 나타낸다. 그리고 이 과정에서 유기체는 스스로의 발달에 능동적인 역할을 수행한다. 발달하는 개인은 정서, 인지 그리고 동기와 같이 분리된 요소, 단면 또는 범위가 아닌 역동적인 전체로 볼 수 있다(pp. 951-952).

따라서 Baltes 등(1998)과 같이, Elder(1998)는 인간발달을 대인관계적—역동적으로 협력하는(Fischer & Bidell, 1998; Rogoff, 1998) 사회적—과정으로 보고 있다. 생애경로발달이론이 다른 이론과 구별되는 독특한 특성은 개인적 발달과 개인의 개체발생이 역동적으로 협력하는 사회적 관계 간의 연결과 관련되어 있다.

생애경로의 구성 이미 언급한 것처럼, Elder(1998)는 생애발달이론의 중요한 뿌리가 전생애발달이론, 사회적 관계 그리고 연령과 일시성에 속하는 학문의 통합에 있다고 구체화했다. 이와 같이 개인의 삶들이 그들의 변화하는 사회적 삶과 상호 관련될 수 있게 하는 모델을 발전시키기 위해 생애발달이론의 이론가들은 다음과 같은 세 가지 학문적 영역에서 개념을 끌어왔다. Elder는 사실상 이러한 개념적 통합이 존재한다고 설명하며, 생애경로발달이론의 다음과 같은 네 가지 중요한 원리를 제시하고 있다.

> ① 인간 삶과 변화하는 시대, 장소와 함께하는 발달의 상호작용, ② 삶 속의 적정시기, ③ 사회적이고 발달적인 궤적들 간의 관계를 포함하는 인간 삶의 상호 의존성, ④ 선택과 행동에서 인간의 작용(p. 961)

이러한 원리들을 Elder(1998, pp. 961-962)는 다음과 같이 설명하고 있다.

> 역사적 시대, 장소와 관련된 첫 번째 원리는 다음과 같이 주장하고 있다. ① 생애발달 과정은 각 개인이 일생 동안 경험하는 역사적 시대와 장소의 개입에 의해 형성되며 개인은 전 생애에 걸쳐 이를 경험한다. 이 원리는 발달적 궤적들이 변화하는 생애 경로에 의해 달라진다는 전제를 반영하고 있다. 이것의 발생 정도는 부분적으로 변화의 특징에 달려 있다.
>
> 두 번째 원리인 적정 시기는 연령과 시간의 근본적인 결합을 나타낸다. ② 삶의 변화나 사건의 발달적 영향은 이러한 변화나 사건이 삶의 어느 시기에 발생하였는지가 중요한 조건이다. 예를 들어, 사회적 연령이란 사람들이 특정 역할을 시작하고 마치는 연령을 의미한다. 적정 시기는 사춘기의 시작이 상대적으로 빠른지 느린지와 같은 생물학적 사건과 변화에 의해서 표현될 수 있다.
>
> 세 번째 원리는 다음과 같다. ③ 삶은 상호 의존적이고 사회적, 역사적 영향은 공유하는 인간관계의 관계망을 통해 표현될 수 있다. 사회적 역할은 사회적 지지뿐만 아니라 관계에서 오는 스트레스와 긴장에 노출될 수 있다.
>
> 인간 작용에 대한 네 번째 원리는 생애 경로를 형성해 가는 구성주의자로서의 인간의 역할에 대한 전기적 연구들의 가정을 반영하고 있다. ④ 이 전제는 개인은 자신의 삶을 역사와 사회적 상황의 제약과 기회 속에서 스스로 택한 선택과 행동을 통해 구성해 간다고 언급하고 있다. 이 원리는 개인과 사회적 역할 간의 역동적 관계를 표현하고 있다. 사회적 역할과 상황은 개인에 의해 선택되고 형성되나 이는 내적 압력이 그러하듯 행동을 억제하기도 한다.

Elder(1998)는 이에 덧붙여 동시적으로 기여하는 개인의 행동들을 통해 생애의 경로가 구성된다고 보았다. 여기서 개인은 세 가지 시간 차원에 따라 변화하는 환경 내에서 타인과 역동적으로 상호작용하는 존재다. 세 가지 시간 차원에는 삶 또는 개체발생 시간(출생에서 죽음에 이르는 개체의 나이), 가족 시간(전후 세대의 흐름 속에서 개인의 위치) 그리고 역사적 시간(개인이 태어났을 때 세상에 존재하는 사회적, 문화적 체계와 한 개인의 생애 동안 발생하는 이 체계와 관련하여 변화하는 환경)이 포함된다. 즉, Elder(pp. 951-952)는 이를 다음과 같이 지적하고 있다.

> 생애 경로는 제도와 사회적 구조를 통해 연령으로 구분되며(age graded), 행동을 제한하고 지지하는 관계 속에 포함된다. 그리고 사람들은 동시대 집단을 통해 역사적 환경 속에 위치하고 또한 혈족과 친구에 의해 세대 간 연결을 형성한다. 개인의 생애발달과 발달적 경로는 타인의 발달과 상호 연결되어 있다.

개인의 규제적 행위와 사회적 체계 간의 역동적 통합에 관한 가정은 개인의 생애 경로를 반영하는 수단을 제공한다. 이 사회적 체계는 앞서 제시한 세 가지 시간 차원에 따라 다양한 개인, 사회제도 그리고 역사적 사건들로 구성되어 있다. Elder(1998)는 그 결과 독창적인 이론적 체계를 낳았고 인간발달을 다루는 발달체계이론에 엄청난 가치를 부여했다. 그의 이론은 발달체계이론에 통합될 다양한 미시적(개체발생의 생물학적, 행동적, 심리학적), 거시적(사회체계) 수준의 조직들을 주어진 개인 내로 통합했다. 간단히 말하면, Elder의 모델은 출생 순간부터 각 개인의 삶을 사회적 체계 내로 통합하는 수단들로 구성된다. 출생은 그 사람에게 ① 세대 간의 흐름, ② 진화하고 있는 일련의 제도, 역할 그리고 사회적으로 정의된 삶의 경로를 포함하는 역사의 특정 시점에 존재하는 사회에 대해 즉각적인 소속감을 제공한다.

결론 생애경로이론은 발달체계이론들과 중요하고 고유한 차원의 개념으로 연결되어 있다. 매우 중요한 Elder의 공식적인 생애경로이론을 통해, 그는 거시적인 사회체계의 영향력이 단순한 중독성 또는 훈련상의 고립주의자들의 태도를 가진 단순한 개인들에게 중요한 움직임을 줄 수 있었다. 그는 사회적 체계를 인간발달에 가져다주었으며 구성적인 체계의 인간개체발생론에 중요한 역할을 할 수 있었다.

생애경로발달이론은 발달체계이론들과 관련된 개념들에 중요하고 독특한 차원을 추가했다. 생애경로발달이론은 발달체계이론에서 중요한 위치를 차지하는 전생애발달이론과, 이보다는 덜하지만 역시 중요한 행위이론의 개념들에 기초하고 있다. 이를 기반으로 한 생애발달이론의 관점은 사회적 체계를 개인의 개체 발생 내로 통합시키는 역동적인 수단을 제공한다.

분석의 단위를 개인 또는 그보다 작은 것(예, 유전자)으로 보는 학문보다 거시적인 학문에 관심을 갖거나, 훈련을 받은 연구자에게는 항상 위험이 존재한다. 이론이 경험적 지지를 받지 못할 수도 있기 때문이다. 생애 경로는 사회제도, 문화적 규칙, 역사적 사건과 관련된 사회유전적(sociogenic) 용어로 해석될 수 있다. 개인의 전 생애를 심인성(psychogenic) 또는 생물 기원의 양자택일적인 개념을 사용하여 해석하는 '위험'을 피하고자 했던 것처럼, 이 관점 또한 이론적으로 바람직하지 않으며 경험적인 지지를 받을 수 없을지도 모른다. Overton(1998)이 인간발달을 연구하는 연구자들에게 "모든 양분성을 피하라."라고 했던 경고와 유사하게 인간발달의 모든 해석을 피하라는 경고를 제공할 수 있다.

생애발달이론의 중요성은 학문적으로 고립되지도, 단순히 덧붙이는 방식을 사용하지도 않고 거시적인 사회적 체계의 중요성을 개인의 발달에 포함시켰다는 것이다. Elder(1998)의 학문은 발달체계 관점을 정의하는 관계주의와 다양한 수준의 결합의 표본이다. 그는 사회체계를, 발달을 위한 환경이 아닌 발달체계이론에서 추구하는 본질인 인간 개체발생의 구성적인 구조로 개념화하고 인간발달로 포함시켰다.

이후, 이러한 기준을 충족시킨 학자는 Urie Bonfenbrenner다. Urie Bonfenbrenner(2005)은 반세기 동안 인간발달 생태계 내에 존재하는 다양한 조직체들의 통합을 위한 비전과 이를 지지해 주는 이론적으로 풍부하고 경험적으로 탄탄한 논문들을 발표하고 있다.

Urie Bonfenbrenner의 발달 과정에 대한 생물생태학적 이론

1979년도에 출판된 그의 책 『인간발달의 생태학(*The Ecology of Human Development*)』에서 Bronfenbrenner는 인간발달을 포함하는 상호 밀접한 관련을 갖는 생태학적 수준들에서 인간 개체발생의 중요성을 설명하고 있다. 그리고 미시체계를 삶의 특정 시점에 개인이 행동하는 환경으로, 중간체계를 주어진 기간 동안 개인의 발달적 영역으로 구성된 거시체계의 집합으로 묘사하고 있다. 더불어 외체계는 발달하는 개인이 직접적으로 포함되지는 않으나 개인의 행동과 발달에 영향을 주는 환경(예, 부모의 직장)으로 구성되어 있다. 예를 들어, 부모가 직장에서 스트레스를 받은 날은 집에 돌아와서 자녀에게 평소만큼의 보살핌을 제공할 수 없을 것이다. 마지막으로, 거시체계는 인간발달 생태계의 상위 수준으로 문화, 거대조직(예, 연방정부) 그리고 공공질서 등이 포함된다. 이러한 거시체계는 인간발달이 일어나는 생태계의 다양한 조직들 간의 상호작용 특성에 영향을 미친다.

그의 책이 학자들에게 차별적이긴 하지만 통합적인 인간발달 내 다양한 환경들을 이해하고 연구할 수 있도록 개념적 도구를 제공함으로써 인간발달의 개념에 지대한 영향을 끼친 것은 사실이다. 하지만 그(1979)는 앞서 그가 설명한 생태적 체계와 역동적으로 통합된 다양한 수준의 개인적 기능과 구조(생물학, 심리학 및 행동)를 포함시키지 않는 한 그의 이론은 불완전한 것임을 깨달았다. 따라서 Bronfenbrenner와 그의 동료들(예,

Bronfenbrenner, 2005; Bronfenbrenner & Ceci, 1993; Bronfenbrenner & Morris, 1998)은 그가 제시한 발달 모델에 다른 수준의 발달적 체계를 통합하기 위해 10년 이상 연구를 수행해 왔다. 그가 자신의 모델에 통합하고자 했던 수준들의 범위는 생물학에서부터 인간발달 생태계의 광범위한 수준에 이르며, 이러한 수준들은 그가 모델에 부여한 생물생태학적 표지를 설명한다.

Bronfenbrenner(1979)는 자신의 학문에서 나온 모델의 정의적 특성은 네 가지 상호 관련된 요소들을 포함한다고 설명했다. ① 개인과 환경 간의 통합적이고 역동적인 관계와 관련되는 발달적 과정(process), ② 생물학적, 인지적, 감정적 그리고 행동적인 특성의 개인적 목록을 지닌 개인 그 자체(person), ③ 앞서 설명한 인간발달 생태계의 상호 관련된 수준들(nested level or systems), 체계로 개념화되는 인간발달의 환경(context), ④ Elder(1998)가 생애과정이론의 일부분으로 설명했던 일시성의 다양한 차원과 관련된 것으로 개념화되는 시간(time)이 그것이다. 생물생태학적 이론의 정립을 위해 이상의 네 가지 차원을 모두 고려하여 과정-개인-맥락-시간모형을 구성했다. 이 모형은 통합적 발달체계를 개념화하고 인간발달의 과정을 조사하는 연구를 계획하고자 했다. Bronfenbrenner는 PPCT(Process-Person-Context-Time) 모형의 네 가지 요소는 역동적인 인간발달체계에 대한 구체적인 개념을 포함하고 있어야 한다고 했다. 그리고 연구는 인간발달 과정을 이해하는 데 적합한 자료를 제공하는 모형의 네 가지 구성요소를 평가하는 것이어야 한다고 보았다.

다음으로, 모형의 세 가지 정의적 특성—개인, 환경, 시간—에 대하여 Bronfenbrenner와 Morris(1998, p. 994)는 개인의 생물학적, 심리적 그리고 사회적 특성을 정의하는 것에 우선순위를 두고 있다고 했다. 이미 Bronfenbrenner가 1998년에 언급한 것처럼, 초기에 정립된 모형은 이론의 핵심적인 특성을 적절히 다루지 못하였다.

게다가 Bronfenbrenner와 Morris(1998)는 미시체계의 특성을 재정립하면서 미시체계에 Bronfenbrenner가 중시했던 생물학적, 심리학적, 사회적 개인을 결합하였다. 즉, 1979년에는 인간발달의 생태계를 상호 연결된 일련의 구조인 생태학적 환경으로 보았음에도 불구하고 그는 이 생태계 내의 미시체계에서 발달하는 개인의 활동, 관계 그리고 역할을 이 체계 내로 통합시킴으로써 미시체계 개념을 확장했다. 그는 다음과 같이 말하고 있다.

> 미시체계는 발달하는 개인이 특정한 물리적, 사회적, 상징적 특성을 지닌 환경에서 경험하는 활동, 사회적 역할, 대인관계의 패턴을 말한다. 개인에게 주어진 환경은 지속적이고 점

> 차 복잡해지는 즉각적인 환경과의 상호작용 그리고 환경 내에서 발생하는 활동을 불러일으키고 가능케 하고 제한하기도 한다(Bronfenbrenner, 1994, p. 1645).

Bronfenbrenner는 미시체계의 개념에서 타인과의 상호작용뿐 아니라 상징과 언어(기호체계)와의 상호작용도 중요하게 생각했다. 기호체계란 행위이론가들도 중요하게 보았던 생태학적 관계의 요소들로서 의도, 목표 그리고 행동의 공식을 이해하는 데 중요한 역할을 한다(Brandtstädter, 1998 비교). Bronfenbrenner와 Morris(1998)는 다음과 같이 언급하고 있다.

> 생물생태학적 모델은 보다 중요한 영역을 미시체계 구조 내로 편입시켰다. 미시체계는 인간뿐 아니라 대상과 상징 간 상호작용을 포함하는 근접발달 과정에 대한 중요한 기여를 강조한다. 근접과정의 발달을 촉진하거나 억제하는 환경의 특징들을 구별하는 개념들과 기준들이 도입되었다. 특히, 중요한 것은 중요한 환경 내에서 증가하는 불안정성과 혼란이다. 이 환경 내에서 인간의 능력과 특성들이 형성되며 이에는 가족, 양육 환경, 학교, 또래집단, 이웃들이 포함된다(p. 995).

재정의되고 보다 확장된 미시체계 개념에 대한 강조는 현재 그의 마지막 정의적 특징을 산출했다. 이에 대해 Bronfenbrenner와 Morris(p. 995)는 다음과 같이 언급하고 있다.

> 생물생태학적 모델에서 네 번째 마지막 정의적 특성이자 가장 빠른 발전을 보이는 것은 시간 차원이다. 1979년에 출판된 책에서는 이에 대한 언급이 거의 이루어지고 있지 않으나 현재 모델에서의 시간 개념은 세 가지 연속적인 수준, 즉 미시, 중간, 거시 모두에서 중요한 위치를 차지하고 있다. 미시적 시간은 근접과정의 지속적인 에피소드에서의 연속성과 불연속성을 말한다. 중간체계에서 시간은 하루와 일주일처럼, 보다 긴 시간 간격으로 발생한 사건들의 주기를 말한다. 마지막으로, 거시적 시간은 한 세대 또는 여러 세대에 걸쳐 거대사회 속에서 발생하는 변화하는 사건과 기대들에 초점을 두고 있다. 이는 전 생애에 걸친 인간발달의 과정에 의해 그 결과에 영향을 주기도 하고 이에 영향을 받기도 한다.

Bronfenbrenner(2005)의 생물생태학적 모형은 적어도 두 가지 점에서 살아 있는 체계다(Ford & Lerner, 1992). 첫째, 이론 자체가 역동적인 인간과 복잡하고 통합적이며 변화하는 환경 간의 역동적이고 발달적인 관계를 묘사하고 있다. 둘째, 생물생태학적 모형은 지속적으로 발달하고 있다(예, Bronfenbrenner, 2001, 2005 참조). 예를 들어, 인간발달의 역동적인 특징을 다루는 PPCT 관련 연구를 보다 조작적인 지침을 만들어, 이론을 보다 정교화시키고자 한다.

이 책에서는 생물생태학적 모델은 두 가지 전제를 포함하고 있으며, 이는 인간발달과정에서 역동적인 인간과 환경 간의 관계적 관점을 보다 강화시킨다. Bronfenbrenner와 Morris(1998, p. 996)의 설명에 따르면, 생물생태학적 모델의 첫 번째 전제는 다음과 같다.

> 특히, 초기의 기간에서 또한 인생 전반에 걸쳐 인간발달은 점차적으로 복잡해지고 역동적이며 진화적인 생물심리학적 인간 유기체와 직접적인 외부 환경(immediate external environment) 내의 개인, 대상, 상징들 간의 상호작용을 통해 이루어진다. 발달이 효과적으로 일어나려면 규칙적인 기준에 기초하여 장기간에 걸쳐 상호작용이 발생해야 한다. 이렇게 직접적인 환경 내에서 발생하는 지속적인 형태의 상호작용을 근접과정이라 부른다. 이러한 근접과정은 아기의 양육, 어린 아동과의 놀이, 책 읽기, 새로운 기술의 습득, 문제해결, 신체적 활동, 고통에 빠진 타인 돌보기, 복잡한 직무의 수행, 새로운 지식 또는 기술(knowhow)의 습득 등과 같은 과정에서 발견할 수 있다.

그러므로 이 이론의 첫 번째 가정에서 Bronfenbrenner와 Morris는 다른 발달체계이론에서 발견할 수 있는, 스스로의 발달에 주체자인 역동적인 개인을 강조하고 있음을 알 수 있다. 사실 발달적 과정에 개인이 기여한다는 개념은 이 이론의 두 번째 가정에서도 역시 발견할 수 있다. 모델의 두 번째 가정을 구체적으로 살펴보자.

> 발달에 영향을 미치는 근접발달 과정의 형태, 영향력 및 방향은 발달하는 개인의 특성, 이러한 과정이 발생하는 직접적 또는 간접적인 환경, 발달적 결과의 특성, 생애 전반에 걸쳐 발생하는 시간에 따른 변화와 연속성 그리고 한 개인이 살았던 역사적 시간의 결합적 기능에 따라 다양하다(Bronfenbrenner & Morris, 1998, p. 996).

이러한 두 가정을 살펴본 결과, Bronfenbrenner가 근접과정을 발달의 중요한 원천으로 보고 있음을 알 수 있다. 이러한 생각은 이 장에서 논의된 행위이론과 몇 가지 점에서 유사하다(Baltes & Baltes, 1990; Brandtstädter, 1998; Heckhausen, 1999). 즉, Bronfenbrenner와 Morris(1998)가 생물생태학적 이론의 첫 번째 가정에서 설명한 모든 근접과정에는 목표 선택, 의도 및 목표와 관련하여 발달하는 수단들, 일차적 통제의 우세 그리고 보상행동과 이차적 통제의 중요성 등이 관련될 것이다. 그리고 이 가정들은 역동성을 부여함으로써 Bronfenbrenner와 Morris가 설명했던 발달체계들 간의 통합을 언급하고 있다.

스스로의 발달에 역동적인 주체자가 되는 개인의 역할은 생물생태학적 모델의 핵심이다. Bronfenbrenner와 Morris(1998, p. 996)는 독자들에게 다음과 같이 질문하고 있다.

> 생물생태학적 모델은 개인의 특성에 대해 두 번 언급하고 있다. 첫 번째는 개인을 근접과정의 형태, 영향력, 내용, 방향에 영향을 끼치는 네 가지 요소 중 하나로서, 두 번째는 발달적 결과로서 보는 것이다. 즉, 발달하는 개인의 질은 앞서 언급한 생물생태학적 모델의 네 가지 주요 요소들의 통합적, 상호작용적, 상호 강화적 효과들의 결과로서 이후에 발생하는 것이다. 결국 생물생태학적 모델에서 개인은 간접적인 주체와 발달의 결과물 모두로 기능하고 있다.

요약하면 이 장에서 다룬 모든 발달체계이론과 Schneirla(1957)에 의해 50년 이전에 강조되었던 역동적이고 발달하는 개인은 Bronfenbrenner와 Morris(1998)의 이론에서도 역시 발달의 중요한 원동력으로 강조되고 있다. 이러한 역동적 개인과 환경 간의 통합은 발달적 과정에 많은 기여를 했다. 이러한 관계를 강조하는 두 가지 다른 발달체계이론들을 더 살펴보고자 한다.

Thelen과 Smith의 역동적 체계이론

Thelen과 Smith(1994, 1998)의 역동적 체계이론이라 지칭되는 발달체계이론은 생물학과 심리학의 체계적 사고와 물리학과 수학에서의 비선형적 체계 모두에서 비롯되었다. 역동적 체계이론의 개념을 간단히 표현하면, 체계적으로 상호 관련된 요소들이 시간에 걸쳐 변화한다는 것이다.

이러한 개념은 수학 방정식을 통해 보다 전문적이고 공식적인 방식으로 확장될 수 있는데, Thelen과 Smith(1998)는 물리적 또는 생물학적 체계의 중요한 두 가지의 특징을 언급하고 있다.

> ① 발달은 분자부터 문화에 이르는 모든 발달적 체계의 복합적이고 상호적이며 연속적인 상호작용으로서 이해될 수 있다.
> ② 발달은 천 분의 1초에서 몇 년에 이르는 여러 시간대에 걸친 상호 관련된 과정으로서 이해될 수 있다(p. 563).

Thelen과 Smith는 역동적 체계이론이 여러 종, 연령대 또는 발달 영역에 적용될 수 있다고 보았다. 예를 들어, 걷기와 관련된 운동 기능의 분자 구조부터 환경과 인간 간의 상호 영향을 통해 획득되는 인지의 작은 변화에까지 역동적 체계이론을 적용할 수 있다고 보았다.

생애에 걸친 새로운 형태의 발달 Thelen과 Smith(1994, 1998)는 역동적 체계이론이 그들이 생각한 발달의 정의적 특성인 새로운 형태의 창조에 대한 이해를 제공해 줄 수 있다고 보았다. 즉, Thelen과 Smith는 발달적이라 지칭되는 변화의 핵심은 질적인 불연속성, 발생, 후성설(epigenesist) 또는 단순한 새로움이라고 주장했다. 여기서 발달은 삶의 한 시기를 한 특정 시점의 발달과 관련되게 하는 변화의 특징이다. 일단 새로움에 대한 설명이 나타나면서 다음과 같은 중요한 의문이 제시되었다. "새로움은 무엇인가? 발달적 체계는 어떻게 무에서 유를 창조하는가?" (Thelen & Smith, 1998, p. 564)

이러한 질문에 대한 해답은 유전, 환경 그리고 상호작용주의적 관점과 관련되어 있다. Thelen과 Smith(1998)는 유전과 양육의 설명과 상호작용의 온건적 입장을 대표하는 상호작용주의적 입장을 반대했다. 대신 이들은 발달체계이론가인 Gottlieb(1997, 2003; Gottlieb et al., 1998)의 견해에 동의하며 다음과 같이 설명하고 있다.

> 우리가 따르는 생물학적 체계이론의 전통은 새로운 형태의 형성을 자기 조직화 과정으로 설명했다. 형태와 순서는 유기체 내부 또는 환경으로부터의 명백한 지시 없이도 복잡한 체계 내 구성요소들 간의 상호작용을 통해 나타난다. 자신의 활동을 통해 스스로 변화하는 과정인 자기 조직화는 유기체의 중요한 특성이다(p. 564).

다른 발달체계이론가들 또한 이에 동의한다. 예를 들어, Gottlieb(예, 1997)의 후성설과 관련된 생물상호작용 관점과 Schneirla(1957)의 개체발생에서 순환적 기능과 자기-자극은 자기-조직적 과정의 좋은 예가 된다.

다음으로 Thelen과 Smith(1994, 1998)는 발생학과 형태학에서의 증거에 대해 논하였는데, 이는 역동적 체계 내에서 복잡한 구조의 패턴이 어떻게 발생하였는지에 대한 정보를 제공한다. 그리고 이 구조는 유전자에 특별히 프로그램화되어 있는 정보에 의한 것이 아닌 단순한 원시세포에서 발생하는 것이라 보고 있다. 예를 들어, 연구자들은 표범의 얼룩점과 미국너구리 꼬리의 줄무늬는 신체적 특성을 결정짓는 유전자에 의한 것이 아니라고 설명한다. 이러한 특성은 서로를 촉진하고 제한하는 해당 동물의 특정 화학적, 신진대사적 특성이 스스로를 패턴으로 조직화한다고 보았다(Thelen & Smith, 1998).

이와 유사하게 행동적 특성과 형태 또한 유전과 환경의 양분적 개념에 의존하고 있는 발달유전학 분야(예, Plomin, 2002; Rowe, 1994) 모델들이 주장하는 바처럼 특정 유전적 프로그램 없이도 발달에서 발생할 수 있다. 이러한 발달적 변화를 발생시킨 과정들은 유기체와 환경 간의 관계에 대한 확률적 후성설적(probabilistic epigenetic) 관점과 다시 관련된다. 그리고 유기체와 환경 간의 관계는 Schneirla(1956, 1957), Gottlieb(1992, 1997, 2003; Gottlieb et al., 1998), Tobach(1981; Tobach & Greenberg, 1984), Lehrman(1953) 그리고 여러 학자들의 연구와 관련되어 있다.

간단히 말하면 Thelen과 Smith(1998)의 이론은 태생학과 확률적 후성설적 관점을 갖는 비교심리학자들이 제공하는 증거에 기초하고 있다. 이러한 학문은 발달에서 새로움의 기초는 유전적이거나 환경적인 '지시'가 아닌 조직의 내적, 외적 유기체의 통합된 관계에서 발생하는 것이라고 주장했다.

발달체계의 역동성 Thelen과 Smith(1998)에게 발달적 과정의 확률적 후성설의 특성은 인간과 환경 간 또는 구조와 기능 간의 이원성 또는 양분성(Overton, 1998)이 과학적 과정을 통해 제거될 수 있음을 의미한다. 그들의 관점에서 조직의 환경적 수준들(예, 문화)은 단지 발달적 과정을 지지하는 것이 아니라 "발달 그 자체다."(Thelen & Smith, p. 572) 그들이 지지하는 발달체계 관점 간의 본질적인 차이를 다음과 같이 설명하고 있다.

> ……보다 인간 중심적 접근은 수준들이 상호작용하는 것 이상으로 함께 완전히 융합된 것처럼 보이는 것을 말한다. 행동과 이의 발달은 지속적으로 변화하는 일련의 관계들과 이러한 관계들의 오랜 역사로서 결합된다.

Thelen과 Smith는 이러한 융합 때문에 원인적 사건 또는 구조(예, 특정 유전자)와 결과적 행동(예, 특정 운동행동, 성격특성 또는 인지적 용량) 간에 직접적 연결이 존재한다는 인과관계의 선형적 체계를 거부해야 한다고 믿었다. 이러한 인과관계에서의 선형적 관계를 대신하는 발달적 체계이론들은 시간에 걸쳐 상호 의존적으로 변화하는 조직의 통합적 수준과 수준들 간의 양방향적 관계가 존재한다는 인과관계의 배열적 관점(Ford & Lerner, 1992)을 제안하고 있다.

이 배열에서의 인과적 체계는 Thelen과 Smith(1998)가 제시한 인과관계 관점과 일치한다. 발달하는 개인의 중요한 특성—자기 조직, 개방성, 비선형성, 안정성, 복잡성, 전체성, 새로움의 발생 그리고 변화—이 발달체계를 구성하는 통합적이고 다양한 수준의 영향에 의해 초래된다. 발달의 결과인 '형태'는 양방향적 관계의 산물이다(Thelen & Smith,

1998, p. 586).

Thelen과 Smith(1998)는 역동적 체계의 핵심적 특징은 체계의 많은 이질적인 부분들(예, 개인과 다양한 개인의 다양한 세포, 조직, 장기, 제도 그리고 환경의 물리적 특징)이 실제로 무한한 방식으로 결합될 수 있다는 점이라고 했다. 적어도 이론적으로는 이와 같은 결합이 무한히 발생할 수 있으나, 실제로 관찰할 수 있는 관계의 패턴은 이보다 훨씬 적다. 이 장의 앞부분에서 논의했던 상대적 가소성의 개념을 생각해 볼 때, 체계의 다양한 부분들 간의 관계는 다양성뿐만 아니라 제한의 원천이 될 수도 있다. 그러므로 상대적 가소성에 의해 체계가 그 자체를 조직화하며 복잡한 체계로부터 패턴이 나타날 수 있는 것이다.

Thelen과 Smith(1998)는 인간발달은 체계 내로 에너지가 유입되고 이러한 에너지는 체계 내 패턴을 증가시키기 위해 사용되는 개방체계이기 때문에 본질적으로 다른 부분들로부터 발생한다고 보았다. 이러한 체계는 체계 내 에너지 유입이 이루어지지 않는 폐쇄체계와는 상반되는 것이다. 개방적인 인간발달 체계는 시간에 걸쳐 체계의 조직성을 증가시킨다는 점에서 열역학의 두 번째 법칙을 '위배' 한 것이다(Brent, 1978; Prigogine, 1978). 이 법칙에 따르면, 체계는 엔트로피(entropy)라 불리는 매우 비조직화된 형태로 변화하기 때문이다. 그러나 몇몇 체계는 반대로 조직과 질서를 발달시키는 방향, 즉 네겐트로피(negentropy)를 증가시키는 방향으로 변화할 수 있다.

노벨상 수상자인 화학자 Ilya Prigogine(1978)은 그러한 변화는 개방체계가 내적 질서를 증가시키기 위해 에너지를 주변 환경으로부터 받아들이기 때문에 발생할 수 있음을 밝혔다. Prigogine은 개방체계 내의 그러한 에너지 사용은 체계 외부의 질서를 흐트러뜨리게 되어, 결국 우주 전체적인 측면에서는 무질서도가 증가하게 됨을 증명했다. 그러므로 넓은 범위의 체계에서 보면 엔트로피의 증가가 일어나고 제2법칙에 부합하게 된다.

Thelen과 Smith(1998)는 개방체계와 관련된 부분들이 비선형적인 방식으로 상호 관련될 때 통합(즉, 패턴, 조직화, 구조적 관계)이 발생한다고 보았다. 이러한 통합이 일어나면 체계발달 초기보다 적은 차원 또는 모수들로 설명할 수 있게 된다. 예를 들어, Heinz Werner(1948, 1957)의 개체발생 개념은 위계적인 통합이 발생하면서 개별 조직의 포괄성이 감소한다는 점에서 발달하는 유기체에서의 체계적 변화의 일반 원리 중 하나의 예라고 할 수 있다. 이러한 생각은 Wapner(1995; Wapner & Demick, 1998)의 발달체계이론과도 일치하는 것이다. 그리고 Thelen과 Smith는 개방체계에서 분산을 줄이고 체계의 조직화 또는 패턴을 증가시키기 위해 발생하는 통합적 변인을 집합적 변인 또는 서열 모수라고 불렀다.

이러한 집단적 변인의 발생은 이론적으로 무한한 역동적 체계 내의 결합을 훨씬 적은 실제적인 부분집합으로 감소시킬 뿐 아니라 집단 변인을 반영하는 통합은 체계 내에 일관성과 안정성을 부여한다. Thelen과 Smith(1998, p. 588)는 다음과 같이 설명하고 있다.

> 체계는 극히 소수의 행동 양식을 선호한다. 역동적 용어로 이러한 행동 양식은 특정 조건 하에서 체계가 이러한 상태에 친화력을 가지기 때문에 유인자(attractor) 상태다. 다시 역동적 용어로, 체계는 이러한 상태에서 특정 위치 또는 위상 공간을 선호하며 이 위치에서 벗어나면 다시 돌아가고자 한다. ……이렇게 특정 지점으로 이끄는 초기 조건을 유인 영역(basin of attraction)이라 한다.

Thelen과 Smith(1998)는 유인자의 한 가지 유형인 카오스적(chaotic) 유인자가 많은 생물학적 체계(예, 심박률의 변화, 후각, 태아기 동안의 신체 움직임에서의 변화 포함)와 관련되어 있다고 설명했다. 역동적 체계 내에서 카오스란 체계의 부분들 간의 관계가 임의적인 상황을 말한다. 즉, 어떤 순서나 패턴이 존재하지 않는다. 그러나 상태 공간을 보기 위해 사용되는 시간대를 매우 길게 확장시키면 비임의성, 인간발달 순서가 명백해진다. 사실 카오스적 변화는 매우 정교한 기하학적 패턴으로 표현될 수 있다(Gleick, 1987).

역동적 체계의 안정성과 변화 Thelen과 Smith(1998)는 인간발달 연구에서 가장 중요한 유인자의 특징은 상대적 안정성 혹은 인간발달 체계가 다른 상태와 비교되는 특정 상태 또는 특정 행동 패턴을 보일 가능성이라고 생각한다. 상대적 안정은 특정 행동 패턴이 나타날 통계적 확률이 다른 행동 패턴보다 높을 것이고 만약 체계가 선호되는 상태에서 벗어나면 이러한 상태로 돌아가고자 함을 의미한다. 그리고 체계는 이러한 상태를 유지하고자 할 것이다. 행동의 연속성이 인간과 환경 간의 역동적 관계에 기초를 두는 개념임을 고려해 볼 때(Cairns & Hood, 1983), 발달체계의 상대적 안정성은 체계 내에서 역동적인 교환이 발생한다는 사실에 어긋나지 않는다.

체계의 상대적 안정성은 발달 과정의 상대적 가소성과 관련되어 있다. 유기체가 환경과의 역동적인 상호작용을 통해 전 생애에 걸친 체계적 변화의 능력을 유지하나(Baltes et al., 1998; Lerner, 1984), 이러한 유기체와 환경과의 관계는 기능적 변화에서 다양성을 제한하기도 한다. 결과적으로 가소성은 절대적인 것이 아닌 상대적인 것이다. 이와 유사하게 Thelen과 Smith(1998, p. 626)는 "적응적인 체계는 유사 안정성, 즉 인간발달 상황이 변하면 다른 해결방안을 찾을 수 있는 가소성을 지니고 주어진 환경에서 적절한 것을 신뢰롭게 예언할 수 있는 상태에 있음"을 관찰하였다.

개체 발생적 변화는 고등 발달 수준들에서 가소성을 위한 예비 능력이 제한되면(Baltes, 1997; Baltes et al., 1998) 변화는 여전히 가능하나 변화하기 위해 이전보다 더 많은 개입이 필요함을 의미한다(Lerner, 1984; MacDonald, 1985). 이와 유사하게 Thelen과 Smith(1998, p. 590)는 "매우 안정적인 유인자는 선호하는 위치에서 움직이게 하기 위해서는 큰 압력이 필요하지만 그들은 여전히 역동적이고 가변적이다."라고 말하고 있다. 다시 말하면, 체계는 구조적이고 불변적인 연결들로 고정된 것이 아니라 이러한 연결들이 가볍게 결합되어 있는 것이다.

이러한 가벼운 결합은 Thelen과 Smith(1998)에게는 인간발달에서 가소성의 핵심이며, 발달에 대한 역동적 관점의 정의적 특성이다. 그리고 이러한 결합의 존재는 인간발달이 불변하는 구조의 기능과 관련되어 있다는 개념이 유효하지 않음을 의미한다. 반면에 발달학자들은 인간발달을 다음에 제시되는 것들 간의 역동적 결합으로 보아야 한다고 주장하고 있다. 그것은 ① 체계의 안정성(집합적 상태들 간의 존재하는 변화에 저항적인), ② 안정적 상태 주위에 존재하는 변화(체계 내 새로움의 기능적 원천을 제공하는 변화들)들이다.

체계의 변이 체계에 영향을 미치는 환경뿐만 아니라 체계 내의 변화는 체계의 패턴을 변경시킬 수 있다. 어떤 경우에 체계는 질서와 패턴을 증가시키고 결합력을 향상시키는 방식으로 변화할 수 있다. 체계의 다양한 부분들은 상호작용이나 협력을 할 수 있는데, 이러한 협력과 상호작용은 Thelen과 Smith(1998, p. 590)의 용어로 단계변화 또는 '비선형적 단계변화'에서 발생한다. 이를 설명하기 위해 Thelen과 Smith(1998, pp. 590-591)는 다음과 같이 설명하고 있다.

> 예를 들어, 우리는 다양한 경사의 언덕을 걸어 오를 수 있으나 언덕의 가파름이 임계값에 도달하면 우리의 이동 형태를 사지동물의 걸음걸이(손과 발 네 가지를 모두 사용하여 오르는)로 바꾸어야 한다. ……역동적 용어로, 경사의 변화는 걸음걸이 방식에 대해 통제모수(control parameter) 역할을 한다. 통제모수는 실제적으로 체계를 '통제'하는 것이 아니라 체계의 집합적인 행동들을 민감하게 하고, 그럼으로써 집합적인 상태로 체계가 나아가게 한다.

예를 들어, Thelen과 Smith는 영아의 걷기 반응이 생후 몇 개월 후에 '사라지는 것'은 이 기간 동안의 몸무게의 증가, 특히 신체 지방의 증가와 관련 있다고 보았다. 이 기간 동안 영아의 다리가 점차 무거워지지만 이에 상응하여 근육량의 증가는 이루어지지 않는다. 그 결과 영아는 다리를 들어올리기 어려워진다. 이는 반사작용을 막는 뉴런의 변화에 의한 것이 아니라 생체역학적으로 어려운 들어올리는 자세를 취할 때 이를 위해 필요한 근육량이 부족하기 때문이다(Thelen & Smith, 1998). 그러므로 그들은 요소들 간의 자기 조직화 과정을 통해 발생한다는 점에서 변화하는 역동적 체계의 결합을 강조한다. Thelen과 Smith(1998, p. 591)는 "신체 지방의 박탈은 다리의 움직임에만 국한되지 않고 결과로서 나타나는 행동의 질적인 변화와 같이 체계에 영향을 미칠 수 있는 성장 변화"라고 했다.

역동적 체계 내의 시간대 영아의 걷기 반응과 관련된 단계 변화를 위한 시간의 틀은 생애 초기의 몇 달과 관련이 있다. 이 예에서 설명하는 역동적 체계의 중요한 시간적 모수는 개체발생에서 이후 설 수 있을 때(예, 많은 신체 지방이 축적되었을 때), 걷기에 대한 체계의 상태는 이전 시간의 체계적 상태와 관련되어 있다는 것이다. 이러한 시간적 연결은 특정 시점의 체계 상태가 그 직후 시점의 체계 상태를 위한 기초를 제공한다는 좋은 예가 된다.

그러므로 발달을 정의하는 데 핵심적인 요소인 연속적 변화의 개념에 대해 논의한 것과 같이, Thelen과 Smith(1998)는 역동적 체계에서 발생하는 변화는 항상 연속적인 특성을 갖고 있다고 했다. 즉, 시점 1에서의 체계 상태는 시점 2에서의 체계 상태를 형성하며 시점 2의 상태는 시점 3의 상태를 형성하는 과정이 반복된다. Thelen과 Smith는 역동적 체계는 각 체계의 상태가 이전 상태의 영향을 받는다는 점에서 반복적이라 보았다.

게다가 연속적인 영향을 나누는 시간 척도는 상당히 다양하다. 시점 1, 2 그리고 3은 초, 일, 주, 달, 연 단위로 나누어질 수 있을 것이다(예, 그래프의 x축을 따라).

그러나 체계의 다양한 요소들은 각자의 발달적 과정을 가지며, 그 결과 요소들 간의 관계는 지속적으로 변화하므로, 체계를 관찰하고 이의 안정성 또는 변화를 측정하는 발달적 연구를 위해서는 연구에 사용되는 시간 척도가 중요하다. 예를 들어, 걷기 반응의 발생과 소멸에 대한 영아기 초기 체계요소들 간의 관계를 이해하는 데는 매달 근육과 지방의 비율을 평가하는 것이 유용할 것이다. 하지만 효율적으로 달릴 수 있는 능력의 발생에 관심을 갖고 있다면, 이러한 비율을 매달 측정하는 것은 유용하지 않다(Thelen & Smith, 1998). 대신 체계의 반복적 특성과 체계 내 다양한 수준들 간의 양방향적 영향을 보기 위해서 다른 체계의 요소들(예, 근육의 조정 능력, 폐활량 등)과 시간 구분 단위(division)(예, 연 단위)가 요구될 것이다.

결론 Thelen과 Smith(1994, 1998)는 인간발달 체계의 역동적 특성이라는 풍부하고 미묘한 개념을 제공했다. 이 이론은 인간발달에서의 역동적 상호작용과 결합의 중요한 역할 그리고 전 생애에 걸쳐 개인의 다양성을 제공하는(가볍게 결합된) 체계(Thelen & Smith, 1998)가 지니는 유연성의 중심적 역할 그리고 이러한 변화에서 개인 간의 차이를 강조하고 있다. 그러므로 그들의 이론과 이를 지지하는 자료들은 각자의 발달에서 중심적 주체인 개인의 역동적 역할을 강조하고 개인과 그들의 환경에 대한 통합적이고 전체적인 이해를 촉진하고 있다. 그들은 자신들의 역동적 체계이론을 위한 중요한 전망을 제시하고 있다.

> 단지 역동적인 설명만이 인간의 실제 행동의 복잡성과 풍부함을 포착할 수 있다. 쟁점은 인간이 형식적, 논리적, 추상적인 용어를 어떻게 배우는가가 아니라 어떻게 용어뿐만 아니라 사회에서 하는 다른 모든 것, 즉 도구의 사용, 정교한 기계의 조작, 길 찾기, 스포츠와 게임, 예술과 음악의 창작 그리고 복잡한 사회적 상호작용에 개입을 할 수 있게 되는가다. 이러한 활동들은 역동적인 지각, 주의 전환, 통찰력 있는 계획, 유용한 기억, 상황의 요구에 따라 한 활동에서 다른 활동으로 자연스럽고 빠르게 전환할 수 있는 능력을 요구한다. 그것들은 시기적절하게 발생하고 체계 내 모든 요소들을 사용한다. 발달학자들의 도전은 이러한 복잡성과 가소성의 발달적 기원을 이해하는 것이다. 단지 역동적 이론만이 이러한 도전을 해결할 수 있다고 생각한다(Thelen & Smith, 1998, p. 626).

우리는 Thelen과 Smith(1998)가 발달시킨 역동적 발달체계가 만날 수 있는 도전과 이를 통한 잠재적 이득에 대한 그들의 평가에 동의한다. 다른 발달학자 또한 이에 동의하며 Thelen과 Smith의 이론에 부합하는 이론을 발전시켰다. 이 중 가장 중요한 이론은 David Magnusson이 체계화시킨 것으로, 그는 25년 이상에 걸쳐 발달체계를 다루는 학문에 혁신적인 기여를 해 왔다.

Magnusson의 전제적 개인-환경 상호작용이론

Magnusson의 이론적 체제와 연구 프로그램들은 인간행동과 발달에서 환경의 중요성을 강조하고 있다(예, Magnusson, 1995, 1999a, 1999b; Magnusson & Stattin, 1998). 그의 지적 통찰력은 강력한 개념적 설명과 국제적으로 설명되는 비교 학문(예, Magnusson, 1995)을 위한 중요한 기초를 포함하며, 상호작용론, 전체론, 학제성 그리고 인간에 대한 종단적 연구 개념들에 기초하고 있다.

이러한 주제는 인간과 환경체계 간의 통합 또는 융합을 강조하는 Magnusson(1995)의 이론에서 발생했다. Magnusson은 이 체계의 작용과 관련된 구조, 과정과 개인이 이러한 체계 내에서 행동하고 발달하는 방법을 이해하고자 했다. 이러한 인간과 환경에 대한 통합적 강조에 따라 Magnusson는 자신의 이론을 전체론적 접근이라고 명명했다. 그는 다음과 같이 언급하고 있다.

> 인간은 통합적이고 복잡하며 역동적인 인간환경 체계의 역동적이고 중요한 일부분이다. 이에 더해 이러한 인간환경 체계에서 인간은 통합적이고 복잡하며 역동적 전체로서 발달하고 기능한다. 결과적으로 인간의 기능에 대한 지식 없이는 사회적 체계가 어떻게 기능하는지 이해할 수 없으며, 환경에 대한 지식 없이 인간의 기능과 발달을 이해하는 것은 불가능하다(Magnusson & Stattin, 1998, pp. 685-686).

전체적 상호작용론의 인과성 Schneirla(1957), Gottlieb(1997) 그리고 Thelen과 Smith(1998)의 이론에서 살펴본 것과 같이 Magnusson(1995)에게도 발달의 원인, 인간발달 전 생애에 걸친 새로운 형태의 발생은 역동적 인간-환경체계의 요소들이 협력한 결과물이다. 발달적 변화의 이러한 자기 조직화적 원천은 직접적이고 단일한 원천(유전 또는 환경) 또는 발달의 원인으로서의 약한 상호작용 개념과는 상반되는 것이다.

Magnusson(1995)의 현대 상호작용론적 관점 또는 총체적 상호작용론적 관점에서 발달의 기초는 두 가지 유형의 상호작용과 관련이 있다. 하나는 생물학적, 심리학적 그리고 행동적 특성들 간의 양방향적 관계와 관련된 내적 상호작용이고, 다른 하나는 인간과 환경 간의 지속적인 교환과 관련된 외적 인간-환경 상호작용이다. Magnusson은 총체적 상호작용을 그가 전통적 상호작용론이라 지칭하는 상호작용론의 개념에 기초하여 확장시킨 것이라고 설명한다(Magnusson & Stattin, 1998, p. 694).

전체적 상호작용론은 상호작용의 전통적 개념을 확장시켰다. 첫 번째로 전반적 인간-환경체계 내 인간의 역동적이고 통합적인 특성을 매우 강조했다. 그리고 두 번째로 생물학적 행위와 행동적 행위를 강조했다. Gottlieb(1992, 1997, 2003; 예, 신경심리학과 발달생물학에 관한)와 Thelen과 Smith(1998, 예, 카오스 체계와 일반 체계에 관한; 예, Gleick, 1987; von Bertalanffy, 1968) 등이 주장한 여러 이론과 같이, Magnusson(1995, 1999a, 1999b)은 인간발달에 관한 종단 연구가 중요하다고 보았다. Magnusson과 Stattin(1998, p. 694)은 전체적 상호작용의 네 가지 기본적 전제를 다음과 같이 구체화시켰다.

> ① 인간은 전체적이고 통합적인 유기체로서 기능하고 발달한다.
> ② 발달적 변화뿐 아니라 정신적, 생물학적, 행동적 구조에서 기능하는 개인도 복잡하고

역동적인 과정으로 가장 잘 묘사될 수 있다.

③ 인간의 기능과 발달은 인간 기능의 정신적, 행동적, 생물학적 측면과 환경의 사회적, 물리적, 문화적 측면 간의 지속적이고 호혜적인 상호작용 과정에 의해 좌우된다.

④ 인간을 포함하는 환경은 사회, 경제, 문화적 요인들 간의 지속적인 호혜적 상호작용 과정으로 기능하고 변화한다.

인간-환경체계의 특성 전체적 상호작용주의적 이론은 발달과학의 수행에 중요한 함의를 지닌다. 그리고 이러한 함의들의 폭넓은 특징은 심지어 발달 연구에 있어 '변인' 개념의 역할에까지 확장된다.

Magnusson과 Stattin(1998)은 발달과학에 대한 대부분의 접근에서 변인 개념이 이론적으로 인간의 환원주의적 모델 내에 개입된다고 보았다. 이러한 관점에서 변인은 발달연구의 분석 단위가 된다. 그러나 Magnusson과 Stattin의 '총체적 원리' 의 맥락에서 발달의 인간 중심적 관점을 강조하였고 인간, 인간발달 전체로서의 인간을 발달적 분석의 핵심 단위로 발전시켰다.

> ……전체로 기능하는 조직화된 인간-환경체계와 개인에 대한 접근을 강조하고 있다. ……이러한 전체성은 전체에 대해 분리된 부분의 영향으로부터가 아닌, 관련 요소들 간의 상호작용에서 비롯된 특징과 특성에서 유래하는 것이다(p. 698).

따라서 전체성, 전체적 개인 또는 인간-환경 간의 관계가 발달적 변화의 핵심이라면, 체계의 한 측면을 평가하는 발달적 변화는 필연적으로 불완전하다. 발달에 대한 왜곡된 관점은, 동시에 행동하는 변인들을 환경으로부터 분리하는 평가적 변인에서 비롯된다(Magnusson & Stattin, 1998). 인간-환경체계 내 변인들의 통합은 인간발달의 핵심 과정이며 발달과학의 주요한 초점이 된다.

게다가 전체적 상호작용이론에서 발달 과정은 통합적이고 상호 관련된 사건들의 연속적 흐름과 관련되어 있다. Magnusson(1995, 1999a, 1999b)에 의해 채택된 확률적 점성설 관점에서는, 개체발생에서 서로 다른 시점에 발생한 동일한 사건은 행동과 발달에 다양한 영향을 줄 것이라 생각하고 있다. 그러한 점에서 시간은 인간발달의 기본적 특징이 된다. 그 결과, 한 측면에서의 변화는 하부 체계의 관련 부분 또는 전체 유기체에 영향을 미칠 것이다. 보다 일반적인 수준에서, 개인적 수준의 구조와 과정의 재구조화는 전체적인 인간-환경체계의 재구조화에 개입되고 그 일부분이 된다(Magnusson & Stattin, 1998, p. 700).

그러므로 Magnusson(1995, 1999a, 1999b; Magnusson & Stattin, 1998)에게 인간발달은

기존 패턴과—지속적인 재구조화와 생물학적인 것에서 사회문화적인 수준들의 전체적 인간-환경체계의 제한과 촉진을 통한—새로운 구조와 과정의 발생으로 특징지어진다. 다시 말하면, Thelen과 Smith(1998)의 역동적 체계이론에서 구체화되었던 구조와 과정 그리고 형태와 패턴에서의 새로움은 체계의 자기 조직화 원리를 통해 발생하는 것이다. 따라서 자기 조직화는 Magnusson이 제안한 발달체계이론에서 지도적인 원리다. 그러므로 유기체의 부분들은 서로를 만들어 내고 상호 간의 연합을 통해 전체를 창조하므로 발달, 즉 새로움은 실제 세계에서 발생하는 것이다(Magnusson & Stattin, 1998).

체계 요소들 간 관계의 특징에 대한 Magnusson의 관점(1995, 1999a, 1999b; Magnusson & Endler, 1997)은 Gottlieb(1997), Thelen과 Smith(1998) 그리고 그 밖의 학자들(Lerner, 1991, 2002; Schneirla, 1957; Tobach & Greenberg, 1984)과 일치하고 있다. 즉, 전체적 상호작용은 역동적 상호작용과 동일한 개념이다. 이에 덧붙여, Magnusson과 Stattin(1998, p. 701)은 "역동적 상호작용은 태아의 초기 발달에서 단세포들 간에 일어나는 상호작용으로부터 전 생애에 걸친 인간과 환경의 상호작용에 이르는 모든 수준의 살아 있는 유기체의 과정에서 핵심적인 특징이다."라고 말했다.

Magnusson(1995, 1999a, 1999b, Magnusson & Stattin, 1998)은 역동적 상호작용의 특성을 이해하기 위한 두 가지 중요한 개념인 상호성과 비선형성을 제시했다. Manusson과 Stattin은 부모와 아동의 상호적 영향(예, Lerner, Castellino, Terry, Villarruel, & Mckinney, 1995)을 인간-환경체계 내 상호성의 가장 좋은 예로 지적했다. Schneirla(1957)의 순환적 기능 개념과 유사하게 이들 또한 부모-자녀 상호작용에서 상호성은 다음과 같은 과정을 통해 발생한다고 보았다. 관계 속에서 각 개인의 행동은 상대방 행동에 영향을 미칠 뿐 아니라 동시에 상대방 행동의 영향을 받아 변화가 발생한다.

Thelen과 Smith(1998)가 언급한 것처럼, Magnusson(1995, 1999a, 1999b; Magnusson & Stattin, 1998)은 비선형성을 인간-환경체계 요소들 간의 관계들이 보이는 전형적 특징이라고 보았다. 비체계 관점은 전형적으로 변인들 간의 관계가 선형적이며, 개인들 간의 평가적 차이에 의해 확인되는 변인들 간의 선형적 관계는 개인 내 변인들 간의 관계로 일반화될 수 있을 것이라고 본다(Magnusson & Stattin, 1998). 그러나 한 변인에서 증가(혹은 감소)가 발생하더라도 다른 변인 또한 이와 비례하여 항상 증가(혹은 감소)하지는 않는다. 즉, 선형적인 변화가 일어나기보다는 한 변인의 변화는 다른 변화의 불균형적인 변화와 동시에 일어나는 경우가 많다. 이러한 관계는 곡선적인 특성을 보이며, 예를 들어 'U' 혹은 거꾸로 된 'U' 형태의 함수를 취한다. 예를 들어, 낮은 수준의 스트레스는 주어진 과제 또는 기술에 대한 높은 수준의 수행을 이끌어 내기 위한 충분한 힘을 제공하지 못한다. 그리고 높은 수준의 스트레스는 개인을 압도하거나 높은 수준의 수행을 촉진하기보다는 수행 무능 상태를 가져올 것이다. 그러나 적당한 수준의 스트레스는 높은 수준의 수행과 연합될 가능성이 가장 크다(Magnusson & Stattin, 1998; Strauss, 1982).

Magnusson(1995, 1999a, 1999b)이 고안한 역동적 상호작용과 연합된 상호성과 비선형성의 개념은 발달체계와 관련된 양방향적 인과관계를 강조하고 있다. 그리고 논지로 돌아와 그의 모델은 인간발달에 대한 비체계적 접근의 핵심 개념에 이의를 제기하고 있다. 그는 '변인' 의 정의와 같은 근본적 개념에 대해 다음과 같이 언급하고 있다.

> 독립변인, 예언자와 준거의 개념은 양방향적 인과관계를 가정하지 않았던 전통적 연구에서의 절대적인 의미를 상실했다. 특정 단계와 과정에서 준거 혹은 종속변인으로 기능하였던 것이 이후 단계에서 예언자나 독립변인으로서 기능할 수도 있다(Magnusson & Stattin, 1998, p. 702).

게다가 Magnusson(1995, 1999a, 1999b)의 이론은 발달과학의 강조점을, 개인에게 변인이 기능하는 방법을 일반화하는 데서 변인들이 개인 내에서 어떻게 기능하는지를 이해하기 위한 시도로 변경했다. 즉, 개인 내 변인들 간의 비선형적 관계와 개인의 내적 독특성은 전체적 인간-환경체계 내 다양한 다른 수준들과의 관계에서 발생하는 독특한 패턴을 보이는 교환의 산물이자 생산자이기 때문에 개인차는 인간발달의 기초적 특성이 된다. 그리고 개인 발달을 이해하기 위해서는 해당하는 개인에 적절한 특정 요인과 이러한 요인들이 개인 내에서 조직화되고 작용하는 특정 방법을 밝혀야 한다(Magnusson & Stattin, 1998). 간단히 말하면, "발달적 변화는 전체와 분리된 단 하나의 측면에서 발생하지 않는다. 전체적 개인은 시간에 걸쳐 적절한 방식으로 변화하고 변인이 아닌 개인이 발달한다." (Magnusson & Stattin, p. 727) 이러한 인간 중심적 분석의 복잡성은 Magnusson(1995, 1999a, 1999b; Magnusson & Stattin, 1998)이 설명한 것처럼 인간-환경체계의 맥락적 요소들이 다방면적이고 개인적임이 이해될 때 강조된다. 즉, 다음과 같다.

> 개인이 일부분을 형성하고 있는 전체적, 통합적 그리고 조직적인 체계는 개인의 세포 수준부터 환경의 거시체계에 이르는 요소들의 위계 체계로 구성되어 있다. 실제 수행에서 총체적 개인-환경체계 내 각 요소들의 역할과 기능은 각 수준의 맥락에 달려 있다. 체계의 각 수준들은 하부 체계와 관련하여 볼 수 있는 전체성과 상위 체계와 관련된 하부 체계다. 서로 다른 수준의 체계는 상호 의존적이다(Magnusson & Stattin, 1998, p. 705).

Magnusson과 Stattin(1998)은 인간-환경체계의 이러한 맥락적 요소들의 복잡성을 다음과 같이 언급하며 묘사하고 있다. 환경은 물리적이고 사회적인 차원에 기초하여 구분될 수 있고, 인간은 이 두 차원의 실제적이거나 지각적인 특징에 의해 영향을 받게 될 것이다. 이 두 차원은 행동을 위한 자극의 원천과 정보를 위한 자원으로 작용할 것이다. 그리고 환경은 건강한 발달을 위한 최적의 맥락을 제공하는 측면(예, 형성적(formative) 환경; Magnusson & Stattin, 1998)과 특정 시점에서 구체적 행동을 위한 원천으로서 작용한다는 측면(예, 촉진적 환경; Magnusson & Stattin, 1998)으로 구분할 수도 있다.

환경은 또한 인간과의 관계의 거리에 기초하여 구분되기도 한다. 예를 들어, 가족 또는 또래집단은 개인의 근접 환경을 구성하는 반면, 가족 자원(예, 저소득 가정을 위한 복지 혜택과 관련된 정책)에 해당되는 사회정책은 인간발달의 원격 환경을 구성한다(Bronfenbrenner & Morris, 1998).

결 론 환경의 복잡성이 다차원적 개인과 결합되면(예, 개인의 생물학; 정신 체계 잠재의식 과정; 가치, 규준(norm), 동기 그리고 목표; 자기-구조와 자기-지각; 행동적 특성; Magnusson & Stattin, 1998) 발달체계의 총체적이고 통합적인 이론에 대한 요구가 명백해진다. 이 체계는 인간발달의 과정을 이해하고 이를 극대화시키고 향상시키기 위해 고려되어야 한다. 이 장 앞부분에서 논의하였던, 인간 삶의 과정을 향상시키는 개입을 위한 가소성의 함의와 일치하게, Magnusson(1995, 1999a, 1999b)은 폭넓은 과학적 연구뿐 아니라 통합적으로 긍정적 인간발달을 촉진시키는 방식으로 발달과학에 적용할 수 있는 전략을 계획하는 데 모든 수준의 개인과 환경을 포함시켜야 한다고 보고 있다.

> 이미 주장한 것처럼, 개인의 기능과 발달에 관한 총체적 상호주의적 관점은 개입과 치료를 위한 사회 프로그램의 발달에서 사회적 맥락 하의 개인 기능의 단일한 문제와 단일한 위험요소가 아닌 총체적 인간-환경 프로그램이 고려되어야 함을 함축하고 있다(Magnusson & Stattin, 1998, p. 740).

그러므로 총체적 상호작용에 관한 Magnusson(1995, 1999a, 1999b)의 견해는 발달적 체계와 관련된 과학과 응용 간의 통합적 연계를 강조한다. 다른 발달체계이론들의 견해(예, Baltes et al., 1998)와 일치하고 이에 의해 지지되는 이러한 이론들의 과학적, 사회학적 유용성에 대한 그의 관점은 기초과학과 응용과학의 양분성을 극복하고 인간발달과학의 현대이론에서 응용과학의 통합적 역할에 대해 논의하는 것이 중요함을 강조하고 있다.

6. 발달체계이론과 발달과학의 응용

인간-환경 간 관계에 대한 초점은 긍정적인 인간발달을 촉진시키는 연구와 응용을 위한 발달체계이론의 중요한 함축을 강조한다. 진화적, 역사적으로 건강하게 기능하는 것의 가장 중요한 예언변인은 개인적인 태도나 환경이 아니었다. 대신에 아동, 부모, 학교, 공동체 간의 관계와 발달체계 내에 있는 조직의 여러 수준들이 인간의 개체발생론에서 인간발달의 특성과 인간발달의 생태학적 역할을 이해하는 데 가장 중요하다.

발달체계이론 관점을 정리한 Fisher 등(1983)은 응용발달과학(applied developmental science: ADS)이라는 핵심적인 원리를 특징짓는 다섯 가지 개념 요소를 요약했다. ADS의 첫 번째 개념적 요소는 개인, 가족, 공공시설, 공동체의 변화와 관련된 일시성 혹은 역사적 개입이다. 환경이나 개인의 어떤 요소는 시간이 지나도 안정적으로 남아 있고, 다른 요소들은 역사적으로 변화할 수도 있다. 인간행동과 발달의 현상은 역사적으로 변하므로, 시간이 흘러서 일반화하는 것이 맞는 것인지를 평가해야 한다. 따라서 일시성은 연구설계, 서비스 준비 그리고 프로그램 평가에 중요한 함의를 가진다.

개입은 개인 내 변화의 발달 궤적을 변화시키는 것이다. 이 목표를 달성하기 위한 두 번째 ADS 개념의 주안점은 발달과학자들이 각 개인 간의 차이, 예를 들어 종교적, 민족적, 사회적 계층과 성별 가운데 개인차를 설명하고, 사춘기와 같은 개인 내 변화를 설명하는 것이다.

ADS의 세 번째 특성은 환경의 중요성을 강조한다. 인간발달의 생태 내에 있는 조직의 모든 수준들 간 관계에 초점을 맞춘다. 이러한 수준은 생물학, 가족, 동료, 학교, 기업, 이웃, 공동체, 물리적이고 생물학적인 환경 그리고 사회의 문화적, 정치적, 법적, 도덕적, 경제적 시설을 포함한다.

ADS의 네 번째 원리는 개선보다는 기술적인 정상 발달 과정, 우선적 개입과 최적화를 강조한다. 응용발달과학자들은 건강과 정상 발달 과정을 강조하고 개인, 가정 및 공동체의 문제나 결함과 약점에 초점을 두기보다 개인, 집단, 환경의 강점과 장점을 확인하기 위해 찾는다. 응용발달과학자들은 사람이 직면하는 문제 대신에 사람들 가운데 성장과 관련되고 긍정적인 개인의 발달(Scales, Benson, Leffert, & Blyth, 2000), 유능성, 자신감, 친밀함, 특성 그리고 보살핌이나 연민들과 관련된 개인과 생물의 강점의 결합을 발견하는 것을 목표로 한다(Lerner, 2004).

응용발달과학의 마지막 원리는 지식의 생성과 지식의 적용 사이의 양방향 간 관계를 인식하는 것이다. 응용발달과학자들은 양방향성을 인식하고 발달과학을 적용함으로써 개인, 가족 그리고 공동체 가운데 존재하는 삶과 발달에 대한 지식의 중요성을 인정한다. 응용발달과학자들에게 연구자나 대학과 공동체 간의 협동과 공동학습은 학문적 사업의 본질적 특징이다(Lerner, 1998). 그러한 공동체의 공동 노력은 확장적 학문이라고 불린다(Lerner & Miller, 1998).

다시 말해, ADS가 예상하고 적용하는 발달체계 관점에서는 다음을 가정한다.

> 과학과 응용은 상호적 관계에 있다. 따라서 발달에 대하여 지식의 근거를 경험적으로 산출하는 이들과 개인, 가족에 영향을 미치는 전문적 서비스와 타당한 정책을 제공하는 이들은 연구를 재구성하고 미래 연구를 하는 데 기초를 제공하는 개입 전략과 개입 평가 그리고 정책에 상호적인 것으로 보인다. 결과적으로, 응용발달과학자들은 다른 이들의 발달을 고양시키기 위해 일을 하는 부모, 전문가들 그리고 정책 담당자들에 대한 정보를 퍼뜨리는 것뿐만 아니라, 공동체의 관점과 경험을 이론으로 재구성하여 연구설계와 개입에 통합한다(Fisher & Lerner, 1994, p. 7).

요약하면, 발달체계 모델은 인생의 과정을 이해하고 촉진시키는 것과 관련된 응용 발달학자들이 부모, 동료, 교사, 이웃 그리고 개인에게 영향을 미친 더 넓은 제도적 환경의 영향과 개인의 영향 모두의 연구를 종단적으로 통합시킴으로써, 인간발달의 논리적 과정에 초점을 맞추도록 한다. 이러한 복잡한 논리적 체계의 중요성을 인식함으로써 종합적인 연구와 적용의 협의 사항이 분명해진다. 응용발달과학자들은 모든 개인과 가족들, 특히 시민사회에 잠재적인 긍정적 공헌이 낭비될 위험이 있는 이들 가운데 삶이 고양된 이들의 고양적인 삶의 기회를 증가시키기 위해 가장 잘 이용할 수 있는 수단에 대해서 그들 스스로를 계속해서 교육해야 한다(Dryfoos, 1990; Hamburg, 1992; Lerner, 2002; Schorr, 1997).

7. 결론

지금까지 살펴본 이론과 개념들은 발달체계이론들의 힘이 발달하는 개인의 일차원적 설명에 의해 제한되지 않는 능력에 있다고 알려 준다. 그러므로 발달체계이론에서 인간은 생물학적, 심리학적, 사회학적으로 설명되지 않으며 대신에 체계화되어 있다. 즉, 인간의 발달은 다양한 수준들의 조직으로부터 비롯된 변인들의 통합적 매트릭스 내에 있다. 그리고 발달은 이 다층의 매트릭스 내 변인들 간의 역동적 관계에서 비롯된 것으로 개념화되었다.

발달체계이론은 과거의 발달이론과 관련 있는 양극성(예, 유전-환경, 개인-사회 및 생물학-사회; Lerner, 2002)을 사용하고 있으나 개념적으로 받아들이기 어렵고 경험적으로 사실이 아닌(Overton, 1998) 또는 비생산적인 선택을 촉진하는 양분적인 설명 대신에, 인간발달과 관련된 다양한 수준의 조직들 간의 통합에 관한 통찰을 제공한다. 이러한 이론들은 물론 한쪽으로 치우친 과거의 이론들보다 복잡한 것이 사실이다. 그러나 이들은 보다 섬세하고 유연하며 균형적이다. 그리고 지나치게 불합리한 주장(예, 환경과는 상관없이 유전이 인간발달에 영향을 미치며, 자폐증, 군국주의, 지능 그리고 심지어 TV 시청과 관련된 유전자가 있다는 의견들; 예, Hamburgrt, 1957; Lorenze, 1966; Plomin, 2000; Rowe, 1994; Rushton, 2000)의 영향을 비교적 덜 받는다.

과거의 기계론적이고 자동적인 관점은 분석의 다양한 수준들 간의 통합을 강조하고, 발달을 인간 삶과 생태계를 구성하는 다양하고 통합적인 수준의 조직(생물학에서 문화, 역사에 이르는) 내 체계적 변화의 특성으로 이해하는 이론적 모델에 의해 대체되었다. 이러한 이론들의 힘은 인간에 관한 모든 반응내용 영역이나 그들이 부여한 다양한 수준들과 다차원적인 규준에 있다. 또한 인간발달의 기초와 전 생애에 걸친 행복과 번영과 관련된 인간-환경 관계에 대한 이해를 동시에 촉진시킬 수 있는 잠재력이 이 이론의 또 다른 힘이다.

참 · 고 · 문 · 헌

Anastasi, A. (1958). Heredity, environment, and the question "how"? *Psychological Review, 65,* 197-208.

Baltes, M. M., & Carstensen, L. L. (1998). Social-psychological theories and their application to aging: From individual to collective. In V. L. Bengtson & K. W. Schaie (Eds.), *Handbook of theories of aging* (pp. 209-226). New York: Springer.

Baltes, P. B. (1987). Theoretical propositions of life-span developmental psychology: On the dynamics between growth and decline. *Developmental Psychology, 23,* 611-626.

Baltes, P. B. (1997). On the incomplete architecture of human ontogeny: Selection, optimization, and compensation as foundations of developmental theory. *American Psychologist, 52,* 366-380.

* 이 장의 저술은 부분적으로 National 4-H Council과 William F. 연구재단의 지원을 받았다. 또한 이 장의 핵심적인 부분은 Lerner(2002)에 기초하고 있다.

Baltes, P. B., & Baltes, M. M. (1990). Psychological perspectives on successful aging: The model of selective optimization with compensation. In P. B. Baltes & M. M. Baltes (Eds.), *Successful aging: Perspectives from the behavioral sciences* (pp. 1-34). New York: Cambridge University Press.

Baltes, P. B., Lindenberger, U., & Staudinger, U. M. (1998). Life-span theory in developmental psychology. In W. Damon (Series Ed.) & R. M. Lerner (Vol. Ed.), *Handbook of child psychology: Vol. 1 Theoretical models of human development* (5th ed., pp. 1029-1144). New York: Wiley.

Baltes, P. B., Reese, H. W., & Lipsitt, L. P. (1980). Life-span developmental psychology. *Annual Review of Psychology, 31,* 65-110.

Baltes, P. B., Reese, H. W., & Nesselroade, J. R. (1977). *Life-span developmental psychology: Introduction to research methods.* Monterey, CA: Brooks/Cole.

Berger, P. L., Berger, P. L., & Kellner, H. (1967). *The homeless mind: Modernization and unconsciousness.* New York: Random House.

Bijou, S. W. (1976). *Child development: The basic stage of early childhood.* Englewood Cliffs, NJ: Prentice-Hall.

Bijou, S. W., & Baer, D. M. (1961). *Child development: A systematic and empirical theory* (Vol. 1). New York: Appleton-Century-Crofts.

Birkel, R., Lerner, R. M., & Smyer, M. A. (1989). Applied developmental psychology as an implementation of a life-span view of human development. *Journal of Applied Developmental Psychology, 10,* 425-445.

Bloom, B. (1964). *Stability and change in human characteristics.* New York: John Wiley and Sons.

Brandtstädter, J. (1998). Action perspectives on human development. In W. Damon (Series Ed.) & R. M. Lerner (Vol. Ed.), *Handbook of child psychology: Vol. 1 Theoretical models of human development* (5th ed., pp. 807-863). New York: Wiley.

Brent, S. B. (1978). Individual specialization, collective adaptation and rate of environment change. *Human Development, 21,* 21-33.

Brim, O. G., Jr., & Kagan, J. (1980). Constancy and change: A view of the issues. In O. G. Brim, Jr., & J. Kagan (Eds.), *Constancy and change in human development* (pp. 1-25). Cambridge, MA: Harvard University Press.

Bronfenbrenner, U. (1974). Developmental research, public policy, and the ecology of childhood. *Child Development, 45,* 1-5.

Bronfenbrenner, U. (1979). *The ecology of human development.* Cambridge, MA: Harvard University Press.

Bronfenbrenner, U. (1989). Ecological systems theory. In R. Vasta (Ed.), *Six theories of child development: Revised formulations and current issues* (pp. 185-246). Greenwich, CT: JAI Press.

Bronfenbrenner, U. (1994). Ecological models of human development. In T. Husen & T. N. Postletwaite (Eds.), *International encyclopedia of the social and behavioral science.* Oxford, England: Elsevier.

Bronfenbrenner, U. (2001). The bioecological theory of human development. In N. J. Smelser & P. B. Baltes (Eds.), *International encyclopedia of the social and behavioral sciences* (pp. 6963-6970). Oxford, England: Elsevier.

Bronfenbrenner, U. (2005). *Making human beings human.* Thousand Oaks, CA: Sage.

Bronfenbrenner, U., & Ceci, S. J. (1993). Heredity, environment, and the question "How?" A new theoretical perspective for the 1990s. In R. Plomin & G. E. McClearn (Eds.), *Nature, nurture, and psychology* (pp. 313-324). Washington, DC: American Psychological Association.

Bronfenbrenner, U., & Morris, P. A. (1998). The ecology of developmental process. In W. Damon (Series Ed.) & R. M. Lerner (Vol. Ed.), *Handbook of child psychology: Vol. 1 Theoretical models of human development* (5th ed., pp. 993-1028). New York: Wiley.

Brooks-Gunn, J., & Reiter, E. O. (1990). The role of pubertal processes in the early adolescent transition. In S. Feldman & G. Elliot (Eds.), *At the threshold: The Developing adolescent* (pp. 16-53). Cambridge, MA: Harvard University Press.

Cairns, R. B. (1998). The making of developmental psychology. In W. Damon (Series Ed.) & R. M. Lerner (Vol. Ed.), *Handbook of child psychology: Vol. 1 Theoretical models of human development* (5th ed., pp. 419-448). New York: Wiley.

Cairns, R. B., & Cairns, B. D. (1994). *Lifelines and risks: Pathways of youth in out time.* New York: Cambridge University Press.

Cairns, R. B., & Hood, K. E. (1983). Continuity in social development: A comparative perspective on individual difference prediction. In P. B. Baltes & O. G. Brim, Jr. (Eds.), *Life-span development and behavior* (Vol. 5, pp. 301-358). New York: Academic Press.

Collins, W. A. (1982). *The concept of development: The Minnesota symposia on child psychology* (Vol. 15). Hillsdale, NJ: Lawrence Erlbaum Associates.

Damasio, A. R., & Damasio, H. (1996). Making images and creating subjectivity. In R. R. Llinas & P. S. Churchland (Eds.), *The mind-brain continuum: Sensory processes* (pp. 19-27). Cambridge, MA: MIT Press.

Dixon, R. A., Lerner, R. M., & Hultsch, D. F. (1991). The concept of development in the study of individual and social change. In P. van Geert & L. P. Mos (Eds.), *Annals of theroetical psychology* (Vol. 7, pp. 279-323). New York: Plenum.

Dryfoos, J. G. (1990). *Adolescents at risk: Prevalence and prevention.* New York: Oxford University Press.

Dryfoos, J. G. (1994). *Full service schools: A revolution in health and social services for children, youth, and families.* San Francisco: Jossey-Bass.

Elder, G. H., Jr. (1998). The life course and human development. In W. Damon (Series Ed.) & R. M. Lerner (Vol. Ed.), *Handbook of child psychology: Vol. 1 Theoretical models of human development* (5th ed., pp. 939-991). New York: Wiley.

Elder, G. H., Modell, J., & Parke, R. D. (1993). Studying children in a changing world. In G. H. Elder, J. Modell, & R. D. Parke (Eds.), *Children in time and place: Developmental and historical insights* (pp. 3-21). New York: Cambridge University Press.

Erikson, E. H. (1959). Identity and the life-cycle. *Psychological Issues, 1,* 18-164.

Featherman, D. L. (1985). Individual development and aging as a population process. In J. R. Nesselroade & A. von Eye (Eds.), *Individual development and social change: Explanatory analysis* (pp. 213-241). New York: Academic Press.

Fischer, K. W., & Bidell, T. (1998). Dynamic development of psychological structures in action and thought. In W. Damon (Series Ed.) & R. M. Lerner (Vol. Ed.), *Handbook of child psychology: Vol. 1 Theoretical models of human development* (5th ed., pp. 467-561). New York: Wiley.

Fisher, C. B., Jackson, J. F., & Villarruel, F. A. (1998). The study of African American and Latin

American children and youth. In W. Damon (Series Ed.) & R. M. Lerner (Vol. Ed.), *Handbook of child psychology: Vol. 1 Theoretical models of human development* (5th ed., pp. 1145-1207). New York: Wiley.

Fisher, C. B., & Lerner, R. M. (1994). Foundations of applied developmental psychology. In C. B. Fisher & R. M. Lerner (Eds.), *Applied developmental psychology* (pp. 3-20). New York: McGraw-Hill.

Fisher, C. B., Murray, J. P., Dill, J. R., Hagen, J. W., Hogan, M. J., Lerner, R. M., et al. (1993). The national conference on graduate education in the applications of developmental science across the life-span. *Journal of Applied Developmental Psychology, 14,* 1-10.

Ford, D. L., & Lerner, R. M. (1992). *Developmental systems theory: An integrative approach.* Newbury Park, CA: Sage.

Freud, S. (1954). *Collected works, standard edition.* London, England: Hogarth Press.

Freud, A. (1969). Adolescence as a developmental disturbance. In G. Caplan & S. Lebovic (Eds.), *Adolescence* (pp. 5-10). New York: Basic Books.

Freund, A. M., Li, K. Z., & Baltes, P. B. (1999). The role of selection, optimization, and compensation in successful aging. In J. Brandtstädter & R. M. Lerner (Eds.), *Action and self-development: Theory and research through the life-span* (pp. 401-434). Thousand Oaks, CA: Sage.

Gleick, J. (1987). *Chaos: Making a new science.* New York: Viking.

Gollin, E. S. (1981). Development and plasticity. In E. S. Gollin (Ed.), *Developmental plasticity: Behavioral and biological aspects of variations in development* (pp. 231-151). New York: Academic Press.

Gottlieb, G. (1992). *Individual development and evolution: The genesis of novel behavior.* New York: Oxford University Press.

Gottlieb, G. (1997). *Synthesizing nature-nurture: Prenatal roots of instinctive behavior.* Mahwah, NJ: Lawrence Erlbaum Associates.

Gottlieb, G. (2003). Normally occurring environmental and behavioral influences on gene activity. In C. Garcia Coll, E. Bearer, & R. M. Lerner (Eds.), *Nature and nurture: The complex interplay of genetic and environmental influences on human behavior and development.* Mahwah, NJ: Lawrence Erlbaum Associates.

Gottlieb, G., Wahlsten, D., & Lickliter, R. (1998). The significance of biology for human development: A developmental psychobiological systems view. In W. Damon (Series Ed.) & R. M. Lerner (Vol. Ed.), *Handbook of child psychology: Vol. 1 Theoretical models of human development* (5th ed., pp. 233-273). New York: Wiley.

Gould, S. J. (1977). *Ontogeny and phylogeny.* Cambridge, MA: Belknap Press of Harvard.

Hamburg, D. A. (1992). *Today's children: Creating a future for a generation in crisis.* New York: Time Books.

Hamburger, V. (1957). The concept of development in biology. In D. B. Harris (Ed.), *The concept of development* (pp. 49-58). Minneapolis: University of Minnesota Press.

Harris, D. B. (Ed.). (1957). *The concept of development.* Minneapolis: University of Minnesota Press.

Hebb, D. O. (1949). *The organization of behavior.* New York: Wiley.

Hebb, D. O. (1970). A return to Jensen and his social critics. *American Psychologist, 25,* 568.

Heckhausen, J. (1999). *Developmental regulation in adulthood: Age-normative and sociocultural constraints as adaptive challenges.* New York: Cambridge University Press.

Hernandez, D. J. (1993). *America's children: Resources for family, government, and the economy*. New York: Russell Sage Foundation.

Hernstein, R., & Murray, C. (1994). *The bell curve: Intelligence and class structure in American life*. New York: Free Press.

Hetherington, E. M., & Baltes, P. B. (1988). Child psychology and life-span development. In E. M. Hetherington, R. M. Lerner, & M. Perlmutter (Eds.), Child development in a life-span perspective (pp. 1-19). Hillsdale, NJ: Lawrence Erlbaum Associates.

Hill, J. P., Holmbeck, G. N., Marlow, L., Green, T. M., & Lynch, M. E. (1985). Menarche status and parent-child relations in families of seventh-grade girls. *Journal of Youth and Adolescence, 14*, 301-316.

Hirsch, J. (1970). Behavior-genetic analysis and its biosocial consequences. *Seminars in Psychiatry, 2*, 89-105.

Holmbeck, G. N., & Hill, J. P. (1991). Conflictive engagement, positive affect, and menarche in families with seventh-grade girls. *Child Development, 62*, 1030-1048.

Kagan, J. (1980). Perspectives on continuity. In O. G. Brim, Jr., & J. Kagan (Eds.), *Constancy and change in human development* (pp. 26-42). Cambridge, MA: Harvard University Press.

Kaplan, B. (1983). A trio of trials. In R. M. Lerner (Ed.), *Developmental psychology: Historical and philosophical perspectives* (pp. 185-228). Hillsdale, NJ: Lawrence Erlbaum Associates.

Kuhn, T. S. (1962). *The structure of scientific revolutions*. Chicago, IL: University of Chicago Press.

Kuo, Z. Y. (1976). *The dynamics of behavior development: An epigenetic view*. New York: Plenum.

Lehrman, D. S. (1953). A critique of Konrad Lorenz's theory of instinctive behavior. *Quarterly Review of Biology, 28*, 337-363.

Lerner, R. M. (1982). Children and adolescents as producers of their own development. *Developmental Review, 2*, 342-370.

Lerner, R. M. (1984). *On the nature of human plasticity*. New York: Cambridge University Press.

Lerner, R. M. (1991). Changing organism-context relation as the basic process of development: A developmental-contextual perspective. *Developmental Psychology, 27*, 27-32.

Lerner, R. M. (1998). Theories of human development: Contemporary perspectives. In W. Damon (Series Ed.) & R. M. Lerner (Vol. Ed.), *Handbook of child psychology: Vol. 1 Theoretical models of human development* (pp. 1-24). New York: Wiley.

Lerner, R. M. (2002). *Concepts and theories of human development*. Mahwah, NJ: Lawrence Erlbaum Associates.

Lerner, R. M. (2004). *Liberty: Thriving and civic engagement among America's youth*. Thousand Oaks, CA: Sage.

Lerner, R. M., & Busch-Rossnagel, N. A. (1981). *Individuals as producers of their development: A life-span perspective*. New York: Academic Press.

Lerner, R. M., Castellino, D. R., Terry, P. A., Villarruel, F. A., & McKinney, M. H. (1995). A developmental contextual perspective on parenting. In M. H. Bornstein (Ed.), *Handbook of parenting: Biology and ecology of parenting* (Vol. 2, pp. 285-309). Hillsdale, NJ: Lawrence Erlbaum Associates.

Lerner, R. M., Fisher, C. B., & Weinberg, R. A. (2000). Toward a science for and of the people: Promoting civil society through the application of developmental science. *Child*

Development, 71, 11-20.

Lerner, R. M., & Hood, K. E. (1986). Plasticity in development: Concepts and issues for intervention. *Journal of Applied Developmental Psychology, 7,* 139-152.

Lerner, R. M., & Kauffman, M. B. (1985). The concept of development in contextualism. *Developmental Review, 5,* 309-333.

Lerner, R. M., & Miller, J. R. (1993). Integrating human development research and intervention for America's children: The Michigan State University Model. *Journal of Applied Developmental Psychology, 14,* 347-364.

Lerner, R. M., & Miller, J. R. (1998). Developing multidisciplinary institutes to enhance the lives of individuals and families: Academic potentials and pitfalls. *Journal of Public Service and Outreach, 3*(1), 64-73.

Lerner, R. M., Skinner, E. A., & Sorell, G. T. (1980). Methodological implications of contextual/dialetic theories of development. *Human Development, 23,* 225-235.

Lerner, R. M., Theokas, C., & Jelicic, H. (in press). Youth as active agents in their own positive development: A developmental systems perspective. In W. Greve, K. Rothermund, & D. Wentura (Eds.), *The adaptive self: Personal continuity and intentional self-development.* Göttingen, Germany: Hogrefe/Huber Publishers.

Lerner, R. M., & Walls, T. (1999). Revisiting individuals as producers of their development: From dynamic interactions to developmental systems. In J. Brandtstädter & R. M. Lerner (Eds.), *Action and self-development: Theory and research through the life-span* (pp. 3-36). Thousand Oaks, CA: Sage.

Lerner, R. M., Wertlieb, D., & Jacobs, F. (Eds.). (2003). *Handbook of applied developmental science.* Thousand Oaks, CA: Sage.

Lewontin, R. C. (1992). Foreword. In R. M. Lerner (Ed.), *Final solutions: Biology, prejudice, and genocide* (pp. vii-viii). University Park: Penn State Press.

Lorenz, K. (1937). Ober den begriff der instinkthandlung. *Folia Biotheoretica, 2,* 17-50.

Lorenz, K. (1965). *Evolution and modification of behavior.* Chicago: University of Chicago Press.

Lorenz, K. (1966). *On aggression.* New York: Harcourt, Brace, & World.

Magnusson, D. (1995). Individual development: A holistic integrated model. In P. Moen, G. H. Elder, & K. Lusher (Eds.), *Linking lives and contexts: Perspectives on the ecology of human development* (pp. 19-60). Washington, DC: APA Books.

Magnusson, D. (1999a). Holistic interactionism: A perspective for research on personality development. In L. A. Pervin & O. P. John (Eds.), *Handbook of personality: Theory and research* (2nd ed., pp. 219-247). New York: Guilford.

Magnusson, D. (1999b). On the individual: A person-oriented approach to developmental research. *European Psychologist, 4,* 205-218.

Magnusson, D., & Endler, N. S. (1977). Interactional psychology: Present status and future prospects. In D. Magnusson & N. S. Endler (Eds.), *Personality at the crossroads: Current issues in interactional psychology* (pp. 3-31). Hillsdale, NJ: Lawrence Erlbaum Associates.

Magnusson, D., & Stattin, H. (1998). Person-context interaction theories. In W. Damon (Series Ed.) & R. M. Lerner (Vol. Ed.), *Handbook of child psychology: Vol. 1 Theoretical models of human development* (5th ed., pp. 685-759). New York: Wiley.

Molina, B. S. G., & Chassin, L. (1996). The parent-adolescent relationship at puberty: Hispanic ethnicity and parent alcoholism as moderators. *Developmental Psychology, 32,* 675-686.

Overton, W. F. (1973). On the assumptive base of the nature-nurture controversy: Additive versus interactive conceptions. *Human Development, 16,* 74-89.

Overton, W. F. (1984). World views and their influence on psychological theory and research: Kuhn-Kakatos-Lauden. In H. W. Reese (Ed.), *Advances in child development and behavior* (Vol. 18, pp. 191-225). New York: Academic Press.

Overton, W. F. (1998). Developmental psychology: Philosophy, concepts, and methodology. In W. Damon (Series Ed.) & R. M. Lerner (Ed.), *Handbook of child psychology: Vol. 1 Theoretical models of human development* (5th ed., pp. 107-187). New York: Wiley.

Overton, W. F. (2003). Development across the life span: Philosophy, concepts, theory. In B. Weiner (Series Ed.) & R. M. Lerner (Ed.), *Handbook of psychology: Vol. 6. Developmental psychology* (pp. 13-42). New York: Wiley.

Overton, W. F., & Reese, H. W. (1973). Models of development: Methodological implication. In J. R. Nesselroade & H. W. Reese (Eds.), *Life-span developmental psychology: Methodological issues* (pp. 65-86). New York: Academic.

Overton, W. F., & Reese, H. W. (1981). Conceptual prerequisites for an understanding of stability change and continuity-discontinuity. *International Journal of Behavioral Development, 4,* 99-123.

Pepper, S. C. (1942). *World hypotheses.* Berkeley: University of California.

Piaget, J. (1950). *The psychology of intelligence.* New York: Harcourt Brace.

Piaget, J. (1970). Piaget's theory. In P. H. Mussen (Ed.), *Carmichael's manual of child psychology* (3rd ed., Vol. 1, pp. 703-723). New York: Wiley.

Plomin, R. (2000). Behavioral genetics in the 21st century. *International Journal of Behavioral Development, 24,* 30-34.

Prigogine, I. I. (1978). Time, structure, and fluctuation. *Science, 201,* 777-785.

Reese, H. W. (1982). Behavior analysis and developmental psychology: Discussant comments. *Human Development, 35,* 352-357.

Reese, H. W., & Overton, W. F. (1970). Models of development and theories of development. In L. R. Goulet & P. B. Baltes (Eds.), *Life-span developmental psychology: Research and theory* (pp. 115-145). New York: Academic.

Riegel, K. F. (1975). Toward a dialectical theory of development. *Human Development, 18,* 50-64.

Riegel, K. F. (1977). The dialectics of time. In N. Datan & H. W. Reese (Eds.), *Life-span developmental psychology: Dialectical perspectives on experimental research* (pp. 4-45). New York: Academic Press.

Rogoff, B. (1998). Cognition as a collaborative process. In W. Damon (Series Ed.) & R. M. Lerner (Vol. Ed.), *Handbook of child psychology: Vol. 1 Theoretical models of human development* (5th ed., pp. 679-744). New York: Wiley.

Rose, S. (1995). The rise of neurogenetic determinism. *Nature, 373,* 380-382.

Rowe, D. C. (1994). *The limits of family influence: Genes, experience, and behavior.* New York: Guilford.

Rushton, J. P. (2000). *Race, evolution, and behavior* (2nd Special Abridged Edition). New Brunswick, NJ: Tranasaction Publishers.

Scales, P., Benson, P., Leffert, N., & Blyth, D. A. (2000). The contribution of developmental assets to the prediction of thriving among adolescents. *Applied Developmental Science, 4* (2), 27-46.

Schaie, K. W., & Strother, C. R. (1968). A cross-sequential study of age changes in cognitive behavior. *Psychological Bulletin, 70,* 671-680.

Schneirla, T. C. (1956). Interrelationships of the innate and the acquired in instinctive behavior. In P. P. Grasse (Ed.), *L' instinct dans le comportement des animaux et de l' homme* (pp. 387-452). Paris: Masson et Cie.

Schneirla, T. C. (1957). The concept of development in comparative psychology. In D. B. Harris (Ed.), *The concept of development* (pp. 78-108). Minneapolis: University of Minnesota.

Schorr, L. (1997). *Common purpose: Strengthening families and neighborhoods to rebuild America.* New York: Doubleday.

Shweder, R. A., Goodnow, J., Hatano, G., Kessel, F., LeVine, R. A., Markus, H., & Miller, P. (1998). The cultural psychology of development. In W. Damon (Series Ed.) & R. M. Lerner (Vol. Ed.), *Handbook of child psychology: Vol. 1 Theoretical models of human development* (5th ed., pp. 867-937). New York: Wiley.

Steinberg, L. (1987). The impact of puberty on family relations: Effects of pubertal status and pubertal timing. *Developmental Psychology, 23,* 833-840.

Strauss, S. (1982). *U-shaped behavioral growth.* New York: Academic Press.

Thelen, E., & Smith, L. B. (1994). *A dynamic systems approach to the development of cognition and action.* Cambridge, MA: MIT Press.

Thelen, E., & Smith, L. B. (1998). Dynamic systems theories. In W. Damon (Series Editor) & R. M. Lerner (Vol. Ed.), *Handbook of child psychology: Vol. 1 Theoretical models of human development* (5th ed., pp. 563-633). New York: Wiley.

Tobach, E. (1981). Evolutionary aspects of the activity of the organism and its development. In R. M. Lerner & N. A. Busch-Rossnagel (Eds.), *Individuals as producers of their development: A life-span perspective* (pp. 37-68). New York: Academic Press.

Tobach, E., & Greenberg, G. (1984). The significance of T. C. Schneirla' s contribution to the concept of levels of integration. In G. Greenberg & E. Tobach (Eds.), *Behavioral evolution and integrative levels* (pp. 1-7). Hillsdale, NJ: Lawrence Erlbaum Associates.

Villarruel, F. A., & Lerner, R. M. (Eds.). (1994, Spring). *Promoting community-based programs for socialization and learning.* San Francisco: Jossey-Bass.

von Bertalanffy, L. (1968). *General systems theory.* New York: Braziller.

Walsten, D. (1990). Insensitivity of the analysis of variance to heredity-environment interaction. *Behavioral and Brain Sciences, 13,* 109-120.

Wapner, S. (1995). Toward integration: Environmental psychology in relation to other subfields of psychology. *Environmental and Behavior, 27,* 9-32.

Wapner, S., & Demick, J. (1998). Developmental analysis: A holistic, developmental systems-oriented perspective. In W. Damon (Series Ed.) & R. M. Lerner (Vol. Ed.), *Handbook of child psychology: Vol. 1 Theoretical models of human development* (5th ed., pp. 761-805). New York: Wiley.

Werner, H. (1948). *Comparative psychology of mental development.* New York: International Universities Press.

Werner, H. (1957). The concept of development from a comparative and organismic point of view. In D. B. Harris (Ed.), *The concept of development* (pp. 125-148). Minneapolis: University of Minnesota.

Zigler, E. E. (1998). A place of value for applied and policy studies. *Child Development, 69,* 532-542.

2 문화 속의 발달

CHAPTER>>

Michael Cole
University of California, San Diego

1. 서론

사람들은 인간의 특성 중 하나가 문화적인 환경에서 거주하는 능력과 그러한 환경을 추구하는 욕구라는 데 일반적으로 동의하지만, 발달심리학에서는 그동안 문화가 인간본성을 이루는 역할을 한다는 것에 상대적으로 적은 관심을 가져 왔다. 그러나 이러한 상황은 바뀌고 있는 것으로 보인다(Dasen & Mishra, 2000; Lonner, 2003). 최근에 이러한 주제를 중점적으로 다룬 여러 전문도서와 학술지가 등장하기 시작했다(이러한 양상의 요약은 Adamopoulos & Lonner, 2001 참조). 또한 지난 10년 동안 발달심리학 개론에서 문화적 차이를 다룬 연구들에 대한 언급이 특히 많아졌다.

심리학 문헌에서 '문화에 대한 처치'는 '다른 문화에서 진행된 연구'라고 표현되는데, 여기서 말하는 '문화'는 '문화적 차이'와 같은 의미를 가지고 있다. 이와 같은 가정은 Hinde(1987, pp. 3-4)가 문화를 "인간의 관습과 신념이 집단마다 다르게 나타나는 것을 쉽게 명명하기 위한 개념이다."라고 하여 그 의미가 더욱 분명해졌다. 하지만 문화 간 연구의 지지자들은 오랫동안 그들의 목적이 사람들에게 나타나는 심리학적 과정 속의 문화 간 유사점과 차이점을 연구하는 것이라고 이야기한다. 지난 10년간 문화적으로 의미 있는 것이 보편적인 종 특유의 특징이라는 문화 간 심리적 접근법이 널리 적용되어 왔다. 이 접근법은 오늘날 문화심리학으로 알려져 있다. 이것은 인간이 생물학적으로 문화를 생산, 습득 그리고 전수하게 된다는 가정을 바탕으로 하고 있다. 그 결과 "인간이 사회문화적으로 의미와 자원을 찾아 그것을 사용하지 않는 한 그 어떠한 사회문화적 환경도 존재하지 않는다."(Shweder, 1990, p. 2)

현재 문화심리학(문화가 인간 삶의 수단으로 습득되고 의미와 관습을 나누는 것)과 문화 간 심리학(문화가 선행 또는 독립변인으로 다루어져 사람들에게 영향을 주는 것)은 정확하게 구분되지 않는다. 예를 들어, Berry(2000)는 문화심리학을 다른 심리학들과 함께 다양한 방법론을 이용하는 '포괄적인 의미'로서의 문화 간 심리학의 하위 분야라고 정의한다. 다른 연구자들은 문화 간 연구들을 문화심리학의 어떤 특수한 방법론을 이용한 방법으로서 바라본다(Greenfield, 2000; Shweder et al., 1998). 어떠한 관점을 취하든 간에 이 두 접근은 '문화적 맥락과 인간발달의 체계적 관계와 어떤 문화 속에서 성장할 때 생기는 레퍼토리적으로 성립되는 행위' 사이에 공통점을 찾고자 한다(Berry, Dasen, & Saraswathi, 1997, p. x). 그러나 두 접근은 실험자가 어떻게 연구를 진행할 것인가에서 차이를 보인다. Greenfield(1997, p. 306)는 "이상적인 문화심리학은 문제와 절차가 일반적이고 특수한 문화의 근본적 특징에서 나오는 것"이라고 표현하고 있다. 반면에 문화 간 심리학은 '문화의 본성이나 관습보다는 방법론적인 면'에 의존하고 있다. 이와 같은 차이는 문화를 독립변인보다는 매개변인으로 여기는 것과 일맥상통한다(Cole, 1996; Valsiner & Lawrence, 1997).

이 장은 다양한 영역들을 다루기 위해 다음과 같이 구성되었다. 첫째, 발달의 본성에 대한 세 가지 전통적인 관점에 대해 다루고, 문화를 중재자로 가운데에 두는 관점을 살펴본다. 둘째, 문화와 발달에 관해 심리학자들이 사용하는 대안적인 개념에 대해 설명한다. 셋째, 현재 주류가 되는 문화의 개념을 제공할 것이다.

두 번째 부분에서는 서로 다른 생애 시점에서 문화가 어떻게 발달의 과정에 침투하는지에 대한 예를 살펴본다. 여기서는 문화 내적 그리고 문화 간 연구에서의 몇몇 측면을 강조한다. ① 인간발달에서 문화와 생물학은 서로 뒤엉킨 상태라는 것, ② 발달의 문화적 중재는 역사적으로 특수화된 사정을 가진 보편적인 과정이며, ③ 발달의 문화적 요소와 관련이 있는 방법론적 기회와 문제가 문화 내적으로 그리고 문화 간에 존재한다는 것이다.[1] 마지막으로 문화를 위한 발달의 심리학적 이론에 대한 일반적인 이론적, 방법론적 언급을 한다.

1) 발달에 관한 문화 간 연구에 대한 이론적인 문제에 대해 우수하고 지속적인 토론이 이루어지고 있다(예, Bornstein, 1980; Greenfield, 1997; Rogoff, Gauvain, & Ellis, 1984). 이 장의 목적은 이러한 초기 토론을 대신하는 데 있는 것이 아니라 보충하는 데 있다.

2. 세 가지의 이원적인 이론과 문화적 대안

[그림 2-1]은 지난 세기 동안 발달을 이론화하는 데 지배적이었던 세 가지 이원적인 이론과 '세 번째 세력'으로서 문화라는 범주를 더한 네 번째 접근에 대한 도식이다. 그림의 가장 위에 있는 열은 Gesell(1940)에 의해 20세기 초 · 중반에 제시된 관점을 보여 주고 있다. 그는 내생적인 요인이 발달을 지배한다고 했으며, 그 과정은 여러 개의 불변하는 단계를 거친다고 했다. 각 단계는 개체와 개체환경 간의 질적으로 차이가 나는 상호작용

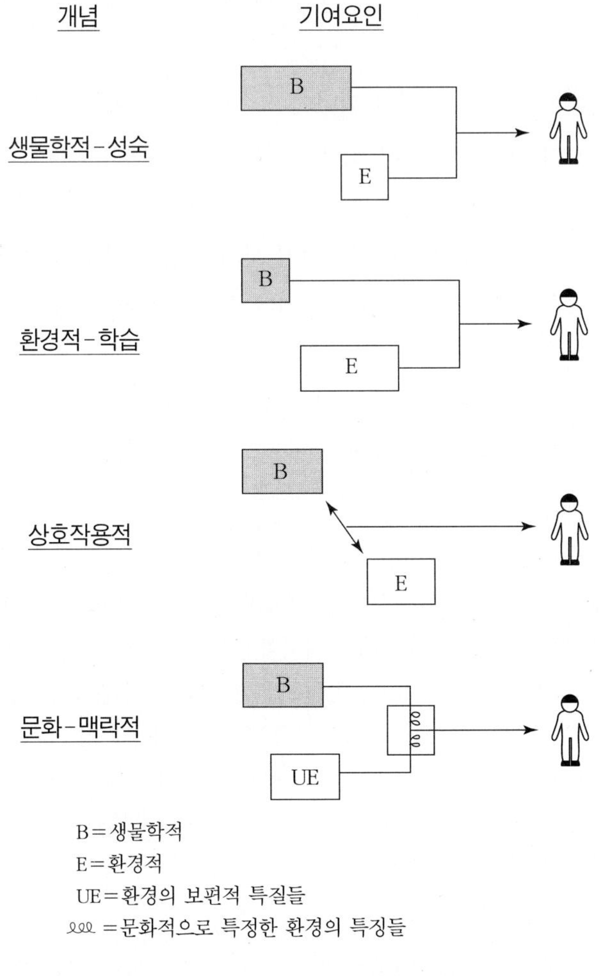

[그림 2-1] 발달의 원인과 그것들이 상호작용하는 것을 이해하기 위한 네 가지 개념 틀

처음 세 가지 틀에서 발달은 두 가지 요인들 간의 상호작용으로 보인다. 이 이론들은 그들의 상호작용 양상에서의 상대적 가중치에서 차이가 난다. 네 번째 틀은 두 가지 요인들이 문화를 매개로 간접적으로 상호작용한다고 가정한다.

으로 구별되는 구조를 가지고 있다. 예컨대, Gesell(1940, p. 13)은 환경에 대해 다음과 같이 언급하였다.

> 환경은 사건, 강도 그리고 행동 간 상관을 결정하지만, 행동발달의 기본 과정을 발생하게 하지는 않는다. 이러한 것은 생득적이고 성숙된 기제로 결정되는 것이다.

다른 곳에서 Gesell(1945, p. 358)은 다음과 같이 덧붙였다.

> 물리적이거나 문화적인 환경은 성장의 메커니즘과 같은 구조상의 정렬을 가지고 있지 않다. 문화는 축적될 뿐, 자라지 않는다. 장갑은 손에 들어가고, 손은 장갑을 결정하는 것이다.

Gesell의 생각은 1950년대가 되면서 구식이 되었지만, 최근에는 발달에 대한 타고난 생물학적 제한에 대한 관심들이 다시 살아나고 있다(Bjorlund & Pellegrini, 2002; Pinker, 2002; Quartz & Sejnowski, 2002). 어떤 관점에서는 환경이 문화를 '자극한다'는 내생적인 구조에 기반을 두기도 하고, 어떤 접근법에서는 어떤 사회든 발달 과정을 완성시키기 위해서 혹은 문화와 발달 간의 원인과 결과를 상호 연결하기 위해 문화가 필요하다고 강조한다.

문화적, 자연적 환경에 대한 관점은 발달적 변화에 커다란 영향을 미치는데, 이는 [그림 2-1]에 나타나 있다. 이와 같은 영향력에 대한 극단적인 견해는 Skinner(1953, p. 91)에 의해 다음과 같이 강력하게 제시되었다.

> 조작적 조건 형성은 도예가가 찰흙을 다루는 것과 같이 행동을 다룬다. 비록 어떤 부분에서 도예가는 완전히 특이한 물체를 생성한 것 같다고 하지만, 우리는 언제나 구별되지 않는 원래의 덩어리로 돌아갈 수 있으며, 우리가 원하는 만큼 작은 변화를 통해 연속적인 단계를 만들 수 있다. 어떠한 사건이든 이전에 일어난 사건과 동떨어져서 발생하지 않는다. 완성된 물체는 특별한 통일성을 가지고 있는 것으로 보이지만, 우리는 이러한 단계가 일어난 상황을 다시 생각할 수 없다. 같은 방법으로 자발적인 생물체의 행동에서 완벽하게 자리 잡은 것은 아니다. 이는 연속적인 구체화 과정인 것이다.

이와 같은 관점에서 유전자 속에 입력된 정보는 과거가 아니며 그것은 발달 과정 속에서 활동적인 역할을 담당한다. 환경은 오히려 조각가로서 찰흙 덩어리를 지속적으로 수정할 뿐만 아니라 새로운 모양으로 바꾼다. 현대 심리학자는 아마 Skinner의 관점을 어느 정도 과장된 것이라고 여길 것이다. 생물체와 찰흙 덩어리가 가지는 유사점은 정말 적은 데, Skinner의 관점은 찰흙과 같이 완전히 수동적인 생물체를 암시하기 때문이다. 하지만 환경의 지배적인 역할에 대한 강조는 다양한 지지를 받는다(예, Bandura, 2002; Jusczyk, 2003; Zimmerman, 1983). 게다가 '조각가'가 사회의 비유인 것처럼, 발달은 현대의 사회문화적 환경에서 일어난다.

아마도 20세기 가장 영향력 있는 발달이론가인 Piaget는 발달의 내생적, 외생적 요인이 동등한 영향을 미친다고 주장했다(Smith, 2002). 그는 한편으로는 "정신적 성장은 신체적 성장과 분리될 수 없고, 신경계와 내분비계의 성숙은 특히 16세까지 진행된다."(Piaget, Inhelder, 1969, p. viii.)라고 단언했다. 같은 시기에 환경적 주조 관점을 채택한 다른 학자들처럼, Piaget는 환경에서 입력되는 사항들이 기회, 강도, 행동적 측면에서의 상호작용과 확정된 범위를 넘어서 잘 어울리는지에 대해 논의했다.

> 인간은 태어나자마자 그에게 영향을 주는 사회환경에 신체적 환경만큼이나 열중한다. 사회는 신체적인 환경보다 한 개인의 구조를 더 변화시킨다. 개인 사이의 모든 관계는 말 그대로 서로 수정되는 것이다. ……(Piaget, 1973, p. 156)

Piaget의 관점을 통해 환경에 적응하려는 개인의 발달적 시도는 때때로 성숙과 환경적 주조에 의한 활발한 개체의 핵심적인 역할의 강조점과는 대조된다고 할 수 있다.

비록 발생계통적 제한과 계통발생적 경험을 설명하는 데 그리고 환경에 대한 아동의 활동적 변경의 중요성에 대해 서로 다른 무게를 두기는 하지만, 세 부분의 지지자는 발달의 힘을 나란히 높게 평가한다(자연-양육, 개인-환경, 계통발생-개체발생). Gesell(1940, 1945), Skinner(1953) 그리고 Piaget(1972, 1973, 1995)는 발달이 문화와 사회적 요인으로 나누어질 수 있다고 직·간접적으로 설명했지만, 막상 이것은 그들의 저술에 나타나지 않았다. 문화가 발달의 한 측면이 된다면, 이는 생물체와는 별개의 것으로 생각된 것이다(Lucariello, 1995).

[그림 2-1]의 네 번째 열은 문화를 명백하게 구분된 발달의 요인으로 보고 있다. 이와 같은 문화적 중재 관점에서 보면, 상호작용을 하는 두 요인은 직접적으로 상호작용하지 않는다. 오히려 둘의 상호작용은 문화, 지식의 축적, 경험, 발달의 매개를 이루는 이전 세대의 학습이라는 세 번째 요인을 통해 중재되는 것이다(Cole, 1996). 인간발달의 관점은 생물학적-사회적-문화적 과정의 변화로 나타나며, 이 요인들 중 무엇도 제거되어서는 안 된다. 네 번째 관점을 더욱더 발전시키려면 발달의 학문적 연구를 살펴보기에 앞서 문화의 개념에 대해 생각해 보는 것이 필요하다.

3. 문화의 개념

일반적으로 문화란 한 세대에서 다음 세대로 전해진 행동습관의 양식이다. 이는 사회적으로 전수된 과거 사람들의 행동양식이며, 성취이고, 현재 사회 집단 혹은 국가나 지역 내에 존재하는 일종의 자원이다(D'Andrade, 1996).[2)]

인간에게 적용되었을 때 문화는 주로 문화의 창조자, 운반자 그리고 이용자가 상징적 행동을 가능케 한다고 가정한다. 예를 들어, 인류학자인 Tylor(1874, p. 1)는 문화를 "한 사회 집단의 구성원으로서 얻은 지식, 신념, 예술, 도덕, 법, 관습 그리고 후천적으로 획득한 능력과 습관"이라고 정의했다. Tylor의 문화에 대한 개념은 Herskovitz (1948, p. 17)에 의해 "사람이 만들어 놓은 환경의 부분"이라는 널리 통용된 개념으로 반복되었다.

문화가 사회적 유산이라는 점을 살펴보기 위해서 인류학자들은 문화를 '환경의 인간 창조물'과 같이 '어딘가에 있는 것' '머릿속에 있는 무언가'와 같은 '지식'과 '신념'으로 표현했다. D'Andrade(1996)가 언급한 것처럼, 이러한 세기의 첫 반세기 동안 인간은 문화를 '초유기체'적인 것 혹은 물질이 지배한 인류학적인 사고로 보았으나, 사회과학에서 일어난 '인지혁명'의 영향으로 '지식으로서의 문화'가 수십 년 동안 지배적인 문화의 개념으로 자리 잡았다. 이와 같은 관점은 "문화는 사회구성원으로서 참여하기 위해 한 개인이 알아야 하는 것"이라고 주장한 Goodenough의 연구에서 잘 드러난다. 이러한 지식은 학습을 통해 얻어지며, 결과적으로 정신적인 현상이다. Goodenough (p. 50)는 다음과 같이 언급하고 있다.

> 사람들이 학습하는 것은 지각, 개념, 배경 및 기술로, 그들을 둘러싼 사람들의 표준에 이르기 위해서 알아야 하는 것들이다.

이와 같은 관점에서 문화는 전적으로 주관적이다. 그것은 사람의 마음, 정신과 사회유산의 상징적 결과물에 달려 있다.

Shweder(2003, p. 11)는 정신에까지 이득을 주는 문화의 관점을 다음과 같이 제시하고 있다. "문화는 지역-특정적인 생각으로, 무엇이 사실이며 좋고 아름답고 유용한지를 우리에게 알려 준다. 문화적이기 위해서 진실, 친절, 미 그리고 유용성은 사회적으로 전수되

2) 이렇게 추상적인 방식으로 정의될 때 인간을 제외한 많은 생물들은 행동의 문화적 양식을 보인다는 사실에 주목해야 한다(McGrew, 2002).

고 습관적이어야 한다. 문화적인 것이기 위해서는 사회적으로 전수된 것이거나 습관적인 생각들을 구체화하고 규정하는 것이어야 한다. 이들은 삶의 구조성을 가지고 있어야 한다."

다른 인류학자들이나 심리학자들은 '이상 대 물질적 문화' 의 이분법을 초월하려고 한다. 예를 들면, 종종 인용되는 문구로 Geertz(1973, p. 45)는 문화에 대한 그의 관점이 다음과 같은 가정을 따른다고 했다.

> 인간의 사고는 기본적으로 사회적이고 공적이다. 다시 말하면, 인간 사고의 자연스러운 서식지는 집의 뜰, 시장 그리고 마을의 광장이라는 것이다. 사고는 '머릿속에서 일어나는 것' 이 아니라 '중요한 상징인 언어 혹은 몸짓, 그림, 음정, 시간과 같은 기계적 수단으로 거래하는 것' 이다.

문화에 대한 이상-물질의 이분법을 초월하는 저자만의 방법은 문화적 매개를 물질적인 것과 정신적인 것 모두로 생각하는 것이다. 문화는 종 특유의 매개체로, 인간은 이전 세대의 인공물에 의해 변형된 환경 안에서 살아가는 것이다(Cole, 1996; Geertz, 1973; Ingold, 2000; Leontiev, 1981; Luria, 1979; Sahlins, 1976). 이러한 인공물의 기본적인 기능은 인간을 물리적인 세계와 대등케 하는 것이다. 이후 문화는 종-구체적인 매개물인 '현재의 역사' 가 되는 것이다. 인공물에 대한 중재는 수천 년 전 호모 사피엔스가 등장하기 이전에 존재했기 때문에 인간 생물학과 인간 문화를 병치하는 것은 옳지 않다. 인간의 뇌와 신체는 오랫동안 함께 우리 종의 복잡한 문화적 환경 속에서 진화한 것이다(Plotkin, 2003; Quartz & Sejnowski, 2002).

Greetz(1973, p. 68)는 인간 계통발생론에서 나타난 이들 요소 간 관계의 영향으로 인간 개체발생론에서의 문화와 생물학의 상호 관련된 관계가 나타나게 된 것이라고 지적했다.

> 문화는 보강, 발달 혹은 유기적인 기반의 능력을 논리적이고 유전적으로 연장하기보다는 그 능력들을 이루는 성분이 무엇인지를 규명하기 때문에 중요한 것이다. 문화가 없는 인간은 본질적으로 유능하지만 재능을 발휘하지 못하는 유인원이 되는 것이 아니라 완전히 어리석고, 결론적으로 일도 하지 못하는 괴물이 되는 것이다.

이와 같은 계통발생론적 관점은 아동의 개체발생론에 보다 주의를 기울이게 하는데, 이는 생물과 문화 간에 일방향적인 원인과 결과가 있지 않기 때문이다. 오히려 인간은 계통발생적, 문화역사적 자원인 동시에 개체발생적 자원인 것이다(Clark, 2003; Wertsch, 1985).

이 관점이 유용하기 위해서는 매개체를 구성하는 인공물들이 왜 개념적, 이상적 그리고 물질적 결합을 하는지 이해해야 한다. 인공물은 어떠한 목적 지향적인 상호작용을 포함하고 있다는 점에서 정신적, 이상적 그리고 개념적 측면을 가지고 있다고 할 수 있다. 이것들은 물리적 형태로 존재하기 때문에 문자, 언어, 수화의 형태 혹은 연필과 같은 물질의 형태로 표현될 수 있다. D'Andrade(1986, p. 22)는 "물질문화—책상과 의자, 빌딩과 도시—는 고체 매개체에 대한 인간 사고의 구체화"라고 말하면서, 이와 같이 주장하였다.

> 문화적 매개체로서 존재하는 인공물을 이중 개념과 물질의 특징을 가진 것으로 본 결과, 인간은 자연과 인공, 이 두 세상에서 사는 것이다. 그러므로 아동이 태어나는 세계는 물질 세상 이상의 의미를 가지는데, 이는 정신적인 관점과 물질적인 관점이 발달하는 아동을 둘러싸고 있는 것을 의미한다.

문화와 인간본성 간 관계에 대해서는 반세기 전에 인류학자인 Leslie White(1942, p. 372)가 제시했다.

> 인간은 상징적 행위를 보일 수 있다는 점에서 유인원뿐만 아니라 우리가 아는 그 어떤 생물체와도 다르다. 인간은 단어로 새로운 세계를 창조하며, 그 세계는 철학과 새로운 생각으로 가득 찬다. …… 인간이 사는 세계는 외부세계가 가지지 못하는 연속성과 영속성을 가지게 된다. 그것은 현재뿐 아니라 과거와 미래도 포함한다. 일시적, 개별적인 에피소드의 연속이 아닌, 양방향으로 무한하게 연장되는 영원한 연속체가 되는 것이다.

나중에 제시하겠지만, White의 강조점은 인공적인 연속성을 창조하는 방법에 있으며, 과거와 미래를 포함하는 것에 있다. 또한 확실한 것은, White와 옛 소련의 문화-역사적 심리학자들(예, Luria, 1928; Vygotsky, 1987)은 인간행동의 중재자로 모든 인공물들이 도구로 고려될 수 있다고 강조한다는 점이다. White(1959, p. 236)는 그 관계를 다음과 같이 표현하고 있다.

> 도끼에는 주관적인 요소가 있다. 이 요소가 없다면 그 개념과 태도는 무의미할 것이다. 반대로 개념과 태도는 명백한 표현 없이는 무의미할 것이다. 그러므로 모든 문화적 요소와 모든 문화적 특징은 주관적이고 객관적인 측면을 가진다.

문화는 '통제 기제'인 요리법이나 컴퓨터 프로그램과 같이 다루어져야 한다. 유물에 대한 문화의 보완적인 측면은 D'Andrade(1984)가 이야기했는데, 그는 문화적 도식이 전체적인 개념-물질 유물을 중재하는 단위라고 보았다. D'Andrade(p. 93)의 개념에 따르면 다음과 같다.

> 전형적으로 도식은 단순화된 세계를 그리며, 실제로 물질들이 분류되는 개념에 맞게 적용할 수 있도록 하고 있다. 이러한 도식은 물리적인 물체와 사건을 그리는 것뿐만 아니라, 더 추상적인 세계의 사회적 상호작용, 강화, 단어의 뜻까지 표현한다.

마지막으로, Bruner(1990)와 Nelson(2003)과 같은 심리학자는 사건 도식이 문화와 인지의 기초적인 조직자로서 이야기 속에 구체화되어 있다고 본다. Nelson이 스크립트로 부르는 일반화된 사건 도식은 누가 참여하는지, 그들이 어떤 사회적 역할을 맡았는지, 어떤 물체들이 사용되는지, 요구되는 연속적인 행동이 무엇인지 등에 대해 이야기한다. Nelson의 스크립트는 Greertz(1973)와 D'Andrade(1984)가 제시한 문화적 구조의 기본 단위와 유사하다. 아동이 다른 사람의 스크립트 상에서 자란다는 그녀의 주장은 아동이 이해하거나 문화적으로 실행하기에 적절한 행동을 하기 이전의 과정에 대해 설명한다. 그리고 이와 같은 생각은 "스크립트의 취득이 바로 문화 취득의 중심에 있다."(Nelson, 1981, p. 110)라는 말로 결론지을 수 있을 것이다.

발달과 관련된 문화의 개념

지금까지 다룬 문화를 매개물로 하는 영역들은 유물로 중재되는 인간활동의 기반, 인간의 뇌와 신체의 공진화, 유물의 물질-개념화 성향, 유물과 도구에서 보이는 일체성과 같은 친밀한 관계(White, 1942), 매개체를 통한 시간의 연장과 같은 특징적 문화와 발달을 이해하기 위해서 중요한 부분이다. 아동의 과거와 현재뿐만 아니라, 아동이 태어나면서 시작되는 아동의 미래에까지도 이것은 중요하다.

발달과 문화가 관련되었다고 생각할 때, 저자는 이 단어가 수세기 전 라틴어에서 영어로 도입되었다는 점에서 설명을 시작하는 것이 직관적으로 매우 유용하다고 생각한다. Williams(1973, p. 87)가 이야기했듯이, 문화의 현대적 개념은 다른 요소들이 성장하는 것을 돕는 과정에 시발점이 있다는 것이다. 즉, "문화는 일찍이 명사들의 과정이었다. 작물이나 동물과 같은 것은 무엇인가를 갈망하는 것이다." 오래전부터 문화에 대한 이론은 발달을 증진시키는 방법을 담고 있었다. 어린 생물체들이 성장하기 위해 최적의 환경을 만들어 보는 것이 한 예가 될 것이다. 이와 같은 공헌을 하려면, 세대에 걸쳐 특별한 업무를 수행하기 위한 도구가 필요하며, 물질과 지식 또한 필요하다.

정원 비유를 지나치게 해석하는 것이 다음 세대의 작물과 다음 세대의 아동을 키우는 데 완전히 적합하지는 않지만, 이는 귀납적인 가치를 지닌다. 우선 정원과 연합된 영역들은 인류학자들이 제시한 문화의 정의와 매우 흡사하다. 살아 있는 생물체를 키우기 위한 인공 환경으로서 정원은 전통적인 문화에 대한 정의가 강조하는 '복잡한 전체' 이며, 원예는 지식과 신념뿐만 아니라 물질적 도구도 필요한 과정인 것이다.

문화에 대한 정원 비유는 정원사들이 정원 안의 특정한 환경 형태에 신경을 써야 할 뿐만 아니라, 정원을 둘러싼 외부의 생태적 환경에까지도 신경을 써야 한다는 점에서 적절한 비유라고 할 수 있다. 언뜻 생각하기에 이 두 가지가 독립적인 것으로 보일지 모르나, 실제로 이 둘은 생태심리학에서 오랫동안 강조해 왔듯이 상호 의존적이다 (Atmen, & Christensen, 1990; Barker, 1968; Heft, 2001). 생태심리학자들이 이용하는 생태학적이라는 개념은 체계 내의 각 요소들이 상호 의존적으로 활동하는 것과 우리가 관심 있는 하위 체계와 그 내용도 마찬가지로 생각하게 해 준다. 비록 적절한 환경을 선택할 수 있는 기회를 주고 어떤 식물이든 어느 장소에서나 키울 수 있다고 하지만, 짧은 시간 동안이라도 좋은 환경을 만드는 것이 언제나 가능한 것은 아니다. 그러므로 만약 어떠한 사람이 인공적인 환경을 증진시키는 과정에 관심을 가질 뿐만 아니라 그것을 유지하려고 한다면, 정원을 둘러싼 환경이 어떤 모습을 하고 있는지 살펴보는 것도 중요하다.

정원 안에서 정원사는 흙의 질, 흙을 일구는 방법, 알맞은 영양분의 사용, 적당한 양의 수분뿐만 아니라 씨를 가꾸고 뿌릴 시점을 모두 고려해야 한다. 또한 정원을 벌레, 병충해 등으로부터 보호하는 것 등에 대한 고려도 필요하다. 이 모든 요인은 나름대로의 물질적 요구, 도구, 신념 그리고 지식이 필요하다. 결론적으로, 발달의 이론과 관습은 정확하게 알맞은 요인들의 전체적 결합 추구를 요구하며, 정원의 벽 안에서 발달을 증진시키는 것이다.

정원을 주변 환경으로부터 분리하는 벽이 있다는 것은 그 내부에도 조직이 있다는 것을 의미한다. 정원 벽 안의 서로 다른 식물들은 아무 곳에나 심어져 있는 것이 아니다. 문화도 마찬가지다. Super(1987, p. 5)는 다음과 같은 제안을 했다.

> 발달과학에서는 환경이 그들만의 구조를 가지고 내적 법칙에 의해 작동한다는 이론을 인정하지 않는다. 환경이 발달에 공헌하는 것은 단절되어 있을 뿐만 아니라 환경이 발달에 기여한 것은 오로지 고립되고 단절된 일차원적인 밀고 당김이며 구조인 것이다.

정원 비유

비록 정원 비유가 인간이 사는 환경이 인공적이라는 사실과 문화는 생태학적 환경과 영향을 주고받는다는 사실을 강조하기 때문에 유용하다고 하더라도, 이 비유는 인간이 식물이 아니라는 사실을 고려하지 못했다. 또한 이 비유는 정교한 발달적 연구가 필요한 문화에 대한 현대적 개념화를 형성하지 못했다. 하지만 다행스럽게도 오늘날 문화와 발달에 대한 이론화는 문화를 정원으로 비유하는 것과 문화적 조직을 인간발달로 비유하는 것으로 나누어져 있다.

예를 들어, Super와 Harkness(1986, 1997)는 '발달적 적소'라는 개념을 사용하여 복잡한 사회, 문화, 생태 속에서 아동의 위치를 근접발달 환경의 형태로 언급하고자 했다. 발달적 적소는 세 가지 요소로 분석된다. ① 아동이 사는 물리적이고 사회적인 환경, ② 문화적으로 제한되는 아동 양육과 사회화, ③ 아동 부모의 심리적 특성으로, 특히 아동발달에 대한 부모의 이론과 아동 보육의 업무에 대한 정서적인 태도가 그것이다. Super와 Harkness는 발달적 적소의 세 요인이 동시에 작동하여 근접한 구조화된 매개물을 제공함으로써 아동이 경험하는 세계를 파악하고자 했다(비슷한 논쟁은 Gauvain, 1995 참조).

이와 유사한 관점은 Weiser(2002)에게서도 언급되었는데, 그는 발달에서 문화적 영향의 핵심은 가족생활을 중심으로 한 일상이라고 주장했다. 개인과 활동의 관계는 일 방향적인 것이 아니고, 이는 참여자들이 활동을 구성하는 데 활동적인 역할을 맡기 때문이라고 했다. 결과적으로 문화를 구성하는 활동과 관습에는 "주관적인 것과 객관적인 것이 혼재되어 있다."(LeVine, LeVine, & Schnell, 2001)는 것이다.

문화 혹은 문화들?

지금까지 저자는 문화의 보편적 특징을 좀 특성화된 매개체로 생태문화적 영역, 관습 및 활동을 강조하여 논의했다. 이러한 구조화된 매개체가 개체발생적 발달에 어떻게 진입했는지 설명하기 전에, 문화적 진화의 논점이기도 한 문화적 변이성에 대한 언급이 필요한 듯하다.

일찍이 문화에 대해 언급한 Tylor(1874)는 발달의 단계, 사회적 조직의 복잡성 등과 비슷한 기준으로 문화가 분류될 수 있다고 보았다. 그는 또한 모든 사람이 문화를 사용할 수 있는 동일한 잠재력을 가지고 태어났다고 주장하였지만, 산업화된 사회를 선두로 특정 사회는 그렇지 않은 사회보다 더 발달하였다고 했다. 이러한 두 가지 가정을 통해 다양한 문화에서 관찰된 문화적 특징이 독립적인 발전의 과정을 통해 이루어진 것이라는 사실을 통합하여, Tylor는 인류의 문화적 단계를 문화적 발달이 서로 다른 단계의 사회들에 대한 비교분석을 통해 재구성할 수 있을 것이라고 생각했다.[3)]

이와 같은 생각(Cole, 1996; Jahoda, 1982, 1989; Laboratory of Comparative Human Cognition: LHCH, 1983)은 사회구성원들이 더욱 이른 단계의 문화적 진화를 가졌다면 이른 시기의 정신발달을 가졌을 것이라는 사실에 적합했을 뿐만 아니라 상당히 일리 있는 근거를 제시했다. "영장류는 아동처럼 생각한다."라는 표현에 매료되어, 산업화된 나라의 사람들의 정신적 우수성에 대한 신념은 심리학자, 인류학자 그리고 사회학자에 의해 지지되었고, 문화와 발달에 관한 연구에서는 심각한 쟁점으로 남아 있다(Hallpike, 1979).

문화와 생각이 친밀한 관계가 있다는 현대의 주장에도 불구하고, 단선적인 문화-정신의 진화에 대한 많은 비판들이 있었으며, 이는 Herder(1784, 1803)에서 시작한다고 할 수 있다. 그는 문화의 역사가 특정 사람들과 그들의 사회 안에서만 이해될 수 있다고 주장하면서 일반적인 비교는 우리를 속이는 것이라고 했다. 이와 같은 문화의 역사적 구체성은 유럽 이외의 장소에서 실태 조사를 실시한 Boas(1911)의 연구를 통해 인류학의 주류로 정착하게 되었다(Boas의 현대 문화에 대한 생각에 대해서는 Stocking, 1968 참조).

Boas(1911)는 기술, 언어 사용, 예술, 관습, 신화 등을 살펴봄으로써 진화론적 이론화의 실증적 유효성을 미국과 캐나다 북서부에서 찾기 위해 연구했다. 민족지학적 자료를 기반으로, Boas는 연구들이 가지는 주요한 문화적 특징의 자원을 연구했다. 문화적 특징들에 있어서 한 문화 내의 이질성은 문화 변화에 따른 독립적인 발명이라는 단순문화전파론자의 주장에 위반된다. 동일 언어를 사용하는 서로 다른 부족들도 서로 다른 관습과 신념을 가지고 있는 것으로 드러났다. 단일 사회를 특정한 문화적 수준으로 분류하는 것은 서로 다른 영역의 문화적 수준을 경시하는 결과를 낳았다. 예를 들어, 콰키우틀(Kwakiutl) 족에서 그래픽 예술은 상당히 난해한 자연 형태를 나타내고 있음에도 불구하고 이 사회의 기술은 상대적으로 단순했다.

이러한 관찰을 통해 Boas(1911)는 각 문화가 지역적으로 발전된 요인과 다른 문화에서 얻어진 것들의 결합이라고 결론지었다. 다시 말하면, 이는 특별한 역사적 환경의 적응을

3) 최근 수십 년 동안 이루어진 영장류 안에서의 원(原)문화의 특징에 대한 연구(Cheney & Seyfarth, 1990; Goodall, 1986; Premack & Premack, 1983; Wrangham, McGrew, W., de Waal, F., & Hetne, 1994)의 관점에 따르면, 인류와 다른 종 간의 불연속성을 과장하여 말하는 것은 오류다. Robert Hinde(1987)는 이러한 현상들은 인류가 문화를 이룬 것과 같은 방식으로 문화를 나타내지 않는다고 주장했다. 문화를 오로지 차이로만 감정하는 그의 방식에는 동의하지 않지만, 저자는 이에 찬성한다.

위한 구성인 것이다. 모든 사회들이 이질적인 구성요소들로 이루어지기 때문에 그리고 모든 사회 또한 그들이 대면한 역사적 생존의 문제에 봉착하고 있기 때문에 일반적인 발달의 단계에 대한 문화 간 비교의 기준이란 없다. 이러한 비교는 문화의 여러 측면들을 맥락에서 분리하여, 비교되는 사람들의 삶에서 문화의 그러한 여러 측면들이 마치 동등한 역할을 하는 것처럼 보이게 만든다.

Boas(1911)의 입장을 적용하는 것은 문화와 발달을 어떻게 연구하는지에 대한 직접적인 시사점을 제시한다. 이것은 만약 우리가 어떤 문화 안에서 특정한 행동을 명확하게 이해하고자 한다면, 연구되는 대상의 인생의 경험과 결부되는지 알아봐야 함을 의미한다. 또한 이러한 문화가 과거 문화 간 혹은 문화 내 상호작용이 어떻게 일어나 형성되어 우리가 관찰하는 모습을 이루었는지 알아보아야 한다. 만약 행동을 바라보는 데 문화-역사적인 범주를 무시했다면 그것을 해석하는 데 문제가 생길 수 있으며, 연이어 관찰한 사람들의 전반적인 심리적 중요성 또한 문제가 될 수 있다(이 논점에 대한 자세한 사항은 Rogoff, Gauvain, & Ellis, 1984 참조).

불완전한 인류학적 문화의 개념에 대한 논의를 통해 우리는 다음의 핵심 요인들을 뽑아낼 수 있다.

① 문화는 과거 인간활동의 부산물이다. 이는 과거로부터 내려온 것이고 세대에 걸쳐 도구, 종교의식, 신념, 세상에 대한 이해를 쌓아 가면서 다음 세대로 전달하는 것이다.

② 문화는 유물의 임의적 구분이 아니다. 이는 개념화된 체계, 사회적 관습 그리고 다양한 활동에서 받아들여지는 방법으로 구성되어 있다. 발달에서 문화적 영향에 인접한 환경은 '발달적 적소' 로 표현될 수 있을 것이다.

③ 문화는 중재자다. 문화가 독립변인으로 여겨졌을 때 심각한 이론적 어려움, 즉 원인과 결과를 명백하게 하고자 하는 분석가의 타협하려는 경향에 따른 어려움이 나타날 수 있다. 이러한 어려움에도 불구하고, 서로 다른 역사적 경험과 연합된 다양한 문화의 구성(비록 우리가 글로 적은 기록은 단지 몇 천 년만을 바라볼 수 있는 시점에서 '문화' 를 호모 사피엔스가 이룩한 창조물이라고 이름 붙이는 것과 같이)은 문화를 독립변인으로 보게끔 유혹하며, 표준화된 이론에 기반한 관찰의 특권을 준다. 문화적 변화가 독립변인으로서 전례로 여겨진다면, 앞에서 언급한 요소들을 들추어 내지 않고 어떤 유물의 조직된 패턴을 이해한다는 것은 불가능하거나 어려울 것이다(Whiting, 1976, 문화를 포장된 변수로 언급함). 다음 절에서는 이와 다른 심리적으로 중요한 문화의 관점을 제시하고, 이들이 겪는 딜레마를 제시하고자 한다.

사회적으로 분배된 문화의 속성

Margaret Mead(1928, 1935)가 1920년대와 1930년대에 사모아와 뉴기니를 연구하기 위해 떠났을 때, 사람들은 문화가 성인에 의해 공유되는 것이라고 믿었다. 사실 문화는 소수의 사람들에게 일어나는 일을 모든 사람들에게 일반화할 수 있는 충분한 동질의 것이라고 생각되었다. 정원 비유에서 언급된 것처럼, 이는 정원의 모든 식물들이 모두 같다고 생각하는 것과 같으며, 모두 같은 정도로 자라고 동일한 '문화적' 복제물로 보는 것과 같다. 현재 인류학자 사이에서는 문화적 지식은 단지 부분적으로 공유되는 것으로 여겨지며, 이는 몇 세대 동안 모든 사람이 얼굴을 맞대고 생활하는 작은 사회에서도 마찬가지다(Romney & Moore, 2001; Schwartz, 1978). 정원 안에서 각 식물은 그 주변의 '미세 온도'와 상호작용하는 것이다. 그러므로 문화 간 연구에서는 이러한 이질성 또한 고려되어야 한다. 이는 발달에 관한 연구에서 거의 이루어지지 않았다(Ross, Medin, Coley, & Atran, 2003).

4. 시간에 걸쳐 역동적인 체계를 추적하기

발달학 학습자들이 직면하는 가장 큰 과제 중 하나는 서로 다른 속도로 발전하는 체계들이 상호작용하는 복잡한 영역 속에서 적절한 변화를 찾아 설명하려고 한다는 것이다. 이러한 성장의 과정을 묘사하기 위한 수단으로 Emde, Gaensbouer 및 Harmon(1976)이 Spitz(1958)에게 영향을 받아 제시한 모형인 '유전학 장이론(genetic field theory)'을 살펴보는 것이 유용할 것이다. Emde와 그의 동료들의 발달적 변화에 대한 기본적인 제언은 몇 가지 주 요인의 합성을 연구하는 것이었다. 상호작용의 과정에서 이런 요인들의 역동적인 관계 속에서 일어나는 행동의 질적인 재배열에 대해 Emde와 그의 동료들은 '생물행동학적 이행'이라고 언급했다. Cole, Cole 및 Lightfoot(2005)은 이 개념을 '생물사회학적 행동 이행'이라고 부르며 보다 확장했는데, 이는 모든 변화(아동 자체의 변화와 사회환경의 변화)는 아동의 생물학적 기질과 행동에 큰 영향을 주기 때문이다. 또한 Cole, Cole 및 Lightfoot은 발달이 일어나는 상호작용 속에는 항상 문화적 맥락이 존재한다고 강조하면서, 문화적 맥락은 문화적 접근이 요구하는 모든 발달의 기본적 공헌 요인을 포함한다고 했다.

이 장에서는 문화가 발달의 과정에 어떻게 등장하게 되었는지 주요 발달적 기간과 생물

사회-행동적 이행(biosocial-behavioral shifts) 사이에서 다양한 예를 제시하고자 한다. 이 장을 정상 발달 범위에 한정시키기 위해서 다양하지만 보편적이라고는 할 수 없는 다양한 문화 속의 넓은 연령 분포에서 예시를 찾았다(Whiting & Edwards, 1988). 다른 경우에서는 문화적 중재의 특정한 형태를 강조하기 위해 예시를 사용할 것이다. 하지만 다른 예시들은 과학자들이 발달에서 문화에 중점을 둘 때 겪는 특별한 어려움에 초점을 맞추었다.

태내기 발달

환경의 영향을 출생 전부터 살펴본다는 것이 이상하게 여겨질 수도 있다. 아기는 태어날 때까지 환경과 접촉을 하지 않아도 되기 때문이다. 이 관점은 Leiderman, Tulkin 및 Rosenfeld의 『문화와 영아기(*Culture and Infancy*)』의 서론에서 "인간의 환경은 피할 수 없을 정도로 사회적이고, 태어나는 순간부터 영아는 생물학적 생존을 위해 타인에게 의지한다."라는 말에도 내포되어 있다. 아동의 경험이 가장 많은 부분에서 어머니의 생물학적 체계에 의해 중재되는 조건에서처럼 출생 전의 발달에서도 반영될 수 있다고 할 수 있다. 이러한 조언은 '대부분의 상황에서' 필요한데, 그것은 출생 전의 아기는 어머니가 환경에서 쓰는 언어에 민감하게 반응하고 변화 가능하다는 증거가 점점 더 많이 수집되고 있기 때문이다(Lecanuet, Graniere-Deferre, Jacquet, & DeCasper, 2000; Mehler, Dupoux, Nazzi, & Dehaene-Lambertz, 1996).

문화적 구조를 살펴보는 가장 좋은 방법은 어머니가 어떤 종류의 음식을 섭취하는지, 어떤 물질을 남용하는지 보는 것이다. 문화적 맥락에서 보았을 때 술, 담배와 약물의 섭취에 대한 일반인의 관심은 출생 전 발달에 미치는 명백하고 매우 고통스러운 그리고 장기적인 결과를 낳게 하는 이런 요인들에 집중하도록 했다(요약은 Cole, Cole, & Lightfoot, 2005, 제3장, p. 85 참조). 보다 일상적인 범위에서 산업화되거나 그렇지 않은 사회에서 임신 중인 어머니들에게 적합한 음식에 대한 믿음을 살펴본 결과, 아기의 무게나 머리 크기와 같이 중요한 것에 영향을 미치는 요소에 큰 차이가 있음을 발견했다. 이 주제에 대한 몇 안 되는 문화적 연구에 따르면, Jeans, Smith 및 Stearns(1955)는 어머니의 식단이 '보통에서 좋은' 아기들과 '좋지 않은' '매우 안 좋은' 아기들을 비교했다. 어머니들은 모두 한 곳(시골)에서 왔으며 사회계층상 차이는 없었다. 한 가지 달랐던 것이 그들이 섭취한 음식이었다. 보통에서 좋은 식단을 섭취한다고 분류된 어머니들의 아기가 훨씬 더 건강한 것으로 드러났다. 사회계층이 달라졌을 때 그리고 그것과 함께 어머니와 아동의 종합적인 영양 상태가 달라진다면 그 결과는 파괴적일 수 있다(Pollitt, Saco-Pollitt,

Jahatri, Husaini, & Huang, 2000).

Mead와 Newton(1967)은 산업화되지 않은 사회에서의 식습관에 대한 연구에서 임신에 대한 믿음이 단백질과 출생 전 아기에게 중요한 많은 현대 약품을 먹는 것을 감소시켰다고 보고했다. 어떤 사회에서는 우리에게 필수 영양소라고 여기는 것들이 금지되기도 한다. 예를 들어, 남아메리카의 시리오노(Siriono) 족들은 임신한 여성에게 육류를 섭취하지 못하도록 하는데, 이는 임신한 여성이 섭취한 동물의 특성이 뱃속 아기에게 전해질 것이라는 믿음 때문이라고 한다(Holmberg, 1950; Mead & Newton, 1967에서 인용).

스트레스를 많이 받는 환경에서 임신한 여성이 더 민감한 아기를 출산한다는 믿을 만한 증거가 있다(Chisholm, 1989; Susman, Schmeelk, Ponirakis, & Gariepy, 2001). 예를 들어, Chisholm은 나바호(Navajo) 족 여성 가운데 나바호 사회 속에서 사는 여성들이 그렇지 않은 앵글로(Anglo) 지방의 여성들보다 덜 민감한 아기를 가졌다는 것을 발견했다. Chisholm은 높은 혈압의 원인을, 앵글로가 빠르게 변화하고 전반적으로 지원이 없는 도시의 중심을 차지하기 때문일 것이라고 제안적인 자료를 제공했다.

현대 의학의 등장으로 특히 아기의 성별을 알 수 있는 유전적 검사 기술이 출생 전 발달에 영향을 미치는 새로운 문화적 자원이 명백히 생겼다. 몇몇 나라에서는 이전에 여성들의 낙태 관습이 아기의 모습이 드러날 때까지 지연되기도 했었는데, 현재 기술의 발달로 여성들의 선택적 낙태가 보고되고 있다(Sharma, 2003).

출생: 첫 번째 주요한 생물학적-사회적-행동적 변화

출생하면서 일어나는 생물학적, 행동적 그리고 사회적 요인들의 재조정은 아마도 아동의 삶에서 가장 극적인 변화일 것이다. 아기가 태어나는 과정에 대한 문화적 변수의 차이에 대한 방대한 증거들이 있으며(Newburn, 2003), 발달과 관련된 문화의 보편적인 메커니즘을 가장 뚜렷하게 나타내는 근본적인 변화를 제공하기도 한다(Richardson & Guttmacher, 1967).

아기가 산도에서 나와 탯줄이 끊길 때, 그들에게 자동적으로 제공되었던 산소와 영양분은 갑자기 멈추게 된다. 1개월 이하의 신생아들은 직접적인 생물학적 환경과 더 이상 연결되어 있지 않은 것이다. 출생 후, 필수적인 생물학적 과정들이 문화와 다른 사람들의 중재 가운데서 간접적으로 발생한다. 또 아기의 음식은 소화되기 쉬운 상태로 어머니의 핏줄을 통해 더 이상 제공되지 않고 날(raw) 것이다. 오히려 그것은 단순히 생물학적이지도 않고 자연스럽지도 않은 준비된 과정을 통해 변형되는데, 이는 아기가 속한 사회의 문화적 역사에 의해 구체화되어 간다.

문화로 중재된 환경에서 생존하기 위해 아기는 출생 이전과는 질적으로 다르게 양육되는 환경에서 행동하여야 한다. 그렇다고 해서 아기가 활동하지 말아야 한다는 것은 아니다. 태아 발생 때의 심장박동과 함께 유기체는 죽는 날까지 활동한다. 출생하기 전 동안의 활동이 없다면, 움직임과 생각을 위한 복잡한 뉴런들의 연결이 적절하게 발달하지 못할 것이다. 하지만 자궁 속에서 일어나는 태아의 환경과의 활동 효과는 적다.

출생 후, 환경이 아동에게 일으키는 변화와 아동이 환경에 일으키는 변화는 비슷하게 일어난다. 그들은 긴급한 음성적 요구를 양육자에게 보낸다. 그들은 주변 사람들의 사회적 관계를 재정돈하는 사회적 행위자가 된다. 출생 시 발달은 사회환경과 아기가 활동적 주체가 되는 건설적인 과정이 된다(Valsiner, 2000).

민족지학적 증거로 어머니와 아기가 출생 전, 도중, 후에 겪는 경험은 문화적 전통에 따라 다양하게 나타나는 것을 알 수 있다. 어떤 사회에서는 출생을 어떤 준비나 도움도 필요치 않는 자연스러운 과정으로 여기고 있다. Shostak(1981)은 2세기 중반에 칼라하리 사막에 사는 쿵산(Kung-san) 족 여성에 관한 보고서를 썼는데, 그 여성은 그녀의 어머니가 마을에서 조금 벗어난 곳으로 걸어 나간 뒤, 나무 아래에 앉아서 그녀의 동생을 낳는 모습을 관찰했다고 보고했다. 하지만 대부분의 사회에서 출산은 위험하고(어떤 곳에서는 질병으로도 여겨짐) 특정한 도움이 필요한 것으로 여겨진다(더 많은 예를 보려면 Cole, Cole, & Lightfoot, 2005, p. 95 참조).

출산의 관습 속에 존재하는 문화적 차이에 집중하기보다는 출생이 제공하는 보편적인 체제의 증거인 문화의 이상적인 측면이 아동의 물질적, 문화적 형태로 아동의 환경에 변형되는 과정에 초점을 맞출 것이다. 이 예(소아과 의사인 MacFarlane, 1997의 연구)는 White(1959)가 설명한 문화가 일시적인 연속성의 특정한 인간 형태를 제공한다는 것을 뚜렷하게 나타낸다.

[그림 2-2a]는 부모가 아동을 처음으로 보는 시간을 서로 다른 다섯 개의 단위로 그려 놓았다. 세로로 된 타원은 세로로 된 선에 나타난 출생을 둘러싼 여러 가지 일을 나타낸다. 그림의 가장 위에 있는 선은 물리적인 시간 혹은 지구에 생물체가 태어나기 이전의 긴 우주의 역사를 그린 것이다.

아래의 네 개의 선은 문화심리학적 틀에 따르면, 지지되는 발달적 영역에 해당하는 것인데, 이는 인간발달에 중심이 되는 제한을 제공하는 것이다(Wertsch, 1985). 두 번째 선은 아기의 생물학적 역사를 나타내는 것으로, 지구에 태어난 아기의 생물학적 역사에 해당되는 것이다. 세 번째 선은 문화-역사적 시간을 의미하는데, 이것은 아기의 문화적 유산의 잔여 부분이다. 네 번째 선은 심리학자들의 관심인 아기가 태어나는 순간을 의미한다. 다섯 번째 선은 아기의 입장에서 '태어나는' 것이나 어머니의 입장에서 '아기를 낳는' 것과 같이 세상을 사는 인간의 매 순간의 사건을 의미한다. 네 가지 기원들이 연관되어 있는데, 아래의 단계가 위의 단계에 포함된 것이다.

MacFarlane(1977)의 예에서 우리가 기억해야 할 것은 [그림 2-2a]와 같이 두 개체발생이 하나의 개체발생을 위해 나타나야 한다는 것이다. 즉, 출생의 과정이 발생하기 위해서 사회적 맥락 안에 상호작용하는 어머니와 아동이 필요하다는 것이다. 이 두 개체발생은 생물학적 역사와 문화를 통한 시간의 동시적인 구조에 의해 조정된다([그림 2-2b]).

이제 새로 태어난 아기를 처음 바라보고 성별을 살펴본 성인들의 행위를 상상해 보자. 이와 같은 행동을 한 뒤 전형적인 반응들은 "이 여자아이가 18세가 되었을 때 난 정말 걱정이 되어서 죽을지도 몰라." 혹은 "얘는 럭비를 하지 못하잖아."와 같은 반응일 것이다. 이와 같은 예에서 볼 수 있듯이, 성인들은 아동의 생물학적 특징을 자신들의 문화적 과거에 근거하여 해석한다. 20세기 중반에 살았던 영국 남성과 여성의 경우, 여성이 럭비를 하지 않는다는 것이나, 청소년기가 되었을 때 여자아이가 남자아이들의 성적 관심을 일으키게 되어 여러 종류의 위험이 발생하게 될지도 모른다는 것을 너무나 당연하게 생각할 수도 있다. 과거의 문화 속에서 알게 된 정보를 가지고 딸이 살아갈 세상을 예측하면서 부모는 자녀에게 가능한 미래를 계획한다. 이 과정은 [그림 2-2b]에 그려져 있는데, 선은 과거 문화 속의 어머니에서 현재의 어머니로, 또 그 선은 현재 아동에게 나타나는 어머니의 처우가 아동의 미래에 연결되어 있음을 볼 수 있다.

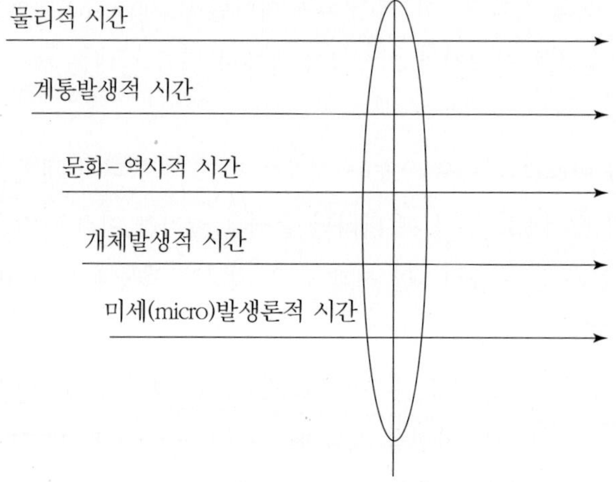

[그림 2-2a] 아이가 태어났을 때부터 유효한 다섯 가지 시간(세로줄로 표시됨)

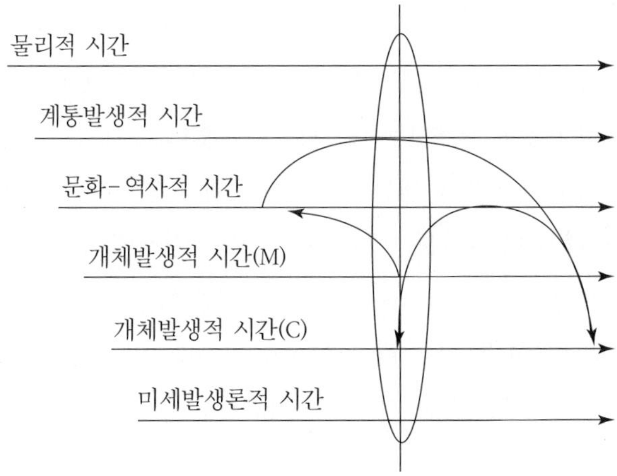

[그림 2-2b] 문화가 어머니의 관념적이고 개념적인 영역에서 아동의 물질적이고 상호작용적 조직화로 변환되는 과정

개체발생적 시간이 아동의 어머니(M)와 아동(C)의 것으로 그려진 것에 유의하라. 곡선은 영향의 순서를 묘사한다. 어머니는 이전의 문화적 경험을 통해 딸에 대해 알고 있는 것을 생각한다. 어머니는 그 지식을 자녀의 미래에 투시한다("내 딸은 절대 럭비 선수가 될 수 없어."와 같은 발언에서 보임). 이와 같은 관념적이고 개념적인 미래는 어머니가 자녀와 상호작용하는 방법을 물질적으로 구체화한다.

문화가 발달에 미치는 영향은 자녀의 미래에 대한 부모의 투영(과거의 문화에 대한 기억을 내포하고 있을 때)이 아동의 경험을 한정시키는 데 영향을 미친다는 것에서 알 수 있다. 이와 같은 추상적이고 비선형적인 과정은 아동의 성별에 완전히 무지한 성인들이 상징이나 문화에 따라 아동을 상당히 다르게 다룬다는 잘 알려진 현상을 보인다. 성인들은 말 그대로 문화적 경험에 따라 제공된 개념에 기초한 다른 형태의 상호작용을 일으킨다. 예를 들어, 성인들은 파란색 옷을 입은 남아들은 활발히 움직이게 된다고 여기는 반면, 분홍색 옷을 입은 여아들은 아주 얌전한 성격이 된다고 여긴다(Rubin, Provezano, & Luria, 1974). 비슷한 결과는 자궁 속에 있는 아기를 보았을 때도 나타난다(Sweeney & Bradbard, 1988).

MacFarlane(1977)는 비록 [그림 2-2b]처럼 우리가 사회적, 문화적 요인이 발달의 두 가지 요인으로 융합된 것으로 바라보지만, 아동의 사회적, 문화적 환경이 단 하나의 발달 자원으로는 융합될 수 없음을 설명했다. 이 경우 문화는 청년기나 유아기 때 성별에 적합하도록 기억된 형태의 활동을 하는 것인 반면, 사회는 한 문화적 형태에 따르게 되는 사람들의 행동을 의미한다. 이 예는 또한 발달심리학자들이 사회적 기원에 대한 높은 심리학적 기능에 주안점을 두는 것에 동기를 부여한다(Cole, 1996; Rogoff, 2003, Valsiner,

2000; Vygotsky, 1987; Wertsch, 1985). Macfarlane의 연구들이 명확히 설명하듯이, 인간이 사회적이라는 것은 다른 종의 사회성과는 다른 것이다. 문화를 사용하는 인간만이 문화의 과거를 알 수 있으며, 이상적인 미래를 투영하여 그것을 다시 현재로 가지고와 새로 태어난 사람의 사회문화적 환경을 창조하는 데 사용할 수 있다.

이에 덧붙여, 이 예는 우리가 어떻게 개인의 발달에 문화가 연속적, 비연속적으로 영향을 미치는지 알 수 있게 해 준다. 아기를 생각하는 부모는 미래에 대해 '과거에 그랬던 것처럼 미래에도 그럴 것' 이라는 White(1942)의 말, 즉 "생각은 문화적으로 건설된 생각으로 시간의 양방향으로 영원히 뻗는다."라는 예상을 따른다. 이와 같이 문화는 하나의 매개자로서 기초적인 심리학적 연속성을 제공하여 사람들로 하여금 과거를 미래 속에 투영하게 해 준다.

하지만 때로는 이 가정이 틀릴 때가 있다. 새로운 에너지의 개발이나 표현을 위한 새로운 대중매체의 등장, 관습에서의 작은 변화는 존재하는 문화를 혼란에 빠뜨려 문화 불연속성의 한 요인이 될 수 있다. 이와 같은 상황의 예로, 1950년대의 부모들 중 자신의 16세 딸이 축구선수가 되지 않을 것이라고 생각한 부모는 옳았을 것이다. 하지만 1990년대의 많은 부모의 딸들은 축구를 하고 있다.

저자는 서로 다른 문화 간 연구 중 MacFarlane(1977)의 연구와 동등한 기록을 본 적이 없지만, 이와 비슷한 과정이 출생 시 멕시코 중남부의 지나칸테코(Zinacanteco) 족에게서도 일어난다는 사실이 흥미로웠다. Zinacanteco 족 사이의 발달적 연구의 요약에서 Greenfield, Brazelton과 Child(1989, p. 177)는 어떤 남자가 새로 태어난 아들에게 "세 개의 고추를 주면서 후에 그것을 사야 한다."라고 알리는 것을 관찰하였다고 했다. 또 그는 아들에게 칼, 땅을 팔 수 있는 막대기, 도끼와 야자수 잎을 주었는데, 그 도구들을 이용해 야자수를 엮을 수 있어야 한다고 했다. 딸에게는 성인으로서 장래를 내다보며 뜨개질 바늘을 준다. 아기들의 차별적인 미래에 대한 관심은 예식에서만 드러나는 것이 아니라 '아기들은 우리 세계의 미래다.' 에서 알 수 있듯이 지나칸테코 족에게 매우 중요한 것이다.

영아기

상대적으로 미성숙한 인간이 자기효능감을 발휘하기 위해서는 오랜 기간의 보살핌이 필요하다는 사실과, 인간은 문화적 환경에 살고 있다는 것으로부터 인간발달이 그 환경과 매우 밀접하게 연결되어 있다는 사실은 오래전부터 인식되어 왔다. 이 두 가지 모두 인간만의 독특한 특징이라고 할 수 있다. 영아기(라틴어로는 말하지 못하는 사람을 의미하는)는

포괄적이고 보편적으로 대략 태어났을 때부터 2세 반까지의 기간을 말한다.[4)]

일과시간 확립하기 가장 초기의 필수적 상태에서 새로 태어난 영아가 발달을 하기 위해 환경에 익숙해질 수 있도록 많은 자원을 영아에게 맞춰야 한다. 이 과정에서 아기의 초기적 특성은 문화적 환경과의 얽히고설킨 상호작용을 하는데, 이는 Super와 Harkness(1986, 2002)가 이야기하는 발달적 적소(developmental niche)에 해당된다.

발달 과정에서 문화적 영향의 예는 미국의 도시에 사는 영아와 케냐의 전원에 사는 키프시기스(Kipsigis) 족 영아 사이의 서로 다른 수면 패턴에서 발견할 수 있었는데, 이는 Super와 Harkness(1997)의 연구에서 나타난다. 미국 영아의 경우, 양육자가 일정한 시간에 일을 나가기 때문에 양육자의 스케줄에 따라 수면시간이 일정해진다. 태어난 지 2주가 되면, 아기들은 저녁 7시에서 아침 7시 사이에 평균 8시간 30분 정도를 자고, 이 시간 중 가장 오래 자는 시간은 4시간에서 8시간 정도로 길어진다. 즉, 영아들은 밤 시간에 자는 것에 대한 압박을 느낀다고 확인할 수 없었으며, 미국 도시민들은 시간에 맞춰 사는 것이다. 대다수의 어머니들뿐만 아니라 아버지들이 직업이 있는 이 시대의 부모들이 일정한 시간에 집을 나가야 한다면, 그 시간에 자녀 또한 나갈 준비가 되어 있어야 한다. 일을 하러 나가고, 아동을 걱정할 필요 없이 나름대로의 여가시간을 즐기기 위한 성인들의 욕구 때문에, 부모는 아동이 자신의 시간에 맞추어 먹고 자도록 최대한의 압력을 가하는 것이다.

키프시기스 족 영아의 경우는 매우 다르다. 밤에 아기들은 어머니와 자면서 어머니의 보살핌을 받는다. 낮에 영아들은 어머니의 등에 업혀 어머니의 일과인 농사, 집안일, 사회활동을 함께 한다. 아기들은 어머니들이 일할 때 많은 시간을 잔다. 이 아기들의 경우 1개월이 되었을 때 가장 오래 자는 시간은 3시간이었으며, 그 시간은 출생 후 8개월 동안 거의 변하지 않았다. 미국 영아들이 4~8시간을 잘 때, 케냐의 영아들은 3시간 정도 밖에 자지 못하는 것이다. 키프시기스 족 영아들에게 환경적인 변화가 거의 없다고 본다면, 수면시간의 유연성에서는 미국 영아들보다 케냐 영아들이 유리함을 알 수 있다.

빨기에서 양육까지 1940년대에 Mead와 Macgregor(1951)는 Gesell(1940, 1945)의 생각들을 성장(성숙)과 학습을 통한 실험을 하기 위해 문화 간 연구를 설계했다. 생물학적

4) Tylor(1874)는 "만약 지식과 예술뿐만 아니라 도덕적, 정치적 탁월성을 동시에 고려한다면, 사회를 낮은 문화적 단계에서 높은 문화적 단계로 구분하는 것은 더욱 어려워진다."(p. 29)라는 사실을 인정했다. 아기는 2세 반 전에 첫 단어를 습득하기 때문에 영아가 대화를 할 수 있는 능력을 기준으로 하여 영아기와 말하기 단계로의 전환의 연결을 구분하는 것이 더욱 적절하다.

으로 이상이 없는 아기들은 다양한 자극에 의해 빨기 반사를 가지고 태어나게 된다. 하지만 Mead와 Macgregor는 문화가 학습과 성숙을 상호 연결하는 것과 같은 방법으로 빨기 반사와 양육을 장기적인 행동적 암시를 통해 구조화할 것이라고 암시했다. 어떤 문화에서는 아기가 배고픈 상태에 있더라도 아기를 어머니의 젖에 갑자기 가까이 해서 모유의 흐름을 자극하는 방법으로 빨기 반사를 이용하기도 한다. 어떤 부모에게는 유모가 있어 아기에게 젖병을 준다. 직접적으로 말해, 발달된 양육으로 가는 모든 경로는 동등하고 적절하다. 하지만 그들은 서로 다른 함의를 단기적, 장기적으로 가지고 있다. Mead와 Mcgregor는 한 가지 단기적 효과를 중심으로 하는데, 어머니의 모유가 풍부해질 때까지 젖병으로 우유를 준 아기들은 모유를 먹는 것에 방해를 받는다고 한다. 이를 통해 아기들은 단기적으로 영양적이고 사회 대인관계적 경험을 못 받게 된다는 것이다. 최근 연구는 아기들을 응시하고 만지는 것은 먹이를 주는 방법이 어머니-영아 간 대인관계의 상호작용에 영향을 줄 수 있음을 보인다(Lavelli & Poli, 1998).

성인과의 상호 연결은 성인이 선택하는 음식을 주는 방법으로 발생하고, 더 큰 생활 패턴을 일으키는 장기 효과를 가지고 있다. 예를 들어, 집에서 지내는 어머니가 아기에게 젖병을 주는 이유가 분유에 영양가가 더 있어서라면(비록 많은 연구들이 이것이 비만의 경향성뿐만 아니라 다양한 장기 효과를 가지고 있다고 하지만), 젖병을 사용하는 것이 어머니와 아기의 사회 대인관계적인 발달에 어떠한 영향도 미치지 않을 것이다. 하지만 만약 아기가 젖병을 사용하고, 그 이유가 어머니가 일하는 여성이기 때문이라서, 아기가 보육원에 맡겨진다면 병으로 우유를 주는 것이 태어났을 때부터 아기의 일정한 삶의 패턴이 되었을 것이고, 어린 시절부터 아기는 보육원의 다양한 양육자와 또래와의 사회적 상호작용에 익숙해질 것이다.

현재 속의 미래: 문화 간 비교의 예 부모가 갓 태어난 아기에게 하는 축복의 말에 대한 Macfarlane(1977)의 담화에서 보인 기제를 다음 절에서 언급할 문화적 효과의 예와 연결시키기 위해, 저자는 Bornstein과 그의 동료들이 미국 및 일본 어머니들이 5개월 된 자녀들과 하는 상호작용에 대해 연구한 것에서 예를 찾았다(Bornstein, Tal, & Tamis-LeMonda, 1991; Bornstein, Toda, Azuma, Tamis-LeMonda, & Ogino, 1990). 이 연구의 초점은 뉴욕과 도쿄에 사는 자신의 아기들이 주변 환경에서 일어난 사건 또는 어머니 자신을 인식하는 것을 보고 어머니들이 어떤 반응을 보이는지에 맞춰져 있다. 영아의 행동을 측정할 수 있는 다양한 도구를 사용하여(활동의 수위, 영아가 시각적으로 자신의 어머니 또는 주변 사물에 익숙해지는 속도 그리고 다양한 종류의 발성의 수위) Bornstein과 그의 동료

들은 두 문화의 영아들이 유사한 태도를 보였고, 그것은 영아에 대한 어머니의 반응에 비슷한 출발점을 제공해 주었다는 사실을 증명했다. 어머니의 습성으로 미루어 보아 특별히 중요한 것은 서로 다른 두 사회의 영아들은 자신의 어머니와 주변에 있는 물리적 물체에 대해 같은 정도의 인식 능력을 보였다는 점이다.

이 영아들은 연구자들에 의해 동등한 자극을 받은 대표적 표집으로 판단됨에도 불구하고, 어머니들이 영아에게 반응하는 방식에는 명백한 차이가 존재했다. 미국 어머니들은 영아가 주변의 물리적 사물을 인식하였을 때 더욱 민감하게 반응한 반면, 일본 어머니들은 영아가 자신을 인식하였을 때 민감하게 반응했다. 게다가 어머니들은 영아의 인식이 마음에 들지 않으면 영아의 관심을 바꾸려는 명백한(행동으로 나타나는) 시도를 하였는데, 미국 어머니들은 영아들의 관심을 자신으로부터 사물로 돌리려고 하는 한편, 일본 어머니들은 그 반대의 패턴을 보였다.

우리는 다시 한 번 문화가 발달에 끼치는 영향을 볼 수 있었다. 일본 어머니의 행동은 어머니에 대한 아동들의 강한 의존에 많은 가치를 두는 시스템의 일부분인 반면, 미국 어머니의 행동은 독립심에 많은 가치를 두는 시스템의 한 부분이라고 할 수 있다. 여기서 보이는 서로 다른 가치 인식은 5개월 된 영아들의 후생에 차이를 거의 야기하지 않는다. 두 형태의 상호작용은 모두 양육적이고 지지적이었다. 하지만 이들은 아동들이 나이를 먹음에 따라 차이를 가져오는 아동들에 대한 구속의 체계의 일부분이다. Bornstein과 그의 동료들은(1991) 영아기에 있는 일본과 미국의 아동들 간에 언어 능력이나 놀이 능력에서 차이가 없음을 언급하고 있다. 하지만 5개월 된 영아들이 어머니의 행동에서 분명히 나타나는 차이에 어떻게 대응하느냐에 따라 그들이 사용하는 언어의 종류와 그들이 뛰어난 능력을 보이는 놀이의 종류에는 명백한 차이를 보이고 있다. 초기의 어머니-자녀 간 상호작용에서 사물보다 대인관계의 인식을 촉진시키는 일본인들의 패턴은 사하라 사막 이남의 다양한 아프리카 사회에서도 나타나고 있다.

6~9개월의 사회정서적, 인지적 발달 6~9개월이라는 기간은 몇 가지 이유로 문화와 발달에 관한 여러 특징을 설명하기에 전략적으로 매우 유용하다. 첫째, 이 시기에는 아동들이 환경과 상호작용하는 전반적인 방식에 관한 보편적이고 뚜렷한 많은 증거들이 있다. 이것들은 앞에서 생물학적-사회적-행동적 변화라고 일컬었던 단계별 변화 과정에 대해 설명하고 있다(Cole, Cole, & Lightfoot, 2005, 제5장). 둘째, 이러한 변화가 일어나는 일반적이고, 문화에 구체적인 방식들을 알게 해 주는 문화 간(cross-cultural) 자료가 많다. 이런 문화 간 자료는 발달에서 문화의 역할에 대한 이해를 하는 데 상당한 공헌을 하기 때문에

보편적인 문화 간 연구에 대한 방법론적인 문제를 다루는 데 매우 흥미롭게 다가온다.

6~9개월에 일어나는 보편적인 변화들은 생물학적-사회적-행동적 변화의 모든 측면에서 눈에 띄게 나타난다. 생물학적 측면에서 이야기하자면, 우리는 수초화(myelinization)의 증가된 단계와 연관된 전기적 활동의 새로운 패턴들이 뇌의 몇몇 부분에서 일어남을 발견했다(Bell, 2001; Huttenlocher, 2002). 영향을 받은 영역들은 전두엽(신중한 행동과 계획을 하는 데 매우 중요한 역할을 수행)과 소뇌(움직임과 균형을 조절하는 데 중요한 부분) 그리고 해마상 융기('기억' 하는 데 중요한 부분)를 포함한다. 게다가 아기들은 태어난 당시보다 근육이 더욱 강해지고 뼈는 더욱 단단해지는데, 이는 그들의 왕성한 움직임들을 유지할 수 있는 버팀목 역할을 한다.

이런 변화와 연관되어 향상된 운동 기능들은 아동들로 하여금 사물들을 이리저리 옮기고 줍고 맛보고 다양한 목적으로 사용하는 시도를 할 수 있도록 해 준다. 이처럼 증가된 탐구력은 중요한 심리학적 결과들을 보여 주는 것으로 밝혀졌는데, 그 이유는 유아가 물체의 불변하는 성질들을 발견하는 데 중요하기 때문이다. 예를 들어, Campos와 그의 동료들(2000)은 스스로 이리저리 움직일 수 있기 전에 보행기를 통해 돌아다니면서 광범위한 경험을 한 아동들이 향상된 사회적, 인지적, 감정적 발달(지시적 행위를 통한 의사소통, 높이에 대한 신중성, 자발적 운동에 대한 인식, 거리 인식, 공간적 탐색, 공간적 부호화 전략)을 한다는 것을 보여 주었다.

이러한 새로운 형태의 경험들이 누적된 영향력을 발휘하기 위해서는 영아들이 그것들을 기억해야만 한다. 몇몇 출처에서 나온 증거는(Mandler, 2004; Mandler & McDonough, 1995; Schacter & Moskovitch, 1984) 6~9개월의 아동들은 다른 사람에 의해 상기되지 않아도 이전 사건을 기억에 내는 능력이 뚜렷하게 향상되었음을 보여 준다. 이와 밀접하게 관련하여 아동들은 개념적 속성에 의거하여 사물들을 인위적인 배열로 분류하는 경향을 가지게 된다(Mandler, 1997; Starkey, 1981). 이 두 가지 사실을 토대로 향상된 기억력과 분류 능력은 아동들이 과거 경험으로부터 정보를 구성할 수 있는 수준을 향상시켰으며, 이것은 아동들이 현재의 상황에 더 효과적으로 대응하는 것을 가능케 한다. 향상된 이동성과 향상된 기억력이 결합하여 아동들로 하여금 세상에 있는 불편함과 위험에 대해 깊은 인식을 할 수 있도록 해 준다. 이런 변화들은 아동과 아동이 안정된 기대감을 구축하기 시작한 양육자 간의 사회적 관계의 변화와도 관련되어 있다.

아동이 기어다니거나 걸어다니기 시작하면 양육자는 주변 환경을 아무리 조심스럽게 정리해도 더 이상 사고를 직접적으로 방지할 수 없게 된다. 이제 이동할 수 있게 된 아동들은 자신들이 잘하고 있는지에 대한 피드백을 받기 위해 주의깊은 눈으로 양육자들을 관찰한다. 이를 사회적 참조라고 부른다(Campos & Stenberg, 1981). 동시에 아동들은 낯선 사람의 존재를 인식하게 되고 자신을 돌보아 주던 양육자가 떠나면 불쾌해한다. 이처럼 외관상으로 복잡하게 연관된 사회적 행동들은 많은 심리학자들이 영아와 양육자 간에 생기는 '애착' 이라는 새로운 감정적 관계에 대한 가설을 세우도록 유도했다.

애 착 비록 6~9개월에 일어나는 이러한 복잡한 변화에 대한 다양한 측면들이 문화 간 관찰되었지만(예, Kagan, 1977, 기억과 대상 영속성의 다양한 측면에 입각하여 보편성에 대한 가설들에 근거가 되는 자료들을 보고하였음), 지금까지는 애착에 대한 문화적 공헌에 대한 자료들이 가장 많이 모아졌다. 따라서 저자는 애착에 초점을 맞추어 이 시기 동안 아동발달에서 문화의 역할을 논하고자 한다.

아동들이 자신의 양육자와 특별한 감정을 형성하는 이유와 방법에 대해 다양한 이론들이 많이 있음에도 불구하고(대표적인 견해의 예를 보려면 Cassidy & Shaver, 1999 참조), 아직도 현재의 연구들은 장기간 동안 부모와의 분리가 왜 어린 아동들을 화나게 만드는지에 대해 설명하려는 Bowlby의 시도들을 출발점으로 하고 있다. 이 시도들이 전적으로 육체적인 관점에 입각한 적당한 상황에서 유지되었음에도 불구하고 말이다. 그가 설명한 것을 간단히 말하면, 우리는 그 당시에 나타난 행동의 형태들을 우리 종족이 진화해 왔던 진화적으로 적용 가능한 환경의 관점에서 해석해야 한다는 것이다. 현대에는 비합리적으로 보일지도 모르는 행동들이 한동안 생존을 위해 중요했고, 이는 자연선택을 통해 인간의 생물학적 일대기의 일부가 되어 버렸다.

Bowlby(1969)는 애착이 어머니와 자녀 모두가 통제하는 안전과 탐색 간의 역동적인 평형을 유지하기 위한 방편으로, 생후 1년의 기간에 유발되는 것이라는 가설을 세웠다. 어머니와 자녀 사이의 거리가 너무 멀게 되면 어머니 혹은 자녀는 상대방을 찾게 된다. 그렇지만 너무 과도한 거리가 있으면, 둘 중 한 명이 너무 지루하거나 귀찮게 되어 더 심화된 거리감을 유발하게 된다. 이렇게 설명한다면, 애착의 발달은 계통 발생의 유산의 종 특유의 결과물로서 필수적이고, 모든 문화권의 일반적 상황에서 볼 수 있는 보편적인 생물학적 요구로 보일 것이다. 하지만 보편성을 보인다는 사실은 문화적 중재의 원리에 어떤 면에서도 모순되지 않는다. 오히려 애착의 형성이 어떻게 중재되었는지 그리고 중재의 패턴이 어떻게 다양한 문화-역사적 상황에서 길러진 인간의 전반적인 삶의 과정과 들어맞게 되었는지에 대해 더 자세하게 보기를 강요했다.

지난 20년 동안 이 점에 대해서 열띤 논쟁이 이루어져 왔다. 이런 논쟁은 수많은 사례들 중 문화와 발달에 관해 문화 간 접근들을 이용하는 데 직면하는 어려움들의 전형이기 때문에 어떤 측면에서는 더 자세히 조사해 볼 만한 가치가 있다. 문화와 애착에 관한 현대적 논쟁은 Ainsworth가 미국과 우간다에서 사람들의 집에서 관찰한 어머니-자녀 쌍의 행동을 비교한 연구에서 발생했다(1967; Ainsworth, Blehar, Waters, & Wall, 1978). Ainsworth는 두 문화권의 아동들이 모두 유사한 애착과 관련된 행위(어머니와 매일 짧은 시간 동안의 분리에 괴로워하고, 낯선 사람을 두려워하며, 어머니를 탐색하기 위한 안전한 밑바탕으로 간주하는 행동들)의 패턴을 보였다는 사실에 놀랐다. 그렇지만 Ainsworth는 우간다의 아동들이 미국의 아동들보다 그런 행동 패턴들을 서슴없이 그리고 강렬하게 표현한다는 사실을 알아차렸다. 미국 아동들의 애착과 관련된 행위를 자극시키기 위한 수단으로 Ainsworth는 어머니가 병원 대기실처럼 보이도록 특별히 만들어진 실험실 안에서 연속적인 상호작용적 상황을 연기하도록 하는 낯선 상황을 고안해 냈다. 중요한 점은 Ainsworth는 이런 인위적으로 조작된 환경이 일상생활에서 우간다 아동들에게 유발된 긴장감과 비교되도록 미국 아동들에게 어느 정도의 긴장감을 유발시켜, 그녀가 비교 가능한 현상을 연구할 수 있을 것이라고 생각했다는 것이다.

표준화된 낯선 상황은 3분 혹은 더 짧은 8단계로 구성된다. 지령을 내린 후(1단계)에, 실험자는 아동과 양육자만 남기고 나온다(2단계). 그다음에 실험자가 돌아오고(3단계), 양육자가 방을 떠났다가(4단계), 다시 돌아오고(5단계), 그다음에 아동만 방에 남겨 놓는다(6단계). 그다음 실험자가 방으로 돌아오고(7단계), 마지막으로 양육자가 돌아온다(8단계).

애착의 다른 특색에 대한 전례와 결과를 형성하기 위한 방편으로 Ainsworth와 그녀의 동료들은(1978) 아동들이 양육자가 부재한 뒤에 돌아왔을 때 어떻게 반응을 했는지에 전적으로 기반하여 다음과 같은 세 가지 분류체계를 만들었다.

- A유형(불안정-회피): 양육자가 돌아왔을 때, 아동들은 접근성과 편안함을 찾기보다는 등을 돌리거나 다른 곳을 본다.
- B유형(안정애착): 아동들이 양육자에게 가서, 양육자가 떠났을 때 느꼈던 혼란을 짧은 시간에 극복하고 다시 놀기 시작한다.
- C유형(불안정-저항): 아동들은 어머니와 함께 있다고 해도, 낯선 환경에 있다는 사실만으로도 혼란스러워한다. 그들의 양육자가 방을 떠날 때 매우 혼란스러워하며, 양육자가 돌아오면 접근성을 모색하는 동시에 접촉에 저항하기도 한다.

1970년대부터 현대에 이르기까지 이 상황과 전례 그리고 결과에서 나타난 행동에 대해 수많은 연구들이 행해졌다(평론, 논쟁에서 우위를 위치한 영역들 그리고 정보의 부가적인 주요 원천에 대한 참고 자료를 얻고 싶다면 Cassidy & Shaver, 1999 참조).

최소한 20년 동안 발달심리학자 가운데 애착에 대해 문화적 변인이 미치는 영향력의 수위에 대한 엄청난 견해의 불일치가 있었다. 어떤 연구자들은 애착에서 중요한 문화적 변인들이 있으며, 애착 개념의 일부분인 인간과 관련된 개념은 문화적으로 특수하게 나타난다고 주장했다(Rothbaum, Weisz, Pott, Miyake, & Movelli, 2000). 한편, 다른 사람들은 문화적 변인들이 실험하는 데 그 절차를 너무 엄격하게 고수함에 따라 나타난 결과이며, 애착행동은 안정된 애착을 지향하는 보편적인 경향인 반면, 변인처럼 애착을 위태롭게 하는 것은 조작된 것이라고 주장했다.

일찍이 시행된 많은 연구들은 문화적 변인들을 표준(기준)으로 간주하는 방향으로 흘러갔다. 예를 들어, 수십 년 전에 이스라엘의 키부츠(집단 농장)에서 자라난 아동들은 어렸을 때부터 공동사회에서 길러졌다. 비록 그들은 매일 부모를 만났지만, 그들을 돌보아 주는 성인은 대개 그들의 가족이 아니었다. 11~14개월이 되었을 때, 이처럼 공동사회에서 자란 아동들은 부모 혹은 양육자와 함께 낯선 상황을 경험하게 되었는데, 대부분의 아동들이 매우 혼란스러워했다. 절반에 가까운 아이들이 불안정-저항으로 분류되었고, 37% 정도만이 안정애착된 것으로 나타났다(Sagi et al., 1985). Sagi와 그의 동료들은 이 아동들에게서 나타나는 높은 비율의 불안정 애착이 바로 공동사회에서 양육자가 자신이 돌보아야 하는 아동들에게 즉각적인 반응을 보이지 못했으며, 거기에서 시행된 교대 근무는 양육자가 자신이 맡은 아동들에게 개별적으로 관심을 주지 못하도록 했다는 사실에서 비롯되었다고 추측했다. 이 가설을 시험해 보기 위해 연구자들은 저녁에 공동 기숙사에서 자도록 하는 전통적인 키부츠의 아동들과 저녁에는 부모님의 집에 돌아가 자도록 하는 키부츠의 아동들에게 나타나는 애착행동을 비교했다(Sagi et al., 1994). 그들은 다시 한 번 공동 기숙사에서 자는 아동들로부터 낮은 안정애착을 발견할 수 있었다. 집에서 잠을 자는 아동들은 눈에 띄게 높은 안정애착을 보였으며, 이는 섬세한 양육을 받을 수 있는 기회의 문화적 차이가 애착의 질에서 문화적 차이를 설명한다는 생각을 뒷받침해 준다.

낮은 비율의 안정적으로 애착된 아기들이 북부 독일 아동들 사이에서 관찰되었다. 어떤 연구의 연구자들은 실험된 한 살 된 아기들의 49%가 불안정-회피이고, 오직 33%만이 안정적으로 애착된 것을 알아냈다(Grossmann, Grossmann, Spangler, Suess, & Unzner, 1985). 독일 북부의 가정생활에 대한 광범위한 관찰을 통하여 이 연구자들은 독일 북부의 부모들의 많은 비율이 자녀들에게 무심하고 무관심하다는 가능성을 떨쳐 버릴 수 있었다. 오히려 그들은 그 부모들이 비교적 먼 부모-자녀의 거리를 유지하라는 문화적 가치와 아동이 스스로 움직일 수 있는 때가 되면 부모의 신체적 접촉으로부터 떼어 놓아야 한다는 문화적 신념을 고수하고 있다고 주장했다. 연구자들은 독일 북부 어머니들 사이의 이상적 아동은 바로 "독립적이고, 남에게 의존하지 않으며, 부모에게 요구하지 않으면서도 그들에게 무조건적으로 복종하는 아동"이라고 했다(Grossmann et al., p. 253).

일본에서는 Miyake, Chen 및 Campos(1985)가 일본 전통 가정에서 많은 비율의 불안정-저항 유아들을 발견하였지만 불안정-회피된 유아들은 발견할 수 없었다(Miyake et al.). Miyake와 그의 동료들은 이런 패턴이 나타나는 원인으로 전통적인 일본 어머니들은 자녀를 다른 사람에게 거의 맡기지 않으며, 아동들이 강한 의존심을 갖게 길러지도록 행동한다는 사실을 꼽았다. 결과적으로, 이 아동들에게는 낯선 사람과 남겨지는 것이 매우 이례적이고 혼란스러운 경험이 되는 것이다. 이러한 해석은 어머니가 일을 나가기 위해서 아동을 다른 사람에게 맡기는, 일본의 비전통적인 가정에 대한 연구로 뒷받침된다(Durrett, Otaki, & Richards, 1984). 이러한 어머니들의 아동들의 기본 애착 패턴의 분포가 미국에서 관찰된 것과 유사하게 나타났다.

더 최근에는 문화변인에 대한 증거들에 이의가 제기되었으며, 양육자와 애착관계를 형성하려는 것은 모든 사회에서 나타나는 일반적인 경향이라는 증거들도 함께 제시되었다. Van IJzendoorn과 Sagi에 의해 수많은 문화에 걸쳐 애착에 관해 조사한 연구에 대한 영향력 있는 논평은, 비록 하나 또는 다른 애착행동을 보이는 아동들의 비율이 몇몇 경우에 변화하겠지만, 그 결과의 전반적인 패턴은 Ainsworth가 최초로 발견한 것과 Bowlby의 이론과 두드러지게 일관성을 유지한다(van IJzendoorn & Sagi, p. 731; [그림 2-3]).

게다가 그들은 인간관계에서 있을 법한 애착의 보편성은 애착행동이 아동이 생존해야 하는 문화적 영역에 의존하여 어떤 특정한 방식으로 발달한다는 가능성을 배제하지 않는다고 주장한다(Van IJzendoorn & Sagi, 1999). 애착에 주목하는 당대의 발달심리학자에게 주어진 과제는 바로 인간의 전반적인 공통 유산 중에서 언제 그리고 어느 부분에서 문화변인이 중요해지는지에 대한 더 정교하게 일치된 설명을 하는 것이다.

언어발달 서로 관련된 두 주요 의문들이 언어발달과 그것이 다른 발달의 측면과 어떤 관련이 있는지에 대한 논쟁을 구성했다. 첫째, 언어의 습득이 바로 선천-후천의 논쟁이 일어났던 주요 논쟁지 중에 하나가 되어 왔다. 언어는 인간의 인지 능력과 같이 문화적으로 중재된 배움이나 건설적인 상호작용의 과정을 통해 습득될 수밖에 없는가? 아니면 언어는 특수화되고 경계지어진 영역이라서 행동으로 나타나기 위한 자극만 주어지면 되는 것인가?(주장된 견해에 대한 논문을 보려면 Bruner, 1983; Elmen et al., 1996; Pinker, 1995 참조) 둘째, 언어의 습득이 사고가 발달하는 데 수행하는 역할은 무엇인가? 만약 언

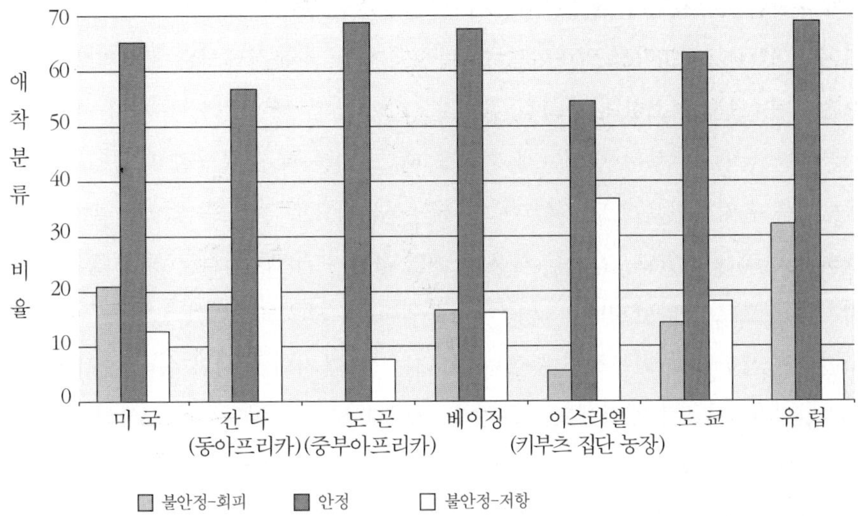

[그림 2-3] 문화와 상관없이 안정 애착이 우세하다. 그러나 불안정 애착의 유형 비율은 문화에 따라 차이가 있다.

어가 구조적으로 명백한 구성요소라면 언어와 사고 간에는 그 어떤 관련도 없어야 한다. 반면에 문화적으로 구성된 경험이 언어 습득에 필수적이라는 점을 생각해 본다면, 언어와 사고 그리고 발달은 직접적으로 연결되어 있음이 틀림없다.

애착에 대한 연구와는 상반되지만 영아들이 적응해야 할 의무가 있는 문화적으로 짜인 계획에 조기 순응하는 것에 대한 연구들처럼 언어에 대한 연구들도 표준화된 실험 절차보다는 문화적 상황에 걸친 자연스러운 다양성에 더 의존한다.

그 누구도 언어를 사용하는 사람과의 상호작용이 전혀 없이 언어를 습득할 수 있다고 생각하지 않는다. 오히려 언어의 선천론을 지지하는 사람들은 언어의 발달이 신체의 기관이 발달하는 것과 유사하다고 생각한다. 사회적 단체를 지속시키는 그 어떤 환경도 특별한 관심을 기울이지 않아도 언어를 발달시키기에 충분하다. 인간의 측면에서 보면, 생명을 존속시키는 환경은 사람들로 하여금 언어 기관의 발달을 뒷받침하기 위해 충분한 자녀-부모 간의 문화적으로 중재된 상호작용의 최소한의 조건을 더욱 조심스럽게 상술하도록 하는 문화를 매개로 존재한다.

체계적으로 문화와의 연관이 적은 환경에서 길러진 아동들에 대한 두 가지 사례는 언어발달을 가능케 하는 보편적인 최소한의 문화적 토대를 상술하는 데 도움을 준다. 첫 번째 사례는 바로 그 유명한 제니(Genie) 사건이다(Curtiss, 1977). 제니는 두 번째 생일 즈음부터 방 안에 갇혀 혼자 지내게 되었다. 그녀는 11년 동안 낮에는 변기에 쇠사슬로 묶여 있었고, 밤에는 침낭 안에 두 팔을 묶인 채 있었는데, 이 시기에 제니에게는 실질적으로 어떠한 정상적인 언어적 입력이 없었고, 오로지 어떤 문화에서든 문화적으로 정상이라고 여겨질 수 있는 최소한의 사회적 상호작용만이 있을 뿐이었다. 13세의 나이에 그녀가 그런 끔찍한 상황으로부터 벗어나게 되었을 때, 그녀는 매우 불쌍한 모습을 하고 있었다. 그녀는 매우 수척하였고 키도 작았다. 그녀는 정상적으로 걸을 수 없었을 뿐만 아니라 거의 소리도 내지 못하였고, 변기를 사용할 줄도 몰랐다. 비록 검사를 통해 공간 분석 능력이 뛰어난 것으로 나타났지만, 그녀는 끝내 언어를 습득하지 못했다. 또한 수년 동안 심하게 결핍된 생활에서 회복하지 못했다. 그녀는 몇 가지의 어휘와 올바른 사회적 상호작용을 익혔지만, 치료적 개입에도 불구하고 그녀의 행동은 여전히 비정상적이었다. 이 실패가 언어 습득의 결정적 시기(critical period)를 넘겨 버린 탓으로 돌려야 할지, 아니면 그녀를 돌보는 성인들이 올바른 환경을 조성하지 못한 탓으로 돌려야 할지는 논쟁의 대상이 되어 왔다(Rymer, 1993).

언어와 문화 없는 발달로 이어진 극단적 결핍(제니의 경우)과 거의 대부분의 아동들의 상황 사이에는 몇 가지 중간적인 사례들이 있다. 한 가지 매우 유익한 사례는 바로 자신의 자녀들이 수화를 사용하는 것이 유용하지 않다고 믿기 때문에 수화 대신에 입을 통한 언어로 상호작용하는 법을 배우고자 하는 부모에게서 태어난 청각장애 아동들이다(Goldin-Meadow, 1985; Goldin-Meadow, Butcher, Mylander, & Dodge, 1994). 이 아동들은 그들을 포함하는 문화적으로 중재된 사회활동(언어적 중재 포함)이 풍부한 환경에서 길러졌고, 아동들이 들을 수 있다면 그들이 할 수 있는 만큼 속행한다(즉, 사람들은 함께 밥을 먹는다. 아동들은 씻기고 재워진다. 그들은 상점에 간다. 그리고 변기를 쓰는 훈련도 받는다). 따라서 그들은 의미로 가득 채워진 세계 안에서 살아간다. 즉, 오로지 언어적 행위만이 움직임과의 틈을 채워 줄 수 있으며, 그들에게 결핍된 행위들에 대한 이론적 설명과 이전의 역사의 원인을 제공해 줄 수 있다.

이러한 상황에서. 아동들은 몸짓을 통해 하는 의사소통의 일종인 가정 수화(home sign)를 사용하기 시작해야 한다는 것을 자발적으로 알게 된다. Goldin-Meadow와 그녀의 동료들은(1994, 1996) 이런 경우에 습득된 가정 수화가 자연 언어 습득의 초기 단계에서 보이는 몇 가지 특성들을 보여 준다는 것을 알아냈다. 수화를 할 수 있는 성인이 부재하는 동안 수화를 시작한 아동들이 두 번째 생일 즈음하여 두세 개 그리고 더 긴 문장을 수화로 만들어 내기 시작하였는데, 이는 정상 아동들이 여러 단어를 복합적으로 사용하여 문장을 만들어 내는 시기와 매우 유사했다. 게다가 Goldin-Meadow(1985)는 청각장애 아동들이 수화로 문장들을 끼워 넣어 문장을 만들 수 있다고 보고했다

("You/Susan give me/Abe cookie round"). 이런 행동들은 아동들이 귀납을 시작할 수 있음을 보여 주는 것으로, 모든 인간언어의 특성이 의사소통적 행위의 형태인 반면, 침팬지를 비롯한 다른 생명체의 언어체계에서는 결핍되어 있는 것이다. 또한 Goldin-Meadow와 Mylander(1996, p. 281)는 가정 수화의 형태가 완전히 다른 문화적, 언어적 환경에서도 똑같이 나타난다는 것을 보여 주었다. 중국과 미국의 청각장애 아동들은 초기 수화 문장에서 같은 패턴을 보였으며, 이는 이러한 몸짓체계의 발달이 "많은 환경조건의 변인들에 반하여 완화되었으며, 이것은 '선천적' 인 것으로 생각된다."는 결론에 이르게 하였다.

하지만 들을 수 있는 가정에서 자라는 청각장애 아동들의 언어발달은 이 시기에 저조한데, 이는 정상적인 언어발달 단계에서는 찾아볼 수 없는 양상이다. 아동들이 자신이 참여하는 문화적으로 정돈된 환경의 일부분으로 언어의 어떤 형태에 접근할 기회가 주어지지 않는 한, 그들은 지속 가능한 문화적 형성이 의존하는 언어의 미묘한 양상을 받아들이지 못할 것이다. 그 문화적 매개가 완전히 성숙한 언어의 발달을 뒷받침하기에는 너무나 미흡하다. 중요한 것은 아동들이 언어에 접근할 수 있지만 문화적 활동에는 접근할 수 없는 다른 극단에서는 언어발달 또한 실패한다는 것을 덧붙이는 것이다. 외국어로 방송하는 텔레비전과 함께 홀로 남겨진 아동은 그 언어를 습득하지는 못한다.

이런 종류의 증거로부터 아동이 언어의 근본 원리보다 더 많은 것을 습득하기 위해서 그들이 보고 듣는 것뿐만 아니라 실제로 언어활동에도 참여해야 한다는 결론을 내리는 것이 불가피한 것처럼 보인다. 일상생활 속에서의 말은 사람들로 하여금 관계를 형성, 유지케 하고, 몸짓과 다른 행위들 사이의 격차를 채워 주며, 기대와 해석을 잘 조율해 주는 필수적인 실질적-이상적 인공물이다.

Bruner(1982, pp. 8-9)는 일상생활에서 사회적 상호작용을 속박하는 것을 형식(format)이라고 언급했다. 그가 말하는 형식은 다음과 같다.

> 성인과 아동이 그 안에서 서로에게 혹은 함께 활동을 하는 규칙에 얽매여 있는 소우주다. 그것은 일반적으로 패턴화된 인간 상호작용의 도구라고 할 수 있다. 형식이 어휘-문법적 언어 능력이 시작되기 전에 영아와 양육자 간의 의사소통적 상호작용을 패턴화하기 때문에, 그것은 의사소통과 언어라는 길을 달리는 중대한 전달 수단이라고 할 수 있다.

이후 그는 형식이 관습화되기만 하면, 형식은 그 안에서 일어나는 행동에 대한 속박의 역할을 하는 경향이 있다고 덧붙였다. 이런 관점에서 형식에 대한 Bruner의 생각은 앞서 언급한 Nelson(1981, 1986)의 일반화된 사건들의 체계인 스크립트(가장 일반적인 방식으로 상술된 연기자, 물체와 함께 우연히 그리고 일시적으로 연결된 연극이 순차적으로 조직된 구조들)와 매우 유사하다(Nelson, 1981, p. 101). 결과적으로, 성인의 어휘와 습관적 행동에 구체화된 이러한 사건 단계에 따른 문화적 인공물들은 아동들의 언어의 변산(covariation)과 행동을 경험하는 데 구조화된 매개로 작용하는 한편, 문화적으로 조직된 행동 형태와 동등한 위치를 차지한다. 이런 사건들을 문화화된 양육자와 교섭하는 과정에서 아동들은 자신들의 의도를 표현할 수 있는 새로운 방법들을 찾아내는 동시에 자신들의 언어에 담긴 다양한 의미를 발견하게 된다.

Bruner(1982, p. 15)는 언어 습득이 다음과 같이 격하될 수 없다고 쓰면서 언어발달에 대한 문화적 관점을 포착하게 되었다.

> ……한 학자가 언어학적 암호를 해결하는 것이나, 일반적 인지발달의 파급효과 또는 아동이 불가능할 정도로 놀라운 귀납적 솜씨를 발휘하여 성인의 언어 능력을 점진적으로 받아들이는 것으로 축소될 수는 없다. 오히려 그것은 아동들이 비슷한 경향을 지닌 아동들과 함께 자연적으로 다가오는 것을 함으로써 문화적으로 성장할 수 있도록 성인이 인공적으로 세계를 배열하는 미묘한 과정이라고 할 수 있다.

언어 상호작용에 대한 문화 간 연구는 아동들을 성인이 운영하는 활동에 참여시키는 데서 발생하는 무수히 많은 문화적 양식을 제시함으로써 같은 문화 내의 연구들을 보충해 준다. 아동들이 언어를 습득하려면 계통발생적으로 유전된 성숙의 제약만큼이나 문화적으로 정돈된 활동에 참여하는 것도 필요하다. 언어를 습득할 때 주변 환경의 중요성에 대한 논쟁은 아동의 활동을 구성하는 다양한 방법에 대한 많은 문헌을 이루어냈다(예, de Villers & de Villers, 1978 참조). 많은 사회 속의 부모들은 아동이 언어를 습득하기 전과 습득 도중에 자녀와 이야기할 때 자녀가 말하는 방법과 유사한 방식으로 이야기를 한다. Ferguson(1977)은 당시의 자료들을 토대로 특정한 아기 말투(높은 어조와 억양과 단순화된 어휘, 문법적을 복잡하지 않은 문장들 그리고 상황의 중요한 국면들만 강조하도록 하는 말을 사용하는 방법)는 보편적이고 언어의 습득 효율을 높여 주는 성인의 언어적 사회화 행동의 형태라고 했다. 자료들은, 비록 성인들이 아동에게 말할 때와 더 나이든 아동들 혹은 다른 성인들과 말할 때의 말투가 다르지만, 단순화된 문법과 어휘를 쓰는 미국 중산층 부모의 특정한 형태의 아기 말투는 보편적이지 않다는 사실을 보여 준다. 어떤 자료들은 유아어 특유의 어조와 억양과 같이 어떤 면들은 보편적이라는 것을 보여 주지만, 문화적 변인에 대한 자료들은 희박하다(Fernald, 1989).

많은 사회 안에서 성인들은 신중하게 어휘나 말하는 방식 그리고 다른 언어학적 특성을 가르친다. 예를 들어, 뉴기니 파푸아 주의 카룰리(Kaluli) 족들은 어머니가 자녀를 대신하여 이야기하는 동안 아동의 얼굴이 상대방을 향하도록 안는다고 기록되어 있다. 미국에도 아동들에게 "이것을 무엇이라고 하지?"와 같이 고정된 틀을 통하여 명시적으로 어휘를 가르쳐야 한다고 믿는 집단(메릴랜드 주 볼티모어의 노동계층; Miller, 1982)들이 있다(다양한 사례를 보려면 Schreffelin & Ochs, 1986 참조). 하지만 비록 이러한 관례를 행하는 성인들은 이렇게 특별히 맞춰진 질문이 아동들의 언어 습득에 도움이 된다고 믿겠지만, 자료들은 그런 신중한 가르침과 관련하여 얻는 이득은 거의 찾아볼 수 없거나 아주 제한된 영역에서만 찾아진다는 것을 보여 준다(Snow, 1995).

이 시점에서 가장 확실한 전반적인 일반화는 풋내기 참가자로서 아동들을 현장에 통합시키는 문화적으로 정돈된 공동 활동이 언어 습득에서 매우 중요한 한 요소라는 것이다. 반대로 언어는 아동이 문화적 활동에 참여하는 과정에서 매우 중추적인 역할을 한다(Nelson, 2003; Rogoff, 2003). 언어는 사람들 사이에 발생하는 이해의 차이를 보완해 주며, 조화를 이루어 함께 활동할 수 있게 해 준다. 언어의 단어들과, 이 단어들이 일상생활 언어에서 쓰이는 방식들은 아동들에게 그들의 공동체에서 중요시하는 의미와 차이들로 이끄는 이미 만들어진 틀을 제공한다. Brown(1965)이 말했듯이, 말은 '개념을 나타내기 위한 발명품'이다. 이 표현은 언어 실제에 나타나는 문화적 차이들이 아동의 발달에 서로 다른 결과를 가져올 수 있다는 것을 지적하는 것이다. 최소한 미국에서는 성인들이 아동들과 더 많이 이야기할수록 아동이 더 우수한 학업 능력을 보이는 것으로 나타났다(Hart & Risley, 1999).

그러므로 문화와 생물학의 관계처럼 언어 습득의 과정은 양방향적이다. 아동이 태어난 사회문화적 영역은 언어가 출현할 수 있는 필수조건들을 제공해 주고, 아동들이 주변 환경과 자신을 제어하기 위해 물체와 사회관계를 이해하려고 노력하게 되면서 조상들의 언어를 재발명할 뿐만 아니라 자신이 태어난 문화를 재창조하기도 한다.

아동 초기

보편적으로 알려진 발달의 단계인 영아기와는 달리, 인간 생애의 후반부를 어떻게 나누어야 하는지에 대한 불확실성이 존재하고 있다. Mead(1935)의 뒤를 이어 Whiting 과 Edwards(1988)는 아동 초기라고 불리는 2세 반부터 6세까지의 기간을 두 부분으로 나누었다. 2~3세 아동들은 '무릎 아이들(knee children)'이라고 불리는데, 아이들은 많은 보살핌을 받지만 어머니 무릎에 계속 앉아 있거나 요람 안에 있지는 않는다. 4~5세의 아동들은 '마당 아이들(yard children)' 이라고 불리는데, 그 이유는 아동들이 어머니 곁에서 떨어져 있을 수는 있지만 너무 먼 곳까지 나가는 것은 용납되지 않기 때문이다. 많은 현대적이고 산업화된 나라의 3~5, 6세 시기의 아동들은 입학을 준비하기 위해 만들어진 환경에서 매일 시간을 보내기 때문에 이 시기를 유치원 시기라고 부른다.

현재 속에 존재하는 어린 아동의 미래 이 시기의 아동들은 성인들이 아동들의 경험과 미래 발달을 구체화하는 데서 어떻게 미래를 현재로 끌어들이는지에 대한 분명한 설명을 제공한다. Tobin, Wu와 Davidson(1989)은 하와이와 일본 그리고 중국에서 유치원에서의 사회화에 대한 비교 연구를 시행했다. 그들은 교실 안의 상호작용을 녹화한 다음, 유치원 아동들과 연관된 해석과 기본적인 문화적 도식을 불러내기 위해 세 나라의 교사들과 대중들에게 모두 보여 주었다. 여기서는 일본과 미국의 자료를 언급하고자 한다.

Tobin과 그의 동료들(1989)이 일본의 유치원에서의 하루를 녹화하고 있을 때, 어린 히로키(Hiroki)가 사납게 굴기 시작했다. 그는 자신의 남근을 꺼내어 방문자에게 흔들면서 그들을 환영했다. 그는 시비를 걸어 싸움을 시작하였고, 다른 아동들의 놀이를 방해하였으며, 외설적인 이야기를 했다. 미국 유치원 교사들은 이 비디오를 본 후, 히로키의 행동과 히로키의 행동에 대해 유치원 교사들이 그를 다루는 방법 그리고 일본 교실에서의 전반적인 생활이 옳지 않다고 비난했다. 그의 교사와 그 밖의 일본인 관찰자들은 이와 다른 설명을 했다. 교실의 전반적인 분위기에 대한 이야기부터 시작하자면, 미국인들은 교실에 30명에 가까운 유치원 학생당 1명의 교사밖에 없다는 사실에 분개했다. 어떻게 일본처럼 부유한 나라에서 이런 일이 있을 수 있는가? 그들은 왜 히로키가 벌로써 격리되지 않았는지 이해할 수 없었다.

일본인들은 매우 다른 설명을 했다. 우선 교사들도 자신이 좀 더 적은 학급을 통솔한다면 좋을 것이라는 사실을 알고 있지만, 그것은 '인원이 많은 집단에 속하면서 많은 아동들과 다양한 상황에서 관계를 맺을 필요가 있는' 아동들에게는 좋지 않을 것이라고 했다(Tobin et al., 1989, p. 37). 자신이 생각하는 이상적인 학급의 규모에 대한 질문에 대해, 4~8명이라고 한 미국 유치원 교사들과는 달리 일본 교사들은 15명 또는 그 이상이라고 대답했다. 일본 교사들이 미국 유치원에서 녹화한 테이프를 보고 난 후 그들은 아동들을 걱정했다. "그 정도밖에 되지 않는 학급을 보고 슬프기도 하고, 아동들의 수가 너무 부족해 보였어요."라고 한 교사가 이야기했다. 이에 다른 교사가 "그렇게 작은 학급에서 어떻게 한 집단의 구성원이 되도록 가르치는지 모르겠어요."라고 덧붙였다(Tobin et al., p. 38).

두 문화의 구성원들은 히로키의 행동에 대해 가능한 원인들에 대한 다른 해석을 내 놓았다. 한 미국인은 히로키가 지능적으로 뛰어나서 쉽게 지루해지기 때문에 품행이 좋지 못하다고 추측했다. 일본인들은 이 생각을 부정하면서(속도는 지능과 같지 않다는 생각을 바탕으로) 다른 해석을 제시했다. 그들에게는 똑똑하다거나 총명하다는 단어는 품행이 좋다거나 칭찬할 만하다는 것과 거의 같은 의미를 나타내는 것으로, 그 어떤 것도 히로키에게 해당되지 않는다. 그들은 히로키가 의존적 문제행동을 겪고 있다고 믿었다. 집에 어머니가 없기 때문에 그는 어떻게 남에게 올바르게 의존해야 하는지, 더 나아가 다른 사람들에게 어떻게 섬세하게 대해야 하는지 그리고 복종해야 하는지를 알지 못했다. 그들은 히로키를 격리시키는 것은 일을 나아지게 하지 않는다고 했다. 오히려 히로키가 집단 안에서 남과 어울리고, 그 맥락에서 올바른 이해를 할 수 있는 것이 필요하다고 여겼다.

Tobin과 그들의 동료들(1989, p. 24)은 그들의 유치원 체계와 히로키의 행동에 대한 일본 교사들의 견해에 대해 다음과 같은 논평을 달았다.

> ……일본 교사들과 일본 사회는 평등에 많은 가치를 두며, 아동들의 성공과 실패 그리고 성공할 수 있는 잠재력과 실패한 성인들을 비교하였을 때, 그것은 타고난 능력보다는 노력과 성격 그리고 학교에서 배우고 가르칠 수 있는 것과 관련이 깊다고 생각한다.

미국 교실의 비디오테이프를 통해 개인주의를 아동들에게 장려하는 모습을 본 일본인들은 "아동의 인간성은 집단으로부터 독립하려는 능력에서 발현되는 것이 아니라, 집단 내에서 조화를 이루고 집단의 일부가 되었다는 느낌을 받을 때 실현되는 것이다."(Tobin, p. 39)라는 생각으로 미국의 유치원 체계를 비난하였다. 한 일본 학교의 관리자는 다음과 같이 덧붙였다.

> 내가 보았을 때, 미국적인 접근(아이들로 하여금 그들의 올바르지 못한 품행에 대해 자신의 생각을 설명하라고 요구받는 것)은 어린 아동이 감당하기에 너무 무겁고, 어른스러우며, 너무 가혹하고, 너무 통제된 처사라고 생각합니다(Tobin, p. 53).

여기서는 아주 작은 부분에 대해서밖에 언급하지 않았지만, 이 관찰들로부터 아주 다양하고 흥미로운 함의를 도출할 수 있다. 하지만 이 글에서의 저자의 목적은 이 관찰들을 이후 아동들이 성장하여 성인이 되었을 때 직면할 상황과 연관짓는 것이다. 더 구체적으로 말하면, 미국 야구에서 경력을 쌓으려는 일본 남자들의 상황 같은 것 말이다. 일본의 메이저 리그에서 선수 생활을 하는 미국 야구 선수들의 운명이 이 점을 여실히 보여 주고 있다(Whiting, 1989). 뛰어난 실력과 경험 그리고 신체적 조건에도 불구하고, 미국 야구

선수들은 일본에서 매우 힘겨운 시간을 보내고 있다. 그 어려움에는 많은 이유가 있겠지만, 가장 중요한 것은 팀을 승리로 이끌기 위해 중요하게 생각하는 것이 완전히 다르기 때문인데, 이는 두 문화권의 서로 다른 유치원 교육이 훗날 놀라운 정도의 차이를 일으킨 것을 의미한다. 『*You Gotta Have Wa*』라는 책은 한 가지 중요한 차이를 찾아내었다. *Wa*는 일본어로 집단의 조화를 의미하는데, Whiting에 따르면, 이것이 바로 미국과 일본의 야구 게임을 명백하게 구별해 주는 요소라고 하였다. 미국 선수들은 개인적 독창력과 타고난 재능이 성공의 열쇠라고 생각하지만, 일본인들은 "개인은 집단 없이는 의미가 없고 가장 뛰어난 재능을 가진 선수도 일정한 방향을 가져야 한다."(p. 70)라는 것을 강조한다. 집단의 조화를 강조하는 것과 관련지어 보면, 개인의 능력을 강조하는 미국인들과 달리, 집단의 조화는 성공의 열쇠로서 역경을 견디는 능력인 *doryoku*를 강조하는 것과 상응한다고 할 수 있다.

Whiting(1989)은 "*Wa*"와 "*doryoku*"에 에 대한 이념이 일본 야구뿐만 아니라 일본 사업의 토대가 된다고 지적했다.

> *Wa*는 히타치와 같은 거대 다국적 기업의 모토이며, 스미모토, 도시바 그리고 다른 우수한 일본 기업들은 하급 관리자들을 야외 수련원으로 보내, 그곳에서 loin-cloths(샅바와 같이 생긴 허리에 두르는 간단한 옷, 천조각)와 *doryoku*라고 쓰인 머리띠만 하고 명상을 하거나 정신 강화 운동을 하게 한다(p. 74).

유치원 교육에서부터 성공의 원천에 대한 이해를 명백하게 보아 왔던 미국 선수들은 그들의 뛰어난 재능에도 불구하고 일반적으로 일본식의 일 처리 방식에 복종하지 못한다. 미국인들이 개인적 감정을 언어화하고, 집단의 조화보다는 개인의 감정에 더 가치를 두고 강조하는 것을 못마땅하게 여기는 일본인들에 대해 신랄하게 비판했던 한 미국 야구 선수는, 그의 매니저와 오랫동안 통렬한 공적인 논쟁을 벌였는데, 그는 절망에 찬 목소리로 다음과 같이 물었다. "너무하다고 생각하지 않나요? 제 감정은 어떻게 합니까? 저도 자존심이 있습니다." 이에 대해 매니저가 말했다. "당신의 기분은 이해하지만 그것보다 더 중요한 것이 있답니다."

여기서 우리는 문화가 현재의 필요성이 아닌 '일이 처리되는 관습'에 대한 깊은 믿음에 입각하면 어떤 결과를 불러오는지 다시 한 번 볼 수 있었다. 아동으로서 현재에는 아주 사소한 결과를 가져오지만, 장기적인 관점에서 보면 그/그녀의 행동에 중대한 결과를 불러온다는 것이다.

아동 초기 중반의 생물 및 문화의 개념적 발달

앞서 언급한 것처럼, 환경의 영향일 것이라고 생각한 발달의 많은 부분이 생물학적인 원인에 의한 것임이 밝혀지자, 발달과학의 영향력이 다시 나타나게 되었다. 현대의 형태에서 이 관점은 생물학적으로 통제된 제한인 '정신 모듈' '핵심 영역' '특수적 영역'으로 표현된다. 그들은, 때로는 출생에 가까워질 때나 출생을 할 때 여러 사람한테 선천적으로 특화되고 종 전반적인 성숙의 시간표를 따를 것으로 가정된다. 이 관점에서 문화는 고정된 발달을 빨리 일어나게 하거나 느리게 일어나게 하는 역할을 가지게 되었다(Carey & Spelke, 1994).

생물학적 한계를 강조하는 것은 문화적인 경험(프랑스어가 중국어와 다른 것처럼)에 의해 특화된 언어를 획득하지만 밑바탕이 되는 구조는 동일하다고 이야기한 Chomsky의 이론(1959, 1986)에서 시작되었다(Chomsky, Skinner, 1957). 그는 이러한 성숙의 능력을 언어 습득장치(Language Acquisition Device: LAD)라고 부른다. 이 관점은 한 종에게 연관된 특화되고 요약된 정신 기관을 '정신 모듈' 이라는 개념을 만든 Fodor(1983)에 의해 일반화되었다(Elman et al., 1996, p. 36). 언어의 경우와 같이, 간혹 정신 모듈은 뇌의 특정한 부분과 연합되어 있다. 한 가지 예로 브로카(Broca) 영역을 들 수 있는데, 이 부분은 언어의 핵심으로 알려져 있다.

이러한 관점에 따라 언어와 같은 지식 습득의 모듈화 영역은 발달을 위해 광범위한 경험을 요구하지 않는다. 발달의 역할은 단지 상응하는 모듈을 '유인' 하기만 하면 되는 것이다. 문화와 발달을 고려할 때 특별히 중요한 것은 이 모듈 시스템이 '캡슐에 넣어졌다.' 는 것인데, 이는 주어진 입력에 대해 출력을 의무적으로 매우 빠르게 생산해 낸다는 것이다(물 속에 반 정도 잠긴 막대기가 굽어져 보이는 것이 예가 될 것이다).

영역 특수화된 생물학적 제한이 존재한다고 확신하는 많은 발달심리학자는 모듈화되어 있다는 주장에 동의하지 않고 이러한 생물학적 제한이 어떤 '골격의 원리' 를 제공하는 '핵심' 혹은 '특수한' 영역이라고 하면서, 이것은 발달하는 아동의 주의와 관련된 영역에 편견을 주지만 완벽히 요약되지는 않는다고 말한다. 그들은 대신, 기초적인 시작점을 지나 발달하기 위한 문화적 입력의 추입을 요구한다(Chen & Siegler, 2000; Gelman, 1990; Gelman & Lucariello, 2002; Hatano, 1997). 이와 같은 논쟁이 자신들을 '문화적 생물학자(예, Quartz & Sejnowksi, 2002)' 라고 부르는 신경과학자들에 의해서도 진행되었다. 이와 같은 입장에서, 발달에서는 어떤 계통발생론적 제한이건 간에 그것들은 뇌 영역에 캡슐화되어 있지도 않고 완벽히 전념하고 있지도 않는 것이다. 따라서 이른 시기에 뇌에 어떠한 손상이 있으면 원래 어떤 장소에 위치해야 하는 기능이 완전히 다른 곳에 위치할 수도 있는 것이다(Battro, 2000; Stiles et al., 2003).

발달의 핵심 혹은 특수화된 영역에 관한 논문을 다시 읽으면서 Hatano와 Inagaki (2002)는 선천적으로 특수화된 지식이 여전히 골격화되어 있기 때문에 문화적 집단이 어떻게 아동의 경험을 증진시키고 어떤 경우에는 진화론적인 지식을 부여하는지를 논했다. 저자는 특수적 지식 안에 있는 발달의 두 영역, 즉 순수 생물학과 순수 심리학의 계통발생학-생물학 그리고 문화-역사적 제한의 관계의 증거를 개관했다.

생물학적 영역 Hatano와 Inagoki(2002)는 생물학적 영역에 관한 자신들의 연구에서 골격적 원리가 다음의 것들로 결합되어 있다고 했다. ① 인간과 유사한 개념(인격화)에서 살아 있는 것에 대한 설명의 모드(순수 이론), ② 핵심적인 원리에 의해 살아 있는 현상은 순수하게 화학적이거나 생리적 힘과는 거리가 있다는 생각(활력론)이다.

이러한 골격의 원리와 설명의 양상은 음식과 물, 음식으로부터 활력을 얻는 활동력과 생동감, 개인적 성장과 후손의 생산에 이바지하는 힘의 크기와 숫자에서의 성장 등 세 가지 방향관계에서 작동한다. 이러한 설명은 문화적으로 보편적이다. 비록 자료가 희박하지만, 이를 뒷받침하는 증거는 오스트레일리아와 북아메리카에서 발견되었으며, 6세에 이러한 생각을 보이는 아동이 일본에서도 발견되었다(자세한 설명은 Hatano & Inagaki, 2002 참조).

문화적 참여를 통해 인간은 기초적인 생물학적 지식이 발달한다는 것은 Inagoki (1990)에 의해 설명되었다. 그는 집에서 금붕어를 키운 5세의 일본 아동들과 그러한 경험이 없는 아동을 비교했다. 금붕어를 키운 집단의 경우, 물고기의 발달에 관해서 물고기를 키우지 않은 집단보다 훨씬 더 많은 지식을 보였다. 그들은 심지어 물고기를 통해 배운 사실을 개구리에게도 확장할 수 있었다. 만약 "개구리를 어항에 계속 키울 수 있니?"와 같은 질문을 한다면, 그들은 "아니요, 그렇게 할 수 없어요. 왜냐하면 금붕어는 커지거든요. 내 금붕어는 예전에 작았는데 이제 커요."와 같이 대답했다(Hatano & Inagaki, 2002, p. 272에서 인용).

생물학적 지식의 발달 내에서 문화적 관여를 지지하는 추가적 증거는 생물학적 분류의 증가에 대한 Atran(1998)의 연구에서 찾을 수 있다. Atran은 한때 이 관점에 생물학적 영역을 적용했다. 그는 살아 있는 종의 분류는 보편적인데, 그것은 "인간정신이 자동적이고 자연 분류의 도식을 가지고 있기 때문"(p. 567)이라고 했다. 하지만 오늘날 Atran과 그의 동료들(Medin et al., 2002; Ross et al., 2003)은 경험의 농도와 지역의 생태학적 특수성과 같은 요인들은 이른 아동기의 생물학적 이해의 발달에 공헌한다고 인정한다.

그들의 몇몇 연구에서 Atran(1998), Medin 등(2002) 그리고 Ross 등(2003)은 아동에게 어떤 특정한 종류의 실체가 대상 자극과 어떤 공통점을 가지고 있는지 질문했다(예, 사람이 숨을 쉬면, 강아지도 숨을 쉬고, 식물도 숨을 쉬고, 돌멩이도 숨을 쉬는가?). 순수 생물학적으로 보면 아동은 7세가 지나서야 인간은 다른 많은 종류의 살아 있는 것과 같다는 이론을 발달시킨다.

생물학적 분류에 관한 예상되는 기반을 없애기 위해 실험은 말이 안 되는 음절로 이루어졌다. 예를 들어, 아동에게 늑대의 사진을 보이며 "여기 Andro라고 불리는 것이 있어. Andro는 몇몇 동물의 내부에서 발견된단다. Andro를 가지고 있는 동물 중 하나가 바로 늑대야. 이제부터 나는 너에게 다른 종류의 그림을 보여 줄 텐데, 그림들 속에 Andro가 들어 있는지에 대해서 알려 주렴. 알았지?"와 같이 이야기한다.

이와 같은 질문 틀은 추론적 기초를 위해 사용되고 많은 수의 대상 자극이 기초와 같은 분류학적 범주에 의해 표현되는지(예, 너구리, 독수리, 돌멩이 및 자전거)와 그 사물들 속에도 'Andro'가 있는지 알아보기 위한 것이다. 다음과 같은 두 가지 질문이 주된 관심의 대상이었다. ① 대상 자극에 생물학적 유사성이 줄어듦에 따라 'Andro'라는 영역에 관한 추론이 마찬가지로 줄어드는가? ② 아동들은 생물학적 유사성을 따질 때, 기초적인 추론의 대상으로 생각하는가?(의인화는 생물학적 분류에 있어 보편적인가?) 연구자들은 6~10세의 '도시의 중심 문화를 경험하는 아동' '시골의 중심 문화를 경험한 아동' '시골의 아메리카 원주민인 메노미니(Menominee) 족 아동'에게 이와 관련된 실험을 했다.

첫 번째 질문에 대해, 도시의 중심 문화를 경험하는 아동은 인간과의 유사성을 비교 대상과의 유사성에서 일반화함을 보였다. 하지만 성인 분류 전문가에 따르면, 시골의 어린 아동들은 생물학적 친근감으로 일반화하였고, 모든 연령의 미국 원주민 아동과 시골의 중심 문화를 경험한 높은 연령의 아동들은 명백하게 생태학적 사고를 했다. 두 번째 질문에 대해, 도시의 아동들은 인간을 비교의 대상으로 할 때 어떤 편견을 보임을 발견했다. 하지만 시골의 아동들, 특히 메노미니 족 아동들은 의인화를 보편적인 민속 이론의 전조로 부인하지 않았다. 이러한 결과는 문화와 전문적 기술은 생물학적 사고의 발달에 역할을 함을 보인다. 이러한 증거는 Hatano와 Inagaki의 관점과도 일맥상통하고, 계통발생론의 업적을 완성하기 위해 문화적 재정돈의 경험이 필수라고 말한 Geertz(1973)의 생각과도 같다.

이와 같은 실험적 패러다임은 Yucatek Mayan에 의해 성인과 아동의 생물학적 유도를 알아보기 위해서 행해졌다(Atran et al., 2001). 성인들은 인간으로부터 다른 생물 및 무생물로의 유도가 감소함을 보였고, 표준의 생물학적 분류를 따랐다. 하지만 벌이 자극으로 제시되자, 무척추 동물뿐만 아니라 나무, 사람 모두 공유하는 것이 있다고 많은 사람들이 대답했다. 아동들은 강아지를 추론의 기초로 삼았을 때, 애완견에게 애정과 친숙함에 기초를 두었다. 다시 말해, 이는 생물학적 영역에 대한 추론에 있어서 문화적으로 정립된 경험이 영향을 미친다는 것을 보여 준다.

마음이론 '마음이론'은 "타인을 심적 상태와 특성에 따라 파악하려는 경향을 말한다."(Lillard & Skibbe, 2004) 더 자세히 기술하자면 "만약 우리가 타인이 인상을 쓰는 것을 본다면, 우리는 그/그녀가 실망했다고 추론할 수 있다. 만약 우리가 어떤 사람이 버스를 향해 달리는 것을 본다면, 아마 그 사람이 버스를 타기 위해 뛰는 것일 거라고 추론할 것이다." 이것이 이론이라고 불리는 이유는 우리가 이러한 추론을 우리의 행동을 관리하고 타인의 행동을 예측하기 위해서 보이지 않는 실체(욕망, 신념, 생각, 감정)에 의거해서 이용하기 때문이다.

아직도 침팬지와 보노보가 정신적 구조를 기반으로 한 추론을 하는 것과 연관된 행동을 보이는지에 대해서는 의견이 분분하다. 이 상황은 "침팬지는 마음이론을 가지고 있다. 문제는 어떤 부분이냐는 것이다."(Thomasello, Call, & Hare, 2003)라는 최근의 한 사설의 제목에 잘 나타나 있다. 마음이론의 요소들 또는 마음이론의 전조들은 한 살이 끝나기 전에 나타난다. 세 살이 되면, 그들은 성인과 협동하여 거짓말을 할 수도 있다. 이어서 아동들은 그릇된 신념과 마음의 표현에 대해 논리적으로 생각할 수 있는 능력을 기른다. 이후 그들의 이론은 점점 자라서 놀람과 자랑스러움 같은 부차적인 감정들을 포함하게 된다(발달에 대한 더 상세한 정보는 Cole, Cole, & Lightfoot, 2005 참조).

마음이론의 능력에 대한 이런 순차적인 발달상의 진보는 그 이론이 마음의 모듈이라는 착상으로 이끌었다(Fodor, 1983; Lesie, 1994). 그것은 일종의 빠르고 무의식적이며 추론을 생산하는 장치다. 자폐아동의 자기중심적 성향과 모듈 방식을 연결하는 고리들은 선천론자의 주장을 뒷받침해 주는 근거로 이용되고 있다. 모듈의 명시였다면, 마음이론은 생물학적 손상만 없다면 문화적 조건을 막론하고 보편적으로 발달할 것이라고 기대된다.

그런 주장은 마음이론이 보편적인 발달현상인지를 평가하는 연구를 재빠르게 생성한다. 과거의 경험을 반영하여 심리학자들은 쉽고 안정되게 운영할 수 있으며, 그 이론의 이론적으로 중요한 부분을 구별해 줄 수 있는 작업을 선택했다. 잘못된 믿음 과제는 Wellman, Cross 및 Watson(2001)에 의해 메타 분석에 제출된 많은 연구 사례를 통해 그런 속성을 가지고 있는 것으로 나타났다. 아동들은 먼저 욕망을 다른 쪽으로 귀인시킨 다음에야 믿음을 귀인시켰다(Wellman, 2002).

만약 마음이론이 모듈의 형태를 띠고 있다면, 우리는 그것이 문화변인에 의해 침해되지 않을 것이라고 기대할 수 있다. 그것은 아동의 치아가 빠지는 것처럼 보편적인 순서로 발달할 것이다. 이런 기대는 적절한 시기를 정하여 실험되지는 않았지만, 아동들이 성인과 유사한 형태—그릇된 믿음을 다른 사람의 탓으로 돌리고, 자신의 추론에 근거하여 다른 사람의 행동을 예측하는 능력—로 생각하기 위한 테스트를 어떻게 처리하는지에 대한 합리적인 일관성이 있다.

그 결과는 절대로 보류된 결론이 아니다. 마음의 상태와 행동이 어떻게 설명되는지 그리고 그것이 어떻게 인식되는지에 대해 세계의 문화로부터 나온 엄청나게 다양한 범위와 방식으로 얻어진 자료들이 충분히 있다(Lillard, 1998; Vinden, 1998). 순수하게 숫자의 측면에서 보았을 때, 영어는 정서적 단어만 5,000개 이상을 가지고 있었기에 연속체의 한 극단에 위치한다고 할 수 있다. 이와 반대로 말레이시아의 세망(Chewong) 민족은 마음의 상태의 모든 범위를 표현하는 단어가 원하다, 매우 많이 원하다, 알다, 잊다, 보고 싶다 그리고 기억하다의 다섯 가지밖에 없는 것으로 보고되었다(Howell, 1984). 인류학자들은 많은 사회에서 타인의 마음에 대해 이야기하는 것을 긍정적으로 회피하는 경향이 있다고 보고했다(Paul, 1995). 현재는 지역적으로 개조된 마음이론에 대한 의견이 분분하다(Lillard & Skimme, 2004). 이전의 연구에서 Avis와 Harris(1991)는 시골 카메룬의 아동들은 다른 사람의 그릇된 믿음에 기초하여 추론하는 능력을 기른다고 했다. 그러나 다른 연구에서는 두뇌의 심리학적 상태나 마음이론의 실행에 대해 별로 말하고 싶어 하지 않는 사람들이 있는 곳에서는 부류가 없거나 매우 단편적이라는 결과가 나타났다(Vinden, 1999, 2002). 하지만 사람들이 어휘와 기질이 부족해서 성과가 나빴던 것인가? 아니면 그들이 말로써 직관적인 이해를 설명하지 못해서 그런 것인가?

문화적 집단이 아주 많은 정신적 어휘를 가지고 있으리라는 문제를 해결하기 위해서 Callaghan 등은 연구를 수행했는데, 그들은 믿음, 감정과 같이 번역하기 어려운 말들을 사용할 때 불필요한 상황에서는 말을 최소한으로 사용하여 언어에 대한 문제를 피하려고 하였다. 그들은 두 명의 실험자가 있는 상태에서 장난감을 세 개의 그릇 중 하나에 숨겨 놓았다. 한 명의 실험자가 나가자, 다른 실험자는 나갔던 실험자가 돌아왔을 때 그녀가 어떤 그릇을 고를 것인지에 대한 질문을 하기 전에 장난감을 다른 그릇 속에 숨기라고 아동을 설득했다. 이 실험에서 정신적 개념에 대한 언급 없이 언어를 행동(그릇을 고르는 행위)으로 대체하였으며, 따라서 부재했던 실험자가 그녀가 떠나기 전에 장난감이 있었던 그릇을 고를 것이라고 예측을 한다면, 해당하는 어휘 없이도 다른 사람의 믿음을 생각할 수 있는 능력이 존재한다는 것을 암시하는 것이다.

이런 조건 하에서 캐나다, 인도, 사모아와 페루의 3~6세의 아동들을 대상으로 시험을 했다. 수행은 나이가 많을수록 향상되었는데, 4세 반~5세 사이에서는 절반의 아동들이 바른 대답을 보였고, 5세 반~6세 사이의 아동들은 모두 완벽하게 대답했다. 이것은 바로 정확하고 동일한 절차들이 정신적 언어에 대한 의사소통 능력에 의존하지 않는 것에 대한 조심스러운 표준화로, 특정 언어를 사용하지 않아도 그러한 행동을 보임을 나타내고 있는 것이다. 하지만 이러한 불변성은 지역 어휘에 의해 필요가 결여되었고, 믿음에 대해 설명하라고 하면 아동이 어떻게 대답할 것인지에 대한 정보의 부재와 같은 마음이론 행위의 골격의 핵심에 접근한다는 것에 주목해야 한다. 예를 들어, Vinden(1999)은 카메룬이나 뉴기니아처럼 규모가 작고 산업화가 많이 되지 않은 집단의 아동들은 믿음이 태도에 미치는 영향에 대해 이해할 수 있었지만, 그릇된 믿음에 기반하여 정서를 예측하는 데는 어려움이 있었다.

아동들에게 이야기 등장인물 중에 나쁜 품행을 설명하라고 요청하는 다른 작업을 이용하여, Lillard와 그녀의 동료들은 아동들이 태도를 내적이고 심리적인 특성으로 귀착시키는지 아니면 외적인 환경에 귀착시키는지의 여부에서 문화적, 종교적, 계층적 차이를 발견했다. 이들은 아동들이 내적인 심리적 특성으로 귀인하는지 아니면 다른 사람의 태도를 예측하고 해석하는 데 사용하는 어떤 마음이론의 외적 환경에 귀인하는지 알아보았다. Lillard와 그녀의 동료는 "문화적 차이는 서로 다른 문화적 맥락에서 쌓이는 정도의 패턴의 차이 그리고 행동의 빈도의 문제일 뿐이다."라고 말하였다(Cole, Gay, Glick, & Sharp, 1971). 모든 집단의 아동들은 내적인 것과 상황적인 것, 두 종류의 대답을 했다. 단지 빈번한 정도와 패턴의 차이만 있었을 뿐이다. 그들은 이 경우의 평균 결과를, 예를 들어 낮은 사회경제적 지위의 아동이나 시골의 아동들은 행동에 대한 상황적 귀인을 가지고 그것을 아이들에게 해석의 모델로 제시하는 부모가 있을 확률이 높다든가 하는 등 공동체의 언어 사회화 관습에 귀착시켰다. 반면에 사회경제적 지위가 높거나 도시에 사는 부모들은 자녀와 상호작용하면서 이미 내면화한 해석의 내재적 모델을 사용하는 경향이 있었다. 많은 양의 마음읽기와 마음해석을 하는 대화를 제공하는 자신보다 나이가 많은 형제나 자매가 있는 아동의 경우, 마음이론이 더 빨리 나타난다는 것이 밝혀졌다(Ruffman, Perner, Naito, & Clements, 1998).

보편성과 문화적 특수성은 모두 마음이론의 발달을 특징짓기 위해 있다. 침팬지에게 적절한 절차를 사용하여 인간의 마음이론의 많은 요소(모두는 아니다)를 찾을 수 있다는 자료가 주어졌기 때문에(Tomasello et al., 2003), 서로 다른 문화적 배경을 지닌 사람들에게 호되게 꾸짖는 방법으로 거짓 믿음 과제가 주어졌을 때 같은 행동을 보인다는 사실에 놀라서는 안 된다. 반면에 언어와 설명은 평가의 여부가 되었을 때 나타난다. 이것은 발달을 '골격의 생물학적 제한'과 '참여적 문화적 관습'의 결합이 사람으로 하여금 기대하게 만든다는 Hatano와 Inagaki(2002)의 생각을 지지하는 결과의 패턴이다. 계통발생론과 문화적 역사 모두 자신과 다른 사람의 생각과 상황을 생각할 수 있는 성인의 상태로 발달하는데, 이는 필수적인 공헌자들이다.

아동 중기: 역사적으로 구체화된 문화적 활동으로서의 학교교육

문화적 체계에서 일어나는 아동의 삶에서 가장 커다란 변화 중 하나는 바로 사회적 중재인데, 이는 아동이 5~7세에 도달했을 때 다양한 사회에서 마련된다(Rogoff, Sellers, Pirrotta, Fox, & White, 1975; Sameroff & Haith, 1996). 아동이 여섯 번째 생일을 지나면서 생물학적, 행동적 그리고 사회적 특성들을 수반한 변화가 일어난다는 증거를 바탕으로, 이 시기는 주된 생물학적-사회적-행동적 변화가 일어나기에 탁월한 시기라고 할 수 있다(Cole, Cole, & Lightfoot, 2005; Janowsky & Carper, 1995). 현재와 같은 산업화 사회에서 이 시기에 아동들은 학교에 다니게 된다. 하지만 학교가 없는 사회에서도 아동들의 활동에서 뚜렷한 변화가 발생하게 된다. 예를 들어, 중앙아프리카의 말라위의 고니(Ngoni) 족은 이 시기가 되면 남자 아동들은 동성의 친구들과 어머니를 떠나 권위적인 남성이 되기 위해 합숙을 한다고 한다(Read, 1960).

LeVine과 White(1986)가 묘사한 것처럼, 산업화가 되지 않은 농촌사회에서 현대와 같은 산업화된 혹은 산업화되고 있는 사회로의 변화는 다음과 같은 보편적인 특징을 보여주고 있다. ① 학교의 내적인 체계는 나이로 구별되는 학년, 교육을 목표로 한 장기적인 체제 수립과 함께 난이도에 따른 과정의 연속적인 분류, ② 교사가 지배자에서 하위 등급의 공무원으로 효과적으로 강등되기 위한 보다 큰 관료적 시설로 학교를 통합함, ③ 공적인 정책으로서 학교교육의 재정의와 '인력의 발달'을 위한 구체적인 형태의 경제적 활동, ④ 이전에는 제외된 집단, 즉 여성과 빈곤계층에게까지 연장되는 학교교육 등이다.

현재 세계에서 지배적인 학교교육은 19세기 유럽의 모델을 따르고 있으며, 이는 정복하는 유럽의 군대와 같이 세계 곳곳에 퍼지게 되었다(이 혁명의 광범위한 영향을 알아보려면 LeVine, LeVine, & Schnell, 2001; Serpell & Hatano, 1997 참조). 하지만 지역적으로 전통 있는 문화화는 학교교육에서 어떠한 수단으로도 제거되지 않으며, 어떠한 경우에는 국가에서 학교교육의 형식적인 문화의 지원을 따르면서 나아가거나(Wagner, 1993), 때로는 공존하고 있음(LeVine & White, 1986)을 알 수 있다. 때때로 이러한 전통적인 형태의 학교교육은 지역의 종교나 윤리적 가치를 강조한다(Serpell & Hatano). 그럼에도 불구하고, 이러한 변화는 여전히 중세의 농경사회가 가지고 있던 구조적인 특징의 증거를 가지고 있다.

이러한 역사적인 흐름의 결과로 관습적인 형태, 때로는 '서양적인 형태'라고 규명할 수 있는 교육은 세계적인 이상(현실이 아니라면)을 가지고 있다(이슬람 세계에서는 『코란』에서 종교와 사회법 간의 어떠한 대안을 제공하듯이 말이다). 이러한 '서양적 접근'은 세속적인 상태, 경제적 발전, 이성의 과정이 요구되는 위계적 구조 그리고 현대사회의 충만한 사실에서 이루어지게 된다. 1998년 유네스코가 진행한 설문에 따르면, 라틴 아메리카, 일본을 제외한 아시아 및 아프리카의 아동 중 비록 종교에 따라 많은 사람들과 아동들이 교육의 일부만을 받지만, 그래도 80%가 1990년에는 공교육을 받을 것이라고 발표했다. 그럼에도 불구하고, 저자가 보다 나은 단어로 쓰고자 하는 '서양식'의 학교교육은 전 세계에 명백하고 충만한 사실인 것이다.

우리가 만약 일주일에 5회, 하루에 몇 시간씩 형식적인 학교에 다니는 아동과 집에서 요리하는 어머니를 돕고, 아기를 돌보고, 뜰에서 일을 하거나, 사내아이의 경우 아버지와 함께 밭과 숲에서 농사, 사냥, 집을 짓기 위해 벽돌을 만드는 아동의 읽고 쓰는 능력과 기본 계산 능력을 비교한다면 학교를 경험한 아동의 경우가 현저하게 뛰어날 것이다(Cole, Cole, & Lightfoot, 2005; Serpell & Hatano, 1997).

① 학교교육이 일어나는 상황은 실용적인 활동을 하는 공간과 구별된다. 학생들은 글쓰기와 같은 중재적인 수단을 사용하도록 가르쳐지며, 다양한 문화의 영역에 대한 개념적 내용이 제공되는데, 이는 이후의 생산적인 활동의 수단이 된다.

② 형식적인 학교교육을 위한 특정한 사회적 구조가 있다. 이는 한 성인이 여러 명(주로 40~50명이기도 하고, 많은 경우 400명에 가까운)의 학생들과 동시에 상호작용을 하는 것이다. 다른 사회화 과정의 환경과 다르게, 이 성인은 학습자와 덜 친밀한 관계를 조성한다.

③ 학교교육과 관련된 특정한 가치체계가 있는데, 이는 교육받은 사람을 그렇지 않은 사람보다 우위에 두는 것이다. 세속적 교육과 가치의 변화는 전통과 공동체에서 불연속성을 가지고 온다.

④ 학교교육에서 특별한 중재적 기술이 있는데, 그것은 바로 글쓰기다. 글쓰기는 언어적이고 비언어적인 체계를 설명하기 위해 사용된다(한 예로 수학).

⑤ 이 모든 요소들은 언어가 특정한 방법으로 쓰이는 상황으로 결론지어진다. 이와 같은 사항이 가장 잘 나타나는 상황은 교사는 답을 알지만 학생에게 질문을 하는 상황일 것이다.

⑥ 배움과 가르침이 일어나는 상황의 상호작용의 경우, 그 자리에서의 도움은 부적절하다고 여겨지며 이는 학습을 개인적인 성취로 강조한다(Serpell & Hatano, 1997).

형식적인 학교교육과 연관된 활동의 명백한 본질적 특징은 넓은 범주에서 더 교육적이라고 여겨질 수 있는 다른 사회화 장면에 적용되지 않는다(보다 자세한 사항은 Greensfield & Lave, 1982; Schliemann, Carraher, & Ceci, 1997 참조). 하지만 아동기 중기에 나타나는 문화적 불연속성은 문화와 인지발달에 크게 영향을 미친다고 보기에 충분하다(개관을 보려면 Berry, Poortinga, Segall, & Dasen, 1992; Cole, 1990, Mishra, 1997 참조). 묘사를 위한 많은 발달적 양상을 통해, 저자는 여기서 두 가지를 언급하고자 한다. 하나는 Piaget가 해석한 논리적인 작동의 발달이고, 다른 한 가지는 미국 인지심리학자들이 해석한 기억의 발달이다. 논리에 대한 주제는 특별히 홍미를 갖는 주제인데, 이것은 문화의 어떠한 특별한 역할을 묻지 않지만 연령과 관련된 보편적인 발달이기 때문이다. 기억에 관한 주제 또한 홍미로운데, 이는 글씨를 쓰는 체계를 사용하지 않아도 되는 전통적인 이론화를 가정한 것이기 때문이다.

학교교육과 논리적 조작의 발달 이를 토론하기 위한 의도로, 논리적 생각을 필요로 하는 질문들이 구체적인 조작으로 구성되어 아동으로 하여금 행동(하나의 그릇에서 다른 그릇으로 물을 따르는 것과 같이)을 순서대로 생각할 수 있고 또 역으로 다시 생각할 수 있는 정돈된 체계(분류, 연속적인 서열 및 일치)를 가진 Piaget식의 이론에 기반을 두었다고 가정하자(Birney et al., 이 책의 제5장 참조). 하지만 이러한 조작은 단계적인 체계에서 부분적인 연결을 하는 것으로, 다른 부분과 연결되지 않는다면 제한적이게 되고 실제적인 사물에 나타나야 한다. 형식적인 조작은 모든 종류의 연결이 고려되었다는 점에서 차이점을 가지게 된다. 이들은 실제적 사물이 없어도 수행 가능하며 각 부분의 연결은 '구조적인 전체' 에 상대적으로 묶이게 되는 것이다(Inhelder & Piaget, 1958, p. 16).

Piaget는 초기에는 문화가 얼마나 원시적인지 혹은 기술적인지에 따라 인지발달의 문화적 차이가 존재한다고 믿었다(Piaget, 1928, 1995). 그러나 1960년대에 인지발달과 문화적 변인에 대해 발표하면서, 자신이 일찍이 생각한 문화를 따르는 사람과 현대적 변화 사회에 중심을 둔 이야기를 전혀 꺼내지 않았다(Piaget, 1966, 1974). 오히려 그가 제네바에서 관찰한 인지적 변화는 아주 보편적인 것이라고 말했고, 아동이 진보하는 정도를 수정할 수 있었던 다양한 요인들을 제한했다. 세 가지 문화적 특이점이 토론을 위해 선택되었다(보다 자세한 사항은 LCHC, 1983 참조). 핵심 사항은 동화와 조절의 끊임없는 상호작용의 조작적 연습의 양인데, 이는 시스템을 더 높은 곳, 더 수용성 있는 평형의 단계로 이르게 하는 것이다.

첫째, 아동이 질문하고 함께 작업하고 때로는 다투기도 하는 상황이 격려되는 범위에서 아동은 같은 상황에 대해 서로 다른 관점을 취할 기회가 생길 것이며, 그들은 부가적인 조작적 연습을 통해 모든 것들을 통합해야 한다. 둘째, 형식적인 학교교육을 통해 높은 빈도로 환경에 대해 생각하고 어떤 생각에 대해 직면할 수 있는 환경을 만들어줌으로써 어떤 사회에서는 아동에게 조작적 연습을 할 수 있는 더 좋은 기회를 제공한다. 하지만 힘의 균형을 불균등하게 하는 권위 구조가 학교교육에서 이러한 것들을 얼마나 성취하게 하는가에 대해서는 불확실하다.

그러므로 문화와 발달에 관한 중요한 질문에 답을 제공할 때, 이론이 적합하다는 것을 알 수 있다. 하지만 이러한 연구의 역사는 연구를 통해 우리가 궁금한 기초적인 질문에 대한 답을 얻기가 얼마나 어려운지 보여 준다. 이러한 연구의 어려움은 Greenfield와 Bruner의 연구에 잘 나타나 있다(Greenfield, 1966; Greenfield & Bruner, 1969). 세네갈의 시골에서 Greenfield와 Bruner는 보존 개념의 꾸준한 발달을 보기 위해 교육을 받은 사람과 그렇지 않은 사람을 대상으로 관찰을 했다. 이는 자연스럽게 구체적 조작이 학교교육을 통해 가능할 것이라는 사실을 밝히기 위한 것이었다. 이와 같은 사실은 Hallpike(1979)에 의해 발견되었는데, 그는 문맹사회에서의 성인은 일반적으로 전조작기 이상의 생각을 발전시키는 데 실패한다고 보았다(이와 같은 결론은 Jahoda, 1980 등 다수에 의해 논쟁되고 있다).

이 연구에서 진행되는 중요한 애매모호함은 우리가 애착을 연구할 때 직면하게 되는 것들과 유사하다. 실험 상황에서, 특정 사회적 문맥에서 특별한 의미를 갖는 한 상황이 다른 사회적 문맥에 제시되었을 때, 실험자는 어떻게 자신들이 조작한 대로 실제 피험자들이 이해했으므로 비교 가능하다고 확신할 수 있는 것인가? 학교교육을 받지 않은 아동을 대상으로 학교교육과 발달의 구체적 조작에 관한 연구에 따르면, 보존 개념을 획득하지 못한 사람들은 비록 실험에 대한 표면적인 지시를 따랐다고 해도 실험자가 의도한 상황을 이해하지 못하는 것으로 드러났다. 그러므로 예를 들면, 세네갈의 우오로프(Wolof)족에 대한 Greenfield의 연구도, 아동들이 학교에 다니지 않았다면 그들은 대체로 부피 보존 개념에 대한 정확한 성취를 하지 못했을 것이다. 하지만 후속 연구에서 Irvine(1978)

은 아동들에게 정보원의 역할을 하게 함으로써 이들이 실험자에게 우오로프식의 평형과 유사함에 대해 명백하게 정의하도록 했다. 그들이 '대상'이 되는 상황에서, 이 개인들은 한 비커에서 다른 비커로 액체를 부을 때, 비보존적 반응을 보였다. 하지만 '언어적 정보원'의 역할을 맡자, 이들은 물을 한쪽 비커에서 다른 비커로 부었을 때, 비록 물이 더 높게 차오르기는 했지만 같은 양이라고 그들에게 맞는 어휘로 표현했다. Greensfield의 연구는 또한 보존 개념에 대한 판단과 상충하는 해석적 요인들을 지적했다. 그녀가 우오로프(Wolof) 족 아동들에게 스스로 물을 따르게 했을 경우, 보존적 사고는 눈에 띄게 증가했다. Greenfield(1997)는 서로 다른 토론 형식을 설명하기 위해서 현재 수행하는 과제에 따라 차별적인 해석이 필요하다고 주장한다.

두 개의 부차적인 증거들은 Piaget식의 면접 상황에 대한 결과 해석의 문제점을 지적한다. 이는 구체적인 조작을 위한 실패가 아니라는 점이 문화가 다른 사회에서 영향을 준다는 입장이다. 첫째, Siegal(1991)은 4~5세 아동들도 보존 개념에 대한 이해를 보이지만 실험자가 그들에게 무엇을 묻는지 파악하지 못하는 것으로 드러났다. 둘째, 몇몇 연구에서는 학교교육을 받은 집단과 그렇지 않은 제3세계 아동을 대상으로 보존 개념 수행을 알아보는 실험을 한 결과, 실험을 진행하는 사람이 그 문화의 사람일 경우 두 집단 간 어떠한 차이도 없다는 것을 발견했다(Kamara & Easley, 1977; Nyiti, 1978).

몇 년 전에 Dasen(1977a, 1977b)은 수행요인들이 구체적인 조작 능력을 표현하는 것에 지장을 주는 것일지도 모른다고 제안했다. 그 결과, 그는 사람들로 하여금 그들에게서 기대되는 수행목표를 가르치는 훈련 절차를 주장했다. 이것은 만약 실험에서 사용된 언어가 수행의 실패를 이끌어 낸 것이라면 그것을 방지하기 위한 방법이 것이다. 많은 경우에서 적당한 정도의 보존적 훈련은 수행을 눈에 띄게 증가시켰다. 그리고 훈련에 실패했을 경우, 다른 종류의 훈련이 필요한 것인지 아니면 더 많은 훈련이 필요한 것인지 의문점으로 남았다(Dasen, Ngimi, & Lavalee, 1979). 비록 이 연구에서 애매모호한 것들이 남아 있기는 하지만, 구체적 조작 사고는 학교교육의 영향을 받지 않는다고 결론 내리는 것이 가장 현명할 것이다. 학교교육이 영향을 주는 것은 사람들이 이해하는 언어와 실험 상황 자체를 예상하는 것이다.

형식적인 조작에서 상황은 덜 분명하다. Inhelder와 Piaget(1958, p. 10)는 아동기 중기의 특징인 형식적 조작을 다음과 같이 구분했다.

> 비록 구체적 조작은 형식적인 시스템(분류, 순차적 배열, 대응 등등)으로 구성되어 있지만, (구체적 조작기에 있는 아동은) 한 단계에서 다음 단계로 가는 데 각 부분을 다른 부분

> 과 관련시키지 않으면서 일정한 단계들을 밟는다. 형식적인 조작은 각 경우마다 연결이 가능하다는 점에서 구체적 조작기와 다르다. 결론적으로, 각 부분적 연결은 전체의 하나로 연결되어 있으며, 이는 생각이 '구조화된 전체' 로서의 기능을 가지고 연속적으로 움직인다는 것이다.

이 견해에서 형식적 조작 사고는 체계적으로 문제를 풀어야 하는 사람에게 필요한 사고의 방법인 것이다. 이러한 능력은 주유소 사장에게도 필요한데, 사장은 이익을 내기 위해 그가 휘발유를 사기 위해 돈을 얼마나 지불하고 있는지, 또 그 길을 지나가는 사람들이 누구인지, 그들이 원하는 서비스가 무엇인지, 몇 시부터 일을 시작해야 하는지, 또 임금은 얼마로 해야 하는지에 대해 알아야만 하는 것이다. 이는 또한 변호사에게도 적용할 수 있다. 변호사의 경우, 그는 자신의 의뢰인을 위해 사건의 복잡성을 고려하여 앞으로 어떻게 해야 할지에 대한 각본을 만들어야 하는 것이다.

Piaget(1972)는 연구 초기와 후기에 형식조작적 사고에 대한 각기 서로 다른 개념을 제시했다. 그의 일반적인 틀 안에서, 생물학적 성장과 사회적 상호작용을 보편적으로 반영하면서 형식적 조작의 획득은 보편적이라고 주장했다. 그럼에도 불구하고, 그는 "극심하게 불이익을 본 상황의 경우, 형식적 조작 사고는 형태를 가지지 못한다."(Piaget, p. 7)라고 하였다. 이와 같은 관점이 Inhelder와 Piaget가 형식적 조작에 대해 취한 입장이다. 그들은 "우리 사회에서 형식적 사고가 시작된다고 생각하는 11～12세가 매우 관련이 깊을 것이다. 왜냐하면 소위 원시사회는 이러한 논리의 구조가 없었을 것이기 때문이다." Piaget가 제시한 문화에 대한 이러한 발달적 차이에 대한 진술을 통해 우리는 형식적 조작이 보편적인 인지 능력이라는 것에 이의를 제기할 수 있게 되었다.

또 다른 가능성은 발달에서의 차이를 순서의 연속적 단계의 수정 없이 상상하는 것이다. 이러한 서로 다른 정도의 차이는 성인들이 제공하는 지적 자극의 질과 빈도에 따라 달라지게 될 것이며, 환경 속에서 다른 아이들과 끊임없이 놀이를 하면서 얻게 될 것이다. Piaget가 나중에 채택한 이 입장은 모든 사람들이 형식적 조작의 단계를 달성한다고 결론짓게 해 주었다. "그러나 사람들은 서로 다른 전문화되고 특수화된 분야에서 이러한 경지에 다다른다." 그러나 이러한 형식적인 구조가 사용되는 방법은 모든 상황에서 같은 것은 아니다."(Piaget, 1972, p. 19)라고 말했다.

보편성에 대한 증거는 아직 확실하지 않다. 일반적으로 Piaget식 작업이 형식적 조작기를 측정하기 위한 것으로 사용되었을 때, 학교를 다니지 않은 제3세계 사람들은 실패했고, 실제로 학교를 다닌 사람들의 경우도 마찬가지로 성공하는 경우가 매우 적었다(이에 대한 개관이나 부가적 정보는 Berry, Poortinga, Segall, & Dasen, 1992 참조). 그러나 만약 변수의 체계적인 조작에 대한 증거를 허락한다면 그리고 '모든 그리고 유일한' 관련 변인들이 고려되었다고 하더라도, 문화 안에서 형식적 조작에 대한 증거를 찾을 수 있다(예와 논의는 Cole, Cole, & Lightfoot, 2005 참조).

모든 것을 종합해서 내릴 수 있는 결론은, 형식적 조작은 정신적인 논리적 단계의 닫혀진 체계이며, 특별히 짙은 문화적 관심이 반복되는 상황에서 발견된다는 것이다. 이는 또한 요구된 조작이 표시할 수 있는 체계를 가진 사회에서 일어난다는 것이다. 이러한 형식을 통한 정신적 논리 · 생각의 표현 체계는 현대와 같은 기술적으로 정교화된 사회에서도 제한된 맥락에서 사용되기 때문에, Piaget(1972)가 이후에 제안한 문맥 구체적인 형식적 조작은 그 어떠한 보편성이나 문화 간 맥락을 다룬 생각보다 적절하다.

상황 특수화와 관련된 Piaget식의 이정표를 통해(Cole, Cole, & Lightfoot, 2005, 특히 제9장과 제12장에 요약되어 있음) Piaget가 이야기한 형식적 조작에 대한 범위를 연령과 관련된 상황에서는 더 낮은 나이로 낮추고, 그것이 좋은 환경적 상황에서는 새로운 발달적 성취가 나타나는 것으로 바라보는 것은 아동의 친숙성이 증가하면서 그들의 문화적 환경의 활동적 특징을 알게 되면서 더욱 자연스러워진다.

학교교육과 기억　문화와 기억의 연구에 대한 기본적인 기대는 논리적 조작에 대한 기대와는 다르다. Paiget식 보존 개념 작업에서 정신적 조작은 어떤 문화이든 간에 매일 일어나는 일을 반영하는 것으로 여겨지기 때문에 보편적이라는 가정을 갖는다. 기억의 경우, 세 가지의 서로 다른 기대를 하고 있다. 첫 번째로, Bartlett(1932)은 기억은 보편적이라고 한다. 즉, 기억해야 하는 것이 사람이 가지는 정신적 도식(scheme)과 딱 맞아떨어질 때 기억은 효과적일 것이라고 주장한다(그러므로 기억은 문화적으로 중재되고 보편적인 것이라고 생각한다). 강한 감정들은 문화적으로 가치 있는 활동을 중심으로 형성되며, 이는 사람들이 환경에서 정보를 선택하는 기준을 제시한다. 이와 같이 사회적으로 결정되는 심리적 경향성을 통해 기억된 특정한 정보들과, 이러한 조작을 통해 동화된 지식은 이후의 기억 과정에 영향을 미친다. 도식들이 강하게 정교화되는 내용적 영역에서는 높은 가치를 가지는 영역이 그렇지 못한 영역보다 회상하는 데 더 강할 것이다. 왜냐하면 낮은 가치를 가진 영역의 경우, 그것을 다시 불러들일 도식이 적기 때문이다. Bartlett은 간단하고 일시적인 순서가 정돈하는 원리로 적용되어 기계적인 재구성을 이룰 것이라고 했다. 그는 또한 기억의 과정은 문화적으로 중재되고 보편적인 것이라고 말했다. 문화적 차이는 서로 다른 강한 감정을 가지며 이와 연합된 사회적 경향성과 관련이 있을 것이다.

두 번째 전통은 인류학자와 언어학자가 주장하는 것으로, 글자가 없는 문화에서 높은 기억의 능력이 있을 것이라는 것이다(Havelock, 1963; Levy-Bruhl, 1966; Rivers, 1901, 1903).

세 번째 전통은 옛 소련의 문화와 역사학파와 관련되어 있으며, 문화와 기억에 대한 이중 처리 접근법을 취한다(Leontiev, 1981). Bartlett의 이론과 유사하게, 이 옛 소련의 이론가들은 기억의 근본적인 종류가 있다고 가정하며, 특별히 기억하려는 의도도 없고 특별히 기억하려는 전략을 사용하지 않아도 상황의 기억에 대한 동시대의 개념에 민감하다고 했다. 이러한 기억은 이후에 다시 기억될 수도 있고 그렇지 않을 수도 있는데, 이는 경험이 얼마나 직접적이었냐에 달려 있다. 또한 문화적이고 중재적인 기억이 있는데, 이는 어떠한 인공 자극을 창조하는 과정(기억하기 쉽도록 만든 표식의 외적 형태나 잉카의 '문자' - Ascher & Ascher, 1981 참조- 혹은 내적 기억 전략의 형태)을 포함한다. 이와 같이 문화적으로 중재한 기억은 의도적이며, 이는 글쓰기 체계를 통해 더욱 확대되었다. 다시 말하면, 이와 같은 이론화는 사람들이 사건을 자연스럽게 기억한다는 보편적인 기대와 문화적으로 정교하게 중재한 수단을 통해 문화적 차이를 기억하게 한다.

Bartlett(1932)과 옛 소련의 역사이론가들에 의해 발달된 몇몇 입장의 결합은 기억에 대한 문화적 변수를 평가하는 데 가장 적합한 듯하다. Nadel(1937)은 초기 연구에서 형식상으로는 익숙하고 내용적으로는 일반적인 이야기를 인출하는 것을 나이지리아의 두 개의 집단, 즉 요루바(Yoruba) 그리고 누페(Nupe) 집단에서 비교했다. 민족지학적인 분석에 앞서 Nadel은 요루바 집단이 이야기의 논리적 구조를 강조할 것을 예상한 반면, 누페 집단은 상세한 내용을 강조할 것이라고 예상했다. 이와 같이 생각한 까닭은 이러한 강조점이 두 집단의 지배적인 사회문화적 경향성과 도식에 적합하기 때문이다. 결과는 이후 Delegowski(1970)의 연구 결과처럼 그의 예상과 같았다.

정교한 기억과 이와 관련된 기억 수단으로 돌아가 이야기하면, 대부분의 사람들은 연령에 따른 학교교육의 유무를 비교하는 것을 하나의 방법으로 사용했다. 그 이유는 명백한데, 학교는 아동들로 하여금 단시간에 대용량의 난해한 지식을 기억하게 하는 등 특수한 정보처리에 직면하게 하고, 기억된 정보를 기반으로 긴 글을 써 내려가게 하기 때문이다. 학교교육의 일부인 이러한 과제는 형식적인 학교교육이 없는 사회와는 유사점이 거의 없다. 그러므로 그러한 과제가 주어졌을 때만 수행에서 뚜렷한 차이가 있을 것이며 실제로도 그러하다.

이러한 예상과 함께, 학교교육이 관련 없는 자료를 기억하는 것을 증진시킨다는 연구들이 있다(Cole & Scribner, 1977; Rogoff, 1981; Wagner, 1982). 예를 들어, 문화적으로 정돈된 카테고리에서 일반적인 사물들이 반복적으로 제시되었을 때, 6년 이상의 학교교육을 받은 집단이 그렇지 않은 집단보다 더 많은 사물들을 순서에 상관없이 연상하는 것으로 드러났다. 반대로 잘 구조화된 이야기를 연상하는 과제에서는 학교교육의 효과가 없었다(Mandler, Scribner, Cole, & de Forest, 1980).

연구의 방법론적 논쟁에 관해서는, 기억발달에 대한 학교교육의 효과는 연구와 발달에서 문화에 대한 흥미로운 질문들을 제시하고 있다. 애착에 관한 조금은 다른 관점에서 학교교육에 대한 연구는 일반적으로 내려질 수 있는 결론에 대해 회의를 불러일으킨다. 학교교육의 효과는 이야기의 형식, 내용, 기억에 대한 다양한 시험의 구조가 학교에서와 유사할 때 나타난다. 그렇다. 우리는 어떻게 기억발달의 내용이 학교교육의 결과라고 할 수 있는 것인가? 우리가 찾아야 하는 것은 학교에 다니는 아동과 그렇지 않은 아동이 동등하게 보이는 기억과제일 것이다. 우리는 이런 과제를 통해 학교교육이 일반적인 기억활동의 성취에 변화를 주는지 봐야 할 것이다. 이러한 활동의 예로는 이야기를 연상하는 것이 있을 수 있다. 하지만 이러한 과제는 이미 생산된 구조가 있고 이러한 구조가 학교교육이 가르치고 있는 것일 수 있기 때문에 학교를 다니는 아동에게 '쉽다'는 논쟁점을 불러일으킬 수 있다. 그러므로 우리는 비구조를 구조로 부과할 수 있거나 은밀하게 구조화된 일상의 기억을 확인할 수 있는 과제가 필요한 것이다. 하지만 이러한 경험 역시 학교교육에서 얻을 수 있는 것이다. 다시 말하면, 이는 아직도 깨지지 않고 반복되는 순환 논법인 것이다.

요약하면, 아동기 중기의 아동은 매우 다양한 경험을 한다는 것은 두말할 나위가 없는 것이며, 이 연령의 아동이 다양하고 폭넓은 심리적 특성을 보인다고 생각하는 것이 바람직할 것이다. 하지만 문화 간 연구는 표준화된 심리적 과제를 사용하여 이러한 변화를 과학적으로 간신히 측정해 내고 있기 때문에 한계가 있다고 할 수 있을 것이다.

학교교육의 문화 간 연구에서의 효과 발달과 학교교육의 심리적 영향에 대한 증거는 인지에 관한 단편적인 실험연구에서 나타나는 것이 아니라, 학교교육을 통한 어머니의 양육 효과와 이것이 이후 세대에게 미치는 영향에 대해 연구하는 세대 간 연구에서 나타난다(Le Vine & Le Vine, 2001; Le Vine, Le Vine, & Schnell, 2001; Wertsch, Minick, & Arms, 1984). 도시로 이주한 멕시코 여성을 대상으로 연구(Levine et al., 2001)한 결과, 교육은 여성들이 자녀를 가졌을 때 아동의 언어적 능력에 도움을 주며, 이는 부모행동을 재구성할 뿐만 아니라 생애주기의 적응적 차원에까지 영향을 주는 것으로 드러났다. 이러한 변화의 연결망에 대해 연구하면서 LeVine과 Levine(2001, p. 268)은 여성의 학교교육에 대해 다음과 같이 말한다.

……여성의 학교교육은 학교에서 이롭게 하는 영역에 기술을 제공하는 어머니로서 신념과 관습에 영향을 준다. 어머니-아동의 상호작용에 대한 연구는 학교교육을 통한 미세사회적 과정이 세대 간 걸쳐 신념과 관습의 변화를 가져 올 수 있다고 주장한다. 학교교육은 언어적 의사소통의 새로운 모델을 보급하며 이는 부모의 행동뿐만 아니라 적응적인 측면에서 생애주기에 변화를 준다.

불행하게도 산업화되고 학교교육이 발전된 사회의 정교한 모델을 통해 문화 간 학교교육과 개체발생적 발달에 대한 연구에 대해 긍정적으로 말할 수 있는 것은 이런 연구들은 학교교육을 받은 햇수와 여성의 변화된 사회기술과 가치 동향이 이후의 세대에게 인지적으로 어떠한 변화를 가져왔는지 살펴보기 때문이다. 사실 이러한 연구의 계열은 우리의 문화적 관습에 대해 무언가를 알려 주고, 학교교육의 인지적 유리함에 대해 조금 더 유의해야 함을 말하고 있다. 이것은 우리가 구체적인 능력의 획득에 두는 가치와는 무관하며, 그를 통해 만들어질 수 있는 삶과는 독립적으로 생각해야 하는 것이다. 우리에게 정보가 되는 자료의 아주 간단한 말들도 아동의 사회적 행동에 영향을 주는 것이다(보다 유용한 요약은 Price-Williams, 1985; Berry et al., 1992 참조).

청년기와 이머징 어덜트후드(Emerging adulthood)

한 세기 이전에 H. Stanley Hall(1904)이 청년기에 대한 근대식 연구를 시작했을 때, 그가 이 시기를 생애주기에서 14~25세라고 언급한 사실을 우리는 거의 기억하지 못한다. Hall은 '아동기와 청년기 사이의 젊은이' 라는 라틴어와 불어에서 적용된 일상적인 개념을 영어로 가지고 온 것이다(*Oxford Englishdictionary*, 2nd electronic ed., 1989).

수년 동안 Hall(1904)에 의해 학문적으로 식별된 청년기는, Hall이 제시한 연령의 초반인 13~18세에만 집중되어 오늘날에는 '청년기' 와 '십대' 가 유사한 개념이 되어 버렸다. 1970년 당시 Kenneth Keniston(1970)은 산업화된 사회의 교육을 받은 엘리트 집단에게 새로운 사회경제적 환경이 부가된 '새로운' 단계인 '청년기(18~25세)' 가 성인기였던 것을 정당하다고 주장했다. 10년 후에, 오늘날 청년 후기와 뚜렷하게 발달적 과정에 차이가 있는 12~14세를 중심으로 나누어진 초기와 후기 청년기의 단계는 「*The Journal of Early Adolescence*」가 생겨났을 때 받아들여지기 시작했다. 오랫동안 아동기, 청년기, 10대 후기로 무분별하게 불리던 청년이라는 단어가 오늘날에 가까워서야 청년이라고 이름 지은 연령을 '이머징 어덜트후드(emerging adulthood)'로 개명한 것이다. Keniston의 청년에 대한 개념과 같이 어머징 어덜트후드는 Jeffrey Arnett(1998, p. 312)에 의해 일찍이 청년기가 아동기와 성인기를 연결하는 역할을 한 것처럼, "청년기와 성인 초기를 연결하는 발달적 단계로, 더 이상 청년은 아니지만 아직 완벽한 성인으로서의 지위를 획득하지 못한 단계"로 정의되었다.

학문적 문헌에서 이 연령들이 서로 다르게 다루어지고 있지만, 이 모든 것들은 문화와 발달에 관한 공통분모를 지니고 있다. 각 입장에서 문화라는 개념은 두 가지 구별되는 방법으로 사용되고 있다. 첫째, 문화-역사적 변수에 대한 명시와 서로 다른 사회에서 발달적 현상에 대한 의문점이다. 둘째, 연령 범위가 뚜렷하게 나타나는 문화로(청소년 문화와 청년기 문화처럼) 젊은이들이 아동기에서 성인기로의 전환점을 스스로 찾는 것과 무관하게 나타나는 것에 대한 의문점이다.[5)]

단계와 변화

문화 간 연구 중에 발달적 변화가 문화에 미친 영향을 살펴본 것은 바로 Mead의 사모아(Samoa)의 청년기에서의 사회정서적 행동변화와 관련된 연구다. Mead는 Hall과 Freud 등의 청년기(여기서 청년기는 청년기와 어머징 어덜트후드 모두 포함)의 높은 정서적 스트레스와 세대 간의 갈등이 연합되어 있다는 주장을 유효화하기 위해 노력했다. 그는 이 시기를 "어린 아기의 이가 나는 시기와 같은 고통"(Hall, 1904, p. 109)과 같다는 표현을 사용하여 나타냈다. Mead는 청년기와 연합된 다툼과 스트레스가 사모아에서는 문화적 경계 현상에서 배제되었다고 했는데, 이는 사모아 사람들이 청년기 성징(성적 관심)에 대해 관대하기 때문이라고 결론지었다. 수년 후 그녀의 주장은 Freeman(1983)에 의해 반박되었는데, Freeman은 그녀가 Mead의 자료를 너그럽게 보고 잘못 해석했다고 주장하였다. Freeman과 Mead가 질문하지 않은 것은 독특한 심리사회적 특성인 사모아인의 발달단계에서의 청년기다.

하지만 청년기에 해당하는 발달적 단계가 1920년에 나이와 연관되어 서로 다른 호칭을 가진 사모아인들에게는 북아메리카 사람들에게 청년기로 불리는 시기에 해당하는 개념이 없었던 것이다. 이와 같은 언어적 사실은 흥미로운 심리학적 질문을 일으켰다. 아동기에서 성인기에 이르는 보편적인 과정은 존재하지만 문화와 역사적 환경의 영향을 받지 않

5) 이와 같은 구분은 Iona와 Peter Opie의 아동 운문(rhyme)과 놀이에 관한 고전적인 연구에서처럼 아동기 중기나 심지어 아동기 초기에도 적용될 수 있음을 유의해야 한다(Opie & Opie, 1997).

는 청년기라는 것은 실재하는 것일까? 아니면 특정한 사회문화적 환경의 독특한 단계에서 단순히 전환점으로 표시되는 것인가?

단계와 전환점에 대한 논의는 중요한데, 이는 발달의 존재, 원천 및 불연속성에 대한 기본적인 질문을 하고 있기 때문이다. 심리학에서 단계와 전환점은 일반적으로 동의어로 사용되지 않는다. 단계는 안정되고 형식화되어 있으므로 생물체와 환경 간의 상호작용을 지탱하는 체계인 것이다. 전환점은 유동적인 시기로, 전체적인 효과가 한 단계를 이루는 것이 붕괴되어 새로운 단계가 굳건히 성립되지 않는 상태를 말한다. 이러한 생각에 따르면, 사회가 청년기라는 이름을 부여하고 그것을 하나의 구체적인 것으로 다루고 고려하는 것을 볼 때, 청년기를 단계라고 부를 수 있을까? 아니면 보편적인 인식과는 다르게, 청년기를 아동기와 성인기의 전화점으로 보는 것이 옳은가?

청년기는 생애주기의 보편적인 시기인가? 영양요인과 같은 다른 요인의 영향을 극심하게 받지만, 우리에게 논란의 여지가 없는 것은 나이가 듦에 따라 생물화학적 단계의 변화가 우리 신체의 모양, 크기 그리고 기능을 바꾼다는 것이다. 발달에서 가장 혁명적인 변화는 생물학적 재생산에 관여하는 것이다(Katchadourian, 1989). 이러한 생물학적 변화는 재생산이 개인에 의해 성취되는 것이 아니라는 깊은 사회적 암시를 준다. 재생산의 기관이 성숙해지면서 여자와 남자는 새로운 형태의 사회적 행동에 관여하게 되는데, 이는 그 시기에 이성에 대해 호감이 생기기 때문이다. 많은 심리학자에 따르면, 뇌의 생물학적 변화 및 변화한 사회환경적 요인의 결함 또한 새로운 인지적 능력에 변화를 일으킨다.

계통발생의 증거와 문화적 역사 청년기의 보편성에 대한 논쟁이 사람의 동물 화석기록과 침팬지와 같은 비인간 영장류에 근거하여 때때로 일어나고 있다(Bogin, 1999; Pusey, 1990). 화석 기록의 조사에 기초하여 Bogin은 약 12만 5,000년 전의 아동기와 성인기의 구별 가능한 단계의 출현이 호모 사피엔스에서 호모 에렉투스로 진화하는 과정에서 나타났다고 결론지었다. Bogin(p. 216)은 "청년기가 인간 삶의 역사의 한 부분이 된 것은 이 시기가 우리 종에게 중요한 재생산적 이점을 주었기 때문이며, 이는 부분적으로 청년기로 하여금 성인기의 경제적, 사회적, 성적 행동을 재생산하기 전에 허락하는 것" 이라고 주장했다.

영장류와 관련된 증거는 때론 생물학적 기준에 근거하고 있기도 하고, 때로는 사회적 행동의 변화와 같은 행동적 자료에 기반하고 있기도 하다. 비록 Bogin(1999)은 침팬지의 성장급등(growth spurt)와 청년기 상이를 연결하는 단서가 없다며 청년기가 인간만의 생활사라고 주장했지만 다른 이들(Leigh, 1996)은 weight spurt와 관련되어서는 유사점이 있다고 주장했다. Pusey(1990)는 사회적 증거와 연합된 성적 성숙의 변화(수컷 침팬지는 어미 침팬지와의 연합이 감소된 반면, 나이 든 수컷과의 연합은 증가하였고, 양성의 새끼와의 놀이가 줄어들고, 공격적인 행동이 증가함)는 침팬지에게도 청년기가 존재함을 지적했다 (Kraemer, Horvat, Doering, & NcGrinnis, 1982; Walters, 1984 참조).

Schlegal과 Barry(1991)는 인간사회의 변수에 초점을 맞추어 모든 인간에게 청년기가 있다는 주장을 뒷받침하기 위해 현재 비인간 영장류에게도 청년기가 존재함을 보이기 위한 증거를 찾고 있다(결국 침팬지도 호모 사피엔스라는 공동 조상을 가지고 있다).[6] 이들은 그 후에 자료를 186개의 사회를 담고 있는 인간 범주 파일(Human Area Files)에서 찾으려고 하였는데, 사회적으로 청년기로 표시된 시기는 인간에게 보편적으로 나타난다고 주장하고 있다.

이러한 생각과 일관적으로 Bloch와 Niederhoffer(1958)는 '성인기로의 전환점'과 '청년기'가 보편적으로 나누는 특징이 성인 지위의 획득을 위한 투쟁이라 했다. 그러므로 자연스럽게 어느 정도 모든 사회에서 성인 지위와 성인 권력의 수여는 투쟁을 동반하는 것이다. 두 번째, 아동기에서 청년기에 이르는 전환점은 긴장을 일으키는데, 이는 자신과 같은 성별의 사람들과 강하게 동일시하다가 이제 이성과 동일시해야 하기 때문이다. 이와 같은 증거는 전환점을 보여 주는 데 적합하기는 하지만, 청년기를 별개의 단계로 지적하지는 못한다.

청년기가 보편적인 발달단계라는 논쟁에 역사적인 증거도 가끔 나타난다.

> 젊은이들은 욕망에 빠지기 쉽고, 행동으로 그들의 욕구를 형성할 준비가 되어 있다. 신체적으로는 성적으로 포기할 수 있고, 성적 욕망에 대해서 어떠한 자기 억제를 보이지 않는다. 이들은 변화 가능하며, 욕망 자체가 매우 쉽게 변한다. 이들은 열정적이고 성급하며, 충동에 쉽게 넘어간다. 이들은 스스로를 박식하다고 여기며, 자신의 주장에 긍정적이다. 이것이 그들이 일을 지나치게 추진하는 원인이기도 하다. 마지막으로, 그들은 쉽게 웃고, 따라서 익살스러우며, 이는 또한 거만하고 건방진 것으로 여겨진다(Kiell, 1964, pp. 18-19).

이와 같은 설명은 시간을 초월한 특성을 가지고 있다. 이는 현대 도시나 마을의 거의 모든 고등학생에 대한 설명일 수도 있고, 중세 베로나의 로미오의 친구들에 대한 설명일 수도 있다. 이것은 기원전 4세기에 철학자 아리스토텔레스가 청년시절에 대해 적은 것이

6) 그러나 이 증거는, 청년기의 급성장과 다른 해부학적인 변화의 증거가 호모사피엔스 시대가 되어서야 나타났다는 Bogin(1999)의 주장과 부합되기 어렵다.

다. 이처럼 세계의 다양한 비산업화된 사회(Schegel, 2000)의 유사한 역사적 증거를 통합하면(Gillis, 1974), 청년기의 경험은 보편적이라는 결론에 다다른다. 하지만 청년기의 보편성을 지지하는 자료는 분명하다.

첫째, 영장류에 관한 문헌으로 되돌아가면, 남성들에게 나타나는 사회적 행동의 변화가 여성에게보다는 더욱 명백하게 나타난다는 것이 놀라운 사실이다. 청년기에 대한 설명은 아리스토텔레스가 이야기한 고대사회의 설명과 유사하다(Kiell, 1964). 이러한 이야기에서 다루어지는 성별은 주로 남성이다. 이에 더해, 이들은 대부분 부유한 부류의 도시 남성으로 늦은 사춘기와 완전한 성인 지위를 획득하기 위해 형식적인 교육과 장기간에 걸친 훈련을 받은 이들이다. 일반적으로 말하면, 여성과 하위층의 사람들은 이러한 특수화된 교육을 받지 않았으며, 또 이에 상응하는 청년기의 범주에 포함되지 않은 증거들이 있다. 예를 들어, 아테네의 고위층 가운데 여성들은 결혼을 한 후, 사춘기를 지나기 전에 시어머니와 함께 살게 되어 있었고, 성인으로서 여겨지기 위한 형식적인 훈련을 받지 않았다.

게다가 몇몇 문화에서 성인기로의 보편적인 전환이 근심과 불확실을 충만하게 한다고 하지만, 그것은 또한 현대 산업사회에서 청년기라는 개념이 사용되듯이 특정한 문화적 환경에서 존재하는 것이다. 그것이 존재할 경우에는 단계라기보다는 전환으로 보이기 쉬우며, 현대 산업사회에서 어떠한 투쟁이나 근심을 반드시 동반하는 것은 아니다(Whiting, Burbank, & Ratner, 1986).

예를 들어, 캐나다 북극의 이누이트 에스키모 가운데 사춘기에 이른 남아와 여아를 부르기 위한 특별한 개념이 사용되었다. 하지만 이 개념은 서양의 청년기와 일치하는 것은 아니었다(Condon, 1987). 젊은 여성은 초경을 하면 완전한 여성으로 여겨졌으며, 이 시기에 결혼이 가능하고 몇 년 이내에 아기를 가질 수 있다는 것으로 여겨졌다. 젊은 남성은 눈으로 집을 짓고 큰 먹잇감을 잡을 때까지 성인으로 여겨지지 않았다. 이러한 재주는 사춘기 이후에 즉시 나타나지만, 그들은 우선 자신과 자신의 가족을 부양할 수 있음을 보여야 했기 때문에 이후의 시기에 성인으로 여겨졌다. 이 사람들의 서로 다른 삶의 환경을 바라보면, 실제 청년기에는 해당하지 않지만 이에 상응하는 개념을 남아와 여아에게 부여하지 않은 것은 놀랄 만한 일이 아니다.

우리가 고대 그리스, 중세 유럽 혹은 비산업화된 지역에서 발달의 문화적 영향을 고려한다면, 생물학적 재생산만이 존재하므로 인간의 종이 번식할 수 있는 것이 아니라는 것을 알 수 있다. Bogin(1999), Schlegel(2000) 및 그 밖의 학자들이 청년기가 인류의 보편적인 단계라고 지적한 것과 같이, 이는 문화적 재생산(특히, 교육)으로 보완되어 이와 같은 삶의 모습이 다음 세대까지 전달되어야 한다. 이와 같은 관점에서 청년기는 인생에서 특정한 시기에 독특한 문화나 역사적 상황에서 존재할 것이다(Aries, 1962; Demos & Demos, 1969).

한 예로, 아카(Aka) 족은 중앙아프리카 공화국과 콩고 북부의 우림 속에서 25~35명씩 무리를 지어 살았다. 이 속에서 모든 가족이 함께 사냥했다. Bentz(2001)가 보고한 것처럼, 이들은 대부분의 날들을 부모의 앞에서 생활했다. 이들은 또한 형제자매와 또래 간의 관계가 매우 밀접하며, Bentz는 이를 강렬한 친밀감, 가까움 그리고 다정함과 애정의 유대로 표현했다.

아카(Aka) 족의 여성들은 사춘기가 시작되지만 아이를 낳기에는 훨씬 이전인 9~10세에 자신들의 집을 짓는다. 반면에 남아들은 Bentz가 이야기한 '총각패드(bachelor's pad)'라고 부른 곳으로 들어간다. 이 시기에 여성들은 성적 행동을 시작하지만, 누구와 언제 결혼하는가는 전적으로 그들의 선택이 된다. 이들은 대상을 고르면서 부모의 조언을 들을 수도 있고 안 들을 수도 있다.

Bentz(2001)에 따르면, 여성과 남성 모두 사냥과 아동보호에 협동하는 모습은 북아메리카의 관점과는 아주 대조적인 것이다. 분명히 아동기와 성인기 사이의 전환점은 있지만, 이는 자치권 사이의 투쟁이나 부모에 대한 가까움 혹은 세대 간의 가까움이 결합되며 적은 정도의 투쟁이 발생한다. 이 사회에서 청년기는 이전의 단계와 동떨어진 뚜렷한 단계라기보다는 전환기의 과정에 더욱 가까워지는 듯하다. 반면에 기술과 형식적 교육의 연장된 기간이 없는 사회에서는 청년기가 적어도 남성 또는 여성으로 존재하게 된다. 이러한 예는 파라과이의 숲에서 거주하며 사냥하는 부족인 아쉐(Ache) 족을 발견하면서 드러났다(Hill & Hurtado, 1996). 현대의 문화적 관습과 만나기 전에는, 아쉐 족은 작은 단위로 생활했으며, 빈번하게 움직여 영구적인 주거지를 필요로 하지 않았다. 9~10세에 초경이 시작되기 이전에 약 85%의 아쉐 족 여성은 적어도 한 명의 남성과 성관계를 맺었으며, 대다수는 사춘기에 이르기 전에 결혼을 했다. 그럼에도 불구하고, Hill과 Hurtado는 이렇게 어린 나이에도 "이들의 행동은 적극적으로 불장난 같으나, 그들의 남성 구혼자들에게 좌절에 대한 걱정을 일으키는 것에 대해서는 성적으로 수줍어함을 보였다."라고 보고했다. 이 시기의 여아들이 주로 하는 일은 소집단으로 나누어 걸어 다니면서 남아들의 관심을 끌기 위해 웃거나 낄낄거리는 것이다(p. 225). 여자아이들보다 사춘기가 늦게 온 남자아이들은 서양의 십대와 비슷한 모습을 보였다. "특히, 이 나이의 남성은 매우 불안정하며, 때로는 말도 안 되는 높은 위험 수준의 행동을 보여 관심을 끈다."(Hill & Hurtado, p. 226)

저자의 개인적인 결론은 비록 재생산을 위한 생물학적 변화가 보편적인 반면, 성인으로서의 전환기로 여겨지기 위해서는 엄청난 변수가 있다는 것이다. 인간 가운데 생물학적 · 문화적 재생산의 범위는 단순한 일반화를 무시하기 위해 서로 얽혀 있다.

특출한 청년기 문화는 존재하는가? 학교교육 및 초고속 정보통신망, 위성 텔레비전, 컴퓨터 네트워크와 같은 현대 의사소통 대중매체의 증가와 함께 사회문화적인 변화와 영양 상태의 변화에 의해 낮아지는 사춘기 연령은 청년기와 청소년을 사회적으로 두드러진 나이 범주로 나누게 했다(Schlegel, 2000).

이와 같은 상황은 신념과 관습을 초래했는데, 특정 방식의 의복, 언어 사용, 춤, 음악, 게임 등 연령 계급의 '삶의 모습'을 나타낸다. 이는 청년기 문화라고 구분할 수 있을 것이다. 이 문화는 공통의 문화적 감각을 강화하게 한다.

예를 들어, Schlegel와 Barry(1991)의 문화 간 설문 연구에서 표집된 문화의 80%에서 독특한 옷차림새, 머리, 신체 장신구를 통해 청년기가 구별되는 사회적 부류로 나누어질 수 있음을 보였다. Schlegel(2000)는 청년기와 청소년 문화는 공통의 입맛과 가치의 명시를 통해 사회적 유대의 수단을 제공한다고 하였다. 이러한 청년기 문화는 한 장소에서 또래 간의 관계를 성인 사회에 실험해 보는 수단이지만, 이들에게 완벽한 소속감을 주지는 않는 것이다.

지난 10년 동안 청년기 문화의 보급을 통해 세계화('시장의 힘을 통한 모든 문화의 급속한 전파와 침투하는 통신' (Fass, 2003, p. 694))가 이루어지고 있다. 청년기 문화의 세계화에 특별한 관심을 가져야 하는데, 이는 미국과 유럽의 상업적이고 성적인 문화적 생산물이 다른 문화적 가치를 가진 사회에 수출되고 있기 때문이다(Schlegel, 2000, 중국 여자아이들이 미국과 유럽의 같은 또래 아이들의 옷차림을 따라하는 것이나, 모로코 여자아이들이 미국 드라마인 '비벌리힐스 아이들(*Beverly Hills 91210*)'을 보는 것). 이러한 활동들은 성인으로 하여금 행동과 대중매체를 추잡한 것으로 보게 할 뿐만 아니라 문화를 일종의 제국주의로 바라보게 한다. 그 결과, 세계화 형태에서 청년기 문화는 상호 세대 간 갈등을 일으키며, 이는 전통적인 갈등이 매우 적은 사회에서도 마찬가지다.

인류학자들과 사회역사가들이 지적하듯이, 문화적 산물과 관습의 보급은 인류만큼이나 오래된 것이며, 근대의 세계화된 청년기 문화의 문제점은 '새로운 세계'로 사람들이 이민 온 시기에 나타났던 문제점들과 흡사하다는 증거들이 드러나고 있다(Fass, 2003). 가끔은 이러한 새로운 문화적 요소는 거절되고 잊혀져 갔다. 다른 시기에는 이러한 변화가 이종 결합적 문화의 형태로 재창조되기도 했다. 현재 역사적 관점에서 많은 사람들이 걱정하는 것은, 이러한 청년기 문화가 다른 나라의 문화와 공존하는 것이 아닌 미국과 유럽의 단독 문화로 남는 것에 대한 걱정이다. 이러한 예상은 정당화될 수도 있고 그렇지 않을 수도 있다. 우리는 현재 세계화된 상호 문화 간 연결에 너무 가까이 있어 아직은 어떠한 것도 확실히 판단할 수 없다. 하지만 확실한 것은 기술적 변화는 계속적으로 가속화될 것이고, 이러한 상호작용이 불가능하도록 급격히 증가할 것이라는 사실이다. 어떤 종류의 사회가 나타나고 어떠한 문화적 형태가 지배적이게 되는가는 시간이 지나면 알게 될 것이다.

빠른 사회변화 속의 청년기 미국의 청년과 그들의 문화의 세계화와 관련된 염려는빠르게 변화하는 사회에서 한 사회 집단이 다른 사회 집단을 점령하는 것에 대한 영향이다. 빠르게 변화가 일어나는 청년기에 파괴적 발달을 낳을 수도 있다는 연구들이 있다.

Chandler, Lalonde, Sokol 및 Hallet(2003)은 브리티시 컬럼비아에 사는 15~24세 캐나다 원주민(First Nations)의 자살률 기록에 대해 우려하고 있다. 1987~1992년 캐나다 원주민의 자살률은 다른 종족을 모두 합친 자살률보다 다섯 배나 더 높았다고 한다.

Chandler와 그의 동료들(2003)은 캐나다 원주민의 젊은이들이 자살할 위험이 특별히 더 많다고 했는데, 이는 정부가 추구하는 억압적인 정치로 그들이 살아갈 땅, 낚시를 할 권리, 언어, 자치권, 스스로의 문화에 대한 관습 등과 같은 많은 것을 빼앗았기 때문이라고 한다. 낮은 수준의 교육과 직업적 차별이 합쳐져 이와 같은 상황들이 교과서에서 말하는 청년기와 성인 초기의 일반적인 특성인 성인 정체성을 형성해야 할 시기에 절망감을 형성한다고 할 수 있을 것이다.

Chandler와 그의 동료들(2003)은 이들의 높은 자살률은 부분적으로 이 사람들이 자기연속성(체격, 외모, 지식의 변화에도 불구하고 자기 자신을 같은 사람으로 이해하는 능력)을 잃었기 때문이라고 가정했다. 그들은 유럽 출신의 캐나다인과 원주민 출신의 캐나다인이 자기연속성에서 서로 다른 문화적 차이를 가지고 있다고 했다. 그들은 일생에서 뚜렷한 변화를 거친 고전적인 이야기를 만화(예, 디킨즈의 책 『크리스마스 캐럴』의 스크루지와 같은 인물)로 그려낸 것을 가지고 피험자들이 느끼는 자기연속성에 대해 이야기해 보라고 했다. 유럽 출신의 캐나다인의 대부분은 그들의 손자국이나 DNA에서 자기연속성을 찾아내는 것으로 드러난 반면, 캐나다 원주민 출신은 자신들의 삶에 변화를 인정하기는 했지만 자신이 같은 사람이라는 것을 부정한 상태에서 연속적으로 다양한 사건이 나타난다고 서술하였다. Chandler와 그의 동료들은 이와 같은 이야기들에 대해, 문화적 파괴에 의해 쉽게 변할 수 있다고 하는데, 이는 이야기 자체가 파괴된 자기 추론 위에 형성되었으며 청년들에게 자기연속성의 기초를 잃게 했기 때문이라고 한다.

이 가정을 지지하는 증거 가운데 비록 캐나다 원주민들의 청년기 청년들의 자살률이 캐나다의 평균 자살률보다 훨씬 높았지만, 원주민의 다양한 부족 간에도 엄청난 차이가 발견되었다고 한다. 통계화된 결과는 300대 1의 비율로 자살률이 가장 높은 집단과 가장 낮은 집단 사이에서 드러났다. 그들은 '문화적 연속성'의 요인을 서로 다른 부족을 구별하는 것으로 정했다. 자치권, 종족의 땅을 싸워서 되찾기 위한 합법적인 싸움, 건강시설, 문화시설 그리고 경찰과 화재 요원들에 대해 가지는 그들의 통제력으로 정의했다. 그러고 나서 그들은 자살이 일어날 수 있는 가능성을 문화적 연속성 요인의 수를 세어 계산했다. 결과는 명백했다. 요인의 수가 0~2개인 집단은 요인의 수가 3~5개인 집단보다 두 배 이상 높은 결과를 보였다.

물론 여기서 요약된 것보다 많은 내용들이 연구되어야 한다. 여기서는 자기연속성을 알아보기 위한 문화적 형태와 문화적 연속성의 수를 결과로 하여 자살률과 연결했는데, 이는 단지 이야기 능력이 자살률의 원인적인 요인이 될 수 있음을 추론적으로 나타낸다. 그럼에도 불구하고, 이 연구는 빠른 사회변화 속의 문화적 불연속성이 아동기에서 성인기로의 성공적인 전환을 위험하게 할 수 있음을 보여 주며, 청년기에서의 문화적 모드의 과정을 연관시키고 있다.

5. 결론: 문화를 발달에 포함시키기

이 장을 시작하면서 역설적이게도 인간이 문화를 사용, 창조, 전달할 수 있는 것을 인간만의 독특한 특징이라고 이야기했지만, 인간발달에서는 문화의 역할에 대한 토론이 없었음을 언급한 적이 있다. 문화의 개념에 대한 다양한 관점과 발달심리적 연구에 이러한 것이 어떻게 포함되는지 배경 지식을 제공한 결과, 우리는 왜 심리학자에게 문화가 상대적으로 적은 관심을 받았는지 그리고 이론과 방법론에서 어떠한 변화가 현상에서 필요할지에 대해 보다 더 잘 알게 되었다.

Boas(1911)와 같이 20세기 후반의 확신에 찬 문화 간 연구를 진행하는 것과 진화인류학자인 19세기의 Taylor(1874)의 방법에는 교훈이 있다. Taylor는 '과학적 지식의 정도'나 '사회조직의 복잡성'과 같은 요인을 통해 문화를 표준화된 척도로 평가할 수 있다고 했음을 되새겨 보자. Boas는 이에 반대하며 문화적 맥락에 따라 이런 의미는 변화할 수 있다고 하며, 기능에서의 이질성은 어떤 영역이 연구되는지에 따라 고려되어야 한다고 했다. Taylor와 같이 표준화된 기구를 사용하는 문화 간 심리학자들은 발달적 단계로 사람들을 등급 매긴다. 그러나 Boas가 예상했던 대로, 이러한 연구는 의심받게 되는데, 이는 사용되는 척도 자체가 문화의 맥락에 따라 변할 수 있기 때문이다. 결국 그들은 지역 문화와 일생 동안 사람들의 경험을 알아보기 위해 민족지학적 업적에 몰두해야 한다. 이 일은 몇 가지 장기간에 걸친 사례밖에 없기 때문에 엄청난 일을 떠맡는 것이라고 할 수 있을 것이다.

이 과정에서 성공이 보장된 것도 아니다. 어떤 비평가들은 문화 간 계획은 원리상으로 실패할 것이라고 했다. 한 예로 Shweder(1990, pp. 11-12)는 다음과 같이 서술했다.

> 문화 간 심리학은 일반 심리학의 가장자리에서 좌절감을 품은 잔소리꾼으로 여겨졌고, 왜 그런 위치를 차지하게 되었는지 쉽게 알 수 있다. 한 가지로, 문화 간 심리학은 일반 심리학에 그 어떠한 핵심적인 이상적인 해석 원리를 제공하지 못한다. 게다가 만약 당신이 이상을 수반한 일반 심리학자라면 핵심이 되는 체제 발달에 영향을 미치는 환경의 지연지체 효과, 시험 상황에 대한 이해를 해석하면서 발생하는 소음 혹은 문화적으로 다양한 상황에서 질문을 하고 대답하는 일과 같은 곤란한 현상에 대해 배울 만한 이론적인 이익이 없음을 알 수 있을 것이다.
>
> 차라리 만약에 당신이 일반 심리학자라면, 당신은 이러한 상황을 능가하고 상상되는 추상적인 형태나 과정에 도달하기 위해 심리 검사와 실험에서 드러나는 본질적인 제한과 왜곡을 비슷한 이유로 뛰어넘을 것이다.

하지만 저자의 개인적인 소견은 이보다는 덜 우울하다. 이러한 단점이 있는데도 불구하고 문화 간 연구의 방법론은 특정한 경험의 공헌을 이해할 수 있도록 해 준다. 문화 간 연구는 특정한 단계의 존재(여기서는 청년기)가 보편적인 결과가 아닌 문화-역사적 결과 때문이라는 것을 알려 줄 수 있다. 이는 또한 우리 문화 속에서 존재하는 연령과 관련된 차이에 대해 질문하게 하고 이와 관련된(여기서는 아동 중기의 교육) 중요한 기능을 성취하게 해 준다. 많은 경우에 우리가 궁금해하는 일반성은 실망스럽지만, 우리 사회에서 행해진 연구를 과대평가하는 것을 막아 준다는 장점이 있다.

문화가 독립변인으로 작용하는 문화 간 연구를 할 때는 정원 비유를 중재자로 심각하게 받아들일 때(Valsiner, 1989, 그는 이를 '변수를 체계화한다' 라고 표현함) 새로운 연구들이 이루어지며, 발달과학자들에게 새로운 과제를 준다. 문화 간 심리학에서 문화심리학으로 이동할 때, 우리는 일상의 경험에 서 있으며 그 위에 실험을 둔다. 문화와 관련이 없는 심리학적 과정에서 가정하기보다 우리는 문화 내의 논리와 목표로 정돈된 일상적인 행동을 관찰한다. 그러면 실험은 이 문화적 관습이 쉽게 형태를 잡을 수 있게 하는 수단이 되는 것이다. 이론적으로 말하여 우리가 이런 방법을 사용해서 시작하면, 지난 세대가 지닌 이상에 대한 정신적인 모델이 아동에게 어떻게 변형되어 적용되는지 알게 된다. 혹은 우리는 어머니와 아기의 일상 대화를 분석하여 아동의 구조가 어떻게 구조화되어 사회를 바라보는지 이해하거나(Bornstein, 1989; Goodnow, 1984), 학교 활동을 어떻게 하면 발달적으로 유용하게 만들 수 있는지(Newman, Griffin, & Cole, 1989) 분석하게 되는 것이다.

참 • 고 • 문 • 헌

Abeles, R. P., & Riley, M. W. (1987). Longevity, social structure, and cognitive aging. In C. Schooler & K. W. Schaie (Eds.), *Cognitive functioning and social structure over the life course* (pp. 161-175). Westport, CT: Ablex.

Adamopoulos, J., & Lonner, W. J. (2001). Culture and psychology at a crossroad. In D. Matsumoto (Ed.), *The handbook of culture and psychology* (pp. 11-34). Oxford: Oxford University Press.

Ainsworth, M. D. (1967). *Infancy in Uganda: Infant care and the growth of love*. Baltimore, MD: Johns Hopkins Press.

Ainsworth, M. D., Blehar, M. C., Waters, E., & Wall, S. (1978). *Patterns of attachment*. Hillsdale, NJ: Lawrence Erlbaum Associates.

Altman, I., & Christensen, K. (1990). Environment and behavior studies: Emergence of intellectual traditions. *Human behavior and environment: Advances in theory and research: Vol 11*. New York: Plenum.

Aries, P. (1962). *Centuries of childhood: A social history of family life*. New York: Vintage Books.

Arnett, J. H. (1998). Learning to stand alone: The contemporary American transition to adulthood in cultural and historical context. *Human Development, 41*(5-6), 295-315.

Ascher, M., & Ascher, S. R. (1981). *Code of the quipu*. Ann Arbor, MI: University of Michigan Press.

Atran, S. (1998). Folk biology and the anthropology of science: Cognitive universals and cultural particulars. *Brain and Behavioral & Brain Sciences, 21*(4), 547-609.

Atran, S., Medin, D., Lynch, E., Vapnarsky, V., Ek. E. U., & Soursa, P. (2001). Folkbiology does not come from Folkpsychology: Evidence from Yukatek Maya in cross-cultural perspective. *Journal of Cognition and Culture, 1*(1), 3-41.

* 이 부분의 연구를 준비하기 위한 연구비를 Spencer 재단에서 후원해 주었다. 나에게 끊임없는 영감을 주는 Laboratory of Comparative Human Cognition의 동료들과 직원들의 유머와 선의가 아니었다면 이 작업을 마치지 못했을 것이다.

Avis, J., & Harris, P. L. (1991). Belief-desire reasoning among Baka children: Evidence for a universal conception of mind. *Child Development, 62*(3), 460-467.

Bandura, A. (1986). *Social foundations of thought and action: A social cognitive theory.* Englewood Cliffs, NJ: Prentice Hall.

Bandura, A. (2002). Social cognitive theory in cultural context. *Applied Psychology: An International Review* (Special issue on psychology in the Far East), *51*(2), 269-290.

Barker, R. G. (1965). Explorations in ecological psychology. *American Psychologist, 20*(1), 1-14.

Barker, R. G. (1968). *Ecological psychology: Concepts and methods for studying the environment of human behavior.* Stanford, CA: Stanford University Press.

Barlett, F. C. (1932). *Remembering.* Cambridge, England: Cambridge University Press.

Battro, A. (2000). *Half a brain is enough: The story of Nico.* New York: Cambridge University Press.

Bell, M. A. (2001). Brain electrical activity associated with cognitive processing during a looking version of the A-Not-B task. *Infancy, 2*(3), 311-320.

Bentz, B. (2001). Adolescent culture: An exploration of the socio-emotional development of the Aka adolescents of the Central African Republic. *Oriental Anthropologist, 1*(2), 25-32.

Berry, J. (1976). *Human ecology and cultural style.* New York: Sage-Halstead.

Berry, J. W. (2000). Cross-cultural psychology: A symbiosis of cultural and comparative approaches. *Asian Journal of Social Psychology. Special Issue: and cross-cultural psycholoaies, 3*(3), 197-205.

Berry, J. W., Dasen, P. R., & Saraswathi, T. S. (Eds.). (1997). *Handbook of cross-cultural psychology, Vol. 2: Basic processes and human development.* Boston, MA: Allyn & Bacon.

Berry, J. W., Poortinga, Y. H., Segall, M. H., & Dasen, P. R. (1992). *Cross-cultural psychology: Reserch and applications.* New York: Cambridge University Press.

Berry, J. W., Poortinga, Y. H., & Pandey, J. (1997). *Handbook of cross-cultural psychology, Vol. 1: Theory and method.* Boston (2nd ed.). Boston, MA: Allyn & Bacon.

Bertenthal, B. I., & Campos, J. J. (1990). A systems approach to the organizing effects of self-produced locomotion during infancy. In Rovee-Collier, C., & L. P. Lipsitt (Eds.), *Advances in infancy research* (Vol. 6, pp. 1-60). Norwood, NJ: Ablex.

Bjorklund, D. F., & Pellegrini, A. D. (2002). *The origins of human nature: Evolutionary developmental psychology.* Washington, DC: American Psychological Association.

Bloch, H. A., & Niederhoffer, A. (1958). *The gang: A study in adolescent behavior.* New York: Philosophical Library.

Boas, F. (1911). *The mind of primitive man.* New York: Macmillan.

Bogin, B. (1999). *Patterns of human growth* (Second Edition). New York: Cambridge University Press.

Bronstein, M. (1980). Cross-cultural developmental psychology. In M. H. Bronstein (Ed.), *Comparative methods in psychology* (pp. 231-281). Hillsdale, NJ: Lawrence Erlbaum Associates.

Bronstein, M. H. (1989). Cross-cultural comparisons: The case of Japanese American infant and mother activities and interactions. What we know, what we need to know, and why we need to know. *Developmental Review, 9,* 171-204.

Bronstein, M. H., Tal, J., & Tamis-LeMonda, C. S. (1991). Parenting in cross cultural perspective: The United States, France, and Japan. In M. H. Bronstein (Ed.), *Cultural approaches to parenting* (pp. 69-90). Hillsdale, NJ: Lawrence Erlbaum Associates.

Bronstein, M. H., Toda, S., Azuma, H., Tamis-LeMonda, C. S., & Ogino, M. (1990). Mother and infant activity and interaction in Japan and in the United States: II. A comparative microanalysis of naturalistic exchanges focused on the organization of infant attention. *International Journal of Behavioral Development, 13,* 289-308.

Bowlby, J. (1969). *Attachment and IOM: Vol 1. Attachment.* New York: Basic.

Bretherton, I., & Waters, E. (Eds.). (1985). Growing points in attachment theory. *Monographs of the Society for Research in Child Development, 50*(12, Serial No. 209).

Brown, R. (1965). *Social psychology.* New York: Free Press.

Bruner, J. S. (1982). The formats of language acquisition. *American Journal of Semiotics, 1,* 1-16.

Bruner, J. S. (1983). *Child's talk.* New York: Norton.

Bruner, J. S. (1990). *Acts of meaning.* Cambridge, MA: Harvard University Press.

Callaghan, T., Rochat, P., Lillard, A., Claux, M. L., Odden, H., Itakura, S., et al., (n.d.). Universal onset of mental state reasoning; Evidence from 5 cultures. Unpublished manuscript. Xavier University, Cincinnati, OH.

Campos, J. J., Anderson, D. I., Barbou-Roth, M. A., Hubbard, E. M., Herknstein, M. J., & Witherington, D. (2000). Travel broadens the mind. *Infancy, 1*(2), 149-219.

Campos, J. J., & Stenberg, C. R. (1981). Perception, appraisal, and emotion: The onset of social referencing. In M. E. Lamb & L. R. Sherrod (Eds.), *Infants social cognition: Empirical and social considerations.* Hillsdale, NJ: Lawrence Erlbaum Associates.

Carey, S., & Gelman, R. (Eds.). (1991). *The epigenesis of mind: Essays on biology and cognition.* Hillsdale, NJ: Lawrence Erlbaum Associates.

Carey, S., & Spelke, E. (1994). Domain-specific knowledge and conceptual change. In L. A. Hirschfeld & S. Gelman (Eds.), *Mapping the mind: Domain specificity in cognition and culture* (pp. 169-200). New York: Cambridge University Press.

Cassidy, J., & Shaver, P. R. (Eds.) (1999). *Handbook of attachment: Theory, research, and clinical applications.* New York: Guilford Press.

Chandler, M. J., Lalonde, C. E., Sokol, B. W., & Hallett, D. (2003). Personal persistence, identity development, and suicide. *Monographs of the Society for Research in Child Development, 68* (2, Serial No. 278).

Chen, Z., & Siegler, R. S. (2000). Intellectual development in childhood. In R. J. Sternberg (Ed.), *Handbook of intelligence* (pp. 92-116). New York: Cambridge University Press.

Cheney, D. L., & Seyfarth, R. M. (1990). *How monkeys perceive the world.* New York: Cambridge University Press.

Chisholm, J. S. (1989). Biology, culture, and the development of temperament: A Navajo example. In J. K. Nugent, B. M. Lester, & T. B. Brazelon (Eds.), *The cultural context of infancy* (Vol. 1, pp. 341-364). Norwood, NJ: Ablex.

Chisholm, D. L., & Heath, G. (1987). Evolution and pregnancy: A biosocial view of prenatal influences. In C. Super (Ed.), *The role of culture in developmental disorder* (pp. 42-93). New York: Academic Press.

Chomsky, N. (1959). Review of B. F. Skinner's, "Verbal Behavior." *Language, 35,* 16-58.

Chomsky, N. (1986). *Knowledge of language: It's nature, origin, and use.* London: Praeger.

Chomsky, N. (2000). On the nature, use, and acquisition of language. In W. C. Ritchie & T. K. Bhatia (Eds.), *Handbook of child language acquisition* (pp. 33-54). San Diego: Academic Press.

Clark, A. (2003). *Natural-born cyborgs: Minds, technologies, and the future of human intelligence*. New York: Oxford University Press.

Cole, M. (1988). Cross-cultural psychology in the sociohistorical tradition. *Human Development, 31,* 137-157.

Cole, M. (1990). Cultural psychology. A once and future discipline? In J. J. Berman (Ed.), *Cross-cultural perspectives. Nebraska Symposium on Motivation, 1989* (pp. 279-336). Lincoln: Nebraska University Press.

Cole, M. (1996). *Cultural psychology: A once and future discipline*. Cambridge, MA: Belknap Harvard.

Cole, M., Cole, S., & Lightfoot, C. (2005). *The development of children* (5th ed.). New York: Freeman.

Cole, M., Gay, J., Glick, J. A., & Sharp, D. W. (1971). *The cultural context of learning and thinking*. New York: Basic.

Cole, M., & Scribner, S. (1977). Cross-cultrual studies of memory and cognition. In R. V. Kail & J. W. Hagen (Eds.), *Perspectives on the development of memory and cognition* (pp. 23-271). Hillsdale, NJ: Lawrence Erlbaum Associates.

Condon, R. G. (1987). *Inuit youth*. New Brunswick, NJ: Rutgers University Press.

Curtiss, S. (1977). *Genie: A psychological study of modern-day wild child*. New York: Academic Press.

D'Andrade, R. (1984). Cultural meaning systems. In R. A. Shweder & R. A. LeVine (Eds.), *Culture theory: Essays on mind, self, and emotion* (pp. 88-122). New York: Cambridge University Press.

D'Andrade, R. (1986). Three scientific world views and the covering law model. In D. Fiske & R. Shweder (Eds.), *Meta-theory in the social sciences. Pluralisms and subjectivities* (pp. 19-41). Chicago: University of Chicago Press.

D'Andrade, R. (1996). Culture. *Social science encyclopedia* (pp. 161-163). Routledge: London.

Dasen, P. R. (1977a). Are cognitive processes universal? A contribution to cross-cultural Piagetian psychology. In N. Warren (Ed.), *Studies in crosscultural psychology* (Vol. 1, pp. 155-201). London: Academic Press.

Dasen, P. R. (1977b). *Piagetian psychology: Cross cultural contributions*. New York: Gardner.

Dasen, P. R., & Mishra, R. C. (2000). Cross-cultural views on human development in the third millennium. *International Journal of Behavior Development, 24*(4), 428-434.

Dasen, P. R., Ngini, L., & Lavalee, M. (1979). Cross-cultural training studies of concrete operations. In L. H. Eckenberger, W. J. Lonner, & Y. H. Poortinga (Eds.), *Cross-cultural contributions to psychology* (pp. 94-104). Amsterdam: Swets & Zeilinger.

DeCasper, A. J., & Spence, M. J. (1986). Prenatal maternal speech influences newborn's perception of speech sounds. *Infant Behavior and Development, 9,* 133-150.

Demos, J., & Demos, V. (1969). Adolescence in historical perspective. *Journal of Marriage and the Family, 31,* 632-638.

Deregowski, J. (1970). Effect of cultural value of time upon recall. *British Journal of Social and Clinical Psychology, 9,* 37-41.

de Villiers, J. G., & de Villiers, P. A. (1978). *Language acquisition*. Cambridge, MA: Harvard University Press.

Durrett, M. E., Otaki, M., & Richards, P. (1984, June). Attachment and the mother's perception of support from the father. *International Journal of Behavioral Development, 7*(2), 167-176.

Elman, J., Bates, E., Johnson, M. H., Karmiloff-Smith, A., Parisi, D., & Plunkett, K. (1996).

Rethinking innateness: A connectionist perspective on development. Cambridge, MA: MIT Press.

Emde, R. N., Gaensbauer, T. J., & Harmon, R. J. (1976). *Emotional expression in infancy: A behavioral study*. Psychological Issues Monograph Series, *10*(1)(Serial No. 37). New York: International Universities Press.

Fass, P. S. (2003). Children and globalization. *Journal of Social History, 36*(4), 963-977.

Fernald, A. (1989). Intonation and communicative intent in mothers' speech to infants: Is the melody the message? *Child Development, 60,* 1497-1510.

Fodor, J. (1983). *Modularity of mind: An essay on faculty psychology*. Cambridge: MIT Press.

Freeman, D. (1983). *Margaret Mead and Samoa*. Cambridge, MA: Harvard University Press.

Frijda, N., & Jahoda, G. (1966). On the scope and methods of cross-cultural research. *International Journal of Psychology, 1,* 110-127.

Ferguson, C. (1977). Baby talk as a simplified register. In C. Snow & C. Furgeson (Eds.), *Talking to children*. Cambridge, MA: Cambridge University Press.

Gallimore, R., Goldenberg, C. N., & Weisner, T. S. (1993, August). The social construction and subjective reality of activity settings: Implications for community psychology. *American Journal of Community Psychology, 21*(4), pp. 537-559.

Gauvain, M. (1995). Thinking in niches: Sociocultural influences on cognitive development. *Human Development, 38*(1), 25-45.

Geertz, C. (1973). *The interpretation of cultures*. New York: Basic Books.

Gelman, R. (1990). First principles affect learning and transfer in children. *Cognitive Science, 14,* 79-107.

Gelman, R., & Lucariello, J. (2002). Role of learning in cognitive development. In H. Pashler & R. Gallistel (Eds.), *Steven's handbook of experimental psychology: Learning, motivation, and emotion. Vol. 3* (pp. 395-443). New York: Wiley.

Gesell, A. (1940). *The first five years of life* (9th ed.). New York: Harper & Row.

Gesell, A. (1945). *The embryology of behavior*. New York: Harper & Row.

Gillis, J. R. (1974). *Youth and history*. New York: Academic Press.

Goldin-Meadow, S. (1985). Language development under atypical learning conditions. In K. E. Nelson (Ed.), *Children's language* (Vol. 5, pp. 197-245). Hillsdale, NJ: Lawrence Erlbaum Associates.

Goldin-Meadow, S., Butcher, C., Mylander, C., & Dodge, M. (1994). Nouns and verbs in a self-styled gesture system: What' in a name? *Cognitive Psychology, 27,* 259-319.

Goldin-Meadow, S., & Mylander, C. (1996). Spontaneous sign systems created by deaf children in two cultures. *Nature, 391,* 279-281.

Goodall, J. (1986). *The chimpanzees of Gombe: Patterns of behavior*. Cambridge: Harvard University Press.

Goodenough, W. H. (1994). Toward a working theory of culture. In R. Borofsky (Ed.), *Assessing cultural anthropology* (pp. 262-273). New York: McGraw-Hill.

Goodnow, J. (1984). Parents' ideas about parenting and development. In A. L. Brown & B. Rogoff (Eds.), *Advances in developmental psychology* (Vol. 3, pp. 193-242). Hillsdale, NJ: Lawrence Erlbaum Associates.

Greenfield, P. M. (1966). On culture and conservation. In J. S. Bruner, R. P. Olver, & P. M. Greenfield (Eds.), *Studies in cognitive growth* (pp. 225-256). New York: Wiley.

Greenfield, P. M. (1997). You can't take it with you: Why ability assessments don' t cross cultures. *American Psychologist. Special Issue: Intelligence & Lifelong Learning, 52*(10), 1115-1124.

Greenfield, P. M. (2000). Three approaches to the psychology of culture: Where do they come from? Where can they go? *Asian Journal of Social Psychology. Special Issue: Indigenous, cultural, and cross-cultural psychologist, 3* (3), 223-240.

Greenfield, P. M., Brazelton, T. B., & Childs, C. P. (1989). From birth to maturity in Zinacanta: Ontogenesis in cultural context. In V. Bricker & G. Gossen (Eds.), *Ethnographic encounters in southern Mesoamerica: Celebratory essays in honor of Evon Z. Vogt* (pp. 177-216). Albany: Institute of Mesoamerican Studies, State University of New York.

Greenfield, P. M., & Bruner, J. S. (1969). Culture and cognitive growth. In D. A. Goslin (Ed.), *Handbook of socialization theory and research* (pp. 633-660). New York: Rand McNally.

Greenfield, P. M., & Lave, J. (1982). Cognitive aspects of informal education. In D. A. Wagner & H. E. Stevenson (Eds.), *Cultural perspectives on child development* (pp. 181-207). New York: Freeman.

Grossmann, K. E., & Grossmann, K. (1990). The wider concept of attachment in cross-cultural research. *Human Development, 33,* 31-47.

Grossmann, K. E., & Grossmann, K. (1996). Cultural perspectives of attachment development in Japan and Germany. In G. Trommsdorff & H. J. Kornadt (Eds.), *Societal and individual development in Japan and Germany* (pp. 215-235). Konstanz: IVK. Universitäs Verlag Konstanz. (original in German)

Grossmann, K. E., Grossmann, K., Huber, F., & Wartner, U. (1981). Children's behavior towards their mothers at 12 months and their fathers at 18 months in Ainsworth' s Strange Situation. *International Journal of Behavioral Development, 4,* 157-181.

Grossmann, K., Grossmann, K. E., Spangler, S., Suess, G., & Unzner, L. (1985). Maternal sensitivity and newborn orientation responses as related to quality of attachment in northern Germany. In I. Bretherton & E. Waters (Eds.), *Growing points of attachment theory. Monographs of the Society for Research in Child Development, 50*(1-2 Serial No. 209).

Hall, G. S. (1904). *Adolescence.* New York: Appleton.

Hallpike, C. R. (1979). *The foundations of primitive thought.* Oxford Clarendon Press.

Harkness, S., & Super, C. (1985). The cultural context of gender segregation in children's peer groups. *Child Development, 56,* 219-224.

Harris, M. (1968). *The rise of anthropological theory.* New York: Crowell.

Hart, B., & Risley, T. R. (1999). *The social world of children learning to talk.* Baltimore: P. Brookes.

Hatano, G. (1997). Commentary: Core domains of thought, innate constraints, and sociocultural contexts. In H. M. Wellman & K. Inagaki (Eds.), *The emergence of core domains of thought: Children's reasoning about physical, psychological, and biological phenomena* (pp. 71-78). San Francisco: Jossey-Bass.

Hatano, G., & Inagaki, K. (2002). In W. W. Hartup & R. K. Silbereisen (Eds.), *Growing points in developmental science: An introduction* (pp. 123-142). Philadelphia, PA: Psychology Press.

Havelock, E. A. (1963). *Preface to Plato.* Cambridge, MA: Harvard University Press.

Heft, H. (2001). *Ecological psychology in context: James Gibson, Roger Barker, and the legacy of William James's radical empiricism.* Mahwah, NJ: Lawrence Erlbaum Associates.

Heft, H. (2003). Affordances, dynamic experience, and the challenge of reification. *Ecological Psychology, 15* (2), 149–180.

Herder, J. G. V. (1784/1803). *Outlines of a philosophy of the history of man*. London: Luke Hansard.

Herskovitz, M. J. (1948). *Man and his works: The science of cultural anthropology*. New York: Knopf.

Hinde, R. A. (1987). *Individuals, relationships & culture: Links between ethology and the social sciences. Themes in the social sciences*. New York: Cambridge University Press.

Howell, S. (1984). *Society and cosmos*. Oxford: Oxford University Press.

Hill, K., & Hurtado, A. M. (1996). *Ache life history: The ecology and demography of a foraging people*. New York: Aldine de Gruyter.

Huttenlocher, P. R. (2002). Morphometric study of human cerebral cortex. Development. In M. H. Johnson, Y. Munakata, & R. O. Gilmore (Eds.), *Brain development and cognition: A reader* (2nd ed., pp. 117–128). Malden, MA: Blackwell Publishers.

Inagaki, K. (1990). The effects of raising animals on children's biological knowledge. *British Journal of Developmental Psychology, 8* (2), 119–129.

Ingold, T. (2000). *The perception of the environment: Essays on livelihood, dwelling, and skill*. London, New York: Routledge.

Inhelder, B., & Piaget, J. (1958). *The growth of logical thinking from childhood to adolescence*. New York: Basic.

Irvine, J. (1978). Wolof "magical thinking": Culture and conservation revisited. *Journal of Cross-Cultural Psychology, 9*, 38–47.

Jahoda, G. (1980). Theoretical and systematic approaches in cross-cultural psychology. In H. C. Triandis & W. W. Lambert (Eds.), *Handbook of cross-cultural psychology* (Vol. 1, pp. 69–141). Boston: Allyn & Bacon.

Jahoda, G. (1982). *Psychology and anthropology: A psychological perspective*. London: Academic Press.

Jahoda, G. (1989). Our forgotten ancestors. In J. J. Berman (Ed.), *Cross-cultural perspectives: Nebraska symposium on motivation, 1989* (pp. 1–40). Lincoln, NE: University of Nebraska Press.

Janowsky, J. S., & Carper, R. (1995). A neural basis for cognitive transitions in school-aged children. In M. Haith & A. Sameroff (Eds.), *Reason and responsibility: The passage through childhood*. Chicago: University of Chicago Press.

Jeans, P. C., Smith, M. B., & Stearns, G. (1955). Incidence of prematurity in relation to maternal nutrition. *Journal of the American Dietary Association, 31*, 576–581.

Jusczyk, P. W. (2003). The role of speech perception capacities in early language acquisition. In M. T. Banich & M. Mack (Eds.), *Mind, brain, and language: Multidisciplinary perspectives* (pp. 61–83). Mahwah, NJ: Lawrence Erlbaum Associates.

Kagan, J. (1977). The uses of cross-cultural research in early development. In P. H. Liedaman, S. Tulkin, & A. Rosenfeld (Eds.), *Culture and infancy: Variations in the human experience* (pp. 271–286). New York: Academic Press.

Kagan, J., Kearsley, R. B., & Zelazo, P. (1978). *Infancy: Its place in human development*. Cambridge, MA: Harvard University Press.

Kamara, A. I., & Easley, J. A. (1977). Is the rate of cognitive development uniform across cultures? A methodological critique with new evidence from Themne children. In P. R.

Dasen (Ed.), *Piagetian psychology: Cross-cultural contributions* (pp. 26-63). New York: Gardner.

Katchadourian, H. A. (1989). *Fundamentals of human sexuality* (5th ed.). Fort Worth, TX: Holt, Rinehart & Winston.

Kawamura, S. (1963). The process of sub-culture propagation among Japanese macaques. In C. H. Southwick (Ed.), *Primate social behavior* (pp. 82-90). New York: Van Nostrand.

Keniston, K. (1970). Youth: A "new" stage of life. *American Scholar*, 631-654.

Kiell, N. (1964). *The universal experience of adolescence*. New York: International Universities Press.

Kluckhohn, C. (1954). Culture and behavior. In G. Lindzey (Ed.), *Handbook of social psychology* (Vol. 2). Cambridge: Addison-Wesley.

Konner, M. J., & Super, C. (1987). Sudden infant death syndrome: An anthrological hypothesis. In C. Super (Ed.), *The role of culture in developmental disorder* (pp. 97-110). New York: Academic Press.

Kraemer, H. C., Horvat, J. R., Doering, C., & McGinnis, P. R. (1982). Male chimpanzee development focusing on adolescence: Integration of behavioral with physiological changes. *Primates, 23*(3), 393-405.

Laboratory of Comparative Human Cognition. (1983). Culture and development. In P. H. Mussen (Series Ed.) & W. Kessen (Vol. Ed.), *Handbook of child psychology: Vol. 1. History, theory, and methods* (pp. 295-356). New York: Wiley.

Lavelli, M., & Poli, M. (1998). Early mother-infant interaction during breast-and bottle-feeding. *Infant Behavior & Development, 21*(4), 667-683.

Lecanuet, J. P., Graniere-Deferre, C., Jacquet, A. Y., & DeCasper, A. J. (2000). Fetal discrimination of low-pitched musical notes. *Developmental Psychobiology, 36* (1), 29-39.

Leiderman, P. H., Tulkin, S. T., & Rosenfeld, A. (Eds.). (1977). *Culture and infancy: Variations in the human experience*. New York: Academic Press.

Leigh, S. R. (1996). Evolution of human growth spurts. *American Journal of Physical Anthropology, 101*(4), 455-474.

Leontiev, A. N. (1981). *Problems of the development of the mind*. Moscow: Progress Publishers.

Leslie, A. M. (1994). ToMM, ToBy, and Agency: Core architecture and domain specificity. In L. Hirschfeld & S. A. Gelman (Eds.), *Mapping the mind: Domain specificity in cognition and culture* (pp. 119-148). New York: Cambridge University Press.

LeVine, R. A., & LeVine, S. (2001). The schooling of women: Maternal behavior and child environments. *Ethos, 29*(3), 259-270.

LeVine, R. A., LeVine, S. E., & Schnell, B. (2001). Improve the women: Mass schooling, female literacy, and worldwide social change. *Harvard Educational Review, 71*(1), 1-50.

LeVine, R. A., & Miller, P. M. (1990). Commentary. *Human Development, 33*, 73-80.

LeVine, R. A., & White, M. I. (1986). *Human conditions: The cultural basis of educational development*. Boston, Rutledge & Kagan Paul.

Levy-Bruhl, L. (1966). *How natives think* (L. A. Clare, Trans.). New York: Washington Square Press. (Original work published 1910.)

Lillard, A. (1998). Ethnopsychologies: Cultural variations in theories of mind. *Psychological Bulletin, 123* (1), 3-32.

Lillard, A., & Skibbe, L. (2004). Theory of mind: Conscious attribution and spontaneous trait inference. In R. Hassin, J. S. Uleman, & J. A. Bargh (Eds.), *The new unconscious* (pp.

277–305). Oxford: Oxford University Press.

Lillard, A. S., Skibbe, L. Zeljo, A., & Harlan, D. (nd). Developing explanations for behavior in different communities and cultures. University of Virginia.

Lonner, W. J. (2003). *Teaching cross-cultural psychology. Teaching gender and multicultural awareness: Resources for the psychology of the classroom* (pp. 169–177). In P. Bronstein & K. Quina (Eds.), Washington, DC: American Psychological Association.

Lucariello, J. (1995). Mind, culture, person: Elements in cultural psychology. *Human Development, 38* (1), 2–18.

Luria, A. R. (1928). The problem of the cultural development of the child. *Journal of Genetic Psychology, 35,* 493–506.

Luria, A. R. (1979). *The making of mind.* Cambridge, MA: Harvard University Press.

Macfarlane, A. (1977). *The psychology of childbirth.* Cambridge, MA: Harvard University Press.

Main, M. (1990). Cross-cultural studies of attachment organization: Recent studies, changing methodologies, and the concept of conditional strategies. *Human Development, 33,* 48–61.

Mandler, J. (1984). Representation and recall in infancy. In M. Moscovitch (Ed.), *Infant memory* (pp. 75–101). New York: Plenum.

Mandler, J. M. (1997). Development of categorisation: Perceptual and conceptual categories. In G. Bremner, A. Slater, & G. Butterworth (Eds.), *Infant development: Recent advances* (pp. 163–189). Taylor & Francis: Hove, England.

Mandler, J. M. (2004). *The foundations of mind.* Oxford: Oxford University Press.

Mandler, J., & McDonough, L. (1995). Longterm recall of event sequences in infancy. Special Issue: Early memory. *Journal of Experimental Child Psychology, 59,* 457–474.

Mandler, J., Scribner, S., Cole, M., & deForest, M. (1980). Cross-cultural invariance in story recall. *Child Development, 51,* 19–26.

McGrew, W. C. (2002). The nature of culture: Prospects and pitfalls of cultural primatology. In de Waal, F. B. M. (Ed.), *Tree of origin: What primate behavior can tell us about humans* (pp. 229–254). Cambridge, MA: Harvard University Press.

Mead, M. (1928). *Coming of age in Samoa.* New York: American Museum of Natural History.

Mead, M. (1935). *Sex and temperament in three primitive societies.* New York: William Morrow.

Mead, M., & Macgregor, F. C. (1951). *Growth and culture.* New York: Putnam.

Mead, M., & Newton, N. (1967). Cultural patterning of perinatal behavior. In S. Richardson & A. Guttmacher (Eds.), *Childbearing: Its social and psychological aspects* (pp. 142–244). Baltimore, MD: Williams & Wilkins.

Medin, D. L., & Atran, S. (Eds.). (1999). *Folkbiology.* Cambridge, MA: The MIT Press.

Medin, D. L., Ross, N., Atran, S., Burnett, R. C., & Block, S. V. (2002). Categorization and reasoning in relation to culture and expertise. In B. H. Ross (Ed.), *The psychology of learning and motivation: Advances in research and theory, Vol. 41* (pp. 1–41). San Diego Academic Press.

Mehan, H. (1978). *Learning lessons.* Cambridge, MA: Harvard University Press.

Mehler, J., Dupoux, E., Nazzi, T., & Dehaene-Lambertz, G. (1996). Coping with linguistic diversity: The infant's viewpoint. In J. L. Morgan & K. Demuth (Eds.), *Signal to syntax: Bootstrapping from speech to grammar in early acquisition* (pp. 106–116). Mahwah, NJ: Lawrence Erlbaum Associates.

Mehler, J., Lambertz, G., Jusczyk, P., & Amiel-Tison, C. (1986). Discrimination de la langue maternelle par le nouveau-ne (Discrimination of maternal language in the neonate).

Comptes Rendus de l' Academie de Science, 303 (Serial III), 637-640.

Miller, P. (1982). *Amy, Wendy and Beth: Learning language in south Baltimore.* Austin, TX: University of Texas Press.

Mishra, R. C. (1997). Cognition and cognitive development. In J. W. Berry, P. R. Dasen, & T. S. Saraswathi (Eds.), *Handbook of cross-cultural psychology, Vol. 2: Basic processes and human development* (2nd ed., pp. 143-176). Boston, MA: Allyn & Bacon.

Miyake, K., Chen, S., & Campos, J. J. (1985). Infant temperament, mother's mode of interaction, and attachment in Japan: An interim report. *Monographs of the Society for Research in Child Development, 50* (1-2), 276-297.

Mohanty, A. K., & Perregaux, C. (1997). Language acquisition and bilingualism. In J. W. Berry, P. R. Dasen, & T. S. Saraswathi (Eds.), *Handbook of cross-cultural psychology, Vol. 2: Basic processes and human development.* Boston, MA: Allyn & Bacon.

Nadel, S. F. (1937). Experiments on culture psychology. *Africa, 10,* 421-435.

Nelson, K. (1981). Social cognition in script framework. In J. H. Flavell & L. Ross (Eds.), *Social cognitive development.* Cambridge: Cambridge University Press.

Nelson, K. (1986). *Event knowledge: Structure and function in development.* Hillsdale, NJ: Lawrence Erlbaum Associates.

Nelson, K. (2003). Making sense in a world of symbols. In A. Toomela (Ed.), *Cultural guidance in the development of the human mind. Advances in within culturally structured environments* (pp. 139-158). Westport, CT: Ablex Publishing.

Newburn, M. (2003). Culture, control and the birth environment. *Practical Midwife, 6* (8), 20-25.

Newman, D., Griffin, P., & Cole, M. (1989). *The construction zone: Working for cognitive change in the school.* New York: Cambridge University Press.

Nugent, J. K., Lester, B. M., & Brazelton, T. B. (1989). *The cultural context of infancy. Vol. 1: Biology, culture, and infant development.* Norwood, NJ: Ablex.

Nyiti, R. (1978). The development of conservation in the Meru children of Tanzania. *Child Development, 47,* 1122-1129.

Opie, I., & Opie, P. (1997). *Children's games with things: Marbles, fivestones, throwing and catching, gambling, hopscotch, chucking and pitching, ball-bouncing, skipping, tops and tipcat.* Oxford, UK: Oxford University Press.

Paul, R. A. (1995). Act and intention in Sherpa culture and society. In L. Rosen (Ed.), *Other intentions: Cultural contexts and the attribution of inner states* (pp. 15-45). Santa Fe, NM: School of American Research Press.

Piaget, J. (1966/1974). Need and sigificance of cross-cultural studies in genetic psychology. In J. W. Berry & P. R. Dasen (Eds.), *Culture and cognition: Readings in cross-cultural psychology.* London: Metheun.

Piaget, J. (1972). Intellectual evolution from adolescence to adulthood. *Human Development, 15,* 1-12.

Piaget, J. (1973). *The psychology of intelligence.* Totowa, NJ: Littlefield & Adams.

Piaget, J. (1995). Genetic logic and sociology. In J. Piaget (Ed.), *Sociological studies. L. Smith* (pp. 184-214). London: Routledge. (Original work published 1928)

Piaget, J., & Inhelder, B. (1969). *The psychology of the child.* New York: Basic.

Pinker, S. (1995). *The language instinct.* New York: Norton.

Pinker, S. (1997). *How the mind works.* New York: Norton.

Pinker, S. (2002). *The blank slate: The modern denial of human nature.* New York: Viking.

Plomin, R. (1986). *Development, genetics, and psychology*. Hillsdale, NJ: Lawrence Erlbaum Associates.

Plotkin, H. (2001). Some elements of a science in culture. In H. Whitehouse (Ed.), *The debated mind: Evolutionary psychology versus ethnography* (pp. 91-112). Oxford: Berg.

Plotkin, H. (2003). *The imagined world made real: Towards a natural science of culture*. Nw Brunswick, NJ: Rutgers University Press.

Pollitt, E., Saco-Pollitt, C., Jahari, A., Husaini, M. A., & Huang, J. (2000). Effects of energy and micronutrient supplement on mental development and behavior under natural conditions in undernourished children in Indonesia. *European Journal of Clinical Nutrition, 54* (Suppl. 2), 80-90.

Premack, D., & Premack, A. J. (1983). *The mind of an ape*. New York: Norton.

Price-Williams, D. (1985). Cultural psychology. In G. Lindzey & E. Aronson (Eds.), *Handbook of social psychology* (Vol. 2, 3rd ed.). New York: Random House.

Pusey, A. E. (1990). Behavioural changes at adolescence in chimpanzees. *Behaviour, 115* (3-4), 203-246.

Quartz, S. R., & Sejnowski, T. J. (2002). *Liars, lovers, and heroes: What the new brain science reveals about how we become who we are*. New York: Morrow.

Read, M. (1960). *Children of their fathers: Growing up among the Ngoni of Malawi*. New York: Holt, Rinehart, & Winston.

Richardson, S. A., & Guttmacher, A. F. (1967). *Childbearing: Its social and psychological aspects*. Baltimore, MD: Williams & Wilkins.

Rivers, W. H. R. (1901). Introduction and vision. In A. C. Haddon (Ed.), *Reports of the Cambridge anthropological expedition to the Torres Stratis* (Vol. 2, Pt. 1, pp. 8-132). Cambridge: Cambridge University Press.

Rivers, W. H. R. (1903). Observations of the senses of the Todas. *British Journal of Psychology, 1,* 321-396.

Rogoff, B. (1981). Schooling and the development of cognitive skills. In H. C. Triandis & A. Heron (Eds.), *Handbook of cross-cultural psychology* (Vol. 4, pp. 233-294). Boston: Allyn & Bacon.

Rogoff, B. (2003). *The cultural nature of human development*. New York: Oxford University Press.

Rogoff, B., Gauvain, M., & Ellis, S. (1984). Development viewed in its cultural context. In M. H. Bornstein & M. E. Lamb (Eds.), *Developmental psychology: An advanced textbook* (pp. 139-151). Hillsdale, NJ: Lawrence Erlbaum Associates.

Rogoff, B., Sellers, M. J., Pirrotta, S., Fox, N., & White, S. H. (1975). Age of assignment of roles and responsibilities to children. A cross-cultural survey. *Human Development, 18,* 353-369.

Romney, A. K., & Moore, C. C. (2001). Systemic culture patterns as basic units of cultural transmission and evolution. *Cross-Cultural Research: The Journal of Comparative Social Science. Special Issue: The units of culture, 35* (2), 154-178.

Ross, N., Medin, D., Coley, J. D., & Atran, S. (2003). Cultural and experimental differences in the development of folkbiological induction. *Cognitive Development, 18*(1), 25-47.

Rothbaum, F., Weisz, J., Pott, M., Miyake, K., & Morelli, G. (2000). Attachment and culture: Security in the United States and Japan. *American Psychologist, 55* (10), 1093-1104.

Rubin, J. Z., Provezano, F. J., & Luria, Z. (1974). The eye of the beholder: Parent's view on sex of newborns. *American Journal of Orthopsychiatry, 44,* 512-519.

Ruff, H. (1978). Infant recognition of the invariant from of objects. *Child Development, 16,* 293-306.

Ruffman, T., Perner, J., Naito, M., Parkin, L., & Clements, W. A. (1998). Older (but not younger) siblings facilitate false belief understanding. *Developmental Psychology, 34* (1), 161-174.

Rymer, R. (1993). *Genie: A scientific tragedy.* New York: Harper-Collins.

Sagi, A., Lamb, M. E., Lewkowicz, K. S. Shoham, K. R., Dvir, R., & Estes, D. (1985). Security of infant-mother, father, metapdet, attachments among kibbutz-raised Israeli children. In I. Bretherton & K. Watas (Eds.), Growing points of attachment theory. *Monographs of the Society for Research in Child Development, 50*(1-2, Serial No. 209), 257-275.

Sagi, A., Van Ijzendoorn, M. H., Aviezer, O., Donnell, F. (1994). Sleeping out of home in a kibbutz communal arrangement: It makes a difference for infant-mother attachment. *Child Development, 65* (4), 992-1004.

Sameroff, A. J., & Haith, M. M. (1996). *The five to seven year shift: The age of reason and responsibility.* Chicago: University of Chicago Press.

Sahlins, M. (1976). *Culture and practical reason.* Chicago: University of Chicago Press.

Schacter, D. L., & Moscovitch, M. (1984). Infants, amnesics, and dissociable memory systems. In M. Moscovitch (Ed.), *Infant memory* (pp. 173-216). New York: Plenum.

Schieffelin, B., & Ochs, E. (1986). *Language socialization across cultures.* New York: Cambridge University Press.

Schlegel, A. (2000). The global spread of adolescent culture. In L. J. Crockett & R. K. Silbereisen (Eds.), *Negotiating adolescence in times of social change.* Cambridge, UK: Cambridge University Press.

Schlegel, A., & Barry, H. (1991). *Adolescence: An anthropological inquiry.* New York: Free Press.

Schliemann, A. D., Carraher, D. W., & Ceci, S. J. (1997). Everyday cognition. In J. W. Berry, P. R. Dasen, et al. (Eds.), *Handbook of cross-cultural psychology, Vol. 2: Basic processes and human development* (2nd ed.). *Handbook of cross-cultural psychology* (pp. 177-216). Needham Heights, MA: Allyn & Bacon.

Schwarts, T. (1978). The size and shape of culture. In F. Barth (Ed.), *Scale and social organization.* Olso: Universitet-forgalet.

Scribner, S., & Cole, M. (1981). *The psychology of literacy.* Cambridge, MA: Harvard University Press.

Serpell, R., & Hatano, G. (1997). Education, schooling, and literacy. In J. W. Berry, P. R. Dasen et al. (Eds.), *Handbook of cross-cultural psychology, Vol. 2: Basic processes and human development* (2nd ed.). *Handbook of cross-cultural psychology* (pp. 339-376). Needham Heights, MA: Allyn & Bacon.

Sharma, D. C. (2003). Widespread concern over India's missing girls. Selective abortion and female infanticide cause girl-to-boy ratios to plummet. *Lancet, 363* (9395), 1553.

Shostak, M. (1981). *Nissa: The life and words of a IKung Women.* Cambridge, MA: Harvard University Press.

Shweder, R. (1990). Cultural psychology? What is it? In J. W. Stigler, R. A. Shweder, & G. Herdt (Eds.), *Cultural psychology: Essays on comparative human development* (pp. 1-46). New York: Cambridge University Press.

Shweder, R. (2003). *Why do men barbecue? Recipes for cultural psychology.* Cambridge, MA:

Harvard University Press.

Shweder, R., Goodnow, J., Hatano, G., LeVine, R., Markus, H., & Miller, P. (1998). The cultural psychology of development: One mind, many mentalities. In R. M. Lerner (Ed.), *Handbook of child psychology. Vol 1: Theoretical models of human development* (pp. 865-983). New York: Wiley.

Siegal, M. (1991). A clash of conversational worlds; Interpreting cognitive development through communication. In J. M. Levine & L. B. Resnick (Eds.), *Socially shared cognition.* Washington, DC: American Psychological Association.

Skinner, B. F. (1953). *Science and human behavior.* New York: MacMillan.

Skinner, B. F. (1957). *Verbal behavior.* New York: Appleton-Century-Crofts.

Smelser, N. J. (1980). Issues in the study of work and love in adulthood. In N. J. Smelser & E. H. Erikson (Eds.), *Themes of work and love in adulthood* (pp. 1-28). Cambridge, MA: Harvard University Press.

Smith, L. (2002). Piaget's model. In U. Goswami (Ed.), Blackwell handbook of cognitive development. *Blackwell handbooks of developmental psychology* (pp. 515-537). Malden, MA: Blackwell Publishers.

Snow, C. (1995). Issues in the study of input: Finetuning, universality, individual and developmental differences, and necessary causes. In P. Fletcher & B. MacWhinney (Eds.), *The handbook of child language* (pp. 180-193). Oxford: Blackwells.

Spitz, R. (1958). *A genetic feld theory of ego development.* New York: International Universities Press.

Starkey, P. (1981). The origins of concept formation: Object sorting and object preference in early infancy. *Child Development, 52,* 489-497.

Stevenson, H. W. (1982). Influences of schooling on cognitive development. In D. A. Wagner & H. W. Stevenson (Eds.), *Cultural perspectives on child development* (pp. 208-224). San Francisco. Freeman.

Stocking, G. (1968). *Race, culture, and evolution.* New York: Free Press.

Stiles, J., Moses, P., Roe, K., Akshoomoff, N., Trauner, D., Hesselink, J., et al. (2003). Alternative brain organization after prenatal cerebral injury: Convergent fMRI and cognitive data. *Journal of the International Neuropsychological Society, 9*(4), 604-622.

Super, C. (1987). The role of culture in developmental disorder. In C. Super (Ed.), *The role of culture in developmental disorder* (pp. 1-8). New York: Academic Press.

Super, C., & Harkness, S. (1977). The cultural structuring of child development. In J. W. Berry, Y. H. Poortinga, & J. Pandey (Eds.), *Handbook of cross-cultural psychology: Vol. 2. Theory and method* (pp. 1-40). Boston: Allyn & Bacon.

Super, C. M., & Harkness, S. (1986). The developmental niche: A conceptualization at the interface of child and culture. *International Journal of Behavioral Development, 9,* 545-569.

Super, C. M., & Harkness, S. (1997). In J. W. Berry, P. R. Dasen, et al. (Eds.), *Handbook of cross-cultural psychology, Vol. 2: Basic processes and human development* (2nd ed.). *Handbook of cross-cultural psychology* (pp. 1-39). Needham Heights, MA: Allyn & Bacon.

Super, C. M., & Harkness, S. (2002). Culture structures the environment for development. *Human Development, 45* (4), 270-274.

Susman, E. J. Schmeelk, K. H., Ponirakis, A., & Gariepy, J. L. (2001). Maternal prenatal, postpartum, and concurrent stressors and temperament in 3-year-olds: A person and variable analysis. *Development & Psychopathology. Special Issue: Stress and development: Biological and psychological consequences, 13*(3), 629-652.

Sweency, J., & Bradbard, M. R. (1988). Mothers' and fathers' changing perception of their male and female infants over the course of pregnancy. *Journal of Genetic Psychology, 149* (3), 393-404.

Tobin, J. J., Wu, D. Y. H., & Davidson, D. H. (1989). *Preschool in three cultures*. New Haven, CT: Yale University Press.

Tomasello, M., Call, J., & Hare, B. (2003). Chimpanzees understand psychological states-the question is which ones and to what extent? *Trends in Cognitive Sciences, 7*(4), 153-156.

Tylor, E. B. (1874). *Primitive culture: Researches into the development of mythology, philosophy, religion, language, art, and custom*. London: J. Murray.

Valsiner, J. (1989). From group comparisons to knowledge: Lessons from cross-cultural psychology. In J. P. Forgas & J. M. Innes (Eds.), *Recent advances in social psychology: An international perspective* (pp. 501-510). Amsterdam: North Holland.

Valsiner, J. (1994). Co-constructionism: What is (and is not) in a name. In P. Van Geert & L. Moss (Eds.), *Annals of theoretical psychology* (Vol. 10, pp. 247-298). New York: Plenum.

Valsiner, J. (2000). *Culture and human development*. Thousand Oaks: Sage.

Valsiner, J., & Lawrence, J. (1997). Human development in culture across the life span. In J. W. Berry, P. R. Dasen, & T. S. Saraswathi (Eds.), *Handbook of cross-cultural psychology* (Vol. 2, pp. 69-106). Boston: Allyn & Bacon.

van IJzendoorn, M. H., & Kroonenberg, P. M. (1988). Cross-cultural patterns of attachment: A meta-analysis of the strange situation. *Child Development, 59*, 147-156.

van IJzendoorn, M. H., & Sagi, A. (19990). Cross-cultural patterns of attachment: Universal and contextual dimensions. In J. Cassidy & P. R. Shaver (Eds.), *Handbook of attachment: Theory, research, and clinical applications* (pp. 713-734). New York: Guilford.

Vinden, P. G. (2002). Understanding minds and evidence for belief: A study of Mofu children in Cameroon. *International Journal of Behavioral Development, 26* (5), 445-452.

Vinden, P. G. (1999). Children's understanding of mind and emotion: A multi-culture study. *Cognition & Emotion, 13* (1), 19-48.

Vinden, P. G. (1998). Imagination and true belief: A cross-cultural perspective. In J. de Rivera & T. R. Sarbin (Eds.), *Believed-in imaginings: The narrative construction of reality. Memory, trauma, dissociation, and hypnosis series* (pp. 73-85). Washington, DC: American Psychological Association.

Vygotsky, L. S. (1987). Thinking and speech. In N. Minick (Ed. & Trans.), *The collected works of L. S. Vygotsky: Vol 1. Problems of general psychology* (pp. 39-285). New York: Plenum.

Wagner, D. A. (1982). Ontogeny in the study of culture and cognition. In D. A. Wagner & H. W. Stevenson (Eds.), *Cultural perspectives on child development* (pp. 105-123). San Francisco: Freeman.

Wagner, D. A. (1993). *Literacy, culture, and development: Becoming literate in Morocco*. New York, NY: Cambridge University Press.

Walters, J. R. (1987). Transition to adulthood. In B. B. Smuts, D. L. Cheney, R. M. Seyfarth, R. W. Wranhuam, & T. T. Strhusaker (Eds.), *Primate societies* (pp. 358-369). Chicago: University of Chicago Press.

Washburn, S. L. (1960). Tools and human evolution. *Scientific American, 203*, 63-73.

Weisner, T. (2002). Ecocultural understanding of children's developmental pathways. *Human*

Development, 45 (4), 275-281.

Wellman, H. M., Cross, D., & Watson, J. (2001). Meta-analysis of theory-of-mind development: The truth about false belief. *Child Development, 72* (3), 655-684.

Wellman, H. C. (2002). Understanding the psychological world: Developing a theory of mind. In U. Goswami (Ed.), *Blackwell handbook of childhood cognitive development. Blackwell handbooks of developmental psychology* (pp. 167-187). Malden, MA: Blackwell Publishers.

Wertsch, J. (1985). *Vygotsky and the social formation of mind*. Cambridge, MA: Harvard University Press.

Wertsch, J. V., Minick, N., & Arms, F. J. (1984). The creation of context in joint problem solving. In B. Rogoff & J. Lave (Eds.), *Everyday cognition: Its development in social context* (pp. 151-171). Cambridge, MA: Harvard University Press.

White, L. (1942). On the use of tools by primates. *Journal of Comparative Psychology, 34,* 369-374.

Whiting, B. B. (1976). The problem of the packaged variable. In K. F. Riegel & J. A. Meacham (Eds.), *The developing individual in a changing world* (Vol. 1). Chicago: Aldine.

Whiting, B. B. (1980). Culture and social behavior: A model for development of social behaviors. *Ethos, 8,* 95-116.

Whiting, B. B., & Edwards, C. P. (1988). *Children of different worlds: The formation of social behavior*. Cambridge, MA: Harvard University Press.

Whiting, J. W. M., Burbank, V. K., & Ratner, M. S. (1986). The duration of maidenhood. In J. W. M. Whiting, V. K. Burbank, & M. S. Ratner (Eds.), *School-age pregnancy: Biosocial dimensions* (pp. 273-302). New York: Aldine de Gruyer.

Whiting, R. (1989). *You gotta have wa*. New York: Macmillan.

Williams, R. (1973). *Keywords*. New York: Oxford University Press.

Wicker, A. W. (1984). *An introduction to ecological psychology*. Cambridge: Cambridge University Press.

Wrangham, R. McGrew, W., de Waal, F., & Heltne, P. (1994). *Chimpanzee cultures*. Cambridge, MA: Harvard University Press.

Zimmerman, B. J. (1983). Social learning theory: A contextualist account of cognitive functioning. In C. Brainard (Ed.), *Recent advances in cognitive developmental theory*. New York: Springer-Verlag.

3 발달연구에서의 설계, 측정 및 분석

CHAPTER>>

Donald P. Hartmann
Kelly E. Pelzel
University of Utah

1. 서론

이 장은 연구설계, 변인 측정, 자료분석, 윤리적 문제 등 기존 발달연구의 기술적인 측면을 다루고 있다. 발달연구 논문의 방법론과 분석 부분을 읽어 본 심리학 초심자들은 연구의 '방법론' 적 측면이 어렵고, 방법론이 형태, 형식, 기능별로 매우 다양하다고 생각할 것이다.

연구의 기술적 측면이 아무리 복잡하다 할지라도 연구의 기법이라는 것은 경험적 연구를 하게 하는 이론적 질문들에 좌우된다는 것을 강조하는 것은 매우 중요하다. 그 질문에 따라 가장 효과적인 연구설계, 가장 적절한 측정법, 그 결과 얻어지는 점수에 적용시키는 가장 유익한 분석 방법이 결정되어야 한다. 연구의 내용보다 연구 기법이 중시되는 주객전도의 상황에서는 연구 질문은 체계가 없고, 이론적 근거가 없고, 발달과학 발전에 기여하지 못하는 경우가 많다. 연구 기법이 실험 질문의 내용에 의존하기 때문에 연구자들에게는 추가 부담이 된다. 연구자들은 해당 연구 질문에 적합한 연구설계, 측정 조작, 분석 방법을 찾거나 개발해야 한다.

이 장에서 제시될 연구설계, 측정 및 분석은 각 연구자가 연구 목적에 맞는 연구설계, 측정 및 분석 절차를 선택하는 능력을 키워 주고자 하는 것이 아니다. 이 장에서는 널리 사용되는 방법을 구체적으로 설명하고, 주요 쟁점을 제시하고, 실행의 착오를 보여 주고, 추가 정보를 얻을 수 있는 곳을 제시함으로써 연구설계, 측정 및 분석이 어떻게 기능하는지를 보여 주고자 한다.

연구설계 관련 부분에서는 타당도와 관련된 네 가지 위협과 비실험(non-experimental), 유사실험(quasi-experimental), 진실험(trueexperimental) 설계가 이러한 위협이 가져오는 도전 과제를 어떻게 해결하는지 혹은 어떻게 해결하지 못하는지에 초점을 맞출 것이다. 특히, 발달연구자들이 겪는 연구 설계상의 어려움과 이러한 어려움에 대응하기 위해 개발된 새로운 연구설계 및 기존 연구설계에 대해 살펴볼 것이다.

측정 부분에서는 측정의 목적, 발달연구자들이 산출한 점수의 종류, 이러한 점수의 가치 판단 기준을 다룰 것이다. 표준화, 신뢰도, 타당도 기준이 점수의 질을 평가하는 데 특히 중요한 요소로 부각되고 있다. 기본 구성의 특성, 표적반응의 접근 가능한 특성, 점수의 의미 파악을 위한 관련 비교표준, 이용 가능한 정보의 출처 등 측정의 여러 측면이 어떻게 점수가 판단되고 조작되는지를 결정한다.

분석 부분에서는 자료에 대한 범주형(categorical) 및 양적(quantitative) 접근법을 제시하는 것으로 시작한다. 우리는 양적 절차에 초점을 맞추고, 예비 자료분석을 먼저 논의할 것이다. 이 분석은 자료를 적절히 세탁(laundering)하고 자료와의 친숙함을 향상시키는 방법이다. 정식 통계분석은 두 가지 상호 연관된 기능을 수행하는 것으로 보인다. 하나는 전형적인 수행(performance), 변산도(variability), 관계(relation) 같은 다양한 지표들을 이용하여 자료를 설명하는 것이고, 다른 하나는 이런 지표값들이 이론적 예측과 일치하는지 또는 영값(null value)과 달라지는지의 여부, 다시 말하면 자료가 통계적으로 유의미한지의 여부를 검사하는 것이다.[1] 이런 기능을 수행하는 상당수의 기법들을 설명하고, 그 사용에서 문제점과 단점에 대해 짧게 언급했으며, 관련된 참고 자료를 실었다. 이런 분석 기법은 발달 연구의 두 가지 주요 목적을 포함한다. 하나는 시간에 따른(예, 발달 기능;

1) 영가설 검증을 둘러싼 긴 논란의 역사(예, Morrison & Henkel, 1970)는 최근 새로운 국면에 접어들었다(예, Harlow et al., 1997). 보통 이 문제에 대한 반응을 자제하던 APA도 연구 집단을 만들어 영가설 검증을 논문에 사용토록 해야 하는지 여부를 결정토록 했다(Wilkinson & the Task Force on Statistical Inference, 1999). Abelson(1997a, p. 13)은 연구자들이 직면한 딜레마를 다음과 같이 표현했다. "영가설 검증에 대해 무슨 할 것이 더 남았든지 간에 이제 우리는 통계분석을 무슨 신성화 과정으로 생각하지 말아야 한다. 우리는 불확실성의 바다에서 표집과 측정 오류라는 거대한 파도에 휩쓸렸다. 올바른 결과 해석을 보장해 주며, 인간의 판단을 피해 가는 객관적 절차라는 것은 없다." 영가설 검증에 대한 다양한 추가 이론들과 그것을 대체하는 방법들까지도 제시되어 왔다. 이런 절차로 우선 자료분석의 모형-비교 접근법을 들 수 있는데, 이것은 건강한 지표의 우수성, 비판적 사고와 건전한 판단, 신뢰 구간과 효과 크기 추정치, Bayseian 통계 그리고 검증력에 대한 적절한 고려 등을 강조한다(예, Harlow, 1997; Judd et al., 1995; Wilkinson & Task Force on Statistical Inference, 1999 참조). 이슈들은 분석 부분에서 좀 더 자세히 다루도록 한다.

Wohlwill, 1973) 평균 수행에 대한 평가이고, 다른 하나는 평균 또는 개인차 변량(variation)에 대한 평가다(예, Baltes & Nesselroade, 1979). 범주형(유목) 및 양적 자료에 대한 일원변량(univariate)분석과 다변량(multivariate)분석 기법을 설명하고, 최근 인기를 얻고 있는 세 가지 기법들(위계적 선형모형(hierarchical linearmodeling), 구조 모형(structural model), 메타분석(meta-analysis))을 따로 논의할 것이다. 분석 부분은 통계적 유의도, 효과 크기, 중요성, 상호작용(interrelations) 대한 짧은 논의로 마무리할 것이다.

이 장의 추가 부분에서는 발달연구 분야에서 그 역할이 커지고 있는 질적 연구 방법(qualitative methods)에 대해 간단히 살펴볼 것이다.

마지막 부분에서는 발달연구와 관련된 윤리적 문제에 대한 짧은 논의를 다루었다. 이 논의에서는 정당화될 수 있는 위험(justifiable risk), 사생활 침해, 동의서(informed consent)와 같이 아동 연구 연구대상들에게 직접적 영향을 줄 수 있는 문제들을 이야기할 것이다.

2. 설계

전통적으로 과학의 목적은 세 가지다. 즉, 중요한 규준(criteria)의 예측, 관련 있는 결과에 대한 통제 그리고 독립변인(IV)와 종속변인(DV) 사이의 인과관계를 찾는 것이다. 연구의 실질적인 영역이 목적과 연구하는 변인의 가장 중요한 부분을 결정한다. 일단 연구자가 연구문제를 선정했다면, 그에 따라 연구 목적이 정해질 것이고, 그 문제에 대하여 우리가 직면할 수 있는 윤리적, 기술적, 실제적 제약을 고려하여, 최대한 모호하지 않고 합리적인 대답이 나올 수 있도록 설계를 구성해야 한다. 이때 설계는 연구의 구조, 즉 연구자들이 독립변인과 연구 맥락에서 영향을 미치는 다른 변인에 가하는 통제의 범위와 수단을 수반하며, 이를 통해 연구로부터 합당한 결론을 이끌어 낼 수 있다.

실험설계의 목적은 연구 중인 현상에 대한 그럴듯한 대안 및 경쟁 해석을 막기 위함이다. 이런 경쟁 해석들은 연구의 타당도에 위협으로 여겨져 왔다. 이 부분에서는 발달학자들이 연구에서 흔히 겪는 문제를 중심으로 이런 타당도 위협의 가장 흔한 예들을 다루어 본다.

타당도 위협

Campbell과 그의 동료들(Campbell & Stanley, 1964; Cook & Campbell, 1979; Shadish,

Cook, & Campbell, 2002)은 발달연구자 및 그 밖의 연구자들이 직면할 수밖에 없는 연구 타당도 위협을 네 가지로 구분했다. 〈표 3-2〉와 〈표 3-5〉는 이 네 가지 유목과 정의, 구체적 예를 제시했다(빈번히 논의되는 타당도 위협에 대한 예는 Huck & Sandler, 1979 참조).

통계적 결론의 타당도 통계적 결론 타당도 또는 통계 검사에서 얻어 낸 추론의 타당도에 대한 위협은 전통적인 통계결정이론에 대한 지식이 조금 있다면 더 쉽게 이해할 수 있다. 〈표 3-1〉은 영가설(null hypothesis) 실험의 결과로 생길 수 있는 결정들에 대한 간단한 결정 매트릭스다. 2개의 결정과 2개의 성질(states of nature)이 나타난다. 결정이라는 것은 영가설을 받아들이거나 기각하는 것이고, 성질 상태는 영가설이 참 혹은 거짓이라는 것이다. 만들어진 결정 매트릭스는 두 종류의 정확한 결정과 두 종류의 부정확한 결정을 보여 준다. 부정확한 결정들을 제1종 오류(Type I error), 제2종 오류(Type II error)라고 부른다.

제1종 오류는 영가설이 참인데 잘못하여 기각한 경우 발생한다. 참인 영가설이 잘못하여 기각되는 경우, 그 확률은 α이다. α는 영가설 기각에서 결정적인 값이며 전통적으로 $p=.05$ 또는 $p=.01$로 정한다.

제2종 오류는 영가설이 거짓인데도 그것을 잘못 수용하는 경우 발생한다. 거짓 영가설의 기각은 자연에 존재하는 실제 효과를 발견하지 못한 경우 발생한다. 실제 효과가 발견되지 않을 확률은 β이며, $[1-\beta]=$검증력(power)이다.

제1종 오류와 같은 통계적 결론 타당도에 대한 위협은 연구자들이 그들의 자료에 대해 행하는 것으로 알려진 수많은 종류의 낚시질식 기대(fishing expeditions, 낚싯대를 던져 넣고 무엇이 걸릴까 휘저어 보는 것) 때문에 발생한다. 자료분석자가 같은 일련의 자료를 대상으로 수많은 통계 검증을 실시할 때 이상한 형태의 낚시질을 할 수 있다. 예를 들어,

표 3-1 통계적 결정 이론을 설명하는 매트릭스

		성질: H_o	
		참	거짓
연구자의 결정	H_o 기각	제1종 오류(α)	정확한 기각(power)
	H_o 수용	정확한 수용	제2종 오류(β)

주의: H_o는 영가설을 가리킨다.

$k=6$ 집단 각각의 평균값들을 다른 모든 평균과 비교하여 $k(k-1)/2=15$라는 비교결과를 얻어 내는 것이다. 분석자가 실시한 통계 검증의 수에 대해 조정을 하지 않는다면(예, 전체 검사에 대하여 α가 정해진 Bronferoni 수정), 제1종 오류는 전체 검증에서 급격히 늘어나고, 분명히 알파 수준을 초과한다. 제1종 오류에 따른 왜곡의 또 다른 위협은 특정 종류의 통계적 가정이 위반되는 경우 발생한다(Judd, McClelland, & Culhane, 1995; Kenny & Judd, 1986; Kirk, 1995 참조). 통계적 실험의 가정에 부합하지 못하는 것은 독립성의 가정을 위반하거나 인과모형을 검증하는 경우 특히 치명적일 수 있다(둥지(nesting)와 구조방정식모형에 대한 논의 참조).

제2종 오류와 같은 위협 역시 통계적 가정이 위반되는 경우 발생할 수 있다. 하지만 이런 위협은 검증력(power, 거짓 영가설을 기각할 확률)이 낮은 경우에 주로 생긴다. 연구에서 검증력 개념은 너무나 중요하기 때문에 그 영향력에 대하여 논의하고자 한다. 우리의 이론이 실제적이고 가볍지 않은 효과를 만들어 내는 중요 현상들을 가리키는 한도 안에서, 우리가(통계적인 의미에서) 이 효과를 발견할 가능성은 연구 검증력에 의해 결정된다. 검증력은 발견하고자 하는 효과—보통은 우리의 통제 하에 있지 않은 요인—의 크기와 통제 가능한 다양한 요인들에 의해 결정된다(〈표 3-2〉; Shadia et al., 2002 참조). 연구자로서의 성공은 연구의 검증력에 의해 상당 부분 결정되기 때문에 이런 요인들에 많은 관심을 쏟아야 한다. '유의미한 효과를 발견하지 못했다.' 라고 보고하는 문서의 가치가 심한 제약을 받는 사실도 이런 상황에 일조한다. 따라서 연구에 앞서서 반드시 검증력 분석을 실시할 것을 강력히 권고한다.

내적 타당도 내적 타당도에 대한 위협(〈표 3-3〉)이란 특정 연구에서 독립변인과 종속변인 사이의 인과적 연관성을 잘못 추론하는 것을 말한다. 이런 위협은 혼입(confounds)이라고도 하는데, 극소수의 예외를 제외하고는 쉽게 이해할 수 있다. 보다 복잡한 혼입은 평균으로의 회귀(regression)다. 회귀는 연구대상(글을 못 읽거나 공격성이 높은 아동 또는 둔감한 어머니)들이 극단치 점수에서 선택될 때 나타난다. 만약 이렇게 극단적인 수행을 보이는 개인들을 선택하는 데 사용한 측정이 완벽히 신뢰롭지 못할 경우, 경험적 세계를 연구하는 우리들에게는 평균으로의 회귀가 거의 언제나 사실로 나타나는데, 그 개인들은 재평가 때 덜 극단적인 점수를 낼 것으로 기대할 수 있다(Furby, 1973; Labouvie, 1982). 이렇듯, 글을 잘 못 읽는 집단을 구성한 사람들은 두 번째 읽기 평가에서 덜 극단적인 결과를 보여 주는 듯하다. 심지어 첫 번째 평가가 끝나고 바로 뒤이어 두 번째 평가를 실시하는 경우에도 그러하다. 왜일까? 부분적으로는 그들의 극단적 점수에 우연 요인이 개입했고, 이 우연한 요인은 다시 발생하지 않을 가능성이 높기 때문이다.

혼입의 불투명해 보이는 두 번째 유목은 인과적 영향의 방향성이 갖는 모호성과 관련 있다. 하지만 '상관관계가 꼭 인과관계는 아니다.' 라는 유명한 말처럼, 내적 타당도에 대한 위협은 인식할 수 있다. 비록 모든 잠재적 세 번째 변인 원인들이 제외될 수 있다 하더라도(변인 *X*와 *Y*를 연구하는 도중에 나타나는 문제의 변인 *Z*), 특히 비실험적 조사에서 *X*(추정 IV)가 *Y*(표면상 DV)에 기인한다는 것이 그 반대가 아니라 여전히 가능할 수 있다.

내적 타당도에 대한 대부분의 위협은 연구대상들을 조건에 무선 배치함으로써 피할 수 있으며, 이는 심리학 연구에서 매우 중요한 방법이자 진실험(true experiment)의 특징이다. 하지만 〈표 3-3〉의 마지막 두 문단에서 보듯이 무선 배치조차도 내적 타당도에 대한 위협을 완전히 막을 수는 없다(예, 처치 효과의 확산과 연구대상의 사기 저하).

구성 타당도 일반적으로 구성 타당도에 대한 위협은 조작된 변인들이 의도한 구인을

표 3-2 통계적 결론의 타당도에 대한 위협: 정의와 예*

통계 검증의 결과—각 영가설의 수용 혹은 기각—가 타당한가? 아니면 통계적 결론 타당도가 설계적 혹은 분석적 약점이나 오류에 의하여 위협을 받는가?

- **낚시질식 기대** 제1종 오류가 부풀려진 것—확률 피라미드 쌓기라고도 하는(Neher, 1967)—이 과도하고 중첩되는 자료분석의 결과인가?
- **통계 검증의 가정 위반** 부정확한 결론을 이끌어 낸 것—영가설의 부정확한 기각(제1종 오류) 아니면 부정확한 수용(제2종 오류)—이 통계 검증의 중요한 가정이 위반되었기 때문인가?

낮은 검증력 또는 부정확하게 추정된 검증력 영가설을 기각하지 못한 것은 영가설이 참이고 발견된 효과가 없었기 때문인가 아니면 검증력이 너무 낮았기 때문인가(제2종 오류)? 검증력이 낮은 것은 다음의 이유 때문이다.

1. 부적절한 표본 크기
2. 구성 타당도 또는 신뢰도가 부족한 측정(신뢰도의 경우에는 아마 종단 연구에서 파동(wave)이나 패널이 너무 적었고, 관찰 연구에서 자료수집 세션이 너무 짧았을 수도 있다)
3. 독립변인들에 대한 약하거나 일관성 없는 조작
4. 빈약한 실험 통제(연구 설정에 관련 없는 사항들이 무선 존재하는 경우)
5. 과다한 응답자 이질성
6. 약한 통계
7. 너무 작은 알파 수준

* 엄밀히 말해서 참인 영가설은 없다. 영가설은 아주 사소한 차이로 발견될 수 있을 것이다. 미시시피 동부에 사는 사람들과 미시시피 서부에 사는 사람들의 IQ 비교에서 동등성에 대한 영가설이 그 예다(Morrison & Henkel, 1970). 발견된 차이는 얼마 안 되는 차이지만, 그 얼마 안 되는 차이는 연구자들의 흥미를 끌기에 충분하다.

제대로 나타내지 못하거나 잉여 구성요소들을 포함하는 경우에 발생한다. 예를 들어, 생리학적, 관념적, 행동적 요소들을 포함하지 않은 '불안'의 구인은 적절하지 못한 구인으로 문제가 될 것이다. 반면에 집필식으로 측정한 불안이 언어성 IQ와 높은 상관관계를 보이는 경우는 관련 없는 요소들을 너무 많이 포함했다고 비판을 받을지도 모른다.

구성 타당도에 대한 위협은 IV나 DV 모두에 의해 유지될 수 있다. 그 예로 남성과 여성 모델 한 명씩을(단일-조작 편향의 예, 〈표 3-4〉 참조) 성 모델의 공격성 모방에 대한 효과 연구에 사용한다 하자. 이 예에서 IV를 단일-조작화(mono-operationalization)하면 그 결과 모델의 매력도(attractiveness)와 같은 고유한 특성을 얻게 되는데, 이 효과는 성 효과와 혼동될 수 있다. DV에 대한 구성 타당도 위협은 자기보고와 같은 단일 방법을 사용해 모든 결과변인들을 평가하는 경우 발생할 수 있다. 단일 방법 편향의 경우에는, 결과변인

표 3-3　내적 타당도에 대한 위협: 정의와 예

관찰된 결과들이 독립변인에 기인한다고 할 수 있는가? 아니면 내적 타당도가 다른 방법론적 혼입에 의하여 위협받은 것인가?

- **역사** 예를 들어, 사전검사와 사후검사 사이에 어떤 일이 개입하여 IV에 의해서 생기는 효과와 혼동을 일으켰는가?
- **성숙** 관찰 결과가 IV보다는 연구대상의 성장이나 기타 내적 변화에 기인했는가?
- **검사** 참여자의 평가도구에 대한 친숙도가 DV에서의 관찰된 변화를 만들어 냈는가?
- **도구** 측정도구 자체가 연구 과정 동안 변화를 일으켜, IV에 의해서 생긴 변화보다 도구의 눈금 조정의 변화 때문에 차이가 생겼는가?
- **회귀** 결과의 차이가 신뢰할 수 없는 평가도구를 통해 얻은 응답자의 수행을 기초로 하여 특이한 응답자를 선정했기 때문이고, 또 반복된 검사에서 응답자의 점수가 평균값으로 움직이는 것은 IV보다는 연구대상의 선정과 비신뢰도의 결합 때문인가?
- **연구대상의 선정** 결과의 차이가 IV 때문에 생긴 것이 아니라 비교 집단에 배치받은 개인에게 이미 존재했던 차이에서 기인하는가?
- **누락** 결과의 차이가 비교 집단에서의 탈퇴나 소모에 의한 것은 아닌가?
- **연구대상 선정과의 상호작용** 관찰된 결과가 IV의 효과가 아니라 성숙과 같은(선정요인 때문에 연구대상 집단이 서로 다른 속도로 성숙하고 있다) 상호작용 때문인가?
- **인과적 영향력의 방향에 대한 모호성** 인과 연관성이 IV에서 DV로 향하는 것이 아니라 그 반대인가?
- **처치 효과의 확산, 보상적인 등가처치, 보상적인 대립** 관찰된 결과 차이의 부재가 처치를 받지 않은 연구대상들이 자신도 모르게 처치에 노출되거나, 보상적인 처치를 받거나 혹은 원하는 처치를 받지 못하여 '더 열심히 일했기' 때문인가?
- **사기 저하** 관찰된 효과가 자신이 원하는 처치를 덜 받고 있다고 생각한 참여자의 사기가 떨어져 일어나는 반응 때문인가?

들 사이의 관계가 구인들 간 실제 상호 의존성보다는 공동으로 사용하는 자기보고 방법 때문에 생길 수 있다(Campbell & Fiske, 1959).

Campbell과 Fiske(1959)는, 점수는 연구가 평가하고자 하는 구인과 특질(trait), 특성 그리고 결과를 얻기 위해 사용한 방법의 공동 기능이라고 지적했고, 이는 매우 중요한 영향력을 지닌다. 현명한 연구자는 구인을 평가할 때 각 측정의 관계없는 요소를 최소화하고 더욱 구성-타당한 평가를 하기 위해 다중측정(지표(indicator)라고 부르기도 하는)을 사용한다(예, Pedhazur & Schmelkin, 1991).

구성 타당도에 대한 위협에는 측정의 인위성(measurement artifacts)뿐 아니라 IV나 DV의 의미를 왜곡하는 다른 인위성도 존재한다. 그 예는 다음과 같다.

표 3-4 구성 타당도에 대한 위협: 정의와 예

연구에서 중요한 변인들(종속변인과 독립변인)이 의도한 구인을 측정하는가? 아니면 구성 타당도가 하나 혹은 그 이상의 방법론적 인위성에 의해 위협을 받는가?

- **구인에 대한 부적절한 사전 조작** 연구에서 사용되는 구인의 의미가 이 분야의 연구에서 사용되는 구인의 보편적인 의미와 일치(더도 덜도 아닌)하는가?
- **단일-조작 편향** 연구에서 중요한 변인들이 한 가지 방법으로만 조작되어, 연구 결과가 특정 조작의 사용 결과인가?
- **단일 방법 편향** 구성이나 구성요소들의 조작을 동일한 방법으로 하여, 연구 결과가 중복된 구성 변량(construct variance)보다는 중복된 방법 변량(method variance)에 기인되었는가?
- **가설의 추측** 연구 결과가 연구대상들이 연구 가설과 일치하는 행동하고자 함에서 비롯된 것인가? 또 그들은 실험자가 자신들이 어떻게 행동해 주기를 원한다고 믿고 있는가(the Hawthorne effect)?
- **평가에 대한 두려움** IV보다는 평가에 대한 두려움과 같은 어떤 '피험자 효과' (Webber & Cook, 1972)가 수행이 변화하는 이유가 되는가?
- **실험자의 기대** 결과가 처치와는 무관한 실험자의 기대(Jung, 1971)가 연구대상에게 전달되었기 때문인가?
- **구성의 수준 간 혼입** 관찰된 효과를 만든(또는 만들어 내지 못한) 것은 IV의 수준의 전체라기보다는 IV의 특정 수준에 의한 것인가?
- **다른 처치와의 상호작용** 관찰된 효과는 주축처치변인(pivotal treatment variable)보다는 사용한 IV의 특정 조합이나 순서 때문인가?
- **구인들 간의 일반화 제약** IV가 연구에 사용한 구정의 전 범위에 영향을 미치는가, 아니면 다소 좁은 범의의 구성에 영향을 미치는가?
- **처치에 민감한 요인과 자기보고의 반응적 변화** 처치나 대상 선정 과정이(예, 통제 조건과 처치 조건에 배치하는 것) 평가 방법과 상호작용을 하여 결과 점수가 비교 집단마다 다른 의미를 갖는가(Shadishet et al., 2002, p. 77)?

- 불규칙적인 반응을 일으키는 '피험자 효과'(예, 평가에 대한 두려움과 불신감이 있는 연구대상들)(예, Rosenthal & Rosnow, 1969)
- 기대를 하여 연구대상에게 관계없는 방향으로 영향을 미치는 실험자 효과(예, Jung, 1971)
- 연구대상을 해당 처치에 민감하게 만드는 사전 검사
- 표적 처치의 효과를 변화시키는 특정 처치 순서나 조합

외적 타당도 외적 타당도에 대한 쟁점은 생태학적 타당성(ecological validity), 일반화 가능성(generalizability) 혹은 대표성(representativeness)의 문제라는 이름이 붙는다(예, Bronfenbrenner, 1979; Brunswik, 1952). 이것이 어떻게 불리든 주요 관심은 연구 결과가 연구를 실시한 당시와 다른 개인, 상황, 처치, 시간에 어느 정도까지 적용될 수 있느냐는 것이다. 일반화 가능성은 심리학에서 유망한 쟁점 가운데 하나로 계속적인 관심을 요한다. 교외에 사는 유럽계 미국인 청소년을 대상으로 실시한 연구 결과를 도시에 살고 있는 아프리카계 미국인 청소년에게 적용할 수 있는가? 1930년대 유치원의 효과에 대해 실시한 연구 결과들을, 유치원과 유치원에 아이들을 등록하는 부모의 성격이 달라진 1990년대의 유치원 경험에 적용할 수 있는가? Shadish 등(2002)은 과학자들이 다양한 연구 영역에서 사용한 일반화 경험을 바탕으로 신뢰할 수 있는 일반화 인과추론이론을 제시했다. 그들의 분석은 연구대상 표집 문제에 오랫동안 머물렀던 일반화 가능성의 쟁점을 실험 상황, 처지, 측정과 같은 일반화 가능성의 기타 중요한 국면들을 포괄하는 문제로 확장했

표 3-5 외적 타당도에 대한 위협: 정의와 예

연구의 결과가 폭넓게 일반화될 수 있는가? 아니면 외적 타당도가 인위적 상황, 특이한 연구대상 또는 연구 결과의 일반성을 제한하는 다른 요인들에 의하여 위협을 받는가?

- **대상 선정과 처치의 상호작용** 결과가 특정 표집에 제한되어 있는가? 아니면 이 결과들이 좀 더 많은 연구대상에게도 일반화될 수 있는가?
- **상황과 처치의 상호작용** 얻어 낸 효과가 현 연구의 특정 상황과 다른 상황에도 적용할 수 있는가?
- **역사와 처치의 상호작용** 결과가 다른 시간 구간에 일반화될 수 있는가? 아니면 연구가 행해지는 특정 역사적 상황에 제한되는가?
- **맥락-의존적 중재** 효과를 얻어 내기 위해 조작된 중재나 과정이 특정 연구 맥락에 제한되어 있는가?

다.[2)] Shadish 등은 실험 결과의 일반화 가능성을 평가하는 원칙을 발전시켰는데, 이는 다음과 같다.

- 표면적 유사성: 현재 진행 중인 연구와 일반화 대상의 관련 있는 특성 간의 분명한 유사성을 판단한다.
- 관련 없는 요소의 제외: 관련 없다고 여겨지는 특성들을 확인한다. 이것들은 일반화를 변화시키지 않기 때문이다(예, 부모의 눈 색깔과 귀납적 절차의 효과).
- 변별하기: 부모의 처벌에서의 인종의 영향과 같이 일반화가 제한되는 것을 변별하기
- 내삽(interpolation)과 외삽(extrapolation): 예를 들어, 실험실 및 가정 상황에서 효과적인 것으로 드러난 부모 훈련은 아마도 임상가의 사무실에서도 적용될 것이다.
- 인과적 설명: 예를 들어, 아동이 부모와 교사 모두와 상호작용할 때 받는 긍정적인 효과는 온정과 합리적인 기대에 의해 중재된다는(예, Baumrind, 1991) 것과 같은 설명적 체제에 대한 이론을 발전시키고 검증하는 것에 기반을 둔 일반화하기

어떤 요건들을 충족시키는 것이 다른 요건들에 문제를 만들 수 있기 때문에 어떤 연구자도 앞서 살펴본 타당도에 대한 위협을 피할 수는 없다. 예를 들어, 처치를 획일적으로 적용하면 통계적 결론의 타당도를 높일 수 있을지도 모른다. 하지만 외적 타당도를 희생해야 한다. 완벽한 연구라는 것은 지금까지 없었고 앞으로도 없을 것이다. 발달의 기본 과정을 연구하는 기초연구자들은 내적, 구성, 통계적 결론의 타당도를 너무 중시하는 나머지 외적 타당도를 희생하는 경우가 있다. 반면에 사회 정책 문제를 연구하는 응용연구자들은 내적, 외적, 통계적 결론 타당도를 우선시하여 구성 타당도가 낮아지기도 한다. 연구자들은 연구 결과를 어떻게 사용할 것인가를 염두에 두고 이런 다양한 타당도를 위협하는 위험성을 생각해야 한다.

발달연구자들에게 유망한 설계 논쟁

모든 연구자들은 그 연구 주제와 관심이 무엇이든 이 네 가지 타당도 위협에 맞서야

2) 많은 연구자들이 연구대상에 대한 일반화라는 좀 더 쉽게 다룰 수 있는 문제조차 너무 자신감이 넘치는 태도로 대하고 있다. 그것이 편이성 또는 우연 표집 혹은 스노우볼링(한 피험자가 두 번째 피험자를 추천하고, 두 번째가 세 번째를 추천하는), 아니면 회유나 뇌물이든 간에 마치 표집 방법으로 다 해결할 수 있다는 듯하다. 연구대상 변인들이 연구로부터 도출한 중요한 결론을 수정하는 것이 가능하기 때문에 이러한 태도는 과학적으로 위험해 보인다.

한다. 이제껏 살펴본 일반적 타당도 위협에 더하여, 발달연구자들의 영역에 속한다고 할 수 있는 기타 다른 설계 문제들도 존재한다. 예상했겠지만 이 특별한 쟁점들에는 발달학자들이 연구하는 변인들의 수정 가능성, 연구 현상의 변화 형태, 연구대상들의 경험 인식 및 설명에서의 제한적 능력, 연구 행동발달의 복잡성 그리고 연구자들 및 많은 발달과학 전공 학생들이 갖게 되는 위험한 인과적 편향 등이 있다.

다루기 힘든 변인 발달연구자들이 연구하는 중요한 변인들 중 많은 수가 상대적으로 다루기 힘들다. 예를 들어, 이 분야에서 가장 주요한 문제는 유전과 환경이 어떻게 상호작용해서 행동을 만들어 내는가에 대한 것이다. 하지만 유전은 인간 이외의 종에 대한 연구를 제외하고는 조작될 수 있는 성질의 것이 아니다. 환경도 마찬가지로 대개의 경우 오랜 기간에 걸치거나 또는 한 개인의 긴 삶에 걸쳐 수정을 할 수 있는 것이 아니다. 발달변인 가운데 가장 빈번히 등장하는 연령조차도 인과적 변인으로서 분명한 제약이 있다. 다양한 연령대의 개인을 골라 연구를 할 수 있지만, 연령을 수정하거나 변경할 수는 없다. 한 현상이 연령과 함께 달라진다는 사실을 발견하는 것은 분명 유용한 일이지만, 연령과 변화한 시간 모두 인과적 변인은 아니다. 변화는 시간의 흐름에 따라 발생하지만, 시간의 결과로 발생하는 것은 아니다. 대신 시간 또는 연령은 인과 과정이 작동하는 맥락의 일부다. 연령은 기껏해야 발달에서 인과적 잠재성이 있는 변인의 대용물 정도로 쓰일 수 있다. 그러므로 어떻게 본다면 가장 많이 연구되어 온 발달변인(Miller, 1998 참조)은 인과적으로 무력한 것이다(Wohlwiil, 1970).

변 화 발달연구는 우선적으로 변화에 관한 연구다. 역사적으로 변화에 관한 연구는 기술적으로 까다로운 다양한 문제들과 함께했으며(Gottman, 1995; Rogosa, 1988), 여기에는 변화 점수의 신뢰도 및 변화 점수와 초기 점수와의 부적 상관관계가 포함된다. 하지만 변화에 대한 평가와 관련하여 '발달 가능성이 있었던(seminal)' 문제들 중 일부는 전통적인 2-웨이브(2-wave, 사전 · 사후검사) 대신에 다중 웨이브(multiwave)의 사용, 종단적 설계(예, Willet, 1988)와 같은 방법론의 발전에 힘입어 완전히 사라져 버렸다. 그렇지만 변화와 관련된 모든 문제가 이렇게 사라진 것은 아니었다. 하나의 구인은 발달하면서 스스로의 지형이나 다른 중요한 특성을 변화시킬 수 있다. 예를 들어, 초기 발달 수준에 적합한 감정적 통제의 측정은 이후 발달단계의 감정 통제를 평가하는 데는 적합하지 않을 수 있다. 측정들이 상황(혹은 집단)에 걸쳐 똑같은 구인을 평가하지 않으면 점수의 비교 분석은 잘해 봐야 서로 섞일 것이고, "잠재적 인위성이 있고…… 상당 부분 오도할 수 있는"

(Widaman & Reise, 1997, p. 282) 추론이 나올 수도 있다. 이 곤란하고 기술적으로 복잡한 '등가 측정(measurement equivalence)'의 문제는 Hartmann(2005), Knight와 Hill(1998)에 의하여 다양하게 논의되고 있다.

변화는 점진적(즉, 점증적이고 선형적)일 수도 변형적(갑작스럽고 비선형적)인 체계화 과정의 재조직화일 수도 있다. 변화의 모수치(parameter) 역시 변한다. 어떤 개인들에게서 변화는 일시적으로 또는 비교적 늦게 나타날 수 있다. 다른 사람들에게 변화는 일찍 그리고 특정 기간에 걸쳐 나타나기도 한다. 이런 시간적 변화 모수치에 주의를 기울이지 않으면 관찰 최적기를 놓칠 수 있으며, 측정의 빈도가 너무 낮아 이면의 과정을 '해결'하지 못하거나, 측정의 지속 시간이 너무 짧아 전체 과정을 포착하지 못할 수도 있다.

자기보고 사용의 제한 인지나 사회심리학자들이 종종 연구대상으로 삼는 교육 수준이 높은 대학생과는 다르게, 많은 발달연구 참여자들은 그들의 경험을 설명해 주는 등으로 연구자들을 도울 수 없다. 그들은 관련 있는 행동이나 과정을 알지 못하거나, 또는 즉각적으로 평가할 수 있는 의사소통 체계를 지니고 있지 않기 때문이다(Messick, 1983). 어린 아동의 정신적, 정서적 경험이라는 더욱 제한적인 측면을 다루기 위해서는 기타 복잡한 방법들을 사용해야 한다. 정교한 기술, 부모와 교사 같은 참여 관찰자 또는 독립적인 평정자들에 의존했을 때에만 이런 경험들을 더욱 명료화할 수 있다.

인과 연결망의 복잡성 대부분의 발달 현상은 복잡하며 상호작용하는 환경 및 유전적 힘의 연결망 속에 자리잡고 있다. 게다가 많은 경우, 가혹한 환경적 박탈과 같이 중요할 것으로 예상되는 요인들은 윤리적 문제 때문에 인간을 대상으로 재현할 수 없다. 그 결과 연구자들은 실험실에서 연구할 수밖에 없으며, 이곳에서 그들은 자연현상에 대한 유사실험을 실시하고, 복잡하고 자연적인 조건들을 상당 부분 단순화한다. 이런 행동의 결과로 외적, 구성 타당도는 심한 타격을 받을 수 있다.

인과 방향에 대한 편견 발달학자들은 전통적으로 인과적 원인(causal agency)을 아동보다는 성인, 문화적 요인보다는 가족, 생물학적 요인과 환경적인 결정요인의 복잡한 상호작용보다는 환경적 결정요인에서 찾아 왔다. 이런 편견을 갖게 된 이유는 굉장히 복잡하며, 현재 폭넓게 논의되지 않고 있다. 그나마 Bell(1968)의 사회화 문헌에서의 효과의 방향성에 관한 연구가 널리 인용되고 있고, 발달연구에 큰 영향을 끼치고 있는 것으로 보인다. 그럼에도 불구하고, 우리는 인과관계의 방향을 바꾸는 데 신중해야 한다. 특히 수동적 관찰(*ex post facto*, 사후 소급) 연구를 통해 얻은 결과에 대해서는 더 그러한데, 그 이유는 인과관계를 추론하는 데 필요한 요건을 충족시키기 어렵기 때문이다(Shoukoff & Phillips, 2000, 제4장). 이러한 설계에서는 상관관계가 곧 인과관계를 의미하는 것도 아니고, 상관관계가 없다고 인과관계가 아니라고 할 수도 없다(Bollen, 1989, p. 52). 또한 우리는 인접 변인(proximal variables)(예, 부모)의 인과적 중요성에 대한 강조를 늘리고 실업, 불평등한 부의 분배 등과 같은 좀 더 먼(distal) 변인들에 대한 강조를 줄이도록 해야 한다. 현재 '도의적으로 옳은(politically correct)' 원인의 인과적 중요성을 지나치게 강조한 나머지 동등하게 중요하지만 인기가 낮은 원인에 피해가 가는 일이 없도록 조심해야 한다. 예를 들어, 우리 교육체계의 경쟁적 학습 분위기와 TV 프로그램의 폭력성은 둘 다 그럴듯하고 유력한 공격성의 결정요인이지만, 우리는 아동들의 공격적 행동이 후자에서 기인한다고 생각하는 경향이 많을 수 있다. 마지막으로, 해당 대답이 분명 상황 특수적이고 인과 과정이 복잡한 상호작용 체계를 수반하는 경우, 우리는 이분법적으로 단순하게 인과결정(예, 유전 또는 환경이 행동의 원인이다)을 내리지 않도록 조심해야 한다(예, Anastasi, 1958; Fischer & Bidell, 1998; Hoffman, 1991 참조).

설계변인

발달연구자들은 이미 논의한 타당도 위협과 문제들에 대하여 다양한 설계변인들을 사용해 왔다. 자주 이용하는 변인들이 〈표 3-6〉에 정리되어 있다. 이 표 '주의'에서 지적한 것처럼, 한 종류의 위협을 통제하기 위해 선택한 설계는 또 다른 위협을 가져올 수 있다. 예를 들어, 인위적 설정(contrived setting)을 사용했을 때, 연구자는 원치 않는 변인에 대해 실험적 통제를 할 수 있었지만 그 과정에서 외적 타당도가 훼손되었다. 자연처치 연구는 외적 타당도를 향상시키지만, 이에 수반되는 복잡성과 '잡음(noise)'은 종종 처치의 의미나 구성 타당도를 모호하게 만든다. 소수를 대상으로 한 집중 연구는 연구자들이 표적현상의 복잡성을 이해하는 데 도움이 되겠지만, 일반화의 문제를 야기할 수도 있다.

아마도 여러 설계들 간의 가장 중요한 차이점은 그 설계가 허용하는 인과적 진술의 성질에 따른 차이일 것이다. Campbell과 동료들(Campbell & Stanely, 1963; Cook & Campbell, 1979; Shadish et al., 2002)은 설계가 허용하는 인과성의 의미에 따라 연구를 세 단계로 구분했다. 진실험(true experiment), 유사실험(quasi-experiment) 그리고 비실험(nonexperiment)이 그것이다.

표 3-6 타당도 위협과 기타 설계 문제 해결을 위해 만들어진 설계변인의 장점

대 비	
실험적 통제: • 간섭변인들을 격리하거나 선택을 통해 예방할 수 있다. • 오차 변량을 피해 내적 타당도를 증가시킨다.	**통계적 통제:** • 통계적 방법(예, 편상관관계 계수를 사용하여) 간섭변인을 제거한다. • 오차 변량을 줄여 내적 타당도를 향상시킨다. • 실험 상황을 변경하기 않음으로써 외적 타당도를 유지한다.
인위적 설정: • 설정을 바꾸어 표적 행동이 생기도록 하고, 가외변인을 통제(예, 실험실)한다. • 간섭변인에 대한 엄격한 통제로 내적 타당도를 향상시킨다. • 불필요한 일을 줄여 연구 시간을 절약한다.	**필드 설정:** • 연구를 위해 실험 상황을 바꾸지 않는다. • 자연스러운 맥락을 제공하여 외적 타당도를 증가시킨다. • 자연적으로 발생하는 행동률 측정을 제공한다.
인위적 처치: • 이상적 또는 원형적 처치 형태를 도입한다. • DV의 성격에 대한 통제로 원인의 구성 타당도를 증가시킨다.	**자연 처치:** • 자연스럽게 일어나는 처치 효과를 조사한다. • 처치 실행에서의 자연 변량을 연구하여 외적 타당도를 향상시킨다.
교차 설계: • 모든 요인의 각 수준이 다른 요인의 각 수준과 짝을 이루는 설계(예, 연령×성 설계에서 각 연령 집단을 대표하는 소년과 소녀들)를 한다. • 상호작용의 평가를 가능하게 한다.	**둥지 설계:** • 모든 요인의 각 수준이 다른 요인의 각 수준과 짝을 이루지 않는 설계를 한다. • 관심이 없는 조건 처치를 생략하여 효율성을 증대시킨다. • 특정 다중-처치 간섭 형태를 제외하여 구성 타당도를 증대시킨다.
피험자 내 설계: • 각 응답자를 각자의 통제로 이용한다. • 오차 변량을 통제하여 통계적 결론의 타당도를 향상시킨다.	**피험자 간 설계:** • 연구대상들을 조건에 무선 배치함으로써 통제한다. • 다중 처치의 간섭을 피하여 구성 타당도를 향상시킨다. • 다수의 처치를 동시에 연구하여 연구 시간을 효율적으로 이용한다.
집중(개별적) 설계: • 설계: 한 명 또는 소수의 연구대상들이 종단적 또는 시계열 연구처럼 시간에 따라 집중적으로 평가되도록 설계한다. • 시간에 따른 후속 연구를 수행한다(예, 경향분석 연구). • 시간에 따른 수행변화의 복잡성을 조정한다. • 행동의 법칙이 잔류하는 곳-개인-으로의 접근을 제공한다.	**포괄적(보편적) 설계:** • 많은 연구대상들을 평가할 수 있지만, 보통 한 번만 평가한다. • 연구 시간을 효율적으로 이용할 수 있다. • 규준적 수행에 대한 정보를 제공한다.

주의: 하나의 대안이 가지는 장점은 항상 그런 것은 아니지만, 대개 병치되는 대안의 단점이 된다.

진실험 진실험에는 연구자가 독립변인을 조작하거나 연구대상들을 상황에 무선 배치하여 가외변인(extraneous variable)을 통제하는 것이 포함된다. 연구대상의 무선 배치는 여러 가지 놀랄 만한 결과를 가져온다(Shadish et al., 2002, p. 248).

- 대안적인 원인(alternative causes)이 처치 조건과 혼입되지 않도록 해 준다.
- 다양한 타당도에 대한 위협 조건들을 무선으로 분포시킴으로써 위협들의 가능성(plausibility)을 줄인다.
- 사전검사 시 모든 변인들의 기대값을 그것의 측정 여부와 관계없이 집단들에서 동등하게 조정한다.
- 연구자가 선정 과정을 올바로 알고 모형화하도록 해 준다.
- 처치로부터 독립적이거나 직교한(orthogonal) 오차 변량의 타당한 추정치를 계산할 수 있게 해 준다.

올바로 실시하였을 경우, 당연히 진실험 설계는 연구자들로 하여금 IV가 DV에 미치는 인과 효과에 대하여 강한 추론을 할 수 있도록 해 준다. 〈표 3-7〉은 두 가지 진실험 설계를 보여 준다. 하나는 진실험 설계 중 가장 간단한 설계이자 다른 진실험 설계의 기반이 되는 것으로, 사후검사만 있는 실험-통제 집단 설계(experimental-control group design)다. 다른 하나는 좀 더 복잡한 솔로몬 4집단 설계(Solomon four-group design)다(Solomon & Lessac, 1968). 솔로몬 4집단 설계와 다른 진실험 설계는 Campbell과 그의

표 3-7 진실험 설계의 설명

사후평가만을 수행하는 실험-통제 집단 설계

집단				
실험	R:		X	O
통제	R:			O

솔로몬 4집단 설계

집단				
실험	R:	O	X	O
	R:		X	O
통제	R:	O		O
	R:	O		

주의: 대개 R은 연구대상들을 집단에 무선 배치함을 가리키고, O는 평가 그리고 X는 처치를 가리킨다.

표 3-8 유사실험과 비실험 설계의 설명

패널 A: 유사실험 설계	
틈입 시계열(ABA) 설계	
집 단(혹은 개인)	
단 위 1	O..O..O..X_1 O..X_1 O..O..O..O
틈입 시계열(다중 기저선) 설계	
집 단(혹은 개인)	
단 위 1[a]	O..O..O..X_1 O..X_1 O..X_1 O..
단 위 2	O..O..O..O..X_1 O..X_1 O..X_1 O
단 위 3	O..O..O..O..O..X_1 O..X_1 O..X_1 O
패널 B: 비실험 설계	
단일 집단, 사전 · 사후검사 설계	
집 단	
실 험:	O X O

주의: 사건을 나눈 것은 그 사건이 한 번 또는 그 이상 반복될 수 있음을 가리킨다.

[a] 단위는 개인이나 처치 설정 또는 개인의 행동을 나타낼 수 있다. 개인들은 한 명이거나 학생들이 있는 교실 같은 개인들의 합일 수도 있다(예, Gelfand & Hartmann, 1984).

동료 연구자들의 교과서(예, Campbell & Stanley, 1963)를 비롯해 대부분의 연구설계 교과서에서 논의되고 있다.

유사실험 유사실험은 통제 절차를 수행하지만 조건에의 배치가 무선이 아닌 연구다. 이런 경우 인과추론이 가능한 경우가 있긴 하지만, 원인과 효과를 잇는 끈에 대한 명확한 묘사가 힘들어진다. 〈표 3-8〉의 패널 A는 응용행동분석가들이 흔히 이용하는 두 가지 유사실험 설계인 ABA 설계와 다중 기저선 설계(multiple baseline design)다(예, Gelfand & Hartmann, 1984). ABA 설계 또는 틈입 시계열 설계(interrupted time-series design)에서는 단일 사례(예, 개인, 가족 또는 교실)가 통제 계열 하에 반복적으로 관찰된다(계열 초기에 반복되는 O). 그리고 처치를 가하고 그 처치 기간 동안 관찰을 계속한다(반복되는 X_1 O 연결). 초기 관찰 단계를 다시 실시하고(두 번째 O_s세트), 많은 경우에 처치-관찰 단계(X_1 O_s) 역시 다시 실시한다(두 번째 처치 단계를 다시 시작하면 이것을 형식적으로 ABAB 설계로 만든다).

다중 기저선 설계에서는 일련의 통제 관찰 이후에 두 개 또는 그 이상의 각 단위(행동, 연구대상 또는 맥락)에 처치가 연속적으로 행해진다. 이런 설계들과 기타 유사실험 설계들은 특수한 기능을 추가함으로써(예, 다중 기저선 설계에서 단위에 대한 처치 순서의 무선 배치) 많은 또는 모든 그럴듯한 대체 해석을 기각하고 강력한 인과추론을 가능케 한다.

비실험 설계　비실험 설계는 무선화도 적절한 통제 조건도 필요치 않는다. 이 유목의 설계가 제공하는 산물로는 연구자가 인과성에 대한 결론에 도달할 수 없다. 이런 집단에 포함되는 것으로는 사례 연구, 단일 집단 사전-사후 설계(〈표 3-8〉의 패널 B 참조)와 유사한 설계들은 주로 가설을 만들기 위해 사용된다. 사후 소급(ex post facto)이나 수동적 관찰 설계 역시 비실험 설계의 하나다(Meehl, 1978). 과거에는 이런 설계들이 상관 설계(correlational design)라고 불렀다. 하지만 이 명칭은 어울리지 않는데, 상관관계는 연관성에 대한 통계적 측정 방법이지 설계가 아니기 때문이고, 또한 앞서 설명한 세 가지 설계 유형에 속하는 어느 자료에도 적용할 수 있기 때문이다.

비실험 설계에서 변인들 간 인과적 연결성이 뚜렷하지 않다는 것은 널리 알려져 있다. 그럼에도 불구하고, 이 설계는 잠재적 인과모형을 탐사(probing; 검사(testing)에 대비되어) 하는 중요한 역할을 수행하고 있다. *X*와 *Y* 사이에 상관관계가 없는 것으로 드러나면 *X*, *Y*와 관계된 인과모형에 대한 탐색을 당연히 실시한다. 하지만 그렇다 하더라도 어떤 사람들은 그 관계가 너무 복잡해서 설계로는 그것이 드러날 수 없다고 주장할 수도 있다. 또는 연구자가 추정 원인과 효과 간의 시간 지연을 선택하는 데 잘못된 결정을 내렸다고 주장할 수도 있다(배고픔은 분명 음식 섭취와 인과적으로 연관 있지만, 자기가 보고하는 배고픔과 관찰된 음식 섭취는 배고픔의 평가가 있은 직후에 섭취한 음식을 평가했을 경우에만 상관성을 지닐 것이다). 불행하게도 허용되는 인과추론의 수준을 봤을 때, 많은 전통적 발달 설계는 진실험 설계보다 비실험 설계에 더 가깝다.

발달 설계

발달연구자들은 전통적으로 두 가지 문제에 관심을 가져 왔다. 발달 중인 개인에서 발견되는 규준적 변화(normative change)와 이 발달변화에서의 개인차가 그것이다(예, Baltes & Nesselroade, 1979). 이런 목적에는 대개 연령이라는 변인이 수반되며, 연령은 보통 횡단(cross-sectional) 또는 종단(longitudinal) 설계 중 하나를 사용하여 연구되어 왔다.

이들 및 기타 발달 설계에 대한 논의를 시작하기 전에 다양한 발달 설계를 구별해 주는 세 가지 변인을 살펴보는 것이 유용할 것이다. 즉, 출생동시집단(cohort), 연령 및 평가 시기(Schaie, 1965) 등이다. 출생동시집단이란 같은 시기에 태어난 또는 기타 동일한

표 3-9 단순한 발달 설계를 보여 주는 '출생동시집단×평가 시기' 매트릭스

출생동시집단	평가 시기		
	1975	1980	1985
1960	15[bc]	20[ab]	25[b]
1965	10	15[ac]	20
1970	5	10[a]	15[c]

주의: 연령은 표의 본체(body)에 위치함.
[a] 횡단 설계; [b] 종단 설계, [c] 시간차 설계.

일들을 경험한 연구대상들의 집단이다. 우리는 1979년 출생동시집단 그리고 베이비붐 세대 출생동시집단이라는 말을 사용한다. 연령에는 연령이 갖는 보편적인 의미가 있고, 평가 시기도 마찬가지다.

설계를 정의하는 변인들인 출생동시집단, 연령 및 평가 시기는 독립적이지 않다. 이 독립성의 부재는 〈표 3-9〉에서처럼 출생동시집단과 평가 시기를 구체적으로 적어 놓았을 때 잘 드러난다. 이 두 변인들의 값이 일단 정해지면 연령 매트릭스의 중간에 나와 있는 변인은 자유롭게 달라질 수 없고, 대신 고정되거나 결정되어 버린다. 여기에 이 매트릭스로부터 나온 설계의 가장 큰 문제점 중 하나가 있다. 즉, 이 설계에서의 출생동시집단, 연령, 평가 시기라는 변인들은 그 성격상 혼입된다. 횡단 설계를 생각해 보라(〈표 3-10〉의 패널 A).

횡단 설계는 최소 두 개의 또래 집단들이 같은 평가 시기에 평가되는 설계다. 그 결과, 출생동시집단들의 연령이 달라지게 된다. 만약 횡단 연구에서 DV 수행이 연령대별로 다르다면, 연구자는 이 수행 차이가 연령 또는 발달에 기인한 것이라 생각하기 쉬울 것이다. 하지만 DV에 대한 수행에서의 변량이 출생동시집단 차이 때문에 생겼을 가능성도 존재함을 생각하라! 출생동시집단 차이는 이민 유형이나 방사능 노출 등으로 생긴 유전적인 변동 때문에 발생했거나, 환경적 변동(서로 다른 역사적 시기에 살기 때문에 경험하는 교육 개혁)이 그 원인일 수도 있다. 〈표 3-9〉와 〈표 3-10〉에 실린 각각의 단순한 발달 설계들은 비슷한 혼입을 공유하고 있다. 이런 기본적 발달 설계들은 두 가지 다른 해석적인 문제점을 또한 가지고 있다. 첫째, 출생동시집단과 평가 시기 변인은 인과적으로 작동하지 않는다. 이는 연령에서 이미 언급한 것이다. 출생동시집단, 연령, 평가 시기 변인들은 기껏해야 시간이 지나면서 작동하거나, 출생동시집단이나 평가 시기와 관련 있는 실제 인과 과정을 위한 대리변인(proxy variable)이다. 둘째, 출생동시집단, 연령, 평가 시기 변인

표 3-10 단순 발달 설계

패널 A
횡단 설계

평가 시기: 1980

출생동시집단	
1965	1970
15	10

패널 B
종단 설계

출생동시집단: 1960

연 령	
20	25
1975	1980

패널 C
시간차 설계

연령: 15

평가 시기	
1980	1985
1965	1970

주의: 연령은 패널 A의 표 본체에 위치, 평가 시기는 패널 C의 표 본체 그리고 출생동시집단은 패널 C의 표 본체에 위치한다.

들은 이를 설계 내에서 조작되지 않으며 연구대상은 무선으로 출생동시집단이나 연령에 배치되지도 않는다. 비록 그들이 평가 시기에 무선으로 배치될 수는 있지만, 이는 연령과 출생동시집단 배치가 있은 후에는 불가능하다. 따라서 출생동시집단, 연령, 평가 시기를 포함하는 발달 설계의 측면은 진정으로 실험적이라고 할 수 없다. 실제로 이 설계들은 비실험적이고(사후소급), 그 결과로 나오는 자료에 대해서는 연령, 출생동시집단 또는 평가 시기의 효과와 관련하여 강한 인과추론을 할 수 없다.

원형적인 종단 설계가 〈표 3-10〉의 패널 B에 나와 있다. 종단 설계는 '발달심리학의 생명' 이라고 불려 왔다(McCall, 1977, p. 341). 그럼에도 불구하고 이 설계 역시 연령과 평가 시기가 혼입되어 있고, 이 두 변인에서는 비실험적이다(예, Labouvie, Bartsch, Nesselroade, & Baltes, 1974). 게다가 연령과 평가 시기는 능동적 인과변인을 위한 대리(proxy)에 불과하다. 우리들은 이미 연령이 대리로 쓰이는 인과적으로 능동적 변인들을 살펴보았다. 평가 시기의 경우, 인과변인들은 경기 하강이나 저명한 공직자의 사망 또는 자연재해 같은 사건들이 될 수도 있다.

〈표 3-10〉의 패널 C는 간단한 설계 중 마지막인(하지만 진정한 발달 설계는 아닌) 시간차(time-lagged) 설계다. 시간차 설계는 출생동시집단과 평가 시기 변인들을 혼입하며,

이 두 변인들에 대하여 역시 비실험적이다. 이 단순한 설계들은 여러 가지 해석적인 문제들을 지니고 있지만, 중요한 DV들의 상태(standing)가 연령, 출생동시집단 또는 평가 시기의 기능에 따라 변하는지에 대해 발달연구자들에게 유용한 정보를 제공한다. 일단 그런 것이 발견되면 설명을 위한 탐색 결과를 설명하는 기초 과정을 시작할 수 있다.

단순한 발달 설계와 관련된 문제들을 해결하고자 하는 노력의 일환으로 더욱 복잡한 발달 설계인 순차 설계(sequential design)가 개발되었다(Schaie, 1965). 이런 설계들은 〈표 3-11〉에 요약되어 있고, 〈표 3-12〉의 패널 A, B, C에 그 설명이 나와 있다. 〈표 3-12〉의 패널 A는 〈표 3-10〉의 패널 A에서와 비슷한 '출생동시집단 평가 시기' 매트릭스를 보여 준다. 하지만 이 경우에는 매트릭스에서 나온 설계들이 〈표 3-10〉의 매트릭스의 설

표 3-11 복잡한(순차) 발달 설계를 보여 주는 '출생동시집단×평가 시기' 매트릭스

출생동시집단	평가 시기		
	1975	1980	1985
1960	15[b]	20[bc]	25
1965	10	15[abc]	20[abc]
1970	5	10[a]	15[ac]

주의: 표 안에 있는 것은 연령.
[a] '출생동시집단×평가 시기' (교차-순차) 설계; [b] '연령×출생동시집단' (교차-순차) 설계; [c] '평가 시기×연령' (시간-순차) 설계.

표 3-12 순차 발달 설계

패널 A
출생동시집단×평가 시기 설계

	출생동시집단	
	1965	1970
평가 시기: 1980	15	10
1985	20	15

패널 B
연령×출생동시집단 설계

	연 령	
	15	20
출생동시집단: 1960	1975	1980
1965	1980	1985

패널 C
평가 시기×연령 설계

	평가 시기	
	1980	1985
연 령: 15	1965	1970
20	1960	1965

주의: 패널 A 표 안에는 연령, 패널 B에는 평가 시기, 패널 C에는 출생동시집단.

계들보다 더 복잡하다. 각각의 순차 설계(〈표 3-12〉의 패널 A-C)는 출생동시집단, 연령, 평가 시기라는 세 개의 정의적 변인 가운데 두 개의 교차를 보여 준다(교차 설계의 정의는 〈표 3-6〉 참조).

교차-순차적 설계(cross-sequential design)(〈표 3-12〉의 패널 A)를 생각해 보고, 이 설계가 어떻게 만들어지는지 그리고 어떻게 그 결과들을 해석할 수 있는지 주목하라. 교차-순차적 설계 '출생동시집단×평가 시기' 설계로 다시 명명한 출생동시집단과 평가 시기 두 변인을 교차한 것이다. 즉, 출생동시집단 변인의 각 수준이 평가 시기 변인의 각 수준과 연결되어 설계에 포함되어 있는 조건을 만드는 것이다(많은 설계 연구서에서 표시는 교차를 실시했음을 의미한다). 〈표 3-12〉의 패널 A에 나온 '출생동시집단×평가 시기' 설계는 1980년에 10세와 15세를 비교한 〈표 3-10〉 패널 A의 횡단 설계와 비교해 볼 수 있다. 15세로 이루어진 두 번째 집단의 존재(1985년에 평가한 1970년 출생동시집단)는 1980년 출생동시집단의 15세들의 수행이 연령에서 비롯된 것인지, 아니면 출생동시집단의 차이에서 비롯된 것인지 결정하는 데 도움을 준다. 게다가 만약 두 개의 15세 출생동시집단이 비슷한 반응을 보인다면, 이 자료는 연령대가 10세에서 20세인 종단 설계로 얻은 자료와 비슷하게 취급할 수 있다. 하지만 실험을 실시하는 데 10년이 걸리는 것 대신, 이 연구는 단지 5년밖에 걸리지 않는다(Anderson, 1995).

하지만 연구자는 이런 더욱 복잡한 순차 설계를 통해 얻은 자료라 할지라도 해석에 신중을 기해야 한다. [그림 3-1]은 〈표 3-10〉 패널 B에서와 같은 '출생동시집단×평가 시기' 설계로부터 얻은 자료다. 똑같은 자료가 연령을 기준으로([그림 3-1]의 패널 A) 그리고 평가 시기를 기준으로([그림 3-1]의 패널 B) 그래프화되어 있다. 결과들이 연령 선형 함수에 따른 것(패널A)인가, 아니면 출생동시집단과 평가 시기의(패널 B) 주된 공통 효과인가?

'연령×출생동시집단' 설계와 '평가 시기×연령' 설계로 다시 명명한 나머지 두 개의 순차 설계들은 〈표 3-12〉의 패널 B, C에서 확인할 수 있다. 이 설계에서 나온 자료들의 해석은 '출생동시집단×평가 시기' 설계의 경우와 비슷하다(Adams, 1982; Costa & McCrae, 1982 참조).

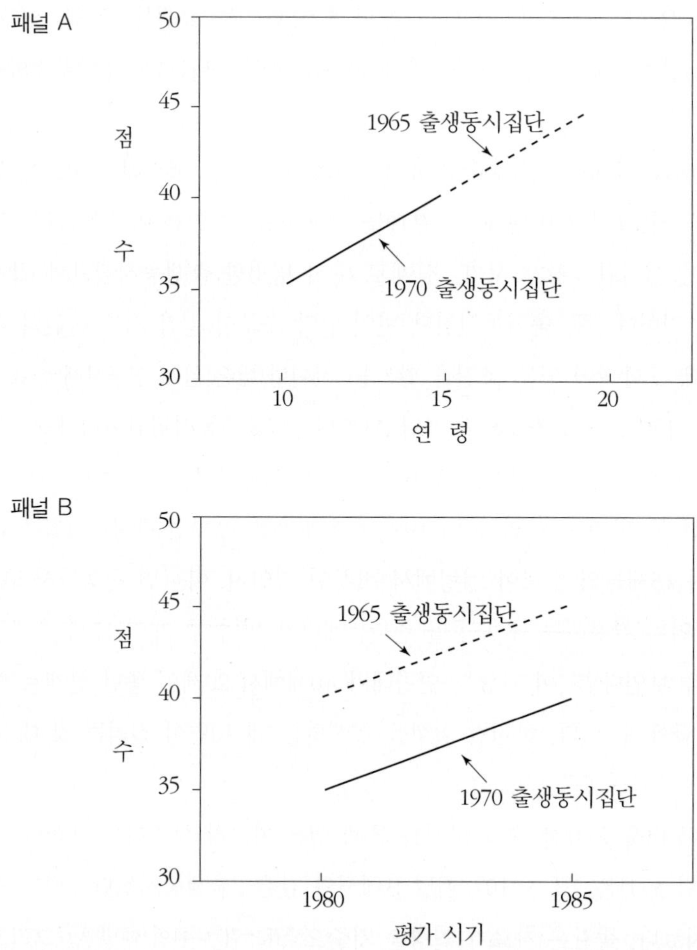

[그림 3-1] 같은 자료를 연령(패널 A)과 평가 시기(패널 B)를 기준으로 그래프로 나타냄

추가적 문제와 참고문헌

실험설계의 문제는 일반적 그리고 특수한 발달 타당도 위협 및 문제들과 이 문제들을 해결하기 위해 개발된 설계 변형들에 대한 짧은 논의만으로 끝나지 않는다. 설계를 선택하는 데 기초가 되는 과학적 · 철학적 고려, 연구대상 선정, 단일사례 설계(single-subject design) 전략 등과 같은 추가적인 논제들 역시 설계에서 중요한 측면들이지만 이 장에서 자세하게 다루지 못하였다. 관심 있는 독자들은 다음의 참고문헌을 참조하기 바란다.

- 일반적 설계 문제: Achenbach(1978); Appelbaum과 McCall(1983); Baltes, Reese

및 Nesselroade(1988); Cairns, Bergman 및 Kagan(1998); Meehl(1978); Miller(1998); Pedhazur와 Schmelkin(1991); Rosenthal과 Rosnow(1969); Teti(2005)

- 설계에서 과학철학의 영향: Braybrooke(1987); Cook과 Campbell(1979, 제1장); Kuhn(1970); Lerner(1998)이 편집한 책에서 특히 Overton(1998)가 집필한 장 Popper(1959)
- 연구대상 선정, 배치, 모집, 유지: Cauce, Ryan 및 Grove(1998); Hartmann(2005); Pedhazur와 Schmelkin(1991, 제15장); Shadish 등(2002, pp. 323-340); Suen과 Ary(1989, 제3장)
- 변화와 성장: 다른 많은 서적 가운데 Cohen과 Reese(1994); Collins와 Horn(1991); Gottman(1995); Willet(1998)
- 검증력과 분석: 검증력이라는 개념을 유명하게 만들었고, 심리학 방법론의 권위자인 Cohen(1988, 1990)
- 단일사례 설계: Franklin, Allison 및 Gorman(1997); Iwata 등(1989); Kratochwill과 Levin(1992); 조금 색다른 접근을 원한다면 Valsiner(1986)

3. 측정

측정은 점수를 얻기 위해 사용하는 조작(operations)을 포함한다. 발달연구에서 측정을 통해 산출된 점수들은 DV 수행을 평가하고, 연구대상의 IV 상태를 평가하며, 연구 표본을 설명하거나 개인, 집단 간의 차이를 통제하는 데 필요한 다른 차원들을 결정하기도 한다. 측정에서 연구와 관련된 의사결정 함수 혹은 척도(scaling)는 결과 점수 간에 관련성이 있고 질적으로 높은 수준을 지닐 것이 요구된다.

측정의 질에 대한 쟁점은 발달연구에서 특히 예민한 문제인데, 평가하는 연구대상자들의 변화가 발달 스펙트럼의 끝 쪽에 해당하기 때문이다. 아동들은 특히 '친밀감(rapport) 형성과 동기 부여, 지시를 잘 이해했는지 확인하는 문제, 주의를 유지하는 문제 그리고 싫증, 주의산만, 피곤' 과 같은 문제를 야기한다(Messick, 1983, p. 479). 게다가 아동의 여러 가지 인지 활동들은 빠르게 변화하기 때문에 그들의 잠정적인 수행 수준을 포착하기 힘들 수 있다. 또한 검사 점수의 의미가 아동이 발달함에 따라 변화할 수 있다. 이는 앞서 언급한 것이다(Patterson, 1993에서 그가 반사회적 행동이라는 맥락에서 '키메라(chimera)' 라는 용어를 사용하며 진행했던 이 문제에 대한 논의를 참조).이렇듯 아동의 수행에 대한 측정 문제의 결과로, 발달연구자들에게는 자신의 측정의 질이 높음을 보여 주어야 할 책임이 추가되었다.

측정의 질에 대한 평가는 당연히 연구의 특성 및 연구에서 제기된 특정 질문에 따라 달라진다. 하지만 어떤 규준들은 측정의 질을 전반적으로 평가하는 것과 관련된다. 이러한 규준에는 측정도구가 표준화된 방법으로 사용되었는지, 결과 점수가 복제 가능한지(신뢰할 만한지), 측정하려는 것을 잘 측정하고 있는지—이는 구성 타당도의 개념과 유사하다—의 여부가 포함되어 있다. 결과 점수에 적용될 통계적 방법의 특성을 고려할 때 측정 척도에 의미 있는 영점(zero point)의 존재와 같은 또 다른 규준들이 필요할 수 있다.

이런 규준 혹은 표준들이 정확하게 어떻게 적용되는지 또 어떤 것과 관련 있는지는 다양한 기술적 또는 이론적 고려에 따라 달라지며 이를 측정의 국면(facet)과 출처(sources)라고 부른다(Messick, 1983; Baltes, Lindenberger, & Staudinger, 1998 참조). 국면에는 평가한 특성의 성격들, 즉 그것들이 안정적인 특성인지 혹은 변하는 상태인지, 구조인지 혹은 기능인지, 능력인지 혹은 전형적 수행인지 등이 포함된다. 다른 국면에는 점수가 개인 간(규범적) 혹은 개인 내(개별적, ipsative) 비교를 위해 사용되었는지 또 해석하는 데 규범(규범 참조, norm-referenced) 혹은 객관적 수행의 표준(규준 참조, criterion referenced)에 의존하는지 여부 등이 있다.

측정의 출처에는 평가 반응이 자기보고로 작성됐는지, 검사 반응으로 구성되었는지, 또는 자연스런 설정에서 연구대상 또는 독립 관찰자가 작성한 수행 보고서인지 등이 있다. 우리는 측정의 결과라고 할 수 있는 점수에 대해 간단히 논의한 뒤, 평가 점수의 기준, 측정 국면 그리고 자료의 출처들을 살펴보겠다. 이 측정에 관한 절의 끝에서는 아동들의 사회적 행동에 대한 관찰 예와 다른 연구들을 위한 출처를 다루고자 한다.

점수의 유형들

점수에는 어지러울 정도로 많은 유형이 있다. 발달연구에서 연구대상으로부터 얻은 대부분의 점수들은 연구 절차나 표 또는 그림을 살펴보면 이해하기 쉬울 것이다. 범위(extension), 빈도(frequency), 지속 시간(duration)과 같은 기본적 측정단위로 표현된 점수(Johnston & Pennypacker, 1993 참조)나 설문지나 검사를 통해 얻은 문항(item) 점수를 추가한 결과로 나온 총 합산 점수가 그 예다. 이런 점수들에 대해서는 따로 신경 쓸 것이 없다.

다른 점수들은 원 점수의 구성—퍼센트와 '알파벳 점수' (*T*와 *z* 점수)—이고, 이들은

표 3-13 점수 변환, 목적 및 해석의 요건

변 환	목 적	해석 요건
$[X+1]^{1/2}$, log X, 아크사이(arcsine) X	자료분석을 위해 분포를 규칙화(예, 정규화)	해석은 변형된 점수에 적용되어야 한다.
X_1, X_2, 기타 등등의 비율	반응 산출의 변량 통제	모든 연구대상의 총점이 같아야 한다(모든 변수에 대하여).[a]
표준점수 $z=(X-M)/SD$	같지 않은 Ms이나 SDs 통제	모든 변인은 $Ms=0$과 $SDs=1.0$[b]을 가지고 있다.
백분위 X	극단적 점수의 불일치를 줄임	모든 변인들이 동일한 범위를 갖는다(예, 1~99).

주의: X 원 점수(raw score), M 평균, SD 표준편차.

[a] 개별적 점수에 대한 논의 참조.

[b] 표준점수 분포는 어떠한 편리한 평균과 표준편차를 가지고도 만들어질 수 있다. 예를 들어, 만약 변형점수 분포가 평균이 50이고 표준편차가 10인 경우, 이 점수를 T 점수라고 한다. T 점수는 다음 등식에 따라 구한다. $T=50+z(10)$

추가적인 해석의 부담이 있기에 약간의 해석상의 문제가 나타난다. 이 점수들은 통계 검사의 가정을 충족시키기 위해서나, 편포(skewness)와 같은 점수의 원래 분포(original distribution)에서의 불안정함(perturbation)을 교정하기 위해 자주 사용된다. 〈표 3-13〉에 이런 점수들에 대한 설명과 이것들이 교정하고자 하는 문제들 그리고 이와 관련한 해석상의 주의사항이 나와 있다.

또 다른 점수들은 원 자료를 더 복잡하게 변형시킨다. 예를 들어, 차이 또는 변화 점수, Q-소트에서 얻은 점수, 연령 또는 학년 등가점수 등이 있으며, 이러한 점수들은 다룰 때 주의를 요한다.

차이점수 주의를 요하는 점수들 가운데 가장 까다로운 것이 아마 간단한 차이점수(Difference scores) 'X(사후처치 또는 시간 2) − X(사전처치 또는 시간 1)' 일 것이다. 이는 특정 기간 동안의 발달에 의한 또는 처치의 결과에 의한 변화를 찾아내기 위해 과거에 많이 사용되었다. 차이점수는 변화나 성장을 평가하는 데 자주 사용되었지만 여러 면에서 오류가 있다고 여겨진다. Cronbach와 Furby(1970), Harris(1963)를 참조하고 Rogosa(1998)와 Willet(1998)과 비교해 보라. 차이가 난 점수들 그 자체는 신뢰할 수 있다고 해도 차이점수는 신뢰도의 문제를 가지고 있다. 문제가 생기는 이유는 ① 차이가 난 두 측정에서의 비오류 변량(nonerror variance)이 두 측정의 상관관계에 의하여 모두 사용되는 탓에 차이

점수의 정확도가 낮기 때문이거나, ② 차이점수의 변량이 적기 때문에 범위의 제약이 있고, 이에 따라 높은 신뢰도를 애초에 가질 수 없기 때문이다. 차이는 사람들이 믿는 것처럼 그렇게 자유롭지 않다. 차이점수는 초기 점수 또는 사전 점수와 부적 상관을 갖는 경우가 많은데, 그 이유는 초기 평가에서 점수가 낮았던 개인들의 점수의 변화가 더 높은 점수를 얻었던 개인들보다 더 클 가능성이 높기 때문이다. 평가의 특성이 평가 기간 동안 변화하는 경우, 추가적인 문제들이 발생한다. 모든 문제에 해당하는 것은 아니지만 이미 언급했듯이, 변화를 평가하기 위해 2-웨이브 자료를 사용하는 것보다 성장을 평가하기 위해 다중 웨이브 자료를 사용하는 경우 많은 수의 문제들이 상당 부분 줄어들거나 사라진다.

Q-소트 Q-소트는 강제선택 평가 방법이다(Stephenson, 1953). 이 방법에 따르면, 연구대상은 한 세트의 문항들(예, 특정 기술 또는 행동)을 어떤 표집을 설명하는 데 가장 덜 특징적인 것부터 가장 특징적인 순서로 나열하거나 분류한다. 이런 분류는 특정 수의 범주에 제한되거나 예정된 분포(예, 정상분포)를 따를 수도 있다. 점수는 자신들이 분류될 범주에 따라 각 문항에 배치된다(Block, 1961, 1978). 결과 점수는 규범적인 비교보다는 개별적 비교에 사용된다. 즉, 문항 점수의 비교 상대는 오로지 표적 개인의 다른 문항 점수다. 하지만 Q-소트가 주로 사용되는 예는 개인의 분류를 특정 기준이나 원형 분류, 예를 들어 전문가들의 합의 분류(consensual sort)(Strayer, Verissimo, Vaughn, & Howes, 1995)에 비교하는 것이다. 그런 비교는 상관계수(correlation coefficient)로 요약될 수 있는데, 이는 개인의 분류가 대응하는 또는 기준에 일치하는 정도를 반영하는 상관관계다. 모든 상관관계와 마찬가지로 Q-소트에서 점수의 범위는 +1.0(완벽한 대응)에서 0.0(대응 없음) 그리고 -1.0(완벽한 역대응)까지다. 그리고 상관관계는 보통의 우리의 숫자체계와 동형이 아니므로 $r=.40$이 $r=.20$보다 두 배만큼 더 유사한 것은 아니다.

연령(학년)-조정점수 기타 문제가 되는 점수로 연령-등가점수나 학년-등가점수(예,정신적 연령 또는 MA) 그리고 연령-조정점수(age-adjusted scores)(예, IQ)가 있다. 연령-등가점수는 당연히 그 점수의 기반이 되는 규준 집단만큼만 유효하다. 또한 이 점수는 측정 척도의 다른 위치에서는 그 의미가 달라질 수도 있다. 예를 들어, 기술과 능력이 놀랍게 발전하는 시기 동안에 비슷한 연령 또는 학년 집단 사이의 수행 차이는 의미를 지닐 수도 있다. 하지만 성장이 더딘 기간 동안의 비슷한 연령 또는 학년 집단 사이의 수행 차이는 미미할 수도 있다. 2세 아동과 5세 아동의 정신 능력 차이와 22세 성인과 25세 성인의 정신 능력 차이를 생각해 보라. 전자의 경우에는 그 차이가 상당한 의미를 지니지만, 후자는 차이에 큰 의미가 없다. 이렇듯 발달연구자들은 등가연령에서 나타나는 차이를 해석하는 데 주의를 기울여야 한다.

IQ와 같은 연령-조정점수는 그 점수에 부여된 잉여 의미들(surplus meaning)뿐 아니라 (예, 눈 색깔이 정해져 있듯 IQ 점수도 정해져 있다는 식; Hunt, 1961 참조) 그런 종류의 연령-조정 점수들이 공유하는 측정의 특수한 속성 때문에도 방해를 받는다. 다른 연령대의 아동들이 같은 점수를 받았다고 그 아동들이 같은 기술이나 능력을 가졌다는 것이 아니라 각각의 연령 집단에서 상응하는 수준에 있음을 의미한다. 이렇듯 평균 IQ가 115인 8세 아동들 집단과 10세 아동들 집단은 동등한 인지 기술을 가지지 않는다. 실제로는 10세 아동들의 기술이 분명이 더 뛰어나다. 두 아동 집단의 공통점은 이들이 IQ에서 모두 자신들의 연령 집단 평균보다 1 *SD* 높다는 점이다(Anastasi, 1988). 연령-조정점수는 연령-등가점수와 비슷하며 해석에 신중을 기해야 한다.

점수 평가를 위한 규준

점수의 질은 보통 그것이 표준화된 심리측정(psychometric) 기준에 얼마나 잘 부합하느냐로 판단한다. 이 기준에는 시행과 점수 획득 절차의 표준화, 적절한 수준의 신뢰도와 타당도를 보여 주는 것 등이 포함되어 있다(American Educational Research Association, 1999). 이 기준들 중 일부는 연구 중인 변인의 성격 때문에 수정이 필요하기도 하다. 예를 들어, 아동의 사회 기술을 포함한 많은 수행변인들은 최소 몇 주 동안은 변하지 않을 것이라고 생각하기에, 이런 변인을 평가하는 점수는 잠정적인 신뢰도나 그 기간 동안에 안정성을 보여 주어야 한다. 반면에 기분과 같이 몇몇 일시적 특성들이 만약 2주 이상 시간적 안정성을 보인다면 아마도 의심을 받을 것이다.

표준화　표준화의 목적은 모든 평가 연구대상들로부터 절차적으로 비교할 수 있는 점수들 얻기 위함이다. 표준화는 시행 절차, 재료(검사 문항 또는 설문, 관찰 시기와 설정등과 같은), 반응을 기록하는 방법, 점수를 얻어 내는 방법 등의 일치된 사용을 요한다. 어떻게 친밀한 관계를 발전시키고 유지하는지, 장애가 있는 연구대상들에 대한 지시 수정 여부 (예, 더 많은 시간을 주는), 평가 재료와 사회적 해설(social commentary)을 언제 제시할 것인가 그리고 연구대상들이 어떻게 필요한 지시를 이해하도록 할 것인가에 대한 지침을 제시해야 할 필요도 있다.

표준화된 절차에서 조금만 벗어나더라도 자료에 상당한 잡음(noise)이 생기거나, 개인 연구에 대한 해석이 모호해지거나, 아니면 심한 경우에는 연구 집단에 대한 해석에 문제가 생기기도 하는데, 이는 회피행동 검사(behavioral avoidance test)를 이용해 아동들의 두려움을 평가하려 했던 논문에서 실제 발생했던 일이다(Barrios & Hartmann, 1988).

신뢰도 신뢰도는 점수의 의존성(dependability), 일관성(consistency) 또는 일반화 가능성(generalizability)과 관계가 있다(예, Cronbach, Gleser, Nanda, & Rajaratnam, 1972). 신뢰도에 대한 이론적인 규약에 따르면, 산출한 점수(X)를 최소 두 개의 일반적 구성요소로 분해한다. 진점수 또는 전집 점수(X_t)(true or universe score)와 오차 점수(e_x).

$$X = X_t + e_x$$

한 점수에서 진점수 부분은 대개 시간이 지나도 변하지 않는 부분이다. 이 요소는 종종 모든 동등한 도구에 걸쳐 그리고 상황(occasion), 채점자와 같이 측정과 관련된 모든 조건(종종 이를 국면(facet)이라고도 한다)에 걸쳐 이루어진 무수히 많은 측정을 통해 얻은 평균으로 정의한다. 오차 요소는 하나의 점수에서 시간에 따라 변하는 부분이며 일관성 없는 수행에 의해 결과된 것이다. 일관성 없는 수행은 어떤 요소에 의해서라도 생길 수 있다. 시간 제한이 있는 수학 문제해결 검사 중 연필이 부러진다거나 하는 우연한 사건, 평가 상황의 일시적인 상태(예, 붐비고 시끄러운 방), 연구대상의 일시적 상황(예, 아프거나, 너무 들떠 있거나, '화가 난' 상황), 일관성이 없는 행동관찰이나 채점오류가 그 예다(Cronbach, 1984). 불행하게도 측정 도구에서 일관성 있거나 일관성 없는 반응을 만들어 내는 요소들은 신뢰도 평가 방법에 따라 달라진다. 예를 들어, 잠정적인 부분들로 관찰 회기를 나누어 관찰을 수행했을 때는 어떤 한 가지 질병이 놀이터에서 노는 아동의 공격성에 영향을 줄 수 있다. 공격성은 이런 부분적인 관찰 회기에 걸쳐 일관성 있게 나타나고 신뢰할 만하다. 반면에 관찰 회기가 긴 시간 간격을 두고 띄엄띄엄 실시되어 그 사이에 아동의 건강 상태가 변화한다면, 관찰 회기에 걸쳐 아동의 공격성은 일관성을 잃을 것이다.

이 논의가 제시하듯 신뢰도는 획득 점수를 진점수와 오차 점수로 나누는 다양한 방법을 통해 평가될 수 있으며, 그러한 방법들은 다음과 같다.

1. **내적 일관성** 측정의 내적 또는 구성요소 부분에 걸친 수행의 일관성을 평가한다. 내적 구성 신뢰도는 반복 시행하거나 도구로 점수를 매길 필요가 없는 몇 안 되는 신뢰도의 형태 가운데 하나다. Spearman-Brown Prophesy 공식(예, Nunnally, 1978)을 통해

한 도구의 내적 일관성을 그 문항 정보를 통해 어림잡을 수 있다. $k = 20$의 문항이 포함되어 있고, 평균 상호 관련성($r_{ij}s$)이 .20인 검사를 고려해 보자. 상호 관련성이 낮다고 생각할지 모르지만, 검사 문항치고는 그리 낮은 것이 아니다. 내적 일관성 신뢰도는 $(r_{kk}) = kr_{ji}/[1+(k-1)]r_s = .83$으로 상당히 큰 값이다.

2. **관찰자간(또는 채점자간) 신뢰도** 관찰자나 채점자가 동일한 개인을 평가할 때 같은 점수를 얻는 정도를 말한다. 관찰자간 신뢰도는 일치도 통계치(예, 비율 일치 또는 카파(kappa)) 혹은 전통적인 신뢰도 통계치(예, 상관계수)를 사용하여 평가 또는 측정한다.

3. **병렬 형태 신뢰도** 대안적(병렬) 형태의 도구가 동등한 점수를 제공하는 정도를 말한다. 병렬 형태 신뢰도는 검사와 관계된 것이고 관찰자간 신뢰도는 직접 관찰에 관련된 것이다.

4. **상황적 일관성(일반화 가능성)** 도구로부터 얻은 점수가 다른 상황에서도 일관성을 보이는 정도를 나타낸다. 예를 들어, 아동들이 수학 과제를 시간 내에 끝마치는 것은 작문 과제를 시간 내에 끝마치는 것과 일치하는가? 이러한 신뢰도의 형태는 연구의 외적 타당도의 개념과 유사하다.

5. **시간적 신뢰도(안전성)** 도구가 시간에 걸쳐 동등한 점수를 제공하는 정도를 측정한다. 검사-재검사 상관관계가 안정성을 평가하는 데 자주 사용된다.

내적 일관성과 관찰자간 일치도라는 이 두 종류의 신뢰도는 대부분의 평가도구를 사용할 때 필요하다. 내적으로 일관성을 갖춘 부분들로 이루어진 도구를 통해 얻은 점수는 단일 특성 또는 상호 관련성이 높은 특성의 세트를 평가한다. 반면에 평가 절차에 내적으로 일관성을 갖추지 못한 문항, 시간 구간(time period) 또는 유사한 구성 부분이 포함되는 경우 측정값이 뒤죽박죽이 되고 만다. 그 결과, 이들로부터 얻은 점수는 비교할 수 없게 된다. 예를 들어, 두 아동이 내적 일관성이 없는 측정에서 같은 총 점수를 받았다 하더라도 도구의 부분들에서는 서로 다른 수행 결과를 보일 것이다.

관찰자간 신뢰도도 마찬가지로 최소한의 점수 해석을 위한 필수조건이다. 관찰자 간의 적절한 합의가 없다면 연구 현상의 성격 그 자체가 모호해진다(Hartmann & Wood, 1990). 관심을 두는 현상이 분명히 정의되어 있고 쉽게 관찰할 수 있음에도 불구하고 관찰자간 신뢰도는 놀랄 만큼 낮다. 이런 현상이 일어나면 관찰 간 차이가 상황 차이와 혼입됐을 가능성이 있다. 예를 들어, 교사는 학교에서 아동을 관찰하고 부모는 집에서 관찰하기 때문에, 부모와 교사는 쉽게 관찰 가능한 행동에도 합의하지 못할 수 있다. 또한 만약 같은 교사가 모든 아동들을 평가했다 하더라도, 아동들이 각각의 부모에게 평가를 받은 경우 상호 간의 불일치가 일어날 것이다. 부모들은 나름대로의 평가 척도를 사용하기 때문이다.

신뢰도의 나머지 형태인 상황적 일관성과 시간적 신뢰도는 연구자가 각각의 상황과 시간에 걸쳐 일반화하고자 할 때 필요하다. 예를 들어, 생후 10개월에 실험실에서 평가했던 영아와 어머니의 애착관계를 바탕으로 생후 10개월에 집에서의 애착관계를 추론하고자 하거나(상황적 일관성 또는 상황 일반화 가능성) 또는 생후 24개월에 실험실에서의 애착관계를 추론하고자 할 때(시간적 안정성) 이러한 신뢰도가 필요하다. 시간적 안정성은 평가 간의 시간 간격과 부적 상관관계를 갖는 것으로 나타난다. 실제로 평가 간 시간 간격(종종 구조모형에서 simplex라 한다)이 늘어남에 따라 안정성이 저하되는 현상은 너무나 흔하게 관찰되어 행동의 기본 원칙으로 특징지어진다. 표준적인 시간 간격을 떠나, 시간적 일관성은 유년기에는 전형적으로 연령과 함께 상승한다(Jones, 1954). 짧은 시간적 일관성은 종종 상황적 일관성을 뛰어넘어 나타난다(Mischel & Peake, 1983). 하지만 이 결과는 논쟁의 대상이 되고 있음에 유의해야 한다(Epstein & Brady, 1985).

검사-재검사 통계치가 자주 잘못 사용되고 있다는 것에 유념하여야 한다. 흔한 오류 중 하나는 안정성을 설명하는 데 평가 간격을 제시하지 않는 것이다. 또 다른 오류는 발달연구자들이 낮은 안정성을 동등성(equivalence)의 반대 증거로 해석할 때 발생한다. 후자의 해석은 검사-재검사 상관관계가 "구성 타당도, 시간에 따른 도구의 동등성(equitability) 그리고 성장에서 나타나는 개인차를 혼입"하기 때문에 위험할 수 있다(Willet, 1988, p. 362).

다양한 형태만큼이나 신뢰도가 갖는 의미들도 서로 다르지만, 이들은 대개 거의 같은 방법으로 평가된다. 연구대상들을 둘로 묶어 그 둘의 점수를 연관시키는 것이다. 점수들은 평가하는 신뢰도 종류에 따라 문항과 관찰자, 시간 또는 상황에 대하여 서로 짝지어질 수 있다. 〈표 3-14〉는 신뢰도 자료를 요약하는 데 흔히 쓰이는 통계치를 설명하고 있다. 신뢰도 분석을 요약하는 데 필요한 다양한 통계치의 장단점에 대해서는 Hartmann(1982a), Suen과 Ary(1989)에 설명되어 있다.

신뢰도가 중요한 이유는 그것이 도구의 경험적 타당성에 제약을 주기 때문이다. 만약 타당도를 규준과 도구 간의 상관관계(rxy)로 나타내고 도구의 타당도를 r_{xx}로 나타낸다면, r_{xy}의 상한선은 $r_{xx}{}^{1/2}$이다. 즉, $|r_{xy}| \leq r_{xx}{}^{1/2}$–이는 감쇠 공식(attenuation formula)(예, Nunnally & Bernstein, 1994)의 잘 알려진 교정 형태다. 이렇게 측정 도구의 r_{xx}=.50이라면 어떠한 규준과의 상관도 >.707이 될 것이라 기대할 수 없다.

표 3-14 자료의 신뢰도 정리에 사용되는 통계치

통계 기술	주 사용 분야
알파계수(α)[a]	내적 일관성 신뢰도를 설명. 범위는 .0에서 +1.0이다.
급간 내 상관(ICC)	신뢰도 자료 정리에 사용하는 일반적 방법. ICC는 총 변량에 대한 피험자 변량의 비를 나타낸다. 범위는 보통 .0에서 +1.0 사이이다.
카파(κ)	유목 자료의 신뢰도를 정리. 우연적 일치율을 교정해 주기 때문에 k의 범위는 < .0에서 +1.0 사이를 추천한다.
Kuder-Richardson-20 and-21	참-거짓 성취 검사 문항처럼 이항 문항으로 이루어진 도구의 내적 일관성의 신뢰도 평가
적률 상관(r_{xx})	신뢰도 자료를 정리하는 일반적 방법. r_{xx}는 진점수의 총 변량에 대한 비를, 1-r_{xx}는 오차변량의 비율을 나타낸다. 범위는 보통 .0에서 +1.0이다.
원(백분율) 일치	관찰자간 신뢰도 자료를 정리하는 방법. 우연적 일치율을 교정하지 못한다는 비판받는다.
스피어만-브라운(Spearman-Brown) 예언 공식	길어지거나 짧아진 평가 장치의 내적 일관성 신뢰도를 추측하는 데 사용

주의: 신뢰도 자료 정리에 대한 좀 더 다양한 통계치는 Berk(1979); Fleiss(1975); House, House 및 Campbell(1981)을 참조.

[a] 영가설 검증에서 유의도 수준을 위해 정하는 α와 혼동하지 말 것.

측정의 타당도 앞서 논의했던 모든 심리측정 규준들이 점수의 해석 또는 의미와 관계있었지만, 타당도야말로 점수의 의미에 가장 직접적 관련이 있는 심리 측정 규준이다. 도구 및 도구로부터 만들어지는 점수들은 많은 다양한 형태의 타당도를 지닐 수 있다.

1. **안면 타당도** 도구가 어떤 구성요소의 타당한 측정으로 보이는지 혹은 그렇지 않은지를 나타낸다. 아동들에게 자선단체에 기부한 돈이 얼마인지 물어보아 이타심을 측정하는 것이 한 예다. 공식적인 가치를 제외하면 안면 타당도는 측정의 타당도들 중 가장 중요성이 떨어진다.
2. **내용 타당도** 도구의 내용이 특정 영역의 대표적인 표본들로 구성되어 있는지를 평가한다(예, 시험지에 있는 문항들이 이 과정에서 가르치는 재료를 잘 대표하고 있는가?). 이런 형태의 신뢰도는 특히 성취 검사와 관찰 코딩 체계에서 중요하다(예, Linehan, 1980).
3. **요인 타당도** 도구가 실제적 구성이나 요소들을 다루는 범위를 나타내며, 요인분석을 사용해 개발한 도구를 위해 가장 자주 사용된다. 요인 타당도는 내적 일관성의 개념과

밀접한 관계가 있다.

4. **예언 타당도** 평가도구에서 얻은 점수가 학문적 성공과 같은 미래의 규준을 예측하는 데 얼마나 유용한가를 보여 준다. 이런 형태의 타당도는 공인 타당도와 비슷하다. 실제로 예언 타당도와 공인 타당도는 종종 '준거-관련 타당도'의 다른 형태로 불리기도 한다. 준거-관련 타당도는 보통 상관계수를 가지고 평가된다. 예측 변수와 측정 규준 사이의 상관이 $r=.50$이라면, 이 둘 사이에 중첩된 변량의 백분율이 25%임을 뜻한다. 중첩 백분율은 $100 \times r^2$이다(McNemar, 1969, pp. 152-153; Ozer, 1985; Steiger & Ward, 1987 참조).

5. **공인 타당도** 한 도구와 현재 중요한 평가 규준과의 일치도를 보여 준다. 공인 타당도를 지닌 검사는, 만약 그것이 규준 측정보다 더 효율적이고 저렴하다면, 다른 도구보다 선호될 것이다.

6. **구성 타당도** 도구가 이론적 구성, 예를 들면 구체적 조작기에 나타나는 추론 능력, 불안 또는 자기효능감과 같은 구성을 평가하는 정도를 나타낸다. 구성 타당도는 아마 가장 기초적이면서도 동시에 가장 포괄적인 형태의 타당도일 것이다. 어떤 연구자는 타당도란 기본적으로 일원적인 것으로, 다양한 종류의 타당도는 그저 구성 타당도의 하위 유목일 뿐이라고 주장하기도 한다(예, Messick, 1994). Silva(1993, p. 63)는 타당도에 대한 부적절한 초기 설명을 지적했을 뿐 아니라 현 개념을 다음과 같이 훌륭하게 요약했다.

- 타당도는 평가 정보에서 얻어 낸 각 추론과 관련 있다.
- 도구의 타당성이 아니라 도구를 통해 얻어 낸 점수의 해석이 타당함을 입증하는 것이다.
- 타당도는 경험적 증거와 이론적 근거를 비롯한 모든 정보를 고려한 뒤 내리는 통합적인 판단이다. 타당도는 계수나 계수 집합으로 감소될 수 없다.
- '타당도의 종류와 유목'은 '논증(argument)의 종류와 유목'의 잘못된 표현이다. 타당도의 개념은 기본적으로 일원적인 것이다.
- 타당도를 추정하는 데 사용되는 자료의 범위에는 제한이 없다. 어떤 정보라도 타당화할 수 있으며, 그것은 가설 구성과 검사의 간단한 과정으로 드러날 수 있다.

전통적으로 구성 타당도는 도구가 제공하는 결과의 유형과 측정하고자 하는 구성의 이론적인 상위 구조(superstructure) 간의 일치도에 의존한다(Cronbach & Meehl, 1955). 일치를 보여 주는 일은 수많은 정보원들을 필요로 한다. 예를 들어, 아동들의 대인 간 자기효능감 기대에 대해 구성-타당한(construct valid) 측정을 실시하여 얻은 점수는 사회적으로 성공한 아동들과 그렇지 못한 아동들을 구분하고, 아동들의 자기효능 기대 향상을 위한 처치가 있은 직후를 제외하고는 합리적인 시간적 안정성을 보여 주며, 또한 전통적인 지능의 측정과 약간의 상관이 있으며, 또래에 기반을 둔 인기 측정과 자신이 인식하는 자기 능력과도 어느 정도 상관관계를 갖는다고 가정된다. 이론과 측정의 상호연결성이 더 광범위하고 협력적으로 발전할수록 그러한 구성을 평가하는 측정의 타당도 증거는 더욱 강해진다(Kerlinger, 1986).

사려 깊은 연구자는 측정의 구성 타당도에 대한 증거를 준비하고, 이 증거는 실제적인 질문에 대답하기 위해 측정을 사용하는 연구 결과와는 독립적인 것이다. 증거를 준비하지 못하는 경우에는 심각한 해석상의 딜레마에 부딪칠 수 있으며, 특히 해당 연구가 예측대로 진행되지 않을 경우에 더욱 그러하다. 비평가들은 다음과 같은 질문을 던질지도 모른다. '평가도구가 부적절하게 구인을 평가했는가?' '구성을 뒷받침하는 이론에 문제가 있는가?' '아니면 연구 자체가 치명적인 타당성 위협을 내포하고 있는가?' 측정의 구성 타당성에 대한 독립적 뒷받침이 없다면 이 세 개의 서로 다른 대안적 해석 가운데 하나를 선택하는 것이 불가능할지도 모른다.

기타 규준 어떤 점수의 해석에서는 표준화된 심리측정 규준에 부가적인 양적 요건이 보완되어야 한다. 이런 요건들에는 ① 점수가 의미 있는 영점(zero point)를 가져야 하고, ② 점수 간의 차이에 방향성을 가져야 하며, ③ 점수 간 차이가 척도화(scaled)되어야 한다는 것들이 포함된다(Nunnally, 1978). 예를 들어, 인기도 점수(popularity score)의 차이가 척도화되면 "수지와 첸의 인기도 차이는 사이거두르와 압둘의 인기도 차이만큼 크다."

표 3-15 측정 수준의 구분

수 준	예	해 석	전형적 통계치
명 명	성	= 또는 ≠	수(count); 카이-스퀘어
서 열	우정 순위	〈 또는 〉	분위와 순위 상관
간 격	등가 학년	=, 〈 또는 〉	M_s, SD_s, r_s, ANOVAs; t와 F
비 율	신장	비율	기하학적 그리고 조화 평균; 변량의 계수

주의: 측정의 기초적인 수준에 적용되는 해석과 전형적 통계치는 더 상위 수준의 측정에도 또한 적용된다.

라는 해석이 가능하다. 추가로 만약 그 인기도 척도에 의미 있는 영점이 있다면 "링은 다니엘보다 두 배 정도 인기가 많다."라는 해석 역시 가능하다. 어떠한 규준을 사용하건 간에 측정 수준은 도구로부터 얻은 점수에 의해 확립된다. 측정 수준은 점수에 적용할 수 있는 해석뿐만 아니라 점수에 흔히 사용되는 통계치와도 관련이 있다(Stevens, 1968). 〈표 3-15〉에는 측정 수준의 전형적인 구분과 더불어 그것들에 흔히 적용되는 설명, 해석, 통계치들을 요약해 놓았다.

자료의 국면

측정전문가들과 성격이론가들은 발달연구자들이 사용하는 측정에 대한 다양한 개념화 또는 국면들을 설명해 왔다. 이 국면들은 평가의 조직화, 안정성, 평가하는 구성의 내용, 평가에서 목표로 하는 반응의 성격과 특성 그리고 점수 비교의 표준 등과 관련되기 때문에 더욱 중요하다(Messick, 1983). 또한 이러한 국면들은 발달연구의 계획, 실행, 분석, 해석에 영향을 주기 때문에 일반적인 측면에서도 중요하다. 좀 더 구체적으로 말하면, 이 국면들을 고려하여 어떠한 심리측정의 표준이 점수의 적절성 판단과 연관되는가를 결정한다.

측정의 성격 발달학자들이 경험적 연구에서 평가하는 변인들은 언제나 유목(class) 또는 범주(category)로 나타낸다. 이 범주들은 미소나 책상에 앉기의 예처럼 범위가 좁고 보기에 단순할지도 모른다(Bijou & Bear, 1960). 또는 이 범주들은 지배, 성취 지향성 또는 공격성 등과 같이 범위가 넓고 포괄적일 수도 있다. 이런 반응 범주들은 상대적으로 지속적이고 내적으로 조직된 반응 유형인 특질(trait)로 개념화되거나(Cattell, 1957), 유사한 환경적 유관성(environmental contingency)에 의해 촉발되거나 유지되는 반응의 세트인 반응 유목(response classes)으로 개념화될 수도 있고(Skinner, 1971) 또는 유기체의 상대적으로 일시적인 조건인 상태(state)로 개념화되기도 한다(Hertzog & Nesselroade, 1987).

이들 중 어느 개념화를 채택하든 이는 연구에서 사용하는 점수의 내적 일관성과 시간적 안정성에 영향을 미친다. 예를 들어, 특질을 구성하는 행동은 내적 일관성, 시간적 안정성, 경우에 따라서 상황적 일관성을 보여 주어야 하지만, 반응 유목이나 상태를 구성하는 행동에서는 내적인 일관성만을 필요로 할 것이다(Gewirtz, 1969).

평가한 반응들은 관심을 두고 있는 행동의 표본(sample) 혹은 직접 접근할 수는 없지만 기층을 이루는 신호(sign)라 생각할 수 있다(Goodenough, 1949). 아동의 눈맞춤은 사회적 기술의 중요한 측면을 나타내는 표본이거나 또는 내향성(introversion) 특질을 보여 주는 신호일 수 있다. 전자의 경우라면, 연구자는 눈맞춤 표본의 대표성에 초점을 맞추어야 하고, 후자의 경우에는 눈맞춤이 다른 내향성 특성과 어느 정도의 상관이 있는가에 초점을 맞추어야 한다.

평가한 기층(substrate)은 특질처럼 상대적으로 지속되고 조직된 구조일 필요는 없지만, 대신 사회적 문제해결과 같이 과정 혹은 기능이 되어야 한다. 아동의 능력(즉, 수행가능성이나 역량) 혹은 이 구조나 과정에서 그들이 보여 주는 수행의 현 수준이 평가 대상이 되어야 한다. Messick(1983, p. 484)에 따르면, "능력은 지식과 기량의 구조를 아우르는 한편, 수행 역시 구조를 평가하고 활용하는 과정과 최종 결과에 영향을 주는 정서, 동기, 주의, 인지 양식 등 수많은 요인들을 포함한다." 능력과 수행의 차이는 발달연구자들에게 특히 중요한데, 왜냐하면 아동들의 적절치 못한 수행을 바탕으로 그들이 무능하다고 생각하기 쉽기 때문이다. 하지만 예를 들어, 아동이 Piaget의 물 컵 문제를 풀지 못했다고 해서 보존 개념이 없다고 생각하거나 또는 아동들이 일상적인 말에서 특정 언어 구조를 사용하지 않는다고 그들이 그 구조를 가지고 있지 않다고 생각하는 것은 크게 잘못된 일일 수 있다(Flavell & Wohlwill, 1969). 어쩌면 잘못은 검사 자극이나 상황을 잘못 선택하여 유능한 반응을 이끌어 내지 못했거나 또는 연구자가 적절치 못한 동기 부여 지시를 사용하였기 때문에 발생한 것일 수 있다(Overton & Newman, 1982).

반응은 연구자가 행동, 태도, 이미지 또는 생리적 반응을 평가하는 데 따라 다르게 개념화될 수 있다(Lang, 1968). 이 세 가지 반응 양식(response mode)의 구분은 구조를 평가할 때 특히 유용하다. 예를 들어, 두려움과 걱정을 평가할 때 세 가지 양식을 통해 다른 개인들에 의하여 다양한 정도로 나타나는 것으로 이해되기 때문이다(Barrios & Hartmann, 1988).

반응 특성 반응에는 다양한 특성이 있고 이는 점수체계의 기초를 이룬다. 숫자, 지속시간, 진폭(amplitude)과 같은 일부 특성들은 간단하고 측정이 용이하다. 다른 반응 특성들은 좀 더 복잡하고, 그 반응 외에 존재하는 표준—반응의 정확성과 적합성과 같은—에 의거하여 추론하고 판단해야 한다. 정확성 평가에서, 반응의 채점 시에는 수용 가능한 대안들의 목록을 가지고 반응 비교를 하고, 총점은 정확하거나 부분적으로 정확한 반응들을 모두 합산하여 산출한다. 이것이 성취도와 능력검사에서 채점 후 이어지는 일반적인 과정이다. 반응 적합성은 실제 더 판단하기 어렵고(Cronbach, 1984) 요약하기 훨씬 더 까다롭다. 이 까다로움을 이해하기 위해 아동의 블록놀이에서 쌓은 블록의 독창성에 따라 점수를 주는 상황을 생각해 보자(Goetz & Baer, 1973). 어떤 아동은 몇 개 안 되지만 복잡한 블록 구조물을 만드는 전략을 사용할 것이고, 다른 아동은 간단한 여러 개의 구조물을 만드는 전략을, 또 어떤 아동은 두 가지 전략을 혼합하여 사용할 것이다. 이렇듯 요약 반응 점수는 비록 독창성이 관심 항목이지만 반응 횟수, 복잡성, 독창성 등에 어떤 비중을 두느냐에 따라 달라질 것이다. 이 예는 반응은 그 내용뿐만이 아니라 방식(style)에서도 차이가 있다는, 편재된 수행의 특성을 보여 준다. 반응의 방식은 초기에 측정전문가들의 관심을 받았다. 이 측면들이 골칫거리였기 때문이다. 방식의 차이는 내용의 판단을 왜곡했으며 통제의 표적이었다. 후에 이 미운 오리 새끼가 백마 탄 왕자님으로 변신하여 연구의 초점이 되었을 때(McGuire, 1969, p. 20), 측정전문가들은 정반대의 작업을 맞이하게 되었다. 그것은 내용의 영향을 받지 않은 방식을 평가하는 것이었다. 이 행동 양식 또는 반응 방식에서 후자에 대한 초점은 사회적 바람직성(social desirablility), 인지 속도(cognitive tempo), 장 의존성(field dependence) 등과 같은 수많은 주요 양식의 구성들의 탄생으로 이어졌다(Wiggins, 1973).

비교표준　대부분의 점수들이 그 자체만으로는 의미가 없기에, 의미를 갖기 위해서 다른 표준과 비교해야 한다. 전통적으로는 이를 위해 관련 있는 다른 비교 집단, 즉 규범 집단(norm group)의 평균과 비교했다. 당연히 규범 집단의 점수를 규범점수(normative score)라 한다. 전형적인 표준점수와 백분위 점수(percentile ranks)가 규범점수다. 반면에 개별(ipsative) 점수는 해당 점수를 같은 사람이 얻은 다른 점수와 비교해 얻는 점수다(Cattell, 1944).[3] 아동들의 사회적 행동의 관찰 측정을 통해 얻은 비율점수(proportion score)가 바로 개별 점수다. 예를 들어, 비율점수는 개인의 전체 행동이 관측 범주에 어떻게 할당됐는가를 보여 준다. 개별 점수는 종종 혼란이나 문제를 일으킬 수 있는데, 그 이유는 먼저 이 점수가 특이한 통계적 특성을 지니고 있기 때문이다. 예를 들어, k개의 개별적 하위 척도들의 평균은 $1/k$이고, 그들의 평균 급간 상관은 $-1/(k-1)$이므로, 규준과의 평균 상관관계는 정확이 0이다(Hicks, 1970). 둘째, 개별적 점수는 연구자가 규범비교와 개별비교를 동시에 사용하는 경우, 해석상의 까다로운 문제를 야기할 수 있다. 그 예로, IQ 검사에서 계속해서 평균보다 낮은 점수를 기록하는(규범적) 아동이 어떻게 어휘 검사

3) 연구 방법과 절차의 설계는 일반적 법칙을 발견하기 위함(전체적 접근)이라는 생각과 개인에게 특별히 적용될 수 있는 법칙을 발견하기 위함(개별적 접근)이라는 생각이 어느 정도 연관성 있는 구분이라고 할 있다. Allport(1973)와 West(1983)를 참조하라. 이러한 구분은 행동 평가와 좀 더 전통적인 평가 학문을 구분하는 것 중 하나다(Hartmann, Roper, & Bradford, 1979).

표 3-16 규준참조와 규범참조 평가도구의 차이

방 법	목 적	통계적 특성
규준참조	아동이 무엇을 할 수 있는지 또는 무엇을 아는지를 결정	간략하고, 종종 이분법 점수 분포를 보인다. 문항들은 변동 상관을 지닌다. 쉽거나 어려운 문항이 많다.
규범참조	아동이 다른 아동과 어떻게 비교되는가를 결정	변동성이 높고, 흔히 정상 점수 분포를 보인다. 문항들은 중간 정도의 상호 관련성을 지닌다. 무척 쉽거나 무척 어려운 문항이 없다.

에서는 동일 검사에서 자신보다 높은 IQ를 가진 아동들보다 높은 점수를 기록하는지(개별적)를 설명하는 데 어려움을 겪을 수 있다.

점수에서 의미를 이끌어 내는 다른 방법은 점수를 규준이나 행동참조(behavioral referent)와 비교하는 것이다. 이러한 규준참조(criterion-referenced) 접근법을 이용하면 아동이 두 자리 수 덧셈 기술을 익혔다거나, 자전거 뒷바퀴 교체 기술의 80%를 익혔다는 등의 말을 할 수 있다. 규준-참조 점수를 이용하겠다는 의도를 가지고 만든 도구는 규범 점수를 이용하는 도구와는 통계적으로 상당히 다른 특성을 갖게 된다. 〈표 3-16〉은 검사 구성을 위한 이 두 접근법의 주된 통계적 차이를 요약한 것이다.

자료의 출처

발달 연구에서 평가 자료는 수많은 출처에서 나온다. 자기 또는 타인에 의한 보고, 객관적 검사, 여러 수준의 자연 상황에서의 관찰 등이 그것이다(Cattell, 1946). 이 세 가지 출처는 더 구체적으로 나누어질 수 있다. 자기보고 또는 타인에 의한 보고는 개방형(open-ended) 질문이나 질문에 대한 표준 반응이 제공된 상태에서 얻을 수 있다. 또 그 내용은 초점이 좁거나 넓을 수도 있고, 직관적으로 판단할 수 있는 것일 수도, 형식에 맞추어 점수를 매겨야 하는 것일 수도 있다.

평가 정보의 각 출처는 상대적으로 독특한 왜곡 세트(unique set ofdistortions)와 연관되어 있다. 이런 방법-특수적 왜곡(방법 변량이라 함)의 존재 때문에 Campbell과 Fiske(1959)는 평가된 구인과 측정 방법이 결과 점수에 영향을 미친다고 제안했다. 그 결과 총점 변량은 두 개의 변량 요소(variance component), 즉 구인 변량과 방법 변량으로 나누어진다. 방법 변량 때문에 연구 결과의 일반성이 제한되는 현상을 피하기 위해 연구자들은 주요 구인을 방법-특수적 변량과는 다른 중다 측정치(multiple measure)로 평가한다(이 책의 설계 부분의 구성 타당도에 대한 위협 참조).

〈표 3-17〉에는 정보 평가의 세 가지 출처와 연합된 주요 왜곡(방법 변량과 관련된)을 요약해 놓았다. 이 표를 해석할 때는 왜곡이 출처와의 독특한 연관성을 상실케 한다는 점에 유의할 필요가 있다. 이것은 예를 들어, 연구대상이 객관적 검사 평가의 목적을 알고 있거나, 단지 관찰 평가가 진행 중이라는 사실을 알고 있는 상황에서 발생할 수 있다. 이 두 경우 속임수, 방어, 인상관리 등에 의해 생기는 왜곡들은 세 가지 출처 모두에서 공통적으로 나타날 수 있다.

평가 연구에서 세 가지 양식(mode)에서의 반응 일관성을 조사하는 과정에 양식(행동, 이미지나 생각, 생리적 반응)과 출처가 혼입되는 것은 드문 일이 아니다. 예를 들어, 관찰을 통해 측정한 두려움 행동은 자기보고를 이용해 평가한 무서운 이미지나 생리학적 반응과 비교해 볼 수 있다. 이 비교에서 무서운 이미지에 대한 자기보고와 생리적 반응 사이의 일치도가 둘 중 하나와 관찰된 행동 사이의 일치도보다 더 큰 것은 그리 놀라운 일이 아니다. 이것이 이미지 반응체계와 생리적 반응체계 사이에서의 더 큰 일치나 동시성을 반영하는 것은 아니다. 대신에 이는 이미지와 생리학적 반응 측정이 공유하는 자기보

표 3-17 자기보고, 객관적 검사, 관찰 등 평가 자료의 출처에서의 방법 변량

자료 출처	왜 곡
자기보고, 타인에 의한 보고	잘못된 해석; 기술방식의 불규칙한 사용('anchor points'의 차이) 관련 지식의 정도; 관찰 기술; 기억; 언어 기술 속임수, 방어, 인상관리과 같은 반응 효과
객관적 검사	충동성이나 장 의존성 같은 인지 양식 묵인이나 선호하는 위치 같은 반응 양식(예, 첫 번째 대안을 선호) 문항 형식에 대한 친숙성의 차이와 내용 선택 편향과 같은 도구 효과
관 찰	관찰자의 편견과 기대 기억상실이나 평준화(leveling)와 같은 관찰자 왜곡(Campbell, 1958) 후광 오류, 관대화 오류, 중앙집중 경향성 오류와 같은 도구 효과(Guilford, 1954) 관찰 상황의 회피와 같은 반동 효과

고 방법 변량에 기인했을 수 있다.

일단 측정 출처가 정해진 뒤 점수를 얻는 것과 관련된 다양한 문제들을 설명하기 위해, 다음 부분에서는 아동의 사회적 행동에 대한 관찰 및 평가를 다루고자 한다.

아동의 사회적 행동 관찰: 설명

아동의 사회적 행동 관찰 평가는 그 역사가 길고(Arrington, 1943) 발달연구에서 여전히 인기 있는 분야다. 관찰은 인간과 다른 생물의 다양한 사회적 행동을 평가하는 데 사용되고 있다. 이 방법이 인기 있는 것은 부분적으로는 다른 출처들이 적절하지 못하기 때문이다.

아동은 자신의 행동을 설명하는 능력이 제한적이며, 부모와 같은 일차적 사회화 대행자들로 하여금 아동의 행동을 회고하여 보고(retrospective report)하도록 하는 것은 정확성이 떨어진다(Goodwin & Driscoll, 1980). 행동 관찰이 인기를 얻는 좀 더 적극적인 이유로는 유연성(flexibility), 단순성(simplicity), 폭넓은 적용성(applicability) 등을 들 수 있다(Yarrow & Waxler, 1979). 방법론적 행동주의(methodological behaviorism) 역시 행동의 직접 관찰을 강조해 왔으며(Hartmann, 1984), 현재의 또래 간 상호작용이나 아동의 사회적 행동에 대한 미시 분석 또는 상세(fine-grained) 분석에 관심을 갖는 연구에서도 직접 관찰을 강조하고 있다(Rubin, Bukowski, & Parker, 1998).

관찰대상 선정 아동의 사회적 행동에 대한 관찰을 시작하기 전에 연구자는 무엇을, 언제, 어디서, 어떻게 자료수집 체계를 운용할 것인가에 대한 질문에 대답해야 한다. 논리적으로 봤을 때 첫 번째 질문은 '어떤 행동을 관찰할 것인가' 이고, 그 대답은 상당 부분 자료에 관한 이론적 질문들에 달려 있다(Reid, Baldwin, Patterson, & Dishion, 1988). Bakeman과 Gottman(1987, p. 821)은 명확한 목적이 없으면 "행동의 흐름 속에 목적 없이 섞이고 흩어지는 미래의 사건들은 그 성질상 종류가 무한하기에 항상 벅차다는 것을 알게 된다."라고 말했다.

연구자들은 다음에 대한 결정 역시 내려야 한다.

① 관찰체계가 모든 반응들을 목록화(catalog)할 것인가? 모두 목록화하는 경우에는 반응을 총망라한다고 할 수 있다(아마 소모적이기도 할 것이다).

② 반응 유목이 상호 배타적인가 아니면 동시에 일어날 수 있는가?(Sackett, 1978)

③ 빈도, 지속 시간, 질적 특성 중 어떤 반응 특성을 평가할 것인가?

④ 관찰자에게 필요한 추론 수준은 어느 정도인가? 이 마지막 범주에서 '협력적인 놀이' '불평' 또는 '감정이입'과 같은 광범위하거나(global) 또는 아주 분자 수준처럼 작은(molar) 반응 범주는 관찰자의 상당한 추론을 요구할 수 있다(Hutt & Hutt, 1970). 그 결과, 작은 반응을 사용하는 관찰체계는 광범위한 훈련을 받은 능력 있는 관찰자를 필요로 할 수도 있다(Boice, 1983). 반면에 '미소'와 같이 움직임의 순서에 의해 좁게 정의되는 소위 분자적(molecular) 반응은 관찰자의 훈련 요구는 적지만 신뢰할 만한 자료를 만들어 낼 수 있다(Hawkins, 1982). 이는 분자적 반응의 정의가 더 객관적이고 조작적 정확성이 더 높기 때문이다.

관찰의 맥락 다음으로 연구자들은 관찰의 맥락을 선택해야 한다. 관찰은 유사 실험 혹은 실험실 상황 하에서 수행될 수 있고 또는 여름 캠프, 운동장, 쇼핑센터와 같이 조작되거나 조작되지 않은 자연상황 하에서 수행될 수 있다(예, Cone & Foster, 1982). 자연상황 하에서 수행한 관찰은 생태학적 타당도(ecological validity)의 이점을 지니지만(Bronfenbrenner, 1979), 관심 행동이 일어나고 있지 않은 시간인 찌꺼기(dross)가 지나치게 많을 수 있다. 인위적(contrived) 설정(예, 아동을 도움을 줄 수 있는 기회에 반복하여 노출시키는 것)은 관찰 시간으로 봤을 때 보통 더 효율적이다. 연구자들이 관심 행동이 적절한 빈도로 일어나도록 상황을 설정하기 때문이다. 하지만 관찰 상황을 설정한 결과에 의해, 거기서 내린 추론은 그 상황에만 유효할 수도 있다(Kazdin, 1979).

자연상황 하에서 관찰을 수행하면, 연구자들은 독립적인 관찰자를 사용하는 대신 교사나 상담자 같이 이미 존재하는 참여자를 관찰자로 활용할 수 있다. 이렇게 하면 편리하고 방해를 주지 않는 장점이 있지만, 이들은 덜 의존적이고, 편견을 가질 가능성이 높고, 독립적 관찰자에 비해 훈련이나 평가가 힘들다(Nay, 1979). 현장에서 행동에 대한 점수를 매기지 못할 때 관찰자의 존재가 심각한 반응 효과를 일으킬 가능성이 있거나, 점수체계가 반복적인 행동의 흐름에 대한 반복적 노출을 요하는 경우, 관찰 자료는 비디오나 녹음기를 이용하여 수집하고 나서 관찰자가 편할 때 점수를 매길 수 있다.

다음으로 기관 또는 집과 같은 상황에서 특정 참여 관찰자로부터 자료를 수집하지 않는 한 관찰 회기 일정을 정해야 한다. Haynes(1987)는 표적 행동의 빈도가 낮고, 체계적인 방식으로 변화하는 경우나, 상황이나 다른 맥락적 사건이 변하는 경우 또는 복잡한 코딩 체계가 사용되는 경우에는 회기 횟수(또는 시간)을 늘려야 한다고 제안했다. 한 명 이상의 개인이 동일한 상황 하에서 관찰되거나 행동의 연쇄(chain)(예, 순차적 확률)를 연구하는 경우에도 회기의 횟수와 시간을 늘려야 한다(Arrington, 1943).

행동흐름의 세분화 연구자는 행동흐름을 설명할 방법을 결정해야 한다. 관찰은 상대적으로 구조화되어 있지 않거나 개방적(open)일 수 있고(Wright, 1967) 또는 초점이 분명하거나 폐쇄적(closed)일 수도 있다. 개방형 형식의 예로는 진술(running accounts), 서사기록(narrative recordings) 또는 활동 스펙트럼 기록(specimenrecords of activities)을 들 수 있다. 활동 스펙트럼의 예로 한 아동의 하루 생활을 기술했던 Barker와 Wright(1951)의 연구가 있다. 그 하루의 기록이 435쪽 분량의 논문이 되었다. 개방적 방법의 일차적 기능은 가설을 수립하는 것이고, 가끔은 폐쇄형 방법의 발달을 위한 예비 단계로 사용되기도 한다. 개방형 방법은 일련의 관찰이 이후에 다른 목적을 가지고 다양한 점수체계를 위해 사용되는 경우에도 유용하다.

폐쇄형 방법은 표집 절차(sampling procedure)라고도 하는데, 아마 이 방법이 행동흐름을 분리하고 표집하는 다양한 방법을 일컫기 때문일 것이다. 폐쇄형 방법에는 실시간(real-time) 관찰, 사건 기록(event recording), 스캔 표집(scan sampling), 간격 기록(interval recording) 등이 있다(Altmann, 1974).

① 실시간 기록은 표적 사건이 일어나는 동안 그 사건의 빈도와 지속 시간을 기록한다. 실시간 기록은 복잡하기 때문에 단순한 관찰체계에 국한되거나, 휴대용 전자 기록 장치 같은 특수 장비의 도움을 필요로 한다(Simpson, 1979). 이런 장치들은 많은 종류의 순차분석(sequential analysis)에 필요한 상세분석(미시분석) 자료수집에서 사실상 필수품이라 할 수 있다(Bakeman & Gottman, 1986).

② 사건 기록은 행동사건의 시작을 점수화하며, 사건의 발생 횟수나 사건의 연쇄가 주요 관심사인 경우 사용이 적절하다. 사건 표집(event sampling)은 빈도 기록, 텔리방법(tally method), 시행 점수(trial scoring)라고도 하는데, 행동의 시작과 끝이 모호한 경우에는 사용하기 힘들다(예, '빈둥거리다' 와 같은 행동). 사건 표집 혹은 사건 기록을 하다 보면 행동의 연속성이 끊기기 때문에, 특히 연구 초기에는 일종의 서사 기록 등을 보완적으로 사용한다.

③ 스캔 표집은 동시 시간 표집(instantaneous time sampling), 순간 시간 표집(momentary time sampling), 비연속적 탐사-시간 표집(discontinuous probe-time sampling)이라고도 하며, 행동의 흐름에서 짧은 '스냅샷' 을 찍어 끄집어 내는 기술이다. 관찰자는 3분 간격으로 연구대상을 관찰하고 각각의 '스냅샷' 속에 사전 선정된 행동이 포함

되어 있는가를 조사한다. 이 접근법을 사용하면 일단 해당 반응을 포함한 표본의 비율이 결정되었을 때, 편중되지 않은 표적 반응의 지속 기간을 추정할 수 있다. 스캔 표집은 수행이 간단하기 때문에 전체 아동 집단을 대상으로도 때리기 또는 '가까이 있음(being near)' 같은 반응을 관찰하는 데 사용될 수 있다.

④ 마지막 표집 방법은 간격 기록, 시간 표집(time sampling), 1-0 기록(one-zero recording) 그리고 한센 체계(Hansen system) 등이 될 것이다. 이 방법은 관찰 기간을 짧은 간격으로 나누고 그 간격 동안 해당 행동이 일어나면 점수를 매긴다. 관찰 기간을 6초 간격으로 나누고 각 간격 동안 아동들이 주로 교사와 상호작용하는가, 또래 아동과 상호작용하는가 또는 혼자 있는가에 대해 점수를 매기는 것이 한 예가 될 것이다. 간격 기록은 그 인기에도 불구하고(Kelly, 1977) 빈도와 지속 시간에 편중된 추정치를 제공한다는 점이 문제다(이를 살펴보려면 Hartmann, Barrios, & Wood, 2004 참조). 이런 편중의 방향과 정도는 간격 크기의 기능과 해당 행동의 빈도 또 지속 시간 범위에 따라 달라진다(Ary, 1984). Ary와 Suen(1983; Suen & Ary, 1986)은 간격 기록에서 빈도와 지속 시간 자료를 얻는 방법을 개발했지만 이 방법은 활용에 제약이 있다.

연구를 위한 질문들이 행동 발생의 순서나 빈도, 지속 시간에 대한 지식을 요하는 것이라면 실시간 기록이 적합하다. 하지만 덜 복잡한 자료가 필요한 경우에는 더 단순하고 비용이 적게 드는 행동흐름의 '표집' 방법을 사용할 수 있을 것이다. 반면에 빈도와 순서가 연구 질문과 관련이 없는 경우에는 스캔 표집을 통해 원하는 자료를 얻을 수 있을 것이다. 끝으로, 몇몇 중재 프로그램에서는 간격 방법을 사용하여 지속 시간과 빈도 자료를 혼합하는 방법이 알맞을 수 있다(Baer, 1986).

관찰 자료의 질적 수준 확보 관찰 자료의 질적 수준이 높지 않다면 아동의 행동연구에 별 쓸모가 없을 것이다. 이미 언급했듯이 자료의 질은 표적 행동에 대한 객관적이고 분명한 조작적 정의를 사용하는 것과 같은 여러 가지 방법을 통해서 또는 각 연구대상으로부터 충분한 자료를 얻어 냄으로써 개선할 수 있다(Hartmann, 1982a). 관찰 자료의 질을 높게 유지하는 기타 중요한 방법으로는 능력 있고 동기부여된 관찰자를 선정하고, 관찰자에 대한 철저한 훈련을 실시하고, 관찰자에 대하여 방해가 되지 않는 선에서 정기적으로 수행 평가를 실시하는 방법 등이 있다(Boice, 1983; Yarrow & Waxler, 1979).

관찰자 후보를 선정하고 나면 이들을 교육해야 한다. Hartmann과 Wood(1990)는 7단계 관찰자 훈련을 내놓았다. 첫 번째 단계는 관찰 연구에서 기밀과도 같은 윤리강령이나 객관성이 얼마나 중요한 것인가를 알리는 단계다. 다음 단계들에서는 관찰자가 관찰 지침을 숙지하고, 관찰을 통해 점수 매겨 보고, 현장 관찰에서의 예의나 행동 법칙을 배우고, 관찰자 표류(observer drift)를 방지하기 위한 유지-재보정(retaining-recalibrating) 부분이 운영된다. 마지막으로, 관찰자의 사후보고를 듣고 수행에 영향을 끼쳤을지도 모르는 관찰자의 기대를 평가한다. Reid(1982)가 제시했듯, 이러한 훈련 단계 전반에 걸쳐 관찰자의 사기를 높게 유지하는 것이 고품질 자료를 얻는 필수 요건이다.

관찰자들이 적절한 훈련을 받았는가 여부는 관찰자간 신뢰도의 점검을 통해 드러난다(만약 규준 비디오테이프와 같이 논쟁의 여지가 없는 표준이 존재한다면 관찰자간 신뢰도뿐 아니라 관찰자의 정확도(accuracy)도 평가할 수 있다; Cone, 1981; Hartmann et al., 2004 참조). 이런 신뢰도 점검이 성립하기 위해서 둘 이상의 관찰자들이 될 수 있으면 관찰자가 자신의 신뢰도가 평가되고 있다는 사실을 모르는 상태에서 같은 행동의 흐름을 동시에 그리고 독립적으로 관찰하여야 한다. 관찰자 자신의 신뢰도 평가를 비밀로 해야 한다는 요건이 추가된 것은 Reid(1970)가 고지한 상태에서('공공연하게') 신뢰도 평가를 실시한 자료의 질적 수준에 대한 추정치가 고지하지 않은('은밀하게') 신뢰도 평가를 했을 때보다 과대 상승할 수 있다는 연구 결과를 발표한 뒤였다. 관찰자간 신뢰도 점검은 의견 불일치가 일어나는 행동이 무엇이고 또 그에 따라 어떤 추가 훈련이 필요한지를 알기 위해 또 관찰자가 공식적인 자료수집을 시작할 준비가 되어 있는가를 알기 위해 관찰자 훈련 기간 동안 실시해야 한다. 이 신뢰도 평가는 공식적인 자료수집 기간에도 정기적으로 실시해야 하는데, 그 이유는 관찰자가 자신의 수행 능력이 떨어졌는지, 그에 따라 추가 훈련이 필요한지 여부를 결정하고(Taplin & Reid, 1973), 자료의 질에 대한 전반적 평가를 제공하기 위함이다. 이러한 목적 달성을 위한 신뢰도 평가 자료의 기술 방법에 대해서는 논란이 많으며, 이는 이 장의 논의를 벗어난 문제다(이 논의는 Hartmann, 1982a 참조).

연구자와 자료수집 체계 모두가 앞서 논의한 단계들을 무사히 통과하였다면 그 자료는 이제 분석될 준비가 되어 있는 것이다. 자료 분석의 목적은 연구의 동기가 된 실제 문제들에 대한 대답을 하는 것이다. 이것이 바로 우리가 이어서 다룰 주제다.

부가적 참고문헌

관찰 절차의 개발에 대한 좀 더 구체적 정보는 Bakeman과 Gottman(1997), Hartmann(1982b) 그리고 Haynes와 O'Brien(2000)을 참조하라. 측정과 척도에 대한 전반적 정보는

Anastasi(1998), Cohen, Montague, Nathanson 및 Swerdlik(1998), Crocker와 Algina(1986) 그리고 특히 Nunnally와 Bernstein(1994)을 참조하라. 발달 연구에서의 측정에 대한 고려는 Baltes 등(1998)을, 행동 관찰에서의 신뢰도 통계에 관해서는 Hartmann과 Wood(1990), Suen과 Ary(1989)를 참조하라.

4. 분석

분석이란 측정의 산물(점수)을 설명하고 그 의미를 평가하기 위하여 그 산물에 적용되는, 성격상 완전히 통계적이지는 않지만 상당 부분 통계적인 절차를 말한다. 분석의 방법은 어렵고 모호한 수학의 측면과 관계있기 때문에 어떤 다른 과학 연구보다 커다란 고민거리를 제공한다. 이 절에서는 통계분석의 기술적 측면과 우리에게 좀 더 친숙한 그래프 방법을 논의해 본다.

점수를 얻은 뒤에는 그 점수가 형식적 분석에 적합하도록 예비 조작(preliminary operation)을 실시한다. 이 조작에는 누락된 점수와 가외(outlier) 반응(처리 과정의 오류나 비전형성)을 가리키는 극단 점수(extreme score))에 대한 조정이 포함된다. 이 예비 조작에는 복합 점수(composite score), 차이 점수, 비율 점수, 총점의 구성처럼 완성되어야 할 부가적 조작(manipulation)과 점수가 통계 검정의 가정을 충족하지 못하는 경우에 실시하는 점수 변형 등이 포함된다. 처리하기 힘들거나(intractable) 문제를 일으키는 자료들에 대해서는 이런 조정 종종 자료의 '청소' 또는 '세탁' 이라고도 한다 이 자료분석 과정의 다양한 지점에서 반복적으로 실시될 수 있다.

예비 분석의 또 다른 중요한 목적은 실제적 경험을 통하여 해당 자료와 친숙해지는 것이다. 이 친숙화 과정은 자료의 선행 또는 후속 조정의 일환으로 일어난다. 빈도 분포에 대한 세심한 연구나 중앙집중 경향성(central tendency), 변산도(variability), 상관(correlation) 측정과 같은 기술 통계치(descriptive statistics)에 대한 정밀 검사 등이 이 친숙화 과정에 포함된다.

자료의 일반적 의미를 이해한 다음에 연구자는 형식적인 추리 검증을 수행한다. 이 검증은 친숙화 단계에서 실시된 '양방향(binocular)' 검증을 보완하는 보조적 의사결정(decision aid)의 기능을 한다. 통계 검증은 어떤 효과 가설인가, 자료에서의 우연 변량의 기능이 아닌가, 즉 통계적으로 유의미하고 신뢰할 수 있는가를 결정한다.

통계적 분석은 그 목적이 자료를 설명하기 위함이든 자료와 관련 있는 가설을 검증하기 위함이든 간에 일차적으로는 연구 질문에 따라서 이차적으로는 자료의 성질에 따라서 달라진다. 대부분의 연구 질문들은 하나 또는 두 개의 분석 유목에 속한다고 생각할 수 있다. 한 유목에는 개별적 차이의 상관(correlates) 또는 시간, 상황, 행동의 개인차에 일관성이 있는가에 대한 연구 질문들이 속해 있다. 이러한 연구로부터 얻은 자료들을 분석하려면 일종의 상관분석, 즉 피어슨 분석(Pearsonian analysis)이 필요하다. 상관분석에는 단순(simple), 부분(part), 편(partial), 중다 회기분석(multiple regression analysis), 요인분석(factor analysis), 구조방정식모형(structural equation modeling) 등이 있다. 또 다른 유목에는 평균 수행의 종단적 변화나 횡단적 차이에 대한 질문이 포함된다. 이 연구에서 얻은 자료는 많은 경우 변량분석(ANOVA) 같은 피셔 분석(Fisherian analysis)의 대상이 된다. 피어슨 자료 분석법과 피셔 자료 분석법 모두 일반선형모형에 기초한다(예, Kirk, 1982). 하지만 이 두 접근법의 차이는 설계, 연구 주제 및 연구 전략의 다른 측면들과 연관되어 있다(Cronbach, 1957).

이미 언급한 것처럼, 점수는 다양한 방법에 따라 달라진다. 이런 차원들 가운데 두 가지가 특히 통계 검증의 선택과 연관성이 있다. 첫 번째 차원은 점수의 성격이 범주형(categorical)인가 양적(quantitative)인가의 여부다. 범주형 점수에는 이항적(binary) 점수(예; 예-아니요)나 '좋아한다-중립-싫어한다' 척도와 같이 소수 범주로 나누어진 불연속 점수가 있다. 양적 점수는 연속적이고 점수가 다양하며 비율, 간격, 근간격 점수 등을 포함한다. 양적 점수의 예로 5점 리커트 척도가 있다. 범주형 점수는 흔히 볼 수 있는 카이-스퀘어 분석과 유관표(contingency table) 분석을 종종 요하는 반면, 양적 점수는 변량분석이나 전통적인 회귀분석을 사용하여 분석한다.

두 번째 차원은 각 표집단위로부터 얻은 점수의 수와 종류에 관련한 것이다(표집단위는 보통 개별 연구대상으로 이루어져 있지만, 가끔은 짝이 지어진 경우나 가족이나 교실 같은 더 큰 집단으로 구성되기도 한다). 각 표집단위가 하나의 점수만을 갖는 경우 단변량분석을 실시하고, 하나의 점수가 시간과 설정에 따라 반복적으로 평가되는 경우에는 반복측정 단변량분석을 실시하며, 보통 같은 기간 동안 얻은 다중 점수에 대해서는 다변량분석(multivariate)을 실시한다.

이러한 분석들은 다양한 통계 검증을 요하며, 각 검사에는 나름의 가정과 장단점이 존재한다. 어떤 형태의 분석을 하든 분석을 통해 흔히 얻어 내는 $p<.05$ 또는 $p<.01$은 특수한 기술적 의미를 지니고 있으며, 이는 현재 사용되는 가설 검증을 이해하는 데 결정적 역할을 한다. 하지만 불행히도, 많은 사람들이 그 의미를 잘못 이해하고 있다. 다음 부분에서는 이 문제들과 다른 관련 문제들을 다루고자 한다.

예비 분석

점수의 조정 점수는 걸음마를 배우는 아동과 마찬가지로 문제가 일어나지 않길 바란다면 끊임없이 감시하고 반복적으로 끼어들어야 한다. 어떤 연구대상은 점수가 누락되기도 하며, 이런 경우 연구자는 점수를 추정해 넣을 것인지 여부 또는 해당 개인을 분석 과정의 일부에서 혹은 전체에서 삭제할 것인지 여부를 결정해야 한다.[4] 또 어떤 점수들은 자료지에 옮겨 적는 과정에서 잘못 기입되고, 컴퓨터 입력 과정에서 실수로 바뀌는 경우도 있다. 연구자가 이런 오류들을 피하는 방법으로는 자신의 과학적 연구에서 정확성을 강조하고, 오류 없는 자료를 얻는 법에 대한 지침을 마련하고, 정확성 점검을 자주 실시하거나, 정확한 결과에 대한 인센티브를 제공하는 것 등이 있다(Hartmann & Wood, 1990).

그럼에도 불구하고 자료들이 부정확하다면 그것은 응답자가 지침을 잘못 이해했거나, 이들이 답지를 잘못 사용했거나, 아니면 거짓말이나 속임수를 쓰기 때문일 수 있다. 만약 적절한 지침이나 수행 모니터링을 통해 이런 오류들을 막지 못한다고 했을 때, 그 틀린 자료가 충분히 불규칙한 모습을 보여 준다면 이를 발견하고 수정하거나 삭제할 수 있다. 특이한 점수들은 그 값이 주변 점수 값과 너무 큰 차이를 보이는 경우에 발견할 수 있다. 예를 들어, 한 아동이 공격성 관찰 평가에서 그 아동과 가장 인접한 점수를 가진 친구보다 2*SD* 높거나 낮은 점수를 얻었다면 그 아동은 당연히 추후 조사후보가 되거나, 자료 세트에서 제외될 수 있다. 부정확한 점수는 그것이 있을 수 없는 반응 유형을 나타내는 경우에도 발견될 수 있다. 그 예로 같은 질문을 두 번 했는데 대답이 서로 다른 경우라든가, 쉬운 문제 3개를 틀리고 어려운 문제 4개를 맞히는 경우, 피임을 한다고 응답한 자가 10세 소년으로 드러나는 경우 등이 있다. 이런 종류의 오류를 발견하기 위해서는 연구원들의 정밀한 자료 조사가 선행되어야 하며, 이 과정에 특이한 반응이나 특이한 반응 유형을 발견해 내는 컴퓨터 프로그램의 도움을 받기도 한다(Tabachnick & Fidell, 1996, 제4장).

자료를 분석에 적합한 상태로 만들려면 또 다른 조정이 필요할 수도 있다. 예를 들어, 주요 자료분석이 실시되기 전에 점수들이 결합되거나 모아지는 경우가 드물지 않다. 문항 점수 또는 하위(subpart) 점수는 순수하게 이론적인 고려에 바탕을 두고 결합될 수 있다. 모든 문항들은 같은 구성을 측정하기 때문에 문항 점수를 계산하면 복합 총점(composite total

4) 현대 컴퓨터의 등장은 누락된 자료의 통계 처리에 혁명을 가져왔다. 자료전가 기법(imputation)이라고도 하는 이 절차들은 종단 연구에 커다란 영향을 주었다. Shadish 등(2002)에 따르면, 연구자들이 자료전가 기법을 사용하여 "……현존하는 모든 자료를 사용하고, 비무선적인 속성과 관계된 편향의 많은 부분을 없앨 수 있게 되었다."라고 말했다(p. 482). 이런 절차에 대한 자세한 논의는 Little과 Rubin(1987), Schafer와 Graham(2002) 그리고 Shadish 등(2002)을 참조하라.

score)이 된다. 하지만 문항 점수는 경험적 근거—예를 들면, 문항의 급간 상관(intercorrelation), 그것들의 신뢰도 또는 규준과의 상관—에 의해 결합될 수 있다(이와 같은 평가 정보를 결합하는 경험적 전략에 대한 다소 회의적인 논의는 Nunnally, 1978 참조). 마지막이자 가장 흔한 것은 이론적이고 경험적인 고려를 통해 점수를 결합하는 것이다. 그 규준이 이론적으로 적절한 문항들이 서로 일관성 없이 상관관계를 맺는 경우에서처럼 규준의 상반된 경우를 가지고 있지 않다면 동시에 하나 이상의 규준을 충족한다고 문제가 일어나는 것은 아니다. 그런 경우가 있다면 왜 일관성이 없는지, 자료를 충분히 조사한 뒤에 연구자는 자신의 타당한 판단 또는 동료들의 타당한 판단에 의존해야 한다.

흔히 사용되는 또 다른 자료의 예비 조작으로는 행동의 전반적 비율(overall rates of behavior) 내에서 차이점수를 등가 조정하는 것이 있다. 예를 들어, 아동들이 수학 문제를 풀면서 범하는 오류의 수와 종류를 바탕으로 평가를 받을 수 있지만, 시도한 문제의 횟수는 다를 수 있다. 이런 경우, 연구자는 점수를 비례배분(prorate)하거나, 비율 또는 백분위 점수로 고치거나, 아니면 시간단위당 비율 같은 다른 비율(ratio)을 적용하여 점수를 조정한다.

이러한 자료세탁 조작(laundering operation)을 통해 연구자들은 자료에 대해 그래프를 만들거나 자료에 대한 기술통계를 계산하는 것이 좋다.

자료와 친숙해지기 그래프, 차트, 플롯(plot) 작성과 단순한 기술 통계치의 계산을 포함한 비공식 혹은 탐색적 자료분석은 자료의 의미를 이해하는 데 매우 중요하다. 실제로 몇몇 연구가들은 이런 절차, 특히 그래프에 대한 정밀 검사가 연구의 결과를 판단하는 일차적 방법이 되어야 한다고 주장하기도 한다(Baer, 1977; Shadish, 1986).

이런 방법들이 연구 결과 판단에서 일차적 역할을 하건 부차적 역할을 하건 그 중요성에는 변함이 없다. 불행하게도, 심리학 연구에 막 입문한 연구자들은 이 자료분석 예비단계의 전부 또는 상당한 부분을 생략한다. 자료수집을 완료했다는 즐거움에 곧바로 자료에 무슨 '통계적으로 유의미한' 것이 있을까 궁금해하는 것이다. 그래서 표준의 또는 '판에 박힌' 컴퓨터 프로그램을 사용하여 그 자료를 성급하게 형식적으로 분석한 결과, '쓰레기를 집어넣으면 쓰레기가 나온다.' 라는 말처럼 안 좋은 결과를 얻고 만다. 이런 성급한 열정 때문에 연구자들은 자료와의 친밀감을 경험할 수 있는 기회를 잃고 만다. 이런 실제적 경험을 통해 우연한 발견이라든지 새로운 관점들이 발견될 수 있음에도 불구하고 말이다. 불행히도 자료와 친숙해지는 유용한 절차를 다루는 눈에 띄는 논문은 없는 상황이고, 따라서 이런 절차들은 개인마다 다르며 예술적인 성격을 지닌다. 하지만 일반적으

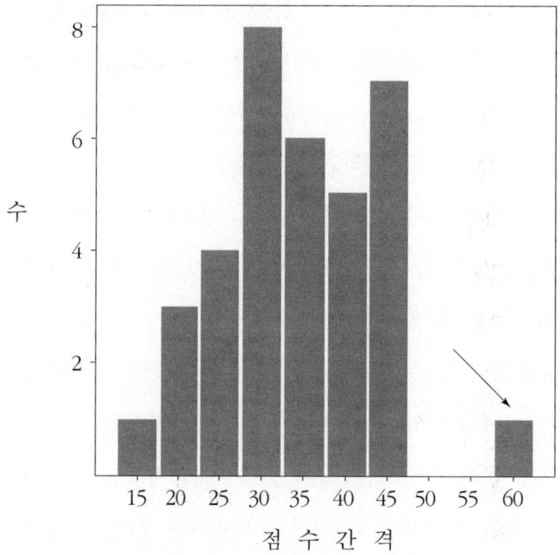

[그림 3-2] 가외치를 포함한(화살표) 단변량 양봉 빈도 분포

가외치를 포함하면 $M=34.3$, $SD=9.56$, $N=35$이며, 가외치를 제외하면 $M=33.5$, $SD=8.57$, $N=34$다.

로 이 절차에는 그래프 작성과, '신속하고 손쉬운' 기술 통계치의 계산이 포함된다(Tukey, 1977).

그래프 자료 유용한 그래프는 다변량 및 이항(bivariate) 빈도 분포의 필사 스케치(freehand sketch)부터 컴퓨터로 제작하고 출력 가능한 3차원 중다 시계열(multipletime series) 그림에 이르기까지 다양하다(Parsonson & Baer,1978). 예비 자료분석의 관심사는 아름다움이 아니라 유용성이다. 예를 들어, 집단을 비교하는 경우, 각 집단의 수행을 단순한 막대그래프([그림 3-2], [그림 3-3], [그림 3-4])로 쉽게 그릴 수 있다.

각 그래프는 만약 다른 방법으로 불규칙한 수행에 대한 점검을 실시하지 않았을 경우, 이를 점검하는 데 쓰일 수도 있고, 그 결과 가외치(outlier)라고 하는 특이한 응답자들을 어떻게 처리할 것인가에 대한 결정을 내릴 수 있다. 가외치와 그 발견 그리고 중요한 검사들에 대한 논의에 대해서는 Tabachnick와 Fidell(1996)을 참조하라. 자료의 다른 측면으로는 점수 분포의 양상(modality) 또는 뾰족함(첨도(kurtosis))([그림 3-2]의 양봉 분포(bimodal distribution) 참조), 분포의 대칭성(symmetry)([그림 3-3]의 정적 편포 분포(positively skewed distribution) 참조), 마루(floor)와 천장(ceiling) 효과의 존재 여부([그림 3-2] 참조) 등이 있다. 양봉 분포는 표본이 서로 다른 두 종류의 응답자로 이루어진 경우

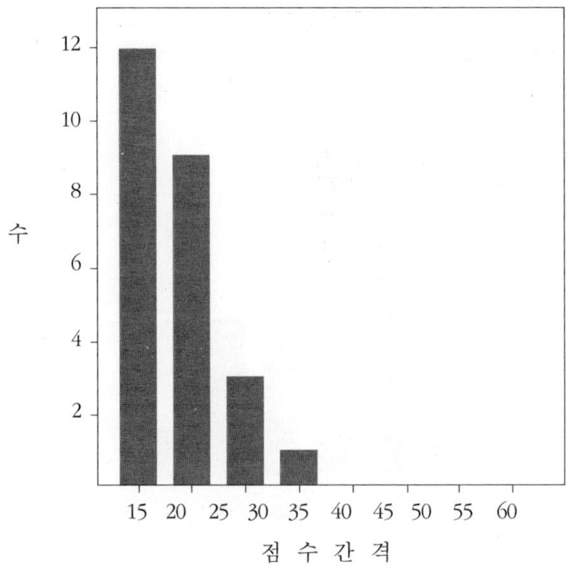

[그림 3-3] 뚜렷한 마루 효과(floor effect)를 가진 정적 편포 빈도 분포

이 분포에서 M=18.6, SD=4.21, 왜도는 1.049, N=25다.

에 발견되며, 그 예로 조기 분만 유아와 정상 분만 유아로 이루어진 표본에서의 출산 시 체중 분포를 들 수 있다. 점수의 왜도(skewedness) 또는 비대칭이 발생하는 이유는 다양한데, 마루 또는 천장 효과가 그 한 가지 이유다. 마루, 천장 효과로 생기는 비대칭은 연구대상 중 상당한 비율이 평가도구에서 최저 점수를 받거나(마루 효과), 아니면 최고 점수를 받는 경우(천장 효과)에 나타난다. 능력 검사(ability testing)에서 마루 효과가 나타났다는 것은 검사가 너무 어려웠음을, 천장 효과가 나타난 경우에는 검사가 너무 쉬었음을 의미한다. 왜도와 첨도의 통계적 중요성은 더 형식적으로 분석할 수도 있다(예, Fidell & Tabachnick, 2003).

만약 자료가 대략적으로 정상분포인 경우, 그래프를 보면 평균과 표준편차를 쉽게 추정할 수 있다. 평균은 대충 분포의 중심에 위치할 것이고, 집단 범위의 표준편차에 대한 비는 대략 3(N=10)에서 4(N=30), 5(N=100), 6(N=450)으로 달라진다(Guilford, 1965, p. 81와 [그림 3-4]의 자료를 참조).

연구자가 한 개 이상의 DV를 사용하는 경우, 점수를 교차표(cross tabulate)로 만들거나 이원변량 빈도분포([그림 3-5])를 그리는 것이 유용한 경우가 있다. 이렇게 해서 나오는 그림을 산포도(scatter diagram)라고도 하는데, 가외치를 포함한 여러 교란요인을 조사하는 데 사용될 수 있다. 가외치가 존재하는 경우, 변인들 간의 상관 크기가 엄청나게 변화할 수

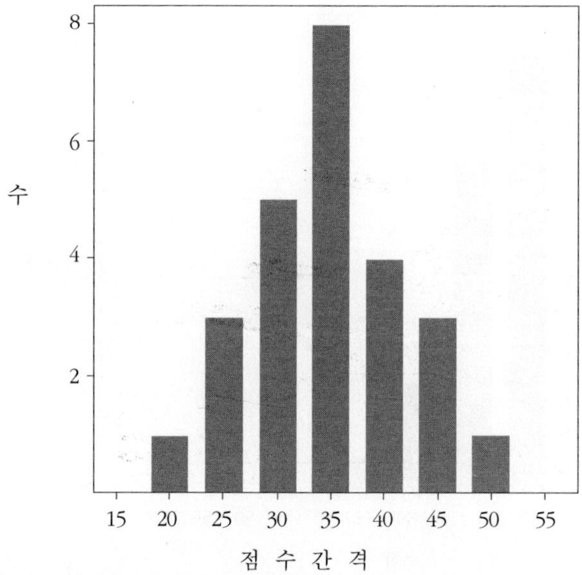

[그림 3-4] 대략적인 정상 빈도 분포를 보여 주며, 그래프를 보고 이 분포의 *M*과 *SD*의 근사치를 추정할 수 있다.

M=34.9(추정 *M*=35), *SD*=7.29(추정 *SD*=범위/3.8=35/3.8=7.89), *N*=23.

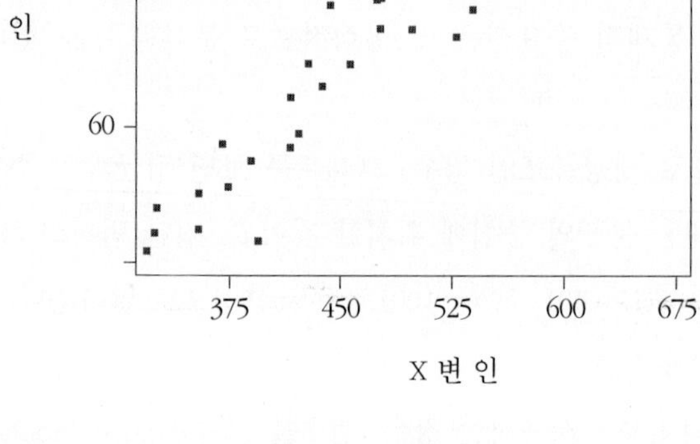

[그림 3-5] 변인 *X*, *Y* 사이의 정적 선형관계의 예시

화살표 부분이 가외치를 포함했을 때 $r=+.81$이고, 제외했을 때 $r=+.95$다. 각 *X* 배열에 따른 점수의 분산은 대략 정상이다(등분산성, homoscedasticity). 가외치 포함 시 $N=37$이다.

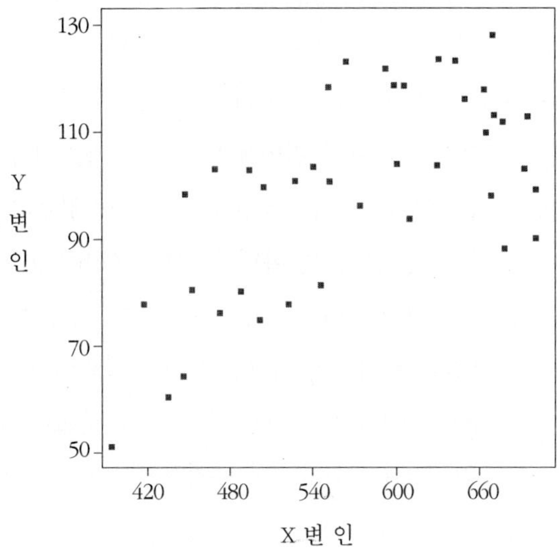

[그림 3-6] 변인 *X*, *Y* 사이의 곡선 관계의 예시

선형 상관값은 +.66이고, *X*로부터 *Y*를 예측한 곡선 상관인 에타값은 .99다. *Y*로부터 *X*를 예측한 값은 +.94다. *X*의 배열 내에서의 분산은 거의 동일하다(등분산성). N=40.

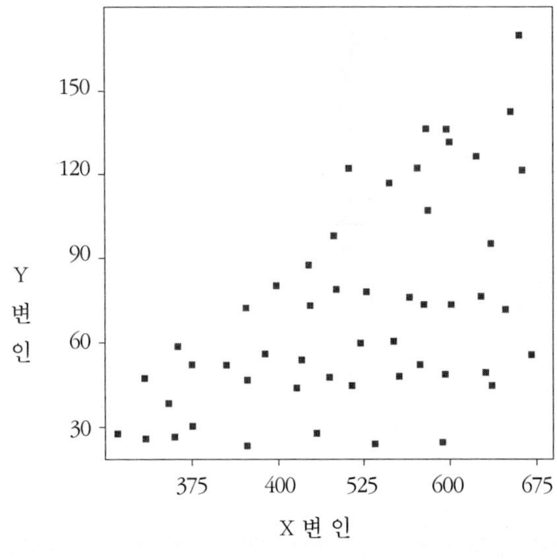

[그림 3-7] 이분산성의 예시

각 *X* 배열 내에서 불균등한 점수 분산. r= +.56, N=50.

있다([그림 3-5]의 자료에서 가외치를 포함했을 경우와 제외했을 경우의 r값을 비교해 보라).

산포도는 변인들 간 회귀의 선형 정도를 점검하는 데 사용될 수도 있다. [그림 3-6]은 비선형 회귀의 예다. 적률 상관(product moment correlation)은 변인 간 관계의 선형 부분을 평가하기 때문에 r은 비선형으로 연관된 변인들의 관계를 과소평가할 것이다. 예를 들어, [그림 3-6]의 자료에서 r값과 η(에타, 곡선 상관계수)를 비교해 보라.

산포도는 가외치와 비선형 회귀를 밝혀줄 뿐 아니라 이분산성(hetero scedasticity, 회귀선에 대한 점수의 불균등한 분포)을 나타내기도 한다. 이분산성은 예측의 오류가 예측변수(predictor) 점수 값에 따라 달라짐을 보여 준다. [그림 3-7]의 자료에서 Y 예측 점수는 X 점수가 낮은 개인들보다 X 점수가 높은 개인들에서 덜 정확한 것으로 나타난다. 산포도와 다른 그래프 그림은 노련한 연구가들에게 중요한 탐지장치이자 판단의 보조도구다.

부가적인 기술 통계치 평균, 표준편차, 상관계수는 가장 많이 쓰이는 기술 통계치다. 많은 기타 통계치도 빈번히 쓰이기에 짧게 설명을 하고자 한다. 먼저, 상관계수 r과 관련된 많은 기술 통계치 부분상관계수(part correlation), 편상관계수(partial correlation), 카파

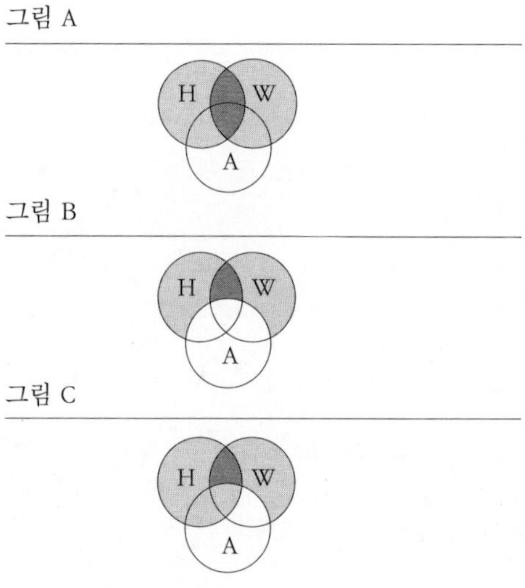

[그림 3-8] 단순상관관계와 편 또는 부분상관관계의 차이를 보여 주는 벤다이어그램

일반적으로 색이 옅은 부분이 상관관계가 있는 두 변인 간에 독립적 부분을 뜻한다. 한편, 색이 어두운 부분은 변인들의 중첩되거나 종속적인 부분을 나타낸다. 패널 A의 신장과 체중 사이의 단순 상관관계(r_{hw})에서 H와 W 전체를 중첩하는 어두운 부분이 상관의 정도를 나타낸다. 패널 B의 편상관(r_{hwa})에서는, H와 W의 나머지 부분 가운데 중첩되는 어두운 부분이 상관 정도를 나타낸다. 마지막으로, 패널 C의 부분 상관관계 $r_{h(wa)}$에서는 H 전체와 W의 나머지 부분의 어두운 부분이 상관의 정도를 나타낸다.

계수(kappa), 조건확률(conditional probability)를 살펴보자.

부분상관과 **편상관**은 그것이 적용되는 점수의 성격 때문에 특별한 이름이 붙을 만한 보편적인 적률 상관계수(product-moment correlation)다. 연령, 신장, 체중 등 세 개의 변인을 사용하여 단순상관과 부분상관, 편상관의 차이가 [그림 3-8]의 벤다이어그램에 설명되어 있다. 하나(부분, part) 또는 둘 다(편, partial)의 점수가 세 번째 변인에 대해서 통제되지 않은 변량으로 수정된다. 예를 들어, 신장, 체중, 연령의 3변수 회귀 문제(three-variableregression problem)에서 연령을 수정한 상태에서 신장과 체중 간의 상관관계를 구한 것을 편상관이라고 하고 r_{bwa}로 나타낸다([그림 3-9]의 패널 B 참조). 신장과 체중 간의 편상관은 연구대상 집단의 평균연령에 두 변인 간의 상관계수를 구한 것과 같다. 편상관은 앞선 예의 연령처럼 세 번째 변인의 효과가 실험적으로 통제될 수 없는 경우 사용된다. 만약 연령이 체중에 대해서는 영향력을 제거할 수 있지만(partialed out) 신장에 대해서 그대로 있다면, 그 결과로 나타나는 상관은 신장과 체중 간의 부분상관일 것이다([그림 3-8] 패널 A). 이 부분 상관을 $r_{b(wa)}$이라고 한다. 부분상관은 중다 회귀에서 중요한 역할을 맡는데, 기준과 각 예측 변량의 특정 부분과의 중첩된 정도를 보여 주기 때문이다.

카파계수(Cohen, 1960)는 일치도를 측정하는 통계치로서, 평정자간 신뢰도 자료, 특히 관찰 자료를 요약하는 데 쓰임새가 점점 늘어나고 있다. 두 명의 관찰자가 각기 독립적으로 10초 간격으로 200회 관찰을 실시하여 표적 아동이 또래와 상호작용을 했는지, 교사와 상호작용을 했는지, 아니면 누구와도 상호작용을 하지 않았는지를 조사한다고 가정해 보자. 결과 자료는 [그림 3-9]와 비슷할 것이다. 이 자료를 요약하는 데 오랫동안 전형적

관찰자 2 \ 관찰자 1	또래와 상호작용	교사와 상호작용	누구와도 하지 않음	총계
또래와 상호작용	95	05	10	110
교사와 상호작용	05	25	00	30
누구와도 하지 않음	20	00	40	60
	120	30	50	200 = N

[그림 3-9] 관찰자 1과 관찰자 2가 서로 독립적이지만, 함께 아동의 상호작용을 관찰하였을 때, Cohen의 카파계수를 이용하여 관찰자간 신뢰도를 계산할 수 있다. N은 관찰 간격의 수이지 연구대상의 수가 아니다. 주요 대각선 칸은 두 관찰자의 범주가 교차하는 좌측 상단에부터 우측 하단으로 이어지는 대각선 부분으로 관찰자들 간에 일치한 관찰 간격을 나타낸다. 이 부분 이외의 값들은 두 관찰자 사이에 불일치를 나타낸다(예, 첫째 열, 셋째 칸의 수치 10은 관찰자 2는 아동이 그녀의 친구들과 상호작용을 한다고 봤지만, 관찰자 1은 그녀가 혼자 있었다고 한 경우다.).

으로 쓰여 왔지만, 결함이 있는 방법은 단순히 두 관찰자가 동의한 간격 비율을 표에 기재하는 것이다. [그림 3-9] 자료에서 두 관찰자들이 '또래와 상호작용' 했다고 동의한 간격은 93회, '교사와 상호작용' 은 25회, '혼자' 는 40회였다. 이 160회의 간격을 200(관찰 기간 동안의 총 간격 횟수)으로 나누면 일치 비율은 .80이 된다. 같은 자료를 가지고 카파를 계산하면 일치 측정치는 좀 낮아지는데, 이는 카파계수는 우연히 일어났을지 모르는 일치에 대해 수정을 하기 때문이다(Hartmann, 1977). 카파는 다음과 같다.

$$(p_o - p_c)/(1 - p_c)$$

p_o은 관찰된 일치의 비율이고, p_c는 우연히 일치한 경우의 비율이다.

[그림 3-9]의 자료를 보면, 앞서 간단한 일치도 통계 계산을 통해 결정한 것처럼, p_o은 .80이고 p_c는 그림 3.9의 각 일치 칸에 있는 예측값의 합을 총 관찰 간격으로 나눈 것이다($p_c = .4275$).[5] 이 경우 카파 값은 다음과 같다.

$$(.80 - .4275)/(1 - .4275) = .65$$

조건확률은 종종 미시분석(microanalytic)이라고 부르는 세밀한 상호작용 자료의 분석에서 큰 역할을 한다(Bakeman & Gottman, 1986, 1997; Gottman & Roy, 1989; Kerig & Lindahl, 2001). 이 확률을 가장 잘 이해할 수 있는 방법은 [그림 3-10]에서와 같은 2×2 자료 표를 조사해 보는 것이다. [그림 3-10]은 어머니와 자녀 간의 대화의 시간적 유형을 보여 준다. 이 자료는 파이(phi)계수 같은 상관 통계나 조건 확률을 이용하여 다양하게 요약될 수 있다. 어머니가 직전 급간에서 말을 했다고 할 때, 아동이 말을 할 조건 확률은 이전 급간에서 아동도 말했고 어머니도 말한 결합 확률(joint probability)을 어머니가 이전 급간에서 말했을 확률로 나눈 것이다(Allison & Liker, 1982). [그림 3-10]을 예로 든다면, 어머니가 이전 급간에서 말을 했다고 할 때, 아동이 시간 $t+1$에 말을 할 조건 확률은 (B/N)[(A+B)/N] = B/(A+B) = 40/(10+40) = .80이다. 조건 확률은 무조건 확률(unconditional probability)과 종종 비교된다. 아동이 말을 할 무조건 확률은 (B+D)/(N) = (40+20)/(100) = .60이다. 이렇듯, 어머니가 이전 간격에 말한 사실은 아

5) 예측값은 카이-스퀘어 표와 똑같은 방식으로 결정된다. 즉, 대응하는 마진값의 결과물을 더해 N으로 나눈다. [그림 3-9]의 자료의 경우에는 '또래와 상호작용' 일치 칸의 예측값이 (120×110)/200 = 66이고, '교사와 상호작용' 의 예측값은 (30×30)/200 = 4.5, '혼자' 의 예측값은 (50×60)/200 = 15다. 이 값들을 더해 N으로 나누면 $p_c = (66 + 4.5 + 15)/200 = .4275$다.

동이 그 다음 간격에 말을 할 확률을 .60에서 .80으로 높여 준다. 마지막 기술 통계치는 일반적인 변량과 유사한 것으로, 특성근(characteristic root) 또는 매트릭스의 고유값(eigen)이다.

고유값과 매트릭스와의 관계는 변량과 숫자의 분포의 관계와 같다. 그렇다면 당연히 고유값(r로 표시)은 점수 매트릭스를 많이 다루는 다변량분석에서 자주 만날 수 있다. 예를 들어, 요인분석 기법(a factoring technique) 인주성분분석(principle component analysis)에서 각 주 성분의 고유값은 주 성분과 관련 있는 원 표준변인의 변량의 양으로 생각될 수 있다. 다변량 분산분석에서 고유값은 집단 중심값(centroid) 간의 변량으로 생각할 수 있다(중심값과 중다 종속변수의 관계는 평균과 단일 종속변수의 관계와 같다).

아동들이 말한 시간 $t+1$

어머니가 말한 시간 t	말함	말 안 함	총계
말함	$A=10$	$B=40$	50
말 안 함	$C=30$	$D=20$	50
총계	40	60	100

[그림 3-10] 어머니와 아동의 대화에 대한 시간적 계열(어머니가 말한 시간은 t, 아동이 말한 시간은 $t+1$)은 조건 확률의 계산을 통해 설명되곤 한다. N은 관찰 간격의 수이지 연구대상자의 수가 아니다.

영가설 검증

기술 통계 계산에 이어, 여러 가지 방법들이 통계적 유의도를 판단하는 데 사용된다. 여기서 유의도란 자료와 그 자료의 요약을 위해 사용한 통계치들에 반영되어 있을 관심 효과가 우연히 발생한 것인가 혹은 그렇지 않은가의 여부를 말한다. 발달학자들이 자신들이 찾아낸 결과의 통계적 유의도를 판단하는 데 주로 이용하는 방법이 영가설 검증이다. 비록 영가설 검증 절차에 대한 설득력 있는 비판이 존재하지만, 연구자들은 통계적 유의도 판단을 하는 데 이 방법을 선호한다(Harlow et al., 1997; Meehl, 1978; Morrision

& Henkel, 1970).

현재 사용되는 영가설 검증은 다단계 과정으로(〈표 3-18〉 참조), 자료에 대한 두 가지 모형 또는 가설을 만드는 것으로 시작한다. 첫 번째 모형은 실험모형(experimental model)이라고 불리기도 하는데 처치, 연령, 성과 같이 연구자가 관심을 갖고 있는 추정 효과를 포함하고 있다. 두 번째는 영(null)모형 또는 제약(restricted)모형이라고 하는데, 이런 효과나 상태를 포함하고 있지 않기 때문에 관심의 대상이 되는 효과는 0이다. 영모형 또는 영가설은 두 가지 중 하나의 형태를 취한다. 한 가지는 연구하는 모집단에서 어떤 효과 또는 모수치(parameter)가 0이라고 가정하는 것이다. 예를 들어, 이 모수치는 중다 회귀분석에서의 단순 상관계수이거나 베타 가중치(beta weight)일 수 있다(예, $\beta=0$). 또 다른 영가설 형태는 두 개 이상의 모집단에 대한 관심 모수치 값이 같다고 가정하는 것이다. 가장 많이 비교되는 모수치에는 모집단 평균이나 변량 등이 있다(예, $\sigma_w^2=\sigma_b^2$).

영가설 검증의 두 번째 단계는 영가설이 아마 틀렸을 것이라는 결론을 내리기 전에 연구를 통해 얻은 결과가 얼마나 일어나지 않을 법한가를 결정하는 단계다. 여기서의 논리는 만약 표본 자료가 영가설 하에서 일어나지 않을 것 같다면 그 모형은 참일 수 없다는 것이다. 이 단계는 'α수준의 선택'이라고도 부른다. α수준(또는 확률) 0.5나 0.1은 영모형이나 영가설 기각을 결정하는 데 흔히 쓰인다. 하지만 한 가지 주의해야 할 것은 α선택이 영가설이 참인데 그것을 기각하는 경우(제1종 오류)의 결과와 영가설이 거짓인데 그것을 받아들이는 경우(제2종 오류)의 결과를 고려하여 이루어져야지, 관습적으로 이루어져서는 안 된다는 것이다. 만약 영가설이 참인데 기각했을 때의 결과가 크고—예를 들어, 기존 사회 정책을 바꾸는 데 소요되는 비용이 수천만 원이고—영가설이 거짓인데 받아들였을 때의 결과가 미미하다면 .0001과 같은 매우 작은 α수준을 사용할 수 있을 것이다.

세 번째 단계는 연구자가 표본 자료를 이용하여 검증 혹은 추리 통계 값을 계산하는 단계다. 이 검증 통계치(test statistic)는 영가설에서 기대되는 값과 표본 자료 간의 오차 정도를 측정한다. 전통적인 단변량 검증 통계치로는 z(정상곡선)검증, t검증, F검증 그리고 카이-스퀘어(x^2) 검증이 있다.

네 번째 단계는 연구자가 검증 통계치와 관련된 확률을 결정하는 단계로 주로 통계표나 컴퓨터 출력을 이용하여 진행한다. 이들이 적절한 확률 값을 주려면 표본 자료가 통계 검증이 요구하는 일련의 가정에 일치하여야 한다. 각 통계 검증이 나름의 가정을 가지고 있지만 어떤 가정들은 추리 검증에 빈번히 쓰이기도 한다. 이들 중 대표적인 것으로는 점수(보통 오차 또는 잔차 점수)가 정상분포를 이루고 동질적이며 독립적으로 분포되어야 한다는 것이다. 이런 가정들, 특히 독립성이나 좀 더 드문 경우지만 동질성이 위배되는 경

표 3-18 영가설 검증의 예시

단계 1. 연구자는 6세 아동들을 대상으로 긍정적인 사회적 요청의 수와 사회적 지위와의 관계를 조사했다. 영가설은 모집단 상관 p에 대하여 다음과 같다.
$p = .00$. 이 영가설은$(p) \neq .0$이라는 대안가설과 대비된다.

단계 2. 영가설의 거부와 관계된 확률 α는 $p = .05$로 정해진다. 그러므로 영가설이 기각되고 대안가설을 수용하기 위해서는 결과에서 $\leq .05$의 발생확률을 보여야 한다.

단계 3. r의 유의도 검사를 위해 Fisher의 r을 z_r 변형하여 상관관계에 대한 z검증을 실시한다.
$z = (z_r - 0)/\sigma_{zr}$, and $\sigma_{zr} = 1/(N-3)^{1/2}$
$r = .50$, $N = 10$, $z_r = .549$ 그리고 $\sigma_{zr} = 1/(19-3)1/2 = .25$, 따라서
$z = (.5490)/.25 = 2.20$

단계 4. $z = 2.20$에 대한 양방향 확률값은 정상곡선표에 따르면 약 $p = .028$이다.

단계 5. $p = .028$은 단계 2에서 정한 $p = .05$의 σ를 충족하므로 영가설은 기각된다. 그러므로 긍정적인 사회적 요청과 사회적 지위는 6세 아동들에게 유의미한 상관관계가 있다는 결론을 내린다.

주의: 단계 5에서 설명한 전통적인 접근 방식은 APA 논문에서는 단순히 추리 통계치와 연관된 p값을 제시하는 것으로 대체되었다.

우에는 매우 잘못된 확률 값을 얻을 수 있다(Judd et al., 1995; Kenny & Judd, 1986; Kirk, 1995). 주요 통계분석에서 얻은 확률 값의 정확성을 보장하려면 주요 가정에 대한 방어력(tenability)을 정식으로 검증해야 한다(예, Kirk, 1995; Tabachnick & Fidell, 1996).

영가설 검증의 마지막 단계에서는 전통적으로 통계적 검증과 관련된 확률 값과 연구자가 고른 값을 비교한다. 이 비교를 거치고 나면 이 영가설과 가설을 기반으로 한 모형에 대한 기각과 수용이 결정된다. 하지만 미국심리학협회(APA)의 기준은(Wilkinson & the Task Force on Statistical Inference, 1999, p. 599) "이분법적으로 수용-기각을 결정하는 것이 실제 p값을 보고하는 것보다 나은 것이라 상상하기가 어려우며 ……(그리고)…… 절대로 '영가설을 수용하라'는 불행한 표현을 사용하지 말 것"을 권고하고 있다.

보고한 p값이 종종 잘못 이해되는 경우가 있기에, p값이 무엇을 의미하는지 이해하는 것 역시 중요하다. $p = .05$라고 보고한 연구를 생각해 보자. 이 확률 값의 적절한 해석은 무엇일까? '결과가 중요하다.' 또는 '이 결과가 반복검증(replicate)될 확률이 .05다.' '얻은 결과가 발생했을 확률이 .95(1-.05)다.' 아니면 '확률이 .05이므로 얻은 결과가 0이다.' 라고 생각하는 것은 분명 잘못된 결론이다. 만약 당신이 이런 해석을 했다면 그것은 잘못된 것이다. 하지만 많은 사람이 이러한 실수를 한다. 심지어는 통계학자들조차 실험의 확률

값을 해석하는 데 종종 실수를 저지른다(Tversky & Kahneman, 1971). 대신 *p*값은 영가설 모형이 옳다고 했을 때 얻은 결과 또는 더 극단적인 결과의 발생 가능성을 알려 준다 (Huitema, 1986; Hartmann & George, 1999 참조).

우리가 살펴본 통계적 검증의 절차들은 여러 가지 고려 사항에 따라 달라진다. 그 예로 연구자의 질문에 대한 대답을 주는 기술 통계를 들 수 있다. 예를 들어, 평균을 조사해야 하는 질문은 변산도(variability)나 상관을 이용하는 질문과는 다른 절차를 필요로 할 수 있다. 또 다른 사안으로 각 독립실험단위(independent experimental unit)[6]가 단일 종속변인에 대하여 하나의 점수를 받는지(단변량분석), 단일 종속변인에 대하여 하나 이상의 점수를 받는지(반복측정분석), 아니면 하나 이상의 종속변인에 대하여 하나 이상의 점수를 받는지(다변량분석)의 여부가 있다. 또 다른 고려 사항으로 유의도 검사를 받는 자료가 범주형인지 양적인지 여부가 있다. 다음에서는 이런 다양한 상황에서의 유의도 검사를 다루고자 한다. 이러한 검증에는 너무 많은 상황의 조합이 존재하므로 여기에서는 가장 흔히 쓰이는 것만을 논의한다.

유목자료 분석

유목자료는 보통 명명척도에서 얻어지는 자료다(〈표 3-5〉 참조). 그러나 때때로 양적 점수들도 인위적으로 분할되어(가령 중앙치를 기준으로) 마치 유목자료인 양 취급되기도 한다. 이와 같은 전략은 거의 언제나 무모하다. 이렇게 점수들을 훼손시키는 것은 정보를 버리는 것과 다름없으며, 결과적으로 설명력을 떨어뜨리기 때문이다(Cohen, 1968).

카이-스퀘어 분석 유목자료에 대한 분석은 보통 모종의 카이-스퀘어 분석이나 그와 유사한 분석을 통해 이루어져 왔다. 그보다 덜 사용되는 방법으로는 Fisher's Exact Test와 같은 비모수적 방법도 있고, 양적 자료에 더 적합한 모수적 방법들도 있다. 카이-스퀘어 검증은 유목 자료에 대한 통계학적 검증에 다양하게 사용된다. 예를 들어, 비율 또는 빈도 간의 차이, 유목변인들 간의 상관관계, 분포에 관한 가정들(정상분포 가정 등)의 진위

6) 독립실험단위(분석단위라고 부른다)의 수는 늘 그런 것은 아니지만, 보통 연구대상의 수와 같다. 예외가 생기는 경우는 표집단위 자체가 2개군, 가족 또는 교실 같은 집합인 경우다. 이런 예외적인 경우에 개별 응답자의 반응은 서로 연결되어 있을 것이고(의존적), 독립실험단위의 수는 2개군, 가족 또는 교실의 수가 각각 된다. 분석단위의 수가 표집단위의 수보다 많을 경우, 통계적 결론 타당도에 아주 치명적인 위협을 받게 된다. 예를 들어, Kenny와 Judd(1986)의 의존성에 대한 논의와 Anderson과 Anger(1978) 그리고 Cairns(1983)의 'nested subject'에 대한 논의를 참조하라.

여부를 규명하는 데 카이-스퀘어 검증이 이용된다. 카이-스퀘어 검증과 그 밖의 전통적인 비모수적 검증 절차들의 용례는 많은 책에서 훌륭하게 소개하고 있다. 예를 들어, Conover(1999), Hollander(1999), Fleiss(1973) 등의 저서가 그러한데, 이 책의 참고문헌에는 기재하지 않았다. 그 대신 이 책에서는 그러한 분석에서 종종 발생하는 오차들을 지적하고 복잡한 유목 자료를 분석하는 비교적 새로운 방법들을 소개하고자 한다.

카이-스퀘어 검증은 그 유용성이 광범위한 만큼 오랫동안 남용에 시달려 오기도 했다. 이러한 남용의 근원은 Lewis와 Burke(1949, 1950), Delucchi(1983) 등이 쓴 일련의비판적 논문에서 명료하게 밝혀졌다. 어쩌면 카이-스퀘어 검증의 활용에서 나타나는 가장 심각한 오차는 독립성 가정을 위반하는 것일지 모른다. 이 오차는 연구자가 실험단위를 연구대상에서 그들이 참여하는 사건으로 옮길 때 발생한다. 가령 4세 아동들이 6세 아동들보다 순서를 더 많이 위반할 것이라는 도덕발달이론의 예측을 검증하기 위해 수집된 가상의 자료를 검토해 보자. 이 가설을 입증하기 위해 수집된 자료는 4세 및 6세 아동들을 자유롭게 놀게끔 놓아 두었을 때, 10분 단위로 관찰된 순서 위반 사례 수의 형식을 띨 것

패널 A

위반 사례	아동 연령 4	아동 연령 6	
발생 건수	$A=19$	$B=6$	25
미발생 건수	$C=6$	$D=9$	15
총합	25	15	40

패널 B

위반자	아동 연령 4	아동 연령 6	
위반자임	$A=9$	$B=6$	15
위반자 아님	$C=6$	$D=9$	15
총합	15	15	30

패널 A: A=19 토대로 카이-스퀘어(x^2) 계산.

$x^2 = \Sigma\Sigma[(o_{ij}-e_{ij})^2/e_{ij}]$,

여기서 O_{ij}는 횡렬 i, 종렬 j의 관찰 빈도이며 e_{ij}는 횡렬 i, 종렬 j의 기대 빈도로서 횡렬 i 빈도와 종렬 j 빈도의 곱을 N으로 나눈 값과 같다.

$x^2 = [19-(25\times25/40)]^2(25\times25/40) + 2\times[6-(25\times15/40)]^2/(25\times15/40) + [19-(15\times 15/40)]^2/(15\times15/40) = 5.184$ 이 수치는 자유도 1에서 $p < .05$ 수준에서 유의미하다.

패널 B: A=9를 토대로 카이-스퀘어 계산.

$x^2 = 2\times[9-(15\times15/30)]^2/(15\times15/30) + 2\times[6-(15\times15/30)]^2/(15\times15/30) = 1.20$ 이 수치는 자유도 1에서 $p > .20$ 수준에서 유의미하다.

[그림 3-11] 4세 아동들과 6세 아동들의 순서 위반에 관한 잘못된 자료 표시(패널 A)와 올바른 자료 표시(패널 B) 그리고 이러한 자료에 대한 카이-스퀘어 검증의 잘못된 용례와 올바른 용례. 올바른 용례에서 일부 칸에 낮은 기대값이 포함되어 있음에도 불구하고 연속성을 위한 수정이 포함되지 않았음에 주목하라. 모의실험 연구에 따르면, N이 20을 초과하는 경우 그러한 수정은 대개 불필요하다. 수정을 가할 경우 오히려 지나치게 신중한 확률 값이 도출된다(Delucchi, 1983).

이다. 만약 위반 사례가 총 40건이고 개인별 사례 범위가 0~3건 사이라면 어떤 연구자는 [그림 3-11]의 패널 A에 나타난 것과 같은 카이-스퀘어 검증을 행하려 할지도 모른다(패널 A의 표시 자료도 참조할 것).이 표를 통해 명백히 알 수 있는 것은 연구자가 실험단위를 아동들($N=30$)에서 순서 위반 사례와 아동들의 조합($N=40$)으로 이동했다는 것이다. A칸의 입력 값인 19는 4세 아동들의 순서 위반 건수를 나타낸다. 이러한 위반 건수가 독립변인이라고 주장하기는 어렵다. 각각의 아동들이 최대 3건까지 이 수치에 기여했을 수 있기 때문이다.

자료를 올바르게 표시한 것은 [그림 3-11]의 패널 B로서, 여기서는 아동들을 분석단위로 유지하고 있다. 이러한 자료의 올바른 분석은 패널 B에 대한 설명에 제시되어 있다. 설명에서 볼 수 있듯이, 두 연령 집단은 순서 위반을 범한 것으로 관찰된 아동들의 비율 면에서 유의미한 차이가 없다. 다시 말하면, 이 자료상에서 연령과 순서 위반은 유의미한 상관관계가 없다.[7] 이처럼 적합한 분석과 부적합한 분석의 결과를 대조함으로써 우리는 독립성 가정의 위반이 카이-스퀘어 검증을 심각하게 왜곡시킬 수 있음을 알 수 있다. 이와 비슷한 카이-스퀘어 확률 왜곡 사례들은 상호작용하는 쌍이 모든 자료 항목을 제공할 때의 시계열분석에서 Gardner, Hartmann 및 Mitchell(1982)이 지적했다(이러한 유형의 자료는 [그림 3-10]에 예시되어 있다).

로그-선형분석 유목 자료를 분석하는 비교적 새로운 방법들을 일컬어 로그-선형분석이라고도 하고(다차원적) 유관표(contingency table)분석이라고도 한다. 연구자들은 이 접근법들을 이용해 교차 분류된 복잡한 유목 자료([그림 3-10]과 [그림 3-11]에 제시된 유형의 자료에 변인들이 추가됨으로써 더욱 복잡해진)를 분석할 수 있다. 이 분석적 접근법은 변량분석에서 사용되는 것과 비슷하다. 변량분석에서와 마찬가지로, 표의 기제(entry)를 주 효과와 상호작용 효과의 함수로 표현하는 선형모형이 설정된다. 다차원적 유관표분석이 변량분석과 다른 점은 추정 효과(putative effect)들에 로그 값이 합해진다는 점이다. 이 방정식이 로그 형태에서 선형 방정식이기 때문에 이 접근법을 로그-선형분석이라 한다. 그에 덧붙여, 이 접근법의 검증 과정은 불균형적으로 설계된 변량분석의 자료검증 과정과 비슷하다. 즉, 검증 대상이 되는 모형의 위계적 모형에 따라 자료에 부합하는 모형이 발견될

7) [그림 3-11]에 제시된 분석은 독립적 비율들 간의 차이를 검증하기 위한 것이다. 즉, 4세 집단의 순서 위반자 비율과 6세 집단의 순서 위반자 비율 간에 차이가 존재하는지를 규명하기 위한 것이다. 따라서 분석의 대상은 독립적 평균들 간의 차이(이 문제에서 집단 내 비율은 사실 집단 내 평균이므로)가 된다. 이 분석은 또한 집단의 지위(연령)와 순서 위반 간의 상관관계에 관한 분석이라 볼 수 있다. 그러므로 평균 간 차이와 상관관계는 자료분석을 이해하는 두 가지 대안적 관점이라 할 수 있다.

때까지 계속해서 하위 모형을 검증하는 과정이다. [그림 3-10]에 제시된 자료에 대한 위계적 모형들은 다음과 같다.

(1) $m_{ij} = \mu$

(2) $m_{ij} = \mu + \lambda^{M}$

(3) $m_{ij} = \mu + \lambda^{M} + \lambda^{I}$

(4) $m_{ij} = \mu + \lambda^{M} + \lambda^{I} + \lambda^{MI}$

여기서 m_{ij}는 횡렬 i번째와 종렬 j번째 기대빈도의 로그 값이고, μ는 N/rc(=셀 평균빈도)의 로그 값이며, λ^{M}, λ^{I}, λ^{MI}는 각각 횡렬(어머니) 기대빈도의 로그, 종렬(영아) 기대빈도의 로그 그리고 상호작용 효과(어머니×영아)의 로그 값이다.

모형의 검증 통계치의 큰 값은(가령 2번 모형의 경우) 모형에 모수치가 추가되어야 한다는 뜻이고(3, 4번 모형에서 그러했듯이), 검증 통계치가 작으면 모형이 자료에 부합한다는 뜻이다(Green, 1988). 통계적 검증에서 이러한 모형 비교 접근법은 갈수록 각광받고 있으며(구조방정식모형 참조), 머지않아 가장 선호되는 방법이 될지도 모른다(Judd et al., 1995).

다차원적 유관표분석(multidimensional contingency table analysis)에 사용되는 검증 통계치는 일반적인 카이-스퀘어 통계치이거나 우도비(likelihood ratio) 통계치인 G^2다. 카이-스퀘어 검증이 기대빈도와 관찰빈도의 차이의 제곱을 이용하는 반면 G^2는 관찰빈도와 기대빈도 비율의 로그 값을 이용한다.

다차원적 유관표의 자료를 분석하는 이러한 기법들은 변량분석의 장점을 갖추고 있다. 즉, 이러한 기법은 다요인 연구에서의 주 효과와 상호작용 효과 모두에 대한 검증을 할 수 있고, 뒤이은 대조 검증(contrast test)을 가능케 하며, 제1종 오류를 통제한다. 그러나 이와 같은 장점에는 대가도 따른다. Applebaum과 McCall(1983)에 따르면, 다차원적 유관분석은 많은 수의 연구대상을 요구한다. 특히, 반복된 측정을 요하는 경우에 더욱 그러하다.

다른 통계학적 분석 방법도 마찬가지인데, 다차원적 유관표분석 방법도 처음 사용할 때는 먼저 교과서의 분석 사례를 복제함으로써 사용자뿐만 아니라 컴퓨터 프로그램을 검증해 보아야 한다. 주요 교과서—Fleiss(1981), Kennedy(1992), Wickens(1989)—의 사례 중 어느 하나라도 성공적으로 재현했다면 새로운 자료분석에 들어갈 준비를 마친 셈이다. 다차원적 유관표분석에 관한 여타 문헌으로는 Knoke와 Burke(1980) 그리고 Landis와 Koch(1979)가 유용하다.

양적 분석[8)]

Likert 척도의[9)] 자료가 그렇듯, 대부분의 자료는 항목이 여러 개이고 순서화되어 있으며, 양적 분석의 일반적인 방법 가운데 한 가지 이상으로 분석할 수 있다. 이 가운데 비교적 흔한 방법은 변량분석과 상관관계분석이 있다. 이러한 분석 방법들은 일반선형모형에 기초하고 있다. 이러한 모형에서는 점수가 주 효과, 상호작용 효과 그리고 오차의 선형적 결합으로 여겨진다. 비록 여러 측면에서 변량분석과 회귀분석은 양적 자료의 분석에 있어서 대안적인 접근법으로 여겨지지만, 특정한 문제들은 두 접근법 가운데 어느 한 쪽과 더 긴밀히 연관돼 있다. 따라서 이후 두 접근법을 따로 떼어놓고 고찰할 것이다. 그러나 회귀분석에서 논의되는 문제가 변량분석에서도 사라지지는 않으며 그 반대도 마찬가지라는 점을 주목해야 한다. 예측변인들의 독립성 부재(변량분석상의 비직교성(nonorthogonality)이라 한다)이라든가, 동일한 자료에 대한 유의미성 검증을 거듭 수행함으로써 제1종 오류가 증대하는 등의 문제는 어느 분석 방법에서나 해결해야 할 과제다.

회귀분석 회귀분석은 양적 자료의 분석에서 가장 널리 활용되는 접근법이다. 회귀분석에 이용되는 자료는 발달학자들이 제기하는 두 가지 일반적 물음에 답하고자 한다. 집단의 경향에 관한 물음과 개인차에 관한 물음이 그것이다.[10)] 독자들 대부분은 후자의 물음에 관한 회귀분석의 용례에 친숙할 것이다. 예컨대, 8세 아동들의 집단 내에서 인기와 상관관계를 갖는 요인들을 분석하는 경우가 그러한 용례다. 회귀분석이 집단 경향의 평가에도 사용될 수 있다는 것은 덜 알려져 있을 것이다. 하지만 이를 알고 싶다면 4세 및 6세 아동들의 순서 위반에 관한 자료의 분석 부분을 다시 보라.

이러한 두 가지 주요 활용 분야 모두에서 회귀분석은 신중하지 못한 연구자들에게 많

8) 보다 명확한 설명을 위해 중간적 범주인 순위 자료의 분석은 생략했다. 순위 자료에 적합한 통계학적 방법은 서열, 순위 혹은 비모수 통계 절차에 관한 책에 주로 등장한다(예, Maritz 1995; Reiss, 1989).

9) 리커트 척도 혹은 합산평정(summated rating) 척도의 전형은 참여자들에게 질문을 던지고 그에 대한 답으로 '매우 그렇다'(4점을 부여할 수 있는 항목)부터 '전혀 그렇지 않다'(0점을 부여할 수 있는 항목)에 이르는 다섯 가지 항목 가운데 하나를 택하게 하는 것이다. 총점은 척도를 구성하는 개별 문항의 점수를 합산하여 도출한다(Edwards, 1957).

10) 회귀분석이 활용되는 특수한 한 가지 분야는 중재 효과 검증이다. 매개변인(mediator variables)은 타 변인이 그를 통해 특정 효과를 산출할 수 있도록 매개하는 변인이다. 예를 들어, 부모들의 사회경제적 지위가 아동들의 사회성 기술에 미치는 효과는 아동의 IQ를 통해 매개될 수 있다(〈표 3-15〉 참조). Baron과 Kenny(1986)은 이미 고전의 반열에 오른 논문에서 매개변인과 조정변인(moderator)—후자는 독립변인과 종속변인의 관계의 방향 또는 강도를 바꾸는 변인—을 구분한다. 예를 들어, 성별은 인기와 친밀도의 관계를 조정할 수 있지만 매개하지는 않음이 명백하다.

은 어려움을 안겨 준다. 이러한 어려움 가운데 많은 부분은 통계적 검증과 관련된 것이 아니라 해석과 관련된 것들이다. 따라서 그러한 어려움을 짚고 넘어갈 필요가 있으며, 〈표 3-19〉에는 그러한 어려움이 발생하는 조건들이 정리되어 있다. 회귀분석 및 상관관계분석의 해석과 관련한 더 세부적인 문제들에 관한 내용은 Darlington(1990, 제8장, 제9장), McNemar(1969, 제10장) 그리고 Cohen, Cohen, West 및 Aiken(2003)에서 찾을 수 있다.

회귀분석 및 상관관계분석에서 검증되는 효과는 상관계수(이항 *rs* 또는 다항 *Rs*) 혹은 경로계수나 베타계수 같은 통계치과 관련되는데, 이들은 모두 상관계수의 함수다. 이러한 통계치들에 대한 검증에는(Fisher의 이름을 딴) *F*분포가 가장 많이 활용되지만, 일부 단순하거나 흔치 않은 경우에는 *t*검증 혹은 *z*(정규분포 곡선)검증이 사용될 수 있다(〈표 3-18〉의 분석 참조).

다른 통계 검증에서와 마찬가지로, 문제는 연구자들이 회귀분석 및 상관관계분석을 통해 통계검증을 하면서 독립성 가정 위반에 충분히 주의를 기울이지 않을 때 문제가 발생한다. 비독립성(종속성)은 회귀분석상의 통계학적 검증에 적어도 두 가지 방식으로 영향을 준다. 먼저 회귀분석상의 비독립적 통계치에 관한 검증이 이뤄질 수 있지만 그 검증 방식은 독립적 통계치에만 적합한 것일 수 있다. 이러한 문제는 연구자들이 '*X*와 *Y*의 상관 정도가 *S*와 *Z*의 상관 정도보다 높은가?'라는 흔한 질문에 답하기 위해 *X*, *Y*의 상관계수와 *S*, *Z*의 상관계수를 동일한 응답자들에게서 획득할 때 발생할 수 있다. 동일한 응

표 3-19 회귀분석 및 상관관계분석에서의 교란요인

교란요인	결 과
신뢰롭지 못한 측정	상관관계의 과소평가
제한된 점수 범위	상관관계의 전형적인 과소평가
비정상 분포	상관관계에 있는 변인들이 똑같이 비정상이 아닌 한, $\|r\|$ 의 최대값<1.0
IV에 비해 적은 사례 수(*N*)	*R*이 과대평가됨; 교차검증 시 *R*이 0을 향해 회귀
IV 간의 상관	$r(x_i y)^2$가 X_i와 고유하게 연합된 *Y*(DV)의 변량비를 만들지 못함; $\Sigma r(x_i y)^2$가 R^2와 같지 않음
높은 상관이 있는 IVs[a](다중공선성)	베타 가중치(βs) 불안정함

[a] 상호 연관된 독립변인들(비직교 독립변인이라고 한다)은 변량분석을 이용한 자료분석 시에 통계 검증과 관련한 복잡한 문제들을 낳기도 한다. 변량분석에서의 상호 연관된 독립변인들의 문제는 Kahneman(1965)과 Cohen(1968)이 고찰했다. Appelbaum과 동료들(Appelbaum & Cramer, 1974; Appelbaum & McCall, 1983)은 이러한 자료를 분석하는 기법을 소개했다.

답자들에게서 추출한 상관계수들은 서로 연관돼 있을 가능성이 높기 때문에 그러한 값을 검증하려면 상관계수 간의 종속성을 감안한 수정이 필요하다(Meng, Rosenthal, & Rubin, 1992; Steiger, 1980).

종속성과 관련한 두 번째 문제는 상관계수를 계산하는 데 사용된 점수 쌍들이 상호 독립적이지 않을 때 발생한다(이와 유사한 문제가 [그림 3-11]의 순서 위반 자료와 관련하여 검토되었다). 이러한 종속성 문제는, 예를 들어 1인 이상의 가족구성원들이 상관관계 분석을 위한 점수 쌍들에 포함된 경우나 동일한 사람이 분석에 포함된 모든 점수에 관련된 경우에 나타난다.

상관관계 통계치 검증에서의 마지막 문제는 다수의 변인들이 서로 연관되어 있는데, 상관관계의 유의미성에 대한 검증을 일반적인 방법으로 수행했을 때 발생한다. 이러한 작업을 수행하는 경우 제1종 오류를 범할 확률(〈표 3-1〉 참조)은 1.0에 접근할 수 있다. 대규모의 상호 연관 매트릭스 사용에 대한 제1종 오류의 증대를 피하려면 우선 매트릭스 전체에 유의미한 공변량(covariation)이 존재한다는 것이 검증을 통해 확인되어야 한다. 만약 검증 결과의 유의미성이 입증된다면 각각의 상관관계에 대한 통계적 검증을 실시할 수 있다. 이때 알파 값은 모든 검증의 합에 대한 제1종 오류의 확률을 특정 수준 이하에 묶어둘 수 있도록 조정되어야 한다(Larzelere & Mulaik, 1977). 이러한 절차는 개별 상관관계에 대한 유의미성 검증에서 훨씬 더 신중한 알파 값을 사용하게 만드는 효과가 있다.

변량분석 변량분석(ANOVA)은 발달연구에서 조사되는 변인들(측정 시기와 연령 등)의 평균값 차이를 평가하는 데 가장 많이 활용되는 접근법이다. 회귀분석과 마찬가지로 ANOVA는 매우 다양한 실험설계의 자료들을 포용할 수 있는, 자료분석에서 일반적인 접근법이다. ANOVA는 실험설계의 모든 측면에 피험자 간 효과(즉, 완전 무선할당설계), 피험자 내 효과(무선구역 또는 반복측정 설계) 혹은 피험자 간-피험자 내 효과(혼합 또는 스필트-플롯(split-plot) 설계)가 관련돼 있을 때 사용될 수 있다. 또한 ANOVA는 원치 않는 변량의 원천을 통제하기 위해 측정변인들이 추가됐을 때에도 활용 가능하며(공변량 분석 또는 ANCOVA), 실험설계상의 종속변인들이 다수인 경우에도 활용 가능하다(변량에 대한 다변량분석 또는 MANOVA).

〈표 3-20〉의 Part A에는 4(연령)×2(성별)×3(실험시기)의 스필트-플롯 요인 설계가 변량분석과 함께 제시되어 있다. 이러한 설계에 따라 표집된 자료에 대한 ANOVA는 연령, 성별, 실험 시기로 정의되는 각 집단별 평균들이 각자 간에 혹은 이런저런 조합 간에 유의미한 차이를 보이는가 여부를 검증하는 데 사용할 수 있다. 변인들의 조합들을 대상으

표 3-20 연령×성별×실험 시기의 요인 설계 도식 및 변량분석 요약표

Part A. 설계 도식		실험 시기		
연 령	성 별	1	2	3
4	남아($n=5$) 여아($n=5$)			
6	남아($n=5$) 여아($n=5$)			
8	남아($n=5$) 여아($n=5$)			
10	남아($n=5$) 여아($n=5$)			
Part B. ANOVA 요약표				
변량원	자유도(*df*)	*MS*	*F*	*p*
피험자 간				
연령(A)	$(a-1)=4-1=3$	25.0	5.00	$<.01$
성별(B)	$(b-1)=2-1=1$	5.5	1.10	$>.25$
A×B	$(a-1)(b-1)=3$	10.0	2.00	$<.25$
오차(S/A×B)	$ab(n-1)=32$	5.0		
피험자 내				
평가(D)	$(d-1)=3-1=2$	8.4	3.36	$<.05(<.10^{a})$
D×A	$(d-1)(a-1)=6$	10.0	4.00	$<.01(<.05^{b})$
D×B	$(d-1)(b-1)=2$	2.8	1.12	$>.25(>.25^{a})$
D×A×B	$(d-1)(a-1)(b-1)=6$	3.1	1.24	$>.25(>.25^{b})$
오차(D×S/A×B)	$ab(n-1)(d-1)=64$	2.5		

[a] 자유도 1과 32로 검증됨(Geisser-Greenhouse 수정).

[b] 자유도 3과 32로 검증됨(Geisser-Greenhouse 수정).

참고: *MS*는 평균자승화(mean square)을 뜻한다. 소문자 기호는 대문자 기호로 표시된 변인에 대응하는 항목 수를 나타낸다. 예를 들어, 피험자들(연구대상들)의 연령 구분이 네 가지이므로 연령변인(A)은 네 개의 항목을 갖는다($a=4$). *F*-검증을 도출할 때 연령, 성별 및 실험 시기는 고정변인들로 간주된다. 그렇게 해야 모든 피험자간/피험자 내 효과들이 각각에 상응하는 피험자오차(subject errorterms)(S/A×B 또는 D S/A×B)에 의해 검증될 수 있기 때문이다(Kirk, 1982).

로 행하는 후자의 검증 방법을 상호작용 검증이라고 한다. 이러한 검증들을 행하려면 우선 분석에 사용되는 점수들이 몇 가지 가정들을 충족시켜야 한다. 점수들의 정상분포가정, 변량의 동질성(등가성)가정 그리고 반복된 측정 간의 상관관계 또는 공변량에 대한 '동질성' 가정 등이 바로 그것들이다. ANOVA는 이러한 가정들의 위반에 상대적으로 강건한(덜 민감한) 편이다. 적어도 각 집단에 포함된 피험자의 수가 대략 같고 표본 크기가

매우 작지 않은 이상 그렇다(Glass, Peckham, & Sanders, 1972; Judd et al., 1995). 그러나 ANOVA는 반복 측정치 간의 상관관계에 관한 요건의 위반에는 강건하지 못하다(민감하다)(Kirk, 1995). 이 요건은 검증이 두 번 이상 이루어질 때 종종 위반된다. 그 이유는 이 가정이 본질적으로 모든 반복 측정 점수들이 서로 동등한 상호 연관성을 가질 것을 요구하기 때문이다. 그러나 점수들은 거의 언제나 시간적으로 인접한 측정치 간에 상호 연관성이 더 높으며, 시간적으로 더 분산된 측정치일수록 상관관계가 더 떨어진다. 그러므로 단지 세 차례의 반복 측정만으로도 시기 1과 시기 2 점수 간의 그리고 시기 2와 시기 3 점수 간의 상관관계가 시기 1과 시기 3 간의 상관관계보다 높을 가능성이 크다. 공변량의 '동질성' 가정이 위반되면 보편적인 통계검증으로 얻은 확률 값이 지나치게 작아진다(즉, 효과가 실제보다 '더 유의미하게' 나타난다). '동질성' 가정의 위반에 따른 확률적 왜곡을 바로잡기 위한 몇 가지 기법들이 개발됐는데, 그중 가장 인기 있는 방법은 Geisser와 Greenhouse(1958)가 개발한 방법이다. Geisser-Greenhouse 조정은 〈표 3-20〉의 Part B에 제시된 모든 피험자 내 검증에 활용됐다. 즉, 통상적인 자유도를 반복 측정과 연계된 자유도(d-1)로 나눔으로써 검증의 확률 값 계산에 사용되는 자유도가 축소됐다. 이로써 얻어진 통계 검증 결과가 시사하는 것은 연령의 주 효과 및 연령과 실험 시기의 상호작용이 유의미한 정도로 수행을 '좌우' 한다는 것이다. 연령과 실험 시기의 상호작용은 [그림 3-12]에 제시되었다. 이 그림을 보면 네 개의 선이 서로 평행하지 않음을 알 수 있고, 이로부터 두 변인 간의 상호작용이 주로 상위 두 개 연령 집단의 수행과 하위 두 개 연령 집단의 수행 간의 대비에서 비롯한다는 것을 알 수 있다. 다시 말하면, 8세 집단과 10세 집단은 시간이 지남에 따라 수행이 약간 하락하는 반면, 4세 및 6세 집단은 평가 절차가 반복될 때마다 수행이 약간 상승한다. 유의미한 상호작용의 존재는 그것을 구성하는 하

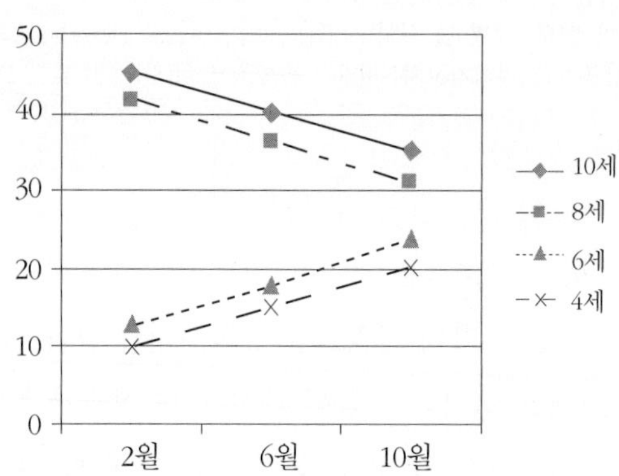

[그림 3-12] 〈표 3-20〉의 실험설계에서 연령과 실험 시기의 상호작용을 보여 준다.

위 효과들의 입증을 전제로 한다는 점에 주목하라. 다시 말하면, 상호작용은 그것의 구성 효과들보다 해석상 우위에 있다. 우리가 다루는 사례의 경우, 우리는 D×A(연령에 따른 평가)의 유의미한 상호작용을, 그 상호작용의 구성 부분인 두 가지 주 효과(연령 및 평가)보다 우선 해석할 것이다(이 주 효과들이 유의미할지라도 마찬가지다). D×A의 유의미한 상호작용을 해석하면서 우리는 연령의 효과가 평가 시기에 따라 다를 수 있고, 역으로 평가 시기 간의 차이는 연령 집단에 따라 다를 수 있다는 점을 인정해야 한다.

ANOVA에 의해 수행되는 표준 검증들은 적어도 두 가지 상황에서 다른 통계학적 검증으로 보완되거나 간혹 대체될 수 있다. 첫째, 추가 검증은 자유도가 하나 이상인 경우(자유도가 하나 이상이라는 것은 예컨대 두 집단을 비교하는 경우처럼 하나 이상의 비교 대상이 있는 경우를 말한다)의 유의미한 ANOVA를 실시한 뒤에 한 가지 요인의 정확히 어떤 수준(들)이 어떤 다른 수준(들)과 차이를 갖는지를 판단하기 위해 주로 수행된다. 이러한 사후 검증에 쓰이는 기법은 일종의 경향성 검증, 단순 주효과 검증 혹은 평균들의 조합들 간에 이루어지는 여타의 비교 검증을 수반한다. 보통 이러한 검증들을 가리켜 중다비교 검증(multiple comparison test)이라고 한다. 이 검증의 의도는 옴니버스(omnibus) 검증에 포함된 독립변인들의 수준 중에 어떤 것들이 차이가 나는지를 밝혀내는 한편, 한 자료 세트에 대해 여러 차례의 유의미성 검증을 행할 때 범하기 쉬운 제1종 오류를 어느 정도 통제하기 위함이다(회귀분석 부분에서 이와 관련한 논의를 찾아보라). 물론 이러한 방법뿐만 아니라 다른 어떤 유의도 검증 방법들도 '건너뛰기식 검증', 즉 '유의미' 한 결과가 나올 때까지 한 가지 추리 검증 기법에서 다른 기법으로 건너뛰는 것은 적절하지 않다.[11)]

다양한 중다비교 검증 기법들이 사용된다. Dunnett의 기법, Tukey의 HSD 검증, Scheffe의 S검증, Newman-Keuls 검증 등(Games, 1971; Kirk, 1995). 여러 검증 방식 가운데 하나를 선택하는 기준은 해당 비교 검증이 자료분석 이전에 계획된 것인지(사전 비교) 혹은 자료 검토 이후에 선택된 것(사후 비교)인지 여부, 평균들 간에 일대일 또는 그 이상 복잡한 비교가 이루어졌는지 여부, 모든 조건 평균들이 통제 집단 평균과 비교됐는지 여부 등 여러 가지가 있다(이에 관한 예는 Kirk, 1982의 〈표 3-6-1〉 참조).

ANOVA의 옴니버스 검증에만 의존해서는 안 되는 두 번째 이유는 통계적 적용을 위한 한 가지 핵심적인 부분과 관계가 있다. 그것은 분석이 질문에 부합해야 한다는 것이

11) 건너뛰기 방식의 또 한 가지 변종은 자료의 형식과 분석 방법을 바꾸는 것인데, 이는 흔하고 교묘하지만 역시 변칙적인 수법이다. 이를테면, 친사회적 행동의 연령 집단별 차이에 관심 있는 연구자가 처음에 t-검증을 이용해 기부율을 분석했다가 유의미성을 발견하지 못하자 각 연구대상 아동들의 기부에 관한 변형된 자료에 카이-스퀘어 분석을 활용했다면 그는 건너뛰기를 범한 것이다.

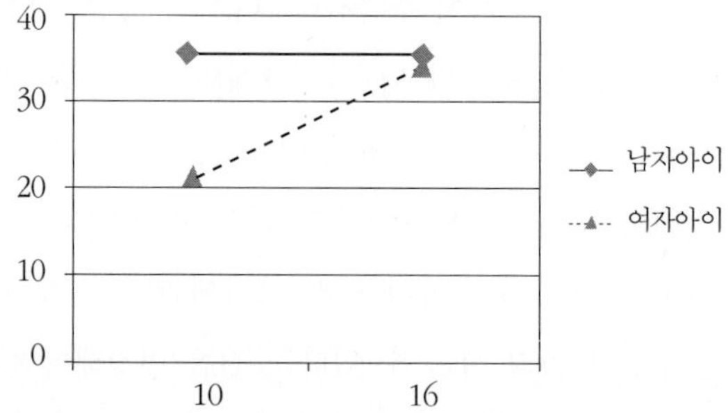

[그림 3-13] 성별과 연령의 상호작용 예측이 표준 옴니버스 ANOVA에 의해 적절히 검증되지 않은 사례

다. 그런데 ANOVA에서 수행하는 표준적인 검증으로는 사전에 수립된 가설의 증명에 필요한 비교들을 적절히 평가하지 못할 수도 있다. 예를 들어, [그림 3-13]에 표시된 2×2의 완전한 무선할당 요인 설계에서의 네 수준 간의 상호작용을 살펴보자(완전한 무선할당 설계에서는 모든 효과들이 연구대상 간 비교를 수반한다). 표에 나타난 상호작용과 관련된 변량들은 표준화된 ANOVA 검증 방식에 따라 연령과 성별에 의한 주 효과와 연령 성별의 상호작용 효과로 양분된다. 이러한 효과들에 대한 모든 검증들이 유의미성을 갖지 못할 수도 있지만, 이 예측된 상호작용 패턴[12]을 위해 별도로 작성된 비교는 유의미성이 매우 클 수도 있다. 그리고 당연하게도 이것은 비전형적인 연역적 가설에서 취해야 할 바로 그 접근법이다. 기대 효과를 위한 비교는 계획된 후에 검증되어야 한다. 이와 같은 사전 비교 검증들은 전통적인 ANOVA 검증 이전에 혹은 심지어 그 대신에 수행될 수도 있다 (Rosenthal & Rosnow, 1985 참조).

ANOVA의 활용을 둘러싼 일반적 문제들 외에도, 흔히 이용되는 특수한 변량분석 설계의 활용과 관련한 어려움들이 제기된다. 그러한 설계들 가운데 두 가지가 위계적 변량분석과 ANCOVA다.

위계적 설계 위계적 설계는 공식적으로 말하면, 한 가지 요인의 항목들이 또 다른 요인의 항목들 속에 둥지를 치고 있는(nested) 설계를 말한다. 예를 들어, 2학년 소년소녀들과 4학년 소년소녀 모두 기억 보조장치의 도움을 받아 철자를 배우지만, 2학년에게 적용되는 기법과 4학년에게 적용되는 기법이 서로 다르다면 그 실험의 설계는 위계적이라 할

12) 이 경우, 우리는 이러한 비교의 분자를 10세 소녀 집단 평균에서 나머지 3개 평균들의 평균을 뺀 값으로 계산할 수 있다. $\mu_{♀10} - .33(\mu_{♂16} + \mu_{♀16} + \mu_{♂10})$

수 있다. 이처럼 두드러진 둥지 틀기(nesting) 사례(학년을 둥지로, 기억 보조장치를 둥지 안에 있는 알로 이해하라)들에 대해 분석상의 실수가 발생할 가능성은 적다. 그러나 학급, 놀이 집단 또는 가족 같은 성가신 변인들이 실험 요인 속에 둥지를 튼다면 실수가 발생한다. 가령 아동의 공격성이 종속변인을 이루고, 설계요인은 공격성이 무시되느냐 해석되느냐에 관심을 가지며, 아동들이 놀이 집단 내에서 평가되고 처치받는 경우를 생각해 보자. 이 사례에서 한 집단의 각별히 공격적인 구성원이 같은 집단 내의 다른 구성원들로 하여금 대항 공격성을 유발할 수 있다. 결과적으로 해당 놀이 집단 구성원들 대부분 혹은 전부의 공격성 점수가 올라갈 것이고, 이때 각 구성원들의 점수는 상호 의존적일 가능성이 높다. 그리하여 놀이집단에의 소속 여부는 상당히 성가신 변량의 원천이 될 수 있다. 따라서 이러한 자료를 분석할 때는 한 집단 구성원들의 점수들 사이에 존재하는 종속성과 집단 자체의 영향을 고려해야 한다. 그렇지 않으면 심각한 추리상의 오류가 발생할 수 있다(Kenny & Judd, 1986). 둥지변인들(nested variables)을 통계분석에 포함시키는 여러 가지 방법들을 고찰한 문헌으로는 Anderson과 Anger(1978), Kraemer와 Jacklin(1979), Bryk와 Raudenbush(1992) 그리고 Kirk(1982, 1995)가 있다.

ANCOVA ANCOVA가 활용되는 것은 어떤 표준적 변량분석 설계에서든 원치 않는 변량의 원천을 통제하기 위해 통계학적 수단을 통해 하나 이상의 측정변인이 사용되는 경우다(이것은 부분 상관관계를 이용한 통계적 통제 방법과는 다르다). 예를 들어, 읽기를 가르치는 방법에 관한 실험에서는 실험에 참여하는 아동들 사이에서 자연스럽게 나타나는 '독해 잠재력' 차이를 상쇄하기 위한 공변량(covariate)으로서 아동의 IQ 점수가 활용될 수 있다. 원치 않는 변량의 원천이 실험적으로 통제될 수는 없어도 통계학적으로 완화될 수 있기 때문에 ANCOVA는 통계적 설명력 또는 민감도를 제고하는 인기 있는 도구다. 그러나 ANCOVA 사용자는 일단의 엄격한 요구 조건들을 준수해야 한다(예, Huitema, 1980).

ANCOVA를 잘못 사용했을 때 발생할 수 있는 특히 심각한 문제에는 두 가지가 있다. 하나는 ANCOVA의 가정 위반에서 비롯되고, 다른 하나는 ANCOVA에 부적합한 분석을 시도할 때 발생한다. 위반할 경우 문제가 특히 더 커질 수 있는 ANCOVA 가정은 공변량에 관한 점수와 처치의 상호 독립성 가정이다. 앞서 제시한 읽기 교습 사례에서 IQ 점수는 처치로부터 독립적이어야 하고, 이는 읽기에 관한 처치가 이루어지기 전에(즉, 처치에 의해 IQ 점수가 영향을 받는 것이 불가능한 시점에) IQ 점수를 우리가 이미 파악하고 있어야 함을 의미할 수도 있다. 두 번째 문제는 연구자들이 학급과 같은 기존 집단들의 이미 존재하는 차이를 조정하기 위해 ANCOVA를 사용할 때 발생한다. 기존의 집단들을 선정한 뒤에 분석의 초점을 개인들의 수행에 맞추는 것은 무선 할당 절차에 대한 명백한 위반이다. 더욱이 대개의 경우 ANCOVA 절차를 통해서는 이미 존재하는 편향을 해소하지 못한다(예, Overall & Woodward, 1977).

다변량의 확장 발달연구자들은 ANOVA와 회귀분석에 다변량분석 함수를 추가한 여러 가지 확장된 방법을 사용한다. 다음에서는 알파벳 순서대로 이러한 확장 기법 가운데 가장 널리 쓰이는 것들의 주된 용도와 기능, 문제점, 추가 정보를 구할 수 있는 문헌 등을 간략히 소개한다. 하지만 그 전에 이러한 다양한 다변량분석 기법 간의 몇 가지 공통점을 짚어야 할 필요가 있다. 가장 중요한 것으로 모든 다변량분석 기법은 측정된 변인들의 원 점수(피험자들의 점수)에 계수들을 적용하여 하나 이상의 합산변인들을 만들어 낸다. 그 계수들은 특정 함수를 최적화하는 수준에서 결정된다. 예를 들어, 새로 만들어진 합산변인이 Y이고 원래 변인들이 X_a에서 X_e까지이며 최적 계수들이 a부터 e까지라면 i 번째 연구대상의 점수는 다음 식으로 계산한다.

$$Y_i = {}_aX_{ai} + {}_bX_{bi} + {}_cX_{ci} + {}_dX_{di} + {}_eX_{ei}$$

예컨대, 여기서 X_{ai}는 i 번째 연구대상의 X_a 변인에 대한 점수다. 이 과정은 한 학급의 학습 성취도 평가에서 총점에 해당하는 합산변인을 도출하는 과정과 비슷하다. 총점은 각각 다른 계수로 곱한 개별 점수들의 합으로 이뤄진 선형 함수를 바탕으로 계산된다. 개별 점수들에 붙는 계수는 시험 성적의 개인차를 극대화하도록 결정될 수 있다. 혹은 이에 대한 근접치로서 개별 수행에 1.0의 계수를 곱하는 것이 더 일반적이다. 다변량분석의 경우, 그러한 계수들은 가령 두 세트의 변인들 간의 상관관계를 극대화하거나(정준상관), 한 세트의 변인들에 특성을 부여하는 데 필요한 독립적 차원들을 최소화하거나(요인분석) 혹은 두 개 이상 집단 간 차이를 극대화하는 것(판별분석)들로 선택된다.

모든 다변량 기법들은 또한 몇 가지 공통된 약점도 지니고 있다. 그중 가장 큰 약점은 완전상관 혹은 거의 완전한 상관관계가 있는 변인들에 취약하다는 것이다. 완전상관관계를 이루는 변인들은 다변량분석에서 선형종속성(linear dependency)이라 문제를 만든다. 높은 상관관계를 이루는 변인들은 다중공선성(multicollinearity)이라 하는 약간 다른 문제를 만든다. 두 조건 모두 어떤 형식의 다변량분석에도 적절하지 않다. 다변량 기법의 또 한 가지 문제는 연구대상의 수가 상당히 많아야 한다는 것이다. 변인 수 대비 연구대상 수 비율이 1.0에 다가갈수록 계수를 산출하는 최적화 알고리즘은 자료상의 우연적 상관관계에 더 많이 의존하게 되며, 따라서 연구 결과는 복제되지 않는다.

정준상관 정준상관(canonical correlation)분석의 목적은 두 세트의 변인들 간의 상호관계를 규명하는 것이다. 이는 양분상관(bivariate correlation)분석의 다변량 판이라 할 수 있다. 정준상관분석은 예측변인 및 규준변인이 한 개가 아니라 세트로 존재할 때 사용된다. 이 기법은 예측변인과 규준변인들을 각각의 세트별로 가중치를 준 선형 조합으로 만들어 점수를 산출해 낸다. 가중치(weights)는 두 세트의 합산 점수 간에 상관관계를 극대화하는 수준에서 결정된다. 이러한 절차를 통해 산출된 변인들의 선형 조합을 정준변량(canonical variates)이라 한다. 그래서 정준변량들 간의 상관관계를 정준상관이라고 한다. 예측변인들의 세트와 규준변인들의 세트로부터 최초의 정준변량과 정준상관을 추출한 뒤에는 추가적 정준변량이 추출되어 상관관계가 검증될 수 있다. 이러한 추가적 정준변량들을 도출하는 데 사용되는 계수들은 또 하나의 추가된 규준에 의해 결정된다. 즉, 그 계수들을 사용했을 때 도출되는 새로운 변량들은 이미 확립된 정준변량들로부터 독립적이어야 한다.

정준상관관계 분석은 연구자가, 예를 들어 유치원 아동들의 사회적 상호작용 행동과 그들의 인지적 과제 수행능력 같은 서로 별개인 영역의 변인 세트들 간의 상관관계를 밝히려 할 때 사용된다. 이 경우 실험 연구대상 대 변인의 비율이 가령 10 대 1처럼 크지 않다면 분석에 사용된 최적 계수들은 추후 연구에서 교차 검증에 성공하지 못할 것이다. 정준상관에 관한 추가 정보는 Thompson(1984), Tabachnick와 Fidell(1996) 그리고 Stevens(1992)에서 찾을 수 있다.

판별분석 판별분석(discriminant analysis)의 목적은 개별 연구대상들을 적절한 집단에 할당하는 것이다. 연구대상을 어느 집단에 할당할지는 한 세트의 예측변인들에 관한 해당 연구대상의 수행들에 가중치를 곱한 선형조합을 기준으로 결정된다. 가중치는 예측변인들의 집단 간 차이를 극대화하게끔 선택된다. 예를 들어, 아동행동 체크리스트(CBCL)(예, Achenbach & Dumenci, 2001)에서 얻은 아동들의 점수에 가중치를 주고 이를 합성한 값을 기준으로 그들을 인기 집단, 소외 집단 또는 배척당하는 집단으로 할당하는 데 판별분석을 활용할 수 있다. 이러한 할당을 수행하려면 할당 목표 집단이 세 개인만큼 두 개(집단수-1)의 합성변인이 요구된다. 판별분석에서 생성된 합성변인들은 판별함수(discriminant functions)라고 불린다. 전형적인 판별분석은 판별함수에 사용되는 예측변인들의 계수를 산출한다. 다시 말하면, 할당 집단의 예측을 돕는 변인들의 계수를 생성한다. 판별분석의 결과는 또한 아동들의 판별함수상의 점수를 토대로 각각의 아동들이 어느 집단에 할당될 것인지를 시사해 주며, 올바르게 할당된 아동들의 비율도 시사해 준다(앞서 언급한 다변량분석 관련 표준서들과 컴퓨터 자료분석용 표준 소프트웨어 지침서, 이를테면 SPSS 참조; Bryman & Cramer, 2001).

요인분석 요인분석(factor analysis)과 주성분분석과 같이 그에 관련된 기법들의 목적은 한 세트의 변인들의 기저에 있는 최소한의 차원들을 발견하는 것이다. 예를 들어, 연구자들은 WISC-R의 하위 검사 수행에 기초된 차원들의 수에 관심을 가질 수도 있고 혹은 CBCL에 포함된 항목들의 기저에 있는 권고사항(endorsement)에 관심을 가질 수도 있을 것이다. 요인 또는 구성요소라고 불리는 이 차원들은 하위 검사 혹은 항목별 점수와 같은 원래의 변인들의 가중된 선형 조합을 만듦으로써 수립된다. 각각의 요인을 만드는 데 사용되는 가중치들은 요인추출 기법들에 따라 차이가 있다. 그럼에도 가중치를 결정하는 일반적인 기준은 그것이 변인들의 전체 세트에서 나타나는 최대 변량을 '설명' 할 수 있느냐는 것이다. 따라서 최초의 요인을 도출하는 데 사용되는 변인들의 가중치는 그 요인과 원래 변인들 간의 상관관계를 극대화하는 것들로 선택된다. 두 번째 요인을 도출하는 데 사용되는 변인들의 가중치는 원래 변인들 가운데 첫째 요인으로 설명되지 않는 변인들과 두 번째 요인 간의 상관관계를 극대화하도록 선택되며, 그다음 요인의 가중치들도 같은 원리에 의해 만들어진다.

요인들이 추출되고 나면 그것들은 종종 회전(rotation)된다. 회전이라 함은 요인추출에 사용한 가중치를 수정함으로써 요인들을 변형시키는 것을 뜻한다. 회전의 목적은 한 세트의 자료로부터 추출된 요인의 설명을 용이하게 하여 이해도를 높이기 위함이다. [그림 3-14]를 보면, 8개의 어휘 검사와 산수 검사 점수에서 추출된 원래 요인(I번과 II번)들이 이해를 돕기 위해 시계 반대 방향으로 30° 가량 회전되어 있다. I과 II로 명명된 원래 요인에는 어휘 능력과 산수 능력이 뒤죽박죽 섞여 있는 반면, I′과 II′로 명명된 새 요인들은 어휘 능력과 산수 능력을 각각 상대적으로 명확하게 나타내는 것으로 보인다. 요인분석 및 그에 관련된 기법들에 관해 더 깊이 알고자 하는 독자들은 Comrey(1978)와 Rummel(1967)의 논문을 참조하거나 Gorsuch(1983)와 McDonald(1985)의 저서 또는 앞서 언급한 다변량분석 관련 책들을 참조하면 된다.

MANOVA MANOVA는 ANOVA를 하나 이상의 종속변인이 있는 연구에 그대로 일반화한 것과 다름없다. 예를 들어, 〈표 3-20〉에서 설명한 연령, 성별 반복 평가 문제에

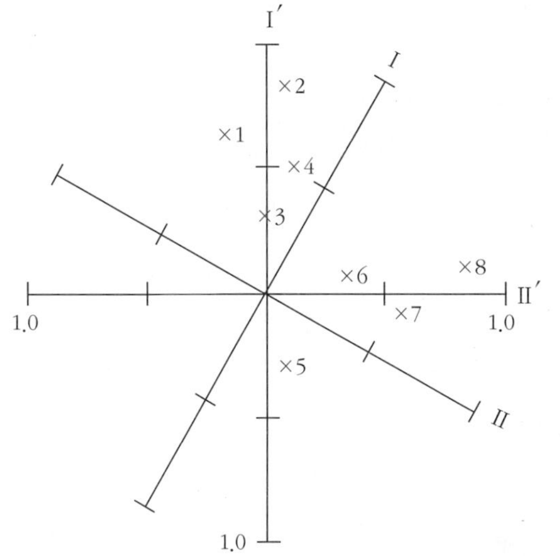

[그림 3-14] 요인들의 해석력을 증가시키기 위한 회전의 예

원래의 8개 변인들과 I, II번 요인들 간의 상관관계는 8개 변인들을 나타내는 좌표에 나와 있다. 예를 들어, 변인 1(1과 관련된 X 참조)은 I번 요인과 +.5의 상관관계를 지니며 II번 요인과는 -.5의 상관관계를 지닌다. 원래의 요인들이 30° 가량 시계 반대 방향으로 회전하여 I′번 및 II′번 요인들로 변형됐다. 그 결과 1에서 5까지 번호가 할당된 다섯 개 어휘 검사는 첫째 회전요인(I′)을, 6~8의 번호가 할당된 산수 검사는 둘째 회전요인(II′)을 규정한다. 회전은 변인들 간의 상관관계에 영향을 미치지 않지만 변인들과 요인들 간의 상관관계를 바꾼다. 예를 들어, 1번 변인은 이제 I′요인과 .6 이상의 상관관계를 가지며, II′ 요인과는 적은 음의 상관관계를 지닌다.

포함된 DV가 한 개가 아니라 둘 이상이라면 그 자료를 분석하는 데 MANOVA가 적합한 방법이 된다. 더 나아가, MANOVA 요약표는 〈표 3-20〉의 Part B에 제시된 ANOVA 표와 매우 유사한 형태를 띨 것이다. ANOVA와 MANOVA의 일차적 차이는 후자가 IV들의 수준 간 차이를 극대화하는 DV들의 가중된 합성을 하나 이상 생성한다는 것이다. 유의미도 검증의 대상이 되는 것은 바로 이 합성 점수(composite scores, 판별함수 점수(discriminant function scores)라고도 한다)들이다. 판별함수가 두 개 이상 만들어지면 각각의 후속 함수는 이전에 만들어진 함수와 직교적(독립적)이어야 한다.

각각의 종속변인에 대해 별개의 ANOVA를 수행하는 것과 비교해 MANOVA는 다음과 같은 몇 가지 장점이 있다.

① MANOVA는 제1종 오류를 더 효과적으로 통제할 수 있다. 적어도 하나의 독립변인이 종속변인들의 선형 합에 영향을 미친다는 것이 MANOVA에 의해 판명나기 전에

는 다음 단계의 통계 검증이 이루어질 수 없다(이 규칙은 사전 예측이 존재할 경우에는 좀 더 느슨하게 적용된다).

② 여러 개의 상호 연관된 종속변인들 각각에 약한 효과가 분산된 경우 MANOVA는 각각의 종속변인에 대한 개별적 ANOVA로는 잡아 낼 수 없는 차이를 알 수 있다. 그래서 어떤 상황에서는 MANOVA가 개별적 ANOVA보다 더 강력한 분석 방법이 될 수 있다(반대로 효과가 있는 DV가 단 하나라면 MANOVA 결과가 더 낮게 나타날 수도 있다).

③ MANOVA는 그에 비견되는 반복 측정 방식의 ANOVA에 비해 충족해야 할 전제 조건들이 덜 엄격하다(Tabachnick & Fidell, 1996).

기타 통계학적 기법

발달연구자들이 활용할 수 있는 분석 방법은 앞서 설명한 것들 외에도 몇 가지 새로운 방법들이 더 있다. 그 가운데 언급할 가치가 있을 만큼 많이 활용되기도 하며 중요한 세 가지는 위계적 선형모형, 구조적 방정식모형 그리고 메타분석이다.

위계적 선형모형　위계적 선형모형(HLM)은 다단계 분석이 요구되는 상황에 특히 더 적합한, 회귀분석과 유사한 기법들의 세트다. 발달연구자들이 접하는 상황 가운데 다단계 분석이 요구될 법한 경우는 두 가지다. 성장에 관한 분석 그리고 분석단위 수가 표집단위 수를 넘어서는 여러 상황들이 그렇다.

중다수준분석(multilevel analysis)이 도입되기 전까지 많은 문제점을 안고 있었던 성장에 대한 분석의 경우(앞서 언급한 변화에 관한 분석을 다룬 이전 절들 참조), 첫 단계는 각각의 연구대상에 대한 성장함수를 만드는 것이었다(Burchinal & Appelbaum, 1991 참조). 이러한 성장함수들은 다중 웨이브(multiwave) 평가에 기초해야 하지만 각 연구대상이 모든 정황이나 하나의 고정된 정황에서 측정될 것을 요구하지는 않는다(Hoeksma & Appelbaum, 1991). 두 번째 단계에서는 개별 성장함수들의 상관(예, 원인 또는 결과)들을 규명하기 위한 검토가 이루어진다. Bryk와 Raudenbush(1987)에 따르면, HLM은 연구자들로 하여금 연구대상 개개인의 성장 구조를 연구(개인들의 성장 궤적을 찾아내고 묘사하는 것)할 수 있게 해 주고, 성장의 상관관계를 발견하게 해 주며, 실험상의 처치가 성장 곡선에 끼치는 영향에 관한 가설을 검증할 수 있게 해 준다.

발달연구에서는 분석단위가 독립표집단위 수를 초과하는 경우가 흔하다. 예를 들어, 급우들과의 친분관계와 학업 수행 간의 관계를 연구할 때 선택된 대상 학교들이 급우들 간의 거주 지역거리와 사회경제적 지위(SES) 면에서 차이를 보이는 경우를 고려해 보자. 이러한 학교 선택의 결과로, 대상 학급들은 동일한 학교의 둥지 내에 모여 있게 되며, 대상 학생들은 동일한 학급의 둥지 내에 모여 있게 된다(nested). 이러한 둥지현상 때문에 응답자들의 점수는 학급 수준에서든 학교 전체 수준에서든 서로 연결돼 있을 수 있다(독립성이 결여될 수 있다). 하지만 HLM은 ① 친분관계와 학업 수행의 관계에 대한 향상된 추정을 가능케 하고(비슷한 추정들이 다른 학교들에도 존재한다는 사실로부터 힘을 빌려옴으로써), ② 급우들 간 거주 지역의 평균 거리와 사회경제적 지위 평균이 서로 다른 학교들이 친분관계와 학업 수행 간의 관계에 끼칠 수 있는 영향을 검증할 수 있게 해 주며, ③ 친분관계와 수행의 관계를 학교 내 및 학교 간 구성요소로 분할할 수 있게 해 준다.

비록 HLM은 발달연구자들을 괴롭혀 온 까다로운 문제들을 다루는 데 강력한 일반 접근법이지만, HLM 기법은 변인들의 분포, 변인들 간의 관계의 구조 그리고 결과변인들을 측정하는 척도에 관한 대담한 가정들을 전제로 삼는다(Bryk & Raudenbush, 1987). Bryk와 Raudenbush(1992, p. 198)에 따르면, 노련한 자료분석가들은 이 모형이 요구하는 가정들에 많은 주의를 기울인다. 그들은 가용 자료들에 비추어 그러한 가정들이 유효한지를 조사하고, 자신들의 결론이 이러한 가정들에 대한 위반에 얼마나 민감한지를 고려하며, 상당한 위반이 발견되는 경우 사태를 개선할 수 있는 전략들을 모색한다. 이러한 점에서 한 가지 허점이 존재한다고 말할 수 있다. HLM들은 비교적 새롭기 때문에 그러한 모형의 가정을 위반했을 때의 결과에 대한 심도 있는 연구는 많지 않은 실정이다.

구조적 방정식모형 구조적 방정식모형(SEM)은 구조모형, 선형구조적 방정식 혹은 공변량 구조모형이란 인과적 모형을 검사하기 위한 통계학적 방법으로서 중다회귀분석과 비슷하다. 중다회귀분석에서의 회귀계수에 대한 해석 같은 더 전형적인 기술적 해석과는 달리, SEM의 가설은 회귀계수가 독립변인들이 종속변인들의 변화를 초래하는 비율을 나타낸다는 것이다. 아마도 SEM은 Jöreskog와 Sörbom(1983)이 구조모형의 모수치를 추정하기 위해 개발한 컴퓨터 프로그램인 LISREL(linear structural relations)과 가장 많이 결부돼 있을 것이다. 그러나 그 밖에도 구조적 모형 검증을 위한 이용 가능한 접근법들이 있다(예, Arbuckle, 1997; Heise, 1975; Kenny, 1979; Ullman & Bentler, 2003).

구조모형은 발달연구자들에게 특히 매력적인 도구다. 그 이유를 이해하기는 어렵지 않다. 구조모형은 비실험적 자료를 다루는 데 매우 적합하며, 특히 다중 웨이브의 종단자료—전통적으로 발달연구에 많이 활용되는 자료—에 가장 효과적이다.[13] 사실 구조모형을 사용하거나 남용하는 문헌들이 너무나 급격히 증가한 나머지 저명한 발달심리학 학술지인 「*Child Development*」는 한 호의 거의 대부분을 '이 통계학적 기법의 성격과 발달연구 자료에의 적용 가능성' (Bronson, 1987, p. 1)을 검토하는 데 할애했다. SEM의 남용에 관한 비판은 Freedman(1991)과 MacCallum(2003)에서 찾아볼 수 있다.

구조모형은 더 전통적인 실험설계와 분석 기법에 비해 다소 이질적인 용어들을 사용한다. SEM의 경우, 변인들의 집합은 외생변인(exogenous variables)과 내생변인(endogenous variables)으로 나누어진다. 외생변인은 모형 내의 다른(내생) 변인들에 변화를 가져오는 것으로 추측되는 변인들인데, 외생변인들 자체의 원인은 모형에서 다루지 않는다. 그에 반해 내생변인들은 모형 내의 다른 변인들의 영향으로 바뀌는 것으로 가정된다. 따라서 외생변인들은 항상 독립변인들인 반면, 내생변인들은 종속변인이지만 독립변인의 역할도 할 수 있다. 종속변인과 독립변인 역할을 동시에 하는 변인을 매개변인(mediator variable)이라고도 한다(Baron & Kenny, 1986).

어떤 구조모형에 포함된 변인들은 측정변인(measured variables) 또는 잠재변인(latent variables)으로 분류되기도 한다. 측정변인(표현변인이라고도 하는)들은 명칭에서 알 수 있듯이 직접 평가되는 변인이다. 잠재변인들은 보통 하나 이상의 측정변인들을 근거로 추정되는 변인들이다. 이러한 용어들이 시사하듯, 구조적 모형(구조적 모형 링에서 중다회귀분석과 비슷한 부분)은 종종 측정모형(SEM에서 요인분석과 비슷한 부분)과 중첩된다. 이 두 모형이 결합되는 경우(LISREL에서 그렇듯이) 그 모형의 구성요소와 그것들을 서로 연결시키는 방정식들을 표현하는 데 그리스 알파벳과 영문 알파벳의 절반 이상이 소요된다. 다행히도 그러한 모형들은 통상 수식으로만이 아니라 경로 도식(path diagram) 형태의 그림으로도 표현된다.

4개 변인 간의 구조적 관계를 묘사한 경로 도식이 [그림 3-15]에 예시되었다. 이와 같은 경로 도식에서는 외생변인들이 그림의 가장 왼쪽에, 개입변인들(예, 매개변인)이 중간에 그리고 여타 내생변인들이 맨 오른쪽에 표시된다. 일단 자료가 획득되면 경로 계수들(상관계수 및 회귀계수)은 화살표 위에 표시된다. 잔차 효과 값($1-R^2$) 또는 각 변인에서 모형에 의해 설명되지 않는 변량의 비율 들은 동그라미 안에 포함된다(McDonald & Ho, 2002 참조). [그림 3-15]의 패널 B는 패널 A에 나타난 잠재변인인 아동의 사회성 기술을 측정하는 하위 모형을 보여 준다. 이 잠재변인 밑에는 세 가지 측정 방법이 표시되어 있다. 아동에 대한 독립적 관찰, 교사 평가 그리고 또래 집단의 사회측정치가 그것이다. 이

13) SEM과 HLM은 종단(성장) 자료를 모형화하는 여러 접근법 가운데 두 가지일 뿐이다. 성장을 분석하는 여러 방법들에 관한 논의는 Collin과 Sayer(2000), Raudenbush(2000)를 참조하라.

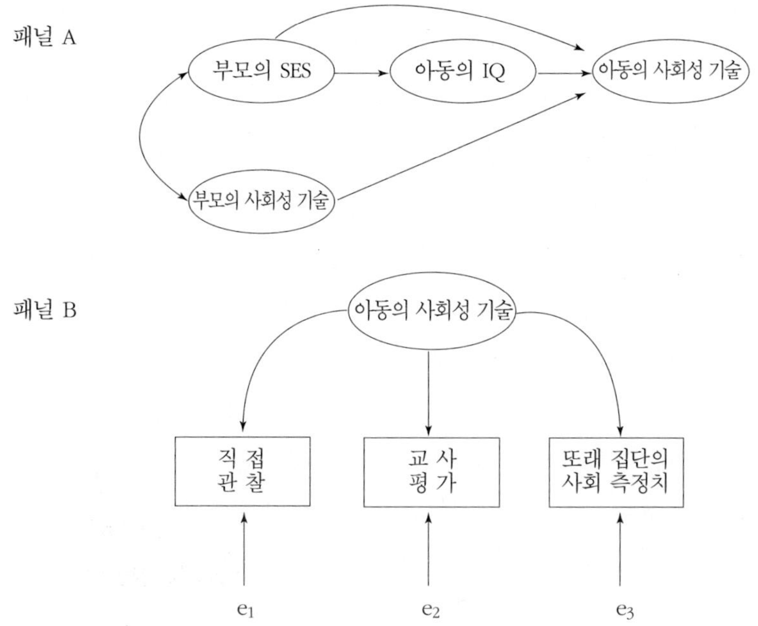

[그림 3-15] 경로 도식

패널 A의 그림은 외생변인들에 해당하는 부모의 사회경제적 지위와 사회성 기술 그리고 내생변인인 아동의 IQ(매개변인 또는 개입변인) 및 사회성 기술 간의 구조적 관계를 보여 준다. 교란요인들은 포함되어 있지 않다. 패널 B의 그림은 잠재변인인 아동의 사회성 기술에 대한 측정모형을 보여 준다. e는 세 가지 측정 방식을 각각 사용하여 아동의 사회성 기술이라는 잠재변인을 평가했을 때 발생할 수 있는 오차를 나타낸다.

와 같이 다수의 지표를 활용하는 것은 SEM의 중요한 특징이지만, 일반적으로 말해 훌륭한 연구 자세이기도 하다.

경로 도식에서 일방향 화살표의 끝에 놓인 모든 변인들은 구조적 방정식에서는 종속변인으로 분류된다. 종속변인의 화살표 맞은편에 놓인 모든 변인들은 같은 구조적 방정식의 오른쪽 항에서 독립변인으로 분류된다. 예를 들어, [그림 3-15]에 대략적으로 기술된 모형에서 아동의 사회성 기술은 아동의 IQ와 부모의 SES와 사회성 기술의 함수로 표시(패널 A)되는 반면, 관찰을 통해 측정된 사회성 기술은 아동의 사회성 기술이라는 잠재변인과 오차를 포괄하는 방정식에서 종속변인을 구성한다(패널 B).

SEM 검증은 지나치게 복잡하지는 않은 몇 가지 단계에 걸쳐 이루어진다. 첫 단계는 구조모형을 수립하는 것으로, 이 단계에서는 변인 집합들 간의 가설적 인과관계가 정해진다. 둘째 단계에서는 변인들을 조작 가능하게 하고 모형의 검증에 필요한 자료를 수집한다. 원인이 결과를 산출하기까지는 시간이 걸리기 때문에 모형에서 주장하는 인과관계를

'포착' 하려면 그에 적합한 종단 자료(시간차를 두고 효과가 드러나는)가 필요한 것이 보통이다. 수집된 자료—다른 모든 다변량통계 기법들과 마찬가지로 구조모형에도 다량의 자료가 필요하다—는 모형의 적합도 검증에 적합한 형태로 정리된다. 그렇게 정리된 통계치들은 종종 LISREL 같은 다소 복잡한 통계 프로그램에 의해 처리되고, 프로그램은 통계치를 바탕으로 모형의 모수치와 통계적 유의도 검증에 관한 추정치들을 산출한다. 유의하지 않은 검증 가운데 하나 또는 그 이상은 모형 전체를 대상으로 행해진다(Anderson, 1987). 통계학적으로 유의하지 않은 검증 결과(대개는 카이-스퀘어 검증에서 나온다)는 모형이 자료를 잘 설명한다는 것을 시사한다. 반면에 통계학적으로 유의미한 검증 결과는 모형이 수정돼야 함을 시사한다. 즉, 모형이 자료상의 유의미한 변산도를 설명하지 못한다는 것을 의미한다. 모형의 개별 구성요소들에 대해서도 통계학적 검증이 이루어진다. 예를 들어, 추정 효과를 원인과 결부시키고 지표들을 잠재변인들에 결부시키는 회귀계수가 검증 대상이 될 수 있다. 이러한 예측관계의 검증에서 의미성이 없는 결과는 검증된 모형의 하위 부분이 유효하지 않음을 확인시켜 준다. 즉, 기대된 관계성이 실제로는 0과 다르다고 볼 수 있는 신뢰로운 근거가 없음을 시사한다.

한 모형의 유효성이 확인됐을 때, 그로부터 도출할 수 있는 인과관계 상의 함의가 어떤 것인지를 이해하는 것이 필요하다. 통계학 입문 과정을 마친 사람이라면 누구나 알고 있듯이, 상관관계는 인과관계를 입증하지 않는다(사실 다른 어떤 통계치도 인과관계를 입증하지는 못한다. 인과관계를 판단하는 것은 실험설계의 몫이며, 어쩌면 과학철학의 몫일지도 모른다). 따라서 수집된 자료가 모형에서 예측하는 변인들 간의 상관관계를 뒷받침한다면 그것은 인과관계모형의 신뢰성을 높여 주고 모형의 기초를 이루는 이론의 신뢰성도 높여준다. 이렇게 모형의 신뢰성이 자료 검증을 통해 제고되는 것은 역으로 모형의 타당성이 자료에 의해 부인될 수도 있었음을 당연히 전제한 것이다(Popper, 1962).

모형의 유효성에 대한 검증이 이루어진 후에는 모형에 대한 탐색적 분석들이 추가로 이루어질 수 있다. 이러한 분석들은 논란의 소지가 많으며, 경험적 연구 결과에 더 부합하도록 모형을 수정할 수 있는 방안을 강구할 목적으로 수행된다(Overton, 1998, p. 165). 이러한 탐색적 분석 작업의 결과로 수정된 모형은 새로운 자료 표본을 가지고 추가적인 경험적 검증을 거쳐야 한다. 탐색적 분석에 사용된 통계적 기법이 무엇이든 간에 모든 탐색적 모형 설계는 이러한 검증을 거쳐야 한다. 그렇게 함으로써 새 모형이 합리적인 유효성 검증을 견딜 수 있는지 여부를 판단할 수 있다.

SEM은 비실험적 자료분석에 효과적인 방법이지만, 그러한 강점에는 약점도 따라 붙는다. SEM 모형은 변인 대 응답자 비율의 섬세한 균형을 요구하고(전부는 아니더라도 일부 전문가들은 변인 수가 [N]10-2를 초과하지 않을 것을 권고한다. 여기서 N은 연구대상 수를 뜻한다), 잠재변인들에 대한 다수의 척도 혹은 지표들을 요구하며, 수집된 종단 자료의 웨이브 간의 적절한 시간차를 요구하는 데다 변인들 간의 선형적 관계를 포함한 몇 가지 통계학적 가정들이 준수될 것을 요구한다(Biddle & Marlin, 1987; Freedman, 1991; Martin, 1987; Tanaka, 1987).

구조모형에 관한 읽을 만한 글들은 「*Child Development*」의 구조모형에 관한 특별호(Bronson, 1987)와 여러 교과서에서 찾아볼 수 있다(예, Bohrnstedt & Knoke, 1994; Pedhazur & Schmelkin, 1991; Ullman, 1996). 더 기술적인 문헌으로는 Ullman과 Bentler(2003), Jöreskog 및 Sörbom(1983) 그리고 Kelloway(1998)가 있다.

메타분석 메타분석(meta-analysis)은 연구 문헌들의 결과들을 요약하는 체계적이고 양적인 방법이다(Strube & Hartmann, 1983). 연구 문헌에 대한 전통적인 서사형 고찰(narrative review)은 주관적이고 부정확하며 일차적 연구에 포함된 중요한 정보를 무시한다는 비판을 받아 왔다(Jackson, 1980). 과학적 정보의 상대적 폭발과 결합된 이러한 우려 탓에, 연구 문헌을 요약하는 더 나은 방법의 필요성이 제기됐다.

메타분석은 연구 문헌에 대한 평론과 관련한 여러 가지 기능을 수행한다. 평론을 시작하는 초기 단계부터 메타분석에는 분석을 위한 '가공되지 않은 자료'가 편향되지 않도록 체계적으로 보장하기 위해 문헌을 구성하는 연구들을 수집하는 방법들이 포함된다(예, Hunter, Schmidt, & Jackson, 1982, 제7장). 그러나 메타분석의 핵심은 문헌을 구성하는 일차적 연구들의 성과를 요약하는 통계학적 방법들이다. 이 가운데 가장 주된 것은 다양한 연구에 걸쳐 있는 확률들을 결합시키는 기법들이다(Rosenthal, 1980b). 확률 결합 기법들은 여러 가지가 있으며, 그것들은 모두 문헌을 구성하는 일련의 결과들이 우연의 산물인지를 판단하는 것을 주된 목적으로 삼고 있다. 효과 크기의 결합은 여러 연구에 걸쳐 있는 결과들을 요약하는 데 또 하나의 중요한 접근법이다. 효과들의 평균 크기를 결정하는 방법들은 고찰자(reviewer)로 하여금 문헌의 발견들이 지닌 중요성 혹은 효과 크기를 가늠할 수 있도록 돕는다. 이 목적을 달성하기 위한 효과 크기의 지표들이 여러 개 존재하지만(Tatsuoka, 1993), 상관관계 계수와 Cohen의 d 통계치(표준점수의 한 변종)가 이러한 목적으로 가장 널리 사용된다(Smith, Glass, & Miller, 1980).

결합된 확률과 효과 크기의 평균을 산출하는 것 외에도 메타분석은 연구 결과의 안정성을 가늠하는 방법들을 제공한다. 안정성은 종종 Rosenthal(1979)의 실패-안전(fail-safe) 또는 파일-서류함(file-drawer) 방법으로 평가된다. 이 방법은 문헌고찰에 포함된 유용한 연구 결과들을 '세탁' 하기 위해 연구자의 책상에서 치워졌을 효과 크기가 0인 출간되지 않은 연구 결과들의 수를 추정하는 것이다.

마지막으로, 하나의 문헌을 구성하는 개별 연구들 사이에 확률 값들과 효과 크기들이 서로 상당히 다를 가능성이 높으므로, 이러한 연구 결과의 차이들과 관련된 요인들을 밝혀내는 여러 가지 절차와 전략들이 제안되었다. 잠재적 요인들 가운데는 문헌 고찰 과정에서 기호로 표시될 수 있는, 일차적 연구의 무수히 많은 특징들이 있을 수 있다. 예를 들어, 연구의 표본이 된 연구대상들의 성격, 독립변인들과 종속변인들을 다루는 방법 또는 연구에서 타당성을 위협하는 요인들이 얼마나 적절하게 처리됐는지 같은 사항들도 잠재적 요인이 될 수 있다. 이러한 요인들은 그 후 회귀분석, HLM, 변량분석 또는 메타분석만을 위해 개발된 분석에서 독립변인들로 취급된다(Bryk & Raudenbush, 1992; Hedges & Olkin, 1985).

메타분석 절차의 고찰(Bangert-Drowns, 1986)은 역설적이게도 전통적인 고찰 방법에 의한 것이었지만, 따로 지침서(Cooper & Hedges, 1994)가 필요할 정도로 그 종류도 다양해졌다(Cooper & Hedges, 1994). 메타분석 수행을 위한 소프트웨어도 나와 있다(예, Rosenberg, Adams, & Gurevitch, 1997). 메타분석에 관한 이해하기 쉽고 기술적인 문헌은 Cooper(1989), Glass, McGaw 및 Smith(1981), Hunter 등(1982) 그리고 Rosenthal (1980a)이 있다.

5. 통계적 검정 결과의 해석

발달학자들은 가설 검증 연구에서 다음과 같은 세 가지 기본적인 질문들에 대한 답을 찾고자 한다(Kirk, 2003, p. 88). "① 관찰된 현상이 실제로 의미를 갖는가, 아니면 우연의 산물인가? ② 그것이 실제로 의미를 갖는다면 어느 정도로 의미가 있는 것인가? ③ 그 현상이 실용성이 있을 정도로 의미가 있는가?" 안타깝게도 통계적 유의도 검증을 통해서 답을 찾은 것은 첫 번째 질문뿐이나, 그와 같은 검증에서 소수점 뒤에 나오는 0의 개수는 명확히 두 번째, 세 번째 질문에 대한 답을 구하는 데에 사용된다. 사실상(Kirk, p. 100에서 언급되었듯이) 영가설 통계 실험은 "……자료가 우리의 과학적 가설을 뒷침하는가 그리고 실용적인 유의도를 가지는가에 대한 판단인 목적에서 우리의 주의를 다른 곳으로 돌리게 만든다." 영가설 통계 실험에 대한 보다 덜 비판적인 논평을 보려면 Mulaik, Raju 및 Harshman(1997), Abelson(1997b)을 참조하라.

얼마나 유의미한가?

유의도 수준에 관한 검정은 효과와 표본 크기 등 두 요소의 크기가 중요한 기능을 하기 때문에—통계적 검증력과 관련된 여러 요소들뿐만 아니라—통계적으로 유의미한 실험이라고 해서 바로 효과 크기에 대한 문제를 다루는 것으로 해석해서는 안 된다. 그러나 다행인 것은, 크기의 문제에 대한 답을 찾기 위한 상당량의 보조 통계치가 나와 있다는 점이다(예, Fleiss, 1994; Rosenthal, 1994 참조). 이 통계치들은 두 개의 비교적 동질적인 집단과 쓸모없는 '다른' 한 범주로 나눌 수 있다. 동질적인—그리고 친숙한—집단의 통계치들은 표준화된 평균차(z)와 상관계수(r)에 느슨한 관계를 갖고 있다(메타 분석 부분을 참조). 최종 산출된 쓸모없는 범주에는 다양한 효과 크기의 추정치들이 포함되나—"무엇이든 추리 통계치를 하나만 말해 보라. 그러면 우리가 크기에 관한 통계치(size statistic)를 내겠다." — 이것에 대해서는 더 이상은 논의되지 않을 것이다(예, Kirk, 2003, 〈표 5-1〉 참조).

표준화된 평균차 종류의 측정치 표준화된 평균차가 표준편차를 측정단위로 사용하여 두 평균의 차이를 설명한다는, 앞서 언급한 z점수에 관한 논의를 기억할 것이다. 평균은 각각 15.2와 16.4이고 두 집단의 평균 표준편차가 1.6인, 두 집단으로 구성된 설계를 한 번 생각해 보자. 두 집단의 평균 차는 .8(16.4-15.2) 또는 .5*SD* 단위(.8/1.6=.5)다. .5라는 값은 이들 값으로부터 계산된 Cohen의 효과 크기 척도인 델타(δ)와 반드시 같다. 이 효과 크기와 유사한 종류의 다른 측정치들은 기본적으로 같은 형태를 가지나, α를 측정하는 방법이나 편향성(bias)을 바로잡는 과정이 공식 안에 포함되어 있는가와 같이 세부적인 면에서는 다르다.

Cohen은 δ 해석에 관한 널리 받아들여지는 일련의 지침을 제시하는데, .2는 작은 효과, .5는 중간 효과, .8은 큰 효과를 의미한다(예, Cohen, 1992). 이러한 지침들은 연구 계획 단계에서 표본 크기를 결정하는 데에 유용하다. 만약 연구자가 최소 효과 크기(예, 중간), 검증력을 가질 수 있는 우도(likelihood) 그리고 바람직한 유의 수준(예, $\alpha=.05$)을 알고 있다면, 연구자는—가장 간단한 설계에서—이러한 요건을 갖추기 위해 얼마나 많은 연구대상이 필요한지 미리 결정할 수 있다(예, Cohen, 1988 참조).

상관계수 측정치 효과 크기에 대한 상관계수 측정치는 독립변인과 종속변인 간의 상관관계를 평가한다. 더욱이 상관계수 측정치는 종종 제곱 꼴로 나타나고, 이원변량이나 다변량 상관계수 제곱 꼴의 경우처럼 IV와 DV 사이에는 비례적인 중첩(overlap)이 있다.

효과 크기를 평가하는 데 사용되는 특정한 상관계수 측정치는 IV와 DV가 연속변인인가 혹은 범주변인인가와 중요하게 연관되어 있으며, 실험설계의 특성이 무선적인가 고정된 것인가와도 중요한 관계가 있다. Kirk(2003)는 고정효과변량분석(fixed-effect ANOVA)이 사용되었을 때, 오메가스퀘어(w^2)가 연합강도(strength of association)를 평가하기 위해 흔히 사용되는 통계 방법이며, 무선효과설계에서는 로스퀘어(ρ^2)가 흔히—그리고 적절하게— 사용된다고 이야기한다. 이 두 방법 모두—앞서 말했듯이— 특정 IV와 관련 있다고 간주되는 DV 변량의 비율이 어느 정도인지 시사한다. Cohen(1988)은 또한 연관성 측정치 해석을 위한 지침도 제공했다. r^2=.01은 작은 효과 크기이며, r^2=.06은 중간 효과 크기, r^2=.14는 큰 효과 크기다. 많은 연구자들이 효과 크기 통계를 연관성 측정치로 변환하거나 혹은 그 반대로 변환하기 위한 공식을 만든 점은 놀라울 것이 없다(예, Kirk, 2003).

효과 크기에 대한 측정치를 해석할 때, 많은 비판론자들이 측정치의 한계와 교란요인(perturbing factors)을 논의했다는 점에 주목하는 것은 중요하다(예, Mitchell & Hartmann, 1981; O'Grady, 1982). 이러한 우려—범위의 제약과 효과 측정의 비신뢰성이 크기 통계치들의 해석에 영향을 미치는 문제를 포함해서—는 대부분 상관계수의 해석에 영향을 주는 요인들에 관한 고전적 논의인 McNemar(1969)의 연구에 근거를 두고 있다.

얼마나 중요한가?

중요성에 관한 질문에 확실한 대답을 하자면 유의미한 p값과 큰 효과 크기 측정치가 수반된다. 그러나 이 두 가지 기준에도 예외는 있다. 검증력의 조건이 특별히 좋지 않을 때(예, 부실한 설계, 신뢰할 수 없는 측정, 불완전한 조작(shaky manipulations), 적은 수의 연구대상) 얻은 작은 발견은 중요한 것일 수 있고, 작은 효과 크기일지라도 중요한 이론적 문제와 관련이 있기 때문에 중요할 수 있다. 효과의 중요성은 다른 여러 가지 고려사항에 의해서 결정될 수 있다.

① **효과를 만들어 내는 데 필요한 상대적 비용** 저렴한 비용으로 만들어 낸 작은 효과일지라도 실용적 중요성을 가질 수 있다.

② **최소화된 조작** 만약 작은 효과를 산출한 조작이 극단적으로 적거나 혹은 약하다면 이것은 중요한 것일 수 있다. Prentice와 Miller(1992)는 민족중심주의와 단순 노출을 포함하여 사회심리학 논문에서 최소한의 조작을 통해 산출된 중요 효과에 관한 수많은 예시를 제시했다(1992).

③ **경쟁 처치의 가능성** 만약 대안적인 처치가 가능하지 않다면 작은 효과라도 실질적인 중요성을 띤다.

④ **다루기에 까다로운 DV** 시체에 대한 사망이 확인되는 속도와 같이 추적 불가능해 보이는 DV를 생각해 보자. Prentice와 Miller(1992)는 만약 결과가 죽은 사람의 사체의 매력에 영향을 받았다는 사실—아주 조금이라도—이 밝혀지면 이것은 신체적 매력의 심리사회적인 중요성을 보여 주는 좋은 예가 되는 것이라고 주장했다.

중요한 다른 논의를 살펴보려면 Abelson(1985), Mook(1983), Rosenthal과 Rubin(1983) 그리고 Yeaton과 Sechrest(1981)를 참조하라.

6. 질적 연구 방법

이 부분에서는 연구에 관한 질적 접근이 앞서 언급한 양적 접근과 어떻게 다른지 설명하고 어떤 경우에 질적 접근이 유용한지 논의하며, 널리 쓰이는 양적 접근의 예로 서사분석(narrative analysis)을 다룰 것이다. 그리고 질적 연구 방법의 엄격성을 평가하는 방법을 생각해 보고, 연구에서 양적 접근법과 질적 접근법을 혼용하여 쓸 수 있는지를 살펴볼 것이다.

질적 연구 방법은 다양한 일반적 접근법을 망라한다. 좀 더 잘 알려진 접근법에는 근거이론 연구(grounded theory)(예, Charmaz, 2003; Henwood & Pidgeon, 2003), 서사분석(예, Murray, 2003), 사례연구(예, Lancy, 2001), 담화분석(예, Potter, 2003; Willig, 2003) 그리고 행동연구(예, Fine et al., 2003) 등이 있다. 이 접근법들에는 통계분석보다는 언어 묘사나 시각 묘사를 통한 현상 특징 파악에 중점을 둔다는 공통점이 있다(Morrow & Smith, 2000). 관찰과 연구대상 면담뿐만 아니라 연구대상들로부터 또는 연구대상들에 관한 자료수집을 포함한 다양한 자료집계 방법이 단독으로 또는 질적 연구 방법과 함께 사용된다(Berg, 2003; Esterberg, 2002). 마지막으로, 근거이론분석(예, Charmaz)과 서사분석(예, Murray)과 같이 수집된 자료를 분석하기 위한 특별한 전략들이 있다. 다양한 접근, 방법, 전략 등은 독특한 요소들을 담고 있으나, 안타깝게도 이 장에서 각각에 대해 모두 자세히 살펴보는 것은 불가능하다. 그러므로 현재 우리의 질적 연구 방법 논의에서는 그들 모두에 해당되는 공통적인 문제들을 보다 폭넓게 살펴보는 것이 적절할 것이다. 서사분석이 많은 발달학자들에게 친숙한 주제이므로 여기서는 질적 연구 접근법의 예로, 서사분석을 좀 더 자세히 살펴볼 것이다.

질적 연구의 중심에는 관심 대상이 되는 현상에 대한 풍부한 설명이 있다. Camic, Rhodes 및 Yardley(2003b, p. 10)는 양적 접근과 질적 접근 간의 차이를 지도와 비디오 간의 차이에 비유하고 있다.

> 지도는 매우 유용하다. 지도는 한 장소의 위치와 그곳부터 다른 장소까지의 거리를 근접한 정도, 방향이라는 측면에서 경제적이고도 정확하게 보여 준다. 그러나 가장 자세한 지도라 할지라도 그 장소에 있으면 어떤 느낌이 드는지 표현해 줄 수는 없다. 대조적으로, 비디오는 시시각각 변화하는 관찰자의 관점변화를 자세하고 생생하게 보여 준다. 그 관점이 선택적인 것이고 항해를 할 때 편리하게 사용될 수는 없을지라도, 그곳에 있을 때의 느낌이 어떤 것인지에 관한 주관적인 느낌을 전달할 수는 있다.

발달학자들이 '지도'를 주로 사용하는 경향이 있기는 하지만, 많은 수가 '비디오'의 풍부한 묘사가 갖는 가치를 인정한다. Piaget가 수행한 아동 면담과 관찰 결과의 가치를 생각해 보자(Piaget, 1932, 1965; Piaget, Inhelder, & Weaver, 1972, 2000). 생애 첫 해에 어머니와 아동 간의 관계적 행동(relational behavior)이 어떻게 전개되는가에 관한 Bowlby, Mahler 등 또는 Stern의 설명을 상기시켜 보고, 묘사가 그다지 많지 않은 그들의 발달이론에 대해 상상해 보자(Bowlby, 1969, 1982; Mahler, Pine, & Bergman, 1975, 2000; Stern, 1985). 어렵거나 불가능한 일임에는 틀림없다. 질적 접근법의 정보는 종종 시간과 함께 일어나는 개인의 변화를 포괄적으로 이해하기 위해 필요한 것으로 보인다.

풍부한 서술의 인식론적 중요성을 연구자가 인정한다고 할 때, 발달학자들뿐만 아니라 다른 분야를 전공하는 심리학자들도 양적 방법 접근과 양적 분석을 질적 접근보다 선호한다는 사실은 다소 흥미롭다(Camic et al., 2003b). 다른 학자들의 평가가 이루어지는 발달심리학회지에 싣기 위한 목적만으로 수행되는 질적 연구는 찾아보기 힘들다. 양적 접근 방법이 선호되는 이유는 무엇인가? Eisner(2003)는 심리학이 실증주의에 뿌리를 두고 있다는 사실이 계속해서 무엇이 '과학'인지에 관한 생각을 형성하고, 심리학자들이 어떤 질문을 하며, 어떻게 질문에 대한 답을 찾는가에서 제한을 가한다고 말한다. Way와 Pahl(1999)은 발달학자들이 일반적으로 계량화(quantification)된 것을 더 객관적인 것으로 간주하므로, 이론을 지지하거나 반박하는 근거로 계량화를 더 잘 받아들일 수 있는 것으로 생각한다는 점을 지적한다. 전반적으로 심리학자들은 질적 연구 방법이 시작 단계에서 주제를 이해하고 이론을 세우는 데 도움이 되고, 완성 단계까지의 연구가 아니라 이해를 돕기 위한 목적으로 사용할 때 유용하다고 간주하면서 질적 접근법을 보조수단의 지위로 강등시키는 경향이 있다(Sciarra, 1999). 이와 같이 편향된 생각을 만드는 데 기여하는 또 다른 요소는, 북아메리카 지역의 심리학 교육의 학부 과정 또는 대학원 과정에서 일반적으로 질적 연구 과정이 필수가 아니라는 점이다(Camic et al., 2003b).

질적 연구 접근법을 선호하는 연구자들은 실증주의적 신조를 거부하고 대신에 이상주의 또는 이상주의를 계승한 현대의 이념 중 하나를 실천하고자 한다(예, 구성주의, 해석주의, 해석학). 이상주의자들은 현실을 객관적으로 파악하는 것은 불가능하며, 각 개인은 경험과 경험에 부여한 의미에 기반하여 자신만의 현실을 만드는 것이며, 연구자들이 만든 현실은 연구의 대상이 된 현실과 분리할 수 없는 관계라고 주장한다(Sciarra, 1999; Denzin & Lincoln, 2000 참조). 이러한 가정은 여러 가지 자료수집 방법과 분석 방법뿐 아니라 연구의 방법론적 정밀성의 평가 방법에 관한 여러 가지 견해로 이어진다.

언제 질적 연구 방법을 고려하게 되는가? 일부 연구 질문과 목표는 질적 방법론에 대한 가능성을 만들어 준다. Camic 등(2003b)은 질적 연구 방법에 대한 여섯 가지 접근법을 설명하고 있다.

- 질적 접근 방법이 이전에 거의 연구된 적이 없는 주제를 연구할 때 유용한 경우가 종종 있다. 실증주의적인 교육을 받은 이들에게는 아마 이것이 가장 수용 가능한 사용법일 것이다. 질적 연구 방법은 이론 구축과(가설 검증과는 대조적으로) 연구대상들의 경험에서 가장 큰 중요점을 찾을 수 있도록 한다. 예를 들어, Baker와 Carson(1999)은 약물 중독치료를 받는 여성들을 면담하기 시작했는데, 처음에는 그 여성들의 어머니로서의 역할이 어떠한 중요성을 가지게 될지 예상하지 못했다. 그러나 발견에서 어머니로서의 역할에 대한 질문은 연구에서 가장 중요한 요소가 되었다. 유사한 경우로, Shadish 등(2002)은 질적 연구 방법이 종종 가설 검증 종류의 실험 연구나 유사 실험 연구를 설계하기에 앞서 인과관계를 알아보기 위한 유용한 도구가 된다고 말한다.
- 생태적 타당도를 입증하는 데 특별한 관심이 있을 경우, 질적 연구 방법이 적절할 수 있다(예, Bronfenbrenner, 1979). 질적 방법론 연구자에게는 현상에 대한 이해를 높이기 위하여 현상이 일어나는 실제 세계에 대해 배우고, 그 안의 한 부분이 되어 보는 것이 권장된다. 예를 들어, Hey(1997)는 학교에서 민족지학적 연구를 수행함으로써 사춘기 여학생들의 우정에 대해 조사했다. Hey의 설명은 척도와 구조화된 면담보다는 주로 학교에서 수거한 여학생들의 기록, 대화, 일기로부터 온 것이다.

- 질적 접근법은 전체론적인 시각을 강조하는 경향이 있다. "각 부분에 대한 미시분석은 언제나 보다 큰 전체라는 맥락에서 이루어진다."(Camic et al., 2003b, p. 9) 질적 방법론 연구자들은 통계적 가정의 진실을 입증해야 할 경우 더욱 어려운 방식으로 자료를 보다 큰 맥락, 예를 들어 문화와 같은 것에 연관짓기 위해 흔히 복잡한 관계와 불일치를 분석한다. 예를 들어 보자. 양적 방법론 연구자는 실험 연구대상의 일관되지 않은 반응을 측정 오류로 취급하겠지만, 질적 방법론 연구자는 그러한 불일치를 그 현상에 관해 더 복잡하게 설명하기 위해 사용할 것이다.
- 연구대상들이 자신의 경험에 어떤 주관적 의미를 부여하는지 분석하는 데 관심이 있다면 질적 연구 방법은 제법 유용하다. 발달연구에서 가장 잘 알려진 예는 자아정체성 발달을 이해하기 위한 방법으로 연구대상들의 '목소리'를 조사한 Gilligan과 동료들의 연구일 것이다(예, Gilligan, 1982; Gilligan, Spencer, Weinberg, & Bertsch, 2003 참조).
- 질적 연구 방법을 사용하면 '인간 경험의 심미적 차원'을 검증할 수 있을 뿐만 아니라 연구자들에게 어느 정도 예술적 자유가 허용된다(Camic et al., 2003b, p. 10). 예를 들어, Esterberg(2002)는 실험에서, 연구대상들의 서사(narrative)에서 순환적이고 반복적인 특징이 좀 더 잘 드러나도록 하기 위해 연구자들이 이야기를 시와 비슷한 형태인 연(stanza)으로 받아 적도록 했다(유사한 예는 Gee, 1991; Gilligan et al., 2003 참조). 민족지학에서는 청소년기 임신 경험에 초점을 두기 위해 미술 작품도 자료로 사용했다. Luttrell(2002)은 임신한 청소년들의 콜라주 작품을 수집하여 분석했을 뿐만 아니라 그들의 친구, 부모와의 사회적 상호작용을 연극으로 재현하기도 했다.
- 연구대상들 간의 관계, 연구대상들의 사회와의 관계 또는 연구대상들의 연구자와 연구 과정과의 관계를 밝히는 데 관심이 있다면 질적 연구 방법이 유용할 수 있다. 참여적 행동연구는 연구자의 협력이나 연구자가 만들어 가는 상황에 연구참여자가 하는 역할에 초점을 둔 질적 접근 방법의 한 예다(Fine et al., 2003).

질적 접근 방법의 예: 서사 형식의 면담과 서사분석 사람들이 자신들에 대해 하는 이야기를 조사하는 것은 발달 과정, 특히 자아정체성 발달과 생애 사건들에 대한 적응 과정을 이해하기 위해 널리 쓰이는 방식이다. 예를 보기 위해서는 MacAdams, Josselson 및 Lieblich(2001)를 참조하라. 질적 방법론 연구자들은 그러한 이야기들을 '서사(narratives)' (Murray, 2003) 또는 '설명(accounts)' (Harvey, Orbuch, & Weber, 1992)이라고 부른다. Bruner(1986, 1990)에 따르면, 사람들은 자신들의 생애 사건을 이해하고 그 경험들 간의 관계를 명확히 알기 위해 이야기를 한다고 한다. 서사분석 심리학자들은 이야기의 내용 외에 종종 이야기의 구조와 기능에 관심을 가진다(Murray, 2003).

서사는 이야기와 같은 특징을 가진다. 이야기와 마찬가지로 서사에는 시작, 중간, 끝이 있으며, 어떤 종류의 행위가 있다. 이렇듯 서사는 구조화된 또는 그렇지 않은 면담에서의 질문에 대한 비서사 형식의 답과는 다른 성질을 가진다(Esterberg, 2002). 연구자들은 현장 관찰 기록이나 개인의 일기 등 다른 자료로부터 사람들의 이야기를 찾기도 하지만, 생활사 면담이 종종 이야기를 수집하는 주된 방법으로 사용된다(Esterberg, 2002). Murray(2003)는 이야기를 수집하기 전에 연구대상들과 인간관계를 구축하라고 주문한다. 연구대상자들이 신뢰가 없거나 존중받는다는 느낌이 없으면 좋은 이야기를 제공할 가능성이 낮다.

생활사 면담(biographical interviews)은 체계적으로 구조화되어 있지 않고 연구대상이 주도하게 된다는 특징이 있지만, 연구자들에게는 종종 면담 과정 전체에서 지침이 되는 일반적인 질문들이 있다. 예를 들어, 재생산 시기와 재생산 시기 이후의 아프리카계 미국 성인들의 생애 이야기를 수집할 때, McAdams와 Bowman(2001)은 면담 프로토콜을 여덟 가지 범주로 구분했다(생애 부분, 중요 장면, 역경, 인물, 가장 좋아하는 이야기, 미래 계획, 이념, 인생 철학). 마찬가지로 Murray(2003)는 만성통증을 경험한 사람들로부터 생애 이야기와 좀 더 구체적이고 예가 들어간 이야기를 수집한 경험에 대해 이야기했다. Murray는 연구대상자들에게 만성통증의 경험 사례에 대해 구체적으로 이야기하고 자신의 삶 전반에 대해 좀 더 일반적인 이야기를 함께하도록 하여 그들의 만성통증 경험이 전체 인생이라는 맥락 속에서 이해될 수 있도록 했다.

이야기가 다 수집되면 연구자는 내용, 구조, 기능을 포함한 이야기의 다양한 면을 분석할 수 있다. 이 장의 두 번째 저자의 아버지가 쓴 다음의 일화를 생각해 보자.

> 1950~60년대에는 편의점은 없었고 대신에 수백 개에 달하는 구멍가게가 있었다. 그곳에서 주로 취급하는 품목은 사탕과 작은 장난감이었다. 장난감의 종류는 계절에 따라 바뀌었다. 봄에는 연, 여름에는 야구공 그리고 봄에는 단풍나무와 자작나무로 만든 던컨 사의 요요(Duncan Yo Yo)도 있었다. 던컨 사는 매출을 늘리기 위해 40세가량의 하와이, 필리핀, 일본 출신 남자들을 고용했고, 그들은 구멍가게 앞을 돌아다니며 요요를 보여 주었다. 10센트 스토어에 가도 그들을 볼 수 있었다. 봄이면 일주일에 한 번씩, 방과 후, 길 건너편에 거스라는 요요맨이 나타나곤 했다. 요요를 가진 동네 아이들은 모두 모여 요요 연습을 했고, 거스는 아이들에게 공짜로 새 줄을 주었다. 그다음에 아이들은 가게 앞에 줄을 서고 거스는 아이들에게 하나씩 기술을 시도하라고 주문했다. 기술에 성공하지 못하면 거스는 지체 없이 짧게 "너 나가."라고 소리 쳤고, 실패한 아이는 한 발짝 물러서야 했다. 가차

> 없고 빠른 탈락이었다. 정기적으로 요요 대회에서 입상하고 요요도 받았던 아이들은 학기 말쯤 시내에 있는 울월스의 10센트 스토어라는 곳에서 '시티 챔피언십' 대회에 초청받아 나가게 됐다. 거스가 나타나서 모두를 골목 안으로 인도했으며, 우리는 그곳에서 벽에 기대서 있었다. 경기가 시작되었고, 오래지 않아 나와 내 다음 아이 순서가 돌아왔다. 그 아이가 먼저 했는데, '세 잎 클로버' 라는 기술에서 실패했다. 나는 실수 없이 기술을 선보였고, 요요 머리를 한 사람 모양 트로피는 내 차지가 되었다. 거스는 자신이 알고 있는 가장 어려운 기술을 보여 주었는데, 기술 이름은 '새장 안의 거미' 라고 했다. 나는 자전거를 타고 집으로 돌아왔다. 나는 그 이후 요요 기술로 경쟁하는 것에 대한 흥미를 잃어버렸으나, 9월의 어느 날 12, 13세 정도로 보이는 보이 스카우트 아이들이 갖고 있는 요요를 보자, 나는 참지 못하고 요요 하나를 빼앗아 여러 가지 전통적인 기술들을 선보였다. '개걸음' '스파게티 먹기' '세계여행' '아기 재우기' '폭포 건너기' 그리고 당연히 '세 잎 클로버' 도 했다(Smith, 1996에서 발췌).

연구의 목적에 따라 이 서사(그리고 다른 서사의 경우에도)의 다른 측면들이 분석될 수 있다. 예를 들어, 연구자가 연구대상들의 사춘기 이전, 경쟁 성격을 가진 사건 유형을 분석하는 데 관심이 있다면, 이야기의 실제 내용을 검증하는 것이 적절하다. 일반적으로 서사 내용을 분석하는 연구자들은 각 개인의 고유한 표현을 통해서 그들의 이야기를 듣고 싶어 한다. 많은 경우 연구자들은 마음속에 특정한 사회적 맥락을 가지고 서사의 내용을 분석한다(Esterberg, 2002). 예를 들어, Smith(1996)는 1960년대 중서부 지역 노동계층의 삶이라는 맥락 속에서 요요 챔피언십 이야기를 구성했다.

그러나 만일 연구자가 요요 챔피언십 이야기에는 관심이 없고 연구대상이 이야기를 풀어 간 방식에 관심이 있었다면 어땠을까? 그랬다면 서사의 구조를 분석하는 게 적절했을 것이다. 예를 들어 보자. 앞의 이야기에서와 같이 3인칭에서 1인칭으로의 변화와 같은, 시점의 변화를 설명하는 게 무엇인지에 관심이 있을 수 있다. 그와 다른 경우로, 좀 더 최근의 사건과 연계를 지음으로써 어떻게 화자가 이야기를 마무리짓는지에 관심이 있는 연구자도 있을 수있다.[14] 내용분석과 마찬가지로, 연구자는 연구대상의 사회적 여건(예: 서구문화, 여성, 소수민족 출신)과 이야기 내에 존재하는 구조적 요소들을 연결해서 생각할 수 있다(Murray, 2003).

마지막으로, 내용이나 구조에 집중하는 것보다 질적 접근 방법을 추구하는 연구자들은 이야기의 기능에 대해 질문할 수도 있다. 예를 들어, 요요 챔피언십 이야기의 시작 부분에서, 이제 성인이 되어 자식까지 둔 화자는, 시간이 흐름에 따라 세상이 어떻게 변했는

14) 발달심리학 연구 논문에서 McAdams와 Bowman(2001)은 개인의 생애 이야기에서 속죄와 타락의 귀결을 검증할 때의 또 다른 구조적 분석을 제시한다.

지를 이야기하고 싶어 하는 것으로 보인다("……편의점은 없었고 대신에 수백 개에 달하는 구멍가게가 있었다."). 흥미로운 것은 마지막 부분에 화자가 유사한 방식으로 시간이 흘렀음에도 자신의 한 부분은 변함없이 예전 그대로라는 것을 말하고 싶어 하는 것 같다("……나는 참지 못하고, 요요를 하나 빼앗아 여러 가지 전통적인 기술들을 선보였다."). 이야기의 기능을 분석할 때 이야기를 듣는 청중은 중요한 고려 대상이다. 이야기의 목적은 청자가 누구인가에 따라 크게 바뀔 수 있다(Esterberg, 2002). 예를 들어, 가족이 아닌 처음 만난 사람에게 요요 챔피언십 이야기를 들려준다면 이야기가 어떻게 달라질까?

연구자가 분석하는 것이 내용, 구조, 기능 중 어떤 것인가에 관계없이 서사분석은 많은 시간을 요하는 작업이다. 이러한 이유로 서사연구는 대개 많은 샘플을 대상으로 하지 않는다(Kuzel, 1999, 샘플에 관한 권장 사항 참조). 서사를 수집한 다음에 질적 접근법을 추구하는 연구자들은 일반적으로 그 이야기의 문서 사본을 만들고 반복해서 읽은 다음, 서사의 어떤 부분을 분석할 것인지 결정한다. 때때로 연구자들은 필요한 부분들을 앞서 언급한 연(stanza)과 같이 분석하기 쉬운 형태의 사본으로 만든다. 서사가 다루기 쉬운 형태로 만들어지고 나면, 질적 방법을 사용하는 연구자는 정식으로 자료분석에 들어간다. Murray(2003)는 서사를 이해하기 위한 네 가지 분석법을 설명했다. 언어적 분석(서사를 이야기와 같은 구성요소들로 나누는 것), 문학적 분석(장르나 플롯으로 서사 검증하기), 근거이론분석(귀납법으로 서사의 주제를 추론하기) 그리고 사회적 맥락 분석(서사의 구조에서 맥락의 역할 분석). 여기서는 설명을 위해 언어학적 접근법을 사용하게 되는 경우와 관련한 각 단계를 제시했다.

Labov(1978)가 처음으로 설명했고, Esterberg(2002)가 잘 요약해 주었듯이, 언어학적 접근법은 서사를 기본적으로 6개의 부분으로 나눈다. 개괄, 오리엔테이션, 구체적 행위, 평가, 결과 그리고 결말이 바로 그것이다. 구체적 행위는 서사에서 필수적인 요소이나(예, 어떤 사건이 하나는 일어나야 한다), 다른 요소들의 경우 모든 서사에 항상 존재하는 것은 아니다. 이러한 요소들은 챔피언십 서사의 이해를 돕기 위하여 사용하기로 한다. 청자들은 개괄 부분을 통해서 서사가 시작된다는 것을 알 수 있다. Esterberg는 연구대상자들이 종종 "무슨 일이 일어났는지 말해도 안 믿을 걸."이라는 말로 이야기 시작의 신호를 보냄을 지적한다. 요요 이야기에는 개괄이 없는데, 그 이유는 아마도 이 서사가 막연한 질문이 아닌 구체적인 질문에 대한 대답이었기 때문일 것이다. 청자는 오리엔테이션을 통해서 배경 정보를 얻고, 이야기에 나오는 배경과 등장인물에 대해 알게 된다. 예를 들어 보자. 요요 챔피언십 서사에서 화자는 요요 맨인 거스에 대해 이야기할 때, 요요 대회가 어떻게 열렸고, 어떤 상황에서 열린 것인지를 설명하는 기본적인 방식을 도입했다. 오리엔테이션 다음에 구체적인 행동이 나온다. 구체적인 행동은 이야기에서 일어나는 사건 중 가장 중요한 내용이다. 요요 챔피언십 서사에서 구체적인 행동은 시티 챔피언십 대회다. 대개 서사는 독자들로 하여금 사건에 관심을 가져야 하는 이유가 무엇인지를 설명해 주는 평가요소도 포함한다. 요요 챔피언십 이야기에서는 평가요소를 찾기 어렵다. 그러나 화자는 특별한 트로피를 받고 어려운 요요 기술을 터득한 것을 승리에 대한 보상이라고 이야기하고, 이 이야기가 주의 환기를 위한 교훈적인 이야기가 아니라 성공에 관한 이야기임을 청자에게 주지시킨다(Esterberg, 2002). 이야기 마지막 부분에 결과는 펀치라인으로 작용한다. Esterberg는 결말에서 예기치 않은 전환을 등장시키는 것은 흔히 사용되는 방법이라고 말한다. 처음에는 화자가 요요 기술에는 완전히 관심을 잃은 것처럼 보이나, 청자는 결국 그것이 아님을 알게 된다. 마지막 결말 부분은 이야기가 끝났다는 사실을 청자들에게 알린다. 요요 챔피언십 이야기에서 화자는 청자들에게 자신이 획득한 요요 기술을 다시 한 번 상기시킨다. Murray(2003, p. 105)가 말했듯이, 언어학적 접근법은 "연구자로 하여금 서사에 나오는 핵심적 사건뿐만 아니라 연구대상자가 활용한 오리엔테이션과 그가 강조 혹은 생략한 문제가 무엇인지 파악하도록 한다."

질적 접근법을 택한 일부 연구자들은 앞서 언급한 것과 같은 서사의 질적 자료분석을 용이하게 하려는 목적으로 컴퓨터 소프트웨어 프로그램을 사용한다. 컴퓨터 소프트웨어 옵션에 관한 더 많은 정보는 가장 기초적인 질적 접근법에 나와 있다(Kelle, 1996 참조). 이러한 프로그램들은 자료를 조직하고 나누고 이해하는 데 도움이 될 것이다. 그러나 양적인 접근 방법을 택하는 연구자들이 사용하는 통계 프로그램과 마찬가지로 질적 방법을 택한 연구자들의 소프트웨어도 자료분석과 이해라는 부분에서 연구자의 역할을 대체할 수는 없다는 점을 잘 알아 두어야 한다(Morrow & Smith, 2000).

질적 연구의 질 평가 질적 접근법을 사용하는 연구자들 사이에 질적 연구의 정밀성 평가 방법에 대한 오랜 논쟁이 있다(Merrick, 1999; Willig, 2001). 신뢰도, 타당도와 같이 양적 연구에서 사용된 개념들은 질적 연구의 방법론적 정밀성을 평가할 때 직접적으로 적용할 수 없을 것이다(Merrick, 1999; 반대 견해는 Kidder, 1981 참조). Willig가 이야기했듯이, 질적 연구를 평가하는 방법은 인식론적의 기본 체계(예, 후기 실증주의와 포스트모더니즘)와 양립 가능해야 한다. 예를 들어, 연구자가 연구 과정과 정보 구조의 주관성을 인정하면 방법론적 정밀성을 판단하는 데 평정자간 신뢰도를 평가하는 것은 의문이 제기될 만한 전략이 될 것이다. 인식론적인 견해를 가지고 Merrick(1999)은 질적 연구 방법의 평가에서 중요한 세 가지 개념을 설명했다. 신뢰성(trustworthiness), 반영성(reflexivity) 그리고 대표성(representation)이 해당된다. 신뢰성은 질적 방법론에 의한 발견의 신뢰도를 알기 위해 만들어졌다는 점에서 내적 타당도와 유사한 측면이 있다. Merrick과 마찬가지로 Stiles(1993)는 질적 방법을 택한 연구자들이 신뢰할 만한 자료를 확립하는 여러 가지 방법을 설명했다. 먼저, 그들은 이론적인 성향을 공개적으로 밝힘으로써 연구의 소비자들이 그들의 방법론적인 선택과 분석을 보다 더 잘 이해할 수 있도록 했다. 물론 모든 소비자들이 이러한 성향에 대해 동조하는 의견을 가진 것은 아니다. 그러나 공개적으로 이론적 성향을 밝히는 것은 연구자들의 의사결정을 이해하는 데 도움이 될 것이다. Elliot, Fischer 및 Rennie(1999)는 그 과정을 '한 사람의 입장을 소유하는 것' 이라고 표현한 반면, Henwood와 Pidgeon(1992)은 '반영성' 의 한 부분으로 간주했다(다음 참조). 다음으로 연구자들은 독자들과 함께 어떤 방법으로 연구대상들과 자료를 다룰지에 대해 논의해야 한다. 연구자들은 일반적으로 자료와 해석 사이의 반복적인 관계를 철저히 연구하기 위해 오랫동안 집중적으로 그리고 반복적으로 자료를 확인하면서 스스로를 자료에 몰입시킬 필요가 있다. 그에 더하여 질적 방법론을 추구하는 연구자들은 자신들의 해석을 더욱 강력하게 뒷받침하기 위해 여러 가지 정보원을 통해 삼각측정(triangular findings)의 장점을 생각해 보아야 한다. 삼각측정은 자료가 일관되지 못할 가능성을 높이지만, 그러한 불일치나 모순은 때로 전체론적인 견해를 도입했을 때 이치에 맞는 결과를 보여 준다(Lancy, 2001). 결국 질적 방법으로 접근하는 연구자들은 연구 과정, 자료와 결과해석에 대해 동료들로부터 지속적인 피드백을 받을 필요가 있다. 어떤 연구자들은 동료들로부터의 피드백을 확실히 받기 위해 집단적으로 연구를 수행하는 기관에 몸담기도 한다(Deutsch, Luttrell, & Dorner, 2004). 연구 과정과 자료에 관한 논의가 이루어지는 집단 연구 단체 회원(또는 동료들) 간 사후 설명 부분은 관심의 대상인 특정 현상을 개념화하고 표현하는 데 필요한 중요한 정보를 제공한다.

반영성이라는 개념의 연장선상에서 Merrick(1999)는 질적 접근법을 택하여 성공적으로 연구를 수행 중인 연구자들은 실험을 하면서 연구주제, 설계, 과정에 관한 결정을 심사숙고하고 평가할 뿐만 아니라 자신의 경험을 되돌아보게 된다고 주장했다. 스스로를 돌아보는 활동이 연구 전 기간에 걸쳐 계속된다면 이상적일 것이다. 반영성은 부가적으로 세 가지 유형으로 나누어질 수 있다. 개인적인, 기능적인, 학문적인 측면(Merrick이 인용했듯이, Wilkinson, 1988 참조)이다. 질적인 방법을 택한 연구자들은 자신의 배경에 대해서 이야기하고 개인적인 경험이 연구와 연구 결과에 어떤 영향을 미쳤는지 말할 때 개인적 측면의 반영성이 나타난다. 예를 들어, 연구의 초점이 어디에 있느냐에 따라 연구자들은 자신의 연령, 자신이 속한 민족 또는 결혼 유무를 중요한 요소로 생각할 것이다. 기능적 반영성은 어떤 종류의 자료를 누구로부터 얻을 것인가에 대한 결정과 같은 연구 과정상의 의사 결정의 검증을 다룬다. 마지막으로, 학문적 측면의 재귀성은 연구 방법이나 과학에 대한 가정과 같이 좀 더 크고 중요한 문제들을 검증하는 연구자들과 관련이 있다.

Merrick(1999)이 이야기한 세 번째 개념인 대표성은 연구자들의 스스로 얻은 결과를 타인들과 어떻게 공유하느냐와 관련된 문제를 다룬다(Fine, 1994를 참조). 연구자들은 실험에 참여한 연구대상들에 대해 다른 연구자들이 무엇을 배울 수 있느냐에 관해 자신들이 줄 수 있는 영향을 조심성 있게 다루어야 한다. 연구대상의 자료에는, 특히 연구자가 공식적으로 발표할 때는 연구대상들의 목소리뿐만 아니라 연구자들의 목소리도 포함되어 있다. 자료 구축에 연구대상과 연구자 모두의 노력이 들어가 있다는 점을 인정하고 그렇게 될 수 있는 여러 가능성을 설명하는 과정이 많은 질적 연구자들 사이에서 권장되고 있다(Merrick, 1999).

질적 연구 방법의 정밀성을 평가하기 위해 중요한 주목할 만한 개념들이 몇 가지 더 있다. 전이 가능성(transferability), 독립 감사(independent audit), 부적 사례분석(negative case analysis) 등이다. 질적 연구를 택한 연구자들은 종종 외적 타당도나 일반화 가능성이 아닌, 전이 가능성과 관련된 개념을 사용한다(Henwood & Pidgeon, 1992; Merrick, 1999). (연구자와 연구대상 간에 형성된 관계부터 특정 연구대상들과 문화 전반의 관계에 이르기까지) 모든 단계/계층에 있는 맥락의 중요성을 다 강조하게 되면 질적 연구 방법을 사용하는 많은 연구자들이 그 결과를 좀 더 넓은 범위의 사람들에게 일반화시켜 적용하기 어렵다. 그러나 그렇다고 해서 다른 맥락에서 실험하는 연구자들의 결과가 쓸모없어지거나 무의미해진다는 뜻은 아니다. 연구자들은 연구대상들에 관한 세부 정보, 배경, 자료가 집계된 맥락 등을 공개하여 독자/청중이 연구 결과가 다른 맥락에서 다른 개인들에게 적용될 수 있는지 여부를, 충분한 정보를 바탕으로 결정할 수 있도록 해야 한다(Henwood & Pidgeon, 1992).[15] 양적 분석에 관해 다룬 이전 부분에 나오는 인과추론에 대한 근거이론(grounded theory)의 원리(Shadish et al., 2002)가 소비자들이 질적 연구 결과의 전이 가능성을 결정하는 데 도움을 줄 수 있을 것이다.

질적 연구에 참여하는 연구자들은 독립 감사(Yardley, 2000)라는 개념에 대해서도 논의한다. 독립 감사는 누가 모든 자료들을 살펴봤을 때(그것이 도출해 낼 수 있는 유일한 연구 결과인지 여부에 관계없이), 연구 결과물을 신뢰할 만하고 정당성이 있는 것으로 평가할 수 있도록 모든 자료, 분석, 다른 연구 주제 등을 모두 수집하는 것을 포함한다. 내적 일관

15) 그러나 같은 맥락에서 같은 현상을 연구하는 두 연구자가 반드시 같은 결론에 도달해야 한다는 것을 의미하지는 않는다(Eisner, 2003).

성(internal consistency), 응집성(coherence), 체계적 의사 결정 기록 등은 독립 감사에서 신뢰성을 구축하기 위한 가장 중요한 요소들이다.[16)]

마지막으로, 양적 접근법을 택한 연구자들이 부적 사례분석을 수행하는 것도 연구의 질을 결정하는 중요한 요소다. 부적 사례분석을 통해서 기존의 이론이나 개념 규정에 맞지 않는 자료를 분석할 수 있다. 종종 귀납적 절차를 통해 연구자들은 모든 사례에 적용될 수 있도록 이론이나 개념을 수정한다(McGrath & Johnson, 2003). 질적 분석가들은 보고서를 작성할 때 부정적 사례 그리고 사례와 이론 간 관계를 설명함으로써 독자들이 자료수집 이전에 어떤 자료가 존재했고, 부적 사례분석을 통해서 밝혀진 부분은 어떤 것인지 이해할 수 있도록 해야 한다. 기존의 이론 또는 개념에 부합하는 자료만 보게 되는 과대전형화(Hypertypification) 경향은 종종 자료에의 불충분한 몰입과 부적 사례분석 부족으로 초래된다(Erickson, 1992). 부적 사례를 어떻게 발견하고 이후에 이론을 어떻게 수정했는지를 설명할 때 분석가들은 과대전형화에 대한 민감도를 높일 수 있다.

양적 연구와 질적 연구 방법의 조합 양적 연구와 질적 연구 방법은 함께 사용되어야 하는 것인가? 의견은 다양하다(이 주제에 관한 유용한 논의는 Marecek, 2003 참조). 강점과 약점이 상반되므로 두 방법이 적절히 보완작용을 하고 관심의 대상인 현상을 삼각측정하는 데 도움이 될 것이라고 생각하기 쉽다. 그러나 두 방법을 하나의 연구나 한 프로그램 내에서 동시에 사용하는 것은 어려운 일이다. 앞서 설명했듯이, 양적 접근법은 각기 다른 여러 자료수집 방법이라는 것 이상의 차이를 지닌다. 가정에서부터 다른 인식론적 지향점을 갖는다. 예를 들어, 객관성과 주관성 사이의 내재적 차이뿐만 아니라 가설 검증 과정에서의 연역법과 부적 사례분석에서의 귀납법의 차이를 생각해 보자.

그러나 연구자들이 여러 가지 다른 인식론을 가지고 각각의 강점과 약점을 인식하며 어느 쪽의 지위도 부차적인 존재로 강등시키지 않은 채로 두 가지 모두를 사용할 수 있다. Lavelli, Pantoja, Hsu, Messinger 및 Fogel(2005)은 양적 접근법과 질적 접근법을 조화시키는 방법에 대한 예를 제시했다. 그들의 미시발생적(microgenetic) 설계에는 추리통계와 서사분석이 포함되어 있고, 그 결과 둘 중 한 가지 방법론만 채택했을 때보다 변화 과정에 대해 더 포괄적인 이해가 가능하다. Clarke(2003)는 한 연구에서 양적 연구와 질적 연구 접근법을 모두 사용하는 방법을 설명했다. Clarke는 통계를 사용하여 사회적 지지와 교육이 신체적 장애(뇌졸중에 의한)와 행복 간의 부정적 관계를 어떻게 완화시키는지

16) 연구와 관련이 없는 사람은 누구나 말 그대로 독립 감사를 수행할 수 있다.

증명했다. 그리고 나서 Clarke는 사회적 지지와 교육이 둘 사이의 관계가 완화되는 실제적인 과정을 설명하기 위해 뇌졸중을 겪은 이후의 경험에 관한 이야기에 나타난 주제를 이야기했다.

요 약 질적 연구 방법론은 자료수집과 분석뿐만 아니라 인식론적 패러다임을 바꾸는 것에서도 연구자들에게 대안을 제공한다. 질적 연구 방법을 사용하는 목적은 심리적 현상을 계량화하는 것이 아니라 주관적인 특징을 살펴보는 것이다. 연구자들은 다양한 일반적 접근법, 자료수집 방법, 분석 전략 등을 사용하여 이러한 목표를 달성하며 신뢰성, 반영성, 대표성을 사용하여 연구의 질을 평가한다. 질적 연구 방법에 더 알고 싶은 독자들은 다음의 책에서 유용한 정보를 얻을 수 있을 것이다. Berg(2003), Camic, Rhodes 및 Yardley(2003a), Denzin과 Lincoln(2000), Esterberg(2002), Kopala와 Suzuki(1999), Lancy(2001), Smith(2003), Willig(2001) 등이다.

7. 윤리규정

언뜻 생각하기에, 연구 수행의 옳고 그름을 다루는 영역인 윤리규정이 연구의 기술적 측면을 다루는 장에서는 큰 상관이 없는 것처럼 보일 것이다. 그러나 윤리규정은 앞서 언급했던 방법론과 분석법의 여러 가지 측면과 마찬가지로 연구 수행과도 관련이 있다. 발달연구 과정에서 모든 연구자는 다양한 의사결정 윤리에 기반을 두어야 한다. 윤리적인 결정은 방법론을 비롯한 연구의 여러 요소를 결정하며 상호작용한다.

모든 연구자들이 제기해 보아야 하는 가장 일반적인 질문은 다음과 같은 내용이 될 것이다. 연구 과정에서 연구대상들에게 미칠 수 있는 실질적 잠재적인 위험, 불쾌감, 불편 등과 연구의 성과/기여도를 비교하여 고려할 때 이 연구를 수행해야 하는가? 그리고 이러한 포괄적인 윤리에 관한 질문 외에 연구자는 연구대상, 보호자, 연구담당 인력과 관련한 많은 윤리 문제에 직면하게 된다(APA, 1982, 1987, 2002).

이 부분은 아동과 보호자에 관한 윤리 문제에 초점을 맞추고 있다. 우리는 아동을 연구대상으로 한 연구에서 발생할 수 있는 특수한 윤리 문제와 아동발달학회(the Society for Research in Child Development: SRCD)가 2003년 공표한 연구윤리행동강령을 다룰 것이다.

연구대상 아동의 보호

대개 발달연구에서는 아동이 연구대상으로 참여하며, 아동의 여러 특징들, 즉, 법적 미성년, 인지 수준, 제한된 경험 등이 특수한 윤리 문제를 야기할 수 있다. SRCD는 아동이 참여하는 연구에서의 행동강령을 스스로의 경험에 기반하여 만들어 냈다. 1990년 처음 발표된 14조항의 원칙은 Society's annual *Directory of Members*(예, SRCD, 2003)에 수록되어 있다. 주석은 저자의 기준과 해석에 의해 다시 쓰였다.

SRCD 원칙 1조. 아동에게 해가 되지 않는 연구 절차　연구자들은 아동에 해를 입힐 수 있는 연구 방법을 사용해서는 안 되며, 될 수 있는 대로 아동이 받는 스트레스를 최소화할 수 있는 연구 방법을 사용해야 한다. Thompson(1990)은 연구 방법을 계획할 때 자신이 가진 아동발달에 관한 지식을 총동원하라고 연구자들에게 이야기했다. 가령 일정 연령 이상의 아동에게는 그다지 스트레스를 주지 않는 연구 방법이, 연령이 그 이하인 아동에게는 많은 스트레스를 준다(예, 양육자로부터의 분리는 10대 청소년의 경우 스트레스가 되지 않으나 유아들에게는 그러할 수 있다)는 내용이 될 수 있다. 연구 과정에서 연구자들이 스트레스를 주는 방식을 도입하는 경우, 연구로부터 예상되는 혜택은 아동들이 감수하는 위험보다 훨씬 큰 것이어야 한다. 연구가 너무나 태만하게 수행되어 그 결과물로부터 얻는 혜택이 전혀 없을 때, 피실험자들로 하여금 불쾌한 경험을 하도록 만드는 일은 정당화될 수 없다(Aronson, Ellsworth, Carlsmith, & Gonzales, 1990). 연구자들이 연구 과정 중 피실험자들에게 불쾌감을 초래할지도 모른다는 생각이 들면 다른 전문가들로부터 조언을 구해야 한다. 불쾌감을 주는 연구 방법이 제안됐을 때 Institutional Review Board(IRB)로부터 면밀한 검증을 받는 것이 중요하다.

SRCD 원칙 2조. 동의와 승인 얻기　걸음마기 아동과 취학 전 아동을 대상으로 연구하는 연구자들은 실험의 종류, 장소, 연구대상, 진행 시간, 다른 아동의 참여 경험 여부, 다른 아동의 반응, 인센티브 제공 유무 등에 대해 최소한 설명해 주는 노력을 기울여야 한다. 그러고 나서 아동들은 참여와 관련하여 '예' 또는 '아니요'로 의사표시를 할 수 있다(Miller, 1987). 영아를 대상으로 실험하는 연구자들은 실험 과정을 부모에게 설명하기 위해 특별히 노력해야 하며, 영아들은 자신들이 무엇을 왜 하고 있는지에 대한 이해가 부족할 가능성이 많으므로 그들의 불쾌감 표시 여부에 특별히 세심한 주의를 기울여야 한다(Abramovitch, Freedman, Thoden, & Nikolich, 1991). 연구자들은 연구대상의 발달단계에 맞추어 정보를 제공해야 한다. 영아들은 때때로 권위자들이 원한다고 느끼는 방향으로 의사결정을 내리므로 강압을 최소화하도록 노력해야 한다(Abramovitch et al.). 연구자들은 7세 이상의 아동으로부터는 공식적인 형태의 동의를 받아야 하며(National Commission for the Protection of Human Subjects, 1977), 영아 실험에서 자신들이 무엇을 하게 될지 이해할 수 있다면 될 수 있는 대로 그들로부터도 공식적 동의를 받아야 한다(Bell-Dolan & Wessler, 1994).

슈퍼마켓이나 놀이터 등과 같은 장소에서 이루어지는 관찰 실험에서는 충분한 정보를 제공하고 동의를 받는 과정이 요구되지 않을 수 있다. 연구대상이 되는 행동이 실험 결정에 영향을 받지 않고, 자연스럽게 일어나는 행동이며, 불쾌감을 주지 않고, 신체 부위 노출과 관련 없으며, 당혹감을 주지 않고, 연구대상들이 익명을 보호받으며, 앞으로도 그러할 것이 확실하다면 일반적으로 동의를 구하는 절차가 요구되지 않는다(예, Miller, 1987, p. 275).

SRCD 원칙 3조. 부모의 동의 연구자들은 충분한 정보를 제공한 후 아동의 부모 또는 법적인 보호자로부터 문서 형태의 동의를 받아야 한다. 연구자들은 부모나 보호자의 거부할 권리를 인정해야 할 뿐만 아니라, 언제라도 아무런 불이익을 받지 않고 실험에 대한 허락을 철회할 권리가 있음을 상기시켜야 한다.

SRCD 원칙 4조. 부가동의 아동과 교사 또는 캠프 지도자 간의 상호작용이 실험의 초점일 경우, 연구자들은 교사 또는 캠프 지도자들에게도 앞서 언급한 부모 또는 보호자와 같은 권리를 주어야 한다.

SRCD 원칙 5조. 인센티브 참가에 대한 인센티브는 정당한 수준이어야 하며 아동들이 일반적으로 받을 수 있는 수준을 넘어서서는 안 된다. 특히, 인센티브는 아동이 참여를 하도록 강요하는 수단이 되어서는 안 된다.

SRCD 원칙 6조. 속임수 일부 심리학자들은 아동을 속이는 행위는 어떤 경우라도 정당화될 수 없다는 입장을 취하지만(예, Ferguson, 1978), 그러한 입장이 일반적인 것은 아니다. 속임수가 사용되는 경우, 연구자들은 그러한 과정이 정당성을 가진다는 사실을 동료 전문가들로부터 인정받아야 한다. 만일 자신들이 사용하는 속임수가 잠재적으로 아동에게 해를 가할 수 있다고 판단하면 연구자들은 조심성 있고 발달과학적 측면에서 적절한 방식으로 연구대상들에게 속임수의 필요성에 대해 설명해야 한다. 성인, 10대 후반 청소년, 사춘기 아동의 연구에서 매우 중요한 부분인 사후 설명(debriefing)은 영아의 경우 실험 참여에 대해 긍정적인 느낌을 대개 북돋아 주는 방식으로 이루어져야 한다(Smith, 1967).

SRCD 원칙 7조. 익명 연구자들이 특정 기관의 자료로부터 자료를 수집할 경우 담당자의 허가를 받아야 하며, 자료에 포함된 연구자들의 익명을 보호하기 위해 사전 대책을 세워야 한다.

SRCD 원칙 8조. 상호 책임 연구자들은 아동, 부모, 교사, 운영자, 실험 조교 등 연구 프로젝트의 모든 연구대상들에게 시작 단계에서 수반되는 책임에 대해 명확히 알려 주어야 한다. 연구자들은 연구에 관계된 모든 이들에게 한 약속을 지켜야 한다.

SRCD 원칙 9조. 위험 실험 과정에서 한 아동의 안전에 위험이 수반될 수 있다는 정보를 연구자가 입수하게 되면 연구자는 아동에게 필요한 도움을 줄 수 있는 해당 분야의 전문가 그리고 부모와 함께 그 문제를 논의할 책임을 진다.

SRCD 원칙10조. 예상치 못한 결과 실험 과정에 의해 아동 연구대상들이 예상치 못한 부정적 영향을 받게 되면 연구자는 그 영향을 줄이기 위한 즉각적인 조치를 취해야 하고 이후의 연구대상들을 위해 과정을 수정해야 한다. 예를 들어, 만일 실험 과정에 아동에게 부정적 영향을 가하게 되면 연구자들은 즉각 긍정적인 느낌을 불러올 수 있는 조치를 취해야 한다.

SRCD 원칙 11조. 기밀 연구대상들의 실험에서 보인 반응에 대해 기밀을 유지할 수 있는 장치가 마련되어야 한다. 타인들이 연구대상의 반응 내용을 입수할 수 있는 가능성이 존재할 때, 연구자들은 충분한 정보를 제공하고 동의를 얻는 과정의 일환으로 연구대상들에게 이러한 가능성(기밀 보호를 위한 계획과 함께)에 대해 설명해야 한다.

SRCD 원칙 12조. 정보 제공 연구자는 모든 오해에 대해 연구대상들에 이야기해 줄 의무가 있으며, 연구대상이 이해할 수 있는 말로 조사 결과 일반에 대해 보고할 의무가 있다. 연구자들이 정보를 보호해야 한다면 정보를 공개하지 않음으로써 연구대상들이 피해를 입는 일이 없도록 해야 한다.

SRCD 원칙 13조. 결과 보고 연구자들이 하는 말은 큰 무게를 지니므로 결과를 보고하고 평가를 하거나 부모, 교사 등에게 조언을 제공할 때 주의를 기울여야 한다.

SRCD 원칙 14조. 조사 결과의 함의 연구자들은 실험 결과의 사회적, 정치적, 인간적 함의를 특별히 염두에 두어야 한다.

1991년 SRCD는 연구자들이 따라야 할 두 가지 원칙을 추가로 발표했다. 이 두 가지 부가 원칙들은 연구자들의 과학적 개인적 수행 방식을 다룬 것이며, 다른 원칙과 마찬가지로 Society's annual *Directory of Members*에 수록되어 있다.

SRCD 원칙 15조. 과학적 부정 연구자들은 표절과 같은 과학적 부정에 연루되어서는 안 된다. 표절은 실험과 연구에 관한 동료 및 조력자들의 생각과 실험을 '도둑질' 하는 것부터 저자 명단의 순서를 조작하고 감사의 말에서 조력자들을 포함시키느냐 여부와 같은 덜 무거운 윤리적 불의에 이르기까지 타인의 공로를 적절하게 인정하지 않는 모든 행위를 포함한다. 자료 날조나 조작 또한 과학적 부정에 해당한다. 이에는 기만이나 다른 형태의 '과학적 횡령' 을 포함한다(Broad & Wade, 1982; Mahoney, 1976). 학회는 자료해석 방법에 관한 의견 차이나 의도가 없는 실수를 과학적 부정으로 간주하지 않는다. 과학적 부정에 연루된 SRCD 회원들은 다른 방법으로 책임을 져야 할 뿐만 아니라 학회에서 추방된다(APA, 2002 참조).

SRCD 원칙 16조. 개인적 부정 중범죄는 SRCD로부터의 추방 이유가 될 수 있다. 과학적 부정의 경우와 마찬가지로 이의 결정은 학회 집행위원회의 투표 결과에 따른다.

이러한 원칙들이 논문의 제1 저자뿐 아니라 모든 조력자들과 기술담당자들에게까지 적용되도록 하는 것이 중요하다.

SRCD 원칙에서 다루어지지 않은 윤리 문제

다른 학자들, 지원 기관, 다양한 특수 이익 집단들과 연구자들의 관계는 윤리적 문제,

우려, 잠재적 충돌과도 관계가 있다(Dooley, 1990). 예를 들어, 제약회사나 담배회사가 자사제품이 가져다주는 혜택을 알아내기 위해 연구자들을 고용할 경우 이해의 상충이 일어날 수 있다. 이와 같은 상황 그리고 비슷한 다른 상황에 관한 명확한 지침이 있기는 하지만, 마련된 예방 수단은 별로 없다. 이는 아마 이 분야의 연구와 관계된 윤리 위반이 과정에 참여한 피실험자들에게 충격적인 도덕적 비극을 초래할 가능성이 낮은 것으로 판단되고 이와 관련한 행위가 대중의 감시에서 벗어나 있기 때문일 것이다. 어떤 경우이든 간에 이러한 경우에 연구자가 윤리적으로 올바른 방향으로 나아가도록 하는 것은 연구자 각 개인의 양심에 많은 부분 좌우된다.

8. 결론

과학의 진보는 연구자가 제기하는 질문에 답을 내는 데 사용되는 기술적인 방법의 정확성뿐만 아니라 질문 자체의 질에 의해서도 좌우된다. 이 장에서는 윤리뿐만 아니라 설계, 측정, 분석을 포함한 연구의 기술적 측면에 초점을 맞추고 있다. 독자들은 이 장을 공부한 것만으로 이러한 절차상의 문제가 제기하는 도전 과제를 극복해 낼 역량을 갖추게 되었다고 기대해서는 안 된다. 그러나 이 장을 학습함으로써 연구체계라는 측면에 대한 이해를 높일 수 있고, 발달연구의 수준 높은 소비자 및 생산자가 되기 위한 전문성을 갖추기 위한 능력을 향상시킬 수 있다.

참·고·문·헌

Abelson, R. P. (1985). A variance explanation paradox: When a little is a lot. *Psychological Bulletin, 97,* 128-132.

Abelson, R. P. (1997a). On the surprising longevity of flogged horses: Why there is a case for

* 저자들은 분석 부분에서 기술에 관한 선별된 부분을 검증해 준 Jonathan Butner 박사께 감사의 말을 전한다. 독자들은 다음의 웹 사이트에서 이 장에서 거론된 기술 관련 주제의 많은 파워포인트 자료를 열람할 수 있다. www.psych.utah.edu/psych5500, www.psych.utah.edu/psych6510 또는 the MAD linkage의 www.psych.utah.edu/hartmann/hartmann.html. 이 자료들은 Pedhdhazur와 Schmelkin(1991), Judd와 McClelland(1989)의 저서 전반부에 기반을 두고 있다.

the significance test. *Psychological Science, 8,* 12-15.

Abelson, R. P. (1997b). A retrospective on the significance test ban of 1999. (If there were no significance tests, they would be invented.) In L. L. Harlow, S. A. Mulaik, & J. H. Steiger (Eds.), *What if there were no significance tests?* (pp. 117-144). Mahwah, NJ: Lawrence Erlbaum Associates.

Abramovitch, R., Freedman, J. L., Thoden, K., & Nikolich, C. (1991). Children's capacity to consent to participation in psychological research: Empirical findings. *Child Development, 62,* 1100-1109.

Achenbach, T. M. (1978). *Research in developmental psychology: Concepts, strategies, methods.* New York: Free Press.

Achenbach, T. M., & Dumenci, L. (2001). Advances in empirically based assessment: Revised cross-informant syndromes and new DSM-oriented scales for the CBCL, YSR, and TRF. *Journal of Consulting & Clinical Psychology, 69,* 699-702.

Adams, J. (1978). Sequential strategies and the separation of age, cohort, and time-of-measurement contributions to developmental data. *Psychological Bulletin, 85,* 1309-1316.

Allison, P. D., & Liker, J. K. (1982). Analyzing sequential categorical data on dyadic interaction: A comment on Gottman. *Psychological Bulletin, 91,* 393-403.

Allport, G. W. (1937). *Personality: A psychological interpretation.* New York: Holt.

Altmann, J. (1974). Observational study of behavior: Sampling methods. *Behaviour, 49,* 227-267.

American Educational Research Association. (1999). *Standards for educational and psychological testing.* Washington, DC: American Educational Research Association.

American Psychological Association. (1982). *Ethical principles in the conduct of research with human participants.* Washington, DC: American Psychological Association.

American Psychological Association. (1987). *Casebook on ethical principles of psychologists.* Washington, DC: American Psychological Association.

American Psychological Association. (2002). Ethical principles of psychologists and code of conduct. *American Psychologist, 57,* 1060-1073.

Anastasi, A. (1958). Heredity, environment, and the question "how?" *Psychological Review, 65,* 197-208.

Anastasi, A. (1988). *Psychological testing* (6th ed.). New York: Macmillan.

Anderson, E. R. (1995). Accelerating and maximizing of information from short-term longitudinal research. In J. M. Gottman (Ed.), *The analysis of change* (pp. 139-163). Mahwah, NJ: Lawrence Erlbaum Associates.

Anderson, J. G. (1987). Structural equation models in the social and behavioral sciences: Model building. *Child Development, 58,* 49-64.

Anderson, L. R., & Anger, J. W. (1978). Analysis of variance in small group research. *Personality and Social Psychology Bulletin, 4,* 341-345.

Appelbaum, M. I., & Cramer, E. M. (1974). Some problems in the nonorthogonal analysis of variance. *Psychological Bulletin, 81,* 335-343.

Appelbaum, M. I., & McCall, R. B. (1983). Design and analysis in developmental psychology. In P. H. Mussen (Ed.), *Handbook of child psychology: Vol. 1. History, theory, and methods* (4th ed., pp. 415-476). New York: Wiley.

Arbuckle, J. L. (1997). *Amos user's guide, Version 3.6.* Chicago: SmallWaters Corporation.

Aronson, E., Ellsworth, P. C., Carlsmith, J. M., & Gonzales, M. H. (1990). *Methods of research in social psychology* (2nd ed.). New York: McGraw-Hill.

Arrington, R. E. (1943). Time-sampling in studies of social behavior: A critical review of techniques and results with research suggestions. *Psychological Bulletin, 40,* 81-124.

Ary, D. (1984). Mathematical explanation of error in duration recording using partial interval, whole interval, and momentary time sampling. *Behavioral Assessment, 6,* 221-228.

Ary, D., & Suen, H. K. (1983). The use of momentary time sampling to assess both frequency and duration of behavior. *Journal of Behavior Assessment, 5,* 143-150.

Baer, D. M. (1977). Reviewer's comment: Just because it's reliable doesn't mean that you can use it. *Journal of Applied Behavior Analysis, 10,* 117-119.

Baer, D. M. (1986). In application, frequency is not the only estimate of the probability of behavior units. In T. Thompson & M. Zeiler (Eds.), *Analysis and integration of behavior units* (pp. 117-136). Hillsdale, NJ: Lawrence Erlbaum Associates.

Bakeman, F., & Gottman, J. M. (1986). *Observing interaction: An introduction to sequential analysis.* Cambridge: Cambridge University Press.

Bakeman, R., & Gottman, J. M. (1987). Applying observational methods: A systematic view. In J. D. Osofsky (Ed.), *Handbook of infant development* (2nd ed., pp. 818-854). New York: Wiley.

Bakeman, R., & Gottman, J. M. (1997). *Observing interaction: An introduction to sequential analysis* (2nd ed.). New York: Cambridge University Press.

Baker, P. L., & Carson, A. (1999). I take care of my kids: Mothering practices of substance-abusing women. *Gender and Society, 13,* 347-363.

Baltes, P. B., Lindenberger, U., & Staudinger, U. M. (1998). Life-span theory in developmental psychology. In W. Damon (Series Ed.) & R. M. Lerner (Vol. Ed.), *Handbook of child psychology. Volume 1: Theoretical models of human development* (5th ed., pp. 1029-1143). New York: Wiley.

Baltes, P. B., & Nesselroade, J. R. (1979). History and rationale of longitudinal research. In J. R. Nesselroade & P. B. Baltes (Eds.), *Longitudinal research in the study of behavior and development* (pp. 1-39). New York: Academic Press.

Baltes, P. B., Reese, H. W., & Nesselroade, J. (1988). *Life-span developmental psychology: Introduction to research methods.* Hillsdale, NJ: Lawrence Erlbaum Associates.

Bandura, A. (1997). *Self-efficacy: The exercise of control.* New York: Freeman.

Bangert-Drowns, R. L. (1986). Review of developments in meta-analytic method. *Psychological Bulletin, 99,* 388-399.

Barber, T. X. (1976). *Pitfalls in human research: Ten pivotal points.* New York: Pergamon Press.

Barker, R. G., & Wright, H. F. (1951). *One boy's day: A specimen record of behavior.* New York: Harper & Row.

Baron, R. M., & Kenny, D. A. (1986). The moderator-mediator distinction in social psychological research: Conceptual, strategic, and statistical considerations. *Journal of Personality and Social Psychology, 51,* 1173-1182.

Barrios, B., & Hartmann, D. P. (1988). Fears and anxieties. In E. J. Mash & L. G. Terdal (Eds.), *Behavioral assessment of childhood disorders* (2nd ed.). New York: Guilford.

Baumrind, D. (1991). Effetive parenting during the early adolescent transition. In P. A. Cowan & E. M. Hetherington (Eds.), *Advances in family research* (Vol. 2). Hillsdale, NJ: Lawrence Erlbaum Associates.

Becker, B. (1999). Narratives of pain in later life and conventions of storytelling. *Journal of Aging Studies, 13,* 73-87.

Bell, R. Q. (1968). A reinterpretation of the direction of effects of socialization. *Psychological Review, 75,* 81–95.

Bell-Dolan, D., & Wessler, A. E. (1994). Ethical administration of sociometric measures: Precedures in use and suggestions for improvement. *Professional Psychology: Research and Practice, 25,* 23–32.

Berg, B. L. (2003). *Qualitative research methods for the social sciences* (5th ed.). Boston: Pearson Allyn & Bacon.

Berk, R. A. (1979). Generalizability of behavior observations: A clarification of interobserver agreement and interobserver reliability. *American Journal of Mental Deficiency, 83,* 460–472.

Biddle, B. J., & Marlin, M. M. (1987). Causality, confirmation, credulity, and structural equation modeling. *Child Development, 58,* 4–17.

Bijou, S. W., & Bear, D. M. (1960). The laboratory-experimental study of child behavior. In P. H. Mussen (Ed.), *Handbook of research methods in child development* (pp. 140–197). New York: Wiley.

Block, J. (1978). *The Q-sort method in personality assessment and psychiatry research* (Reprint). Palo Alto, CA: Consulting Psychologist. (Original work published in 1961.)

Bohrnstedt, G. W., & Knoke, D. (1994). *Statistics for social data analysis* (3rd ed.). Itasca, IL: F. E. Peacock.

Boice, R. (1983). Observational skills. *Psychological Bulletin, 93,* 3–29.

Bollen, K. A. (1989). *Structural equations with latent variables.* New York: Basic Books.

Bowlby, J. (1969/1982). *Attachment and loss: Vol. 1. Attachment.* New York: Basic Books.

Braybrooke, D. (1987). *Philosophy of the social sciences.* New York: Macmillan.

Broad, W. J., & Wade, N. (1982). *Betrayers of the truth.* New York: Simon & Schuster.

Bronfenbrenner, U. (1979). *The ecology of human development.* Cambridge, MA: Harvard University Press.

Bronson, W. C. (1987). Special section on structural equation modeling; Introduction. *Child Development, 58,* 1.

Bruner, J. (1986). *Actual minds, possible worlds.* Cambridge, MA: Harvard University Press.

Bruner, J. (1990). *Acts of meaning.* Cambrdige, MA: Harvard University Press.

Brunswik, E. (1952). *The conceptual framework of psychology.* Chicago: University of Chicago Press.

Bryk, A. S., & Raudenbush, S. W. (1987). Application of hierarchical linear models to assessing change. *Psychological Bulletin, 101,* 147–158.

Bryk, A. S., & Raudenbush, S. W. (1992). *Hierarchical linear models: Applications and data analysis methods.* Newbury Park, CA: Sage.

Bryman, A., & Cramer, D. (2001). *Quantitative data analysis with SPSS RELEASE 10 for WINDOWS: A guide for social scientists.* New York: Routledge.

Burchinal, M., & Appelbuam, M. I. (1991). Estimating individual developmental functions: Methods and their assumptions. *Child Development, 62,* 23–43.

Cairns, R. B. (1983). Sociometry, psychometry, and social structure: A commentary on six recent studies of popular, rejected, and neglected children. *Merrill-Palmer Quarterly, 29,* 429–438.

Cairns, R. B., Bergman, L. R., & Kagan, J. (Eds.). (1998). *Methods and models for studying the individual: Essays in honor of Marian Radke-Yarrow.* Thousand Oaks, CA: Sage.

Camic, P. M., Rhodes, J. E., & Yardley, L. (Eds.). (2003a). *Qualitative research in psychology: Expanding perspectives in methodology and design*. Washington, DC: American Psychological Association.

Camic, P. M., Rhodes, J. E., & Yardley, L. (2003b). Naming the stars: Integrating qualitative methods into psychological research. In P. M. Camic, J. E. Rhodes, & L. Yardley (Eds.), *Qualitative research in psychology: Expanding perspectives in methodology and design* (pp. 3–15). Washington, DC: American Psychological Association.

Campbell, D. T. (1958). Systematic error on the part of human links in communication systems. *Information and Control, 1,* 297–312.

Campbell, D. T., & Fiske, D. W. (1959). convergent and discriminant validation by the multitrait-multimethod matrix. *Psychological Bulletin, 56,* 81–105.

Campbell, D. T., & Stanley, J. C. (1963). *Experimental and quasi-experimental designs for research*. Chicago: Rand McNally.

Cattell, R. B. (1944). Psychological measurement: Normative, ipsative, interactive. *Psychological Review, 51,* 292–303.

Cattell, R. B. (1946). *The description and measurement of personality*. New York: World Book.

Cattell, R. B. (1957). *Personality and motivation structure and measurement*. New York: Harcourt, Brace, & Jovanovich.

Cauce, A. M., Ryan, K. D., & Grove, K. (1998). Child and adolescents of color, where are you? Participation, selection, recruitment, and retention in developmental research. In V. C. McLoyd & L. Steinberg (Eds.), *Studying minority adolescents: Conceptual, methodological, and theoretical issues* (pp. 147–166). Mahwah, MJ: Lawrence Erlbaum Associates.

Charmaz, K. (2003). Grounded theory. In J. A. Smith (Ed.), *Qualitative psychology: A practical guide to research methods* (pp. 81–110). Thousand Oaks, CA: Sage.

Clarke, P. (2003). Towards a greater understanding of the experience of stroke: Integrating quantitative and qualitative methods. *Journal of Aging Studies, 17,* 171–187.

Cohen, J. (1960). A coefficient of agreement for nominal scales. *Educational and Psychological Measurement, 20,* 37–46.

Cohen, J. (1968). Multiple regression as a general data-analytic system. *Psychological Bulletin, 70,* 426–443.

Cohen, J. (1969). *Statistical power analysis for the behavior sciences*. New York: Academic Press.

Cohen, J. (1988). *Statistical power analysis for the behavioral sciences* (2nd ed.). Hillsdale, NJ: Lawrence Erlbaum Associates.

Cohen, J. (1990). Things I have learned (so far). *American Psychologist, 45,* 1304–1312.

Cohen, J. (1992). A power primer. *Psychological Bulletin, 112,* 155–159.

Cohen, J., Cohen, P., West, S. S., & Aiken, L. S. (2003). *Applied multiple/correlation analysis for the behavioral sciences* (3rd ed.). Mahwah, NJ: Lawrence Erlbaum Associates.

Cohen, R. J., Montague, P., Nathanson, L. S., & Swerdlik, M. E. (1988). *Psychological testing: An introduction to tests & Measurement*. Mountain View, CA: Mayfield.

Cohen, S. H., & Reese, H. W. (Eds.). (1994). *Life-span developmental psychology: Methodological contributions*. Hillsdale, NJ: Lawrence Erlbaum Associates.

Collin, L. M., & Sayer, A. G. (2000). Modeling growth and change processes: Design, measurement, and analysis for research in social psychology. In H. M. Reis & C. M. Judd (Eds.), *Handbook of research methods in social and personality psychology* (pp. 478–495). New York: Cambridge University Press.

Collins, L. M., & Horn, J. L. (Eds.). (1991). *Best methods for the analysis of change: Recent advances, unanswered questions, future directions.* Washington, DC: American Psychological Association.

Comrey, A. L. (1978). Common methodological problems in factor analytic studies. *Journal of Consulting and Clinical Psychology, 46,* 648–659.

Cone, J. D. (1979). Confounded comparisons in triple response mode assessment. *Behavioral Assessment, 1,* 85–95.

Cone, J. D. (1981). Psychometric consideration. In M. Hersen & A. S. Bellack (Eds.), *Behavioral assessment* (2nd ed., pp. 38–68). New York: Pergamon Press.

Cone, J. D., & Foster, S. L. (1982). Direct observation in clinical psychology. In J. N. Butcher & P. C. Kendall (Eds.), *Handbook of research methods in clinical psychology* (pp. 311–354). New York: Wiley.

Conover, W. J. (1999). *Practical nonparametric statistics* (3rd ed.). New York: Wiley.

Cook, T. D., & Campbell, D. T. (1979). *Quasi-experimentation: Design and analysis issues for field settings.* Chicago: Rand McNally.

Cooper, H. M. (1989). *Integrating research: A guide for literature reviews.* New bury Park, CA: Sage.

Cooper, H., & Hedges, L. V. (Eds.). (1994). *The handbook of research synthesis.* New York: Russell Sage Foundation.

Costa, P. T., Jr., & McCrae, R. R. (1982). An approach to the contributions of aging, period, and cohort effects. *Psychological Bulletin, 92,* 238–250.

Crocker, L., & Algina, A. (1986). *Introduction to classical & modern test theory.* New York: Holt, Rhinehart, & Winston.

Cronbach, L. J. (1957). The two disciplines of scientific psychology. *American Psychologist, 12,* 671–684.

Cronbach, L. J. (1984). *Essentials of psychological testing* (4th ed.). New York: Harper & Row.

Cronbach, L. J., & Furby, L. (1970). How should we measure change?or should we? *Psychological Bulletin, 74,* 68–80. (Also see Errata, ibid., 1970, *74,* 218.)

Cronbach, L. J., Gleser, G. C., Nanda, H., & Rajaratnam, N. (1972). *The dependability of behavioral measurements.* New York: Wiley.

Cronbach, L. J., & Meehl, P. E. (1955). Construct validity in psychological tests. *Psychological Bulletin, 52,* 281–302.

Darlington, R. B. (1990). *Regression and linear models.* New York: McGraw-Hill.

Delucchi, K. L. (1983). The use and misuse of chi-square: Lewis and Burke revisited. *Psychological Bulletin, 94,* 166–176.

Denzin, N. K., & Lincoln, Y. S. (2000). *Handbook of qualitative research* (2nd ed.). Thousand Oaks, CA: Sage.

Deutsch, N. L., Luttrell, W., & Dorner, L. M. (2004, March). *Engaging with adolescents: The rewards and challenges of qualitative methods and feminist methodology.* Discussion hour presented at the biennial meeting of the Society for Research on Adolescence, Baltimore, MD.

Dooley, D. (1990). *Social research methods* (2nd ed.). Englewood Cliffs, NJ: Prentice Hall.

Edwards, A. L. (1957). *Techniques of attitude scale construction.* New York: Appleton-Century-Crofts.

Eisner, E. W. (2003). On the art and science of qualitative research in psychology. In P. M.

Camic, J. E. Rhodes, & L. Yardley (Eds.), *Qualitative research in psychology: Expanding perspectives in methodology and design* (pp. 17-29). Washington, DC: American Psychological Association.

Elliott, R., Fischer, C. T., & Rennie, D. L. (1999). Evolving guidelines for publication of qualitative research studies in psychology and related fields. *British Journal for Clinical Psychology, 38,* 215-229.

Epstein, S., & Brady, E. J. (1985). The person-situation debate in historical and current perspective. *Psychological Bulletin, 98,* 513-537.

Erickson, F. (1992). Ethnographic microanalysis of interaction. In M. D. LeCompte, L. W. Millroy, & J. Preissle (Eds.), *The handbook of qualitative research in education* (pp. 201-225). San Diego, CA: Academic Press.

Esterberg, K. G. (2002). *Qualitative methods in social research.* New York: McGraw-Hill.

Ferguson, L. R. (1978). The competence and freedom of children to make choices regarding participation in researh: A statement. *Journal of Social Issues, 34,* 114-121.

Fidell, L. S., & Tabachnick, B. G. (2003). Preparatory data analysis. In J. A. Schinka (Series ed.) and W. F. Velicer (Vol. ed.), *Handbook of psychology: Research methods in psychology* (Vol. 2, pp. 115-141). New York: Wiley.

Fine, M. (1994). Working the hyphens: Reinventing self and other in qualitative research. In N. K. Denzin & Y. S. Lincoln (Eds.), *Handbook of qualitative research* (pp. 70-82). Thousand Oaks, CA: Sage.

Fine, M., Torre, M. E., Boudin, K., Bowen, I., Clark, J., Hylton, D., et al. (2003). Participatory action research: From within and beyond prison bars. In P. M. Camic, J. E. Rhodes, & L. Yardley (Eds.), *Qualitative research in psychology: Expanding perspectives in methodology and design* (pp. 173-198). Washington, DC: American Psychological Association.

Fischer, K. W., & Bidell, T. (1998). Dynamic development of psychological structures in action and thought. In W. Damon (Series ed.) & R. M. Lerner (Vol. ed.), *Handbook of child psychology. Volume 1: Theoretical models of human development* (5th ed., pp. 467-561). New York: Wiley.

Flavell, J. H., & Wohlwill, J. F. (1969). Formal and functional aspects of cognitive development. In D. Elkin & J. H. Flavell (Eds.), *Studies in cognitive development. Essays in honor of Jean Piaget* (pp. 67-120). New York: Oxford University Press.

Fleiss, J. L. (1973). *Statistical methods for rates and proportions.* New York: Wiley.

Fleiss, J. L. (1975). Measuring agreement between two judges on the presence or absence of a trait. *biometrics, 31,* 651-659.

Fleiss, J. L. (1981). *Statistical methods for rates and proportions* (2nd ed.). New York: Wiley.

Fleiss, J. L. (1994). Measures of effect size for categorical data. In H. Cooper & L. V. Hedges (Eds.), *The handbook of research synthesis* (pp. 245-260). New York: Sage.

Franklin, R. D., Allison, D. B., & Gorman, B. S. (Eds.). (1997). *Design and analysis of single-case research.* Mahwah, NJ: Lawrence Erlbaum Associates.

Freedman, D. A. (1991). Statistical models and shoe leather. In P. V. Marsden (Ed.), *Sociological methodology, 1991* (pp. 291-313). Washington, DC: American Sociological Association.

Furby, L. (1973). Interpreting regression toward the mean in developmental research. *Development Psychology, 8,* 172-179.

Games, P. A. (1971). Multiple comparisons of means. *American Educational Research Journal, 8,* 531-565.

Gardner, W., Hartmann, D. P., & Mitchell, C. (1982). The effects of serial dependency on the use of x^2 for analyzing sequential dat. *Behavioral Assessment, 4,* 75–82.

Gee, J. (1991). A linguistic approach to narrative. *Journal of Narrative and Life History, 1,* 15–39.

Geisser, S., & Greenhouse, S. W. (1958). An extension of Box's results on the use of the *F* distribution in multivariate analysis. *Annals of Mathematical Statistics, 29,* 885–891.

Gelfand, D. M., & Hartmann, D. P. (1984). *Child behavior analysis and therapy* (2nd ed.). New York: Pergamon.

Gewirtz, J. L. (1969). Mechanisms of social learning: Some roles of stimulation and behavior in early human development. In D. A. Goslin (Ed.), *Handbook of socialization theory and research* (pp. 57–212). Chicago, Rand McNally.

Gilligan, C. (1982). *In a different voice: Psychological theory and women' s development.* Cambridge, MA: Harvard University Press.

Gilligan, C., Spencer, R., Weinberg, M. K., & Bertsch, T. (2003). On the Listening Guide: A voice-centered relational model. In P. M. Camic, J. E. Rhodes, & L. Yardley (Eds.), *Qualitative research in psychology: Expanding perspectives in methodology and design* (pp. 157–172). Washington, DC: American Psychological Association.

Glass, G. V., McGaw, B., & Smith, M. L. (1981). *Meta-analysis in social research.* Beverly Hills, CA: Sage.

Glass, G. V., Peckham, P. D., & Sanders, J. R. (1972). Consequences of failure to meet assumptions underlying the analysis of variance and covariance. *Review of Education Research, 42,* 237–288.

Goetz, E. M., & Baer, D. M. (1973). Social control of form diversity and the emergence of new forms in children's blockbuilding. *Journal of Applied Behavior Analysis, 6,* 123–128.

Goodenough, F. L. (1949). *Mental testing.* New York: Rinehart.

Goodwin, W. A. L., & Driscoll, L. A. (1980). *Handbook for measurement and evaluation in early childhood education.* San Francisco: Jossey-Bass.

Gorsuch, R. L. (1983). *Factor analysis* (2nd ed.). Hillsdale, NJ: Lawrence Erlbaum Associates.

Gottman, J. M. (Ed.). (1995). *The analysis of change.* Mahwah, NJ: Lawrence Erlbaum Associates.

Gottman, J. M., & Roy, A. (1989). *Sequential analysis: A guide for behavioral research.* New York: Cambridge University Press.

Green, J. A. (1988). Loglinear analysis of cross-classifield ordinal data: Applications in developmental research. *Child Development, 59,* 1–25.

Greenwald, A. G. (1975). Consequences of prejudice against the null hypothesis. *Psychological Bulletin, 82,* 1–20.

Guilford, J. P. (1954). *Psychometric methods* (2nd ed.). New York: McGraw-Hill.

Guilford, J. P. (1965). *Fundamental statistics in psychology and education.* New York: McGraw-Hill.

Harlow, L. L. (1997). Significance testing introduction and overview. In L. L. Harlow, S. A. Mulaik, & J. H. Steiger (Eds.), *What if there were no significance tests?* (pp. 1–17). Mahwah, NJ: Lawrence Erlbaum Associates.

Harlow, L. L., Mulaik, S. A., & Steiger, J. H. (Eds.). (1997). *What if there were no significance tests?* Mahwah, NJ: Lawrence Erlbaum Associates.

Harris, C. W. (Ed.). (1963). *Problems in measuring change.* Madison, WI: University of Wisconsin Press.

Hartmann, D. P. (1977). Considerations in the choice of interobserver reliability estimates.

Journal of Applied Behavior Analysis, 10, 103-106.

Hartmann, D. P. (1982a). Assessing the dependability of observational data. In D. P. Hartmann (Ed.), *Using observers to study behavior: New directions for methodology of social and behavioral science* (pp. 51-65). San Francisco: Jossey-Bass.

Hartmann, D. P. (Ed.). (1982b). *Using observers to study behavior: New directions for methodology of behavioral science.* San Francisco: Jossey-Bass.

Hartmann, D. P. (1984). Assessment strategies. In M. Hersen & D. H. Barlow (Eds.), *Single case experimental designs: Strategies for studying behavior change* (2nd ed., pp. 107-139). New York: Pergamon Press.

Hartmann, D. P. (2005). Assessing growth in longitudinal investigations: Selected measurement and design issues. In D. Teti (Ed.), *Handbook of research methods in developmental psychology* (pp. 319-339). Williston, VT: Blackwell.

Hartmann, D. P., Barrios, B. A., & Wood, D. D. (2004). Principles of behavioral observation. In S. N. Haynes (Vol. ed.), M. Hersen (Series ed.), *Handbook of psychological assessment: Vol. 3, Behavioral Assessment* (pp. 108-127). New York: Wiley.

Hartmann, D. P., & George, T. P. (1999). In M. H. Bornstein & M. E. Lamb (Eds.), *Developmental Psychology: An Advanced Textbook* (4th ed., pp. 125-195). Mahwah, NJ: Lawrence Erlbaum Associates.

Hartmann, D. P., Roper, B. L., & Bradford, D. C. (1979). Some relationships between behavioral and traditional assessment. *Journal of Behavioral Assessment, 1,* 3-21.

Hartmann, D. P., & Wood, D. D. (1990). Observational methods. In A. S. Bellack, M. Hersen, & A. E. Kazdin (Eds.), *International handbook of behavior modification and therapy* (2nd ed., pp. 107-138). New York: Plenum.

Harvey, J. H., Orbuch, T. L., & Weber, A. L. (Eds.). (1992). *Attributions, accounts, and close relationships.* New York: Springer-Verlag.

Hawkins, R. P. (1982). Developing a behavior code. In D. P. Hartmann (Ed.), *Using observers to study behavior: New directions for methodology of social and behavioral science* (pp. 21-35). San Francisco: Jossey-Bass.

Haynes, S. N. (1978). *Principles of behavioral assessment.* New York: Gardner.

Haynes, S. N., & O' Brien, W. H. (2000). *Principles and practice of behavioral assessment.* New York: Kluwer Academic/Plenum.

Hedges, L. V., & Olkin, I. (1985). *Statistical methods for meta-analysis.* New York: Academic Press.

Heise, D. R. (1975). *Causal analysis.* New York: Wiley.

Henwood, K., & Pidgeon, N. F. (1992). Qualitative research and psychology theorising. *British Journal of Psychology, 83,* 97-112.

Henwood, K., & Pidgeon, N. (2003). Grounded theory in psychological research. In P. M. Camic, J. E. Rhodes, & L. Yardley (Eds.), *Qualitative research in psychology: Expanding perspectives in methodology and design* (pp. 131-155). Washington, DC: American Psychological Association.

Hetzog, H. F., & Nesselroade, J. R. (1987). Beyond autoregressive models: Some implications of the trait-state distinction for the structural modeling of developmental change. *Child Development, 58,* 93-109.

Hey, V. (1997). *The company she keeps: An ethnography of girls' friendship.* Philadelphia: Open University Press.

Hicks, L. E. (1970). some properties of ipsative, normative, and forced-choice normative measures. *Psychological Bulletin, 74,* 167-184.

Hoeksma, J. B., & Koomen, H. M. Y. (1992). Multilevel models in developmental psychological research: Rationales and applications. *Early Development and Parenting, 1*(3), 157-167.

Hoffman, L. W. (1991). The influence of the family environment on personality: Accounting for sibling differences. *Psychological Bulletin, 109,* 187-203.

Hollander, M. (1999). *Nonparametric statistical methods* (2nd ed.). New York: Wiley.

House, A. E., House, B. J., & Campbell, M. B. (1981). Measures of interobserver agreement: Calculation formulas and distribution effects. *Journal of Behavioral Assessment, 3,* 37-57.

Huck, S. W., & Sandler, H. M. (1979). *Rival hypotheses: Alternative interpretations of data based conclusion.* New York: Harper & Row.

Huitema, B. E. (1980). *The analysis of covariance and alternatives.* New York: Wiley.

Huitema, B. E. (1986). Statistical analysis and single-subject designs. In A. Poling & R. W. Fuqua (Eds.), *Research methods in applied behavior analysis: Issues and advances* (pp. 207-232). New York: Plenum Press.

Hunt, J. M. (1961). *Intelligence and experience.* New York: Ronald Press.

Hunter, J. E., Schmidt, F. L., & Jackson, G. B. (1982). *Meta-analysis: Cumulating research findings across studies.* Beverly Hills, CA: Sage.

Hutt, S. J., & Hutt, C. (1970). *Direct observation and measurement of behavior.* Springfield, IL: Thomas.

Iwata, B. A., et al. (Eds.). (1989). *Methodological and conceptual issues in applied behavior analysis: 1968-1988.* Lawrence, KA: Journal of Applied Behavior Analysis.

Jackson, G. B. (1980). Methods for integrative reviews. *Review of Educational Research, 50,* 438-460.

Johnston, J. M., & Pennypacker, H. S. (1993). *Strategies and tactics of behavioral research* (2nd ed.). Hillsdale, NJ: Lawrence Erlbaum Associates.

Jones, H. E. (1954). The environment and mental development. In L. Carmichael (Ed.), *Manual of child psychology* (pp. 634-696). New York: Wiley.

Jöreskog, K. G., & Sörbom, D. (1983). *Lisrel V and Lisrel VI: Analysis of linear structural relationships by maximum likelihood and least squares methods* (2nd ed.). Upsala, Sweden: University of Upsala Department of Statistics.

Judd, C. M., & McClelland, G. H. (1989). *Data analysis: A model-comparison approach.* New York: Harcourt Brace Javanovich.

Judd, C. M., McClelland, G. H., & Culhane, S. E. (1995). Data analysis: Continuing issues in the everyday analysis of psychological data. *Annual Review of Psychology, 46,* 433-465.

Jung, J. (1971). *The experimenter's dilemma.* New York: Harper & Row.

Kahneman, D. (1965). Control of spurious association and the reliability of the controlled variable. *Psychological Bulletin, 64,* 326-329.

Kazdin, A. E. (1979). Situational specificity: The two-edged sword of behavioral assessment. *Behavioral Assessment, 1,* 57-75.

Kelle, U. (Ed.). (1996). *Computer-aided qualitative data analysis: Theory, methods and practice.* Thousand Oaks, CA: Sage.

Kelloway, E. K. (1998). *Using LISREL for structural equation modeling: A researcher's guide.* Thousand Oaks, CA: Sage.

Kelly, M. B. (1977). A review of the observational data-collection and reliability procedures reported in the *Journal of Applied Behavior Analysis*. Journal of Appled Behavior Analysis, *10*, 97-101.

Kennedy, J. J. (1992). *Analyzing qualitative data: Log-linear analysis for behavioral research* (2nd ed.). New York: Praeger.

Kenny, D. A. (1979). *Correlation and causality*. New York: Wiley.

Kenny, D. A., & Judd, C. M. (1986). Consequences of violating the independence assumption in analysis of variance. *Psychological Bulletin, 99*, 422-431.

Kerig, P. K., & Lindahl, K. M. (Eds.). (2001). *Family observational coding systems: Resources for systemic research*. Mahwah, NJ: Lawrence Erlbaum Associates.

Kerlinger, F. N. (1986). *Foundations of behavioral research* (3rd ed.). New York: Holt, Rinehart, & Winston.

Kidder, L. H. (1981). Qualitative research and quasi-experimental frameworks. In M. B. Brewer & B. E. Collins (Eds.), *Scientific inquiry and the social sciences* (pp. 226-256). San Francisco: Jossey-Bass.

Kirk, R. E. (1982). *Experimental design: Procedures for the behavioral sciences* (2nd ed.). Monterey, CA: Brooks/Cole.

Kirk, R. E. (1995). *Experimental design: Procedures for the behavior sciences* (3rd ed.). Pacific Grove, CA: Brooks/Cole.

Kirk, R. E. (2003). The importance of effect magnitude. In S. F. Davis (Ed.), *Handbook of research methods in experimental psychology* (pp. 83-105). Malden, MA: Blackwell.

Knight, G. P., & Hill, N. E. (1998). Measurement equivalence in research involving minority adolescents. In V. C. McLoyd & L. Steinberg (Eds.), *Studying minority adolescents: Conceptual, methodology, and theoretical issues* (pp. 183-210). Mahwah, NJ: Lawrence Erlbaum Associates.

Knoke, D., & Burke, P. J. (1980). *Log-linear models*. Beverly Hills, CA: Sage.

Kopala, M., & Suzuki, L. A. (Eds.). (1999). *Using qualitative methods in psychology*. Thousand Oaks, CA: Sage.

Kratochwill, T. R., & Levin, J. R. (Eds.). (1992). *Single-case research design and analysis: New directions for psychology and education*. Hillsdale, NJ: Lawrence Erlbaum Associates.

Kraemer, H. C., & Jacklin, C. N. (1979). Statistical analysis of dyadic social behavior. *Psychological Bulletin, 86*, 217-224.

Kuhn, T. S. (1970). *The structure of scientific revolutions* (2nd ed.). Chicago: University of Chicago Press.

Kuzel, A. J. (1999). Sampling in qualitative inquiry. In B. F. Crabtree & W. L. Miler (Eds.), *Doing qualitative research* (2nd ed., pp. 33-46). Thousand Oaks, CA: Sage.

Labouvie, E. W. (1982). The concept of change and regression toward the mean. *Psychological Bulletin, 92*, 251-257.

Labouvie, E. W., Bartsch, T. W., Nesselroade, J. R., & Baltes, P. B. (1974). On the internal and external validity of simple longitudinal desigsn. *Child Development, 45*, 282-290.

Labov, W. (1978). Crossing the gulf between sociology and linguistics. *American Sociologist, 13*, 93-103.

Lancy, D. F. (2001). *Studying children and schools: Qualitative research traditions*. Prospect Heights, IL: Waveland.

Landis, J. R., & Koch, G. G. (1979). The analysis of categorical data in longitudinal studies of development. In J. R. Nesselroade & P. B. Baltes (Eds.), *Longitudinal research in the study of behavior and development* (pp. 233-261). New York: Academic Press.

Lang, P. J. (1968). Fear reduction and fear behavior: Problems in treating a construct. In J. M. Shlien (Ed.), *Research in psychotherapy* (Vol. 3, pp. 90-103). Washington, DC: American Psychological Association.

Larzelere, R. E., & Mulaik, S. A. (1977). Single-sample tests for many correlations. *Psychological Bulletin, 84,* 557-569.

Lavelli, M., Pantoja, A., Hsu, H., Messinger, D. M., & Fogel, A. (2005). Using microgenetic designs to study developmental change processes. In D. M. Teti (Ed.), *Handbook of research methods in developmental psychology* (pp. 40-65). Williston, VT: Blackwell.

Lerner, R. M. (Ed.). (1998). In W. Damon (Series Ed.), *Handbook of child psychology. Volume 1: Theoretical models of human development* (5th ed., pp. 1-24). New York: Wiley.

Lewis, D., & Burke, C. J. (1949). The use and misuse of the chi-square test. *Psychological Bulletin, 46,* 433-489.

Lewis, D., & Burke, C. J. (1950). Further discussion of the use and misuse of the chi-square test. *Psychological Bulletin, 47,* 347-355.

Linehan, M. M. (1980). Content validity: Its relevance to behavioral assessment. *Behavioral Assessment, 2,* 147-159.

Little, R. J., & Rubin, D. B. (1987). *Statistical analysis with missing data.* New York: Wiley.

Luttrell, W. (2002). *Pregnant bodies, fertile minds: Gender, race, and the schooling of pregnant teens.* London: Routledge.

MacCallum, R. C. (2003). 2001 presidential address: Working with imperfect models. *Multivariate Behavioral Research, 38,* 113-139.

Mahler, M. S., Pine, F., & Bergman, A. (1975/2000). *The psychological birth of the human infant: Symbiosis and individuation.* New York: Basic Books.

Mahoney, M. J. (1976). *Scientist as subject: The psychological imperative.* Cambridge, MA: Ballinger Publication Company.

Marecek, J. (2003). Dancing through minefields: Toward a qualitative stance in psychology. In P. M. Camic, J. E. Rhodes, & L. Yardley (Eds.), *Qualitative research in psychology: Expanding perspectives in methodology and design* (pp. 49-69). Washington, DC: American Psychological Association.

Maritz, J. S. (1995). *Distribution-free statistical methods* (2nd ed.). New York: Chapman & Hall.

Martin, J. A. (1987). Structural equation modeling: A guide for the perplexed. *Child Development, 58,* 33-37.

McAdams, D. P., & Bowman, P. J. (2001). Narrating life's turning points: Redemption and contamination. In D. P. McAdams, R. Josselson, & A. Lieblich (Eds.), *Turns in the road: Narrative studies of lives in transition* (pp. 3-34). Washington, DC: American Psychological Association.

McAdams, D. P., Josselson, R., & Lieblich, A. (Eds.). (2001). *Turns in the road: Narrative studies of lives in transition.* Washington, DC: American Psychological Association.

McCall, R. B. (1977). Challenges to a science of developmental psychology. *Child Development, 48,* 333-344.

McDonald, R. P. (1985). *Factor analysis and related methods.* Hillsdale, NJ: Lawrence Erlbaum Associates.

McDonald, R. P., & Ho, M. H. R. (2002). Principles and practice in reporting structural equation analyses. *Psychological-Methods, 7,* 64-82.

McGrath, J. E., & Johnson, B. A. (2003). Methodology makes meaning: How both qualitative and quantitative paradigms shape evidence and its interpretation. In P. M. Camic, J. E. Rhodes, & L. Yardley (Eds.), *Qualitative research in psychology: Expanding perspectives in methodology and design* (pp. 31-48). Washington, DC: American Psychological Association.

McGuire, W. J. (1969). Suspiciousness of experimenter's intent. In R. Rosenthal & R. L. Rosnow (Eds.), *Artifact in behavioral research* (pp. 13-57). New York: Academic Press.

McNemar, Q. (1969). *Psychological statistics* (4th ed.). New York: Wiley.

Meehl, P. E. (1978). Theoretical risks and tabular asterisks: Sir Karl, Sir Ronald, and the slow progress of soft psychology. *Journal of Consulting and Clinical Psychology, 46,* 806-834.

Meng, X., Rosenthal, R., & Rubin, D. B. (1992). Comparing correlated correlation coefficients. *Psychological Bulletin, 111,* 172-175.

Merrick, E. (1999). An exploration of quality in qualitative research: Are "reliability" and "validity" relevant? In M. Kopala & L. A. Suzuki (Eds.), *Using qualitative methods in psychology* (pp. 25-36). Thousand Oaks, CA: Sage.

Messick, S. (1983). Assessment of children. In P. Mussen (Ed.), *Handbook of child psychology: Vol. 1. History, theory, and methods* (4th ed., pp. 477-526). New York: Wiley.

Messick, S. (1994). Foundations of validity: Meaning and consequences in psychological assessment. *European Journal of Psychological Assessment, 10,* 1-9.

Miller, S. A. (1987). *Developmental research methods*. Englewoods Cliffs, NJ: Prentice Hall.

Miller, S. A. (1998). *Developmental research methods* (2nd ed.). Englewoods Cliffs, NJ: Prentice Hall.

Mischel, W., & Peake, P. K. (1983). Analyzing the construction of consistency in personality. In M. M. Page (Ed.), *Personality? current theory & research: 1982 Nebraska symposium on motivation* (pp. 233-262). Lincoln, NE: University of Nebraska Press.

Mitchell, S. K. (1979). Interobserver agreement, reliability, and generalizability of data collected in observational studies. *Psychological Bulletin, 86,* 376-390.

Mitchell, C., & Hartmann, D. P. (1981). A cautionary note on the use of omega squared to evaluate the effectiveness of behavioral treatments. *Behavioral Assessment, 3,* 93-100.

Mook, D. G. (1983). In defense of external invalidity. *American Psychologist, 38,* 379-387.

Morrison, D. E., & Henkel, R. E. (Eds.). (1970). *The significance test controversy*. Chicago: Aldine.

Morrow, S. L., & Smith, M. L. (2000). Qualitative research for counseling psychology. In S. D. Brown & R. W. Lent (Eds.), *Handbook of counseling psychology* (3rd ed., pp. 119-230). New York: Wiley.

Mulaik, S. A., Raju, N. S., & Harshman, R. A. (1997). There is a time and place for significance testing. In L. L. Harlow, S. A. Mulaik, & J. H. Steiger (Eds.), *What if there were no significance tests?* (pp. 65-115). Mahwah, NJ: Lawrence Erlbaum Associates.

Murray, M. (2003). Narrative psychology and narrative analysis. In P. M. Camic, J. E. Rhodes, & L. Yardley (Eds.), *Qualitative research in psychology: Expanding perspectives in methodology and design* (pp. 95-112). Washington, DC: American Psychological Association.

National Commission for the Protection of Human Subjects. (1977). *Report and recommendations: Research involving children.* Washington, DC: U. S. Government Printing Office.

Nay, W. R. (1979). *Multimethod clinical assessment.* New York: Gardner Press.

Neher, A. (1967). Probability pyramiding, research error and the need for independent replication. *The Psychological Record, 17,* 257-262.

Neisser, U., Boodoo, G., Bouchard, T. J. Jr., Boykin, A. W., Brody, N., Ceci, S. J., et al. (1996). Intelligence: Knowns and unknowns. *American Psychologist, 51,* 77-101.

Nunnally, J. C. (1978). *Psychometric theory* (2nd ed.). New York: McGraw-Hill.

Nunnally, J. C., & Bernstein, I. H. (1994). *Psychometric theory* (3rd ed.). New York: McGraw-Hill.

O'Grady, K. E. (1982). Measures of explained variance: Cautions and limitations. *Psychological Bulletin, 92,* 766-777.

Overall, J. E., & Woodward, J. A. (1977). Nonrandom assignment and the analysis of covariance. *Psychological Bulletin, 84,* 588-594.

Overton, W. F. (1998). Developmental psychology: Philosophy, concepts, and methodology. In W. Damon (Series ed.) & R. M. Lerner (Vol. ed.), *Handbook of child psychology. Volume 1: Theoretical models of human development* (5th ed., pp. 107-188). New York: Wiley.

Overton, W. F., & Newman, J. L. (1982). Cognitive development: A competence/utilization approach. In T. Field, A. Houston, H. Quay, L. Troll, & G. Finley (Eds.), *Review of human development* (pp. 217-241). New York: Wiley.

Ozer, D. J. (1985). Correlation and the coefficient of determination. *Psychological Bulletin, 97,* 307-315.

Parsonson, B. S., & Baer, D. M. (1978). The analysis and presentation of graphic data. In T. R. Kratochwill (Ed.), *Single subject research: Strategies for evaluating change* (pp. 101-165). New York: Academic Press.

Patterson, G. R. (1993). Orderly change in a stable world: The antisocial trait as a chimera. *Journal of Consulting and Clinical Psychology, 61,* 911-919.

Pedhazur, E. J., & Schmelkin, L. P. (1991). *Measurement, design, and analysis: An integrated approach.* Hillsdale, NJ: Lawrence Erlbaum Associates.

Piaget, J. (1932/1965). *The moral judgment of the child.* New York: Free Press.

Piaget, J., Inhelder, B., & Weaver, H. (1972/2000). *The psychology of the child.* New York: Basic Books.

Popper, K. R. (1959). *The logic of scientific discovery.* New York: Basic Books.

Popper, K. R. (1962). *Conjectures and refutations.* New York: Basic Books.

Potter, J. (2003). Discourse analysis and discursive psychology. In P. M. Camic, J. E. Rhodes, & L. Yardley (Eds.), *Qualitative research psychology: Expanding perspectives in methodology and design* (pp. 73-94). Washington, DC: American Psychological Association.

Prentice, D. A., & Miller, D. T. (1992). When small effects are impressive. *Psychological Bulletin, 12,* 160-164.

Raudenbush, S. W. (2000). Comparing personal trajectories and drawing causal inferences from longitudinal data. *Annual Review of Psychology, 52,* 501-525.

Reid, J. B. (1970). Reliability assessment of observation data: A possible methodological problem. *Child Development, 41,* 1143-1150.

Reid, J. B. (1982). Observer training in naturalistic research. In D. P. Hartmann (Ed.), *Using observers to study behavior: New directions for methodology of social and behavioral science* (pp. 37-50). San Francisco: Jossey-Bass.

Reid, J. B., Baldwin, D. V., Patterson, G. R., & Dishion, T. J. (1988). Observations in the assessment of childhood disorders. In M. Rutter, A. H. Tuma, & I. Lann (Eds.), *Assessment and diagnosis in child psychopathology* (pp. 156–195). New York: Guilford.

Reiss, R. D. (1989). *Approximate distributions of order statistics: With applications to nonparametric statistics.* New York: Springer-Verlag.

Rogosa, D. (1988). Myths about longitudinal research. In K. W. Schaie, R. T. Campbell, W. Meredith, & S. C. Rawlings (Eds.), *Methodological issues in aging research* (pp. 171–209). New York: Springer.

Rosenberg, M. S., Adams, D. C., & Gurevitch, J. (1997). *Metawin: Statistical software for meta-analysis with resampling tests.* Sunderland, MA: Sinauer.

Rosenthal, R. (1979). The "file-drawer problem" and tolerance for null results. *Psycholgical Bulletin, 85,* 185–193.

Rosenthal, R. (Ed.). (1980a). *Quantitative assessment of research domains.* San Francisco: Jossey-Bass.

Rosenthal, R. (1980b). Summarizing significance levels. In R. Rosenthal (Ed.), *Quantitative assessment of research domains* (pp. 33–46). San Francisco: Jossey-Bass.

Rosenthal, R. (1994). Parametric measures of effect size. In H. Cooper & L. V. Hedges (Eds.), *The handbook of research synthesis* (pp. 231–244). New York: Sage.

Rosenthal, R., & Rosnow, R. L. (Ed.). (1969). *Artifact in behavioral research.* New York: Academic Press.

Rosenthal, R., & Rosnow, R. L. (1985). *Contrast analysis: Focused comparisons in the analysis of variance.* New York: Cambridge University Press.

Rosenthal, R., & Rubin, D. (1983). A note on percent of variance explained as a measure of the importance of effects. *Journal of Applied Social Psychology, 9,* 395–396.

Rubin, K. H., Bukowski, W., & Parker, J. G. (1998). Peer interactions, relationships, and groups. In W. Damon (Editor-in-Chief) & N. Eisenberg (Vol. ed.), *Handbook of child psychology* (5th ed., Vol. 3: *Social, emotional, and personality development,* pp. 619–700). New York: Wiley.

Rummel, R. J. (1967). Understanding factor analysis. *The Journal of Conflict Resolution, XI,* 444–480.

Sackett, G. P. (1978). Measurement in observational research. In G. P. Sackett (Ed.), *Observing behavior. Vol. 2: Data collection and analysis methods* (pp. 25–43). Baltimore: University Park Press.

Schafer, J. L., & Graham, J. W. (2002). Missing data: Our view of the state of the art. *Psychological Methods, 7,* 147–177.

Schaie, K. W. (1965). A general model for the study of developmental problems. *Psychological Bulletin, 64,* 92–107.

Sciarra, D. (1999). The role of the qualitative researcher. In M. Kopala & L. A. Suzuki (Eds.), *Using qualitative methods in psychology* (pp. 37–48). Thousand Oaks, CA: Sage.

Shadish, W. R. (1986). Planned critical mutiplism: Some elaborations. *Behavioral Assessment, 8,* 75–103.

Shadish, W. R., Cook, T. D., & Campbell, D. T. (2002). *Experimental and quasi-experimental designs for generalized causal inference.* Boston: Houghton Mifflin.

Shoukoff, J. P., & Phillips, D. A. (Eds.). (2000). *From neurons to nighborhoods: The science of early childhood development.* Washington, DC: National Academy Press.

Silva, F. (1993). *Psychometric foundations and behavioral assessment.* Newbury Park, CA: Sage.

Simpson, M. J. A. (1979). Problems of recording behavioral data by keyboard. In M. E. Lamb, S. J. Suomi, & G. R. Stephenson (Eds.), *Social interaction analysis: Methodological issues* (pp. 137–156). Madison: University of Wisconsin Press.

Skinner, B. F. (1971). *Beyond freedom and dignity*. New York: Knopf.

Smith, K. E. (1996). *Changing times: My father's life from 1960 to 1970*. Unpublished manuscript, University of Idaho, Moscow, ID.

Smith, J. A. (Ed.). (2003). *Qualitative psychology: A practical guide to research methods*. Thousand Oaks, CA: Sage.

Smith, M. B. (1967). Conflicting values affecting behavioral research with children. *American Psychologist, 22,* 377–382.

Smith, M. L., Glass, G. V., & Miller, T. I. (1980). *The benefits of psychotherapy*. Baltimore, MD: Johns Hopkins University Press.

Society for Research in Child Development. (2003). *Directory of members*. Chicago: SRCD.

Solomon, R. L., & Lessac, M. S. (1968). A control group design for experimental studies of developmental processes. *Psychological Bulletin, 70,* 145–150.

Steiger, J. H. (1980). Tests for comparing elements of a correlation matrix. *Psychological Bulletin, 87,* 245–251.

Steiger, J. H., & Ward, L. M. (1987). Factor analysis and the coefficient of determination. *Psychological Bulletin, 101,* 471–474.

Stephenson, W. (1953). *The study of behavior: Q-technique and its methodology*. Chicago: University of Chicago Press.

Stern, D. N. (1985). *The interpersonal world of the infant*. New York: Basic Books.

Stevens, J. (1992). *Applied multivariate statistics for the social sciences* (2nd ed.). Hillsdale, NJ: Lawrence Erlbaum Associates.

Stevens, S. S. (1968). Measurement, statistics, and the schemapiric view. *Science, 161,* 849–856.

Stiles, W. B. (1993). Quality control in qualitative research. *Clinical Psychology Review, 13,* 593–618.

Strayer, F. F., Verissimo, M., Vaughn, B. E., & Howes, C. (1995). A qualitative approach to the description and classification of primary social relationships. In E. Waters, B. E. Vaughn, G. Posada, & K. Kondo-Ikemura (Eds.), Caregiving, cultural, and cognitive perspectives on secure-base behavior and working models: New growing points of attachment theory and research. *Monographs of the Society for Research in Child Development, 60,* 49–70.

Strube, M. J., & Hartmann, D. P. (1983). Meta-analysis: Techniques, applications, and functions. *Journal of Consulting and Clinical Psychology, 51,* 14–27.

Suen, H. K., & Ary, D. (1986). A post hoc correction procedure for systematic errors in time sampling duration estimates. *Journal of Psychopathology and Behavioral Assessment, 8,* 31–38.

Suen, H. K., & Ary, D. (1989). *Analyzing qualitative behavioral observation data*. Hillsdale, NJ: Lawrence Erlbaum Associates.

Tabachnick, B. G., & Fidell, L. S. (1996). *Using multivariate statistics* (3rd ed.). New York: HarperCollins.

Tanaka, J. S. (1987). "How big is big enough?": Sample size and goodness of fit in structural equation models with latent variables. *Child Development, 58,* 134–146.

Taplin, P. S., & Reid, J. B. (1973). Effects of instructional set and experimental influences on observer reliability. *Child Development, 44,* 547–554.

Tatsuoka, M. (1993). Effect size. In G. Keren & C. Lewis (Eds.), *A handbook for data analysis in the behavioral sciences: Methodological issues* (pp. 461–479). Hillsdale, NJ: Lawrence Erlbaum Associates.

Teti, D. (Ed.). (2005). *Handbook of research methods in developmental psychology.* Williston, VT: Blackwell.

Thompson, B. (1984). *Canonical correlation analysis: Use and interpretation.* Beverly Hills, CA: Sage.

Thompson, R. A. (1990). Vulnerability in research: A developmental perspective on research risk. *Child Development, 61,* 1–16.

Tukey, J. W. (1977). *Exploratory data analysis.* Reading, MA: Addison-Wesley.

Tversky, A., & Kahneman, D. (1971). Belief in the law of small numbers. *Psycholgical Bulletin, 76,* 105–110.

Ullman, J. B. (1996). In B. G. Tabachnick & L. S. Fidell, *Using multivariate statistics* (3rd ed., pp. 709–811). New York: HarperCollins.

Ullman, J. B., & Bentler, P. M. (2003). Structural equation modeling. In J. A. Schinka (Series ed.) & W. F. Velicer (Vol. ed.), *Handbook of Psychology: Research methods in psychology* (Vol. 2, pp. 607–634). New York: Wiley.

Valsiner, J. (Ed.). (1986). *The individual subject and scientific psychology.* New York: Plenum Press.

Way, N., & Pahl, K. (1999). Friendship patterns among urban adolescent boys: A qualitative account. In M. Kopala & L. A. Suzuki (Eds.), *Using qualitative methods in psychology* (pp. 145–161). Thousand Oaks, CA: Sage.

Webber, S. J., & Cook, T. D. (1972). Subject effects in laboratory research: An examination of subject roles, demand characteristics, and valid inference. *Psychological Bulletin, 77,* 273–295.

West, S. (Ed.). (1983). Personality and prediction: Nomothetic and idiographic approaches. *Journal of Personality, 51* (No. 3, whole).

Wickens, T. D. (1989). *Multiway contingency tables analysis for the social sciences.* Hillsdale, NJ: Lawrence Erlbaum Associates.

Widaman, K. F., & Reise, S. P. (1997). Exploring the measurement invariance of psychological instruments: Applications in the substance use domain. In K. J. Bryant, M. Windle, & S. G. West (Eds.), *The science of prevention: Methodological advances from alcohol and substance abuse research* (pp. 281–324). Washington, DC: American Psychological Association.

Wiggins, J. S. (1973). *Personality and prediction: Principles of personality assessment.* Reading, MA: Addison-Wesley.

Wilkinson, L., & the Task Force on Statistical Inference. (1999). Statistical methods in psychology journals: Guidelines and explanations. *American Psychologist, 54,* 594–604.

Wilkinson, S. (1988). The role of reflexivity in feminist psychology. *Women's Studies International Forum, 11,* 493–502.

Willet, J. B. (1988). Questions and answers in the measurement of change. In E. Z. Rothkopf (Ed.), *Review of research in education 15: 1988–89* (pp. 345–422). Washington, DC: American Educational Research Association.

Willig, C. (2001). *Introducing qualitative research in psychology: Adventures in theory and method.* Philadelphia: Open University Press.

Willig, C. (2003). Discourse analysis. In J. A. Smith (Ed.), *Qualitative psychology: A practical guide to research methods* (pp. 159–183). Thousand Oaks, CA: Sage.

Wohlwill, J. F. (1970). The age variable in psychological research. *Psychological Review, 77,* 49–64.

Wohlwill, J. F. (1973). *The study of behavioral development.* New York: Academic Press.

Wright, H. F. (1960). Observational child study. In P. Mussen (Ed.), *Handbook of research methods in child development* (pp. 71–139). New York: Wiley.

Wright, H. F. (1967). *Recording and analyzing child behavior.* New York: Harper & Row.

Yardley, L. (2000). Dilemmas in qualitative health research. *Psychology and Health, 15,* 215–228.

Yarrow, M. R., & Waxler, C. Z. (1979). Observing interaction: A confrontation with methodology. In R. B. Cairns (Ed.), *The analysis of social interactions: Methods, issues, and illustrations* (pp. 37–65). Hillsdale, NJ: Lawrence Erlbaum Associates.

Yeaton, W., & Sechrest, L. (1981). Meaningful measures of effect. *Journal of Consulting and Clinical Psychology, 49,* 766–767.

제 2 부

신경과학, 지각, 인지 및 언어발달

D·E·V·E·L·O·P·M·E·N·T·A·L S·C·I·E·N·C·E

이 책의 제2부를 구성하는 다음의 다섯 장의 초점은 발달과학의 기초, 관점, 방법론에서 발달과학의 중요한 문제들로 넘어간다.

제4장에서 Mark H. Johnson은 현재 신경과학과 발달과학을 연결해 주는 새롭고 흥미로운 발견들을 소개한다. Johnson은 먼저 출생 전부터 출생 이후까지 뇌 발달의 주요 특성을 기술하고 나서, 이 요소들을 행위, 지각, 인지, 언어 및 행동발달과 연결시키고 있다. 동시에 Johnson은 기저가 되는 신경망을 명료하게 설명하기 위한 여러 영역의 연구들에서 뽑아낸 사례들을 활용하여 발달 신경과학의 기본적 가정과 방법론을 기술하고 있다.

Karen E. Adolph와 Sarah E. Berger는 '왜 우리는 운동을 연구하는가?' 라는 질문으로 신체와 운동발달에 관한 제5장을 시작하고 있다. 그들은 어떻게 통합적 신체 및 운동발달이 개인의 심리를 이해하는 데 도움이 되는지를 보여 준다. 저자들은 독자로 하여금 태아부터 신생아, 영아, 걸음마기 아동들까지 성장과 발달을 꼼꼼히 따라가며 주의 깊게 되짚어 보는 여행을 하도록 안내한다.

제6장에서 Marc H. Bornstein, Martha E. Arterberry 및 Clay Mash는 심리발달 이해의 핵심인 지각적 기능에 대한 연구 분야에서 계속되는 쟁점들을 개관하고 있다. 심리학의 그 어떤 분야보다도 지각발달은 오랫동안 천성과 양육 논쟁—철학적인 주장으로부터 시작하여 지각발달에 관한 (특히, 영아기와 관련된) 많은 연구에 동기를 제공하면서 계속되어 온 근본적인 논쟁—의 장이 되어 왔다. 그러나 이제는 정교한 연구 기법들이 내성과 추측의 역할을 보완하거나 대신하여, 연구자들로 하여금 지각의 기원이나 상태 그리고 발달에 관한 의문점들을 이론적이 아닌 실험적으로 접근하게 해 주었다. Bornstein과 동료들은 오감을 통한 지각 발생의 실질적인 내용을 자세히 다루면서 방법론을 개관하고 있다.

제7장에서 Daminan P. Birney, Jill H. Citron-Pousty, Donna J. Lutz 및 Robert J. Sternberg는 독자들의 초점을 감각정보의 등록과 초기 평가에 대한 것에서부터 그것에 대한 해석과 사용 단계로 옮겨 놓는다. 저자들은 우선 이해와 강조로의 정보의 변환을 설명하기 위한 학문적 시도들을 요약하고, 인지발달에 대한 주된 관점들, 즉 Piaget, 신-Piaget 학파 그리고 최근의 인지이론들을 소개한다. 경쟁 중인 이론들은 정보의 점진적 누적보다는 현실의 이해 방식에서의 발달적 변화를 강조하고 있다. 저자들은 다음으로 그들의 주의를 인지발달에 대한 정보처리이론들로 돌리고 있다. 마지막으로 저자들은 지혜를 포함하여 인지 능력에서의 개인차와 같은, 지능과 전통적인 심리측정 논쟁들에 대한 개관으로 제7장을 마무리하고 있다.

제8장에서 Brian MacWhinney는 언어 획득을 기술한다. 어린 아동의 언어 습득은 아마도 부모와 다른 관찰자의 눈에 가장 인상적인 변화일 것이다. 이 장을 통해 독자는 언어 습득 이전의 영아들이 의미 있는 문장을 생성할 뿐 아니라 다른 사람의 발화를 어떻게 이해하는가를 이해하게 될 것이다. 언어는 순수하게 상징적이므로 그 획득은 보다 어렵고 추상적인 문제해결과 인지를 위한 기초로 작용하게 된다. 저자는 언어의 산출과 이해에 대한 발달 연구들을 개관하고 통합하고 있으며 언어의 여섯 가지 주요 구성요소, 즉 청각 및 조음발달에서 시작해서, 어휘 및 문법과 관련된 논쟁들, 의사소통과 문어발달과 관련된 연구들을 제시하고 있다.

4 발달신경과학, 정신생리학 및 유전학

CHAPTER>>

Mark H. Johnson
Birkbeck College, University of London

1. 서론

개체발생(ontogenetic development)은 뇌와 인지 처리 과정들을 포함한 상당히 복잡한 수준의 생물학적 조직들의 구성을 수반한다. 점점 더 복잡한 형태들이 생겨남에 따라 다양한 집단의 과학자들은 각 수준에 적절한 서로 다른 방법론들과 접근 방식들을 채택하고 있다(Johnson, 2005 참조). 따라서 대다수의 다른 심리과학 영역과는 다르게 개체발생의 발달적 변화를 온전하게 설명하기 위해서는 특별히 학제 간 접근이 필요하다. 발달 연구에 대한 다양한 방법론적 전문성을 지닌 과학자들 간의 협력과 정보교환이 필요하다는 제안들에도 불구하고, 지난 10년 전까지 행해진 인지발달이나 행동발달 연구의 대부분은 뇌와는 독립적으로 이루어져 왔다. 발달과학의 기원이 Charles Darwin이나 Jean Piaget 등의 생물학자들로 거슬러 올라간다는 것을 고려해 본다면, 1970년대부터 지난 10년 전까지 행동발달 연구에서 생물학적 요인이 상대적으로 등한시되었다는 것은 놀라운 일이다. Darwin(1872, 1965)은 최초로 인간행동의 발달에 과학적으로 접근하였으며, 계통발생(phylogenetic)과 개체발생적 변화 간의 관계를 파악하고자 했다. 본래 생물학을 공부한 Piaget는 당시 발달생물학자인 C. H. Waddington(1975)의 영향으로 인간의 인지발달을 설명하는 데 그 당시의 발생학의 이론들을 수용했다. 그러나 이상하게도 인지발달에 대한

Piaget의 생물학적 접근에는 뇌 발달의 중요성이 간과되어 있다. Segalowitz(1994)는 이에 대해, Piaget가 이론을 정립할 당시 뇌 발달이나 뇌 기능에 대한 정보가 부족했기 때문이라고 설명하고 있다. Piaget와는 대조적으로 McGraw(1943)나 Gesell(1929)과 같은 몇몇 미국의 초기 발달심리학자들은 행동의 개체발생과 뇌 발달을 통합시키려고 했다. 비록 운동발달에만 초점을 맞추긴 했지만, 그들은 자신들의 결론을 인지발달과 사회성 발달의 영역으로 확장시켰다. 그들은 운동 능력 발달을 기는 자세에서 시작하여 걷기와 계단 오르기의 단계로 기술했다. McGraw는 이러한 단계들 간의 이행을 운동 피질(cortex)의 성숙과 피질하 경로(subcortical pathway)의 억제로 설명할 수 있다고 하였는데, 이러한 견해는 오늘날까지도 몇몇 연구들에 중요한 토대가 되고 있다. McGraw와 Gesell이 발달에 대한 비선형적 동력학적 접근을 위해 복잡한 비공식적인 이론들을 만들어 냈음에도 불구하고, 행동적 변화와 뇌 발달을 연결시키려는 노력들은 대부분 사변적인 수준에 그치고 말았다. 유럽에서는 McGraw, Gesell, Piaget와 동시대 인물이었던 Konrad Lorenz와 Niko Tinbergen이 동물행동학 분야를 창시했는데, 이들은 특히 동물행동의 자연적인 발달에서의 인과관계 요인들에 관심을 두었다. 동물의 경우에는 좀 더 직접적인 개입이 가능했기 때문에 이들은 행동에 대한 '경험' 대 '선천성'의 기여 문제를 제기했다. 얼마 지나지 않아서 초기 환경 조건들을 조작한 연구의 결과들은 행동을 선천적이거나 후천적인 요소로 분리하는 것이 행동발달의 복잡성을 설명하는 데 오히려 적절하지 않다는 것을 깨닫게 해 주었다. 하지만 발달 과정상에서 뇌와 인지적 체계들의 특정 부분들이 다른 부분들에 비해서 경험의 영향을 거의 받지 않는다는 사실은 아직도 중요한 발견으로 인정되고 있다. 나아가 행동발달이론이란 발달이 이루어지는 전체 유기체와 그 유기체가 발달하는 자연환경(사회적, 신체적 환경)이 함께 고려되어야 한다는 견해들이 점점 설득력을 얻고 있다(예, Gottlieb, 1992; Mareshcal et al., 인쇄 중; Thelen & Smith, 1994).

1960년대 중반부터 10년 전까지 인간의 행동발달에 대한 생물학적 접근은 여러 가지 이유로 인기가 없었다. 거기에는 물론 1970년대와 1980년대 인지심리학자들 사이에서 유행했던, 마음의 '소프트웨어'는 뇌의 '하드웨어'를 참조하지 않고 연구하는 것이 가장 좋다는 신념도 포함된다. 하지만 최근 뇌 발달과 유전학에 대한 지식의 폭발적 증가로 뇌 발달과 행동변화를 연결시키는 것이 이전보다는 용이해졌다. 이와 함께 분자, 유전자 그리고 세포 수준에서 행해지는 새로운 연구법들은 자기 스스로 조직화하는 동력학적 연결망(self-organizing dynamic network)이론들과 함께 척추동물의 뇌가 개체발생 과정상에서 어떻게 형성되는지 보여 주었다. 기능적 신경영상 기법을 포함한 이러한 발전들은 학제간 성격을 띤 발달적 인지신경과학의 출현을 가능케 했다(Johnson, 2005 참조).

이 장에서는 뇌 발달에 대한 최근의 지식과 행동발달과의 관련성에 대해 알아보는데, 먼저 최근 연구들의 기본 가정과 방법론을 설명하고자 한다. 이어서 출생 전과 출생 후의 뇌 발달, 특히 영장류의 대뇌 피질 발달에 초점을 두어 설명한다. 대뇌 피질의 분화와 관련해서는 활동-의존적 과정의 중요성을 지지하는 상당히 많은 증거들이 있다. 이 장의 대부분에서는 인간의 출생 후 뇌 발달을 지각, 인지 및 행동적 측면의 변화와 연결시키는 연구들을 소개한다. 대뇌 피질의 분화 과정에 대한 의문점들과 이와 관련된 기능의 출현에 대해서는 특정한 예들을 통해 알아본다. 몇몇 영역의 경우 행동발달에 대한 순수한 심리학적 설명만으로는 복합적인 기능을 지닌 신경체계의 다중적 기저를 설명할 수가 없다. 가장 단순한 행동 과제에서조차도 다중 신경 경로들과 구조들이 활성화될 것이기 때문이다. 끝으로, 몇 가지 일반적 결론과 함께 미래 연구를 위한 전망을 밝힐 것이다.

2. 기본 가정들

뇌 발달과 행동변화 간의 관계에 대한 수많은 가정들은 흔히 뇌 발달이란 미리 짜인 유전적 계획에 의해 일어나는 과정이며, 뇌의 특정 영역에서의 발달이 영아 또는 아동의 인지, 지각 및 운동 능력 발달의 원인이 되거나 또는 발달을 허용한다는 믿음에서 비롯된다. 뇌 발달에 대한 이러한 과도하게 고정된 시각은 활동-의존적 과정의 중요성을 간과한다. 뇌 발달은 유전적 과정일 뿐만 아니라 분자, 세포 및 행동 수준에서의 복합적인 상호작용에 의해 결정되는 후생적(epigenetic) 과정이기도 하다.

행동발달에서 논란이 되는 부분은 가소성(plasticity) 개념에 대한 것이다. 뇌 발달이 일반적으로 여겨지듯 그렇게 단순한 유전적 계획에 의해 이루어진다면, 조기 뇌 손상 이후의 기능 회복은 그 경우에만 활성화되는 특정한 가소성 메커니즘에 기인하는 것이라고 보아야 한다. 하지만 가소성은 발달의 고유한 속성이라고 보는 것이 더 타당할 것이다. 다른 생물학적 발달과 마찬가지로 뇌 성장은 분화 증가(또는 운명의 범위를 제한하는)의 과정이다. 이는 조직 또는 세포들이 그러한 과정을 거치면서 형태와 기능 면에서 더 특수화되고 전문화된다는 것을 의미한다. 간단히 말하면, 가소성이란 아직 전문화된 기능을 획득하지 않은 상태를 의미한다. 예를 들어, 뇌의 특정 영역이 손상되었을 때, 인접한 뇌 영역이 아직은 특정 범주의 정보를 처리하는 특수성을 발달시키지 않은 상태일 수 있다. 특정한 처리 유형으로 전문화되려 했던 동일한 발달적 메커니즘이 이제는 불행한 이웃이 하던 방식으로 세포 조직을 처리하게 된다. 그러므로 많은 경우 비정상적인 형태의 뇌 분화는 정상적인 조기 교란(perturbation) 이후에 일어나는 정상적인 발달의 과정을 반영하는 것일지도 모른다. 뇌의 분화와 특수화의 기본적인 메커니즘, 특히 출생 이후의 이러한 과정을 파악하고 이해하는 것은 앞으로 발달적 인지신경과학의 주요한 과제일 것이다.

3. 방법론들

최근에 뇌 발달과 인지, 사회, 정서적 변화와의 관련성에 대한 관심이 새롭게 고조된 이유 중의 하나는 방법론의 발전에 기인한다. 방법론의 진보는 가설들을 세우고 이들을 비교적 손쉽게 실험할 수 있게 해 주었다(Casey & de Haan, 2002). 뇌 활동의 '기능적' 지도를 만들어 내는 뇌 영상 관련 기법들은 대뇌의 신진대사, 혈류나 전자 활동의 변화에 기반한 방법이다. 양전자 방사 단층촬영(PET)과 같은 기법은 정상적인 유아와 아동을 대상으로 한 행동발달 연구에 제한적으로 이용된다. 왜냐하면 이 방법은 본질적으로 위해 가능성(방사성의 물질을 정맥주사로 투입)과 결과의 부정확성(몇 초간만 유지)의 문제를 안고 있기 때문이다. 최근 정상 아동의 발달 연구에 적용되는 세 가지 뇌 영상 기법은 사건 관련 전위(event-related potentials: ERPs), 기능적 자기공명 영상 기법(fMRI) 그리고 근적외선 분광법(near infrared spectroscopy: NIRS)이다.

ERPs는 두피 표면에 머무는 민감한 전극들에 의해 동시에 활성화되는 신경 다발의 전자 활동을 측정하는 것이다. 이러한 기록들은 뇌에서 일어나는 자발적인 자연 리듬(EEG)이거나 또는 자극 제시에 의해 유도된 전자 활동(ERP)들이다. 보통의 경우 여러 번의 시행에서 ERP 평균이 얻어지며, 뇌의 자발적인 자연 리듬도 얻어지는데, 자극 제시 평균과는 관계없이 0이다. 두피 표면의 고밀도 전극들을 이용해서 두피 표면의 특정 전자 활동을 만들어 내는 뇌 전자 활동(이중극)의 위치와 방향을 추론하는 알고리즘을 적용할 수 있다. 최근 유아를 대상으로 한 몇몇 연구에서 고주파 EEG의 분출이 관찰되고 분석되었다. 이렇게 '사건 관련 전위'는 영아 뇌에서 이루어지는 정보처리의 주요한 단계들을 알려 주는 것처럼 보인다(예, Csibra, Davis, Sprtling, & Johnson, 2000; Kaufman, Csibra, & Johnson, 2003).

기능적 자기공명 영상기법(fMRI)은 대뇌 혈류의 방해가 없는 측정을 가능케 한다(Kwong et al., 1992). 물론 밀리미터 수준의 공간적 해상도와 몇 초밖에 유지되지 않는 시간적 제한이 따른다. 이 기법이 아동들에게 적용된 경우가 있지만(Casey et al., 1997), 신경에 거슬리는 소리와 진동 그리고 큰 자기장 효과가 발달하는 뇌에 어떤 영향을 미칠

지, 과연 건강한 유아들에게 적용을 해도 되는지에 대한 문제는 불투명하다. 하지만 약물군 유아나 수면을 취하는 신생아들을 대상으로 한 연구들이 발표되고 있다.

건강한 유아의 뇌 기능을 연구하기 위해 개발된 가장 최근의 방법으로는 근적외선 분광법(NIRS)이 있는데, 이는 두피에 여러 개의 발광전극과 탐지기를 연결시켜 피질하의 혈류와 산소량의 변화에 따라 나타나는 빛의 방향 전환 또는 분산을 측정한다. 이러한 방법을 사용한 연구들이 아직은 손에 꼽을 정도이긴 하지만, 앞으로의 가능성을 보여 준다(개관은 Meek, 2002 참조).

동물에 대한 발달심리생물학적 연구는 발달하는 뇌와 행동 간의 관계에 대한 이해에 상당한 기여를 했으며, 분자유전학의 최근 기법들은 새로운 지평선을 열어 주고 있다. 예를 들어, 한 동물의 게놈에서 특정 유전자를 '떼어 내어' 이후 발달에 어떤 영향을 미치는지를 연구할 수 있게 되었다. 이러한 접근의 한 예가 alpha-calcium calmodulin kinase II 유전자를 제거하는 연구였는데, 그 결과 성장한 쥐들이 특정한 학습 과제를 실행하지 못하는 결과를 낳았다(Silva, Paylor, Wehner, & Tonegawa, 1992; Silva, Stevens, Tonegawa, & Wang, 1992). 이 방법은 동물의 인지 및 지각적 변화에 대한 유전적 기여의 분석에 새로운 지평을 열어 줄 것이다. 하지만 발달 과정상에서 이런 단일 유전자의 제거는 비정상, 부재 그리고 다른 유전자들과의 상호작용에 의한 수로화 효과를 가질 수 있다. 그렇기 때문에 처음에 생각한 것보다 해석이 더 복잡해질 수 있다. 지금은 유아와 아동들의 경우, 유전자분석과 함께 이러한 기법들을 결합하여 인지 기능과 뇌 기능에 대한 개인차 연구가 가능하다(Pennington, 2001). 더 나가서 유전적 원인에 따른 발달장애의 인지 및 신경적 비전형성에 대한 연구는 유전자와 인지 간에 연결다리를 놓는 데 도움을 주기 시작했다(Karmiloff-Smith, 1998).

뇌 발달을 행동과 연관시키는 또 하나의 유용한 접근은 '표지자 과제(marker task)'다. 이 방법은 뇌의 특정 영역이나 경로와 연결된 특정한 행동적 과제를 영장류와 인간의 신경생리학적, 신경심리학적 또는 뇌-영상 연구에 사용하는 것이다. 유아 및 아동들에게 나이별로 동일한 하나의 과제를 제시하한 후 과제의 성공 또는 실패를 통해서 연관된 뇌 영역에서의 기능적 발달을 파악할 수 있다. 이 장의 후반부에서는 표지자 과제 접근을 보여주는 몇몇 연구들을 논의할 것이다.

마지막으로, 연결주의 신경 네트워크 모형의 출현은 뇌의 신경 구조와 신경화학에서의 발달적 변화의 정보처리 결과를 측정할 수 있는 기회를 준다. 예를 들어, O'Reilly와 Johnson(1994)은 어떻게 척추동물의 전뇌 영역의 집적 회로가 자기 소멸적 민감기 효과를 이끌어 낼 수 있는지를 보여 주었다. 이러한 모델들은 신경 수준의 발달에 대한 우리의 관찰과 그러한 아동기 행동변화 간에 연결 다리를 제공할 가능성을 보여 준다.

4. 뇌 형성

뇌 발달은 출생 전과 출생 후로 나뉜다. 태어나기 전과 후에 동일한 발달 과정을 어느 정도는 찾아 볼 수 있지만, 출생 후 발달에서는 외부 환경으로부터 영향받을 수 있는 요소들이 훨씬 많다. 인간의 뇌 발달에 가장 뚜렷한 특징은 출생 후 발달 기간이 상대적으로 긴 시기를 차지한다는 것이다. 그렇기 때문에 아동의 환경이 뇌 발달의 후기 단계에 상당한 영향력을 행사하게 된다. 어느 정도의 가소성은 성인기까지 유지되지만 이는 연령의 증가와 함께 감소한다.

출생 전 뇌 발달

인간의 출생 전 뇌 발달의 주요한 단계들은 다른 포유동물의 것과 유사하다. 임신 직후 수정된 세포는 급격한 세포분열에 들어가고 증식하는 세포의 클러스터(미성숙 주머니 배라고 부른다)를 이루는데, 이는 마치 포도를 연상시킨다. 며칠 안에 주머니배는 세 층의 구조로 분화하는데, 각 층은 나중에 주요 신체기관들로 발달된다. 외부층(외배엽)은 피부표면과 신경 시스템(눈을 포함한)으로 자라난다. 신경 시스템은 신경화라는 신경체계 형성 과정을 통해 계속 발달을 한다. 외배엽의 일부는 신경관을 만들기 위해서 서서히 굽어 빈 실린더 모양을 형성한다.

신경관은 세 차원을 따라 분화한다. 길이, 원주 그리고 반지름, 길이 차원에서 중추신경계의 주요 부위들이 만들어진다. 한쪽 끝에서 전뇌(forebrain)와 중뇌(midbrain)가 이뤄지고, 다른 끝에서는 척추가 생겨난다. 척추가 될 끝 부분이 일련의 반복되는 단위 또는 분절로 분화하는 데 반해, 신경관의 앞쪽 끝은 일련의 돌출(bulges)과 나선(convolution)의 방식으로 조직화된다. 임신 5주 정도에 이러한 돌출은 포유동물의 뇌의 주요 부분이 될 원형이 된다. 이러한 돌출 내에서 세포들이 태어나고 다른 곳으로 이동하고 특정 형태로 발달한다. 뇌를 구성할 대부분의 세포들은 증식 영역(proliferative zone)이라 불리는 곳에서 태어난다. 이들 영역은 신경관의 오목한 부위(결국에는 뇌실이 되는)에 인접해 있다.

증식 영역 내에서의 세포분열은 클론을 만들어 낸다(단일 전구체 세포의 분열에 의해 생성된 세포 집단). 신경모세포(neuroblast)는 뉴런을 생산하고, 아교모세포(glioblast)는 신경교 세포를 생산한다. 신경교세포들이 뇌의 정보처리 과정에 그다지 중요한 역할을 하지 않는 것으로 알려져 있긴 하지만 뇌의 다양한 보조적 기능을 위해서는 중요하다. 각 신경모세포는 제한된 수의 뉴런을 생산한다. 어떤 경우에는 특정 신경모세포가 특정한 유형의 뉴런을 생성하기도 한다. 또한 그 반대로 특정한 형태의 뉴런이 발달적 상호작용에 의해 만들어지기도 한다(예, Marin-Padilla, 1990). 어린 뉴런들의 태어나면, 이 뉴런들은 나중에 성숙한 뇌에서 부여받을 임무에 맞는 특정한 영역으로 이동해야 한다. 뇌 발생 과정상에서 두 가지 형태의 이동이 관찰된다. 첫 번째는 일반적으로 일어나는 이동 현상으로 수동적인 세포 이동이다. 이 현상은 세포들이 새로 탄생한 세포들에 의해 단순히 밀려 나가서 증식 영역을 벗어나게 되는 것이다. 이러한 이동은 바깥 쪽에서 안쪽으로 시공간적 구배를 발생시킨다. 가장 오래된 세포들은 뇌의 표면을 향해 밀려나고, 새로 탄생한 세포들은 내부 쪽에 자리를 잡는다. 수동적 이동은 시상, 해마의 치아이랑(dentate gyrus) 그리고 뇌간의 다양한 부위와 같은 뇌의 구조를 만들어 낸다. 두 번째 형태의 이동은 더 활동적이다. 새로 생성된 세포들은 '안에서 밖으로'의 구배를 만들어 내기 위해 이전에 만들어진 세포들을 통과하여 이동한다. 이러한 형태는 층(여러 평행의 층으로 구분된) 구조를 갖는 대뇌 피질과 몇몇 피질하의 영역들에서 찾아볼 수 있다.

인지, 지각 및 운동 기능을 주관하는 뇌의 영역인 대뇌 피질의 출생 전 발생은 구체적으로 연구되었다. 특히, Rakic(1988)은 '요골 단위 모델(radial unit model)'을 제안했는데, 이는 대뇌 피질의 층 조직이 각 피질의 신경모세포가 만들어 내는 대략 100개의 뉴런에 의해 결정된다는 것이다. 각 신경모세포의 자손은 모두 동일한 요골 신경교 섬유(radial glial fibers)로 이동하는데, 최근에 생성된 세포들은 자신들보다 이전에 만들어진 오래된 친척들을 지나간다. 요골 신경교 섬유(Radial glial fiber)의 발생은 신경아교세포(glial cell)에서 발생해서 피질의 맨 위부터 아래까지 쭉 뻗어 내려가는 긴 과정이다. 이러한 요골 신경교 섬유는 등산용 밧줄처럼 작동하는데, 이는 단일 신경모세포에 의해 생성된 세포들이 피질 내에서 하나의 요골 신경 열(radial column)에 모두 기여할 수 있도록 한다. Rakic이 제시한 이동 방법이 [그림 4-2]에 기술되었다.

출생이 가까워지면 인간 뇌의 대부분의 세포들은 적절한 성인의 위치에 자리를 잡게 된다(물론 어떤 영역에는 새로운 뉴런의 생성이 일부 제한될 수 있음에도 불구하고; Tanapat, Hastings, & Gould, 2001). 그리고 대뇌 피질의 주름과 같은 뇌의 모든 주요한 특성들이 뚜렷하게 나타난다. 하지만 이것이 뇌 발달이 완전히 이루어졌음을 의미하는 것은 아니다. 더욱이 출생 전의 뇌 발달이 단지 고정된 '유전적 계획'에 따라 일어나지 않는다(Nelson & Bloom, 1997 참조). 인간 뇌의 많은 구조적 특징들은 요골 신경교 섬유와 이들

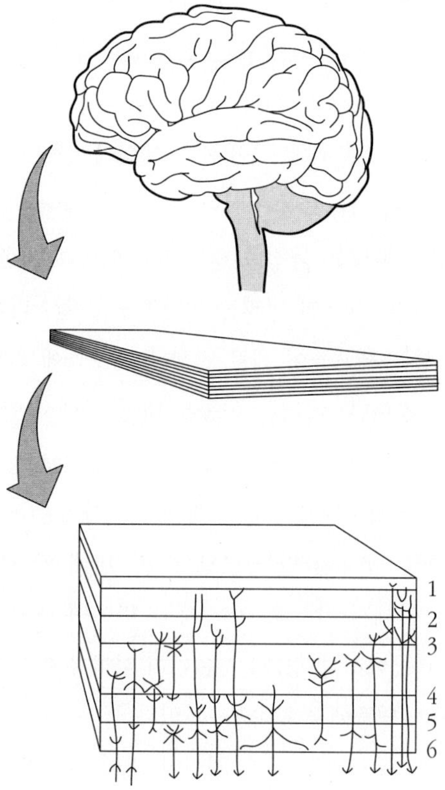

[그림 4-1] 피질의 표면은 주름이 많고 굉장히 복합해 보이지만(맨 위 그림), 여섯 개의 층(맨 아래 그림)으로 이루어진 하나의 얇은 겹(중간 그림)이다. 대뇌 피질의 주름은 두개골 내의 제한된 공간과 성장 패턴의 결합으로 형성된다. 일반적으로 포유류들 간 대뇌 피질의 차이는 겹 구조에서 차이가 나는 것이 아니라 피질 전체 면적에서 차이가 난다.

에 의해 유도된 뉴런들처럼 세포의 수준에서 일어나는 복잡한 상호작용의 결과라고 할 수 있다. 예를 들면, 대뇌 피질의 미세한 주름 패턴은 일란성 쌍둥이에서조차도 상당히 달라질 수 있다(Bartley, Jones, & Weinberger, 1997).

출생 후 뇌 발달

출생 이후에 인간 뇌 발달의 실제적인 변화가 일어난다는 여러 증거들이 있다. 가장 개략적인 차원에서 보면, 뇌의 부피는 출생에서 성인이 될 때까지 4배의 성장을 한다. 이러한 증가는 여러 이유에서 일어난다. 더 많은 다량의 섬유뭉치와 전자 신호의 작동을 돕는 신경섬유들이 기름기 있는 미엘린초(myelin sheath)로 싸인다. 하지만 표준 현미경으로

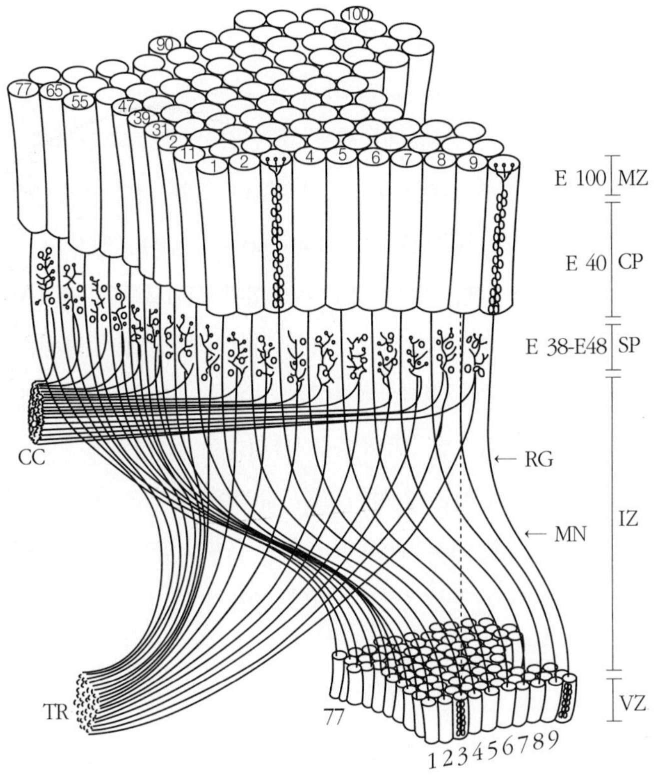

[그림 4-2] Rakic의 요골 단위 모델(1987)

척추(VZ)에서 대뇌 피질 판(CP)까지 뻗어 있는 요골 신경교 섬유(RG). 뉴런 이동(MN)이 요골 신경교 섬유를 따라 대뇌 피질 판까지 일어난다.

출처: *Neurobiology of Neocortex,* by P. Rakic & W. Singer (Eds.). Copyright © 1987 Johnson Wiley & Sons Limited. Reproduced with permission.

본 출생 후 신경발달에서 가장 뚜렷한 변화는 여러 뉴런의 수상돌기의 크기 증가와 복합성일 것이다. [그림 4-3]은 출생 후부터 6개월까지의 인간 시각 피질을 현미경으로 본 그림이다. 한 세포의 수상돌기의 넓이와 범위가 급격하게 증가하면서 더 구체화되고 전문화된다. 표준 현미경으로는 분명하지 않지만 전자 현미경으로 보면 뉴런들과 시냅스들 간의 기능적 접촉의 밀도가 증가한다는 것을 분명히 알 수 있다.

Huttenlocher(1990)는 인간 대뇌 피질의 여러 영역에서 시냅스 밀도가 꾸준히 증가됨을 보고하였다. 예를 들어, 시각 피질의 시냅스의 생성(synaptogensesis)은 출생 시에 시작해서 생후 1년경에는 성인 수준의 150%가 된다. 전두엽 피질(고급 인지적 능력에 결정적인 역할을 한다고 간주되는 피질의 전방 부분)에서 시냅스 밀도의 최고점은 생후 24개월 이후에 나타난다(하지만 Goldman-Rakic, Bourgeois, & Rakic, 1997을 참조). 비록 시간적 변이는 있지만 연구된 모든 대뇌 피질 영역의 시냅스 형성은 출생 시 시작되고 성인에게서 관찰된 것보다 훨씬 높은 수준의 최고점까지 증가한다.

다소 놀라운 것은 뇌의 신경세포와 세포 간 연결의 발달 과정상에서 일반적으로 퇴화가 관찰된다는 것이다. 예를 들어, 생후 1년경부터 일차 시각 피질에서는 뉴런당 시냅스 밀도의 평균치가 감소하기 시작한다(예, Huttenlocer, 1990). 인간의 경우 대부분의 피질 영역과 피질 경로들은 이러한 시냅스 밀도의 융성과 쇠퇴를 겪으면서 아동기 후기에 성인 수준으로 안정된다. 출생 후 시냅스의 융성과 쇠퇴라는 발달적 연속은 뇌 생리학이나 해부학적 측정치에서도 볼 수가 있다. 예를 들어, 아동의 PET 연구에서 뇌 영역의 포도당 점유 정도를 측정할 수 있다. 포도당 점유는 활성화된 뇌 영역에서 나타나며 포도당의 이동이 피를 통해 이루어지기 때문에 이는 혈류 측정이 되기도 하다. 이러한 방법을 사용해서 Chugani, Phelps 및 Mazziotta(1987)는 생후 1년경 영아의 뇌 활동 전위가 성인과 유사한 분포를 보인다는 것을 관찰했다. 하지만 영아기 초기에 최고점에 이르는 포도당 점

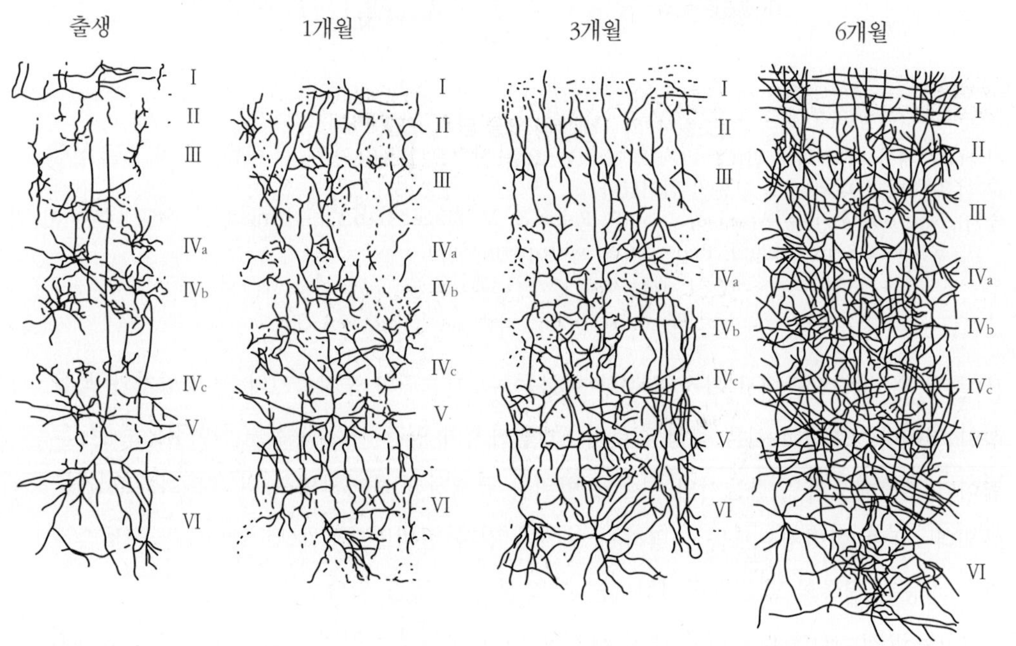

[그림 4-3] 골지 염색(golgi stainpreparation)에 기초한 인간 시각 피질의 세포 구조

출처: Conel(1939~1967). Reprinted by permission of the publisher from *Postnatal Development of the Human CerebralCortex*, Vols. 1-8 by J. L. Conel, Cambrige, MA: Harvard University Press, Copyright 1939-1967 by the President and Fellows of Harvard College.

유도는 성인보다 훨씬 높은 수준이다. 어떤 대뇌 영역에서는 이러한 수치가 9세 이후가 되어서야 성인 수준으로 회복이 된다. 이러한 변화 정도가 시냅스 밀도의 변화와 어느 정도나 관련성이 있는지는 더 많은 연구를 필요로 하는 부분이다.

최근에는 자기공명영상(MRI) 기법이 출생 후 뇌 구조의 발달 연구에 활용된다. 특히, 수초화에 의한 뇌 구조에서의 지질 증가는 선명한 회백질-백질의 대비를 보여 주는데, 이 방법은 영아기와 아동기 동안에 이루어지는 뇌 영역의 양적인 부피 측정을 가능케 한다. 이에 따르면, 전반적인 뇌 구조가 성인과 유사해지는 것은 생후 2년경이며, 생후3년이 되면 모든 주요 섬유 속을 관찰할 수 있다(Matsuzawa et al., 2001; Paus et al., 2001). 어떠한 보고에서는 생후 4년까지 회백질에 급격한 증가가 이루어지고 그 이후 성인될 때까지 약간의 감소가 오랜 기간에 걸쳐 일어난다고 제안했다(Pfefferbaum et al., 1994). 이러한 감소가 앞에서 언급한 것처럼 수상돌기와 시냅스의 가지치기로 발생된 것인지는 아직 정확하지 않다(Matsuzawa et al., 2001). 백질 양의 변화는 발달하는 뇌의 영역 간의 커뮤니케이션을 반영하기 때문에 흥미롭다. 백질의 증가는 청소년기를 거쳐 성인기까지 계속되지만 특별히 전두엽 영역(Giedd et al., 1999)에서의 가장 급속한 변화는 생후 첫 2년 동안에 일어난다. 예를 들어, 8~12개월이 되면 전두엽, 두정엽 그리고 후두엽과 관련된 백질이 선명해진다(Paus et al., 2001).

5. 대뇌 피질의 분화

발달신경과학에서 논란 중인 쟁점은 대뇌 피질이 인지, 지각 및 운동 기능을 갖춘 영역 또는 부위로의 분화가 어느 정도나 출생 후 외부세계와의 상호작용에 의해 결정되느냐 하는 것이다. 이러한 쟁점은 신생아들이 과연 언어와 같은 특정한 인지적 기능을 위한 영역-특정적 '모듈'을 가지고 태어나는지 또는 이러한 모듈의 형성이 경험-의존적인 과정인지와 같은 인지적 발달에 대한 논쟁을 반영한다(Elman et al., 1996; Karmiloff-Smith, 1992 참조). Brodmann(1912)은 피질을 서로 다른 기능적 속성을 가진 구조적 영역으로 나누어 보자는 틀을 처음으로 제안한 사람이다. 한 세기 동안 이루어진 신경심리학의 연구에 따르면, 정상적인 대다수 성인의 경우는 대략 동일한 대뇌 피질 영역에서 유사한 기능을 가지고 있다. 하지만 이러한 사실을 근거로 분화 패턴이 내적으로 사전에 미리 결정된(미리 설치된(prewired)) 것이라는 결론을 내릴 수는 없다. 왜냐하면 대부분의 사람들은 상당히 유사한 출생 전후 환경을 공유하기 때문이다. 발달신경생물학에서 이러한 쟁점은 피질 영역의 내적 분자나 유전자를 구체화한다기보다는 오히려 피질 분화와 관련된 신경 활동의 중요성에 초점을 두었다. 전자의 중요성을 지지하는 Rakic(1988)은 피질이 여러 영역으로 분화하는 것은 원형지도(protomap) 때문이라고 제안했다. 가설적인 원형지도에는 특정한 영역으로 피질의 분화를 이끄는 증식 영역의 사전 결정 혹은 내적인 분자 수준의 표지자(marker)가 필요하다. 이를 위한 하나의 기제는 증식 영역에서 피질까지 이르는 요골 신경교 섬유 경로다. 이 관점에서 피질의 분화는 분자 수준의 표지자에 의한 유전적 계획에 맞추어서 이루어지는 것이다. O'Leary(1989)와 몇몇 다른 학자들에 의한 대안적인 견해에 따르면, 유전적 그리고 분자 요소는 처음에는 분화되지 않는 하나의 원형피질(protocortex)로 만들어지지만 궁극적으로는 신경 회로 활동의 결과에 의해 원형피질이 분화된다는 것이다. 이러한 신경 회로 활동은 꼭 외부세계의 자극에 의한 것일 필요는 없다. 감각기관 또는 피질하 구조 내에서 일어나는 내적인 자발적 발화 패턴의 결과일 수도 있고 또 피질 자체 내에서 일어나는 활동에 의해 일어나기도 한다(예, Katz & Shatz, 1996).

이러한 발달적 신경생물학의 논쟁은 많은 실험 연구를 유도했다. 최근에는 중도적인 합의에 이르게 되었는데, 이는 발달하는 피질 전반에 걸친 유전자 발현의 구배가 대규모 영역을 결정짓는다는 것이다(Kingsbury & Finlay, 2001; Pallas, 2001; Ragsdale & Grove, 2001). 하지만 몇몇의 경우를 제외하고는 이러한 대규모 영역들은 성인 포유류에서 관찰되는 구체적인 기능 영역과 맞지 않다. 특히 Kingsbury와 Finlay는 자극 처리와 관련된 세포 구조의 다중 차원이 영역 간 결합을 일어나게 한다고 주장한다. 이는 신경전달물질, 축색 확장 그리고 신경조절자 생성의 패턴에서 대규모 구배에 의해 씌워진 특정한 감각 시상 투입의 결과로 일어난다. 예를 들어, 어떤 영역에서는 시각적 입력이 있고, 높은 수준의 특정한 신경전달물질 그리고 짧은 범위의 연결이 출현할 수 있다. 이러한 영역은 처음에는 불분명하며 분화가 안 되어 있지만, 인접 영역에서 처리하는 특정한 유형의 계산에서는 유리할 수 있다. 이러한 영역들의 하위 영역들은 특정한 계산적 기능을 위해 다시 사용될 수 있다(Elman et al., 1996; Johnson, 2000). 이러한 과정은 피질 영역을 일련의 기능적으로 구분된 영역으로 세분화시키는 결과를 낳을 수 있다. 하지만 중요한 것은 유전자들은 명확하게 잘 정의된 특정한 기능 영역 내에서 발현되지는 않는다는 것이다. 그보다는 피질 영역에 걸쳐 대규모의 구배를 보여 준다. 그렇기 때문에 피질발달 과정에서 발현되는 돌연변이 유전자들은 특정 피질의 기능 영역에 국한되지 않으며, 더욱이 인지적 기능과의 명확한 일치를 보여 줄 가능성도 낮다. 이와 마찬가지로 유전적 장애에 대한 쥐 모델(mouse model)은 단일 유전자 돌연변이와 단일표현형(single phenotypic) 간에 깔끔한 일치가 거의 일어나기 어렵다는 것을 보여 주었다(Cattanach, Peters, Ball, & Rasberry,

2000; Crabbe, Wahlsten, & Dudek, 1999; Homanics et al., 1997; Keverne, 1997). 그보다는 신경 구조에 대한 유전적 기여는 보통 특성에 따라 분산되어 있고 등급으로 나누어져 있다.

6. 출생 후의 발달과 행동적 변화

다음에 검토할 출생 후 뇌 분화와 인지발달 간의 관계에 대한 내용은 부득이하게 선택적이다(자세한 개관은 Johnson, 2005 참조). 이러한 특정한 논조의 연구들은 뇌와 행동발달 간의 상호작용에 대해 좀 더 폭넓은 원리들을 보여 준다. 앞서 언급했듯이, 대뇌 피질의 활동-의존적 분화 과정은 출생 전에 시작되지만 인간의 경우는 출생 이후에 더 확장된다. 서로 다른 인지 영역이나 서로 다른 피질 영역 모두 분화가 이루어지는 시간은 각기 다를 것이다. 시상이나 시상하부처럼 더 일찍 분화되는 다른 뇌 영역과 대뇌 피질과의 연결은 대뇌 피질 영역들의 전문성 출현에 도움이 될 수 있다.

시 각

여러 자료에 따르면, 영장류의 시각 피질의 입력 처리는 출생 때부터 시작한다. 최근 연구자들은 어떤 시각 경로와 시각 구조가 각기 다른 연령대에서 활성화되는지를 알아보기 위해 기능적 영상 기법을 사용하기 시작했다. 신생아들을 오랫동안 고정된 자세로 있기 어렵기 때문에 신생아를 대상으로 한 fMRI 연구는 보통 임상적 이유로 진정된 상태에서 스캔을 받은 신생아들을 대상으로 한다. 하지만 진정되거나 수면 상태였음에도 불구하고 신생아들이 성인과 동일한 시각 피질 영역에서 시각적 자극에 반응하는 것으로 나타났다(Born, Rostrup, Leth, Peitersen, & Lou, 1996; Born, Rostrup, Miranda, Larsson, & Lou, 2002; Yamada et al., 1997, 2000). 이러한 결과는 각성 상태의 건강한 신생아들을 대상으로 한 광학상(NIRS) 기법을 통해서도 검증되었다. 초기의 단일 부위를 대상으로 한 연구 이후(Meek et al., 1998) Taga, Asakawa, Maki, Konishi 및 Koizumi(2003)는 2~4개월 아기에게 사람 얼굴 모양처럼 도식화된 패턴들을 보여 주고 다중채널 광학계를 이용해서 뒤쪽 후두엽과 전두엽 부위의 혈중 산소량을 연구했다. 그 결과, 발광 대비와 같은 작은 변화에도 국소화된 후두 피질의 영역에서 성인들이 사건 관련 변화에서 보이는 혈중 산소량 패턴의 반응을 보였다. 이 연구가 의미하는 중요한 점은 이러한 기법이 머지않아 초기 유아기의 시각 기능을 연구하는 데 활용될 수 있을 거라는 잠재력을 보여 주었다는 것이다.

시각우위기둥(Ocular dominance columns)은 일차 시각 피질 Layer IV(네 번째 층)에서 관찰되는 기능적 해부학적 구조다. 이러한 기둥들은 두 개의 눈에서 들어오는 정보의 분리 때문에 발생한다. 다시 말하면, 성인 포유류의 경우 단일 시각우위기둥에 있는 뉴런들은 한쪽 눈에서 들어오는 정보에 지배된다. 시각우위기둥은 양안시각을 가능케 하기 위해 필요한 처리 단계라고 여겨지고 있다. Held(1985)는 신생아의 경우, 양안시각은 만 4개월 이후에 발달한다는 수렴적 증거들을 제시했다. 양안시각과 관련된 능력 중 하나인 입체시력은 입체보기의 시작과 함께 급격하게 증가하는데, 몇 주 안에 성인 수준으로까지 발달한다. 반면 격자시력과 같은 능력은 훨씬 점진적으로 발달한다. Held에 따르면, 입체시력에서의 급격한 변화는 그것을 받쳐 주는 신경 회로에서도 마찬가지로 동일한 정도의 급격한 변화를 필요로 한다. 그는 동물 연구의 결과를 토대로 이 회로가 일차 시각 피질 layer IV에 있는 시각우위기둥의 발달이라고 주장했다. 비록 Held의 원래 주장은 시각우위기둥 형성과 양안시각의 시작 간의 단순한 인과관계에 기초를 둔 것이었지만, 좀 더 최근의 연구들에서는 이 두 수준 간에 일어나는 변화 과정상의 밀접한 연관성을 보여 주었다.

앞서 언급한 것처럼, 선택적 소실의 과정은 일반적으로 대뇌 피질에 특정한 경로들을 만드는 과정이다. 신경생리학적 근거에 따르면, 두 눈에서 나오는 구심성 신경들은 처음에는 혼합된 상태로서 layer IV 내의 공통 피질 뉴런으로 시냅스를 형성한다. 이들 layer IV 세포들은 불일치 선택적 세포들에 투영된다(아마도 피질의 Layers II와 III). 개체발생 과정에서 한 눈에서 나온 무릎축색(geniculate axons)이 그 영역에서 사라지면 나머지 다른 눈에서 나온 축색이 남게 된다. Held(1985)는 이러한 신경 차원의 사건들에 따라 4개월 된 신생아의 입체시력에 급격한 증가가 일어난다고 주장했다.

이러한 선택적 소실에 따라 예전에는 일차 시각 피질 layer IV에서 결합되던 두 눈으로부터 들어오는 정보가 분리되는 결과를 낳게 된다(Held). 보다 엄밀히 말하면, 두 눈 간에 어느 정도의 통합이 일어나게 되는데, 각각의 뉴런이 한 번에 하나의 눈으로부터 신경자극 전달을 받는 정도로 감소한다. Held와 그의 동료들(Held 참조)은 4개월 이전의 영아들이 더 연령이 높은 유아들이 하지 못하는 특정한 종류의 두 눈 통합을 수행할 수 있다는 것을 보여 줌으로써 이 가설을 검증했다.

이러한 연결의 손실은 아마도 시냅스의 개선에 기인할 것이다. 시냅스의 개선은 활동-의존적 신경기제를 통해 일어난다. 실험적으로 신경활동을 감소시키면 시각우위기둥의 형성을 막을 수 있다(Stryker & Harris, 1986). 한쪽 눈의 박탈(Wiesel & Hubel, 1965) 또한 비정상적인 시각우위기둥을 만들어 낸다. 이러한 경우 보존된 눈은 정상적으로 공유하는 피질 영역보다 더 많은 영역을 차지하게 된다. 이러한 결과들을 근거로 Miller와 동료들(Miller, 1990; Miller, Keller, & Stryker, 1989)은 한 눈과 연결된 신경발화와 상대적으로 두 눈 간에 관련이 없는 신경발화에 의거한 시각우위기둥 발달의 신경 네트워크 모델을 개발했다. 이러한 발화 패턴이 자발적인 내적 발화에 기인하는지 아니면 시각 경험에 기인하는 것인지는 두 눈 간의 상관보다 눈 내의 상관이 더 크기만 하다면 그다지 문제되지 않을 것이다.

주의와 시각적으로 유도된 행동

생애 첫 몇 개월 동안 영아가 자신을 둘러싼 물리적 환경과 상호작용하는 주된 방식은 시선과 주의의 이동을 통해서 이루어진다. 이것이 바로 우리가 신생아의 정신적 삶에 대해 연구할 때 보기 행동을 측정치로 사용하는 이유다. 유아의 뇌 발달과 행동의 변화를 연결지으려는 초기 시도들 가운데, Bronson(1974, 1982)은 신생아의 경우 시각적으로 유도된 행동은 주로 피질하 시각 경로에 의해 통제되는데, 2, 3개월경이 되면 이러한 통제가 피질 경로로 바뀐다고 주장했다.

앞서 말한 것처럼, 신생아의 시각 피질 활동은 다소 제한적이지만 존재하며, 피질 기능의 시작은 '있다-없다'의 식으로보다는 일련의 단계 이행으로 이루어진다고 알려졌다. 마찬가지로 원숭이를 대상으로 한 신경생리학적 연구와 인간 성인에 대한 신경심리학적 연구에서 영장류의 안구운동 통제와 주의 전환에 관여하는 다중 경로들이 밝혀졌다. 간략하게 세 개의 경로를 소개해 보면 ① 안구에서 상소구(superior colliculus)로의 경로(이 피질하 경로는 측두엽 시각 영역으로부터 많은 입력을 받으며, 쉽게 구별 가능한 자극들에 대한 빠른 반사적 안구운동에 중요한 역할을 하는 것으로 여겨진다), ② 일차 시각 피질(V1)로부터 중간측두엽(middle temporal: MT)(움직임 감지와 유연한 추적에 중요한 역할을 하는 것으로 여겨지는) 같은 측두엽(temporal lobe)에 이르는 경로, ③ V1에서 다른 시각 피질 영역에 이르는 경로고, 그다음에 두정엽 피질(parietal cortex)에서 전두엽 안구운동야(frontal eye fields: FEF)까지 이르는 경로다. 이 세 번째 경로의 구조는 '예기된' 급속한 안구운동(saccades)(시각적 목표물의 위치를 미리 예측하기 위해 [역자 주: 한쪽에서 다른 한쪽으로 급속하게 움직이는 안구운동])이나 스캐닝 패턴의 학습 순서와 같은 더 복합적인 안구운동 계획이나 주의와 관련된다고 여겨진다. 발달적 신경과학에서 하나의 도전거리는 이러한 다양한 경로들의 발달을 서로 다른 연령의 영아의 능력과 연결시키는 데 있다. 최근까지는 주로 두 개의 보완적인 접근 방법이 사용되어 왔다. 하나는 발달적 신경해부학적 지식을 토대로 이러한 경로들의 발달 순서를 예측(Atkinson, 1984; Johnson, 1990)하는 것이고, 다른 하나는 특정한 구조나 경로의 기능적 발달을 규명하기 위해 행동적 표지자 과제를 사용하는 것이다.

Johnson(1990)은 앞서 언급한 경로들의 발달 순서를 예측하고, 이를 영아의 시각적으로 유도된 행동의 변화를 예측하는 데 사용했다. 특히, Johnson(1990)은 일차 시각 피질의 발달상태가 어떤 경로가 구조화된 입력을 받게 될지를 결정한다고 주장했다. 이차 시각 피질에 대한 발달신경해부학적 정보를 사용해서 Johnson은 안구운동 통제와 관련된 경로의 출생 후 발달 순서를 가설화했다.

구체적으로 신생아에게서 가장 잘 기능하는 경로는 안구에서 상소구로 직접 연결되는 피질하 경로이며, 또한 아마도 V1의 깊은 층에서 상소구까지 이르는 몇몇 피질 경로도 있을 것이라고 추측했다. 이러한 가설을 뒷받침해 주는 근거로, 신생아들의 경우 첫 몇 개월 동안은 움직이는 자극에 대한 시각적 추적이 부드럽지 않고, 급작스러운 움직임을 보인다. 이러한 안구운동은 움직이는 사물의 경로는 미리 예측한다기보다는 항상 자극의 움직임을 뒤쳐져서 따라가는 것으로 나타났다(Aslin, 1981). 대부분의 피질하 통제와 일치하는 시각적으로 유도된 신생아 행동의 두 번째 특성은 신생아들이 코나 시각 범위에서보다는 측두범위 내에서 더 쉽게 자극을 향한다는 것이다(예, Lewis, Maurer, & Milewski, 1979). Posner와 Rothbart(1980)은 상소구와 같은 중뇌 구조는 측두부위의 입력에 의해 가장 쉽게 작동될 수 있다고 제안했다. 마지막으로, 신생아들은 첫 몇 개월 동안은 어떤 큰 범위의 틀이나 패턴 안에 있는 고정된 요소들에 대해, 이 요소들이 움직이지 않는 한(Bushnell, 1979) 주의를 기울이지 않는다(예, Maurer, 1983). 최근까지 풀리지 않았던 한 가지 중요한 의문은 피질하 시각 경로가 피질 경로와 분리된 상태에서 영아들이 갑작스런 안구운동을 보이느냐 하는 것이었다. 이 문제는 간질 치료를 위해 반구절제술(피질 한쪽의 제거)을 받은 2명의 신생아를 대상으로 한 Braddick 등(1992)의 연구에 의해 제기되었다. 연구자들은 신생아들이 '피질적으로 보이지 않는' 시야에 나타나는 목표물에도 직접적인 안구운동을 할 수 있다는 사실을 발견했다. 이는 피질하(상소구) 경로가 피질 없이도 급작스런 안구운동을 지원할 능력이 있다는 것을 의미한다. Johnson(1990)은 2개월을 전후로 한, V1 내의 중간층의 발달이 MT와 V5라고도 알려진 내상측관자 구조(medial superior temporal structure: MST)에 관여하는 경로로의 출력을 허용한다고 주장했다. 이 시기에 대한 예측과 동일하게 영아들은 유연한 시각 추적을 보이며 시각적 입력에서 응집성 있는 움직임에 민감해지기 시작한다. 이 두 가지 예측은 우리가 가지고 있는 행동적 자료와 일치한다(Johnson; Wattam-Bell, 1991).

Johnson(1990)은 이차 시각 피질의 상층에서 일어나는 수상돌기의 성장이 생후 3개월경에는 다른 피질 영역으로의 투사를 강화하고, 따라서 전두엽 안구운동의 경로가 기능하게 된다고 제안했다. 이러한 신경해부학적 발달은 영아로 하여금 예기된 안구운동을 가능케 하고 보기 패턴의 순서를 학습하게 하는데, 이 두 기능 모두 전두엽 시각 영역과 관련되어 있다. 움직이는 물체에 대한 시각추적과 관련해서 3개월경이 되면 영아들은 유연한 추적이 가능해질 뿐 아니라 자극의 움직임을 예측하는 안구운동을 자주 보인다.

Johnson(1990)의 모델과 마찬가지로 두정엽 피질, 전두엽 시각 영역 그리고 배측외측핵 전전두엽 피질(dorsolateral prefrontal cortex: DLPC)과 관련된 행동 표지자 과제에 따르면, 이들 영역은 생후 2~6개월에 모두 급격한 발달을 보인다. 하지만 기능적 영상기법으로 수집된 최근 자료들은 초기 모델에 수정이 필요함을 제시하고 있다. 특히, 사건 관련 전위(안구운동 개시 시간 측정; Balaban & Weinstein, 1985; Csibra et al., 1997) 측정치를 사용하면 개정된 Johnson 모델을 직접 평가해 볼 수 있다. 안구운동의 개시 시점을 확인함으로써 우리는 이 단순한 행동 이전에 일어나는 뇌의 변화들을 분석할 수 있다. 이런 실험에 따르면, 성인의 경우는 급속 안구운동 이전에 두정엽 피질에서 사전 급속 안구운동의 변화들이 나타난다. 이러한 변화들 중 가장 명확한 것은 사전 급속 안구운동 '급상승전위(spike potential: SP)' 다. 이 전위는 급속 안구운동이 나타나기 8~20ms 이전에 나타나는데, 위로 날카롭게 올라가는 모양이다. 성인의 경우 대부분의 급속 안구운동 과제에서 급상승 전위가 관찰되며, 그렇기 때문에 이는 급속 안구운동을 만들어 내는 데 필요한 중요한 피질 처리의 단계로 보인다. Csibra, Tucker 및 Johnson 등(1998)은 생후 6개월 영아의 두정엽에서도 사전 급속 안구운동 전위가 나타나는지를 연구했다. 이 정도 개월 수의 신생아도 본질적으로는 성인과 같은 급속 안구운동을 하기 위한 동일 경로를 활성화할 수 있을 것이라는 예측을 감안해 보자면, 이러한 증거([그림 4-4])의 근거를 찾을 수 없었다는 것이 놀라웠다(Kurtzberg & Vaughan, 1981; Richards, 2001 참조). 이러한 결과는 이전 우리의 연구에서, 생후 6개월 된 영아에게서 나타난 목표물에 의해 유도된 급속 안구운동은 상소구에 의해 매개되어 시각적으로 유도된 반응이 피질하 경로들에 의해 통제되었다는 것을 의미한다.

이 결과가 다소 당혹스러웠기에, 우리는 두 개의 후속 연구를 실시했다. 하나는 생후 12개월 영아를 같은 방법으로 실험했다. 그 결과, 이 연령의 영아들에게서 비록 그 크기는 작았지만([그림 4-4]) 성인에게서 관찰되는 급상승 전위가 관찰되었다. 또 다른 연구에서는 아주 어린 영아에게 더 어려운 급속 안구운동 과제를 제시한 후 배측 경로(dorsal pathway)가 활성화되는지를 관찰했다. 특히, 우리는 생후 4개월 영아들에게서 반응이전

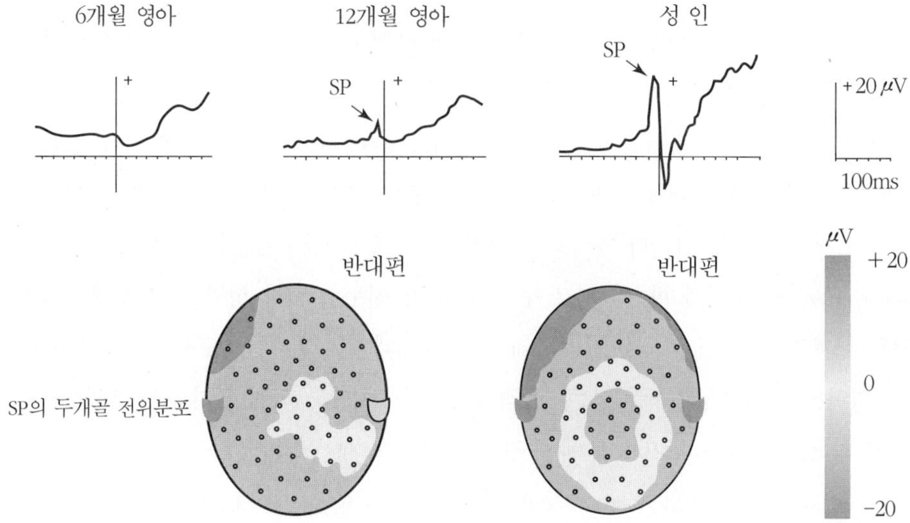

[그림 4-4] 성인 두정엽에서 급속 안구운동 이전에 나타나는 전위, 12개월, 6개월 영아. 성인과 12개월 영아만이 뚜렷한 급상승 전위를 보인다.

(목표물-유도된) ERPs와 예기된(내생적인) 급속 안구운동을 비교했다(Csibra et al., 2000). 우리는 반응적이거나 또는 예기적 안구운동 이전에 나타나는 후두 활동(posterior activity)을 관찰할 수 없었다. 따라서 예기적 안구운동의 경우는 그것이 비록 자극의 다음 위치에 대한 피질의 계산에 의해 일어난다 하더라도 이러한 행동 계획에 후측 피질 구조는 관여되지 않는 것처럼 보인다.

이러한 모든 영아 ERP 연구들에서, 6개월 영아들의 경우 안구운동에 대한 후측 구조 통제에 대한 증거가 부족했지만 전두엽에 의해 유발되는 것을 관찰할 수 있었다. 이러한 급속 안구운동과 관련된 효과들은 중심 자극들이 제거된 경우, 피질하(상소구) 회로에서의 전두엽 안구운동야 탈억제와 일치했다(Csibra et al., 1998, 2000). 이는 전두엽 시각야가 상소구 회로를 억제함으로써 구멍난 자극에 시선을 고정시키는 데 도움을 준다는 것을 의미하는 것으로 해석된다. 이는 Johnson(1990) 모델에 근거한 예측과 일치하는 결론이다. 하지만 주변 변두리 자극에 대한 급속 안구운동이 일어나는 경우, ERP 증거에 따르면 이러한 급속 안구운동은 때때로 전두엽 시각 영역에서 유도된 억제의 결과로 일어나기도 하지만 대부분은 상소구 회로에 의해 주도되는 것으로 보인다.

Canfield, Smith, Brezsnyak 및 Snow(1997)는 행동적 그리고 신경해부학적 근거를 바탕으로 FEF 경로가 발달적으로 뇌의 후측 경로보다 선행한다고 주장한다. 전두엽 안구운동야(FEF) 경로의 조기 관여는 뇌의 전측 회로들이 후측 회로보다 더 일찍 활성화되는 기술-학습 가설과 일맥상통한다. 이 해석에 따르면, 영아의 경우는 아직도 안구 운동의 계획과 실행의 기술을 획득하는 중이기 때문에 전두엽 피질 회로의 관여가 더 크다.

지금까지의 논의는 안구와 머리운동에 기인하는 주의의 외적 이동에 대한 것이었다. 하지만 성인 또한 자신의 주의를 은밀하게 이동시킬 수 있다는(수용체를 움직이지 않고) 증거들이 있다. 아동기 내생적 주의 발달의 신경적 기초에 대한 연구는 이제 막 시작되었는데, 주로 세 가지의 주제를 기초로 연구되었다. ① ERP 연구들, ② 조기 대뇌 피질 손상의 영향, ③ 유전에서 기인하는 발달장애 등이다. Richards(2003)는 내생적 주의력의 신경적 신호를 추적하기 위해 공간적 암시 절차를 사용하여 영아들의 ERP를 기록하는 여러 실험을 실시했다. 한 연구에서 그는 'P1 타당성 효과' 를 어린 영아들을 대상으로 조사했다. P1은 하나의 커다란 정적 ERP 요소로 자극 제시 후 100ms 이후에 나타난다. 성인들을 대상으로 한 연구에서 타당한 시도(단서가 목표물을 정확하게 예측한 경우)의 경우에 P1이 높게 올라갔다(Hillyard, Mangun, Woldorff, & Luck, 1995). 이런 짧은 잠복기는 시각적 처리의 초기 단계를 반영하며, 내생적 주의력의 이동이 목표물의 초기 감각 처리를 조절한다는 것을 보여 주는 것이기 때문에 흥미롭다. Richard에 따르면, 3개월 영아는 내생적 주의력 이동에 대한 ERP 증거가 적었지만, 5개월이 되면 ERP 패턴이 성인의 것과 유사해지는데, 이는 이 단계 영아의 주의력이 단서로 제시된 위치로 은밀하게 이동된다는 것을 뜻한다.

내생적 방향감각 발달의 신경적 기초를 연구하는 또 다른 방법이 두정엽 손상의 결과를 평가하는 것이다. 우리는 주산기(perinatal period)에 대뇌 피질 두정엽 부분이 1/4 손상된 영아들에게 공간적 암시 실험을 실시했다(Johnson, Tucker, Stiles, & Trauner, 1998). 결과는 조금 놀라웠다. 일반적으로 성인에게는 결손을 유발시키는 후측 손상이 영아들에게는 아무런 영향을 주지 않았기 때문이다. 전두엽 손상은 공간적 암시에 상당한 영향을 미쳤다. 놀라운 결과였지만 다른 실험실 결과는 크게 다르지 않았다. 예를 들어, Craft, Shatz와 그의 동료들은 주산기 뇌 손상(때때로 겸상적혈구 빈혈과 관련된)이 아동기 때의 공간적 암시 과제의 수행에 어떤 영향을 미치는지를 연구하였다. 여러 연구들에서 공간 암시 과제 결손이 후두엽 손상에서는 나타나지 않거나 미약한 반면, 전두엽 손상 아동에게서는 관찰되었다(Craft, White, Park, & Figiel, 1994; Schatz, Craft, Koby, & Debaun, 2000; Schatz, Craft, White, Park, & Figiel, 2001).

내생적 주의력의 신경발달을 논하기 위한 세 번째 방법은 비전형적으로 발달하는 영아 집단을 대상으로 이러한 처리 과정에서 보이는 장애를 연구하는 것이다. 주의력결핍 과잉행동장애(ADHD)는 7세 이전에 시작하는 부주의, 과잉활동 그리고 충동성과 같은 특징을 갖고 있다(Karatekin, 2001). 비록 문화에 따라 비율은 달라지지만 미국 학령기 아동의 경우 3~5%까지의 유병률을 보인다. ADHD라는 진단명에도 불구하고 이들 아동들의 주의력 요소의 특정 결합에 대한 일반적인 동의는 없다. 그것보다는 이 아동들은 지속적 주의나 선택적 주의력 검사에서 경미한 정도의 어려움을 보이는데, 이는 인지적 자원을 요하는 과제에서 주의를 일정하게 유지하면서 주의를 기울인 자극을 처리하는 데 어려움이 있음을 반영한다(Karetekin 참조).

주의력의 내생적 통제에 대한 또 다른 징후는 '지속적' 주의력이다. 지속적 주의력은 방해요소가 존재함에도 불구하고 주의의 방향을 한 자극에만 유지시킬 수 있는 능력을 말한다. Richards(1989a, 1989b)는 영아기 지속적 주의력의 징후로 심장박동의 감소를 밝혔다. 심장박동률로 정의할 때 지속적 주의력은 보통 복잡한 자극의 제시 이후 5~15초 동안 지속되며, 이 시간 동안에 주변 자극으로 시선을 옮기려면 자극에 노출되기 이전 상태의 심장박동률 수준으로 돌아가는 시간에 비해 2배의 시간이 더 걸린다. 더 나가서, 지속적 주의 동안에 주변의 자극에 반응하는 급속 안구운동은 정상일 때보다 덜 정확하고 상소구에 의해 발생된 급속 안구운동의 특성인 다발성 측정저하증(multiple hypometric, 목표물에 다다르는 데 필요한 것보다 짧은)의 급속 안구운동이 관련이 있는 것으로 보인다. 그러므로 지속적 주의 동안의 주의가 산만해지지 않는 것은 소구(collicular) 기제를 억제하는 피질적으로 매개된 경로 때문일 것이다.

요약하면, 안구를 움직이는 것처럼 아주 단순해 보이는 행동조차도 다중적 피질 경로와 피질하 경로를 필요로 한다. 이러한 연구 결과들은 뇌 기제를 고려하지 않은 행동발달에 대한 대부분의 심리학적 설명이 이들 기저의 복잡성을 심하게 과소평가할 수 있다는 것을 보여 준다. 안구운동 통제와 관련된 다중 경로들이 다소 독특한 기능을 가진다 하더라도 대부분의 실제 상황에서 일어나는 행동 반응들은 몇 개의 경로들과 관련되어 있다. 어느 정도는 이러한 경로들이 위계적 조직화를 이루는 데 가장 최근에 발달한 경로들(주로 전두엽)이 내생적이고 자발적 행동의 기초를 제공한다. 신생아의 경로들은 피질 관여가 적고 본질적으로 좀 더 반사적인 경향이 있다.

사회적 뇌의 발달

인간 뇌의 주요 특성 중 하나는 그것의 사회적 특성이다. 성인의 뇌에는 다른 인간의 외모나 행동, 의도에 대한 감각 정보를 처리하고 통합하기 위한 특화된 뇌 영역이 있다.

상측두구(superior temporal sulcus: STS), 방추형얼굴인식 영역(fusiform face area: FFA) 그리고 안와전두 피질(orbitofrontal cortex)을 포함해서 다양한 뇌의 영역들이 '사회적 뇌' 에 관여되어 있다(최근 개관은 Adfophs, 2003 참조). 인지신경과학에서 주요 논쟁은 '사회적 뇌' 의 기원과 이러한 사회적 뇌가 경험을 통해 어느 정도나 획득되는지에 대한 이론적 논의들이다.

얼굴을 감지하고 인식하는 능력은 일반적으로 인간의 지각 능력을 보여 주는 좋은 예이며, 사회적 동물로서의 적응에 기초가 되는 부분이라고 여겨진다. 어린 영아의 얼굴 재인 능력 발달에 대한 연구는 40년 전 Fantz(1964)로 거슬러 올라갈 정도로 오랜 역사를 지니고 있다. 지난 10년간 수많은 연구들이 얼굴을 구별하는 뇌 영역을 포함하여 성인의 얼굴 처리와 관련된 피질적 토대의 문제를 다루어 왔다(de Haan, 2001). 이러한 다수의 자료에도 불구하고, 놀랍게도 얼굴 처리의 발달적 인지신경과학에 대해서는 알려진 바가 거의 없다.

de Schonen과 Mathivet(1989), Johnson과 Morton(1991; Morton & Johnson, 1991)에 따르면, 얼굴에 대한 신생아들의 선택적 반응은 주로 피질하의 시각운동 경로(마지막 부분 참조)에 의해 중재되는 반면, 이후에 발달되는 개별 얼굴을 인지하는 능력은(내재적 속성에 기초한) 시각적 피질 처리의 복측 경로에 의해 매개된다. 두정엽 피질과 같은 피질 영역(마지막 부분에서 논의된)이 시각 처리를 위한 배측(dorsal)('어떻게') 경로의 부분일지라도, 복측 경로는 시각 피질에서 시작하여 대상이나 얼굴 재인에 관여하는 측두엽까지 확장된다(Milner & Goodale, 1995 참조).

지난 10년 이상 많은 연구들이 Johnson과 Morton(1991)에 의해 가정된 두 개의 기제에 초점을 맞추어 왔다. 얼굴에 대한 신생아의 반응과 관련하여 최근까지 대부분의 행동 연구들은 얼굴과 유사한 패턴에 대한 민감성의 증거를 찾아냈다(Johnson, 2005 참조). 이러한 신생아 편향의 특수성에 대한 견해는 다양하지만 우리는 얼굴 편향('동종')이 대부분은 그러나 꼭 배타적일 필요는 없이 피질하 시각운동 경로에 의해 중재된다고 본다. 이러한 가정에는 몇 가지의 이유가 있다. ① 다른 반사들이 피질하 통제를 받게 되는 시점에서부터 신생아 선호의 감소, ② 피질 시각 경로의 늦은 발달을 의미하는 시각 시스템 성숙의 증거, ③ 다른 종(집에서 키우는 병아리)들에서 얻어낸 증거 등이다. 건강하고 깨어 있는 상태의 신생아들을 대상으로 한 기능적 영상 기법 사용의 어려움으로 이 가설은 간접적으로만 연구되었다. 첫 번째는 Mancini와 동료들(1998)이 주산기에 피질 영역 손상을 가진 여러 영아들을 대상으로 얼굴 선호도를 연구했다. 시각 피질의 손상에도 불구하고 얼굴에 대한 편향은 존재했다(Mancini et al., 1998). 두 번째의 연구들은 코와 측두 시각 영역이 서로 다르게 피질 시각 경로와 피질하 시각 경로로 들어간다는 사실을 사용했다. 특히, Simion과 동료들은 얼굴 편향은 코의 시야가 아닌 측두 시야에서 발견될 것이라고 예측했다. 이 예측은 확인되었다(Simion, Valenza, Umilta, & Dalla Barba, 1998). 세 번째 연구들은 성인 신경심리학 연구들에서 나온 간접적인 증거들로서, 특히 공간 무시(spatial neglect)나 공간 소거(spatial extinction)의 문제를 가진 성인들을 대상으로 하고 있다. Vuilleumier와 동료들(2000; Vuilleumier, Sagiv, Hazeltine, Poldrack, Swick, Rafal, & Gabnel, 2001)에 따르면, 이러한 환자들은 다른 자극보다 얼굴 자극을 덜 알아본다. 물론 이러한 증상에 대한 다양한 설명이 가능하겠지만, 그중 한 가지는 피질 회로의 손상이 피질하 얼굴 편향(face bias)의 억세를 풀어 준다는 것이다. 마지막으로, 성인을 대상으로 한 기능적 영상기법 연구 피질하의 분석을 포함하는 연구에서 피질 특화 영역이라 알려진 영역과 더불어 피질하 뇌 구조 영역에서도 활성화가 관찰되었다(Phelps et al., 2000).

비록 Johnson과 Morton(1991)이 상소구가 동종 선호를 결정하는 것과 관련된 주요한 시각운동 구조라는 것을 밝혀냈지만, 다른 가능한 후보 구조들이 있는데, 그것이 시상베개(pulvinar)와 편도체(amygdala)다. 시상베개에 대한 자료는 지난 10년간 급격히 증가했고, 그 기능에 따르면 현재 신생아의 시각적 선호와 관련된 구조일 가능성이 높다. 특히, 시상베개는 상소구로부터(또한 망막으로부터, 성인의 경우는 선조 피질 그리고 선조외시각 피질로부터) 직접 입력을 받는다. 더욱이 성인의 경우는 전두엽, 측두엽, 두정엽과 전띠이랑(anterior cingulated), 편도체 사이가 상호 호혜적으로 연결되어 있다. 신생아 행동의 신경적 관련성을 밝히는 데 적합한 신기술의 출현이 이러한 문제에 대한 추후 연구를 가능케 할 것이다.

이제 유아기와 아동기의 얼굴 처리와 관련된 신경계의 발달을 살펴보자. 몇몇 실험실에서 정상적인 얼굴(adultview face)을 바라볼 때의 ERP의 변화를 연구했다. 특히, N170이라고 부르는 ERP 요소에 관심이 모아졌다(170ms 이후에 나타나는 부적 전위이기 때문에). 이는 성인을 대상으로 한 수많은 연구들에서 얼굴 처리와 밀접하게 관련된 부분이었다(de Haan, Johnson, & Halit, 2003 참조). 특히, 이 전위 요소의 폭과 잠복기는 얼굴 자극이 성인 피험자의 시야 내에 제시되는지 아닌지에 따라 달라진다. 성인의 경우 N170의 중요한 측면은 그 반응이 상당히 선택적이라는 것이다. 예를 들어, N170은 똑바로 된 얼굴에 대해서는 거꾸로 된 얼굴이나 똑바로 된 원숭이 얼굴을 볼 때와는 다른 반응을 보인다(de Haan, Pascalis, & Johnson, 2002). 비록 N170의 정확한 신경 발생의 기저가 어디인지에 대해서는 현재도 논의 중이지만, N170 반응의 특수성은 인간의 똑바른 얼굴(upright face)에 대한 피질 처리의 특수화 정도를 나타내는 지표로 간주될 수 있다. 이런 이유로 우리는 출생 이후 첫 몇 주와 첫 몇 개월 동안의 N170 발달에 대한 일련의 연구들을 수행했다.

ERP 발달 연구에서 다루어진 첫 번째 쟁점은 얼굴에 민감한 N170이 언제 출현하는지에 대한 것이었다. 일련의 실험을 통해 우리는 영아의 ERP 요소가 성인의 N170과 상당히 유사하다는 것을 확인했다. 하지만 잠복기가 약간 더 길었다(240~290ms)(de Haan, Humphrey, & Johnson, 2002; Halit, Csibra, Volein, & Johnson, 2004; Halit, de Haan, & Johsnon 2003). 3개월 6개월 그리고 12개월 영아들을 대상으로 이러한 잠복기 반응 특성에 대한 연구에서 우리는 ① 성인과 유사한 ERP 요소가 3개월부터 나타나며(비록 발달은 아동기 중기까지 지속됨에도 불구하고), ② 이 요소는 나이가 들면서 사람의 똑바른 얼굴에 좀 더 특수하게 조정된다. 우리는 12개월 영아와 성인은 모두 똑바로 제시된 얼굴과 거꾸로 된 얼굴에 대해서 다른 ERP 반응을 보인 반면, 3개월과 6개월 영아들은 이러한 반응의 차이가 나타나지 않다는 것을 발견했다(de Haan et al., 2002; Halit et al., 2003). 그러므로 얼굴에 민감한 이 ERP 요소에 대한 연구의 결과는 연령이 증가함에 따라 피질 처리가 특수화된다는 견해와 일치한다. 또한 이 결과는 행동 연구의 몇몇 결과들과도 일치한다(다음 참조).

우리는 아직도 영아와 어린 유아들의 얼굴 처리에 대한 명확한 기능적 화상 연구를 기다리는 실정이지만, 얼굴의 피질 처리에 대한 국소화 증가의 증거들은 아동의 얼굴 처리의 신경적 기초를 성인의 처리와 비교한 최근의 한 fMRI 연구에 기초한다(Passarotti et al., 2003). 이 연구에서 성인과 아동의 행동 능력의 차이를 조정(얼굴 짝짓기 과제로) 했음에도 불구하고 아동은 얼굴에 민감한 피질 부분에 있어 성인보다 훨씬 더 넓은 영역의 피질 부분이 활성화되었다. 비슷한 결과는 2개월 영아를 대상으로 한 PET 연구에서도 찾아볼 수 있는데, 영아가 움직이는 점의 배열을 보았을 때보다는 얼굴을 본 경우에 피질 영역에서 넓은 네트워크가 활성화되었다(Tzourio-Mazoyer et al., 2003). 이 연구는 여자 얼굴의 사진에 의해 유발된 복잡하고 역동적인 자극에서 활성화 영역을 제거한 것이다. 결과적으로 활성화된 영역은 성인의 얼굴 처리에서 활성화된 영역과 일치했다. 즉, 이는 뇌의 상측두회(superior temporal gyrus)와 중측두회(middle temporal gyrus)의 양방향적 활성화를 의미한다(유아의 경우 비록 활성화된 영역이 성인에 비해 좀 더 앞쪽 부분이었지만). 얼굴 제시 조건에서 전반적으로 전두엽의 대사 활동은 낮았지만, 좌측 안와전두골 피질(left orbito frontal cortex)과 브로카 영역의 활동은 유의미한 증가를 나타냈다.

발달 과정 중에 얼굴 처리 특수화가 증가한다는 것에 대한 수렴적 증거가 행동 연구에서 나왔다. 이는 사람 얼굴에 대한 '좁은' 처리(Nelson, 2001)가 영아로 하여금 비인간의 얼굴을 구분하는 능력을 잃게 한다는 흥미로운 아이디어를 검증한 연구였다(Pascalis, de Haan, & Nelson, 2002). Pascalis와 동료들은 6개월 영아가 사람 얼굴과 원숭이 얼굴을 구분할 수 있었음에도 불구하고 9개월 영아와 성인은 오직 사람의 얼굴만 구분할 수 있다는 것을 밝혀냈다. 이 결과는 성인에게서는 나타나지 않는 어린 영아들에게서 나타나는 능력을 보여 주는 주는 것이기 때문에 특히 주목된다.

얼굴과 개별적인 얼굴 재인에 대한 주제를 마무리하기 전에 영아들이 생후 1주 내에 어머니를 알아볼 수 있다는 몇몇 증거들을 짚어 보아야 할 것 같다(예, Pascalis, de Schonen, Morton, Fabre-Grenet, & Deruelle, 1995). 언뜻 보면 이러한 증거들은 피질 수준의 얼굴 처리가 생후 2개월이 되어서야 나타난다는 관점과 상반되는 것처럼 보인다. 하지만 신생아의 이러한 얼굴 변별 능력은 얼굴의 형태나 특징에 기반하는 것이 아니라 머리나 머리카락의 일반적인 모양에 기초한다. de Schonen, Mancini 및 Leigeois(1998)는 이러한 '제3의 시스템'이 여러 종류의 시각 패턴 연구에서 증명되었던 비특정적 시각 패턴 학습 능력이라고 주장한다. de Haan, Humphrey와 Johnson(2002)은 원래 Johnson과 Morton(1991)의 초기 해마-기반 학습을 고려하는 이중처리(two-process)이론을 수정했다.

상대적으로 단순한 얼굴 지각을 넘어서 성인의 사회적 뇌가 지닌 좀 더 복잡한 속성은 다른 사람의 안구에 대한 정보를 처리하는 것이다. 안구 정보처리에 대한 두 가지 관점이 있다. 첫째, 자신의 주의력을 동일한 물체 또는 공간적 위치로 돌리기 위해 다른 사람의 응시 방향을 감지하는 능력이다. 성인의 경우, 응시 이동에 대한 감지는 자동적으로 동일한 방향으로의 주의 이동을 유도하여(Driver et al., 1999) '공동주의(joint attention)'(Butterworth & Jarrett, 1991)를 가능하게 한다. 물체에 대한 공동주의는 단어 학습을 포함한 다수의 인지 및 사회적 발달에 결정적인 부분으로 간주된다. 응시 지각에 대한 두 번째 중요한 측면은 직접적인 응시 감지로 이는 관찰자와의 상호 응시를 가능케 한다. 상호 응시(눈 접촉)는 인간 간의 의사소통적 맥락을 확립하는 주요 모드를 제공하며 정상적인 사회성 발달에 중요하다고 여겨지는 부분이다(예, Kleinke, 1986; Symons, Hains, & Muir, 1998). 안구 응시 지각이 모-영아 간 상호작용에 중요하며 사회성 발달에 중요한 기반이 된다는 견해가 일반적으로 받아들여지고 있다(예, Jaffe, Stern, & Perry, 1973; Stern, 1977).

생후 4개월 아기들을 대상으로 단순 안구 응시 단서 패러다임을 사용한 일련의 실험에서 Farroni와 동료들은 똑바로 된 얼굴과의 일정 기간의 상호 응시 이후에만 단서 효과가 일어난다는 것을 밝혀냈다(Farroni, Mansfield, Lai, & Johnson, 2003). 다시 말하면, 똑바른 얼굴과의 상호 응시가 이후 움직임을 좀 더 쉽게 단서화하도록 하는 주의력 메커니즘을 작동하게 한다는 것이다. 요약하면, 어린 영아들의 안구 응시 단서에 대한 주요 특징은 ① 요소들의 횡적 운동, ② 똑바른 얼굴과의 짧은 사전 상호 응시 기간이 필요하다는 것이다.

영아들에게서 단서가 효과적이려면 그 이전에 직접적 상호 응시 시간이 필요하다는 놀라운 관찰에 이어, 우리는 상호 응시 감지에 대한 아주 초기의 발달적 근원을 연구했다. 신생아들이 얼굴처럼 생긴 자극에 대한 선호를 나타내며, 눈 뜬 얼굴을 선호하고(Batski, Baron, Cohen, Wheelwright, Connellan, & Ahluwalia, 2001), 특정 얼굴 표정을 흉내 내기까지 한다는 사실들은 이미 널리 잘 알려져 있다(Meltzoff & Moore, 1997). 직접적 응시를 하는 얼굴에 대한 선호적 주의력을 갖고 있다는 것은 신생아가 태어날 때부터 사회적으로 관련된 정보를 감지할 준비를 갖추고 태어난다는 것에 대한 가장 설득력 있는 증거가 될 것이다. 이러한 이유로 우리는 출생 직후 안구 응시 지각을 연구했다. Farroni, Csibra, Simion 및 Johnson(2002)은 건강한 신생아에게 자기를 똑바로 바라보는 눈을 가진 얼굴과 다른 쪽을 바라보는 얼굴을 함께 제시했다. 똑바로 보는 얼굴에 대한 시선 고정 시간이 유의하게 더 길었고, 외면하는 시선의 얼굴보다 똑바로 쳐다보는 얼굴 쪽을 바라보는 횟수도 훨씬 더 높은 결과를 보였다.

두 번째 실험에서 우리는 영아들의 직접 응시에 대한 변별적 처리에 대한 수렴적 증거를 ERP 기록을 통해 얻어 내려고 했다. 생후 4개월 영아를 대상으로 이전의 실험과 동일한 방식으로 실험을 했다. 그 결과, 이전에 얼굴-민감요소와 관련하여 영아 ERP 연구에서 논의되었던 두피 위치와 시간에서 두 응시 방향 간에 차이가 나타났다. 이러한 연구들의 결론은 직접적인 눈맞춤이 4개월 된 영아의 얼굴 지각 처리를 향상시킨다는 것이다.

얼굴 처리나 안구 응시 감지를 넘어서 인간행동에 대한 응집성 지각 그리고 같은 종의 의도와 목표를 적절히 파악하는 것과 같은 더 복잡한 사회적 뇌의 측면들이 많이 있다. 영아나 아동의 이러한 능력에 대한 인지신경과학적 연구들이 이후 10년간 중요한 도전거리가 될 것이다. 이러한 문제를 다루어 온 한 방법이 유전적인 발달장애를 통한 연구들인데, 사회인지가 선택적으로 손상이 된 경우(자폐)나 또는 손상된 인지 중 선택적으로 손상되지 않은 장애에 대한 연구들이다(윌리엄스 증후군).

기 억

학습이 분명 심리발달에서 중요함에도 불구하고, 종종 특정한 기억 처리와 일반적인 발달의 가소성을 따로 떼어서 생각하기란 쉽지 않다. 기억의 신경발달에 대한 첫 번째 구체적인 가설은, 아마도 대부분 변연계 내에서 일어나는 정보를 장기 보존하는 데 필요한 뇌 메커니즘이 출생 후 1~2년 동안 기능하지 않는다는 것이다(Bachevalier & Mishkin, 1984; Schacter & Moscovitch, 1984). 이들은 기억상실(성인의 변연계 손상은 재인 기억의 손상을 초래하지만, 상대적으로 학습된 자극-반응 습관에는 손상을 가져오지 않는다)과 유아의 기억 능력 행동 프로파일 간의 유사성을 지적했다. 이미 이전에 기억상실증 환자에게서 나타나는 결함과 유사한 패턴이 변연계 부분을 제거한 어른 원숭이들에서 관찰되었다. 이러한 관찰들은 영아 기억 능력의 프로파일들이 상대적으로 지연된 변연계 회로의 출생 후 성숙을 반영할 것이라는 생각을 이끌어 냈다.

'인지기억'과 '습관' 체계가 서로 다른 개체발생학적 시간표를 가지고 있다는 가설을 실험하기 위해 Bachevalier와 Mishkin(1984)은 두 종류의 과제로 새끼 원숭이들의 수행을 분석했다. 첫 번째 과제는 한 쌍의 새로운 물체를 학습하는(delayed nonmatch to sample-DNMS) 시각 재인 과제였다. 이 과제는 '인지적 기억' 체계가 필요하다는 가설을 검증하는 실험이었다. 두 번째 과제는 시각적 변별 습관 과제로 새끼 원숭이들에게 매일 20쌍의 사물을 차례로 보여 주었다. 상대적 위치가 바뀌기는 했지만, 매일 각 쌍의 동일한 사물을 먹이와 함께 제시했다. 원숭이들은 각 쌍에서 정확한 사물을 옮겨 놓는 것을 배워야 했다.

비록 새끼 원숭이들이 생후 4개월이 지나기 전까지는(그리고 1년을 채우고서도 어른 수준의 숙련도에 미치지 못했다) '인지기억' 과제를 배우는 데 실패를 했지만, 3개월 된 원숭이는 어른 원숭이만큼 쉽게 시각적 '습관'을 학습할 수 있었다. Bachevalier와 Mishkin(1984)에 따르면, 새끼 원숭이의 기억 능력의 분리는 출생 후 지연된 변연계의 발달에 기인하며, 이는 감각적 운동 습관 정보에 비해 인지와 '인지적' 기억의 능력을 지연시킨다. 이러한 설명이 인간 영아들에게 확장되었다. 왜냐하면 영아들 또한 영아기 초기에는 DNMS 과제를 획득하지 못하고(15개월까지는), 6세가 되어서도 이 과제에서 성인 수준의 수행에 도달하지 못했기 때문이었다(Overman, Bachevalier, Turner, & Peuster, 1992).

좀 더 최근의 인지와 신경과학 연구들의 증거에 따르면, 기억의 개체발생에 대한 이러한 초기 견해에 의심을 품게 된다. 인지적 증거가 인간 유아들도 출생 후 몇 년 후에도 생후 1년 내의 경험을 회상한다는 연구에서 나왔다(Rovee-Collier, 1993). 이는 발달 과정 동안에 기억이 특정한 형태에서 다른 형태로의 전이를 의미하는 것이 아니라 초기 유아기부터 이후 삶까지 이어지는 어떤 기억 메커니즘의 연속성을 제안한다. 하지만 Bachevalier와 Mishkin(1984)의 원래 가설에 좀 더 손상을 입히는 증거는 변연계 손상이 새끼 원숭이의 첫 1개월 때 재인 기억 능력을 악화시킨다는 것이었다(Bachevalier, Brickson, & Hagger, 1993). 이는 이렇게 초기 시기에조차도 변연계가 기억 처리에 중요한 역할을 한다는 것을 의미한다.

좀 더 최근에 Nelson(1995)은 영아기 때부터 발달하는 2개 이상의 기억체계를 제시 했다. 즉, 외현기억(explicit memory), 전외현기억(preexplicit memory), 작업기억(working memory) 그리고 습관기억이다. 특히, 그는 8~18개월의 영아들이 외현적 또는 인지기억에 의존하는 DNMS 과제와 다른 과제들을 수행할 수 있게 된다고 주장했다. 이러한 형태의 기억은 해마뿐만이 아니라 뇌의 하측두 피질(inferotemporal cortex)과 관련된 피질 영역들의 적절한 발달을 필요로 한다. 하지만 단지 신기성 선호만을 연관시킨 과제 그리고 얼마나 자주 사건이 제시되었는지 결정할 필요가 없는 과제, 시간 지연이 없는 과제의 경우에는 만 8개월 미만의 영아들도 성공적인 수행을 할 수 있었다. Nelson은 이러한 '전외현적' 형태의 기억은 측두엽 피질 구조와는 관계없이 단지 해마의 기능만을 필요로 한다고 가설을 세웠다. 약 8개월 영아에게서 나타나는 측두엽 피질 영역의 발달 또는 해마와의 결합은 전외현기억에서 외현기억으로의 전이와 관련된다. 외현기억은 전전두엽 피질의 발달과 함께 10대까지 계속 발달하며, 시간이 흐름에 따라 의미기억(예, 자신의 이름 기억하기) 그리고 일화기억(예, 처음 해변가에 간 때; Drummey & Newcombe, 2002; Tulving, 1983)으로 더 나누어진다.

발달적 인지신경과학의 연구 주제로 최근에 떠오른 외현기억의 한 형태는 출처(source) 혹은 '자서전적(autobiographical)' 기억이다. 출처기억은 기억한 사건과 관련된 맥락(시간, 장소 등)에 대한 회상을 가리킨다(Johnson, Hashtroudi, & Lindsay, 1993). 자서전적 기억은 자신의 개인적인 과거 경험과 관련되며, 여기에는 그 사건과 관련된 정서나 지각적인 세부사항들이 포함된다(Tulving, 1985). Drummey와 Newcombe(2002)는 4세, 6세 및 8세 아동들에게 이전에 성인들에게 사용한 출처기억 패러다임을 가지고 실험을 했다. 이 과제에서 아동은 처음에 실험자나 인형을 통해 10가지 정보들(여러 주제에 대한)을 제시받았다. 일주일 후에 아동들에게 그 정보들에 대해 물었고, 또한 정보들의 출처가 누구였는지를 확인했다(실험자, 인형, 교사 또는 부모). 아동들은 연령과 함께 정보를 기억하는 능력이 꾸준히 개선되었는데, 4~6세에 이러한 정보들의 출처를 확인할 수 있는 능력이 급격히 증가했다. 특히, 4세들은 정보의 출처를 확인하는 데 많은 오류들을 보였다. 이러한 종류의 '출처 기억상실(source amnesia)'은 전두 피질 손상 성인들이 보이는 전형적인 특징이었기 때문에 아동들의 변화가 전전두엽 피질 기능의 행동적 측정과 어떤 관련성을 가진다는 것이 흥미를 자아냈다.

비슷한 연령 시기에 발달하지만 장기간에 걸쳐 연장된 발달을 보이는 또 다른 기억 체계는 작업기억이다. 다른 이들과 같이 Nelson(1995)은 배외측(dorsolateral) 전전두엽 피질을 이러한 형태의 기억을 가능케 하는 신경 세포기질의 중대한 요소라고 주장한다. Nelson의 제안은 6개월 유아들이 배외측(dorsolateral) 전전두엽 피질을 위한 표지자 과제, 즉 안구운동 지연 반응 과제(oculomotor delayed response task)를 성공적으로 수행할 수 있다는 것과 일맥상통한다(Glimore & Johnson, 1995). 앞서 논의한 '습관' 기억 체계와 관련하여 Nelson은 이러한 형태의 기억이 출생 당시에 존재하며 다른 종류의 기억보다 더 빨리 발달한다는 초기 의견에 동의한다. 이러한 것은 발차기 조건화(Rovee-Collier, 1993), 눈 깜빡임 조건화 그리고 시각 변별 습관화 같은 과제들에서 명백하게 나타난다. 이런 유형의 절차적 학습의 일부는 아마도 소뇌와 관련이 있을 것이다.

마지막으로, 기억체계 발달에 대한 또 다른 증거는 아주 드물기는 하지만 유아 때부터 해마의 손상을 겪은 아동들에게서 찾아볼 수 있다. Vargha-Khadem과 동료들(1997)에 따르면, '발달적 기억상실증(developmental amnesiacs)'을 가진 아동들은 일화기억에서 지속적 결함을 보이며 성장하지만 의미기억에서는 손상을 거의 나타내지 않는다. 일반적으로 이러한 아동들은 놀랍게도 거의 정상적인 언어 능력을 포함하여 인지적 능력에 손상을 보이지 않는다. 이러한 아동들의 외현기억이 상대적으로 좋은 이유는 내후각피질(enthorinal cortex)이 상대적으로 잘 기능하기 때문이다(Maguire, Vangha-Khadem, & Mishkin, 2001). 하지만 학습과 기억에 관여하는 기타 영역들과 경로들이 결여된 요소들을 보상하기 위해 자신들의 기능성을 활동-의존적 방식으로 조절해 나갈 가능성이 있다.

이 부분에서 논의된 증거들에 따르면, 대부분의 기억 과제는 다중기억 체계를 수반한다는 것이 명백하다. 이와 비슷한 경우로는 부분적으로 독립된 뇌의 경로들이 안구운동 통제나 주의 이동에 관여하는 것을 들 수 있다. 그러므로 하나 또는 다른 경로에서의 성숙의 결여가 특정 과제에서는 다른 경로들의 보상 활동으로 가장될 수도 있을 것이다. 아마도 서로 다른 기억 경로들의 통합 정도가 출생 후 발달의 가장 중요한 변화일 것이다. 만약에 이것이 사실이라면 서로 다른 뇌 기억 경로들에 대한 좀 더 통합적인 설명 없이는 발달적 자료를 정확하게 이해하기는 힘들 것이다.

언어 획득과 말 재인

언어는 생물학적으로 특별한가? 이 지적 흥미를 돋우는 질문은 인간 영아가 어느 정도나 언어를 쉽게 처리하고 배우는지 그리고 언어 입력을 처리하는 신경회로 기저가 어느 정도나 미리 내재되어(prewired) 있는지에 대한 것이다. 이 질문에 두 개의 인지신경과학 접근이 사용되었다. 첫 번째 접근은 일차 언어 획득을 위한 특정한 피질 부위가 있는지 없는지 또는 다양한 피질 영역들이 이 기능을 지지할 수 있는지 없는지의 문제를 제시한다. 두 번째 접근은 피질 특수화 형성 이전에 생애 아주 초기에 나타나는 말 처리 능력의 신경학적 관련성을 확인하려는 시도다.

언어 획득과 관련해서는 브로카 영역과 베르니케 영역 등의 특정한 피질 영역이 특정한 기능을 지지하기 위해 어느 정도나 사전에 내재화('prewired')되어 있는지를 알아보는 연구들이 중심이 되었는데, 두 개의 주요 연구흐름이 있다. 한 연구는 언어 기능이 피질의 다른 영역에 의해 어느 정도나 보완될 수 있는지에 대한 것이고, 또 다른 연구흐름은 일반적으로 언어를 보조하는 피질 영역들이 다른 기능을 '차지'할 수 있는지에 대한 것이다. 첫 번째 접근은 출생 시에 전통적인 언어 영역 피질에 손상을 겪은 아동들이 여전히 언어 획득을 할 수 있는지 없는지에 대한 연구를 통해서 이루어졌다. 두 번째 접근은 선천적으로 청각장애인 아동들에게서 정상적인 언어(구두) 피질 영역에서의 기능이 나타나는지를 알아보는 것이다.

만약에 특정한 피질 영역이 언어를 보조하기 위해 독특하게 미리 내재된 것이라면 이런 영역의 손상이 언제 일어났든지 간에 관계없이 언어 획득을 방해할 것이라는 추측을 할 수 있을 것이다. 이러한 암묵적인 가설은 많은 연구를 자극했고, 이 문제의 결론은 아직도 논란이 많은 부분이다. Lenneberg(1967)은 만약 국소적 좌뇌 손상이 출생 초기에 일어난다면 이후 언어 획득에 거의 영향을 주지 않는다고 주장했다. 이러한 관점은 성인 또는 연령이 높은 아동 그리고 언어지연 또는 언어장애가 일어나는 많은 선천성 장애에서 비슷한 손상이 있었던 효과와는 상반된다. 아동의 좌뇌 제거가 일반적으로 선별적으로 미묘한 언어적 결손, 특히 구문론(syntactic)과 음운론(phonological) 과제에서(Dennis & Whitaker, 1976)의 결손으로 이어진다는 Lenneberg의 관점은 1970년에, 좌반구 절제술을 받은 아동에 대한 연구 결과들이 발표되면서 지지자들을 잃었다. 비슷한 결과가 발작에 의한 조기 소상성 뇌손상(focal brain injury)을 가진 아동들에게서도 나타났다(Vargha-Khadem, Isaacs & Muter, 1994). 이러한 결론은 출생 시 정상아들이 언어 처리나 다른 복잡한 소리를 처리할 때 나타내는 좌뇌 치우침 현상과도 유사하며(Molfese, 1989), 이는 일부 연구자들로 하여금 인간 뇌에서 언어를 위한 기능적 비대칭은 출생 시에 확립되며 이는 반대가 될 수는 없다는 결론을 이끌어 내게 했다. 이러한 관점은 성인의 좌뇌와 우뇌 대뇌 피질의 차이를 보여 주는 수많은 신경해부학적 연구들에서 확인되었다. 예를 들어, Geschwind와 Levitsky(1968)는 성인의 좌측 측두평면(planum temporale, 언어 처리와 연관된 영역)이 우측 것보다 65%가 컸다고 보고했다. 많은 연구자들이 사전에 내재된 언어 능력의 증거로서 영아 뇌에서 비슷한 차이를 찾아내려 했다. 빠르면 임신 29주째의 태아의 측두면은 보통 우측보다 좌측이 더 크다(Teszner, Tzavaras, Gruner, & Hecaen, 1972; Wada, Clarke, & Hamm, 1975; Witelson & Pallie, 1973). 하지만 기억해야 할 중요한 부분은 ① 이러한 비대칭이 인간에게만 특정적이지 않고(Gannon, Halloway, Broadfield, & Braun, 1998), ② 대뇌회전(gyral)과 고랑(sulcal) 측정은 한 영역 내의 피질 조직의 양에 대해서만 알려 주는 것이기 때문에 언어-특정적 처리를 위해 필요하다고 여겨지는 특수하게 내재화된 기능이라고 주장하는 데 사용할 수 없다는 사실이다(Pinker, 1994). 이런 신경해부학적 증거에 대한 유보 이외에, 반구 절제술과 조기 소상성 손상에 대한 요약을 한 많은 2차 자료들은 이러한 아동들이 보여 준 결함들이 상당히 미묘하다는 것을 지적하지 못했다. 이들의 결함은 실제 동일한 형태의 뇌 손상을 가진 성인에게서 나타나는 프랭크 실인증(frank aphasias)보다 더 미묘했다(Bishop, 1983; Dennis & Whitaker, 1976에 대한 비평 참조). 지금까지 좌뇌 손상 연구에 참여한 아동들의 대부분이 상당히 정상 범위 내에 있었고, 공립학교에서 다니고 있었으며(Stiles, Bates, Thal, Trauner, & Reilly, 2002), 비슷한 손상을 가진 성인들보다 더 나은 수준이었다.

언어 관련 기능을 제공하는 피질 영역들이 어느 정도나 미리 정해져 있었는지를 알아보는 또 다른 접근은 다른 기능들이 그런 영역들을 점유할 수 있는지 아닌지를 알아보는 것이다. 이 문제는 최근의 fMRI 연구에서 조사되었는데, 정상 청력과 청력장애인들을 대상으로 영어 또는 미국식 수화(American Sign language: ASL, Neville & Bavelier 2002; Neville et al., 1998)로 문장을 읽는 동안 정밀 검사를 했다. 정상 성인이 영어로 읽을 때 브로카와 같은 전통적인 좌뇌 언어 영역에서 강한 활성화가 나타난 반면, 우반구에서는 그런 활성화가 나타나지 않았다. 청력장애인들이 자신들의 모국어인 미국식 수화로 문장을 읽었을 때는 정상 청력을 가진 참여자들과 동일한 대부분의 좌뇌 영역들이 활성화되었다. 미국식 수화는 소리에 기반한 언어는 아니지만 복잡한 문법(Klima & Bellugi, 1979)을 포함해서 언어의 모든 다른 특성들을 가지고 있기 때문에, 이 자료들은 언어 획득 모드나 구조와는 상관없이 특정한 신경체계가 언어를 중재할 수 있다는 제안을 한다. 하지만 정상 청력과 청력장애 활성화 간에 명확한 차이 또한 있었다. 청력장애 집단의 우반구 일부 유사한 영역에서 활성화가 나타났다. 우반구 활성화에 대한 하나의 해석은 구어가 아닌 수화 언어 고유의 생물학적 움직임에 의해 유발되는 활성화라는 것이다. 세 번째 조건은 좌반구 언어 확립에 민감기가 있는지의 여부를 알아보는 것이다. 이러한 조건에서 청력장애인들이 영어를 읽었는데(그들에게는 나중에 학습한 제2외국어), 전통적인 좌반구 언어 영역 활성화가 나타나지 않았다. 이는 언어가 특정한 발달 시간 내에 획득되지 않으면 성인에게서 보이는 전형적인 활성화 패턴이 일어나지 않는다는 것이다.

자폐증(Frith, 1989)이나 윌리엄스 증후군(Bellugi, Wang, & Jernigan, 1994)처럼 인지에 영향을 미치는 다수의 발달적 장애들 또한 언어 획득의 신경적 기초를 검토하는 방법을 제시할 수 있다. 예를 들어, 자폐환자들은 보통 사회인지 영역에서 심한 결함을 갖고 있지만(언어, 얼굴 재인, '마음이론'과 같은 측면들, Frith 참조), 다른 영역에서는 정상이거나 정상 이상의 수행 수준을 보일 수 있다. 반대로 윌리엄스 증후군은 인지의 여러 가지 측면에서 심한 결함이 나타나지만 상대적으로 얼굴 재인이나 언어 능력에서는 결함이 나타나지 않는다(Bellugi et al.; Karmiloff-Smith, Klima, Bellugi, Grant, & Baron-Cohen, 1995).

언어가 생물학적으로 어느 정도나 특별한지를 알아보는 다른 일반적인 접근에는 아주 어린 영아들의 뇌에서 일어나는 언어 관련 처리들을 분석하는 시도가 포함된다. 예를 들면, 음소(이 책의 Bornstein, Arterberry, & Mash 참조)와 같은 언어 관련 소리를 변별 능력을 알아보는 것이다. 행동 실험에서 어린 영아들의 경우 /ba/-/pa/와 같은 말에서 사용되는 발음 경계에서 강한(범주적) 변별 능력을 보였다. 즉, 성인과 마찬가지로 /ba/에서 /pa/로의 정도가 차이 나는 발음상의 이동은 영아들에게도 갑작스러운 범주적 이동으로 지각되었다. 이 결과는 처음에는 출생 당시부터 보유하는 언어-특정적 감지 기제에 대한 증거로 간주되었다. 하지만 지난 10년간 친칠라와 같은 다른 종들도 비슷한 소리 변별 능력을 가지고 있다는 것이 밝혀졌는데, 이는 이러한 능력이 인간만이 가진 구어-특수적 기제가 아니라 단지 포유류 청각 처리 체계의 일반적인 특성임을 반영하는 것임이 명확해졌다(Kuhl, 1993 참조).

또 다른 행동 실험들에서 Werker와 Polka(1993)는 어린 영아들이 모국어에서 찾아볼 수 없는 방대한 범위의 음성상의 대비를 구분할 수 있음에도 불구하고(예, 일본 성인은 구분하지 못하는 r와 l 소리를 유아들은 구분한다) 이러한 능력은 12개월 정도가 되면 모국어의 음성적의 구조에 제한적이 된다. 만약 이러한 과정에 대한 뇌 관련성을 확인할 수 있다면 이러한 언어-특수적인 선택적 손실의 민감성에 바탕이 되는 기제를 연구할 수 있을 것이다. Dehaene-Lambertz와 Dehaene(1994)이 영아들에게 일련의 4개의 동일한 음절(표준) 제시 이후에 5번째가 동일하거나 또는 음성상 다른(일탈) 음절을 제시하는 실험을 실시했다. 음절 제시와 함께 고밀도 ERP를 기록했으며, 서로 다른 두피 위치에서 두 개의 최고점 전압이 나타나는 것을 관찰했다. 첫 번째 최고점은 자극 제시 후 220ms 정도에 일어났고, 반복 제시나(첫 번째 제시를 제외하고) 또는 새로운 음절에 대한 습관화가 나타나지 않았다. 그러므로 이 최고점의 발생지인 측두엽의 일차, 2차 청각 영역들은 부호화된 청각적 정보의 미세한 청각적 차이에 민감하지 않은 것으로 나타났다. 두 번째 최고점은 자극 제시 후 390ms에 최고에 달했고, 첫 번째 제시를 제외하고는 역시 같은 음절의 반복 제시에 습관화되지 않았다. 하지만 다른 음절이 제시되었을 때는 최고점이 적어도 원래의 수준으로 회복되었다. 그러므로 역시 측두엽 내에서 뒤쪽에 위치해 있는 두 번째 최고점의 신경 발생원들 또한 음성 정보에 민감하다. 앞으로는 두 번째 최고점의 회복이 음소의 범주적 지각에 따른 것인지 혹은 어떠한 청각변화에 의해서도 유도될 수 있는 것인지에 대한 더 많은 연구들이 필요하다.

연구자들은 말 지각의 초기 뇌 관련성을 연구하기 위해 양질의 공간 해상도를 제공하는 기능적 영상 기법을 사용하였다. Dehaene-Lambertz, Dehaene 및 Hertz-Pannier(2002)는 깨어 있거나 수면상태의 건강한 3개월 영아들에게 모국어(불어) 연설을 앞으로 혹은 거꾸로 들려주면서 fMRI로 뇌의 활성화를 측정했다. 이들 연구자들은 말을 역행으로 들려줄 때보다 순행적으로 들려줄 때 언어의 분절적 그리고 초분절적인 처리와 관련된 영역들이 더 강하게 활성화되리라 가정했다. 반면에 두 개 자극 모두 빠른 시간적 청각 이동을 처리하는 메커니즘을 활성화시킬 것이라고 가정했다(Werker & Vouloumanos, 2001, 인간 말을 위한 적절한 통제 자극에 대한 논의). 침묵과 비교해서 순행 들려주기와 역행 들려주기 모두 좌측 측두엽의 광범위한 영역을 활성화시켰다. 측두 평면(planum temporale)과 같은 영역의 경우는 우측보다 많거나 동일한 정도의 활성화가 나타났다. 이러한 결과는 앞서 논의한 ERP 자료들에 대한 수렴적 증거를 제공한다. 순행 들려주기 경우에는 역행 들려주기에서는 활성화되지 않았던 일부 영역, 좌뇌의 각회(angular gyrus)나 중심 두정엽(mesial parietal lobe, 쐐기 앞부분(precuneus)에서의 활성화가 나타났다. 연구자들은 이러한 결론이 두뇌 반구의 초기의 기능적 비대칭을 보여 주는 것이라고 주장한다. 하지만 그들은 이러한 결과가 말 지각을 위한 초기 경향성과 빠른 시간적 변화가 나타나는 청각 자극을 처리하기 위한 좌측 측두엽의 반응성과 구분할 수 없다는 사실을 인정한다.

언어와 관련된 발달장애 또한 이러한 능력들의 신경발달적 기초에 대한 중요한 정보를 제공할 수 있다. 몇몇 연구자들은 다른 영역의 손상이 없음에도 불구하고 나타나는 언어 손상 발달장애는 언어 모듈의 선천성에 대한 증거가 되어 준다고 주장한다. 거꾸로 말하면, 다른 영역의 손상에 불구하고 언어가 손상되지 않은 경우도 이의 강한 수렴적 증거가 될 수 있다. 전자의 예로 많은 관심의 초점이 된 경우가 3대의 KE 가족과 'FOXP2' 유전자에 관한 것이다. 초기 보고서에 따르면, 이 불행한 가족구성원의 반 정도는 특정한 문법적 손상을 유전적으로 물려받았으며(Gopnik, 1990), 이 보고서는 이 장애와 관련된 특정한 유전자, 즉 'FOXP2' 발견에 대한 흥분으로 가득했다(Lai, Fisher, Hurst, Vargha-Khadem, & Monaco, 2001) 하지만 이 '문법 유전자' 에 대한 주장은 이 가족구성원의 결함이 문법에만 국한되는 것이 아니라 더 광범위한 영역에서 나타난다는 사실에 힘을 잃었다. Vargha-Khadem과 동료들은 이 가족에 대한 광범위한 연구를 통해 문법 외의 언어의 다양한 측면(예, 어휘 판단), 복잡한 입 운동을 통합하는 기능(구안 통합운동장애, orofacial dyspraxia)에서의 결함 그리고 정상의 다른 가족구성원에 비해 18~19점 정도의 낮은 IQ 점수를 가진다는 것을 발견했다(Vargha-Khadem, Watkins, Alcock, Fletchers, & Passingham, 1995). 그럼에도 불구하고 상대적으로 단순한 단일-유전자에 기초한 조건과 그것의 언어와의 관련성은 앞으로의 가치 있는 연구가 될 것이다(Marcur & Fisher, 2003 참조). 이러한 연구 중의 하나가 동사 생성과 반복 과제 동안에 나타나는 현상에 대한 fMRI 연구다(Liegeois et al., 2003). 이 연구에 따르면, 손상된 가족의 경우는 주로 뇌의 두 영역, 브로카 영역과 피각(조가비핵, putamen) 영역에서 현저하게 낮은 활성화를 보였다. 하지만 또한 이들은 다른 다양한 피질 영역에서 통제 수준보다 훨씬 더 큰 활성화를 나타냈다. 이는 비정상의 유전자에 대한 피질 연결망상에서의 광범위한 적응이 있었음을 제안한다.

KE 가족이 특정한 결함을 가질 것이라는 초기 가설과는 다르게, 특정한 결함이 나타나지는 않았지만 언어손상의 특수성에 대한 유사한 주장들이 소위 언어-특수적 결함(specific language impairement: SLI)이라는 용어로 제기되었다. 아직까지는 행동적 특수성 또는 이 조건의 다른 형태에 대한 논란이 많지만(Bishop, 1998 참조), 대부분의 신경해부학 연구들은 앞서 논의된 주요 언어 영역이라 추론되는 특정한 영역에 초점을 맞추고 있다. 그러므로 전통적인 성인 언어 영역 밖의 영역들이 비정상적인지의 여부는 알기 어렵다. 하지만 최근 SLI 참여자들의 뇌 전체를 탐색하는 MRI 연구가 이루어졌다(Herbert et al., 2003). 통제 집단과 비교해서 이러한 아동들의 뇌는 뇌 전체에 걸쳐 백질에 상당한 증가(10% 이상)를 보였다. 이런 비전형적 패턴의 정도는 전통적 언어 영역에서 나타나는 정도가 뇌의 다른 어떤 부분에서보다 더 심각하지는 않았다. 즉, 이는 그들이 연구한 참여자들이 언어에 변별적으로 영향을 주는 '일반화된 체계 손상' 을 입었다는 것을 암시한다.

따라서 요약하면, 현재 타당한 가설은 좌측 측두엽 영역이 말 재인을 지원하는 가장 적합한 영역이라는 것이다. 이러한 적합성은 공간적 요소와 시간적 요소의 결합에서 비롯되는데, 이는 아마 이 영역으로 하여금 빠른 시간적 자극의 처리를 용이하게 할 것이다. 피질의 다른 영역 또한 언어 획득을 위해 중요하며, 필요하다면 좌측 측두엽을 대신할 수도 있다. 언어는 아주 큰 의미에서 오직 인간 종의 전형적인 환경과 피질 구조간의 상호작용 그리고 그 영역에 적합한 표상을 만들어 내는 발달의 역동성 내에서만 '생물학적으로 특별하다.'

전두엽 피질 발달, 대상 영속성 그리고 계획하기

전두엽의 앞쪽 영역부터 일차 운동 피질 그리고 전운동 피질(premotor cortex), 전전두엽까지의 영역은 인간 뇌의 전체 피질 표면의 거의 1/3을 차지하며(Brodmann, 1909), 대부분의 학자들은 이 영역이 고급 인지 능력에 가장 중요한 부분이라고 생각한다(Fuster, 1989; Goldman-Rakic, 1987; Milner, 1982). 성인의 경우 전두엽과 관련된 인지 처리 유형은 일련의 행동 계획과 실행, 단기적인 시간적 지연에서 '온라인'으로 정보 유지하기, 그리고 맥락에 맞게 반응 억제하기 등이다. 전두엽은 인간 뇌의 그 어떤 영역보다 출생 후에 가장 지연된 발달을 보이며, 심지어 청소년기까지도 시냅스 밀도에서의 변화를 관찰할 수 있다(Huttenlocher, 1990). 이러한 이유로 인지 능력의 발달과 관련해서 가장 빈번히 언급되는 영역이다.

아동기에 전두엽 피질의 구조적 발달과 인지적 능력의 진보 간에 관계에 대한 두 개의 대안적 접근이 있다. 그중 하나는 특정 연령에서 전두엽의 구조적 발달을 특정 인지적 능력의 변화와 연관시키는 시도다. 이 접근을 좀 더 구체적으로 보면, 전두엽은 서로 다른 기능을 보조하는 하위의 여러 영역들로 구성되어 있으며, 이 영역들이 성숙되는 시기 동안 또한 각기 다르다는 것이다(예, Diamond, 1991). 또 다른 대안적 접근은 전두엽이 생애 초부터 새로운 기술이나 지식의 획득에 밀접히 관여하며, 또한 피질의 다른 영역의 조직화에 매우 중요한 역할을 한다는 가정에 기초한다(예, Thatcher, 1992). 후자의 관점에 따르면, 전두엽은 새로운 기술과 정보 획득에 관여하기 때문에 많은 인지적 전이에 가장 중요하다. 결과적으로, 특정 과제나 상황에 대한 전두엽의 관여는 그 영역에서의 경험이 많아지거나 기술이 증가하면 감소될 것이다. 현재 이러한 두 가지 접근 모두 일치하는 증거들이 있다.

인지적 변화를 뇌 발달의 기저와 관련시킨 가장 광범위한 시도 중의 하나가 8~10개월 영아를 대상으로 한 표지-행동적 변화에 대한 것이다. 특히, Diamond, Goldman-Rakic과 동료들(Goldman-Rakic, 1987; Diamond & Goldman-Rakic, 1986, 1989)은 인간 영아의 첫해 후반기 동안에 나타나는 전두엽의 성숙이 대상 영속성이나 대상-인출 과제에서 나타나는 영아의 행동변화를 설명한다고 주장한다. 이 주장을 뒷받침할 행동적 과제 중 하나가 Piaget(1954)로부터 나왔다. 그는 8개월 미만의 영아들이 처음에 성공적으로 찾아낸 물건의 장소를 옮긴 후 짧은 시간 뒤에 그 숨겨진 물건을 정확하게 찾는 데 실패한다는 것을 관찰했다(이 책의 Sternberg 참조). 영아들은 특정한 보존 오류를 나타냈는데, 이는 바로 이전 시행에서 물건을 찾았던 위치로 손을 뻗는 것이다. Piaget에 따르면, 이러한 특정한 오류 패턴은 시야에서 물건이 사라지더라도 그 물건은 존재한다는 것을 이해하지 못하는 증거다. 영아들은 9개월경이 되면 1~5초의 시간 지연에서도 이 과제를 성공적으로 수행한다. 물론 숨기기와 찾아내기 사이의 시간 지연이 연령과 비례해서 길어진다면 12개월까지는 수행이 신뢰롭지 못하다(Diamond, 1985).

Diamond와 Goldman-Rakic(1989)은 원숭이를 대상으로 앞서 언급한 대상 영속성 과제 실험을 실시했다. 인간 영아들과 유사하게 원숭이들은 숨겨진 물건을 찾는 데는 실패했다. 더 나아가 전전두엽 배외측 영역(DLPC)에 손상이 있는 어른 원숭이들 역시 이 과제에서는 장애를 보였다. 뇌의 다른 부분의 손상(두정엽 또는 해마형성체 (hippocampal formation))은 수행에 유의한 손상을 나타내지 않았으며, 이는 DLPC가 시간적 지연과 관련해서 공간이나 대상 정보의 유지를 필요로 하는 과제에서 중추적인 역할을 한다는 것을 제안한다.

대상 영속성 과제의 성공과 인간 영아의 전두엽 성숙을 연결짓는 또 다른 증거가 두 가지 있다. 첫 번째는 정상적인 인간 영아를 대상으로 한 일련의 EEG 연구다(Bell & Fox, 1992; Fox & Bell, 1990). 이 연구에서는 전두엽 EEG 반응의 증가가 오랜 시간의 지연-반응 과제에서도 성공적으로 반응하는 능력과 연관성이 있는 것으로 나타난다. 두 번째 출처는 페닐케톤뇨증(phenylketonuria: PKU)에 의해 전전두엽에 신경화학적 결함을 가진 아동들의 인지적 결함에 관한 연구다. 치료를 받는다고 해도 선천적으로 타고난 이러한 신진대사의 오류는 배외측 전전두엽에 있는 신경전달물질, 도파민 수준을 감소시키는 결과를 낳을 수 있다. 배외측 전전두엽에서의 도파민의 감소는 이러한 아동들에게 대상 영속성 그리고 대상-인출 과제와 같은 전전두엽 부위들이 관여하는 과제 수행에 장애를 일으키며, 다른 피질 영역에서 관장한다고 여겨지는 DNMS 과제 같은 정상적인 과제들에서도 장애를 일으키는 결과를 낳는다(Welsh, Pennington, Ozonoff, Rouse, & McCabe, 1990).

전전두엽 성숙과 여러 과제에서의 행동적 변화 사이의 관련성을 수립한 후 Diamond (1991)는 이러한 출생 후 뇌 발달의 계산적 결과들에 대해 면밀히 검토했다. 특히, 그녀는 DLPC가 다음과 같은 경우의 수행에 매우 결정적이라고 제안했다. ① 정보가 유지되어야 하거나 시간의 경과나 또는 공간 이동과 관련될 때, ② 우세한 반응을 억제해야 할 경우다. 이러한 신경 계산의 두 측면을 모두 필요로 하는 과제에서만 DLPC가 관여한다. 대상 영속성 과제의 경우 공간적 위치를 일정 동안 유지해야 하고, 이전에 보상받았던 우세 반응을 억제해야 한다. 하지만 한 연구는 전전두엽 성숙 가설이 전부가 아니며, 그렇기 때문에 원래 설명을 일부 수정하거나 정교화하는 작업이 필요하다고 제안한다. Gilmore와

Johnson(1995)은 영아들이 대상 영속성 과제와 비교해서 시간적 공간적 통합을 필요로 하는 과제를 더 어려서부터 성공하는 것을 관찰했다. 더욱이 영아들에게 '가능한' 그리고 '불가능한' 사건들을 보게 한 Baillargeon(1987, 1993)이나 다른 연구자들의 실험에 따르면, 3개월 반의 영아들이 가능한 사건보다는 불가능한 사건을 더 오래 쳐다보았으며, 이는 영아들이 가려진 대상에 대해 내적인 표상을 보유하고 있다는 것을 뜻한다. 이러한 결과들 간의 불일치나 다양한 측정치들 간의 차이를 설명하기 위해서 일부 학자들은 '수단-목적' 형태의 설명을 채택한다. 즉, 영아들이 숨겨진 사물을 찾아내는 데 필요한 일련의 운동 행동을 조정할 수가 없다는 것이다(Baillargeon, 1993; Diamond, 1991). 이 가설을 실험하기 위해 Munakata, McClelland, Johnson 및 Siegler(1997)는 7개월 영아들에게 수건을 잡아당기거나 버튼을 누르는 방식으로 멀리 떨어진 사물을 찾아내는 훈련을 시켰다. 영아들은 장난감과 그들 사이에 투명한 막을 설치해 놓았을 때는 사물을 찾아냈지만 사물이 보이지 않을 정도의 불투명한 막이 있었을 때는 찾지 못했다. 막이 투명하거나 혹은 불투명할 경우 모두 동일하게 수단-목적 계획이 필요하기 때문에 수단-목적 설명은 보기와 뻗기 과제 간의 차이를 설명할 수 없다는 결론이다. Munakata 등은 연결주의 모델을 적용시켜 불일치에 대한 대안적인 '단계적' 관점을 제안했다.

전전두엽(PFC) 발달에 대한 성숙 접근은 또한 아동기 후기와 청소년기로 확장되었다. 발달된 PFC 기능에 맞게 설계된 여러 행동적 과제의 결과에서 성인 수준의 수행은 청소년기 또는 그 이후가 되어서야 나타났다(Fabiabi & Wee, 2001 참조; Luciana, 2003). 예를 들어, 3~25세의 뇌 손상 참여자들을 대상으로 이전에 성인과 동물에게 적용하여 잘 정립되고 입증된 종합 검사인 Cambridge Neuropsychological Testing Automated Battery(CANTAB)를 실시했다. 이 종합 검사는 작업기억 기술, 자기 지시적 시각 탐색 그리고 계획과 같은 다양한 측정 척도로 평가를 한다. 이 종합 검사는 터치스크린 컴퓨터 기술로 실시되어 어떠한 언어적 혹은 복잡한 손 조작과 등이 필요 없다. CANTAB을 사용한 연구 결과 Luciana와 Nelson(1998; Luciana, 2003)은 재인기억과 같이 뇌의 후측 영역에 대한 측정치들은 8세경에 안정되었지만, 계획하기나 작업기억과 같은 측정치들은 12세가 되어도 성인 수준에 미치지 못했다.

이러한 행동적 측정들이 표지자 과제로서 유용하긴 하지만, PFC 영역이 관여하는 과제를 사용하는 경우에는 기능적 영상 기법을 사용하는 것이 훨씬 좋다. Casey와 동료들(1997)은 아동과 성인의 작업기억과 억제 과제를 비교하기 위해 fMRI를 사용했다. 어떤 실험에서는 아동과 성인들이 'go-no-go' 과제를 수행하는 동안 사건 관련된(event related) fMRI를 사용했다(Durston et al., 2002). 이 과제는 일련의 자극이 연속적으로 제시되는 중에 특정 항목이 나타나면 반응을 억제해야 한다(예, 다른 포켓몬 캐릭터들 가운데 특정 포켓몬 캐릭터). 과제 난이도는 'no-go' 앞에 나오는 'go' 항목의 수를 늘리는 것으로 높였다. 성공적인 반응 억제는 아동의 경우 성인보다 훨씬 더 강력한 전전두엽 활성화와 관련이 있었다. 또한 성인들의 전전두엽 영역의 활성화는 'go' 시행 횟수의 증가와 함께 증가한 반면, 아동들의 경우는 회로가 모든 종류의 시행에서 모두 최고로 활성화되었다. 이 과제나 다른 억제 과제 등에서 아동들이 보인 낮은 수행과 함께 이러한 결과는 특정 PFC 영역의 기능적 발달은 우세 성향을 억제하는 능력에 매우 중요함을 제안한다. 아동들에게서 나타난 더 큰 활성화는 다음 부분에 기술했다.

인지적 발달에서 전전두엽 피질의 역할을 이해하는 대안적 접근은 이 영역이 새로운 정보와 과제를 취득하는 데 중요한 역할을 한다고 제안한 여러 학자들에 의해 이루어졌다. 이 설명에 따르면, 대상 인출 과제에서의 전전두엽 피질의 관여는 인지적 변화와 관련된 전전두엽 피질의 많은 발현 중 하나다. 이러한 관점에서 보면, 사물을 잡기 위해 뻗기를 학습하는 것은 성인의 뇌가 운전을 배우는 것과 같은 복잡한 운동 기술을 다룰 때와 매우 동일하다. 이러한 일반적인 관점에 따르면, 특정 과제 수행에 결정적인 피질 영역은 획득 단계에 따라 변할 것이다. 영아기 초기에 PFC 활성화의 중요성을 보여 주는 세 종류의 증거들이 이 관점에 힘을 실어 준다. ① fMRI와 PET 연구들, ② 정신생리학적 증

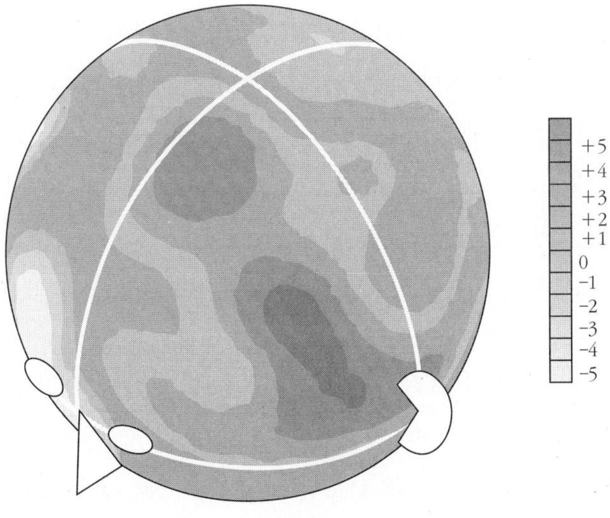

[그림 4-5] 6개월 영아가 시각 고정 과제와 방향 과제를 수행하는 동안에 나타난 전두엽 피질의 활성화를 예시하는 다이어그램

출처: "Neural correlates of saccadeplanning in infant" by G. Csibra, L. A. Tucker, and M. H. Johnson (1998), *International Journal of Psychophysiology, 29*, 201-215. Reprinted with permission.

거, ③ 출산 과정에서 얻어진 PFC 손상의 장기적 영향이다.

영아들을 대상으로 한 소수의 fMRI 연구와 PET 연구는 놀랍게도 성인 연구에서는 예측할 수 없는 PFC의 기능적 활성화를 밝혀냈다. 예를 들어, 3개월 영아의 언어 지각에 대한 fMRI 연구에서 Dehaene-Lambertz 등(2002)은 각성상태의 영아가 순행말(forward speech)을 변별하는 증거로 우측 DLPC 활성화를 관찰했다. 이런 활성화는 수면상태에서는 나타나지 않았다. DLPC의 유사한 활성화 패턴이 같은 연령 영아들의 얼굴에 대한 반응에서 발견되었다(Tzourio-Mazoyer et al., 2002). 활성화에 대한 이런 증거가 첫 몇 개월간 적어도 PFC의 일부 영역에서 나타났지만, 이런 활성화는 수동적일 가능성이 있어서 영아의 행동을 유도하지는 못한다. 하지만 최근 다른 두 가지 증거들은 그렇지 않다고 주장한다.

발달적 ERP 연구들은 영아의 전두엽에서 도출되는 활동변화를 주로 분석했지만, 최근 일부 실험들은 이러한 활동이 행동적 출력에 중요한 영향을 미친다고 주장한다. 이 실험들은 급속 안구운동의 개시 이전에 일어나는 활성화 패턴을 조사한다. 한 예로, Csibra와 동료들은(1998) 성인의 경우 좀 더 뒷쪽 두피에서 기록되는 사전 급속 안구운동 전위를 6개월 영아의 전두엽 채널에서 관찰했다([그림 4-5]). 이러한 전위는 행동 개시 이전에 나타나기 때문에 행동의 계획 또는 실행에 필요한 계산의 결과라고 말하는 것이 타당하다.

초기 유아기의 PFC의 발달적 중요성에 대한 또 다른 증거는 주산기에 생긴 PFC 손상의 장기적이고 광범위한 영향에 대한 연구에서 비롯된다. 다른 피질 영역과 달리 전두엽과 전전두엽 영역의 주산기 손상은 즉각적이고도 장기적인 장애로 이어진다. 예를 들어, Johnson 등(1998)은 출산기에 피질 부위에 국소 병변을 가진 영아들을 대상으로 시각적 주의력 과제를 주었다. 성인의 경우는 두정엽 피질 손상이 있을 시에만 이러한 과제에서 결함을 보이는데, 영아들의 경우는 피질의 앞쪽 영역에 주산기 손상일 때 장애를 보였다. 이것은 성인이 이 과제를 수행할 때보다 영아가 이 과제를 수행할 때 이 영역에서 더 많은 관여가 일어난다는 것을 의미한다.

전두엽 피질의 기능변화와 관련된 또 다른 행동발달의 영역은 정서발달이다. 예를 들어, Dawson(1994; Davidson, 1994 참조)은 전두엽 EEG 측정치와 유아와 아동들의 감정적 표현의 관계에 대한 많은 연구를 검토했다. 그녀는 정서 표현의 유형(예, 기쁨, 분노, 고민 및 공포)이 우측과 좌측 전두엽 피질의 비대칭과 관련이 되지만 표현의 강도는 정서 유형과는 관계없이 좌우측 전두엽의 일반화된 활성화와 연관되었다고 결론 내렸다. 정서 표현의 이러한 두 차원은 또한 다른 변별적 속성을 나타낸다. 전두엽 EEG의 비대칭 정도는 정서 표현의 개인차를 예측하는 지표다. 반면에 전두엽 활성화의 일반화된 측정치는 전반적인 정서 반응성이나 강도에 대한 더 나은 지표다. Dawson은 또한 일반화된 전두엽 EEG 측정치는 일반적인 각성 수준이나 피질에 대한 피질하의 구조의 확산된 영향을 반영한다고 주장한다. 이러한 영향들은 전두엽 피질의 발달을 필요로 하지 않기 때문에 영아기 초기부터 관찰되며 일생을 통해 안정된 개인차로 나타난다. 반면에 앞서 언급한 우세 반응을 억제하는 능력과 같은 전두엽 피질의 발달을 요하는 기능들은 좀 더 점진적으로 발달하게 되고 경험에 좀 더 민감할 것이다. 그러므로 좌우측 전두엽의 특수화나 EEG 패턴의 비대칭성은 우울증에 걸린 어머니의 양육과 같은 초기 경험에 민감할 가능성이 있다. 이러한 예측에 대한 증거는 Dawson, Grofer Klinger, Panagiotides, Hill 및 Spierker(1992)에 의해 밝혀졌다.

7. 결론

특정한 기능을 위한 피질 영역의 특수화는 출생 이전부터 시작되어 출생 후의 삶으로 이어지는 광범위한 활동-의존적 과정일 것이다. 이 장에서 제기한 질문들은 다음과 같다. 가소성에서 특수성으로의 전이의 측면에서 볼 때 신생아들의 뇌는 어떤 상태인가? 이는 서로 다른 뇌 영역에서 동일한가? 인지의 모든 영역에서 적용되는 이야기인가? 첫 번째 질문에 답하면, 적어도 언어와 같은 어떤 인지 영역은 출생 시 국소 뇌 손상에도 불구하고 다른 피질 영역들이 이러한 기능을 담당해 주는 것으로 봐서는 출생 후 첫 몇 개월 동안에는 상당한 가소성이 있어 보인다. 반면에 공간인지와 같은 감각 입력과 밀접한 관계를 가진 다른 영역들은 가소성이 적을 수 있다. 이런 차이들이 우리로 하여금 나머지 두 개의 질문을 제기하게 한다.

대뇌 신피질은 뇌의 다른 영역보다 더 느린 발달 경로를 가진다. 더욱이 이러한 상대적 지연은 인간처럼 임신 기간이 긴 종에서는 더 심해진다(Finlay & Darlington, 1995). 소뇌, 해마 및 시상과 같은 피질하의 영역들은 출생 이후 얼마간의 변화를 겪게 되고, 이런 변화들은 부분적으로 피질과의 상호 연결성에 따른 변화에 대한 반응이다. 전체적으로 보면, 인간의 대뇌 피질은 출생 시에는 성인 수준의 특수성에 미치지 못할 뿐 아니라 몇몇 피질 영역은 다른 영역에 비해 상대적으로 지연되는 것처럼 보인다. 이는 인지의 모든 영역들이 피질 특수화의 시간표에 따르는지 아닌지에 대한 질문을 다시 불러일으킨다.

언어와 같은 어떤 인지 영역은 피질 영역들이 출생부터 배타적으로 그 기능을 담당하지 않는 것으로 봐서는 가소성이 있는 것으로 보인다. 하지만 얼굴 처리와 같은 다른 영역은 선택의 폭이 더 적다. 하지만 가소성의 범위가 좁다는 것이 꼭 엄격한 유전적 결정론을 뜻하지는 않는다. 왜냐하면 기능이란 감각적 입력 또는 운동 출력과 가깝게 연결되어 있어 입력에서 적절한 정보를 가진 피질 영역에 더 국한되기 쉽기 때문이다. 예를 들어, 얼굴 재인은 시각적 분석과 분류 내에서 특정한 항목의 부호화 두 가지를 다 필요로 하기 때문에 시각적 '무엇'(배쪽) 경로 구조에 제한될 수밖에 없다. 언어는 피질 내에서 특정한 정보 처리 경로에 덜 제한된다는 점에서 덜 통제받는다. 그러므로 피질 영역의 기능적 국소화 출현의 핵심은 국소화의 한계는 피질 영역 내에 미리 만들어져 있는 내재화된 회로 때문이라기보다는 어떤 피질의 정보처리 경로가 그 기능을 실행하는 것이 가능한지와 더 밀접한 관련성이 있다.

출생 전 발달 동안에는 감각체계의 자발적 활동이 피질 영역의 분화에서 중요한 역할을 하는 것으로 보인다. 출생 후 초기 영아들은 얼굴과 같은 특정한 유형의 자극에 선호적으로 지향하고 주의를 기울임으로써 뇌의 특수화를 이루어 나간다. 이후 양육자와의 사회적 경험과 상호작용이 오랜 시간에 걸쳐 늦게 발달하는 대뇌 피질 영역들의 특수화에 기여를 할 것이다. 실제로 de Haan, Luciana, Malone, Matheny 및 Richards(1994, p. 169)는 "…… 경험은, 이 경우는 심리사회적 경험, 감각 피질에 영향을 주는 만큼 동일하게 전전두엽 피질의 시냅스 구조에도 영향을 미칠 것이다."라고 했다. 그렇기 때문에 출생 후 뇌 발달의 대부분은 아동과 그들의 양육자들이 기여하는 활동적 과정으로 간주될 수가 있다. 그러므로 출생 후 서로 다른 인지적 기능을 위한 피질 특수화의 출현에 대한 연구는 건강한 영아들의 지각적 인지적 발달에서뿐만이 아니라 사회성 발달, 교육 그리고 비정상적인 발달 경로들에 대한 연구에도 새로운 지평의 가능성을 제시한다. 발달신경과학의 새로운 이론적, 방법론적 진보는 이러한 발전을 가능케 할 것이다.

참·고·문·헌

Adolphs, R. (2003). Cognitive neuroscience of human social behaviour. *Nature Reviews Neuroscience, 4,* 165–178.

---

* 이 장의 내용들은 Johnson(1997, 2005)에서 인용되었으며, 조언으로 도움을 준 여러 동료들과 협력자들에게 감사의 말을 전하고 싶다. Marc H. Bornstein과 Michael Lamb은 이 장을 완성하는 데 소중한 피드백을 제공해 주었다. 이 장의 저술은 주로 UK Medical Research Council(PG 9715587)과 Birkbeck College, University of London의 지원에 의해 이루어졌다.

Aslin, R. N. (1981). Development of smooth pursuit in human infants. In D. F. Fisher, R. A. Monty, & J. W. Senders (Eds.), *Eye movements: Cognition and visual perception* (pp. 31-51). Hillsdale, NJ: Lawrence Erlbaum Associates.

Atkinson, J. (1984). Human visual development over the first six months of life: A review and a hypothesis. *Human Neurobiology, 3,* 61-74.

Bachevalier, J., Brickson, M., & Hagger, C. (1993). Limbic-dependent recognition memory in monkeys develops early in infancy. *NeuroReport, 4,* 77-80.

Bachevalier, J., & Mishkin, M. (1984). An early and a late developing system for learning and retention in infant monkeys. *Behavioral Neuroscience, 98,* 770-778.

Baillargeon, R. (1987). Object permanence in very young infants. *Cognition, 20,* 191-208.

Baillargeon, R. (1993). The object concept revisited: New directions in the investigation of infant's physical knowledge. In C. E. Granrud (Ed.), *Visual perception and cognition in infancy* (pp. 265-315). Hillsdale, NJ: Lawrence Erlbaum Associates.

Balaban, C. D., & Weinstein, J. M. (1985). The human pre-saccadic spike potential: Influences of a visual target, saccade direction, electrode laterality and instruction to perform saccades. *Brain Research, 347,* 49-57.

Bartley, A. J., Jones, D. W., & Weinberger, D. R. (1997). Genetic variability of human brain size and cortical gyral patterns. *Brain, 120,* 257-269.

Batski, A., Baron-Cohen, S., Wheelwright, S., Connellan, J., & Ahluwalia, J. (2001). How important are the eyes in neonatal face perception? *Infant Behavior and Development, 23,* 223-229.

Bell, M. A., & Fox, N. A. (1992). The relations between frontal brain electrical activity and cognitive development during infancy. *Child Development, 63,* 1142-1163.

Bellugi, U., Wang, P. P., & Jernigan, T. L. (1994). Williams syndrome: An unusual neuropsychological profile. In S. Broman & J. Grafman (Eds.), *Atypical cognitive deficits in developmental disorders: Implications for brain function* (pp. 23-56). Hillsdale, NJ: Lawrence Erlbaum Associates.

Bishop, D. V. M. (1998). Development of the Children's Communication Checklist (CCC): A method for assessing qualitative aspects of communicative impairment in children. *Journal of Child Psychology and Psychiatry and Allied Disciplines, 39,* 879-891.

Born, P., Rostrup, E., Leth, H., Peitersen, B., & Lou, H. C. (1996). Change of visually induced cortical activation patterns during development. *Lancet, 347,* 543.

Born, A. P., Rostrup, E., Miranda, M. J., Larsson, H. B. W., & Lou, H. C. (2002). Visual cortex reactivity in sedated children examined with perfusion MRI(FAIR). *Magnetic Resonance Imaging, 20*(2), 199-205.

Braddick, O. J., Atkinson, J., Hood, B., Harkness, W., Jackson, G., & Vargh-Khadem, F. (1992). Possible blindsight in infants lacking one cerebral hemisphere. *Nature, 360,* 461-463.

Brodmann, K. (1909). *Vergleichende Lokalisationslehre der Grosshirnrinde in ihren Prinzipien dargestellt auf Gund des Zellenbaues.* Leipzig: Barth.

Brodmann, K. (1912). Neue Ergebnisse über die vergleichende histologische Lokalisation der Grosshirnrinde mit besonderer Ber ksichtigung des Stirnhirns. *Anatomischer Anzeiger (Suppl.), 41,* 157-216.

Bronson, G. W. (1974). The postnatal growth of visual capacity. *Child Development, 45,* 873-890.

Bronson, G. W. (1982). *The scanning patterns of human infants: Implications for visual learning.* Norwood, NJ: Ablex Publishing.

Bushnell, I. W. R. (1979). Modification of the externality effect in young infants. *Journal of Experimental Child Psychology, 28,* 211-229.

Butterworth, G., & Jarrett, N. (1991). What minds have in common in space: Spatial mechanisms serving joint visual attention in infancy. *British Journal of Developmental Psychology, 9,* 55-72.

Canfield, R. L., Smith, E. G., Brezsnyak, M. P., & Snow, K. L. (1997). Information processing through the first year of life: A longitudinal study using the Visual Expectation Paradigm. *Monographs of the Society for Research in Child Development, 62,* v-vi, 1-145.

Casey, B. J., & de Haan, M. (2002). Imaging techniques and their application in developmental science. *Developmental Science (Special Issue), 5,* 265-396.

Casey, B. J., Trainor, R. J., Orendi, J. L., & Schubert, A. B., Nystorm, L. E., Giedd, J. N., et al. (1997). A developmental functional MRI study of prefrontal activation during performance of a go-no-go task. *Journal of Cognitive Neuroscience, 9,* 835-847.

Cattanach, B. M., Peters, J., Ball, S., & Rasberry, C. (2000). Two imprinted gene mutations: Three phenotypes. *Human Molecular Genetics, 9*(15), 2263-2273.

Chugani, H. T., Phelps, M. E., & Mazziotta, J. C. (1987). Positron emission tomography study of human brain functional development. *Annals of Neurology, 22,* 487-497.

Conel, J. L. (1939-1967). *The postnatal development of the human cerebral cortex* (Vol. I-VI). Cambridge, MA: Harvard University Press.

Carbbe, J., Wahlsten, D., & Dudek, B. C. (1999). Genetics of mouse behavior: Interactions with laboratory environment. *Science, 284,* 1670-1672.

Craft, S., White, D. A., Park, T. S., & Figiel, G. (1994). Visual attention in children with perinatal brain injury: Asymmetric effect of bilateral lesions. *Journal of Cognitive Neuroscience, 6,* 165-173.

Csibra, G., Davis, G., Spratling, M. W., & Johnson, M. H. (2000). Gamma oscillations and object processing in the infant brain. *Science, 290,* 1582-1585.

Csibra, G., Johnson, M. H., & Tucker, L. A. (1997). Attention and oculomotor control: A high-density ERP study of the gap effect. *Neuropsychologia, 35* (6), 855-865.

Csibra, G., Tucker, L. A., & Johnson, M. H. (1998). Neural correlates of saccade planning in infants: A high-density ERP study. *International Journal of Psychophysiology, 29,* 201-215.

Darwin, C. R. (1965). *The expression of emotions in man and animals.* Chicago: University of Chicago Press. (Original work published in 1872)

Davidson, R. J. (1994). Temperament, affective style, and frontal lobe asymmetry. In G. Dawson & K. W. Fischer (Eds.), *Human behavior and the developing brain* (pp. 518-536). New York: Guilford.

Dawson, G. (1994). Development of emotional expression and emotion regulation in infancy. In G. Dawson & K. W. Fischer (Eds.), *Human behavior and the developing brain* (pp. 346-379). New York: Guilford.

Dawson, G., Grofer Klinger L., Panagiotides, H., Hill, D., & Spieker, S. (1992). Frontal lobe activity and affective behavior of infants of mothers with depressive symptoms. *Child Development, 63,* 725-737.

de Haan, M. (2001). The neuropsychology of face processing during infancy and childhood. In C. A. Nelson & M. Luciana (Eds.), *Handbook of developmental cognitive neurscience* (pp. 381-398). Cambridge, MA: MIT Press.

de Haan, M., Humphrey, K., & Johnson, M. H. (2002). Developing a brain specialized for face perception: A converging methods approach. *Developmental Psychobiology, 40,* 200-212.

de Haan, M., Johnson, M. H., & Halit, H. (2003). Development of face-sensitive event-related potential components during infancy. *International Journal of Psychophysiology, 51,* 45-58.

de Haan, M., Luciana, M., Malone, S., Matheny, L., & Richards, M. L. M. (1994). Development, plasticity and risk. In C. A. Nelson (Ed.), *Threats to optimal development* (pp. 161-178). New York: Lawrence Erlbaum.

de Haan, M., Pascalis, O., & Johnson, M. H. (2002). Specialization of neural mechanisms underlying face recognition in human infants. *Journal of Cognitive Neuroscience* (pp. 473-488). Cambridge, MA: MIT Press.

Dehaene-Lambertz, G., & Dehaene, S. (1994). Speed and cerebral correlates of syllable discrimination in infants. *Nature, 370,* 292-295.

Dehaene-Lambertz, G., Dehaene, S., & Hertz-Pannier, L. (2002). Functional neuroimaging of speech perception infants. *Science, 298,* 2013-2015.

Dennis, M., & Whitaker, H. A. (1976). Language acquisition following hemidecortication: Linguistic superiority of the left over the right hemisphere. *Brain and Language, 3,* 404-433.

de Schonen, S., Mancini, J., & Leigeois, F. (1998). About functional cortical specialisation: The development of face recognition. In F. Simion & G. Butterworth (Eds.), *The development of sensory, motor and cognitive capacities early infancy: From perception to cognition* (pp. 103-120). Hove UK: Psychology Press.

de Schonen, S., & Mathivet, E. (1989). First come, first served: A scenario about the development of hemispheric specialisation in face recognition during infancy. *Current Psychology of Cognitive, 9,* 3-44.

Diamond, A. (1985). Development of the ability to use recall to guide action, as indicated by infants' performance on AB. *Child Development, 56,* 868-883.

Diamond, A. (1991). Neuropsychological insights into the meaning of object concept development. In S. Carey & R. Gelman (Eds.), *The epigenesis of mind: Essays on biology and cognition* (pp. 67-110). Hillsdale, NJ: Lawrence Erlbaum Associates.

Diamond, A., & Goldman-Rakic, P. S. (1986). Comparative development of human infants and infant rhesus monkeys of cognitive functions that depend on prefrontal cortex. *Neuroscience Abstracts, 12,* 274.

Diamond, A., & Goldman-Rakic, P. S. (1989). Comparison of human infants and infant rhesus monkeys on Piaget's AB task: Evidence for dependence on dorsolateral prefrontal cortex. *Experimental Brain Research, 74,* 24-40.

Driver, J., Davis, G., Ricciardelli, P., Kidd, P., Maxwell, E., & Baron-Cohen, S. (1999). Gaze perception triggers reflexive visuo-spatial orienting. *Visual Cognition, 6,* 509-540.

Drummey, A. B., & Newcombe, N. S. (2002). Developmental changes in source memory. *Developmental Science, 5,* 502-513.

Durston, S., Thomas, K., Yang, Y., Ulug, A., Zimmerman, R., & Casey, B. J. (2002). A neural basis for the development of inhibitory control. *Developmental Science, 5,* F9-F16.

Elman, J., Bates, E., Johnson, M. H., Karmiloff-Smith, A., Parisi, D., & Plunkett, K. (1996). *Rethinking innateness: A connectionist perspective on development.* Cambridge, MA: MIT Press.

Fabiabi, M., & Wee, E. (2001). Age-related changes in working memory function: A review. In C. Nelson & M. Luciana (Eds.), *Handbook of Developmental Cognitive Neuroscience* (pp.

473–488). Cambridge, MA: MIT Press.

Fantz, R. L. (1964). Visual experience in infants: Decreased attention to familiar patterns relative to novel ones. *Science, 46,* 668–670.

Farroni, T., Csibra, G., Simion, F., & Johnson, M. H. (2002). Eye contact detection in humans from birth. *Proceeding of the National Academy of Sciences USA. 99,* 9602–9605.

Farroni, T., Mansfield, E. M., Lai, C., & Johnson, M. H. (2003). Infants perceiving and acting on the eyes: Tests of an evolutionary hypothesis. *Journal Experimental Child Psychology, 85,* 199–212.

Finlay, B. L., & Darlington, R. B. (1995). Linked regularities in the development and evolution of mammalian brains. *Science, 268,* 1578–1584.

Fox, N. A., & Bell, M. A. (1990). Electrophysiological indices of frontal lobe development. In A. Diamond (Ed.), *The development and neural bases of higher cognitive functions* (pp. 677–698). New York: New York Academy of Sciences.

Fray, P. J., Robbins, T. W., & Sahakian, B. J. (1996). Neuropsychiatric applications of CANTAB. *International Journal of Geriatric Psychiatry, 11,* 329–336.

Frith, U. (1989). *Autism: Explaining in the enigma.* Oxford: Basil Blackwell.

Fuster, J. M. (1989). *The prefrontal cortex* (2nd ed.). New York: Raven Press.

Gadian, D. G., Aicardi, J., Watkins, K. E., Porter, D. A., Mishkin, M., & Vargha–Khadem, F. (2000). Developmental amnesia associated with early hypoxic–ischaemic injury. *Brain,* 499–507.

Gannon, P. J., Holloway, R. L., Broadfield, D. C., & Braun, A. R. (1998). Asymmetry of chimpanzee planum temporale Humanlkie pattern of Wernicke's brain language area homolog. *Science, 279,* 220–222.

Geschwind, N., & Levitsky, W. (1968). Human brain: Left–right asymmetries in temporal speech region. *Science, 161*(837), 186–187.

Gesell, A. (1929). *Infancy and human growth.* New York: Macmillan.

Giedd, J. N., Blumenthal, J., Jeffries, N. O., Castellanos, F. X., Lui, H. Z. A., Paus, T., et al. (1999). Brain development during childhood and adolescence: A longitudinal MRI study. *Nature Neuroscience, 2,* 861–863.

Gilmore, R. O., & Johnson, M. H. (1995). Working memory in infancy: Six–month–olds' performance on two versions of the oculomotor delayed response task. *Journal of Experimental Child Psychology, 59,* 397–418.

Goldman–Rakic, P. S. (1987). Development of cortical circuitry and cognitive function. *Child Development, 58,* 601–622.

Goldman–Rakic, P. S., Bourgeois, J., & Rakic, P. (1997). Synaptic substrate of cognitive development: Life–span analysis of synaptogenesis in the prefrontal cortex of the nonhuman primate. In N. A. Krasnegor, G. Reid Lyon, & P. S. Goldman–Rakic (Eds.), *Developmental of the prefrontal cortex. Evolution, neurobiology and behaviour* (pp. 27–48). Baltimore, MD: Paul H. Brookes.

Gopnik, M. (1990). Feature–blind grammar and dysphasia. *Nature, 344* (6268), 715.

Gottlieb, G. (1992). *Individual development and evolution.* New York: Oxford University Press.

Halit, H., Csibra, G., Volein, Á., & Johnson, M. H. (2004). Face–sensitive cortical processing in early infancy. *Journal of Child Psychology and Psychiatry, 45,* 1228–1234.

Halit, H., de Haan, M., & Johnson, M. H. (2003). Cortical specialisation for face processing: Face–sensitive event–relate potential components in 3 and 12 month–old infants.

NeuroImage, 19, 1180-1193.

Held, R. (1985). Binocular vision: Behavioral and neuronal development. In J. Mehler, & R. Fox (Eds.), *Neonate cognition: Beyond the blooming, buzzing confusion.* Hillsdale, NJ: Lawrence Erlbaum Associates.

Held, R. (1993). Development of binocular vision revisited. In M. H. Johnson (Ed.), *Brain development and cognition: A reader* (pp. 159-166). Oxford, UK: Blackwell.

Herbert, M. R., Ziegler, D. A., Makris, N. B., Dakardjiev, A., Hodgson, J., Adrien, K. T., et al. (2003). Larger brain and white matter volumes in children with developmental language disorder. *Developmental Science, 6*(4), F11-F22.

Hillyard, S. A., Mangun, G. R., Woldorff, M. G., & Luck, S. J. (1995). Neural systems mediating selective attention. In M. S. Gazzaniga (Ed.), *The cognitive neurosciences* (pp. 665-681). Cambridge, MA: MIT Press.

Homanics, G. E., DeLorey, T. M., Firestone, L. L., Quinlan, J. J., Handforth, A., & Harrison, N. L., et al. (1997). Mice devoid of γ-aminobutyrate type A receptor$^{\beta}$3 subunit have epilepsy, cleft palate, and hypersensitive behavior. *Proceedings of the National Academy of Science USA, 94,* 4143-4148.

Huttenlocher, P. R. (1990). Morphometric study of human cerebral cortex development. *Neuropsychologia, 28,* 517-527.

Jaffe, J., Stern, D. N., & Perry, J. C. (1973). "Conversational" coupling of gaze behavior in prelinguistic human development. *Journal of Psycholinguistic Research, 2,* 321-329.

Johnson, M. H. (1990). Cortical maturation and the development of visual attention in early infancy. *Journal of Cognitive Neuroscience, 2,* 81-95.

Johnson, M. H. (1997). The neural basis of cognitive development. In W. Damon, D. Kuhn, & R. S. Siegler (Eds.), *Handbook of child psychology* (5th ed., Vol. 2, pp. 1-49). New York: Wiley.

Johnson, M. H. (2000). Cortical specialization in infants: Beyond the maturational model. *Brain and Cognition, 42,* 124-127.

Johnson, M. H. (2005). *Developmental cognitive neuroscience: An introduction* (2nd ed.). Oxford: Blackwell.

Johnson, M. H., & Morton, J. (1991). *Biology and cognitive development: The case of face recognition.* Oxford: Blackwell.

Johnson, M. H., Tucker, L. A., Stiles, J., & Trauner, D. (1998). Visual attention in infants with perinatal brain damage: Evidence of the importance of left anterior lesions. *Developmental Science, 1,* 53-58.

Johnson, M. K., Hashtroudi, S., & Lindsay, D. S. (1993). Source monitoring. *Psychological Bulletin, 114*(1), 3-28.

Karatekin, C. (2001). Developmental disorders of attention. In C. A. Nelson & M. Luciana (Eds.), *Handbook of developmental cognitive neuroscience* (pp. 561-576). Cambridge, MA: MIT Press.

Karmiloff-Smith, A. (1992). *Beyond modularity: A developmental perspective on cognitive science.* Cambridge, MA: MIT Press/Bradford Books.

Karmiloff-Smith, A. (1998). Development itself is the key to understanding developmental disorders. *Trends in Cognitive Sciences,* (2), 389-398.

Karmiloff-Smith, A., Klima, E., Bellugi, U., Grant, J., & Baron-Cohen, S. (1995). Is there a social module? Language, face processing and theory of mind in individuals with Williams syndrome. *Journal of Cognitive Neuroscience, 7,* 196–208.

Katz, L. C., & Shatz, C. J. (1996). Synaptic activity and the construction of cortical circuits. *Science, 274,* 1133.

Kaufman, J., Csibra, G., & Johnson, M. H. (2003). Representing occluded objects in the human infant brain. *Proceedings of the Royal Society B: Biology Letters, DOI10.1098/rsbl. 2003.0067.*

Keverne, E. B. (1997). Genomic imprinting in the brain. *Current Opinion in Neurobiology, 7*(4), 463–468.

Kingsbury, M. A., & Finlay, B. L. (2001). The cortex in multidimensional space: Where do cortical areas come from? *Developmental Science, 4,* 125–142.

Kleinke, C. L. (1986). Gaze and eye contact; a research review. *Psychological Bulletin, 100,* 78–100.

Klima, E., & Bellugi, U. (1979). *The signs of language.* Cambridge, MA: Harvard University Press.

Kuhl, P. K. (1993). Innate predispositions and the effects of experience in speech perception: The native language magnet theory. In B. de Boysson-Bardies, S. de Schonen, P. Jusczyk, P. McNeilage, & J. Morton (Eds.), *Developmental neurocognition: Speech and face processing in the first year of life* (pp. 259–274). Dordrecht, The Netherlands: Kluwer Academic.

Kurtzberg, D., & Vaughan, H. G. (1981). Topographic analysis of human cortical potentials preceding self-initiated and visually triggered saccades. *Brain Research, 243,* 1–9.

Kwong, K. E., Belliveau, J. W., Chesler, D. A., Goldberg, I. E., Weisskoff, R. M., Poncelet, B. P., et al. (1992). Dynamic magnetic resonance imaging of human brain activity during primary sensory stimulation. *Proceedings of the National Academy of Sciences, 89,* 5675–5679.

Lai, C. S. L., Fisher, S. E., Hurst, J. A., Vargha-Khadem, F., & Monaco, A. P. (2001). A forkhead-domain gene is mutated in a severe speech and language disorder. *Nature, 413* (6855), 519–523.

Lenneberg, E. (1967). *Biological foundations of language.* New York: Wiely.

Lewis, T. L., Maurer, D., & Milewski, A. (1979). The development of nasal detection in young infants. *Investigative Opthalmology and Visual Science Supplement,* 271.

Liégeois, F., Baldeweg, T., Connelly, A., Gadian, D. G., Mishkin, M., & Vargha-Khadem, F. (2003). Language fMRI abnormalities associated with FOXP2 gene mutation. *Nature Neuroscience, 6*(11), 1230–1237.

Luciana, M. (2003). The neural and functional development of human prefrontal cortex. In M. de Haan & M. H. Johnson (Eds.), *The cognitive neuroscience of development* (pp. 157–174). Hove, UK: Psychology Press.

Luciana, M., & Nelson, C. A. (1998). The functional emergence of prefrontally-guided working memory systems in four-to-eight year-old children. *Neuropsychologia, 36*(3), 273–293.

Luciana, M., & Nelson, C. A. (2000). Neurodevelopmental assessment of cognitive function using the Cambridge Neuropsychological Testing Automated Battery (CANTAB): Validation and future goals. In *Functional neuroimaging in child psychiatry.* Cambridge: Cambridge University Press.

Maguire, E. A., Vargha-Khadem, F., & Mishkin, M. (2001). The effect of bilateral hippocampal damage on fMRI regional activations and interactions during memory retrieval. *Brain 6*(124), 1156–1170.

Mancini, J., Casse-Perrot, C., Giusiano, B., Girard, N., Camps, R., Deruelle, C., et al. (1998). Face processing development after a perinatal unilateral brain lesion. *Human Frontiers Science Foundation Developmental Cognitive Neuroscience Technical Report Series* (98.6).

Carcus, G. F., & Fisher, S. E. (2003). FOXP2 in focus: What can genes tell us about speech and language? *Trends in Cognitive Sciences, 7* (6), 257-262.

Mareschal, D., Johnson, M. H., Sirois, S., Spratling, M., Thomas, M., & Westermann, G. (in press). *Neuroconstructivism: How the brain constructs cognition.* Oxford, UK: Oxford University Press.

Marin-Padilla, M. (1990). The pyramidal cell and its local-circuit interneurons: A hypothetical unit of the mammalian cerebral cortex. *Journal of Cognitive Neuroscience, 2,* 180-194.

Matsuzawa, J., Matsui, M., Konishi, T., Noguchi, K., Gur, R. C., Bilker, W., et al. (2001). Age-related volumetric changes of brain gray and white matter in healthy infants and children. *Cerebral Cortex, 11*(4), 335-342.

Maurer, D. (1983). The scanning of compound figures by young infants. *Journal of Experimental Child Psychology, 35,* 437-448.

McGraw, M. B. (1943). *The neuromuscular maturation of the human infant.* New York: Columbia University Press.

Meek, J. H., Firbank, M., Elwell, C. E., Atkinson, J., Braddick, O., & Wyatt, J. S. (1998). Regional hemodynamic responses to visual stimulation in awake infants. *Peadiatric Research, 43,* 840-843.

Meek, J. (2002). Basic principles of optical imaging and application to the study of infant development. *Developmental Science, 5* (3), 371-380.

Meltzoff, A. N., & Moore, M. K. (1977). Imitation of facial and manual gestures by human neonates. *Science, 198,* 74-78.

Miller, K. D. (1990). Correlation-based models of neural development. In M. A. Gluck & D. E. Rumelhart (Eds.), *Neuroscience and connectionist theory* (pp. 267-353). Hillsdale, NJ: Lawrence Erlbaum Associates.

Miller, K. D., Keller, J. B., & Stryker, M. P. (1989). Ocular dominance column development: Analysis and simulation. *Science, 245,* 605-615.

Milner, B. (1982). Some cognitive effects of frontal-lobe lesions in man. *Philosophical Transactions of the Royal Society of London, 298,* 211-226.

Milner, A. D., & Goodale, M. A. (1995). *The visual brain in action.* Oxford: Oxford University Press.

Molfese, D. (1989). Electrophysiological correlates of word meanings in 14-month-old human infants. *Developmental Neuropsychology, 5,* 70-103.

Morton, J., & Johnson, M. H. (1991). CONSPEC and CONLERN: A two-process theory of infant face recognition. *Psychological Review, 98* (2), 164-181.

Munakata, Y., McClelland, J. L., Johnson, M. H., & Siegler, R. S. (1994). *Now you see it, now you don't: A gradualistic framework for understanding infants' successes and failures in object permanence tasks* (Technical Report No. PDP.CNS.94.2). Pittsburgh, PA: Carnegie Mellon University.

Munakata, Y., McClelland, J. L., Johnson, M. H., & Siegler, R. S. (1997). Rethinking infant knowledge: Toward an adaptive process account of successes and failures in object permanence tasks. *Psychological Review, 104* (4), 686-713.

Nelson, C. A. (1995). The ontogeny of human memory: A cognitive neuroscience perspective.

Developmental Psychology, 31(5), 723–738.

Nelson, C. A. (2001). The development and neural bases of face recognition. *Infant and Child Development, 10,* 3–18.

Nelson, C. A., & Bloom, F. E. (1997). Child development and neuroscience. *Child Development, 68* (5), 970–987.

Neville, H., & Bavelier, D. (2002). Specificity and plasticity in neurocognitive development in humans. In M. H. Johnson, Y. Munakata, & R. Gilmore (Eds.), *In Brain development and cognition: A reader* (2nd ed., pp. 251–270). Oxford: Blackwell.

Neville, H., Bavelier, D., Corina, D, Rauschecker, J. P., Karni, A., Lalwani, A., et al. (1998). Cerebral organization for language in deaf and hearing subjects: Biological constrains and effects of experience. *Proceedings of the National Academy of Sciences USA, 95,* 922–929.

O' Leary, D. D. M. (1989). Do cortical areas emerge from a protocortex? *Trends in Neuroscience, 12,* 400–406.

O' Reilly, R., & Johnson, M. H. (1994). Object recognition and sensitive periods: A computational analysis of visual imprinting. *Neural Computation, 6,* 357–390.

Overman, W., Bachevalier, J., Turner, M., & Peuster, A. (1992). Object recognition versus object discrimination: Comparison between human infants and infant. *Behavioral Neuroscience, 106,* 15–29.

Pallas, S. L. (2001). Intrinsic and extrinsic factors shaping cortical identity. *Neuroscience, 24,* 417–423.

Pascalis, O., de Schonen, S., Morton, J., Fabre-Grenet, M., & Deruelle, C. (1995). Mother' s face recognition by neonates: a replication and an extension. *Infant Behavior and Development,* 79–85.

Pascalis, O., de Haan, M., & Nelson, C. A. (2002). Is face processing species-specific during the first year of life? *Science, 296* (5571), 1321–1323.

Passarotti, A. M., Paul, B. M., Bussiere, J. R., Buxton, R. B., Wong, E. C., & Stiles, J. (2003). The development of face and location processing: An fMRI study. *Developmental Science, 6*(1), 100–117.

Paus, T., Collins, D. L., Evans, A. C., Leonard, G., Pike, B., & Zijdenbos, A. (2001). Maturation of white matter in the human brain: A review of magnetic-resonance studies. *Brain Research Bulletin, 54,* 255–266.

Pennington, B. (2001). Genetic methods. In C. A. Nelson & M. Luciana (Eds.), *Handbook of developmental cognitive neuroscience* (pp. 149–158). Cambridge, MA: MIT Press.

Pfefferbaum, A., Mathalon, D. H., Sullivan, E. V., Rawles, J. M., Zipursky, R. B., & Lim, K. O. (1994). A quantitative magnetic resonance imaging study of changes in brain morphology from infancy to late adulthood. *Archives of Neurology, 51*(9), 874–887.

Phelps, E. A., O'Connor, K. J., Cunningham, W. A., Funayama, E. S., Gatenby, J. C., Gore, J. C., et al. (2000). Performance on indirect measures of race evaluation predicts amygdala activation. *Journal of Cognitive Neuroscience, 12* (5), 729–738.

Piaget, J. (1954). *The construction of reality in the child* (M. Cook, Trans.). New York: Basic Books.

Pinker, S. (1994). *The language instinct.* New York: William Morrow.

Posner, M. I., & Rothbart, M. K. (1980). The development of attentional mechanisms. In J. H. Flower (Ed.), *Nebraska symposium on motivation.* Nebraska: University of Nebraska Press.

Ragsdale, C. W., & Grove, E. A. (2001). Patterning in the mammalian cerebral cortex. *Current*

Opinions in Neurobiology, 11, 50–58.

Rakic, P. (1988). Specification of cerebral cortical areas. *Science, 241,* 170–176.

Richards, J. E. (2001). Cortical indices of saccade planning following covert orienting in 20-week-old infants. *Infancy, 2* (2), 135–157.

Richards, J. E. (1989a). Sustained visual attention in 8-week old infants. *Infant Behavior and Development, 12,* 425–436.

Richards, J. E. (1989b). Development and stability of HR-defined, visual sustained attention in 14-, 20-, and 26-week old infants. *Psychophysiology, 26,* 422–430.

Richards, J. E. (1991). Infant eye movements during peripheral visual stimulus localization as a function of central stimulus attention status. *Psychophysiology, 28,* S4.

Richards, J. E. (2003). The development of visual attention and the brain. In M. de Haan & M. H. Johnson (Eds.), *The cognitive neuroscience of development* (pp. 73–93). Hove, UK: Psychology Press.

Rovee-Collier, C. K. (1993). The capacity for long-term memory in infancy. *Current Directions in Psychological Science, 2*(4), 130–135.

Schacter, D., & Mosovitch, M. (1984). Infants amnesia and dissociable memory systems. In M. Moscovitch (Ed.), *Infant memory* (pp. 173–216). New York: Plenum Press.

Schatz, J., Craft, S., Koby, M., & DeBaun, M. (2000). A lesion analysis of visual orienting performance in children with cerebral vascular injury. *Developmental Neuropsychology, 17,* 49–61.

Schatz, J., Craft, S., White, D., Park, T. S., & Figiel, G. (2001). Inhibition of return in children with perinatal brain injury. *Journal of the International Neuropsychological Society, 7,* 275–284.

Segalowitz, S. J. (1994). Developmental psychology and brain development: A historical perspective. In G. Dawson & K. W. Fischer (Eds.), *Human behavior and the developing brain* (pp. 67–92). New York: Guilford.

Silva, A. J., Paylor, R., Wehner, J. M., & Tonegawa, S. (1992). Impaired spatial learning in alpha-calcium-calmodulin kinase II mutant mice. *Science, 257,* 206–211.

Silva, A. J., Stevens, C. F., Tonegawa, S., & Wang, Y. (1992). Deficient hippocampal long-term potentiation in a-calcium-calmodulin kinase II mutant mice. *Science, 257,* 201–206.

Simion, F., Valenza, E., Umilta, C., & Dalla Barba, B. (1998). Preferential orienting to faces in newborns: a temporal-nasal asymmetry. *Journal of Experimental Psychology-Human Perception and performance, 24* (5), 1399–1405.

Stern, D. N. (1977). *The first relationship: Infant and mother.* Cambridge, MA: Harvard University Press.

Stiles, J., Bates, E., Thal, D., Trauner, D., & Reilly, J. (2002). Linguistic and spatial cognitive development in children with pre- and perinatal focal brain injury: A ten-year overview from the San Diego Longitudinal Project. In M. H. Johnson, Y. Munakata, & R. O. Gilmore (Ed.), *Brain development and cognition: A reader* (2nd ed., pp. 272–291). Oxford: Blackwell.

Stryker, M. P., & Harris, W. (1986). Binocular impulse blockade prevents the formation of ocular dominance columns in cat visual cortex. *Journal of Neuroscience, 6,* 2117–2133.

Symons, L. A., Hains, S. M. J., & Muir, D. W. (1998). Look at me: Five-months-old infants' sensitivity to very small deviations in eye-gaze during social interactions. *Infant Behavior and Development, 21,* 531–536.

Taga, G., Asakawa, K., Maki, A., Konishi, Y., & Koizumi, H. (2003). Brain imaging in awake infants by near-infrared optical topography. *PNAS, 100,* 10722-10727.

Tanapat, P., Hastings, N. B., & Gould, E. (2001). Adult neurogenesis in the hippocampal formation. In C. A. Nelson & M. Luciana (Eds.), *The handbook of developmental cognitive neuroscience* (pp. 93-106). Cambridge, MA: MIT Press.

Teszner, D., Tzavarars, A., Gruner, J., & Hecaen, H. (1972). Right-left asymmetry of the planum temporale: appropos of the anatomical study of 100 brains. *Review-Neurologique-Paris, 126*(6), 444-449.

Thatcher, R. W. (1992). Cyclic cortical reorganization during early childhood. Special Issue: The role of frontal lobe maturation in cognitive and social development. *Brain and Cognition, 20*(1), 24-50.

Thelen, E., & Smith, L. B. (1994). *A dynamic systems approach to the development of cognition and action.* Cambridge, MA: MIT Press.

Tulving, E. (1983). *Elements of Episodic Memory.* Oxford: Clarendon Press.

Tzourio-Mazoyer, N., de Schonen, S., Crivello, F., Reutter, B., Aujard, Y., & Mazoyer, B. (2002). Neural correlates of woman face processing by 2-month-old infants. *Neuroimage, 15,* 454-461.

Vargha-Khadem, F., Issacs, E., & Muter, V. (1994). A review of cognitive outcome after unilateral lesions sustained during childhood. *Child Neurology, 9* (Suppl.,) 2S67-62S73.

Vargha-Khadem, F., Gadian, D. G., Watkins, K. E., Connelly, A., Van Paesschen, W., & Mishkin, M. (1997). Differential effects of early hippocampal pathology on episodic and semantic memory. *Science, 277,* 376-380.

Vargha-Khadem, F., Watkins, K., Alcock, K. J., Fletcher, P., & Passingham, R. E. (1995). Praxic and nonverbal cognitive deficits in a large family with a genetically transmitted speech and language disorder. *Proceeding of the National Academy of Sciences, 92,* 930-933.

Vuilleumier, P. (2000). Faces call for attention: Evidence from patients with visual extinction. *Neuropsychologia, 38* (5), 693-700.

Vuilleumier, P., Sagiv, N., Hazeltine, E., Poldrack, R. A., Swick, D., Rafal, R. D., & Gabrieli, J. D. (2001). Neural fate of seen and unseen faces in event-related potential study. *Proceedings of the National Academy of Sciences USA, 98* (6), 3495-3500.

Wada, J. A., Clark, R., & Hamm, A. (1975). Cerebral hemispheric asymmetry in humans. *Archives of Neurology, 32,* 239.

Waddington, C. H. (1975). *The evolution of an evolutionist.* Edinburgh: Edinburgh University Press.

Wattam-Bell, J. (1991). Development of motion-specific cortical responses in infants. *Vision Research, 31,* 287-297.

Welsh, M. C., Pennington, B. F., Ozonoff, S., Rouse, B., & McCabe, E. R. B. (1990). Neuropsychology of early-treated phenylketonuria: Specific executive function deficits. *Child Development, 61,* 1697-1713.

Werker, J. F., & Polka, L. (1993). The ontogeny and developmental significance of language-specific phonetic perception. In B. de Boysson-Bardies, S. de Schonen, P. Jusczyk, P. McNeilage, & J. Morton (Eds.), *Developmental neurocognition: Speech and face processing in the first year of life* (pp. 275-288). Dordrecht, Netherlands: Kluwer Academic Publishers.

Werker, J. F., & Vouloumanos, A. (2001). Speech and language processing in infancy: A neurocognitive approach. In C. A. Nelson & M. Luciana (Eds.), *Handbook of developmental cognitive neuroscience* (2nd ed., pp. 269–280). Cambridge, MA.

Wiesel, T. N., & Hubel, D. H. (1965). Comparison of the effects of unilateral and bilateral eye closure on cortical unit responses in kittens. *Journal of Neurophysiology, 28,* 1029–1040.

Witelson, S. F., & Pallie, W. (1973). Left hemisphere specialization for language in the newborn: Neuroanatomical evidence of asymmetry. *Brain, 94,* 641.

Yamada, H., Sadato, N., Konishi, Y., Kimura, K., Tanaka, M., Yonekura, Y., et al. (1997). A rapid brain metabolic change in infants detected by fMRI. *Neuroreport, 8,* 3775–3778.

Yamada, H., Sadato, N., Konishi, M., Muramoto, S., Kimura, K., Tanaka, M., et al. (2000). A milestone for normal development of the infantile brain detected by functional MRI. *Neurology, 55,* 218–213.

5 신체 및 운동발달

CHAPTER>>

Karen E. Adolph
New York University
Sarah E. Berger
The College of Staten Island, The City University of New York

1. 서론

왜 운동을 연구하는가?

부모는 친구나 가족들에게 자녀의 자랑을 하거나 중요한 날에 비디오 촬영을 하거나 육아일기를 쓸 때 주로 아기의 신체 및 운동 기능 발달에 초점을 맞춘다. 부모는 아기의 신체 성장과 운동 능력을 중요한 이정표로 생각한다. 왜냐하면 아기가 커지고, 튼튼해지고, 뒤집기를 하고, 앉는 일들은 정상적으로 발달하고 있다는 것을 쉽게 눈으로 관찰할 수 있는 지표이기 때문이다. 심리학자에게도 아이를 둔 부모처럼 신체운동발달을 영아의 정상발달을 확인하는 지표로 사용하는 것이 이미 오랜 전통이 되었다.

하지만 발달과학 교과서에 왜 신체운동발달에 대한 내용이 들어가는가? 신체운동의 심리학적인 측면은 무엇인가? 이에 대해서 두 가지 대답을 할 수 있다. 첫째, 운동발달은 발육 차트나 판별 척도(screening inventory)의 발달규준 이상의 의미가 있다. 운동은 심리학에서 빠질 수 없는 중요한 부분이다. 심리학이 행동을 연구하는 학문이라고 생각하는 학자에게 운동은 과학적 연구 영역이다. 행동이 곧 운동이기 때문이다. 영아는 사건을 시각적으로 관찰하고, 웃고, 옹알거리고, 사물을 조작하고, 주변 환경을 탐색하면서 눈,

입, 팔, 다리를 움직인다. 심리학이 마음(mind)을 연구하는 학문이라고 생각하는 학자에게 영아의 행동은 눈으로 볼 수 없는 사고, 지각, 의도에 대한 추론을 도와주는 매개체다. 연구자들은 말을 알아듣고 대답을 할 수 없는 영아를 연구하는 데 운동을 이용한다. 눈의 움직임, 웃기, 울기, 내밀기, 발차기, 걷기가 영아의 지각, 인지, 정서, 사회적 상호작용을 연구하는 데 중요한 도구다.

둘째, 운동을 적응적으로 통제(adaptive control of movement)하는 것 자체가 심리학적 관심사다(Bertenthal & Clifton, 198). 그리고 아마도 이 두 번째 대답이 더 중요한 의미를 가질 것이다. 운동은 지각과 밀접한 관련이 있고, 운동발달은 인지 및 정서발달과 밀접하게 연관되어 있다. 운동 능력이 향상되면 영아의 학습 기회도 늘어난다. Piaget(1954)가 강조했듯이, 감각운동은 인지 능력을 촉진시킨다. 인지적 문제해결 능력이 있는 영아는 상황에 따라 운동 전략을 수립할 수 있다. 모든 운동동작을 통해 지각정보를 얻고, 지각은 상황에 적절한 행동을 이끌어 낸다(J. J. Gibson, 1979; von Hofsten, 1993). 지각정보를 통해 영아는 신체발육, 능력발달 수준, 주변 환경변화에 따라 움직임을 조정할 수 있다(E. J. Gibson, 1988). 지각 능력 덕분에 영아는 할 수 있는 행동이 많아진다. 또한 영아의 신체발달과 운동 능력 향상은 정서적, 사회적 발달상의 변화와 연관이 있다(Campos et al., 2000). 모든 부모는 사회적 압력이 아동의 새로운 능력 발달을 고무시키고 아동도 스스로의 운동 능력 향상에 대해 기뻐한다는 것을 알고 있다.

개 관

이 장은 태내기와 영아기의 운동발달에 초점을 맞출 것이다. 여기에는 다음과 같은 여러 가지 이유가 있다. 첫째, 태내기와 영아기에 운동 능력의 기반이 마련되기 때문이다. 둘째, 운동발달의 중요한 이정표들이 생후 2년 안에 가장 많이 나타나기 때문이다. 셋째, 심리학 연구 논문 대부분이 영아기에 초점을 맞추기 때문이다. 넷째, 태아의 성장과 운동 연구가 흥미로운 연구 개척 분야이며, 이 연구는 기술과 절차상의 혁신 덕분에 최근에 와서야 가능하게 되었기 때문이다.

이 장은 시간 순서에 따라 구성되었다. 첫째, 태아의 최초의 움직임인 무의식적 태아 운동, 자궁 내 태아에게까지 미치는 외부자극에 대한 운동반응에 대해 설명하고자 한다. 태아 운동은 정상적 신체발달에 필수적인 요소이고, 태아의 성장은 운동 가능성(possibilities for movement)에 놀라운 영향을 미친다. 둘째, 신생아의 기초운동 능력을 설명하고자 한다. 부력이 있는 자궁 내에서 태아의 운동이 촉진되었던 것과는 달리, 신생아의 운동 능력은 중력에 의해 방해를 받지만, 신생아의 운동이 자궁 내 운동과 발달 측면에서 어떻게 연관성이 있는지를 보여 준다. 또한 신생아가 근력과 균형 능력이 생겨 고개를 들고 도움 없이 앉게 되는 중력 극복에 대해 설명한다. 균형 잡기에서 중요한 지각정보의 역할이 무엇인지도 소개한다. 다음으로는 사물과 상호작용하는 행동, 즉 내밀기, 잡기, 물체 탐색, 도구 활용 등과 관련된 생체역학적(biomechanical), 지각적(perceptual) 과정을 설명한다. 최근의 연구에서는 목표를 향한 팔동작(goal-directed arm movements)에 대한 몇몇 상식적 가정에 이의를 제기한다.

독립적 운동 능력 부분에서는 영아가 최초로 신체 전체를 움직이는 것에 대해 설명하고자 한다. 대부분의 사람들이 영아는 손과 무릎을 이용하여 처음으로 움직이기 시작한다고 생각하지만, 사실은 엉덩이나 배로 움직이는 등 영아들은 나름대로 다양한 이동 전략을 세운다. 이 부분에서는 운동학습의 특성에 대해서도 다룬다. 영아는 각 운동 이정표를 넘어갈 때마다 새로 학습을 해야 한다. 앉은 자세에서 능숙하게 균형을 잡는다고 해서 기기 시작한 후에도 균형을 잡을 수 있는 것은 아니다. 마찬가지로 앉기와 기기 연습이 직립자세에서 균형을 잡는 데 도움이 되는 것도 아니다.

직립자세 부분에서는 영아가 어떻게 일어서서, 가구를 붙잡고 걷다가, 결국 혼자 힘으로 걷게 되는지를 설명할 것이다. 특히, 영아가 걷게 되는 요인 및 걷기 능력을 향상시키는 요인에 초점을 맞출 것이다. 영아의 신체비례가 변화하고 위험 지면에 노출됨에 따라 지각적으로 이동을 통제하는 데 새로운 어려움이 생긴다. 마지막으로, 계단을 내려가고 좁은 다리를 건널 때 운동 책략을 세우고 실행하기 위한 인지 능력이 요구되는 복잡한 형태의 이동에 대해 설명할 것이다.

이 장의 전반에 걸쳐 운동발달과 관련된 여러 가지 잘못된 견해에 대해 반박하고자 한다. 최근 연구를 통해 운동발달에서 성숙과 경험의 역할, 신생아 반사의 중요성, 주요 운동발달 이정표의 보편성, 두미 방향(the head-to-toe direction)의 성장에 대한 새로운 시각이 나왔다.

2. 태아의 운동

태아 관찰

태아가 눈에 보이지 않는 난자에서 자라나 신생아가 된다는 것은 누구나 알고 있다. 하지만 대부분이 평균 임신 기간 40주에 걸쳐 태아의 모양과 크기가 엄청난 변화를 겪는다고 대략적으로만 알고 있을 뿐이다. 이렇게 정확하게 알 수 없는 이유는 태아발달은 산모의 뱃속에서 일어나므로 시각적으로 관찰하는 것이 어렵기 때문이다.

초기 연구자들은 기술적 한계 때문에 태아의 성장과 행동에 대해서 이론에 근거한 추측을 할 수밖에 없었다. 초기에는 유산되거나 낙태된 태아를 대상으로 임신 첫 몇 주간의 태아발달을 연구했다. 특정 조건 하에서 낙태된 태아를 따뜻한 욕조에 넣으면 몇 분간 생명을 유지할 수 있는데, 이 태아를 상대로 빠르게 단순한 실험을 실시할 수 있었다(Prechtl, 1986). 따라서 초기 연구자들은 특정 신체 부위를 핀으로 찌르거나 뻣뻣한 털로 살짝 건드린 후 관찰함으로써 자극에 대한 태아의 민감도와 반응도를 설명했다. 예를 들어, Hooker(1952)는 8~9주 사이의 태아의 입 주변에 빛을 쬐어 목굴곡운동(neck flexion)과 팔운동 등의 운동반응을 유도했다. 하지만 유산된 태아는 정상적으로 발달하지 않았고, 낙태된 태아는 시술 과정에서 손상될 가능성이 높으며, 태아는 일단 태반에서 제거되면 질식하기 때문에(Munn, 1965) 이 방법을 통해 얻은 실험 결과는 신뢰성이 떨어진다.

초기 태아발달 연구자들은 조산한 아기를 관찰하거나 산모의 배를 촉진(palpating)하고 산모로부터 태아발달에 대한 보고를 받음으로써 태아의 성장과 행동을 추정하는 것 외에는 다른 방법이 없었기 때문에, 임신 후기에 대한 지식은 아주 제한적이었다. 안타깝게도 조산한 태아는 정상적 발육 상태를 보여 주지 못할 가능성이 높다. 게다가 연구자들은 촉진과 산모의 보고 분석 등 해석 면에서도 어려운 점이 많았다.

1950년대에 초음파의 등장으로 태아 연구의 새로운 장이 열렸다(역사적 개관은 Prechtl, 1985 참조). 초음파를 쏘이면, 고주파 전파가 태아로부터 반사되어 흑백 영상(초음파영상, sonogram)을 만들어 낸다. 초음파 기구를 산모의 하복부에 대거나 질을 통해 초음파 기구를 넣으면 소리도 들을 수 있다. 반사되는 전자파가 영상으로 변환되어 침대 옆에 있는 모니터에 나타난다. 현대 입체 초음파 기술을 이용하면 고화질 영상도 볼 수 있다. 이를 통해 연구자(부모와 산부인과 의사)는 태아의 얼굴 일부, 생식기(부모는 임신 18주에 초음파 검사를 통해 성별을 알 수 있다), 뇌와 내장기관 일부, 손가락, 발가락을 관찰할 수 있다. 발 차기부터 딸꾹질, 눈꺼풀 깜박임까지 미세한 태아 운동을 볼 수 있어서 일반인도 초음파 모니터를 통해 움직임을 구별할 수 있을 정도다.

컬러로 태아를 관찰할 수 있는 기술이 1950년대 말에 개발이 되었다. 1965년에는 현미경 사진 기술이 발전하여 과학사진작가 Lennert Nilsson이 임신의 여러 단계에서 촬영한 태아 사진([그림 5-1])을 저명한 잡지 「*Life*」에 게재할 정도가 되었다. 배아(embryo)의 얼굴, 손, 발, 생식기 사진이 정기 양수 검사를 할 때 내시경으로 혹은 배에 침습을 통해 내시경

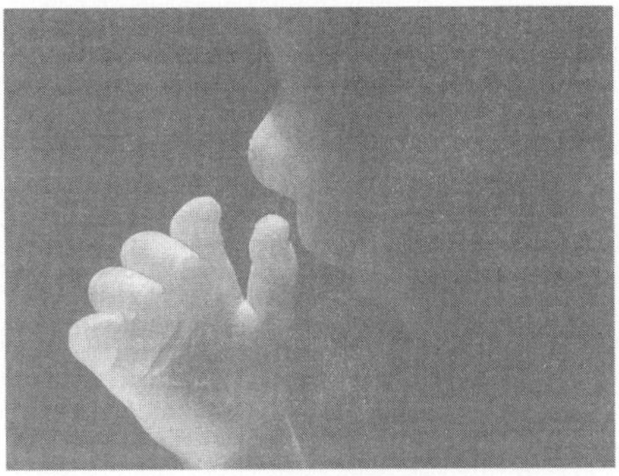

[그림 5-1] 광섬유 기술의 발전으로 「*Life*」의 현미경 사진작가 Nilsson이 태아의 행동을 촬영할 수 있게 되었다. 17주 된 태아가 얼굴로 손을 가져가고 있다.

출처: *A Child is Born*, L. Nilsson & L. Hamberger. Copyright © 1990 by Delacorte Press. Reprinted with permission.

을 삽입하여 촬영이 되었다(Nilsson & Hamberger, 1990). 직경 0.5mm의 최소형 렌즈와 스트로보(역자 주: 급속히 움직이는 물체를 정지한 것처럼 관측, 촬영하는 장치)는 뒤엉킨 광섬유 수천 가닥을 넣은 직경 0.8mm의 아주 가는 금속 막대로 통제된다.

그 외에도 기술 발전을 통해 현대 연구자들은 태아의 행동과 심리적 반응을 관찰할 수 있게 되었다. 보통 자궁수축 관찰에 사용되는 변환기(transducer)를 산모의 배에 대면 태아운동을 관찰할 수 있다(Robertson, 1990). 간단한 도플러 초음파(Doppler ultrasound)는 태아 심박률을 증폭시켜 자극에 대한 태아의 반응을 측정하고(DeCasper, Lecanuet, Busnel, & Granier-Deferre, 1994), 태아의 뇌혈류 속도를 측정하여 뇌의 초기 기능 분화를 밝힐 수 있다(Feng, Raynor, Fiano, & Emory, 1997).

동물 실험도 태아발달에 관한 흥미로운 연구의 장이다. 예를 들어, 쥐의 태아는 복벽이라는 장벽을 극복하는 여러 가지 외부장치를 통해 총 천연색으로 직접 관찰할 수 있다(Smotherman & Robinson, 1991). 예를 들어, 연구자들은 마취한 어미 쥐에서 자궁을 제거하여 온도 조절된 욕조에 넣어 태내환경을 유지해 준다. 임신 말기가 되면 자궁이 확장되어 투명해지기 때문에 자궁벽을 통해서 직접 태아 운동을 관찰할 수 있다. 다른 방법으로는, 어미 쥐의 자궁에서(때로는 양막에서) 쥐 태아를 제거하고 탯줄과 태반은 어미 쥐와 연결된 채로 온도를 조절한 욕조에 넣어 생명을 유지시킨다. 생명유지장치를 보존함으로써 연구자들은 건강하게 살아 있는 태아 쥐를 몇 시간가량 관찰하고 실험을 실시할 수 있다(Smotherman & Robinson, 1996). 어미 쥐는 한 배에 여러 마리의 새끼를 배기 때문에 이 모델은 태아를 여러 가지 다른 조건에 두는 실험 연구에 특히 유용하다.

태아 성장

여러 가지 유용한 기술을 조합함으로써 연구자들은 태아 성장과 신체발달의 상세한 과정을 알아낼 수 있었다. 신체 형태의 구조적 변화는 태내기에 가장 급격하게 일어난다. 수정 후 4주가 되어도 배아는 머리는 크고 팔다리는 흔적만 보이고, 뾰족한 꼬리가 얼굴 쪽으로 말려 올라가 있는 올챙이 같은 모습을 하고 있다(Nilsson & Hamberger, 1999). 얼굴은 아직 분화가 이루어지지 않는다. 여러 층의 분화된 두꺼운 조직이 귀, 눈, 코, 입이 형성될 얼굴 부분을 덮고 있다.

수정 후 9주째에는 배아기가 끝나고 이때부터 태아기라고 부른다. 태아의 몸은 더욱 인간의 모습에 가까워진다. 꼬리는 없어지고 얼굴의 특징이 희미하게 드러난다. 몸통과 팔다리는 근육과 뼈의 흔적으로 덮여 있다. 팔과 다리 끝에서 손가락과 발가락이 생기려고 한다. 팔꿈치는 작은 혹처럼 보인다. 12주가 되면 목이 생긴다. 팔다리가 길고 가늘어지고, 손가락과 발가락이 분명하게 드러난다. 생식기도 분화된다. 16주가 되면 태아의 피부가 투명해진다. 피부가 얇고 지방이 거의 없기 때문에 모세혈관이 그대로 드러난다. 폐가 발달하고 뼈가 더 튼튼해지며 근육조직이 더 생겨나 뼈를 덮는다(Moore & Persaud, 1993; Ratner, 2002). 20주가 되면, 손톱 · 발톱이 보이고, 산모의 배에 청진기를 대면 태아의 심장박동을 들을 수 있다. 24~28주에는 눈꺼풀을 깜박거리고, 손발에 지문이 생기며, 폐 안에 폐포(air sac)가 생기고, 대뇌 피질이 발달한다. 28~38주에는 피부 아래에 체지방층이 생긴다. 폐는 공기 호흡을 할 수 있고, 거의 완전하게 발달한다. 중추신경계의 신체 기능 통제력이 점차 향상된다.

태아 성장은 급속도로 이루어진다. [그림 5-2]에서 볼 수 있듯이, 태아 신체 크기와 비율 변화가 신체 형태의 구조적 변화만큼 급속히 이루어진다. 태아 성장은 산모의 배가 불러 겉으로 드러나는 것보다 훨씬 빠른 속도로 이루어진다. 임신 4주 후면 배아의 길이는 머리부터 엉덩이까지 평균 4mm로, 완두콩 정도의 크기다(Moore & Persaud, 1993). 머리가 몸 전체 길이의 1/2을 차지한다. 8주가 되면 태아의 머리부터 엉덩이까지 길이는 3.18cm로, 여전히 머리가 전체 길이의 절반을 차지한다. 12주가 되면 태아는 8.5cm가 된다. 임신 16주 후에는 머리부터 발가락까지 키가 15.24cm가 되고 무게는 200g이다. 임신 16~24주에는 태아의 크기가 거의 2배가 된다. 키는 28.45cm, 무게는 820g이다. 머리의 성장 속도는 느려져서 이제 키의 1/3을 차지한다. 32주에는 키는 38.1cm, 무게는 2,100g이 된다. 36주에는 키는 44.45cm, 몸무게는 2,900g이 된다(Moore & Persaud, 1993; Ratner, 2002). 머리는 몸 전체에 비해 상대적으로 성장이 느려서 길이가 전체 신장

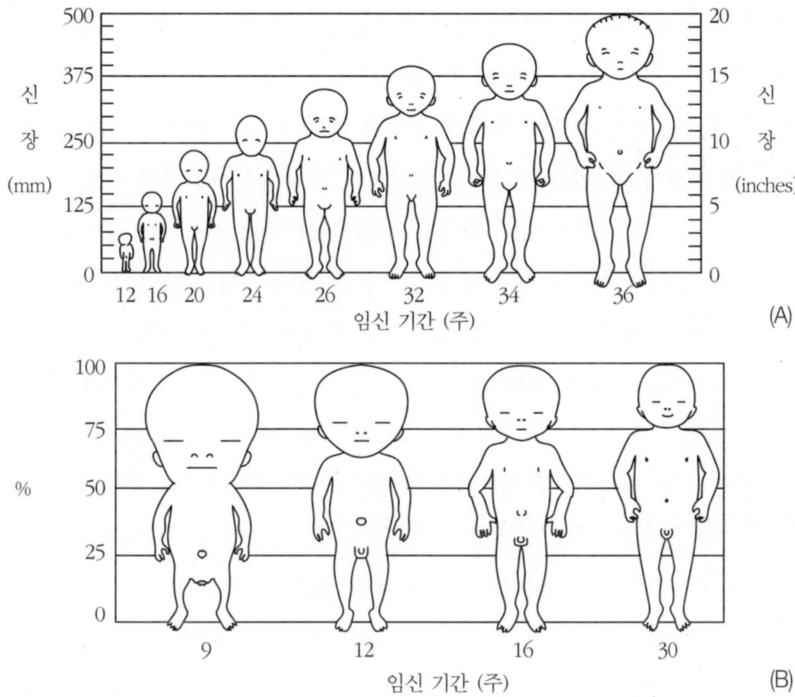

[그림 5-2] 임신 9주부터 출생까지 태아의 신체 크기(A)와 신체 비율(B)의 급격한 변화
출처: *The Developing Human*, K. L. Moore & T. V. N. Persaud. Copyright © 1993 by Elsevier. Reprinted with permission.

의 1/4로 줄어든다. 종합하면, 완두콩 크기의 배아에서 신생아가 될 때까지 태아의 키는 약 8,000%, 몸무게는 42,500% 증가한다. 38~40주의 임신 말기가 되면 태아는 자궁 안을 꽉 채울 정도로 성장한다.

외부 자극

엄마 뱃속이 평화롭고 조용하다는 일반적인 생각은 잘못된 것이다. 자궁은 발달하는 태아를 위한 무균 인큐베이터가 아니다. 임신 기간 동안 태아를 '담고' 있는 것은 완충 포장된 유리 알을 운반하는 것이 아니다. 산모가 마지막으로 먹은 식사의 맛과 냄새, 반쯤 소화된 위장 내용물이 들어가는 인큐베이터를 누가 만들겠는가? 혹은 산모가 한걸음 움직일 때마다 흔들리고, 산모가 앞으로 숙일 때마다 기울고, 산모가 벨트를 조일 때마다 모양이 변하는 인큐베이터를 누가 만들겠는가?

실제로 자궁은 자극 가능성이 아주 높은 환경이라는 연구 결과가 있다(Alberts & Ronca, 1993; Smotherman & Robinson, 1996). 소리, 냄새, 맛, 압력, 운동, 심지어 빛까지 복벽을 뚫고 자궁 안으로 들어간다. 임신 말기로 갈수록 태아와 외부 세상 사이에서 완충 작용을 할 양수가 줄어들면서 자극이 더 강렬하게 느껴진다.

더욱이 태아는 태내의 풍부한 자극을 경험할 준비가 되어 있다. 인간의 모든 감각기관은 출생 전에 정비가 된다(Robinson & Kleven, 인쇄 중). 9주경에 형성되는 귀는 임신 26주가 되면 산모의 심장박동 등의 소리를 감지한다(Smith, Gerhardt, Griffiths, Huang, & Abrams, 2003). 임신 6주에 구조가 형성되는 눈은 20주경에 빛을 감지한다. 26~28주가 되면 후각과 미각기관은 냄새와 맛을 감지한다. 근육, 관절, 피부의 수용기(mechanoreceptors)는 임신 10주가 되면 약간의 압력에도 민감해진다. 전정신경계는 13주 후면 움직임을 감지한다(Moore & Persaud, 1993; Robinson & Kleven, 인쇄 중).

동물 실험을 통해 태내의 다양한 종류와 빈도의 자극과 태아가 자극을 감지하고 이에 대응하는 놀라운 능력을 가장 분명하게 볼 수 있다. 예를 들어, 새끼를 밴 어미 쥐는 임신 기간 내내 활동량이 아주 많다. 비디오 촬영 필름을 보면 새끼를 밴 어미 쥐가 우리 안을 뛰어다니고, 뒷다리로 서고, 눕기 전에 좁은 원을 그리면서 돌고, 배를 핥으며, 새끼를 배지 않은 암컷 쥐만큼 자주 뒷다리로 배를 긁는 모습을 볼 수 있다. 연구자들은 쥐 태아를 압력 변환기에 연결된 소금을 채운 풍선으로 대체하여 산모의 활동이 자궁 안으로 그대로 전달된다는 것을 증명했다. 임신 말기에 '평화롭고 조용한' 자궁은 어미 쥐가 이동할 때 직선가속(linear accelerations) 150차례, 방향전환가속(angular acceleration) 600차례, 몸을 핥을 때 10분간 압력, 뒷다리로 긁을 때 125차례의 진동이 느껴졌다(Ronca & Alberts, 1995). 태아를 자궁에서 꺼내 온도 조절된 욕조에 넣고 태내환경을 조성해 주면(연구자들이 욕조를 실제 가속의 평균 횟수 정도로 흔들고, 고무풍선으로 눌러서 어미 쥐가 뒷다리로 긁을 때의 압력과 비슷하게 환경을 조성해 주는 등) 태아 쥐는 심박수가 변화하고 운동행동을 보이는 등의 반응을 보낸다(Ronca & Alberts, 1994).

태아 운동

태아는 신체 부위를 움직일 수 있을 만한 흔적 근육(rudimentary muscle)이 생기고 근육을 움직일 수 있을 만큼의 초기 신경회로가 생기는 순간 움직이기 시작한다(Humphrey, 1944). 임신 8, 9주에 태아는 팔다리부터 몸통과 목까지 움찔하는 모습을 보인다(Prechtl & Hopkins, 1986). 팔, 다리, 목, 몸통까지 희미하게 천천히 비틀기도 한다. 딸꾹질은 양수 안에서 몸 전체가 위아래로 흔들릴 정도로 강하다. 임신 10주에는 팔다리를 다양하게 움직이는데, 때로 한쪽 팔씩, 한쪽 발씩 바꿔 가면서 움직이기도 하고, 몸 전체의 움직임에 맞춰 팔다리를 동시에 움직이기도 한다. 또한 몸 전체는 움직이지 않으면서 팔다리와 손가락, 발가락을 독립적으로 움직여 팔이나 다리를 두드리거나, 손가락을 흔들거나 주먹을 쥔다(Prechtl, 1985, 1986).

많은 경우, 손 운동은 아무렇게나 이루어지는 게 아니다([그림 5-3]). 임신 14주부터 손을 움직일 때 2/3 정도는 얼굴, 몸, 자궁 벽, 탯줄 등 자궁 내 물체를 향한다. 예를 들어, 「*Life*」에 게재된 사진([그림 5-1])을 보면 17주된 태아가 엄지손가락을 빨고 있다. 몸에 손을 대거나 자궁 내 물체를 향하는 움직임은 많은 경우 짧게 일어난다(Sparling et al., 1999). 이는 마치 Piaget의 1, 2차 순환반응(primary and secondary circular reactions)을 태아에 적용시킨 것과 같다(Birney et al., in this work).

10~11주 사이에 태아는 고개를 측면으로 돌리고 위아래로 끄덕인다. 입을 벌리고 횡경막을 축소시켜 호흡운동도 하기 시작한다. 11~12주에는 하품하고, 빨고, 양수를 삼키는 등 입을 더 많이 움직이기 시작한다. 임신 20주가 되면 얼굴이 부분별로 움직인다. 이마에 인상을 쓰고, 입과 혀를 움직이고, 눈썹을 올린다(Nilsson & Hamberger, 1990). 25주 후에는 눈을 감고 있지만 않고, 떴다 감았다 한다.

역설적이게도 '태동(자궁 안 태아의 움직임을 느끼는 것)'은 임신 16~20주에 일어난다(Kuno et al., 2001). 거의 이때쯤 양막 내 공간이 줄어들어 태아 움직임이 감소하기 시작한다. 자궁벽에 팔다리가 붙어 있기 때문에 관절 움직임과 빈도수가 줄어들었음에도 불구하고, 산모는 태아의 움직임을 더 자주 느낀다. 이때 산모가 '발차기'라고 부르는 것은

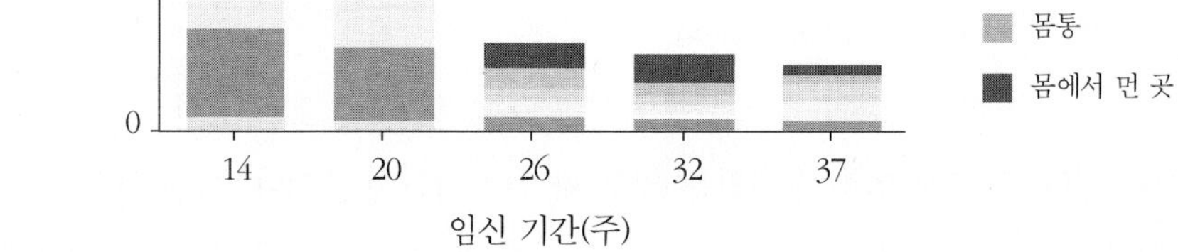

[그림 5-3] 임신 14주 후, 태아의 손 움직임

대부분이 태아 몸, 탯줄, 자궁 벽 등 자궁 내 물체를 향한다는 것에 주목하자.

출처: J. W. Sparling, J. van Tol, & N. C. Chescheir (1999). Fetal and neonatal hand movement. *Physical Therapy, 79*, 24-39.

거의 다리를 뻗고 팔을 뻗는 행동이다(Sparling et al., 1999). 임신 15~16주에 태아 운동 시간은 태아가 깨어 있거나 활동성 수면(active sleep)에 빠져 있는 시간의 약 60%로 줄어든다. 팔의 움직임이 가장 많고 입의 움직임이 가장 적다. [그림 5-3]에서 볼 수 있듯이 임신 14주부터 입, 얼굴, 머리로 손을 내미는 동작은 계속 감소하는 반면, 자궁벽으로 손을 내미는 동작은 증가한다(Sparling et al., 1999). 자궁 내 빈 공간이 계속 줄어들면서 태아 운동은 계속 제약이 커져, 태아는 머리와 얼굴로만 손을 가져갈 수 있고, 호흡하기 위한 움직임, 손발의 부분적으로 뻗기 정도로만 움직임이 제한된다. 임신 38주가 되면 태아의 움직임은 깨어 있을 때나 활동성 수면 시간의 약 10% 정도로 감소한다(de Vries, Visser, & Prechtl, 1988; Roodenburg, Wladimiroff, van Es, & Prechtl, 1991; Ten Hof et al., 2002).

태아 운동의 의미와 기능

태아 운동은 중요한 발달 기능을 한다는 근거들이 있다. 예를 들어, 양수를 삼키는 등의 일상적인 태아 행동은 구강인후, 폐, 소화기의 정상적인 발달에 도움이 된다(Moore & Persaud, 1993). 신체 움직임은 근육, 뼈, 관절, 피부의 정상적 발달을 촉진시키는 기능을 한다. 임신 마지막 3일 동안 큐라레(역자 주: 생리학 실험, 의약용으로 사용되는 강한 독)를 사용하여 움직이지 못하게 된 태아 쥐는 신체 형태 전체에 영향을 받았다([그림 5-4]). 관절이 굳거나 녹고, 뼈 성장이 더뎌지고, 뒷다리의 발육이 충분이 이루어지지 않고, 입이 작고, 피부는 얇고 뻣뻣하고, 폐가 제대로 발달하지 못하고, 탯줄이 지나치게 짧다(Moessinger, 1983). 정상적으로 움직이지 못하는 것은 장기적으로 지속되어, 출생 후에도 그러한 현상이 이어진다. 이와 비슷하게 세포에 미치는 영향 때문에 알코올은 보통 기형을 유발한다고 간주된다. 하지만 알코올이 몇 시간 동안 태아의 움직임을 제약하기 때문에, 태아가 지속적으로 알코올에 노출되어야 정상적 움직임이 감소하여 영아의 신체운동 발달을 저해할 것이다(Moessinger, 1983).

태아는 왜 움직일까? 태아가 스스로 움직이는 것이 장기적으로 중요한 기능을 할 것인지 알 수는 없다. 분명히 일부 움직임은 외부 자극에 대한 반응이다. 예를 들어, 「*Life*」지 소속 사진작가 Nilsson이 작은 스트로브를 터뜨리자, 태아는 손을 움직여 눈을 가렸다. 시끄러운 소리에 대한 반응으로 전체 움직임이 증가하고 눈을 깜박거린다. 일부는 스스로의 자극에 대한 반응이다. 예를 들어, 한 손으로 얼굴을 만진 것에 대한 반응은 Hooker(1952)가 뻣뻣한 털로 살짝 건드렸을 때 태아가 머리를 움직였던 것처럼 머리 움직임을 유도할

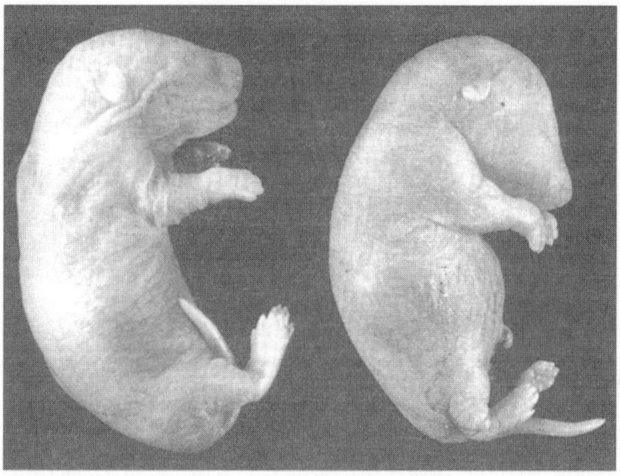

[그림 5-4] 정상적인 임신 기간을 보낸 쥐 태아(왼쪽)과 임신 마지막 3일 동안 큐라레로 마비시킨 쥐 태아(오른쪽)

큐라레 처리를 한 쥐 태아는 관절이 굳고, 뒷다리 발육이 적절하지 않으며, 입이 작고, 피부가 얇으며, 탯줄이 짧았다.

출처: Reproduced with permission from *Pediatrics, 72*, 858-859. Copyright © 1983.

것이다. 하지만 일부 운동은 어떤 근접한 유도체나 목표 없이 일어나는 자발적이며 갑작스러운 행동이다. 태아가 움직이는 첫 번째 이유는 움직일 수 있기 때문이다.

전통적인 설명에 따르면, 태아의 움직임은 중추신경계에 의해 통제되는 반사적이고 내재된 프로그램에 따른 것이다(McGraw, 945). 하지만 이 설명에는 문제가 있다. 엄격한 프로그램이라면 중추신경계가 태아의 근육 축소 시기와 폭을 결정함으로써 움직임을 통제할 것이다. 예를 들어, 몇몇 연구자들은 척수에 중앙 패턴 산출기(central pattern generator) 같은 것이 있어서 태아의 걷기 등의 다리 운동을 관장하는 것이 아닐까 하는 주장을 내놓았다(개관은 Selverston, 1980 참조). 걷기 중앙 패턴 산출기처럼 엄격한 프로그램은 신체 성장에 따라 변화하는 생체역학에 반응하지 않는다. 마찬가지로 엄격한 비틀기, 내밀기, 잡기, 끄덕이기 움직임을 프로그래밍하는 엄격한 '몸, 팔, 손, 머리, 얼굴 패턴 산출기'는 태아의 변화하는 신체 구조에 민감하게 반응해서는 안 된다.

이러한 전통적 견해와 달리, 태아 신체의 형태와 크기의 급격한 변화는 중추신경계가 동일한 외적 움직임을 하기 위해서 근육 활성화의 시기와 크기가 바뀌어야 함을 의미한다. 대표적 사례가 태아가 손을 입에 대는 동작이다(Robinson & Kleven, 인쇄 중). 수정 후 얼마 지나지 않은 태아의 팔은 아주 짧아서 팔을 뻗어야만 손이 얼굴에 닿는다. 그렇게 하기 위해 중추신경계는 팔 위쪽의 뒷부분에 있는 삼두박근을 활성화시켜야만 한다. 시간이 지나면 태아의 팔길이는 훨씬 길어진다. 임신 말기로 가면 손을 입에 가져가기 위해 태아는 팔꿈치를 구부려야 한다. 이때는 전혀 다른 근육이 사용된다. 중추신경계는 팔 위쪽의 앞부분에 있는 이두박근을 활성화시켜야 한다. 따라서 태아 신체의 발달 진행을 보면 엄격하게 프로그래밍된 움직임이라는 전통적 견해가 옳지 않음을 알 수 있다.

3. 신생아의 운동

신생아의 신체

신생아는 부모 눈에는 한없이 예쁘지만, 객관적인 시각을 가진 제3자에게는 빨갛고, 머리는 울퉁불퉁하고, 작고 짧은 팔다리를 가진 외계인처럼 보인다. 태어날 때 압력을 받아서 두개골 봉합선이 눌리기 때문에 신생아의 두개골은 모양이 이상한 경우가 많다. 머리카락뿐 아니라 태어났을 때 몸 전체에 솜털이 있는 경우, 어깨와 등에 털이 있는 경우, 귓바퀴에 가는 검은 털이 있는 신생아도 있다. 신생아의 피부를 덮은 태지(vernix)는 임신 중반기까지 땀샘을 통해 분비된다. 태지는 유수분크림 같은 역할을 한다. 즉, 태아가 염분이 있는 물속에 오래 있는 동안 피부가 트는 것을 방지해 주는 것이다.

평균적으로 신생아의 무게는 3.3kg 정도로 일반적인 노트북 무게 정도다. 키는 정수리부터 발뒤꿈치까지 57cm 정도다(Ounsted & Moar, 1986). 머리와 다리를 제외하면 신생아의 몸은 축구공 정도의 크기 혹은 성인의 팔뚝 정도 길이다. 사실 대부분의 어머니들이 팔에 아기를 끼고 다리는 늘어뜨린 채로 아기에게 젖을 먹인다.

태아와 마찬가지로 신생아도 머리가 무겁다. 머리가 몸통이나 팔다리에 비해 상대적으로 굉장히 크다. 머리둘레는 35cm 정도로 가슴둘레보다 더 길다(106%)(Ounsted & Moar, 1986). 머리 길이는 전체 신장의 1/4을 차지한다. 성인의 경우, 머리둘레가 가슴둘레의 72%(여자는 가슴둘레 제외)이고 머리 길이는 신장의 1/8을 차지한다(C. E. Palmer, 1944).

신생아의 팔다리는 태아자세로 웅크리고 있다(Amiel-Tison & Grenier, 1986; Bly, 1994). 태아는 임신 마지막 몇 주간은 태내를 가득 채우기 때문에 팔꿈치는 구부러져 있고 무릎도 가슴 쪽으로 올라가 있다. 팔다리를 구부리는 굴근(flexor muscle)은 점차 강해지는 반면, 팔다리를 펴주는 신근(extensor muscle)은 점차 약해진다. 신생아가 몸을 아주 강하게 웅크리고 있기 때문에, 신생아의 팔다리를 쭉 펴려면 강한 압력을 가해야 하고, 팔다리를 놓으면 바로 구부린 자세로 돌아간다.

신생아의 능력

환경적 조건은 행동의 가능성을 제약한다(Bernstein, 1967; J. J. Gibson, 1979). 태아처럼 신생아도 다양한 동작을 보일 수 있다. 하지만 그 다양한 동작을 보이려면 적절한 생체역학적 환경이 필요하다. 태아와 신생아의 환경상의 급격한 변화에 의해 동작에 대한 제약이 달라지고, 그에 따라 동작의 질과 양도 달라진다. 자궁 내에서는 양수 때문에 부력이 생겨 태아의 팔다리 동작을 도와주고, 관성을 약화시키기 때문에 임신 14~20주의 태아는 발레 동작 같은 움직임을 보여 준다.

신생아의 경우에는 중력에 저항해서 팔다리를 움직이고 관성을 통제하는 새로운 어려움을 극복해야 한다. 팔을 들거나 머리를 드는 것은 전적으로 근육의 힘에 의존해야 한다. 마찬가지로 팔이나 머리를 드는 데 따르는 관성을 양수가 아니라 근육을 활성화시킴으로써 이겨내야 한다. 임신 말기 태아의 제한적인 움직임은 자궁의 제약된 공간 때문이지, 기본적으로 움직일 수 없어서가 아니다. 반면에 신생아는 움직일 수 있는 충분한 공간이 있다.

자발적 움직임 부모는 신생아의 운동 능력이 몇 가지 생리적 반응, 자세 변경, 머리, 얼굴, 팔다리의 통제되지 않은 움직임 정도가 전부라고 생각한다. 하지만 대부분의 부모가 신생아의 능력을 상당히 과소평가하고 있다는 것을 보여 주는 연구 결과가 있었다. 태아와 마찬가지로 신생아도 몸의 모든 부분을 이용하여 여러 가지 조합으로 다양한 움직임을 보인다(Cioni, Ferrari, & Prechtl, 1989; Hadders-Algra & Prechtl, 1992; Prechtl & Hopkins, 1986). 눈을 깜박이고, 소리가 나는 곳이나 움직이는 물체 방향으로 눈을 돌린다. 이쪽저쪽으로 머리를 돌리고, 혀를 내밀고, 입을 벌리고 다물고, 입술을 오므린다. 등을 구부리고, 몸통을 돌리고, 팔을 휘두르고, 발차기를 하고, 손을 오므렸다폈다하고, 손가락, 발가락을 꿈틀거린다. 태아처럼 신생아도 팔다리를 웅크리고 있고, 근육과 관절이 유연하기 때문에 손가락, 발가락을 빨기 위해서 손과 발을 입에 가져갈 수 있다(Brazelton, 1956).

신생아의 자발적인 동작은 주기적으로 나타나는 경우가 많다. 신체 일부분을 반복적으로 똑같이 움직인다(Thelen, 1979, 1981a, 1981b). 예를 들어, 신생아는 발을 바꿔 가면서 발차기를 하거나, 한쪽 발로 바닥을 세게 치거나, 양다리를 동시에 구부렸다가 펴는 등의 동작을 한다. 팔과 손으로 바닥을 치고, 팔을 위아래로 흔들고, 팔꿈치를 구부렸다 펴고, 양손으로 원을 그리며 회전시킨다. 연구자들은 이러한 주기적 움직임을 동작의 형태와 시간이 일정하게 유지되는 규칙적인 행동을 의미하는 '상동증(stereotypy)' 이라고 부른다. 이러한 상동증은 패턴이 아주 일정할 뿐 아니라 특정한 원인이나 목적 없이 나타난다. 동물행동학자, 정신분석학자, 의사들 사이에서는 상동증이 영장류에서 아주 드물게 나타나고, 상동증이 있다는 것은 질병의 신호로 간주되어야 한다는 것이 일반적인 견해다(Spitz, 1965). 자폐증 환자처럼 몸을 왔다갔다하거나 머리를 흔드는 등의 행동은 비정상적인 사람이나 가난한 환경에서 자란 아동들에게서만 나타난다고 여겨졌다(예, Harlow & Harlow, 1961).

하지만 발달과학의 선구자들은 건강하고 정상적으로 발육하고 있는 영아에게서도 자발적이며 수기적인 동작을 관찰했다. 예를 들어, McGraw(1945)와 Gesell(1946)은 주기적으로 손과 무릎을 떠는 것은 신생아가 기기 전에 보이는 일반적 발달단계에 해당한다고 말했다. Piaget(1954)는 발차기나 팔을 흔드는 것과 같은 '순환반응(circular reactions)' 을 인지발달에서 정상적이고 필수적인 부분으로 강조했다.

사실 자발적이고 반복적인 동작은 건강한 신생아가 깨어 있는 시간에 보이는 활동에서 아주 큰 부분을 차지한다. Thelen(1979)은 생후 4~52주의 아기 20명을 2주에 한 번씩 1회 방문 시 1시간씩 관찰하는 종단연구를 수행했다. 이 연구에서는 다리, 팔, 몸통, 머리, 얼굴과 관련된 자발적이고 주기적 동작 47가지를 기록했다. 이러한 동작은 신생아기에 시작되어 생후 1년이 지날 때까지 지속되었다. 관찰대상 아기들은 평균적으로 1시간에 33차례의 주기적 동작을 보였고, 관찰 시간의 5~40%의 시간 동안 자발적이고 규칙적인 동작을 보였다.

신생아 반사 뚜렷한 원인이나 목표 없이 나타나는 자발적인 동작과 달리, 특정 자극에 반응하여 나타나는 반사적 반응인 것으로 보이는 동작도 있다(Bly, 1994; Capute, Accardo, Vining, Rubenstein, & Harryman, 1978; McGraw, 1932). 예를 들어, 입에 젖꼭지나 손가락이 들어오면 신생아는 빨기 반사(sucking reflex)를 보인다. 입술을 오므리고 빠는 시늉을 하는 것이다. 신생아는 머리가 측면을 향하고 있다는 느낌을 받으면 이에 대한 반응으로 비대칭 긴장성 목반사(asymmetric tonic neck reflex)를 보인다. 얼굴이 향하는 쪽의 팔과 다리는 뻗고, 뒤통수 쪽의 팔을 펜싱 자세와 비슷하게 구부린다. 신생아는 떨어지고 있다고 느끼거나, 머리 부근에서 탁자를 내려칠 때처럼의 큰 소음이나 충격이 있을 때 그에 대한 반응으로 모로 반사(Moro reflex)를 보인다. 이는 팔을 바깥쪽으로 갑자기 뻗고 다시 몸쪽으로 구부리는 동작이다. 잡기 반사(grasping reflex)는 물체나 성인의 손가락을 손바닥에 갖다 댈 때 보이는 반응이다. 실험대 위로 들어올려도 몸무게를 지탱할 정도로 손을 꽉 잡는다. 아기 허벅지를 잡고 안쪽으로 압박을 가하면 앉기 반사(sitting reflex)를 보인다(Katona, 1989; N. A. Zelazo, Zelazo, Cohen, & Zelazo, 1993). 마치 앉아 있는 것처럼 등을 똑바로 펴고 머리는 앞을 향한다. 신생아가 맨발로 딱딱한 바닥을 짚은 상태에서 팔 밑에 손을 넣어 아기를 들면 걷기 반사(stepping reflex)를 보인다. 즉, 행진을 할 때 과장되게 걷는 것처럼 다리를 바꿔 가면서 움직인다.

바람을 훅 불었을 때 눈을 깜박이거나 슬개골(patellar tendon)을 망치로 두드렸을 때 다리를 들어올리는 등의 사람이 평생 보이는 반사동작과 달리, 신생아 반사(newborn reflex)는 몇 개월이 지나면 사라진다. 하지만 신생아기가 지난 후 더 의식적인 형태로 다시 나타나는 반사가 많다. 일부 연구자의 설명에 따르면(예, McGraw, 1945; Peiper, 1963; P. R. Zelazo, 1976), 신생아 반사의 기능이 이후 의도적 행동과 연관된다는 생각은 Kipling(1952)의 'Just So Stories' 처럼 단지 그럴 것이라고 예상하는 것이다. 빨기 반사는 수유를 원활하게 하는 역할을 하고, 이 반사는 나중에 모유나 분유를 먹을 때 의식적으로 마시는 동작이 된다. 비대칭 긴장성 목반사는 아기가 손에 시각적으로 주목하도록 하는 기능을 한다. 이는 후에 의식적 물체 탐구에 도움이 된다. 모로 반사와 잡기 반사는 비인간 영장류가 나무를 넘어다닐 때 어미의 흉골에 매달려 있던 경험에서 남아 있는 행동이다. 잡기 반사는 후에 의식적으로 손을 잡는 기능을 한다. 앉기 반사는 의도적으로 앉게 될 때 여기에 통합된다. 걷기 반사는 자궁 속에서 태아의 머리가 아래쪽으로 가게 하는 역할을 했다. 후에는 의도적 걷기 기능을 한다. 하지만 이러한 예상이 실제로 반사의 원인일까?

반사의 원인

1930년 운동발달 연구의 선구자인 Myrtle McGraw와 Arnold Gesell은 신생아의 빨기, 고개 돌리기, 움찔하기(startle), 잡기, 걷기 등의 동작이 반사적인 것이라고 생각했다. 즉, 신생아가 전혀 통제할 수 없는 의도적이지 않은 동작이라고 간주했다. 신생아 반사는 고등학교 생물시간에 배운 불길에서 손을 빼는 척수 반사와 같은 것이라 보았다. 즉, 수정할 수 없고, 뿌리 깊게 박혀 있고, 자동적이며, 특정 자극에 의한 하위 수준의 반응이라 여겼다.

하지만 현대 연구자들은 그렇지 않다고 주장한다. 예를 들어, 출생 후 첫 몇 시간, 며칠 동안 신생아는 빨기 횟수를 의도적으로 수정하여 원하는 결과를 이끌어 낸다(DeCasper & Fifer, 1980; Kalnins & Bruner, 1973). 압력에 민감한 변환기에 특별 제작된 젖꼭지를 연결하고 빨기 횟수를 컴퓨터로 관찰한다. 빨기 횟수를 올리거나 내림으로써 신생아는 선호하는 소리(어머니 목소리, 부모가 사용하는 언어, 친숙한 이야기)를 듣거나 원하는 장면(예, 영화에 주목하는 등)을 볼 수 있다.

비대칭 긴장성 목반사는 신생아의 동작이 반사적인 것이라는 주장이 옳지 않음을 보여주는 두 번째 사례가 된다. 고개를 측면으로 돌림으로써 생후 10~24일 된 신생아에게서 비대칭 긴장성 목반사가 발생한다. '펜싱 자세' 에서 신생아는 자발적으로 머리 뒤쪽에 있는 팔과 손보다 눈앞에 보이는 팔과 손을 더 자주 움직인다. Van der Meer, van der Weel 및 Lee(1995)가 신생아들이 뻗은 쪽 팔을 더 자주 움직이는 것은 그 팔이 눈앞에 보이기 때문이라는 점을 보여 주었다. 심지어 작은 추를 신생아의 손목에 묶어도 신생아는 볼 수 있을 때 손을 움직였다. 가장 중요한 것은 어떻게 손을 봤느냐에 상관없이 손을 움직였다는 점이다. [그림 5-5]처럼 몇몇 아기들은 평소처럼 고개가 향한 쪽 손(ipsilateral hand)을 봤지만, 비디오 모니터로 반대편 손을 본 아기들은 보이지 않는 손보다 보이는 반대편 손(contralateral)을 더 자주 움직였다. 따라서 신생아는 의도적으로 손목을 움직이는 데 들어가는 힘을 조정해서 보이는 곳에 손을 두고자 하는 것이지, 고개가 향한 쪽 손만 움직이는 것은 아니었다.

신생아의 걷기는 신생아의 행동이 반사적이라는 기존의 견해를 반박하는 세 번째 사례

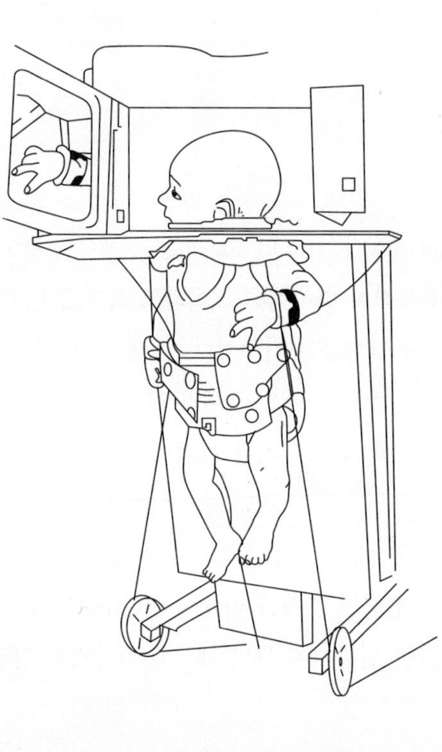

[그림 5-5] 신생아의 고개를 오른쪽으로 돌려 모니터에 보여지는 왼쪽 손을 볼 수 있도록 했다. 손목에 추가 달려 있음에도 불구하고 손이 계속 들려 있다는 것을 주목하자. 신생아는 눈에 보이지 않으면 추가 달려 있지 않은 손은 들지 않았다.
출처: *Science 267*, A. L. H. Van der Meer, F.R. van der Weel, & D. N. Lee. The functional significance of arm movements in neonates, p. 694. Copyright © 1995 with permission from AAAS.

다. 기존에는 반사가 유발자극(eliciting stimulus)에 대한 반응이라고 주장했다. 하지만 신생아는 유발자극이 없어도 걷기 행동을 보인다. 신생아를 일으켜 세워 발이 공중에 떠 있게 되면 마치 걷는 것처럼 공중에서 발을 움직인다(Peiper, 1963; Thelen & Fisher, 1982). 일어서 있다는 느낌이 동작을 유도하는 것일까? 아니다. 왜냐하면 신생아는 벽, 비탈면, 천장에서도 걷는 것처럼 발을 움직인다(Peiper, 1963). 또한 등을 바닥에 대고 누워 있을 때에도 발을 바꿔 가면서 차는 움직임을 보인다. 이것을 Thelen(1979)은 '자발적인 상동운동(spontaneous movement stereotypies)'이라고 부른다. 직립자세로 걷기(upright stepping)와 마찬가지로 누운 자세에서의 발차기도 자세하게 관찰하여 기록하였다. 영아의 발차기 동작은 직립자세로 걸을 때 다리가 움직일 것과 같은 근육 활성화와 시-공간 궤적을 그린다(Thelen & Fisher, 1982). 사실 현대 운동분석 기술에 힘입어 연구자들은 다리 움직임 기록을 선의 형태로 구성할 수 있다. [그림 5-6]처럼 발차기 동작을 90° 회전시키면 걷기동작처럼 보인다.

다리 움직임이 반사적 동작이라는 주장에 대한 반박의 마지막 근거는 그 동작이 변화 가능하고 신생아가 의식적으로 통제하는 행동이라는 것이다. Piaget(1954), Rovee-Collier와 그의 동료들(예, Hitchcock & Rovee-Collier, 1996; C. Rovee-Collier, 1999; C. K. Rovee-Collier & Gekoski, 1979) 등 많은 연구자가 생후 2~6개월 영아의 발차기동작의 조작적 조건화(operant conditioning)를 증명해 보였다. 일상적인 실험에서처럼 연구자들

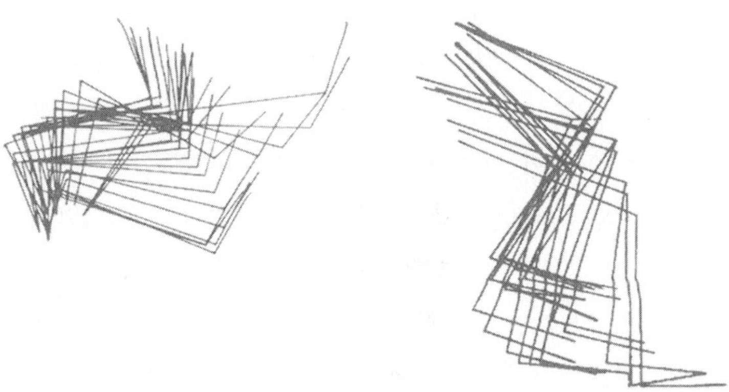

[그림 5-6] 생후 2주 된 신생아의 발차기동작(A)과 걷기동작(B)
위의 선은 33ms마다 신생아 한쪽 다리의 발가락, 발목, 무릎, 엉덩이의 움직임을 연결해 놓은 것이다.
출처: *Developmental Psychology, 18,* E. Thelen & D. M. Fisher, Newborn stepping: An explanation for a disappearing reflex, pp. 765-766. Copyright © 1982 with the permission from the American Psychological Association.

은 끈의 한쪽을 영아의 발목에 묶고 다른 한쪽 끝은 머리 위의 모빌에 연결했다. 몇 분이 지나자, 영아가 자발적인 발차기를 하면서 발동작과 모빌이 흔들리는 것 사이의 연관성을 탐색했다. 영아는 몇 분간 탐색을 한 후 의도적으로 발차기를 하기 시작했다. 연구의 시작 시점에 얻은 기본 자료(끈을 움직여 모빌이 움직이기 전)와 비교할 때 발차기의 빈도수는 높아지고 모빌과 연결된 발로 다른 발보다 더 빠르게 발차기를 했다(Thelen & Fisher, 1983).

또한 신생아는 모빌이 움직이도록 다리의 움직임에 변화를 줄 수 있다. 양쪽 발목에 탄력 있는 끈이 연결되어 있을 때 아기들은 다리를 바꿔 가면서 움직이지 않고 양발을 동시에 움직인다(Thelen, 1994). 무릎의 각도 등 모빌을 움직이기에 어떤 미묘한 제약이 있다는 것을 파악하는 아기도 많다. 각도계와 정밀한 컴퓨터 프로그램을 이용해서 발목과 모빌을 연결하면 85°로 무릎을 구부리는 것이 모빌을 움직이게 한다는 것을 아는 아기가 많다는 것을 알 수 있다(Angulo-Kinzler, Ulrich, & Thelen, 2002).

반사는 사라지는 것인가?

신생아의 행동이 반사적이라는 기존 주장의 핵심 근거는 많은 행동이 U자형의 궤도를 보인다는 점에 있다(예, McGraw, 1935; P. R. Zelazo, 198; P. R. Zelazo, Zelazo, & Kolb, 1972). 생후 몇 달간은 빈도수가 높지만, 그 후 몇 달간은 빈도수가 낮거나 0이다가, 의도적인 목표행동과 관련해서 그 동작이 다시 나타난다. '사라지는 반사' 중 신생아의 걷기 동작에 대해 가장 많은 연구가 이루어져 있다. 걷기 반사는 보통 생후 8주 정도면 사라지고, 다리를 바꿔 가면서 걷는 동작이 다른 사람의 손에 의지해서 진짜 걸음마를 시작할 때쯤인 8개월 정도에 다시 나타난다. 전통적인 설명에 따르면, 걷기 반사의 U자 모양 궤도는 신경계의 성숙(neural maturation)에 따른 것이다. 이 설명에 따르면, 피질(cortex) 성숙으로 생후 8주에 반사동작이 줄어들고 신생아가 '마치 바닥에 붙여놓은 것 같은' 자세를 취한다(McGraw, 1940, p. 751). 피질척수로(Cortical-spinal tract)의 수초화(myelinization)로, 걷기동작이 생후 8개월에 피질의 통제(cortical control) 하에 다시 나타난다. 마지막으로, 신경 구조와 회로의 성숙으로 정보처리 속도와 효율성이 증가하여 신생아가 생후 약 12개월쯤에는 혼자서 걷게 된다(P. R. Zelazo, 1998; P. R. Zelazo, Weiss, & Leonard, 1989).

하지만 Thelen과 동료들의 실험조작은 걷기 반사가 사라진다는 기존의 견해를 반박하며 걷기동작이 사라지는 것이 아니라 단지 잠시 억제되는 것뿐임을 보여 준다(예, Thelen,

Fisher, & Ridley-Johnson, 1984; Thelen, Fisher, Ridley-Jophnson, & Griffin, 1982). 걷기동작과 누운 자세에서의 발차기가 비슷하다는 것을 감안할 때, Thelen은 걷기동작은 사라지는데 왜 누운 자세에서 발차기동작은 사라지지 않는 것인가에 대해 고민했다. 발차기는 생후 1년 동안 가장 많이 나타나는 동작이다. 성숙 과정에서 어떤 뇌의 변화가 있었기에, 같은 동작이 한 자세에서는 나타나고 다른 자세에서는 나타나지 않는 것일까?

Thelen 등(1982)은 다리가 더 가는 작은 아동이 같은 월령이지만 다리가 더 튼튼하고 큰 아동보다 더 늦게까지 걷기동작을 보이는 것을 발견했다. 연구를 통해 다리의 지방과 걷기동작 사이의 상관관계가 밝혀졌다(Thelen et al., 1984). 정상적으로 걷기동작을 보이는 생후 4주 된 신생아에게 생후 몇 개월 된 아기처럼 다리의 지방이 늘어난 것 같은 효과를 내기 위해서 다리에 추를 달았더니, 걷기동작을 보이지 않았다. 걷기동작을 보이지 않는 생후 4주 된 신생아를 가슴까지 욕조에 넣어 다리의 무게를 덜어 주었더니 여러 차례 걷기동작을 보였다. 걷기동작을 보이지 않는 생후 7개월 된 아기를 작동하고 있는 러닝머신에 발이 닿게 해 보았더니, 감춰져 있던 걷기동작이 살아났다(Thelen & Ulrich, 1991; Thelen, Ulrich, & Niles, 1987); Vereijken & Thelen, 1997). 러닝머신 벨트가 다리를 뒤로 잡아당겨 필요한 다리의 근력을 주고, 연구자가 아기 옆구리를 잡고 있음으로써 균형을 잡아 준다. 다리는 엉덩이와 무릎관절이 탄력성이 좋기 때문에 스스로 다시 돌아간다. 원칙적으로는 양쪽 다리가 동시에 뒤로 움직이고, 다시 앞으로 돌아오는 방식으로 움직인다. 실제로는 양발을 바꿔 가면서 움직이는 동작을 보여서, 러닝머신 위에서는 마치 걷는 것처럼 보이는 것이다.

Thelen(1984; Thelen & Smith, 1994)은 신생아의 움직임이 중추신경계 변화와의 관련성은 불가하다는 입장의 대안적인 설명을 제시했다. 태아 운동이 중추신경계 영역 바깥의 요인(양수의 부력, 자궁 내 공간 제약)에 의해 촉진되고 제약을 받았던 것처럼, 신생아의 움직임도 비신경성인 생체역학적(biomechanical) 요인의 변화에 의해 촉진되고 제약을 받는 것일 수 있다는 것이다. Thelen은 생후 몇 개월에 걸쳐 정상적으로 신생아의 다리에 지방이 증가하지만 근력은 이에 맞춰 향상되지 못하기 때문에 걷기동작을 보이지 않게 되는 것일 수 있다고 주장했다. 아기는 근력은 줄었으나 더 무거워진 팔다리를 들어올려야 하는 것이다. 신생아는 직립자세에서, 중력에 거슬러서 순전히 근육의 동작을 이용해서 다리를 구부려야 한다(마치 제자리에서 걷기를 할 때처럼). 누운 자세에서는 중력이 구부린 허벅지를 가슴 쪽으로 당겨 줌으로써 다리를 움직이기가 더 쉬워진다. 중력, 관성, 근육과 힘줄의 탄력성 덕분에 엉덩이를 이완시키고 다리가 다시 제자리로 돌아가는 게 더 쉬워진다. 생후 8개월이 되면 곧추선 자세에서 다리를 들어올리기에 충분한 근력이 생긴다.

Thelen의 설명과 같은 맥락에서 직립자세에서 다리를 움직이는 운동을 시키면 생후 8주가 지나서도 계속 걷기동작을 보인다. 부모가 아동에게 생후 1~8주까지 매일 하루에 12분가량 직립자세에서 걷기 운동을 시킨 경우, 보통의 경우와는 달리 걷기동작이 쇠퇴하지 않았다(P. R. Zelazo et al., 1972). 무게를 실은 운동(overload training)만이 근력을 키워주는 것으로 보인다. 누운 자세에서 수동적으로 다리를 뻗었다가 내리는 운동을 시키면(pumping them up and down) 걷기동작이 보통의 경우처럼 사라졌다.

4. 중력의 극복: 머리와 몸 통제하기

머리부터

심리학자들은 수십 년간 신체운동발달은 두미(cepahalocaudal, 머리에서 아래로) 방향으로, 중심말단(proximodistal, 중심에서 바깥으로) 방향으로 진행된다는 원칙을 믿어 왔다(Gesell, 1946; Shirley, 1931; Woollacott, Debu, & Mowatt, 1987). 앞서 설명했듯이, 태아는 머리부터 성장한다. 예를 들어, 팔과 다리가 손가락과 발가락보다 먼저 형성되고, 몸통을 꼬고, 구부리게 된 후에야 팔다리를 수축, 이완시킨다. 또 먼저 팔로 치고, 발차기를 한 후에야 손가락, 발가락을 움직인다.

이와 마찬가지로 신생아의 성장과 운동발달도 일반적인 두미 방향 및 중심말단 방향 원칙을 따른다. 처음에는 신생아의 머리와 몸통이 가는 팔, 다리에 비해 상대적으로 크다. 팔다리는 머리와 몸통보다 빠른 속도로 성장하기 때문에 아기들은 자라면서 균형 있는 몸을 갖게 된다. 신생아는 머리가 크기 때문에 중력에 저항하는 데 어려움을 겪는다. 소아과 의사들은 부모에게 아기는 목근육이 발달하지 않아 목을 가눌 힘이 없기 때문에 아기를 들거나 안을 때 머리를 잘 받치라고 조언한다. 예를 들어, 신생아를 끌어당겨서 앉기자세로 만들 때, 고개가 뒤로 떨어져 얼굴이 위를 향하게 된다. 앉기자세로 계속 두면 고개가 앞으로 내려와서 가슴 쪽으로 떨어진다(Bly, 1994).

신생아 발달 과정에서 머리와 몸통이 먼저 중력을 극복한다. 바닥에서 스스로 몸을 들기 위해서는 우선 고개를 들어올려야 한다. 신생아는 엎드려서 호흡을 원활히 하기 위해 빠른 속도로 고개를 이쪽저쪽으로 돌릴 수는 있다. 하지만 장시간 동안 고개를 들고 있지는 못한다. 생후 2~3주 정도가 되면 뺨을 바닥에서 잠시 뗄 수 있게 된다. 5주에서 10주가 되면 엎드려서 머리와 가슴을 들어올릴 수 있다(Bly, 1994; Shirley, 1931). 생후 3개월에는 고개를 똑바로 들 수 있고 이마를 대고 엎드려서 몸을 가눌 수 있다. 하지만 아직까지는 균형을 제대로 잡지 못한다. 그래서 무게중심을 한쪽 팔에서 다른 쪽 팔로 이동하거나 손을 사용하지는 못한다. McGraw(1945, p. 67)는 엎드려서 이마를 대고 있는 자세를 '인어자세(mermaid posture)' 라고 부를 수도 있다고 말했다(실험대상 신생아 몇몇이 남자아기였다는 것만 제외하면). 다리가 인어 꼬리처럼 몸 뒤쪽에서 느리게 움직이기 때문이다. 생후 5개월에는 무게중심을 한쪽 팔에 실을 수 있게 되고, 따라서 손을 자유롭게 뻗쳐서 장난감을 잡아 만질 수 있게 된다.

몸

앉 기 성인처럼 의자에 기대어 다리를 늘어뜨리고 있는 것은 앉기자세 발달의 마지막 과정이다. 그렇게 되기까지는 수개월의 준비 과정이 필요하다. 신생아가 똑바로 앉아 있기 위해서는 외부의 지지(부모의 팔이나 소파쿠션)가 필요하다. 신생아는 목, 몸통, 엉덩이 근육이 약하고, 이들 근육 간 협응이 잘 이루어지지 않으며, 슬와부근(hamstring muscle)이 아직 굳어지지 않아서 앞으로 엎어질 수 있다.

두미발달은 특히 앉기능력발달에서 두드러지게 나타나는 듯하다. 마치 신생아가 앉기자세에서 한 번에 척추골 하나씩을 통제할 수 있게 되는 것처럼 보인다. 처음에는 어깨를 받쳐서 앉히면 고개가 떨어진다. 그러다가 엉덩이를 받쳐 주면 스스로 고개를 가눌 수 있게 되는데, 등은 구부러진다. 등을 곧추세울 수 있게 되도 엉덩이를 받쳐 주지 않으면 아직까지는 가슴부터 무릎까지 비틀거린다. 혼자 힘으로 앉게 되려면 몸통 전체의 근육을 통제할 수 있어야 한다.

대략 생후 5개월에는 엉덩이를 대고 앉아서 스스로 균형을 잡지는 못하지만, 다리를 뻗고 앉아서 그 사이로 바닥에 손을 짚고 스스로를 지지하는 '삼각대자세(tripod position)' 로 앉아 있을 수 있다. 생후 6개월에는 손을 바닥에 대지 않고 좀 더 오래 앉아 있을 수 있다. 하지만 아직까지는 균형을 잡고 몸을 측면으로 돌릴 수는 없다. 이제 갓 앉을 수 있게 된 영아 대부분이 '원자세(ring position)' (다리를 뻗고, 무릎을 벌리고, 발바닥을 맞댄 자세)로 앉아서 골반에 좀 더 안정감을 준다. 생후 7개월에는 마침내 몸통과 엉덩이를 통제할 수 있게 되어 앉은 채로 측면으로 돌거나 손을 뻗을 수 있다. 또한 7~9개월에 손과 무릎을 대고 앉을 수 있게 되고(Adolph, Vereijken, & Denny, 1998), 앞으로 넘어지지 않고 앉기자세에서 무릎을 꿇거나 기는 자세로 바로 자세를 바꿀 수 있다.

생후 9개월이 되면 몸통이 잘 발달되어 있고, 신생아의 슬와부근(hamstring muscle)이 아직 굳어지지 않았기 때문에 'v자세' 와 '원자세' 외에도 요가 강사처럼 다리를 자유자재로 움직일 수 있다. 예를 들어, 무릎은 앞을 향하고 발은 엉덩이 뒤로 하고 양다리를 'w' 자로 만들 수 있다. 또 두 다리를 굽혀 한쪽 측면으로 향하게 하는 '측면자세' 를 취할 수 있다.

균형의 지각적 통제 앉은 채로 균형을 잡는 법을 배우려면 근육과 생체역학(biomechanics) 이상의 것이 필요하다. 다른 모든 자세와 마찬가지로, 앉기자세는 주요 운동발달의 이정표이기도 하지만 인지능력발달의 한 지표이기도 하다. 균형을 잡으려면 지각적 정보를 파악하고 이에 적합한 운동반응을 해야 한다(E. J. Gibson & Pick, 2000; J. J. Gibson, 1979). 고정자세(stationary posture)로 있으면 마치 가만히 있는 것같아 보인다. 하지만 앉기자세에서(혹은 중력을 거스르는 모든 자세에서) 몸은 항상 움직이고 있다. [그림 5-7]에 나와 있듯이, 원뿔형 공간의 범위 안에서 몸은 항상 앞뒤로, 좌우로 흔들리고 있다(McCollum & Leen, 1989; Riccio & Stoffregen, 1988). 균형을 잡기 위해서는 특정 방향으로 몸이 흔들리면 반드시 그에 상응하여 반대 방향으로 몸을 움직여 줘야 한다. 흔들림의 허용범위의 반경은 동요된 토크(destabilizing torque)(역자 주: 축둘레 회전력)의 상대적 크기(몸을 끌어당기는 중력과 관성)에 대비한, 근육 토크(muscle torque)의 크기(신생아가 중

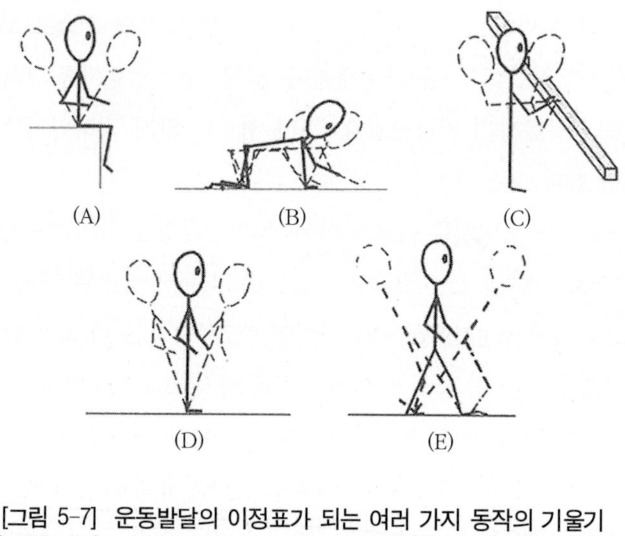

[그림 5-7] 운동발달의 이정표가 되는 여러 가지 동작의 기울기
(A) 앉기, (B) 기기, (C) 붙잡고 걷기, (D) 서기, (E) 걷기. 점선은 중심축을 기점으로 최대 흔들림의 허용 범위를 보여 준다. 자세마다 각기 다른 근육, 시각, 움직임의 각도가 다르다는 것에 주목하라.
출처: *Advances in Child Development and Behavior*, Vol. 30, K. E. Adolph, Learning to Keep Balance, pp. 18-19. Copyright © 2002 with permission from Elsevier.

력에 저항할 수 있는 힘의 정도)에 달려 있다.

이제 막 앉을 수 있게 된 아기들은 자세를 바로잡을 충분한 근력과 협응 능력이 없는 채로 서기 때문에 몸이 흔들림의 허용범위 밖으로 나가기 때문에 넘어지는 것이다([그림 5-7A]). 앉기 경험이 충분치 않은 아기들은 몸이 흔들렸을 때 흔들림의 허용범위 안에서 반대 방향으로 몸을 재조정할 능력이 없기 때문에 자세를 가만히 유지하고 있어야만 한다. 아기들은 고개를 돌리거나 몸통을 꼬거나 팔을 뻗어 물체를 잡을 수 없다. 왜냐하면 이런 모든 동작은 흔들림의 허용범위를 줄어들게 하고 더 큰 보상동요반응(compensatory sway responses)을 요구하기 때문이다.

'움직이는 방(moving room)' 실험을 통해 영아가 스스로 몸이 흔들리는 것을 느낄 뿐만 아니라 몸이 한쪽으로 기운다는 것을 볼 수 있음을 알 수 있다(예, Bertenthal, Boker, & Xu, 2000; Bertenthal, Rose, & Bai, 1997; Butterworth & Hicks, 1977; Stoffregen, Schmuckler, & Gibson, 1987). 실제로 시각정보가 균형을 잡는 데 매우 중요하므로 영아는 근육과 관절이 보내는 자기수용정보(proprioeptive information)보다 시각정보를 더 중요하게 생각한다. 움직이는 방은 몸이 흔들리는 것 같은 착시 효과를 준다. 이는 마치 기차 안에 있는 승객이 자신이 탄 기차는 움직이지 않는데도 옆의 기차가 움직일 때 느끼는

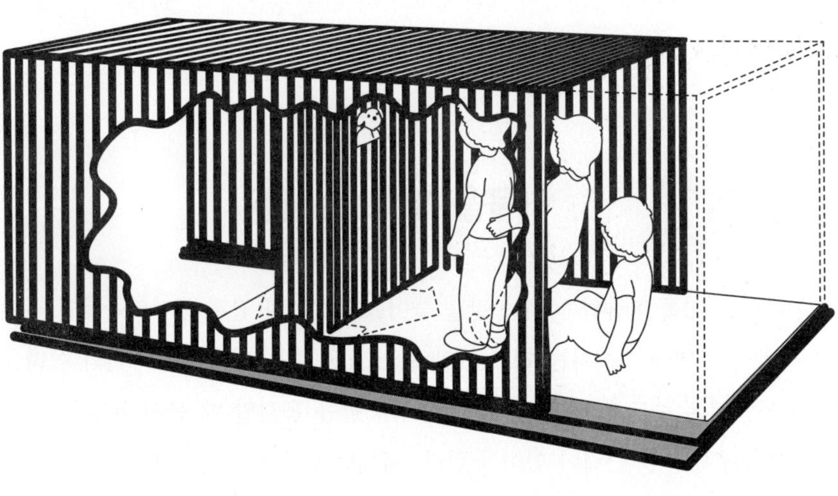

[그림 5-8] '움직이는 방(moving room)' 안에 서 있는 영아

벽이 움직이면서 가만히 서 있을 때도 영아의 몸이 기우는 것 같은 착시 현상이 생긴다. 영아는 방의 움직임에 따라 몸이 흔들리거나 비틀거리거나 넘어진다. 이는 영아가 시각정보를 활용해 균형을 잡는다는 것을 보여 준다.

출처: Reprinted with permission from *Developmental Psychology, 25*, B. I. Bertenthal & D. L. Bai, Infant's sensitivity to optical flow for controlling posture, p. 939. Copyright © 1989 by the American Psychological Association.

것과 같다. [그림 5-8]에서 볼 수 있듯이, 영아는 슬링(sling)에 앉아 있거나 정지해 있는 바닥에 앉아 있다. 하지만 주변의 벽이 앞뒤로 움직인다(임시 벽을 천장에 트랙을 달아서 움직이거나, 바닥에 자전거 바퀴를 달아서 임시벽을 움직였다). 벽이 앞으로 움직이면 몸이 뒤쪽으로 움직일 때의 시각적 효과가 발생하고, 벽이 뒤로 움직이면 몸이 앞으로 움직일 때와 같은 시각적 효과가 발생한다. 시각정보와 근육, 관절정보가 충돌한다 해도(영아는 스스로 움직이고 있는 것을 알지만 가만히 있다고 느낀다), 유도된 흔들림의 느낌은 상당하다. 앉아 있는 성인 중에는 의자에서 떨어지는 경우도 있다(Poore, Campos, Anderson, Anderson, & Uchiyama, 2004). 서 있는 성인 중 일부는 비틀거리고 일부는 구토감을 느끼기도 한다(Smart, James, Stoffregen, & Bardy, 2002).

영아는 균형을 잡기 위해 혼자 힘으로 앉는 능력이 생기기 전부터 시각유입(optic flow) 정보에 민감하다. 신생아(Jouen, Lepecq, Gapenne, & Bertenthal, 2000)와 생후 2개월 된 영아(Butterworth & Pope, 1983)는 가장된(simulated) 시각적 흐름의 속도와 방향에 맞춰 머리를 움직인다(Woollacott, Shumway-Cook, & Williams, 1989). 슬링이나 좌석에 앉아 있는 영아는 벽이 앞으로 움직였을 때 뒤쪽으로 몸이 움직이는 것처럼 느끼기 때문에 그에 상응하여 몸을 앞으로 움직인다. 벽이 뒤로 움직일 때는 몸이 앞으로 움직이는 것처럼 느끼기 때문에 몸을 뒤쪽으로 움직인다. 앉기자세에서 균형을 잡는 데 익숙해지면 영아는 움직이는 방안의 광학적 흐름에 대응해 반응 움직임의 크기와 시기를 더 정확하게 파악한다.

5. 사물을 향해 손 뻗기

손 뻗기(reaching)를 학습하는 데는 팔을 들어올리는 것과 같은 생체역학적인 측면과 손을 목표 물체나 표면에 가져가는 궤도를 안내(guiding) 하는 지각적인 측면의 어려움이 있다. 팔을 드는 것은 주로 균형의 문제다. 영아가 팔을 움직일 때 몸의 균형을 유지할 수 있으려면 몸통에 충분한 근력이 있어야 한다. 하지만 단순히 팔을 흔드는 것과 목표를 가지고 손을 내미는 과정에서 손을 제대로 가누지 못하는 것의 차이는 대상물체에 접촉을 하느냐에 있다. 목표를 가지고 손을 내미는 것은 손의 위치와 비교한 물체의 위치에 대한 인지적 정보가 있어야 한다. 따라서 손 내밀기에 관한 많은 연구가 영아가 손을 움직이는 데 시각정보를 이용하는 능력의 발달적 변화에 초점을 맞추었다.

뻗기의 준비 단계로서의 신체 안정감

손 뻗기에서 영향 손자세의 뻗기를 방해하는 요소는 팔의 근력이 아니다. 신생아도 중력에 저항해 팔을 들어올릴 만큼의 근력은 있다. 문제는 나머지 몸을 안정시키는 데 필요한 근력이다. 팔동작에 따라 신체의 무게중심의 위치가 변하면서 균형이 깨진다. 예를 들어, 앉아 있는 영아는 팔을 내밂으로써 발생하는 무게중심의 변화에 대비하여 손을 내밀기 위해 팔을 뻗기 전에 몸통의 근육을 먼저 활성화시켜야 한다(von Hofsten & Woolacott, von Hofsten, 1993에서 인용). 신생아는 머리와 몸통을 제대로 가누지 못할 때는 팔을 들어올려 물체를 잡지 못한다(Amiel-Tison & Grenier, 1986; von Hofsten, 1993; Spencer, Vereijken, Diedrich, & Thelen, 2000).

물체를 향해 손을 뻗는 것은 전신의 균형을 잡아야 하는 일이기 때문에(Rochat & Goubet, 1995, p. 65) 손 뻗기의 발달에는 시간이 걸린다. 또 누운 자세, 엎드린 자세, 앉기자세에서 각기 다른 경로로 손을 뻗게 된다(Bly, 1994). 생후 4개월이 되면 어딘가에 기대어 앉혀 놓으면 인형을 만질 수 있고, 등을 대고 누워 있을 때 눈앞에 있는 인형을 향해 팔을 들어올릴 수 있다. 하지만 아직 잡지는 못한다. 팔을 위로 움직이다가 대상 물체를 지나치고는 한다. 생후 4개월의 영아가 엎드려 있을 때는 손을 전혀 뻗지 못한다. 5개월에는 기대어 앉아 있거나 누워 있을 경우 손이 닿는 곳에 있는 물체를 접촉하는 데는 훨씬 나아지지만 두 팔을 동시에 뻗어서 양손으로 물체를 친다. 5개월이 된 영아는 배를 바닥에 대고 엎드려 있거나 기대어 있을 때 한 팔로 몸을 지지하면서 다른 한쪽 팔로 장난감을 향해 손을 뻗는다(Bly, 1994; Rochat, 1992). 생후 6개월이 되면 누워 있는 상태에서 한쪽 팔만 앞으로 뻗기 시작한다. 7개월에는 엎드려 있을 때나 앉아 있을 때 모든 방향으로 한 팔을 뻗을 수 있다. 8개월에는 누워 있거나 엎드린 자세에 고정되어 있는 것을 좋아하지 않아서, 손 뻗기 동작의 대부분이 앉기자세에서 보인다.

앉기와 손 뻗기 앉기자세에서 균형을 잡는 것은 손 뻗기 발달에서 아주 중요한 부분이다(Rochat & Goubet, 1995). 아직 앉아 있을 수 없다면 다른 한 손으로는 스스로를 지지해야 하기 때문에 한쪽 손만 뻗을 수 있다. 따라서 한 손을 짚고 앉아 있을 수 있는 생후 5~6개월의 영아가 앉은 자세에서 양손 뻗기를 시도하면 앞으로 넘어져서 표적 물체를 완전히 놓친다(Rochat, 1992). 만약 할 수 있다면 양손을 사용하여 표적물체에 손을 뻗을 가능성이 높다. 엎드린 자세, 누운 자세, 고정시켜서 앉은 자세에 있는 영아는 양손을 동시에 뻗는다. 하지만 양손 뻗기는 뻗기 정확도가 떨어지는 신생아가 표적 물체에 접촉할 가능성이 높아지는 효과를 낸다(Corbetta, Thelen, & Johnson, 2000).

생후 5~7개월의 영아는 양안 깊이 단서(binocular depth cue), 그림 깊이 단서(pictorial depth cue), 운동역학적 정보(kinetic information) 등 다양한 시각 깊이 단서(visual depth cue)를 이용하여 두 물체 간 거리와 물체가 팔이 닿는 거리 안에 있는가를 파악한다(Yonas & Granrud, 1985). 생후 5개월의 영아들 중 많은 경우가 팔길이 및 앞으로 몸을 내밀어서 추가로 확보할 수 있는 거리를 포함하여 도달거리(reaching distance)를 판단하는 능력도 보여 주었다(Yonas & Hartman, 1993). 하지만 일부는 보통 표적에 손을 뻗을 때 몸을 너무 앞으로 내밀어서 안전벨트가 없었으면 의자에서 떨어질 뻔했다(McKenzie, Skouteris, Day, Hartman, & Yonas, 1993). 앉기자세에서 자세의 안정감이 증가하면서 손을 독립적으로 사용할 만큼의 유연성을 확보한다. 생후 8개월에는 자세에 관계없이 한 손으로 작은 물체를 향해 손을 내민다.

일반적으로 근력이 증가해야 앉아서 자세를 통제하는 것이 가능해지지만, 영아가 결국 스스로 보이게 될 지지력(support)을 가상으로 만들어 내는 실험을 통해 더 높은 수준의 자세통제력(postural control)을 촉진할 수 있다. 앉지 못하는 영아의 자세통제실험이 특히 극명한 효과를 보인다. 예를 들어, Rochat과 Goubet(1995)는 쿠션을 받쳐서 엉덩이를 지지해 줌으로써 생후 5~6개월 된 아직 앉지 못하는 영아들에게 자세통제 능력을 높여 줬다. Hopkins와 Ronnqvist(2001)는 구멍을 뚫어 허벅지를 의지할 수 있게 만든 특별 제작된 영아용 의자를 이용해 앉지 못하는 영아를 받쳐 주었다. 이렇게 도움을 받자 앉지 못하는 영아들의 손 뻗기 동작이 앉을 수 있는 영아들처럼 협응이 잘 이루어졌다. 보통 이제 막 앉을 수 있게 된 영아들은 앞으로 몸을 기울이는 동작과 물체를 향해 손을 내미는 동작을 별개의 동작으로 보인다. 그리고 이 영아들이 손 뻗기 동작을 하면 팔과 몸통이 몇 차례 흔들리는 정도다(Hopkins & Ronnqvist, 2001; McKenzie et al., 1993; Rochat & Goubet, 1995). 하지만 몸통의 안정감을 더 높여 주고, 엉덩이를 받쳐 주고, 앉아 있는 바닥이 지지를 해 줄 경우, 아직 앉지 못하는 영아들도 손 뻗기와 몸을 앞으로 내밀기 동작에서 협응 능력이 향상됐다. 그에 따라 손과 머리의 움직임 횟수가 줄어들어 더 부드럽고 더 성숙한 손 뻗기 동작이 가능해졌다(Hopkins & Ronnqvist, 2001; Rochat & Goubet, 1995). 요약하면, 자연스럽게 균형 능력이 향상되든지, 연구자의 도움을 받아 향상되든지에 관계없이 자세발달을 통해 손 뻗기 동작이 촉진된다.

접촉! 시각적 지침이 있는 손 뻗기의 발달

신생아의 손 뻗기 원형　연구자들은 기발한 방법을 동원해 신생아의 균형감각을 향상시킴으로써 신생아의 자발적 팔동작에서 시각적 지침이 있는 손 뻗기(visually guided reaching) 발달의 기원을 발견했다. 신생아를 대상으로 한 연구에서 흉부상부와 엉덩이를 약간 비스듬한 판에 안전하게 고정시키고 머리는 쿠션 사이에 받쳐 놓았다(예, von Hofsten, 1982). 또한 연구자가 손으로 신생아의 머리를 부드럽게 잡아 신생아의 팔과 어깨를 자유롭게 움직일 수 있게 하는 방법도 이용했다(Amiel-Tison & Grenier, 1986). 두 실험 방법이 [그림 5-9]에 나와 있다. 머리와 몸통이 균형통제제약(balance constraints)에서 자유로워지자, 신생아들은 표적물체가 눈에 보일 때나 보이지 않을 때나 양팔을 측면에서와 몸 앞에서 흔들었다(von Hofsten, 1982). 하지만 이렇게 팔을 퍼덕거리는 움직임은 물체가 있는 것과 관련이 있을 수 있다는 것을 보여 주는 증거가 있다. 생후 5~9일 된 신생아는 표적물체가 눈앞에 있을 때(색깔 화려한 털 달린 공이 매달려 있는 경우)에 없을 때보다 더 자주 팔을 앞으로 내미는 움직임을 보여 준다(von Hofsten, 1982).

연구자들이 생후 일주일 된 신생아가 장난감을 잡으려고 의도하는 것이라고 생각하지 않는다. 오히려 신생아가 팔을 내미는 것이 표적물체에 대한 주의를 불러일으키는 기능을 한다. 이와 마찬가지로 신생아의 팔 내밀기에 관한 자료를 보면 팔-손동작과 보기행동(looking behavior)은 서로 밀접한 관계가 있으며, 물체를 시각과 손으로 탐색(visual-manual exploration)하거나 시각적 지침이 있는 손 뻗기에서 지각적 기초를 제공함을 알 수 있다.

도움을 받아 손 뻗기와 잡기　신생아와 마찬가지로, 생후 3~5개월 된 영아들도 균형제약에서 자유로워지면 혼자 힘으로 앉을 수 있기 전에 시각적 지침이 있는 손 뻗기(잡기도 가능)를 할 수 있다. 연구자들은 영아를 기울어진 나무 판에 고정시키거나 기울어진 의자에 앉히고 받쳐 줌으로써 자세잡기를 도와준다. 혹은 부모가 영아들의 허벅지를 받쳐 주고 옆구리를 잡아서 머리와 몸통이 안정되도록 해 준다.

도움을 받아 손 뻗기를 하면, 대부분의 영아들이 처음으로 고정된 물체를 접촉하는 것에 성공하는 시기가 생후 12~18주다(Clifton, Muir, Ashmead, & Clarkson, 1993). 하지만 균형을 잡아 준다고 해도 영아들마다 손 뻗기의 어려움을 다른 방식으로 해결한다. 몇몇은 할퀴듯 하는 행동에서부터 점차적으로 손 뻗기 행동을 형성하고, 다른 영아들은 자발적으로 팔을 퍼덕거리는 동작에서 목표지향적 손 뻗기 동작을 이끌어 낸다. Thelen과 동

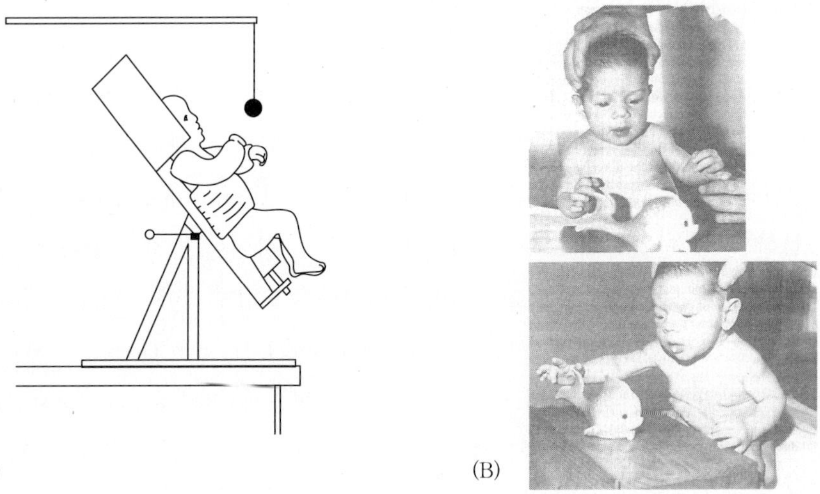

(A) (B)

[그림 5-9] 영아에게 물체를 향해 팔과 손을 내미는 동작을 촉진하기 위해 자세 통제를 도와주는 두 가지 방법

(A) 기운 의자에 아기를 고정시키기. 출처: Reprinted with permission from *Developmental Psychology, 18*, C. von Hofsten, Eye hand coordination in the newborn, p. 452. Copyright © 1982 by the American Psychological Association.
(B) 영아의 머리를 부드럽게 잡아 들기. 출처: Reprinted with permission with *Neurological assessment during the first year of life*, C. Amiel-Tilson & G. Albert, pp. 139-140. Copyright © 1986 by Masson, SA.

료들(Thelen et al., 1993; Thelen, Corbetta, & Spencer, 1996)은 도움을 받은 손 뻗기 동작의 발전 상황을 일주일에 한 번씩 기록하는 종단적 연구를 수행했다. 그 결과, 영아들의 팔동작의 자세한 운동역학을 확보할 수 있었다. 한나라는 영아는 손 뻗기에서 구성주의적 접근(constructivist approach)을 할 수 있는 좋은 사례다. 한나는 최초로 표적 장난감에 손을 대기 전에 자발적인 팔동작을 거의 보여 주지 않았고, 느리고 규모가 작은 동작만 보여 주었다. 한나는 팔을 거의 들어올리지도 못했다. 생후 20~22주에 처음으로 손 내밀기에 성공했고, 팔을 들어올릴 힘을 모두 모았던 것이다. 팔목, 팔꿈치, 어깨의 움직임은 느리고 크지 않았다. 손을 앞뒤로 흔들었고, 표적 장난감을 지나치는 경우가 종종 있었다. 몇 주간 관찰하는 동안 한나의 손 내밀기 동작은 더 빨라지고, 좀 더 정확하게 목표물에 다가가고, 더 많은 힘이 실리게 되었다.

반면에 가브리엘이라는 영아는 선택주의적 접근법(selectionist approach)의 대표적 사례로, 자발적으로 팔을 퍼덕거리는 동작에서 목표 지향적 손 뻗기 동작을 이끌어 내는 듯 보였다. 가브리엘은 최초로 표적 장난감에 손을 대는데 성공하기 전에 자발적 팔동작을 자주 보여 주었다. 거칠고 힘이 넘쳐서 통제가 안 되어 표적 장난감에 손을 대지 못하는 경우였다. 생후 15주에 처음으로 손 내밀기에 성공했고, 여기에는 계속 손을 흔드는 데에 따른 관성을 극복하는 것이 필요했다. 어깨, 팔꿈치, 팔목을 경직시켜서 흔들리는 팔을 통제할 수 있게 됐다. 몇 주간의 관찰 기간 동안 가브리엘의 손 내밀기 동작의 속도는 느려지고, 정확성은 높아지고, 힘은 줄어들게 되었다.

도움을 받아서 고정된 물체에 접촉하는 것과 거의 비슷한 시기에 도움을 받아서 물체를 잡을 수 있다(von Hofsten, 1980, 1983; von Hofsten & Lindhagen, 1979). 생후 12주 정도부터 영아들은 반원형을 그리며 눈앞에서 왔다갔다하는 움직이는 물체(움직이는 축에 달려 있는 시선을 끄는 털 공)를 향해 팔을 내민다. 15주에는 팔 내밀기 동작이 아주 정확해져서 움직이는 물체를 중간에서 잡을 수 있게 된다. 팔 움직임의 시간을 조정해서 손을 물체가 움직이는 쪽으로 동시에 움직이고, 목표를 수정해서 물체가 손을 내밀기 동작을 시작할 때 있었던 곳이 아니라 도달할 곳으로 손을 바로 움직인다. 생후 15주에 도움을 받아 움직이는 물체에 손을 대는 것에 이미 상당히 노련해졌다고 하더라도 여전히 나아져야 할 부분이 있다. 움직이는 물체를 잡는 것은 보통 생후 18주는 되어서야 가능해진다.

시각적 지침이 있는 손 뻗기 최초로 손 내밀기 동작을 할 때 속도나 동작의 크기 면에서 다른 모습을 보이긴 했지만, 한나와 가브리엘 및 다른 영아들이 모두 공통적으로 보이는 양상이 있다. 세밀한 동작 분석을 살펴보면 영아들의 최초 손 뻗기 동작이 나중에 더 익숙해졌을 때의 동작보다 통제가 덜 되고 표적물체 접근에서도 떨어지는 것을 알 수 있다(예, Berthier, Clifton, McCall, & Robin, 1999; von Hofsten, 1980, 1983, 1991; Thelen et al., 1993; Thelen et al., 1996). 초기의 손 뻗기 동작은 운동단위(movement units)라 불리는 팔동작 몇 차례가 전부다(von Hofsten, 1979). 각 운동단위는 감속과 가속으로 이루어져 있고 이후 보통 방향이 전환된다. 미성숙한 영아의 손 뻗기는 평균 4개의 운동단위로 이루어져 있다. 반면에 성숙한 성인의 손 뻗기는 2개의 운동단위로 이루어져 있는데, 첫 번째는 손을 물체 근처로 가져가는 큰 동작이고, 두 번째는 물체를 잡는 작은 동작이다. 연습을 하면 영아도 멈춤이 적어지고 직선거리에서 벗어나는 움직임이 줄어들어 좀 더 정확하게 표적 물체에 접근하고 동작이 더 부드러워진다. 생후 30주가 되면 대다수의 영아들의 경우 손 뻗기 동작의 운동단위는 2로 줄어든다. 첫 번째 운동단위는 시간이 길어지고 손을 표적까지 가져가는 동작이고, 두 번째 운동단위는 손으로 장난감을 잡기 위한 준비를 하는 과정이다(von Hofsten, 1993; von Hofsten & Ronnqvist, 1993).

여러 해 동안 연구자들은 운동단위가 여러 개로 이루어진다는 것은 팔의 경로를 움직이면서 수정하기 때문이라고 추정했다. 즉, 손 뻗기 동작을 막 시작한 영아는 아마도 손을 장난감 주변으로 가져가는 데 필요한 정확성이 부족해 첫 번째 운동단위를 계획하는 것이 불가능했을 것이다. 이를 보완하기 위해서 여러 차례의 수정 작업을 통해 장난감의 위치에 대비한 손의 위치를 계속해서 파악한다(McDonnell, 1974; Piaget, 1952; White, Castle, & Held, 1964). 어두운 조건에서 실시한 손 뻗기에 대한 연구를 통해서 손 뻗기 동작을 막 시작한 영아들이 지속적으로 손의 움직임을 관찰해야 한다는 견해를 반박하는 결과를 얻었다. 손 뻗기 동작에서 시각적 조정이 꼭 필요한가를 연구하기 위해서 영아를 부모의 무릎에 앉히고 연구자가 장난감을 보여 줬다. 영아가 장난감을 가져가기 전에 불을 꺼서 영아가 자신의 손을 볼 수 없게 되었다. 표적 장난감은 어둠 속에서 빛이 나거나 소리를 내서 영아가 장난감의 위치를 파악할 수 있게 했다.

종단적 관찰연구는 영아들이 밝은 곳에서나 어두운 곳에서나 출생 후 같은 시기에 손을 뻗기 시작함을 밝혔다(Clifton et al., 1993). 이는 영아가 처음 물체를 향해 손을 뻗기 위해서 꼭 자신의 손을 봐야 하는 건 아니라는 것을 의미한다. 더욱이 수주에 걸쳐 손 뻗기 동작을 하는 과정에서 밝은 곳에서 보이는 물체에 손을 대는 것과 어두운 곳에서 빛이 나는 물체에 손을 대는 데 성공하는 비율이 같았다(Clifton et al., 1993; Perris & Clifton, 1988). 영아의 손 뻗기 동작에 대한 세밀한 운동역학(kinematics)은 밝은 곳에 있는 물체와 어두운 곳에서 빛나는 물체에 상관없이 같은 양상을 보인다(Clifton, Rochat, Robin, & Berthier, 1994). 두 경우 모두 손 뻗기 동작은 어설프고 3~4개의 운동단위로 이루어져 있다. 다시 말하면, 영아가 손을 볼 수 없을 때도 운동단위가 많아지기 때문에 운동단위가 많다고 해서 꼭 영아가 손을 시각적으로 계속 관찰하고 있다고 할 수는 없다.

이 가설을 더 확실히 해 주는 것이 있다. 밝은 곳이나 어두운 곳에서 물체를 향해 손을 내미는 데 성공한 영아가, 보이지 않지만 소리가 나는 물체를 향해서는 손을 뻗지 못할 가능성이 높다(Clifton et al., 1994). 하지만 물체의 위치 파악을 도와주는 것이 소리밖에 없는 상황에서 영아의 손 뻗기 동작은 어두운 곳에서 빛을 내는 물체에 대해서나 밝은 곳에서 보이는 물체를 향한 것보다 어두운 곳에서 소리를 내는 물체를 향할 때 더 빠르다. 또한 소리가 나는 물체에 대한 손 뻗기 동작이 더 부드럽고 정확도가 높다. 이 동작은 2개의 운동단위로 구성되어 있다(Clifton et al., 1994; Perris & Clifton, 1988). 따라서 영아는 성공하지 못할 때도 있긴 하지만 성인과 같은 손 뻗기 동작을 할 수 있는 능력이 있다.

따라서 Clifton 등(1993)이 질문을 던졌듯이 '시각적 지침을 통해 손을 뻗는 것은 그저 잘못된 믿음에 불과한가?' 분명히 시각적 정보는 손 뻗기 동작에서 중요한 역할을 한다. 예를 들어, 눈이 보이지 않는 영아는 보이는 영아에 비해 더 늦게 손을 뻗는다. 아마도 그 이유는 시선을 끄는 물체가 보이면 영아가 잡고 싶어 하게 되기 때문일 것이다

(Fraiberg, 1977). 하지만 Clifton 등이 어두운 곳에서 손 뻗기 동작을 보이는 영아에 대해 실시한 연구를 보면 손과 물체를 보는 것이 꼭 손을 뻗기 위한 것만은 아니다. 아마도 청각과 자기수용감각처럼 시각도 몸이나 손의 위치에 대비한 물체나 표면의 위치를 정확히 파악할 수 있도록 해 주는 정보의 원천에 불과할 것이다(Clifton et al., 1993; Clifton et al., 1994). 영아는 물체와 손을 보는 것이 상황을 파악하는 가장 쉬운 방법이기 때문에 시각적 정보가 있으면 이를 활용한다. 하지만 어두운 곳에서 시각적 정보를 얻을 수 없을 때는 손을 뻗는 동안 팔을 관찰하기 위해서 자기수용감각 및 청각적 정보에 의존할 수 있다(Clifton, Perris, & McCall, 1999).

발 뻗기 우리는 보통 뻗기동작이 손으로만 하는 것이라 생각하지만 100여 년 전에 연구자들은 영아가 발을 내밀고 발가락으로 물건을 잡는 사례를 기록하고 있다. 예를 들어, Trettien(1900)은 생후 7개월 된 영아가 멀리 있는 물체를 손이 닿는 곳까지 가까이 발로 끌어당기는 모습을 설명했다. 다리가 팔보다 더 튼튼하고 신체 구조에 따라 팔보다 발이 통제하기가 더 쉽기 때문에 영아가 팔 뻗기보다 발 뻗기를 더 용이하게 할 것이다. 고관절(hip joint)은 움직임의 범위가 상대적으로 더 작고 깊숙이 있고 안정적이기 때문에 영아가 더 통제하기가 쉬울 것이다. 반면에 견관절(shoulder joint)는 깊이가 더 얕고 움직이기 때문에 영아가 팔동작의 넓은 범위를 통제하기 위해서 더 많은 것을 해야 한다.

현대 연구자들은 Trettian의 관찰을 실험을 통해 재확인했다(Galloway & Thelen, 2004). 영아를 기울어진 나무판에 가슴을 묶어 고정시켜 균형을 잡아 주고, 가슴 높이와 엉덩이 높이에 장난감을 보여 줬다. 생후 2~3개월 된 영아는 발로 장난감을 쳤다. 이는 손으로 처음 장난감을 만지게 되는 생후 3~4개월보다 1개월이나 빠른 것이었다. 분명히 두미 방향의 발달은 일률적으로 적용되는 자연의 법칙이 아니라 대략적 원칙이었던 것이다.

잡 기 손이나 발을 목표를 향해 정확하게 뻗으려면 손이나 발을 물체가 있는 곳까지 이동하는 경로를 안내할 수 있어야 한다. 반면에 물체를 잡으려면 물체의 크기나 위치에 따라 손이 물체를 잡도록 준비를 해야 한다(McCarty, Clifton, Ashmead, Lee, & Goubet, 2001). 생후 4개월이 되기 전에 영아는 최소한의 손을 통제할 능력이 생긴다. 영아가 무엇인가를 잡으려고 시도하는 것은 아무렇게나 손을 흔드는 것같아 보이고 물체를 잡고 떨어뜨리는 빈도가 비슷하다. 성인이 영아의 손에 물체를 쥐어 주면 떨어뜨리거나 손을 전혀 조정하지 않고 그대로 쥐고 있는다(Bly, 1994; Rochat, 1989). 생후 10개월이 지나면 세밀하게 손가락을 통제할 수 있게 된다. 그래서 엄지와 검지를 집게처럼 이용하여 작은 알약도 잡을 수 있다(Gesell, 1952).

잡기를 준비하는 데 한 가지 중요한 단계는 물건의 특성에 따라 손의 위치를 달리하는 것이다. 생후 5개월이 되면 물체의 크기와 모양에 따라 물체를 잡는 법을 달리할 수 있다(Newell, Scully, McDonald, & Baillargeon, 1989). 작은 물체는 한 손으로 잡고 큰 물체는 두 손으로 잡는다. 작은 물체나 컵처럼 손잡이가 있는 물체를 잡을 때는 엄지, 검지, 중지만 이용하고 큰 물체의 경우 손 전체를 이용한다.

하지만 생후 5개월 된 영아는 아직은 물체의 위치를 예측하여 손을 움직이지는 못한다(Lockman, Ashmead, & Bushnell, 1984; von Hofsten & Fazel-Zandy, 1984; Witherington, 인쇄 중). 예를 들어, 생후 5개월 된 영아에게 몸을 세워서 보여 주거나 눕혀서 보여 줬을 때, 손과 대상물체가 모두 보일 때나(Lockman, 1984) 어두운 곳일 때(McCarty, Clifton, Ashmead et al., 2001), 손을 미리 물체의 방향과 일치시키지 않았다. 영아는 손이 물체에 부딪힌 후에야 물체를 잡았고, 그 후에 손의 위치를 조정했다. 반면 생후 7개월 반 된 영아는 잡기 전에 대상 물체의 방향에 따라 손의 방향을 미리 조정했다. 영아는 밝은 곳에서 물체에 맞게 손 모양을 미리 만들었고, 더 인상적인 것은 물체를 향해 손을 내미는 동안 방에 불이 꺼져도 물체에 손을 대기 전에 물체에 맞게 손 모양을 미리 만들었다(McCarty, Clifton, Ashmead et al., 2001). 후자의 경우, 영아는 완전히 어두운 상태에서도 끝까지 손을 내밀어서 물체를 잡았다. 생후 9개월에는 손을 움직이기 시작할 때 손을 보지 않아도 물체에 맞춰 적절하게 손을 조정했다. 이들에게 대상 물체를 보여 주고, 방에 불을 끈 후 물체를 잡게 해 보았다. 생후 9개월 된 영아는 손을 내밀기 전이나 내미는 동안 눈으로 손을 볼 필요가 없었다. 대신에 손과 움직이는 팔의 감각을 이용해서 손의 위치와 대상 물체까지의 궤도를 파악했다.

6. 대상 탐색에서 도구 이용까지

대상 탐색

내밀기와 잡기동작을 통해 영아는 물체의 특성에 대한 정보를 구하고 환경에 변화를 가져오기 위해 물체를 사용하는 새로운 방법을 배운다(Adolph, Eppler, & Gibson, 1993b). Gibson(1988, p. 7)이 말했듯이, 출생 후 1년간의 탐구발달을 통해 영아는 세상 만물의 특성, 사건과 사건 사이의 예상 가능한 인과관계, 물체에 반응을 보이고 사건에 개입하는 스스로의 능력에 대해 알게 된다.

팔이 닿지 않는 곳에 있는 물체는 시각적으로 탐색이 가능하지만, 고개를 내밀거나 가장 잘 보이는 곳까지 기어가서 눈이 물체를 보기에 적절한 위치에 있도록 해야만 한다. 반면에 영아의 손 안에 있는 물체는 보고, 손으로 만지고, 입으로 탐구하는 것이 모두 가능하다. 이때 손은 물체를 눈 앞으로, 다른 손으로, 입으로 가져감으로써 그 물체를 가장 잘 탐구할 수 있게 도와준다.

생후 4~5개월이 되기 전에는 물체에 대한 통제력이 충분히 발달하지 않아서 물체를 탐구할 때 손이 하는 역할은 주로 물체를 얼굴 앞까지 가져와서 볼 수 있게 하거나 입으로 가져가서 입으로 탐구하는 것이다(Rochat & Senders, 1991). 이즈음에 입으로 할 수 있는 일은 주로 핥고 빠는 것이고(Bly, 1994; Rochat, 1989), 가끔 물기도 한다(Norris & Smith, 2002). 영아가 물체를 더 꽉 잡을 수 있고, 잡기동작을 조정할 수 있게 되면 입으로 물체를 탐구할 때 물체를 지탱하는 데 입에 대한 의존도가 줄어들고, 손-입동작은 물체를 입에서 꺼내고 시각적으로 탐구를 위해 눈앞에 들고 있는 동작이 번갈아서 나타난다(Eppler, 1995).

생후 4~5개월이 되면 손 통제력이 크게 향상되어 손과 눈으로 물체를 탐구하는 새로운 방법이 생긴다(Bly, 1994; C. F. Palmer, 1989; Rochat, 1989). 양손 협응이 첫 번째 단계다. 이제 영아는 의도적으로 물체에서 손을 떼어 물체를 이쪽 손에서 저쪽 손으로 옮기고 눈앞에서 물체를 돌린다. 양손으로 물체를 탐구하는 데 진정한 이정표는 손 기능의 보완적 차별화(complementary differentiation of hand function)다(Thelen & Corbetta, 1994). 한 손은 물체를 잡아 보이는 곳에 들고 있고, 다른 손은 물체 표면을 비비고 누르거나 쓰다듬어서 물체의 특성에 대한 정보를 파악한다. 탐구하는 손의 만지는 동작은 새로운 단계의 통제력을 요하는 것으로 손가락 끝으로 가볍게 물체의 표면을 탐색하거나 물체를 쥐어짜는 동안 손바닥의 통통한 부분으로 붙잡고 있을 수 있다. 생후 12~24개월에 영아는 더 이상 물체를 입으로 가져가지 않고 눈과 손을 이용해서 물체의 특성을 파악한다.

탐색에서 도구로

영아의 손조작 능력이 향상되는 것이 어떻게 물체 탐구를 통해 주변 세상에 대해 알아가는 것으로 이어지는가? Gibson(1988)은 새로운 능력으로 새로운 지각적 정보를 습득하고, 따라서 영아가 물체나 물체와 관련된 사건의 새로운 측면에 관심을 갖게 된다는 가설을 제시했다. 예를 들어, 물체조작 능력이 향상되면 물체와 관련된 사건에 대한 이해도가 높아진다. 양손으로 물체를 들고, 한 손에서 다른 손으로 물체를 옮기고, 두 물체를 부딪치는 등 물체조작 능력이 있는 생후 5개월 반 된 영아는 같은 월령이지만 물체조작 능력은 다소 떨어지는 영아보다 물체의 특성을 파악(즉, 물체와 그 물체가 내는 소리를 연결시키는 등)할 가능성이 더 높다(Eppler, 1995).

손으로 물체를 조작할 운동 능력이 아직 발달하지 않은 생후 3개월 된 영아에게 도구를 주고 물체를 조작하게 했더니, 자연스럽게 손조작 능력이 생긴 생후 5개월 된 영아와 비슷한 동작을 보였다(Needham, Barrett, & Peterman, 2002). 매일 몇 분씩 접착테이프를 붙인 장난감을 갖고 놀 때 장난감이 장갑에 들러붙게 손바닥에 접착테이프를 붙인 벙어리장갑을 끼게 했다. 영아는 장난감을 들어올려 눈과 입으로 관찰했다. 장갑을 끼지 않았다면 그렇게 하지 못했을 것이다. 접착테이프를 붙인 장갑을 끼고 훈련을 한 영아는 물체조작 능력이 향상되었고, 물체의 특성에 대한 이해도가 향상되었다. 후자가 Gibson의 주장에서 더욱 중요한 부분이다. 훈련을 한 영아는 물체 구분 면에서 훈련하지 않은 영아보다 훨씬 뛰어난 능력을 보였다.

도구 사용

물론 좀 더 생산적으로 도구를 이용하려면 접착테이프를 붙인 장갑을 끼워서 영아의 능력을 향상시키는 것 이상의 것이 필요하다. 중요한 단계는 영아가 직접 수행해야 한다. 영아는 ① 자신의 운동 능력과 목표 사이의 격차를 인지하고, ② 격차를 줄일 대안을 찾고, ③ 그 도구를 성공적으로 활용해야 한다(Berger & Adolph, 2003). 대부분의 연구자가 두 번째 단계에서 필요한 인지 능력에 초점을 맞추긴 했지만(Piaget, 1954), 최근 많은 연구자들이 첫 번째와 세 번째 단계에서 인지적-운동 능력이 핵심적 역할을 한다는 것을 파악했다(Lockman, 2000). 첫 번째 단계는 가능한(혹은 가능하지 않은) 동작의 범위를 파악하는 것이고, 세 번째 단계는 도구 사용의 생체역학과 관련이 있다(Berger, Adolph, & Lobo, 2005).

영아가 스스로의 능력과 목표 사이의 격차를 정확히 지각하려면 대상 물체가 손이 닿는 범위에서 너무 멀리 있다거나 대상 물체와 영아 사이에 장애물이 있다는 등 스스로 능력의 한계를 알아야 한다(McKenzie et al., 1993; Yonas & Hartman, 1993). 하지만 신체적 한계에 부딪힌다는 것이 꼭 그 목표를 달성하는 것이 불가능하다는 뜻은 아니다. 예를 들어, 생후 10개월이 되면 대상 물체와 도구가 서로 가까이 있으면 막대기, 갈고리, 원 등을 이용하여 뻗기 능력을 향상시켜 멀리 있는 물체를 끌어올 수 있다(Bates, Carlson-

Luden, & Bretherton, 1980; Brown, 1990; Chen & Seigler, 2000; Leeuwen, Smitsman, & Leeuwen, 1994).

목표를 달성하는 데 도구가 필수적으로 필요하고 특정 물체가 적절한 도구가 된다는 것을 안다고 해도, 도구를 제대로 활용하려면 사용 방법을 알아야 한다. 영아가 돌이 되기 전에는 도구를 효율적으로 사용하기 위해 필요한 운동 전략을 미리 세우는 것이 어렵다. 그 대신 도구를 사용하기 시작한 후에 동작을 수정한다. 예를 들어, 생후 9개월 된 영아는 숟가락의 손잡이를 잡지 않고, 머리 쪽을 잡고 음식을 먹거나 숟가락 머리가 입에서 멀리 가도록 쥐고 있을 것이다. 그리고 음식을 먹기 위해 어설프게 손을 돌리거나 다른 손으로 숟가락을 잡는다. 숟가락이 음식을 운반하는 도구로 사용될 수 있다는 것은 깨달았지만, 그 도구를 효율적으로 활용하기 위한 생체역학적 능력은 부족한 것이다. 생후 18개월쯤 되면 도구의 어느 쪽을 잡아야 하는지, 어떻게 잡아야 하는지, 미리 어떤 동작을 계획해야 하는지를 안다. 그래서 나중에 손동작을 수정하지 않고 처음부터 적절한 손을 내밀어서 도구를 잡는다(McCarty, Clifton, & Collard, 1999, 2000). 생후 24개월이 되면 바뀐 도구를 사용하기 위해서 기존의 도구 사용 전략을 수정할 줄도 알게 된다. 예를 들어, 일반 숟가락을 잡는 방법을 바꿔서 휜 손잡이가 달린 숟가락으로 그릇에서 음식을 떠먹을 수 있다(Steenbergen, van der Kamp, Smitsman, & Carson, 1997).

7. 독립적 이동 능력: 구르기, 휙 움직이기, 기기

이동 능력은 발달 과정에서 획기적인 성취다. 동작의 새로운 제약이 생기고 새로운 배움의 기회도 된다. 앉기와 내밀기가 물체를 눈으로, 손으로 탐구하는 능력을 촉진시켰다면 독립적 이동능력은 물체 표면과 장소를 눈으로, 촉각으로, 몸 전체로 탐구하는 능력을 촉진시킨다. 정지자세에서 균형을 잡으면 머리와 팔동작을 위해 몸에 안정감을 주는 반면, 이동자세에서 균형을 잡으면 팔다리 모두를 동시에 움직이는 가운데 몸의 안정감을 해친다. 팔 내밀기 동작이 작고 빨라서 이 동작을 관찰하려면 특수 동작 기록장비가 필요하지만, 몸 전체가 움직이는 것은 일반적으로 동작이 크고 느리고 직접 혹은 비디오 녹화를 통해서 특수장비 없이 관찰할 수 있다.

연구자와 부모 모두 이동 능력을 중요한 발달의 이정표로 간주한다. 부모는 아이가 첫 번째로 움직인 날을 달력에 표시하고 육아일기에 기록하고, 처음으로 기는 장면을 비디오로 촬영한다. 연구자가 영아의 이동 경로를 공식적으로 기록하기 시작한 것이 100년이 넘었다(Ames, 1937; Burnside, 1927; Trettien, 1900). McGraw(1935)는 1,777차례의 관찰을 통해 영아 82명을 출생 시부터 처음으로 혼자서 걷기 시작할 때까지의 독립적 이동 능력의 향상 과정을 기록했다. McGraw는 지미와 조니라는 쌍둥이 형제를 출생 시부터 유아기까지 매일 관찰했다. Gesell은 영아 100명의 출생 후 1년간 이동 능력 발달 상황을 기록했다(Gesell & Thompson, 1934). 또한 실험실에 '연구용 호텔'을 지어서 며칠간 연속해서 어머니와 아동을 관찰할 수 있게 했다(Thelen & Adolph, 1994).

움직이기

전신을 움직이는 가장 간단한 방법인 뒤집기(rolling)와 회전하기(pivoting)를 하면 몸의 자세와 방향은 바뀌지만 위치는 변하지 않는다. 이때 영아의 목표는 이동하는 것보다는 가까이 있는 물체에 대한 몸의 방향과 시각을 향상시키는 것으로 보인다. 뒤집기는 통나무처럼 배를 바닥에 대고 있다가 등을 바닥에 대는 등 몸을 앞뒤로 뒤집는 행동이다. 회전하기는 보통은 '인어자세'를 하고 배를 바닥에 대고 전신을 돌리는 것이다. 가끔은 등을 대고 돌기도 한다.

처음에는 뒤집기 동작이 간헐적으로 나타나고, 회전하기 횟수가 점차로 증가한다. 부모가 아침에 아기의 방에 가 보면 아기는 배를 바닥에 대고 엎드려 있거나, 원래 발이 있던 곳에 머리를 둔 채 자고 있다. 하지만 실시간으로 영아를 관찰하면 뒤집기 중일 경우도 있고, 느린 속도의 회전하기는 저속도 촬영을 해야만 녹화가 가능하다. 대략 생후 5개월에 영아는 등을 대고 누워 있다가 엎드린 자세로 바꾸는 동작을 우연히 보여 주기 시작한다. 보통의 경우 특정 물체에 손을 내밀다가 우연히 몸을 뒤집는 경우가 많다. 100여 년 전에 Trettien(1900)은 영아가 물체를 향해 손을 내밀다가 균형을 잃으면서 뒤집기에 성공하고 아주 놀라는 모습을 관찰했다. 생후 5개월이 되면 어깨 통제력이 생겨서 배를 바닥에 대고 엎드려 있다가 옆쪽으로 기울면서 전진할 수 있지만, 그 자세를 유지하기는 어렵다. 따라서 다시 배를 바닥에 대거나 몸이 뒤집어져서 등이 바닥에 닿게 되는 것이다.

위치 이동

대부분의 사람들이 기기동작이 양손과 양무릎을 바닥에 대는 동작이라고만 생각한다. 하지만 그렇지 않다. 대부분의 영아가 기기동작을 발전시키는 과정에서 언젠가 손과 무릎을 이용해서 기어다니게 되지만, 그 단계에 이르기 전에도 이동하기 위해서 다른 방법을 이용한다. 예를 들어, 배를 바닥에 대고 몸을 끌기도 하고, 바닥에 앉아서 한쪽 발과 한쪽 손을 이용하거나, 한쪽 발과 한쪽 무릎을 바닥에 대고 균형을 잡거나, 곰처럼 두 발과 양손을 모두 바닥에 대고 엉덩이는 하늘로 치켜든 채 기기도 한다.

성숙과 기기의 발달단계 Gesell(1939, 1946; Gesell & Ames, 1940)은 끈질긴 연구 끝에 엎드린 자세가 23단계에 걸쳐 발달한다는 것을 밝혀냈다. 1단계는 생후 1주일에 수동적 무릎 꿇기(passive kneeling), 5단계는 생후 4개월에 수영자세, 7단계는 생후 5개월 반경에 개구리자세, 11단계는 생후 7개월에 배로 기기, 16단계는 생후 8개월에 부들거리면서 양손과 양무릎을 바닥에 대기, 19단계는 생후 10개월에 양손과 양무릎을 바닥에 대고 기기, 마지막 23단계는 생후 14개월에 걷기다. 좀 더 최근의 분류에 따르면, 생후 7개월경에 배로 기고, 8개월에 양손과 양무릎을 바닥에 대고 기고, 생후 12개월경에 걷는다(Capute, Shapiro, Palmer, Ross, & Wachtel, 1985).

Gesell(1933, 1939, 1946)은 이 단계는 영아가 반드시 거치는 단계이고, 영아의 운동신경계의 성숙 정도를 보여 주며, 퇴보하는 것같아 보여도 영아의 발달은 퇴보하는 법은 없기 때문에 사실은 그렇지 않다고 주장했다. Gesell이 발달의 요소로 성숙에 특히 초점을 맞춘 것은 당대에 조건 형성(conditioning)과 습관화(habit formation)에 대한 주장에 대응하기 위해서였다. 또한 Gesell이 성숙에 초점을 맞춘 것은 "성숙은 법칙에 의해 이루어지며 이것은 과학적으로 공식화(scientific formulation)될 것이다."(Gesell, 1933, p. 232)라는 확신 때문이었다.

문화와 동시대 효과 Gesell 덕분에 운동발달과 신체성장은 보편적인 성숙의 결과로 여겨지고 있다. 하지만 Gesell의 연구가 진행되기 전후와 연구가 진행되는 동안에 연구자들은 운동발달에서 나타나는 문화적 차이와 동시대 효과(cohort effects)에 주목했다. 예를 들어, Gesell의 발달규준이 인기를 얻기 30년 전인 20세기 초에 Trettien(1900)과 G. Stanley Hall은 친구와 동료들에게 설문지를 보내 영아의 기기, 끌기(hitching), 휙 움직이기(scooting) 등의 행동을 관찰, 기록해 달라고 부탁했다. 답장으로 돌아온 설문지 150여장 전부에 영아가 직립보행을 하기 전에 독립적으로 이동하기 위해 다른 방법을 이용한다는 내용을 담고 있었다. 양손과 양무릎을 바닥에 대고 기는 영아(42%), 배를 바닥에 대고 기는 영아(10%), 양손과 양발을 바닥에 대고 기는 영아(5.5%), 양손과 양무릎을 바닥에 대고 배는 바닥에 댔다가 떼었다가 하면서 자벌레(inchworm)처럼 앞으로 전진하는 영아(2.5%)가 있었다. 엎드리는 단계를 뛰어넘는 영아도 있었다. 앉은 자세에서 한쪽 다리에 의지해 움직이는 영아(30%), 등을 바닥에 대고 전진하는 영아(3%), 뒤통수에 원형탈모증이 생기는 영아(p. 33), 통나무처럼 뒤집는 영아(7%) 등이다. Trettian과 Miss Milicent Shinn(1900)은 영아가 한쪽 다리에 의지해 이동하는 가장 큰 원인으로 영아들의 옷이 너무 커서 엎드린 자세에서 움직임을 방해하기 때문이라고 지적했다. 즉, 영아가 기려고 할 때 긴 옷자락에 무릎이 걸려서 움직이지 못한다는 것이다.

Gesell은 1930년대 백인이며 미국 중산층 가정 영아의 연령규준을 기록했던 반면, 다른 연구자들은 다양한 문화와 인종적 배경을 가진 영아의 발달단계 진행 연령을 비교했다. 아프리카계 영아가 발달이 빠르다는 것은 그 이후에야 설명되었다. 당시 학계에서는 인종적 차이 때문에 흑인 아이가 서구 국가의 백인 아이에 비해 운동 기능 발달이 더 빠르다고 간주했다(Jensen, 1973, cited in Super, 1976). 흑인 아이의 발달이 빠르다는 인종적 차이를 내포한 주장에 대해 현대의 학자 몇 명이 초기 연구의 타당도에 이의를 제기했다(예, Hopkins & Westra, 1988). 이들은 영아가 중요한 운동 기능 이정표에 도달하는 연령을 기록하는 것 외에도 그들의 운동발달이론에 관해 어머니들과 면담하고, 아이가 언제 이정표에 도달할 것으로 예상하는지를 묻고, 육아 일과를 관찰했다(Bril & Sabatier, 1986; Hopkins & Westra, 1988, 1989, 1990; Super, 1976).

모든 부분에서 문화적 차이가 드러났다. 예를 들어, 서구 국가의 어머니는 특별한 환경적 자극 없이도 성숙이 운동 기능 발달로 이어진다는 Gesell의 이론을 믿었다(Hopkins & Westra, 1989). 아이가 기는 것은 운동 기능 발달에서 없어서는 안 될 중요한 단계라고 믿었다. 앉을 수 있고 걷기 전인 대략 생후 8개월경에 기기 시작할 것으로 예상했다. 목욕을 시킬 때나 안고 있을 때 아이를 깨지기 쉬운 계란처럼 다루고 약한 목이 다칠까 봐 걱정해 항상 머리를 받쳐 주었다.

반면에 자메이카와 말리의 어머니들은 훈련과 연습이 운동 능력 발달의 자극을 준다는 순진한 이론을 믿었다. 이들은 기기동작이 위험하고 원시적이고 꼭 필요하지 않은 행동이라고 생각했다. 건강한 아이가 엉금엉금 기는 행동을 보일 거라고 생각하지 않았기 때문에 예상 연령에 대한 정보가 없었다. 서구 국가의 어머니들보다 더 일찍 아이들이 앉고 걸을 것이라 기대했다. 마지막으로, [그림 5-10]에 잘 나와 있듯이, 매일 아기에게 팔다리 스트레칭과 마사지를 해 주고 흔들고 만져 줬다. 아기를 공중으로 높이 던졌다가 받기도 했다. 아기가 앉을 수 있도록 '훈련'을 시키기 위해서 생후 3~4개월 된 영아를 베개로 받쳐 주거나, 바닥에 얕은 구멍을 뚫어 그 안에 앉혀 등을 받쳐 주었다.

어머니들이 믿는 이론, 기대, 육아 일과에 따라 연구자들은 운동 능력 이정표에 도달하는 연령에서 문화적 차이를 발견했다. 예를 들어, 자메이카와 말리의 영아는 서구 국가의 영아보다 더 일찍 앉고 걸었다. 가장 놀라운 점은 자메이카의 영아 25%와 말리의 영아 중 거의 60%가 전혀 기지 않았다는 것이다. 기기동작을 보인 아기도 걷기 시작한 후에 나중에 기기 시작했다. 기기자세는 엎드려 있을 때 적극적으로 자극을 주어 기는 방법을 가르친 동부 아프리카 부족의 영아들 사이에서 가장 일찍 나타났다. 이 영아들은 생후 5개월 반이 되자, 양손과 양무릎을 바닥에 대고 기기 시작했다. 따라서 순진한 이론, 부모의 예상, 육아 일과(Gesell이 간과한 신체적, 사회적 환경의 모든 측면)가 운동 능력 발달에 영향을 미칠 수 있다.

한 문화권 안에서도 육아 방법에 따라 운동 능력 발달의 속도는 달라진다. 예전에 수십 년간 미국의 소아과 의사들은 부모들에게 아기가 토한 우유에 질식하거나 다시 삼키지 않도록 하기 위해서 엎드려서 재울 것을 권장했다. 1994년에 미국소아과의학회(American Academy of Pediatrics)에서는 신생아돌연사증후군(SIDS)을 예방하기 위해서 아기를 똑바

[그림 5-10] 아프리카와 서인도제도에서는 매일 아이들에게 마사지와 팔다리 스트레칭을 해 준다. 이러한 운동이 중요한 운동 기술이 나타나는 시기가 문화별로 다른 한 가지 이유가 되는 것 같다.

출처: *Genetic, Social and General Psychology Monographs, 114*, p. 385, 1988. Reprinted with permission of the Helen Dwight Reid Educational Foundation. Published by Heldref Publications, Washington, DC. Copyright © 1988.

로 눕혀 재울 것을 권장하는 캠페인을 열었다(Carolan, Moore, & Luxenberg, 1995). 2년에 걸쳐 언론 홍보를 하자, 아기를 똑바로 눕혀 재우는 부모의 수가 두 배 이상 증가했다(Gibson, Dembofsky, Rubin, & Greenspan, 2000; Willinger, Ko, Hoffman, Kessler, & Corwin, 2000). 비록 의사들이 영아가 깨어 있을 때 일정 시간 동안 엎드려 있도록 해 주라는 조언을 하기는 했지만, 등을 대고 누워서 자는 영아는 바닥에서 얼굴을 들기 위해 중력에 저항해야 할 때 힘들어한다. 등을 대고 누워서 자는 영아에게는 엎드려 있는 시간의 길이가 앉기, 기기, 일어서기를 시작하는 시기와 연관성이 있다(Davis, Moon, Sachs, & Ottolini, 1998). 아마도 그 이유는 엎드린 자세가 팔과 어깨의 근력을 강화시키기 때문일 것이다. 또한 등을 대고 누워서 자는 영아는 엎드려 자는 영아보다 앉고 기고 일어서는 시기가 늦고, 총 운동 능력 측정에서도 더 낮은 점수를 받았다(Davis et al., 1988; Dewey, Fleming, Golding, & Team, 1998).

생체역학적 요인과 독특한 해결 방법 영아의 기기자세에 관한 연구는 50년간 정체되었었다. 현대에 들어 새로운 녹화 기술이 개발되어 연구자들은 영아의 기기동작을 종단적으로 관찰하며 기록했다(Adolph et al., 1998; Freedland & Bertenthal, 1994; Goldfield, 1989). 현대 기록 자료를 보면, 엎드린 자세의 발달상 변화가 일어나는 것은 성숙 프로그램 덕분이라기보다는 동작을 취하는 데 생체역학적 기능적 제약이 있기 때문이라는 것을 알 수 있다.

모든 영아가 양손과 양무릎을 바닥에 대고 기기 전에 정지 상태에서 회전하기(pivoting), 흔들기(rocking), 수영하기 등 다양한 엎드린 자세를 취한다(Adolph et al., 1998; Freedland & Bertenthal, 1994; Goldfield, 1989). 각 자료마다 절반가량의 영아가 양손과 양무릎을 바닥에 대고 기기 전에 일정 기간 동안 배로 기기(belly crawling) 자세를 보였다(Adolph et al., 1998; Freedland & Bertenthal, 1994). 이 영아들은 매번 기기동작을 보일 때마다 배에 의존했기 때문에, 균형을 못 잡아서 이동에 제약을 받지는 않았다. McGraw(1945, p. 50)에 따르면, 성장하는 영아의 신경근육 기능 중 기기자세 발달이 가장 개인차가 크다. 영아는 팔, 다리, 배를 다양한 방법으로 이용한다. 때로는 한쪽 팔이나 한쪽 다리만 이용하여 움직이면서 나머지는 끌려오도록 하고, 우선 무릎을, 그다음에는 한쪽 다리의 발을 이용해서 몸을 밀거나, 무릎이나 발을 바닥에 대고 있다가 배를 바닥에 대기도 한다([그림 5-11]). 영아는 말이 걷는 것처럼 다른 방향의 팔과 다리를 동시에 움직이고, 같은 방향의 팔과 다리를 동시에 움직이기도 하는 등 다양한 동작을 보였다. 다시 말해서, 배로 기는 영아는 팔다리의 근력이 강해져서 온갖 희한한 움직임을 보였다.

나머지 절반의 영아는 배로 기는 단계를 완전히 뛰어넘었다. 이 영아가 움직일 수 있게

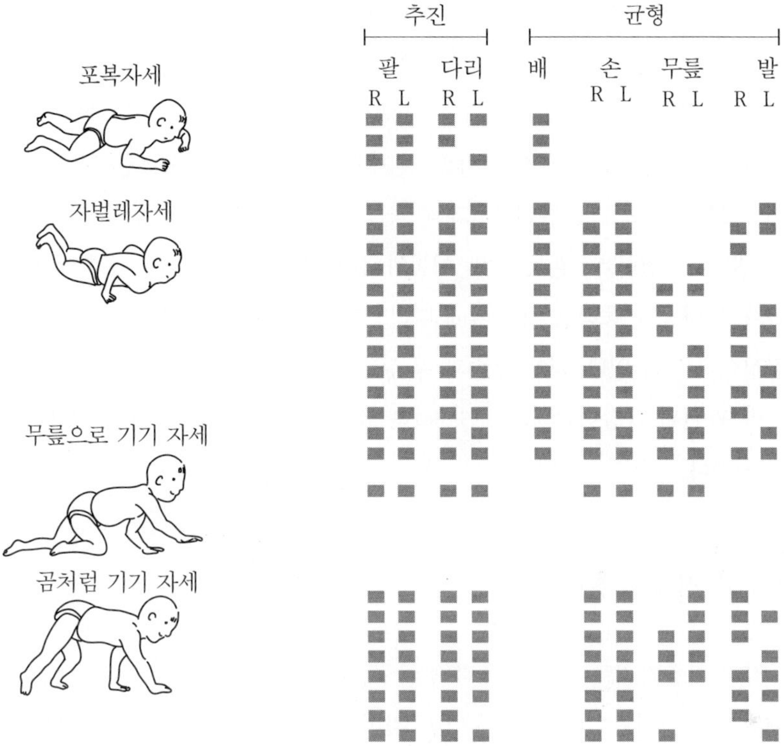

[그림 5-11] 영아가 기기동작을 보일 때 개인별로 다양한 양상을 보인다. 왼쪽에 그려진 자세는—포복자세, 자벌레자세, 무릎으로 기기 자세, 곰처럼 기기—자세가 아래로 내려올수록 높아진다. 오른쪽은 영아가 앞으로 움직이고, 균형을 잡을 때 팔, 다리, 배가 어떻게 사용되는지를 보여 준다. 각 줄은 최소한 한 명의 영아가 보여 준 독특한 기기 패턴이다.

출처: Reprinted with permission from *Child Development 69*, K. E. Adolph, B. Vereijken, & M. A. Denny, Learning to Crawl, p. 1305. Copyright © 1998 by the Society for Research in Child Development.

되자, 바로 양손과 양무릎을 바닥에 대고 기기 시작했다. 예전에 배로 기었던 영아와 그렇지 않았던 영아가 기기 시작하는 데 연령이 차이가 난 것은 아니다. 분명히 양손과 양무릎을 바닥에 대고 기기 시작하는 것은 팔이 배를 바닥에서 든 상태에서 몸무게를 지탱할 만한 근력이 있느냐의 차이인 것 같다(Adolph et al., 1998; Freedland & Bertenthal, 1994; Goldfield, 1989).

배로 기기 동작에서는 영아마다 다양한 양상을 보였던 반면, 양손과 양무릎을 바닥에 대고 기기 시작하는 시기는 거의 같았다(Adolph et al., 1998; Freedland & Bertenthal, 1994). 그 후 1~2주 이내에 팔다리의 움직임은 거의 경보에 가까워졌다. 분명히 영아의 여러 가지 동작에서 다양한 지간협응(interlimb coordination)이 가능했다. 영아가 배로 기기에서 바로 양손과 양무릎을 바닥에 대고 기기 시작한 것은 배를 바닥에서 든 채로 균형을 잡을 때 생체역학적으로 제약이 증가하는 데 영아가 대응했다는 것을 보여 준다.

최초의 이동동작이 바닥에 배를 끄는 것이었던 영아에게서는 그 동작을 힘들게 성공한 것이 운동 기능 면에서 도움이 되었다(Adolph et al., 1998). 배로 기는 동작을 보였던 영아가 양손과 양무릎을 대고 기기 시작한 첫 주부터 그 과정을 생략한 영아보다 더 많이 그리고 더 빠르게 앞으로 움직였다. 그 과정을 생략한 영아는 몇 주가 지나야 따라잡을 수 있었다. 또한 회전하기, 흔들기 및 이동과 관계없는 모든 자세를 포함해 엎드린 자세에서 얼마나 오랫동안 동작을 했느냐에 따라 양손과 무릎으로 기는 동작에 얼마나 능숙한가를 결정했다. 즉, 일단 영아가 손과 무릎으로 움직일 수 있을 만큼의 근력이 생기면 배로 기기와 관련된 다양한 동작을 연습하는 것이 신체의 다른 부분을 사용하는 동작에도 도움이 되었다.

기기동작의 지각적 통제

다른 동작과 마찬가지로 기기도 지각적 균형통제력(perceptual control of balance)이 필요하다. 기기를 연구하는 데 가장 유명한 것이 시각벼랑(visual cliff)을 이용한 것이다. Gibson과 Walk(1960; Walk, 1966; Walk & Gibson, 1961)를 비롯한 수많은 후대 연구자(예, Bertenthal & Campos, 1984; Campos, Bertenthal, & Kermoian, 1992; Rader, Bausano, & Richards, 1980; Richards & Rader, 1981, 1983)가 균형통제에 관한 기본적 실험을 했다. 영아가 떨어지지 않기 위해서 몸을 지탱해 줄 딱딱한 바닥이 있도록 해야 한다. 시각벼랑은 그 낭떠러지를 지나면 균형을 잡는 것이 불가능하다는 것을 보여 주는 다양한 깊이지각에 관한 단서를 제공해 준다.

시각벼랑은 3피트 높이에 투명한 유리판을 설치한 장치다([그림 5-12A]). 벼랑 쪽 끝에 어머니가 서서 아기를 향해 웃으며 팔을 벌리고 장난감을 보여 주는 등 아기가 기어오도록 유인했다. 염소와 병아리처럼 태어나자마자 걷기 시작하는 동물은 처음부터 벼랑을 건너지 않는다. 고양이, 토끼, 사람처럼 이동 능력이 천천히 발달하는 동물은 갓 움직일 수 있게 됐을 때는 시각벼랑을 지각하지 못한다. 후자의 경우 혼자 힘으로 이동할 수 있게 된 지 오래 지난 다음에도 시각벼랑을 피하는 듯한 반응을 보여 줄 뿐이다(Held & Hein, 1963; Walk, 1966; Walk & Gibson, 1961). 기기 시작한 지 2주가 지난 영아를 시각벼랑을 향해 엎어두면 심장박동이 빨라졌다. 이러한 반응은 영아가 깊이를 인지하고 있다는 것을 보여 준다. 하지만 시각벼랑을 향해 기어간다. 기기 시작한 지 6주가 지난 영아의 경우 60~70%가 시각벼랑 앞에서 멈춘다(Campos et al., 1992).

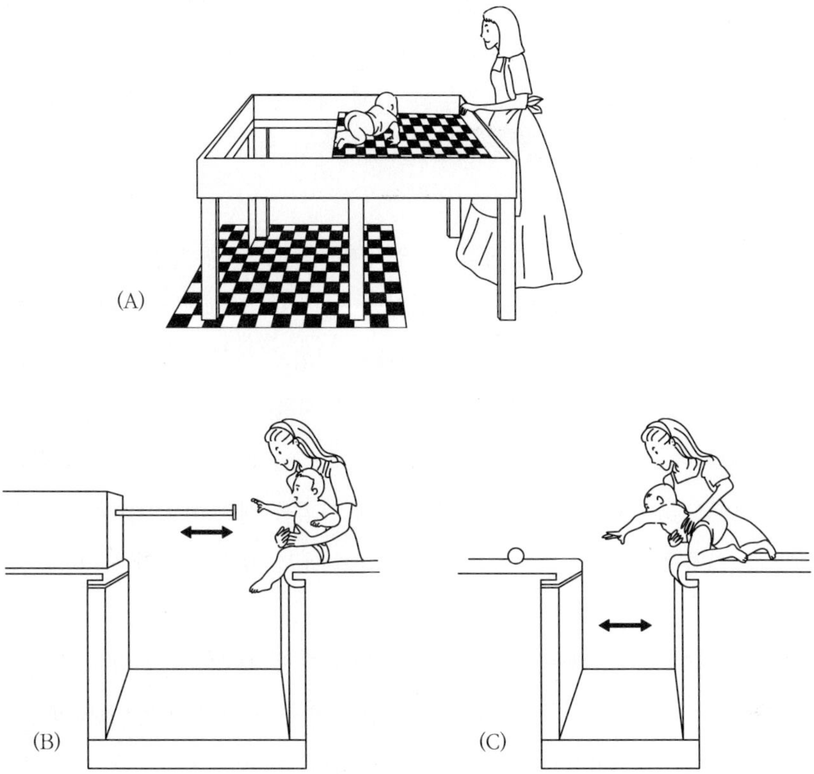

[그림 5-12] 낭떠러지 앞에 있는 영아를 관찰하기 위한 실험 장치

(A) 기고 있는 영아를 투명유리가 덮인 폭 3인치, 깊이 3피트의 낭떠러지인 '시각벼랑' 위로 건너오도록 유인한다.

출처: Adapted with permission from *Psychological Monographs: General and Applied, 75*, R. W. Walk & E. J. Gibson, A comparative and analytical study of visual depth perception, p. 8. (1963).

(B) 앉아 있는 영아, (C) 기고 있는 영아를 실제 벼랑 위로 몸을 기울여서 건너도록 유인한다.

출처: Reprinted with permission from *Psychological Science, 11*, K. E. Adolph, Specificity of Learning: Why infants fall over a veritable cliff, p. 242. Copyright © 2000 by American Psychological Society.

Adolph(2000)는 기존의 실험을 약간 변형하여 영아가 실제 낭떠러지 앞에서 균형감각에 대한 실험을 진행했다. [그림 5-12 B]와 [그림 5-12 C]에서 볼 수 있듯이, 시각벼랑과 실제 벼랑은 몇 가지 다른 점이 있었다. 시각벼랑과 달리 실제 벼랑은 유리를 설치하지 않았다. 대신에 고도로 숙련된 실험자가 영아가 떨어질 것 같으면 옆에서 잡아 주었다. 시각벼랑에서는 시각정보와 촉각정보가 충돌한다. 즉, 벼랑이 보기에는 위험한 것 같은데, 만져 보면 안전할 것 같은 느낌이 든다. 시각벼랑은 간격이 고정되어 있지만, 실제 벼랑은 조정이 가능했다. 트랙을 따라 지지대를 밀면 낭떠러지 아래 바닥을 2cm 폭으로 조정하여 바닥에서 탁자가 있는 90cm 높이까지 올릴 수 있다. 또한 시각벼랑 실험에서는 영아는 투명유리가 몸무게를 버틸 수 있는지 금방 알게 되기 때문에 영아 한 명당 한 번만 실험을 할 수 있다. 반면에 조정 가능한 실제 벼랑을 이용하면 정신물리학적 절차를 이용해 영아마다 반응곡선(response curve)을 예측하여 영아 한 명 당 실험을 수십 번 진행할 수 있다.

실제 벼랑에서 어머니는 생후 9개월 된 영아가 몸을 기울여 낭떠러지 건너편에 있는 장난감을 향해 오도록 유인했다. 능숙하게 앉아 있을 수 있고(평균 3개월), 기어다닐 수 있게 된 지 얼마 안 된(평균 1개월) 영아를 상대로 실험을 실시했다. 벼랑 앞에 앉은 영아는 떨어지지 않고 얼마나 앞으로 몸을 내밀 수 있는지를 정확하게 파악했다. 낭떠러지를 건너지 않을 확률과 조건부 확률(conditional probability)이 비슷했다. 하지만같은 영아를 기는 자세로 벼랑 앞에 데려다 놓으면 여러 차례 실험을 해도 계속 추락할 뻔했다. 실험 대상 영아 중 거의 절반이 두 차례의 실험 중 한 회에서 최대 깊이인 90cm로 조정해 놓은 상태에서 벼랑 위로 기어갔다.

이 실험은 영아의 균형통제력이 오랫동안 경험한 특정 자세에서만 적용된다는 것을 보여 준다. 다시 말하면, 앉은 자세에서 균형을 잡는 법을 알아도 기는 법을 배울 때 균형을 잡을 수 있는 것은 아니라는 점이다. 이 점에 대해 놀라워할지도 모르지만(어떻게 같은 영아가 같은 낭떠러지 앞에서 다른 반응을 보이는지), 생체역학적인 측면에서는 충분히 설명이 가능하다. 앉은 자세 실험을 통해 설명했듯이, 영아는 몸의 균형을 잡기 위해서 자신의 활동 가능 범위를 파악해야만 한다. 앉은 자세와 기는 자세의 활동 가능 범위는 다르다. 하지만 이것은 빙산의 일각에 불과하다. 앉기와 기기는 균형통제 체계가 전혀 다르다([그림 5-7 A]와 [그림 5-7 B]를 비교). 몸이 회전하는 핵심 축도 다르고(앉은 자세는 엉덩이, 기는 자세는 팔목), 대응동작(compensatory sway)을 하는 데 필요한 근육도 다르고, 눈앞의 바닥을 내다보는 시점도 다르고, 광학적 흐름(optic flow)와 회전자극(vestibular stimulation)도 다르다. 따라서 영아가 기는 자세에서 배를 바닥에서 뗀 채로 유지하는 데 필요한 팔의 근력이 생기면, 새로운 균형통제 체계의 새로운 변수를 파악하고, 그다음 각 변수의 주변 환경을 재조정하는 법을 배워야 한다(Adolph, 2002, 인쇄 중; Adolph & Eppler, 2002).

8. 직립자세에서 균형 잡기: 서기, 붙잡고 걷기, 걷기

직립보행은 영아의 다른 운동 이정표와 다르다. 영아기에서 걸음마기로 넘어가는 발달 단계에서 꼭 거쳐야 하는 통과의례다. 영아가 처음으로 말을 할 때처럼 걷기에도 문화가 반영된다. 하지만 다른 운동 이정표들과 비슷한 점도 있다. 앉기, 손 뻗기, 기기처럼 균형 잡기가 걷기의 핵심 요소다. 두 발로 균형을 잡기 위해서 신체 비례의 급격한 변화와 표면 바닥 변화에 잘 대처해야만 한다.

신체 비례 변화

성장궤도 출생 후 가장 급속한 성장기는 영아기와 청소년기다. [그림 5-13 A]와 [그림 5-13 B]의 왼쪽 그래프는 미국보건통계청이 집계하고 질병통제센터가 2000년에 개정한 미국표준치에 근거한 남아와 여아의 출생 시부터 성인기까지 신장과 체중의 성장곡선이다. [그림 5-13 A]와 [그림 5-13 B]의 오른쪽 그래프는 출생 시부터 생후 2년까지 부분을 확대해 놓은 것이다. 연구자들은 영아를 눕혀 팔다리를 쭉 편 상태에서 신장을 측정하고, 소아용 저울에 영아를 눕히거나 앉혀서 체중을 측정한다. 더 큰 아동은 아동이 혼자 일어선 상태로 신장과 체중을 측정한다. 줄자를 이용해 눈썹 주변을 기준으로 머리둘레를 잰다([그림 5-13 C]). 체질량지수([그림 5-13 D])는 영아의 체중과 신장을 모두 고려해 전체적 비만도를 측정한 수치다(체중(Kg)/신장$(m)^2 \times 10,000$).

각 그래프마다 두꺼운 곡선은 50% 선이다. 예를 들어, 12세 여아가 해당 연령군에서 체중이 50% 선에 있다는 것은 해당 군의 12세 여아 중 이 여아보다 체중이 많이 나가는 아동이 50%의 이상이라는 뜻이다. 50% 선 위 아래에 있는 가는 곡선은 각각 하위 5% 선과 상위 5% 선이다. 각 연령별로 신장, 체중, 머리둘레, 체질량지수에서 격차가 매우 크다. 2세 영아의 경우, 신장이 상위 5%와 하위 5%의 편차가 12cm다. 나이가 올라갈수록 격차가 커져서 10세가 되면 상위 5%와 하위 5%의 격차가 22cm까지 증가한다.

[그림 5-13] A와 B의 급격한 상승곡선에 표현되어 있듯이 영아기에는 성장이 급속하게 이루어진다. 물론 신장과 체중이 증가하지만, 신체부위별로 성장비율이 다르다. 예를 들어, 태어나서 12개월까지는 영아의 신장이 44%(25cm)가량 자라지만 머리둘레는 29%(10cm)밖에 자라지 않는다. 둘레보다 길이 성장이 더 빠른 속도로 이루어지기 때문에 영아의 신체는 전체적으로 균형이 잡혀 간다. 신생아의 가분수형 체형은 원통형에 가까

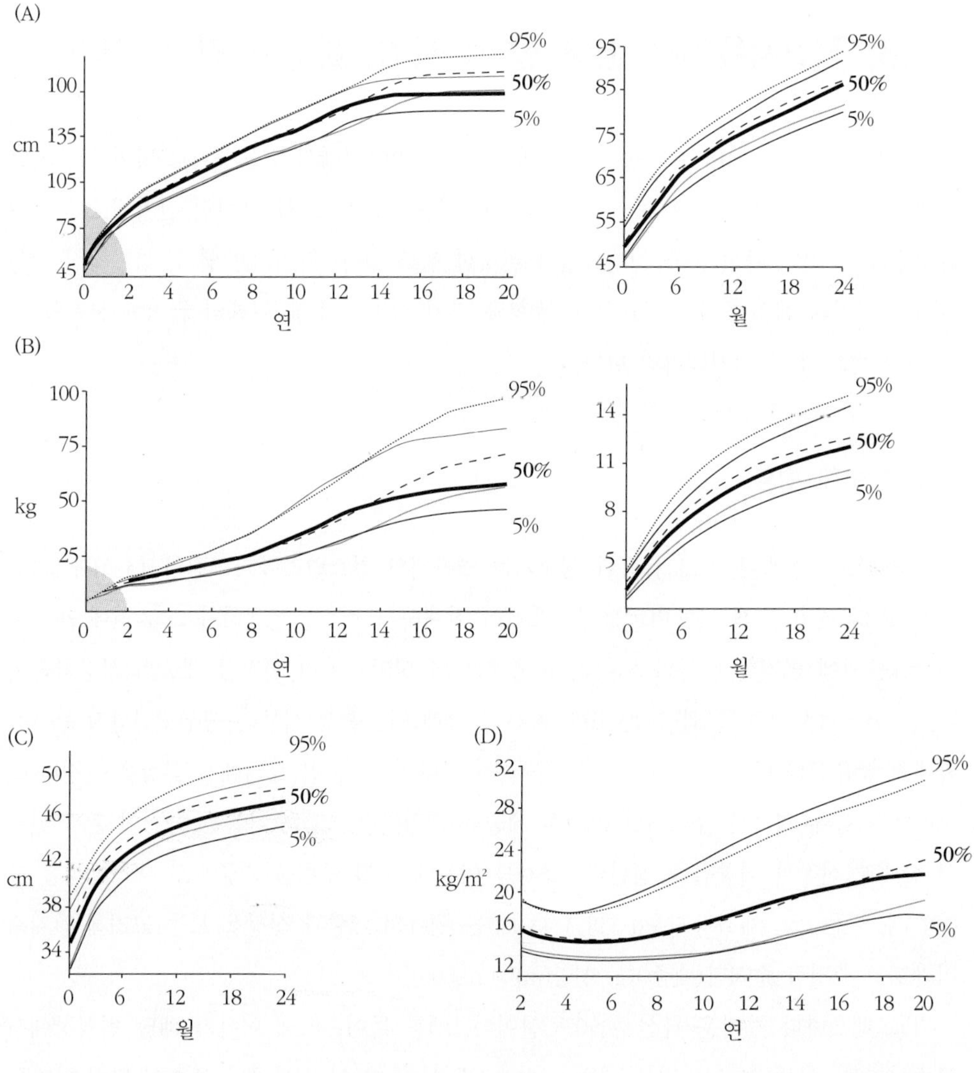

[그림 5-13] 0~20세의 성장곡선

(A) 신장, (B) 체중, (C) 머리둘레, (D) 체질량지수. 직선=여아, 점선=남아, 두꺼운 선=50%선, 가는 선=상위 5% 선과 하위 5% 선. (A)와 (B)의 0~2세의 잘 안 보이는 부분은 오른쪽 그래프에 확대에 놓았다. 영아기의 급격한 성장세를 잘 보여 준다.

출처: Adapted from growth charts developed by the National Center for Health Statistics in collaboration with the National Center for Chronic Disease Prevention and Health Promotion (2000).

워지고 질량중심이 가슴 부분에서 배꼽 아래로 이동한다. 보통 배가 통통한 걸음마기 아이는 유치원에 갈 때쯤이면 체형에 보다 균형이 잡힌다. 따라서 체질량지수 그래프를 보면 출생 시부터 5세까지는 하락곡선을 그린다. 그 후 상승곡선을 그리는 것은 몸 전체 길이에 비해서 지방량과 근육질량이 증가하기 때문이다. 2세 이후에는 성장률은 완만해져서 신장, 체중, 머리둘레 그래프의 상승곡선이 완만해진다.

출생 시부터 남아가 여아보다 계속 키와 몸집이 더 크다. 따라서 미국보건통계청과 질병통제센터에서는 남아와 여아의 발육 차트를 별도로 발표한다. 하지만 사춘기 전에는 성별 간 격차는 상대적으로 작다(즉, 같은 백분율로 비교했을 때 신장의 경우 1~2cm밖에 차이가 나지 않는다). 여아의 경우, 10~12세경에 청소년 성장급등시기(adolescent growth spurt)가 시작되고, 같은 연령의 남아보다 큰 경우가 많다. 남아의 경우, 14세경에 성장급등시기가 시작되어 다시 여아보다 신장과 체중 면에서 커진다. 성인이 되면 성별 간 격차는 커진다. 즉, 같은 백분율을 비교했을 때 약 12~15cm의 신장 차이가 난다.

의사는 성장 차트를 진단의 도구로 이용한다. 아동이 신장이나 체중 면에서 하위 5%에 속하거나, 키에 비해 체중이 많이 나가거나(체질량지수 그래프에서 상위 5%에 속할 때), 성장 속도가 점점 느려진다면 부모는 당연히 걱정을 한다. 특히, 체질량지수는 요즘 소아비만이 늘어나면서 점차 중요성이 커지고 있다. 과체중 아동이 증가한다는 것은 연령별 체중 차트와 체질량지수 차트에서 50% 선을 사이에 둔 상위 5%와 하위 5% 사이의 간격이 비대칭해지는 것에서 볼 수 있다. 체중과 비만도의 범위가 50% 위쪽이 아래쪽보다 넓다.

일부 연구자들은 아동과 청소년의 비만 및 과체중의 비율이 과도하게 높다고 말한다(Jolliffe, 2004; Reilly & Dorosty, 1999). 놀라운 것은 비만 아동이 증가한 이유가 과식 때문이 아니라 이전 세대에 비해 요즘 아동들의 활동량이 줄어들었기 때문이라는 점이다. TV 앞에 앉아 있는 시간이 증가했고, 1일 권장 운동량의 60%만을 움직인다(Reilly et al., 2004; Trost, Sirard, Dowda, Pfeiffer, & Pate, 2003; Vandewater, Shim, & Caplovitz, 2004).

2000년 미국보건통계청에서는 2세 미만 영아용 성장 차트를 새로 발표했다. 1977년에 발표했던 기존 차트의 표본에는 주로 모유수유 기간이 3개월 미만이고 그 이후에 분유로 전환한 영아가 포함되어 있었다. 최근의 연구를 보면 첫 1년간 모유수유를 한 아이가 처음 2~3개월은 성장 속도가 빠르지만, 3~12개월에는 속도가 더 느리다는 것을 알 수 있다. 하지만 1977년 성장 차트에 반영된 분유를 먹은 아동들의 경우 3개월 이후에도 성장 속도가 느려지지 않았다. 따라서 모유수유를 하는 아동을 기존 차트에 비교했을 때 '발육부진' 이라고 오진할 경우가 있었다. 이 문제를 해결하기 위해서 2000년에 발표된 차트는 더 장기간 동안 모유수유를 한 영아를 표본에 더 많이 포함시켜 대표성을 높였다.

삽화적 성장 성장연구자들은 보통 아동을 관찰할 때 횡단적 표본으로(cross-sectional sample) 측정하거나, 1달 이상의 간격을 두고 종단적(longitudinal) 관찰을 해서 그 사이 기간의 정보를 추정하여 [그림 5-13]처럼 부드러운 성장곡선을 작성한다. 의사가 소아의 성장을 월별, 일별로 체크할 때도 이 방법을 이용한다. 하지만 표본조사간격을 줄이면 전혀 다른 결과가 나온다. 완만한 성장곡선은 통계적 평균치이지, 아동의 성장궤도를 실질적으로 보여 주는 것은 아니다. 매일매일 관찰하면 영아가 성장이 매일 계속되는 것이 아니라 간격을 두고 성장이 이루어진다는 것을 알 수 있다(M. L. Johnson, Veldhuis, & Lampl, 1996; Lampl, 1993; Lampl & Johnson, 1993; Lampl, Johnson, & Frongillo, 2001; Lampl & Veldhuis, 1992). 즉, 하루 동안 성장급등이 나타나면 며칠, 몇 주간 전혀 성장하지 않는 긴 성장정지기간이 번갈아 나타난다. 성장급등이 이루어지는 하루 동안 영아의 신장은 무려 0.5~1.65cm이 자랄 수 있다. 성장이 정지하는 기간은 영아가 스트레스를 받거나 아파서가 아니라 정상적으로 건강하게 자라는 아이의 성장 패턴이 원래 그렇다. 이렇게 매일매일 신체 비율이 달라지기 때문에 균형을 잡을 때 생기는 어려움도 매일매일 변화한다. 영아는 이에 잘 대처해야 한다.

일어서기

영아가 서고 이동하기 위해서 몸을 일으켜 세우는 데까지는 몇 달이 걸린다. 평균적으로 걷기를 위한 중요한 이정표가 생후 7~10개월경에 시작되어 11~15개월에 끝난다. 직립자세 능력을 장기간에 걸쳐 확보하는 과정에서 다리근력과 균형통제력이 모두 증가한다.

생후 4~7개월에 영아의 다리는 매우 약해서 부모가 영아를 일으켜 세우면 다리를 앞으로 뻗거나 '긍정적 지지 반사(positive supporting reflex)' 자세를 만든다. [그림 5-14]에서 볼 수 있듯, 영아의 근육이 피로해지면 점프할 때처럼 동시에 다리를 구부렸다가 편다. 생후 7개월경에는 대부분의 영아가 충분한 다리근력을 획득하여 양다리로 체중을 지탱할 수 있지만 여전히 균형은 잡지 못한다. 만약 소파나 낮은 탁자에 기대어 놓으면 영아가 팔로 균형을 통제하면서 일어선다. 처음에는 발가락으로 혹은 발을 안쪽이나 바깥쪽으로 향한 채로 일어선다. 나중에는 발바닥을 바닥에 대서 체중을 발 전체로 감당한다.

결국 영아는 충분한 근력을 갖게 되어 한쪽 다리로 체중의 일부를 지탱하면서 혼자 힘으로 다른 한쪽 다리를 움직일 수 있게 된다. [그림 5-7 C]에 잘 나와 있듯이, 영아는 가구를 붙잡고 한 번에 팔다리를 하나씩 움직이면서 옆으로 걷는다(Vereijken & Adolph, 1998). 부모가 손을 잡아서 균형감각과 다리근력을 보조해 주면 앞을 보며 걷는다. 도움받아걷기 초기 단계에는 영아가 45° 가량 앞쪽으로나 뒤쪽으로 기울어질 것이다. 왜냐하면 부모가 허리를 굽히고 내민 손을 잡고 온 집안을 따라다니느라 지쳤기 때문이다. 영아

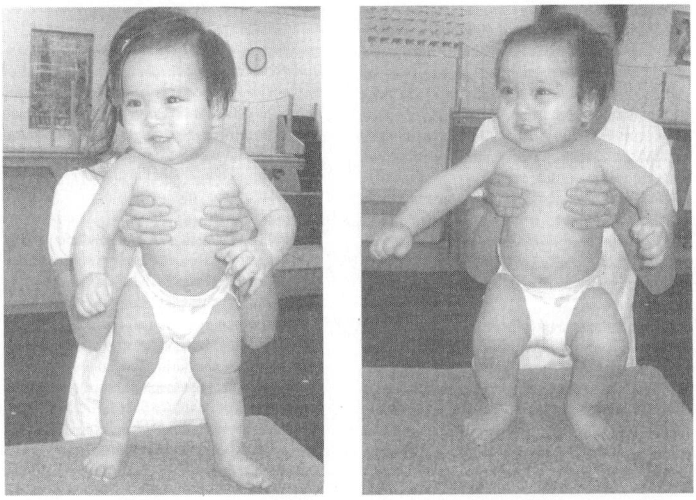

[그림 5-14] 긍정적 지지 반사(positive supporting reflex)
영아가 다리를 펴고 굽히면서 위 아래로 움직이고 있다(Courtesy of Kristel DeMay Chou.).

가 근력과 균형감각을 키워 나가면 가구를 붙잡거나 부모의 도움을 받았던 것을 스스로의 힘으로 할 수 있게 되면서, 손에는 힘을 덜 사용하고, 다리에 더 많은 체중을 싣고, 더 똑바로 서게 된다(Haehl, Vardaxis, & Ulrich, 2000; Vereijken & Adolph, 1998; Vereijken & Waardenburg, 1996). 결국 영아는 붙잡고 걷거나 도움을 받아 걸을 때 혹은 부모의 한 손가락을 잡을 때 한 손만 사용하면 될 것이다.

언젠가 가구나 부모의 손이 균형을 잡아 주는 역할보다는 심리적으로 든든하게 해 주는 역할을 할 것이다. 장난감을 만지거나 무엇인가를 지켜보다가 가구에서 우연히 손을 떼게 되는 영아가 많다. 혼자 힘으로 서 있다는 것을 깨닫게 되면 즉시 주저앉거나 다시 가구를 잡는다. 일부는 마치 부모의 손가락을 잡고 있는 것처럼 한 손을 공중에 둔 채로 첫걸음을 뗀다. Trettien(1900, pp. 41-42)은 G. Stanley Hall의 딸이 어떻게 걸었는지를 잘 묘사했다.

> 어느 날 아버지가 집에서 저녁을 먹기 위해 돌아와서 와이셔츠 커프스를 탁자에 놓았다. 아이는 커프스를 지켜보다가 탁자까지 기어가서 탁자 다리를 잡고 몸을 일으켜 세워서 커프스를 잡았다. 그리고 아무런 보조 없이 혼자 서서 팔목에 커프스를 끼웠다. 그리고는 아주 기쁜 표정을 지으면서 힘차게 걸어 아버지는 아주 놀랐다. 하지만 커프스가 아니었다면, 한 걸음도 떼지 않았을 것이다. 아이는 낡은 커프스를 갖고 아주 기뻐하며, 걷고 뛰어다녔다. 이틀간 커프스를 끼고 있었고, 그 후에는 커프스 없이도 걷고, 다시 기어다니지 않았다.

일어서는 것과 직립자세로 움직이는 것은 같지 않다. 처음으로 가구를 붙잡고 몸을 일으켜 세우는 것은 생후 9개월경이다(Frankenburg & Dodds, 1967). 기는 자세에서 영아는 상체를 일으켜서 무릎을 꿇고 팔을 이용해서 가구를 잡고 일어선다(Bly, 1994). 앉은 자세에서는 일어서기 위해서 무릎을 꿇고 앉기가 힘들 것이다. 가구에 의존하지 않고 일어서려면 협응 능력과 근력이 더 많이 필요하다(체육수업에서 하는 다리 굽히기 동작을 생각해 보면 알 수 있다). 따라서 의존하지 않고 일어서기는 혼자 걷기 바로 전이나 심지어 혼자 걷게 된 이후 몇 주 후에야 나타나게 된다(Bly, 1994).

걷 기

첫걸음　혼자 힘으로 걷기 시작하는 것은 보통 첫 돌을 맞았을 때쯤이다(Frankenburg & Dodds, 1967). 하지만 대부분의 운동 능력과 마찬가지로, 건강하고 정상적으로 발육하는 영아들 간에 걷기 시작하는 시기는 차이가 크다. 생후 9개월 전에 걷는 것은 서구 문화권에서는 극히 드문 일이고, 생후 17개월 후에 걷는 것은 걱정할 만한 일이다(Frankenburg & Dodds, 1967). Hall의 딸처럼, 일부 영아가 조용히 걷기 시작하긴 하지만, 대부분의 경우 걸으려는 의욕이 강하고 첫걸음 떼었을 때 아주 기뻐한다. 각 문화권의 기준, 부모의 기대, 육아 일과에 따라 걷기는 기다려지는 큰 성취다. 환호와 칭찬을 받으며 아이는 팔을 벌리고 있는 부모를 향한다.

그렇다면 영아는 왜 걸을까? 충분한 근력과 균형통제력이 생겨서 한쪽 다리로 몸을 지탱하면서 다른 쪽 발을 앞으로 뻗을 수 있게 되어야 독립적으로 걸음을 뗄 수 있다는 것이 연구자들 사이의 중론이다(예, McGraw, 1945; Thelen et al., 1984; P. R. Zelazo et al., 1989). 하지만 어떻게 해서 근력과 균형통제력이 생기는 것일까?

걷기에 관련된 뇌 연구에 따르면, 신경 구조 및 회로의 성숙을 통해 정보처리 속도와 효율성이 증가함으로써 근력과 균형감각이 촉진되는 듯하다(P. R. Zelazo, 1998; P. R. Zelazo et al., 1989). 대뇌 피질이 성숙하면 초기에 보여 주었던 걷기 반사가 되살아나면서(Forssberg, 1985; McGraw, 1932, 1935, 1945) 혹은 결합행동이 가능해져 동작을 차례로 해 나감으로써(P. R. Zelazo, 1998) 자발적으로 번갈아 다리를 움직이는 통제력이 생기는 것이다. 실제로 상관증거(correlational evidence)도 뇌 연구 결과와 일치한다. 영아의 뇌는 생후 첫 2년 동안 성인 체중의 30%에서 70%로 성장한다(Thatcher, Lyon, Rumsey, & Krasnegor, 1996). 신경섬유는 피질척수로(corticospinal tract)에서 점차 수초화된다(myelinated)(M. H. Johnson, 1998).

신체 비율에 근거한 설명에 따르면, 영아의 신체 비례가 변화하면서 영아가 일시적으로 한쪽 다리로 설 수 있는 충분한 근력과 균형감각이 촉진된다. 붙잡고 걷기와 도움받아 걷기 기간이 끝나 가면서 다리의 근육 대 지방 비율이 증가하고 그에 따라 엉덩이, 등, 배에 충분한 근력이 생겨 영아가 한쪽 다리로 체중을 지탱하면서 동시에 몸통의 균형을 유지할 수 있게 된다. 다리굴근(extensor muscle)에 근력이 생기는 것이 특히 중요하다. 영아의 몸이 전체적으로 균형이 잡혀 가고 질량중심이 낮은 곳으로 이동하여, 몸을 끌어당기는 동요된 토크(destabilizing torque)의 크기를 상쇄시켜 준다. 따라서 몸을 이동 가능 영역 안에 두는 데 필요한 근력이 줄어든다. 상관증거도 이 설명을 뒷받침해 준다. 더 통통하고 머리가 무거운 영아는 몸에 균형이 잡힌 아이보다 걷기 시작하는 시기가 더 늦다(Adolph, 1997; McGraw, 1945; Shirley, 1931). 영아에게 추를 달아서 신체 비율을 더 어린 영아에 가깝게 실험을 해 보았더니, 영아가 넘어지는 횟수가 증가했다. 직립자세로 서 있을 수 있다 해도 더 어린 영아의 걷기동작을 보였다(Adolph & Avolio, 2000; Garciaguirre & Adolph, 2004; Schmuckler, 1993).

경험에 근거한 설명에 따르면, 직립자세로 움직이는 훈련이 근력과 균형감각을 촉진시킨다. 붙잡고 걷기와 도움 받아 걷기를 하면서 다리를 들면서 다리근육에 엄청난 근력 훈련이 된다. 걸으면서 굽히기 과정(flection)에서 중력에 저항해 다리를 위로 들어올려야만 한다. 이러한 맥락에서 생후 첫 몇 개월간 직립자세의 동작 훈련을 시키면 신생아기에 보여 주는 걷기자세가 유지되고 처음으로 걷는 시기가 더 앞당겨진다. 예를 들어, Zelazo 등(P. R. Zelazo et al., 1972)은 매일 걷기 훈련을 한 생후 2개월 된 영아가 신생아기의 걷기자세를 더 오래 보여 주었고, 누운 채로 발차기만 했던 영아보다 더 일찍 걷기 시작했다는 것을 실험을 통해 보여 주었다. Zelazo의 실험을 일상적으로 적용하듯 부모가 영아에게 매일 근력 훈련을 시키는 문화권이 있다. 예를 들어, 자메이카와 케냐의 키프시기스족은 영아에게 걷기동작을 훈련시킨다. 긍정적 지지 반사와 점프 동작도 연습시킨다. Zelazo 실험에서 직립동작 훈련을 받은 영아처럼, 자메이카와 케냐 키프시기스 족 영아는 훈련을 받지 않은 영아보다 몇 주 먼저 걷는다. 훈련을 하면 영아에게 직립자세의 흔들리는 범위와 몸의 자세를 유지해 주는 보상적 동작의 반경을 알 수 있는 기회를 주기 때문에, 근력뿐 아니라 균형통제력도 촉진된다. 서기 경험이 더 많은 영아가 균형이 깨졌을 때 더 효율적으로 보상적으로 몸을 흔드는 반응을 보인다(Woollacott et al., 1989). 따라서 상관증거는 이 설명도 뒷받침해 준다.

뇌에 근거한 설명은 성숙가설에 해당하고, 경험에 근거한 설명은 학습가설에 해당하며, 신체 비율에 근거한 설명은 본성과 양육의 역할에 대한 불가지론에 해당한다. 하지만 이론을 연구자들이 발달의 양방향적(bidirectional) 특성에 민감하다는 뜻은 아니다. 초기 연구자, 현대 운동발달 연구자 모두 뇌, 신체 비율, 연습이 역할을 한다는 데에 동의하고 있다(예, Adolph, Vereijken, & Shrout, 2003; Gesell, 1939; McGraw, 1945; Thelen & Ulrich, 1991). 예를 들어, 중앙신경계와 다양한 신체 부분이 성숙하면 영아는 더 연습을 많이 하게 될 것이다. 반대로 연습을 통해 신경회로가 발달하고 영아의 신체 비율이 더 균형 잡히게 될 수도 있다.

걷기 유능성 연구자들은 1930년대부터 영아의 보행 패턴의 변화를 담기 위해 혁신적인 방법들을 고안해 왔다. 예를 들어, Shirley(1931)는 보폭의 가로, 세로(step length, step width) 등 보행을 측정하기 위해 영아의 발바닥에 흑연을 뿌리고 기름종이 위를 걷게 했다. McGraw(1935, 1945)는 초고속 필름을 이용해서 걷기동작을 촬영하고 필름의 프레임별로 영사하여 영아의 신체 윤곽의 변화를 조사하여 팔다리의 위치를 분석했다. McGraw와 Breeze(1941)는 영아가 높은 바닥을 걸을 때 족압과 무게중심의 변화를 기록하기 위해 임시 힘 분석판(force plate)을 고안했다. 현대 연구자들은 영아의 신발 바닥에 잉크를 묻힌 탭을 붙이거나(Adolph et al., 2003) 카펫에 측정장치를 연결해서(Yanez, Domakonda, Gill-Alvarez, Adolph, & Vereijken, 2004) 보행 패턴의 변화를 기록한다. 비디오(Thelen, Bril, & Breniere, 1992)와 초고속 필름(Clark, Whitall, & Phillips, 1988)을 이용해서 영아의 보폭의 시간과 변화를 측정한다. 고화질 힘 분석판 표면은 영아의 무게중심의 변화를 3차원으로 측정하고(Breniere, Bri, & Fontaine, 1989; Bril & Brenier, 1992), 움직임 추적(marker-tracking motion) 분석 시스템은 영아의 팔다리 궤도와 관절각(joint angle)을 기록한다(Assaiante, Thomachot, Aurently, & Amblard, 1998).

어떤 방법을 사용했든지 실험실에서 얻은 결과는 놀라울 정도로 일관성이 있다(예, Adolph et al., 2003; Bril & Breniere, 1989, 1992, 1993; Clark et al., 1988; McGraw, 1935, 1945; Shirley, 1931; Thelen et al., 1992). 독립적 보행의 첫 몇 주간은 발걸음이 흔들린다. 보통 발가락을 찰리 채플린처럼 바깥쪽으로 내밀고 팔자걸음을 걷고, 앞으로 약간 전진하며, 양팔을 너무 넓게 벌려서 보폭의 세로 보다 가로가 더 크다. 아이들은 천천히 오랫동안 돌아다니지만 발을 빨리 내려놓는다. 그에 따라 한쪽 다리가 공중에 떠 있는 시간은 짧고 양발이 모두 바닥에 닿아 있는 시간은 길어진다. 엉덩이, 무릎, 발목의 조화되지 않은 동작과 함께 다리를 구부리고 편다. 또 발가락으로나 발바닥 전체로 지면에 접촉한다. 팔은 팔꿈치를 구부린 채로 '재즈를 추는 폼(Jazz-hands position)'으로 고정되어 있다(Corbetta & Bojczyk, 2002; Ledebt, 2000; McGraw, 1945).

반면에 혼자 힘으로 걷기 시작한 지 4~6개월이 지나면 영아의 보행 패턴이 성인과 좀 더 비슷해진다. 넘어지지 않고, 상황 변화에 대처하며, 영아의 움직임은 일정하고 전체 신체 발육 단계에 들어맞는 모습을 보인다. 보폭은 길어지고, 발을 넓게 벌리지도 않고, 발가락이 전면을 향한다. 보행 속도도 더 빨라지고 한 발이 공중에 떠 있는 시간은 늘어나고 양쪽 발이 모두 바닥에 닿아 있는 시간은 줄어든다. 영아의 관절각도 완만하고 고정되어 있으며, 발은 뒤꿈치부터 바닥에 닿는다. 손은 차렷 자세를 하고 있고 팔은 반대쪽 다리를 움직일 때 흔든다.

초기와 현대의 연구자 모두 영아의 초기 보행 패턴에서 미숙한 부분은 처음 걷기를 방해한 것과 같은 문제 때문에 발생한다는 데 의견을 같이하고 있다. 즉, 한 발로 몸을 지탱하면서 다른 한 발은 앞으로 내디딜 충분한 근력과 균형통제력이 부족해서라는 것이다(예, Adolph et al., 2003; Bril & Breniere, 1993; McGraw, 1945). 사실 막 걷기 시작한 영아는 한 걸음씩 걸을 때마다 몸 전체가 아래로 내려간다. 발이 지면에 닿을 때 무게중심의 수직 가속도(vertical acceleration)가 마이너스이기 때문이다. 반면에 능숙하게 걷는 영아와 성인은 한 걸음씩 걸을 때마다 몸이 위를 향한다. 발이 지면에 닿을 때 무게중심의 수직 가속도가 플러스이기 때문이다(Breniere et al., 1989; Bril & Breniere, 1993). 요약하면, 막 걷기 시작한 영아는 앞으로 전진하기 위해서 균형을 잡지 않는다. 고정된 한 발로 서서 내딛는 발로 겨우 넘어지기는 것을 피하면서 몸이 아래쪽으로 쏠리도록 두는 것이다. 능숙하게 걷는 영아와 성인은 몸을 바닥에 닿아 있는 발에 힘을 줘서 용수철처럼 탄력을 주어 전진하는 동안 균형을 통제한다.

그렇다면 어떻게 해서 근력과 균형감각이 향상되는 것일까? 영아가 걷기 시작하는 요인이 걷기 능력 향상의 요인도 된다. 즉, 뇌, 신체 비율, 경험이 그 요인이 된다. Adolph와 동료들(2003)은 최근 210명의 영아를 표본으로 확보해서 이 세 가지 요인이 각각 보폭의 가로와 세로, 발 회전, 역동적 지지기반(dynamic base of support) 향상에 기여하는 정도를 수치로 비교했다. 영아의 역연령(chronological age)으로 뇌 발달의 정도를, 영아의 이동경험의 기간(지나간 기간은 부모의 보고에 따라, 앞으로의 기간은 기록에 따라)으로 연습의 정도를 대신하고, 신체 부피는 직접 측정했다. 연습만으로 걷기 능력 향상을 예측하는 것이 가능했다. 연습은 연령과 신체 부피가 기여하는 것보다 훨씬 많은 기여를 한 반면, 연령과 신체 부피로는 걷기 능력 향상을 예측하지 못했다. 연령, 신체 부피 모두 연습의 기여도에는 미치지 못했다.

경험의 기여도가 크다는 연구 결과가 매우 인상적이기는 했지만, 실험 구성이 취약한 것은 실망스럽다. 이동 경험의 기간을 정량화하는 표준 방법은 걷기 시작한 날과 실험 당일 사이의 일 수(number of days)에 불과했다. 따라서 일부 연구자들은 연습을 '걷기연령'이라고 표현한다(Clark et al., 1988; Metcalfe & Clark, 2000). 역연령처럼 걷기연령도 영아가 걸음 수, 보행거리, 걷기 경험의 특성과 같은 기본 체제를 전혀 설명해 주지 못한다.

영아의 이동 경험을 설명하기 위해서 부모가 매일 영아가 이동하는 곳을 추적하도록 하고, 영아의 발걸음과 경로를 비디오로 기록하고(Garciaguirre & Adolph, 2005), 영아의 신발에 장착하는 만보기를 달았다(Adolph, 2002; Adolph et al., 2003; Sotsky, Garciaguirre, & Adolph, 2004). 그 결과, 영아는 바닥에서 균형을 잡고 이동을 하는 데 깨어 있는 시간의 50%(바닥에서 보내는 시간 중 약 6시간)를 보냈다. 16분간 자유롭게 놀면서 최대 587걸음을 걷고, 바닥을 1,050걸음을 돌아다녔다. 하루종일 총 9,000걸음을 걷고, 축구장 29개 길이만큼의 거리를 이동했다. 그러는 동안 집안의 모든 방을 거치고 5~12종류의 다른 바닥 위를 걸어다녔다.

직립균형의 지각적 통제

한 자리에서 서 있을 때 영아는 [그림 5-7 D]에서 볼 수 있듯이 보통 발목둘레의 흔들리는 범위(sway region)을 통제함으로써 균형을 잡는다. 신체 부위가 여러 군데로 나뉘어 있기 때문에, 영아는 엉덩이로 보상적인 동작(compensatory swaying motions)을 하거나(약간 앞으로 구부리고 뒤로 기대는), 무릎을 굽히거나 지지할 만한 무엇인가를 잡아서 균형을 찾을 수 있다(Adolph, 2002; Stoffregen, Adolph, Thelen, Gorday, & Sheng, 1997). 걸을 때는 영아의 흔들리는 범위가 역동적으로 변해 몸이 뒤로 쏠렸다가 다음걸음을 내디딜 때는 앞으로 쏠린다([그림 5-7 E]). 역동적 흔들리는 범위는 역동적 지지기반이 벌어진 양다리 넓이 이상으로 확장되기 때문에 서 있을 때보다 걸을 때 몸이 흔들리는 범위가 크다.

다양한 지각정보 원천은 행동반경(permissible postural sway)의 범위 내에서 몸의 자세를 결정한다. 스트레칭, 발 피부의 눌림, 다리근육과 관절의 자극, 전정계가 감지하는 가속도, 시각정보의 유입(optic flow) 등이 바로 지각적 정보의 원천이다. 손가락 피부가 살짝 눌리기만 해도 몸의 흔들리는 동작(swaying motion)이 결정된다. 영아는 몸의 움직임에 관한 지각적 정보에 매우 민감해서 살짝 손을 짚는 것만으로도 몸의 앞뒤 흔들림을 최소화할 수 있다(Barela, Jeka, & Clark, 1999; Metcalfe & Clark, 2000).

시각정보의 유입에서 얻는 시각운동 정보는 서 있을 때와 걸을 때 균형을 통제하는 데 특히 중요한 역할을 한다. 시각 배열(optic array)의 중심과 주변부의 시각정보의 유입 구조는 다르다(J. J. Gibson, 1979). 중심점에서는 정보유입의 짜임(flow texture)이 방사형으로 퍼진다. 시각적 짜임의 요소들(optic texture elements)은 밤에 고속도로의 가드레일에 붙은 반사표식처럼 바깥으로 향한다. 시각 배열의 주변부에서는 시각정보의 유입이 얇은 층을 이루고 있다. 시각적 짜임의 요소들은 기차 창문 밖으로 지나가는 장면처럼 평행선을 이룬다. 움직이는 방(앞에서 앉아 있는 영아를 대상으로 실험했던) 장치에서, 전면 벽이 움직이면 방사형 유입 구조가 형성되고 측면 벽을 움직이면 층형 유입 구조가 형성된다. 성인은 걸으면서 방향을 바꿀 때는 방사형 유입정보를, 균형을 잡을 때는 층형 유입정보를 이용한다. 따라서 움직이는 방에서 서 있으면 측면 벽의 움직임에 따라서만 보상적 동작을 나타낸다(Stoffregen, 1985). 측면 벽이 앞뒤로 움직이면 성인은 인형처럼 가상 층형 유입에 이끌려 무게중심을 뒤로, 앞으로 이동시킨다.

영아의 연령과 이동 경험은 방사형 유입과 층형 유입을 구분하는 능력과 연관되어 있다. 예를 들어, 생후 아직 기지 못하는 8개월 된 영아가 움직이는 방안에 앉아서 전면과 측면 벽의 움직임에 똑같이 흔들리는 반응을 보인다. 반면에 길 줄 아는 생후 8개월의 영아와 유모차를 타고 움직임을 경험해 본 영아는 측면 벽 움직임에 더 큰 보상적 동작을 보인다.

영아가 걷기 시작한 후 움직이는 방안에 서 있을 때 가상의 시각정보 유입에 아주 강한 반응을 보여서 비틀거리고 넘어지는 경우도 많다(Bertenthal et al., 1997; Butterworth & Hicks, 1977; Lee & Aronson, 1974). 전면 벽과 측면 벽이 이동하는 두 경우 모두 영아의 직립균형이 깨지지만, 영아는 측면 벽이 움직일 때 더 자주 비틀거리고 넘어진다. 이는 영아가 방사형 시각유입과 층형 시각유입을 구분하기 시작했다는 것을 보여 준다(Bertenthal et al., 1997; Schmuckler & Gibson, 1989; Stoffregen et al., 1987). 유아기에 있는 아동은 측면 벽이 이동했을 때만 비틀거리고, 넘어지는 경우는 드물다(Schmuckler & Gibson, 1989; Stoffregen et al., 1987). 하지만 그냥 봐서는 보이지 않는 흔들림을 측정하는 힘 측정판을 이용하면 유아가 측면 벽이 이동한 후 약하게 보상적으로 몸을 흔드는 반응을 보인다는 것을 알 수 있다. 반면 성인은 전면 벽 이동에 거의 영향을 받지 않는다.

움직이는 방에서는 영아가 걸을 때보다 한 곳에 서 있을 때 더 많이 비틀거리고 넘어진다(Stoffregen et al., 1987). 하지만 비어 있는 움직이는 방에서 걷는 것을 평소에 걷는 것과 비교할 수 없다. 영아가 소파, 탁자, 의자, 침대를 돌아 최종 목적지까지 가기 때문에 방향전환과 균형잡기는 구분해서 생각할 수 없다. 영아가 층형 시각유입 정보를 선택적으로 이용해 균형을 잡는지를 파악하기 위해서 '움직이는 복도(moving hallway)'의 비탈면에서 실험을 했다(Schmuckler & Gibson, 1989). 어머니가 복도 끝에서 아이를 격려하고, 아이는 복도에 있는 원뿔형 도로장애물(traffic cone)을 헤치고 어머니를 향해 가도록 했다. 영아는 비탈면을 걸어 내려가면서 길에 아무런 장애물이 없을 때보다 장애물 주변을 돌며 방향전환을 해야 할 때 더 자주 비틀거리고 넘어졌다. 반면에 유아의 경우 장애물이 있어도 장애물이 없을 때와 마찬가지로 쉽게 이동했다.

위험 지면 판단하기 움직이는 방에서 균형을 잡는 것을 보면 영아가 균형을 잡기 위해 지각적 정보에 민감하고, 그에 적절하게 대응할 수 있다는 것을 알 수 있다. 하지만 대응은 항상 최후의 전략이다. 이론상 영아는(성인도) 넘어지기 시작하기 전에 먼저 균형을 잡기 위해 정보에 대한 대응행동을 취해야 한다. 이를 위해서 영아는 자신의 신체 비율과 특성을 고려해 지면의 변화를 판단해야만 한다.

선제균형통제력(prospective control of balance)를 실험하기 위해서 Adolph와 연구 팀은 걷는 영아를 [그림 5-15]에 나와 있는 것처럼 장치가 연결된 비탈면에 올려 놓았다(예, Adolph, 1995, 1997; Adolph & Avolio, 2000; Adolph, Eppler, & Gibson, 1993a). 평평한 출발점과 도착점 사이의 비탈면은 조정이 가능했다. 손으로 잭을 조정하거나 버튼을 눌러서 각도를 0~90°까지 조정할 수 있었다. 부모는 비탈길 밑에서 아이에게 내려오라고 격려하고, 연구자가 안전을 위해 영아의 옆을 지켰다.

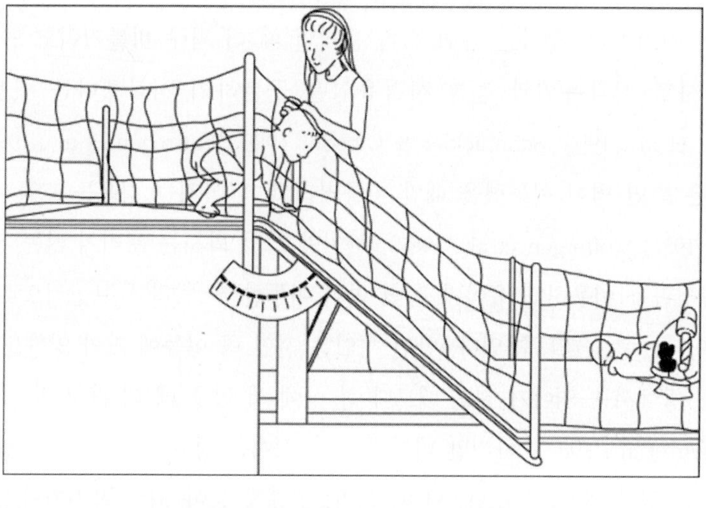

[그림 5-15] 장치가 연결된 비탈면

가운데 부분은 손으로 잭을 조정하거나 버튼을 눌러서 각도를 0~90°까지 조정할 수 있다. 양육자들(그림에서는 보이지 않음)은 영아들이 비탈면을 내려올 수 있도록 격려했다.

출처: Reprinted from Advances in Child Development and Behavior, Vol. 30, K. E. Adolph, Learning to keep balance, pp. 18-19. Copyright 2002 © with permission from Elsevier.

잘 걷는 영아는 놀라운 선제균형감각을 보여 준다. 여러 차례 실험에서 평평한 출발점에서 관찰하고 만져 본 것에 근거하여 어떤 비탈면은 걷기에 안전하고 어떤 비탈면은 위험한지를 거의 정확하게 판단했다(예, Adolph, 1995; Adolph et al., 1993a). 정신물리학적 평가에서 영아가 걸을 확률이 성공할 조건확률과 일치했다.

잘 걷는 영아는 심지어 스스로의 능력에 대한 평가를 새롭게 할 수도 있다. 예를 들어, Adolph와 Avolio(2000)는 실험을 위해 납이 든 팩을 영아의 어깨에 얹어서 머리가 더 무겁고 가분수가 되게 조작을 했다. 납이 든 팩을 어깨에 얹은 영아는 질량중심에 변화를 주지 않는 깃털이 든 팩을 얹었을 때보다 더 완만한 비탈면을 걸어 내려갈 수 있었다. 팩을 얹음에 따라 달라진 좁아진 흔들리는 범위(sway region)에 맞춰 위험한 비탈면에 대한 판단도 달라졌다. 납이 든 팩을 얹었을 때는 위험하다고 판단한 비탈면을, 깃털이 든 팩을 얹었을 때는 안전하다고 정확하게 판단했다.

하지만 균형에 대한 위협을 판단하는 능력은 선천적이거나 자동적인 것이 아니라 장기간의 학습을 거쳐야만 흔들리는 범위가 달라졌다는 판단을 할 수 있다. 기기 시작한 첫 주부터 걷기 시작하여 7주 후까지 조정 가능한 비탈면에서 영아를 대상으로 실험을 했다(Adolph, 1997). 깃털이 든 팩을 어깨에 얹은 걸을 수 있는 영아처럼 자연적으로 신체 비율과 이동 능력에 변화가 생기면, 영아는 자신의 행동반경의 한계를 계속해서 상향시켜야 한다. 일주일 단위로 영아의 운동 능력 수준은 달라졌다. 어떤 주에는 위험하다고 판단되는 비탈면이 그 다음 주에는 기기 능력이 향상되자, 아주 안전한 곳이 된다. 기기에 안전한 비탈면이 영아가 처음 걷기 시작하자, 아주 위험한 곳이 된다. [그림 5-16]는 한 영아에 대한 자료로 막대의 높이는 실험을 실시한 주에 영아가 기거나 걸어서 안전하게 내려간 가

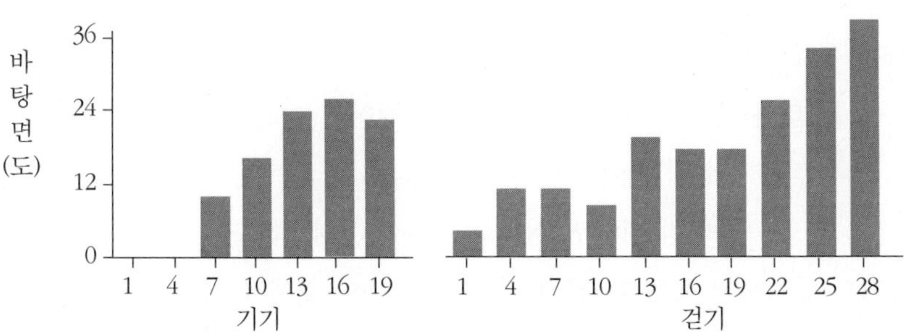

[그림 5-16] 한 영아가 기거나 걸어서 비탈면을 내려가는 능력의 변화를 보여 준다. 막대의 높이는 3번의 실험 중 2번에서 안전하게 내려간 가파른 비탈면을 의미한다. 매주 기기 능력과 걷기 능력이 향상되고 기기에서 걷기로 이행하는 기간 동안 막대 높이가 내려간 것에 주목할 것.
출처: Reprinted from *Advances in Child Development and Behavior*, Vol. 30, K. E. Adolph, Learning to keep balance, pp. 18-19, Copyright © 2002 with permission from Elsevier.

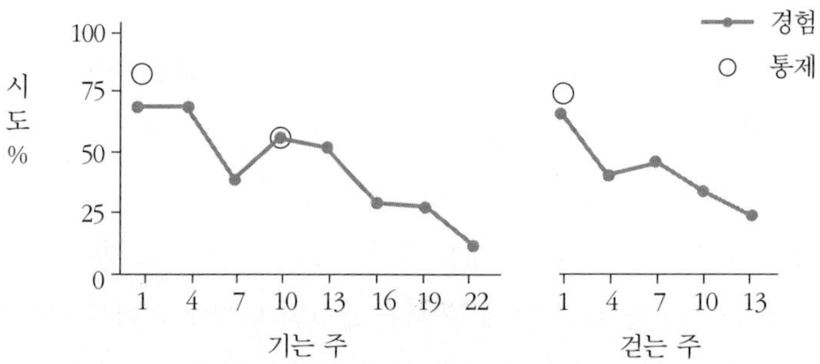

[그림 5-17] 길 때와 걸을 때, 위험한 비탈면에서(머리를 아래로 향하고 추락하는) 판단 실패
학습곡선이 각각 한 번씩 있다는 것에 주목할 것.
출처: Reprinted from *Advances in Child Development and Behavior*, Vol. 30, K. E. Adolph, Learning to keep balance, pp. 18-19, Copyright © 2002 with permission from Elsevier.

장 가파른 비탈면을 의미한다.

앉은 자세에서 흔들리는 범위의 한계를 판단하는 능력이 기기자세에서는 적용되지 않았던 것처럼, 기기자세에서 균형을 잡는 능력이 걷기자세에서 적용되지 않는다. 기기 시작한 첫 주에는 머리를 아래로 향한 채 가파른 비탈면에서 꼬꾸라져, 연구자가 잡아주어야만 했다. 평균적으로 실험 중 위험한 비탈면에서 넘어진 것이 75%였다. 영아의 기기 경험이 일주일씩 늘어나면서 대응 능력이 향상되었다([그림 5-17]의 왼쪽 도표에서 막대의 높이가 낮아지는 데서 알 수 있다). 기기 시작한 지 20주가 지나면 위험한 비탈면에서 잘못된 판단을 내리는 확률이 10% 미만으로 줄어들었다. 영아가 그 다음 주에 같은 기울기의 비탈면 앞에서 경솔하게 걸어 내려가다가 넘어졌다. 걷고자 하는 욕구가 너무 강해서 기기자세에서 익숙한 출발점에 데려다 놓으니, 절반의 영아는 혼자 일어서서 경사 36°의 비탈면을 걸어 내려가다 넘어졌다. 능숙한 기기자세에서는 경사 36°의 비탈면을 부드럽게 내려가거나 내려가지 않았다. 이와 비슷한 실험으로 McGraw(1935)는 막 걷기 시작한 영아는 기어서 가는 게 더 쉽고 효율적일 때도 두 발로 걸어서 가려고 하는 경우가 많다는 것을 알아냈다. 결국 걷기 경험이 늘어나면서 영아의 대응 능력이 향상되었다.

수개월간 실험을 하고, 수백 번 비탈면 실험을 했음에도 불구하고 기기와 걷기 사이에 어떤 전이의 증거도 발견하지 못했다. 걷기 시작한 첫 주의 실패가 기기 시작한 첫 주의 실패만큼 많았고, 두 번째도 학습의 속도는 전혀 빠르지 않았다. 게다가 기기 시작한 첫 주와 10주, 걷기 시작한 첫 주에만 실험을 한 대조군에 속한 영아와 수백 차례 실험에 참여한 영아 사이에 차이가 없었다. 오랫동안 매일 이동동작을 함으로써 균형의 위협요소를 판단하는 법을 배우는 것 같다. 비탈면 경험은 필요 없었다. 마지막 실험을 통해서 운동

발달의 과정에서 중요 자세 이정표를 하나씩 지나면서 균형 잡는 법을 학습하고 재학습한다는 것을 보여 주는 보강 증거를 얻었다(Adolph & Leo, 2005; Leo, Chiu, & Adolph, 2000). 붙잡고 걷기와 걷기가 모두 직립자세로 이루어지는 것이기는 하지만, 붙잡고 걸으면서 팔로 균형을 잡는 것에서 걸으면서 다리로 균형을 잡는 것으로 전환하는 것은 분명 중요한 자세 이정표다. 따라서 생후 11개월의 붙잡고 걸을 수 있는 영아를 간격을 조정할 수 있는 장치로 두 가지 조건으로 실험했다([그림 5-18]). '난간' 조건은 팔로 균형잡기에 관한 실험으로, 바닥은 연결되어 있고 영아가 매달려 지지를 받고 있는 난간이 중간에 끊겨 있다. '바닥' 조건은 다리로 균형잡기에 관한 실험으로, 난간은 연결되어 있고, 바닥이 끊겨 있다. 두 조건 모두에서 실험 도우미가 영아에게 빈 공간이 있다는 것에 관심을 갖도록 도와주었다. 그리고 실험자가 출발점에 영아를 내려 놓았다.

붙잡고 걸을 수 있는 영아는 난간 실험에서 균형의 위협요소를 정확히 파악했다. 난간이 팔이 닿는 범위 안에 있으면 쭉 붙잡고 걸었고, 팔이 닿지 않으면 위험한 부분을 피하거나 기어서 지나갔다. 반면에 바닥 실험에서는 넓은 공간을 향해 걸어 넘어졌다. 일부 영아는 실험에 참여시키기로 결정하고 실제 실험을 진행하기 전에 혼자서 걷기 시작했다. 이 아기들은 두 실험 모두에서 위험한 빈 공간을 무시하고 계속 걸으려 했다. 아마도 난간 실험에서는 그 빈 공간 사이에서 몇 걸음이나 걸을 수 있는지를 모르고 바닥이 없으면 균형을 잡을 수 없다는 것도 모르는 듯했다. 붙잡고 걸을 수 있는 영아와 막 혼자 힘으로 걷기 시작한 영아가 바닥 실험에서 실패한 것은 붙잡고 걷는 연습을 한다고 지면의 변화에 대응하는 법을 배우는 것은 아니라는 것이다. 또한 이는 다리를 이용해 몸의 균형을 잡는

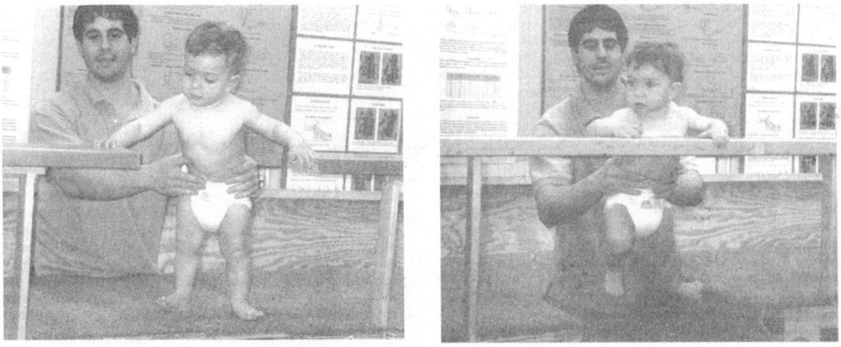

(A) (B)

[그림 5-18] 붙잡고 걷는 영아가 (A) 난간이 끊긴 곳에서 팔로 균형유지에 필요한 정보에 의존하여 자신의 균형 능력에 대해 정확히 판단한다. (B) 바닥이 끊긴 곳에서 다리 균형을 유지하는 데 필요한 정보를 고려해 하는 것, 균형의 제약요인을 정확하게 파악하는 것을 실패. 사진에 보이는 실험자가 영아의 안전을 확보한다. 사진에는 나와 있지 않지만 부모가 반대쪽 도착점에서 영아를 격려했다 (Courtesy of Karen E. Adolph, New York University).

것과 연관이 있다. 다시 말하면, 붙잡고 걸을 수 있는 영아는 바닥이 있어야 몸을 지탱할 수 있다는 것을 모르기 때문에 미리 균형통제를 할 수 있는 능력이 붙잡고 걷기자세에서 혼자서 걷기자세로 전달되지 않는다. 대신에 붙잡고 걸을 수 있는 영아는 팔로 획득한 정보(난간이나 가구의 유용성)을 이용해 균형 잡는 법을 배운다.

9. 계단 오르기에서 이동도구 사용으로

계단 오르내리기

균형과 전진을 위해 팔다리를 이용할 수 있게 되면 새로운 차원에서 이동 기회가 생긴다. 적절한 환경상의 지원이 있으면 영아는 올라가고 내려올 수 있다. 3차원 세계는 영아에게 정글짐이 될 수 있는 수많은 물체가 있는 놀이터다([그림 5-19]). 영아가 비탈면, 울타리, 문, 사다리, 나무, 동물우리 등의 야외 장애물을 오르내리고 계단, 창문, 아기용 침대 난간, 사람, 장난감 정리함, 뒤집어진 통, 욕조, 가구 등의 실내 장애물을 오르내리는 모습을 설명해 놓은 논문도 많다(Adolph, 1997; McGraw, 1935; Trettien, 1900; Valsiner & Mackie, 1985).

영아는 마치 3차원의 장애물을 넘는 것이 피할 수 없는 도전이라도 되는 듯 단지 오르

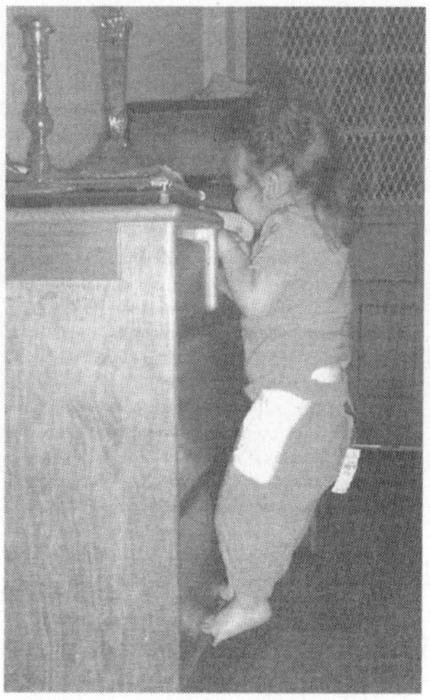

[그림 5-19] 걸을 수 있는 영아가 새로 이동 능력을 발견하고 자연스레 호기심을 느끼면서 주변의 모든 것을 오르고 탐구한다(Courtesy of Esther M. Braun).

는 것이 좋아서 오르는 것으로 보인다(Harlow & Mears, 1979; McGraw, 1935; Trettien, 1900). 예를 들어, 영아는 계단을 목표지에 도달하기 전에 지나가는 길이 아니라 대근육 운동(gross motor play)의 기회로 생각한다. 계단 위쪽에 영아를 유인하기 위해 인형을 보여 주는 실험에서도 영아는 근처 아래쪽 계단만 기어서 오르내리고 꼭대기까지 바로 올라가지 않고 중간쯤에서 돌아온다(Adolph, 1997; McGraw, 1935). 비탈면, 계단, 사다리를 올라가는 것은 에너지가 많이 필요하지만, 통제하기는 상대적으로 쉽다(Adolph, 1995, 1997; Dean, 1965). 위로 올라가는 동작을 하면 영아가 중력에 저항해 몸을 움직여야 하기 때문에 피곤해진다. 하지만 중력이 관성을 억제해 주고, 영아가 적절한 장소에 팔다리를 위치할 시간을 주기 때문에 위로 올라가는 동작을 통제하기가 더 쉽도록 해 준다. 기어가는 영아는 체중을 다리에 더 많이 실어서 약하고 가는 팔이 할 일을 덜어 준다. 사실 엎드려서 배를 바닥에서 떼지 못하는 영아는 경사진 길이나 계단을 올라갈 때는 손과 무릎 혹은 손과 발에 의존해 움직일 수 있다. 걷는 영아를 지탱해 주는 다리와 기는 영아를 지탱해 주는 팔은 보통 이완이 되어서 힘을 내기 위해 근육이 수축한다. 이때 움직이는 다리나 팔은 평면이동 때보다 움직이는 폭이 작다. 구부러진 상태에서 경사면과 계단수평면(rung), 계단수직면(riser)에 닿는다. 넘어질 때 영아의 손은 얼굴과 머리를 보호할 수 있는 위치에 있다.

반면에 경사면, 계단, 사다리를 내려가는 것은 에너지는 덜 필요하지만 통제하기가 아주 어렵다(Adolph, 1995, 1997; Dean, 1965; Nelson & Osterhoudt, 1971). 중력이 끌어당기는 방향으로 몸을 움직이는 것은 에너지 측면에서는 효율적이지만, 관성 때문에 영아가 내려가는 동작을 통제하기 어렵다. 얼굴이 아래로 향한 채로 경사면을 내려가면 기는 영아는 평면에서보다 더 많은 체중을 약한 팔에 실어야 하기 때문에 균형통제가 더 어렵다. 영아의 팔이 약하기 때문에 계단, 가구, 사다리 같은 수직 장애물을 얼굴이 아래로 향한 채로 내려갈 수 없다. 막 걷기 시작한 영아는 근력도 충분하지 않아서 얼굴을 전방으로 향하고 직립자세로 경사면과 계단을 내려갈 수 없을 것이다. 경사면과 계단에서, 움직이는 다리가 경사면이나 계단 수직면에 닿기 전에 동작이 크기 때문에 몸을 지탱하는 다리는 반드시 구부려야만 한다. 구부린 팔다리로 체중을 지탱하기 위해서 힘을 내려면 더 많은 근력이 필요하기 때문에 근육은 수축하는 게 아니라 이완해야만 한다. 내려가는 동안 넘어지지 않기 위해서 손은 어색한 위치에 놓여 있다.

영아가 올라가는 데 성공한 것은 올라가고 내려갈 때 생체역학이 다르다는 것을 보여준다. 예를 들어, 경사면을 매일 오르내리는 연습을 했던 한 영아는 손으로 잡고 발가락으로 앞으로 밀면서 무려 70°의 경사면을 올라갔다. 하지만 얼굴이 앞을 향한 채로 기어 내려오는 데 성공한 가장 가파른 경사면은 40° 였다(McGraw, 1935). 계단에서 매일 연습했던 한 영아는 계단을 손과 무릎을 이용하여 26초 만에 올라갔고, 또 다른 영아는 놀라운 속도로 10초 만에 올라갔다. 하지만 두 영아 모두 혼자서 계단을 기어 내려오지는 못했다(Gesell & Thompson, 1929). 특별한 훈련을 받지 않은 대부분의 영아는 이렇게 놀라운 수준을 보여 주지는 않았다. 기는 영아와 걷는 영아가 오른 경사면의 범위는 2~36°였고, 거의 모든 영아가 내려오는 경우보다 올라가는 경우에 더 가파른 경사면까지 소화했다(Adolph, 1995, 1997; Adolph et al., 1993a).

계단을 오르는 것은 예상 가능한 연속선을 따른다(Bayley, 1993; Berger, Theuring, & Adolph, 2004). 영아는 평면에서 기기 시작한 직후 한두 계단을 기어 올라갈 수 있다. 처음에는 팔로는 잡아당기고 다리로는 밀어 올린다(Berger et al., 2004; Gesell & Thompson, 1934; Trettien, 1900). 곧 계단 전체를 오를 수 있게 된다. 하지만 계단을 올라갈 때 직면하는 문제를 단계적으로 해결하는 것 같다. 양쪽 무릎을 계단 수직면에 대거나 잠시 앉은 자세로 쉰 후 다시 계단을 오른다. 기기 시작한 지 몇 주가 지나면 영아는 점점 직립에 가까운 자세로 계단을 오른다. 무릎에 의존해 균형을 잡지 않고 발로 계단을 오른다. 결국 기는 영아는 한 번에 손이나 발 하나씩을 내디디면서 계단을 오를 수 있게 된다.

평면에서 걷기 시작한 지 몇 주가 지나야 계단을 걸어서 올라갈 수 있게 된다(Bayley, 1993; Berger et al., 2004). 처음에는 계단을 한두 개 정도만 오를 수 있고, 몸을 지지하기 위해서 벽에 기대거나 옆으로 움직여서 양손으로 난간을 잡아야 한다(Berger et al., 2004; Trettien, 1900). 하지만 결국 한 손으로 벽을 짚거나 난간을 잡고 계단 전체를 오를 수 있게 된다. 길 때와 마찬가지로 다음 계단으로 올라가기 전에 양발을 계단수직면에 기대면서 휴식을 취한다. 영아는 걸어서 계단을 오르면서 가끔 기는 자세로 바꾸기도 한다. 생후 30~36개월이 되어야 보통 어딘가를 짚거나 쉬지 않고 계단을 오를 수 있다.

대부분의 영아가 걷기 시작한 후에야 혼자 계단을 내려올 수 있다(Bayley, 1993; Berger et al., 2004). 그래서 영아가 택하는 방법은 얼굴을 계단 쪽으로 향하고 기어 내려오는 것이다. 벽이나 난간을 잡고 계단을 올라가는 방법을 익힌 후 몇 주가 지나면 같은 방법으로 한두 계단을 걸어 내려온다. 어딘가를 짚거나 쉬지 않고 계단 전체를 걸어 내려오려면 3~4세는 되어야 한다. 만약 영아가 계단을 정기적으로 오르락내리락하지 않으면 평균적 양상을 따르지 않는다. 예를 들어, 집에 계단이 있는 영아가 매일 계단을 오르지 못하는 영아보다 일찍 계단 오르는 법을 배운다(Berger et al., 2004).

이동 시 인지 능력

이동(travel)은 마음을 확장시킨다(Campos et al., 2000). 하지만 역으로 영아의 마음은 이동을 확대시킨다. 어려운 이동 동작에 대처하기 위해 효과적으로 전략을 짜려면 아마도 높은 수준의 문제해결력이 필요할 것이다. 예를 들어, 수단-목적 탐구(means-ends exploration)를 통해 영아는 경사면과 계단을 내려가는 이동 전략 상의 대안을 발견할 수 있다. 전신문제해결(whole body problem solving)을 통해 발판이나 난간을 새로운 관점에서 볼 수 있다.

능숙하게 기거나 걸을 수 있는 영아가 처음으로 계단이나 가파른 경사면을 접했을 때, 머리를 앞으로 향한 채 기거나 걸어서 내려갈 수 없다고 정확한 판단을 내리지만, 다른 대안을 찾지 못하고(Adolph, 1997) 접근-회피 갈등(approach-avoidance conflict)에 처해 있게 된다(Lewin, 1946). 영아는 계단 앞으로 다가섰다가 물러서는 과정을 반복하다가, 보통은 어머니를 부르고, 계단 아래쪽을 내려다보고, 바닥을 만져 보고, 점점 더 좌절하다가 누군가가 와서 계단 아래로 데리고 내려가야 이 과정이 끝난다(Fraisse, Couet, Bellanca, & Adolph, 2001 Karasik et al., 2004). 돌이 다가오면서 영아는 수단-목적 탐구 능력을 보여 주기 시작한다(Adolph, 1997). 영아는 계단을 내려가는 전략의 효율성을 실험하듯이 손과 무릎에 의존하는 자세에서 다리를 계단 아래로 늘어뜨리고 앉은 자세로 또 등을 경사면이나 계단 쪽으로 향하는 등의 자세로 자세를 바꾼다.

가파른 경사면을 내려가는 첫 번째 전략은 슈퍼맨처럼 팔은 앞으로, 다리는 뒤로 하고, 얼굴을 앞으로 향한 채 미끄러져 내려가는 것이다(Adolph, 1997; Adolph et al., 1993a). 두 번째 전략은 앉기자세다. 대부분의 성인은 보통 앉은 자세로 미끄러져 내려오는 걸 당연하게 생각하지만, 영아에게는 앉은 자세에서 이동할 수 있다는 것은 새로운 발견에 해당한다. 앉은 자세가 계단을 내려오는 전략 중 하나가 될 수 있기는 하지만, 계단 전체를 앉은 자세로 내려오기는 힘들고, 영아는 계단과 계단 사이에서 다시 균형을 잡으면서 한 걸음, 한 걸음을 독립적으로 내딛는다(Berger, 2004).

마지막 전략은 뒤돌아서 내려오는 것이다(Adolph, 1995, 1997; Adolph & Avolio, 2000; Adolph et al., 1993a). 계단에서, 대부분의 부모는 계단 꼭대기에서 영아의 몸을 뒤로 돌려서 팔과 다리로 각 계단을 내려오는 전략을 직접 가르친다(Berger et al., 2004). 뒤돌기 전략은 경사면, 계단, 가구, 절벽 등 다양한 내려오기 상황에서 안전과 균형통제 면에서 최상의 전략이다(Berger, 2004; McGraw, 1935). 하지만 인지적 측면에서는 가장 어려운 전략이다. 첫째, 영아는 엎드린 자세를 취해야 한다. 그리고 나서 몸을 180° 돌려서 머리가 계단 위쪽을 향하게 해야 한다. 마지막으로, 한쪽 어깨 너머로 내려다보거나 이동 반대 방향으로 얼굴을 향한 채 목표를 향해 뒤로 움직여야 한다.

뒤돌기 전략의 각 동작이 운동적 측면에서 어렵지는 않다(영아는 이미 수개월간 몸을 회전시키고, 배로 균형을 통제하고, 무의식적으로 뒤로 몸을 밀어내는 동작을 해 왔다). 하지만 인지적인 측면에서는 모두 어렵고, 이 모든 동작을 하나로 연결하는 것은 새로운 도전이 된다. 영아에게는 특히 몸을 반대 방향으로 돌리는 것이 이동 동작뿐만 아니라 내밀기 동작을 할 때도 아주 어렵다. 왜냐하면 목표에 도달하기 위해서 목표 반대 방향으로 고개를 돌려야 하기 때문이다(Diamond, 1990; Lockman, 1984; Lockman & Adams, 2001; McGraw, 1935). 의도적으로 뒤로 움직이는 동작은 앞으로 움직이는 동작을 한 지 몇 개월 후에야 나타난다(뒤로 걷는 것은 생후 18개월 반경에 나타난다)(Frankenburg & Dodds, 1967). 성인도 반대쪽을 보고 움직이기는 어렵다(어깨 너머로 보지 않고 뒤로 걷거나 백미러를 보지 않고 후진한다고 생각해 보라). 더욱이 계단 아래쪽에서 부모가 소리를 내어 아이를 독려하지 않는다면 영아는 기억에 의존하여 목표지를 찾아가야만 한다.

전신문제해결

수단-목적문제해결의 주요 부분은 도구 사용이다. 전통적으로 연구자들은 도구라고 하면 공구함 안에 들어있는 도구만 생각했다. 대표적 사례가 막대 몇 개를 엮어서 멀리 있는 바나나를 끌어온 침팬지를 대상으로 한 K hler(1925)의 실험이다. 하지만 도구 사용은 팔뿐 아니라 몸 전체 어느 부분이든 이용할 수 있다(Berger & Adolph, 2003; Berger et al., 2004). 이와 비슷하지만 이만큼 알려지지는 사례로 Köhler(1925)의 실험에서 침팬지가 장대 위로 점프하거나 큰 상자부터 작은 상자까지 차곡차곡 쌓아 올려 그 위에 올라가서 천장에 매달린 바나나를 가져왔다.

McGraw(1935)는 Köhler의 상자 쌓기 실험을 영아를 대상으로 실시했다(영아들에게 롤러스케이트 이용하기, 물속에서 수영하기, 높은 단에서 뛰어내리기 등을 훈련시키기는 했지만, 장대 위로 점프해 올라가게 하지는 않았다). 천장에 달린 인형으로 유인하여 영아가 낮은 단부터 높은 단까지 일렬로 배열하여 낮은 것에서 높은 것으로 올라가도록 했다. 단의 높이는 19~161cm(영아의 키의 2배 이상)였고 무게는 4~28kg(영아의 몸무게 이상)이었다. 또 가장 아래에 큰 상자부터 작은 상자까지 차곡차곡 쌓아 올리도록 했다([그림 5-20]). 영아가 문제해결을 처음 시도할 때는 목표에 도달할 수 있는 유용한 수단으로 단이나 상자를 아예 고려하지 않았다. 대신에 멀리 있는 대상에 닿기 위해 소용없는 노력을 했다. 훈련

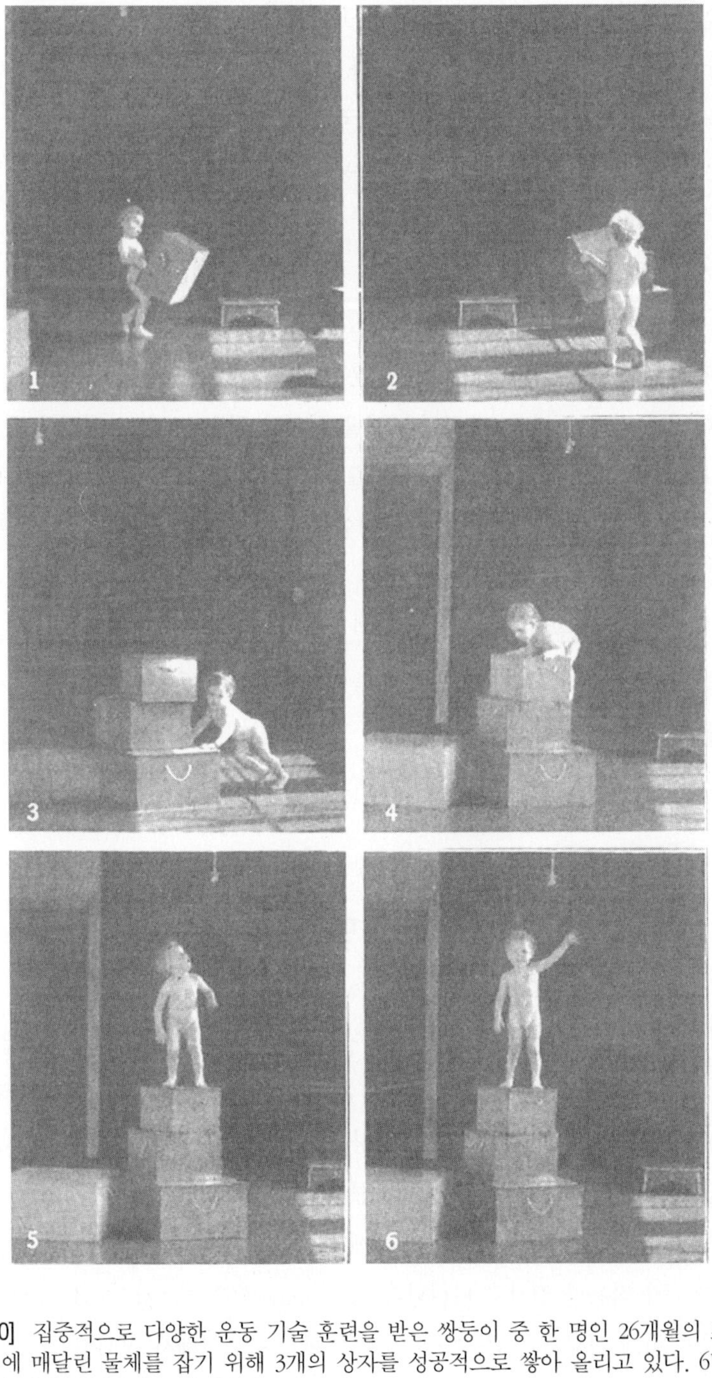

[그림 5-20] 집중적으로 다양한 운동 기술 훈련을 받은 쌍둥이 중 한 명인 26개월의 조니가 닿을 수 없는 높이에 매달린 물체를 잡기 위해 3개의 상자를 성공적으로 쌓아 올리고 있다. 6번 사진에서 조니는 3개의 상자가 부족함을 발견한다.

출처: Reprinted with permission from *Groth: Johnny and Jimmy*, M. McGraw, Copyright(1935) by Ayer Publishing.

을 몇 주 동안 진행하자, 점차 단과 상자를 목표에 도달하는 수단으로 인식해 나갔다. 몇 피트 가량 상자를 끌어오거나 단을 밀었다. 하지만 상자나 단의 위치를 정하는 과정에서 왜 그것을 움직였는지를 잊어버린 듯했다. 결국 작은 단과 상자는 너무 작아서 단독으로 이용할 수는 없고, 더 큰 단과 상자와 함께 이용해서 목표에 도달할 수 있다는 것을 깨달았다.

Berger와 연구 팀은 영아의 전신문제해결, 수단-목적문제해결을 난간을 이용한 균형 잡기 관찰을 통해 실험했다(Berger & Adolph, 2003; Berger, Adolph et al., 2004). 생후 16개월 된 걸을 수 있는 영아를 깊고 넓은 낭떠러지를 연결하는 폭이 넓고 좁은(12~72cm) 다리를 건너게 했다. 다리에 난간을 설치한 경우도 있고, 제거한 경우도 있었다. 부모가 다리 건너편에서 영아에게 장난감을 보여 주며 유인했었다. 예상한 대로 영아는 좁은 다리에서 균형 잡기가 어렵다는 것을 알았다. 더욱 중요한 것은 난간을 이용해서 균형을 잡을 수 있다는 것도 알았다는 점이다. 영아는 폭이 넓은 다리를 바로 뛰어서 건너고 난간을 무시했다. 좁은 다리의 경우 난관 설치 유무에 관계없이 건너지 않았다. 하지만 중간 폭의 다리에서는 난간이 있으면 건너려 하고, 난간을 제거하자 건너지 않았다. 난간의 재질을 다양하게 하자, 딱딱한 나무인 경우에는 다리를 걸어서 건너고, 흔들거리는 스티로폼인 경우에는 건너지 않았다.

10. 요약 및 결론

이 장의 핵심 주제는 신체발달과 운동발달이 서로 밀접하게 연관되어 있다는 것이다. 운동 능력은 이미 체화되어 있다(E. J. Gibson & Pick, 2000). 수정 8주 된 배아가 최초로 꿈틀거릴 때부터 인체의 모양과 비율, 근육질량과 지방의 분포, 관절의 탄력성, 근육 협력 작용이 움직임의 가능성과 기능에 영향을 미친다. 영아의 뇌는 근육 움직임만 통제한다. 하지만 운동 능력은 근육의 힘과 중력이 신체에 미치는 영향과 진행되는 운동의 결과에서 발생하는 힘 모두가 작용한 결과로 나타난다(Bernstein, 1967; Thelen et al., 1993). 로봇의 다리는 수동적인 힘에 의해서만 걷는다는 것은 통제된 움직임에서 신체의 중요성을 잘 보여 준다(Ruina, 2005). 태아기부터 유아기까지 신체의 급격한 변화에 따라 동작에 미치는 생체역학적 제약이 달라진다. 이 부분에 대해서는 이제 막 연구가 시작된 수준이다.

또 다른 주제는 동작과 지각 능력의 불가분적 관계다(Bertenthal & Clifton, 1998). 연구자들이 대상 물체를 향해 손을 내밀 때 손의 이동 경로를 안내하기 위해서 또 특정 장소로 이동할 때 몸의 이동 경로를 안내하기 위해서는 지각적 정보가 필수적이라는 것을 깨달은 지 오래되었다. 하지만 지각적 정보는 균형통제에서도 필수적 요소다. 앉기자세나 직립자세를 취할 때 몸을 행동반경의 범위 안에서 유지하려면 정지된 자세(quiet stance)가 지속적으로 탐색되어야만 한다. 몸의 균형을 유지하기 위해서는 신체 여러 부위를 의도적으로 움직이기 전에 지각적 정보를 활용해야만 한다. 다시 말하면, 지각적 정보에 따라 균형을 통제하는 것은 손 뻗기, 이동 동작을 포함한 모든 의도적 행동에서 머리, 몸통, 팔다리를 움직이는 데 기본이 된다(Reed, 1982).

이 장의 마지막 주제는 신체발달과 운동 능력발달이 주변 환경에 따라 달라진다는 점이다. 기존의 책에서는 영아의 운동 능력발달이 발육 차트에서 하나하나 체크해 나가는 사항 정도라고만 다루고 있었다. 하지만 단순히 태어난 후 시간이 지난다고 고개를 들거나 뒤집거나 걷는 것이 아니다. 성장과 운동 능력발달은 단순히 성숙해지면서 나타나는 형상이라는 기존의 견해는 옳지 않다. 오히려 영아는 물체, 지표면 장소 등 실질적 주변 환경 속에서 부모의 도움을 받아 새로운 능력을 습득한다. 주변 환경의 구조, 환경적 특성을 영아가 얼마나 접할 수 있는가, 영아와 부모와의 상호관계는 문화권마다 다르다.

이 장의 서두에서 영아의 신체 및 운동 능력발달을 왜 발달심리학 교과서에 포함시키는가에 대한 질문을 던졌다. 그에 대한 대답으로 상황변화에 맞춰 동작을 통제하는 데 심리적 기능이 필수적 요소라는 결론을 내리고 싶다. 지각, 인지, 정서는 영아가 신체의 변화에 대처하고, 새로운 행동 가능성을 탐색하고, 복잡한 사회적 · 신체적 환경에 대처해 나가는 수단이 된다. 그리고 이 새로운 운동 능력은 다시 영아에게 새로운 학습의 기회가 되고 인지적 · 사회적 발달을 촉진한다.

참 · 고 · 문 · 헌

Adolph, K. E. (1995). A psychophysical assessment of toddlers' ability to cope with slopes. *Journal of Experimental Psychology: Human Perception and performance, 21,* 734-750.

Adolph, K. E. (1997). Learning in the development of infant locomotion. *Monographs of the*

* 우리는 Catherine Tamis-LeMonda, Rachel Keen 그리고 Marc Bornstein의 통찰력 깊은 조언에 감사드린다. 또 그림을 수집하느라 애쓴 Jessie Garciaguirre와 편집에 애쓴 Judy Kwak에게도 고마운 마음을 전한다. 이 작업은 National Institute of Child Health and Human Development가 KEA에게 지원한 Grants HD33486과 HD42697 연구비로 수행되었다.

Society for Research in Child Development, 62 (3, Serial No. 251).

Adolph, K. E. (2000). Specificity of learning: Why infants fall over a veritable cliff. *Psychological Science, 11,* 290-295.

Adolph, K. E. (2002). Learning to keep balance. In R. Kail (Ed.), *Advances in child development and behavior* (Vol. 30, pp. 1-40). New York: Elsevier.

Adolph, K. E. (in press). Learning to learn in the development of action. In J. Lockman & J. Reiser (Eds.), *Action as an organizer of perception and cognition during learning and development: The 32nd Minnesota Symposium on Child Development.* Hillsdale, NJ: Lawrence Erlbaum Associates.

Adolph, K. E., & Avolio, A. M. (2000). Walking infants adapt locomotion to changing body dimensions. *Journal of Experimental Psychology: Human Perception and Performance, 26,* 1148-1166.

Adolph, K. E., & Eppler, M. A. (2002). Flexibility and specificity in infant motor skill acquisition. In J. W. Fagen & H. Hayen (Eds.), *Progress in infancy research* (Vol. 2, pp. 121-167). Mahwah, NJ: Lawrence Erlbaum Associates.

Adolph, K. E., Eppler, M. A., & Gibson, E. J. (1993a). Crawling versus walking infants' perception of affordances for locomotion over sloping surfaces. *Child Development, 64,* 1158-1174.

Adolph, K. E., Eppler, M. A., & Gibson, E. J. (1993b). Development of perception of affordances. In C. Rovee-Collier & L. P. Lipsitt (Eds.), *Advances in infancy research* (Vol. 8). Norwoord, NJ: Ablex.

Adolph, K. E., & Leo, A. J. (2005). *Timing, form, and function: The transition from cruising to walking.* Manuscript in preparation.

Adolph, K. E., Vereijken, B., & Denny, M. A. (1998). Learning to crawl. *Child Development, 69,* 1299-1312.

Adolph, K. E., Vereijken, B., & Shrout, P. E. (2003). What changes in infant walking and why. *Child Development, 74,* 475-497.

Alberts, J. R., & Ronca, A. E. (1993). Fetal experience revealed by rats: Psychobiological insights. *Early Human Development, 35,* 153-166.

Ames, L. B. (1937). The sequential patterning of prone progression in the human infant. *Genetic Psychology Monographs: Child Behavior, Animal Behavior, and Comparative Psychology, 19,* 409-460.

Amiel-Tison, C., & Grenier, A. (1986). *Neurological assessment during the first year of life.* New York: Oxford University Press.

Angulo-Kinzler, R. M., Ulrich, B., & Thelen, E. (2002). Three-month-old infants can select specific leg motor solutions. *Motor Control, 6,* 52-68.

Assaiante, C., Thomachot, B., Aurently, R., & Amblard, B. (1998). Organization of lateral balance control in toddlers during the first year of independent walking. *Journal of Motor Behavior, 30,* 114-129.

Barela, J. A., Jeka, J. J., & Clark, J. E. (1999). The use of somatosensory information during the acquisition of independent upright stance. *Infant Behavior and Development, 22,* 87-102.

Bates, E., Carlson-Luden, V., & Bretherton, I. (1980). Perceptual aspects of tool using in infancy. *Infant Behavior and Development, 3,* 127-140.

Bayley, N. (1993). *Bayley scales of infant development* (2nd ed.). New York: The Psychological Corporation.

Berger, S. E. (2004). Demands on finite cognitive capacity cause infants' perseverative errors. *Infancy, 5,* 217-238.

Berger, S. E., & Adolph, K. E. (2003). Infants use handrails as tools in a locomotor task. *Developmental Psychology, 39,* 594-605.

Berger, S. E., Adolph, K. E., & Lobo, S. A. (2005). *Out of the toolbox: Toddlers differentiate wobbly and wooden handrails.* Manuscript in preparation.

Berger, S. E., Theuring, C. F., & Adolph, K. E. (2004). *Social, cognitive, geographic, and biomechanical factors affect infants' learning to ascend and descend stairs.* Poster presented at the International Conference on Infant Studies. Chicago, IL.

Bernstein, N. (1967). *The coordination and regulation of movements.* Oxford: Pergamon Press.

Bertenthal, B. I., Boker, S. M., & Xu, M. (2000). Analysis of the perception-action cycle for visually induced postural sway in 9-month-old sitting infants. *Infant Behavior and Development, 23,* 299-315.

Bertenthal, B. I., & Campos, J. J. (1984). A reexamination of fear and its determinants on the visual cliff. *Psychophysiology, 21,* 413-417.

Bertenthal, B. I., & Clifton, R. K. (1998). Perception and action. In D. Kuhn & R. S. Siegler (Eds.), *Handbook of child psychology* (Vol. 2: Cognition, Perception, and Language, pp. 51-102). New York: John Wiley & Sons.

Bertenthal, B. I., Rose, J. L., & Bai, D. L. (1997). Perception-action coupling in the development of visual control of posture. *Journal of Experimental Psychology: Human Perception and Performance, 23,* 1631-1643.

Berthier, N. E., Clifton, R. K., McCall, D. D., & Robin, D. J. (1999). Proximodistal structure of early reaching in human infants. *Experimental Brain Research, 127,* 259-269.

Bly, L. (1994). *Motor skills acquisition in the first year.* San Antonio, TX: Therapy Skill Builders.

Brazelton, T. B. (1956). Sucking in infancy. *Pediatrics, 17,* 404.

Breniere, Y., Bril, B., & Fontaine, R. (1989). Analysis of the transition from upright stance to steady state locomotion in children with under 200 days of autonomous walking. *Journal of Motor Behavior, 21,* 20-37.

Bril, B., & Breniere, Y. (1989). Steady-state velocity and temporal structure of gait during the first six months of autonomous walking. *Human Movement Science, 8,* 99-122.

Bril, B., & Breniere, Y. (1992). Postural requirements and progression velocity in young walkers. *Journal of Motor Behavior, 24,* 105-116.

Bril, B., & Breniere, Y. (1993). Posture and independent locomotion in early childhood: Learning to walk or learning dynamic postural control? In G. J. P. Savelsbergh (Ed.), *The development of coordination in infancy* (pp. 337-358). North Holland, The Netherlands: Elsevier.

Bril, B., & Sabatier, C. (1986). The cultural context of motor development: Postural manipulations in the daily life of Bambara babies (Mali). *International Journal of Behavioral Development, 9,* 439-453.

Brown, A. (1990). Domain specific principles affect learning and transfer in children. *Cognitive Science, 14,* 107-133.

Burnside, L. H. (1927). Coordination in the locomotion of infants. *Genetic Psychology Monographs: Child Behavior, Differential, and Genetic Psychology, 2,* 283-372.

Butterworth, G., & Hicks, L. (1977). Visual proprioception and postural stability in infancy: A developmental study. *Perception, 7,* 513-525.

Butterworth, G., & Pope, M. (1983). Origine et fonction de la proprioception visuelle chez l' enfant. In S. de Schonen (Ed.), *Le development dans la premiere annee* (pp. 107-128). Paris: Presses Universitaires de France.

Campos, J. J., Anderson, D. I., Barbu-Roth, M. A., Hubbard, E. M., Hertenstein, M. J., & Witherington, D. C. (2000). Travel broadens the mind. *Infancy, 1,* 149-219.

Campos, J. J., Bertenthal, B. I., & Kermoian, R. (1992). Early experience and emotional development: the emergence of wariness of heights. *Psychological Science, 3,* 61-64.

Capute, A. J., Accardo, P. J., Vining, E. P. G., Rubenstein, J. E., & Harryman, S. (1978). *Primitive reflex profile.* Baltimore: University Park Press.

Capute, A. J., Shapiro, B. K., Palmer, F. B., Ross, A., & Wachtel, R. C. (1985). Normal gross motor development: The influences of race, sex and socio-economic status. *Developmental Medicine and Child Neurology, 27,* 635-643.

Carolan, P. L., Moore, J. R., & Luxenberg, M. G. (1995). Infant sleep position and the sudden infant death syndrome: A survey of pediatric recommendations. *Clinical Pediatrics, 34,* 402-409.

Chen, Z., & Seigler, R. S. (2000). Across the great divide: Bridging the gap between understanding of toddlers' and older children's thinking. *Monographs of the Society for Research in Child Development, 65* (2, Serial No. 261).

Cioni, G., Ferrari, F., & Prechtl, H. F. R. (1989). Posture and spontaneous motility in fullterm infants. *Early Human Development, 18,* 247-262.

Clark, J. E., Whitall, J., & Phillips, S. J. (1988). Human interlimb coordination: The first 6 months of independent walking. *Developmental Psychobiology, 21,* 445-456.

Clifton, R. K., Muir, D. W., Ashmead, D. H., & Clarkson, M. G. (1993). Is visually guided reaching in early infancy a myth? *Child Development, 64,* 1099-1110.

Clifton, R. K., Perris, E. E., & McCall, D. D. (1999). Does reaching in the dark for unseen objects reflect representation in infants? *Infant Behavior and Development, 22,* 297-302.

Clifton, R. K., Rochat, P., Robin, D. J., & Berthier, N. E. (1994). Multimodal perception in the control of infant reaching. *Journal of Experimental Psychology: Human Perception and Performance, 20,* 876-886.

Corbetta, D., Thelen, E., & Johnson, K. (2000). Motor constraints on the development of perception-action matching in infant reaching. *Infant Behavior and Development, 23,* 351-374.

Davis, B. E., Moon, R. Y., Sachs, H. C., & Ottolini, M. C. (1998). Effects of sleep position on infant motor development. *Pediatrics, 102,* 1135-1140.

Dean, G. A. (1965). An analysis of the energy expenditure in level and grade walking. *Ergonomics, 8,* 31-47.

DeCasper, A. J., & Fifer, W. P. (1980). Of human bonding: Newborns prefer their mother' s voices. *Science, 208,* 174-176.

DeCasper, A. J., Lecanuet, J. -P., Busnel, M. C., & Granier-Deferre, C. (1994). Fetal reactions to recurrent maternal speech. *Infant Behavior and Development, 17,* 159-164.

de Vries, J. I. P., Visser, G. H. A., & Prechtl, H. F. R. (1988). The emergence of fetal behavior. III. Individual differences and consistencies. *Early Human Development, 16,* 85-103.

Dewey, C., Fleming, P., Golding, J., & Team, A. S. (1998). Does the supine sleeping position have any adverse effects on the child? II. Development in the first 18 months. *Pediatrics, 101,* e5.

Diamond, A. (1990). Developmental time course in human infants and infant monkeys, and the neural bases of inhibitory control in reaching. In A. Diamond (Ed.), *The development and neural bases of higher cognitive functions* (pp. 637-676). New York: The New York Academy of Sciences.

Eppler, M. A. (1995). Development of manipulatory skills and the deployment of attention. *Infant Behavior and Development, 18,* 391-405.

Feng, T. I., Raynor, B. D., Fiano, K., & Emory, E. K. (1997). Doppler velocimetry of the fetal Circle of Willis: A longitudinal study. *Journal of Maternal-Fetal Investigation, 7,* 133-138.

Forssberg, H. (1985). Ontogeny of human locomotor control. I. Infant stepping, supported locomotion, and transition to independent locomotion. *Experimental Brain Research, 57,* 480-493.

Fraiberg, S. (1977). *Insights from the blind: Comparative studies of blind and sighted infants.* New York: Meridian Books.

Fraisse, F. E., Couet, A. M., Bellanca, K. J., & Adolph, K. E. (2001). Infants' reponse to potential risk: Social interaction and perceptual exploration. In G. A. Burton & R. C. Schmidt (Eds.), *Studies in perception and action VI.* Mahwah, NJ: Erlbaum.

Frankenburg, W. K., & Dodds, J. B. (1976). The Denver Developmental Screening Test. *The Journal of Pediatrics, 71,* 181-191.

Freedland, R. L., & Bertenthal, B. I. (1994). Developmental changes in interlimb coordination: Transition to hands-and-kness crawling. *Psychological Science, 5,* 26-32.

Galloway, J. C., & Thelen, E. (2004). Feet first: Object exploration in young infants. *Infant Behavior and Development, 27,* 107-112.

Garciaguirre, J. S., & Adolph, K. E. (2004, May). *How infants adapt to functional changes in body dimensions.* Poster presented at the International Conference on Infant Studies, Chicago, IL.

Garciaguirre, J. S., & Adolph, K. E. (2005). *Step-by-step: Infants' walking and falling experience.* Manuscript in preparation.

Gesell, A. (1933). Maturation and the patterning of behavior. In C. Murchison (Ed.), *A handbook of child psychology* (2ed., pp. 209-235). Worcester, MA: Clark University Press.

Gesell, A. (1939). Reciprocal interweaving in neuromotor development. *Journal of Comparative Neurology, 70,* 161-180.

Gesell, A. (1946). the ontogenesis of infant behavior. In L. Carmichael (Ed.), *Manual of Child Psychology* (pp. 295-331). New York: Wiley.

Gesell, A. (1952). *Infant development: The embryology of early human behavior.* New York: Harper & Brothers.

Gesell, A., & Ames, L. B. (1940). The ontogenetic organization of prone behavior in human infancy. *The Journal of Genetic Psychology, 56,* 247-263.

Gesell, A., & Thompson, H. (1929). Learning and growth in identical infant twins: An experimental study by the method of co-twin control. *Genetic Psychology Monographs, 6,* 11-124.

Gesell, A., & Thompson, H. (1934). *Infant behavior: Its genesis and growth.* New York: Greenwood Press.

Gibson, E., Dembofsky, C. A., Rubin, S., & Greenspan, J. S. (2000). Infant sleep position practices 2 years into the "Back to Sleep" campaign. *Clinical Pediatrics, 39,* 285-289.

Gibson, E. J. (1988). Exploratory behavior in the development of perceiving, acting, and the acquisition of knowledge. *Annual Review of Psychology, 39,* 1–41.

Gibson, E. J., & Pick, A. D. (2000). *An ecological approach to perceptual learning and development.* New York: Oxford University Press.

Gibson, E. J., & Walk, R. D. (1960). The "visual cliff." *Scientific American, 202,* 64–71.

Gibson, J. J. (1979). *The ecological approach to visual perception.* Boston: Houghton Mifflin.

Goldfield, E. C. (1989). Transition from rocking to crawling: Postural constraints on infant movement. *Developmental Psychology, 25,* 913–919.

Hadders-Algra, M., & Prechtl, H. F. R. (1992). Developmental course of general movements in early infancy. I. Descriptive analysis of change in form. *Early Human Development, 28,* 201–213.

Haehl, V., Vardaxis, V., & Ulrich, B. (2000). Learning to cruise: Bernstein's theory applied to skill acquisition during infancy. *Human Movement Science, 19,* 685–715.

Harlow, H. F., & Harlow, M. K. (1961). Effects of various mother-infant relationships on rhesus monkey behaviors. In B. M. Foss (Ed.), *Determinants of infant behavior IV.* New York: Wiley.

Held, R., & Hein, A. (1963). Movement-produced stimulation in the development of visually guided behavior. *Journal of comparative and Physiological Psychology, 56,* 872–876.

Higgins, C. I., Campos, J. J., & Kermoian, R. (1996). Effect of self-produced locomotion on infant postural compensation to optic flow. *Developmental Psychology, 32,* 836–841.

Hitchcock, D. F., & Rovee-Collier, C. (1996). The effect of repeated reactivations on memory specificity in infancy. *Journal of Experimental Child Psychology, 62,* 378–400.

Hooker, D. (1952). *The prenatal origins of behavior.* Lawrence, KS: University of Kansas Press.

Hopkins, B., & Ronnqvist, L. (2001). Facilitating postural control: Effects on the reaching behavior of 6-month-old infants. *Developmental Psychobiology, 40,* 168–182.

Hopkins, B., & Westra, T. (1988). Maternal handing and motor development: An intracultural study. *Genetic, Social and General Psychology Monographs, 114,* 379–408.

Hopkins, B., & Westra, T. (1989). Maternal expectations of their infants' development: Some cultural differences. *Developmental Medicine and Child Neurology, 31,* 384–390.

Hopkins, B., & Westra, T. (1990). Motor development, maternal expectations, and the role of handling. *Infant Behavior and Development, 13,* 117–122.

Humphrey, T. (1944). Primitive neurons in the embryonic human central nervous system. *Journal of Comparative Neurology and Psychology, 81,* 1–45.

Johnson, M. H. (1998). the neural basis of cognitive development. In D. Kuhn & R. Siegler (Eds.), *Handbook of child psychology: Vol 2. Cognition, perception, and language* (pp. 1–49). New York: Wiley.

Johnson, M. L., Veldhuis, J. D., & Lampl, M. (1996). Is growth saltatory? The usefulness and limitations of frequency distributions in analyzing pusatile data. *Endocrinology, 137,* 5197–5204.

Jolliffe, D. (2004). Extent of overweight among US children and adolescents from 1971 to 2000. *Pediatric Focus, 28,* 4–9.

Jouen, F., Lepecq, J. C., Gapenne, O., & Bertenthal, B. I. (2000). Optic flow sensitivity in neonates. *Infant Behavior and Development, 23,* 271–284.

Kalnins, I. V., & Bruner, J. S. (1973). The coordination of visual observation and instrumental behavior in early infancy. *Perception, 2,* 307–314.

Karasik, L. B., Lobo, S. A., Zack, E. A., Dimitropoulou, K. A., Tamis-LeMonda, C. S., & Adolph,

K. E. (2004, May). *Does mother know best? Infants' use of mothers' unsolicited advice in a potentially risky motor task.* Poster presented at the International Conference on Infant Studies, Chicago, IL.

Katona, F. (1989). Clinical neuro-developmental diagnosis and treatment. In P. R. Zelazo & R. G. Barr (Eds.), *Challenges to developmental paradigms: Implications for theory, assessment and treatment.* Hillsdale, NJ: Erlbaum.

Kipling, R. (1952). *Just so stories.* Garden City, NY: Garden City Books.

K ler, W. (1925). *The mentality of apes.* London: Kegan.

Kuno, A., Akiyama, M., Yamashiro, C., Tanaka, H., Yanagihara, T., & Hata, T. (2001). Three-dimensional sonographic assessment of fetal behavior in the early second trimester of pregnancy. *Journal of Ultrasound Medicine, 20,* 1271-1275.

Lampl, M. (1993). Saltatory growth in infancy. *American Journal of Human Biology, 5,* 641-652.

Lampl, M., & Johnson, M. L. (1993). A case study in daily growth during adolescence: A single spurt or changes in the dynamics of saltatory growth? *Annals of Human Biology, 20,* 595-603.

Lampl, M., Johnson, M. L., & Frongillo, E. A. (2001). Mixed distribution analysis identifies saltation and stasis growth. *Annals of Human Biology, 28,* 403-411.

Lampl, M., & Veldhuis, J. D. (1992). Saltation and stasis: A model of human growth. *Science, 258,* 801-803.

Ledebt, A. (2000). Changes in arm posture during the early acquisition of walking. *Infant Behavior and Development, 23,* 79-89.

Lee, D. N., & Aronson, E. (1974). Visual proprioceptive control of standing in human infants. *Perception and Psychophysics, 15,* 529-532.

Leeuwen, L. V., Smitsman, A., & Leeuwen, C. V. (1994). Affordances, perceptual complexity, and the development of tool use. *Journal of Experimental Psychology: Human Perception and Performance, 20,* 174-191.

Leo, A. J., Chiu, J., & Adolph, K. E. (2000, July). *Temporal and functional relationships of crawling, cruising, and walking.* Poster presented at the International Conference on Infant Studies, Brighton, England.

Lewin, K. (1946). Behavior and development as a function of the total situation. In L. Carmichael (Ed.), *Manual of child psychology* (pp. 791-844). New York: Wiley.

Lockman, J. J. (1984). The development of detour ability during infancy. *Child Development, 55,* 482-491.

Lockman, J. J. (2000). A perception-action perspective on tool use development. *Child Development, 71,* 137-144.

Lockman, J. J., & Adams, C. D. (2001). Going around transparent and grid-like barriers: Detour ability as a perception-action skill. *Development Science, 4,* 463-471.

Lockman, J. J., Ashmead, D. H., & Bushnell, E. W. (1984). The development of anticipatory hand orientation during infancy. *Journal of Experimental Child Psychology, 37,* 176-186.

McCarty, M. E., Clifton, R. K., Ashmead, D. H., Lee, P., & Goubet, N. (2001). How infants use vision for grasping objects. *Child Development, 72,* 973-987.

McCarty, M. E., Clifton, R. K., & Collard, R. (1999). Problem solving in infancy: The emergence of an action plan. *Development Psychology, 35,* 1091-1101.

McCarty, M. E., Clifton, R. K., & Collard, R. (2001). The beginnings of tool use by infants and toddlers. *Infancy, 2,* 885-893.

McCollum, G., & Leen, T. K. (1989). Form and exploration of mechanical stability limits in erect stance. *Journal of Motor Behavior, 21,* 225–244.

McDonnell, P. (1974). The development of visually guided reaching. *Perception and Psychophysics, 19,* 181–185.

McGraw, M. B. (1932). From reflex to muscular control in the assumption of an erect posture and ambulation in the human infant. *Child Development, 3,* 291–297.

McGraw, M. B. (1935). *Growth: A study of Johnny and Jimmy.* New York: D. Appleton-Century-Crofts.

McGraw, M. B. (1940). Neuromuscular development of the human infant as exemplified in the achievement of erect locomotion. *Journal of Pediatrics, 17,* 747–771.

McGraw, M. B. (1945). *The neuromuscular maturation of the human infant.* New York: Hafner Publishing Company.

McGraw, M. B., & Breeze, K. W. (1941). Quantitative studies in the development of erect locomotion. *Child Development, 12,* 267–303.

McKenzie, B. E., Skouteris, H., Day, R. H., Hartman, B., & Yonas, A. (1993). Effective action by infants to contact objects by reaching and leaning. *Child Development, 64,* 415–429.

Metcalfe, J. S., & Clark, J. E. (2000). Sensory information affords exploration of posture in newly walking infants and toddlers. *Infant Behavior and Development, 23,* 391–405.

Moessinger, A. C. (1983). Fetal akinesia deformation sequence: An animal model. *Pediatrics, 72,* 857–863.

Moore, K. L., & Persaud, K. L. (1993). *The developing human: Clinically oriented embryology.* Philadelphia: W. B. Saunders Company.

Munn, N. L. (1965). *The evolution and growth of human behavior.* Boston: Houghton Mifflin Company.

Needham, A., Barrett, T., & Peterman, K. (2002). A pick me up for infants' exploratory skills: Early simulated experiences reaching for objects using 'sticky' mittens enhances young infants' exploration skill. *Infant Behavior and Development, 25,* 279–295.

Nelson, R. C., & Osterhoudt, R. G. (1971). Effects of altered sloped and speed on the biomechanics of running. *Medicine and Sport, 6,* 220–224.

Newell, K. M., Scully, D. M., McDonald, P. V., & Baillargeon, R. (1989). Task constraints and infant grip configurations. *Developmental Psychobiology, 22,* 817–832.

Nilsson, L., & Hamberger, L. (1990). *A child is born.* New York: Delacorte Press.

Norris, B., & Smith, S. (2002). *Research into the mouthing behaviour of children up to 5 years old.* London: Consumer and Competition Policy Directorate.

Ounsted, M., & Moar, V. A. (1986). Proportionality changes in the first year of life: The influence of weight for gestational age at birth. *Acta Paediatrics Scandinavia, 75,* 811–818.

Palmer, C. E. (1944). Studies of the center of gravity in the human body. *Child Development, 15,* 99–163.

Palmer, C. F. (1989). The discriminating nature of infants' exploratory actions. *Developmental Psychology, 25,* 885–893.

Peiper, A. (1963). *Cerebral function in infancy and childhood.* New York: Consultants Bureau.

Perris, E. E., & Clifton, R. K. (1988). Reaching in the dark toward sound as a measure of auditory localization in infants. *Infant Behavior and Development, 11,* 473–491.

Piaget, J. (1952). *The origins of intelligence in children.* New York: Norton.

Piaget, J. (1954). *The construction of reality in the child.* New York: Free Press.

Poore, T., Campos, J. J., Anderson, D. I., Anderson, D., & Uchiyama, I. (2004, May). *Does the moving room elicit emotional responses in locomotor-experienced infants?* Paper presented at the International Conference on Infant Studies, Chicago, IL.

Prechtl, H. F. R. (1985). Ultrasound studies of human fetal behaviour. *Early Human Development, 12,* 91-98.

Prechtl, H. F. R. (1986). Prenatal motor development. In M. G. Wade & H. T. A. Whiting (Eds.), *Motor development in children: Aspects of coordination and control* (pp. 53-64). Dordrecht, The Netherlands: Nijhoff.

Prechtl, H. F. R., & Hopkins, B. (1986). Developmental transformations of spontaneous movements in early infancy. *Early Human Development, 14,* 233-238.

Rader, N., Bausano, M., & Richards, J. E. (1980). On the nature of the visual-cliff-avoidance response in human infants. *Child Development, 51,* 61-68.

Ratner, A. (2002). *Fetal development,* from http://www.nlm.nih.gov/medlineplus/ency/article/002398.htm

Reed, E. S. (1982). An outline of a theory of action systems. *Journal of Motor Behavior, 14,* 98-134.

Reilly, J. J., & Dorosty, A. R. (1999). Epidemic of obesity in UK children. *The Lancet, 354,* 1874-1875.

Reilly, J. J., Jackson, D. M., Montgomery, C., Kelly, L. A., Slater, C., Grant, S., et al. (2004). Total energy expenditure and physical activity in young Scottish children: Mixed longitudinal study. *The Lancet, 363,* 211-212.

Riccio, G. E., & Stoffregen, T. A. (1988). Affordances as constraints on the control of stance. *Human Movement Science, 7,* 265-300.

Richards, J. E., & Rader, N. (1981). Crawling-onset age predicts visual cliff avoidance in infants. *Journal of Experimental Psychology: Human Perception and Performance, 7,* 382-387.

Richards, J. E., & Rader, N. (1983). Affective, behavioral, and avoidance responses on the visual cliff: Effects of crawling onset age, crawling experience, and testing age. *Psychophysiology, 20,* 633-642.

Robertson, S. S. (1990). Temporal organization in fetal and newborn movement. In H. Bloch & B. I. Bertenthal (Eds.), *Sensory-motor organizations and development in infancy and early childhood* (pp. 105-122). Dordrecht, The Netherlands: Kluwer.

Robinson, S. R., & Kleven, G. A. (in press). Learning to move before birth. In B. Hopkins & S. Johnson (Eds.), *Advances in Infancy Research* (Vol. 2).

Rochat, P. (1989). Object manipulation and exploration in 2- to 5-month-old infants. *Developmental Psychology, 25,* 871-884.

Rochat, P. (1992). Self-sitting and reaching in 5- to 8-month-old infants: The impact of posture and its development on early eye-hand coordination. *Journal of Motor Behavior, 24,* 210-220.

Rochat, P., & Goubet, N. (1995). Development of sitting and reaching in 5- to 6-month-old infants. *Infant Behavior and Development, 18,* 53-68.

Rochat, P., & Senders, S. J. (1991). Active touch in infancy: Action systems in development. In M. J. S. Weiss & P. R. Zelazo (Eds.), *Newborn attention: Biological constraints and the influence of experience* (pp. 412-442). Norwood NJ: Ablex.

Roncs, A. E., & Alberts, J. R. (1994). Sensory stimuli associated with gestation and parturition evoke cardiac and behavioral responses in fetal rats. *Psychobiology, 22,* 270–282.

Roncs, A. E., & Alberts, J. R. (1995). Maternal contributions to fetal experience and the transition from prenatal to postnatal life. In J. P. Lecanuet, W. P., Fifer, N. A. Krasnegor, & W. P. Smotherman (Eds.), *Fetal development: A psychobiological perspective.* Hillsdale, NJ: Lawrence Erlbaum Associates.

Roodenburg, P. J., Wladimiroff, J. W., van Es, A., & Prechtl, H. F. R. (1991). Classification and quantitative aspects of fetal movements during the second half of normal pregnancy. *Early Human Development, 25,* 19–35.

Rovee-Collier, C. (1999). The development of infant memory. *Current Directions in Psychological Science, 8,* 80–85.

Rovee-Collier, C. K., & Gekoski, M. (1979). The economics of infancy: A review of conjugate reinforcement. In H. W. Reese & L. P. Lipsitt (Eds.), *Advances in child development and behavior* (Vol. 13, pp. 195–255). New York: Academic Press.

Ruina, A. (2005). Passive dynamic walking, from http://tam.cornell.edu/~runia/hplab/pdw.html#videos

Schmuckler, M. A. (1997). Children's postural sway in response to low- and high-frequency visual information for oscillation. *Journal of Experimental Psychology: Human Perception and Performance, 23,* 528–545.

Schmuckler, M. A., & Gibson, E. J. (1989). The effect of imposed optical flow on guided locomotion in young walkers. *British Journal of Developmental Psychology, 7,* 193–206.

Schmuckler, M. A. (1993). Perception-action coupling in infancy. In G. J. P. Savelsburgh (Ed.), *The development of coordination in infancy* (pp. 137–173). Amsterdam: Elsevier Science.

Selverston, A. I. (1980). Are central pattern generators understandable? *The Behavioral and Brain Sciences, 3,* 535–571.

Shirley, M. M. (1931). *The first two years: A study of twenty-five babies.* Westport, CT: Greenwood Press.

Smart, L., James, J. R., Stoffregen, T. A., & Bardy, B. G. (2002). Visually induced motion sickness predicted by postural instability. *Human Factors, 44,* 451–465.

Smith, S. L., Gerhardt, K. J., Griffiths, S. K., Huang, X., & Abrams, R. M. (2003). Intelligibility of sentences recorded from the uterus of a pregnant ewe and from fetal inner ear. *Audiology and Neuro-Otology, 8,* 347–353.

Smotherman, W. P., & Robinson, S. R. (1991). Accessibility of the rat fetus for psychobiological investigation. In H. Shair, G. A. Barr, & M. A. Hofer (Eds.), *Developmental psychobiology: New methods and changing concepts* (pp. 148–166). New York: Oxford University Press.

Smotherman, W. P., & Robinson, S. R. (1996). The development of behavior before birth. *Developmental Psychology, 32,* 425–434.

Sotsky, R. B., Garciaguirre, J. S., & Adolph, K. E. (2004, May). *New York infant walking tours.* Poster presented at the International Conference on Infant Studies, Chicago, IL.

Sparling, J. W., van Tol, J., & Chescheir, N. C. (1999). Fetal and neonatal hand movement. *Physical Therapy, 79,* 24–39.

Spencer, J. P., Vereijken, B., Diedrich, F. J., & Thelen, E. (2000). Posture and the emergence of manual skills. *Developmental Science, 3,* 216–233.

Spitz, R. (1965). *The first year of life.* New York: International Universities Press.

Steenbergen, B., van der Kamp, J., Smitsman, A., & Carson, R. G. (1997). Spoon-handling in two- to four-year-old children. *Ecological Psychology, 9,* 113–129.

Stoffregen, T. A. (1985). Flow structure versus retinal location in the optical control of stance. *Journal of Experimental Psychology: Human Perception and performance, 11,* 554-565.

Stoffregen, T. A., Adolph, K. E., Thelen, E., Gorday, K. M., & Sheng, Y. (1997). Toddlers' postural adaptations to different support surfaces. *Motor Control, 1,* 119-137.

Stoffregen, T. A., Schmuckler, M. A., & Gibson, E. J. (1987). Use of central and peripheral optical flow in stance and locomotion in young walkers. *Perception, 16,* 113-119.

Super, C. M. (1976). Environmental effects on motor development: The case of 'African infant precocity.' *Developmental Medicine and Child Neurology, 18,* 561-567.

Ten Hof, J., Nijhuis, I. J., Mulder, E. J., Nijuis, J. G., Narayan, H., Taylor, D. J., et al. (2002). Longitudinal study of fetal body movements: Nomograms, intrafetal consistency, and relationship with episodes of heart rate patterns A and B. *Pediatric Research, 52,* 568-575.

Thatcher, R. W., Lyon, G. R., Rumsey, J., & Krasnegor, J. (1996). *Developmental neuro-imaging.* San Diego, CA: Academic Press.

Thelen, E. (1979). Rhythmical stereotypies in normal human infants. *Animal Behavior, 27,* 699-715.

Thelen, E. (1981a). Kicking, rocking, and waving: Contextual analysis of rhythmical stereotypies in normal human infants. *Animal Behavior, 29,* 3-11.

Thelen, E. (1981b). Rhythmical behavior in infancy: An ethological perspective. *Developmental Psychology, 17,* 237-257.

Thelen, E. (1994). Three-month-old infants can learn task-specific patterns of interlimb coordination. *Psychological Science, 5,* 280-285.

Thelen, E., & Adolph, K. E. (1994). Arnold L. Gesell: The paradox of nature and nurture. In R. D. Parke, P. A. Ornstein, J. J. Rieser, & C. Zahn-Waxler (Eds.), *A century of developmental psychology.* Washington, DC: American Psychological Association.

Thelen, E., Bril, B., & Breniere, Y. (1992). The emergence of heel strike in newly walking infants: A dynamic interpretation. In M. Woollacott & F. Horak (Eds.), *Posture and gait: Control mechanisms* (Vol. 2, pp. 334-337). Eugene, OR: University of Oregon Books.

Thelen, E., & Corbetta, D. (1994). Exploration and selection in the early acquisition of skill. *International Review of Neurobiology, 37,* 75-102.

Thelen, E., Corbetta, D., Kamm, K., Spencer, J. P., Schneider, K., & Zernicke, R. F. (1993). The transition to reaching: Mapping intention and intrinsic dynamics. *Child Development, 64,* 1058-1098.

Thelen, E., Corbetta, D., & Spencer, J. P. (1996). Development of reaching during the first year: Role of movement speed. *Journal of Experimental Psychology: Human Perception and Performance, 22,* 1059-1076.

Thelen, E., & Fisher, D. M. (1982). Newborn stepping: An explanation for a "disappearing reflex." *Developmental Psychology, 18,* 760-775.

Thelen, E., & Fisher, D. M. (1983). From spontaneous to instrumental behavior: Kinematic analysis of movement changes during very early learning. *Child Development, 54,* 129-140.

Thelen, E., Fisher, D. M., & Ridley-Johnson, R. (1984). The relationship between physical growth and a newborn reflex. *Infant Behavior and Development, 7,* 479-493.

Thelen, E., Fisher, D. M., Ridley-Johnson, R., & Griffin, N. J. (1982). Effects of body build and arousal on newborn infant stepping. *Developmental Psychobiology, 15,* 447-453.

Thelen, E., & Smith, L. B. (1994). *A dynamic systems approach to the development of cognition and action.* Cambridge, MA: MIT Press.

Thelen, E., & Ulrich, B. D. (1991). Hidden skills: A dynamic systems analysis of treadmill stepping during the first year. *Monographs of the Society for Research in Child Development, 56* (1, Serial No. 223).

Thelen, E., Ulrich, B. D., & Niles, D. (1987). Bilateral coordination in human infants: Stepping on a split-belt treadmill. *Journal of Experimental Psychology: Human Perception and Performance, 13,* 405–410.

Trettien, A. W. (1900). Creeping and walking. *The American Journal of Psychology, 12,* 1–57.

Trost, S. G., Sirard, J. R., Dowda, M., Pfeiffer, K. A., & Pate, R. R. (2003). Physical activity in overweight and nonoverweight preschool children. *International Journal of Obesity, 27,* 834–839.

Ulrich, B., Thelen, E., & Niles, D. (1990). Perceptual determinants of action: Stair-climbing choices of infants and toddlers. In J. E. Clark & J. H. Humphrey (Eds.), *Advances in motor development research* (Vol. 3, pp. 1–15). New York: AMS Publishers.

Valsiner, J., & Mackie, C. (1985). Toddlers at home: Canalization of climbing skills through culturally organized physical environments. In T. Garling & J. Valsiner (Eds.), *Children within environments: Toward a psychology of accident prevention.* New York: Plenum.

van der Meer, A. L. H., van der Weel, F. R., & Lee, D. N. (1995). The functional significance of arm movements in neonates. *Science, 267,* 693–695.

Vandewater, E. A., Shim, M., & Caplovitz, A. G. (2004). Linking obesity and activity level with children' s television and video game use. *Journal of Adolescence, 27,* 71–85.

Vereijken, B., & Adolph, K. E. (1998). Transitions in the development of locomotion. In G. J. P. Savelsbergh, H. V. D. Maas & P. C. L. V. Geert (Eds.), *Non-linear analyses of developmental processes* (pp. 137–149). Amsterdam: Elsevier.

Vereijken, B., & Thelen, E. (1997). Training infant treadmill stepping: The role of individual pattern stability. *Journal of Developmental Psychobiology, 30,* 89–102.

Vereijken, B., & Waardenburg, M. (1996, April). *Changing patterns of interlimb coordination from supported to independent walking.* Poster presented at the International Conference on Infant Studies, Providence, RI.

von Hofsten, C. (1979). Development of visually directed reaching: The approach phase. *Journal of Human Movement Studies, 30,* 369–382.

von Hofsten, C. (1980). Predictive reaching for moving objects by human infants. *Journal of Experimental Child Psychology, 30,* 369–382.

von Hofsten, C. (1982). Eye-hand coordination in the newborn. *Developmental Psychology, 18,* 450–461.

von Hofsten, C. (1983). Catching skills in infancy. *Journal of Experimental Psychology: Human Perception and Performance, 9,* 75–85.

von Hofsten, C. (1991). Structuring of early reaching movements: A longitudinal study. *Journal of Motor Behavior, 23,* 280–292.

von Hofsten, C. (1993). Prospective control: A basic aspect of action development. *Human Development, 36,* 253–270.

von Hofsten, C., & Fazel-Zandy, S. (1984). Development of visually guided hand orientation in reaching. *Journal of Experimental Child Psychology, 38,* 208–219.

von Hofsten, C., & Lindhagen, K. (1979). Observations on the development of reaching for moving objects. *Journal of Experimental Child Psychology, 28,* 158–173.

von Hofsten, C., & Ronnqvist, L. (1993). The structuring of neonatal arm movements. *Child*

Development, 64, 1046–1057.

Walk, R. D. (1966). The development of depth perception in animals and human infants. *Monographs of the Society for Research in Child Development, 31*(5, Serial No. 107), 82–108.

Walk, R. D., & Gibson, E. J. (1961). A comparative and analytical study of visual depth perception. *Psychological Monographs, 75* (15, Whole No. 519).

White, B., Castle, P., & Held, R. (1964). Observations on the development of visually directed reaching. *Child Development, 35,* 346–364.

Willinger, M., Ko, C.-W., Hoffman, H. J., Kessler, R. C., & Corwin, M. J. (2000). Factors associated with caregivers' choice of infant sleep position, 1994–1998. *Journal of the American Medical Association, 283,* 2135–2142.

Witherington, D. C. (in press). The development of prospective grasping control between 5 and 7 months: A longitudinal study. *Infancy.*

Woollacott, M. H., Debu, B., & Mowatt, M. (1987). Neuromuscular control of posture in the infant and child: Is vision dominant? *Journal of Motor Behavior, 19,* 167–186.

Woollacott, M. H., Shumway-Cook, A., & Williams, H. G. (1989). The development of posture and balance control in children. In M. H. Woollacott & A. Shumway-Cook (Eds.), *Development of posture and gait across the life span* (pp. 77–96). Columbia: University of South Carolina Press.

Yanez, B. R., Domakonda, K. V., Gill-Alvarez, S. V., Adolph, K. E., & Vereijken, B. (2004, May). *Automaticity and plasticity in infant and adult walking.* Poster presented at the International Conference on Infant Studies, Chicago, IL.

Yonas, A., & Granrud, C. E. (1985). Reaching as a measure of infants' spatial perception. In G. Gottlieb & N. A. Krasnegor (Eds.), *Measurement of audition and vision in the first year of postnatal life* (pp. 301–322). Norwood, NJ: Ablex.

Yonas, A., & Hartman, B. (1993). Perceiving the affordance of contact in four- and five-month-old infants. *Child Development, 64,* 298–308.

Zelazo, N. A., Zelazo, P. R., Cohen, K. M., & Zelazo, P. D. (1993). Specificity of practice effects on elementary neuromotor patterns. *Developmental Psychology, 29,* 686–691.

Zelazo, P. R. (1976). From reflexive ton instrumental behavior. In L. P. Lipsitt (Ed.), *Developmental psychobiology: The significance of infancy.* Hillsdale, NJ: Erlbaum.

Zelazo, P. R. (1998). McGraw and the development of unaided walking. *Development Review, 18,* 449–471.

Zelazo, P. R., Weiss, M. J., & Leonard, E. (1989). The development of unaided walking: The acquisition of higher order control. In P. R. Zelazo & R. G. Barr (Eds.), *Challenges to developmental paradigms.* Hillsdale, NJ: Erlbaum.

Zelazo, P. R., Zelazo, N. A., & Kolb, S. (1972). "Walking" in the enwborn. *Science, 176,* 314–315.

6 지각발달

CHAPTER>>

Marc H. Bornstein
National Insititute of Child Health and Human Development
Martha E. Arterberry
Gettysburg College
Clay Mash
National Insititute of Child Health and Human Development

과거나 현재나 포유동물의 모든 행동은 기본적으로 지각에 의존한다.
-D. O. Hebb(1953, p. 44)-

1. 서론

지각은 세상에 관한 경험과 해석의 시작이며, 사고의 성장과 정서의 조절, 사회적 관계에서의 상호작용에 필수적으로 요구된다. 또한 지각은 발달의 모든 측면에서도 매우 중요하다. 지각 과정 중 감각정보의 입력, 변화, 부호화는 반사와 행동에 필수적이다. 심지어 매우 어린 아동들도 일상의 삶에서 지각 능력이 가지는 기본적인 중요성을 알고 있다(Pillow, 1989). 3세 아동은 대상에 대한 지식을 오직 대상을 보고 있는 사람에게서만 구하고 대상을 보지 못한 사람에게는 구하려고 하지 않는다(Gopnik, Slaughter, & Meltzoff, 1994). 이런 이유들로 오랫동안 철학자, 심리학자, 생리학자, 물리학자들은 지각 연구와 특히 지각 능력의 발달에 대한 연구에 강하게 매료되었다.

우리의 일상 경험들은 지각에 관한 많은 도전적인 질문들을 유발한다. 세상의 사건, 대상, 속성에 대한 우리의 지각이 얼마나 정확한가? 연속적인 환경의 변화와 생물학적인 변화 가운데 우리는 어떻게 안정적인 세계를 지각하는가? 그리고 세상의 지각적인 측면들에 어떻게 의미를 부여하는가? 지각적 특질들은 감각양상(modalities)에 따라 어떻게, 왜 달라지는가? 우리는 사물의 개별적인 속성들을 어떤 과정을 통해 이해하고, 동시에 그것들의 통합된 전체를 감지할 수 있는가?

철학은 초기 지각발달 연구를 이끌었다. 인식론은 인간지식의 기원과 본질에 대해 의문을 가졌다. 경험론자들에 의해 제안된 인식론의 극단적인 견해에 따르면, 모든 지각적 지식들은 감각으로부터 유래를 찾을 수 있으며, 경험을 통해 성장한다. 반면에 생득론자들은 어떤 종류의 지식들은 경험에 의존하지 않으며, 그에 따라 사람들이 기본적인 지각적 지식을 조직화하고 사용할 수 있도록 최소한으로 준비된 감각기관을 가지고 삶을 시작한다고 이야기한다. 또한 철학적 추론은 지각의 초기 발생에 주의를 집중하는데, 이는 삶의 초기는 지식의 기원과 관련된 인식론적으로 의미 있는 논쟁들이 가장 직접적으로 대두될 수 있는 시기이기 때문이다. 그래서 초기의 지각발달 연구는 경험을 통해 획득한 지식과 선천적 지식의 대립에 대한 물음과 같은 철학적 심상들을 차용했다.

그 이후로 지각 영역에서의 발달 연구는 생애 전반에 걸친 감각의 속성과 한계, 능력에 관한 규범적인 자료와 같은 다양하고 많은 종류의 정보들을 제공해 왔다. 예를 들어, 감각체계들은 뇌 문제(brain matter)다. 그리고 감각체계들은 태어나서 갑자기 스위치가 켜질 때까지 휴지 상태를 유지하지 않는다. 오히려 그것들은 출생 전에 기능하기 시작한다. 감각들이 대체적으로 언제, 어떻게 정상적으로 기능하기 시작하는지를 측정하는 것의 중요성은 다음과 같다. 첫째, 감각체계의 발달에 대해 아는 것은 구조와 기능 간의 일반적인 연관성에 대한 우리의 이해를 확장시킨다. 둘째, 초기 뇌 발달이 감각자극에 의해 어떻게 영향을 받는지에 대한 지식은 이론적인 측면에서는 물론 실제적으로도 매우 중요하다. 예정일 이전에 태어난 조산아들은 정상 분만으로 태어났다면 보호되어야(은폐, 차단)하는 환경 자극들에 노출된다(Parmelee & Sigman, 1983). 만약 이 단계에서 감각체계들이 기능하지 않는다면, 조산아들은 그러한 환경 자극들로부터 보호될 수 있을 것이다. 그러나 그때 감각체계들이 작동한다면, 조산아들은 신생아 집중 치료실(Neonatal Intensive Care Unit)의 자극적인 환경에 의해 부정적인 영향을 받게 될 것이다(Turkewitz & Kenny, 1985). 셋째, 오늘날 인간 영아들은 '지각적으로 유능한 존재' 로 인식된다. 단순히 영아기에 감각들이 어떻게 기능하는지를 측정하는 것으로도 영아들의 지각적 체계를 설명하는 데 도움이 된다. 예를 들어, 성인들에게 단맛을 느끼게 하는 어떤 물질을 영아들도 같은 방식으로 맛을 느끼고, 심지어 그 물질을 좋아할 것이라고 쉽게 가정한다. 그러나 실제적으로 단맛에 대한 맛 수용기들은 영아기에는 존재하지 않을 수 있으며, 설령 존재한다고 해도 기능하지 않거나, 어른과 같은 지각을 경험하지도 않는다. 또한 인생 초기의 정상적인 능력에 대해 밝히는 것은 성숙한 지각 기능과 미성숙한 지각 기능 간의 발달적 비교를 가능하게 하고, 영아기의 지각에 관한 연구들은 정상적인 성숙 과정뿐만 아니라 시간에 따른 경험의 효과를 측정할 수 있는 기저선 정보를 제공한다.

이러한 이유들은 지각발달 연구를 촉진하였고, 또한 지각발달에 대한 대부분의 연구들이 자연스럽게 영아기에 집중하게 만들었다.[1] 그러나 지각은 평생의 발달 과정이므로 이 장에서는 일반적인 지각과 아동기, 성인기 그리고 노인기의 지각발달에 대해서 논한다. 우리는 이 장에서 지각의 주요 이론들에 대한 논의와 함께, 지각발달에서의 몇 가지 중요한 쟁점들(상태와 기원, 안정성과 변화)을 다룰 것이다. 다음 부분에서는 지각 연구에서 주로 사용되는 방법론들을 기술하고, 세 번째 부분에서는 생애 초기부터 말기까지의 그리고 그 사이 지점들에서의 지각 능력에 대한 우리의 현재 지식들을 연구한다. 이 부분에서 우리는 생애 전반에 걸쳐서 연구되어 온 소수의 분야 중 하나인 얼굴지각에 대해 자세하게 다룰 것이다. 그리고 마지막 부분에서는 지각발달 과정에서 경험이 가지는 역할에 대해 논의할 것이다.

2. 지각발달에 대한 조망들

지각은 역사적으로 천성-양육 논쟁과 깊이 관련되어 있다. 우리는 이 세상에서 경험 이전에 무엇을 아는가? 어떤 지식들이 이와 같은 경험으로부터 획득되는가? 이와 관련한 두 가지 주요한 견해는 경험론과 생득론이다. 경험론자들은 태어나면서부터 부여된 지식은 없으며, 모든 지식은 감각적 경험을 통해 획득된다고 주장한다. 그러므로 지각발달은 경험과 연합의 과정으로 진행된다. 특히, 경험론자들은 세상에 있는 자극들이 자동적으로 신체적인 감각을 유발하며, 시간과 공간에서의 근접한 자극의 발생은 좀 더 전체적인 '개념(idea)'을 불러일으킨다고 이야기한다. 이에 따라 지각적인 세계들은 의미로 둘러싸이게 되는 것이다. 분리되어 존재하던 원 감각들은 경험론자들이 설명했던 연합의 방식에 의해서 의미 있는 지각으로 통합된다. 생애 초기의 마음의 속성에 대한 경험론자들의 견해는 독자성을 가지고 있으면서, 동시에 서로 관련이 있는 두 개의 학파에 의해 발전되었다. 하나는 인간이해에 관한 에세이 『*An Essay Concerning Human Understanding*』(1959, Book II, 제1, 2장)을 쓴 John Locke(1632~1704)로 그는 출생 시의 마음을 '백지'로 묘사한다. 정신적인 삶은 어떠한 개념도 없이 시작되고 세상에 대한 이해는 전적으로

1) 지각의 개체발생 이야기에서의 핵심은 지각적 진화의 문제를 포함한다. 즉, 유기체와 그들의 환경은 지각적 구성 개념과 기능을 '함께 구성한다.' Levinson과 Lewontin(1985)의 용어에 따르면, 환경과의 상호작용 안에서 그리고 상호작용을 통해서 유기체들은 애매한 물리적 환경의 어떤 측면이 효과적인 환경을 구성하는지 결정한다. 환경이 동물에게서 감각-운동 능력을 선택한 것처럼, 유기체들은 외적 세상과 상호작용하면서 세상을 변화시키고, 그들이 받은 물리적 신호들을 변환하고(그리고 그런 신호들의 유의미성은 유기체들의 구성 개념에 의존함으로써), 그에 따라 지각발달과 지각적 활동들이 제약을 받는다.

경험의 축적에 의존한다. William James(1842~1910)의 경험론은 이와는 약간 다르다. 그는 『철학의 제 문제(*Some Problems of Philosophy*)』(1924, p. 50)에서 '즉각적으로 지각할 수 있는 삶'을 거대한 '확장하며 와글거리는 혼란'으로 묘사했다. 이는 그 혼란 속에서 경험이 지식과 질서를 조직화하고 창조한다는 것을 의미한다. 경험론자들의 믿음에 따르면, 경험이 없는 순수한 아동은 성인들의 지각적인 세계를 공유할 수 없다. 경험론자들은 본질적으로 발달적이다. 왜냐하면 가정된 기제가 무엇이든지 인간은 지각적으로 미숙한 상태에서 지각적으로 성숙한 상태로 변화해 가기 때문이다.

인간이 삶을 '빈 머리(empty head)'로 시작한다는 믿음은 많은 사람들에 의해서 철학적으로 용납될 수 없으며 논리적으로 방어될 수 없다고 여겨져 왔다. 극단적인 생득론자들은 인간은 의식 없이 창조되지 않았으며, 인간이 소유한 지식은 아동기라는 짧은 시간에 학습을 통해서만 습득될 수 없다고 주장한다. 결과적으로 Ren Descartes (1596~1650)와 Immanuel Kant(1724~1804)와 같은 철학자들은 인간을 지각 기능을 지탱하는 개념 혹은 유목을 가지고 태어나는 존재로 생각한다. 그들은 인간이 크기와 형태, 위치, 운동에 대한 선천적인 지각 개념은 물론 좀 더 추상적인 시간과 공간에 대한 개념도 타고난다고 가정한다. 경험론자들과는 반대로 생득론자들은 인간의 마음이 자연적으로 생애 초기부터 감각자극에 대한 질서(order)체계를 이용해 왔으며, 그에 따라 원 감각들이 의미 있는 지각으로 변형된다고 주장한다. 그들의 견해에 따르면, 아동과 성인은 많은 지각 능력을 공유하며, 같은 방식으로 세계를 지각한다. 이런 능력들은 타고난 것이기 때문에 생득론은 본질적으로 발달적인 견해가 아니다. 그러나 그런 능력들이 성숙한다는 면에서는 발달적이다.

오늘날 지각과 지각발달에 관한 이론들에서 이 논쟁은 흔적만 남은 상태다. 어떤 사람들은 의미 있는 지각 구조가 환경 안에, 우리가 세상을 지각하는 방식과는 독립적으로 존재한다고 주장한다. "세계는 실재이며, 이런 실재성은 구조로서 어떤 것들을 포함한다. 그러나 유기체는 구조를 찾고 선택하기 위해 이런 실재성과 상호작용한다. 그러나 유기체가 구조를 창조하는 일은 거의 없다. 구조는 우리가 발견하는 어디에나 있으며 정보처리 유기체는 오직 구조를 보고 찾고 선택할 뿐이다." (Garner, 1974, p. 186) 이런 견해의 발달적 추론에 따르면, 지각적인 성장은 적절한 정보를 찾을 수 있는 지각자의 증가된 지적 능력으로 구성된다(E. J. Gibson, 1982; J. J. Gibson, 1979). 즉각적인 지각이라 불리는 이론은 세상에서의 사건의 의미는 개인의 감각으로부터 구성되는 것이 아니라 감각체계가 진화해 온 상위 질서변인(higher order variables) 간의 관계에 의해 자동적으로 지각된다고 주장한다. 그에 따르면, 우리는 바닥을 볼 때, 지지하는 표면을 직접적으로 지각하며 걷기 위해 그러한 정보를 즉각적으로 사용한다.

대안적인 견해들은 유기체의 진화와 발달의 역사가 결합된 세상에 대한 정보에 기초하여 물리적 세상에 대한 우리의 해석을 설명한다(유기체의 동시대적인 신경, 감각, 인지적 제약들이 존재하든지 아니든지 간에). 외부 환경의 구조와 정보는 유기체와 환경 간의 지속적인 상호작용을 통해 형성된 특정한 영역에 있다(Hebb, 1949; Piaget, 1969). 소위 구성주의라 불리는 이론들은 인간이 소수의 기본적인 지각 능력들—배경에서 전경(형태)을 구분하는 것과 같은—을 타고난다고 본다. 이를 넘어선 지각발달은 행동과 경험을 통해 이루어진다. 형태를 보면서 우리는 형태에 대한 내적인 표상을 발달시키는데, 그러한 표상은 우리의 눈 운동은 물론 뇌 활동과도 관련된다. 그러므로 상호적인 경험은 지각적인 조직화를 촉진하고 세상과 공간, 시간 등에 대한 우리의 이해를 구성하는 데 도움을 준다.

발달의 상태와 기원

아마도 지각발달학자들이 제기하는 첫 번째 질문은 유기체에서 중요한 지각적 구조 혹은 기능의 현재 상태가 무엇이냐일 것이다. 이것은 논리적이며 적절한 시작점이다. 많은 사람들에게 이 질문은 또한 종착점이기도 하다. 발달학자들은 이보다 적어도 두 가지 이상의 부가적인 질문들을 제기할 것이다. 첫째, 지각적 구조 혹은 기능의 기원이 무엇인가? 둘째, 어떻게 지각적 구조나 기능의 발달이 전개되는가? 생득론과 경험론은 본질적으로 발달의 기원에 대한 두 개의 주된 의견을 구성하고, 생물학과 경험이 발달에 미치는 영향에 대해 서로 다른 가중치를 부여한다. 전통적으로 지각발달에서의 이론과 연구는 구조나 기능이 언제 출현하는지, 그것의 발달 과정이 어떠한지(예, 그것이 나이에 따라 변하는지 혹은 어떻게 변하는지) 그리고 그 발달 과정에 어떤 요인이 영향을 미치는지를 기술하기 위해 고안되었다.

발 달

지각은 감각 표면에 도달한 물리적 정보의 수용과 변화에 의해서 시작된다. 지각적인 표상들은 감각변화와 정보전달의 특성(quality)을 반영한다. 발달 연구는 광범위한 방식으로 그리고 지각은 특정한 방식으로, 능력과 수행의 특질과 명시(manifestation)는 물론, 능력과 수행의 집단 연속성과 개인 안정성의 발달적 표현(expression)에도 관심을 가진다(Bornstein & Sues, 2000). 게다가 발달학자들은 왜 발달이 일어나는가에 대한 질문에도

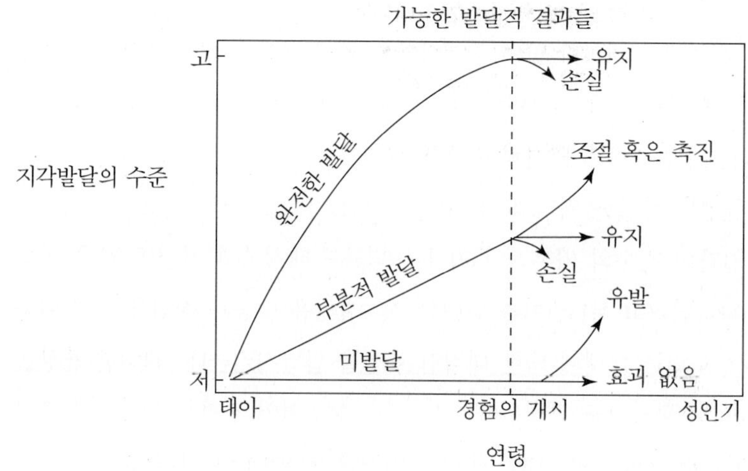

[그림 6-1] 경험의 개시 연령 이전에 지각의 각기 다른 수준에 주어진 가능한 발달적 결과들과 이후의 다른 경험들

출처: *Development of Perception: Psychological Perspectives. Vol. 2: The Visual System*, R, N. Aslin(after Gottlieb, 1981), 1981, New York: Academic Press. Copyright © 1981 by Academic Press. Reprinted with permission.

주목한다. 지각에서의 발달적 변화는 ① 신경학적, 해부학적 혹은 감각적 성숙, ② 주의력에서의 변화, ③ 동기의 변화 혹은 향상된 과제 수행, ④ 학습과 경험, ⑤ 앞의 모든 것들의 상호작용과 혼합 등에 의해 설명될 수 있다. 발달이론에서 양육과 천성이 가끔 양자택일적인 요소로 표현되기도 하지만, 양육과 천성은 언제나 그리고 필연적으로 상호작용한다. 즉, 지각적 발달은 유기체적 성숙뿐만 아니라 경험의 특정한 효과에 의해서도 영향을 받는다.

천성과 양육의 힘이 발달 과정에 영향을 미치기 위해 상호작용할 수 있는 방식은 간단하지만 포괄적인 방법에 의해서 개념화될 수 있다. [그림 6-1]은 경험이 시작되기 이전에 지각적 구조 혹은 기능의 가능한 발달 과정들을 보여 주고, 또한 경험이 지각적 변화에 영향을 줄 수 있는 소수의 가능성들을 보여 준다(Gottlieb, 1981). 경험이 일시적 변화와 향상 혹은 손실에 미치는 영향은 명백하다. 경험(혹은 경험의 부족)이 지각발달의 과정에 영향을 주기 위해 생물학적 요인들과 어떻게 상호작용하는가? 첫째, 지각적 구조나 기능이 경험의 시작점에서는 발달되어 있지 않지만, 적절한 경험에 의해서 유발될 수 있다는 가능성이 있다. 이런 경험이 없다면 지각 구조나 기능은 결코 출현하지 못할 것이라고 가정한다. 두 번째로 지각 구조나 기능은 경험의 시작 전에는 부분적으로 발달되어 있으나, 이후의 경험에 의해 다음의 세 가지 방식 중 하나로 작동될 수도 있다. 적절한 경험은 더 깊은 발달을 촉진하거나 기능이나 구조를 조절할 수 있다. 경험은 경험 시작 이전의 미숙한 발달 수준에서 기능이나 구조를 유지할 수 있다. 혹은 적절한 경험이 없으면 구조와 기능은 상실될 것이다(물론 경험 그 자체는 지각적 구조나 기능이 유전자 지도의 반영으로서의 성숙을 지속하는 데 전적으로 필요하지 않을지도 모른다). 셋째, 지각 구조나 기능은 경험의 시작 전에 완전히 발달되어 있을 수도 있다. 그러나 그 후에 구조나 기능의 유지를 위해 경험이 요구될 것이다. 즉, 적절한 경험이 없다면 구조나 기능은 상실된다.

역사적으로 과학자들이 주의를 기울였던 지각발달에서의 주제들은 이론적 질문뿐만 아니라 기술적인 질문에 대한 답을 요구해 온 것들이다. 생물학적 혹은 구조적 정체성의 측면에서 사람들의 유사성 정도를 비교하는 것은 어렵다. 사람들 간의 차이점이 해부학이나 생태학 구조 혹은 학습의 영향을 얼마나 반영하는지를 나타내는 것 역시 마찬가지다. 지각에 대한 문화 연구(뒤에서 검토할 것이다)들은 발달적 유사성과 차이점을 명백하게 보여 준다. 이런 점에서 지각 연구들은 자주 다른 영역에서의 발달 연구와 심리학 연구의 진보를 위한 모형들을 제공한다.

3. 지각발달의 방법론

발달적 관점에서 성인 초기부터 노인기 사이의 지각 연구는 방법론적으로 큰 어려움이 없다. 왜냐하면 성숙한 개인들은 그들의 지각에 대해서 쉽게 보고할 수 있고 또한 타당한 의사소통 방식으로 행동하도록 지시받는 것이 어렵지 않기 때문이다. 그러나 아동기, 특히 영아기에서 의사소통의 장벽은 지각 연구의 기본적인 방해물이 되었다. 게다가 영아들은 운동 근육이 불완전하고, 영아들과 어린 아동들은 변화를 진술하는 데 매우 주관적일 뿐 아니라, 그들의 보고는 신뢰하기 어렵다. 결과적으로 초기 지각에 대한 우리의 지식은 신뢰도가 떨어지는 행동과 보고로부터 추론될 수밖에 없다. 따라서 생애 초기의 지각발달 연구는 매우 도전적인 과제다. 그러므로 지각 연구들은 특히 조심스럽게 진행되어야 한다. 우리는 세상을 성인의 눈을 통해 본다(문자 그대로나 비유적으로나). 그러나 아동들은 그렇지 않다. 그들은 아동의 눈을 통해서 세상을 본다. 아동들에게는 우리에게 보이는 것과 완전히 다른 방식으로 사물이 보일 것이다. 따라서 성인의 지각을 아동들에게 잘못된 방식으로 적용하는 오류가 발생할 수 있다.

지각발달을 연구하기 위해서 두 개의 주된 반응체계인 정신물리학적, 행동적 반응체계가 이용되었고, 각 체계 내의 몇몇 기술들도 이용되어 왔다. 우리가 검토할 방법론들은 지각에 대한 추론의 강도에 따라서 가설적 연속체를 가정하고 그에 따라 체계화되었다.

방법론들 간의 중요한 차이점에도 불구하고, 실제로 지각 연구를 위해 개발된 모든 기술들은 지각에 관한 질문에 답하기 위해 설계되어 왔다. 그중 첫 번째 질문은 관찰자가 자극을 감지할 수 있는지, 즉 정신물리학자들의 용어에 따라 그 자극이 절대 역치(absolute threshold)를 넘었는지와 관련된다. 그리고 두 번째 질문은 관찰자가 지각 자극 간의 차이점을 감지하였는지, 즉 그 자극이 차이 역치(difference threshold)를 넘었는지의 여부와 관련 있다. 구별되지는 않으나 물리적으로 동일하지 않은 자극은 비슷하게 취급되거나 동일한 유목으로 범주화된다. 게다가 어떤 연구자들은 자연적으로 발생하는 상황을 연구하기 위해 복잡한 자극을 선택하는 반면, 다른 연구자들은 자극 다양성을 제거해 나가는 방법을 사용한다. 대개 연구를 촉진하는 과학적 질문들은 방법론뿐만 아니라 자극의 속성을 가장 잘 말해 준다.

정신물리학의 기술

정신물리학의 기술들을 차용해 온 지각발달 연구들은 그들의 연구 주제에 접근하기 위해 중추신경계와 자율신경계를 측정한다(Jonhson, 이 책).

중추신경계 중추신경계에 초점을 둔 지각발달 연구들은 네 가지 일반적인 수준에 맞추어져 진행된다. 신경학적 해부 구조, 단일세포와 세포 간 생리학, 집합적인(aggregated) 대뇌 피질의 전기적 활성화, 중심 기능(central function)이 그것들이다. 해부구조적 연구 수준에서의 질문들은 기능과 구조 간의 관계를 규명함과 동시에 지각기관의 구조 발생학을 다룬다. 이러한 연구 전략의 가정은 구조(해부 구조)는 기능(지각)을 위해 필요하며, 이런 관점에 따르면 기저 구조에 대한 지식을 통해 기능에 대한 이해가 풍부해진다. 때때로 지각이론가들은 이런 주장을 역으로 바꾸어 관찰된 기능에 근거하여 구조의 존재를 가정한다. 예를 들어, 형태와 위치, 색깔을 변별할 수 있는 신생아의 능력은 geniculostriate 경로의 일부분이 출생 시에 이미 존재함을 암시한다. 그러나 구조는 기능의 필요조건이지만 충분조건은 아니다. 즉, 아기들은 다리가 있지만 아직 걷지 못한다. 그러므로 지각에 관한 추론에서 해부학적 구조에 근거한 증거만으로는 부족함을 고려해야 한다.

정신물리학적 연구의 두 번째 수준은 개별 신경세포의 발달과 특성 그리고 다른 감각체계의 신경세포 간 연결성에 초점을 두어 왔다. 뇌의 신경생리학적 기록들은 개별 세포들이 환경의 다양하고 특정한 속성에 맞추어져 있다는 것을 밝히고 있다. 예를 들어, 시각체계에서 개별 신경세포의 '유발자극 특질들(trigger features)'은 특정 빛의 파장과 형태의 위치, 대상이 움직이는 방향에 민감하다는 것이 밝혀졌다(Livingstone & Hubel, 1988). 이 연구 영역의 질문들이 흥미롭고 자극적임에도 불구하고, 이 결과의 가치는 매우 제한적이며, 또한 이를 지각발달 설명에 적용하기 위해서는 매우 조심해야 할 필요가 있다. 예를 들어, 단일신경세포가 환경자극의 개별적 속성에 민감성을 보여 준다 할지라도 전체 지각 과정에서 그 세포의 실제적인 역할은 여전히 많은 부분이 규명되지 않았다. 나아가서 실제로 모든 단일세포 연구들이 인간보다 하위 종(예, 고양이나 원숭이)을 통해 실시되었다. 그러므로 인간 지각에서의 단일세포 연구의 적절성과 적용 가능성은 여전히 의문의 여지가 존재한다. 따라서 지각발달에서의 흥미로운 질문은 단일세포가 선천적으로 그들의 유발자극 특질들에 민감한지 혹은 그런 민감성이 경험을 반영하는지, 아니면 둘 사이의 상호작용이 존재하는지의 여부다.

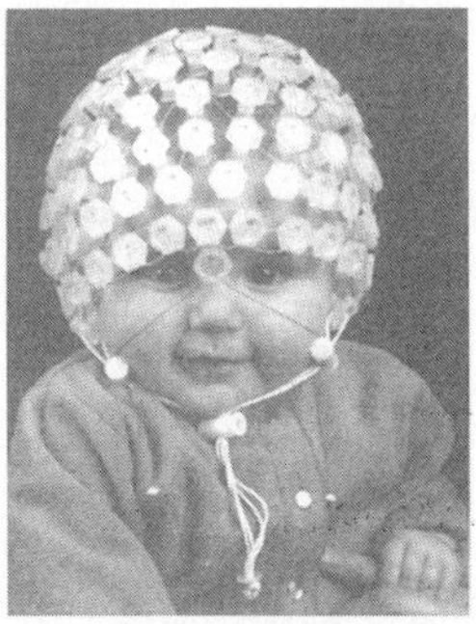

[그림 6-2A] 영아가 고밀도의 뇌파(EEG) 탐지기(Geodesic Sensor Net)를 착용하고 있다. 탄성 있는 망은 두피의 뇌파(EEG)와 사건관련전위(ERP) 신호들을 기록하기 위한 128개의 개별 탐지기들을 포함하고 있다.
사진 제공: Electrical Geodisics, Inc.

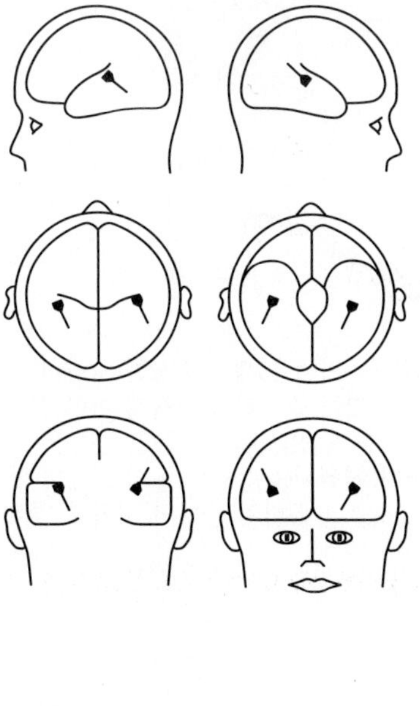

[그림 6-2B] 실험참가자가 말소리 /ba/를 들었을 때 수집된 ERP의 근원편재화 해석(Brain Electrical Source Analysis, MEGIS software GmbH). 각 표시는 신호 발생기의 모형화된 위치와 그것들에 상응하는 극성전하 축을 나타낸다.
사진제공: S. Key.

지각발달에 대한 중추신경계의 기여를 다루는 연구의 세 번째, 네 번째 수준은 가장 직접적으로 인간에 초점을 맞추고, 뇌의 기능과 구조의 동시적인 검증을 가능케 하는 통합적인 신경화상 기술과 장치로부터 얻어졌다(Nelson & Bloom, 1997). 여기에는 뇌파(EEG), 사건관련전위(ERP), 두피에서 신경자극의 전달 기저에 있는 부산물인 전기적 활동을 잡아내는 전자기 근원 화상과 같은 전기생리학적 절차들이 포함된다(Coles & Rugg, 1995). 예를 들어, 최단선 측정 장치(Geodesic Sensor Net, [그림 6-2 A])는 자극과 시간상으로 연결된 신경활동, 즉 ERP의 패턴을 확인하기 위하여 두피 표면에 많은 수의 전극을 설치한다(Tucker, 1993). 결과적으로 근원 편재화(source localization)는 ERP를 유발하는 뇌 속의 발생기(generator)의 소재, 위치, 크기를 알아내기 위하여 사용된다(Nunez, 1990).

정신물리학적 절차의 네 번째 수준에는 양전자방사단층촬영법(PET)과 기능적 자기공명화상법(fMRI, [그림 6-3])이 포함된다. 그것들은 뇌 물질대사와 활동의 공간적 표지를 제공한다(Brown & Smelka, 1995; Chugani, 1994). 화상 기술들의 광범위한 사용은 지각에서의 구조-기능 간의 관계에 대한 기초적인 과학적 이해와 지각에서의 뇌 기반을 조명하였고, 또한 문제 상황의 정확한 진단과 처치, 평가에서의 효율성을 증가시켰다. 예를 들어, 정신물리학적 접근은 비정상적 발달을 규명하는 데 매우 유용함이 증명되었다. 전기

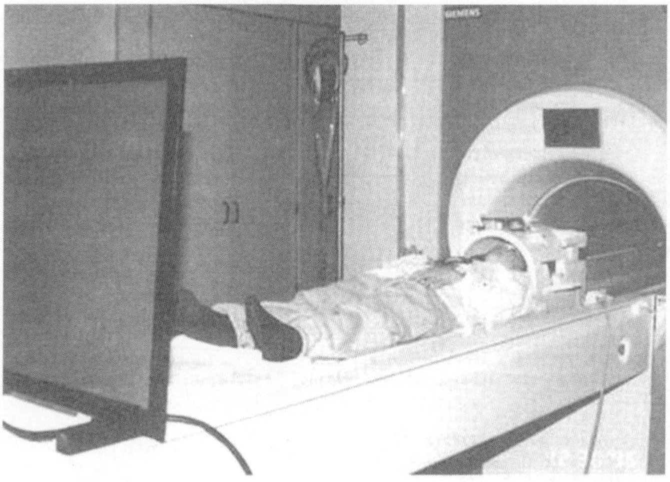

[그림 6-3] 기능적 자기공명화상법(fMRI)을 사용한 작업기억 연구를 위해 10세의 건강한 소년이 검사를 받으려고 하고 있다. 머리 위의 투광기(보이지 않음)는 발 쪽에 있는 스크린에 시각적 이미지를 비춘다. 아동의 머리 바로 위에 있는 거울은 이런 이미지를 아동이 볼 수 있도록 해 준다. 아동은 그의 손에 버튼 상자(비자기성 물질로 만들어진)를 가지고 있고, 연구가 진행되는 동안(아동이 스캐너 안에 있을 때) 그는 과제의 요구에 상응하는 버튼을 누르게 된다(예, 스크린에 비치는 빛의 위치에 맞추어 버튼을 눌러라).
사진 제공: C. Nelson.

적 반응들은 출생 시의 난청을 진단하는 데 사용되어 왔다([그림 6-4]). 만약 신생아가 소리에 반응하지 않는다면 이런 반응들은 적어도 뇌 경로의 손상 여부를 보여 줄 수 있다.

[그림 6-4] 신생아가 청력 검사를 받고 있다. 사진제공: T. Hellbrugge.

자율신경계 지각에 대한 정보를 얻기 위해 두 번째로 널리 적용되는 정신물리학적 접근은 지각 과제에 대한 자율신경계의 반응을 관찰하면서 개발되었다. 심박수, 심박수의 변이성, 호흡성 동부정맥(RSA)과 같은 심장과 심폐의 측정치들은 정향반응(reflect orienting), 지속적 주의, 영아와 아동의 지각에서의 상태변화를 나타낸다.

이런 측정치들은 특히 지각 연구에서 유용함이 밝혀졌는데, 그것들은 주의 상태에서의 변화에 민감하기 때문이다(Bernston & Boysen, 1990). 그것들은 또한 상태를 조절하고 환경적 요구에 적절하게 반응하는 아동 능력의 개인차를 보여 주는 중요한 지표다(Bornstein & Suess, 2000; Porges, 1995, 1996; Porges & Doussard-Roosevelt, 1997). 예를 들어, 심박수는 정향의 측정치로 쓰일 뿐만 아니라 주의 과정에서의 상태를 구별하기 위해 사용되기도 한다. 영아의 심박수는 정향반응 동안 감소하고, 지속적 주의 상황에서도 계속해서 감소를 보여 주며, 주의의 종료 시에는 증가한다. 중추신경계의 기능에 대한 하나의 지표인 호흡성 동부정맥(RSA)은 지각 연구에서 특히 중요함이 판명되었다. 왜냐하면 그것은 미주신경을 통한 제어와 기원으로 알려진 심박수 변동의 한 요소이기 때문이다. 그러므로 RSA는 지각 과정의 중요한 제어 과정인 부교감신경 상태의 좋은 추정치다. Richards(1987)와 Porges(1995)는 RSA를 지속적인 시각 주의력의 지표이며, 지각적으로 의미 있는 자극에 대한 반응이라고 규명하였다.

이런 장점들에도 불구하고, 지각에 대한 정확한 이해를 위한 정신물리학의 기여는 제한적이다. 왜냐하면 실험적 조작요인들을 제외한 다른 요인들도 정신물리학적 반응에 영향을 미칠 수 있고, 정신물리학에 기초한 지각의 이해에는 높은 정도의 추론이 요구되기 때문이다. 대뇌 피질이 존재한다는 사실 혹은 감각체계에 존재하는 자극이 식별 가능하고, 심지어 일관적인 대뇌 피질의 활동 패턴을 형성한다는 사실이 곧 자극이 관찰자에게 지각적으로 의미 있는 방식으로 인지된다는 것을 의미하지는 않는다. 이런 관점에서 몇몇 중추신경계 측정치들은 진일보하고 있지만, 신체는 자극이 없을 때에도 심리적 인식을 일으키며 반응하기 때문에 여전히 중추신경계 측정치들은 의식적인 지각의 확정적인 증거를 제공하지 못한다. 게다가 정신물리학의 기본적인 원리는 많은 요인들이 이러한 반응들에 영향을 미친다는 것이다. 그러므로 생리학적 지표들과 심리적 상태 간에는 정확한 일대일 대응이 거의 없다. 의식적인 지각 기능의 접근은 오직 행동 보고를 통해서만 획득된다.

행동적 기술

영아기와 아동기 혹은 성숙기(maturity)에서의 지각을 더욱 확실한 기반에서 평가하기 위해 발달심리학자들은 다양한 종류의 행동 측정 방법을 개발해 왔다. 이런 방법론의 첫 번째는 응시 패턴([그림 6-5 A], [그림 6-5 B])이나 얼굴표정([그림 6-6])과 같은 자연적으로 발생한 행동들에 의존한다. 다른 방법들은 영아의 선호와 학습을 이용한다.

자연적으로 발생한 행동-응시 패턴과 행동 1960년대에 Kessen, Haith 및 Salapatek (1970)은 출생 시에 '영아의 응시를 관찰하는 것'을 통해 간단하게 시각 기능을 측정할 수 있다고 주장했다. 이들은 아기 눈을 통해 각막에서의 자극에 대한 반사를 촬영하고 신생아의 안구 움직임을 추적했다. 그들은 지각행위에는 자극에 시선을 고정하는 것—자극을 시각 고정선상에 가져오는 자발적인 시각 정향반응—이 필연적으로 동반된다고 가정한다. 그러므로 관찰자가 보는 곳이 곧 시각적 선택과, 나아가 시지각을 나타내는 것이다. 그들의 연구 이전까지 신생아가 볼 수 있는지 아닌지에 대한 기초적인 질문들이 해결되지 않은 채로 남아 있었다. 이후 몇십 년 동안 많은 실험자들이 그들의 연구 논리와 방법론을 발전시켜 왔다([그림 6-5]).

운동발달에서의 진전과 함께 영아들은 의도적인 행위를 할 수 있는 능력이 증가하는데, 연구자들은 지각 능력을 평가하기 위해 이런 행동들을 사용한다. 예를 들어, Ruff(1990)는 영아들의 생애 첫 1년의 후반부가 지나면서 입을 실룩(우물)거리는 행동이 줄어드는 반면, 세밀한 근육 공동작용의 발달과 동반하여 손을 만지작거리는 등 좀 더 정밀한 형태의 조작행위가 증가하는 것을 관찰했다. 또한 영아들의 탐색행동도 증가한다. Ruff가 영아 앞에 놓인 대상의 속성을 체계적으로 변화시켰을 때(먼저 영아는 그 대상의 세부 특징을 관찰할 기회를 가진다), 영아는 새로운 대상에 대한 정보를 최대한 습득하기 위하여 촉각을 이용한 탐색행동의 유형을 점차적으로 변화시킨다. 예를 들어, 영아는 형태가 변화할 때 사물을 좀 더 만지거나 돌려보는 방법들을 사용하거나 이손 저손으로 자주 옮겨 보면서 반응한다. 그러나 감촉에서의 변화에 대해서는 오로지 대상을 더욱 많이 만

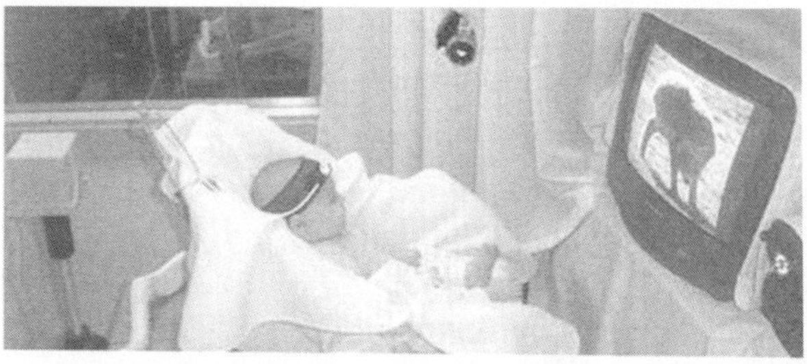

[그림 6-5 A] 영아가 안구 추적 실험에 참가하고 있다. 자극 스크린 오른쪽에 설치된 안구 추적 카메라는 영아의 안구 표면에서의 반사를 탐지하고 기록한다. 컴퓨터 프로그램을 이용하여 응시 패턴의 위치를 추출하기 위해 반사들 간의 공간적 관계를 분석한다. 동시에 동작 탐지기를 영아의 머리에 부착하고, 머리가 움직이는 동안의 안구 움직임의 분석을 동시적으로 유지하기 위해 카메라 각도를 조절한다. 이 사진은 안구 추적 장치 전체를 보여 준다. 실제 연구에서는 영아들이 오직 모니터만 보도록 하기 위해 방을 어둡게 한다.

[그림 6-5 B] 실험 진행 동안에 보여지는 자극 이미지에 대한 한 영아의 주사 경로(scan path)를 그렸다. 선들은 영아의 시각적 주사 경로를 나타내고, 점들은 0.25초 이상의 고정응시를 나타낸다. 원들은 고정응시 위치를 나타내고, 숫자들은 고정응시의 발생과 지속 기간의 순서를 나타낸다.

져보는 방법으로만 반응한다.

지각을 연구하는 데 사용되는 다른 행동은 뻗기([그림 6-7]; Yonas & Hartman, 1993)와 기기와 걷기([그림 6-8]; Adolph, Eppler, & Gibson, 1993; Adolph & Berger, 이 책)다. 예를 들어, 영아들은 깊이 차이를 볼 수 있도록 고안된 두 가지 대상에 더욱 가까이 가기 위해 손을 뻗을 것이다. 그리고 통로의 특징을 지각할 수 있도록 고안된, 물을 넣은 고무 패드와 경사가 가파른 곳에서는 걷기보다는 기는 것을 선택할 것이다. 결국 영아들은 통로의 특질에 따라서 그들의 행동을 조절하는 것이다.

선호 Fantz(1958, 1964)는 만약 관찰자가 선택 상황에서 자극들의 공간적 배치와 상관없이 한 자극을 다른 자극보다 선호하여 바라본다면 그 선호는 탐지와 변별을 나타낸다고 주장한다. 오늘날 이와 같은 Fantz의 주장은 대중적이고 생산적인 여러 발달 연구의 기초적 사실로 여겨진다. 일례로 시각적 예민성 연구를 살펴보자.

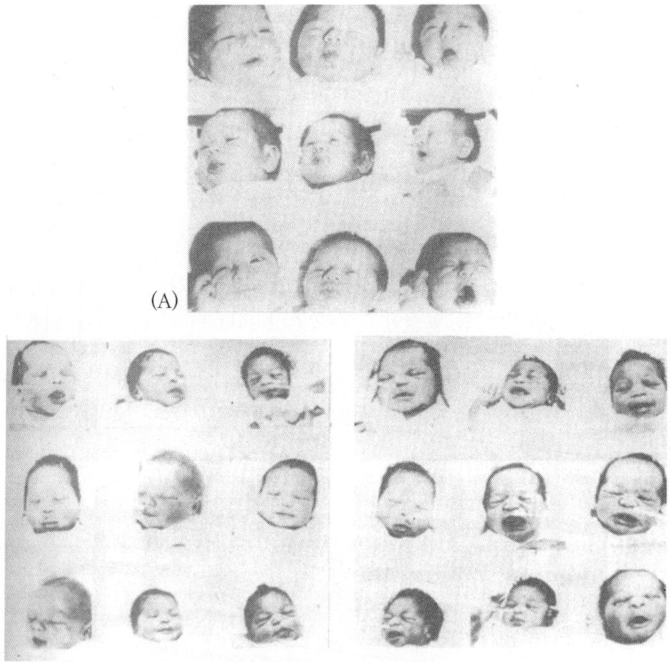

(A) (B) (C)

[그림 6-6] 신생아들의 미각, 후각 민감성

영아들의 단맛(A의 왼쪽), 신맛(A의 가운데), 쓴맛(A의 오른쪽)에 대한 입 주위 얼굴 반응.
영아들의 바닐라향(B), 생선 냄새(C)에 대한 코 주위 얼굴 반응(Steiner, 1977).

조직화된 시각적 주사 연구들은 어린 관찰자들이 패턴을 볼 때 최소한 무언가를 볼 수 있다는 점에 대해 알려 주지만, 그들이 얼마나 잘 볼 수 있는지는 검증할 수 없었다. 그러나 시각적 예민성 연구에서 Fantz, Ordy 및 Udelf(1962)는 영아들이 동질적인 패턴보다는 이질적인 패턴을 선호해서 본다는 사실을 이용했다. 그들은 영아들에게 보여 주기

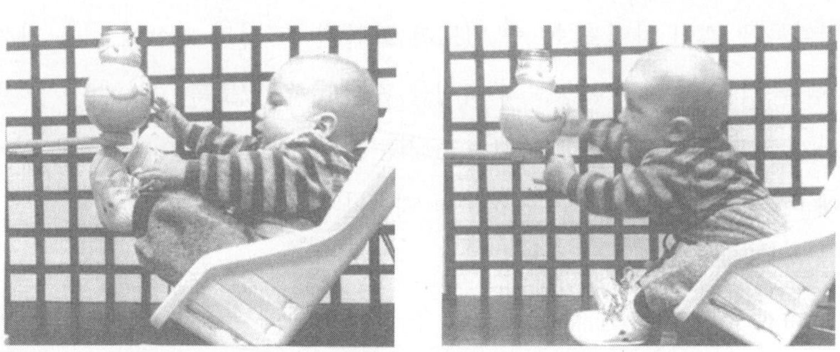

[그림 6-7] 지각과 행위를 연결시키는 영아의 능력이 잘 조절됨을 보여 준다.

왼쪽 사진의 영아는 대상이 뻗어서 닿을 수 있는 범위에 있는 경우 대상을 향해 손을 뻗는다.
오른쪽 사진의 영아가 좀 더 먼 거리의 대상과 접촉하기 위해 앞으로 기울인다(Yonas & Hartman, 1993).

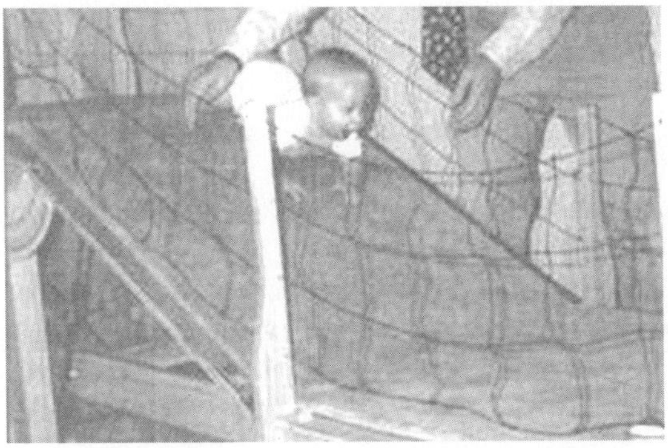

[그림 6-8] 영아들의 이동판단(길 것인지 혹은 걸을 것인지)과 그들이 표면을 탐색하는 방식(예, 표면을 톡톡 쳐 보고 발목을 흔들어 본다)은 표면 세부특질의 지각 능력에 대한 통찰을 제공한다.
사진 제공: Karen Adolph, New York University.

위하여 몇 쌍의 시각 패턴을 배치하였는데, 그중 하나는 항상 회색이고, 다른 하나는 넓이가 체계적으로 변화하는 줄무늬가 교대로 배열된 것이다(두 자극은 항상 밝은 배경에서 비교된다). 단순한 회색보다는 패턴이 지속적으로 선호되기 때문에 선호를 유발하는 데 실패한 줄무늬 넓이는 단순한 회색으로부터 줄무늬를 구별하는 관찰자의 능력의 한계를 나타낸다고 결론내릴 수 있다(어떤 지점에서 줄무늬 넓이는 동질적으로 보일 만큼 가늘어진다). 이와 같은 선호적 응시는 영아기 지각 능력에서의 다양성을 측정하기 위해 사용되어 왔다. 특히, 패턴 시지각과 색 시지각 연구에서 많이 사용되었다(Bornstein, 인쇄 중; Ruff & Rothbart, 1996). 이런 기술은 또한 선호적 후각과 미각을 탐색하기 위해서 응용되었다.

명백한 선호는 절대역과 차이역의 증거를 제공한다. 그러나 선호 패러다임은 심각한 약점을 가지고 있다. 선호를 관찰하지 못했을 경우, 관찰자가 이 자극을 탐지하고 변별하는 능력 여부에 대한 해석이 매우 모호하다. 이것은 간과할 수 없는 방법론적인 단점이다. 이러한 이유로 많은 연구자들은 영아와 아동에게 좀 더 활동적이고 명백한 행동을 유발할 수 있는 패러다임으로 옮겨 가고 있다. 그중에서 오늘날 가장 널리 사용되는 패러다임이 조건화된 머리 돌리기와 습관화 회복이다.

조건화된 머리 돌리기　지각발달을 성공적으로 측정하는 하나의 패러다임은 조건화된 머리 돌리기다(Werker et al., 1998). 이런 형태의 학습에서 자발적으로 통제되는 근육운동 행위의 강화물은 그 행위의 반복을 이끌어 낸다. 예를 들면, 영아는 어머니의 무릎이나 편안한 곳에 앉아 있고 한쪽에는 스피커가 있다. 소리(음조나 언어의 음절)가 스피커를 통해 흘러나올 때 영아가 그곳을 향해 정향반응을 보이면, 보상으로 애니메이션이 작동하거나 색이 화려한 장난감이 스피커와 같은 장소에 제시된다. 이런 절차를 이용하여 발달음향심리학자들은 기초적인 소리지각 능력(다른 주파수의 소리 감지, 주파수들 사이의 변별)의 증가는 물론, 언어와 같은 복잡한 소리에 대한 반응의 증가를 도표로 만들어 왔다(Aslin, Jusczyk, & Pisoni, 1998; Jusczyk, Houston, & Goodman, 1998).

습관화 회복 조건화된 머리 돌리기는 지각에 대한 신뢰로운 자료를 제공한다. 왜냐하면 아동은 능동적이고 자발적이며 명확한 반응을 통해 실험자들에게 그들의 지각에 대해서 직접적으로 알려 줄 수 있기 때문이다. 생애 첫해의 지각에 대한 실험 연구에서 널리 사용되고 있으며, 조건화된 머리 돌리기와 같이 분명하고 신뢰로운 또 하나의 기술은 습관화 회복이다(Bornstein, 1985). 이 절차는 운동 능력을 최소한으로 요구하며, 모든 감각 양상에 대한 지각 연구에 사용될 수 있다는 큰 장점을 가지고 있다. 시각을 예로 들어보자.

습관화 절차에서 영아에게 자극이 주어지고 그 자극에 대한 영아의 시각 주의력이 관찰된다. 동일한 환경에서 영아들은 전형적으로 처음으로 제시된 자극에 정향반응을 보이고 주의를 집중한다. 만약 이 자극이 영아의 시야에 지속적으로 노출되거나 반복 노출되었을 경우, 자극에 대한 영아의 주의는 곧 감소된다. 주의에서의 이러한 감소를 습관화라고 부르는데, 여기에는 두 가지 과정이 포함되는 것으로 가정된다. 자극에 대한 정신적 표상 능력의 발달과 제시된 자극을 내적 모델과 계속 비교할 수 있는 능력의 발달이 그것이다. 만약 외부 자극과 정신적 표상이 일치한다면 아동을 그 자극을 알아보고 더 이상 그 자극에 대해 응시하지 않을 것이다. 그러나 외부 자극과 정신적 표상이 일치하지 않는다면 영아의 주의가 지속되거나 심지어 새로운 주의를 불러일으킨다. 새롭거나 이전 자극과 변별되는 자극이 습관화된 친밀한 자극의 제시 후에 나타날 경우, 영아들의 주의 수준이 습관화 이전의 기저 수준으로 회복된다. 친숙함에 대한 습관화와 새로움에 대한 습관화 회복은 발달 연구에서 포괄적이며 성과 높은 연구 방법이라는 것이 검증되어 왔다. 또한 연구자들에게 초기 지각에서의 다양한 측면을 직접적으로 평가할 수 있는 연구 방법이라는 것 역시 증명되어 왔다. 시각에 있어서 발달연구자들은 사물의 형태와 정향, 위치, 운동, 색 그리고 그 등장과 사라짐 같은 복잡한 사건들의 지각 능력 발생에 대한 기본적인 질문들에 대해 설명하기 위하여 습관화-회복 절차를 사용해 왔다.

결론 지각, 지각의 근원, 지각의 발달에 대한 우리의 이해는 중추신경계와 자율신경계 그리고 능동적 행동 선택과 학습의 연구를 통해 향상되어 왔다. 정신물리학적 지표들은 지각에 관한 객관적이고 민감한 측정치이지만, 행동적 방법론으로부터 얻어 낸 지각에 대한 추론 역시 매우 강력하다. 다음에서는 이러한 방법론들을 통해 얻어진 지각발달에 대한 많은 정보들에 대해서 검토하고자 한다.

4. 영아기, 아동기, 성인기, 노년기에서의 지각발달

서 두

앞서 언급한 것처럼 지각발달 연구는 주로 영아기와 어린 아동기에 제한되어 왔다. 여기에는 몇 가지 이유가 있다. 첫째, 우리가 배운 것처럼 지각 연구는 주로 철학적 논쟁에 의해 촉진되었다. 지각을 연구하는 것은 이러한 논쟁을 제기하는 것이고, 그러므로 지각을 효과적으로 연구하는 것은 많은 경험이 축적되기 전인 생애 초기를 연구하는 것이다. 둘째, 인간이 초기 아동기에 도달할 때까지 세상에 대한 그들의 기본적 지각은 상당히 성숙된 것으로 생각되었다. 그러므로 지각발달에서 대부분의 '행위(action)' 들은 생애 초기에 자리 잡는 것 같다. 또한 감각체계들은 우리에게 인지적으로 유능하지 못한 영아라는 환상을 제거할 수 있는 매우 복잡한 정보를 제공한다. 20세기 후반부에 이루어진 놀라운 관찰들은 신생아의 지각 능력이 완전히 발달되었다는 것을 의미하지는 않는다. 오히려 기본적인 기능들이 존재할지라도 질적인 정교화 과정은 여전히 부족한 상황이다. 셋째, 영아기 인지적 요인(언어 매개)들이 지각적 수행에서 유의미한 역할을 하게 된 이후에 연관된 정신적 행위들로부터 분리되는 지각 과정 자체가 문제되기 시작한다. 이런 관점에서 성인기의 '지각적 안정기(지각학습의 정체기)' 는 중요한 두 가지 예외의 경우를 제외하고는 흔히 지각발달 연구에서 배제되어 왔다. 하나는 발생학적 비교로 사용될 때, 또 하나는 노화 연구들이 진행될 때다. 오늘날 지각발달 연구의 그림은 두 가지 중요한 이유에서 변화하고 있다. 첫째, 인지신경과학의 지속적인 연구는 출생 이후의 뇌가 정적인—변화가 없는—조직이 아니며 전 생애에 걸쳐 새로운 경험에 가소성이 있는 조직이라는 사실을 보여 준다. 둘째, 수명 증가와 '베이비붐' 세대와 연관된 인구통계학적 변화들은 노화에서의 지각적 요인들에 더 많은 관심을 기울이게 했다. 전생애발달 관점에서 우리는 영아기와 아동기뿐만 아니라 성인기와 노년기의 지각에도 많은 관심을 기울이고 있다.

해부학적 시초

인간이 자궁 밖의 삶을 시작하면서 많은 감각 양상에서의 지각이 잘 준비된 상태라는 결론이 도출되면서 감각체계의 해부학적 발달 과정이 주목을 받기 시작했다. 임신 3~6개월까지 눈과 시각체계, 귀와 청각체계, 코와 후각체계 그리고 혀와 미각체계는 구조적, 기능적으로 성숙되어 간다. 일반적으로 발달의 두 가지 원리가 감각체계 발달을 특성화하기 위해 나타난다. 우선 체계 내에서 성숙은 집중적으로 진행되는 경향이 있다. 예를 들어, 눈은 구조적으로 분화하고, 시각 피질 이전의 구조적인 성숙에 도달한다(Abramov et al., 1982; Conel, 1939, 1959). 그리고 시각 피질의 사건관련전위 전에 망막전위가 발생한다(Barnet, Lodge, & Armington, 1965; Lodge, Armington, Barnet, Shanks, & Newcomb, 1969). 다음으로 체계의 전체적 측면에서 보면 서로 다른 감각들이 순차적으로 구조적 발달에 진입한다. 피부감각, 미각, 후각, 청각, 마지막으로 시각의 순서로 발달된다. Turkewitz와 Kenny(1982, 1985)는 이런 순차적인 발달 프로그램의 생물심리학적인 이점이 모호한 자극에 대한 체계들 간의 상호 경쟁을 줄여 주고 결과적으로 강화된 감각조직화와 통합화를 가져온다고 주장한다.

세포가 발생한 이후에 상대적으로 안정된 상호 연결 패턴을 형성하기 위해 세포들은 자라고 이동하고 서로 연결을 형성한다. 이동 방식에 대해서 정확히 알려진 것은 없지만 이동하는 세포들은 마치 그들의 목적지를 아는 것처럼 보인다. 출생 시 감각 체계들의 미성숙과 해부학적 구조들의 느린 성숙은 지각 기능의 한계를 부여한다(예, Turkewitz & Kenny, 1982, 1985). 게다가 세포의 기능이 수초화의 여부에 의존하지 않음에도 불구하고, 수초화의 생물학적 과정은 세포 기능의 발달과 약한 상관을 보이고 성숙의 일반적인 지표를 제공한다(Conel, 1939, 1959; Purpura, 1975; Yakolev & Lecours, 1967). 수초화가 진행되면서 세포 간의 신경흥분 전달의 속도는 초당 20피트에서 60피트로 3배가 된다. 시각, 청각 그리고 체성 감각 피질은 이미 출생 전에 수초화되지만, 정보를 통합하는 상위 뇌 중추들은 사춘기가 되어서야 완벽하게 수초화된다.

아마도 세포 간 수준에서의 가장 중요한 두 가지 발달은 생화학적 신경전달과 뉴런들 간의 조직화에서의 재구조화일 것이다. 생애 첫 2년 안에 시냅스(뉴런 사이의 연결)의 증식은 세포당 10,000개에 이를 정도로 진행된다. 사실상 첫 6개월 동안에 다중적인 세포 간 연결들의 혼란스럽고 미성숙된 패턴을 가져오는 과잉 다산의 시기가 있다(Huttenlocher, 2002). 시냅스의 제거는 약 1세 정도에 시작되고, 10년이 지나면 성인의 수준에 도달하는데, 이는 곧 초기의 혼란스러운 패턴들이 효율적이고 합리화된 정보전달 체계로 점차 대체되는 것을 말한다(Berstrom, 1969). 그러므로 영아기에 미성숙된 체계들을 자극하는 불연속적인 자극들은 명확하지 않은 반응들을 가져오게 된다. 반면에 성숙된 상호연결 속에서 동일한 불연속 자극들은 시간적으로 정확하고 공간적으로 병렬적인 반응을 생산한다. 예를 들어, 연령이 더 낮거나 혹은 높은 아동들이 큰 박수소리에 어떻게 반응하는지 생각해 보자. 생애 초기에 이런 청각적인 정보들은 온 몸을 떠는 것과 같은 전체적인 반응을 이끌어 낸다. 이후에 동일한 박수는 빠르고 효과적인 고개 돌림을 생성할 것이다. 세포 간 수준에서의 중추신경체계 발달은 일반적으로 분화와 특수성(전문성)의 증가에 의해서 특징지어진다(Purves & Lichtman, 1980).

생애 초기의 다섯 가지 감각: 촉각, 미각, 후각, 청각, 시각

촉 각 우리는 일상 경험으로부터 진정시키는 토닥거림이 신경질적인 영아를 달랠 수 있다는 것과 DPT 주사가 영아에게 항상 스트레스를 일으킨다는 것을 안다. 영아들은 접촉의 위치에 민감하며, 촉각적 자극이 강렬할 때는 고통을 느낄 수 있다. 민감한 신생아들은 그들의 입 근처를 건드리는 자극을 향해 고개를 돌리고, 볼에 바람을 한 번 불어도 고개를 돌릴 것이다(Kisilevsky, Stach, & Muir, 1991). 신생아들은 또한 출생 초기에 침략적(invasive)으로 느껴지는 과정과 비침략적으로 느껴지는 과정에 각기 구별되는 반응을 보여준다. 영아들은 꽉 감긴 눈, 내려간 눈썹, 코와 입술 사이의 깊은 주름, 벌어진 입술, 긴장된 입술 등으로 자신들이 침략적인 과정을 고통으로 느낀다는 것을 보여 준다(Craig, Whitfield, Grunau, Linton, & Hadjistavropoulos, 1993; Grunau, Johnston, & Craig, 1990).

미 각 정신물리학 연구들은 네 가지 기본 특질들(그리고 그들의 조합)—단맛, 짠맛, 신맛, 쓴맛—이 함께 미각 경험을 형성한다는 결론에 이르렀다(Cowart, 1981; Crook, 1987). 맛은 학습에서 매우 강력한 자극이다. 왜냐하면 대부분의 사람들은 특정한 맛과 연결된 한 번의 구역질 경험이 오래 지속되거나 영구적인 맛 혐오를 일으키는 데 충분하다는 사실을 알기 때문이다(Garcia & Koelling, 1966). 아기들은 여러 종류의 맛의 종류를 분간할 수 있을 뿐만 아니라 맛의 정도 차이도 분간할 수 있다(Crook, 1987). 짠 맛에 대한 감각은 신생아에게는 분명하게 나타나지 않으나, 4개월이 지나면서 출현한다(Beauchamp, Cowart, Mennella, & Marsh, 1994). 이런 맛 변별은 이미 뇌의 초기 미발달 단계에서 조직화되고, 무뇌증의 아기들(대뇌 피질이 없이 태어난 아이들)에게도 나타난다. 그러므로 신생아들이 다른 맛에 다르게 반응한다는 사실에 놀랄 이유가 없다.

Steiner(1977)는 신생아들에게 단맛, 신맛, 쓴맛의 물질—모두 아기들이 처음 맛본 맛—을 맛보게 했다. 그리고 그는 아기들이 맛을 느끼는 얼굴 반응 사진을 찍었다. [그림 6-6]은 그 결과를 보여 준다. 단 자극은 만족의 표정을 일으켰고, 종종 희미한 미소와 빠는 행동을 동반했다. 신 자극은 입술을 오므리고, 코를 찌푸리거나 눈을 깜박거리는 반응을 동반했다. 쓴 자극은 혐오와 거부의 표정을 일으켰고, 침을 뱉거나, 심지어 토하려고 하는 등의 준비 행동들이 뒤따르기도 하였다.

후 각 양수를 제외하고는 아무것도 맛보지 못했고, 분만실의 냄새 외에는 아무것도 냄새 맡지 못한 신생아들일지라도 다른 맛과 냄새를 나타내는 감각 특질들을 구분하는 것처럼 보인다. 그리고 신생아들은 다른 것보다 특정 맛과 냄새를 선호한다는 증거들이 있다(Gancurow & Steiner, 1984; Ganchrow, Steiner, & Daher, 1983; Rosenstein & Oster, 1988). Steiner(1977, 1979)는 신생아의 코 밑에 약솜을 갖다 대면서 약솜에 묻힌 냄새에 대한 아기들의 코 주위 얼굴 반응을 기술했다. 버터와 바나나 냄새는 긍정적인 얼굴표정을 일으켰다. 바닐라 냄새 역시 긍정적이지만 다소 다른 반응을 보여 주었다. 생선 냄새는 약간의 거부, 썩은 계란 냄새는 완전한 거부를 유발했다. Cernoch와 Porter(1985; Porter, Bologo, & Makin, 1988; Porter, Makin, Davis, & Christensen, 1991)는 생후 12~18일 된 모유를 먹는 영아와 우유를 먹는 영아들의 어머니, 아버지, 낯선 이에 대한 후각적인 인식을 체계적으로 비교했다. 검사 전날 밤에 성인의 겨드랑이에 끼워 두었던 거즈를 영아에게 제시했다. 그리고 거즈에 노출된 동안의 사진을 찍었고, 영아의 거즈에 대한 선호 정향반응의 기간이 기록되었다. 그 결과, 오직 모유를 먹는 영아들만이 어머니 냄새에 분명하고 배타적으로 선호 정향반응을 보였고, 이는 냄새를 통해 그들이 어머니를 구분한다는 증거라고 보여진다(영아들은 아버지를 선호하지 않았다. 우유를 먹는 영아들은 어머니도 선호하지 않았다). 이런 결과의 패턴들은, 아기들이 모유수유 동안 단일한 후각 특질들에 노출되고 이를 통해 배운다는 것을 보여 준다. Goubet와 그녀의 동료들(2002)은 바닐라 향기와 같은 냄새의 학습은 조산아와 정상 영아 모두 빠르게 발생한다는 것을 보여 주었다. 그리고 의료적 처치 동안에 친숙한 냄새의 존재는 아기를 평온하게 하는 효과가 있다(Goubet et al., 2003).

청 각 우리는 초기 청각에 대해 비교적 잘 이해하고 있다(Aslin et al., 1998). 얼마나 큰 소리를 들을 수 있는가? 성인이 감지할 수 있는 청각 에너지 양의 절대 역치는 소리의 주파수에 따라 다양하다. 감지를 위한 최소한의 에너지는 약 1,000Hz 정도가 요구되고 그보다 높거나 낮은 주파수에서는 더 많은 에너지가 요구된다. 실제로 전체 청각 주파수 스펙트럼(200~19,000Hz)은 아동들의 연령에 따라 달라진다(Trehub & Schneider, 1985 참조). (순수한 음과는 대조적으로) 소음에 대한 영아들의 역치는 주파수에 따라 크게 변한다. 낮은 주파수(200Hz)에 대해서는 성인들의 역치보다 훨씬 높고, 중간 주파수(1,000Hz)에서는 성인과 비슷하며, 매우 높은 주파수(10,000Hz)에서는 성인의 역치보다 다시 높아진다. 게다가 높거나 낮은 주파수에서의 청각은 높은 주파수의 민감도가 먼저 성숙하며, 거의 20세까지 지속적으로 향상된다(Schneider, Trehub, Morrogiello, & Thorpe, 1986; Trehub, Schneider, Morrogiello, & Thorpe, 1988, 1989). 귀 구조에서의 변화와 신경계의 성숙 및 경험은 증가하는 발달적 민감성을 설명할 수 있다.

또한 아동들은 서로 다른 주파수의 소리도 분명하게 구별할 수 있다. 5~8개월 된 아기들은 1,000~3,000Hz의 주파수에서 단지 2% 정도의 변화를 구분한다(성인들의 주파수 구별은 약 1%). 그리고 저주파에서의 영아들의 차이 역치는 성인 역치(250~1,000Hz)의 약 두 배이고, 더 높은 주파수(3,000~8,000Hz)에서는 성인과 거의 동일하다(Werner & Bargones, 1992).

어린 영아들에게 청각의 중요한 기능 중 하나는 말소리의 지각이다. 생애 첫 1년의 중반까지 영아들은 대부분의 음의 차이(언어에서 음운적인 대조와 관련된 신호)를 구분할 수 있다. 게다가 영아들은 화자의 성별에 상관없이 동일한 음소를 지각하고, 기본적인 주파수를 구별한다. 그리고 첫 1년 동안에 말의 흐름을 더 작은 단위—구, 단어, 음절—로 분석할 수 있다. Hirsh-Pasek 등(1987)과 Kemler Nelson, Hirsh-Pasek 및 Cassidy(1989)는 영아들이 절(문장) 내부의 휴지(pause)보다 절 사이의 휴지를 선호한다는 사실을 발견했다. Morgan과 Saffran(1995)은 영아들이 강세 패턴과 음소 분절음의 순서에 의존하여 구를 단어로 분석한다는 사실을 보여 주었다. Goodsitt과 동료들(Goodsitt, Morse, ver Hoeve, & Cowan, 1984; Goodsitt, Morgan, & Kuhl, 1993)은 영아들이 단어를 음절로 분석할 수 있다는 것을 발견했다. 8개월까지 영아들은 새로운 소리의 조합들을 비교적 적게 경험했더라도 이웃하는 말소리들 사이의 계산론적 관계를 탐지할 수 있다(Saffran, Aslin, & Newport, 1996).

시 각 눈의 주사 패턴(scan pattern)은 생후 첫째 날의 영아들이 일관적이고 활동적으로 환경에서의 시각 정보에 정향한다는 것을 나타낸다. 그리고 이런 패턴들은 아기가 무엇을 보는지뿐만 아니라 주시 패턴이 발달하고 다른 지각 형태에 따라 주시 패턴이 다르게 분포된다는 사실을 드러낸다. 심지어 출생 후 몇 시간 안에 영아들은 얼굴의 부분들을 주사하거나 정보를 구성하는 기하학적 형태들(사물의 윤곽과 같은 대개 높은 대비를 이루는 특질들)을 주사하는 경향이 있다. 그리고 주사하는 동안 무선적으로 배경이나 사물의 중심 부위를 넘어선 부분들을 바라보기도 한다(Haith, 1991). 일반적으로 말해서 시각적인 주사는 탐색되는 장면들의 구조, 내용과 체계적으로 연관되어 있다([그림 6-5 A], [그림 6-5 B]). 이런 관계의 속성은 첫 1개월을 넘어서면서 중요한 변화를 겪는다. 즉, 어린 영아들은 곧은 윤곽선보다 곡선 외곽선을 더 응시하게 되고, 시각적 요소들이 고도로 밀집된 지역을 넘어서 중간 정도로 밀집된 부분도 응시하는 경향을 보인다. 또한 두드러진 외부 윤곽선을 가진 패턴을 탐색할 때, 어린 영아들의 시선은 주로 외부 윤곽선에만 고정되는 한계를 보인다(Salapatek & Kessen, 1973). 이런 편향된 주의 패턴은 더 어린 영아들이 시각적 장면에서 실제로 일정 측면만 탐지하도록 제한하는 것 같다. 예를 들어, 형태 학습과 변별에 관한 한 연구에서 어린 영아들이 사물의 외곽선에 기초하여 패턴을 구별할 수 있음에도 불구하고, 두드러진 외곽선의 내면에 존재하는 요소들을 처리하는 데 실패하고 있음을 밝혔다(Milewski, 1976). 이런 한계들은 실제로 어린 영아들이 제한된 인지적 자원을 가지고 처리해야만 하는 감각 정보의 총량을 줄여 주는, 기능적으로 매우 유익한 역할을 한다고 볼 수 있다.

색깔은 지적으로 강렬하며 미학적으로 매력적인 정보다. 그리고 영아들은 색을 보고 꽤 잘 처리할 수 있는 것처럼 보인다. Darwin(1877)은 1870년대에 자신의 자녀들의 색 시각에 주목하였지만, 실제 색 지각발달에 대한 이해의 증진은 1970년대에 이르러야 시작되었다. 색 지각을 연구하는 것은 기술적으로 매우 어렵다(Bontstein, 인쇄 중). 예를 들어, 색의 중요 요소인 색조, 명암, 순도는 함께 변화해서, 색이 변화할 때마다 그와 관련된 색조, 명암, 순도 등이 정규적(normally)으로 변화한다. 그러므로 색 지각의 증거인 색조만을 구분하기 위해 명암과 순도에 색조를 결합하거나 혹은 관계없는 색조 사이의 명암과 순도 차이를 구분해야 할 필요가 있다. 성인에게 이것은 상대적으로 쉬운 일이다. 왜냐하면 색조에서의 차이나 변화의 양을 명암과 순도에서의 차이나 변화의 양과 관계시키는 공식이 존재하기 때문이다. 성인들은 양자택일적으로 색 자극을 명암과 순도에 곧바로 대응시킬 수 있다. 그러나 아기들에게 명암, 순도와 색조의 정확한 연결은 꽤 오랫동안 파악하기 어려운 과제다. 그리고 아기들에게 명암이나 순도를 대응하도록 지시할 수도 없다. 결과적으로 초기 색 시각의 이해는 적절한 통제에서 시작하여 색조의 조직화, 선호, 변별을 검증하는 것으로 나아간다. 출생 직후의 색 시각 발달에 대한 연구가 아직 광범위하게 진행되지는 않았다. 그러나 3개월 된 영아들과 그 이후의 아동들은 기본적으로 정상적인 색 지각을 가진 것으로 인정된다(Teller, 1998). 게다가 생후 4개월이면 색조의 유목들로 조직화된 색 스펙트럼을 지각하는 것이 가능해진다([그림 6-9]; Bornstein, Kessen, & Weiskopf, 1976). 언어 습득 이전의 영아들은 시각적 스펙트럼을 성인들과 마찬가지로 빨강, 노랑, 녹색, 파랑의 기본적이고 분절된 색조들로 범주화할 수 있다. 심지어 영아들은 주어진 범주 내의 색상들을 구분할 수도 있다(Bornstein, 인쇄 중).

시각적 예민성(visual acuity, 시력) 혹은 시각적 장면에서 구분될 수 있는 세부 요소의 수준은 출생 시에는 다소 떨어진다. 영아들은 20/400(역자 주: 성인이 400m 거리에서 볼 수 있는 것들을 20m 이내에서만 구분 가능) 정도의 '법률적인 맹인' 으로 삶을 시작한다. 그러나 이런 시력은 선형적으로 빠르게 향상되어, 약 8개월이면 성인 수준에 도달한다(Norcia & Tyler, 1985). 그럼에도 불구하고, 어린 영아들의 시력은 그들의 지각을 심각하게 제한하지 않는다. 그들은 책을 읽을 수는 없을지라도 그들의 환경 안에 있는 물체들을 인식하고 그 사물들의 속성을 대부분 식별할 수 있다.

이런 관점에서 영아들의 형태에 대한 지각은 적절하다. 그렇지만 영아가 삼각형의 각을 주사하고, 심지어 윤곽을 잘 분석할 수 있다는 사실이 곧 그가 삼각형(혹은 그것들의 하나의 각)을 '삼각형' 으로 지각한다는 것을 의미하지는 않는다. 한동안 형태지각의 문제들은 풀

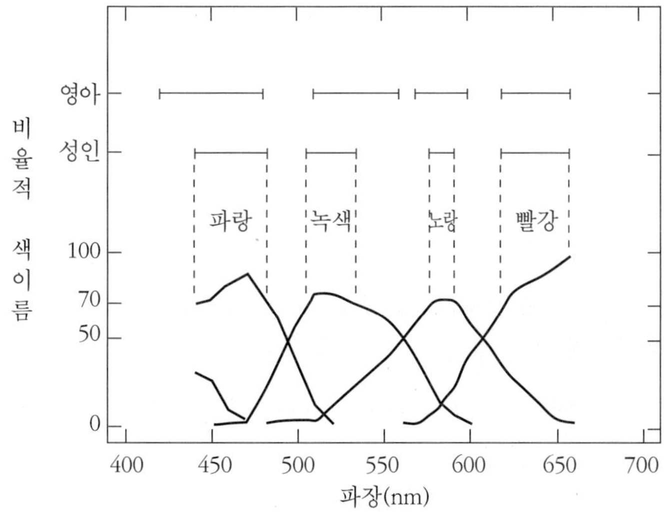

[그림 6-9] 4개월 영아와 성인들의 파장 조직화(색조 범주)

하단에서 색 이름의 비율은 색을 파랑, 녹색, 노랑, 빨강으로 명명하기 위해 파장의 함수로 사용된다(Boynton & Gordon, 1965). 매우 짧은 파장들에서의 증가하는 함수는 빨강을 나타낸다. 상단은 영아와 성인들의 색조 범주들에 대한 요약된 결과다. 영아의 요약 결과는 Bornstein, Kessen 및 Weiskopf(1976)의 연구에서 도출되었다. 성인의 요약 결과는 70%의 정신물리학적 기준에서의 색 명명 자료로부터 예측된 것이다. 영아와 성인의 조직화 유형은 상당히 비슷한데, 이는 4개월된 영아들의 색조 범주들이 성인들의 색조 범주와 비슷하다는 것을 제안하고 있다.

리지 않았다. 왜냐하면 원 안의 삼각형과 같은 두 가지 형태의 구분은 전체 형태지각을 하지 못하더라도 더 단순한 특질적인 기초(호와 각 사이 같은)에 의해서도 설명될 수 있기 때문이다. 습관화 회복 기법을 사용하여 Bertenthal, Campos 및 Haith(1980)는 주관적 윤곽이라 불리는 시각지각에 대해 개념화하였고, Bornstein(1982)은 대칭에 대한 영아들의 민감성을 평가하였으며, Slater(1989)는 영아들의 '전체-형태' 지각을 평가할 수 있는 형태 항상성을 연구했다. 이런 일련의 연구들은 영아들이 생애 첫해에 전체 형태로서의 형태를 지각할 수 있다는 수렴적인 증거들을 제공한다.

사물은 그들의 형태뿐만 아니라 공간에서의 조화, 즉 사물의 정향(orientation), 위치, 움직임에 의해서 특징지어진다. 물리적인 공간은 자아(ego)를 중심으로 모든 방향으로 동일하게 확장된다. 그러나 지각된 정향은 불변하지 않는다. 성인들에게 수직선은 수평선보다 더 높은 심리적 지위(status)를 가지고, 수평선은 사선보다 좀 더 높은 지위를 가진다(Bornstein, 1982; Essock, 1980). 예를 들어, 우리는 '5°는 거의 수직'이라는 문장을 '수직은 거의 5°'라는 문장보다 좀 더 진실이라고 받아들인다. 수직성은 정향 결정에서 기준점이다(Wertheimer, 1938). 습관화 회복 기법을 이용한 탐지, 분별, 선호 연구들은 정향에서의 이런 계급(수직 서열)이 인간 얼굴과 같은 좀 더 의미 있는 패턴들뿐만 아니라 인공적인 지리적 형태의 지각을 위해 그리고 정적이거나 역동적인 형태의 지각을 위해 생애 초기에 존재한다는 사실을 제안한다(Bornstein, Ferdinandsen, & Gross, 1981; Held, 1989; Leehey, Moskowitx-Cook, Brill, & Held, 1975). 어린 영아들은 수직선과 수평선은 물론, 정향을 변별할 수 있는 것처럼 보인다. 그들은 사선에 포함되어 있는 미세한 차이들을 변별할 수 있다(Bornstein et al., 1981; Bornstein, Gross, & Wolf, 1987; Slater, Morison, & Somers, 1988).

깊이지각도 중요한 공간적 차원이다. 그리고 깊이지각을 위해 가용한 수많은 단서들도 존재한다. 깊이를 나타내는 세 가지 유형의 자극정보가 있다. 양안시각정보, 운동정보 그리고 정적인 단안 단서가 그것이다. 영아들에게서 이런 유형의 정보들에 대한 민감성은 서로 다른 시점에 발달되는 것 같다. 양안정보는 인간이 두 개의 눈을 가지고 있기 때문에 가용하다. 이 정보는 두 개의 눈에 의해 수렴된 각과 입체시(각각의 눈이 인식하는 시각세계의 상에서 발생하는 미묘한 차이들 간의 불균형/부등)로 구성된다. 양안수렴은 가까운 거리에 대한 정보를 산출하고, 5개월까지(von Hofsten, 1974) 혹은 더 이른 시기에 깊이에 대한 정보의 신뢰로운 원천으로 기능한다(Granrud, 1987; Slater, Mattock, & Brown, 1990). 양안정보의 불균형(부등)에 대한 감지의 시작은 약 4개월 무렵부터 시작된다(Fox, Aslin, Shea, & Dunmais, 1980; Held, Birch, & Gwiazda, 1980). 그리고 부등 민감성을 보이는 영아들은 향상된 공간지각 능력을 드러낸다(Granrud, 1986; Yonas, Arterberry, & Granrud, 1978a).

어린 영아들의 깊이지각은 또한 운동정보에 대한 민감성에 의해 지지된다. 몇 가지 운동 단서들이 존재한다. 사물이 우리 앞으로 다가왔을 때, 우리는 충돌을 피하기 위해 움직인다. 그리고 생후 1개월가량의 아기들은 다가오는 이런 자극에 대해 일관적으로 방어적인 반응(예, 눈 깜박이기)을 보인다(Nanez, 1988; Nanez & Yonas, 1994; Yonas, 1981). 다른 운동 단서는 더 가까운 표면이 더 먼 것을 가리는 것으로 지각하게 하는 움직임 동안에 발생한다. 이를 결의 부착과 소멸이라고 부른다. 차에 앉아 있을 때, 가까운 광고 게시판은 앞으로 움직이고 더 멀리 있는 언덕을 부분적으로 가린다. 5개월 된 아기들은 이런 정보를 사용하여 표면들의 깊이에 따른 상대적인 순서를 지각한다(Granrud et al., 1984).

깊이정보에 대한 세 번째 민감성, 즉 정적인-단안 회화 단서들은 양안단서와 운동 정보의 발달 후에 나타난다. 예를 들어, 거리가 너무 멀거나 한 눈으로 움직이지 않는 한 관찰점을 보는 것과 같이, 시각의 정상적인 조건들이 나빠졌을 때도 우리는 여전히 깊이를 지각한다. 생후 5개월의 영아들에게는 불가능하지만, 7개월의 영아들은 음영, 간섭, 익숙한 크기, 상대적인 크기, 결 밀도, 선형적 조망과 같은 수많은 정적인 단안 깊이 단서에 반응한다(Yonas, Arterverry, & Granrud, 1978b 참조).

사물의 움직임은 또한 그들의 위치, 형태, 단일성에 대한 정보들을 제공한다(Arterberry & Yonas, 1988, 2000; Kellman, 1995). 사물의 지각은 당연히 그들의 운동 맥락 안에서 발생하고, 관찰자들은 이런 지각으로부터 사물에 대한 정보만큼 움직임에 대한 정보들도 수집하게 된다(Butterworth, 1989). 이러한 방법으로 '수집되는' 정보들은 사물의 움직임에도 불구하고 동일한 사물로 인식하게 하며, 그 사물이 움직이고 있음에도 불구하고 특정 움직임을 인식할 수 있도록 한다(Gibson, 1979). 이런 관점에서 사물과 그 움직임의 지각은 분리된 능력이지만 밀접하게 관련되어 있다. 운동지각은 망막에서의 상 이동, 망막 이미지의 치환, 관찰자 이동과 같은 몇몇 종류의 정보에 의해서 감지된다. 심지어 어린 영아들도 움직임에 대한 민감성을 보여 준다(Aslin & Shea, 1990; Dannemiller & Freedland, 1991). 그들은 머리를 움직여 사물을 자동 추적하고 눈을 깜박이면서(Samuels, 1985) 같은 자극의 정적인 상태보다 움직이는 상태를 더 많이 볼 것이다(Slater, Morision, Town, & Rose, 1985). Ruff(1985)는 아기들에게 같은 방식으로 움직이는(좌우로) 일련의 물체들을 습관화시켰다. 그리고 그 후에 익숙한 움직임(좌우)을 보이는 새로운 물체와 새로운 방식(좌우 및 회전)으로 움직이는 새로운 물체를 가지고 아이들을 검사했다. 3개월 반이 된 영아들은 좌우로 움직이는 물체와 좌우로 움직이면서 회전하는 물체를 구분했다.

그리고 5개월에 이르면 회전하는 물체와 좌우로 움직이는 물체를 구분하고, 수직선 주위에서 진동하는 물체에서 회전을 구분하고 그리고 오른쪽 회전과 왼쪽 회전을 구분할 수 있었다.

사물의 형태와 공간적 차원에 덧붙여 환경에서의 사물과 패턴들은 또한 그들을 특징짓는 표면 특성에 의해서 구분되고 식별된다. 어떤 특질들이 영아들로 하여금 사물의 정체를 결정하게 하는가? Wilcox(1999)는 대상 개별화 과제에서 영아들의 특정 사물 속성의 이용 능력을 검증했다. 그녀는 물체의 시각적 속성들이 빠르게 가려지면서 변화하는 사건에 대한(공의 색깔이 빨간색에서 파란색으로 변하는) 영아들의 주시 시간을 측정했다. 여기서 주시 시간의 증가는 영아가 시각적 속성들이 변화하는 것을 감지할 수 있음을 의미한다. 특정 속성에서의 변화를 감지하지 못하는 것은 영아들이 개별 사물들을 추적할 때 이런 속성들에 집중적으로 주의하지 못함을 의미한다. Wilcox는 4개월 된 영아들이 사건이 시작된 이후에 사물을 식별하는 과정에서 사물의 형태와 크기에 동시에 집중할 수 있음을 발견하였고, 7개월 된 영아는 사물의 속성뿐 아니라 표면 패턴에도 주의하고 있음을 알아냈다.

지금까지 서술한 것처럼, 영아들이 자신의 주위에 존재하는 패턴, 형태, 사물을 인식한다는 사실은 분명하다. 아직 분명하지 않은 것은 영아들이 어떤 방식으로 복잡한 환경 내에서 일관적이고 조직화된 형태를 추출해 내는가 하는 것이다. 이런 질문은 지각 연구를 모든 연령 집단으로 확장시켰으며, 게슈탈트적 조직화 방식은 이 문제의 해결을 위한 잘 확립된 제안들을 제시했다. 게슈탈트 학자들은 시각적 장면의 지각에서, 초기의 이미지 조각들이 조직화되는 타고나며 체계적인 선천적 제약들에 대해 오랫동안 주장해 왔다(Wertheimer, 1958). 그러나 영아들에게는 최근에서야 이런 원리들이 검증되었다. Quinn과 동료들은 자극 배열에서 인접하는 요소들의 유사성을 조절하는 것이 영아들에게도 그러한 배열의 조직화에 영향을 미치는지 검증했다. 그들은 3개월 된 영아들이 명도의 유사성(밝음과 어두운 요소, Quinn, Burke, & Rush, 1993)에 따라 배열들을 조직화할 수 있다는 것을 발견했다. 그러나 형태 유사성에 기초하여 조직화할 수 있는 능력은 7개월 무렵에야 나타난다(Quinn, Bhatt, Brush, Grimes, & Sharpnack, 2002). 관련된 다른 연구들은 어떤 종류의 기초적인 조직화 원리들이 매우 이른 시기에 형태 정보의 추출을 이끌어 낸다는 견해와 일치하지만, 이런 원리들이 출생 시에 이미 존재한다는 게슈탈트적 견해와 정확하게 일치하지는 않는다.

결 론 지각의 기원에 대한 최근의 연구들은 불완전하지만 매우 중요하다. 영아들은 생의 초기에 상대적으로 유능하다. 어린 영아들은 그들이 커 가면서 더욱 정교화되는 능력들의 목록들을 가지고 태어난다. 이런 정교화는 지각체계의 성숙과 부속적인 체계(운동발달과 같은)의 발달, 경험 혹은 그들 간의 상호작용의 결과일지도 모른다. 우리는 영아의 지각적 체계들이 단순히 성인의 축소판이 아니라는 것을 기억해야 한다. 심지어 대부분의 성인들은 하지 않는 질적으로 다른 제한들을 아동들이 경험한다고 할지라도 말이다. 그러나 영아들의 지각은 미성숙한 조직에 유용한 현실의 지각을 이끌어 내는 민감성들로 구성된다. 영아들은 다른 형태의 깊이 정보에 대한 민감성이 발달하기 이전에 운동과 연관된 정보에 민감하다. 시력은 중요한 정보들이 제시되는 거리까지는 제대로 기능한다(12인치, 부모의 얼굴이 가장 잘 보이는 거리). 더 잘 노출되는 맛(단맛)을 덜 노출되는 맛(쓴맛)보다 더 일찍 구분한다. 속삭이는 것보다 평균적인 말소리 데시벨 근처의 소리를 더 쉽게 감지한다. 영아들은 그들의 환경에서 가장 유용한 정보를 이용하도록 고안되어 있는 것 같다. 그리고 이런 초기의 높은 질의 정보들은 더 높은 수준의 지각 그리고 그와 관련된 발달을 형성하도록 한다(Kellman & Arterberry, 1998).

아동기의 지각

영아기 이후의 지각발달 연구는 양육-천성 논쟁과 같은 연령 문제들보다는 실용적인 필요에 기반하여 진행되었다. 예를 들어, 많은 응용연구자들은 아동기의 지각발달과 학교수행과의 관계에 관심을 가져 왔다. 지각발달 문제의 중요성은 아동들이 읽기를 배우면서 대두되었다. 시각적이고 청각적인 능력(언어 용량을 넘어선)들은 지속적으로 읽기 수행과 관련된다(예, Fisher, Bornstein, & Gross, 1985; Johnston, Anderson, Perrett, & Holligan, 1990; Kavale, 1982; Solan & Ficarra, 1990; Wright & Groner, 1993). 다른 응용주제는 아동의 예술적인 능력에 관한 지각발달학자들의 지속적인 관심(Enns & King, 1990; Golomb, 2004)과 아동들의 음악적 기술의 지각적 기질과 관련된 관심(Deliege & Sloboda, 1996; Lynch, Eiler, & Bornstein, 1992; Wilson, Wales, & Pattison, 1997)이다. 지각능력발달에 대한 더 실용적인 측면은 환경의 위험에 대한 아동들의 주의와 인식(Lis, Venuti, & de Zordo, 1990) 그리고 아동의 지각 능력에 영향을 미치는 오락적 기술의 잠재적인 효과들(예, 비디오 게임)이다(Green & Bavelier, 2003; Greenfield, 1994).

아동기의 지각발달은 계속적으로 변하는 환경적 자극들로부터 불변량(지속적인 자극 특성들)의 제거와 같은 효율성의 증가를 일반적으로 포함한다. 아동기의 말소리와 색 지각은 모두 조절의 증거를 보여 준다. 즉, 그것들은 범주들의 확장과 범주 간의 경계를 상호적으로 분명하게 한다. Zlatin과 Koenigsknecht(1975)는 말소리 범주들 간의 경계가 2~6세에 더욱 민감해지는 것을 발견했다. 그리고 Raskin, Maital 및 Bornstein(1983)은 색깔 범주들 간의 경계가 3~4세에 더욱 정교해짐을 확인했다. Gibson 부부(E. J. Gibson, 1969, 1982; J. J. Gibson, 1979)는 지각이 처음에는 다소 모호하게 시작되지만, 분화를 경험하면서 더욱 선택적이고 예리하게 되어 간다고 주장하였다. 그들은 아동들이 6~11세에 형태의 지각적 분화가 증가함을 보여 주었다(Gibson & Gibson, 1955). 다른 연구들은 아동들이 자세의 안정성을 유지하는 데(Schmuckler, 1997) 혹은 공간에서 방향을 찾는 데(Newcombe & Huttenlocher, 2000) 시각적 정보들을 더 잘 배치할 수 있게 되는 것을 보여 준다. 우리는 아동기에 무엇이 구별되고 편리한지, 무엇이 지각에 부적절한 것인지를 찾는 것을 배운다.

선택적 주의의 성장과 연결된, 아동기에 변화하는 지각의 한 측면은 지각의 기저에 존재하는 차원적 통로의 본질이다. 사물과 패턴들은 전형적으로 크기나 색깔, 결과 같은 구분된 시각 차원으로 묘사된다. 성인들은 이미 시각적 물체들을 구성하는 분화된 차원들에 주목하고 선택할 수 있지만, 어린 아동들은 사물과 패턴들을 좀 더 총체적으로 지각하는 경향이 있다. 발달에서의 이런 경향은 다른 연령의 실험참가자들에게 두 개의 다른 차원에서의 다양성을 가진 패턴들을 분류할 것을 요구하는 시각적 분류 과제에서 드러난다. 5세보다 어린 아동들은 그런 패턴들의 전체적인 유사성에 근거하여 분류하는 반면, 높은 연령의 아동들과 성인들은 속성들을 가장 가깝게 대응시키는 하나의 차원이나 혹은 다른 하나의 차원에 근거해서 분류하는 경향이 있다(Smith & Kemler, 1977). 이런 발견들은 아동의 연령이 높아짐에 따라 다양한 지각적 차원들을 독립적으로 고려할 수 있게 됨을 보여 준다. 마찬가지로 분리된 시각적 요소들의 배열에서의 외형적 특질을 지각하는 능력 또한 아동기를 지나면서 변화한다. 그러나 이러한 상황에서 높은 연령의 아동들은 어린 아동들보다 외형에 기초하여 요소들의 배열 비교를 선호하는, 좀 더 전체적인 지각을 하는 것처럼 보이는 반면, 어린 아동들은 개별적인 요소에 근거하여 그것들을 비교하는 경향을 보인다(Dukette & Stiles, 1996).

아동기의 지각 연구들은 특별한 도전들을 제공한다. 왜나하면 영아기 이후의 지각발달 연구들은 흔히 인지와 언어의 성장과 밀접하게 관련되어 있기 때문이다. 영아기부터 성인이 되기까지 아동들은 추론에서부터 수학에 이르는 영역에서의 인지적 기술들을 계속 축적하고 습득한다(DeLoache, Miller, & Pierroutsakos, 1998). 많은 이론가들은 소수의 일반적인 처리 기제들이 다양한 분야의 과제 수행에 작용한다고 믿는다(예, Case, 1998; Demetriou & Valanides, 1998; Kail, 2003). 이런 포괄적인 기제들은 특정 과제나 영역에 국한된 것이 아니라 정보처리 체계 발달의 기본적인 특질들에 특화되었다. 이런 기제들로는 처리 속도(혹은 효율성)나 작업 기억이 주로 거론된다. 컴퓨터의 중앙 처리 장치의 속도처럼, 처리 속도는 사람이 단위시간에 처리할 수 있는 기본적인 인지적 처리를 말한다. 아동들이 정보를 좀 더 빠르게 처리할 수 있게 되면서 그들은 작업 기억을 좀 더 효율적으로 사용할 수 있게 되며, 이는 그들이 좀 더 성공적으로 문제를 처리하고 추론할 수 있도록 한다. 그러므로 처리 속도는 인지발달에 간접적(작업 기억의 기능적 용량을 증가시킴으로써)이고 직접적(처리가 좀 더 빠르게 수행되게 함으로써)으로 영향을 준다. 아동의 일반적인 처리 기제가 발달하면서 아동이 세상에 대해 행동하는 방식과 그들이 세상에 대해 아는 것으로부터 세상을 지각하는 방식을 분리하는 것이 점점 더 어려워진다. 그럼에도 불구하고, 감각 능력은 학령기가 되면서 성숙하지만 좀 더 포괄적인 지각 기능은 성숙되지 않는다. 그리고 어린 아동들은 그들의 세상에 대한 언어적 기술 및 개념들과 함께 지각을 통합시키는 데 지속적인 성장을 경험하게 된다(Carey, 1982; Johnston, 1985; Pitchford & Mullen, 2003; Smith, 1989, 2003). 선택적 주의, 형태의 시각적 통합, 시각정보 처리 속도는 아동에 따라 다양하지만, 아동기를 지나면서 모든 아동들은 이런 능력들이 증가하고 청소년기에 접어들면 성인과 비슷한 수준에 다다르게 된다(Enns & Girgus, 1985, 1986; Gerhardstein, Kraebel, Gillis, & Lassiter, 2002; Kail, 2003; Nettlebeck & Wilson, 1985).

심지어 지각발달의 직접적인 연구로 보이는 것들조차 관련된 인지적 처리들을 포함하고 있다. 한 사례는 4~14세 아동들에게 탁자의 선을 단순히 따라 그리라고 요청한 Lee(1989)의 연구다. 연구 결과, 아동들의 복사 오류들은 그리는 선 자체에서의 어려움보다 탁자를 '표상'하는 선에 대한 지식과 관련되어 있음이 판명되었다. 아동들은 그들이 따라 그리는 선이 무엇을 표상하는지 모르는 상황에서 더 적은 오류를 보였다. 그러나 그들이 탁자를 구성하는 요소들의 선을 따라 그린다는 것을 아는 상황에서 더 많은 오류들이 발견되었다. 다시 말하면, 매우 간단한 복사 과제에서조차 아동들의 인지는 그들의 지각에 영향을 미친 것이다. 언어는 지각과 불가분의 관계다. 지각은 발달적으로 언어에 선행하고 언어가 형성되는 기초를 만든다. 혹은 지각은 세상을 이해하는 방식에 의존하고, 그것은 직접적으로 언어의 범주들과 사회적 상호작용들을 포함하고 있을 것이다(예, Smith, 2003). Marks, Hammeal 및 Bornstein(1987)은 3세 반과 13세 반 연령의 아동들에게 순수하게 지각적이거나 언어적인 자극을 사용하여 음조와 밝기, 소리의 강약과 밝기, 음조와 크기의 지각적 차원들 간의 감각 양상 간(cross-modal) 대응의 발달을 연구했다. 가장 어린 아동들은 음조와 밝기, 소리의 강약과 밝기를 쉽게 대응시킬 수 있었고, 이는 청각과 시각 간의 지각적 유사성이 매우 어린 아동들에게도 분명하다는 것을 보여 준다. 그리고 그들은 지각적 영역(실제 빛과 음조)에서 언어적 영역('햇빛' 이라는 단어는 '달빛' 이라는 단어보다 더 밝지만 더 소리가 크다고 하지 않는)보다 더 빠르게 대응시킨다. 그러나 단지 높은 연령의 아동들만이 일관적으로 음조와 크기 간의 유사성을 인식한다. 발달 시간표에서의 이런 차이는 어떤 유사성(예, 음조-밝기와 소리의 강약-밝기)은 지각의 본질적 특성(일반적인 감각 양상에 기초한 특질)인 반면, 다른 유사성(음조-크기 유사성)은 학습된다(크기와 연관된 속성 간의 연합을 통해)는 견해와 양립할 수 있다. 과제들 간의 지속적인 시간의 지연은 언어체계보다 지각체계가 더 먼저 발달함을 지적한다.

지각발달의 기저를 이루는 생물학적 변화인 것처럼 보이는 것과 동시에 아동이 가지는 독특한 경험들은 지각 능력의 초기 발달에 영향을 준다. 예를 들어, Price-Williams, Gordon 및 Ramirez(1969)는 시골과 도시에 사는 멕시코 아동의 보존 능력을 연구하였다. 물질들은 피상적으로 형태와 겉보기만 변화하고, 어떤 것이 더하거나 빼지 않은 이상 양의 변화는 없다. 보존은 지각과 이런 원리에 대한 이해의 연속선상에 있다. 만약 당신이 점토공을 가지고 있다면 그것을 편평하게 하거나 혹은 말아서 실린더에 넣을 수 있더라도, 당신은 여전히 같은 양의 점토를 가지고 있다는 사실을 알고 있다. Price-Williams 등의 실험에서 각각의 지역에서 약 50%의 아동들은 점토의 구체적인 변형에서의 시각적이고 촉각적인 경험을 가진 도공들의 자녀였다. 시골 도공의 자녀들은 물질 보존 과제에서 또래들보다 높은 수행을 보여 준 반면, 도시 도공의 자녀들은 보존 과제에서 그들의 시골 또래들을 능가하고, 좀 더 총체적인 보존이 가능했다. 특정 지각적 경험은 시골과 도시의 아동들에게 모두 인지적 이점을 가져온다. 그러나 도시 조건에서의 더 풍부한 경험은 일반적으로 보존을 촉진한다. 태국의 서쪽 해안 지역의 안다만(Andaman) 섬 지역인 코수린(Ko Surin), 코포다(Ko Poda), 코피피(Ko Phi Phi)는 '바다 집시' 라고 불리는 모켄(Moken)의 고향이다. 이들은 조개, 해삼, 그 밖의 해산물을 양식하기 위해 잠수한다. 일상적으로 바다 집시의 자녀들은 안경이나 다른 장비 없이 가장 작은 조개를 발견할 수 있다. 수영은 보통 인간 시각 능력에 문제를 가져온다. 물은 본질적으로 눈 내부의 용액과 같은 밀도를 가지고 있기 때문이다. 그래서 물속에서 빛은 굴절하여 눈으로 들어오고, 그 결과 수영하는 모든 사람들은 뿌연 시각을 갖게 된다. 땅 위에서 모켄 아동들과 유럽 아동들은 모두 같은 시력을 가진다. 그러나 모켄 아동들은 물속에서 일반적으로 인간에게는 불가능하다고 생각되는 수준인, 유럽인들 시력의 두 배 이상의 시력을 보여 준다. 모켄 사람들은 물속에서 그들의 동공—빛이 눈으로 들어오는 둥글고 까만 조리개(구멍)—크기를 유럽인들보다 22% 줄인다. 그러나 이런 능력은 아동기에 습득되는 것이며 타고난 반사로서 존재하는 것은 아니다(Gislen et al., 2003).

그러나 연구 결과에 따르면, 아동(학령기 아동에게도)에게 있어 지각의 중요성이 과대평가될 수는 없다. 간단한 그림에 대한 아동의 놀라운 해석과 이해를 고려해 보자. Constable, Campbell 및 Brown(1988)은 초등학교 2학년 아동을 대상으로 교과서에 나오는 생물학적 도해에 대한 이해 정도를 조사했다. 그 결과, 아동들은 청소년기까지도 그림에 묘사된 특질과 사용된 관습적인 체계의 수와 유형 모두를 이해하는 데 어려움을 지녔다. 마찬가지로 아동들은 공간적 표상을 위한 함축을 지닌 지도를 읽는 것도 어려워한다.

성인기의 지각적 안정성과 변화

지각은 노화되기 전인 아동기 후반부터 성인기까지 안정적인 것으로 흔히 생각되었다. 사실상 지각의 횡단적 연구들은 어떤 측면에서는 발달적 연속성을 보여 주었지만 다른 측면에서는 불연속성을 드러낸다. 예를 들어, 대칭을 지각하는 것에서 Bornstein(1982; Bornstein et al., 1981)은 어린 영아들은 사선보다는 수평 대칭, 수평보다는 수직을 더 잘 처리하고 선호하는 것을 발견했다. Bornstein과 Stiles-Davis(1984)는 4～6세에 수직 대칭이 가장 높은 지각적 이점(구분과 기억에서)을 가지고 있고, 그다음으로 수평 대칭과 사선 대칭이 높은 지각적 이점을 가지고 있음을 발견했다. 그리고 Fisher와 Bornstein (1982)은 또한 성인에게도 수직 및 수평대칭이 사선대칭보다 더 특별하다는 것을 발견했다.

지각적 적응에서의 수정 능력은 삶의 초기에 시작되는 듯하다. 그래서 유기체들은 그들이 발달을 경험하는 특정 생태에 적합하고 효율적인 방식으로 빠르게 대비할 수 있다. 그러나 이는 성숙기에 발생하는 구조적이며 기능적인 변화들에 대해 아는 것이 없다는 의미는 아니다. 특별한 경험들은 지각 능력에서의 구조적이고 기능적인 변화에 모두 영향을 미칠 수 있다. 변화를 위한 수용력은 신경계의 기본적인 특질이고, 심지어 이는 단지 302개의 세포로 이루어진 신경계를 가진 예쁜 꼬마 선충(*Caenorhabitis elegans*)과 같은 가장 단순한 유기체에서도 관찰된다. 행동신경과학에서의 가장 흥미로운 문제 중의 하나는 신경계가 어떻게 유기체는 물론 궁극적으로 그 유기체의 심리적인 기능을 전 생애에 걸쳐 조절할 수 있는가에 대한 논의다. 기능에서의 행동적 변화들은 성숙, 학습, 기억 과정보다 더 잘 알려져 있다. 행동적인 변화들은 또한 행위를 산출하는 신경회로의 특질이나 조직화에서의 어떤 변화를 함축한다. 반대로 경험에 의해 야기된 신경계의 변화는 상응하는 기능에서의 변화를 수반한다. 이런 구조적 변화의 한 예는 Elbert, Pantev,

Weinbruch, Rockstoh와 Taub(1995)에 의해 제시되었다. 그들은 뇌자도(magnetic encephalography: MEG)를 사용하여 현악기 연주 경험의 유무에 따른 성인의 체성감각 피질 지도를 만들었다. 왼손의 손가락(매우 정밀한 운동 학습이 요구되는 손)을 표상하는 음악가들의 체성감각 피질 영역이 오른손을 표상하는 부위보다 더 크고, 이는 음악가가 아닌 사람들의 왼손 영역보다 더 컸다. 이러한 연구들은 성인의 두뇌가 음악 훈련과 같은 특정 경험에 의해 재조직화됨을 제안한다. 즉, 건강한 성인 두뇌의 구조에 환경적 요구에 반응하는 편재적인 가소 변화의 용량이 존재하는 듯하다. 이런 측면에서 더 나아가 Jacobs(Jacobs & Scheibel, 1993; Jacobs, Schall, & Scheibel, 1993)는 뇌 피질의 언어 영역(베르니케)에서 수지상부의 크기와 개인이 받아 온 교육량 사이의 관련을 발견했다. 대학 교육을 받은 사람의 뇌에서의 대뇌 피질 신경세포는 고등학교 교육만 받은 사람의 뇌보다 더 많은 수지상 돌기를 가지고 있었다.

순수한 구조적 변화에서 구조-기능 관계로의 이동은 특별하고 독특한 경험을 반영한다. Tsunoda(1985)는 반구우위를 평가할 수 있는 행동적 방법을 개발했다. 그는 사람들에게 한쪽 귀에 들리는 리듬을 치라고 요구했다. 동시에 그는 다른 귀에는 1/2초 지연된 다양한 강도의 피드백을 제공했다. 어떤 강도 수준에서 피드백은 지각을 방해하였고 사람들은 더 이상 올바른 리듬을 칠 수 없었다. 두 개의 귀를 비교했을 때, 이러한 방해에 더 큰 저항을 가진 귀가 수행에서의 이점을 보여 주었고, 그런 귀는 반대 반구에서의 뇌우위를 나타내었다. Tsunoda는 언어의 많은 기초적 요인들을 포함하는 모든 종류의 자극에 대한 편측성을 검증했다. 그에 따르면, 오른손잡이들은 언어자극(예: 자음-모음, 자음-모음, 자음 조합)에 대해서 좌반구의 처리가 더 우세하였고, 지속적인 모음에서는 우반구의 처리가 더 우세했다. 그러나 Tsunoda는 일본인의 경우 지속적인 모음에서 좌반구의 처리가 우월함을 발견했다. 즉, 일본인들은 좌반구에서 모음을 언어 소리로 처리한다. Tsunoda는 또한 일본인과 서구인 간의 뇌 반구의 차이를 전기생리학적 방법을 통해 연구했다. 일본어는 모음이 풍부한 언어다. 영어처럼 일본어는 5개의 모음을 가지고 있지만, 모음 단독이나 모음끼리의 조합을 통해 단어를 형성한다. 예를 들어, '*e*'는 그림을 의미하고, '*o*'는 꼬리를 의미하고, '*ii*'는 좋다, '*ao*'는 푸르스름한을 의미한다. 모음들은 구나 전체 문장으로 사용될 수도 있다. '*oi o ooi*'는 '많은 나이를 숨기다.'를 의미하고, '*ai o ou*'는 '그는 사랑을 갈망한다.' '*ooo, oooo, oo ooo*'는 '용감한 왕은 그가 사라질 때 그의 꼬리를 감춘다.'를 의미한다. 간단히 말해서, 이런 모음들은 일본인에게 단순한 소리가 아니라 의미를 나타내고, 그렇기 때문에 언어-우위 반구에서 처리된다. 반면에 외국어를 쓰는 이민 2~3세대 일본인들은 서구인의 우반구 패턴을 가진다. 그러므로 언어 경험은 뇌의 우위 패턴을 재배열하고 기능에 영향을 준다.

정리하면, 대뇌 피질에서의 변화는 경험에 대한 뇌의 가소성과 차별적인 민감성을 반영하는 듯하다. 그리고 변화된 피질 구조는 관련된 과제에서의 향상된 지각 수행을 위해 준비된다. 뇌가 다소 안정된 기관으로 여겨질지라도 뇌 회로의 조직화는 경험의 기능에 의해 일관되게 변화하고 있다. 뇌 구조와 행동은 출생 전과 후의 예상할 수 없이 폭넓은 다양한 요인에 의해 영향 받을 수 있다.

노년기의 지각

모든 사람들이 그러는 것은 아닐지라도 많은 구조들과 기능들은 초기 성인기의 최고 수행 단계에서 신체적 쇠퇴에 접어들게 된다(Birren & Schaie, 1990; Schneider & Rowe, 1990; Stevens, Cruz, Marks, & Lakatos, 1998). Corso(1987)는 신경계의 많은 해부학적이고 생리학적인 특질들이 연령이 들어 가면서 쇠퇴된다고 주장했다. 예를 들어, 유용한 시각장의 크기, 거리 시력, 동적이고 정적인 민감성, 파랑과 녹색의 색 지각, 깊이 지각(Fozard, 1990; Greene & Madden, 1987; Knolauch, Vital-Durand, & Barbur, 2001; Matjucha & Katz, 1993; Sekuler & Ball, 1986) 등이 그것이다. 청각 역치가 변화하고, 고령에서의 말소리 지각에 어려움을 가져오는 주파수들에서의 상당한 쇠퇴가 있다(Strouse, Ashmead, Ohde, & Grantham, 1998; Wallace, Hayes, & Jerger, 1993). 17~20세 개인들 중 1%보다 적은 사람들이 냄새 특질을 구분하는 데 실패한 반면, 65~80세 개인들 중 거의 50%의 사람들은 모두 냄새 특질을 구분할 수 없었다. 그리고 심지어 냄새를 구분할 수 있었던 노인들의 반은 냄새 확인에서 젊은 사람들보다 상당히 낮은 수행을 보여 주었다(Doty, 1993; Schemper, Voss, & Cain, 1981). 다행히도 쇠퇴가 노화의 법칙은 아니다. 냄새와 마찬가지로 삶의 질을 향상하고 위험을 알려 주는 맛 감각의 경우에는 일관성이 유지된다. 맛 수용 세포들은 상대적으로 짧은 수명을 가지고 있고, 지속적으로 교체되기 때문에 결과적으로 노화에 따른 맛 감각의 손실은 크지 않다(Bartoshuk & Wiffenbach, 1990).

고령에서 지각 기능이 쇠퇴되는 것이 관찰되었을 때, 유의미한 질문은 그 원인에 대한 것이다. 신경계 퇴화와 기관 손상 혹은 저하된 심리적 판단이 포함되는가? 고령에서의 낮은 수행의 어떤 유형들은 기저하는 신경에서의 변화나 감각변화를 반영하는 듯하다. 예를 들어, 신경섬유의 전도 속도가 20~90세에 거의 15%가 느려지고, 빛과 소리에 대한 단순반응 시간은 같은 기간 동안 50% 증가된다(Bromley, 1974). 어떤 변화들은 해부학적 요인들을 반영한다. 눈의 수정체는 나이가 들어 가면서 층 위에 층을 더하면서 양파처럼 자라난다. 각 층은 착색되고, 수정체가 자라면서 빛은 망막에 닿기 전에 흡수하는 물질을 더 많이 가로질러야 한다. 수정체 색소는 선택적으로 단파장 빛을 흡수하여, 고령에서 파란색의 지각이 점차적으로 어려워지게 만든다(Werner, 1991). 마지막으로, 생애 후기 지각에서 주의는 계속해서 중요한 역할을 한다. 주의는 인지에 필수적이고, 많은 종류의 행위들에서의 성공을 지속시키는 데 중심적 역할을 한다. 주의의 분화와 교환, 유지 그리고 선택적 주의에 대한 다양한 연구들은 나이 든 성인들이 '주의 자원에서의 전반적인 쇠퇴'를 경험한다는 대중적인 믿음을 지지하는 데 실패했다. 결과적으로 지각적 효율성과 인지적 처리들은 대체적으로 절충에 이르게 된다(Salthouse, Rogan, & Prill, 1984; Somberg & Salthouse, 1982). 고령에서 발생하는 어떤 수행에서의 쇠퇴는 판단에서의 부정적인 변화를 가져오는 중추신경계나 해부학적 쇠퇴의 결합을 반영하는 듯하다.

노화 원인에 대한 이런 질문은 경고를 이끌어 낸다. 지각 수행에서의 차이를 노화 과정 자체에 돌리기 전에 연구자들은 주의 분산과 맥락과 같은 다른 대안적 요인들을 고려할 필요가 있다. 노화에서의 지각적 과정을 연구할 때, 연구자들은 연령 자체와 연관된 폭넓은 효과 대 특정 신경, 감각 이상의 효과에 대한 민감성을 항상 보여 주어야 한다.

그것들의 원인이 무엇이든지 간에 연령이 높아지면서 나타나는 지각에서의 변화들은 다양한 영역에서의 기능에 중요한 결과들을 가지고 있음이 분명하다. 20～70세의 성인을 대상으로 한 주의와 탐색 속도, 지능에 관한 포괄적인 연구에서 Stankov(1988)는 유동성 지능에서의 연령차 분산의 일부분을 주의적 요인들이 설명한다는 것을 발견했다. 마찬가지로, Schaie(1989, 1990)는 22～91세의 성인들에게서 지각 속도의 몇몇 중요한 지표들에서의 유의미한 연령변화를 관찰했다. 그리고 그는 이런 연령 차이를 언어적 의미, 추론, 공간 정향, 수, 단어 유창성을 포함하는 다양한 과제에서의 성인의 수행과 연관시켰다. 지각 능력에서의 저하는 또한 일상적 삶에도 적용된다. 예를 들어, 자세 안정성은 적어도 시각, 청각정보에 의존한다(Tanaka, Kojima, Takeda, Ino, & Ifukube, 2001). 운전도 또 다른 예다. 60세 이상의 운전자들은 25세 이하의 운전자들보다 야간에 고속도로 표지판을 인지하기 위해서 75% 이상 더 가까이 다가가야 하고(Sivak, Olson, & Pastalan, 1981) 자동차의 움직임을 예측하는 데 덜 정확하다(Schiff, Oldak, & Shah, 1992). 고령자의 많은 지각 손상 중에서 이러한 두 가지는 의심할 여지없이 고령 운전자들의 높은 사고율을 설명하는 한 요인이다(Marottoli et al., 1998; Owsley, Ball, Sloane, Roenker, & Bruni, 1991). 그러므로 미국에서는 현재 20개가 넘는 주에서 70세 이상의 운전자들에게 그들의 면허를 갱신하기 전에 시각 검사와 길 검사를 통과하도록 요구하고 있다.

18～100세 성인을 대상으로 한 설문조사를 통해 시각 기능의 다섯 개 차원에서 연령

에 따른 문제가 증가하고 있음이 밝혀졌다. 정보처리 속도, 빛 민감성, 동체시, 근접시, 시각적 주사(Kosnik, Winslow, Kline, Rasinsiki, & Sekuler, 1988)다. 그리고 Johnson과 Choy(1987)는 50세가 이런 시각적 기능의 변화들이 분명하게 관찰되는 평균 나이라는 것을 관찰했다. 다행히도 Fozard(1990)는 이러한 실패들의 많은 수가 교정(안경, 훈련 등)에 의해서 보완될 수 있음을 지적한다.

지각에서의 전생애 관점

나름의 이론과 방법을 가지고 있는 발달에 대한 포괄적인 접근으로서의 전생애 연구와 지각발달의 전생애이론들은 같은 일을 한다. 어떤 (양육)이론가들은 지각발달이 본래 인생 과정에서의 경험과 지식에서의 변화를 반영한다고 제안하는(예, Roth, 1983) 반면, 다른 (천성)이론가들은 생물학적 기제에서의 전생애 변화들을 지적한다(예, Kail & Salthouse, 1994; Salthouse, 1991). 게다가 이런 전생애 지각이론가들은 모두 ∩ 형태의 효율성과 수행 기능을 지적하는데, 이는 발달이 인생주기의 초기와 후반에 매우 역동적으로 진행됨을 의미한다(Brodeur, Trick, & Enns, 1997). 그러나 특정 지각 구조와 기능은 인생 과정에 따라 발달 궤적이 다양하다는 것이 합리적인 예측이다.

또한 영아기 이후 자주 제기되는 문제들은 보통 학령기 아동이나 십대와 같은 목표 연령 집단에 특화되어 있다. 결과적으로, 전 생애에 걸친 지각발달에서의 응집성 있는 이야기를 종합하기 어렵다. 한 가지 잘 알려진 예외는 얼굴지각인데, 이 분야는 영아기, 아동기, 성인기에서 매우 비슷하게 연구되었다(Bruce & Humphreys, 1994; Carey & Diamond, 1994; Johnson & Morton, 1991; Muir & Nadel, 1998). 인생의 가장 이른 순간에서부터 영아들은 얼굴과 비슷한 자극에 다른 자극들과는 다른 방식으로 반응한다. 예를 들어, 신생아들은 뒤섞인 얼굴보다는 전형적인 얼굴을 선호한다(Johnson, Dziurawice, Ellis, & Morton, 1991). 이는 얼굴 구조에 대한 특별한 무언가가 존재한다는 것을 의미한다. 발달 과정을 거치는 동안 얼굴과 같은 자극에 대한 특권은 지속되고 특정 신경 영역이 손상되었을 때, 다른 물체의 처리는 문제가 없을지라도 얼굴 처리에서는 결손이 나타나는 예들이 있다(예, Hadjikhani & De Gelder, 2002). 전 생애에 걸친 이런 패턴은 얼굴 처리가 다른 사물의 처리와는 다른 방식—타고나는 것이든 학습된 유능함의 결과이든—을 가지고 있음을 제안한다(예, Farah, Rabinowitz, Quinn, & Liu, 2000; Gauthier & Nelson, 2001).

전 생애에 걸친 얼굴지각 연구는 발달에서의 연속성과 불연속성을 모두 보여 준다. 발달에서의 연속성의 한 예는 얼굴이 처리되는 방식과 관련된다. 우리가 얼굴을 보며 세부 특질들을 처리할 때, 각 특질 하나만(코)을 처리하기보다는 서로 간의 관계 속(예, 이마와의 관계에서의 코)에서 처리하는데, 이를 외형적 혹은 총체적 처리라고 부른다. 자극들이 총체적으로 지각되는지 혹은 특질적으로 지각되는지 검증하는 한 방법은 자극을 뒤집어서 제시하는 것이다. 뒤집어진 제시는 총체적인 처리를 방해한다. 영아들, 아동들, 성인들은 얼굴을 특질적으로 보다는 총체적으로 처리한다. 올바른 얼굴을 습관화시켰을 때, 어떤 얼굴을 더 잘 처리하는지 정도는 연령 집단에 따라 다를 수 있을지라도(Mondloch, LeGrand, & Maurer, 2002) 모든 연령 집단은 뒤집어진 얼굴보다 올바른 얼굴을 더 잘 인식한다(Bartlett & Searcy, 1993; Cohen & Cashon, 2001).

발달에서의 불연속성의 한 예는 얼굴에서의 성 인식과 관련된다. 영아들과 어린 아동들은 머리나 화장, 옷 등의 피상적인 단서들이 제거되거나 가려졌을 때 얼굴의 성을 인식하는 데 어려움을 겪는다(예, Leinbach & Fagot, 1993; Poulin-Dubois, Serbin, Kenyon, & Derbyshire, 1994). 반대로 성인들은 얼굴 구조에서의 미묘한 차이에 의존해서 성을 구분하는 데 매우 뛰어나고(Bruce et al., 1993), 대부분의 유용한 단서들은 눈과 눈썹 사이의 거리에서 나타난다(Campbell, Benson, Wallace, Doesgergh, & Coleman, 1999). 어린 아동들이 여성인지 남성인지, 성을 결정하는 이런 단서들에 민감하지 않을 수 있다는 것은 놀라운 일이 아니다. 왜냐하면 그들은 아직 성 일관성을 획득하지 못했기 때문이다. 성 지각의 발달은 또한 성 일관성이 획득된 이후에 특정 수준의 경험이 필요하다. 다음에서는 지각발달에서의 경험의 역할을 다루고자 한다.

5. 지각발달에서의 경험의 역할

모든 인간들이 대체로 같은 지각적 해부 구조와 생리 구조를 가지고 있다고 믿기 때문에, 대부분의 지각 구조와 기능이 본질적으로 동일하다는 예상은 합리적이다. 그리고 모든 인간들은 같은 지각적 발판에서 삶을 시작한다. 다양한 양육 사건들은 항상 지각발달에 다른 영향을 주는가? 많은 관점에서 우리의 지각체계들은 환경 자극들의 정상적인(크더라도) 분산에 의해 교란되지 않는 것처럼 보인다. 예를 들어, 뉴기니(Kennedy & Ross, 1975), 에티오피아(Deregowski, 1977), 가나(Jahoda, Deregowski, Ampene, & Williams, 1977)의 시골 마을—추상미술이 잘 알려지지 않은 지역—에 사는 아동들과 성인들도 삼차원 대상의 이차원적인 실제 표상들을 즉각적으로 인식하고 확인했다. 박탈된 서구 아동들의 연구(Hochberg & Brooks, 1962)에서처럼, 영아 연구들은 이런 선천론적인 견해를 지지한다(Dirks & Gibson, 1977). 사실상 시각적 주사와 같은 어떤 기능들은 생애 전반에 걸쳐서 안정적이다(Plude, Enns, & Brodeur, 1994). 그리고 지각적 특질들은 전반적으로 다른 인지 처리에 영향을 준다. 예를 들어, Malt(1995, p. 117)는 많은 문화에서 실재들(entity)을 그것들의 '보편적이고 지각적 특질들'에 기초하여 인식할 수 있는 생물-형태 집단(예: 포유류, 어류, 조류)으로 범주화함을 보여 주는 증거들을 재고했다.

그러나 경험이 보기, 듣기, 냄새 맡기, 맛 보기, 감각을 야기하고 촉진하고 조절하며 유지하는 데 중요한 역할을 한다는 사실에 의심은 전혀 없을 것이다. 어떤 지각들은 경험에 영향 받기 쉽고 우리는 그런 예들을 다룰 것이다.

개인적 경험: 양안부등 민감성과 시력

앞서 언급했듯이, 양안부등 민감성은 양안 깊이지각의 기초가 된다. 미국 아동에게 양안부등에 대한 감각의 시작은 평균적으로 14~16주에 발생한다(Fox, Aslin, Shea, & Dumais, 1980; Held, Birch, & Gwaizda, 1980). 양안부등의 발달을 좀 더 분명하게 연구하기 위하여 Held와 그의 동료들(Birch, Gwiazda, & Held, 1982; Held et al., 1980)은 10~30주의 각 주마다 영아들의 부등 민감성을 측정했다. 아동 16명의 부등 민감성의 출현이 [그림 6-10]에 나타나 있다. 이런 개인 그래프에서 몇몇의 패턴이 발견된다. ① 출현이 전형적으로 빠르다, ② 민감성의 출현은 아이들마다 다른 시간에 발생한다, ③ 적어도 한 명의 영아(JG)는 30주까지 민감성을 획득하지 못한다. 이 연구를 해부학적 구조들의 발달지식과 연관지으면 부등 민감성의 발달이 두 눈의 연합과 같은 특정 경험에 의존하는 생물학적으로 프로그램된 과정임을 알 수 있다. 특정 기간에 이런 유형의 경험이 없다면, 양안시각을 위한 신경 구조들은 발달하지 않고 양안 민감성은 제대로 발휘되지 않는다(예, Banks, Aslin, & Letson, 1975; Gwazda & Birch, 2001). 회화적 깊이 단서에 대한 비슷한 종단적 측정이 Yonas, Elieff 및 Arterberry(2002)에 의해 수행되었다. 그들의 결과는 결밀도와 직선투시도법에 의해 결정되는 깊이지각 능력 출현에서의 연령 분산을 관찰하였고, 이는 또한 이런 유형의 깊이 정보의 출현에서의 경험의 역할을 보여 준다.

Maurer, Lewis, Brent 및 Levin(1999)는 태어날 때부터 한쪽 눈이나 양쪽 눈의 심한 백내장에 의해 시각 입력이 박탈된 영아들을 연구함으로써 시력의 발달에서 경험의 시간 과정을 조사했다. 평균 3.7개월의 시각박탈 이후에 영아들은 손상된 수정체들을 제거하는 외과적 처치를 받았고, 처음으로 그들의 망막에 상을 맞추게 하기 위하여 콘택트렌즈가 삽입되었다. 새로운 렌즈를 삽입하고 처음 10분 이내의 시력 검사는 모든 영아들이 나

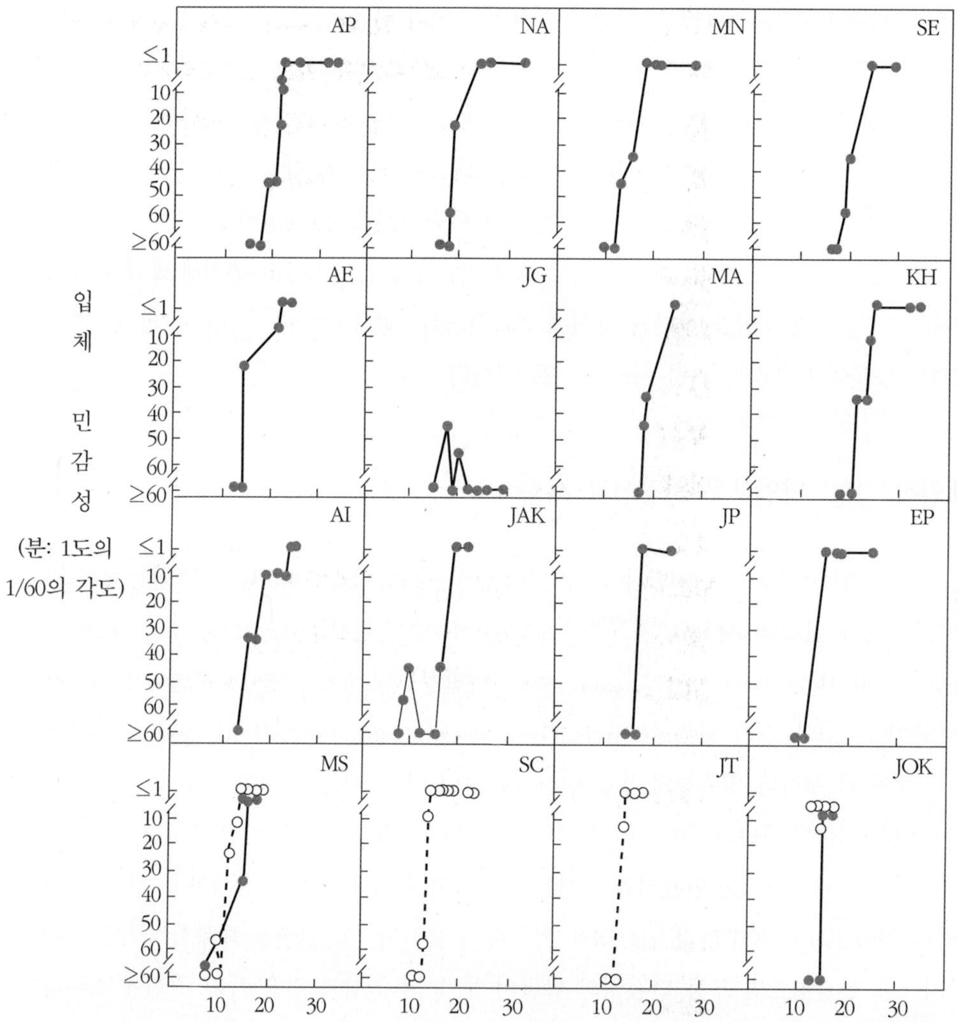

[그림 6-10] 16명의 영아에게서 양안부등 민감성의 개시를 측정한 연구는 민감성을 획득하는 것에서의 개인차를 보여 주는데, 평균적으로 생후 16주에 발생한다. 소수의 아이들은 더 훌륭한 입체 예민성을 나타낸다.

출처: R. Held, E. Brich, & J. Gwiazda (1980), 『인간 영아들의 입체 민감성(*Stereoacuity in Human Infants*)』에서 발췌, *Proceedings of the National Academy of Sciences of the USA, 77,* pp. 5572-5574. 승인 하에 재사용.

이에 상관없이 신생아와 같은 시력을 가지고 있음을 밝혀주었다. 이후의 검사들을 통해 초점 맞춰진 시각 입력이 있은 지 한 시간 후에, 시력에서의 작지만 신뢰로운 향상이 발견되었다.

문화적 경험: 청각, 말소리 지각

지각에 대한 천성-양육 영향의 정보를 주는 문화 간 연구의 흥미 있는 사례들은 대부분 청각과 말소리지각 연구문헌들에서 찾을 수 있다. 여기서는 노인의 청각 상실에 초점을 맞춘 한 연구와 생애 초기 말소리지각에 대한 연구를 살펴보고자 한다.

청각과 노화 일찍이 우리가 전에 학습한 것처럼, 청각 민감성은 각기 다른 주파수의 소리에 대한 절대 역치의 평가를 통해 측정된다. 나이가 들어 가면서 청각 민감성에서의 쇠퇴는 일반적이다. 본질적으로 노인들은 특정 주파수의 소리를 듣기 위해 젊은이들보다 많은 에너지를 필요로 한다. [그림 6-11]의 (A)를 보면 미국인들에게 노화 과정의 청각 손실은 고주파수에서 더 많이 나타난다. 이런 발견에 대한 두드러지고 직접적인 설명은 노

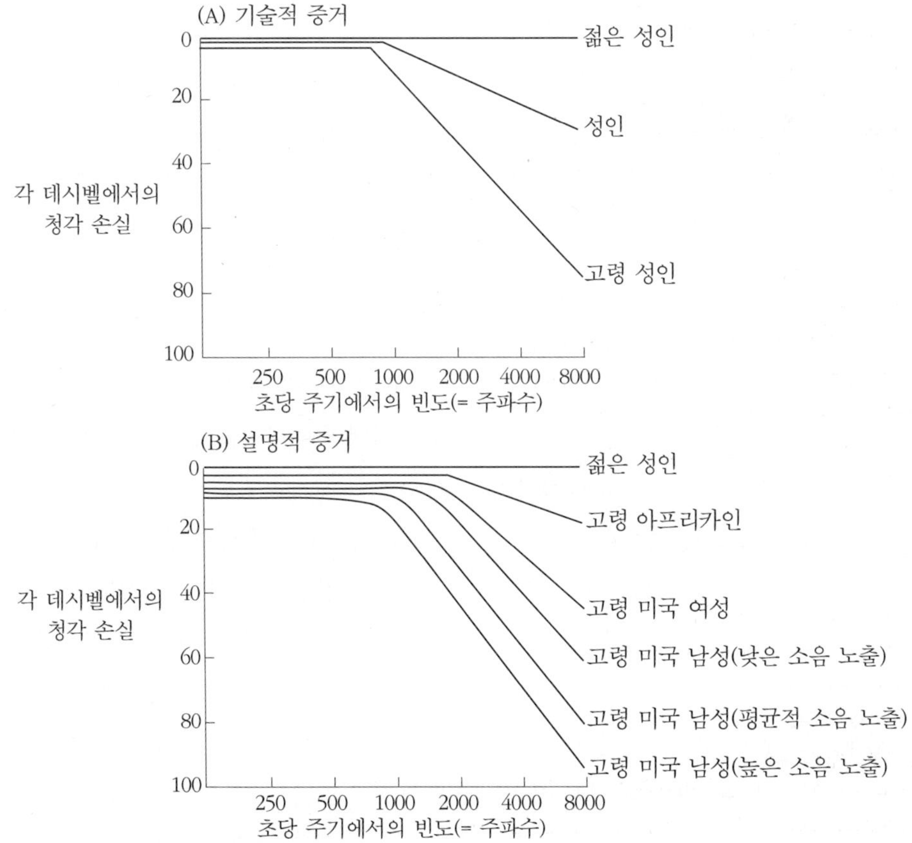

[그림 6-11] 성인기 청각 민감성의 기술적이고 설명적인 증거

출처: Baltes, Reese, & Nesselroade (1977)에서 발췌. Copyright © by Wadsworth Publishing Company. 승인 하에 재사용.

화가 청각을 촉진하는 신경기제와 해부학적 기제에서의 자연적이고 일상적인 손실을 야기한다는 것이다. 다른 한 가지 대안적인 가설은 일생 동안 소음에 대한 노출이 축적되고, 그 노출이 고주파 지각에 해로운 영향을 미친다는 것이다. 그것이 생리학적인 변화의 첫 원인이다. 이런 천성과 양육 설명 중 무엇이 옳은지 어떻게 알 수 있을까?

우선 다른 소음 역사를 가진 문화에서의 개인으로부터의 부가적인 자료와, 두 번째로 소음에 대한 노출에서 대조적인 발달력을 가진 미국 사회의 개인으로부터의 자료가 이에 대한 설명을 돕는다. [그림 6-11]의 (B)에서 보듯이, 고령 미국 여성들은 고령 미국 남성보다 청각 손실을 덜 경험한다. 그리고 아프리카 수단 사람들에게는 연령에 따른 청각 능력의 성차가 존재하지 않으며, 미국의 어떤 성별보다 청각 손실을 덜 경험한다. 그러나 노화에 의한 청각기관의 민감성과 완전성에서 성별과 인종은 생물학적으로 다른 것 같지 않다. 그러나 초기의 생물학적 손상 가설과 반대로, 성과 문화 자료는 생리학적 노화만이 청각 손실의 중요한 요소가 아님을 제안한다. 일생 동안 각기 다른 양의 소음에 노출된 고령 미국 남성의 자료는 이를 더 지지한다. 세 번째 연구 자원—소음 역사의 효과—에서의 결과는 고령의 청각 손실이 소음에 대한 노출의 양과 더 많이 관련되고, 자연적인 생리학적 쇠퇴와는 덜 관련된다는 견해를 강화한다. 이 세 개의 연구들은 모두 설명적 증거들과 본래의 기술적 증거들을 보충하고, 양육 설명에 대한 더 큰 믿음을 부여한다. 물론 소음 역사가 고주파수에 선택적으로 영향을 준다는 사실은 천성과 양육이 상호작용한다는 것을 알려 준다.

영아 말소리지각 지각발달에서의 천성-양육 간의 상호작용을 보여 주는 또 다른 예는 다양한 가능성들이 탐색되었던 단일 지각 영역에 의해서 제공된다. 그 영역은 말소리 지각에 매우 중요한 것이다(Jusczyk et al., 1998).

소리는 동시적으로 생성되는 본질적으로 다른 사인곡선 주파수이고 말소리는 시간에 따라 다른 강도를 생성하는 서로 다른 주파수들의 복잡한 배열이다. 언어는 모든 가능한 언어소리(음성학)들의 모집단으로부터 특정 하위 집단을 추출하고 의미를 부여한다(음소론). 많은 언어들에서 특정 음소들이 구분되는 한 가지 차원은 그들의 발성이다. 화자가 시간상으로 경미하게 다른 음파의 주파수를 산출할 때 발성에서의 차이가 지각된다. 발성에서, /*b*/('ba' 로 발음)와 같은 소리는 성대의 떨림과 입이 열리거나 열리기 전의 높은 주파수의 생성 그리고 낮은 주파수의 에너지가 방출되면서 만들어진다. /*b*/는 유성 음소다. 반대로 /*p*/와 같은 소리에서 성대는 입술이 낮은 주파수를 방출한 이후의 시간까지 고주파를 떨지 않는다. /*p*/는 무성음 음소다. 그러므로 소리의 고주파 요소는 저주파 요소에 선행하게 되고, 저주파 및 고주파 요소들은 동시적으로 혹은 고주파는 저주파를 뒤따라올 것이다. 저주파 및 고주파의 상대적인 발성 개시 시간은 음소지각에 단서를 준다. 생리학적으로 소리의 저주파 및 고주파 요소의 상대적인 발성 시간은 시간에 따라 지속적으로 변화한다. 그러나 성인들은 발성에서의 차이점을 더하거나 덜함에 상관없이 범주적으로 지각한다. 즉, 우리가 고주파 및 저주파 소리의 상대적인 발성 개시 시간에서 많은 차이들을 구분할 수 있다 할지라도, 우리는 다른 것들을 변별하면서 동시에 약간 다른 소리들을 동등하게 범주화한다. 영어는 유성-무성(/*b*/-/*p*/)을 구분한다. 물론 사람에 따라 /*b*/와 /*p*/를 다른 방식으로 말한다. 그러나 성인 청자는 특정 말소리를 좀처럼 오인하지 않는다. 왜냐하면 그들은 주어진 소리를 /*b*/나 /*p*/에 할당하는 암묵적인 범주화 개념을 가지고 있기 때문이다. 언어 간 연구는 거의 모든 문화의 성인들이 하나, 둘 혹은 거의 세 개의 발성 범주—전유성, 유성, 무성—를 듣는다는 것을 밝혀냈다. 범주적 지각은 사소한 변별 가능성들의 무수한 스펙트럼 속에서 오직 작은 수의 특징만이 기능적으로 구분되고, 그것들은 다양한 언어 차이에 상관없이 모든 사람들에 의해 구분된다는 것을 의미한다.

많은 연구자들은 말소리의 지각 범주처럼 인간행동 안에서 어디에나 존재하고, 일관적이며, 경계를 이루며, 유의미한 현상들은 틀림없이 생물학적 기초를 가지고 있다고 생각한다. 이런 가설을 검증하기 위해서 Eimas, Siqueland, Jusczyk 및 Vigorito(1971)는 발화 이전의 인간 영아들이 성인의 음소지각과 비슷한 방법으로 발성에서의 음향적 변화를 범주적으로 지각할 수 있는지 발견하고자 했다. 이런 연구자들은 습관화-회복 절차를 이용하여 영아들에게 그들의 청지각에 대한 간단한 같음-다름 질문들을 제시하였다. 그들은 1～4개월 영아들이 말소리를 성인과 같은 범주적 방식으로 지각하는 것처럼 행동한다는 것을 발견했다. 아기들은 /*p*/로부터 /*b*/를 구분하였으나, 두 개의 다른 /*b*/소리들은 구분하지 못했다. 즉, 아기들은 그들이 언어를 사용하기 훨씬 전에 혹은 언어지각에서의 충분한 경험을 갖기 전에 유성과 무성의 소리 분산을 범주화했다. 이런 결과는 범주적 지각이 타고난 능력이라는 것을 제안한다. [그림 6-1]로 돌아가면, 음소의 범주적 지각은 최상급의 발달 기능과 밀접하게 들어맞는 것 같다. 그것은 경험의 시작과 함께 완전히 발달되고, 단지 그 효과의 유지를 위하여 언어적 경험을 요구한다.

그러나 실험은 음소발달에서의 성숙과 경험의 역할을 완전하게 통제하지는 못한다. 결국 실험에 참가한 영아들은 유성-무성의 구분(baby-papa)이 일반적인 단일 언어, 영어 사용 가족들에서 태어났고 그리고 태아들은 자궁 밖의 세상으로부터 소리를 듣는 것이 알려졌다(DeCasper & Spence, 1986). 결국 심지어 1개월 아기들도 많은 언어 경험을 가지고 있다는 것이다. 범주적 지각은 부분적으로 경험의 시작 시에 발달되어 있고, 그것의 지속적인 발달은 초기 경험에 의해 촉진되고 조절된다고 말할 수 있다. 이것은 [그림 6-1]의 중간 단계에 있다. [그림 6-1]의 아래 과정에 따르면, 범주적 지각은 경험의 시작 단계에서 미발달되어 있지만, 태아기 발달의 몇 개월 동안의 언어 경험과 생후 1~4개월의 발달이 이런 복잡한 청지각을 빠르게 야기한다고 생각된다.

전 세계 언어에 대한 조사들은 모든 언어가 모든 범주를 사용하는 것이 아니라 발성에서의 세 가지 범주가 일반적으로 사용됨을 보여 준다. Eimas 등(1971)은 그들의 아기들에게 오직 영어 언어 범주를 검사했다. 몇몇 연구자들은 이후에 다른 장소에서 태어난 영아들이 그 문화의 성인들은 가지고 있지 않은, 거의 같거나 혹은 완전히 같은 범주들을 소유하고 있음을 보여 주는 자료들을 제공했다. Lasky, Syrdal-Lasky와 Klein(1975)는 스페인어를 말하는 단일 언어 가족에서 자란 4~6개월 영아들이 영어의 유성-무성 소리 대비(스페인어와 가깝지만 완전히 같지는 않은)를 구분할 수 있다는 것을 발견했다. 마찬가지로 Streeter(1976)는 키쿠유(Kikuyu)어를 하는 가족에서 태어난 2개월 된 케냐 아기들이 그들의 언어에는 존재하지 않는 영어 발성대조를 키쿠유어에 존재하는 전유성-유성 대조만큼 구분할 수 있었다. 스페인어를 말하는 성인과 키쿠유어를 말하는 성인들은 보편적인 영어 발성대조(그들이 사용하지 않음에도 불구하고)를 지각할 수 있었으나, 그들은 단지 약하게 지각했다. 음소 조사 기록은 언어들 사이의 서로 다른 차이점들을 보여 준다. 일본어를 배우는 어린 영아들은 일본어에서는 사용하지 않지만, 영어에 존재하는 대조를 구분할 수 있었다(Tsushima et al., 1994). 영어를 배우는 어린 영아들은 체코어(Trehub, 1976), 힌두어(Werker, Gilbert, Humphrey, & Tees, 1981), Nthlakampx어(Werker & Tees, 1984), 스페인어(Aslin, Pisoni, Hennessy, & Perey, 1981), 줄루어(Best, McRoberts, & Sithole, 1988)에서 사용되는 자음 대조들을 구분할 수 있었다.

/r/과 /l/ 사이의 구분은 영어에서 매우 중요하다. 'rate'는 'late'와는 완전히 다른 의미를 가진다. 그러나 이 차이가 일본인에게서는 어떤 의미도 없다. 미국인들이 힌두어(Werker et al., 1981), Nthlakampx어(Werker, & Tees, 1984), 체코어(Trehub, 1976)의 대조를 구분하는 데 어려운 것처럼, 경험이 없다면 일본 성인들은 이 두 가지를 구분하는 데 어려움을 가진다(Strange & Jenkins, 1978). Werker(1990)는 영어를 말하는 가정의 영아들이 영어에서는 사용되지 않는 힌두어 말소리 대조의 쌍들을 힌두어를 말하는 성인만큼 구분할 수 있음을 보여 주었다. 그러나 4세 이상의 영어 사용자들은 구분하지 못했다. 그러므로 영아에게 현재 존재하는 지각은 사라진다. 지각에서의 이런 변화에 대한 좀 더 심층적인 연구는 발생학적인 시간(timing)에 주목한다. 영어를 배우는 6~8개월,

8～10개월, 10～12개월 영아들에게 힌두어(/Ta/-/ta/) 대조와 Nthlakampx어(/k' i/-/q' i/) 대조 능력을 검사했다. 6～8개월의 거의 모든 영아들은 영어가 아닌 모든 대조를 구분할 수 있었고, 8～10개월 영아들은 중간 수준의 수행 패턴—반은 구분하고 반은 구분하지 못하는—을 보여 주었다. 그러나 10～12개월의 영아들은 매우 적은 수만이 영어가 아닌 대조를 구분할 수 있었다(Werker & Tees, 1984). 반대로 힌두어를 배우거나 Nthlakampx어를 배우는 11～12개월의 영아들은 자신들의 모국어의 대조를 구분할 수 있었다. 분명히 영아들은 첫 1년의 후반부에 음소 구분 능력에서 '보편적인 청자'가 되기를 중단한다. 경험은 어린 영아기에 이미 존재하는 지각적 민감성을 유지할 수 있지만, 이런 노출이 없으면 초기 능력들은 곧 사라지는 듯하다(Best et al., 1988). 이런 결과들은 때때로 영아기와 성숙 간의 어떤 시간에 출생 시에 존재했던 지각적 분화가, 완전히 혹은 영원히 사라지는 것은 아닐지라도 경험 부족에 의해 퇴화됨을 나타낸다. 이런 연구들은 생물학과 경험이 지각발달에서 작용하는 다양한 상호작용을 강조한다.

심지어 적절한 경험이 없는 경우에도 지각이 증가되고 유지될 수 있는 것은 청각체계의 자연적이고 탄력적인 음향심리학적 속성에서의 기초를 반영할 것이다. 아마도 자연환경에서 생성되는 다양한 소리의 일반적 경험들은 지각기관에 타고난 민감성을 유지하기에 충분하다. 많은 영아들이 첫 단어를 습득하기도 훨씬 전인, 생애 첫 1년의 후반기까지 말소리지각 능력은 이미 그들의 모국어 소리 구조의 특질에 적합하도록 조절된다.

결 론 천성과 양육의 영향은 서로 밀접하다. 그러나 그들 각각의 기여에 대한 평가는 지각 처리에서의 전생애적 발생(ontogeny)을 이해하는 데 필수적이다. 발달 연구의 부가적 이득은 그들이 적절한 개입을 제공한다는 것이다. 기술적인 증거들만으로는 생물학적 쇠퇴만이 수반되는 반면, 발달에서의 생물학과 경험의 다양한 비교에서 나온 증거들은 감각 쇠퇴와 청각 손실을 효과적으로 경감할 수 있는 좀 더 생산적인 개입 전략들을 제안한다.

또한 이러한 연구는 어떤 경험들이 가장 영향력이 있는가뿐만 아니라 특정 능력의 가소성에서의 한계를 결정할 수 있다. 결국 생리적, 지각적 경험들은 정도 차이는 있지만 우리의 지각을 유사하게 할 만큼 충분히 공통적인 듯하다. 그러나 수반성들(contingencies)이 충분히 바뀌면 지각도 분명히 변한다(Cole, 이 책).

다른 문화적 경험은 아동들과 성인들의 지각 그 자체를 이해하는 데 영향을 미친다(Lillard, 1998). 유럽계 미국인의 세계관에 따르면, 사람들은 다섯 가지 감각(시각, 청각, 후각, 미각, 촉각)을 가진다. 각각의 감각은 세상에 대한 다른 종류의 정보를 제공한다.

3세가 되면 유럽계 미국 아동들은 이것을 안다. 예를 들어, 그들은 장난감 공룡이 빨간색이며 그것을 볼 수 있다는 사실도 안다(Pillow, 1989). 모든 문화가 이런 유럽계 미국인의 견해에 동의하는 것은 아니다. 나이지리아의 하우사(Hausa) 족은 오직 두 가지 감각만을 언어적으로 표현한다. 'Gani'는 오로지 보는 것을 의미하고, 아는 것과 이해하는 것을 나타내는 데 사용되지 않는다. 그리고 'Ji'는 듣고 냄새 맡고 맛보고 아는 감각의 느낌만을 언급한다(Ritchie, 1991). Hausa는 분명히 듣는 것에서 냄새 맡는 것을 구분하기 때문에 이것들은 문화적 차이를 강조한다. 또한 문화는 그들이 감각을 평가하는 방법의 용어에서 다양하다. 시각이 유럽계 미국인들에게 우세한 반면, 남태평양의 온기(Ongee) 족에게는 후각이 우세하다(Pandya, 1987; Lillard, 1998에서 인용). 브라질의 수야(Suya) 족에게는 청각이 그렇다. 유럽계 미국인이 말하는 'I see'는 '나는 안다.' '나는 이해한다.'를 의미한다. 반면에 수야 족은 이런 경우에 '나는 듣는다.'라고 말한다(Seeger, 1981). 다시 말하면, 지각적 우위에서의 차이는 지각적 능력이나 정확성보다는 서로 다른 문화적 강조의 문제인 것 같다.

6. 결론

지각은 심리학에서 가장 오래되고 유서 깊은 연구 분야 중의 하나이고, 심리학의 철학적 기원에 가장 근접하게 묶여 있는 분야 중의 하나다. 영아기의 연구들은 지각발달에서의 많은 부분들을 차지하고, 지각발달의 연구들은 과거 진행된 많은 영아기 연구에서 진행되었다. 그러나 지각발달은 생애 전반의 과정이고, 아동기와 이후의 많은 지각발달과 인지에서의 더 포괄적이고 중요한 발달과 관련되어 있다.

최근에 영아와 어린 아동들의 지각적 비밀을 해결하는 방법들이 정교한 절차적 기술의 다양성에 의해 제시되었다. 많은 연구들은 매우 어린 구성원들도 단순히 감각하는 것을 넘어서 지각할 수 있다는 사실을 보여 준다. 그러나 지각발달에 관한 몇몇의 전통적이고 중요한 문제들은 여전히 유효하며 지난 세기 동안 축적된 많은 연구 결과들에도 불구하고 해결되지 않은 채로 남아 있다. 게다가 가장 간단한 내성으로부터 마음으로 도약하는 많은 사실들은 계속해서 지각발달에 관한 호기심을 불러일으킨다. 어떻게 우리는 신체의 표면에서 수용되고 전달되는 감각 패턴으로부터 실제 세계에서의 사건과 물체를 그렇게 쉽게 지각할 수 있는가? 어떻게 세상은 일관적이고 안정적으로 지각되는가? 맥락이 지각에 많은 영향을 주고 있을 때, 어떻게 신호와 특질에 대한 선택적인 지각이 소음과 배경의 선택적인 제거와 협응하도록 발달하는가? 어떻게 지각된 사물이 의미를 도출하는가?

지각 능력의 발달은 고립된 사건이 아니다. 지각발달의 연구들은 필연적으로 신경, 운동, 인지, 언어, 정서 및 사회발달의 연구들과 중첩된다. 지각은 체계모형의 용어에서 이해될 필요가 있다. 즉, 상호적으로 영향을 받는 다른 요소의 개념을 통합하는 것이다 (Thelen & Smith, 1994). 이런 관점에서 발달은 역동적이다. 게다가 하나의 하위 체계가 출현하면서 그 변화는 많은 새로운 경험을 가져오고, 관련된 체계에서의 변화에 영향을 준다. 그러므로 변화는 역동적일 뿐 아니라 전반적이다. 즉, 체계에서의 많은 수준에서 발생하고, 동시에 체계의 많은 다른 수준에 영향을 준다.

전 생애에 걸친 지각 연구는 사회적 · 정서적 발달과 교육, 임상의학과의 관련성에서 실용적인 가능성을 인정받아 왔다. 신체적이고 사회적인 자극들은 지각 자극이고, 정서적, 사회적 발달의 많은 측면들은 초기 지각 능력에 많이 의존한다. 신생아의 지각 그리고 표정을 읽는 자연스러운 능력(Bornstein & Arterberry, 2003)으로부터 걸음마기 아이의 부모로부터의 분리 스트레스를 조절하기 위한 사진의 수용까지(Passman & Longeway, 1982) 그리고 주의의 역할과 정상적인 성격에서의 지각적 해석까지(Achenbach, 1992; Enns & Burak, 1997) 이러한 예들은 풍부하다.

과거에 실험 전통주의자들은 감각과 지각, 정신물리학과 같은 것들—발달과학은 종종 다른 영역으로 취급되었다—의 형식적인 연구에 발달적 견해를 첨가하는 것을 꺼려 왔다. 그리고 지각과 감각의 실험 연구는 성인과 하위 동물에게 제한되었다. 그러나 영아, 아동, 노년 인구에게 진행되는 오늘날의 연구들은 발달 견해의 유익한 기여를 보여 준다. 발달적 관점에서의 지식들은 현재 지각을 연구하는 모든 학생들에게 의해 필수적인 것으로 여겨진다.

지각발달은 이 책에 기술된 다른 분야들만큼 좋은 발달 연구의 모델이다. 지각발달은 철학과 방법론의 중요한 질문들을 포함하고 발달연구에서 무엇보다 중요한 이론적, 경험적인 쟁점들을 다룬다. 어떤 지각 능력들은 타고나고 성장하면서 안정적으로 기능한다. 반면에 다른 지각 능력들은 영아기부터 성숙에 이르기까지 발달하고 변화한다.

이런 발생학은 몇몇 가능한 원인들을 가진다. 발달은 유전적으로 동기화되고 성숙의 힘의 돌진에 의해 일어난다. 혹은 발달은 경험적이고 환경과 특정 인생 사건의 영향에 반응한 것이다. 한순간이나 또 다른 순간에 이런 가능성들은 결정적인 원인이 될 수 있다. 그러나 현대의 연구들은 현대적 견해를 제공해 왔다. 지각발달은 의심할 여지없이 여러 가지 다양한 처리를 반영한다. 영아기부터 성숙까지의 지각 연구에서의 체계적인 노력을 통해 발달과학자들은 지각 구조를 형성하는 것을 돕는 기제들을 연구해 왔다. 그러나 지각발달은 또한 이런 자기-구성적이거나 혹은 환경적 경험으로 이루어진 구조적 자질들의 처리에 의해 결정되고 이끌어진다. 그러므로 생득주의든 경험주의든지 전생애 지각발달 관점을 흔들지 못한다. 오히려 생물학과 경험이 어떻게 우리가 처음으로 세상을 지각하고 지속적으로 지각하는지를 함께 결정한다.

참·고·문·헌

Abramov, I., Gordon, J., Hendrickson, A., Hainline, L., Dobson, V., & LaBossiere, R. (1982). The retina of the newborn human infant. *Science, 217,* 265-267.

Achenbach, T. A. (1992). Developmental psychopathology. In M. H. Bronstein & M. E. Lamb (Eds.), *Developmental psychology: An advanced textbook* (3rd ed.). Hillsdale, NJ: Lawrence Erlbaum Associates.

Adolph, K. E., Eppler, M. A., & Gibson, E. J. (1993). Crawling versus walking in infants' perception of affordances for locomotion over sloping surfaces. *Child Development, 64,* 1158-1174.

Arterberry, M. E., & Yonas, A. (1988). Infants' sensitivity to kinetic information for three-dimensional object shape. *Perception and Psychophysics, 44,* 1-6.

Arterberry, M. E., & Yonas, A. (2000). Perception of structure from motion by 8-week-old infants. *Perception and Psychophysics, 62,* 550-556.

Aslin, R. N. (1981). Experiential influences and sensitive periods in perceptual development: A unified model. In R. N. Aslin, J. R. Alberts, & M. R. Peterson (Eds.), *Development of perception: Psychobiological perspectives. Vol. 2: The visual system.* New York: Academic Press.

Aslin, R. N., Jusczyk, P. W., & Pisoni, D. B. (1998). Speech and auditory processing during infancy: Constraints on and precursors to language. In W. Damon (Series Ed.) & D. Kuhn & R. S. Siegler (Vol. Eds.), *Handbook of child psychology: Vol. 2. Cognition, perception, and language* (5th ed., pp. 147-198). New York: Wiley.

Aslin, R. N., Pisoni, D. B., Hennessy, B. L., & Perey, A. J. (1981). Discrimination of voice onset time by human infants: New findings and implications for the effect of early experience. *Child Development, 51,* 1135-1145.

Aslin, R. N., & Shea, S. L. (1990). Velocity thresholds in human infants: Implications for the perception of motion. *Developmental Psychology, 26,* 589-598.

Baltes, P. B., Reese, H. W., & Nesselroade, J. R. (1977). *Life-span developmental psychology: Introduction to research methods.* Monterey, CA: Brooks/Cole.

Banks, M. S., Aslin, R. N., & Letson, R. D. (1975). Sensitive period for the development of human binocular vision. *Science, 190,* 675-677.

Barnet, A. B., Lodge, A., & Armington, J. C. (1965). Electroretinogram in newborn infants.

* 이 장을 쓰는 데 도움을 준 S. Latif와 V. Lewis와 C. Varon에게 감사한다.

Science, 148, 651-654.

Bartlett, J. C., & Searcy, J. (1993). Inversion and configuration of faces. *Cognitive Psychology, 25,* 281-316.

Bartoshuk, L. M., & Wiffenbach, J. M. (1990). Chemical senses and aging. In E. L. Schneider & J. W. Rowe (Eds.), *Handbook of the biology of aging.* San Diego, CA: Academic Press.

Beauchamp, G. K., Cowart, B. J., Mennella, J. A., & Marsh, R. R. (1994). Infant salt taste: Developmental, methodological, and contextual factors. *Developmental Psychobiology, 27,* 353-365.

Bergström, R. M. (1969). Electrical parameters of the brain during ontogeny. In R. J. Robinson (Ed.), *Brain and early behavior: Development in the fetus and infant.* New York: Academic Press.

Bernston, G. G., & Boysen, S. T. (1990). Cardiac indices of cognition in infants, children, and chimpanzees. In C. Rovee-Collier & L. P. Lipsitt (Eds.), *Advances in infancy research* (Vol. 6). Norwood, NJ: Ablex.

Bertenthal, B., Campos, J., & Haith, M. M. (1980). Development of visual organization: Perception of subjective contours. *Child Development, 51,* 1072-1080.

Best, C. T., McRoberts, G. W., & Sithole, N. N. (1988). The phonological basis of perceptual loss for non-native contrasts: Maintenance of discrimination among Zulu clicks by English-speaking adults and infants. *Journal of Experimental Psychology: Human Perception and Performance, 14,* 345-360.

Birch, E. E., Gwiazda, J., & Held, R. (1982). Stereoacuity development for crossed and uncrossed disparities in human infants. *Vision Research, 22,* 507-513.

Birren, J. E., & Schaie, K. W. (Eds.). (1990). *Handbook of the psychology of aging.* San Diego, CA: Academic Press.

Bronstein, M. H. (1982). Perceptual anisotropies in infancy: Ontogenetic origins and implications of inequality in spatial vision. In H. W. Reese & L. P. Lipsitt (Eds.), *Advances in child development and behavior* (Vol. 16). New York: Academic Press.

Bronstein, M. H. (1985). Habituation of attention as a measure of visual information processing in human infants: Summary, systematization, and synthesis. In G. Gottlieb & N. A. Krasnegor (Eds.), *Measurement of audition and vision in the first year of postnatal life: A methodological overview.* Norwood, NJ: Ablex.

Bronstein, M. H. (1987). Perceptual categories in vision and in audition. In S. Harnad (Ed.), *Categorical perception.* New York: Cambridge University Press.

Bronstein, M. H. (in press). Hue categorization and color naming: A survey and update of the basics. In R. E. MacLaury, D. Dedrick, & L. V. Samarina (Eds.), *Anthropology of color: Interdisciplinary multilevel modeling.* Amsterdam, The Netherlands: John Benjamins Publishing Company.

Bronstein, M. H., & Arterberry, M. E. (2003). Recognition, discrimination, and categorization of smiling by 5-month-old infants. *Development Science, 6,* 585-599.

Bronstein, M. H., Ferdinandsen, K., & Gross, C. G. (1981). Perception of symmetry in infancy. *Developmental Psychology, 17,* 82-86.

Bronstein, M. H., Gross, J., & Wolf, J. (1978). Perceptual similarity of mirror images in infancy. *Cognition, 6,* 89-116.

Bronstein, M. H., Kessen, W., & Weiskopf, S. (1976). The categories of hue in infancy. *Science, 191,* 201-202.

Bronstein, M. H., & Stiles-Davis, J. (1984). Discrimination and memory for symmetry in young children. *Developmental Psychology, 20,* 639-649.

Bronstein, M. H., & Suess, P. E. (2000). Child and mother cardiac vagal tone: Continuity, stability, and concordance across the first 5 years. *Developmental Psychology, 36,* 54-65.

Boynton, R. M., & Gordon, J. (1965). Bezold-Brüke hue shift measured by color-naming technique. *Journal of the Optical Society of America, 55,* 78-86.

Brodeur, D. A., Trick, L. M., & Enns, J. T. (1997). Selective attention over the lifespan. In J. A. Burack & J. T. Enns (Eds.), *Attention, development, and psychopathology.* New York: Guilford.

Bromley, D. B. (1974). *The psychology of human aging.* Harmondsworth, England: Penguin.

Brown, M. A., & Smelka, R. C. (1995). *MRI: Basic principles and applications.* New York: Wiley.

Bruce, V., & Humphreys, G. W. (1994). Object and face recognition [Special issue]. *Visual cognition.* Hove, England: Lawrence Erlbaum Associates.

Bruce, V., Burton, A. M., Hanna, E., Healey, P., Mason, O., Coombes, A., et al. (1993). Sex discrimination: How do we tell the difference between male and female faces? *Perception, 22,* 131-152.

Butterworth, G. E. (1989). Events and encounters in infancy. In A. Slater & J. G. Bremner (Eds.), *Infant development.* Sussex, England: Lawrence Erlbaum Associates.

Campbell, R., Benson, P. J., Wallace, S. B., Doesbergh, S., & Coleman, M. (1999). More about brows: How poses that change brow position affect perceptions of gender. *Perception, 28,* 489-504.

Carey, S. (1982). Semantic development: The state of the art. In G. Wanner & L. R. Gleitman (Eds.), *Language acquisition: The state of the art.* New York: Cambridge University Press.

Carey, S., & Diamond, R. (1994). Are faces perceived as configurations more by adults than by children? In V. Bruce & G. W. Humphreys (Eds.), *Object and face recognition* [Special issue]. *Visual Cognition* (pp. 253-274). Hove, England: Lawrence Erlbaum Associates.

Case, R. (1998). The development of conceptual structures. In W. Damon (Ed.), *Handbook of child psychology* (Vol. 2, pp. 745-800). New York: Wiley.

Cernoch, J. M., & Porter, R. H. (1985). Recognition of maternal axillary odors by infants. *Child Development, 56,* 1593-1598.

Chugani, H. T. (1994). Development or regional brain glucose metabolism in relation to behavior and plasticity. In G. Dawson & K. Fischer (Eds.), *Human behavior and the developing brain.* New York: Guilford.

Cohen, L. B., & Cashon, C. H. (2001). Do 7-month-old infants process independent features of facial configurations? *Infant and Child Development, 10,* 83-92.

Coles, M. G. H., & Rugg, M. D. (1995). Event-related brain potentials: An introduction. In M. D. Rugg & M. G. H. Coles (Eds.), *Electrophysiology of mind: Event-related brain potentials and cognition.* Oxford: Oxford University Press.

Conel, J. L. (1959). *The postnatal development of the human cerebral cortex* (Vols. 1-6). Cambridge, MA: Harvard University Press. (Original published 1939.)

Constable, H., Campbell, B., & Brown, R. (1988). Sectional drawings from science textbooks: An experimental investigation into pupil's understanding. *British Journal of Educational Psychology, 58,* 89-102.

Corso, J. F. (1987). Sensory-perceptual processes and aging. *Annual Review of Gerontology and Geriatrics, 7,* 29-55.

Cowart, B. J. (1981). Development of tastes perception in humans: Sensitivity and preference throughout the life span. *Psychological Bulletin, 90,* 43-73.

Craig, K. D., Whitfield, M. F., Grunau, R. V., Linton, J., & Hadjistavropoulos, H. D. (1993). Pain in the preterm neonate: Behavioural and physiological indices. *Pain, 52,* 287-299.

Crook, C. K. (1987). Taste and olfaction. In P. Salapatek & L. B. Cohen (Eds.), *Handbook of infant perception* (Vol. 1). New York: Academic Press.

Dannemiller, J. L., & Freedland, R. L. (1991). Detection of relative motion by human infants. *Developmental Psychology, 27,* 67-78.

Darwin, C. (1877). A biographical sketch of an infant. *Mind, 2,* 286-294.

DeCasper, A. J., & Spence, M. J. (1986). Prenatal maternal speech influences newborns' perception of speech sounds. *Infant Behavior and Development, 9,* 133-150.

Deliège, I., & Sloboda, J. (Eds.). (1996). *Musical beginnings: Origins and development of musical competence.* New York: Oxford University Press.

DeLoache, J. S., Miller, K. F., & Pierroutsakos, S. L. (1998). Reasoning and problem solving. In W. Damon (Ed.), *Handbook of child psychology* (Vol. 2, pp. 801-850). New York: Wiley.

Demetriou, A., & Valanides, N. (1998). A three-level theory of the developing mind: Basic principles and implications for instruction and assessment. In R. J. Sternberg & W. M. Williams (Eds.), *Intelligence, instruction, and assessment: Theory in practice* (pp. 149-199). Mahwah, NJ: Lawrence Erlbaum Associates.

Deregowski, J. B. (1977). An aspect of perceptual organization: Some cross-cultural studies. In H. McGurk (Ed.), *Ecological factors in human development.* Amsterdam: North-Holland.

Déscartes, R. (1824). La dioptrique (M. D. Boring, Trans). In V. Coursin (Ed.), *Oeuvres de Descartes.* Paris: np. (Original work published 1638.)

Dirks, J., & Gibson, E. (1977). Infants' perception of similarity between live people and their photographs. *Child Development, 48,* 124-130.

Doty, R. L. (1993). Smell and taste in the elderly. In M. L. Albert & J. E. Knoefel (Eds.), *Clinical neurology of aging.* New York: Oxford University Press.

Dukette, D., & Stiles, J. (1996). Children' s analysis of hierarchical patterns: Evidence from a similarity judgment task. *Journal of Experimental Child Psychology, 63,* 103-140.

Eimas, P. D., Siqueland, E. R., Jusczyk, P., & Vigorito, J. (1971). Speech perception in infants. *Science, 171,* 303-306.

Elbert, T., Pantev, C., Wienbruch, C., Rockstroh, B., & Taub, E. (1995). Increased cortical representation of the fingers of the left hand in string players. *Science, 270,* 305-307.

Enns, J. T., & Burack, J. A. (1997). Attention, development, and psychopathology: Bridging disciplines. In J. A. Burack & J. T. Enns (Eds.), *Attention, development, and psychopathology.* New York: Guilford.

Enns, J. T., & Girgus, J. S. (1985). Developmental changes in selective and integrative visual attention. *Journal of Experimental Child Psychology, 40,* 319-337.

Enns, J. T., & Girgus, J. S. (1986). A developmental study of shape integration over space and time. *Developmental Psychology, 22,* 491-499.

Enns, J. T., & King, K. A. (1990). Components of life-drawing interpretation: A developmental study. *Developmental Psychology, 26,* 469-479.

Essock, E. A. (1980). The oblique effect of stimulus identification considered with respect to two classes oblique effects. *Perception, 9,* 37-46.

Fantz, R. L. (1958). Pattern vision in young infants. *Psychological Record, 8,* 43-47.

Fantz, R. L. (1964). Visual experience in infants: Decreased attention to familiar patterns relative to novel ones. *Science, 146, 668-670.*

Fantz, R. L., Ordy, J. M., & Udelf, M. S. (1962). Maturation of pattern vision in infants during the first six months. *Journal of Comparative and Physiological Psychology, 55,* 907-917.

Farah, M. J., Rabinowitz, C., Quinn, G. E., & Liu, G. T. (2000). Early commitment of neural substrates for face recognition. *Cognitive Neuropsychology, 17,* 117-123.

Fisher, C. B., & Bornstein, M. H. (1982). Identification of symmetry: Effects of stimulus orientation and head position. *Perception and Psychophysics, 32,* 443-448.

Fisher, C. B., Bronstein, M. H., & Gross, G. G. (1985). Left-right coding skill related to beginning reading. *Journal of Developmental and Behavioral Pediatrics, 6,* 279-283.

Fox, R., Aslin, R., Shea, S. L., & Dumais, S. (1980). Stereopsis in human infants. *Science, 207,* 323-324.

Fozard, J. L. (1990). Vison and hearing in aging. In J. E. Birren & K. W. Schaie (Eds.), *Handbook of the psychology of aging.* San Diego, CA: Academic Press.

Ganchrow, J. R., & Steiner, J. E. (1984). Classical conditioning in newborn humans 2-48 hours age. *Infant Behavior and Development, 7,* 223-235.

Ganchrow, J. R., Steiner, J. E., & Daher, M. (1983). Neonatal facial expressions in response to different qualities and intensities of gustatory stimuli. *Infant Behavior and Development, 6,* 189-200.

Garcia, J., & Koelling, R. (1966). Relation of cue to consequence in avoidance learning. *Psychonomic Science, 4,* 123-124.

Garner, W. R. (1974). *The processing of information and structure.* Potomac, MD: Lawrence Erlbaum Associates.

Gauthier, I., & Nelson, C. A. (2001). The development of face expertise. *Current Opinion in Neurobiology, 11,* 219-224.

Gerhardstein, P., Kraebel, K. S., Gillis, J., & Lassiter, S. (2002). Visual search for high-level configural differences as well as low-level critical features is highly efficient early in childhood. *Developmental Psychobiology, 41,* 241-252.

Gibson, E. J. (1969). *Principles of perceptual learning and development.* New York: Appleton-Century-Crofts.

Gibson, E. J. (1982). The concept of affordances in development: The renaissance of functionalism. In W. A. Collins (Ed.), *The Minnesota symposia on child psychology* (Vol. 15). Hillsdale, NJ: Lawrence Erlbaum Associates.

Gibson, J. J. (1979). *The ecological approach to visual perception.* Boston: Houghton Mifflin.

Gibson, J. J., & Gibson, E. J. (1955). Perceptual learning: Differentiation or enrichment? *Psychological Review, 62,* 32-41.

Gislen, A., Dacke, M., Kroger, R. H. H., Abrahamsson, M., Nilsson, D. E., & Warrant, E. J. (2003). Superior underwater vision in a human population of sea gypsies. *Current Biology, 13,* 833-836.

Golomb, C. (2004). *The child's creation of a pictorial world* (2nd ed.). Mahwah, NJ: Lawrence Erlbaum Associates.

Goodsitt, J. V., Morgan, J. L., & Kuhl, P. K. (1993). Perceptual strategies in prelingual speech segmentation. *Journal of Child Language, 20,* 229-252.

Goodsitt, J. V., Morse, P. A., ver Hoeve, J. N., & Cowan, N. (1984). Infant speech recognition in multisyllabic contexts. *Child Development, 55,* 903-910.

Gopnik, A., Slaughter, V., & Meltzoff, A. N. (1994). Changing your views: How understanding visual perception can lead to a new theory of the mind. In C. Lewis & P. Mitchell (Eds.), *Origins of a theory of mind* (pp. 157-181). Hillsdale, NJ: Lawrence Erlbaum Associates.

Gottlieb, G. (1981). Roles of early experience in species-specific perceptual development. In R. N. Aslin, J. R. Alberts, & M. R. Peterson (Eds.), *Development of perception* (Vol. 1). New York: Academic Press.

Goubet, N., Rattaz, C., Pierrat, V., Allemann, E., Bullinger, A., & Lequien, P. (2002). Olfactory familiarization and discrimination in preterm and full-term newborns. *Infancy, 3,* 53-76.

Goubet, N., Rattaz, C., Pierrat, V., Bullinger, A., & Lequien, P. (2003). Olfactory experience mediates response to pain in preterm newborns. *Developmental Psychobiology, 42,* 171-180.

Granrud, C. E. (1986). Binocular vision and spatial perception in 4- and 5-month-old infants. *Journal of Experimental Psychology: Human Perception and Performance, 12,* 36-49.

Granrud, C. E. (1987). Size constancy in newborn human infants. *Investigative Ophthalmolgy and Visual Science,* 28 (Suppl. 5).

Granrud, C. E., Yonas, A., Smith, I. M., Arterberry, M. E., Glicksman, M. L., & Sorkness, A. C. (1984). Infants' sensitivity to accretion and deletion of texture and information for depth at an edge. *Child Development, 55,* 1630-1636.

Green, C. S., & Bavelier, D. (2003). Action video game modifies visual selective attention. *Nature, 423,* 534-537.

Greene, H. A., & Madden, D. J. (1987). Adult age differences in visual acuity, stereopsis, and contrast sensitivity. *American Journal of Optometry and Physiological Optics, 64,* 749-753.

Greenfield, P. M. (Ed.). (1994). Special issue: Effects of interactive entertainment technologies on development. *Journal of Applied Development Psychology, 15,* 1-140.

Grunau, R. V., Johnston, C. C., & Craig, K. D. (1990). Neonatal facial and cry responses to invasive and non-invasive procedures. *Pain, 42,* 295-305.

Gwiazda, J., & Birch, E. E. (2001). Perceptual development: Vision. In E. B. Goldstein (Ed.), *Blackwell handbook of perception* (pp. 636-668). Malden, MA: Blackwell.

Hadjikhani, N., & de Gelder, B. (2002). Neural basis of prosopagnosia: An fMRI study. *Human Brain Mapping, 16,* 176-182.

Haith, M. M. (1991). Gratuity, perception-action integration and future orientation in infant vision. In F. Kessel, M. Bornstein, & A. Sameroff (Eds.), *Contemporary constructions of the child.* Hillsdale, NJ: Lawrence Erlbaum Associates.

Hebb, D. O. (1949). *The organization of behavior: A neuropsychological theory.* new York: Wiley.

Hebb, D. O. (1953). Heredity and environment in mammalian behavior. *British Journal of Animal Behaviour, 1,* 43-47.

Held, R. (1989). Perception and its neuronal mechanisms. *Cognition, 33,* 139-154.

Held, R., Birch, E., & Gwiazda, J. (1980). Stereoacuity in human infants. *Proceedings of the National Academy of Sciences of the USA, 77,* 5572-5574.

Hirsh-Pasek, K., Nelson, D. K., Jusczyk, P. W., Cassidy, K. W., Druss, B., & Kennedy, L. (1987). Clauses are perceptual units for young infants. *Cognition, 26,* 269-286.

Hochberg, J., & Brooks, V. (1962). Pictorial recognition as an unlearned ability: A study of one child's performance. *American Journal of Psychology, 75,* 624-628.

Huttenlocher, P. R. (2002). *Neural plasticity: The effects of the environment on the development of the cerebral cortex*. Cambridge, MA: Harvard University Press.

Jacobs, B., Schall, M., & Scheibel, A. B. (1993). A quantitative dendritic analysis of Wernicke's area in humans. II. Gender, hemispheric, and environmental factors. *Journal of Comparative Neurology, 327,* 97-111.

Jocobs, B., & Scheibel, A. B. (1993). A quantitative dendritic analysis of Wernicke's area in humans. I. Lifespan changes. *Journal of Comparative Neurology, 32,* 83-96.

Jahoda, G., Deregowski, J. B., Ampene, E., & Williams, N. (1977). Pictorial recognition as unlearned ability: A replication with children from pictorially deprived environments. In G. Butterworth (Ed.), *The child's representation of the world.* New York: Plenum.

James, W. (1924). *Some problems of philosophy.* New York: Longmans, Green and Co.

Johnson, M. H., Dziurawiec, S., Ellis, H., & Morton, J. (1991). Newbron's preferential tracking of face-like stimuli and its subsequent decline. *Cognition, 40,* 1-19.

Johnson, M. H., & Choy, D. (1987). On the definition of age-related norms for visual function testing. *Applied Optics, 26,* 1449-1454.

Johnson, M. H., & Morton, J. (1991). *Biology and cognitive development.* Oxford, UK: Blackwell.

Johnston, J. R. (1985). Cognitive prerequisites: Cross linguistic study of language acquisition. In D. Slobin (Ed.), *Universals of language acquisition: Theoretical issues* (Vol. 2). Hillsdale, NJ: Lawrence Erlbaum Associates.

Johnston, R. S., Anderson, M., Perrett, D. I., & Holligan, C. (1990). Perceptual dysfunction in poor readers. *British Journal of Educational Psychology, 60,* 212-219.

Jusczyk, P. W., Houston, D., & Goodman, M. (1998). Speech perception during the first year. In A. Slater (Ed.), *Perceptual development: Visual, auditory and speech perception in infancy.* Hove: Psychology Press.

Kail, R. V. (2003). Information processing and memory. In M. H. Bornstein, L. Davidson, C. L. M. Keyes, & K. A. Moore (Eds.), *Well-being: Positive development across the life course* (pp. 269-279). Mahwah, NJ: Lawrence Erlbaum Associates.

Kail, R., & Salthouse, T. A. (1994). Processing speed as a mental capacity. *Acta Psychologica, 86,* 199-225.

Kant, I. (1924). *Critique of pure reason* (F. M. Miller, Trans.). New York: Macmillan. (Original work published 1781.)

Kavale, K. (1982). Meta-analysis of the relationship between visual perceptual skills and reading achievement. *Journal of Learning Disabilities, 15,* 42-51.

Kellman, P. J. (1995). Ontogenesis of space and motion perception. In W. Epstein & S. Rogers (Eds.), *Handbook of perception and cognition* (Vol. 5, pp. 327-364). New York: Academic Press.

Kellman, P. J., & Arterberry, M. E. (1998). *The cradle of knowledge: Development of perception in infancy.* Cambridge, MA: MIT Press.

Kemler Nelson, D. G., Hirsh-Pasek, K., Jusczyk, P. W., & Cassidy, K. W. (1989). How the prosodic cues in motherese might assist language learning. *Journal of Child Language, 16,* 55-68.

Kennedy, J. M., & Ross, A. S. (1975). Outline picture perception by the Songe of Papua. *Perception, 4,* 391-406.

Kessen, W., Haith, M. M., & Salapatek, P. H. (1970). Human infancy: A bibliography and guide. In P. Mussen (Ed.), *Carmichael's manual of child psychology.* New York: Wiley.

Kisilevsky, B. S., Stach, D. M., & Muir, D. W. (1991). Fetal and infant response to tactile stimulation. In M. J. S. Weiss & P. R. Zelazo (Eds.), *Newborn attention: Biological constrains and the influence of experience* (pp. 63-98). Norwood, NJ: Ablex.

Knolauch, K., Vital-Durand, F., & Barbur, J. L. (2001). Variation in chromatic sensitivity across the life span. *Vision Research, 41,* 23-36.

Kosnik, W., Winslow, L., Kline, D., Rasinski, K., & Sekuler, R. (1988). Visual changes in daily life throughout adulthood. *Journal of Gerontology, 43,* P63-P70.

Lasky, R. E., Syrdal-Lasky, A., & Klein, R. E. (1975). VOT discrimination by four- to six-and-a-half-month-old infants from Spanish environments. *Journal of Experimental Child Psychology, 20,* 215-225.

Lee, M. (1989). When is an object not an object? The effect of "meaning" upon the copying of line drawing. *British Journal of Psychology, 80,* 15-37.

Leehey, S. C., Moskowitz-Cook, A., Brill, S., & Held, R. (1975). Orientational anisotropy in infant vision. *Science, 190,* 900-901.

Leinbach, M. D., & Fagot, B. I. (1993). Categorical habituation to male and female faces: Gender schematic processing in infancy. *Infant Behavior & Development, 16,* 317-332.

Levins, R., & Lewontin, R. (1985). *The dialectical biologist.* Cambridge, MA: Harvard University Press.

Liben, L. S., Kastens, K. A., & Stevenson, L. M. (2002). Real-world knowledge through real-world maps: A developmental guide for navigating the educational terrain. *Developmental Review, 22,* 267-322.

Lillard, A. (1998). Ethnopsychologies: Cultural variations in theories of mind. *Psychological Bulletin, 123,* 3-32.

Lis, A., Venuti, P., & de Zordo, M. R. (1990). [Representation and acquisition of the awareness of danger: A theoretical contribution.] *Etá Evolutiva, 35,* 103-112.

Livingstone, M. S., & Hubel, D. H. (1988). Segregation of color, movement, and depth: Anatomy, physiology, and perception. *Science, 240,* 740-749.

Locke, J. (1959). *An essay concerning human understanding.* New York City: Dover. (Original work published 1689.)

Lodge, A., Armington, J. C., Barnet, A. B., Shanks, B. L., & Newcomb, C. N. (1969). Newborn electroretinograms and evoked electroencephalographic response to orange and white light. *Child Development, 40,* 267-273.

Lyncy, M., Eilers, R., & Bornstein, M. H. (1992). Speech, vision, and music perception: Windows on the ontogeny of mind. *Psychology of Music, 20,* 3-14.

Malt, B. C. (1995). Category coherence in cross-cultural perspective. *Cognitive Psychology, 29,* 85-148.

Marks, L. E., Hammeal, R. J., & Bornstein, M. H. (1987). Perceiving similarity and comprehending metaphor. *Monographs of the Society for Research in Child Development, 52*(1, No. 215).

Marottoli, R. A., Richardson, E. D., Stowe, M. H., Miller, E. G., Brass, L., Cooney, L. M., et al. (1998). Development of a test battery to identify older drivers at risk for self-reported adverse driving events. *Journal of the American Geriatric Society, 46,* 562-568.

Matjucha, I. C. A., & Katz, B. (1993). Neuro-ophthalmology of aging. In M. L. Albert & J. E. Knoefel (Eds.), *Clinical neurology of aging.* New York: Oxford University Press.

Maurer, D., Lewis, T. L., Brent, H. P., & Levin, A. V. (1999). Rapid improvement in the acuity of infants after visual input. *Science, 286,* 108-110.

Milewski, A. E. (1976). Infants' discrimination of internal and external pattern elements. *Journal of Experimental Child Psychology, 22,* 229-246.

Mondloch, C. J., LeGrand, R., & Maurer, D. (2002). Configural face processing develops more slowly than feature face processing. *Perception, 31,* 553-566.

Morgan, J. L., & Saffran, J. R. (1995). Emerging integration of sequential and suprasemental information in preverbal speech segmentation. *Child Development, 66,* 911-936.

Muir, D. W., & Nadel, J. (1998). Infant social perception. In A. Slater (Ed.), *Perceptual development: Visual, auditory and speech perception in infancy.* Hove: Psychology Press.

Nanez, J., Sr. (1988). Perception of impending collision in 3- to 6-week-old infants. *Infant Behavior and Development, 11,* 447-463.

Nanez, J. E., & Yonas, A. (1994). Effects of luminance and texture motion on infant defensive reactions to optical collision. *Infant Behavior and Development, 17,* 165-174.

Nelson, C. A., & Bloom, F. E. (1997). Child development and neuroscience. *Child Development, 68,* 970-987.

Nettlebeck, T., & Wilson, C. (1985). A cross-sequential analysis of developmental differences in speed of visual information processing. *Journal of Experimental Child Psychology, 40,* 1-22.

Newcombe, N. S., & Huttenlocher, J. (2000). *Making space: The development of spatial representation and reasoning.* Cambridge, MA: MIT Press.

Norcia, A. M., & Tyler, C. W. (1985). Spatial frequency sweep VEP: Visual acuity during the first year of life. *Vision Research, 25,* 1399-1408.

Nunez, P. L. (1990). Physical principles and neurophysiological mechanisms underlying event-related potentials. In J. W. Rorhbach, R. Parasurman, & R. Johnson (Eds.), *Event-related brain potentials: Basic issues and applications* (pp. 19-36). New York: Oxford University Press.

Owsley, C., Ball, K., Sloane, M. E., Roenker, D. L., & Bruni, J. R. (1991). Visual/cognitive correlates of vehicle accidents in older drivers. *Psychology and Aging, 6,* 403-415.

Parmelee, A. H., & Sigman, M. D. (1983). Perinatal brain development and behavior. In P. H. Mussen (Series Ed.), M. M. Haith, & J. J. Campos (Eds.), *Handbook of child psychology:* (Vol. 2). *Infancy and developmental psychophysiology.* New York: Wiley.

Passman, R. H., & Longeway, K. P. (1982). The role of vision in maternal attachment: Giving 2-year-olds a photograph of their mother during separation. *Developmental Psychology, 18,* 530-533.

Piaget, J. (1969). *The mechanisms of perception* (G. N. Seagrim, Trans.). London: Routledge & Kegan Paul.

Pillow, B. H. (1989). Early understanding of perception as a source of knowledge. *Journal of Experimental Child Psychology, 47,* 116-129.

Pitchford, N. J., & Mullen, K. T. (2003). The development of conceptual colour categories in pre-school children: Influence of perceptual categorization. *Visual Cognition, 10,* 51-77.

Plude, D., Enns, J. T., & Brodeur, D. A. (1994). The development of selective attention: A lifespan overview. *Acta Psychologia, 86,* 227-272.

Porges, S. W. (1995). Orienting in defensive world: Mammalian modifications of our evolutionary heritage. A polyvagal theory. *Psychophysiology, 32,* 301-318.

Porges, S. W. (1996). Physiological regulation in high-risk infants: A model for assessment and potential intervention. *Development and Psychopathology, 8,* 43-58.

Porges, S. W., & Doussard-Roosevelt, J. A. (1997). Early physiological patterns and later behavior. In H. W. Reese & M. D. Franzen (Eds.), *Life-span developmental psychology: Biological & neuropsychological mechanisms*. Hillsdale, NJ: Lawrence Erlbaum Associates.

Porter, R. H., Bologh, R. D., & Makin, J. W. (1988). Olfactory influences on mother-infant interactions. In C. Rovee-Collier & L. P. Lipsitt (Eds.), *Advances in infancy research* (Vol. 5). Norwood, NJ: Ablex.

Porter, R. H., Makin, M. W., Davis, L. B., & Christensen, K. M. (1991). An assessment of the salient olfactory environment of formula-fed infants. *Physiology and Behavior, 50,* 907-911.

Poulin-Dubois, D., Serbin, L. A., Kenyon, B., & Derbyshire, A. (1994). Infants' intermodal knowledge about gender. *Developmental Psychology, 30,* 436-442.

Price-Williams, D. R., Gordon, W., & Ramirez, M., III. (1969). Skill and conservation: A study of pottery-making children. *Development Psychology, 1,* 769.

Purpura, D. P. (1975). Morphogenesis of visual cortex in the preterm infant. In M. A. B. Brazier (Ed.), *Growth and development of the brain*. New York: Raven.

Purves, D., & Lichtman, J. W. (1980). Elimination of synapses in the developing nervous system. *Science, 210,* 153-157.

Quinn, P. C., Burke, S., & Rush, A. (1993). Part-whole perception in early infancy: Evidence for perceptual grouping produced by lightness similarity. *Infant Behavior and Development, 16,* 19-42.

Quinn, P. C., Bhatt, R. S., Brush, D., Grimes, A., & Sharpnack, H. (2002). Development of form similarity as a Gestalt grouping principle in infancy. *Psychological Science, 13,* 320-328.

Raskin, L. A., Maital, S., & Bornstein, M. H. (1983). Perceptual categorization of color: A life-span study. *Psychological Research, 45,* 639-649.

Richards, J. E. (1987). Infant visual sustained attention and respiratory sinus arrhythmia. *Child Development, 58,* 488-496.

Ritchie, I. (1991). Fusion of the faculties: A study of the language of the sense in Hausaland. In D. Howes (Ed.), *The varieties of sensory experience*. Toronto, Ontario: University of Toronto Press.

Rosenstein, C., & Oster, H. (1988). Differential facial response to four basic tastes in newborns. *Child Development, 59,* 1555-1568.

Roth, C. (1983). Factors affective developmental changes in the speed of processing. *Journal of Experimental Child Psychology, 35,* 509-528.

Ruff, H. A. (1985). Detection of information specifying the motion of objects by 3- and 5-month-old infants. *Developmental Psychology, 21,* 295-305.

Ruff, H. A. (1990). Individual differences in sustained attention during infancy. In J. Colombo & J. Fagan (Eds.), *Indivicual differences in infancy: Reliability, stability, prediction*. Hillsdale, NJ: Lawrence Erlbaum Associates.

Ruff, H. A., & Rothbart, M. K. (1996). *Attention in early development: Themes and variations*. New York: Oxford University Press.

Saffran, J. R., Aslin, R. N., & Newport, E. L. (1996). Statistical learning by 8-month-old infants. *Science, 274,* 1926-1928.

Salapatek, P., & Kessen, W. (1973). Prolonged investigation of plane geometric triangle by the human newborn. *Journal of Experimental Child Psychology, 15,* 22-29.

Salthouse, T. (1991). *Theoretical perspectives on cognitive aging*. Hillsdale, NJ: Lawrence Erlbaum Associates.

Salthouse, T. A., Rogan, J. D., & Prill, K. (1984). Division of attention: Age differences on a visually presented memory task. *Memory and Cognition, 12,* 613-620.

Samuels, C. A. (1985). Attention to eye contact opportunity and facial motion by three-month-old infants. *Journal of Experimental Child Psychology, 40,* 105-114.

Schaie, K. W. (1985). Perceptual speed in adulthood: Cross-sectional and longitudinal studies. *Psychology and Aging, 4,* 443-453.

Schaie, K. W. (1990). Perceptual speed in adulthood: Cross-sectional and longitudinal studies: Correction. *Psychology and Aging, 5,* 171.

Schemper, T., Voss, S., & Cain, W. S. (1981). Odor identification in young and elderly persons: Sensory and cognitive limitations. *Journal of Gerontology, 36,* 452-466.

Schiff, W., Oldak, R., & Shah, V. (1992). Aging persons' estimates of vehicular motion. *Psychology and Aging, 7,* 518-525.

Schmuckler, M. (1997). Children's postural sway in response to low- and high-frequency visual information for oscillation. *Journal of Experimental Psychology: Human Perception and Performance, 23,* 582-545.

Schneider, B. A., Trehub, S. E., Morrongiello, B. A., & Thorpe, L. A. (1986). Auditory sensitivity in preschool children. *Journal of the Acoustic Society of America, 79,* 447-452.

Schneider, E. L., & Rowe, J. W. (Eds.). (1990). *Handbook of the biology of aging.* San Diego, CA: Academic Press.

Seeger, A. (1981). *Nature and society in central Brazil: The Suya indians of Maro Grosso.* Cambridge, MA: Harvard University Press.

Sekuler, R., & Ball, K. (1986). Visual localization: Age and practice. *Journal of the Optical Society of American (Section A), 3,* 864-867.

Sivak, M., Olson, P. L., & Pastalan, L. A. (1981). Effect of driver's age on nighttime legibility of highway signs. *Human Factors, 23,* 59-64.

Slater, A. M. (1989). Visual memory and perception in early infancy. In A. Slater & J. G. Bremner (Eds.), *Infant development.* Sussex, England: Lawrence Erlbaum Associates.

Slater, A., Mattock, A., & Brown, E. (1990). Size constancy at birth: Newborn infants' responses to retinal and real size. *Journal of Experimental Child Psychology, 49,* 314-322.

Slater, A., Morison, V., & Somers, M. (1988). Orientation discrimination and cortical function in the human newborn. *Perception, 17,* 597-602.

Slater, A., Morison, V., Town, C., & Rose, D. (1985). Movement perception and identity constancy in the new-born baby. *British Journal of Developmental Psychology, 3,* 211-220.

Smith, L. B. (1989). From global similarities to kinds of similarities: The construction of dimensions in development. In S. Vosniadow & A. Ortony (Eds.), *Similarity and analogy.* Cambridge, MA: Cambridge University Press.

Smith, L. B. (2003). Learning to recognize objects. *Psychological Science, 14,* 244-250.

Smith, L. B., & Kemler, D. G. (1977). Developmental trends in free classification: Evidence for a new conceptualization of perceptual development. *Journal of Experimental Child Psychology, 24,* 279-298.

Solan, H. A., & Ficarra, A. P. (1990). A study of perceptual and verbal skills of disabled readers in grades 4, 5 and 6. *Journal of the American Optometric Association, 61,* 628-634.

Somberg, B. L., & Salthouse, T. A. (1982). Divided attention abilities in young and old adults. *Journal of Experimental Psychology: Human Perception and Performance, 8,* 651-663.

Stankov, L. (1988). Aging, attention and intelligence. *Psychology and Aging, 3,* 59-74.

Steiner, J. E. (1977). Facial expressions of the neonate infant indicating the hedonics of food-related chemical stimuli. In J. M. Weiffenbach (Ed.), *Taste and development*. Bethesda, MD: Department of Health, Education, and Welfare.

Steiner, J. E. (1979). Human facial expressions in response to taste and smell stimulation. In H. Reese & L. Lipsitt (Eds.), *Advances in child development and behavior* (Vol. 13). New York: Academic Press.

Stevens, J. C., Cruz, S. L. A., Marks, L. E., & Lakatos, S. (1998). A multimodal assessment of sensory thresholds in aging. *Journal of Gerontology: Psychological Sciences, 53B,* 263-272.

Strange, W., & Jenkins, J. (1978). Role of linguistic experience in the perception of speech. In R. D. Walk & H. L. Pick (Eds.), *Perception and experience*. New York: Plenum Press.

Streeter, L. A. (1976). Language perception of 2-month-old infants shows effects of both innate mechanisms and experience. *Nature, 259,* 39-41.

Strouse, A., Ashmead, D. H., Ohde, R. N., & Grantham, D. W. (1998). Temporal processing in the aging auditory system. *Journal of Acoustical Society of America, 104,* 2385-2399.

Tanaka, T. K., Kojima, S., Takeda, H., Ino, S., & Ifukube, T. (2001). The influence of moving auditory stimuli on standing balance in healthy young adults and the elderly. *Ergonomics, 44,* 1403-1412.

Teller, D. Y. (1998). Spatial and temporal aspects of infant color vision. *Vision Research, 38,* 3275-3282.

Thelen, E., & Smith, L. B. (1994). *A dynamic systems approach to the development of cognition and action*. Cambridge, MA: MIT Press.

Trehub, S. D. (1976). The discrimination of foreign speech contrasts by infants and adults. *Child Development, 47,* 466-472.

Trehub, S. E., & Schneider, B. A. (1985). *Auditory development in infancy*. New York: Plenum.

Trehub, S. E., Schneider, B. A., Morrongiello, B. A., & Thorpe, L. A. (1988). Auditory sensitivity in school-age children. *Journal of Experimental Child Psychology, 46,* 273-285.

Trehub, S. E., Schneider, B. A., Morrongiello, B. A., & Thorpe, L. A. (1989). Developmental changes in high-frequency sensitivity. *Audiology, 28,* 241-249.

Tsunoda, T. (1985). *The Japanese brain: Uniqueness and universality* (Y. Oiwa, Trans.). Tokyo: Taishukan Publishing Co.

Tsushima, T. O., Takizawa, M., Sasski, S., Shiraki, K., Nishi, M., Kohno, P., et al. (1994). *Discrimination of English /r-l/ and /w-y/ by Japanese infants 6-12 months: Language-specific developmental changes in speech perception abilities*. Paper presented at the International Conference on Spoken Language, Yokohama, Japan.

Tucker, D. (1993). Spatial sampling of head electrical fields: The geodesic sensor net. *Electroencephalography and Clinical Neurophysiology, 87,* 154-163.

Turkewitz, G., & Kenny, P. A. (1982). Limitations on input as a basis for neural organization and perceptual development: A preliminary theoretical statement. *Developmental Psychology, 15,* 357-368.

Turkewitz, G., & Kenny, P. A. (1985). The role of developmental limitations of sensory input on sensory/perceptual organization. *Journal of Developmental and Behavioral Pediatrics, 6,* 302-306.

von Hofsten, C. (1974). Proximal velocity changes as a determinant of space perception. *Perception & Psychophysics, 15*(3), 488-494.

Wallace, E., Hayes, D., & Jerger, J. (1993). Neurology of aging: The auditory system. In M. L. Albert

& J. E. Knoefel (Eds.), *Clinical neurology of aging*. New York: Oxford University Press.

Werker, J. F. (1990). Cross-language speech perception: Developmental change does not involve loss. In H. Nusbaum & J. Goodman (Eds.), *The transition from speech sounds to spoken words: The development of speech perception*. Cambridge, MA: MIT Press.

Werker, J. F., Gilbert, J. H. V., Humphrey, K., & Tees, R. C. (1981). Developmental aspects of cross-language speech perception. *Child Development, 52,* 349-353.

Werker, J. F., Shi, R., Desjardins, R., Pegg, J. E., Polka, L., & Patterson, M. (1998). Three methods for testing infant speech perception. In A. Slater (Ed.), *Perceptual development: Visual, auditory and speech perception in infancy*. Hove: Psychology Press.

Werker, J. F., & Tees, R. C. (1984). Cross-language speech perception: Evidence for perceptual reorganization during the first year of life. *Infant Behavior and Development, 7,* 49-63.

Werner, J. S. (1991). The damaging effects of light on the eye and implications for understanding changes in vision across the life span. In P. Bagnoli & W. Hodos (Eds.), *The changing visual system* (pp. 295-309). New York: Plenum.

Werner, L. A., & Bargones, J. Y. (1992). Psychoacoustic development of human infants. In C. Rovee-Collier & L. Lipsitt (Eds.), *Advances in infancy research* (Vol. 7, pp. 103-145). Ablex.

Wertheimer, M. (1938). Numbers and numerical concepts in primitive peoples. In W. D. Ellis (Ed.), *A source book of Gestalt psychology*. New York: Harcourt.

Wertheimer, M. (1958). Principles of perceptual organization. In D. C. Beardslee & M. Wertheimer (Eds.), *Readings in perception* (pp. 115-135). Princeton, NJ: Van Nostrand.

Wilcox, T. (1999). Object individuation: Infants' use of shape, size, pattern, and color. *Cognition, 72,* 125-166.

Wilson, S. J., Wales, R. J., & Pattison, P. (1997). The representation of tonality and meter in children aged 7 and 9. *Journal of Experimental Child Psychology, 64,* 42-66.

Wright, S. F., & Groner, R. (1993). *Facets of dyslexia and its remediation*. The Netherlands: Elsevier Science.

Yakovlev, P. I., & Lecours, A. R. (1967). The myelogenetic cycles of regional maturation of the brain. In A. Minkowski (Ed.), *Regional development of the brain in early life*. Oxford, England: Blackwell.

Yonas, A. (1981). Infants' responses to optical information for collision. In R. N. Aslin, J. R. Alberts, & M. R. Peterson (Eds.), *Development of perception: Psychobiological perspectives* (Vol. 2). New York: Academic Press.

Yonas, A., Arterberry, M. E., & Granrud, C. E. (1987a). Four-month-old infants' sensitivity to binocular and kinetic information for three-dimensional object shape. *Child Development, 58,* 910-971.

Yonas, A., Arterberry, M. E., & Granrud, C. E. (1987b). Space perception in infancy. In R. Vasta (Ed.), *Annals of child development* (pp. 1-34). Greenwich, CT: JAI Press.

Yonas, A., Elieff, C. A., & Arterberrry, M. E. (2002). Emergence of sensitivity to pictorial depth cues: Charting development in individual infants. *Infant behavior and Development, 25,* 495-514.

Yonas, A., & Hartman, B. (1993). Perceiving the affordance of contact in four- and five-month-old infants. *Child Development, 64,* 298-308.

Zlatin, M. A., & Koenigsknecht, R. A. (1975). Development of the voicing contrast: Perception of stop consonants. *Journal of Speech and Hearing Research, 18,* 541-553.

7 인지와 지적 능력의 발달

CHAPTER>>

Daminan P. Birney
University of Sydney
Jill H. Citron-Pousty
Yale University
Donna J. Lutz
Duke University
Robert J. Sternberg
Yale University

1. 서론

대개의 심리학과 학부 교과과정을 보면, 인지와 지적 발달 연구는 사회발달과 정서발달 그리고 도덕발달과는 완전히 구별된 것으로 보인다. 그러나 대부분의 연구자들은 발달이 여러 영역에 걸친 과정들—인지, 사회, 정서, 도덕발달이 포함되는—이며, 적어도 어떻게 개인의 가능성이 실현될 것인지의 정도가 여러 영역에 의해 함께 결정되는 분야라는 사실에 동의한다(Neisser et al., 1996). 심지어 인지와 지적 능력 그리고 그것들의 발달을 연구하는 연구자들 내에서조차 서로 다른 접근 방법과 방법론적 패러다임들이 사용되어 왔다. 당시에는 이런 접근들이 서로 분리되어 있기 때문에 전혀 다른 영역을 다루고 있는 것이라고 종종 생각되었다. 이와 같이 인지와 인지발달에 관한 연구를 작은 부분으로 나누는 것은 편리하고 적절한 연구 방법으로 여겨질 수 있는 반면, 이러한 작은 부분이 종종 인지발달의 일부분만을 다루고 있다는 사실을 인식하는 것 또한 중요하다. 따라서 인지를 개념화하는 다른 접근으로부터의 결과들을 통합하려는 다양한 요구가 오랫동안 존재해 왔다(예, Ackerman, 1987; Cronbach, 1957; Hunt, 1980; Kyllonen & Christal, 1990; Sternberg, 1977). 그리고 이를 시도하는 과정에서 발달 과정의 많은 요인들의 상호의존성을 인식하는 것이 요구되었다. 이런 의존성은 한 가지 방법론적 접근이 사용되었을 때에는 발생하지 않을 것이다. 이 장에서는 인지 능력의 발달과 유의미하게 관련되어 있다고 생각되는 방법론들을 포괄하는 이론과 발견 그리고 쟁점들을 재검토하고자 한다. 우리가 논의하는 몇몇 이론과 발견들은 전통적인 발달심리학 내에서 오랜 역사를 가지는 반면(예, Piaget 이론) 다른 이론들은 다소 최근의 것이며(예, 지혜의 발달), 연대기적-성숙 발달과는 명백하게 덜 연관된다(예, 지식 습득의 이론). 이러한 이론들은 전통적인 발달의 Piaget식의 개념화와는 거의 관련성이 없는 듯하다(예, 개념 형성과 창의성 간의 관계). 우리는 이와 같은 폭넓은 재검토가 인지발달에 영향을 주는 쟁점들에 대해서 더 깊은 이해를 제공한다고 생각한다.

이 장은 다섯 개 부분으로 구성되어 있다. 첫 번째 부분에서는 인지 능력의 전통적인 발달 견해들을 간단하게 재검토한다. 두 번째 부분에서는 정보처리 전통의 인지발달에 대한 발견과 이론들을 다룬다. 이런 유형의 이론들은 마음을 컴퓨터로 비유하는 것에 기초하고(Sternberg, 1990a), 1960년대 행동주의 이론의 설명 능력에 대한 불만족으로부터 나왔다. 시간이 지나면서 '계산하는 마음' 유추는 인간 뇌에서 작동한다고 믿어지는 대규모의 병렬 처리를 설계하려는 시도로 확장되었다(예, McClelland, Rumelhart, & Hinton, 1986; Rumelhart, 1990). 동시에 작업기억에서의 심리적 한계(예, Halford & Wilson, 1980; Halford, Wilson, & Phillips, 1998)와 지식 습득 과정들(Anderson, 1982)이 반영되었다.

이 분야의 연구는 심리학자들과 언어학자, 신경과학자, 통계학자, 수학자, 컴퓨터과학자, 공학자, 철학자들이 포함된 다학제적 연구 팀의 역동적인 활동에 힘입어 최근에 많은 영역에서 주목할 만한 성장을 보여 왔다. 이 분야에서의 커다란 발전과 가능성들은 또한 전통적인 발달과학자들의 연구를 촉진했다. 이제 인지과학은 한때는 Piaget 학파가 다루었었고, 이후에는 신-Piaget 인지발달이론들이 차지했던 기반의 많은 부분을 차지하고 있다.

세 번째 부분에서는 인지 능력들의 배치를 정밀하게 표상하고 확인하기 위해 상관적 방법론들을 사용하는 인지와 지적 발달에서의 심리측정 연구들의 결과를 살펴볼 것이다. 지능과 인지 능력에 대해 알려진 많은 부분은 심리측정 연구들에서 도출되었다. 이는 특정 사람들에게 심리측정 검사의 결과가 커다란 중요성을 가지는 것에서 부분적으로 기인한다. 왜냐하면 심리측정 연구의 상관적 방법은 예측에 중점을 두기 때문이다. 그리고 이 분야의 연구자들은 교육기관과 군사기관에서의 선택과 결정 그리고 좀 더 최근에는 기업과 다른 정부 조직에서의 선택과 훈련을 위한 응용에 관심을 가져 왔다. 심리측정 접근은 인지발달과 지능에 대한 우리의 견해를 확장하는 데 지속적인 영향을 주었고 성격, 동기, 지식과 같은 비인지적 요인들과의 관계를 구조화하는 데 영향을 주었다(예, Ackerman,

1996; Ackerman & Beier, 2003). 그러나 심리측정이론들은 다른 능력의 범위를 측정하는 수단이 되어 온 반면, 이런 이론들의 기저를 이루는 다른 접근은 지적 처리 과정의 이해를 도출하는 데 별로 유용하지 않았다(Deary, 2001; Lohman & Ippel, 1993).

네 번째 부분에서는 인지발달의 체계이론들을 탐색한다. 우리는 Sternberg(1997)와 Gardner(1993)의 이론을 살펴보고자 한다. 이런 이론들은 인지 정보처리적 측면과 심리측정 접근들을 통합한다.

다섯 번째와 마지막 부분에서는 지혜발달(wisdom development)의 접근에서의 최근 연구 결과들을 살펴볼 것이다. 직관적으로 지혜는 다양한 영역에서 진행된 발달의 완성으로 보인다. 즉, 고도로 발달된 지식, 진보된 정보처리, 창조성 그리고 잘 발달된 사회정서적, 도덕적 추론 능력들의 교점인 것이다. 여기서 우리가 가지는 의문은 지혜가 발달될 수 있는가다. 우리는 현재 존재하는 교육적 틀 속에서 이 문제를 탐색하고자 한다.

2. 전통적인 발달 접근

Piaget

Piaget(1896~1980)는 이론의 여지가 있지만, 여전히 인지발달심리학의 영역 내에서 가장 영향력 있는 연구자다(Bidell & Fischer, 1992). 그는 인지발달 연구를 Alfred Binet의 심리측정 연구실에서 대학원생의 신분으로 시작하였고, 그곳에서 지능 검사 항목에 대한 아동의 반응에 관심을 가지게 되었다. 그는 연구자들이 검사 항목에 대한 아동의 부정확한 대답을 분석함으로써 인지발달에 대해서 많은 것을 알 수 있다고 주장했다. 특히, 추론 과정에서의 오류를 관찰하면서 Piaget는 아동 사고의 기저에 존재하는 일관된 논리체계를 발견하였는데, 이는 성인들이 사용하는 체계와는 다르다. 발달을 이해하기 위해서는 이런 체계와 더불어 성인과는 구별되는 특질들을 확인해야 한다. 이런 관심을 가지고 Piaget는 아동, 특히 그의 자녀들을 관찰하고 기술했다.

특수 유전형질과 일반 유전형질

Piaget와 Inhelder(1979)는 지능을 환경에 대한 생물학적 적응의 한 형태로 이해했다. Piaget 학파의 설명에 따르면, 지식과 능력의 발달은 유기체가 가지고 있는 현재의 욕구와 이해 그리고 환경의 요구 간의 균형을 유지하고자 하는 환경과 개인 간의 일관된 상호작용의 결과다. Piaget의 이론은 인지발달에서의 두 개의 생물학적 전제들을 포함하는데, 특수 유전형질과 일반 유전형질이다. 다양한 특수 유전형질의 한 측면은 자동적인 행동 반응 혹은 반사다. 결손을 가진 구성원을 제외한, 특정 종의 모든 구성원은 반사를 가능케 하는 동일한 물리적 기제들을 가지고 태어난다. 자극의 존재는 이런 기제를 활성화하고, 결과적으로 반사를 야기한다. 예를 들어, 인간 영아의 빨기 반사는 영아의 생존에 필수적이다. 만약 사물(자극)이 영아의 입술을 건드리면 영아는 자동적으로 빨기(반사) 반응을 할 것이다. 이런 반사들은 출생 후 초기 며칠 동안 중요하다. 이 기간이 지나면 환경과 영아의 상호작용(예, 경험)이 반사를 조절하기 시작한다(Ginsburg & Opper, 1979).

특수 유전형질의 다른 형태는 물리적 성숙인데, 한 종의 구성원들은 물리적 구조의 성장을 위해 유전적으로 결정된 과정을 따른다. 그리고 이 물리적 성숙은 보통 심리적 행위들과 관련된다. 이런 물리적 구조들이 성숙하면서 다양한 행위들이 나타날 수 있다. 예를 들어, 아동들은 나이가 들어 가면서 뇌가 성장하고 다리 근육이 강해진다. 아동의 말하는 능력은 뇌가 성장하면서 출현한다. 또한 다리 근육이 강해지면서 걷는 능력을 습득하고, 이것은 아동들로 하여금 세상을 탐색하게 한다. Piaget에 따르면, 경험과 다른 요인들이 결합된 물리적 성숙은 발달에 필수적이다(Ginsburg & Opper, 1979). 동시대의 발달학자들이 성숙과 경험의 이중 역할을 인정했음에도 불구하고(예, Halford, 1993), 성숙과 경험의 효과가 분리될 수 있다는 점에서 논쟁이 지속되고 있다. 이는 아동의 수행 수준이 그 발달 수준에서 기대되는 것을 능가하는 상황인 조숙의 확인으로 요약된다. 경험 대 성숙의 상대적인 분포가 많은 응용적인 함의를 가지기 때문에, 특히 초기 교육(예, 어떤 연령에서 인지적 구조물이 주어진 개념을 이해하고 숙달할 수 있도록 만드는가?)에서 조숙에 대한 논쟁이 분분하다. 지금까지 기술한 대로 조숙은 Piaget 이론을 논박하는 데 사용되는 중요한 부분이었다.

Piaget 이론의 두 번째 생물학적 요인은 일반적인 유전형질이다. 일반적인 유전형질은 기본적으로 유전된 경향성 혹은 개인과 환경의 상호작용을 지배하는 불변 기능들인 조직화와 적응의 두 가지로 구성된다. 첫 번째 과정인 조직화는 효과적인 일반화를 향한 경향성이다. 두 개 혹은 그 이상의 개념 표상이 존재할 때 이런 표상들을 통합하여 더 높은 단계, 통합된 도식으로 가고자 하는 경향이 있다. 도식은 지식의 구조이고, Piaget 학파의 설명에 따르면 발달과 인지의 건축 블록이다.

두 번째 과정인 적응은 동화와 조절의 두 개 하위 과정으로 구성된다. 동화는 새로운 경험으로부터의 정보를 이미 가지고 있는 개념에 맞추는 과정이다. 조절은 새로운 정보를 처리하기 위하여 가지고 있는 지식 구조를 변화시키는 과정이다. 동화와 조절이 동시에 발생함에도 불구하고, 둘 간의 균형은 특정 상황에 의해서 결정된다. 인지적 구조들과 향후의 능력들은 경험을 일관적 방식으로 조직화하려는 아동의(그리고 이후 성인의) 시도에 따른 결과다(Bidell & Fischer, 1992; Case, 1992b; Piaget, 1950; Scattler, 1992).

도식 및 발달의 단계

개인이 자신의 행동을 조직하고 환경에 적응해 가면서, 특정 심리적 구조들이 그 결과로 발생한다. 도식(schema)이라고 부르는 이러한 구조들은 아동이 성숙하면서 변화한다. 어떤 도식들은 타고나지만, 대부분의 도식들은 타고나지 않고 주로 경험에 기반한다. 예를 들어, Piaget는 빨기 반사를 '빨기 도식'으로 언급했다. 그러나 빨기가 반사라고 할지라도 엄지 빨기는 타고난 것이 아니기 때문에 엄지를 입에 가져가는 행위는 학습된 것이다.

아동들이 별로 많이 발달하지 않았을 때, 그들은 조절보다 동화를 더 많이 한다. Piaget (1985)는 이 일정한 기간을 인지적 평형의 상태로 언급했다. 그러나 급속한 인지적 변화의 기간 동안 아동들은 불균형의 상태에 있고, 그 상황에서는 동화보다 조절을 더 많이 한다. 아동들은 그들이 새로운 정보의 유입에 의해 가지고 있는 현재의 도식을 자주 조절해야 한다는 사실을 안다. Piaget는 평형과 불균형의 전후 움직임을 '평형화'로 명명했다. 평형화는 궁극적으로 효율적인 도식을 생산한다. 비슷한 도식들은 동일한 발달단계 동안 발생하고 단계를 형성한다(Tanner & Inhelder, 1956). 이것들은 ① 감각운동기, ② 전조작기, ③ 구체적 조작기, ④ 형식적 조작기다. 각 단계들은 중요한 발달적 이정표들을 촉진하는 기본적인 인지 과정과 조작들의 점진적인 재구조화를 반영한다.

감각운동 발달(출생에서 2년까지) 인간의 생애 첫 2년 동안 많은 변화들이 발생하기 때문에 첫 단계인 감각운동기는 6개의 하위 단계들로 나뉜다. Piaget는 영아들이 세상에 대한 지식이 거의 없이 태어나고, 세상을 탐색할 수 있는 제한된 능력만을 가지고 태어난다고 믿었다. 영아들은 그들의 초기 도식을 조절할 수 있는 효과적인 방법이 필요하기 때문에 순환반응을 이용한다. 이러한 반응들은 영아들이 자신의 운동 활동으로 우연히 새로운 경험을 산출했을 때 발생된다. 그리고 시행과 오류의 과정을 통해 영아들은 계속해서 그 사건을 반복하려고 한다. 이런 순환반응은 영아에게 도식으로 강화된다. Piaget (1951)가 감각운동기에 발생한다고 거론한 두 가지의 또 다른 능력은 놀이와 모방이다. 놀이와 모방은 기존 도식을 강화하고 새로운 도식을 발달시키는 데 중요한 역할을 한다.

특히, Piaget는 놀이를 동화의 한 형태로 간주했다. 즉, 놀이를 통해 영아들은 즐거움을 위해 기존의 도식을 재연한다. 또한 Piaget는 모방과 조절을 연합했다. 타인을 모방하면서, 영아는 그들의 도식 구조에 존재하지 않는 행위를 배우고 따라한다.

- 하위 단계 1-반사 도식(출생~1개월): 영아가 가지고 태어난 다양한 반사들은 초기 감각운동 도식이다. 그리고 이런 도식들은 이후의 좀 더 복잡한 도식을 생성하기 위한 기초가 된다. 예를 들어, 신생아는 젖꼭지가 제시되면 빨 것이다. 그러나 어떤 자극도 제시되지 않았을 때 역시 빠는 행위를 한다.
- 하위 단계 2-일차 순환반응(1~4개월): 이 시기는 영아들이 일차적 순환반응을 통해 간단한 운동 통제 능력을 습득하는 것이 특징이다. 이 단계에서 영아들은 또한 어떤 기대(예, 아동은 어머니의 팔에 안기자마자 젖을 먹게 되는 것을 기대하면서 빨기 행위를 한다)를 경험한다. 그리고 놀이와 모방이 처음으로 출현한다. 영아들은 단순한 운동 행위의 연습을 즐기는 것처럼 보인다.
- 하위 단계 3-이차 순환반응(4~8개월): 영아들이 사물이나 사람들로부터 반응을 이끌어 내기 위한 행위를 반복하며 다양한 운동 기술들을 보여 주기 시작한다. 사물을 조작하는 법을 배우고, 일어나 앉으며, 기는 법을 배운다. 이런 기술들은 그들의 주의가 그들 자신에서 환경으로 이동했다는 것을 의미한다. 이 단계의 영아들은 재미있는 행위(장난감을 탁자에 던지는 것과 같은)를 발견하면 이를 계속해서 반복한다. 또한 대상 개념이나 대상 영속성에 대한 더 발달된 구성 개념을 가진다. 2단계의 영아들과는 달리, 4~8개월의 영아들은 부분적으로 숨겨진 물체를 찾을 수 있으나, 완전히 가려진 물체는 찾지 못한다. 이 단계의 영아들은 또한 어디서 사물을 찾을지를 예상할 수 있다. 예를 들어, 영아가 장난감을 떨어뜨린다면, 장난감이 너무 빨리 사라져서 보이지 않을지라도 그 영아는 그것이 땅에 떨어져 있을 것이라고 예상한다.
- 하위 단계 4-이차 순환반응의 협응(8~12개월): 영아들은 더 복잡한 행위의 연쇄를 만들기 위해 그들의 도식을 협응하기 시작한다. 결과적으로 영아들은 대상 영속성과 목표 지향적 행동 등의 두 가지의 인지 능력에 능숙해진다. 그리고 영아들은 사물이 눈에 보이지 않을 때도 계속해서 존재한다는 사실을 점차 더 잘 이해한다. 그러므로 옷이 한 물건을 완전히 가리고 있을지라도 영아는 옷을 들어올려서 치우고, 그 물건을 집을 수 있다. 그러나 물체가 다른 옷(B) 아래로 이동된다면 영아는 계속해서 원래의 옷(A) 아래에서 그 물체를 찾을 것이다. Piaget는 8~12개월 영아들이 이러한 AB(B가 아니라 A) 탐색오류를 만든다고 결론지었다. 왜냐하면 그들은 물체가 시야에

서 사라진 이후에는 물체의 분명한 심상을 계속 유지할 수 없기 때문이다. 하위 단계 4에서 영아는 목표 지향적인 행동에 착수할 것이다. 왜냐하면 지금의 단계에 이르기까지 영아들은 다양한 도식을 가지고 많은 양의 경험을 해 왔고, 그에 따라 문제 해결에서 가장 중요한 목표를 이용하면서 몇 개의 도식들을 협응할 수 있다. Piaget는 이런 협응을 생애 처음으로 나타나는 진정한 지적인 행위이자 미래의 문제해결을 위한 기초로 간주했다.

- 하위 단계 5-삼차 순환반응(12~18개월): 영아들은 더 이상 자신만을 고려하지 않는다. 그들은 이제 주변에 진정한 관심을 가진다. 결과적으로 그들은 새롭고 창의적이며 실험적인 삼차 순환반응을 가진다. 그리고 그것은 영아들에게 세상을 탐색하도록 허락한다. 영아들은 이제 의도적으로 다른 반응을 생성하기 위해 그들의 반복 행위를 다양화한다. 예를 들어, 영아들은 구멍에 맞는 블록을 찾기 위한 실험에 시간을 들이고, 블록이 구멍에 맞을 때까지 블록의 방향을 바꾼다.

  서로 다른 유형의 대상을 통한 탐색은 이 단계의 영아에게 대상 영속성에 대한 더 나은 이해를 제공한다. 아이들은 타인이 숨긴 물체를 찾을 때까지 몇몇의 장소들을 탐색할 것이기 때문에 더 이상 AB 탐색오류를 범하지 않는다. 게다가 영아의 실험 능력과 체계적으로 운동을 통제하는 능력은 영아들이 모델의 다양하고 익숙하지 않은 행동들을 모방할 수 있도록 돕는다.

- 하위 단계 6-정신적 표상(도식의 내재화: 18~24개월): 아동들은 내적 표상을 형성할 수 있는 능력을 가진다. 이는 이전의 경험, 사건 및 대상들을 다시 참조하기 위하여 정신적 용어들과 상징, 심상을 사용할 수 있는 능력을 말한다. 아동은 이제 단순한 순환반응을 이용하는 대신에 정신적 표상들을 사용하여 문제를 해결할 수 있다. 예를 들어, 아동이 유아용 침대 기둥 사이에 장난감을 끼웠다고 가정해 보자. 18개월 이전의 아동들은 장난감이 빠질 때까지 무선적인 방식으로 장난감을 잡아당기고 움직일 것이다. 6단계의 아동들은 상황을 분석하고 문제에 대한 다양한 해결책들을 정신적으로 표상하면서 그 장난감을 빼낼 체계적인 방법을 찾는다.

  대상과 사건을 정신적으로 표상하는 능력과 함께 모델이 더 이상 눈앞에 존재하지 않아도 모델의 행위를 반복하는 능력인 지연된 모방도 나타난다. 이 연령의 아동들은 5단계 아동과 달리 무수한 시행이 없이도 새로운 행위를 모방할 수 있으며, 모델이 부재할 때도 이전에 배운 행위를 재연할 수 있다. 이는 정신적 표상이 사건을 성공적으로 기억하고 재생성하는 데 요구된다는 사실을 의미하는 것이다. 정신적 표상은 또한 가장놀이의 시작을 예고한다. 생후 24개월 직전에 아동들은 먹는 것과 자는 것과 같은 익숙한 행위들을 흉내내기 시작한다.

전조작 단계(2~7세) 감각운동기에서 전조작기로 진행하면서 아동들이 겪는 가장 현저한 변화는 표상적 활동의 놀랄 만한 증가다. Piaget는 언어가 표상의 가장 유연한 수단이라고 인식했다. 언어로 생각하면서 사람들은 과거, 현재, 미래를 동시에 다룰 수 있고 실재에 대한 강력한 심상을 창조한다(Miller, 1993). 그러나 Piaget는 언어를 인지의 최상위 형태의 생성으로 간주하지 않았다. 대신 세부사항에 대한 명확한 설명은 없었지만, Piaget는 감각운동 활동을 통한 경험이 정신적 심상을 이끌고, 이는 다시 아동들이 그 심상을 단어를 가지고 표상하게 한다고 믿었다.

대상이 그림으로 표상될 수 있다는 것을 이해하는 능력은 상징적 표상 능력의 한 측면이며, 이는 전조작 단계에서 발달한다. 부모들은 대개 걸음마기 아동이 그림이 실제 대상을 나타낸다는 것을 이해한다고 믿는다. 사실상 더 어린 영아들조차 그림과 그것이 표상된 대상 간의 유사성을 인식하고(예, DeLoache, Strauss, & Maynard, 1979) 그 차이점도 인식할 수 있다(예, Slater, Rose, & Morrison, 1984).

그러나 어린 아동들은 더 어려운 문제에서는 어떤 혼란에 빠진다. 예를 들어, 아동이 헬륨 풍선이 나오는 텔레비전 쇼를 보고 있다고 가정해 보자. 그리고 다음의 질문을 받는다. "만약 TV를 끄고 그것을 흔들면 실제 풍선이 방안에서 떠오를까?" 3세 아동의 대부분은 아마도 '그렇다' 고 대답할 것이다. 그러나 대상의 사진과 대상의 비디오 그리고 실제 대상 간의 차이점에 대해서 명시적으로 가르쳤을 때는 더 많은 수의 아동이 옳은 대답을 할 것이다(Falvell, Flavell, Green, & Korfmacher, 1990).

가장놀이는 전조작기 상징적 표상의 또 다른 예이며, 약 2세경에 나타난다. 가장놀이의 발달은 많은 연구자들—Bretherton(1984), Fein(1979), Garvey(1990) 그리고 Vygotsky(1978)—에 의해서 충분히 기술되었다. Piaget(1951)는 가장놀이를 아동이 상징적 도식을 연습할 수 있는 기회로 생각했다. 그러나 이는 현재 너무 협소한 견해로 보인다. 왜냐하면 많은 연구들이 가장놀이가 아동의 사회적, 인지적 기술(Singer & Singer, 1990)에 기여하고 있음을 보여 주었기 때문이다. 타인과 함께하는 가장놀이인 사회극놀이에 많은 시간을 소비하는 아동들은 사회적으로 좀 더 유능한 경향(Burns & Brainerd, 1979; Connally & Doyle, 1984)이 있고, 더 상상력이 풍부하며, 창조적(Dansky, 1980; Pepler & Ross, 1981)이었다.

가장놀이는 행동과 대상을 실제 사용에서 분리하여, 이런 행위들과 대상들을 놀이에 이용하는 것에서 출발한다. 예를 들어, 아동들은 저녁식사 시간이나 배가 고플 때면 언제나 주방에서 저녁식사를 한다. 그러나 아동이 저녁식사 행위를 흉내 낸다면 다른 장소, 다른 시간 그리고 다른 물리적, 심리적 상태에서 흉내 낼 수 있다. Piaget(1950)는 이 단계의 아동들이 자신들의 상징적인 관점에 관하여 자아중심적이 된다고 여겼다. 즉, 아동들은 모든 사람들의 생각, 느낌, 바람, 지각이 자신들의 생각과 똑같다고 믿는다(Piaget & Inhelder, 1956). 또한 Piaget는 자아중심성이 아동의 잘못되고 완고한 사고에 영향을 미친다고 주장한다. 왜냐하면 아동들은 타인의 견해, 관점을 고려할 수 없기 때문에 환경으로부터의 피드백에 반응하여 자신의 사고를 조절하지 않는다.

구체적 조작 단계(7~11세) 아동들이 구체적 조작기에 이르면서 그들의 사고는 성인의 사고와 더 유사해진다. 왜냐하면 그들의 추론이 더 유연하고 논리적이고 조직화되며 더 강력해지기 때문이다(Piaget & Inhelder, 1969). 이 기간은 조작의 획득으로 특징지어지며 이전의 발달은 이러한 성취를 위한 기초 작업이었다. 감각운동기 아동은 물리적으로 세상과 상호작용하는 것을 배웠고, 전조작기 아동은 대상을 정신적으로 표상하는 것을 배웠다. 이를 바탕으로 구체적 조작기 아동은 정신적 표상을 내적으로 조작하는 것을 학습한다. 조작은 여러 개의 조작들을 더 큰 체계 속으로 조직화하거나 뒤집을 수 있는 능력을 말한다. 아동들은 유목 포함과 보존, 전망 획득을 포함하는 논리 산술적 조작을 획득하고 거리, 시간, 속도 및 공간의 이해를 포함하는 공간적 조작을 획득한다. 그러나 구체적 조작기 아동들은 오직 구체적인 정보에 대해서만 사고할 수 있다. 그들의 조작은 추상적인 개념에 적용될 때는 실패한다. 그러므로 그들의 문제해결력이 급격히 발전하더라도 추상적 추론은 할 수 없다. 이러한 능력은 형식적 조작기에 습득된다.

형식적 조작 단계(11세 이상) 이 단계의 주요 특징은 '조작들을 조작' 할 수 있는 능력의 습득이다. 왜냐하면 청소년들은 추상적으로 사고할 수 있기 때문이다(Inhelder & Piaget, 1958). 이 시기에는 추상적 가능성에 대한 추론, 가설연역적 추론, 명제적 사고의 세 가지 주요한 능력들이 발생한다.

구체적 조작기 아동은 구체적 조작 기술을 가지고 정보를 조작함으로써 개념적 문제에서의 해결책을 찾으려는 경향이 있어서, 그들은 하나의 실제 해답을 찾는다. 반면에 형식적 조작기의 청소년과 성인들은 반대 방향에서 작업을 하는 경향이 있다. 그들은 가능한 해결책들을 가지고 어떤 것이 실제 해결책인지 결정하는 과정에서부터 시작한다. 이를 추상적 가능성의 추론이라고 부른다(Flavell, Miller, & Millar, 1993).

형식적 조작기 사고자들은 주어진 자료를 면밀히 점검하고, 무엇이 옳은 설명이 될 수 있는지에 대한 가설들을 생성한다. 그리고 그것이 실제 상황에서 논리적으로 발생할 수 있는지 여부를 추론한다. 그 후에 그들의 예상이 맞는지를 확인하기 위해 이론들을 검증한다. 이를 가설연역적 추론이라고 부른다. 이런 단계가 하나라도 부족하다면 그 과정은 반복된다. 이런 이론들은 문제 상황에 대한 주의 깊은 분석 이후에 추상적 사고자에 의해 구성되는 개념적 실재들이다. 이것들은 지각된 상황에 대한 표상들이 아니다(Flavell et al., 1993).

문제를 다루는 방식에서 구체적 조작자들과 형식적 조작자들 간에는 명백한 차이가 있다. Piaget(1972)는 구체적 조작 사고를 '명제 내적 사고(intrapropositional thinking)' 라고 명명했다. 즉, 구체적 조작기의 사고자는 단일 명제와 실재 간의 실제적 관계만을 찾는다. 반면에 형식적 조작 사고자는 한 단계 더 나아가 두 개 이상의 명제 간에 존재하는 논리적 관계에 대해서 추론할 수 있다. Piaget는 이런 더 추상적인 형태의 추론을 '명제 간 사고(interpropositional thinking)' 라고 불렀다(Flavell et al., 1993).

1960~1970년대의 Piaget 과제들의 문화 간 연구들은 많은 문화의 사람들이 학교 교육 없이 형식적 조작을 성취하는 것 같지는 않다는 것을 보여 주었다(예, Ashton, 1975; Goodnow, 1962; Laurendeau-Bendavid, 1977). 이런 발견에 따라 Piaget(1972)는 그의 단계들이 보편적이라는 주장을 철회했다. 형식적 조작을 성취하는 것이 과학 수업에서 발견되는 특정한 과학적 사고의 경험에 의존하고 있으며, 그러므로 형식적 조작 사고는 영역 일반적이지 않고, 문화적인 편향을 가지고 있다.

Piaget 이론의 평가

요약하면, Piaget의 인지발달이론은 일련의 단계들을 통한 발달을 의미한다. 이 단계들은 모든 아동들에게서 거의 같은 연령에서 시작하고, 각 단계는 이전 단계에 기초해서 형성된다. 그리고 각 단계들은 고정된 순서를 통해 발생하며 역행할 수 없다. 일단 아동이 새로운 단계로 진입하면 그 아동은 과제의 영역이나 과제 종류, 심지어 과제가 제시되는 맥락에 상관없이 그 단계에 특화된 방식으로 사고한다. 신-Piaget 이론가(예, Case, 1992a)들을 포함한 다른 이론가들(예, Beilin, 1971; Gelman, 1969)은 이런 견해에 동의하지 않는다. 그들은 Piaget가 제안한 것보다 과제와 과제 영역에 따라서 인지발달 과정에서 더 큰 유연성이 존재한다고 생각한다. Piaget 이론의 많은 비판들은 그가 제안했던 단계의 비유연성과 관련되며, 그에 대한 증거로 조숙을 제시하고 있다.

예를 들어, Piaget(1950)는 대상 영속성이 4단계에서 나타나는 기술인 대상을 조작하는 것으로부터 발달한다고 주장했다. 그러나 그가 사용한 대상 영속성의 모든 과제는 영아에게 대상을 향한 손 뻗기를 요구한다. 그러나 손 뻗기 검사를 이용하게 되면 영아의 개념적 능력을 과소평가할 수 있다. 정확하게 반응하는 것에 대한 영아의 실패가 단순히 영아의 운동체계의 미성숙에 의해 기인한다고도 볼 수 있기 때문이다(Baillargeon, 1993; Diamond, 1990; Mandler, 1988). 그리고 Piaget의 검사에서, 영아들은 대상을 집기 전에 덮개를 제거하는 과정에 어려움을 가진다. 그럼에도 불구하고, Piaget는 이런 과제의 실패를 가지고 어린 영아들에게는 대상을 정신적으로 표상하는 능력이 부족하다는 결론을 내렸다. 그러나 최근에 개발된 과제들은 다른 결과를 보여 주고 있다.

Baillargeon(1987; Baillageon & DeVos, 1991)에 의한 일련의 연구들에서는, 영아들에게 대상을 향해 손을 뻗어 잡는 것을 요구하지 않고 대상 영속성을 연구했다(습관화, 탈습관화 과제). 이를 통해 3개월 반이 된 영아들도 대상 영속성의 징후를 보여 주는 것이 확인되었다. Spelke(1991; Spelke, Breinlinger, Macomber, & Jacobson, 1992)의 연구와 함께 이 발견은 어린 영아들이 Piaget의 과제가 영아들이 아직 가지고 있지 않는 행동(예, 뻗기)을 요구하기 때문에 실패한다는 가설을 지지한다. 이러한 연구들은 영아들이 아마도 숨겨진 사물들이 계속해서 존재함을 이해한다고 제안한다. 또한 이러한 대상개념에 대한 이해는 Piaget가 생각한 것보다 약간 더 빠르게 나타나고, 심지어 태어나면서 가지고 있는 것일 수도 있다. 이 외에도 다른 단계와 조작들의 불변성에 의문을 제기하는 분명한 조숙의 증거들—예를 들어, 정신적 표상과 문제해결—또한 제시되고 있다(자세한 논의는 Lutz & Sternberg, 1999 참조).

기본적인 비판론

Piaget(1950, 1951, 1985)의 기본적인 주장—아동의 인지에서의 변화는 대개 성숙적 과정의 결과로 발생한다—에 의문이 제기되어 왔다. Piaget는 아동의 환경에 대한 적응으로부터 발달적 과정들이 기인한다고 관찰했음에도 불구하고, 환경적 맥락이나 사상보다는 내적 성숙의 과정이 인지발달 과정의 진행을 결정한다고 여겼다. 그러나 아동의 환경 지각과 과제 및 과제와 관련된 아동의 이전 경험 그리고 심지어 실험자의 과제 제시에도 영향을 주는 환경의 증거는 인지발달에서 명백한 불균형을 이끌어 낸다. Piaget 역시 '수평적 격차' 라고 부른 구성 개념을 통해 과제 영역 간에 약간의 차이가 존재함을 인정했음에도 불구하고, 이런 구성 개념에 기저하는 기제에 대한 분명한 설명은 전혀 없다. 그것은 이론의 전체 맥락에서 도출되었다기보다 사후 설명에 가까워 보인다.

이와 같은 사실과 일관적으로, 이론가들과 연구자들은 무엇이 아동으로 하여금 Piaget의 특정 과제에 어려움을 겪게 만드는지에 관한 Piaget의 해석에도 의문을 가진다. Piaget의 일반적인 이론은 연역적이고 귀납적인 추론의 발달을 강조하고 추론에서의 아동 능력의 한계는 특정 인지 과제 해결에서의 어려움을 야기한다고 주장한다. 그러나 다른 이론가들은 다른 종류의 한계들이 Piaget 과제에 대한 아동의 수행에 적어도 부분적으로 영향을 미친다고 제안해 왔다. 이런 한계들에는 아동의 운동 협응 능력, 작업기억 용량(예, Bryant & Trabasso, 1971; Kail, 1984; Kail & Park, 1994), 기억 전략(Siegler, 1991) 혹은 문제의 언어적 이해(예, Sternberg, 1985)가 포함될 수 있다.

Piaget의 일반적 이론에 반대하기 위해 자주 인용되는 증거는, 과제를 잘 수행하는 아동의 비일관적인 능력이 그들의 단계를 넘어서 있다고 믿어진다는 것이다. 그래서 Thelen과 Smith(1994)는 Piaget 이론의 많은 문제들을 완화할 발달의 새로운 접근 방식을 제안한다. 특히, Thelen과 Smith의 역동적 체계 접근에 따르면, 발달에서의 비연속성은 비선형적인 체계들(고도로 복잡한 물리적 속성을 가진 체계; 이 상황에서는 아동과 그들의 환경)의 자연적인 상호 과정의 한 부분으로서 발생한다. 그리고 이러한 비연속성은 아동이 단계변화의 경계에서 보이는 다양한 종류의 모순되는 수행을 예언한다. 사실상 Thelen과 Smith는 새로운 능력의 발달을 위해 불안정 상태가 필수적이라고 지적했다. 즉, 한 체계는 새로운 행위를 선택하기 위해 그 행위 안의 다양성을 함유하고 있어야 한다. 게다가 이와 같은 비평형은 아동의 환경과의 상호작용이 포함된, 비선형적인 역동적 체계들의 자연적인 상호작용의 한 부분이다. 그러므로 발달에 대한 역동적 체계 접근은 새로운 틀 구조 안에 모순되는 증거들을 포함한다. 즉, 아동은 단계를 통해 발달하지만, 엄격하게 성숙을 통한 것은 아니다. 수학적 기술의 비선형적인 발달에 대한 최근의 연구는 이런 발달의 역동적 견해를 지지한다(Rittle-Johnson, Siegler, & Alibali, 2001).

이런 견해들을 수용하더라도 청소년과 성인들조차 많은 상황에서 형식적 조작기 사고를 보이지 않는다(Neimark, 1975). 그들은 종종 논리적이기보다는 연상적으로 생각하는 듯하다(Sloman, 1996). 1972년에 Piaget는 형식적 조작의 단계가 인지발달의 성숙적 과정의 산물이기보다는 경험에 기초한 개인의 영역 특정적인 전문적 기술의 산물이라는 것을 인정하면서 그의 이전 이론을 수정했다.

요약하면, 영아의 발달에 대한 그의 기술과 그가 사용했던 방법론들이 훌륭하고 역사적으로 중요하지만, 그가 본래 제시하였던 이론은 지속되고 있지 않다. Piaget의 단계에서 필수적인 생물학적 성숙이 발생함에도 불구하고, 성숙은 많은 인지적 기술의 발달에 필요 조건이지만 충분 조건으로는 보이지 않는다(Bidell & Fischer, 1992; Halford, 1999;

Piaget, 1950). 사실상 환경의 복잡성은 '교사'에 의해서 중재된다는 사실 안에서 경험학습은 인지발달에 있어서 단순히 이점이 아니라 필수적인 것으로 인식된다(예: Feuerstein, 1979; Lidz, 2000; Vygotsky, 1962).

Piaget를 넘어서: 작업기억의 발달

앞서 기술한 Piaget 이론의 한계(Lutz & Sternberg, 1999; Sternberg & Powell, 1983)는 Piaget의 많은 원 개념들의 확장과 진보를 이끌었다(예: Carey, 1985; Case, 1985, 1992b; Halford, 1993; Pascual-Leone, 1970). 일반적으로, 신-Piaget 연구자들은 단계와 같은 성숙의 존재를 인정하지만 작업기억발달의 틀에 더 초점을 맞춘다. 우리는 관련성은 있으나 다소 다른 두 개의 접근들을 재검토하고자 한다. 이 접근들은 Case와 Halford에 의해서 제안되었으며, 그 후 작업기억발달의 평가에서 지식이 가질 수 있는 역할들을 인식했다.

Case Case(1985, 1992a)는 Piaget처럼 아동들이 네 가지의 발달단계들을 거친다고 제안했다. 아동이 형성할 수 있는 정신적 표상의 유형들과 그들이 주는 반응의 유형에 의해 이 단계들이 특성화된다. 첫 단계인 감각운동 조작에서 아동들의 표상은 감각 입력으로 구성되고, 이런 입력에 대한 그들의 반응은 물리적 움직임이다. 두 번째 단계인 표상적 조작에서 아동의 표상은 구체적인 정신적 심상들을 포함하고, 그들의 반응은 부가적인 정신적 표상들을 생산할 수 있다. 세 번째 단계인 논리적 조작에서 아동들은 자극을 추상적으로 표상할 수 있는 능력을 가지고, 그것들을 간단하게 변형하여 반응할 수 있다. 마지막으로, 형식적 조작 단계는 아동들이 계속해서 자극을 추상적으로 표상할 수 있다는 것이 이전의 단계와 다른 점이다. 그리고 아동들은 이제 정보의 복잡한 변형을 실행할 수 있다.

인지발달에 대한 Case(1985, 1992a)의 주장에서 흥미로운 점은 인지적 변화에 대한 그의 견해에 있다. 이런 능력의 존재에 대한 Case의 논증 중 하나에서 그는 서로 다른 연령의 아동들을 균형막대의 한쪽 끝에 세워 두고, 만약 균형저울의 한쪽이 내려간다면 종이 울린다는 것을 보여 주었다. 어린 영아는 오직 시각적으로 막대의 움직임을 따라갈 수밖에 없었다. 반면에 4~8개월의 연령이 높은 영아는 시각적 추적이라는 한 가지 행위만 할 수 있는 것이 아니라, 시각적 추적과 손 움직임을 협응할 수 있기 때문에 막대를 밀어내릴 수 있고, 종을 울릴 수 있다. 심지어 8~12개월의 아동은 종이 아동의 시야에서 치워지고, 막대의 다른 쪽에 달아 놓은 이 문제의 변형판에서 다른 특질을 혼합할 수도 있다. 마침내 12~18개월 아동들은 막대를 내리는 대신에 밀어 올리도록 요구되는 문제를 해결할 수 있다. 반면에 어린 아동은 학습된 행위를 거꾸로 할 수 없어 일괄적으로 막대를 밀어 내렸고, 이전과 달리 종이 울리지 않자 당황했다.

Case(1985, 1992a)의 마지막 문제에서 높은 연령 아동의 성공에 대한 설명에 따르면, 문제는 두 가지 구성단위, 즉 막대를 밀어 내리고 종을 울리기를 포함하고 있으며, 높은 연령의 아동에게는 그것들의 가역적인 관계를 볼 수 있을 만큼 충분히 분리되어 있다. 즉, 아동들은 막대의 한쪽 끝이 아래로 내려갔을 때 다른 쪽이 올라간다는 것과 그 반대가 가능하다는 것을 볼 수 있다. Case의 발달이론 안에서 이런 행위의 수행은 아동이 최종 목표(종 울리기)에 도달하기 위해 하위 목표(막대 밀기)를 형성할 수 있는 능력을 가진다는 것을 보여 준다. 그리고 주어진 문제에서의 아동의 성공을 이끌어 내는 행위들은 인지적 변화를 설명한다. 목표에 도달하기 위해 아동은 학습된 전략을 이끌어 내고 동시에 새로운 전략을 생성해야 한다. 아동들의 전략 모음은 그들이 성숙함에 따라 점차 확장된다. 그들은 정신적 용량을 확장하고 더욱더 많은 정보를 처리할 수 있는 능력을 얻는다. 이런 관점에서 그의 이론은 Halford의 관계적 복잡성 이론(Halford, 1992; Halford, Andrews, & Jensen, 2002; Halford et al., 1998)과 유사하다.

Halford 외: 관계적 복잡성 이론 Case(1985, 1992a)와 비슷하게 Halford와 그의 동료들(Andrews & Halford, 2002; Halford, 1993; Halford et al., 1998)은 인지발달을 복잡한 과제를 다루는 데 필요한 용량의 증가를 촉진하는 작업기억 분화의 결과로 여긴다. 그들의 설명에서 복잡성은 이론적, 수학적으로 정의되고 발달과 작업기억 용량 한계 모두의 특질로 정의되는 것처럼 보인다. Halford 등은 용량 한계를 단순히 작업기억에 저장되는, 조작 가능한 정보 조각들의 수로서 개념화되는 것이 아니라, 필수적인 정보의 조각들 간의 관계적 복잡성에 의해서 개념화했다. 따라서 이 이론은 관계적 복잡성 이론으로 불리게 되었다. 발달의 관점에서 복잡한 관계들을 점점 더 많이 표상하는 능력은 연령과 함께 증가한다.

관계란 무엇인가? 예를 들어, 크기의 비교를 생각해 보자. Halford(1993)는 크기 비교가 두 정보 조각들(혹은 논제, 저자의 어법에서) 간의 이원적 관계를 요구한다고 주장했다. 즉, LARGER-THAN(코끼리, 쥐)에 의해 표상되어야 하는 것처럼 말이다. 이는 '코끼리는 쥐보다 크다.'라고 읽힌다. 여기에서 '쥐'와 '코끼리'는 LARGER-THAN 관계를 형성하는 두 개의 논제다. 삼원의 관계는 ADDITION(2, 3, 5)에서처럼 3개의 논제를 가진다. 4원 관계는 4개의 상호작용 요소들을 가진다. 관계를 표현하기 위해 요구되는 논제나 정보의 조각이 많아질수록 과제의 인지적 복잡성이 증가하고, 요구되는 작업기억의 용량도 증가한다(Halford et al., 1998).

관계적 복잡성 이론을 이용하여 작업기억 용량 한계와 인지발달의 개념화에 지지를 제공하기 위해 사용되는 다음과 같은 네 가지 유형의 증거들이 있다. ① 달성의 나이(age-of-attainment) 증거—비슷한 관계적 복잡성의 과제들은 비슷한 중앙치 나이(수행의 수준에서 우연보다 높게 일어나는)를 가진다는 발견(예, Andrews & Halford, 1998, 2002; Halford, Andrews, Dalton, Boag, & Zielinski, 2002), ② 이중과제 연구—이차(이중) 과제에서의 손실이 일차 과제에서의 관계적 복잡성의 증가 정도에 의해서 늘어난다는 발견(예, Foley, 1997; Foley & Berch, 1997; Halford, Maybery, & Bain, 1986; Maybery, Bain, & Halford, 1986), ③ 관계적 추론의 신경학적 상관들—과제의 관계적 복잡성이 증가할수록 그 기능 수행과 연관된 뇌 영역에서의 활성화도 증가된다는 사실(예, Kroger et al., 2002; Waltz et al., 1991), ④ 지각된 혹은 주관적 작업부하 평가—관계적 복잡성에서의 증가는 인지적 요구의 지각된 증가와 연관된다는 발견(Andrews, 1997; Andrews & Halford, 1995; Boag, Neal, Halford, & Goodwin, 2000) 등이다. 달성의 나이 증거는 특히 인지발달의 영역과 관련되고, 이런 증거들이 얻어지는 맥락을 더욱 상세하게 고려하는 것이 적절하다.

Andrews와 Halford(2002, p. 161)는 관계적 복잡성 이론에 의해 제공된 것과 같은 개념적 복잡성 측정이 인지발달 연구의 모든 과제 영역에 제공되어야 한다며 다음과 같이 주장하고 있다.

> 인지적 수행을 측정하는 데 사용된 과제에 의해서 인지적 수행을 조작적으로 정의하고자 하는 시도들은 단순성의 이점을 가지는 것처럼 보인다. 그러나 그것들은 인지적 복잡성을 위해 과제들을 비교하는 어떤 수단도 제공하지 않는다. 그러므로 이행성, 유목 포함, 관계대명사절의 해석과 같이 피상적으로 비슷하지 않은 과제들이 개념적 복잡성에서는 동등한 것으로 판명될 수 있다. 외견상 비슷한 과제들이 복잡성에서 매우 다를 수 있다. 복잡성 측정은 복잡성에서 같은 수준에 있는 과제들을 확인하고, 그것들을 복잡성의 고저에 따라 분류함을 통해 이런 쟁점을 해결할 수 있다.

그들의 주장을 증명하기 위해 Andrews와 Halford(2002)는 복잡성의 수준에서는 유사하지만 외형적으로 유사하지 않은 많은 과제들에 대한 아동의 수행을 조사했다. 예로 그들의 두 가지 과제, 즉 이행성과 유목 포함 과제를 살펴보자. 그들의 이행추론 과제는 아동들에게 여러 색의 사각형(예, 빨강, 초록, 파랑, 노랑, 분홍)을, 사각형들의 올바른 순서가 기술된 전제들과 일관성을 이루도록 배열할 것을 요구한다(예, 빨강은 초록 위, 초록은 파랑 위, 파랑은 노랑 위, 노랑은 분홍 위). 과제의 이원판은 아동들에게 제시된 전제들에 맞추어 오각형 탑을 구성하도록 요구한다. 삼원판은 어떤 두 개의 인접한 사각형(예, 초록과 노랑)이 탑보다 높은 곳에 있어야 하는지 결정할 것을 요구한다. 과제의 이러한 두 번째 판은 작업기억에서 두 개의 분리된 전제들의 통합을 요구한다(초록은 파랑 위, 파랑은 노랑 위). 그리고 이런 타입의 추론은 인접한 요소들의 단순한(이원적) 배열보다 더 많은 인지적 용량을 수반한다는 것을 보여 준다(Maybery et al., 1986).

유목 포함 과제는 하나의 상위 유목(예, 과일)과 두 개 이상의 하위 유목들(예, 사과와 비사과) 사이의 관계가 비대칭적이라는 사실의 인식을 요구한다. 즉, 하위 유목(사과들)의 모든 구성원들이 상위 유목(과일)의 특질과 속성들을 공유하고 포함하더라도 그 역의 관계가 필연적으로 성립되는 것은 아니다. 즉, 모든 과일이 사과와 같은 속성들을 가지고 있지는 않다. Andrews와 Halford(2002)는 삼원관계를 처리할 수 있는 용량이 이런 유형의 비대칭성을 이해하기 위해서 필요하다고 주장한다. 그러므로 이런 추론을 요구하는 과제들이 이행추론 과제의 삼원판과 분명히 다름에도 불구하고, 요구되는 관계의 복잡성에서는 비슷하다(Andrews와 Halford의 2002년도 연구의 그림 1을 참조). 관계적 복잡성이론과 일관되게 저자들은 연구에 포함된, 외형적으로 유사하지 않은 삼원 과제들에서의 중앙치 나이가 실제로 유사함을 보여 준다. 게다가 인지발달의 용어에서 각 연령 수준에서 삼원 과제에 성공하는 참가자의 평균 비율은 3~4세의 15.5%, 5세의 48.3%, 6세의 70.2%, 7~8세의 77.8%다. 그러므로 삼원관계를 처리하는 능력은 3~8세에 점차적으로 발달한다고 할 수 있다.

Halford 등(1998)은 관계적 복잡성 이론이 단계이론은 아니라고 주장했다(Case, 1985; Pascual-Leone, 1970). 그러나 우리가 기술한 것처럼, 특정한 수준의 관계적 처리의 숙달은 Piaget 단계(Halford, 1993)와 비슷하게 달성하는 나이에 따라 정렬된다. 이 발견이 관계적 복잡성 이론을 지지하는 증거로서 인용된다. 결정적인 차이점이라고 보이는 것은 적어도 두 부분에 있다. 첫째, 발달은 관계적 복잡성 이론가들에 의해 더욱 점진적이고, '단계와 같이' 덜 명백하게 개념화된다. 둘째, 발달은 특정한 기술이나 조작 그 자체의 발달로서보다는 연령과 동시에 일어나는 관계적 처리의 일반적인 용량의 증가로 개념화된다. 물론 특정 기술과 지식들이 관계적 복잡성 이론에서 중요하지 않다고 말하는 것은 아니다. 전략에서의 차이점들은 처리의 복잡성에서의 두드러진 차이를 초래한다. 그러므로 지속적으로 적절한 방법론을 적절하게 고려하는 것은 매우 중요하다(이 논제에 대한 논의는 Andrews & Halford, 2002 참조).

지식과 작업기억 용량의 발달 Piaget 과제에서 나타나는 오류의 유형들은 지식에서의 다양한 오해를 나타낼 수 있다. 그리고 이것들은 인지이론 검증을 위한 함의가 될 수 있다(예, Lohman & Ippel, 1993). 예를 들어, Piaget의 균형막대 과제의 다양한 수정판들은 복잡한 추론 과정에서 인지적 용량과 지식 간의 상호작용을 탐색하는 데 유용하다. 균형막대 과제의 다른 버전(우리는 이미 Case(1985, 1992a)에서 사용된 한 버전을 살펴보았다)에서 개인들은 특정 거리에서 다양한 무게의 물체를 가진 막대가 받침점의 각 측면에서 균형을 유지할 수 있는지의 여부를 나타내라고 요구받는다(예, Halford, Andrews, Dalton et al., 2002; Siegler & Chen, 2002 참조). 막대가 균형을 이룰지 여부를 결정하기 위한 하나의 연산적인 접근은 막대의 한쪽에서 거리와 무게의 곱을 계산하고, 이것을 다른 측면의 거리와 무게의 곱과 비교하는 것이다. 이런 책략은 작업기억 자원을 요구한다. 어린 아동(7세 이전)은 전형적으로 소수의 차원만을 고려한다(Halford, Andrews, Dalton et al., 2002; Siegler & Chen, 2002). 이런 어려움이 지식 부족의 결과인가? 혹은 제한된 인지적 용량의 결과인가? 대답은 아마도 '둘 다' 일 것이다. 무게와 거리, 균형 간의 관계가 경험에 의해 밝혀지는 것이 분명하다고 할지라도 수행에서의 성숙적 요인은 여전히 존재하는 듯하다.

Halford, Andrews 및 Dalton 등(2002)은 관계적 복잡성 이론의 예측(Halford, 1993)과 일관되게 더 복잡한 관계(무게, 거리, 균형 사이에서)가 연령과 작업기억 용량이 증가함에 따라 표상될 수 있다고 주장한다. 그러나 성인들도 역시 균형막대 과제에서 어려움을 겪는 것이 관찰되어 왔다(용량이 그다지 적지 않음에도 불구하고). 이러한 어려움은 지식과 경험이 또한 수행에 영향을 주는 중요한 요인임을 나타낸다(균형막대 과제에서의 방법론적 한계의 논의는 Turner & Thomas, 2002 참조).

신-Piaget 연구들이 기본적 논리 추론에서의 아동의 장기적 이해의 순차적 발달에 많은 영감을 제공해 왔음에도 불구하고(예, Carey, 1985; Case, 1985, 1992b; Halford, 1993; Pascual-Leone, 1970; Schliemann & Carraher, 2002), 이런 이론들이 함의하는 것만큼 발달이 순차적이고 단계적인지는 분명치 않다. 예를 들어, 수학적 능력에서의 최근 연구는 기술발달이 매우 혼란스럽고 비선형적일 수 있다는 것을 보여 준다(Rittle-Johnson et al., 2001). 우리가 논의했던 이론들은 주로 인지발달을 기술하고 설명하는 것에 관여되어 왔다. 발달의 전통적인 개념화에 덜 동조되었던 인지과학 연구의 분야는 발달 자체보다는 지식의 습득 과정과 정보처리 과정에 더 초점을 맞춘다. 발달이 매우 혼란하고 비선형적일 수 있는 부분적인 이유는 정보처리와 더 높은 지식 습득을 위한 두 개의 다른 책략들을 이끌어 내는 가용한 지식과 경험에서의 차이에 기인할 것이다. 다음에서는 이런 영역에서의 이론화를 다루고, 이러한 작업이 발달 이론화에 가지는 간접적이지만 중요한 함의를 논의하고자 한다.

3. 인지적 정보처리이론

인지적 정보처리이론들은 학습과 관련된 개인 특질과 과제 특질에 초점을 맞추고 수행에서의 차이점을 끌어내는 경향이 있다(예, 초보자-대 전문가; Chi, Glaser, & Ress, 1982; Shafto & Coley, 2003). 이 이론들은 보통 성인 집단을 대상으로 개발되었기 때문에 아동기 동안의 인지적 성숙과 명백하게 연결되지는 않는다(어떤 이론들은 연결되기도 하지만). 지식 습득과 정보처리이론들은 항상 계산론적 모형이라고 언급되는 것에 의해서 특성화된다. 이러한 모형들은 발달된 수학적, 통계적 모형을 사용하여 인지이론을 형식화하려고 시도한다(예, Braine, 1990; Johnson-Laird, 2001; Johnson-Laird, Byrne, & Schaeken, 1992; Rips, 1983, 1994; Simon & Halford, 1995). 형식화의 유형과 수준의 측면뿐만 아니라 그들이 기초로 하는 심리학이론의 측면에서도 모형들 사이에 중요한 차이가 존재한다. 각 모형의 공통점은, 한편으로는 작업기억이나 가용한 지식과 같은 가소성 있는 심리적 한계들을 고려하면서 추론과 문제해결에서 과제 특성의 효과를 모형화하고자 하는 시도라는 점이다. 즉, 수행을 중재하는 특정 과제 특성들을 방법론적으로 분화하고 확인할 수 있도록 상술된 추론적 이론을 충분하게 기술하려는 합의된 시도가 존재한다(Embretson, 1995).

이런 복잡한 이론들의 효과는 광범위하다. 극단으로 치우치면(예, 심리적 한계들을 제거한 채) 계산적인 정보처리모형들은 말소리-인식 소프트웨어와 금융시장의 경제적 모형과 같은 컴퓨터 기반의 '지적인 체계들'을 기초로 하는 인공지능모형과 거의 구별되지 않는다. 그것들은 어떤 결과(단어의 인식이나 금융적 성공)를 예상할 수 있도록 하기 위해 모든 환경의 요소들 사이의 복잡한 상호작용—발성의 음운학 혹은 주식거래 시장에서의 미묘한 변동과 같은—을 특성화하고자 한다.

정보처리모형의 초기 모형 중의 하나는 Sternberg(1977)에 의해 제안된 것으로, 그는 전통적인 유추 과제(A:B :: C:?)를 기본적인 수행요소들로 분석했다. 이 과제에서 연구된 요소와 처리들의 유형은 최종 반응의 적용, 비교, 정당화와 관련된 처리들뿐 아니라 문제 항목의 부호화, 추론 생성 처리, 추론된 관계들의 대응을 포함한다. 이 연구의 일반적인 전략은 각각의 정보처리 요소(부호화, 추론, 대응 등)가 그것의 잠재요소와 일치하는 수학적 매개변수를 할당하도록 과제 수행의 정보처리모형을 상술하고, 이 모형의 매개변수화를 제안하는 것이다.

Halford 등(1998)은 또한 관계적 복잡성의 이론적 특성화에 기반한 관계적 추론의 진보된 계산적 모형을 제안하였고, 우리는 이를 앞부분에서 다루었다. 사실상 Case(1985, 1992a)의 발달모형 역시 정보처리 특성을 가지고 있다. Case가 인지적 변화를 문제의 더 많은 구성요소를 다룰 수 있는 능력으로 간주한 사실을 회상하라. 능력에서의 변화는 처리 효율성에서의 변화로 보인다. 즉, 저장과 처리의 요소를 구분하는 전통적인 작업기억 모형(Baddeley & Hitch, 1974)을 상기시키고, 자원이론(Kahneman, 1973; Norman & Bobrow, 1975)과 일관된다. Case는 전체처리공간(TPS)은 처리(예, 조작공간, OS)와 저장(단기저장공간, STSS)에 융통성 있게 할당될 수 있는 자원이라고 제안했다. 즉, TPS = OS + STSS이다. 그런데 영아기 이후 전체처리공간은 연령과 상관없이 상대적으로 일정한 것으로 생각되었다. Case는 연령이 높아짐에 따라 처리 효율성이 증가하므로 조작공간에 대한 요구가 실제로 줄어들 것이라고 주장했다. 제안된 체계의 주어진 일정한 속성에서 이는 단기저장공간이 증가함을 의미한다. 그러므로 경험적 연구는 연령에 따른 단기 기억 폭에서의 증가가 더 효율적인 처리에 의해 귀인된다는 것을 증명하고, 이는 인지발달을 설명하는 주요 요인으로 고려된다(Case, Kurland, & Goldberg, 1982; Halford, 2002).

이와 같은 맥락에서 자원이론이 제안한다고 생각되는 처리체계의 단일 속성에 대해 논하는 것이 중요하다. 첫째, 대부분의 연구자들은 이제 단일 자원보다는 다중 자원의 존재를 수용한다(예, Wickens, 1991). 둘째, 자원이론이 Case에 의해 그리고 Halford에 의해 제안된 것처럼 제한된 용량이론들을 위한 지배적인 은유로서 사용될지라도 그것의 유용성은 의문이었다. Navon(1984)는 자원이론은 오직 정보처리를 위한 은유로만 생각되어야 한다고 주장한다. 그것은 공통된 자원을 두고 겨루는 처리들의 효과와 체계 어디에선가 발생한 결과 간섭의 효과를 구분할 수 없기 때문이다. 즉, 인지적 구조물의 분화는 항상 서로를 간섭하거나 간섭하지 않는 과제들의 속성에 의해서 확인된다. 예를 들어, 특정 시각처리 과제는 음운처리 과제를 간섭하지 않는다(정확성과 반응 시간의 측면에서)는 발견은 분리된 시각과 청각 처리 체계의 가정을 이끌어 냈다(Baddeley, 1986). 반면에 서로를 간섭하는 과제들은 동일한 체계의 자원을 요구한다고 가정된다. 그리고 한 과제에서 자원이 더 이상 필요하지 않다는 것은 다른 과제에서의 더 나은 수행을 결과로 가져온다. Navon은 이중 과제 손상은 자원이론의 추가적인 자루(자원)를 가정할 필요 없이 설명될 수 있다고 주장한다(간섭이 완벽하지 않을 때 추가적인 자원들을 가정할 필요처럼). Oberauer와 Kliegl(2001)은 제한된 자원 풀과 같은 추가적인 구성체가 없어도 쇠퇴(작업

기억에서의 정보의 일시적 손실)와 간섭이 작업기억에서의 한계를 설명하는 데 충분하다고 제안한다.

동시적인 지식의 발달과 증가된 경험은 발달하는 인지체계의 평가에 영향을 주는 추가적인 요인을 제공한다. 작업기억이 연령에 따라 발달한다는 증거는 발달이 자원과 같은 단일 실재의 양적인 변화를 수반한다는 것을 필연적으로 의미하지는 않는다. Fry와 Hale(2000, p. 6)은 "작업기억에서 질적인 변화가 있을 것이라고 제안하는 어떤 증거들은 초등학교 1학년에 들어가기 이전에 발생한다. 특히, 어떤 상황 하에서 어린 아이들은 좀 더 연령이 높은 아이들과는 다른 기억술 전략을 사용하는 것을 선호한다."(강조 첨가)라고 기술했다. 이 질적인 변화의 일부는 학령기 이전 아동들의 음운 처리보다는 시각 처리에 대한 선호의 기능에서 찾을 수 있다. 학교에서 경험의 초점이 더욱 언어에 기반하게 되면서 이런 선호는 변화한다. 지식과 경험의 잠재적인 역할은 다시 한 번 발달과 용량 사이의 관계에서 그리고 인지체계 효율성에서의 분명한 증가에 밀접하게 결합된다. 그러므로 최근의 연구는 저장체계의 분화의 측면뿐 아니라 중앙 집행기의 분화와 장기기억(지식)의 관계 측면에서도 작업기억의 다중 요소적 측면을 지지하는 경향이 있다(Baddeley & Logie, 1999).

지식의 표상과 처리

지식 획득의 많은 정형화된 정보처리이론들은 Newell과 Simon(1972)의 초기 연구들과, Anderson과 동료들의 사고의 적응적 통제(Adaptive Control of Thought: ACT) 구조의 개념화에 대한 연구들(Anderson, 1982, 1983, 1990; Anderson & Lebiere, 1998; Anderson & Schunn, 2000; Rumelhart & Norman, 1981)에 의해서 가장 잘 요약된다. ACT는 적응적이다. 그것은 동일한 의미 연결망 안에서 지식 획득과 학습, 문제해결 과정을 정형화하고자 시도하기 때문이다. 학습은 새로운 정보가 일련의 서술적인 사실이나 산출로서 의미 연결망 속으로 동화되는 것을 의미한다. 기술 습득의 초기 단계 동안 이런 서술적 정보는 맥락 특정적인 책략들에 접근할 필요 없이, 일반적인 문제해결 과정(예, 수단-목표 분석)에 사용될 수 있다. 각 정보의 성공적인 적용과 동시에 적절한 마디들 간의 연결들이 강화된다. 실패한 적용은 마디들 간의 연결을 약화시키는 결과를 가져온다. 이런 경험들은 새로운 정보와 새로운 문제에 영향을 미쳐, 새로운 정보를 습득하고 문제를 해결하는 데 효율성을 증가시키는 절차의 자동화된 세트를 촉진할 수 있다(Schunn & Recer, 2001). 이것은 절차적 지식이다. 예를 들어, 직사각형 면적을 직사각형의 가로와 세로의 곱으로 구하는 새로운 수학적 규칙을 배운 아동은 이런 정보를 서술적 사실로서 의미 연결망 안에 저장할 것이다. 이런 사실로부터 다른 개인적 정보와의 연결들은 동시에 발달되는 것 같다. 예를 들어, '탁자는 직사각형이다.' '사각형들은 직사각형과 비슷하다.' 그리고 '사각형의 면적은 가로길이 곱하기 세로다.' 경험을 통해 적절한 연결들은 강화될 것이고 적절하지 못한 연결들은 약화될 것이다. ACT 구조 안에서 절차적 지식들은 산출이라고 불리는 많은 수의 규칙단위들에 의해서 표상된다(Anderson & Schunn, 2000). 산출 규칙들은 특정 문제해결 조건들에 대한 반응들인 인지적 행위들을 특정화하는 조건-행위 단위들(예, IF…THEN 규칙)이다.

예를 들면 다음과 같다.

IF: 만약 직사각형의 면적이 필요하다면
THEN: 가로와 세로를 곱하라.

산출은 일련의 추가적 산출을 유발할 수 있고 그에 따라 하위 목표화를 촉진한다(예, 곱하면, …하라 등등). 이런 이론화에서 산출의 중심성은 토대가 때때로 산출체계로 불린다는 의미를 가진다.

조직화와 지식발달의 확장된 개념화는 도식(Schema)의 개념에서 발견될 수 있다. 도식적 지식은 고도로 맥락 특정적이다(Quilici & Mayer, 2002). 그것은 선언적 지식(개념적 지식으로 불리기도 함; de Jong & Feruguson-Hessler, 1996; Rittle-Johnson et al., 2001)과 절차적 지식 그리고 상황적 지식을 포함하고, 지식이 사용되어야 하는 시기에 대한 단서를 제공한다(Cheng & Holyoak, 1985; de Jong & Ferguson-Hessler, 1996). 맥락화된 도식적 지식은 그 영역의 구조적 이해의 발달을 반영하지만, 이러한 높은 맥락화는 또한 비용을 뜻한다. 그것은 특정 정보의 가용성에서 제약들을 두고 어떤 상황에서는 근접-이동 실패, 즉 동일한 영역에서의 한 맥락에서 비슷한 맥락으로 지식을 이동하는 것에서 예기치 못한 실패를 산출한다(Woltz, Gardner, & Gyll, 2000). 즉, 상황 단서들은 과제 수행과 굳게 결합되어 있기 때문에 과제 속성의 경미한 변화들도 때로는 실패를 산출할 수 있다. 이미 알고 있는 반응이 새로이 적용되는 데 적절성이 간과되기 때문이다. 정보처리이론가들은 지적인 행위에서의 개인차에 대한 경험적 증거들이 체계 효율성과 문제해결에서 적절한 규칙을 적용하고 선택하는 것에서 발생하는 유연성에서의 차이의 결과라고 주장한다(Just & Carpenter, 1992). 예를 들어, Kanfer와 Ackerman(1998)에 의해 기술된 모의 항공 교통통제 과제와 ACT 체계의 적용에서 Schunn과 Reder(2001)는 사람들이 과제 자원의 할

당을 위해 비슷한 책략들을 가지고고 있는 것처럼 보여도, 환경에서의 피드백에 반응하여 적절한 전략들을 적절하게 선택하는 능력에서 개인차가 있다고 주장한다(예, 항공기 착륙의 성공과 실패). Schunn과 Reder는 '전략 적응력'에서의 차이는 추론 능력과 작업기억 용량에서의 차이와 연관된다고 주장했다.

개념발달과 창의성

여기서 논의했던 많은 이론들은 지나치게 환원적이라는 점과 책략 사용에서의 개인차를 설명할 수 없다는 점 때문에 비판을 받아 왔다(예, Roberts, 1993). 이런 비판들이 정보처리이론들 안에서 개인차의 역할을 포함시키려는 인지과학자들에 의해 점차적으로 인정되고 있음에도 불구하고(예, Schroyens, Schaeken, & d'Ydewalle, 1999; Schunn & Reder, 2001), 다른 연구자들은 인지의 암묵적이고 매우 기초적인 처리를 규명하기 위해 더 환원론적으로 이론을 전개해 왔다. 이러한 영역에서는 범주와 개념이 어떻게 형성되고 발달하는가를 탐구하기 위한 연구가 진행되었다(예, Markman & Gentner, 1993; Murphy & Medin, 1985; Posner & Keele, 1968). 예를 들어, 도베르만(Doberman)이 개 종류의 하나라는 것을 이해하는 것과, 개들은 포유류라는 더 큰 상위의 범주에 속한다는 것을 아는 것 등에 포함되는 과정이 무엇인가에 대해 연구가 되어 왔다. 일반적으로 그 연구들은 지식의 나무 사이와 그 내부 서로 다른 가지와 마디들이 어떻게 서로서로 연결되는지 그리고 그들이 경험에 의해서 어떻게 조절되는지에 대해서 의문을 가졌다.

개념과 범주 형성에서의 초기 연구들은 원형의 발달을 다루었다(Posner & Keele, 1968). 원형은 실체의 예에서 가장 공통적으로 발견되는, 전형적인 특질들로 구성된 실체의 일반화된 개념화로 정의된다(원형적 실체들은 사실상 평균이고 실제로는 존재하지 않는 통계적 평균과 같은 것이다). 대부분의 사람들이 집단 교육이나 대중매체를 통한 공유된 경험들을 가진다고 가정하면, 완벽하지는 않더라도 특히 한 문화 속에서 원형들은 상대적으로 개인 간에 일정한 경향이 있다. 말하자면 개의 원형은 네 개의 발을 가지고, 갈색을 띠며, 흔드는 꼬리를 가진 중간 크기의 동물일 것이다(Chi, 1997). 전에 본 적이 없는 개 범주의 새로운 예를 분류하는 것의 용이성은 부분적으로 '새로운 개'의 속성들이 얼마나 전형적이냐에 의해서 결정될 것이다. 즉, "어떤 예를 특정 범주에 할당할 가능성은 그 예가 유목의 대표와 얼마나 유사하냐에 의해서 결정된다." (Medin, Goldstone, & Gentner, 1993, p. 254) 예를 들어, 래브라도 리트리버의 많은 속성들이 '개'의 공통된 개념화에 더 비슷하기 때문에 토이 푸들보다 더 쉽게 개로 분류되고 인식되는 듯하다. 같은 방식으로 고래는 틀렸음에도 불구하고, 포유류보다는 어류로 더 쉽게 인식된다. 바다에 살고 수영을 하는 등의 고래의 특정 속성들이 포유류와 전형적으로 연결되지 않기 때문이다. 게다가 한 범주의 어떤 실체(예, 참치)가 특정 속성(예, 질병 X)을 가지고 있는지 아닌지에 대한 믿음은 그 범주의 다른 실체(예, 금붕어)가 같은 속성(질병 X)을 가진다고 가정했을 때, 두 개의 실체(참치와 금붕어)가 얼마나 비슷하게 인식되는가의 함수에 따라 다양하다.

이 영역의 많은 연구들은 실험심리학과 인지심리학의 패러다임 하에서 진행되어 왔다. 완전히 배타적이지는 않더라도 주로 지식 습득 과정, 경험, 전문적인 기술의 직접적인 영향에 초점이 맞추어졌다(Shafto & Coley, 2003). 아동들이 학습하고 경험하게 되면서 지식 기반은 확장되고, 새롭거나 전에 본 적 없는 실례들(실체들)이 하나 이상의 범주로 분류될 뿐 아니라 범주 자체가 경험에 의해서 수정된다. 이것은 Piaget(1950, 1985)에 의해 제안된 조절과 동화의 과정과 완전히 다르지는 않다. 다시 말하면, 범주 정의와 개념은 새로운 정보와 새로운 속성들을 조절하기 위해 확장되고 축소된다. 이 과정은 성인기까지 지속적으로 진행되고 발달된다. 예를 들어, 고래들이 바다에 살지라도 공기로 숨을 쉬고 새끼를 낳는다는 점에서 포유류라고 분류하는 것처럼 전형적인 포유류의 속성들은 수정, 확장된다.

이와 같은 계통의 연구는 지식 획득의 본질과 과정을 규명하는 것에 초점을 맞춘다. 그러나 그 연구의 결과들은 또한 좀 더 복잡한 추론(Coley, Hayes, Lawson, & Moloney, 2004)과 인지적 발달의 연구를 위한 직접적인 암시를 주거나 정보를 제공하기도 한다. 예를 들어, 전통적인 A:B :: C:? 유형의 문제(어디에 D, E, F 혹은 G)에 내포된 유추적 추론은 개인들이 요소(A, B, C, D, E, F 그리고 G)의 속성들 간의 관계를 규명할 수 있을 것이라 기대한다. 이런 관계들과 속성들은 위계적 수준에서 때때로 다른 범주들에 중첩되어 속한다. 이런 지식은 효과적인 문제해결을 위해 필수적이다. 다음의 유추 문제를 고려해 보자.

HORSE is to STABLE as CHICKEN is to … HOME, STY, COOP, or FARM?

옳은 답(coop)을 결정하기 위해 고려해야 하는 요인들은 매우 많다. 우선 horse와 stable 간의 관계가 고려될 필요가 있다. 그리고 선택지들 간의 범주적(위계적) 수준(예, sty, coop, stable은 farm의 하위 요소다)이 고려될 것이다. 물론 성공적인 수행을 위해서 범주들과 관계에 대한 선행 지식의 회상이 필요하고, 개인들은 이전에 이런 지식을 습득할 기회를 가졌어야 할 필요가 있다. 이런 기회는 사실상 문화 간 그리고 문화 내에서 모두 완전히 다를 수 있다.

학습의 기회를 넘어서 개인들은 지식을 표상하고 습득하기 위한 기본적인 용량에서 다르고 또한 미래의 추론을 위해 지식을 인출해 내는 용량도 다르다(Just & Carpenter, 1992; Schuun & Reder, 2001). 또한 개념 형성에서의 인지적 연구 내에서도 개인차의 역할에 대한 인식이 있었다. 예를 들어, Chi(1997)는 창조성의 한 요소는 지식의 범주적 나무들의 가지와 마디 사이의 유연한 이동을 수반한다고 주장한다. 한 나무의 수준 안에서의 이동은 상당히 간단하다. 예를 들어, 고래를 어류가 아니라 포유류로 재분류하는 것은 시간이 지나면서 경험과 함께 점차적으로 성립되거나 혹은 지식이 더 많고 존경받는 타인(예, 교사, 또래, 부모)으로부터의 직접적인 지도를 통해 성립된다. 그러나 실체들을 하나의 나무에서 다른 나무로 다시 표상하는 것은 어렵다. 왜냐하면 다른 나무들, 특히 기본적으로 다른 나무들은 존재론적으로 다르게 인식되며(그들의 기본적인 개념화 안에서), 다른 존재론적 속성들을 가지기 때문이다. 이런 나무들의 속성들은 존재론적 속성으로 일컬어진다(속성들의 다양한 유형 사이의 구별에 대한 좀 더 깊은 논의는 Chi의 연구 참조).

존재론적 나무들 사이의 구분은 철학적으로 정의되었다. 그것은 복잡하지만 중요한 구분이다. Chi(1992)는 존재론적 속성들이 물리적으로나 정신적으로나 수정될 수 없다고 주장한다. 그러나 기본적인 것이 아닌 다른 유형의 속성들은 아마도 수정될 수 있을 것이다. 즉, 한 실체가 특정 범주화된 나무—혹은 특정 지식의 체계—로 분류된다면 그것은 그 나무나 체계와 관련된 모든 존재론적 속성들을 물려받는다. 나무들 사이를 이동하기 위해서는 그 실체와 관련된 모든 기초적 존재론적 속성들이 수정되어야 하기 때문에 한 나무에서 다른 나무로 이동하는 것은 어렵다(Chi, 1997). 어떤 의도나 목적에서든지 실체들을 존재론적 경계선을 넘어서 재개념화하려는 시도는 대개 어리석고 무의미하다. Chi(1997, p. 218)는 공통된 존재론을 가지는 나무의 가지들 사이를 이동할 수 있고, '개는 보라색이다.' 와 같은 진술을 개념화하는 것은 가능하다고 주장한다. 개 범주의 한 속성은 색깔이다. 아마도 보라색이 개들의 구체적 색깔에서 잘못된 예시일지라도(우리가 현재 알고 있는 한) 그 진술은 이해할 수 있다. 충분한 실제적 지지가 있다면, 일반적으로 개와 연관된 존재론적 속성들의 변화 없이 개의 개념과 범주에서 소규모의 재구성을 가져올 수 있다(그 나무의 다른 실체들에서도). 그러나 Chi(1997)에 의해 제안된 것처럼, 우리가 만약 '개는 한 시간이다.' 와 같은 진술을 이해하려고 하고 나무들 사이를 옮겨 가려고 한다면, 우리는 기본적으로 다른 상황에 있게 된다. 개와 시간에 연관된 많은 기본적(존재론적) 속성들을 재개념화하지 않고는 이 진술을 이해할 수 없다.

존재론적 재구성의 실제적인 예시로서 1800년대 후반의 사람들이 경험했던 어려움을 상상해 보자. 당시 진화론자들은 인간이 한때 믿던 것처럼 인간이 아닌 영장류와 다른 동물들과 구분되는 것이 아니라고 주장했다. 즉, 인간과 다른 동물들이 구별되고 분리된 존재론적 경로와 속성들로 구성된 두 개의 구분된 범주적 나무들(인간 대 비(非)인간)로 이해되기보다는 동일한 존재론적 범주의 다른 수준에 존재하는 것으로 인식되기 시작했다. 동일하게 갈릴레오와 다른 과학자들이 종교적, 과학적인 사고들을 흔들었던 때에 살던 사람들의 어려움을 상상해 보자. 지구는 우주의 중심이 아니었으며, 사실상 이전의 믿음과는 반대로 태양의 주위를 회전했다. 아마 틀림없이 이런 개념적 변화들은 존재론적 범주들의 변화를 더욱더 명백하게 만들고, 새로운 정보와 이전에 가졌던 믿음에 의해 야기된 인지적 부조화가 조정되면서 과학과 사회 전반에 걸쳐서 큰 파문을 일으켰을 것이다(예, 종교적 믿음에 대한 진화론적 이론들의 함의는 지금도 전 세계의 많은 곳에서 우려를 불러일으키고 있다).

Chi(1997)는 실체들을 재표상하기 위해 이런 유형의 존재론적 경계들을 횡단하는 것을 창조성의 주된 요소의 하나라고 인식했다. 그것은 특정한 정도의 지식과 경험이 수반되는, 인지적으로 버겁고 난해한 과정이다. 그러나 또한 존재론적 속성들과의 잠재적인 관련성을 변화시키는 것의 함의를 충분히 인식하고 이해하기 위해 유연함이 요구되는 과정이기도 하다. 유연성 혹은 창조성의 개인차가 존재한다는 점에서 개인에게 적어도 두 영역에서의 개인차가 존재한다고 기대할 수 있다. 첫째, 실체의 표상을 수정하기 위해 요구되는 지식에서 개인차가 존재할 것이다(예, 실체의 기존 분류를 반박하기 위해 새로운 정보가 가용해질 때). 둘째, 새롭고 본질적으로 다른 조각의 정보가 오래된 문제의 해결을 위해 통찰력 있는 해결책을 생성하려고 조합되는 방식에서 개인의 유연성이나 인지적 용량에서의 개인차가 존재할 수 있다(예, 태양이 지구 주위를 돈다는 견해와 상충되는 정보).

유연한 사고의 용량이라는 후자의 필요 조건은 아마도 많은 수준에서 심리적인 부담을 줄 것이다. 우선 여러 견해들을 동화하기 위해 필요한 분석적 기술들에는 인지적 부담이 있다. 전통적인 능력이론들(예, 작업기억이론들)은 이런 어려움을 설명하기에 적합하다. 예를 들어, 관계적 복잡성 이론(Halford et al., 1998) 등의 앞서 기술한 처리이론들은 아마도 존재론적 이동과 재유목화의 각기 다른 유형들의 복잡함이나 어려움을 분석하기에 유용할 것이다(예, Halford, Andrews, & Jensen, 2002, 관계적 복잡성 이론을 사용하여 유목 포함 과제와 개념-범주 정보처리의 산출을 이용하는 위계적 유목화 과제에서의 인지적 처리의 어려움을 설명하였다). 그러나 또한 앞서 언급한 예처럼, 창조적인 생각들이 지지되고 한층 발달되는 가능성에 영향을 줄 수 있는 다른 부담들(사회적, 문화적, 동기적인)도 존재한다. 부분적으로 창조적인 지능과 관계된 Sternberg(1997)의 성공지능이론은, 창조적 처리 과정의 분석적 부담을 설명하는 것은 물론 창조적인 생각들을 팔고 발전시키기 위해 요구되는 실용적인 기술들을 설명하는 데 사용되어 왔다.

다윈과 갈릴레오는 그들의 창조적인 생각의 확산을 막는 극심한 시대적 압박에 놓여 있었다. 이런 압박에 맞서는 것에는 큰 용기는 물론 그들의 생각을 언제 어떻게 잘 팔 수 있는지에 대해 아는 실용적 지능도 요구되었다. 성공지능이론(Stenberg, 1997)은 창조성의 외적 역할을 공식화하였고, 발전과 연구가 동시에 진행 중이다. 그리고 성공지능이론은 Chi(1997)에 의해 제안된 유연성-창조성 처리의 유형을 탐구하기 위한 개인차 구조를 제공할 수 있다.

인지발달에서의 많은 쟁점들은 다양한 수준의 처리를 고찰함에 의해서 제시될 수 있다. 그럼에도 불구하고, 이 부분에서의 많은 기초 연구들은 아마도 직접적으로 성공적 인지발달(그리고 인생에서의 성공)을 예견하기 위해 사용되기에는 지나치게 환원적이고 생태학적으로 취약하다. 미래의 응용 연구에 통찰을 제공하는 것은 매우 중요하다. 전통적으로 발달 연구와 정보처리 연구들(여기서 검토한) 그리고 개인차 혹은 지능의 심리측정이론이라 불리는 것 사이에는 매우 제한된 연결만이 존재해 왔다. 심리측정이론들은 인지 능력의 완벽한 배치를 규명하고자 하였고, 동시에 그들 사이의 상호 연결을 측량하고자 시도했다. 이런 관점에서 심리측정이론들은 확인되어 온 능력들의 기저 처리에 대해서 대개 다소 불가지론(不可知論)적이다(Deary, 2001; Lohman & Ippel, 1993). 그러나 최근에 능력의 처리이론(예, 작업기억이론들)과 심리측정이론의 발달을 연결하기 위한 작업이 시행되었다(예, Engle, Kane & Tuholski, 1999). 이제 우리는 심리측정 모델이 얼마나 차별적인지 그리고 어떻게 인지발달을 개념화하는지 알아보기 위해 심리측정적 지능의 영역을 살펴볼 것이다.

4. 심리측정 접근 - 인지 능력에서의 개인차

오랫동안 지능의 여러 정의들이 제안되어 왔다(예, 「지능과 그 측정: 심포지엄(*Intelligence and Its Measurment: A Symposium*)」 1921; Sternberg & Detterman, 1986). 지능에 대한 전통적인 개념은 환경에 대한 일반화된 적응의 관점으로 느슨하게 합의되었다. 지능의 심리측정이론들은 모든 적응적 행위의 기초를 이루는 흔히 *g*요인으로 불리지는 지능의 일반요인들이 있다고 제안하면서 이런 정의를 확장하는 경향이 있다(Brand, 1996; Jensen, 1998; Sternberg & Grigorenko, 2002 참조). 다음에서 간단하게 기술하겠지만, 개인의 현재 상황이나 환경에 적응하는 능력으로서의 지능에 대한 합의된 개념은 실제적인 지능의 개념화를 위한 Sternberg(1997)의 성공지능이론에서 형식화되었다(Sternberg et al., 2000). 이것은 전형적인 심리측정적 지능의 개념화와는 상당히 다른 방식이다.

현재 가장 널리 받아들여지는 많은 심리측정이론들(예, Carroll, 1993; Gustafson, 1994; Horn, 1994)에서, 분화되었지만 다양하게 연관된 많은 수의 정신 능력들이 제안되었다. 이런 능력들—한 영역에서 우수한 사람들은 또한 다른 부분에서도 우수한 경향이 있는—사이의 긍정적인 상호 연관이 일반성의 가장 큰 수준에 기저하는, 하나 이상의 인지적 능력 요인들의 위계적 능력 구조를 제안하는 증거로서 사용되었다. 사실상 대부분의 심리측정이론들은 그들의 견해를 지지하기 위해 상관 연구들을 증거로 사용했다(Brody, 2000; Carroll, 1993; Embretson & McCollam, 2000; Herrnstein & Murray, 1994; Jensen, 1998; Sternberg, 2000).

상관적 증거들이 구성 타당화와 이론 확립에 사용되는 한 예로서, 경험적으로 확인되어 온 언어성 능력과 시공간적 능력 간의 구분을 고려해 보자. 서로 다른 언어성 측정치들(예, 어휘와 문장이해력)은 시공간적 측정치(예, 종이 접기나 심적 회전)보다는 서로 더 잘 상관되는 경향이 있다. 그 반대 또한 사실이다. 즉, 시공간적 측정치들은 언어성 능력 측정치들보다 더 높게 상관된다. 상관에 기초한 진보된 통계적 기술인 요인분석 결과는 언어성 요인과 시공간적 요인으로 분리되는 것을 보여 준다. 요인들의 분리는 구분된 개념적 구성체를 찾아내는 측정의 증거로서 사용되었다. 그러나 연구들은 또한 언어성 능력과 시공간적 능력이 분리되어 있더라도 둘 간의 상관이 완전히 '0'은 아니라는 결과를 보여 준다. 다양하지만 정적인 패턴의 상관들은 많은 인지적 측정치들에서 모두 존재한다(예, 소위 '정적인 다양성(positive manifold)'). 이러한 다양성들은 전부는 아닐지라도 많은 인지적 과제들에서 실제적이고 공통적인 수행이 존재한다는 증거로서 인용된다.

정확히 어떻게 인지적 수행에서의 공통적인 변화가 분화되는가는 심리측정이론들이 서로 구별되는 하나의 주요한 방식이다. 어떤 이론은 각각의 특정한 하위 능력에서의 수행을 다양하게 결정하는 상위의 일반 능력 구성체(*g*)가 이런 공통성을 위한 가장 경제적인 설명이라고 주장한다(예, Herrnstein & Murray, 1994; Jensen, 1998). Carroll(1993)은 능력들의 위계 구조를 나타내기 위해 세 개의 수준(narrow, broad, and general)이 필요하다고 제안하는 반면, Cattell(1971)은 두 개의 수준이 특히 중요하다고 제안한다. Cattell에 따르면, 일반 능력에 내포된 능력은 그가 유동성 지능(*Gf*)과 결정화된 지능(*Gc*)이라고 부르는 것들이다. 유동성 지능은 새로운 방식으로 추론하는 데 필요한 기술이다. Raven의 Progressive Matrices와 같은 유동성 지능의 전형적인 과제들은 관계를 귀납하는 능력과 다양한 수준의 추상적 개념을 다루는 능력을 필요로 한다. 반면에 결정화된 지능은 "유동성 지능의 투자를 통해 폭넓은 정신적 능력이 교육이나 경험과 같은 학습으로 발달하는 것이다."(Carroll, p. 559) 그러므로 결정화된 능력들은 주로 일종의 교육, 경험, 축적이 드러나는 것으로 여겨진다. 확장된 *Gf-Gc* 이론은 기억, 시공간 능력, 처리 속도와 연관된 것들을 포함하는 폭넓고 특정한 능력의 분야를 포함한다(예, Roberts & Stankov, 1999; Stankov, 2000).

어떤 심리측정이론가들은 상대적으로 지능이 생애 초기—5세~10세—에 결정되고 이후에 안정적인 상태로 남아 있는 경향이 있다고 믿는다(예, Bjorklund, 1995; Neisser et al., 1996). 이 시기를 넘어선 안정성은 다소 부수적 현상으로 보인다(Cattell, 1987; McArdle, Ferrer-Caja, Hamagami, & Woodcock, 2002). 예를 들어, Cattell은 지능의 명백한 안정성은 서로 다른 발달 궤적들을 가지는 다중 능력들을 결집하는 데 필연적인 결과라고 주장한다. 즉, Cattell과 Horn(1988)은 *Gf*와 *Gc*는 모두 초기 성인기까지 청년기를 통해 발달하는 반면, *Gf*는 상대적으로 초기(15~20세)에 절정에 도달하고 후에 상대적으로 빠른 속도로 감퇴하는 경향이 있다고 주장한다. 반대로 *Gc*는 60대와 70대에도 계속적으로 증가하는 경향이 있다. 이 연구는 좀 더 최근에 확장되어 왔다. 예를 들어, McArdle 등은 다양한 인지 능력과 Woodcock-Johnson 검사(WJ-R, Woodcock & Johnson, 1989)에 의해 평가된 학문적 지식의 발달적 궤적에서 나타나는 차이들의 범위를 보여 준다. 다른 발달 궤적들은 분리되는 요인들과 *g*의 작은 중요성을 위한 증거로서 인용되었다.

약 5세 이후에 실시된 심리측정 검사 점수들은 이후의 능력과 성취들을 상당히 잘 예언하는 경향이 있다(Bjorklund, 1995; Sattler, 1992). 더 어린 나이에서, 특히 평균이나 더 우수한 수준의 개인들의 경우에 능력 추정치들의 안정성과 예언적 효용은 더 약하다(Chen & Siegler, 2000; Sattler, 1992). 비록 상관이 별로 크지 높다 하더라도 영아들에게서 습관화-탈습관화의 민첩성과 부호화의 민첩성과 같은 감각 지향적인 측정치들은 추론적 측정치들보다 미래 능력을 더 잘 예언한다(McCall & Carriger, 1993; Rose & Feldman, 1997). 심리측정 과제들에서 초기 수행의 예언력 부족에 대한 한 가지 설명은 인지 능력들이 연령과 경험에 따라 급속히 달라진다는 것이다(Carroll, 1993; Halford, 1993). 일반적으로 이 연령 이후에 심리측정 검사 점수들은 안정되고 이전에 기술한 발달 궤적을 따르게 된다. 그러나 여전히 의문이 남는다. 지능의 합의적인 정의들이 초기에 보고한 대로 심리측정 검사 점수들이 개인의 환경에 대한 성공적인 적응에 필요한 능력들을 충분하게 대표하는가?

Sternberg(1985, 1998a, 1999a)와 다른 많은 연구자들(예, Ackerman & Beier, 2003;

Ericsson, Krampe, & Tesch-Romer, 1993; Gardner, 1993)은 지능의 심리측정적 정의가 실제 세계 상황—많은 측정치들이 평가하도록 고안된 상황—에서의 수행에 대한 합리적인 설명을 제공하기에 너무 편협하다고(혹은 항상 편협했다) 주장한다. 이러한 제약은 지능의 일반적 운용화(operationalization: 오직 '분석적' 능력들을 살펴보는 것에서)에서의 이론적 편협성과 다차원적이고 복잡한 특질들을 충분히 포함하기 위해 가용한 방법론들의 부족에도 부분적으로 기인한다(Birney & Sternberg, 인쇄 중). 실용적이고 창의적인 지능에 대한 연구(Sternberg, 2003b; Sternberg et al., 2000), 사회지능(Cantor & Kihlstrom, 1987; Kihlstrom & Cantor, 2000; Sternberg & Smith, 1985)과 정서지능(Goleman, 1995; Mayer & Salovey, 1993; Salovey & Mayer, 1990)에 대한 연구들은 지능의 이론적 기초화를 확장하고 있다. 잠재적 특질이론들(예, Borsboom, Mellebergh, & van Heerden, 2003)에서의 새롭고 유망한 방법론적인 작업과 측정(예, Lincare, 1989; Michell, 1999; Wright, 1999)은 더 정교화된 경험 연구들을 이런 복잡한 특질들에 적용할 수 있도록 방법론적 기초를 더욱 강화한다. 이미 상당한 작업이 창의적이고 실용적인 지능을 평가(예, Birney, Grigorenko, & Sternberg, 2004)할 뿐 아니라 학생들의 창의적, 실용적, 분석적인 능력과 기억 능력을 개발하는 데 효과적인 교육적 중재 방법들(예, Grigorenko, Jarvin, & Sternberg, 2002; Sternberg, Torff, & Grigorenko, 1998; Williams et al., 2002)의 개발 가능성을 보여 주는 데 투입되어 왔다. 이런 생각들은 전문기술발달이론을 위한 기초를 형성한다.

5. 체계이론들

전문기술발달로서의 능력들

전문기술발달 모델을 위한 이론적 기초는 Sternberg(1985, 1997, 2003b)의 성공지능 삼원이론이다. 이 이론에 따르면, 지능은 부분적으로 삶에서 분석적이고 창의적이며 실용적인 기술들 사이의 균형을 통해 성공을 획득하는 능력이다. 성공은 개인의 약점을 상쇄하고 교정하기 위해 그리고 개인의 강점을 인식하고 이용하기 위한 능력의 기능으로서 환경의 선택과 형성에의 적응으로 개념화된다. 이 견해와 일치하는 것은 지능의 폭넓은 개념화와 전문기술발달—그들은 단지 전문기술의 다른 형태처럼 발달될 수 있다—의 형태로서의 지적인 성취다. 전문기술발달이론은 발달의 다양한 단계에서 최소한 다음과 같은 다섯 개의 인지적 유능성의 한 세트로서 능력들을 개념화한다(Sternberg, 1998a, 1999a,

2003a). ① 상위 인지 기술들은 전략의 형성과 자원 할당 그리고 선택한 전략의 성공을 평가하고 감찰하고 기획하기 위한 문제의 표상과 정의, 인식에 필요한 기술들과 연관된다. ② 학습 능력 혹은 지식-습득 능력들은 존재하는 어떤 정보를 새로운 정보와 비교하기 위해 선택해야 하는지 알기 위해 그리고 빨리 문제를 해결하기 위해 이전의 지식과 새로운 지식을 어떻게 통합해야 하는지 알기 위해 문제 상황에서 어떤 정보에 주의해야 하는지 아는 데 필요한 기술들이다(예, 부호화에서). ③ 사고 기술들은 수행과 관련된다. 분석적이고 창의적이며 실제적인 사고 기술들의 적절한 균형이 성공을 최적화하는 데 필요하다(Sternberg, 1997). ④ 지식은 발달의 결과물일 뿐만 아니라 미래의 발달을 위해 필요하다. 지식은 선언적이고 절차적인 두 가지 형태가 모두 필요하다. ⑤ 결정요소는 이런 능력들을 문제해결에 효과적으로 적용하기 위해 충분한 동기를 포함한다. 충분한 동기 없이 이런 능력들은 비활성 상태로 남아 있다. 그러므로 동기는 전문기술발달 모델 기저에 존재하는 추진력이다(Sternberg, 1998a, 1999a, 2003a).

과거의 경험들과 성격에서의 차이는 어떤 주어진 맥락에서의 동기화 수준에 영향을 줄 것이고, 이는 궁극적으로 성인들보다 아동들이 특정 능력과 전문 기술을 발전시키는 기회를 제공할 것이다(Ackerman, 1996; Ackerman & Beier, 2003). 부모와 교사는 어린 아동의 경험을 결정하는 중요한 요소다(Ceci, Ramey, & Ramey, 1990). 그들은 또한 아동이 경험을 성공적으로 지각하는지 여부를 결정하는 데 어느 정도 효과를 미치는 듯하다. 이런 지각은 미래의 동기 수준에 영향을 미칠 것이다. 시간이 지나면서 발달하는 아동은 접할 수 있는 경험의 유형에서 점점 더 많이 스스로 선택하게 되고, 동기 수준에 더 복잡하게 작용하는 요인들의 영향을 받기 시작한다(예, 흥미의 발달, 또래 압력, 재정적이고 낭만적인 보상들). 전문기술발달이론의 다섯 가지 요소들은 초보자가 계획적인 수련을 통해 전문가가 되는 맥락에서 서로 상호작용한다(계획적인 수련의 역할에 대한 언급은 Ericsson et al., 1993 참조). 예를 들어, 동기는 상위 인지 기술들의 적용을 촉진한다. 이런 기술들은 학습을 촉진하고, 전문 지식의 수준을 향상시킬 뿐만 아니라 미래에 이러한 기술 수행의 효율성 또한 증가시킨다.

다중지능들

Gardner(1993, 1999)는 지능을 단일 구성체로 보지 않았다. 다른 이론가들처럼 지능을 함께 구성하는 여러 능력들을 언급하는 것 대신에 Gardner는 다중지능이론을 제안하였다. 다중지능이론에 따르면, 여덟 개의 분리된 지능들은 다소 독립적으로 기능하지만 지적인 행위들을 산출하기 위해 상호작용하기도 한다. 지능의 유형들은 언어지능, 논리-수학지능, 공간지능, 음악지능, 신체-운동감각지능, 대인관계지능, 개인이해(intrapersonal) 지능, 자연지능이다. Gardner(1999)는 또한 실존적이고 영적인 지능들의 존재 가능성에 대해 추측했다. 각각의 지능은 기능적으로 분리된 체계다. 그럼에도 불구하고, 이런 체계들은 지적 수행의 산출을 위해 상호작용할 수 있다. 지능을 개별적으로 측정하는 것은 언어적이고 수학적인 능력들만을 따로 측정하면서 얻어지는 내용보다 더 폭넓은 기술의 프로파일을 생성할 수 있다. 이 프로파일은 학업적 혹은 직업적 결정을 촉진하기 위해 사용될 수 있을 것이다.

특정 지능을 규명하기 위해 Gardner(1993, 1999)는 자료의 다중 유형과 원천으로부터의 증거를 모으고 수렴하는 작업을 이용했다. 그 증거는 특정 유형의 지능에서 편재화된 뇌 손상의 분리된 효과와 전 생애에 걸친 지능의 각 유형들에서의 분리된 발달 패턴, 특이한 개인(스펙트럼의 양 끝에서) 그리고 진화의 역사들을 포함한다.

Gardner(1993, 1994)의 마음에 대한 견해는 단원적(modular)이다. 단원성(modularity) 이론가들은 다른 능력들이 뇌의 구분된 부분이나 모듈로부터 퍼져 나감으로써 분리될 수 있다고 믿는다. 그러므로 지능에 대한 현재와 미래 연구들의 주된 과제는 각 지능을 담당하는 뇌의 부분을 분리하는 것이다. Gardner는 이와 같은 뇌의 영역에 대해서 추측해 왔으나, 분리된 지능의 존재를 위한 증거는 거의 산출되지 못했다.

어떤 이들은 이 장에서 검토한 능력과 기술의 축적이 분석적이고 비판적이며 창의적이고 실용적인 사고의 발달을 가져올 뿐만 아니라, 지혜에 대한 이해도 가져올 수 있다고 주장할 수 있다. 이 장의 마지막 부분에서 이 개념을 다룰 것이다.

6. 능력으로서의 지혜

지혜는 "옳게 판단하고, 경험, 지식, 이해 등에 기초하여 사리분별을 하는 행위들을 가져오는 힘"(*Webster's New World College Dictionary*, 1997, p. 1533)이라고 정의된다. 지혜로운 결정을 내리는 것은 개인 내적, 개인 간 그리고 개인 외적 이해를 조화시키는 행위를 수반한다. 그리고 현존하는 환경에 적응하고, 현존하는 환경을 조성하고, 새로운 환경을 선택하는 것 사이에서의 균형을 획득하기 위해 단기적이면서 장기적인 이해들을 고려해야 한다(Sternberg, 1998b). 지능과 창조성은 지혜에서 필요 조건이기는 하지만 충분 조건은 아니다. 더욱이 지혜는 단순히 지능을 창조적인 방법으로 적용하는 것이 아니라 오히려 성공적인 지능이 고도로 진화된 형태다. 한 번에 상황 이해를 할 수 있는 능력이 있다고 해서 충분한 것은 아니다. 오히려 관련된 모든 상황의 상호적인 이득에 따라 역동적으로 다른 관점들을 고려할 수 있는 능력을 가지는 것이 필요하다. 이러한 두 가지 측면을 동시에 만족시키기 위해서는 공동선의 획득을 의도로 가치들을 적용하는 행동이 요구된다(Sternberg). 이 부분에서는 다른 인지적 능력들과 지혜의 관계를 탐색하고, 지혜로운 사고를 측정하기 위한 연구 노력들을 검토할 것이다.

다른 인지 능력들과 지혜의 관계

지혜는 다른 인지 능력들과 연관되어 있지만 완전히 동일하지는 않다. 특히, 지혜는 지능의 분석적이고 창의적이며 실용적인 측면과 같은 지식과 관련되어 있다. 실제로 Baltes는 삶의 실용적인 측면에 관한 지식의 관점에서 지혜에 관한 이론을 수립했다(Baltes & Staudinger, 2000; Baltes, Saudinger, Maercker, & Smith, 1995). 20세기의 매 해에 걸쳐 IQ 점수에서 놀라울 만한 변화가 있었음에도 불구하고(Flynn, 1987), 국제 간 분쟁의 심각도 척도에서의 감소는 전혀 없었다. 즉, IQ에서의 증가가 실제라고 하더라도 지혜에서 동시적 증가는 없었다. 우리는 지혜의 다섯 가지 특징, 즉 지식, 상위 인지, 창조적, 실용적 지능 그리고 사회적 지능을 살펴볼 것이며, 다음으로 발달적 함의들을 다루어 볼 것이다.

첫째, 지혜로운 사고는 지식을 필요로 한다. 그러나 지혜의 주 요소는 학교교육을 통해 얻어지는 외현적이고 공식적인 지식이 아니라 실제 체험에서 얻어지는 일종의 암묵적이고 비공식적인 지식이다. 어떤 사람이 '공부벌레(book smarts)'라고 불리거나 교실에서 매우 뛰어난 능력을 보인다 할지라도, 지혜롭다고 여겨지기 위해 필요한 지식의 종류는 전형적으로 책이나 대부분의 학교교육에서 습득될 수 있는 것이 아니기 때문에, 지혜는 부족하거나 전혀 없을 수도 있다. 즉, 지혜는 단순히 학교에서 강조되는 유형의 분석적 사고나 지식을 필요로 하지 않을 뿐만 아니라 학업성취도 검사들로 측정할 수 없다. 오히려 지혜는 분명하고 간결한 추상적 개념들이 종종 지저분하고 무질서하며 모순되는 실제적 이해들로 빠져 버리는 실제 세계에서의 딜레마 분석을 요구한다.

둘째, 상위 인지 능력이 분석적인 사고와 전문기술 발달에서 중요한 부분이더라도 지혜는 또한 상위 인지와 관련되어 있는 듯하다. 지혜에 포함된 상위 요소들이 상위 인지에 대한 기술로부터 나온 것들과 비슷하거나 동일하기 때문이다(Campione, Brown, & Ferrara, 1982; Nelson, 1999; Sternberg, 1985). 다른 유형의 사고와 마찬가지로 지혜의 측면에서 개인은 자신의 사고 과정들에 대한 인식을 해야 한다. 이와 같은 인식은 문제의 인식과 해결을 위한 해결책의 생성, 이러한 문제의 해결책에 자원을 할당하는 행위들을 필요로 한다. 이러한 기술들은 다른 유형의 사고와 마찬가지로 지혜의 측면에서 사용되었다. 그러나 그것들은 공동선을 추구하기 위해 서로 다른 이해들의 균형을 획득하는 데 특히 중요하다.

셋째, 지혜는 창조성과 연관된다. 창조적인 사람들은 자신들의 기여가 이후에 통합적이 될 수 있음에도 불구하고, 종종 극단을 추구하는 경향이 있다(Gardner, 1993). 지혜로운 사고가 균형 잡힌 것인 반면, 창조적인 사고는 종종 경솔할 수도 있다. 이는 똑같은 사람이 창조적인 동시에 지혜로울 수는 없다고 이야기하는 것은 아니다. 오히려 창조적이고 지혜롭게 되기 위해 요구되는 사고의 종류들이 다르다는 것을 의미한다. Gardner가 제안한 것처럼, 창조적인 사람들은 지혜롭지 않을 수도 있다. 그리고 그들은 다른 사람들과 비교해서 심지어 바보처럼 보일 수도 있다. 게다가 사람들에게 창조적으로 생각하라고 가르치는 것(Stenberg & Williams, 1986 참조)이 반드시 그들에게 지혜롭게 사고하라고 가르치는 것은 아니다.

지혜는 창조성, 통찰력과 공통점을 가진다. Sternberg(1990b)에 따르면, 직관은 개인에게 행간을 읽을 수 있게 하고, 동시에 그들의 환경을 해석하고 이해하는 능력을 허락함을 통해 대안적인 해결책을 제공할 수 있다. 창조성은 이미 정의되거나 존재하는 휴리스틱에 의해 해결될 수 없는 상황에서 지혜로운 사고자에게 새로운 해결책을 발현케 한다. 지혜로운 사고는 서로 다른 이해들을 조화시키는 것이 포함되는, 참신하고 과제와 관련되어 있으며, 높은 수준의 해결책을 산출하기 위해 창조적이어야 한다. 참신성, 과제 적절성 및 우수성은 창조성의 특질들이다(Sternberg, 1999b 참조). 그러나 해결책이 창조적일 수 있어도(수학적 증명을 해결하는 것과 같이) 그 해결책이 지혜의 특징을 가지고 있지 않을 수 있다. 증명 문제는 공동선을 추구하지도 않고 서로 다른 이해들의 균형을 요구하지도 않는다. 그것은 창조적인 사고를 포함하는 지적인 문제다(Sternberg, 2003b). Sternberg(2001)는 지혜가 창조성과 지식이 포함된 지능의 통합체를 표상한다고 제안한다(Baltes & Staudinger, 2000 참조). 지혜로운 사람은 어느 정도의 지능과 창조성을 보여줄 뿐만 아니라 그 지능과 창조성으로부터 발현된 창발적인 지혜도 가지고 있어야 한다.

넷째로, 실용적인 사고가 분석적 사고나 창조적 사고에 비해 지혜와 더 비슷하다 할지라도 지혜와 동일하지는 않다. 지혜는 일종의 실용적인 사고다. 그것은 ① 경쟁하는 개인 내적(개인 자신의), 개인 간(타인의) 및 개인 외적(더 넓은) 이해들 간의 균형을 찾고, ② 단기와 장기를 넘어서, ③ 환경에 대한 적응과 환경의 조성, 환경의 선택 간에, ④ 공동선의 부문에서 균형을 맞춘다. 사람들은 지혜롭지 않아도 실용적인 사고자일 수 있지만,

실용적인 사고자가 아닌 지혜로운 사람이 될 수 없다. 훌륭한 실용적 사고는 지혜의 발현에서 필요 조건이지만 충분 조건은 아니다(Sternberg, 2003b).

다섯째, 지혜는 또한 사회적 지능(Cantor & Kihlstrom, 1987; Kihlstrom & Cantor, 2000; Sternberg & Smith, 1985), 정서지능(Goleman, 1995; Mayer & Salovey, 1993; Salovey & Mayer, 1990), 개인 간 지능(대인관계지능), 개인 이해 지능(Gardner, 1993, 1999)과 같은 구성 개념들과 관련되어 있는 듯하다. 반면에 차이 또한 존재한다. 사회적 지능은 어떤 목적이든 그것을 달성하기 위해 타인을 이해하고 타인과 원만한 관계를 유지하는 것에 적용될 수 있다. 지혜는 이해들 간의 균형을 통한 선의의 결과를 추구한다. 그러므로 고객에게 쓸모없는 물건을 파는 법을 아는 판매원은 고객의 요구를 파악하기 위해 사회적 지능을 이용하여 자신의 목적을 달성할 수 있다.

사회적, 정서적 기술들은 지혜의 중요한 부분들이다. 그러나 지혜로운 판단을 하는 것에는 정서의 이해나 규제, 판단을 넘어서는 것이 필요하다. 지혜로운 판단은 이해 간의 균형을 획득하기 위해 정보를 처리하는 것이 필요하고, 공동선을 획득하기 위해 유용한 정보를 효과적으로 사용할 수 있는 판단을 하는 것이 필요하다. 게다가 지혜는 개인 간, 개인 내적 지능의 균형을 필요로 할 것이다. 그러나 또한 공동선을 얻기 위해 개인 외적 요소들의 이해와 종종 충돌하는 이 세 가지의 요인들 간의 균형이 요구된다. 그러므로 지혜는 이런 이론적으로 분리된 지능의 종류를 넘어선 것인 듯하다. 아마도 각 구성 개념들 간의 가장 두드러진 차이는, 지혜가 공동선의 추구로 인식되는 목표의 획득을 위해 적용되는 것이라면, 다양한 종류의 지능들은 적어도 어떤 입장에서 아마도 고의적으로 좋은 목표나 나쁜 목표를 달성하기 위해 적용될 수 있다는 것이다. 흥미롭게도 여기서 제안된 지혜의 개념은 본질적으로 미국인의 지능에 대한 개념보다는 중국인들의 개념과 더 가깝다(Yang & Sternberg, 1997a, 1997b). 중국어에서 지능을 나타내는 어떤 단어는 지혜를 나타내기 위해 사용되는 단어와 동일하다.

지혜발달의 촉진(육성)

학교교육은 지능의 발달과 밀접하게 연관되어 있다(Neisser et al., 1996). 그러나 학교교육이 지혜로운 사고에 영향을 줄 수 있는가? 우리는 공식적인 교육이 지혜로운 사고 기술의 발달을 촉진하는 맥락들을 제공할 수 있다고 믿는다. 지혜는 ① 지혜로운 행위와 그렇지 못한 행위의 실례들을 통한 학습으로, ② 변증법적 사고로, ③ 문답적인 사고로, ④ 교사나 학생을 모델로 삼아 발달할 수 있다. 우리는 이것들을 차례대로 다루어 보고자 한다.

실례로부터의 학습 학생들은 현명한 사람들의 판단과 뒤따르는 행위의 학습을 통해 지혜를 발달시킬 수 있다. 그들은 무엇을 해 왔으며, 왜 그들은 그런 결정을 했는가? 왜 간디(Gandhi)는 비폭력을 옹호하였는가? 왜 마르틴 루터 킹(Martin Luther King) 목사는 평화적 저항 운동을 기획하였는가? 또한 학생들은 자신이 저지른 큰 실수를 숨기려고 했던 정치적 지도자들이 그들의 평판이나 심지어 경력에 대가를 치렀던 것이나 혹은 실수를 숨겼던 회사들이 부도나 파산과 같은 대가를 치르고, 심지어 사람들의 삶에 영향을 미치게 된(어떤 면에서는 타인의 삶을 파괴하기도 했던), 지혜롭지 못한 결정들의 결과들을 이해하는 것이 필요하다. 이런 결정들은 타인과 사회의 이해보다는 자기만의 이해를 강조해왔고, 장기적인 보상보다는 단기적인 이득에 가치를 두어 왔다.

변증법적 사고 교실에서 지혜를 육성하는 또 다른 방법은 학생들에게 변증법적 사고에 참여할 기회를 제공하는 것이다(Sternberg, 1998b). 변증법적 사고는 어떻게 아이디어와 상황이 발전하는가에 대한 이해다. 변증법적 사고에서 지식은 세 가지 단계를 통해 반복적으로 진화한다. 첫 번째, 명제가 성립(거론)된다. 예를 들어, 줄 밖에 서 있는 아동에게 강한 벌을 주는 것을 생각해 보자. 두 번째, 반명제나 원 진술에 대한 반증이 고려된다. 예를 들어, 그 행위를 모른 척하거나 그 경험으로부터 아동이 배우기를 희망할 수도 있다. 세 번째, 두 개의 상반되어 보이는 진술 간의 조정이나 통합명제가 발전되고, 새로운 변증법적 사고에서의 새로운 명제가 나오는 것이 계속된다. 변증법적 사고는 지혜의 발달을 촉진한다. 왜냐하면 주어진 환경에서 대안적인 행위들의 존재뿐 아니라 조정의 가능성을 강조하기 때문에 그리고 두 개의 책략들의 가장 좋은 측면들이 새롭고 더욱 현명한 책략을 생성하기 위해 통합될 수 있기 때문이다(Sternberg, 1998c).

문답적 사고(대화체 사고) 변증법적 사고는 어떻게 환경에 반응하고 이런 반응들을 이해할 수 있는지를 주로 다루는 반면, 문답적 사고는 문제해결에서 다중적 이해들이나 관점들을 고려하는 것을 포함한다. 예를 들어, 미국 학교에서는 학생들에게 앨라모(Alamo) 전투를 전형적으로 텍사스 개척자들의 관점에서 가르치지만, 자신들의 땅이 침략받았다고 생각하는 멕시코인의 관점은 판이하게 다르다. 콜럼버스(Columbus)의 도착에 대한 아메리카 대륙 원주민들의 관점은 콜럼버스의 항해에 투자했던 유럽의 통치자들과는 상당히 다르다. 지혜는 개인에게 그들의 이해가 아무리 정당하다고 할지라도, 그 자신의 이해를 기초로 사물을 보는 것뿐 아니라 타인의 이해에 기초한 인식도 요구한다.

변증법적 사고와 문답적 사고는 복잡한 개념이고, 어떤 사람들은 일반적인 학생들이 완전히 그것들을 습득할 수 있는지에 대해서도 의문을 제기한다. 사실상 변증법적 사고와 문답적 사고는 때때로 영재들만이 도달할 수 있는 유형의 사고로 여겨지기도 한다(Labouvie-Vief, 1990). 그러나 영재들만이 현명한 사고 책략들에 대한 교육으로부터 이득을 얻을 수 있는가에 대한 문제는 경험적 연구들에 의해 증명되어야 한다.

모델링 가능한 해결책들과 함께 복잡한 상황을 모델링하는 것은 학생들에게 그들이 문제를 어떻게 해결해야 하는지 혹은 판단을 어떻게 알려야 하는지 보여 주는 기회를 제공한다. 앞서 언급했듯이 특히 많은 사람들은 존경할 만하며 높은 지식을 가진 타인에 의해 환경의 복잡성이 매개되는 상황에서의 학습 경험이 인지발달에 필수적인 것으로 여긴다(예, Feurstein, 1979; Lidz, 2000; Vygotsky, 1962). 모델링은 공개적인 논의의 장을 만듦으로써 당사자가 어떤 결정을 하기 위해 필요한 내용들이 무엇인지 분명하게 해 줄 수 있다.

교사들은 많은 다른 방식들로 지혜의 역할모델을 할 수 있다. 예를 들어, 교사들은 문답적 사고의 중요성을 보여 줄 수 있다. 또는 다중의 견해들로부터 사물을 보거나 고려할 수 있고 혹은 균형 잡힌 사고를 보일 수 있다. 역사에 대해 가르칠 때, 교사들은 학생들에게 단순히 미국인 정복자들의 견해를 대표하는 것이 아니라 어떻게 다른 집단(예, 아메리카 대륙의 원주민)이나 다른 국가(예, 멕시코)가 그들의 땅에 대한 침략에 반응할지에 대해 보여 줄 수 있다. 다중적 관점을 동시에 고려하는 것에서의 약간의 어려움은 앞서 설명했던 작업기억의 한계에 대한 인지적 이론에 의해서 설명될 수 있을 것이다. 그러나 개인이 한 번에 과제의 복잡성을 습득할 수 있다면 실제적인 결정 과정은 창조적이고 실용적, 사회정서적 기술과 같은 좀 더 비전통적인 기술들에 의존할 것이다. 그리고 이런 능력들은 다른 것보다 더 교육을 통해 촉진될 수 있을 것이다.

7. 결론

이 장에서 우리는 인지 능력, 지적 능력의 발달에 대해 설명하고 기술하는 것으로 간주되어 온 많은 이론들 중 아주 작은 부분들만 다루었다. 우리는 전형적으로 인지발달에서 중심적이라고 여겨지는 분야를 넘어서 우리의 견해를 확장하고자 했다. 우리는 인지적, 심리측정적, 체계 접근들뿐 아니라 전통적인 발달 접근(Piaget 학파, 신-Piaget 학파)을 강조했다.

우리는 각각의 접근이 인식되었던 것보다 더 많이 다른 이론들에 의존한다고 믿는다.

심리측정이론들은 다양한 영역의 능력에서 나타나는 개인차를 모형화하고, 현재 우리가 지능에 대해 알고 있는 많은 부분을 설명해 왔다. 그러나 심리측정적 접근이 다양한 교육, 군대, 상업적 적용에서 막대한 영향을 계속해서 끼쳐 왔음에도 불구하고, 최근 인지발달의 과정을 모형화하는 것에는 잘 들어맞지 않는다. 발달의 관점에서 심리측정이론들은 전형적으로 변화의 원인에 대한 직접적인 설명이 거의 없이 시간에 따른 능력의 배치에서의 변화를 기술하는 것에 제한되어 있다.

정보처리이론들은 발달의 설명적 진술을 제공하는 데 더욱 잘 들어맞고, 작업기억 용량과 같은 구성 개념의 발달과 지식 획득 과정을 증명하는 데 특히 성공적이다. 이 접근은 전통적인 Piaget 학파의 발달 개념들을 많이 포함하고 있다. 그러나 창의적이고 실용적인 능력의 역할뿐 아니라 지식과 작업기억 용량, 유동성 지능이나 결정성 지능과 같은 심리측정적 구성 개념들 사이에 관계를 규명하는 데 주목할 만한 작업들이 여전히 존재한다. 많은 정보처리이론들이 전통적으로 발달을 인지체계에서의 양적인 변화의 기능으로 개념화해 온 것은 사실이다(예, 가용한 자원에서의 증가). 그리고 이런 변화들이 좀 더 혼란하고, 비선형적이며(순환 반복적), 이전에 모형화한 것보다 더 지식과 경험을 질적으로 다른 방식으로 사용하는 것에 기반하고 있다는 것으로 판명되었다.

전통적인 개인차와 정보처리 접근들이 인지발달의 중도로 인식될 수 있었음에도 불구하고, 우리는 발달 과정의 완벽한 이해는 이런 접근들의 어느 하나로부터 얻어질 수 없을 뿐 아니라 사실상 다른 연구의 단일 접근으로도 얻어질 수 없다고 믿는다. 지금까지 우리는 개념발달, 창조성, 지혜와 같은 알기 어려운 구성 개념들에 대한 연구를 제시했다. 우리는 미래의 인지발달이론가들이 이런 구성 개념들을 더 잘 다룰 수 있을 거라고 믿는다.

참·고·문·헌

Ackerman, P. (1987). Individual differences in skill learning: An integration of psychometric and information processing perspectives. *Psychological Bulletin, 102*(1), 3-27.

---

* 이 장은 W. T. Grant Foundation의 연구지원금과 국립과학재단(National Science Foundation)의 보조금(REC-9979843), 미연방교육부(U. S. Department of Education)의 교육과학연구소(Institute of Educational Science)에 의해 운영되는 Javits Act Program(지원금 R206R000001) 산하의 정부지원금을 받아 쓰였다. 이런 프로젝트의 지원을 받는 것은 그들의 전문가적 결정을 자유롭게 표현하기 위해 장려되는 것이다. 그러므로 이 장은 미연방정부의 정책이나 입장을 필연적으로 대변하지 않을 뿐 아니라 미국 정부의 공적인 승인도 내포하고 있지 않다.

Ackerman, P. (1996). A theory of adult intellectual development: Process, personality, interests, and knowledge. *Intelligence, 22,* 227-257.

Ackerman, P., & Beier, M. E. (2003). Trait complexes, cognitive investment, and domain knowledge. In R. J. Sternberg & E. L. Grigorenko (Eds.), *The psychology of abilities, competencies, and expertise* (pp. 1-30). Cambridge, UK: Cambridge University Press.

Anderson, J. R. (1982). Acquisition of cognitive skill. *Psychological Review, 89*(4), 369-406.

Anderson, J. R. (1983). *The architecture of cognition.* Cambridge, MA: Harvard University Press.

Anderson, J. R. (1990). *The adaptive character of thought* (Vol. 1). Hillsdale, NJ: Lawrence Erlbaum Associates.

Anderson, J. R., & Lebiere, C. (1998). *The atomic components of thought.* Mahwah, NJ: Lawrence Erlbaum Associates.

Anderson, J. R., & Schunn, C. D. (2000). Implications of the ACT-R learning theory: No magic bullets. In R. Glaser (Ed.), *Advances in instructional psychology* (Vol. 5, pp. 1-33). Mahwah, NJ: Lawrence Erlbaum Associates.

Andrews, G. (1997). *Relational complexity as a capacity construct in cognitive development.* Unpublished doctoral dissertation, University of Queensland, Brisbane.

Andrews, G., & Halford, G. S. (1995). *Working memory capacity and the comprehension of relative clause sentences.* Paper presented at the 3rd Conference of the Australasian Cognitive Science Society, Brisbane.

Andrews, G., & Halford, G. S. (1998). Children's ability to make transitive inferences: The importance of premise integration and structural complexity. *Cognitive Development, 13,* 470-513.

Andrews, G., & Halford, G. S. (2002). A cognitive complexity metric applied to cognitive development. *Cognitive Psychology, 45*(2), 153-219.

Ashton, P. T. (1975). Cross-cultural Piagetian research: An experimental perspective. *Harvard Educational Review, 45,* 475-506.

Baddeley, A. D. (1986). *Working memory.* Oxford: Clarendon Press.

Baddeley, A. D., & Hitch, G. J. (1974). Working memory. In G. H. Bower (Ed.), *The psychology of learning and motivation: Advances in research and theory* (Vol. 8, pp. 47-89). New York: Academic Press.

Baddeley, A. D., & Logie, R. H. (1999). Working memory: The multiple-component model. In A. Miyake & P. Shah (Eds.), *Models of working memory: Mechanisms of active maintenance and executive control* (pp. 28-61). New York: Cambridge University Press.

Baillargeon, R. (1987). Object permanence in $3^1/_2$- and $4^1/_2$-month-old infants. *Developmental Psychology, 23,* 655-664.

Baillargeon, R. (1993). The object concept revisited: New directions in the investigation of infants' physical knowledge. In C. E. Granrud (Ed.), *Visual perception and cognition in infancy* (pp. 265-312). Hillsdale, NJ: Lawrence Erlbaum Associates.

Baillargeon, R., & DeVos, J. (1991). Object permanence in young infants: Further evidence. *Child Development, 62,* 1227-1246.

Baltes, P. B., & Staudinger, U. M. (2000). Wisdom: A metaheuristic (pragmatic) to orchestrate mind and virtue toward excellence. *American Psychologist, 55,* 122-135.

Baltes, P. B., Staudinger, U. M., Maercker, A., & Smith, J. (1995). People nominated as wise: A comparative study of wisdom-related knowledge. *Psychology and Aging, 10,* 155-166.

Beilin, H. (1971). Developmental stages and developmental processes. In D. R. Green, M. P.

Ford, & G. B. Flamer (Eds.), *Measurement and Piaget* (pp. 172-196). New York: McGraw-Hill.

Bidell, T. R., & Fischer, K. W. (1992). Beyond the stage debate: Action, structure, and variability in Piagetian theory and research. In R. J. Sternberg & C. A. Berg (Eds.), *Intellectual development* (pp. 100-140). New York: Cambridge University Press.

Birney, D. P., Grigorenko, E. L., & Sternberg, R. J. (2004). *An application of the many-facet Rasch measurement approach to the evaluation of triarchic instruction.* Paper presented at the Annual meeting of the American Educational Research Association, San Diego, CA.

Birney, D. P., & Sternberg, R. J. (in press). Intelligence and cognitive abilities as competencies in development. In E. Bialystok & G. Craik (Eds.), *Lifespan cognition: Mechanisms of change.*

Bjorklund, D. F. (1995). *Children's thinking: Developmental function and individual difference.* Pacific Grove, CA: Brooks/Cole.

Boag, C. C., Neal, A., Halford, G. S., & Goodwin, G. (2000). *Comparing measure of cognitive complexity: Cognitive psychology applied to air traffic control.* Paper presented at the XVI British Psychological Society Cognitive Section Conference, The University of Essex, England.

Borsboom, D., Mellenbergh, G. J., & van Heerden, J. (2003). The theoretical status of latent variables. *Psychological Review, 110*(2), 203-219.

Braine, M. D. S. (1990). The "Natural Logic" approach to reasoning. In W. F. Overton (Ed.), *Reasoning, necessity, and logic: Developmental Personalitys* (pp. 133-157). Hillsdale, NJ: Lawrence Erlbaum Associates.

Brand, C. (1996). *The g factor: General intelligence and its implications.* Chichester, England: Wiley.

Bretherton, I. (Ed.). (1984). *Symbolic play.* New York: Academic Press.

Brody, N. (2000). History of theories and measurements of intelligence. In R. J. Sternberg (Ed.), *Handbook of intelligence* (pp. 16-33). New York: Cambridge University Press.

Bryant, P. E., & Trabasso, T. (1971). Transitive inference and memory in young children. *Nature, 232,* 456-458.

Burns, S. M., & Brainerd, C. J. (1979). Effects of constructive and dramatic play on perspective taking in very young children. *Developmental Psychology, 15,* 512-521.

Campione, J. C., Brown, A. L., & Ferrara, R. (1982). Mental retardation and intelligence. In R. J. Sternberg (Ed.), *Handbook of human intelligence* (pp. 393-490). New York: Cambridge University Press.

Cantor, N., & Kihlstrom, J. F. (1987). *Personality and social intelligence.* Englewood Cliffs, NJ: Prentice Hall.

Carey, S. (1985). *Conceptual change in childhood.* Cambridge, MA: MIT Press.

Carroll, J. B. (1993). *Human cognitive abilities: A survey of factor-analytic studies.* New York: Cambridge University Press.

Case, R. (1985). *Intellectual development: Birth to adulthood.* Orlando: Academic Press.

Case, R. (1992a). *The mind's staircase: Exploring the conceptual underpinnings of children's thought and knowledge.* Hillsdale, NJ: Lawrence Erlbaum Associates.

Case, R. (1992b). Neo-Piagetian theories of child development. In R. J. Sternberg & C. A. Berg (Eds.), *Intellectual development* (pp. 161-196). New York: Cambridge University Press.

Case, R., Kurland, M., & Goldberg, J. (1982). Operational efficiency and the growth of short-term memory span. *Journal of Experimental Child Psychology, 33,* 386-404.

Cattell, R. B. (1971). *Abilities: Their structure, growth and action.* Boston: Houghton Miffin.

Cattell, R. B. (1987). *Intelligence: Its structure, growth and action.* Amsterdam: Elsevier.

Ceci, S. J., Ramey, S. L., & Ramey, C. T. (1990). Framing intellectual assessment in terms of person-process-context model. *Educational Psychologist, 25*(3, 4), 269-291.

Chen, Z., & Siegler, R. S. (2000). Intellectual development in childhood. In R. J. Sternberg (Ed.), *Handbook of intelligence.* New York: Cambridge University Press.

Cheng, P. W., & Holyoak, K. J. (1985). Pragmatic reasoning schemas. *Cognitive Psychology, 17,* 391-416.

Chi, M. T. (1992) Conceptual change within and across ontological categories: Examples from learning and discovery in science. In R. Giere (Ed.), *Cognitive models of science: Minnesota studies in the philosophy of science* (pp. 129-186). Minneapolis, MN: University of Minnesota Press.

Chi, M. T. (1997). Creativity: Shifting across ontological categories flexibly. In T. B. Ward, S. M. Smith, & J. Vaid (Eds.), *Creative thought: An investigation of conceptual structures and processes* (pp. 209-234). Washington, DC: American Psychological Association.

Chi, M. T., Glaser, R., & Rees, E. (1982). Expertise in problem solving. In R. J. Sternberg (Ed.), *Advances in the psychology of human intelligence* (Vol. 1, pp. 7-75). Hillsdale, NJ: Lawrence Erlbaum Associates.

Coley, J. D., Hayes, B. K., Lawson, C., & Moloney, M. (2004). Knowledge, expectations and inductive reasoning within conceptual hierarchies. *Cognition, 90*(3), 217-253.

Connally, J. A., & Doyle, A. B. (1984). Relations of social fantasy play to social competence in preschoolers. *Developmental Psychology, 20,* 797-806.

Cronbach, L. J. (1957). The two disciplines of scientific psychology. *American Psychologist, 12,* 671-684.

Dansky, J. L. (1980). Make-believe: A mediator of the relationship between play and associative fluency. *Child Development, 51,* 576-579.

Deary, I. J. (2001). Human intelligence differences: Towards a combined experimental-differential approach. *Trends in Cognition Sciences, 5*(4), 164-170.

de Jong, T., & Ferguson-Hessler, M. (1996). Types and qualities of knowledge. *Educational Psychologist, 31*(2), 105-113.

DeLoache, J. S., Strauss, M. S., & Maynard, J. (1979). Picture perception in infancy. *Infant Behavior and Development, 2,* 77-89.

Diamond, A. (1990). Developmental time course in human infants and infants monkeys, and the neural bases of, inhibitory control in reaching. In A. Diamond (Ed.), *The development and neural bases of higher cognitive functions* (pp. 637-669). New York: New York Academy of Sciences.

Embretson, S. E. (1995). The role of working memory capacity and general control processes in intelligence. *Intelligence, 20,* 169-189.

Embretson, S. E., & McCollam, K. (2000). Psychometric approaches to the understanding and measurement of intelligence. In R. J. Sternberg (Ed.), *Handbook of intelligence* (pp. 423-444). New York: Cambridge University Press.

Engle, R. W., Kane, M. J., & Tuholiski, S. W. (1999). Individual difference in working memory capacity and what they tell us about controlled attention, general fluid intelligence, and function of the prefrontal cortex. In A. Miyake & P. Shah (Eds.), *Models of working memory: Mechanisms of active maintenance and executive control* (pp. 102–134). New York: Cambridge University Press.

Ericsson, K. A., Krampe, R. T., & Tesch-Römer, C. (1993). The role of deliberate practice in the acquisition of expert performance. *Psychological Review, 100*(3), 363–406.

Fein, G. G. (1979). Pretend play: New perspective. *Young Children, 34*(61–66).

Feuerstein, R. (1979). *The dynamic assessment of retarded performers: The learning potential assessment device theory, instruments, and techniques.* Baltimore, MD: University Park Press.

Flavell, J. H., Flavell, E. R., Green, F. L., & Korfmacher, J. E. (1990). Do young children think of television images as pictures or real objects? *Journal of Broadcasting and Electronic Media, 34,* 399–417.

Flavell, J. H., Miller, P. H., & Millar, S. A. (1993). *Cognitive development* (3rd ed.). Englewood Cliffs, NJ: Prentice Hall.

Flynn, J. R. (1987). Massive IQ gains in 14 nations: What IQ tests really measure. *Psychological Bulletin, 101,* 171–191.

Foley, E. J. (1997). *Assessing conceptual complexity in hierarchical reasoning: A dual-task approach.* Unpublished dissertation, University of Cincinnati.

Foley, E. J., & Berch, D. B. (1997). Capacity limitations of a classical M-power measure: A modified dual-task approach. *Journal of Experimental Child Psychology, 66,* 129–143.

Fry, A. F., & Hale, S. (2000). Relationships among processing speed, working memory, and fluid intelligence in children. *Biological Psychology, 54,* 1–34.

Gardner, H. (1993). *Frames of mind: The theory of multiple intelligences.* New York: Basic Books.

Gardner, H. (1999). *Intelligence reframed: Multiple intelligences for the 21st century.* New York: Basic Books.

Garvey, C. (1990). *Play.* Cambridge, MA: Harvard University Press.

Gelman. R. (1969). Conservation acquisition: A problem of learning to attend to relevant attributes. *Journal of Experimental Child Psychology, 7,* 167–187.

Ginsburg, H., & Opper, S. (1979). *Piaget's theory of intellectual development.* Englewood Cliffs, NJ: Prentice Hall.

Goleman, D. (1995). *Emotional intelligence.* New York: Bantam Books.

Goodnow, J. J. (1962). A test of milieu effects with some of Piaget's tasks. *Psychological Monographs, 76.*

Grigorenko, E. L., Jarvin, L., & Sternberg, R. J. (2002). School-based tests of the triarchic theory of intelligence: Three settings, three samples, three syllabi. *Contemporary Educational Psychology, 27,* 167–208.

Gustafson, J. E. (1994). Hierarchical models of intelligence and educational achievement. In A. Demetriou & A. Efklides (Eds.), *Intelligence, mind, and reasoning: Structure and developments. Advances in psychology* (pp. 45–73). Amsterdam, Netherlands: North-Holland/Elsevier Science Publishers.

Halford, G. S. (1993). *Children's understanding: The development of mental models.* Hillsdale, NJ: Lawrence Erlbaum Associates.

Halford, G. S. (1999). The development of intelligence includes capacity to process relations of greater complexity. In M. Anderson (Ed.), *The development of intelligence.* Hove, East Sussex: Psychology Press.

Halford, G. S. (2002). Information-processing models of cognitive development. In U. Goswami (Ed.), *Blackwell handbook of childhood cognitive development* (pp. 555-574). Oxford: Balckwell.

Halford, G. S., Andrews, G., Dalton, C., Boag, C. C., & Zielinski, T. (2002). Young children's performance on the balance scale: The influence of relational complexity. *Journal of Experimental Child Psychology, 81,* 383-416.

Halford, G. S., Andrews, G., & Jensen, I. (2002). Integration of category induction and hierarchical classification: One paradigm at two levels of complexity. *Journal of Cognition and Development, 3*(2), 143-177.

Halford, G. S., Maybery, M. T., & Bain, J. D. (1986). Capacity limitations in children's reasoning: A dual-task approach. *Child Development, 57,* 616-627.

Halford, G. S., & Wilson, W. H. (1980). A category theory approach to cognitive development. *Cognitive Psychology, 12,* 356-411.

Halford, G. S., Wilson, W. H., & Phillips, S. (1998). Processing capacity defined by relational complexity: Implications for comparative, developmental, and cognitive psychology. *Behavioral and Brain Sciences, 21,* 803-831.

Herrnstein, R. J., & Murray, C. (1994). *The bell curve.* New York: The Free Press.

Horn, J. L. (1988). Thinking about human abilities. In J. R. Nesselroade (Ed.), *Handbook of multivariate psychology* (2nd ed., pp. 645-685). New York: Plenum.

Horn, J. L. (1994). Theory of fluid and crystallized intelligence. In R. J. Sternberg (Ed.), *The encyclopedia of human intelligence* (Vol. 1, pp. 443-451). New York: Macmillan.

Hunt, E. (1980). Intelligence as an information-processing concept. *British Journal of Psychology, 71,* 449-474.

Inhelder, B., & Piaget, J. (1958). *The growth of logical thinking from childhood to adolescence: An essay on the construction of formal operational structures.* New York: Basic Books.

"Intelligence and its measurement: A symposium." (1921). *Journal of Educational Psychology, 12,* 123-147, 195-216, 271-275.

Jensen, A. (1998). *The g factor: The science of mental ability.* Westport, CT: Praeger/Greenwood.

Johnson-Laird, P. N. (2001). Mental models and deduction. *Trends in Cognitive Sciences, 5*(10), 434-442.

Johnson-Laird, P. N., Byrne, R. M., & Schaeken, W. (1992). Propositional reasoning by model. *Psychological Review, 99*(3), 418-439.

Just, M. A., & Carpenter, P. A. (1992). A capacity theory of comprehension: Individual differences in working memory. *Psychological Review, 99*(1), 122-149.

Kahneman, D. (1973). *Attention and effort.* Englewood Cliffs, NJ: Prentice Hall.

Kail, R. (1984). *The development of memory in children* (2nd ed.). New York: Freeman.

Kail, R., & Park, Y. (1994). Processing time, articulation time, and memory span. *Journal of Experimental Child Psychology, 57,* 281-291.

Kanfer, R., & Ackerman, P. (1989). Motivation and cognitive abilities: An integrative/aptitude-treatment interaction approach to skill acquisition. *Journal of Applied Psychology, 74*(2), 657-690.

Kihlstrom, J. F., & Cantor, N. (2000). Social intelligence. In R. J. Sternberg (Ed.), *Handbook of intelligence* (2nd ed.). Cambridge, UK: Cambridge University Press.

Kroger, J., Sabb, F. W., Fales, C., Bookheimer, S. Y., Cohen, M. S., & Holyoak, K. (2002). Recruitment of anterior dorsolateral prefrontal cortex in human reasoning: A parametric study of relational complexity. *Cerebral Cortex, 12*(5), 477–485.

Kyllonen, P. C., & Christal, R. E. (1990). Reasoning ability is (little more than) working-memory capacity?! *Intelligence, 14,* 389–433.

Labouvie-Vief, G. (1990). Wisdom as integrated thought. In R. J. Sternberg (Ed.), *Wisdom: Its nature, origins, and development* (pp. 52–83). New York: Cambridge University Press.

Laurendeau-Bendavid, M. (1977). Culture, schooling, and cognitive development: A comparative study of children in French Canada and Rwanda. In P. R. Dasen (Ed.), *Piagetian psychology: Cross-cultural contributions* (pp. 123–168). New York: Gardner Press.

Lidz, C. S. (2000). Theme and some variations on the concepts of mediated learning experience and dynamic assessment. In A. Kozulin & Y. Rand (Eds.), *Experience of mediated learning: An impact of Feuerstein's theory in education and psychology* (pp. 166–174). Oxford, UK: Elsevier Science Ltd.

Linacre, J. M. (1989). *Many-facet Rasch measurement.* Chicago, IL: MESA Press.

Lohman, D. F., & Ippel, M. J. (1993). Cognitive diagnosis: From statistically based assessment toward theory-based assessment. In N. Frederiksen, R. J. Mislevy, & I. I. Bejar (Eds.), *Test theory for a new generation of tests* (pp. 41–70). Hillsdale, NJ: Lawrence Erlbaum Associates.

Lutz, D. J., & Sternberg, R. J. (1999). Cognitive development. In M. H. Bornstein & M. E. Lamb (Eds.), *Developmental psychology: An advanced textbook* (4th ed.). Mahwah, NJ: Lawrence Erlbaum Associates.

Mandler, J. M. (1988). How to build a baby: On the development of an accessible representational system. *Cognitive Development, 3,* 113–136.

Markman, A. B., & Gentner, D. (1993). Structural alignment during similarity comparisons. *Cognitive Psychology, 25,* 431–467.

Maybery, M. T., Bain, J. D., & Halford, G. S. (1986). Information-processing demands of transitive inference. *Journal of Experimental Psychology: Learning, Memory, and Cognition, 12*(4), 600–613.

Mayer, J. D., & Salovey, P. (1993). The intelligence of emotional intelligence. *Intelligence, 22*(89–114).

McArdle, J. J., Ferrer-Caja, E., Hamagami, F., & Woodcock, R. W. (2002). Comparative longitudinal structural analyses of the growth and decline of multiple intellectual abilities over the life span. *Developmental Psychology, 38*(1), 115–142.

McCall, R. B., & Carriger, M. S. (1993). A meta-analysis of infant habituation and recognition memory performance as predictors of later IQ. *Child Development, 64,* 57–79.

McClelland, J. L., Rumelhart, D. E., & Hinton, G. E. (1986). The appeal of parallel distributed processing. In D. E. Rumelhart & J. L. McClelland (Eds.), *Parallel distributed processing* (Vol. 1). Cambridge, MA: MIT Press.

Medin, D., Goldstone, R. L., & Gentner, D. (1993). Respects for similarity. *Psychological Review, 100,* 254–278.

Michell, J. (1999). *Measurement in psychology: Critical history of a methodological concept.* New York: Cambridge University Press.

Miller, P. H. (1993). *Theories of developmental psychology* (3rd ed.). New York: Freeman.

Murphy, G. L., & Medin, D. (1985). The role of theories in conceptual coherence. *Psychological Review, 92*(289–316).

Navon, D. (1984). Resources? A theoretical soup stone? *Psychological Review, 91*(2), 216–234.

Neimark, E. D. (1975). Intellectual development during adolescence. In F. D. Horowitz (Ed.), *Review of child development research* (Vol. 4, pp. 541-594). Chicago: University of Chicago Press.

Neisser, U., Boodo, G., Bouchard Jr., T. J., Boykin, A. W., Brody, N., Ceci, S. J., et al. (1996). Intelligence: Knowns and unknowns. *American Psychologist, 51*(2), 77-101.

Nelson, T. O. (1999). Cognition versus metacognition. In R. J. Sternberg (Ed.), *The nature of cognition*. Cambridge, MA: The MIT Press.

Newell, A., & Simon, H. A. (1972). *Human problem solving*. NJ: Prentice Hall.

Norman, D. A., & Bobrow, D. G. (1975). On data-limited and resource-limited processes. *Cognitive Psychology, 7,* 44-64.

Oberauer, K., & Kliegl, R. (2001). Beyond resources: Formal models of complexity effects and age differences in working memory. *European Journal of Cognitive Psychology, 13,* 187-215.

Pascual-Leone, J. (1970). A mathematical model for the transition rule in Piaget's developmental stages. *Acta Psychologica, 32,* 301-345.

Pepler, D. J., & Ross, H. S. (1981). The effects of play on convergent and divergent problem solving. *Child Development, 52,* 1202-1210.

Piaget, J. (1950). *The psychology of intelligence* (M. Piercy & Berlyne., Trans.). London: Routledge & Kegan Paul.

Piaget, J. (1951). *Play, dreams, and imitation in childhood.* New York: Norton.

Piaget, J. (1972). Intellectual evolution from adolescence to adulthood. *Human Development, 15,* 1-12.

Piaget, J. (1985). *The equilibration of cognitive structures: The central problem of intellectual development.* Chicago: University of Chicago Press.

Piaget, J., & Inhelder, B. (1956). *The child's conception of space.* London: Routledge & Kegan Paul.

Piaget, J., & Inhelder, B. (1969). *The psychology of the child.* London: Routledge & Kegan Paul.

Posner, M. I., & Keele, S. W. (1968). On the genesis of abstract ideas. *Journal of Experimental Psychology, 77,* 353-363.

Quilici, J. L., & Mayer, R. E. (2002). Teaching students to recognize structural similarities between statistics word problems. *Applied Cognitive Psychology, 16*(3), 325-342.

Rips, L. (1983). Cognitive processes in propositional reasoning. *Psychological Review, 90*(1), 38-71.

Rips, L. (1994). *The psychology of proof: Deductive reasoning in human thinking*. Cambridge, Mass: MIT Press.

Rittle-Johnson, B., Siegler, R. S., & Alibali, M. W. (2001). Developing conceptual understanding and procedural skill in mathematics: An interative process. *Journal of Educational Psychology, 93,* 346-362.

Roberts, M. J. (1993). Human reasoning: Deduction rules or mental models, or both? *Quarterly Journal of Experimental Psychology, 46A*(4), 569-589.

Roberts, M. D., & Stankov, L. (1999). Individual differences in speed of mental processing and human cognitive abilities: Toward a taxonomic model. *Learning and Individual Differences, 11*(1), 1-120.

Rose, A. S., & Feldman, J. F. (1997). Memory and speed: Their role in the relation of information-processing to later IQ. *Child Development, 68,* 630-641.

Rumelhart, D. E. (1990). Brain style computation: learning and generalisation. In S. F. Zornetzer, J. L. Davis, & C. Lau (Eds.), *An introduction to neural and electronic networks.* Cambridge, MA: MIT Press.

Rumelhart, D. E., & Norman, D. A. (1981). Analogical processes in learning. In J. R. Anderson (Ed.), *Cognitive skills and their acquisition* (pp. 335-359). Hillsdale, NJ: Lawrence Erlbaum Associates.

Salovey, P., & Mayer, J. D. (1990). Emotional intelligence. *Imagination, Cognition, and Personality, 9,* 185-211.

Sattler, J. M. (1992). *Assessment of children: Revised and updated third edition.* San Diego: Jerome M. Sattler, Publisher Inc.

Schliemann, A. D., & Carraher, D. W. (2002). The evolution of mathematical reasoning: Everyday versus idealized understandings. *Developmental Review, 22,* 242-266.

Schroyens, W., Schaeken, W., & d'Ydewalle, G. (1999). Error and bias in meta-propositional reasoning: A case of the mental model theory. *Thinking and Reasoning, 5*(1), 29-65.

Schunn, C. D., & Reder, L. M. (2001). Another source of individual differences: Strategy adaptivity to changing rates of success. *Journal of Experimental Psychology: General, 130*(1), 59-76.

Shafto, P., & Coley, J. D. (2003). Development of categorization and reasoning in the natural world: Novices to experts, naive similarity to ecological knowledge. *Journal of Experimental Psychology: Learning, Memory, and Cognition, 29*(4), 641-649.

Siegler, R. S. (1991). *Children's thinking.* Englewood Cliffs, NJ: Prentice Hall.

Siegler, R. S., & Chen, Z. (2002). Development of rules and strategies: Balancing the old and the new. *Journal of Experimental Child Psychology, 81,* 446-457.

Simon, T., & Halford, G. S. (Eds.). (1995). *Developing cognitive competence: New approaches to cognitive modeling.* Hillsdale, NJ: Lawrence Erlbaum Associates.

Singer, D. G., & Singer, J. L. (1990). *The house of make-believe.* Cambridge, MA: Harvard University Press.

Slater, A., Rose, D., & Morrison, V. (1984). Newborn infants' perception of similarities and differences between two- and three-dimensional stimuli. *British Journal of Developmental Psychology, 2,* 287-294.

Sloman, S. A. (1996). The empirical case for two systems of reasoning. *Psychological Bulletin, 2,* 287-294.

Spelke, E. S. (1991). Physical knowledge in infancy: Reflections on Piaget's theory. In S. Carey & R. Gelman (Eds.), *The epigenesis of mind: Essays in biology and cognition* (pp. 133-169). Hillsdale, NJ: Lawrence Erlbaum Associates

Spelke, E. S., Breinlinger, K., Macomber, J., & Jacobson, K. (1992). Origins of knowledge. *Psychological Review, 99*(605-632).

Stankov, L. (2000). The theory of fluid and crystallized intelligence: New findings and recent developments. *Learning and Individual Differences, 12,* 1-3.

Sternberg, R. J. (1977). *Intelligence, information processing, and analogical reasoning: The componential analysis of human abilities.* Hillsdale, NJ: Lawrence Erlbaum Associates.

Sternberg, R. J. (1985). *Beyond IQ: A triarchic theory of human intelligence.* Cambridge: Cambridge University Press.

Sternberg, R. J. (1990a). *Metaphors of mind: Conceptions of the nature of intelligence.* New York: Cambridge University Press.

Sternberg, R. J. (1990b). Wisdom and its relations to intelligence and creativity. In R. J. Sternberg (Ed.), *Wisdom: Its nature, origins, and development* (pp. 142-159). New York: Cambridge University Press.

Sternberg, R. J. (1997). *Successful intelligence.* New York: Plume.

Sternberg, R. J. (1998a). Abilities are forms of developing expertise. *Education Researcher, 27,* 11-20.

Sternberg, R. J. (1998b). A balance theory of wisdom. *Review of General Psychology, 2,* 347-365.

Sternberg, R. J. (1998c). The dialect as a tool for teaching psychology. *Teaching of Psychology, 25,* 177-180.

Sternberg, R. J. (1999a). Intelligence as developing expertise. *Contemporary: Educational Psychology, 24,* 359-375.

Sternberg, R. J. (2001). What is the common thread of creativity? Its dialectical relation to intelligence and wisdom. *Special section of American Psychologist on creativity, 56*(4), 360-362.

Sternberg, R. J. (2003a). What is an expert student? *Educational Researcher, 32*(8), 5-9.

Sternberg, R. J. (2003b). *WICS: A theory of wisdom, intelligence, and creativity synthesized.* Cambridge University Press.

Sternberg, R. J. (Ed.). (1999b). *Handbook of creativity.* New York: Cambridge University Press.

Sternberg, R. J. (Ed.). (2000). *Handbook of intelligence.* New York: Cambridge University Press.

Sternberg, R. J., & Detterman, D. K. (1986). *What is intelligence?* Norwood, NJ: Ablex Publishing Corporation.

Sternberg, R. J., Forsythe, G. B., Hedlund, J., Horvath, J., Snook, S., Williams, W. M., et al. (2000). *Practical intelligence in everyday life.* New York: Cambridge University Press.

Sternberg, R. J., & Grigorenko, E. L. (Eds.). (2002). *The general factor of intelligence: How general is it?* Mahwah, NJ: Lawrence Erlbaum Associates.

Sternberg, R. J., & Powell, J. S. (1983). The developmental of intelligence. In J. Flavell & E. Markman (Eds.), *Handbook of child psychology* (3 ed., Vol. 3, pp. 341-419). New York: Wiley.

Sternberg, R. J., & Smith, C. (1985). Social intelligence and decoding skills in nonverbal communication. *Social Cognition, 2,* 168-192.

Sternberg, R. J., Torff, B., & Grigorenko, E. L. (1998). Teaching triarchically improves school achievement. *Journal of Educational Psychology, 90,* 374-384.

Sternberg, R. J., & Williams, W. M. (1986) *How to develop student creativity.* Alexandria, VA: Association for Supervision and Curriculum Development.

Tanner, J. M., & Inhelder, B. (Eds.). (1956). *Discussions on child development* (Vol. 1). London: Tavistock.

Thelen, E., & Smith, L. B. (1994). *A dynamic systems approach to the development of cognition and action.* Cambridge, MA: MIT Press/Bradford Books.

Turner, G., & Thomas, H. (2002). Bridging the gap between theory and model: A reflection in the balance scale task. *Journal of Experimental Child Psychology, 81,* 466-481.

Vygotsky, L. (1962). *Thought and language.* Cambridge, MA: MIT Press. (Original work published 1934.)

Vygotsky, L. (1978). *Mind in society: The development of higher psychological processes.* Cambridge, MA: Harvard University Press.

Waltz, J. A., Knowlton, B. J., Holyoak, K. J., Boone, K. B., Mishkin, F. S., de Menezes Santos,

M., et al. (1999). A system for relational reasoning in human prefrontal cortex. *Psychological Science, 10*(2), 119-125.

Webster's New World College Dictionary. (1997). (3re ed.). New York: Simon & Schuster.

Wickens, C. D. (1991). Processing resources and attention. In D. L. Damos (Ed.), *Mutliple-Task Performance* (pp. 3-34). London: Taylor & Francis.

Williams, W. M., Blythe, T., White, N., Li, J., Gardner, H., & Sternberg, R. J. (2002). Practical intelligence for schools: Developing metacognitive sources of achievement in adolescence. *Developmental Review, 22*(162-210).

Woltz, D. J., Gardner, M. K., & Gyll, S. P. (2000). The role of attention processes in near transfer of cognitive skills. *Learning and Individual Differences, 12*, 209-251.

Woodcock, R. W., & Johnson, M. B. (1989). *Woodcock-Johnson psycho-educational battery-revised*. Allen, TX: DLM Teaching Resources.

Wright, B. D. (1999). Fundamental measurement for psychology. In S. E. Embretson & S. L. Hershberger (Eds.), *The new rules of measurement: What every psychologist and educator should know*. Mahwah, NJ: Lawrence Erlbaum Associates.

Yang, S., & Sternberg, R. J. (1997a). Conceptions of intelligence in ancient Chinese philosophy. *Journal of Theoretical and Philosophical Psychology, 17*(2), 101-119.

Yang, S., & Sternberg, R. J. (1997b). Taiwanese Chinese people's conceptions of intelligence. *Intelligence, 25*(1), 21-36.

8 언어발달

CHAPTER>>

Brian MacWhinney
Carnegie Mellon University

1. 서론

대부분의 정상 아동은 언어를 학습하는 데 성공한다. 이로 인해 사람들은 종종 언어학습 과정을 당연한 것으로 생각하는 경향이 있어서 많은 사람들이 언어를 호흡이나 눈 깜빡거림과 같이 단순한 기본적인 본능으로 여긴다. 하지만 사실상 언어야말로 한 인간이 숙달해야 하는 가장 복잡한 기술이다. 성인이 되어서 중국어나 아랍어처럼 모국어와는 매우 다른 외국어를 학습하게 되면, 우리는 언어의 복잡성을 실감하게 된다. 갑자기 낯선 조음(articulation)과 소리(sound), 새로운 정자법(orthography), 너무나 생소한 단어 의미 그리고 새로운 문법과 단어 형성 규칙에 직면하게 되는 것이다. 모든 사람이 수영이나 미적분학을 배우는 데 성공하는 것은 아니지만, 모든 사람이 언어학습에 성공한다는 사실은 언어가 얼마나 인간본성에 밀접하게 맞닿아 있는지를 보여 준다. 언어는 사람들이 산출하지 못하는 소리, 학습할 수 없는 단어, 분석할 수 없는 구문 패턴을 포함하지 않는다. 더욱이 우리가 이야기하기 위해 선택하는 표현들은 인간생활과 사회를 충분히 요약하는 것들이다. 언어를 복잡하게 만드는 것은 복잡한 우리의 본성과 사회다. 언어학습은 인간본성, 신체, 인간사회의 형태에서 직접적으로 나왔으므로 별다른 노력이 필요 없는 과정처럼 보인다.

다른 종들의 의사소통 체계와는 달리, 언어는 인간으로 하여금 지금, 여기에서의 일을 뛰어넘어 다른 시공간에서의 대상과 활동을 완벽하게 기술할 수 있게 한다. 인간의 언어와 동물의 의사소통 간의 명백한 차이는 플라톤부터 데카르트에 이르는 철학자들이 언어를 인간의 특별한 재능(special gift), 종-특정적 능력으로 생각하도록 했다. 하지만 이러한 재능이 현대 호모 사피엔스에서 갑작스럽게 나타난 것은 아니다. 언어발달, 언어 진화 및 신경생리학 연구에 의해 점점 늘어나는 증거는 이 특별한 재능의 출현에 대한 보다 복잡하고 역동적인 관점을 만들어 가고 있다. 우리는 현재 언어학습이 청각, 조음, 단어, 문법, 화용 및 문자의 습득에 관한 광범위하게 상호 관련된 능력들에 의존함을 알고 있다. 이 장에서는 언어학습의 여섯 가지 측면에 대한 최근의 모형과 설명을 살펴보고자 한다.

먼저 이들 여섯 가지 구성요소 각각에 대하여 간단히 알아보자. 첫째, 청각과 조음 학습의 관계를 고려해 보자. 청각발달은 그 언어의 기본적인 소리를 구별하고 말소리의 흐름을 단어들로 분절하는 방법의 학습을 포함한다. 이러한 학습은 언어 사용의 수용적 혹은 지각적 측면을 포함한다.

한편 아동의 조음발달은 성인이 내는 말소리를 모방하기 위한 입, 혀, 후두의 통제를 학습하는 것을 포함한다. 이 학습은 생산적 또는 표현적 언어의 사용과 관련이 있다. 청각학습과 조음학습은 음운발달의 양측면이다. 분명히 우리는 청각적으로 소리를 정확하게 변별하기 전까지는 조음기관을 통제할 수 없다. 따라서 청각은 논리적으로 조음에 선행한다.

언어발달의 세 번째 측면은 어휘발달, 즉 단어의 학습이다. 사람들 간 의사소통의 도구로 기능하기 위해 단어들은 반드시 공유되거나 관습적인 의미를 지니고 있어야 한다. 각각의 새로운 단어에 대한 정확한 의미를 잡아내는 것은 아동에게 중요한 학습 과제다. 하지만 이것은 아동들이 부모가 말한 단어들을 정확하게 인식하도록 하는 것만으로는 부족하다. 자신들의 의도를 표현하기 위해서 아동들은 어떤 사상에 대하여 그 이름을 머릿속에서 인출하고 실제 조음으로 전환할 수 있는(즉, 발음할 수 있는) 능력이 있어야 한다. 따라서 어휘발달은 음운발달에서와 같이 수용적 요소와 표현적 요소 모두를 포함한다.

단어들을 알게 되면 아동들은 그것들을 조합할 수 있게 된다. 언어의 네 번째 요소인 문법은 단어와 구가 의미 있는 문장을 만들기 위해 배열되는 순서의 체계다. 아동들은 주어나 직접 목적어와 같은 문법적 기능을 표시하기 위해 단어의 순서를 이용하는 법을 배워야 한다.

아동이 반드시 획득해야 하는 다섯 번째 구성요소는 화용론(pragmatics)이다. 이것은 우리가 특정 의사소통적 목적을 위해 특정 사회적 상황에서 언어를 어떻게 사용할 수 있는가를 결정하는 패턴의 체계다. 화용론은 일차적으로 대화와 의사소통을 유지하기 위해 필요한 기술을 의미하므로, 아동언어 연구자들은 화용발달을 의사소통 능력과 대화 능력의 획득으로 보는 것이 가장 쉽다는 것을 발견했다(Ochs & Schieffelin, 1983). 의사소통 능력의 주요한 구성요소는 대화가 관습적으로 인사로 시작하고, 순서 지키기(turn-taking)가 요구되며, 공유된 주제에 관한 것임을 아는 것을 포함한다. 또한 아동들은 청자의 흥미, 지식 그리고 언어적 능력에 맞도록 그들의 의사소통 내용을 조정할 필요가 있음을 학습해야 한다.

마지막으로, 아동들은 갈수록 복잡해지는 사회, 인지 및 언어적 구조를 표현하기 위해 인쇄된 문서나 공식적인 대화를 사용해야 하는데, 그러려면 읽고 쓰는 능력을 획득해야 한다. 문자 해독은 아동이 획득하는 언어의 여섯 번째이자 마지막 구성요소다.

언어의 여섯 가지 차원에 대한 학습을 연구하면서 우리는 세 가지 되풀이되는 주제를 발견하게 된다. 첫째, 각 차원들을 연구하기 위해 연구자들은 우리가 앞으로 배우게 될 독특한 연구 방법들을 개발했다는 것이다. 둘째, 각각의 차원에 대하여 연령별 정상 발달의 규준이 있다는 것이다. 그러나 정상 아동의 경우에도 이 규준에 이르는 연령에는 커다란 변산이 있음도 알려진 사실이다. 셋째, 각각의 차원에서 우리는 그 아동이 언어의 체계적 통제를 획득하기 위해 사용할 수 있는 특정한 처리 과정들을 탐색할 수 있다는 것이다. 만일 주어진 하나의 과정이 어떻게 아동의 언어 능력을 향상시키는지 단계별로 명세할 수 있다면 언어발달의 한 측면에 대한 체계적 설명을 제공한다고 할 수 있을 것이다.

2. 청각발달

William James(1890)는 신생아의 세계를 '만발한, 와글거리는 혼돈' 이라고 기술했다. 그러나 현재 우리는 적어도 청각적 수준에서 신생아의 세계는 매우 잘 구조화되어 있음을 안다. 달팽이관과 청신경에서 신호의 주파수와 강도에 대한 광범위한 전처리 과정을 통해 신호가 청각 피질에 도달했을 때에는 아주 잘 구조화되어 있게 된다.

1970년대의 연구자들(Eimas, Siqueland, Juscvyk, & Vigorito, 1971)은 영아들이 출생 시 *pit*과 *bit*에 있는 것과 같은 /*p*/와 /*b*/ 간의 차이를 감지할 수 있음을 발견했다. 그러나 곧 친칠라조차도 이러한 구분을 할 수 있는 능력이 있음이 밝혀졌다(Kuhl & Miller, 1978). 이는 영아들의 청각적 세계의 기본 구조 중 많은 것들이 인간만의 독특한 적응적 산물이 아니며, 포유류의 귀와 달팽이관 신경에서 이루어지는 기본적인 처리 과정에 귀인

될 수 있음을 시사한다. 이러한 기본적인 수준의 청각적 처리과정을 넘어서서, 영아들은 청각적 사건의 순서들을 기록하고 저장하는 뛰어난 능력을 가지고 있는 듯하다. 이것은 마치 영아가 단어의 실제 의미를 학습하기에 앞서 입력되는 소리를 기록하고 재생하여 그 패턴이 귀에 익숙해지도록 하는 녹음기와 유사한 무언가를 청각 피질 속에 가지고 있는 것과 같다.

청각을 연구하기 위한 한 가지 방법(Aslin, Saffran, & Newport, 1999)으로, 초기에는 지각적으로 동일한 자극이 반복되면 습관화되는 경향이 있다는 사실을 이용하였다. 만일 자극들의 지각적 유형이 갑자기 변화한다면, 아기는 주의를 전환하고 새로운 자극을 바라보기 위해 시선을 돌릴 것이다. 이를 위해 실험자들은 아기의 좌측이나 우측에 스피커를 놓고, 소리 자극을 들려주었다. 만일 실험자가 특정한 속성을 공유하는 단어 세트를 구성한 다음 상이한 속성을 지니는 단어로 바꾸면, 영아는 이전 자극으로부터 고개를 돌리고 보다 흥미롭고 새로운 자극을 향하면서 구별하여 지각할 수 있음을 보여 줄 것이다. 예를 들어, 만일 6개월 된 영아들이 /*badigudibagadigudigagidu*/와 같이 자꾸 반복되는 소리를 듣는다면, 반복되는 부분이 두드러져서 이후의 듣기에 영향을 미칠 것이다. 이 예에서 반복되는 부분은 /*digudi*/이다. 만일 영아들이 이 소리에 훈련된다면, 그들은 이 소리에 익숙해져서 이전의 /*digudi*/ 부분보다는 새로운 소리를 듣는 것을 선호하게 될 것이다. 이러한 습관화 효과는 강세가 있는 음절들과 그 음절들을 바로 뒤 이은 음절들의 경우 가장 강력하다(Jusczyk, 1997). 음절들의 순서에 대한 이러한 기억은 우리가 인간언어의 소리를 저장하고 인출하는 능력을 가지고 태어남을 시사한다. 생애 첫해 동안 아동은 수많은 시간 동안 언어에 노출된다. 언어의 청각적 패턴에 지속적으로 주의를 기울임으로써 아동은 단어의 형태에 관한 풍부한 레퍼토리들을 형성한다. 그러나 생애 초기, 아동은 아직도 소리와 의미 간 연결에 대한 아이디어를 가지고 있지 않다.

소리 패턴을 기억하는 생애 초기의 이러한 능력에 더하여 아기들은 또한 어머니의 말소리와 비슷한 언어에 대한 선호를 보여 준다. 즉, 프랑스 영아들은 프랑스어를 듣는 것을 선호하는 반면, 폴란드 영아들은 폴란드어를 듣는 것을 선호할 것이다(Jusczyk, 1997). 이에 더하여 아기들은 다른 여성의 목소리보다는 자기 어머니 목소리에 대한 선호를 보여 준다. 이러한 능력과 선호도는 모두 첫 8개월 동안 아동이 언어에 많은 주의를 기울임을 시사한다. 실제로 이러한 학습은 출생 이전부터 시작되는 것으로 보인다. DeCasper와 Fifer(1980)는 어머니들이 Dr. Seuss의 동화책을 읽는 것을 녹음하여 생후 3일 이전의 아기들에게 이 테이프를 들려주었다. 테이프를 들려주면서 아이들에게 고무젖꼭지를 빨게 했는데, 아이들은 다른 어머니의 목소리를 재생할 때보다 자기 어머니의 목소리를 재생할 때 더 강력하게 고무젖꼭지를 빨았다. 더구나 신생아들은 처음 듣는 이야기보다 태어나기 전에 어머니가 크게 읽어 준 이야기를 더 선호했다(DeCasper, Lecanuet, & Busnel, 1994). 즉, 그들의 태내기 청각 경험이 출생 이후의 선호도를 형성하는 것으로 보인다.

비록 영아들이 아직 단어를 학습하지 않았음에도 불구하고 그들은 모국어의 기본적인 소리와 억양을 습득하고 있다. 아동들이 모국어의 음소를 구별할 수 있게 되면서, 그들은 모국어에 나타나지 않는 음소들에 대해서는 그것을 구분하는 능력을 상실하기 시작한다. 만일 영아들이 이중 언어적 환경에서 성장한다면 충분한 지각적 융통성이 유지된다. 그러나 만일 영아들이 단일 언어 환경에서 성장한다면 다양한 음소를 처리하는 대신 모국어의 음소를 보다 빠르고 자동적으로 처리하는 것이 발달하게 된다(Kilborn, 1989).

3. 조음발달

물론 실험적 증거들을 통해서도 영아들의 소리인식이 향상됨을 알 수 있지만, 언어다운 행동이 처음 직접적으로 관찰 가능해지는 것은 아동이 발성할 때다. 출생 시 아동은 이미 네 가지 구분되는 울음의 유형을 가질 수 있다(Wasz-Hockert, Lind, Vurenkoski, Partanen, & Valanne, 1968). 즉, 출생 울음(birth cry), 고통 울음(pain cry), 배고픔 울음(hungry cry), 기쁨 울음(pleasure cry) 등이다. 출생 울음은 출생 시에만 나타나며 영아가 폐와 기관(氣管, trachea)에 모인 양수를 뱉어 내려는 시도이기도 하다. 고통 울음은 아기를 핀으로 찌를 때 유발될 수 있다. 배고픔 울음은 영아의 섭식 욕구에 대한 신뢰로운 표시다. 기쁨 울음은 보다 부드럽고 처음에는 그다지 빈번하지 않은 것으로, 이 울음에서 언어가 발달하는 것으로 보인다. 스펙토그래픽 분석을 이용하여 그들의 울음을 분석하면 이 연령의 아이들에게서 묘성 증후군(Cri du Chat)이나 레쉬-니안 증후군(Lesch-Nyan syndrome) 같은 유전적인 장애를 발견해 낼 수 있다(Wasz-Hockert et al., 1968).

영아의 울음 패턴들은 동물 행동 혹은 동물생태학 연구의 틀로부터 이해될 수 있다(Tinbergen, 1951). 이 틀에서 동물들은 특정한 고정행위 패턴(fixed action patterns: FAPs)을 산출할 수 있는 능력이 있는 것처럼 보인다. 예를 들어, 수사슴들은 싸움에서 뿔을 부딪치는 고정행위 패턴을 가지고 있다. 새들은 모이 쪼기와 날기에 대한 고정행위 패턴들을 가진다. 인간의 고정행위 패턴들은 빨기, 울기, 눈 맞추기 및 기기를 포함한다. 이러한 다양한 고정행위 패턴들은 대부분 생태학자들이 선천적 방출기제(innate releasing mechanisms: IRMs)라고 부르는 자극에 의해 유발된다. 예를 들어, 어머니의 젖가슴 자극은 빨기 행동을 유발한다. 어머니는 젖을 분비함으로써 영아의 배고픔에 반응한다. 영아의 발바닥을 핀으로 찌르는 것은 고통 울음을 유발하며 부모들은 아동을 안고 어르는 것으로 이러한 울음에 반응한다. 여기서 우리는 언어의 기원이 상대적으로 유전적이며 안정적인 것으로 생각할 수 있다.

조음발달은 비록 많은 개인적 변산이 존재하지만, 매우 분명한 이정표에 따라 진행된다. 첫 3개월 동안 아기의 발성은 울음과 빨기, 씹기, 기침하기와 같이 성장과 관련된 적응 그 이상의 무엇도 포함하지 않는다. 그러나 사회적 미소가 처음으로 나타나는 3개월을 전후하여(Lewis, 1936; McCarthy, 1954) 아기들은 우리가 '목 울리기(cooing)' 라고 부르는 몇몇 소리들을 내기 시작한다. 이러한 소리들은 특별한 언어적 구조를 지니지 않지만 조화로운 음조는 부모들을 보다 즐겁게 만드는 특징이 있다. 이 기간 동안 영아가 산출하는 모음 비슷한 소리의 수와 다양성이 현저하게 증가한다. 울음과 달리 이러한 모음들은 즐거울 때 나타난다. Irwin(1936)은 생후 6개월까지 영아들의 소리에서 /*g*/와 /*k*/와 같은 후설자음(back consonant)과 /ʌ/와 /ə/와 같은 중모음이 90%가 된다는 점에 주목했다.

6개월경에는 후설자음에서 전설자음(front consonant)으로의 이행이 나타난다. 이러한 이행은 침 삼키기와 같은 대근육 통제로부터 소근육 움직임 통제로의 이행의 결과다(Berry & Eisenson, 1956; Tucker, 2022). 이것은 아기가 다양한 개별 모음과 자음, 특히 /*ta*/ 혹은 /*pe*/와 같은 자음-모음 음절(CV syllable)의 형태에서 주로 나타나는 구조화된 발성을 산출하도록 한다. 이러한 구조화된 음절과 유사한 발성의 빈도가 증가함에 따라 우리는 영아들이 옹알이(bubbling) 를 한다고 말하기 시작한다. 초기 옹알이의 신경계 통제는 많은 유인원에서 나타나는 시끄러운 혀 차기 패턴의 정점에서 이루어진다(MacNeilage, 1998). 이러한 CV 발성적 제스처(Hoyer & Hoyer, 1924)는 모음 폐쇄에 이어 모음 소리의 방출이 뒤따르는 형태를 취한다.

생후 6개월까지는 청각장애 아동도 일반 아동과 마찬가지로 옹알이를 한다(Oller & Eilers, 1988). 그러나 생후 9개월 이전에 청각장애 영아는 옹알이에 대해 흥미를 잃는데, 이것은 정상적인 발달 경로에서 점점 멀어지는 것이다(Mavilya, 1970). 이는 초기 옹알이가 아기들이 자기 수용적이고 신체적인 피드백을 통해 주로 유지됨을 시사한다. 생후 6개월 이후 옹알이는 점차 청각적인 피드백에 의존한다. 이 기간 동안 영아는 특정한 청각 인상에 걸맞은 특정한 소리를 산출하려고 시도한다. 이 시점에서 청각장애 영아는 더 이상 옹알이를 즐기지 않는데, 그들의 옹알이는 청각적 피드백과 연결되어 있지 않기 때문이다. 이러한 사실은 영아의 관점에서 볼 때 옹알이가 바로 구강, 폐, 후두의 협응을 탐색하는 과정임을 시사한다.

행동주의의 전성기에 연구자들은 옹알이의 발달을 강화이론으로 설명했다. 예를 들어, Mowrer(1960)는 옹알이는 영아가 그 어머니가 만드는 것과 비슷한 소리를 산출하려고 시도하면서 이루어진다고 생각했다. 행동주의자들의 용어로 이것은 이차적 목표 강화(secondary goal reinforcement)다. 또 다른 행동주의자들은 부모들이 웃음이나 다른 보상을 통해 옹알이를 상이하게 강화하거나 조형한다고 생각했다. 그들은 이러한 강화가 중국 아기들은 중국어 소리로 옹알이하는 반면, 케추아(Quechua) 족 아기는 케추아어 소리로 옹알이하도록 만든다고 생각했다. 이것이 '옹알이 편차(babbling drift)' 이론이었다. 그러나 보다 면밀한 관찰로 모국어에 대한 이러한 편차가 10개월이 지날 때까지도 명백하게 드러나지 않음이 밝혀졌다(Boysson-Bardies & Vihman, 1991). 12개월 이후 영아들이 첫 단어를 획득하기 시작함에 따라 모국어에 대한 지향에서 강한 편차를 보인다. 행동주의의 반대자들(Jakibson, 1968)은 모든 아동들이 세계 언어의 모든 소리들을 옹알이에서 사용함을 제시하며 옹알이의 보편적인 속성을 강조했다. 그러나 이러한 입장은 너무 극단적인 것처럼 보인다. 비록 몇몇 영어권 영아들이 반투(Bantu)어 설타음(clicks)과 케추아어 내파음(imposive)을 산출하는 것이 사실이지만, 모든 아동들이 이러한 소리를 산출하는 것은 아니기 때문이다(Cruttenden, 1970).

한편, 자음은 전체 음절의 부분으로써 모음과 조합되어야만 조음될 수 있다. 마찰음(fricative)을 제외한 모든 자음들의 조음 위치 정보(Cole & Scott, 1974)는 모음 특유의 안정된 상태 전후에 일어나는 형성음 추이(formant transition)에 집중되어 있다. /*pa*/와 /*ko*/와 같은 CV 음절들에서 각각의 상이한 자음들은 상이한 모음 전후의 전이의 상이한 패턴에 의해 구분된다. 따라서 /*di*/에서, 두 번째 포먼트의 주파수가 모음의 안정된 상태 이전에 상승하는 반면, /*du*/에서는 두 번째 포먼트가 모음 이전에 하강한다. Massaro(1975)는 이러한 조합 방식 때문에(음소가 아니라) 음절이 지각의 자연스러운 단위이며, 또한 언어 습득의 처음 단위일 것이라 주장했다. 하나의 패키지로 음절을 학습함으로써 아동이 특정 음소에 대한 음향적 불변을 발견해야 하는 필요성이 없어진다. 만일 실제로 음절이 지각의 기본적 단위라면 적어도 200ms 동안 또는 한 음절의 길이 동안 청각기억이 지속될 수 있어야 한다. 실제로 청각기억은 약 250ms(Massaro) 정도 지속되는 것으로 보이는데, 이는 음절을 단위로 부호화하고 처리하도록 고안되었음을 나타낸다.

하나의 음절로 된 옹알이는 4~12개월의 확장된 옹알이기 동안 이루어진다. 77음절 유형만을 지니는 일본어와 같은 언어에서, 이런 식의 학습을 통해 아동이 성인 음운체계의 주요 부분을 익힐 수 있을지 모른다. 그러나 가능한 음절이 7,000가지를 넘어서는 영어에서는 음절을 통한 언어의 학습이 다소 현실성이 떨어지는 것처럼 보인다.

영아들은 보편적으로 /*ba*/와 /*di*/와 같은 소리가 나는 음절들을 산출하지만 /*bi*/는 상대적으로 적게 산출한다. 이는 아마도 /*b*/ 다음에 /*i*/가 아닌 /*a*/가 뒤따르도록 만드는 것이 더 쉽기 때문일 것이다(MacNeilage, Davis, Kinney, & Matyear, 2000). Vihman(1996)은 일본어, 프랑스어, 스웨덴어, 영어를 학습하는 영아기와 걸음마기 아동들을 연구하였다. 매우 적은 수의 음절이 모든 집단에서 산출되는 음절의 절반을 차지하였고, 가장 빈번한 음절인 /*da*/와 /*ba*/는 모든 언어 집단에서 사용되었다. 이러한 패턴은 영아들이 음절을 산출하기 위해 기본적인 운동 양식(motor template)을 사용함을 의미한다. 이처럼 산출에 주어지는 동일한 제약은 또한 첫 단어를 형성할 때도 영향을 미친다(Oller, 2000).

6～10개월에 옹알이와 전반적인 운동 상태 사이에는 단단한 연결이 있는 것처럼 보인다. 옹알이 하는 동안 아이는 팔과 다리, 머리를 움직이는데, 마치 옹알이도 운동의 하나인 양 보인다. 생후 1년의 마지막 한 달 동안 옹알이의 구조는 보다 명확해지고, 보다 잘 조절되며, 보다 조직화된다. 몇몇 아동들은 /*badibadibadibadigu*/와 같은 반복된 음절을 산출한다. 또 다른 아동들은 특정한 조음의 강세와 특성을 가지고 놀이하는 것처럼 보인다.

Piaget의 감각운동학습이론(Piaget, 1952)은 이들 발달 중 많은 것에 대한 하나의 흥미로운 설명을 제공한다. Piaget는 많은 초기 학습들을 아동이 움직임을 협응하는 방법을 배우는 순환반응에 기초한 것으로 보았다. 옹알이의 경우에서 아동은 입의 움직임을 그들의 자기 수용적 효과 및 청각적 효과와 협응하고 있다. 이러한 순환반응에서 아동은 한 가지 도식과 다른 도식 간의 관련성을 관찰하고 재추적하는 '작은 과학자' 로서 기능한다. 예를 들어, 첫 달 동안 영아는 손동작 도식을 빨기 도식으로 동화할 것이다. 옹알이에서 아동은 입 움직임 도식을 청각, 자기 수용 및 구강감각 도식에 동화한다. 이러한 관점을 지지하는 것은 많다. 아동들이 다른 언어들에서 발견되는 소리를 시험하는 것이 후기 옹알이기의 주요한 특징이다. 또한 청각장애 아동들이 6개월경까지 정상적으로 계속 옹알이를 한다는 사실은 이러한 관점을 지지한다.

아동의 첫 단어는 성인의 말 형태를 단순화하고 변형한 것으로 볼 수 있다. 이러한 일련의 단순화는 어려운 소리를 탈락시킨다. 예를 들어, 'stone' 이라는 단어는 'tone' 으로 발음된다(역자 주: 한국어의 경우 '물' 을 '무' 로 발음하는 것이 한 가지 예가 될 수 있다.). 다른 경우에서 단순화는 어떤 소리를 그 주변에 있는 다른 소리들과 유사하게 만든다. 예를 들어, 'top' 은 퇴행적 동화를 통해 'pop' 으로 산출될 수 있다. 동화는 한 가지 소리가 다른 소리 중 비슷한 것에 적응되거나 동화되는 과정이다. 이 경우에서, 마지막 /*p*/의 구순가(입술모양가, labial quality)는 앞에 있는 /t/에 역행 동화되어 구순 조음에서 치조음으로 대치되는 것이다. 우리는 이러한 다양한 유형의 동화와 단순화를 '음운 처리(phonological processes)' 라고 부를 수 있다(Menn & Stoel-Gammon, 1995; Stampe, 1973). 이들 음운 처리 중 많은 것은 '최소 노력(least effort)' 의 원리와 같은 것에 기반한 것으로 보인다(Ponori, 1871). 최소 노력의 가장 적절한 이론은 효과적인 비용의 독립적인 발음 설명에 기반한다. Ohala(1974, 1981, 1994)는 이 이론의 많은 구성요소들을 연구했다. 그러나 대부분의 아동 음운학자들은 음운론에 기반한 법칙을 아직 사용하지 않으며, 최적성 원리(optimality theory)에 기반한 추상적인 설명을 선호한다(Kager, 1999).

음운적 형태와 관련된 아동의 문제는 지각보다는 산출에 더 많이 초점을 맞추어져 있다. 아버지와 아들이 부두에서 배를 관찰하고 있는 장면을 상상해 보자. 아동은 'look at the big ship' 이라고 말한다. 아들의 발음을 흉내 내면서 아버지가 'yes, it' s quite a big sip' 이라고 이야기한다. 이에 대하여 아들은 'no, Daddy say 'sip' not 'sip'' 이라고 저항한다. 비록 그들의 실제 산출이 완벽함과 거리가 멀다 할지라도 이와 같은 장면은 단어에 대한 아동의 청지각 능력이 성인의 수준에 이름을 강조한다.

음운체계 발달 경로에 대한 세밀한 관찰들은 개별 단어 형태의 발달이 완벽한 성인 기준을 향한 하나의 단순한 경로를 따르지는 않음을 보여 준다. 때때로 그 기준으로부터의 왜곡과 퇴행이 존재한다. 예를 들어, 아동이 처음에는 정확하게 'step' 을 발음하다가 이후에 최초의 자음 군집의 단순화 압력의 영향에 의해 'step' 을 'tep' 으로 퇴행적으로 발음할 수 있는 것이다. 그러다가 결국은 스스로 'step' 이라고 다시 발음할 것이다. 이처럼 우수한 수행 다음에 보다 저조한 수행, 그 후 최종적으로 우수한 수행이 나타나는 패턴을 'U형 패턴(U-shaped pattern)' 이라 부르는데, 이것은 시간에 따른 정확성의 그래프가 'U' 자와 비슷하기 때문이다. U형 학습을 산출하는 동일한 힘은 한 아동이 정확한 산출을 할 수 있음에도 불구하고 한 단어를 체계적으로 부정확하게 산출하는 패턴 또한 이끌 수 있다. 예를 들어, Smith(1973)은 그의 아들이 'puddle' 를 'puggle' 로 체계적으로 잘못 발음함을 보고했다. 그러나 그의 아들은 또한 'puzzle' 을 'puddle' 로 발음할 수 있었다. 언어발달의 다른 측면에서와 마찬가지로 아동은 명확한 언어적 차이를 표시하고자 하기 때문에 때때로 실수를 일으킬 수 있다.

4. 첫 단어

첫 단어의 출현은 세 가지 초기 발달에 기반한다. 첫째는 단어의 소리를 기억하는 능력의 발달이다. 둘째는 옹알이의 후기 단계에서 나타나는 발성을 조절하는 능력의 발달이다. 셋째는 놀이, 모방, 및 대상 조작에서 나타나는 것과 같은 상징적 기능의 일반적인 성장이다. Piaget(1954)는 영아의 인지적 발달을 표상 혹은 '대상 개념'의 성숙이라는 말로 특징지었다. 6개월 된 아동은 물리적으로 존재하지 않는 대상들에 대하여 생각할 수 없다. 그러나 12개월 영아들은 의자 뒤로 보이는 강아지의 꼬리를 보고 그 개가 의자 뒤에 숨어 있음을 알 것이다. 어떻게 부분이 전체와 관련되는가에 대한 이해는 아동이 처음으로 상징을 사용하는 데 도움을 준다. 장난감을 가지고 놀 때, 12개월 영아들은 장난감과 행위의 속성을 표상하는 'vroom'이나 'bam-bam'과 같은 소리들을 말하기 시작할 것이다. 때때로 이러한 음운적으로 일관적인 형태들은 진정한 첫 단어 이전에 나타난다. 그러나 그것들이 어떠한 명백한 관습적인 지위도 가지고 있지 않으므로 부모들은 이들 최초의 상징적 시도들을 의미 없는 발음 혹은 옹알이 이상은 아니라고 무시하는 경향이 있다.

통상적인 의미에서의 첫 단어를 말하기 이전에라도 12개월 영아들은 이미 10여 개의 관습적인 형태를 알고 있다. 영아들은 이러한 형태를 행위, 대상 및 단어들 간의 빈번한 연합을 통해 학습한다. 부모들은 때때로 말 배우기 이전 영아들이 부모의 말을 알아듣는다고 느낀다. 그러나 부모들이 이러한 능력을 설득력 있게 보여 주는 증거를 제공하는 것은 어렵다. 연구자들은 영아들을 실험실로 데려와서 안락한 아기의자에 앉히고 그림을 보라고 지시하는, 시각적으로 강화된 선호 패러다임 기술을 사용함으로써 이러한 문제들을 다룬다. '개'와 같은 단어들이 스피커를 통해 방송되고, 이어서 두 가지 대상의 그림이 제시된다. 이 경우에 개는 아기의 오른쪽 화면에서 제시되고 자동차는 왼쪽 화면에서 제시된다. 만일 아이가 단어와 일치하는 그림을 바라본다면 장난감 토끼가 뛰어나와서 북을 치며 아기를 즐겁게 한다. 이런 방법으로 아기들은 자신의 선택이 맞았는지 확인할 수 있고 그다음 시행에서도 그림을 맞추기 위해 최선을 다하게 된다. 일부 아동들이 금세 혼란스러워하기도 하지만 아동들은 한 번 앉아서 10회 혹은 그 이상의 시행을 지속할 수 있었는데, 이 실험을 통해서 그들이 몇 개의 기본적인 단어들을 알고 있다는 신뢰로운 증거를 얻을 수 있었다. 많은 아동들은 이러한 수준의 이해를 인식 가능한 첫 단어를 말하기 2~3개월 전인 10개월경부터 보여 준다.

10개월 영아들이 이미 여러 단어들을 이해할 수 있다는 사실에도 불구하고 왜 첫 번째 인식 가능한 관습적인 단어는 여러 개월이 지날 때까지 산출되지 않는 것인가? 의심의 여지없이 많은 아동들이 말하려고 하는 시도가 처음에는 무시당하게 된다. 그러나 결국 아동은 맥락상 의미가 있어 보이는 발화를 하게 되고 부모는 놀라고 웃음짓는다. 이것으로써 강화를 받고 첫 단어는 정식으로 사용된다.

하지만 모든 것이 아직 순탄하지 않다. 아동은 아직까지 단어의 말소리와 조음 방식을 연결짓는 어떤 체계적인 방법도 가지고 있지 않다. 이전의 옹알이 경험이 도움이 되기는 하지만 이제는 혀와 입술이라는 다루기 힘든 기관을 보다 정확하게 잘 조절할 필요가 있다. 1세 영아들이 성인의 말을 따라하면서 나타나는 많은 단순화는 음운론 발달을 공부하는 학생들에게 잘 알려져 있다. 아이들은 'hippopotamus' 를 'poma' 라고 발음하는 것처럼 강세가 없는 음절을 빠뜨리는 경향이 있다. 그들은 'water' 를 'wawa' 라고 발음하는 것처럼 자음을 반복한다. 그리고 아동들은 'tree' 를 'pee' 라고 발음하는 것처럼 자음을 단순화하고 줄인다. 이러한 음운 처리는 언어의 역사적 변천 및 방언에서 보이는 변이의 과정과 유사한 것이다. 아동 언어에서 다른 점은 너무나 많은 단순화가 동시에 일어나서 너무나 많은 단어들이 알아듣기 어렵다는 사실이다. 이러한 발음을 반복하기보다는 성인의 수준에 이르기까지 한두 달 동안 조용히 자신들의 개념체계와 음운체계를 정교화하는 것이 좋을지도 모른다. 그러나 대부분의 아동들이 이런 침묵기를 거치지 않는다. 오히려 대부분의 경우, 말을 시작한 후에도 옹알이를 계속하는 경향이 있다.

처음 단어를 배우는 게 어떤 것인지 이해하는 한 가지 방식은 영아의 관점에서 문제를 보는 것이다. 옹알이를 할 때 영아가 직면하는 유일한 제약은 그들 자신의 즐거움과 흥미로부터 일어난다. 거기에는 그러한 소리들의 변이 범위에 대한 어떤 사회적으로 정의된 제약도 없다. 아동들이 '똑바로' 발음하려고 노력하는 경우도 있지만 이것은 스스로의 목적을 달성하려는 것일 뿐, 외부의 기대와는 상관없는 것이다.

단어란 항상 발음된 형태를 가진다는 선천적 지식이 아동들에게 있다고 가정하기 쉽다. 그러나 이러한 유형의 선천적 제약은 청각장애 아동의 수화학습을 설명할 수 없다. 또한 일반 아동들의 제스처 학습도 설명하지 못한다. 단어의 가능한 형태에 대한 이런 좁은 관점을 취하기보다 아동들은 상징과 상징이 표상하는 대상들 간의 모든 종류의 의미있는 관계를 학습하려고 하는 경향이 있다고 보아야 한다. 예를 들어, Namy와 Waxman (1998)은 18개월의 정상 영아들이 대상의 명칭으로 제스처를 학습하는 것을 좋아함을 발견했다. 유사하게 Woodward와 Hoyne(1999)는 13개월 영아들은 물체에서 나는 소리가 그 물체의 이름인 양 발음되면 그 소리에 즐겁게 반응한다는 것을 발견했다.

단어 의미

Plato로부터 Quine에 이르기까지, 철학자들은 단어의 의미를 알아내는 일을 중요한 지적 도전으로 여겨 왔다. Quine(1960)은 사냥꾼이 원주민 가이드와 함께 사파리로 나가는 가상의 시나리오로 이 문제를 설명했다. 느닷없이 원주민 가이드가 'Gavagai' 라고 외친다면, 원주민 언어를 알지 못하는 사냥꾼은 그 단어의 의미를 신속하게 추론하여야 한다. 그것이 지금 '쏴' 라는 말일까, '거기에 리노가 있다' 는 말일까? 만일 그 단어가 리노를 뜻하는 것이라면, 그것은 뿔을 가리키는 것일까, 발굽을 가리키는 것일까, 가죽을 가리키는 것일까, 아니면 그 동물 전체를 가리키는 것일까? 어쩌면 단어는 리노의 뿔을 나타내는 것일 수 있다. 단어의 의미에 대한 다른 부가적인 단서들이 없다면 어떻게 이 딱한 처지의 사냥꾼이 그것을 알아낼 수 있을까?

다행스럽게도 걸음마기 아동들에게는 그 사냥꾼보다 의지할 수 있는 단서들이 더 많다. 이러한 단서들의 형태를 인식한 최초의 사람은 Augustine으로, 그는 『고백록(*Confession*)』(1952)에서 다음과 같이 기술하고 있다.

> 제가 말을 어떻게 배웠는지 약간 기억하고 있습니다. 다른 지식과 같이 어른들이 저에게 가르쳐 준 것이 아니라, 소리를 지르며 사지를 움직여 저의 뜻을 나타내기 시작한 것이 차츰 발달되어, 제가 말하고 싶은 의사를 완전히 표시하지는 못했으나 주위의 사람들에게 저의 뜻을 나타내기 시작했습니다. 신께서 저에게 주신 총명함으로 말미암아 저도 다른 사람들의 말을 알아차리게 되었습니다. 그들이 어떤 물건의 이름을 부를 때 저도 그것을 기억해 두었다가 그 물건을 가리켰습니다. 이와 같이 소리를 내어 물건을 알기 전에 자연의 언어인 표정으로, 즉 눈짓과 손가락질을 하거나 또는 목소리로 마음에 있는 것을 가리켜 자기 의사를 표시했습니다. 그리하여 여러 가지 말을 들을 때 저는 그 말을 머릿속에 간직할 수 있었습니다. 이렇게 하여 의사를 표시하던 것이, 차츰 혀가 움직여지고 입이 열려 드디어 제가 원하는 말을 할 수 있었습니다. 그리하여 표정과 표정으로 의사소통을 하던 저에게도 마음이 열려 부모의 권위와 어른들의 슬하에 있으면서도 인간 삶의 교류 속으로 깊숙이 들어가게 되었습니다(김병호 역(1998). 고백록. 서울: 집문당, 원전은 1952년에 출판).

Augustine의 관찰은 여러 이유에서 주목할 만하다. 첫째, 그는 상황적 맥락에서 직접적으로 이루어지는 단어학습의 자연스럽고 창발적인 속성을 강조한다. 둘째, 그는 어려운 조음 통제의 과정에 앞서 청각적 학습이라는 준비 시기의 중요성을 이해하고 있었다. 셋째, 그는 참조물의 직접적인 제시에 의한 단어의 학습에 초점을 맞추었다(Cartwright & Brent, 1997; Huttenlocher, 1974). 넷째, 후보가 되는 참조물에 대한 공유된 주의를 보다 확증하기 위해 그는 손위형제로부터의 다양한 제스처와 자세를 단서로 이용했다.

최근의 연구들은 Augustine의 성찰을 지지하고 정교화하여 왔다. 일련의 연구들은 의미 할당에 대한 하나의 단서로서 제스처의 중요성을 지지했다. 예를 들어, Bates, Benigni, Bertherton, Camaioni 및 Volterra(1979)는 10개월 영아들이 눈 응시, 가리키기 그리고 제스처를 신뢰롭게 따를 수 있음을 보여 주었다. 다른 연구들(Baldwin, 1993; Tomasello & Farrar, 1986)은 단어학습을 위한 공유된 주의를 확립하는 데 제스처, 자세, 강세 및 시선이 담당하는 단서로서의 역할을 보다 명세화했다. 예를 들어, Gogate, Bahrick 및 Watson(2000)은 어머니가 영아에게 새로운 장난감의 이름을 가르칠 때, Augustine이 주장한 것처럼 장난감의 이름을 부르면서 그 장난감을 움직이는 경향이 있음을 보였다.

응시, 강세 및 가리키기의 역할은 이것을 보여 주기 위한 연구들을 수행할 필요를 거의 느끼지 못할 정도로 우리 모두에게 너무나 명백하다. 그러나 Augustine 분석의 두 번째 측면은 보다 미묘하며 충분한 평가를 받지 못했다. 그것은 아동들이 단어의 의미를 이해하기 위해서 성인의 의도를 어느 정도 간파하는가 하는 것이다. 그들은 새로운 단어를 학습하기 전에 성인이 한 대상에 똑바로 주의를 기울이고 있음을 확신하기를 원한다(Baldwin et al., 1996). 만일 성인이 스크린 뒤에서 말하고 있다면, 아동들은 그 성인의 의도에 대하여 확신하지 못하며 새로운 단어를 학습하는 데 실패할 것이다. Tomasello와 Ahktar(1995)는 'hoisting'과 같은 새로운 동사를 2세 아동에게 가르치는 실험으로 이를 입증했다. 몇몇 시행에서 장난감 캐릭터가 우연히 팔을 흔들 때, 실험자는 '이런(whoops)'이라고 말한다. 이 시행에서 아동들은 실패한 시범과 'hoisting'을 연합시키지 않았다. 자폐증 아동들은 제스처와 의도적 단서 모두를 탐지하는 데 문제를 지니는데, 이것은 그들이 다른 사람의 목표와 의도의 모형을 불완전하게 구성하기 때문인 것으로 보인다(Baron-Cohen, Baldwin & Crowson, 1997; Frith & Frith, 1999).

공동주의와 초점의 확립은 모든 초기 단어학습을 위한 중요한 전제조건이다. 주의의 폭을 좁히는 것은 Quinne의 'Gavagai' 문제를 해결하는 것을 크게 돕는다. 그러나 주의가 잘 맞춰졌다고 하더라도 단어의 정확한 의미 결정을 위해서는 이후의 학습과 발달이 필요하다. 이러한 과정에 대한 몇몇 설명은 단어학습에 대한 일련의 선천적인 제약들을 강조한다(Markman, 1989). 그러나 선천적인 제약들에 근거한 설명에는 논리적인 문제들이 존재하기 때문에 다른 대안적 접근법을 찾는 것이 좋다(MacWhinney, 1991; Merriman, 1999). 한 가지 매력적인 접근법은 처음 단어를 배울 때 노출된 전체 상황이 의미가 됨을 강조한다. 여기서 기본적인 아이디어는 의미가 궁극적으로 관련이 없는, 많은 양의 세부

사항들로 시작해서 시간이 지남에 따라 간결해진다는 것이다.

어떤 경우 단어들은 '목욕' 이나 '안녕' 과 같이 복잡한 사회적 상호작용을 의미할 수 있다. 이러한 경우, 아동들은 상호작용 전체를 고려해서 그 의미를 추측한다. 또 다른 경우 단어들은 개구리나 컵과 같은 대상들을 나타내는 데 사용될 수 있다. 이러한 경우에는 공유된 응시와 가리키기에 강력한 참조적 초점이 존재하며 아동들은 그들의 주의적 초점을 대상 그 자체에 국한시킨다. 어떤 아동들은 학습을 사회적 의식에 초점 맞추는 반면, 다른 아동들은 대상의 이름들을 학습하는 것에 초점을 맞춘다(Ninio & Snow, 1988). 그러나 두 경우 모두에서 그 단어에 대한 초기의 참조대상은 보다 풍부한 정보를 담고 있으며, 처음 단어에 노출되었을 때의 상황에 맞추어져 있다.

과소일반화와 과잉일반화

이러한 특정적 성격 때문에 초기 단어 사용은 때때로 매우 과소일반화된다(Dromi, 1987; Kay & Anglin, 1982). 예를 들어, 아동은 '개' 가 가족의 애완동물에 대한 이름이라고 생각할 수 있다. 혹은 자동차가 특정한 발코니 밖 특정 지점에 세워진 운송수단만을 지칭하는 것으로 생각할 수 있다(Bloom, 1973). 때로 과소일반화는 오류로 연결되지 않기 때문에 그것의 탐지가 어렵다. 대신 그것은 단어 사용에 독특한 제한을 낳는다. 초기 과소일반화는 이후 아동이 그 단어가 다양한 맥락에서 사용되는 것을 들음으로써 점차 수정된다. 각각의 새로운 맥락은 현재의 의미와 비교된다. 상응되는 특질들은 강화되며(MacWhinney, 1989) 상응하지 않는 특질들은 약화된다. 하나의 특질이 충분히 약해지게 될 때 그것은 완전히 사라진다.

이러한 일반화의 과정은 그 단어에 대해 처음 주의를 끌게 했던 동일한 단서들에 의해 이루어진다. 예를 들어, 아동이 '사과' 라는 단어를 들을 때마다 어떤 조명이 그 방에 비춰지는 경우도 있을 것이다. 그러나 이러한 경우 성인은 그들의 주의를 조명에 맞추지 않는다. 따라서 조명의 존재 혹은 부재는 '사과' 의 의미에서 핵심적인 요소가 아니다. 아동은 또한 '사과' 라는 단어를 그 대상이 존재하지 않을 때도 들을 수 있다. 만일 이와 동시에 주의가 우연하게 '사과' 와 연합된 다른 대상들에 맞춰진다면 일반화의 과정은 실패하게 된다. 그러나 이러한 유형의 사례는 매우 드물다. 보다 일반적인 경우는 초기 사용과는 대응되지 않는 맥락에서 '사과' 를 사용하는 것이다. 이 경우 아동은 그대로 새로운 예를 받아들이지 않고 무시한다(Stager & Werker, 1997).

이러한 초기 과소일반화의 과정과 점차적인 일반화는 의미체계 발달의 일차적 흐름이다. 그러나 때때로 아동들은 아직 잘 모르는 어떤 의미를 표현하기 위해 이러한 일차적인 흐름에서 벗어나야 할 필요가 있다. 이 경우 그들은 과잉일반화할 수 있다. 예를 들어, 아동들은 호랑이를 고양이라고 명명함으로써 과잉일반화할 수 있다. 비록 과잉일반화가 과소일반화처럼 빈번하지 않지만, 항상 오류를 산출하기 때문에 이것은 쉽게 주목받는다. 과잉일반화 오류는 아동들이 표현하고자 하는 단어들을 아직 학습하지 않았기 때문에 일어난다. 아동이 실제로 호랑이를 고양이라고 생각하는 것은 아니다. 그것은 아동이 호랑이라는 단어를 아직 학습하지 않았기 때문이며, 이 흥미로운 고양이와 비슷한 동물로 부모의 주의를 이끌기 위해서다.

아동의 어휘 수가 적을수록 이러한 과잉일반화의 속성은 보다 인상에 근거하고 일반적이다. 예를 들어, Ament(1899)는 자신의 아들이 호수에 어떤 새들이 있는 것을 보면서 오리라는 단어를 학습하였다고 보고했다. 후에 그의 아들은 그 단어를 다른 연못과 시내, 다른 새들 그리고 새가 새겨진 동전을 지칭하는 데 사용하였다. Bowerman(1978a)은 그녀의 딸 Eve가 (반달 모양의) 레몬 조각, 달, 식기 세척기에 달린 원 모양의 다이얼, 분홍색과 자주색 원으로 만들어진 벽걸이, 동그란 과자 반쪽에 대해 이야기할 때 '달' 이라는 단어를 사용한다고 보고했다. 하지만 이러한 예보에서 아동이 실제로 '오리' 가 호수와 새 모두를 지칭하거나, 달이 반달 모양의 조각들이나 벽걸이라고 실제로 생각한다는 것을 반드시 의미하지는 않는다. 그보다 아동은 새로운 대상의 속성들을 기술하기 위해 사용가능한 소수의 단어 중 하나를 사용하고 있는 것이다. 과잉일반화의 보다 제한된 형태들이 아동기 동안 지속되는데, 아동의 어휘 폭이 커짐에 따라 이러한 유형의 과잉일반화 패턴은 사라진다.

이러한 과잉일반화의 모형은 아동이 한 단어에 대해서 이미 확립되어 중심이 되는 특질과 이후의 일반화를 위해 필요한 가능성의 영역 간 차이를 이해한다고 가정한다. 확립된 중심 특질은 단어와 함께 반복적으로 명명되는 대상을 가리킨다. 확장의 영역은 다른 단어와 직접적으로 경쟁하지 않으면서 적어도 확장의 가능성이 있는, 중심 특질 이외의 영역이다.

융통성 있는 학습

아동이 새로운 단어를 학습하기 시작함에 따라 학습의 과정은 그 자체로 새로운 일반화를 생성한다(Smith, 1999). 예를 들어, 아동들은 새로운 단어들이 거의 항상 전체 대상을 지칭한다는 것을 깨닫기 시작한다. 이것은 유전적으로 결정된 종-특정적 제약이라고 할 수 없다. 초기에 아동들은 대상이 일반적으로 지각된 전체로서 가능하다는 것을 알게 된다. 그러나 호기심 많은 학습자는 이러한 가정이 때때로 틀릴 수 있음을 항상 인식할 것이다. 예를 들어, 나는 어느 날 한 살이 된 아들 Ross와 거실에 있는 빅토리아식 의자에 앉아 있었다. 그때 Ross는 "의자?"라고 하면서 의자의 팔걸이를 가리켰다. 그는 다음으로 뒤쪽과 다리를 가리켰으며, 다시 그것들 또한 '의자' 인지를 물어보았다. 나는 그가 매 순간 주의를 기울이고 있는 것들을 '의자' 의 한 부분으로 생각한다고 확신했다. 각각의 의자 부분들을 확인한 뒤 Ross는 만족한 것처럼 보였다. 회고해 보니 Ross가 내게 의자의 하위 부분에 대한 이름을 물어본 것일 수도 있겠다는 생각이 들었다. 그러나 대부분의 부모들처럼 나는 Ross의 주의를 부분보다는 대상 전체에 돌리려고 노력했다. 어쩌면 나는 Ross에게 그 부분 모두가 의자의 부분들이라고 먼저 가르치고, 다음으로 그 하위 부분에 대한 부가적인 명칭들인 팔걸이, 방석 등을 이야기하고 마지막으로, 이들 부분 모두는 의자를 구성한다는 사실을 이야기했어야 했는지도 모른다.

학습에 대한 학습 또한 그 아동이 초기 단어 의미를 보편적인 대상 기능의 관점에서 다루도록 유도할 수 있다. 예를 들어, Brown(1958)은 부모들이 대개 대상을 그것들의 가장 보편적인 기능의 수준에서 명명한다는 사실에 주목했다. 따라서 부모들은 대상 유형의 원형적 사용 수준을 가장 잘 표현하는 것이 '의자' 이기 때문에 '가구' 나 '스툴' 과 같은 용어보다는 '의자' 라는 단어를 사용할 것이다(Adams & Bullock, 1986). 결과적으로, 아동들은 인공적인 대상들에 대한 이름이 그 형태, 질감 혹은 크기보다는 기능을 지칭함을 인식하게 된다.

아동들은 또한 다양한 다른 명백한 상관을 곧 탐지하게 된다. 그들은 자동차나 옷과 같은 인공적인 대상들의 색상은 광범위하게 변화할 수 있지만, 많은 동물들은 고유한 색상과 형태를 가진다는 것을 학습한다. 그들은 한 대상에 대한 어떤 새로운 단어가 그 대상의 그림이나 그 대상을 본떠서 만든 장난감을 가리키기도 한다는 것을 학습한다. 그들은 사람들이 별명과 같이 여러 가지 이름들을 가질 수 있음을 학습한다. 그들은 행위가 인간 관점으로 대응된다는 것(MacWhinney, 1999)과 형용사의 의미가 그 대상의 기저선 속성에 의해 조절될 수 있음을 학습한다. 일반적으로 아동들은 가용한 단서들 모두에 주의를 기울이면서 단어학습에서 상향식 접근을 채택해야 한다(Maratsos & Deak, 1995). 단어 자체가 융통적이기 때문이다.

이러한 융통성은 또한 아동들의 대상 단어 명명에 대한 단서 조절을 보여 준다. 형태는 많은 대상들에 대한 강력한 정의적 특성이기 때문에 아동들은 그러한 속성에 주의를 기울이는 것을 학습한다. 그러나 아동들은 형태 대신 재료, 크기 혹은 재질에 쉽게 주의를 기울이도록 유도될 수 있다. 예를 들어, Smith(1999)는 아동들이 재료와 관련된 반복된 경험을 통해서 어떻게 새로운 단어들을, 그 형태가 아니라 그 재료에 의해 분류할 수 있는지를 보여 줄 수 있었다.

아동의 의미 목록

융통성 있는 단어학습자로서 아동을 보는 관점은 확정적 개인 의미 목록(agenda)을 가진 존재로 아동을 보는 관점과 균형을 잡아 왔다. Augustine처럼, 아동들은 때때로 언어를 그들 자신의 욕구, 흥미 및 의견을 표현하는 한 가지 방식으로 보곤 한다. 몇몇 극단적인 사례들에서 아이들은 (『이상한 나라의 앨리스』에서) 앨리스가 자신의 말을 이해하지 못하자, 험프티 덤프티가 앨리스에게 하는 것과 같은 태도를 보인다. 험프티 덤프티는 이렇게 말한다. "내가 한 단어를 말할 때에는 내가 선택한 의미만을 의미해. 그보다 적은 것을 의미하거나 그보다 더 많은 것을 의미하지 않아."

다행스럽게도 아동들이 초기 단어를 통해 표현하고자 하는 의미 목록은 그 부모들이 그들에게 표현하기를 기대하는 그것과 밀접하게 일치한다. 첫 단어를 말하기 이전의 시기 동안 아동은 욕구, 질문, 초점을 맞추고 있는 주의와 같은 핵심적인 의미 목록을 표현하기 위해 특정한 제스처와 강세 패턴을 사용한다(Halliday, 1975). 이후 아동들은 손가락, 손, 공, 동물, 병, 부모, 형제 및 음식에 대하여 이야기하기 위한 단어들을 찾는 것처럼 보인다. 이러한 초기 의미 목록은 처음에는 동사나 다른 품사보다는 명사의 학습이 중심인 것처럼 보인다. Gentner(1982)는 이것은 명사를 일정한 참조물에 대응하는 것이 더 쉽기 때문이라고 주장한다. Gentner 입장의 변형은, 아동이 사람들이 동사를 사용할 때보다 명사를 사용할 때에 무엇에 대하여 이야기하는 것인지 쉽게 알 수 있기 때문에 명사가 보다 쉽게 학습된다는 입장을 견지한다. 더욱이 명사는 동일한 범주적 및 분류학적 방식으로 사용되는 경향이 있는 반면(Sandhofer, Smith, & Luo, 2000), 동사는 바람, 움직임, 상태, 변화 그리고 믿음을 포함하는 광범위한 개념적 구조를 나타내는 경향이 있다.

입력변인 또한 영향을 준다. 영어 외의 다른 언어에 대한 연구들은 아동들이 동사보다 명사를 더 많이 산출하지 않는다는 것을 보여 준다. 예를 들어, 한국어(Gopnik & Choi, 1995)와 만다린 중국어(Tardif, 1996)를 학습하는 아동들은 어떤 상황에서 명사보다 동사를 보다 많이 말한다. 이러한 현상에 대한 두 가지 그럴듯한 설명이 제시되어 왔다. 첫째, 입력 문장에서 가장 마지막 단어가 명사인 영어와 달리 한국어와 만다린어에는 동사가 발화의 가장 마지막에 많이 온다(Nicolasid, 2001). 지각 연구들(Jusczyk, 1997)에서는 문장의 마지막에 있는 친숙한 단어들을 인식하는 것이 아동들에게 더 쉬움을 보여 주었으며, 이는 이러한 언어의 구조적 특징이 단어학습에 영향을 미친다는 것을 시사한다. 둘째, 한국 및 만다린 어머니들은 명명 대상에 초점을 맞추는 경향이 있는 영어권 어머니들과는 달리 행위에 대하여 이야기하는 경향이 있다. Goldnald(1993)는 보다 많은 명사를 사용하는 미국 어머니들은 어휘에서 더 높은 명사 비율을 보이는 자녀들을 가지는 경향이 있음을 보고했다.

Whorf와 험프티 덤프티

학습이 진전됨에 따라 아동의 의미 목록은 그 언어에 의해 제공되는 자원의 형태보다 덜 중요해진다. 예를 들어, 샐리시어(Salish)나 나바호(Navajo)어와 같은 언어는 아동들이 명사 대신에 동사를 학습하기를 기대한다. 더욱이 아동이 배울 동사들은 영어와 비교하여 동사들이 가지는 위치, 형태 그리고 함의에 더욱 초점을 맞추고 있다. 예컨대, 나바호어에서 'aheenishtiih' 라는 동사는 '권총과 같은 긴 대상을 들고 원을 그리면서 도는 것'을 뜻한다. 언어에서 시제, 상, 수, 성, 한정과 같은 개념들을 나타내는 문법적 표시는 특정 경로로 아동의 사고를 이끌 수 있다. Whorf(1967)는 언어의 형태가 사고의 구조를 형성할 수 있다고 주장했다. 그와 같은 효과들은 언어에 대한 험프티 덤프티 의미 목록에 기반한 접근에 정확히 반대되는 것이다. 아마도 진실은 Whorf와 험프티 덤프티 간의 역동적인 상호작용을 포함하는 것일 것이다. 언어 특정적 효과에서 중요한 것은 그들이 학습하는 언어가 무엇이든 상관없이 모든 아동들이 기본적 사고를 언어로 표현할 수 있게 된다는 것이다.

문법적 맥락으로부터의 학습

공유된 참조가 걸음마기 아동들이 단어의 의미를 묘사하기 위해 사용할 수 있는 유일한 단서는 아니다. 그들은 또한 새로운 단어에 대한 정확한 참조물을 짚어 내기 위해 발화의 형태를 사용할 수 있다. 다음 맥락들을 고려해 보자.

- Here is a pum.-기수명사(count noun)
- Here is pum.-고유명사(proper noun)
- I am pumming.-자동사(intransitive verb)

- I pummed the duck.-타동사(transitive verb)
- I need some pum.-물질명사(mass noun)
- This is the pum one.-형용사(adjective)

이들 문장 맥락 각각은 'pum'이 언어의 특정 부분이라는 명백한 증거를 제공한다. 다른 문장적 특징은 보다 정확한 의미를 제공할 수 있다. 만일 아동이 'This is not green, it is pum.'이라는 문장을 듣는다면 'pum'이 색깔이라는 사실이 명백해진다. 만일 아동이 'Please don't cover it, just pum it lightly.'라는 말을 듣는다면 아동은 'pum'이 'cover'와 같은 일반적 유형의 동사라는 것을 알게 된다. 이러한 유형의 단서들의 사용은 새로운 단어를 새로운 의미에 빠르지만 피상적으로 대응(mapping)하도록 만든다. 이러한 유형에 대한 학습은 Brown(1973)에 의하여 3세에 나타나는 것으로 발견되었으며, 후에 Katz, Baker 및 Macnamara(1978)에 의해 2세보다 어린 아동들도 할 수 있음이 발견되었다. Carey(1978)는 이후에 문법적 맥락으로부터 단어의 의미를 파악하는 이러한 현상을 신속 표상대응(fast mapping)이라고 했다. 여기에서 핵심적 아이디어는 비록 그 단어의 더 깊은 의미를 획득하기 위해서는 더 많은 시간이 걸리지만, 아동이 이러한 방식으로 새로운 단어의 일반적인 의미를 파악한다는 것이다. 신속 학습은 매우 어린 아동들에게도 나타난다(Schafer & Plunkett, 1998). 그러나 2세 이전에 신속 표상대응은 참조물 그 자체에 대한 기억에만 의존하며 문법적 틀로부터의 의미 파악에는 의존하지 않는다.

안내자로서의 단어

매우 실제적인 의미에서 단어들은 새로운 범주를 구성하는 안내자 역할을 한다. 아동은 곧 각각의 새로운 단어가 어떤 유사성을 공유하는 관련된 대상들 또는 사건들의 전체 묶음에 대한 표시임을 인식한다. 아동이 더 많은 단어들을 학습할수록 이러한 효과는 보다 명백해진다. 고슴도치나 돌고래와 같은 동물을 지칭하는 새로운 단어들은 그 동물의 생태, 형태, 색상 그리고 행동에 대하여 탐색하도록 한다. 신체적 움직임에 대한 새로운 단어들은 신체가 다른 대상에 이러한 움직임을 이용할 수 있는 방식에 대하여 탐색을 시작하도록 한다. 그저 한 단어가 존재하는 것만으로 보다 정확하고 일관적인 개념 형성을 가져올 수 있음이 연구를 통해 밝혀졌다. 예를 들어, Waxman과 Kosowski(1990)는 아동들에게 두 가지 이야기를 들려주었다. 첫 번째에서 그들은 하나의 명칭으로 도부츠(dobutsu)라는 단어를 사용하면서 다음과 같이 이야기했다. "다른 별나라에 도부츠를 원하는 외계인이 있어. 나는 도부츠가 뭔지 몰라. 하지만 그 외계인은 개, 오리, 말과 같은 것들을 좋아해. 너는 외계인이 좋아하는 것을 찾아줄 수 있니?" 두 번째 이야기에서 그들은 어떤 명칭도 사용하지 않았다. "이 외계인은 개, 오리 그리고 말과 같은 것들을 좋아해. 너는 외계인이 좋아하는 것을 찾아줄 수 있니?" 아동들은 도부츠라는 명칭이 사용되었을 때, 어떤 명칭도 사용되지 않았을 때보다 동물인형 중 하나를 더 많이 지적하는 경향이 있었다. 이러한 효과는 또한 영아들에게서도 보이며(Waxman & Markow, 1995), 여러 후속 연구들에서도 반복적으로 발견되었다. 이들 연구 모두는 단어가 범주화와 인지에 대한 안내자 역할을 함을 강조하고 있다(Gentner, 인쇄 중).

경쟁과 상호 배타성

완벽하게 갖추어진 문법적 단서들과 완전한 수준의 주의 공유가 이루어져도 단어 의미에 대한 혼란을 완전하게 차단하지는 못한다. 단어들 간의 가장 어려운 충돌 중 하나는 동일한 대상에 대한 여러 단어의 사용이다. 예를 들어, 한 아동은 '하마(hippo)'라는 단어를 알고, 하마 장난감을 '장난감'이라 부르는 것을 들을 수 있다. 하지만 이것은 아동이 장난감을 더 이상 '하마'라고 부르지 않고 '장난감'이라고 부르도록 만들 수 없다. 상호 배타성이라고 부르는 보편적인 제약이 있어 아동들에 의해 이러한 유형의 오류를 일으키지 않도록 만든다는 의견이 제시되었다. 이 제약은 각각의 대상이 하나의 이름만을 가질 수 있음을 의미한다. 만일 아동들이 이미 알고 있는 대상에 대한 두 번째 이름을 듣는다면, 그들은 새로운 단어를 틀린 것이라고 거부하고 이미 알고 있는 것과 새로운 이름의 차이를 명확하게 만드는 어떤 구분을 발견한다는 것이다. 단어의 의미에서 상호 배타성이 중요한 제약이라면 아동들은 그 첫째 해결방안인 틀린 단어 거부의 강한 경향성을 가질 것이다. 그러나 그와 같은 경향성을 보이는 아동은 거의 없다. 사실 대상은 거의 언제나 하나 이상의 이름을 지닌다. 예를 들어, '개'는 '개'인 동시에 '동물'이다. 광범위한 분류학적 관련을 표현하고 있는 언어적 구조들은 앞서 언급한 상호 배타성 제약의 기본적인 위배를 대표한다. 가장 일관적인 위배는 적어도 두 개의 언어로 이름을 학습하는 이중언어 아동들에게서 일어난다. 상호 배타성은 분명히 자연어의 기본적인 속성이 아니다.

연구자들이 상호 배타성에 많은 주의를 기울이는 한 가지 이유는 단어학습이 연구되는 실험실 상황으로부터 기인한다. 아동은 이미 알고 있는 대상과 새로운 대상 등 일련의 대상들을 이미 아는 또는 새로운 단어와 함께 제시받으며, 다음으로 그 단어와 대상을 대응시키도록 요구받는다. 예를 들어, 아동은 찻잔, 유리잔과 데미타스(demitasse)를 제시받는다. 아동은 이미 컵과 유리잔이라는 단어를 알고 있다. 실험자는 아동에게 "내게 데미타스를 다오."라고 말한다. 아동은 데미타스라는 단어를, 그 이름을 이미 잘 알고 있는 대상이 아닌 다른 대상에 대응한다. 이러한 맥락에서 새로운 이름은, 그것을 새로운 대상에 대한 명칭으로 사용하도록 만든다.

상호 배타성의 관점에서 생각하는 것이 아니라 아동은 단어들 간의 경쟁의 관점에서 생각하는 것처럼 보인다. 동시에 아동은 상호 협조의 화용론적 관점에서 생각한다(Clark, 1986). 두 단어가 머릿속에서 충돌하고 어떤 부가적인 단서들도 제시되지 않을 때, 아동이 성인이 새로운 대상에 새로운 단어를 사용한다고 가정하는 것은 당연하다(Golinkoff, Hirsh-Pasek, & Hollich, 1999). 아동은 협조적인 실험자가 아동이 컵과 유리잔이라는 단어를 알고 있다고 가정하며, 따라서 새로운 단어는 새로운 대상에 대한 것임이 당연하다고 여긴다.

실생활에서 단어들 간의 경쟁은 아동이 정확한 의미 쪽으로 의미를 학습하도록 한다. 부모가 장난감 하마를 장난감이라고 부를 때 아동은 두 단어들을 혼동하도록 만드는 것이 무언가를 탐색한다. 예를 들어, 부모가 "내게 또 다른 장난감을 줄래?" 혹은 "네 장난감들을 치우렴."이라고 말하는 경우를 생각해 보자. 각각의 경우에서 장난감은 하마뿐 아니라 많은 다른 장난감들을 잠재적으로 나타낸다. 이는 아동들이 관점을 이동하고 장난감이라는 단어를 이동된 관점의 틀에서 이해하도록 만든다. 흔들 목마의 경우를 생각해 보자. 이 대상은 장난감, 말 혹은 심지어 의자로도 불릴 수 있으며 상황에 따라 달리 불릴 수 있다(Clark, 1997). 이러한 명명의 융통성 있는 사용은 언어학습에서 중요한 요소다. 관점을 어떻게 이동시킬 것인가를 학습함으로써 아동들은 단어들 간의 경쟁을 다루기 위한 강력한 도구를 발전시킨다. 이러한 방식으로 의미들 간의 충돌은 복잡한 구조와 인지적 융통성을 가능케 한다.

이론 확립하기

아동이 보다 많은 단어들을 학습함에 따라 그들은 단어들이 대상, 속성, 사건을 나타낼 수 있는 방식에 대해 보다 명백한 아이디어들을 발전시키기 시작한다. 조직화된 단어 집단의 의미는 그 아동이 가진 세계의 인지적 구조의 많은 측면들을 대표하게 된다. 아동들은 대상의 특정 측면들이 다른 것보다 더 기본적이며 고유하다는 것을 인식하게 된다. 예를 들어, Keil과 Batterman(1984)은 아동들에게 스컹크의 꼬리, 코, 털을 가지고 있는 고양이에게 대하여 이야기했다. 5세 이전의 아동들은 이 동물이 실제로 스컹크가 되었다고 믿었다. 5세 이후의 아동들은 이러한 특성의 단순한 부가가 그 동물이 실제로는 고양이라는 사실을 변화시킬 수 없음을 알고 있었다. 효과적으로 아동들은 동물이 단순한 치장을 통해서 그 본래의 상태를 바꿀 수 없다는 과학적 이론을 발전시킨다. 이론들은 또한 아동들에게 새로운 단어들의 속성을 추론하기 위해 사용할 수 있는 개념적 구조들을 제공한다. 예를 들어, 만일 아동들이 도브로(dobro)가 물고기임을 듣는다면 그 후 그들은 도브로가 헤엄칠 수 있으며 구워 먹을 수 있음을 추론할 수 있다(Gelman, 1998).

어휘 성장의 이정표

전형적으로 아동은 새로운 언어 능력을 이해에서 처음 보여 주며, 그다음 표현에서 드러낸다. 예를 들어, 아동들은 그들의 첫 단어를 9개월이나 그보다 일찍 이해하지만 12개월이 되어야 표현하기 시작한다. 아동들은 15개월 즈음에는 50단어를 이해할 수 있지만, 20개월이 될 때까지는 스스로 50단어를 산출하지 못한다. 보다 일반적으로 아동들은 산출어휘로써 보다 2배 더 신속하게 수용어휘로써 단어들을 습득한다.

아동들은 그들의 첫 단어를 9~12개월에 산출하는 경향이 있다. 1세 아동은 평균 5개의 어휘를 가지고 있다. 물론 0~30개의 단어를 산출하는 등 개인차는 존재한다. 2세경 평균 어휘 수는 150단어 이상이며, 아동 간의 개인차는 적게는 10단어에서 많게는 450단어다. 아동들이 6세경에 약 14,000개의 어휘를 가지는 반면(Templin, 1957), 성인들은 40세경에 40,000개의 어휘를 가진다(McCarthy, 1954). 그와 같은 어휘를 이해하고 산출하기 위해서 아동은 출생부터 매일 적어도 3개의 새로운 단어를 말하는 법을 배워야 한다.

5. 문법발달

첫 단어로부터 첫 문장까지의 이행은 거의 알아챌 수 없게 이루어진다. 첫 단어를 학습한 후에 아동들은 한 단어로 이루어진 문장을 더욱 많이 산출하기 시작한다. 어휘가 성장함에 따라 아동들은 단어들을 서로 붙여 말하기 시작한다(Branigan, 1979). 예를 들어, '과자' 라고 말한 다음 잠깐 쉬었다가 '줘' 라고 말한다. 만일 과자의 강세가 '줘' 의 그것에 근접하지 않는다면, 성인들은 연속된 두 개의 한 단어 문장으로 지각한다. 그러나 그 아동은 두 단어 간의 명백한 문법적 관계를 마음속에 가지고 있을 수 있다.

단일 단어들 간의 명확한 관련성이 강력해짐에 따라 단어들 사이의 시간적 간격은 감소될 것이다. 그러나 연속적인 한 단어 문장으로부터 진정한 단어 조합으로의 이행은 단순히 더 빠른 시간 그 이상을 요구한다. 두 가지가 더 성취되어야 한다. 첫째, 아동은 어떻게 단어들을 단일한 음조 모임 혹은 호흡 집단으로 연결시킬 것인가를 알아야 한다. 둘째, 아동은 또한 어떤 단어들이 의미 있게 조합될 수 있는지와 어떤 순서로 조합되는지를 알아야 한다.

연속적인 한 단어 문장은 침팬지들이 언어를 학습할 때 도달할 수 있는 수준이다. Sarah, Washoe, Kanzi와 같이 길들인 침팬지들은 100개의 관습적인 기호 혹은 토큰을 학습할 수 있다. 그들은 이 단어들을 의미 있는 의사소통을 위해 조합할 수 있다. 예를 들어, Gardner(Allen & Gardner, 1969)에 의해 양육된 침팬지 Washoe는 '열어, 지금, 내게, 지금, 열어, 문, 제발, 열어, 제발, 내게.' 와 같은 문장을 말할 수 있었다. 이와 같은 나열에서 침팬지는 항목들의 특정한 이중 조합에 대해 보다 많은 주의를 기울이지 않고 현재의 장면에 채택할 수 있는 심성어휘집에 각각의 항목들을 기본적으로 사용한다(Terrace, Petietto, Sanders, & Bever, 1980). 하지만 아동들은 매우 다른 방식으로 단어를 조합한다.

최초로 단어를 조합하려는 아동의 서투른 시도를 볼 때에, 그 아동들이 이미 몇 달 동안 조합된 단어들을 이해하면서 듣고 있었음을 고려하는 것이 중요하다. 18개월에 컵과 같은 명사와 조합하여 '원하다(want)' 라는 단어를 처음 사용하는 경우를 고려해 보자. 처음 '원하다' 라는 말을 사용하기 전에 아동은 수십 번 조합된 단어를 듣는다. 이러한 노출을 통해 아동은 특정 단어들이 '원한다' 바로 다음에 오는 것을 기대하게 된다. MacWhinney(1982)는 그와 같은 조합을 항목-기반 패턴이라고 불렀는데, 그것이 특정한 어휘 항목에 기초해서 조합을 특징짓기 때문이다. 이러한 유형의 항목-기반적 문법에서 심성어휘 항목들은 그들의 논항(argument) 구조를 완성시키는 단어들을 조합함으로써 문법적 조합을 산출한다(Filmore, Kay, & O'Connor, 1988; Tesniére, 1959).

'want' 와 같은 단어가 완벽하고 의미 있는 서술을 하기 위해서는 두 개의 다른 단어들과 조합될 필요가 있다. 첫째, 'want cookie' 와 같이 직접 목적어로 기능하는 단어가 있어야 한다. 둘째, 'I want cookie.' 에서와 같이 주어로 기능하는 단어가 있어야 한다. 'want' 가 두 가지 부가적인 단어들을 필요로 하기 때문에 우리는 이중 논항 술어라고 부른다. under나 my와 같은 다른 술어들은 하나의 논항만을 지니고, give와 같은 단어는 3개의 논항들을 지닌다('John gave Bill a dollar'). 어떤 부가적인 논항도 채택하지 않는 유일한 단어는 명사다. 동사, 형용사, 전치사 그리고 다른 부가적인 논항을 요구하는 단어들과 달리 명사는 부가적인 논항 없이 충분한 의미를 표현할 수 있다. 'destruction'

혹은 'remission'과 같이 동사로부터 파생된 명사는 부가적인 논항들을 취할 수 있지만 (the destruction of the city 또는 a decline in the dollar) 'chair'나 'goat'와 같은 일반명사들은 그렇지 않다.

첫 단어 시기 동안에 아동들은 말을 들을 수 있으며 동시에 동사, 형용사, 부사, 전치사를 배우기 시작한다. 그러나 이러한 단어들을 이해하기 위해서 그들은 단어들을 항목-기반적 패턴으로 연결시켜야 한다. 불행하게도 문법적 패턴을 이해하는 아동 초기 능력의 정확한 형태에 대한 공고한 증거를 이끌어 내는 것은 어렵다. 초기 단어 이해에 대한 연구들의 경우에서와 마찬가지로, 우리는 실험실에서의 통제된 실험을 통하여 아동의 초기 문법적 이해를 측정할 필요가 있다. 이를 위해 연구자들은 선호적 응시 패러다임(preferential looking paradigm)에 의존했다(Golinkoff, Hirsh-Pasek, Cauley, & Gordon, 1987). 아동의 오른쪽에 '큰 새가 쿠키 몬스터를 간지럽히는(Big Bird tickling Cookie Monster)' 장면이 나오는 TV 모니터가 있다. 아동의 왼쪽에는 '쿠키 몬스터가 큰 새를 간지럽히는(Cookie Monster tickling Big Bird)' 장면이 나오는 TV 모니터가 있다. 실험자는 'Big Bird tickling Cookie Monster.'라는 문장을 말한다. 만일 아동이 문장과 일치하는 오른쪽 TV 모니터를 보면 장난감이 '성공' 소리를 내면서 작동하고 채점된다. 이러한 기법을 사용하여 연구자들은 17개월 된 영아들이 영어 문장의 정확한 단어 순서에 대한 훌륭한 지식을 이미 가지고 있음을 발견했다. 이것은 산출에서 단어 순서의 체계적 사용을 시작하기 약 3개월 전쯤이다.

항목-기반적 패턴들

Braine(1976)과 Schesinger(1974, 1975)는 여러 언어들의 생애 초기 단어 조합과 정확한 의미 형성에 대한 면밀한 연구를 실시했다. 이들은 'want' 'more' 'go'와 같은 술어와 'cookie' 'flower' 같은 논항의 조합 등을 연구했다. Braine은 적은 수의 의미 결합 형태만으로도 그가 연구했던 매우 작은 말뭉치의 거의 모든 초기 문장들을 설명할 수 있음을 발견했다. 몇몇 경우들에서 포함된 단어들의 위치는 매우 고정되어 있었다. 예컨대, 아동들은 소유관계를 표현하기 위해 항상 my+X라고 말하지 X+my라고 말하지는 않는다. 그러나 다른 경우들에서 그 순서는 보다 가변적이다. 순서가 가변적이고 다양한 술어에 비일관적으로 적용될 때, Braine는 '집단적 패턴'을 나타내는 것으로 순서를 표현했다. Braine은 이러한 유형의 패턴들이 재발(또 다른 인형, another doll), 소유(내 인형, my doll), 주체(인형이 달린다, doll runs) 혹은 대상(인형을 원한다, want doll)과 같은 고차적

의미관계적 특성들을 표현해 준다고 생각했다.

MacWhinney(1975a)는 초기 단어 조합에 대해 다소 상이한 접근을 취했다. 특질-기반적 규칙에 기초한 기술을 가정하는 대신에, 그는 고차적 항목-기반적 규칙의 학습을 강조했다. MacWhinney는 more와 milk의 결합을 '재발대상' 의 패턴으로 보지 않고 more+X의 패턴으로 해석했다. 여기서 more라는 단어는 특정한 어휘 항목을 나타내며 일반적 개념이 아니다. 이러한 분석은 항목-기반적 패턴이 애초에 단일 어휘 항목인 more에 기반함을 강조한다.

MacWhinney(1975a)의 설명에서 처음 아동의 단어 조합 문법은 대단히 구체적이다. 아동은 각각의 술부에서 그 논항이 일정한 위치에서 나타날 수 있음을 학습한다. 예를 들어, 영어에서 more는 그것이 수식하는 명사 전에 나오며, run이라는 동사는 그것이 결합하는 주어 다음에 나타난다. 조합은 항목의 빈칸을 채우는 식으로 이루어진다. More+X라는 항목-기반적 패턴으로부터 생성된 more milk라는 조합을 고려해 보자. 이 조합에서 milk는 X라고 표시된 빈칸을 채운 것이다.

이후에 아동은 'want+원하는 대상' 의 패턴을 습득하게 될 것이다. 아동은 다음으로 'more milk' 를 'want' 라는 동사에 대한 단일한 논항으로 취해서 'want more milk' 를 만들어 낼 수 있다. 마지막으로, 아동은 동사 want의 두 번째 논항을 표현할 수 있으며 'I want more milk' 라고 말한다. 또한 아동은 점차 더 긴 문장과 보다 복잡한 문법을 이해하게 된다. 이러한 반복적인 항목-기반적 패턴들의 조작은 인간에 이르러 훨신 더 정교화된 인지체계를 이용하여 그 구조를 형성한다(Hauser, Chomsky, & Fitch, 2002; MacWhinney, 2002).

항목-기반적 패턴은 단어에서 접사나 억양의 위치에도 마찬가지로 적용될 수 있다. 예를 들어, 영어는 접미사 '-s' 로 동사의 복수를 표시하는데, 이것은 대상+s라는 패턴으로 나타낼 수 있다. 접사 패턴들은 매우 많이 쓰이고 일관적이기 때문에 아동들이 매우 쉽게 학습한다. 영어(Braine, 1963), 가로어(Burling, 1959), 헝가리어(MacWhinney, 1976), 일본어(Hakuta, 1979), 터키어(Slobin, 1973) 단어에서 접미어(affixes)의 위치가 가장 어린 연령에서조차 거의 항상 정확함이 밝혀졌다. -s와 같은 접미어와 wanna와 같은 어간에서 보았던 항목-기반적 패턴들은 또한 문법의 기본적인 측면 모두를 기술하고 산출하는데 사용될 수 있다(Sagae, MacWhinney, & Lavie, 2004).

헝가리어의 말뭉치에 항목-기반적 패턴의 개념을 적용하여 MacWhinney(1975a)는 17~29개월의 헝가리 2명의 아동 11,077발화의 단어 순서를 연구했다. 그는 이 중 85~100%의 발화가 42개의 항목-기반적 패턴의 세트에 의해 생성될 수 있음을 발견했다. 영어의 이러한 패턴의 예들은 다음과 같다. X+too, no+X, where+X, dirty+X, see+X. 항목-기반적 패턴 모형은 아동의 실제 발화와 거의 일치하는 성과를 거둘 수 있었는데, 이것은 이 모형의 전제를 아동의 발화를 직접 그 근거로 해서 구성했기 때문이다.

아동들은 문장을 들음으로써 항목-기반적 패턴들을 학습한다. 예를 들어, 만일 한 아이의 언니가 'This is my dollie.' 라고 말한다면 그 아동은 이전의 경험으로부터 'dollie' 라는 단어를 인식하고, 다음으로 dollie 앞에 있는 my의 존재를 인식한다. 이 시점에서 아동은 my dollie라는 구절을 단일 단어인 dollie와 비교할 수 있으며 그 차이를 인식한다. 그 첫 번째 차이는 dollie 앞에 놓인 my의 존재다. 이 증거로부터 아동은 항목-기반적 패턴 my+X를 추출한다. 그런데 아동들이 항목 기반 패턴을 더욱 정교화시키는 데 사용할 수 있다는 또 다른 징표가 있다. 상술하면, 그 아동은 동시에 my라는 단어를 항목-기반적 패턴과 동시에 학습하고 있다. 이 경우, 언니는 그 인형을 자신이 다룰 것과 동생의 소유에서 이것을 뺏을 것을 주장하고 있을 수 있다. 따라서 어린 동생은 my의 의미와 위치의 패턴뿐 아니라 두 단어 사이의 소유와 통제의 관계 개념도 배울 수 있다. 따라서 이러한 항목-기반적 패턴들을 단지 'my+X' 보다는 'my+소유 대상' 의 조합으로 말하는 것이 보다 정확하다. 항목 빈칸을 채우는 대상에 대한 특정한 의미론적 역할을 구체화함으로써 우리는 패턴들이 문법과 의미 모두를 입력하고 있다는 사실을 강조하고 있다.

처음에 이러한 패턴은 my와 dollie 그리고 그들 사이에 일어나는 소유관계에 제한된다. 그러나 만일 언니가 'and this is my horsie' 라고 말한다면, 아동은 my 항목에 딸린 빈칸 X에는 장난감과 같은 것이 올 수 있음을 알게 될 것이다. 이후의 경험은 아동에게 어떤 대상이 my라는 단어에 딸린 빈칸을 채울 수 있을지를 가르칠 것이다. 각각의 항목-기반적 패턴은 이와 동일한 일반화의 과정을 통해 이해된다(MacWhinney, 1975a; Tomasello, Akhtar, Dodson, & Rekau, 1997).

초기 아동 문법에서는 항목-기반 패턴들을 단순히 적용함으로 생기는 오류들을 많이 발견할 수 있다(Brown, Cazden, & Bellugi, 1968; Klima & Bellugi, 1966; Menyuk, 1969). 예를 들어, where Mama boot, who that, no train, no Rusty hat, and that no fish school과 같은 것들이 있다. 이러한 조합들은 'where+위치한 대상' 혹은 'no+거부된 대상' 과 같은 항목-기반적 패턴들의 적용에서 나온 것이다. 이러한 패턴들의 빈 자리에는 단일 명사, 명사구 혹은 단순 문장을 넣을 수 있다. 아동들이 전치사와 조동사를 생략하는 경우 오류가 생기지만, 시간이 지남에 따라 그들은 이러한 항목-기반적 패턴들에 이것들을 더하는 방법을 학습하게 된다. 곧 아동들은 'where's' 라는 말을 사용하는 것을 배울 것이며 'where's the wheel?' 과 같은 올바른 조합을 산출할 것이다. 어떤 아동들은 X를 하나의 대상에 국한시키지 않고 과잉일반화하여 no+X라는 부정 패턴을 형성한다. 이러한 잘못된 과잉일반화 오류에는 no do this, no wipe finger, no sit there, no play that, he no bite you, I no taste them과 같은 것들이 포함된다. 이와 유사한 의문사 조합 오류는 where go, what happen, where put him on a chair, what happen me 그리고 why need them more와 같은 것들이다. What they are doing과 where he's going과 같이 조동사 누락 오류는 매우 보편적이다. 또한 where the wheel do go와 what you did eat과 같이 주어 다음에 위치가 잘못된 실수 또한 나타난다. 이러한 오류들은 where+S와 같은 패턴에 대한 추가적인 증거다. 이후에 아동들은 'where+S' 를 'where+시제' 로 바꾼다. 그러나 그들은 주동사를 배제하는 것으로 where+시제 패턴을 한정하지 못한다. 이러한 이후 패턴의 산출을 증명하는 과잉일반화 오류는 where goes the wheel, where could be the shopping place, where's going to the shopping place, where's going to be the school을 포함한다. 단어 조합의 초기 몇 개월 이후에는 기본적인 항목-기반적 의문문 패턴을 위반하는 실수에 대한 보고가 전혀 없다. 예컨대, he can't do it why와 같은 실수에 대한 보고는 없다(Labov & Labov, 1978).

문법 패턴이 때때로 단어 대 단어로 획득된다는 사실은 항목-기반적 패턴의 적용을 더욱 지지한다. 예를 들어, Kuczaj와 Brannick(1979)는 아동들이 how long이나 when 다음보다는 what과 where 다음에 오는 시제보조(tensed auxiliary)의 위치를 더 재빨리 알아챘다는 것을 보여 주었다. 따라서 아동들은 'when he coming?' 과 동시에 'what is he doing?' 을 산출할 것이다. 유사하게 Bowerman(1978b)은 그녀의 딸 Eva가 17개월일 때 want+X와 more+X의 패턴을 사용한다는 점에 주목했다. 그러나 이러한 패턴은 open, close, bite, no more 혹은 all gone과 같은 다른 단어들에는 일반화되지 않았다.

우리가 논의했던 유형의 문장이 단어 조합을 통해 산출되지 않고 유추를 통해 산출된다고 주장할 수도 있다. 유추에 기반한 설명들은 실제로 어떤 특정한 형태의 설명에 사용될 수 있다. 그러나 유추에 기반한 설명들은 결코 일어나지 않는 많은 오류 유형들을 예측한다. 예를 들어, Kuczaj와 Brannick(1979)은 아동들이 'he's gonna go, he will go, will he go?' 라고는 말하지만 'gonna he go?' 와 같은 질문은 하지 않는다는 것에 주목했다. 만일 여기에서 유추가 사용되었다면 'will he go?' 에서 유추된 'gonna he go?' 의 형태를 발견할 수 있어야 한다. 이러한 예는 항목-기반적 패턴으로 잘 설명될 수 있다. will이라는 조동사(auxiliary)는 will+행동의 항목-기반 패턴을 이용하여 he go와 조합된다. 이러한 패턴은 gonna에 일반화되지 않는다. 왜냐하면 정의상 항목-기반 패턴

will + 행동은 조동사 will에만 국한되기 때문이다.

어떻게 어휘 항목이 아동으로 하여금 과잉일반화를 피하도록 도울 수 있는지에 대한 다른 예를 생각해 보자. 아동들은 big과 red 패턴 모두 big barn과 red barn과 같은 형식으로 사용됨에 주목할 수 있다. 이것으로 아동들은 'I painted the barn red.'에서 'I painted the barn big.'을 유추할 수 있을 것이다. 보수적인 학습자는 paint라는 동사와 그것이 허락하는 논항에 대해서만 유추한다. 만일 그 아동이 'I painted the barn white.'와 같은 형식을 들었다면, 술어 red도 같은 형식으로 표현하려는 것은 타당할 것이다. 그러나 happy 혹은 difficult와 같이 의미상 관련 없는 단어를 white라는 단어로부터 유추하는 것은 힘든 일일 것이다. 그 결과 이러한 유형의 범주를 넘어서는(category-leaping) 과잉일반화는 극히 드물게 나타난다.

항목-기반 패턴은 술어가 여러 논항과 결합할 수 있어야 생산성이 높아진다(MacWhinney, 1975a). 또한 항목의 빈칸을 채우는 새로운 단어를 아동들에게 가르침으로써 항목-기반 패턴의 생산성을 높일 수 있다. 예를 들어, 우리는 한 아동에게 우리가 wug라고 부르는 새와 비슷한 생물의 그림을 보여 줄 수 있다. 무의미 단어인 wug의 위치는 그 아동이 단어를 일반명사로 취급하게 한다. 우리는 아동에게 낯선 생물에 대한 두 가지 그림을 보여 주고, 그에게 'What are these?'라고 물어본다. wugs라는 대답을 함으로써 아동들은 복수형 접미어에 기반한 항목-기반적 패턴의 생산성을 보여 준다. 유사하게 우리는 각자 어떤 장난감을 명명해야 하는 게임 상황을 만들 수 있다. 이것은 아동들이 my wug라는 조합을 산출하도록 할 것이다. 그러므로 이것은 my + 소유 대상 패턴의 생산성을 보여 준다. 비슷하게 독일어를 학습하는 아동은 den Gann(명명의, 남성의, 단수의)라는 무의미 단어를 한 장난감의 이름으로 배울 수 있다. 실험자는 이후 그 장난감을 집어 들고 아동에게 그가 들고 있는 것이 무엇인지 물어본다. 3세경부터 아동들은 den Gann(주격, 남성형, 단수형)이라고 정확하게 답할 수 있다.

아동들에게 항목의 빈칸을 채울 새로운 단어를 가르치는 것은 쉽지만, 새로운 조작을 가르치는 것은 훨씬 어렵다. 이는 새로운 조작을 배우려면 새로운 항목-기반 패턴을 확립해야 하기 때문이다. 따라서 아동들에게 새로 배운 동사를 완전히 새로운 방식으로 사용하도록 하는 것은 어렵다. 아동들은 5세경까지 동사의 사용에서 보수적이게 되고 새로운 사용 방식을 확신하지 못한다(Tomasello, 2000). 하지만 5세 이후부터 그들은 복수 및 수동태를 정확하게 사용하기 시작한다(Bowerman, 1988). 예를 들어, 실험자가 griff라는 새로운 동사를 'Tim griffeed the ball to Frank.'라는 맥락에서 가르치면 아동은 이를 생산적으로 일반화하여 'Tim griffed Frank the ball.'이라고 말할 수 있다.

패턴 조합

어떻게 아동들이 복잡한 문법 구조를 학습하는지 이해하기 위해서 우리는 항목-기반 패턴들이 실시간으로 작동하는 과정 중에서 어떻게 조합될 수 있는지를 보여 줄 필요가 있다. 실시간 처리에 대한 현재의 설명 대부분은 MacWhinney(1987b)의 경쟁모형(competition Model)의 기본 논리를 사용한다. 그 모형은 구성개념들 간의 경쟁에 대한 일련의 단계를 명세화한다.

① 소리들은 말소리에서 들리는 대로 처리된다.
② 소리 처리 과정 동안의 경쟁은 현재 단어의 활성화를 통제한다.
③ 각각의 새로운 단어는 관련된 특질 기반 패턴들을 따라 그들 자신의 항목-기반 패턴들을 활성화시킨다.
④ 항목-기반 패턴은 다음으로 자신의 패턴에만 한정된, 항목 빈칸에 올 대상을 찾기 시작한다.
⑤ 항목의 빈칸에는 단일 단어가 채워지기도 하고 전체 구가 채워지기도 한다. 후자의 경우, 이러한 결합은 구의 첫머리에 만들어진다.
⑥ 어떤 단어나 구가 항목의 빈칸에 채워질 수 있는지에 관한 단서는 단어 순서, 운율, 접사, 어휘 유목에서 얻는다.
⑦ 하나의 빈칸에 여러 단어가 가능할 것 같을 때는 ⑥에서 말한 단서가 가장 적합한 것을 취한다.

이러한 문장 구조 분석기 작동의 세부사항은 특정 어휘 항목과 대안적인 배치를 지지하는 단서들 간의 경쟁에 의해 통제된다. 명제적 구 결합의 경우를 생각해 보자. on과 같은 전치사들은 두 개의 논항을 취한다. 첫 번째 논항(arg1)은 그 전치사의 목적어다. 두 번째 논항(arg2)은 전치사구의 앞이다(즉, 전치사구에 붙은 단어나 문장). 부분적인 말머리(local head)로서 arg1과 외적 말머리(external head)로서 arg2에 속한다고 볼 수 있다. 'The man positioned the coat on the rack(그 남자는 코트를 선반 위에 놓았다).' 라는 문장을 생각해 보자. 여기서 on의 부분적인 멀머리는 rack이고 외적 말머리(전체 명제문장의 말머리)는 positioned 혹은 coat 중 하나일 수 있다. 이러한 명제구에 대한 2개의 대안적 위치는 서로 경쟁한다.

경쟁은 또한 타동사 혹은 자동사 둘 중 하나로 동사를 해석하도록 한다. 타동사와 자동사 모두로 사용되는 jog와 같은 동사는 두 개의 경쟁하는 어휘에 의해 표상될 수 있다. 'since, John always jogs a mile(John은 매일 1마일씩 달리기 때문에)' 라는 구절 들으면 우리는 타동사를 활성화시킨다. 그러나 만일 완전한 문장이 'since John always jogs a mile seems like a short distance' 라고 이어진다면 자동사가 타동사의 활성화를 막는다. 다음의 두 가지 예를 고려해 보자.

Mary likes a young soldier.
Mary–likes–(a–(young–soldier))
The cat the dog chased ate the cheeese.
((the–dog)–chased–(the–cat))–ate–(the–cheeese)

이러한 유형의 처리기의 단계별 작용에 대한 보다 자세한 예는 MacWhinney(1987a) 혹은 O'Grady(2004)를 참조하라.

특질-기반 패턴들

항목-기반 패턴들이 거의 모든 단어 조합을 생성하는 데 사용될 수 있지만, 아동들은 보다 일반적인 조합 규칙을 학습하기 위해 항목 기반적 패턴을 곧 넘어선다는 좋은 증거가 있다. 영어에서 명사 전에 형용사를 위치시키는 패턴 학습을 생각해 보자. 우선 아동들은 nice＋대상, good＋대상, pretty＋대상과 같은 몇 개의 항목-기반 패턴들을 선택한다. 그들은 이러한 패턴을 새로운 형용사를 학습하는 동안 습득한다. 예를 들어, 아동들은 nice kitty라는 형식의 말을 들었을 때 그것으로부터 nice＋X라는 패턴을 생성한다. 처음에는 항목 빈칸을 채우는 대상이 원래의 명사인 kitty에 제한되지만, 이후 모든 가능한 대상에 쉽게 일반화된다. 다음으로 아동이 good과 pretty와 같은 상응하는 패턴들을 학습하기 시작할 때, nice, good, pretty와 같이 다음 위치에 오는 관련된 대상의 특성을 기술하는 단어들을 인식하기 시작함에 따라, 일반화는 보다 더 빨라진다. 이러한 연결된 항목-기반 패턴들은 이후 영어에서 수식어구＋원하는 대상 조합을 명세화한다. 다른 초기의 특질-기반 패턴은 소유자＋소유(John's computer)와 위치격＋위치(behind the tree)를 포함한다. 일단 이러한 보다 일반적인 패턴들을 학습한 후에 아동들은 즉시 새롭게 학습된 단어에 이를 적용한다.

특질-기반 패턴들은 또한 헝가리어 혹은 중국어와 같은 언어들에서 명사의 위치에 적용될 수 있다. 이러한 언어들은 처음 위치에 명사를 위치시키는 문장의 형성을 촉진하는데, 이것은 주제+언급의 특질 기반 패턴이라고 할 수 있다. 처음에 아동들은 항목 기반 패턴으로 이것을 받아들인다. 예를 들어, 그들은 the glass # empty라는 문장 모양의 헝가리어를 들을 수 있다. 여기서 # 표시는 주제와 언급 간 억양의 단절을 나타낸다. 그들은 우선은 이것을 glass와 연결된 패턴으로서 부호화한다. 그러나 다른 명사에 대한 상응하는 패턴을 듣고 난 다음에 그들은 일반적인 특질-기반 패턴을 추출한다. MacWhinney (1957b)와 Lee(1999)와 같은 연구자들은 아동들이 2세경부터 이러한 패턴들을 생산적으로 사용함을 보여 주었다.

문법적 표시들

앞에 제시된 문법 획득에 대한 설명은 매우 영어 중심적이다. 영어는 격과와 일치보다는 엄격한 단어 순서 패턴에 의존한다는 점에서 상대적으로 독특하다. 일본어, 헝가리어, 나바호어, 러시아어와 같은 언어들은 단어의 순서에서 변화가 많다. 왜냐하면 단어들 간의 역할과 관련성은 접두어와 접미어 모두를 포함하여 풍부한 문법적 형태소의 체계에 의해 표시되기 때문이다. 예를 들어, 헝가리에서 명사에 마지막 /t/를 붙임으로써 직접 목적어를 표시한다. 영어에는 이러한 접미어가 없지만, 명사에 복수형이나 소유격을 만드는 접미어와 동사에 문법시제와 숫자를 표시하는 접미어를 가지고 있다.

처음에 아동들은 다행히도 복잡한 중다 형태 단어들을 단일 단위로 여기며 이러한 문법적 표시들을 인식하지 못한다. 예를 들어, 아동은 단수형 cookie를 배우기 전에도 cookies라는 단어를 사용한다. 이 지점에서 우리는 비분석된 두 개의 형태소 조합인 cookies를 혼합체(amalgam)로 간주할 수 있다(MacWhinney, 1978).

아동 언어에 대한 연구 문헌은 그 아동이 어간을 학습하기 이전에 변화된 혼합체의 사용의 예를 많이 보여 준다. 예를 들어, Brown 등(1968, p. 41)은 can, will, do의 사용이 없을 때 cant's, won't, don't의 사용을 보고했다. 유사하게 Leopold(1949, p. 8)는 sand가 없을 때 sandbook의 사용을 보고했다. 아동들은 또한 그들이 어형변화를 습득하기 전에 변화된 형태를 사용한다. Kenyeres(1926)는 그의 딸이 16개월에 목적격 '-et' 의 사용에 대한 어떤 증거도 없을 때 변화된 헝가리 단어 kenyeret(빵+목적격)을 사용하는 것을 보고했다. 더욱이 헝가리 아동들은 때로 어간 kalapacs(망치) 혹은 도구격 어간 val 중 하나의 사용을 보여 주기 이전에 kalapaccsal(망치-와)를 사용하곤 한다. 아동이 쿠키를 더 많이 갖는 것에 특히 관심을 갖는 것처럼, 물론 그 아동에게 망치의 주된 흥미는 도구로서의 사용일 것이다.

어떤 사람은 때이른 문장들의 사용이 과소분석을 보여 준다고 주장할 수 있다. Peters(1977)는 그녀의 14개월 된 아기가 단지 6~10개의 단어들만을 말할 수 있었을 때 문을 열라고 정확하게 말하는 것에 주목했다. 유사하게 나의 아들 로스는 처음으로 두 단어 조합이 막 출현할 때 'No, Mommy, I don't want to go bed I like it.' 이라고 정확하게 말했다. 혼합체의 사용은 또한 문법적 오류를 산출할 수 있다. 예를 들어, 만일 아동들이 혼합으로서 like it이나 want some을 배운다면, 그들은 'I like it the ball.' 이나 'I want some a banana.' 와 같은 오류를 산출할 수 있다. R. Clark(1977, p. 350)는 'hat on' 이란 말이 하나의 단위로 쓰였음이 명백한 'hat on gone now' 라는 발화를 보고했다.

초기 접미사 및 접두사 사용의 비생산성에 대한 강력한 증거는, 처음 출현 시 접사는 거의 과잉일반화되지 않는다는 점이다(Ervin, 1964; MaWhinney, 1974, p. 653). 아동들은 went와 saw라고 말하기 시작한다. goed 혹은 sawed와 같은 과잉규칙화는 대부분 정확한 불규칙 형태가 산출되기 전에는 출현하지 않는다. goed나 sawed와 같은 오류들이 나타나는 것은, 초기의 비생산성의 증거뿐 아니라 과거격 접미사의 생산성의 증거로 여기진다. 몇 주가 지나면, 그 아동은 이러한 오류들을 수정하고 다시 went와 saw을 정확하게 사용한다. 과잉일반화의 중간 단계가 있는 정확한 수행의 패턴은 개별 동사에 대한 상이한 발달적 프로파일을 지니는 U형 곡선을 그린다. 아동들은 적게 사용되는 불규칙 단어들보다 보편적으로 사용되는 불규칙 단어에 대하여 더 적은 형태론적 오류를 보인다(MacWhinney, 1975a, 1978). 이러한 효과는 아동들이 적어도 몇몇 어미변화 형태를 산출하기 위해 기억에 의존함을 가리킨다. 빈번하게 사용되는 형태는 매우 자주 들을 수 있기 때문에 청크나 혼합체로서 획득될 수 있다.

접미사의 생산성의 부재가 곧 기저하는 개념의 부재를 나타내는 것은 아니다. 예를 들어, Brown과 Bellugi(1964)는 아동들이 복수형 접미사를 말한다는 어떤 명백한 증거도 없을 때 many shoe 혹은 two shoe를 안다는 것을 발견하였다. 그러나 'many'와 'two'와 같은 단어는 그 자체로 아동이 복수 개념을 생각할 뿐 아니라 이 개념을 표현하는 두 가지 방식을 발견했다는 것을 나타낸다. 이 지점에서 복수형의 습득은 아동의 개념 표현의 필요성에 의해서가 아니라 성인 언어의 형식적 구조에 맞추어야 하는 요구에 의해 초래된 것이다.

6. 의사소통발달

아기와 부모의 의사소통은 아기가 말을 시작하기 전에도 존재한다. 이러한 의사소통에는 미소 나누기, 응시하기, 킥킥대기, 투덜거리기 등이 있다(Snow, 1977). 어린 아동의 부모들은 마치 아기들이 실제 대화의 상대자인 것처럼 대한다(http://childes.psy.cmu.edu/data에서 이와 같은 음성 전사의 예를 찾아볼 수 있다). 이러한 초기 대화들은 여러 이유에서 중요하다. 첫째, 이러한 초기 대화는 아동들이 문제를 해결하거나 자신을 표현하기 위해서뿐만 아니라 의사소통적 상호작용에 충분히 참여하기 위하여 언어를 습득하는 정도를 보여 준다. 의사소통은 우리로 하여금 두 사람 혹은 집단 중 하나의 구성원으로서 사회적으로 상호작용하는 것을 가능하게 해 준다.

이러한 사회화의 촉진은 영아뿐 아니라 어머니에게도 영향을 미친다. Papousek과 Papousek(1991)은 어머니들이 영아의 주의를 끌고 반응을 이끌어 내기 위해서는 음조의 끝을 올리고, 아기를 달래기 위해서는 음조의 끝을 내리며, 주의를 유지하기 위해서는 종 형태의 음조곡선을 사용함을 보여 주었다. 일반적으로 이러한 패턴들은 아기들이 새로운 단어에 주의를 끌기 위해서뿐 아니라 아기들이 '단어'를 학습하기 이전에도 대화의 '멜로디'에 관여하도록 하는 것에 매우 유용하다(Locke, 1995).

어머니와 영아들 간의 의사소통은 다양한 대안적 활동들을 포함한다. 영아들은 부모의 눈을 응시할 때 긍정적인 발성을 산출하는 경향이 있다(Keller, Poortinga, & Schomerich, 2002). 영아들이 부적인 발성을 할 때, 부모들은 때때로 그들을 쓰다듬고 꼭 안아 주는 반응을 한다. 그러나 영아들은 접촉이나 제스처에 단순히 반응하기보다는 부모들이 그들에 대하여 발성할 때 보다 많은 발성을 산출할 것이다(Bloom, Russell, & Wassenberg, 1987). 자연스러운 말에 대한 종단적 연구(Snow, Pan, Imbens-Bailey, & Herman, 1996)는 14개월에 4개에서 20개월에 7개, 32개월에 11개로 10분간 10개의 단어를 말하는 식으로 아동 말의 연속되는 증가를 발견했다. 대화 참여의 이러한 증가는 연속적인 대화의 주고받기에서 영아가 적응한 정도를 보여 준다.

부모-자녀 의사소통적 주고받기의 논리는 성인들 간의 의사소통과 기본적으로 다르지 않다. 모든 형태의 주고받기에 기저하는 기본적인 규칙(Sacks, Schegloff, & Jefferson, 1974)은 어떤 순간에 참여자의 한쪽이 "내 얘기를 들어 봐."라고 말하는 것이다. 그 참여자가 말을 하고 있는 동안 다른 참여자는 그 의사소통적 발언에 주의를 기울여야 한다. 어느 정도 후에 화자는 발언권을 내어 주고 새로운 의사소통에 참여하기 시작한다. 새로운 참여를 가져오는 신호들은 멈춤, 질문, 어조의 급강하와 같은 것들을 포함한다. 물론 의사소통은 교통 흐름을 통제하는 신호등처럼 주의 깊게 통제되지 않는다. 때로 중복을 초래하는 화자들 간의 충돌이 존재한다. 또한 상호작용이 완전히 멈추는 때도 있다. 이러한 특성들 모두는 12개월 정도의 어린 아동과 어머니 간의 음성-시각적 상호작용에서 탐지될 수 있다. 부모-아동 대화를 성인-성인 대화와 구분짓는 것은 부모가 아동의 미숙한 의사소통 행위를 해석하기 위해 특정한 기술을 사용하는 정도와 부모가 언어적, 물리적으로 상호작용을 유지하고 안내하기 위해 시도하는 정도다.

생후 첫해의 후반부로 감에 따라 아동들은 특정한 방법을 통해 의사소통을 통제할 수 있는 능력을 발달시킨다. 가장 잘 발달된 방법은 가리키기(pointing)다. 아동들은 10개월경부터 가리키기에 대한 반응을 보인다. 그들은 부모의 얼굴을 보고 대상의 위치를 파악하기 위해 그들의 시선과 가리키기를 사용할 줄 안다. 이후 12개월부터 아동들은 그들 자신의 의사소통적 가리키기를 산출하기 시작한다(Lempers, 1979). 첫 단어를 말하기 시작한 직후인 12~15개월의 기간에 아동들은 다른 세분화된 의미를 의사소통하기 위한 목적으로 강세 패턴과 몸짓을 발달시킨다(Halliday, 1975).

부모들은 아동의 많은 초기 의사소통적 행동의 해석적 발판을 제공한다(Bruner, 1992). 아동이 미소를 지은 후에, 부모는 미소에 담긴 의미에 대한 충분한 언어적 해석, 예를 들어 "David가 즐거운가 보네."로 반응할 수 있다. 만일 아동이 수저를 흔든다면 어머니는 그 제스처가 "저녁 먹을 준비가 되었구나."를 뜻하는 것으로 해석하려고 할 것이다. 9개월이 되면 이러한 아동 행위와 어머니의 해석의 순서는 중복 보다는 상호성을 포함한다(Jasnow & Feldstein, 1986). 아동의 제스처와 언어적 반응을 결합함으로써 어머니는 아동들이 의사소통적 상호작용에 대한 관점을 구성할 수 있는 발판을 만들 수 있다. http://childes.psy.cmu.edu에는 이러한 유형의 예가 영상과 함께 제시되어 있다.

Snow(1999)는 의사소통적 상호작용에의 초기 참여가 언어 습득의 최초의 단계를 위한 일차적인 토대라고 주장했다. 그녀는 초기 단어들은 단순히 대상을 요구하는 것이기보다는 게임과 일상생활에서 사회적 기능을 하는 것이라고 강조했다. 결정적으로 언어학습은 부모의 의도에 대한 공유된 간주관적 이해의 구성에 달려 있다. 의사소통 순서는 이러한 이해의 발달 위에서 점차적으로 발달한다. 그러나 동일시(Rizzolatti, Fadiga, Gallese, & Fogassi, 1996), 구체화(MacWhinney, 인쇄 중)와 모방(imitation, Meltzoff, 1995)의 과정에 의해 더 큰 지지를 받는다.

아동들의 어휘 성장은 특정한 의사소통적 입력에 매우 의존적이다. 아동이 받는 입력이 많을수록 어휘 폭은 더 커진다(Huttenlocher, Haight, Bryk, Seltzer, & Lyons, 1991).

높은 사회경제적 지위(SES)에 속한 아동들은 보다 많은 입력과 보다 높은 수준의 어휘를 지니는 경향이 있다(Arriaga, Fenson, Cronan, & Pethick, 1998). 보다 높은 수준의 교육을 받은 가족들은 교육 수준이 낮은 가족들과 비교해 볼 때 3배나 많은 입력을 아동에게 제공하는 경향이 있다(Hart & Risley, 1995). 사회적 상호작용(애착의 질, 부모의 반응성, 개입, 민감성, 및 통제 방식)과 전반적인 지적 환경(풍부한 장난감의 제공, 책, 주변 환경에 대한 주의집중 격려)은 아동의 발달하는 언어 능력을 예측한다(van IJzendoorn, Dijkstra, & Bus, 1995). 언어적으로 반응적인 어머니의 자녀들은 언어적으로 덜 반응적인 어머니의 자녀들과 비교해 볼 때, 더 빨리 어휘 폭발이 일어나며, 보다 빨리 단순한 문장으로 단어들을 조합한다(Tamis-LeMonda & Bornstein, 2002). 이러한 사실은 이후 학령기에서 많은 학습 문제들의 근원에 있는 언어학습에 대한 사회적 지원 수준에서의 기본적이고 광범위한 차이를 암시한다.

7. 문어발달

아동기 초기 동안 증가된 입력은 어휘 성장과 다른 측면의 언어 구조 성장을 초래한다. 사회경제적 지위가 높고 가족의 교육 수준이 높은 집안의 아동의 경우 가정과 학교 모두에서 읽기, 쓰기 등에 관한 더 많은 관여를 받기 때문에 입력의 양과 질에서의 격차는 더욱더 벌어진다(Dickinson & Moreton, 1993).

아동들이 더 높은 언어발달 단계로 이동하고 문어를 획득함에 따라 그들은 점점 더 많이 더 넓은 사회적 지시에 의존하게 된다. 그들은 성서의 언어, 예언자, 성지의 지리에 대한 그들의 지식의 원천으로 주일학교 교사에 의존할 수 있다. 그들은 마찰, 분자 구조, 순환체계 및 DNA에 대한 용어를 습득하고 이해하기 위해 과학 교사에게 의존할 것이다(Keil, 1989). 전형적인 생물학 교과서에 1,000개 정도의 전문 용어가 등장하는 것만 보더라도 이런 자료에서의 요구되는 어휘 수가 어마어마함을 알 수 있다.

학생들은 유행어, 말싸움, 구애를 위한 언어의 사용을 가르쳐 줄 또래에 의존할 수 있다. 그들은 다른 민족이나 지역의 언어적 표현에 대한 노출을 위해 대중매체에 의존할 것이다. 그들이 직장에 들어갈 때 그들은 직장의 절차, 규칙 등을 이해하기 위해 동료에 의존할 것이다. 자녀들에게 책을 읽어 주고 이야기를 들려줌으로써 그리고 지지적인 대화에 개입시킴으로써 부모들은 문학과 학교교육의 세계로의 진입을 준비시킨다(Snow, 1999). 여기서 다시 부모와 교사는 개요를 활용한 글쓰기에서 강의 노트 필기에 이르기까지 다양한 범위의 세부적인 문자 활용의 실행과 생성의 예를 보여 주어 아동을 가르쳐야 한다(Connors & Epstein, 1995).

오늘날 학교에서 사용되는 문자 활용은 우리의 현재 교육체계에서 필요한 사항을 채택한 것임을 인식하는 것이 중요하다. 과거의 문자교육에서는 그리스어, 라틴어, 헤브라이어의 학습을 강조하였다. 현재 우리는 프로그래밍 언어를 포함한, 기술적인 어휘의 습득을 상대적으로 강조하고 있다. 스페인어나 중국어와 같은 외국어는 이제 중요한 실생활의 언어들이다.

교육자와 부모들은 문화적으로 중요한 사실들을 인출하는 어린 아동들의 능력이 점차 떨어지고 있다고 비난하곤 한다(Hirsch, 1987; Hirsch, Kett, & Trefil, 1988). 그러나 웹 검색 도구의 진보로, 아동들은 보다 더 많은 지식의 백과사전에 접근할 수 있다. 많은 방식으로 문자 활용에 대한 우리의 개념은 의사소통의 새로운 양식들을 가능하게 하는 비디오, 원거리 커뮤니케이션 그리고 컴퓨터에서의 기술적 진보를 통해 연속적인 변화를 겪고 있다(McLuhan & Fiore, 1967). 그러나 문화적 연속성을 유지하기 위해 학생들은 그리스 연극의 구조, 형식적 논쟁의 규칙, 단테의 『신곡』에서의 우화적 특성을 평가하기 위한 능력을 여전히 요구받을 것이다.

8. 결론: 언어는 특별한 선물인가

언어학습에 대하여 우리들은 아동을 '인간 삶의 격렬한 관계' 라는 언어적 상호작용으로 인도하는 다양한 인지적 및 사회적 과정을 살펴보았다. 이러한 힘은 핵심적인 언어학습 능력을 사회적 입력 및 일반적인 학습 기제와 연결하는 역동적이고 창발적인 과정들을 포함한다. 언어에 기저하는 많은 청각 및 인지 능력들은 다른 영장류에게서도 나타난다. 하지만 오직 인간만이 인간언어에 요구되는 조음, 인지, 및 사회적 능력의 완벽한 세트를 소유하고 있다. 비록 언어에 기저하는 어떤 단일한 특별한 선물 그리고 언어에 대한 어떤 유전적으로 입력된 지식이 없다고 하더라도 언어 습득은 인간진화의 600만 년 역사를 통해 축적된 풍부한 능력들에 의해 지원받는다.

이러한 능력 중 많은 것들에서 명백한 개인적 변산이 존재한다. 예를 들어, 우리는 전반적으로 여아들이 남아들보다 어휘와 문법 모두에서의 학습이 더 빠름을 알고 있다. 특정 언어장애(SLI; Bishop, 1997)을 가진 아동들은 정상적 패턴과 명백한 차이를 보여 준다. 비록 이러한 많은 개인적 차이에도 불구하고 그리고 언어 입력과 언어적 구조에서의 광범위한 변산에도 불구하고 모든 아동들은 결국 그들의 모국어를 학습하는 데 성공한다. 이것은 말하는 것을 학습하는 것이 인간이 되기 위한 학습의 본질적인 부분이기 때문이다.

참 · 고 · 문 · 헌

Adams, A., & Bullock, D. (1986). Apprenticeship in word use: Social convergence processes in learning categorically related nouns. In S. Kuczaj & M. Barrett (Eds.), *The development of word meaning* (pp. 155-197). New York: Springer.

Allen, R., & Gardner, B. (1969). Teaching sign language to a chimpanzee. *Science, 165,* 664-672.

Ament, W. (1899). *Die Entwicklung von Sprechen und Denken biem Kinder.* Leipzig: Ernst Wunderlich.

Arriaga, R., Fenson, L., Cronan, T., & Pethick, S. (1998). Scores on the MacArthur communicative development inventory of children from low and middle income families. *Applied Psycholinguistics, 19,* 209-223.

Aslin, R. N., Saffran, J. R., & Newport, E. L. (1999). Statistical learning in linguistic and nonlinguistic domains. In B. MacWhinney (Ed.), *The emergence of language* (pp. 359-380). Mahwah, NJ: Lawrence Erlbaum Associates.

Augustine. (1952). *The Great Books* (Vol. 18: The *Confessions of St. Augustine*). Chicago: Encyclopedia Britannica.

Baldwin, D. A. (1993). Early referential understanding: Infants' ability to recognize referential acts for what they are. *Developmental Psychology, 29,* 832-843.

Baldwin, D. A., Markman, E. M., Bill, B., Desjardins, R. N., Irwin, J. M., & Tidball, G. (1996). Infants' reliance on a social criterion for establishing word-object relations. *Child Development, 67,* 3135-3153.

Baron-Cohen, S., Baldwin, D. A., & Crowson, M. (1997). Do children with autism use the speaker's direction of gaze strategy to crack the code of language? *Child Development, 68,* 48-57.

Bates, E., Benigni, L., Bretherton, I., Camaioni, L., & Volterra, V. (1979). *The emergence of symbols: Cognition and communication in infancy.* New York: Academic Press.

Berry, M., & Eisenson, J. (1956). *Speech disorders: Principles and practices of therapy.* New York: Appleton-Century-Crofts.

Bishop, D. (1997). *Uncommon understanding.* Hove, UK: Psychology Press.

Bloom, K., Russell, A., & Wassenberg, K. (1987). Turntaking affects the quality of infant vocalization. *Journal of Child Language, 14,* 211-227.

Bloom, L. (1973). *One word at a time: The use of single word utterances.* The Hague: Mouton.

Bowerman, M. (1978a). The acquisition of word meaning: An investigation into some current conflicts. In N. Waterson & C. Snow (Eds.), *The development of communication.* New York: Wiley.

Bowerman, M. (1978b). Systematizing semantic knowledge: Changes over time in the child's organization of word meaning. *Child Development, 49,* 977-987.

Bowerman, M. (1988). The "no negative evidence" problem. In J. Hawkins (Ed.), *Explaining language universals* (pp. 73-104). London: Blackwell.

Boysson-Bardies, B., & Vihman, M. M. (1991). Adaption to language: Evidence from babbling and first words in four language. *Language, 67,* 297-320.

Braine, M. D. S. (1963). The ontogeny of English structure: The first phase. *Language, 39,* 1-13.

Braine, M. D. S. (1976). Children's first word combinations. *Monographs of the Society for Research in Child Development, 41*(Whole No. 1).

Branigan, G. (1979). Some reasons why successive single word utterances are not. *Journal of Child Language, 6,* 411-421.

Brown, R. (1958). How shall a thing be called? *Psychological Review, 65,* 14-21.

Brown, R. (1973). *A first language: The early stages.* Cambridge, MA: Harvard.

Brown, R., & Bellugi, U. (1964). Three processes in the child's acquisition of syntax. In E. H. Lenneberg (Ed.), *New directions in the study of language.* Cambridge, MA: MIT Press.

Brown, R., Cazden, C., & Bellugi, U. (1968). The child's grammar from I to III. In J. P. Hill (Ed.), *Minnesota symposia on child development.* Minneapolis: University of Minnesota Press.

Bruner, J. (1992). *Acts of meaning.* Cambridge, MA: Harvard University Press.

Burling, R. (1959). Language development of a Garo and English speaking child. *Word, 15,* 45-68.

Carey, S. (1978). The child as word learner. In M. Halle, J. Bresnan, & G. Miller (Eds.), *Linguistic theory and psychological reality* (pp. 264-293). Cambridge, MA: MIT Press.

Cartwright, T. A., & Brent, M. R. (1997). Syntactic categorization in early language acquisition: Formalizing the role of distributional analysis. *Cognition, 61,* 121-170.

Clark, E. (1987). The principle of contrast: A constraint on language acquisition. In B. MacWhinney (Ed.), *Mechanisms of language acquisition* (pp. 1-34). Hillsdale, NJ: Lawrence Erlbaum Associates.

Clark, E. (1997). Conceptual perspective and lexical choice in acquisition. *Cognition, 64,* 1-37.

Clark, R. (1977). What's the use of imitation? *Journal of Child Language, 4,* 341-358.

Cole, R. A., & Scott, B. (1974). Toward a theory of speech perception. *Psychological Review, 81*(4), 358-374.

Connors, L. J., & Epstein, J. L. (1995). Parent and school partnerships. In M. H. Bornstein (Ed.), *Handbook of parenting* (Vol. 4, pp. 437-457). Mahwah, NJ: Lawrence Erlbaum Associates.

Cruttenden, A. (1970). A phonetic study of babbling. *British Journal of Disorders of Communication, 5,* 110-117.

DeCasper, A. J., & Fifer, W. P. (1980). Of human bonding: Newborns prefer their mothers' voices. *Science, 208,* 1174-1176.

DeCasper, A. J., Lecanuet, J., & Busnel, M. (1994). Fetal reactions to recurrent mother speech. *Infant Behavior and Development, 17,* 159-164.

Dickinson, D. K., & Moreton, J. (1993). Preschool classrooms as settings for the acquisition of emergent literacy and literacy-related language skills. *Merrill-Palmer Quarterly.*

Dromi, E. (1987). *Early lexical development.* New York: Cambridge University Press.

Eimas, P. D., Siqueland, E. R., Jusczyk, P., & Vigorito, J. (1971). Speech perception in infants. *Science, 171,* 303-306.

Ervin, S. (1964). Imitation and structural change in children's language. In E. H. Lenneberg (Ed.), *New directions in the study of language.* Cambridge, MA: MIT Press.

Fillmore, C. J., Kay, P., & O'Connor, M. C. (1988). Regularity and idiomaticity in grammatical constructions: The case of "let alone." *Language, 64,* 501-538.

Frith, C. D., & Frith, U. (1999). Interacting minds?a biological basis. *Science, 286,* 1692-1695.

Gelman, S. A. (1998). Categories in young children's thinking. *Young Children, 53,* 20-26.

Gentner, D. (1982). Why nouns are learned before verbs: Linguistic relativity versus natural partitioning. In S. Kuczaj (Ed.), *Language development: Language, culture, and cognition* (pp. 301-334). Hillsdale, NJ: Lawrence Erlbaum Associates.

Gentner, D. (in press). The development of relational category knowledge. In L. Gershkoff-Stowe & D. Rakison (Eds.), *Building object categories in developmental time.* Mahwah, NJ: Lawrence Erlbaum Associates.

Gogate, L. J., Bahrick, L. E., & Watson, J. D. (2000). A study of multimodal motherese: The role of temporal synchrony between verbal labels and gestures. *Child Development, 71,* 878-894.

Goldfield, B. (1993). Noun bias in maternal speech to one-year-olds. *Journal of Child Language, 13,* 455-476.

Golinkoff, R., Hirsh-Pasek, K., Cauley, K., & Gordon, L. (1987). The eyes have it: Lexical and syntactic comprehension in a new paradigm. *Journal of Child Language, 14,* 23-46.

Golinkoff, R., Hirsh-Pasek, K., & Hollich, G. (1999). Emergent cues for early word learning. In B. MacWhinney (Ed.), *The emergence of language* (pp. 305-330). Mahwah, NJ: Lawrence Erlbaum Associates.

Gopnik, A., & Choi, S. (1995). Names, relational words, and cognitive development in English and Korean speakers: Nouns are not always learned before verbs. In M. Tomasello & M. Merriman (Eds.), *Beyond names for things* (pp. 63-80). Hillsdale, NJ: Lawrence Erlbaum Associates.

Hakuta, K. (1979). *Comprehension and production of simple and complex sentences by Japanese children.* Cambridge, MA: Harvard University.

Halliday, M. (1975). *Learning to mean: Explorations in the development of language.* London: Edward Arnold.

Hart, B., & Risley, T. R. (1995). *Meaningful differences in the everyday experience of young American children.* Baltimore: Paul H. Brookes.

Hauser, M., Chomsky, N., & Fitch, T. (2002). The faculty of language: What is it, who has it, and how did it evolve? *Science, 298,* 1569-1579.

Hirsch, E. D. (1987). *Cultural literacy: What every American needs to know.* Boston: Houghton Mifflin.

Hirsch, E. D., Kett, J. F., & Trefil, J. (1988). *The dictionary of cultural literacy.* Boston: Houghton Mifflin Company.

Hoyer, A., & Hoyer, G. (1924). Über die Lallsprache eines Kindes. *Zeitschrift für angewandte Psychologie, 24,* 363-384.

Huttenlocher, J. (1974). The origins of language comprehension. In R. Solso (Ed.), *Theories in cognitive psychology: The Loyola symposium* (pp. 331-388). Potomac, Maryland: Lawrence Erlbaum Associates.

Huttenlocher, J., Haight, W., Bryk, A., Seltzer, M., & Lyons, T. (1991). Early vocabulary growth: Relation to language input and gender. *Developmental Psychology, 27*(2), 236-248.

Irwin, O. C. (1936). *Infant speech.* New York: Harcourt, Brace.

Jakobson, R. (1968). *Child language, aphasia and phonological universals.* The Hague: Mouton.

James, W. (1890). *The principles of psychology*. New York: Holt, Rinehart, & Winston.

Jasnow, M., & Feldstein, S. (1986). Adult-like temporal characteristics of mother-infant vocal interactions. *Child Development, 57,* 754-761.

Jusczyk, P. (1997). *The discovery of spoken language*. Cambridge, MA: MIT Press.

Kager, R. (1999). *Optimality theory*. New York: Cambridge University Press.

Katz, N., Baker, E., & Macnamara, J. (1974). What's in a name? A study of how children learn common and proper names. *Child Development, 45,* 469-473.

Kay, D. A., & Anglin, J. M. (1982). Overextension and underextension in the child's expressive and receptive speech. *Journal of Child Language, 9,* 83-98.

Keil, F. C. (1989). *Concepts, kinds, and cognitive development*. Cambridge, MA: MIT Press.

Keil, F. C., & Batterman, N. (1984). A characteristic-to-defining shift in the development of word meaning. *Journal of Verbal Learning and Verbal Behavior, 23,* 221-236.

Keller, H., Poortinga, Y., & Schomerich, A. (2002). *Between culture and biology: Perspectives on ontogenetic development*. New York: Cambridge University Press.

Kenyeres, E. (1926). *A gyermek elsö szawai es szófajók föllépése*. Budapest: kisdendnevelés.

Kilborn, K. (1989). Sentence processing in second language: The timing of transfer. *Language and Speech, 32,* 1-23.

Klima, E., & Bellugi, U. (1966). Syntactic regularities in the speech of children. In J. Lyons & R. J. Wales (Eds.), *Psycholinguistics papers*. Edinburgh: Edinburgh University Press.

Kuczaj, S., & Brannick, N. (1979). Children's use of the Wh question modal auxiliary placement rule. *Journal of Experimental Child Psychology, 28,* 43-67.

Kuhl, P. K., & Miller, J. D. (1978). Speech perception by the chinchilla: Identification functions for synthetic VOT stimuli. *Journal of the Acoustical Society of America, 63,* 905-917.

Labov, T., & Labov, W. (1978). The phonetics of cat and mama. *Language, 54,* 316-852.

Lee, T. H. (1999). Finiteness and null arguments in child Cantonese [Special issue]. *Tsinghua Journal of Chinese Studies,* 16.

Lempers, J. (1979). Young children's production and comprehension of nonverbal deictic behaviors. *Journal of Genetic Psychology, 135,* 93-102.

Leopold, W. (1949). *Speech development of a bilingual child: A linguist's record: Vol. 3. Grammar and general problems in the first two years*. Evanston, IL: Northwestern University Press.

Lewis, M. M. (1936). *Infant speech: A study of the beginnings of language*. New York: Harcourt, Brace.

Locke, J. (1995). Why do infants begin to talk? Language as an unintended consequence. *Journal of Child Language, 23,* 251-268.

MacNeilage, P. (1998). The frame/content theory of evolution of speech production. *Behavioral and Brain Sciences, 21,* 499-546.

MacNeilage, P., Davis, B. L., Kinney, A., & Matyear, C. (2000). The motor core of speech: A comparison of serial organization patterns in infants and languages. *Child Development, 71,* 153-163.

MacWhinney, B. (1974). *How Hungarian children learn to speak*. Berkeley: University of California.

MacWhinney, B. (1975a). Pragmatic patterns in child syntax. *Stanford papers and reports on child language development, 10,* 153-165.

MacWhinney, B. (1975b). Rules, rote, and analogy in morphological formations by Hungarian children. *Journal of Child Language, 2,* 65–77.

MacWhinney, B. (1976). Hungarian research on the acquisition of morphology and syntax. *Journal of Child Language, 3,* 397–410.

MacWhinney, B. (1978). The acquisition of morphophonology. *Monographs of the Society for Research in Child Development, 43* (Whole No. 1), pp. 1–123.

MacWhinney, B. (1982). Basic syntactic processes. In S. Kuczaj (Ed.), *Language acquisition: Vol. 1. Syntax and semantics* (pp. 73–136). Hillsdale, NJ: Lawrence Erlbaum Associates.

MacWhinney, B. (1987a). The competition model. In B. MacWhinney (Ed.), *Mechanisms of language acquisition* (pp. 249–308). Hillsdale, NJ: Lawrence Erlbaum Associates.

MacWhinney, B. (1987b). Toward a psycholinguistically plausible parser. In S. Thomason (Ed.), *Proceedings of the Eastern States Conference on Linguistics.* Columbus: Ohio State University.

MacWhinney, B. (1989). Competition and lexical categorization. In R. Corrigan, F. Eckman, & M. Noonan (Eds.), *Linguistic categorization* (pp. 195–242). Philadelphia: Benjamins.

MacWhinney, B. (1991). Reply to Woodward and Markman. *Developmental Review, 11,* 192–194.

MacWhinney, B. (1999). The emergence of language from embodiment. In B. MacWhinney (Ed.), *The emergence of language* (pp. 213–256). Mahwah, NJ: Lawrence Erlbaum Associates.

MacWhinney, B. (2002). The gradual evolution of language. In B. Malle & T. Giv (Eds.), *The evolution of language* (pp. 233–264). Philadelphia: Benjamins.

MacWhinney, B. (in press). The emergence of grammar from perspective. In D. Pecher & R. A. Zwaan (Eds.), *The grounding of cognition: The role of perception and action in memory, language, and thinking.* Mahwah, NJ: Lawrence Erlbaum Associates.

Maratsos, M., & Deak, G. (1995). Hedehogs, foxes, and the acquisition of verb meaning. In M. Tomasello & M. Merriman (Eds.), *Beyond names for things* (Vol. 377–404). Hillsdale, NJ: Lawrence Erlbaum Associates.

Markman, E. (1989). *Categorization and naming in children: Problems of induction.* Cambridge, MA: MIT Press.

Massaro, D. (Ed.). (1975). *Understanding language: An introduction-processing analysis of speech perception, reading, and psycholinguistics.* New York: Academic Press.

Mavilya, M. (1970). Spontaneous vocalication and babbling in hearing impaired infants. In G. Fant (Ed.), *International Symposium on Speech Communication Abilities and Profound Deafness.* Stockholm.

McCarthy, D. (1954). Manual of child psychology. In L. Carmichael (Ed.), *Language development in children.* New York: Wiley.

McLuhan, M., & Fiore, Q. (1967). *The medium is the message.* New York Bantam Books.

Meltzoff, A. (1995). Understanding the intentions of others: Re-enactment of intended acts by 18-month-old children. *Developmental Psychology, 31,* 838–850.

Menn, L., & Stoel-Gammon, C. (1995). Phonological development. In P. Fletcher & B. MacWhinney (Eds.), *The handbook of child language* (pp. 335–360). Oxford: Blackwell.

Menyuk, P. (1969). *Sentences children use.* Cambridge, MA: MIT Press.

Merriman, W. (1999). Competition, attention, and young children's lexical processing. In B. MacWhinney (Ed.), *The emergence of language* (pp. 331–358). Mahwah, NJ: Lawrence Erlbaum Associates.

Mowrer, O. (1960). *Learning theory and the symbolic processes.* New York: Wiley.

Namy, L., & Wasman, S. (1998). Words and gestures: Infants' interpretations of different forms of symbolic reference. *Child Development, 69,* 295-308.

Nicoladis, E. (2001). Finding first words in the input. In J. Cenox & F. Genesee (Eds.), *Trends in bilingual acquisition* (pp. 131-148). New York: Benjamins.

Ninio, A., & Snow, C. (1988). Language acquisition through language use: The functional sources of children's early utterances. In Y. Levy, I. Schlesinger, & M. Braine (Eds.), *Categories and processes in language acquisition* (pp. 11-30). Hillsdale, NJ: Lawrence Erlbaum Associates.

O'Grady, W. (2004). *Syntactic carpentry.* Mahwah, NJ: Lawrence Erlbaum Associates.

Ochs, E., & Schieffelin, B. B. (1983). *Acquiring conversational competence.* London: Routledge & Kegan Paul.

Ohala, J. J. (1974). Phonetic explanation in phonology. In A. Bruck, R. Fox, & M. La Galy (Eds.), *Papers from the parasession on natural phonology* (pp. 251-274). Chicago: Chicago Linguistics Society.

Ohala, J. J. (1981). The listener as a source of sound change. In R. H. C. Masek & M. Miller (Eds.), *Papers from the parasession on language and behavior.* Chicago: Chicago Linguistics Society.

Ohala, J. J. (1994). The frequency codes underlying the symbolic use of voice pitch. In L. Hinton, J. Nichols, & J. Ohala (Eds.), *Sound symbolism* (pp. 325-347). New York: Cambridge University Press.

Oller, D. K. (2000). *The emergence of the speech capacity.* Mahwah, NJ: Lawrence Erlbaum Associates.

Oller, D. K., & Eilers, R. E. (1988). The role of audition in infant babbling. *Child Development, 59,* 441-449.

Papousek, M., & Papousek, H. (1991). The meanings of melodies in mothers in tone and stress language. *Infant Behavior and Development, 14,* 415-440.

Peters, A. M. (1977). Language learning strategies: Does the whole equal the sum of the parts? *Language, 53,* 560-573.

Piaget, J. (1952). *The origins in intelligence in children.* New York: International Universities Press.

Piaget, J. (1954). *The construction of reality in the child.* New York: Basic Books.

Ponori, T. E. (1871). A gyermeknyelvről. *Természettudomáyi Közlöny 3,* 117-125.

Quine, W. V. O. (1960). *Word and object.* Cambridge, MA: MIT Press.

Rizzolatti, G., Fadiga, L., Gallese, V., & Fogassi, L. (1996). Premotor cortex and the recognition of motor actions. *Cognitive Brain Research, 3,* 131-141.

Sacks, H., Schegloff, E., & Jefferson, G. (1974). A simpest systematics for the organization of turn-taking for conversation. *Language, 50,* 696-735.

Sagae, K., MacWhinney, B., & Lavie, A. (2004). Automatic parsing of parent-child interactions. *Behavior Research Methods, Instruments, and Computers, 36,* 113-126.

Sandhofer, C., Smith, L., & Luo, J. (2000). Counting nouns and verbs in the input: Differential frequencies, different kinds of learning? *Journal of Child Language, 27,* 561-585.

Schafer, G., & Plunkett, K. (1998). Rapid word learning by 15-month-olds under tightly controlled conditions. *Child Development, 69,* 309-320.

Schlesinger, I. M. (1974). Relational concepts underlying language. In R. L. Schiefelbusch & L. L. Lloyd (Eds.), *Language perspective-acquisition, retardation, and intervention.* Baltimore:

University Park Press.

Schlesinger, I. M. (1975). Grammatical development–the first steps. In E. H. Lenneberg & E. Lenneberg (Eds.), *Foundations of language development: A multidisciplinary approach* (Vol. 1). New York: Academic Press.

Slobin, D. I. (1973). Cognitive prerequisites for the development of grammar. In C. A. Ferguson & D. I. Slobin (Eds.), *Studies of child language development*. New York: Holt, Rinehart & Winston.

Smith, L. (1999). Children's noun learning: How general processes make specialized learning mechanisms. In B. MacWhinney (Ed.), *The emergence of language* (pp. 277–304). Mahwah, NJ: Lawrence Erlbaum Associates.

Smith, N. V. (1973). *The acquisition of phonology: A case study*. Cambridge, England: Cambridge University Press.

Snow, C. E. (1977). The development of conversation between mothers and babies. *Journal of Child Language, 4,* 1–22.

Snow, C. E. (1999). Social perspectives on the emergence of language. In B. MacWhinney (Ed.), *The emergence of language* (pp. 257–276). Mahwah, NJ: Lawrence Erlbaum Associates.

Snow, C. E., Pan, B., Imbens-Bailey, A., & Herman, J. (1996). Learning how to say what one means: A longitudinal study of children's speech act use. *Social Development, 5,* 56–84.

Stager, C. L., & Werker, J. F. (1997). Infants listen for more phonetic detail in speech perspective than in word learning tasks. *Nature, 388,* 381–382.

Stampe, D. (1973). *A dissertation on natural phonology*. Chicago: University of Chicago.

Tamis-LeMonda, C., & Bronstein, M. H. (2002). Maternal responsiveness and early language acquisition. In R. Kail & J. Reese (Eds.), *Advances in child development and behavior* (Vol. 29, pp. 89–127). San Diego, CA: Academic Press.

Tardif, T. (1996). Nouns are not always learned before verbs: Evidence from Mandarin speakers' early vocabularies. *Developmental Psychology, 32,* 492–504.

Templin, M. (1957). *Certain language skills in children*. Minneapolis, MN: University of Minnesota Press.

Terrace, H. S., Petitto, L. A., Sanders, R. J., & Bever, T. G. (1980). On the grammatical capacity of apes. In K. Nelson (Ed.), *Children's language: vol. 2*. New York: Gardner.

Tesniére, L. (1959). *Elements de syntaxe structurale*. Paris: Klincksieck.

Tinbergen, N. (1951). *The study of instinct*. Oxford, England: Clarendon Press.

Tomasello, M. (2000). The item-based nature of children's early syntactic development. *Trends in Cognitive Sciences, 4,* 156–163.

Tomasello, M., & Akhtar, N. (1995). Two-year-olds use pragmatic cues to differentiate reference to objects and actions. *Cognitive Development, 10,* 201–224.

Tomasello, M., Akhtar, N., Dodson, K., & Rekau, L. (1997). Differential productivity in young children's use of nouns and verbs. *Journal of Child Language, 24,* 373–387.

Tomasello, M., & Farrar, M. J. (1986). Joint attention and early language. *Child Development, 57,* 1454–1463.

Tucker, D. (2002). Embodied meaning. In T. Givon & B. Malle (Eds.), *The evolution of language out of pre-language* (pp. 51–82). Amsterdam: Benjamins.

van IJzendoorn, M. H., Dijkstra, J., & Bus, A. G. (1995). Attachment, intelligence, and language: A meta-analysis. *Social Development, 4,* 115–128.

Vihman, M. (1996). *Phonological development: The origins of language in the child*. Cambridge,

MA: Blackwell.

Wäsz-Hockert, O., Lind, J., Vuorenkoski, V., Partanen, T., & Valanne, E. (1968). *The infant cry: A spectrographic and auditory analysis* (Vol. 29). Lavenham: Lavenham Press.

Waxman, S., & Kosowski, T. (1990). Nouns mark category relations: Toddlers' and preschoolers' word-learning biases. *Child Development, 61,* 1461-1473.

Waxman, S., & Markow, D. (1995). Words as invitations to form categories: evidence from 12- to 13-month-old infants. *Cognitive Psychology, 29,* 257-302.

Whorf, B. (1967). *Language, thought, and reality.* Cambridge, MA: MIT Press.

Woodward, A. L., & Hoyne, K. L. (1999). Infants' learning about words and sounds in relation to objects. *Child Development, 70,* 65-77.

제 3 부

성격과 발달의 사회적 환경

D·E·V·E·L·O·P·M·E·N·T·A·L S·C·I·E·N·C·E

언어는 추상적 사고와 성격 및 사회성 발달의 기초가 되는 사회적 상호작용을 위한 일차적 방식인 대인 간 의사소통을 가능케 한다. 발달과학의 제3부를 구성하는 내용들은 발달하는 개인이 기능하는 다양한 관계 및 상황의 맥락에서 성격 및 사회성 발달을 살펴보고 있다.

제9장은 개별 아동의 기질, 정서 및 자아의 발달에 초점을 맞춘다. Ross A. Thompson과 Rebecca Goodvin이 보여 주는 것처럼, 우리는 기질, 정서 및 자아의 발달을 통해 한 성인의 성격을 이해할 수 있는데, 저자들은 이 과정을 독자에게 보여 준다. 독자들은 초기 심리발달의 과정에서 자아는 기질, 정서 및 성격과 밀접하게 관련되면서 발달함을 확인할 수 있을 것이다.

Thompson과 Goodvin이 확인한 것처럼 자아는 사회적 맥락에서 출현한다. 발달하는 개인에게 한 가지 주된 사회적 맥락은 바로 가족이다. 제10장에서 Michael E. Lamb과 Charlie Lewis는 생애 첫해 동안 가족 내에서의 사회적 관계의 발달을 설명한다. 그들은 이러한 관계의 출현에서 정상적인 발달적 진전뿐 아니라, 건강한 적응과 발달을 촉진하거나 행동적 병리의 출현을 이끌 수 있는 관계에서의 개인차 요인들에 대해서도 기술한다.

제11장에서 Kenneth H. Rubin, Xinyin Chen, Robert Coplan, Allison A. Buskirk 및 Julie C. Wojslawowicz는 아동의 발달에 따라 가족 외부에서 형성된 관계에서의 증가하는 중요성에 초점을 맞춘다. Rubin과 그의 동료들이 강조한 것처럼, 또래와의 관계는 아동발달에서 매우 중추적이고 중요한 역할을 한다. 저자들은 아동이 자신의 독특한 성격과 사회적 방식을 드러내는 중요한 맥락에서의 사회적 경험에 대해 설명한다. 어떻게 또래 영향이 측정되는가, 왜 아동들이 또래에 의해 그처럼 영향을 받는가, 어떻게 아동들이 친구와 그들의 관계를 협상하는가 그리고 아동의 생활에서 원만한 혹은 나쁜 또래관계의 결과는 무엇인가 등은 동시대 발달과학에서 매우 흥미로운 주제들이다.

대부분의 아동들이 성장함에 따라 자아와 사회적 관계는 점차 학교나 지역사회 내에서 조직화된다. 이러한 사회적 집단들은 아동이 그들의 경향, 선호, 능력을 형성하는 데 기여할 것으로 기대되는 환경으로서 작용한다. 그러므로 학교 및 지역사회는 Jacquelynne S. Eccles와 Robert W. Roser가 제12장에서 보여 주는 것처럼, 아동에게 광범위하고 강력한 발달적 생태다. 비록 심리학자들은 가족을 아동발달의 일차적인 맥락으로 간주하지만, 저자들은 이 장에서 아동들이 생활하는 학교와 지역사회라는 가족 외부에서의 경험이 매우 중요함을 보여 주고 있다.

9 개인으로서의 아동: 기질, 정서, 자기 및 성격

CHAPTER>>

Ross A. Thompson
University of California, Davis
Rebecca Goodvin
University of Nebraska-Lincoln

1. 서론

이 장은 타인으로부터 개인을 구별하는 능력을 발달시키는 독특한 능력인 '성격' 의 성장에 영향을 미치는 특성에 대해서 다루고자 한다. 이 장의 목표는 무엇이 생애 초기에 발달되는 개성을 사회적 세계로 데려오는지를 이해하는 것이다. 그러나 '개인으로서의 아동' 이라는 것은 다분히 이론적인 개념이다. 인간의 성숙은 타인으로부터 영향을 받고, 사회적 영향은 태내기의 보살핌으로부터 성인기에 이르기까지 사고, 감정 및성격발달에서 매우 중요한 요소라 할 수 있다. 개개인의 발달은 이런 상호작용 없이는 이루어지지 않는다고 해도 과언이 아니다. 인간의 기질적 특성, 정서적 능력들 그리고 자의식의 발달은 사회적 세상과의 특정한 상호작용을 통해 이루어진다. 이러한 점에서 '개인으로서의 아동' 이라는 개념은 가족, 또래, 학교 및 지역 단체와의 접촉에서 오는 발달을 포함한다.

기질, 정서 그리고 성격 구성에서 자아의 발달에 왜 관심을 두는가? 하나의 이유는 이러한 세 가지의 초기 출현은 어린 아동의 개별성이 타인과 자신에게 기여하는 점이 있기 때문이다. 기질은 개인의 경험을 조직화하는 것을 돕는다. 정서는 아동과 사회의 독특한 관계에 기여한다. 그리고 자아의 발달은 이러한 관계들을 통해 성격의 출현을 내면화한다. 이와 같은 세 가지 능력의 출현은 삶의 초반에 개별성을 정의하는 것을 도와준다. 또 다른 이유는 기질, 정서, 자아 이 각각은 세 가지의 본질적인 능력과 세상에 미치는 영향들 간의 상호작용을 반영하기 때문이다. 천성과 양육의 상호작용적 관점에서 성격은 상호작용의 형태를 만들고, 발달하는 아동은 복잡한 세상에 독특한 하나의 행위자가 된다.

영아기부터 청소년기까지 개별성 발달의 이러한 세 가지 능력의 초기 출현에 대해서는 아직 확실히 밝혀진 것이 없다. 첫째, 기질은 성격발달의 본질적인 기반을 형성하는데, 이는 어린 영아가 다른 사람에게 독특한 영향을 미치고, 독특한 개인으로서 타인에게 인식되게 하는 경향을 일컫는다. 둘째, 정서는 성격발달에 기여하는 개별성이 정서를 표현하고 이해하고 조절하는 능력으로서 발달적으로 확장되고 심화되는 중요한 방식 중 하나를 구성한다. 셋째, 자기는 변화하면서 동시에 지속적인 자기 지각 특질의 핵심을 토대로 성격 과정이 어떻게 조직화되는지 보여 준다는 점에서 중요하다.

우선 기질의 발달을 살펴보자. 우리는 감정이나 정서로부터 구별되는 기질의 특성을 정의하고, 개인 기질의 핵심 차원을 살펴볼 것이다. 그러고 나서 시간에 따른 기질의 지속성과 그것과 개인적 특성과의 관계에 대한 연구 결과를 알아볼 것이다.

이는 어떻게 기질이 발달하고 기질이 행동과 성격의 성장에 어떠한 영향을 미치는 가에 대한 광범위한 논의로 이어진다. 정서발달은 그다음에 이어서 설명할 것이다. 정의적 문제를 우선 살펴보고 정서가 구조주의와 형식주의적 정서이론가들에 의해 어떻게 연구되어 왔는가를 비교해 본다. 인간의 감정이라는 것은 매우 복잡하기 때문에 '정서발달은 어떤 발달을 동반하는가?' 라는 주제로 논의해 본다. 이 질문에 답하기 위해서 정서의 심리학적 토대와 정서적 지각의 성장 그리고 이해, 동정, 감정 및 자기 이해의 성장, 정서적 표현 규칙, 정서 규제들을 가까운 관계에서의 정서의 성장과 함께 각각 살펴본다. 다음으로 자아의 발달에 대해서 살펴볼 것이다. '자아가 무엇인가?' 를 우선적으로 살펴보고, 발달적으로 나타나는 자기 지각과 자기 이해를 다양한 차원에서 살펴본다. 우리는 자아가 어떻게 영아기, 초기 아동기, 중기 아동기, 청소년기 그리고 성인기에 나타나는지 발달 개요를 통해 살펴볼 것이다. 마지막으로, 성격의 성장에 대해 발달적 과정을 통해 논의해 볼 것이다. 이 장의 각 주제마다 문화의 중요성과 새로운 연구들의 출현 그리고 연구 방법론을 고려할 것이다.

2. 기질

출생 후 아동의 개인적 특성은 주로 기질에서 나타난다. 아동을 지배하는 감정, 적응성, 활동 수준, 인내, 좌절의 시초(혹은 행복의 시초) 그리고 다른 성격적 특질들은 그것들이 다른 사람에게 영향을 줄 뿐만 아니라 성격 성장의 기반이 되기 때문에 중요하다. 부모나 양육자들은 어린 아동의 기질 특성을 확립하고 적응하고 때로 수정하는 데 상당한 노력을 기울인다. 부모들은 또한 아이가 성장하는 과정에서 기질이 성격이 된다는 것을 알게 된다. 대부분 부모들은 자녀의 기질적 개인 특성에 사로잡히는데, 그 이유는 기질이 아동의 성격 성장을 예측하게 해 준다고 생각하기 때문이다. 기질 관련 발달적 연구들은 그와 같은 흥미로부터 동기가 생겨난다고 볼 수 있다. 과연 기질과 그 핵심 특성은 무엇인가? 시간이 지남에 따라 기질적 특성은 얼마나 지속적이며 그것이 성격발달의 기반을 형성하는가? 기질이 발달에 어떻게 영향을 미치는가? 시간이 지남에 따라 기질 자체는 어떻게 발달하는가?

기질의 정의

기질은 초기에 나타난 개인 행동의 안정된 특성과 관계가 있고, 아동발달에서 순간적인 감정이나 정서, 다른 영향들로부터 기질적 개인을 구분해 주는 특성이다. 더 명확히 말하면, 기질은 시간과 상황에 따라 상대적으로 지속적인 행동적 특성으로 개인차를 구성케 하는 것으로 정의할 수 있다(Goldsmith et al., 1987; Rothbart & Bates, 1998; Wachs & Kohnstamm, 2001). 이 정의에는 몇 가지 중요한 점이 포함되어 있다. 우선 기질 특성은 타고나는 것으로 보인다. 기질은 유전적 특성과 성숙 그리고 경험의 상호작용에 기반한 생물학적인 것이다. 기질의 생물학적 토대는 다면적이다. 여러 중요한 증거에 따르면, 활동성 그리고 다른 특징들과 관련하여 기질의 특성에서 보이는 개인차는 매우 유전적인 것이다(Caspi, 1998; Goldsmith, 2002; Plomin, DeFries, Craig, & McGuffin, 2003). 반면에 유전적 개인차는 하위 피질과 동정 신경세포 구조의 반응성에서의 개인차를 포함하여 많은 생리학적 체계를 나타낸다(Kagan, 1998; Kagan, Reznick, & Snidman, 1988). 여기에는 신경내분비계의 기능(Gunnar, 2000; Gunnar & Davis, 2003), 대뇌 불균형(Calkins & Fox, 1994; Calkins, Fox, & Marshall, 1994; Fox, Schimidt, & Henderson, 2000), 부교감신경계의 조절(Porges, 2003; Porges, Doussard-Roosevelt, & Maiti, 1994), 중심신경 체계에서 주의집중 과정(Rothbart, Derryberry, & Posner, 1994; Rueda, Posner, & Rothbart, 2004; Ruff & Rothbart, 1997) 그리고 그 밖의 심리생물학적 과정(Rothbart & Bates, 1998; Ruff & Rothbart et al., 1994, for a reviews) 등도 포함된다. 이와 같은 생물학적 개별 특성은 주로 인생의 초반부에 나타난다. 따라서 이들은 아동의 사회, 정서, 다른 기질적 특성의 발달에 영향을 미친다. 시간이 지남에 따른 기질적 특성의 안정성을 설명하려는 생물학적 토대에 대한 견해가 일반적이지만, 이러한 생물학적 토대는 또한 기질의 특성 혹은 조직의 성숙이 변할 때 발달한다는 점을 간과해서는 안 된다. 다시 말하면, 인생의 초기에는 개인주의적 행동의 싹뿐만 아니라 기질에 기반을 두는 신경학적, 신경내분비계적, 다른 생물학적 체계의 빠른 성장과 통합이 이루어진다(Rothbart & Bates, 1998; Rothbart et al., 1994). 그 결과, 3세 아동은 태어날 때와 생물학적으로 많이 다르고 이러한 생물학적 차이는 다소 기질적 특성을 변화시키는 데 기여한다. 예를 들어, 정서적 반응성은 좀 더 높은 연령의 아동이 보다 조직화된 행동 능력을 보여 주는 것을 통해 증명된다. 그리고 3세 아동의 자기 통제력은 신생아보다 훨씬 우수하다(하지만 6세 아동보다는 못하다). 나아가 이는 정서적 반응성을 변화시킨다(Cole, Martin, & Dennis, 2005; Eisenberg & Morris, 2002). 게다가 경험은 기질에 영향을 끼쳐 생물학적 기능을 수정할 수 있다. 예를 들어, 우울증이 있거나 학대적인 부모에게 제공받은 양육의 질이 그 밑에서 자란 자녀의 심리생물학적 반응에 영향을 미치는 경우(예, Ashman & Dawson, 2002) 혹은 스트레스나 무거운 심리적 요구를 부과하는 만성적 경험에 영향을 미치는 경우를 들 수 있다(Dienstbier, 1989).

두 번째 특성은 기질이 상대적으로 시간에 따라 지속적인 특성이라는 점이다. 즉, 기질적 특성에서의 개인차는 안정적이다. 영아기에 기질적으로 더 밝고 활기 있는 유아는 취학 전 아동기에도 또래 아동들과 비교해서 보다 더 명랑한 아동이 된다. 발달적 개인의 기질 특성이 꼭 경직적으로 지속적이어야 한다는 것은 아니지만, 다른 행동적 특성들이 갖고 있는 것보다는 훨씬 큰 지속성을 갖고 있어야 함은 확실하다. 하지만 오랜 시간에 걸친 기질의 지속성에 대한 연구 결과에 따르면, 이론적이나 방법론적으로 도전을 받는다. 이론적으로 볼 때 어떤 환경에서 시간의 흐름에 따라 언제 기질적 특성이 안정적이고 안정적이지 않는가? 예를 들어, 기질이 수정되려고 하는 경향이 강한 발달적 단계가 있는가? 부모-자녀 관계와 같은 사회적 환경의 요소가 개인적 변천의 특성인 기질의 일관성에 영향을 주는가? 우리는 이러한 이론적 논쟁들을 보다 자세히 살펴볼 필요가 있다.

방법론적으로 보면, 기질적 특성들은 행동으로부터 추론되지만 사람들의 행동은 발달에 따라 실질적으로 변하게 되어 있다. 이것이 기질의 변화나 일관성을 연구하는 것이 어려운 이유다. 예를 들어, 활동성이 높은 유아는 취학 전 혹은 청소년기 아동들과 다르게 이 특질을 나타내는데, 높은 반응성의 수준은 그 아이의 세계에서는 주위 사람들에게 다른 반응을 가져온다는 것을 의미하기 때문이다(유아의 부모에게는 즐거운 성격일 수 있지만 이는 그런 아동들의 다수를 다루어야 하는 교사 입장에서는 매우 신경이 쓰일 수 있다). 발달적으로 적합한 지표를 사용하는 것은 시간에 걸쳐 동일한 기질적 특성을 평가하기가 까다롭고 기질의 일관성을 잘못 평가할 수 있다.

세 번째로 환경과 상호작용하는 기질이 발달에 영향을 줄 수 있다. 애착, 사회성, 적응과 같은 능력이 발달하는 데 기질이 직접적이고 특정한 역할을 하는 것으로 보편적으로 알려져 있지만, 사실 그것의 영향이 가정의 스트레스나 사회적 협력자의 민감도나 적응성과 같은 환경적 특성들에 의해서 조절된다는 것이 더 맞다. 아동이 환경 속의 활동들을 선택하고 그런 경험들을 해석하는 방식도 영향을 미친다. 기질은 문화적 가치와 신념의 관점에 따라 어떻게 해석되는가가 달라지기 때문에 환경과 상호작용한다고 볼 수 있다(Bornstein, 1995). 이것은 '까다로운' 기질이 있는 아동들에게도 사실이다. 까다로운 기질의 결과는 기질이 사회적 맥락(구성적 혹은 적절하지 못한 방법으로), 다른 사람들에게 반응하는 것, 문화의 가치가 표명하는 정상적인 행동으로 간주되는 특성으로 표현되어 조절될 수 있기 때문이다. 아동의 특성이 문화적 다양성으로부터 어떻게 개념화되는가에 대한 차이는 어떤 다른 기질적 특성이 가치가 있는가에 영향을 주기도 한다(Cole & Dennis, 1998; Harwood, Miller, & Irizarry, 1995). 수줍음과 억제된 행동은 북아메리카와 중국 가정에서는 매우 다르게 간주된다. 예를 들어, 중국에서 억제된 행동은 따뜻하고 수용적인 태도로 받아들여지지만 캐나다에서는 그렇지 않다(Chen, Hastings, Chen, Cen, & Stewart, 1988). 마찬가지로 일본 어머니들은 유아들의 근접성 추구(proximity-seeking)나 떠들기 좋아하는 것(fussiness)을 가치 있는 것으로 보지만 미국 어머니들은 발달적으로 문제가 있다는 것을 암시하는 것으로 본다고 알려졌다. 환경적 영향과 기질적 상호작용이 지닌 특성은 발달이 복잡하고 하나 혹은 몇 개의 영향으로 이루어지는 것이 아니기 때문에 놀랄 필요는 없다. 어떤 기질적 특성도 지각되고 해석되는 맥락에 따라 다양한 발달적인 궤도를 그릴 수 있기 때문이다.

기질의 차원

'무엇이 기질인가?'에 대한 질문에 응답하는 또 다른 방법으로는 기질의 주요 차원을 정의 내리는 것이다. 어떤 전형적인 방식으로 개인의 기질적 특성이 표출되는가? 기질이론가들은 이 질문에 상당히 다양한 응답을 했다(Goldsmith et al., 1987; Rothbart & Bates, 1998). Thomas, Chess와 그의 동료들—기질을 정의하는 데 행동의 내용적 특성(무엇)보다는 행동의 구성적 요소(어떻게)를 더 강조했던 사람들—은 기질의 행동 기능을 리듬성, 새로운 자극 접근 혹은 회피, 적응성, 주의 산만성, 활동 수준, 감정의 특성, 지속성 혹은 주의력, 반응성으로의 접근 강도, 반응성의 감각적 시초와 같은 특성으로 표현했다(Chess & Thomas, 1986; Thomas & Chess, 1977; Thomas, Chess, & Birch, 1968). Rothbart와 Derryberry(1981; Rothbart, Derryberry & Posner, 1994)는 개인의 기질은 활동 수준, 진실성, 방향성, 미소와 웃음(긍정적인 반응), 두려움과 한계에 대한 낙담(좌절)을 포함한다고 보았다. Buss와 Plomin(1984)은 세 가지 차원의 다양성으로 기질을 표현하였는데, 활동 수준, 감정 그리고 사회성이 그것이다.

기질의 이러한 대안적인 개념들에는 몇 가지 공통점이 있다. 이 개념들은 각각 활동 수준을 근본적으로 그것의 특징과 행동에 미치는 영향에 의해 정해지는 기질적 특성으로 여긴다. 게다가 긍정적이고 부정적인 정서성의 다양성은 각 형식에 두드러진 특성으로 나타난다. 실제로 Goldsmith와 Campos(1982)는 기질이라는 것이 행복, 슬픔, 우울, 두려움 그리고 화와 같은 기본적인 감정의 표현의 개인차라고 정의 내린다. 정서성은 기질이 어떻게 개념화되는지에 매우 중요한 역할을 한다는 점에서 매우 흥미롭다. 왜냐하면 이는 어린 아동기에 관찰될 수 있는 다양한 행동에 정서가 중심 역할을 하는 것을 보여주고(우울이나 진실성, 미소나 웃음을 보이는 것은 양육자에게 매우 중요한 요소가 된다), 외향성이나 우호성, 신경증, 양심성, 수줍음 그리고 공격성과 같은 성격 특성에 발달적인 전조가 될 수 있다는 점 때문이다. 실제로 초기 기질이 갖는 정서적인 특성은 유아와 아동기 기질 그리고 성인기의 성격 구조 사이에서 개념적 공통분모를 쉽게 파악할 수 있게 한다(Caspi, 1998; Halverson, Kohnstamm, & Martin, 1994). 그리고 이는 기질이 성격발달에 중요한 기반이 된다는 것에 힘을 실어 준다. 게다가 정서적 성향은 '까다로운' 기질의 개념화에 중심 역할을 한다. 까다로운 기질의 개념은 특질의 일부 특성이 '다른 부분의 합보다 큰' 것이 될 수도 있다는 것을 암시한다. 그것은 사회적 관계와 행동적 적응에 있어서 개인 차원보다 더 많은 영향을 주기 때문이다. 까다로운 기질은 지배적인 부정적 감정, 부정적인 정서적 행동, 비규칙성, 적응성의 부족, 요구성 정도를 포함하는 특성이다(Bates, 1980, 1987, 1989; Chess &Thomas, 1986; Rothbart & Bates, 1998; Thomas et al., 1968). 이런 특성들과 일관되게 몇몇 연구가들은 다른 유아와 비교해 볼 때 까다로운 기질의 유아가 후에 사교성의 발달에 문제를 겪는 경우가 많다고 보고하였다(공격성이나 품행장애와 같은 문제). 그리고 내면화된 문제(불안과 같은)도 함께 보고되었다(Bates, Bayles, Bennett, Ridge, & Brown, 1991; Keily, Bates, Dodge, & Pettit, 2001; Rothbart & Bates, 1998). 이것은 까다로운 기질이 나중의 행동 문제에 더 치명적인 영향을 주기 때문에 일어나기도 하지만, 까다로운 기질이 사회관계에도 영향을 미쳐 외면화, 내면화의 문제와 성격 형성에 영향을 주기 때문이기도 하다. 이 과정들은 후속 연구가 필요하다. 이 까다로운 기질 연구를 좀 더 복잡하게 하면 '까다로움' 이 때로는 보는 사람의 관점과 문화적 가치에 따라 다르게 받아들여진다는 것이다. 그래서 부모의 보고에 의존하는 기질 연구들은 부모의 반응이 까다로운 기질을 인식하는 것과 나중의 행동 문제를 일으키는 데서도 중요한 역할을 하게 된다는 것이다. 그럼에도 불구하고 까다로운 기질이 쉬운 기질보다 나중의 문제를 일으키는 것과 더 관련성이 높은 것으로 나타나고 있다.

기질적 특성을 이해하는 또 다른 방법은 기질을 반응성과 자기 규제의 기본적인 변형을 표현하는 것으로 개념화하는 것이다(Rothbart, Ellis, & Posner, 2004; Rothbart & Bates, 1998). 기질의 반응적 특성은 얼마나 쉽게 아동이 어떤 사건에 대해 반응을 보이는가와 그 반응의 빈도, 상승되는 속도, 지속성, 정서적 반응의 강도, 반응 수준의 다양성 정도에 의해 결정된다. 기질의 자기 규제 특성은 반응성이 어떻게 조절되고, 접근과 회피 경향, 반응의 억제(진실성), 정서 규제 그리고 적응성에서 관찰될 수 있는지에 따라 정해진다. 이와 같은 기질을 개념화하는 것의 한 가지 이점은 흥분과 억제 신경체계 과정에서 역동적인 상호작용을 보여 준다는 점이다. 따라서 이는 연구자들에게 기질적 개인차의 심리생물학적 요소들을 살펴보는 것을 가능하게 한다(Rothbart & Bates, 1998; Rothbart et al., 1994, 2004). 이는 또한 이론가들이 사람들의 행동적 반응이 두 가지 양상임을 밝히는 데 기여한다. 반응과 자기 규제에서의 개인차는 인생 전반에 걸쳐 계속 중요한 요소가 되기 때문이다.

기질은 다양한 방식으로 측정될 수 있는데, 각 접근은 장점도 갖고 있지만 해석상의 문제들도 내포하고 있다(Bates, 1987; Rothbart & Goldsmith, 1985). 부모들은 다양한 환경에서의 아동의 행동에 대한 장기적인 지식을 갖고 있기 때문에 기질적 특성에 대한 상당한 통찰력을 갖는 경향이 있다. 그리고 기질에 대한 부모의 보고는 비용이 많이 들지 않으면서 사용하기 편리하다. 그러나 부모는 정보를 해석하는 데 편향적일 수 있다. 부모-자녀 관계, 부모의 성격 특성, 부모가 자신의 자녀(그들 자신을 포함하여)를 긍정적인 관점에서 바라보려는 경향이 기질의 보고에 왜곡을 가져올 수 있다. 현재 부모 보고 기질 질문지 사용의 적합성과 어느 선까지 이 척도들을 이용하는 것이 타당성을 높일 수 있는가에 대한 많은 논쟁이 일고 있다(Kagan, 1998; Rothbart & Bates, 1998과 비교).

아동의 기질 관련 행동에 대해서 '실험실' 과 '자연관찰' 은 각기 강점과 약점이 있다. 실험실 연구는 모르는 사람에 의한 직접적인 관찰이라는 점에서 더 객관적이고 연구자가 조건을 더 세밀하게 통제하는 데 용이하다. 그러나 관찰 접근은 비싸고 시간이 많이 소모되며 한계가 있다(현실적이고 윤리적 문제에 의해). 또한 동일한 기질 특성을 다른 상황에서 반복 측정을 하기가 쉽지 않다(부모 보고가 상황에 따라 어떻게 기질의 다양성을 평가하게 하는가와 비교해 보면). 따라서 결과가 왜곡되기 쉽고 기질의 전체 특성을 파악하기 힘들다. 그래서 어떤 연구자들은 부모 보고와 관찰자적 평가를 적절히 혼합하여 사용할 것을 권한다. 각 측정치가 공유하는 부분과 독특하게 적용될 수 있는 부분이 있기 때문이다(Asendorpf, 1990; Bornstein, Gaughran, & Segui, 1991; Kochanska, 1995).

기질적 특성과 예측 그리고 이후 행동과의 일관성

기질이 성격의 토대가 된다는 것은 사실인가? 아니면 기질적 특성은 시간이 지남에 따라 적응적으로 변화하는 것이 아니라 초기에 발견되는 그대로인가? 표면적으로 직설적인 이러한 질문 안에는 사실 더 복잡한 다른 문제들이 내포되어 있다(행동의 안정성과 일관성에 대해 각기 다른 의미들의 논의는 Bornstein, 1998 참조). 동일한 기질적 특성이 연령에 따라 다르게 측정될 수 있는가? 그렇다면 각 연령에 맞춘 기질적 측정 사이에 강한 연관성이 있는가? (다른 연령에서 동일한 기질적 특성을 가진 아동들 사이에서와 마찬가지로 또래들 사이에서와 유사한 위치에 있는가?) 어렸을 때의 기질로 나중의 성격 같은 다른 연관된 행동을 예측할 수 있는가? 그리고 그 예측의 정확도가 기질이 초기에 평가된 연령에 따라 좌우되는가?

당연하지만, 이 질문에 대한 응답은 다른 발달적인 고려사항과 함께 특정 기질에 달려 있다고 해도 과언이 아니다(Caspi, 1998; Rothbart & Bates, 1998; Shiner & Caspi, 2003). 여기서 몇 가지 중요한 논의가 정당성을 인정받는 듯하다.

첫째, 신생아기 혹은 생애 초반에 획득되는 기질의 측정은 나중에 기질의 동일한 측면을 평가하면 일관성이 거의 없다. 이것은 활동 수준이나 주의 집중력에서는 사실이다. 이러한 기질 차원의 개인차의 불안정성은 그다지 놀랄 일이 아니다. 왜냐하면 영아는 생후 첫 1년 동안 심리생물학적 체계가 급속하게 성숙하면서 변화하기 때문이다(Rothbart et al., 1994). 그 예로, 신생아의 일반적인 고통 반응은 평가 능력과 신경생물학적 체계가 성숙해짐에 따라 점차 분노-좌절이나 공포로 세분화가 가능해진다(Buss & Goldsmith, 1998). 생애 첫해의 후반부에 이르면 억제(inhibition)가 나타나기 시작한다(9개월 영아가 낯선 이에게 경계심을 나타내는 것). 그리고 더 나아가 영아의 부정적 반응성을 변화시키고 활동 수준에도 영향을 미친다(Thompson & Limber, 1990). 동시에 신외피질의 성숙은 주의 과정에 변화를 가져오고, 그것은 자발적 통제의 결과이고, 이는 주의집중 기간과 같은 기질적 특성을 변화시킨다(Rothbart, Ellis, & Posner, 2004). 이 모든 첫 1년 동안의 빠른 발달적 변화는 기질이 그 스스로 변화하는 생물학적 체계라는 것을 의미하고, 이 기간 안에 기질의 개인차의 불안정성을 설명해 준다. 주의집중 한계와 같은 기질적 특성은 심리생물학적으로 6개월일 때보다 3세에 더 성숙한 것으로 볼 수 있다. 이러한 신경생물학적 개념의 발달은 인지체계가 개인의 발달에서 기질적 측면을 재조직화하는 것과 관련이 있다는 것을 보여 준다.

둘째, 기질 차원에서 다소 단기의 안정성은 때로는 그 전에 관찰되기도 하지만 주로 1년이 지나서 관찰되기 시작한다. 행동적 억제, 긍정적 정서성, 주의력, 인내 그리고 활동 수준과 같은 특성은 몇 달 혹은 몇 년에 걸친 반복된 평가와 그들의 연령에 적합한 방식으로 신중하게 측정되었다면(발달적으로 적절한 질문에 기반하여) 적절한 안정성을 나타낸다. 게다가 이러한 기질의 초기 평가는 때로는 나중의 성격 특성을 예측하기도 한다. 예를 들어, Kagan, Reznick 및 Gibbson(1989)은 억제된 행동 특성을 띠는 14~20개월 영아들을 선발하여 조사하였는데, 그 결과 일련의 실험실 연구에서 4세의 아동들이 실험과정에서 훨씬 조심스럽고 두려워하는 것을 발견했다. Calkins 등(1996)은 아동의 억제된 행동이 영아기의 기질적 특성에 의해 예측될 수 있다고 보았다. Kochanska와 Knaack(2003)은 최근에 22~45개월 아동들의 억제된 행동의 일관성을 발견했다. 그리고 이 억제된 행동의 초기 형태는 아동기의 자기 규제 행동을 예측했다. 그러나 시간에 따른 기질 평가의 연관성은 점점 더 약해지거나 많은 연구에서 모순을 드러냈다. 이는 개인의 발달적 특성이 이 기간에 꽤 융통적이라는 것을 보여 준다. 많은 면에서 개인성의 발달은 아직 통합되지 않았다.

셋째, 기질과 2세 이후의 행동과의 연관성에 관한 연구들이 증가하고 있다(Lemery, Goldsmith, Klinnert & Mrazek, 1990). 때로는 이러한 장기적인 연관은 꽤 인상적이다. 뉴질랜드에서 800명이 넘는 아동들을 대상으로 초기 아동기부터 매 2년마다 조사한 연구가 있다. Caspi와 그의 동료들(2003)은 3세의 기질적 특성과 21세와 26세 때의 성격 특성이 유의미한 상관이 있음을 밝혔다(Newman, Caspi, Silva, & Moffitt, 1997; Caspi, Henry, McGee, Moffitt, & Silva, 1995; Caspi & Silva, 1995). 기질적으로 '통제가 안 되는' (충동적이고, 짜증내고, 산만한) 어린 아동은 청소년기에 외면화된 문제를 보이고, 성인기 초반에는 낮은 적응력과 대인관계의 갈등을 더 빈번하게 보여 주었다. 반면에, 기질적으로 자기 규제가 되는 아동은 청소년기에 주의 깊고 차분한 모습으로 평가되긴 했지만, 적절한 적응을 보여 주었다. 이러한 개인적 특성의 일관성은 아동 기질이 후의 성격 성장과 장기적인 상관이 있다는 것을 알려 준다. 그러나 모든 연구들이 그러한 강한 일관성을 보여 주는 것은 아니었고, 모든 아동들에 적용되는 것도 아니었다(Pfeifer, Goldsmith, Davidson, & Rickman, 2002). 후속 연구들은 기질과 미래의 성격 간의 일치성이 어떤 아동들에게서 존재하고 어떤 아동들에게는 그렇지 않은가를 살펴볼 필요가 있다. 그 이론적 제안에 대해서는 다음에 계속해서 논의하도록 하겠다.

왜 영아기 후의 기질이 더 예측력을 가질까? 그 이유 중의 하나는 기질의 심리생물학적 기반의 일부는 고착화되고(아동기에도 성숙이 계속되기는 하지만) 성격발달에 지속적인 영향을 주기 때문으로 설명할 수 있다. 다시 말해, 기질의 핵심인 신경행동학적 기반의 많은 부분이 첫 1년 동안에 조직화되면 개인 기질이 더 일관성 있게 표출될 수 있다는 것이다. 또 다른 이유는 다른 동반 발달 과정이 영아기 후에 개인의 기질을 공고히 하는 것을 도와주기 때문이다. 뒤에 다시 나오겠지만, 취학 전 아동기에는 자기 자각, 보다 복잡한 자기상을 발달시키는 의도성, 친구, 활동, 환경의 선택 등이 증가한다. 이는 부분적으로 자아의 지각에 대한 출현에 의한 것이다. 이는 개인의 기질화에 가장 기초가 되는 부분이다. 예를 들어, 자신을 지각하기 시작하는 어린 아동은 다른 아동들과 비교해서 특정 활동(양자적 활동과 같은)에 참가하고, 유사한 성격의 친구들을 선택하는 데 더 수줍어한다. 그들은 지도력이나 공적인 수행을 요구하는 활동들을 더 선호하고 편안함을 느낀다. 그리고 수줍거나 내성적인 자기 개념과 일치하는 방식으로 타인을 지각하는 경향이 증가한다. 이러한 자기 개념은 기질적 특성의 영향을 받기 때문에 성격발달과 함께 기질적 특성의 통합에 기여하고, 이는 개인의 행동을 확고히 하는데 영향을 주는 것으로 보인다. 어린 유아가 취학 전 연령에 다다를 때쯤 되면 양육자, 교사, 또래, 형제, 타인들은 아동이 어떻게 반응하는가에 일정한 관점을 갖게 되고, 그것이 주변 사람들이 아동을 대하는 태도에도 영향을 미친다. 그렇게 함으로써 그들이 지각하는 행동적 특성을 강화하거나 공고히 하는 것을 돕는다.

종합하면, 기질 관련 연구들은 기질의 안정성과 그것이 나중의 행동을 예측하는 것에 일관성이 있다는 것을 밝혀 왔다. 일부 연구자들은 유아에서 초기 아동기로 넘어가는 시기와 같이 발달적 변화나 재조직화되는 주요 시기에 기질이 더 일관성을 갖는다고 보았다(Goldsmith et al, 1987). 반면에 다른 연구자들은 기질의 안정성과 그에 따른 예측은 연령에 따라 증가하고 자기 이해와 사회적 자각, 의도성, 사회 비교에 대한 발달이 아동으로 하여금 타인에 대한 지각을 발달시키고 현실세계에서 활동 능력을 키워 준다고 보았다(Caspi, 1998; Shiner & Caspi, 2003). 물론 이 두 가지 관점들이 초기의 기질이 왜 나중에 개인성을 예측할 수 없는가에 대해 모순을 드러내는 것은 아니다. 그럼에도 불구하고 이론가들은 기질적 특성이 발달적으로 통합되고 안정된 성격 구조에 영향을 준다는 것에 동의한다.

기질과 발달

기질 특성이 성격에 항상 전조가 되어 주는 것은 아니다. 때로는 시간에 지남에 따라 일관성보다 변화가 더 두드러지기도 한다. 이것이 왜 그런가를 이해하는 데는 기질적 특성의 역동적 상호작용, 사회적 환경에서 오는 성격 성숙의 다른 발달적 요인들 그리고 이러한 상호작용들이 어떻게 행동적 특징을 이루는지 이해할 필요가 있다. 기질연구가들은 이러한 발달적 상호 과정을 몇 가지 방식에 따라 설명한다.

첫째, 아동의 기질적 형태는 아동의 사회적 환경의 요구와 기회들을 잘/잘못 연결시킬 수 있다. 따라서 성격이나 적응에서 기질의 영향은 기질과 환경적 요구 간의 '적합성' 에 달려 있다. Chess와 Thomas(1986; Thomas & Chess, 1977)는 이 개념을 까다로운 기질의 발달적 소산이라고 했다. 논쟁되는 것과 같이 사회적 · 물리적 환경이 아동의 욕구와 특성에 적합하게 조절된다면, 기질적 까다로움이 항상 나중의 행동 문제에 영향을 끼치는 것은 아니다. 예를 들어, 부모가 인내력이 있고, 이해심이 깊고, 기질적 특성들을 변화할 수 있는 기회들을 많이 제공해 주는 경우(활동에서 선택권을 안 주는 것보다 아동에게 선택할 있도록 빈번히 기회를 주는 것 등), 까다로운 기질은 보다 긍정적이고 적응적 성격으로 변하게 된다. 반대로, 기질적으로 쉬운 아동도 요구가 지나치다거나 발달적으로 부적합하고 차갑고 민감하지 못한 협력자에 지속적으로 노출되면 행동적 문제를 일으킬 수 있다. 환경적 '조화' 혹은 '부조화' 의 과정은 활동 수준, 부정적/긍정적 정서 혹은 주의집중과 같은 다른 기질적 특성에도 영향을 준다. 각각의 경우에 아동의 독특한 특성과 환경과의 조화는 사회적 협력자가 아동의 기질적 기본 욕구를 깨닫고 적응하는 데 실패한 것보다 나은 적응을 가져온다. 이는 왜 민감하고, 반응적인 양육이 아동의 긍정적 성격의 주요 예측원이 되고, 부적응이라는 부정적 영향에 보호막이 되어 주는가를 설명해 준다(Belsky, 1999; Teti & Candelaria, 2002; Thompson, 1998a).

그러나 시간이 흐름에 따라 아동의 환경은 기질-환경 적합성에 영향을 주는 것과 같은 방법으로 현격히 변화할 수 있다. 예를 들어, 아동의 성숙, 부모, 교사, 그 밖의 다른 성인들은 더 능숙하고 자기 통제된 행동을 기대하게 되는데, 어린 아동들은 순응이나 주도권 그리고 협동을 요구하는 환경(유치원이나 학교)에 처하게 되고, 사회적으로 수용되는 행동을 이해하고 적응해야 하는 여러 상황(교회, 연주회와 다른 환경들)에서 성인들과 함께 하는 시간이 늘어난다. 따라서 환경적 기대는 문화의 규범적 기대와 더불어 시간이 지남에 따라 어떤 아동들의 기질적 특성에는 덜 유연하고 덜 지배적인 것으로 변해 간다(Bornstein, 1995). 사회적 기대의 이와 같은 변화들은, 예를 들어 남아와 여아들이 환경에서 요구되는 행동 형태가 다르게 적용된다는 것처럼 성별과 관련하여 적합한 행동들과 다른 기대들을 포함한다. 결과적으로, 특정한 기질적 형태는 환경적 요구와 기대에 잘 맞아떨어지지만(유아기의 낮은 인내심이나 집중력), 이후의 시기에는 그렇지 않다(취학 기간 동안 동일한 성격 특성들의 예). 이와 같은 방식으로 기질과 환경의 발달적 연결은 역동적인 것이고, 이는 시간에 지남에 따라 기질 특성에 지속적으로 영향을 미치며, 이후의 성격과의 관계에도 영향을 준다.

둘째, 아동의 기질적 형태는 아동이 사람들과 환경에 상호작용하는 방식에 영향을 줄 수 있다. 이는 여러 가지로 나타난다(Plomin, DeFries, & Loehlin, 1977; Scarr & McCartney, 1983; Shiner & Caspi, 2003). 먼저 한 아동의 행동적 특성은 다른 사람에 대한 특정 반응을 불러일으킬 수 있다. 그 반응에는 명랑한 기질의 아동이 미소를 보이고 또래와 성인들로부터 관심을 이끌어 내는 법과 같은 것들이 있다. 이러한 긍정적인 사회적 반응은 아동의 발달과 성격 성장의 구성요소(사회성)에 영향을 주는데, 이는 부정적 기질을 갖춘 아동이 나타내는 반응과는 많은 부분에서 다르다. 다음으로, 아동의 행동적 특성은 상대방이나 환경, 활동의 선호도를 나타내기도 한다. 예를 들어, 낮은 활동 수준을 보이는 아동보다 높은 활동 수준을 보이는 아동이 다른 활동적인 아동들과 함께 스포츠에 참가하는 것을 더 좋아한다. 그리고 활동적이지 않은 아동은 보다 정적인 활동과 그러한 상대방에게 편안함을 느낀다. 이 같은 선택들은 또한 발달에 영향을 미치는데, 그 이유는 아동들이 자신들의 기질적인 특성과 일치한 사람들과의 만남과 기회에만 관심을 두기 때문이다. 나아가 아동의 행동 특성은 아동이 그들의 사회적 환경을 변화시키는 법에 영향을 준다. 예를 들어, 까다로운 기질의 아동은 보다 적응적인 성향의 아동보다 타인에게 더 크게 영향을 미치는 경향이 있다. 물론 시간이 지남에 따라, 아동이 자신의 선호에 따라 자신의 또래와 환경을 선택하는 능력이 더 발전한다. 성인이 되면 그들은 자신의 성격에 따른 선택들로 삶을 이끌고 상호 협력자, 직업, 거주지, 취미 그리고 모든 다른 활동들도 그에 따라 맞춰진다. 따라서 이는 기질과 성격적 특성이 시간이 지남에 따라 보다 더 강화되는 이유가 된다. 사람들은 자신의 성격에 맞는 삶의 방식과 협력자를 선택한다. 하지만 사람들은 예측하지 못한 불운이 일어나거나 선택에 제한이 생길 경우, 이런 선택을 제대로 하지 못하는 경우가 발생할 수도 있다. 이러한 상황에서 특히 환경적 요구가 기질적 특성과 잘 조화를 이루지 못하는 경우, 우리는 적응을 못할 수 있고(성격 특성에 안정성 부족), 이는 조정할 수 없고 예측하지 못한 변화된 환경에 의한 어려움 때문이다.

셋째, 아동의 기질 특성은 삶의 전반적인 사건들에 대해 지각하고 경험하고 해석하고 사고하는 방식에 영향을 주며(Rothbart & Bates, 1998; Shiner & Caspi, 2003; Wachs &

Gandour, 1983), 이는 꽤 초기에 시작될 수 있다. 긍정적이고 외향적인 성향의 1세 아동은 친숙하지는 않지만 친절한 성인에게 수줍은 아동과는 기질적으로 많은 면에서 다르게 접근하다. 그리고 또래와의 놀이공간과 같은 환경에 두려움이 아닌 많은 흥미와 호기심을 느낀다. 이와 같은 또는 유사한 환경에서 아동의 다른 반응들은 사회적 기술이나 또래관계의 출현 그리고 지적 발달의 성장에 보다 광범위한 영향을 미친다. 기질은 또한 아동이 어떻게 이해를 하고 부모에 대해 반응하는가에 중요한 영향을 미칠 수 있다. 예를 들어, Kochanska(1993, 1995)는 두 가지 연구를 통해 '양심' 의 발달은 두려움의 기질에서 다르게 반응하는 어린 아동들에게서 다르게 나타난다고 했다. 기질적으로 공포가 있는 아동의 양심발달은 아동의 어머니가 관대하고, 독단적이지 않으며, 아동에게 스트레스를 주지 않을 경우에 가장 잘 발달한다고 하였다. 반면에, 기질적으로 공포가 없는 아동의 양심발달은 어머니와 안정 애착이 맺어지고 상대방과 긍정적인 공유가 이루어질 때 잘 나타난다고 했다. 심지어 어머니들이 꽤 독단적일 경우라도 훈육은 영향을 적게 미쳤다. 이와 같이 아동의 기질적 특성에 따라 어머니의 훈육을 지각하고 반응하는 방식도 다르게 나타났다. 또한 기질은 광범위하게는 사고와 정보처리에도 영향을 주는데, 특히 정서와 주의집중 면에서 집중하고 기억하고 논리 있게 사고할 수 있는 개인의 능력은 모든 연령에서 기질의 영향을 받는다(Campos, Barrett, Lamb, Goldsmith, & Stenberg, 1983).

기질은 다른 방식으로 환경과 상호작용한다. 기질적 특성은 인간의 내면적 혹은 외면적 스트레스에의 약점을 강화시킴으로써 부적응 혹은 기능장애의 발달에 영향을 준다. 대안적으로 기질적 특성은 긍정적 감정, 적응성 그리고 보다 나은 자기 규제와 같은 저항력을 강화시켜 주는 스트레스 요인으로부터의 완충 역할을 제공하기도 한다(Rothbart & Bates, 1998). 이와 같은 기질-환경적 상호작용의 특성을 고려하면 특정 기질적 특성에 영향을 받은 발달적 궤도는 기질적 특성뿐만 아니라 환경적 특성이 요구하는 것과 그 기회에 달려 있는 것이 분명하다. 이러한 점에서 볼 때 기질은 사람들로 하여금 세상을 각기 다른 방식으로 바라보게 한다는 결론에 도달할 수 있다(Wachs, 1992).

결론과 이후 연구의 방향

기질에 대한 동시대 연구들의 결과는 전통적 설명에 따라 다르게 나타난다. 기질이 초기에 출현한다고 보는 전통적인 형식과는 반대로, 상황과 시간에 걸쳐 심리생물학적 기원 때문에 매우 일관성 있고 이것이 직접적으로 성격 성장과 관련된다고 주장하는 현재 연구들은 기질이 생물학적인 기반이라는 점을 과소평가하고, 보다 발달적으로 행동이 진화된 특성이라는 점에 주안을 둔다. 이러한 이유로 기질적 특성은 시간에 걸쳐 비교적 지속적인 반면, 개인의 기질은 자기 개념과 행동적 선호, 사회적 경험들이 함께 모여 성격의 발달로 진화된다. 게다가 현 연구들은 기질이 행동이나 발달에 직접적인 영향을 주지 않더라도 환경적 영향들과 일반적으로 상호작용하고 복잡한 방식으로 발달하는 데 영향을 준다고 보고 있다.

이와 같은 결론은 인간발달의 복잡성과 기질이 개인화의 출현에 영향을 주는 다양한 방식을 상기시켜 준다. 그들은 또한 왜 우리가 유아나 아동의 기질을 일반적으로 고려하는지에 대해 설명해 준다. 그러나 성인기의 기질은 설명되지 못하는 부분이 있다. 성인기에 도달할 때까지 자기 이해, 사회적 성향, 귀인 과정, 다른 정교하고 협동적이고 초기 기질적인 성향 등의 많은 특성들을 포함해 성격은 완전하게 발달하게 된다.

기질이론은 보다 세밀화, 정교화되어 왔고 기질 연구들도 마찬가지다. 현대 연구자들은 아동의 행동 특성을 형성하는 데 발달적으로 영향을 주는 요인과 이 요인들이 이후의 발달에 미치는 영향을 알아보기 위해 완벽하게 설계된 실험실 평가과 함께 부모 보고 설문지를 신중하게 사용한다. 생물학적 기원에 일관되게 기질 연구는 또한 일란성, 이란성 쌍둥이 연구 자료들을 사용하여 개인 기질의 환경적, 유전적 요인에 대한 이해를 돕기 위한 유전적 행동 설계도 적용한다(Goldsmith, Lemery, Buss, & Campos, 1999). 새로이 각광받는 분자유전학 분야 또한 과학자들이 심리학적 성격 특성을 특정 유전자와 연결짓고 있는 것을 시초로 근시일에 기질의 유전적 근원에 대해서 보다 더 심오한 통찰력을 제공해 줄 것이다. 현대 연구자들은 또한 발달에서의 기질적 과정에 영향을 주는 상호적 그리고 조정적 영향에 대해서도 관심을 두고 있다(Park, Belsky, Putnam, & Crnic, 1997 참조). 예를 들어, Shaw와 그의 동료들은 아동기의 품행장애 발달에서 초기 기질적 취약성이 가혹한 양육과 어떤 관련이 있는가를 살펴보았다(Owens & Shaw, 2003; Shaw, Miles, Ingoldsby, & Nagin, 2003 참조). 발달심리 병리학 분야에서 기질이론과 연구의 중요한 적용 중 하나는 기질적 개인차가 지지적이거나 스트레스가 많은 사회적 환경에서 아동들이 접하는 취약성과 강도에 어떻게 영향을 미치는가 하는 점이다. 요약하면, 부모 보고 기질 평가는 더 이상 연구설계에 이용되지 않고 있으며 새로운 기질 연구가 이루어지고 있다. 이론적으로 정교화된 질문들을 살펴보기 위해서 기질의 발달적 연구들은 표본의 발달적 요소와 질문에 가장 적합한 방법론을 이용하고 있다.

3. 정서

정서는 세상에 대한 경험을 형성하고 삶의 전반에 걸쳐 광범위하게 영향을 미친다. 그러나 기질적 다양성과는 반대로 정서적 반응의 영향은 지속적이거나 짧고, 맥락적 혹은 상황적인 특성을 보여 준다. 게다가 정서적인 경험은 발달에 따라 많이 변화하고 기질적 다양성의 범위를 능가하는 복잡한 감정들과 다양성을 포함하고 있다. 정서는 또한 다른 발달적 과정과 복잡하게 관련되어 있다. 정서적인 발달은 심리생물학적 성숙, 자기 이해 그리고 타인에 대한 이해와 관련되어 있고, 사람이나 아동을 평가하고, 사회적 상호작용과 자기 통제, 사회적 규칙이나 사회적 관습의 자각하는 능력을 성장시키는 데 영향을 준다.

우리는 정서가 일상적 삶의 일부라는 것을 당연시한다. 그러나 정서적 경험이 얼마나 많이 우리 삶의 전반을 바꿀 수 있는가에 대해서는 고려해 볼 필요가 있다. 유아들은 극도의 정서적 흥분을 자주 보여 준다. 찢어지는 듯한 극한의 울음에서 원기완성한 기쁨의 표출에 이르기까지 민감한 양육자의 중재가 없으면 아동은 통제되지 않는다. 유아의 정서는 매우 쉽고 명백하지만, 유아는 또한 다른 사람의 정서에도 민감하고 그것의 의미를 이해하려고 애쓴다. 취학 전 아동기의 기본적인 정서는 자신감이나 죄의식, 수치심 그리고 당혹감과 같은 자기 지각 정서로 충분하다. 정서적 경험은 부모, 또래와 자주 하는 사회적 놀이를 통해 이루어진다. 취학 전 아동들은 정서적으로 자기 의식을 더 많이 하고 정서적 경험의 원인과 결과에 대해서 이해하기 시작한다. 그리고 사회적 상호작용에서 정서의 영향력을 인식하기 시작한다.

아동기 중기 때 아동들은 자신들의 정서적인 삶에 더 반사적이고 전략적이 된다. 정서는(산만한 사고들을 이용하는 것과 같은) 인지적 수단이나 행동적 전략을 통해서 더 효과적으로 이행된다. 그리고 정서는 감정의 표출 규칙을 통해 의도적으로 숨겨지기도 한다. 이 연령대의 아동들은 진짜 감정을 숨기기도 하고, 이전보다 정서적인 이해를 더 많이 한다. 청소년기에는 유아의 정서적 변동이 다시 나타나는 것처럼 보인다. 그러나 청소년기의 정서는 이제 개인의 정서적 경험의 독특한 기원을 반영하는 심리적으로 보다 더 복잡한 차원이 된다. 즉, 타인(특히 또래들)들의 정서에 대해 심리학적 기반에 근거하여 매우 민감해지고 정서의 직접적인 표출뿐만 아니라 상징(음악이나 이야기)에 대해 강한 느낌을 받을 수 있다.

그렇다면 정서발달은 성인기까지 계속되는가? 그렇다. 그러나 발달적 특성은 변한다. 심리적으로 복잡한 정서적 경험이 성인기에는 직업이나 배우자, 다른 활동들의 선택을 통해 가능하고, 조절 가능한 개인의 생활 패턴을 창조하려는 경향을 보인다. 다시 말하면, 성인기에는 개인적으로 원하는 정서적 경험을 구성하기 위해 노력할 수 있다는 것이다. 그리고 생산적인 노동과 아이를 양육하는 즐거움(혹은 소란) 그리고 음악이나 예술, 운동 혹은 다른 창조적인 추구의 흥분을 자극하는 여가의 선택 등을 시도한다. 물론 모든 것이 성공적이지는 않다. 성인기에는 또한 자신의 감정을 사회적 상황과 개인적 목표에 맞추어 표현을 조절하는 기술이 생긴다. 이것이 성인기의 정서발달의 주제이고, 이는 타인과 성공적인 관계를 유지하고 보다 만족스런 삶을 위한 정서적 경험의 적응적 통합으로 볼 수 있다. 이는 성인들이 아동기나 청소년기보다 정서적으로 더 안정되고 예측 가능한 것에 대한 하나의 이유가 될 수 있다.

이 발달적 조사는 정서적 경험의 변화하는 특성뿐만 아니라 정서발달과 성격 성장의 관계에 대해서도 강조한다. 삶의 각 단계에서 정서적 경험, 표현, 이해의 새로운 특성은 조직화와 설명을 통해 정서와 성격발달에 영향을 미친다. 이러한 점에서 정서적 성숙은 유아기로부터 나중의 삶에 이르기까지 성격 성숙의 중요한 부분이 된다. 게다가 정서의 영향을 분석하는 것은 정서발달이 문화적 신념에 의해 형성된다는 명백한 사실로도 그 의미를 갖는다. 유아의 정서적 표출에 대한 부모의 반응은 이후 성인기에 정서적으로 성숙하는 방식에 영향을 준다. 문화적 가치는 특별한 정서들의 특징과 정서적 삶에 영향을 미치고, 정서가 성격발달에 영향을 주는 특정 방식에도 영향을 준다.

정서의 정의

무엇이 정서인가? 정서의 독특성 때문에 이에 대한 질문은 거의 회피되어 왔다. 사람은 본능적인 반응(빠른 심장박동과 손에 땀이 나는 것)들을 나타내고, 주관적인 경험(집중하지 못함, 산만함 혹은 에너지의 고갈), 인지적 평가(위협, 목표 성취), 얼굴표정 그리고 우리가 언어적으로 다르게 구분했던 두려움이나 분노, 즐거움, 우울, 죄의식 같은 정서들의 구성요소들을 갖고 있다.

일부 정서이론가들은 이러한 물리적, 주관적, 평가적, 표현적 요소들을 합친 것이 정서라고 정의한다(Izard, 1991; Izard & Ackerman, 2000; Lewis & Michalson, 1983). 이러한 구성주의자들의 관점은 우리의 일반적인 관점과 일치하는데, 이는 정서적 경험이 주관적 감정의 각기 독특한 형태나 인지적 평가, 물리적 흥분 그리고 얼굴 표현과 같은 다른 정서적 상태와 쉽게 구별된다는 것이다.

대부분의 정서이론가들은 분노, 화, 놀람, 슬픔, 즐거움과 역겨움과 같은 기본 정서를 믿는다. 이러한 정서는 인간진화에 깊게 뿌리 박혀 있고 생존 및 재생산과 관련되어 있다. 예를 들어, 두려움과 같은 정서는 예측하지 못했지만, 잠재적으로 위협적인 사건들로부터 벗어나기 위해 신체의 기관들을 빠르게 움직인다. 반면에 분노와 같은 정서는 또 다른 본능적이고 주관적이고 표현적인 요소들을 가지고 있는데, 이는 도망가기보다는 싸우고자 준비하는 자세와 같은 것이다. 각 경우에 정서적 구성요소들의 나열은 인간으로 하여금 그 상황에서 살아남고 재생산하는 데 적합하도록 조정할 수 있는 능력을 주었다. 구성주의자들은 정서이론을 통해 이러한 생물학적 유전 형질에도 불구하고 정서는 이른 초기에 발달하고, 정서 자극원에 적절하게 반응하고, 그 환경을 평가하는 능력이 연령에 따라 변화한다고 주장했다.

다른 정서이론가들은 정서적 삶이 '분리된 정서의 통합체'라는 것에 반대했다. 그들은 기본 정서가 충분히 세분화되어 있지 않다고 보았다. 그들은 구성주의자들이 믿는 신체적인 반응 혹은 표현적인 것들에 동의하지 않았다(Camras, 2000; Ortony & Turner, 1990). 그들은 일상적인 정서적 경험이 분리된 정서들의 연계로 구성되어 있는 것이 아니라, 역동적이고 일시적인 정서 상태의 광범위한 다양성이 서로 혼합되어 나타나는 것이라고 보았다. 정서 경험의 이러한 특성은 대부분 구성주의자들의 설명으로는 이해될 수 없다고 주장했다(Thompson, 1990). 게다가 몇몇 문화이론가들은 우리가 일반적으로 개념으로 분리하는 정서들에 대해 영어권 사람들이 언어적으로 분리한 것에 불과하다고 지적했다. 반대로 다른 문화권과 다른 언어체계의 사람들은 동일한 정서도 다르게 개념화할 수 있고, 따라서 본질적으로 '기본 정서'가 다를 수 있다고 한다(Lutz, 1988).

그러므로 구성주의자들의 이론에 대한 대안책으로, 어떤 정서이론가들은 기능주의적 접근을 채택했다(Barrett & Campos, 1987; Frijda, 1986; Saarni, Mumme, & Campos, 1998). 이는 일상적인 경험에서 정서의 역할을 강조하는 것인데, "정서는 사람들에게 중요한 사안에서 사람과 환경 간의 관계를 변화시키거나 유지하거나 공고히 하기 위한 사람들의 시도 혹은 준비"(Saarni et al, p. 238)라고 정의했다. 정서를 인간-환경이라는 광범위한 용어로 정의함으로써 정서가 목표 달성, 사회적 관계, 상황적 평가, 활동 경향성, 자기 이해, 자기 규제 그리고 다른 발달적 변화 과정의 다양성과 관련이 있는 문제라는 것을 밝힐 수 있다. 정서의 범위는 주관적, 심리학적, 표현적 특성으로 특정한 범주 안에 제한될 수 없다(기능주의 이론가들은 일반적으로 성격 특성을 공유하는 것들을 '정서 가족'이라고 부르기도 한다). 그러나 정서가 어떻게 특정한 인간-환경과의 특성에 기반을 두고 다른 사회문화적 집단에 적용되는가와 관련해서는 보다 광범위한 범위 내에서 고려되고 있다. 따라서 정서의 정의에는 개방적인 접근 방식을 따르는 형식주의자들의 설명이 더 적합한 것 같다. 정서가 기능주의자들의 관점에서 채택되는 방식에 대한 개방성은 정서적 성숙에 대한 이론과 연구에 보다 많은 애매함을 부여하는 것은 확실한 사실이다(예, 굶주림, 노력, 나태 혹은 무관심도 또한 정서인가?). 그리고 다른 동기적인 상태 혹은 성격 과정으로부터 정서를 구별할 수 있는 특성은 불명확하다.

정서를 개념화하는 두 가지 다른 대안은 정서의 구조주의자들과 형식주의자들의 이론에 의해 제안된 것으로 방법론적인 암시도 있다. 분리된 정서가 두드러진 얼굴표정과 연관되어 있다는 관점의 연장선상에서, 많은 발달 연구들은 정서 성숙의 연구에서 얼굴표정을 측정하기 위해서 구성주의자들의 설명을 받아들였다. 이들은 주로 해부학적으로 유아와 어린 아동에게 적합하고 세밀한 측정체계를 이용해 왔다(Oster & Rosenstein, 1996 참조). 구조주의자들의 관점에 따르면, 정서의 얼굴표정은 잠재적 주관성을 설명해 준다. 왜냐하면 정서 경험의 표현적, 주관적, 인지적 그리고 생리적인 면이 서로 어떻게 연결되어 있는가를 알려 주기 때문이다. 그러나 얼굴표정의 조직화나 특정 정서와의 연관성은 생물학적인 것이라기보다는 발달적 과정일 수 있다(Camras, 2000). 즉, 정서의 지표로서의 얼굴표정은 타고난 것이 아니라 신경 피질의 성숙에 의한 얼굴 활동, 사회화의 영향, 자기 조직화, 다른 발달적 과정들과의 점차적인 발달의 결과로 볼 수 있다.

예를 들어, 한 연구에서는 정서 표출 상황에서 중국인, 일본인 그리고 유럽계 미국인 유아의 얼굴표정에 중요한 차이가 있다는 것을 발견했다. 얼굴표정의 다양성은 다양한 정서적 경험과 연관이 있기보다는 각 문화의 독특한 사회화 경험으로부터 이끌어지는 것으로 나타났다(Camras et al., 1998). 그러므로 이러한 관점에서 형식주의 정서이론가들은 정서의 행동 목록에 무조건적으로 의존하는 것은 현명한 것이 아니라고 보았다.

게다가 미소와 같은 표정은 많은 것을 의미할 수 있다. 행복, 경멸, 당혹, 주의를 흐리려는 노력 혹은 진짜 감정을 속이기 위한 의미 등이 될 수 있다. 따라서 정서발달의 연구에서는 정서의 다양한 행동적 측정 방법(얼굴표정, 언어적 행동 그리고 사람들이 나타내는 맥락에서 그 특정 행동을 어떻게 표현하는가를 포함)을 정서적 반응의 조직화된 해석과 사람과 환경 사이의 상호작용으로 통합하는 등의 다양한 방법을 사용한다. 이러한 점에서 위축이나 응시-혐오 및 과장된 칭찬과 같은 반응에의 미소는 당혹감에 해당하는 반응의 하나로 해석할 수 있다. 그러나 눈맞춤이나 '내가 해냈어.' 와 같은 감탄사 그리고 완성된 과제와 같은 맥락에서의 미소는 자랑스러운 감정의 일부로 간주할 수 있다.

정서발달은 무엇인가?

우리는 연령이 높아지면서 나타나는 정서적 변화들을 쉽게 관찰할 수 있다. 그러나 무엇이 정서의 성장을 설명해 주는가? 정서발달은 심리적 성숙과 많은 관련이 있고, 이 주제는 특히 많은 연구들과 통합되어 이루어지고 있다(Denham, 1998; Oatley & Jenkins, 1996). 정서는 심리생물학적 기반, 타인의 정서를 지각할 수 있는 능력의 발달과 정서적 이해, 동정의 발달, 자기 이해의 성숙, 정서적 표출 규칙의 학습, 정서 규제 능력의 발달을 포함한다.

심리학적 기반　기질의 심리생물학적 관점에서 정서발달 역시 유아기에서 아동기에 걸쳐 빠른 변화를 갖고 오는 신경생물학적, 신경내분비계 그리고 다른 생물학적 과정들에 기반을 둔다는 것은 놀라운 일이 아니다(LeDoux, 2000; Panksepp, 1998). 인간기능의 생물학적 특성 때문에 정서는 시상하부와 변연계(특히, '정서의 중심부' 로 불리는 도핵)과 같은 뇌의 일부분에 그 뿌리를 두고 있다(이 책의 Johnson 참조). 그러나 인간행동은 복잡하기 때문에 정서는 대뇌 피질의 가장 정교화된 부분, 특히 진화된 전두엽에 의해 유도된다고 알려져 있다. 게다가 정서적 반응은 뇌의 다양한 부분에 의해 규제되는 호르몬과 신경 전도체에 의해서도 영향을 받는다. 이는 간단한 정서적 반응이 놀라울 만큼 복잡한 정서생물학적 반응을 만들고 정서적 행동에 영향을 주는 이와 같은 과정에는 중요한 발달적 변화가 있다는 것을 의미한다. 예를 들어, 신생아의 예측하지 못한 흥분은 유아기 호르몬의 활동과 부교감신경계의 통제에 따라 보다 진보적으로 조절된다(Gunnar & Davis, 2003; Porges, Doussard-Roosevelt, & Maiti, 1994). 정서는 하위 피질과 상부 체계 간의 형식적 관계의 발달과 함께 규제되고, 이는 나아가 유아기와 아동기 동안에 출현하는 정서 규제의 능력을 고양시켜 준다(Thompson, 1994).

정서 지각　정서발달의 또 다른 중요한 측면은 정서가 타인의 정서를 정확하게 지각하는 능력이라는 것이다. 초기에 나타나는 현상은 다음과 같은데, 심지어 5세경의 유아는 '미소' 와 같은 얼굴표정을 구분하고 범주화할 수 있다(Bornstein & Arterberry, 2003). 1세 후반이나 2세 초반에 유아는 성인들의 표정과 언어적 표현 그리고 '사회적 참조' 라고 불리는 성인 행동을 해석하는 것에 기제하는 정서적 의미를 이해하기 시작한다(Saarni et al., 1998). 예를 들어, 유아가 친숙하지 못한 사람이나 물건과 마주칠 때 성인의 안심하는 미소 혹은 두려움의 표정 등은 특히 적절한 언어나 행동이 수반된다면 아동의 접근 혹은 회피의 경향성에 영향을 준다. 아동은 성인의 정서적 표현과 그것의 친숙하지 못한 사건에 대한 연관성에 관련한 의미를 적절하게 '읽어 낼 수' 있다(Mumme, Fernald, & Herrera, 1996). 이후에는 이 정서적 신호에 대한 적절한 지각을 위한 기본 능력이 정서적 신호의 의미를 더 정확하게 인식할 수 있도록 도와준다. 예를 들어, 2세 후반이 되면 유아는 사람들이 각기 다르게 느낄 수 있다는 사실에 대한 정서적 경험의 주관성을 정확하게 인지하기 시작한다(Repacholi & Gopnik, 1997). 그 결과, 부모는 아동이 우울한 또래나 귀찮은 형제들을 위로하기 위해서 다른 이들의 감정에 개입하기 시작하는 것을 목격할 수 있다(Harris, 1989).

정서적 이해 개념적 성숙과 함께 정서적 이해는 다른 사람의 심리적 상태에 대해서 더 광범위한 지식으로 접근할 수 있게 한다(Bartsch & Wellman, 1995; Thompson & Lagattuta, 인쇄 중; Wellman, 2002). 예를 들어, '마음이론'을 생각해 보면 2~3세 아동들은 정서가 욕구 달성과 연관되어 있다는 것을 알고, 4~5세 아동들은 정서와 사고, 신념 그리고 기대 사이의 복잡한 연계성을 인식하기 시작한다(Harris, Johnson, Hutton, Andrews, & Cooke, 1989; Wellman & Banerjee, 1991; Wellman & Woolley, 1990). 이러한 심리학적 이해는 아동의 정서 개념화를 풍부하게 해 준다. 왜냐하면 이러한 심리학적 이해는 어린 아동이 정서가 어떻게 만족이나 욕구(사람들마다 다양한)의 좌절과 연관되어 있는지를 이해하게 하기 때문이다. 그리고 (비록 아동이 점심 도시락에 맛있는 디저트가 있다고 생각하지만 아버지가 그것을 넣는 것을 깜박하였을 경우처럼, 잘못 알고 있는 것과 같은 오류도 있을 수 있지만) 신념에 대해서도 이해하기 시작한다.

아동기 중기에 아동들은 시간이 지남에 따라서 어떻게 정서적 강도가 점차적으로 흩어지는지와 같은 정서적 과정에 대해서 인식하기 시작한다(Harris, Guz, Lipian, & Man-Shu, 1985). 그리고 특정 정서가 어떠한 선행 행동과 연관이 있는지(Thompson, 1989), 개인의 배경, 경험, 성격이 어떻게 독특한 정서적 반응들을 이끌어 내는지(Gnepp & Chilamkurti, 1988)에 대해서 인식하기 시작한다. 한편, 9~10세경이 되면 아동들은 행복이나 두려움과 같은 다양한 정서가 어떻게 같은 사건에 대해 동시에 발생할 수 있는지 알게 된다(Donaldson & Westerman 1986; Harter & Whitesell, 1989). 나중에 청소년기가 되면 관련된 경험, 자기 반영 그리고 현실적 근심 등과 같은 정서의 복잡한 심리적 원인들에 대해서 더 잘 인식하게 된다(Harter, 1999; Harter & Monsour, 1992). 정서 이해의 이러한 진보는 아동으로 하여금 자기 지각의 성숙과 성격 성숙에 관련한 이해를 훨씬 수월하게 한다. 왜냐하면 그것은 경험의 양면성, 정서적 자기 통제(그리고 정서적 통제의 부족), 관계, 심리적 갈등에 통찰력을 제공해 주기 때문이다.

이와 같은 정서 이해의 발달은 또한 정서에 대한 문화적 신념에 의해 영향을 받는다. 정서가 부모와 타인에 의해 어떻게 아동에게 받아들여지고 해석되는가 때문에 선행된 정서의 원인과 각기 다른 사회적 상황에서 표현되고 경험되는 적절한 정서에 대한 다양한 이해를 유도한다. 예를 들어, Cole과 그녀의 동료들은 어려운 대인관계 상황에서 일어나는 적합한 정서 반응에 대한 이해가 문화마다 다르다는 것을 밝혔다. 그 예로, 개인주의 문화와 집단주의 문화 간의 신념 차이와 일치하는 맥락에서 부정적 정서는 표현되어야 하는지, 수치와 분노는 적절한 반응인지 등을 들 수 있다(Cole, Bruschi, & Tamang, 2002; Cole & Tamang, 1998). 정서 이해는 아동이 사는 지엽적 맥락(예, 가족)뿐만 아니라 광범위한(문화적) 맥락에서 모두 영향을 받는다고 볼 수 있다.

아동이 정서를 이해하는 절차는 무엇인가? 연구자들은 지능발달, 사회적 경험의 영향과 함께(특히, 또래들과의 경험) 어린 아동과 부모의 일상의 대화가 정서에 관해서 학습할 수 있는 잠재적인 기회를 제공한다고 주장했다(Lagattuta & Wellman, 2002; Thompson, Laible, & Ontai, 2003). 이는 특히 정서적 경험을 논의하는 데 문화의 중요성을 시사한다. 아동이 그들의 경험과 관찰을(말을 할 수 있는 시기에) 양육자와 공유하기 시작하면서 부모는 이를 세분화하고, 질문을 던지고, 해석하는 방식으로 정서 이해의 성숙에 기여한다(Dunn, 1994; Dunn, Brown, Slomkowski, Tesla, & Youngblade, 1991; Denham, 1998; Denham, Zoller, & Couchoud, 1994; Ontai & Thompson, 2002). 따라서 취학 전 아동은 학교에서 집으로 돌아오는 누나를 관찰하고, 정서와 그 정서의 원인에 대해 학습하기 위해 일상의 대화를 시작할 수 있다. 물론 그렇게 함으로써 성인들은 정서를 분류할 뿐만 아니라 정서적 지식을 사회화한다. 적절한 정서 행동에 대한 기대를 전달할 뿐만 아니라 정서 표출의 원인과 결과를 전달한다(Thompson, 1998a; Thompson et al., 2003).

이와 같은 방식으로 정서에 대한 규범과 기대가 분명한 언어로 아동과 의사소통된다. 그러나 아동이 정서의 원인, 정서적 표출의 결과 및 특정 정서의 가치에 대해서 받는 메시지는 아동의 개인적 특성과 문화적 맥락 모두에 달려 있다. 예를 들어, Fivush(1994, 1998)의 연구는 정서에 대한 학습(lesson)이 아동의 성별에 따라 다르다고 밝혔다. 여아들은 부모와 '분노' 보다 '슬픔' 에 대해 더 많이 이야기하고, 특정 정서가 생기는 원인을 사회-관계적 탓으로 돌리며(슬픔은 누군가가 다쳤을 때 생기는 것이다), 부정적 정서는 화해와 안정으로 해결하고자 한다. 그러나 부모들은 남아와 함께 슬픔보다 분노에 대해서 더 많이 의논하고, 특정 정서가 생기는 원인을 자동적인 현상으로 돌린다(슬픔은 장난감을 잃어버렸기 때문이다). 그리고 부정적 정서에 대한 해결책에 대해서는 거의 의논하지 않는다

(Fivush, 1994, 1998). 또한 문화적 차이는 정서와 관계된 신념에도 존재한다. 그리고 대화에서 부모의 정서에 대한 포함에도 존재한다. 이는 아동이 정서에 대해서 학습하는 기회에 영향을 미치기 시작한다. 예를 들어, Mullen과 Yi(1995)의 연구에서 3세 아동과 과거 사건에 대해서 이야기할 때, 미국 어머니들은 한국 어머니들이 하는 것보다 거의 2배 가까이 타인의 감정과 사고에 대해서 언급한다.

공감과 정서적 전염 정서적 개념의 성숙과 정서적 이해는 아동의 타인에 대한 정서적 민감성을 고양시켜 준다. 어린 유아는 종종 타인의 정서에 반응(다른 아동이 우는 것을 들으면 괴로워하는 등)한다. 예를 들어, 어린 아동의 초기의 정서적 전염은 타인의 감정을 자극하는 상황에 대한 이해를 할 수 없기 때문에 진실된 공감이라고 볼 수 없다(Thompson, 1998b; Zahn-Waxler, 2000). 그러나 초기 아동기에 일어나는 정서적 이해의 빠른 성장은 아동이 진실된 공감과 다양한 정서적 반응으로 타인의 고통에 반응할 수 있게 한다. 예를 들어, 실험실 상황에서 유아는 어머니의 우울한 목소리와 모습에 관심을 갖고 반응했다(Zahn-Waxler, 2000; Zahn-Waxler & Radke-Yarrow, 1990). 그리고 공감 반응의 세밀화와 범위는 연령에 따라 증가한다. 초기 동정적 반응은 타인의 감정을 위로해 주고자 하는 노력처럼 일관적이지는 않지만 친사회적인 시도를 동반한다. 그러나 연령이 증가함에 따라 공감은, 동기적으로 복잡한 요소는 여전히 있지만, 친사회적 시도뿐만 아니라 타인을 돕고자 하는 경향을 더욱 뚜렷이 나타낸다(Eisenberg & Fabes, 1998; Thompson, 1998b). 요약하면, 공감의 성숙은 아동의 타인에 대한 정서적 경험의 인지적 지각뿐만 아니라 감정적인 발달을 의미하고, 사회관계에서 대인 정서의 역할을 변화시켜 준다.

정서와 자기 이해의 발달 정서적 성숙은 또한 자기 이해의 발달과 관련이 있다. 여기서는 그 부분에 대해 논의해 보고자 한다. 정서적 성숙이 나타나는 주요 시기는 2세 후반에서 3세경이다. 어린 아동들은 신체적, 심리적으로 이 시기에 자기 지각을 하게 된다(언어적 자기 참고와 '나 스스로'와 같은 시도에서 보인다). 동시에 자신감, 죄의식, 수치심, 당혹감 그리고 타인에 대한 자의식적 감정들이 출현한다(Barrett, 1998; Lewis, 2000). 따라서 성공의 즐거움을 성인을 쳐다보고 미소짓고 자신의 성취를 알리는 것으로 표현하고, 뚜렷한 관심에 대해서 유아들은 미소나 응시 그리고 자기 접촉(당혹감)과 같은 반응을 보여 준다. 이러한 반응은 자기 의식의 새로운 형태로서 정서적 능력으로 보여진다.

3세경에 자존심이나 수치심과 같은 자기 평가적 정서를 느끼는 것은 자의식의 성장뿐만 아니라 어린 아동이 자신의 행동에 대한 평가 기준을 적용할 수 있는 능력과 행동의 기준을 평가할 수 있는 능력에 달려 있다(Lewis, 2000; Thompson, Meyer, & McGinley, 인쇄 중). 자신감은 개인적으로 의미 있는 성취에 대한 깨달음에 의해 생겨나는데, 이는 죄의식이 행동의 의미 있는 기준에서 벗어났을 때 도출되는 것과 같은 이치다. 행동적 기준을 이해하는 능력과 그것을 개인 생활에 적용하는 능력은 천천히 발달한다. 그리고 어린 아동들은 자신감이나 죄의식, 수치심과 같은 감정의 기반을 초기에는 부모의 평가에 의존한다(Stipek, 1995). 실제로 자신이 한 과제에 대해서나 잘못된 행동에 대해서 부모로부터 규칙적인 평가를 받는 것은 평가적 기준을 이해하고 언어적 평가가 포함된 정서적 반응("퍼즐 푸느라 많이 힘들었겠구나!")을 통해 자신만의 기준을 형성해 가는 데 중요한 영향을 미친다.

이러한 점에서 볼 때 자신감, 수치심 그리고 죄의식과 같은 자의식 정서의 발달은 자기 이해의 성숙과 관련이 있다(Barrett, 1995). 이러한 정서적 능력은 어린 아동의 자의식에 달려 있지만, 성취나 도덕성의 특정 기준에 아동의 신뢰성 있는 연합과 어린 아동의 자의식을 고려한 중요한 단서들을 제공해 주는 상황 역시 중요하다. 게다가 아동에게 이러한 평가적인 기준의 중요성, 순응이나 잘못에 대한 감정은 부모와 자녀 관계에 안정성과 온화함에 영향을 준다(Dunn, 1987; Thompson, 1998a). 이 주제는 다음에서 자세히 논의하도록 하겠다.

정서 표출 규칙의 이해와 사용 정서는 본질적으로 사회적인 특성을 지니고 있다. 그리고 사회적 환경에서 정서의 표출에 대한 사회적 규칙의 적용과 이해는 정서발달 양상의 이해를 돕는다. 어떤 사람이 선물을 받으면서 기쁨을 보였다고 하자. 그 선물이 원하는 것이 아니었다 할지라도(특히, 선물을 주는 사람이 존재하는 상황에서) 상대방을 비웃지는 않는다. 사람들은 정서적 '표출 규칙'을 이용한다. 다른 사람의 감정을 해치지 않고 자존감을 지키면서 관계를 유지하기 위해서다. 어린 아동들은 사람들이 왜 원하지 않는 선물을 거절하지 않고 사회적으로 '부적절한' 방법으로 행동하는가를 이해하지 못한다. 타인의 감정을 보호하기 위한 정서적 표현은 4세경이 되어서야 가능해진다(Banerjee, 1997a; Cole, 1986). 정서 표출 규칙과 그것이 지닌 목적의 의미를 개념화하는 것은 아동기 중반기에 이르러서야 비로소 가능해진다(Jones, Abbey, & Cumberland, 1998; Saarni, 1999). 의미의 적용과 정서적 행동에 대한 표출 규칙의 중요성은 연령이 높아짐에 따라 함께 증가한다. 그렇게 함으로써 아동은 중요한 발견을 하게 되는데, 그것은 바로 정서적 표현이 정서적 현실성을 꼭 필요로 하는 것은 아니라는 것이다. 다른 사람이 보여 주는 것이 그 사람이 실제로 느끼는 것과 다를 수 있다는 것이다. 사람들이 자신들의 진실된 감정을 적절하게 속일 수 있다는 것을 알게 된다. 가장 중요한 것은 자신의 감정을 속이면서 정서적 경험을 유지할 수 있다는 것이다.

사회적 현상에서 표출 규칙은 정서발달의 다른 특성들과 마찬가지로 문화적이고 맥락적인 다양성에 영향을 받는다. 따라서 문화적 가치는 타인에게 자신의 정서를 속이는 것에 대한 중요성에서 다르게 적용된다. 네팔에서 행해진 Cole의 연구에 따르면, 미국과 다르게 관습이 매우 중요하게 여겨지고 긍정적 · 부정적 감정에 대한 표출이 6세경에 이루어지고 있었다(Cole et al., 2002; Cole & Tamang, 1998). 서부 문화에서는 정서 표출 규칙이 남아와 여아에 따라서도 다르다. 예를 들어, 남아보다 여아가 슬픔이나 공포의 감정을 더 적절하게 표출하였다(Fivush, 1994).

정서 규제 정서 규제는 정서적 경험의 조절을 다루는 것이다. 정서적 표현을 조절하는 표출 규칙과는 반대로, 정서 규제의 전략들은 정서 그 자체에 영향을 준다(Cole et al., 2004; Eisenberg & Morris, 2002; Thompson, 1990, 1994). 이에는 여러 가지 이유가 있다. 사람들은 스트레스를 받을 때 부정적 정서를 조절하고, 행복이나 안녕감의 기분을 증가시키고, 격한 감정을 조절하며, 더 잘 생각하고, 공포나 근심을 억제하며, 용기 있게 행동하고, 죄의식을 강조하며, 동기를 고양시키고, 우울이나 불안에 초점을 두어 지지를 이끌어내고, 타인의 동정심 혹은 동감을 높여 관계를 다지며, 그 밖의 다른 이유에 따라 자신의 정서를 조절하려고 한다. 따라서 정서 규제를 이해하려면 규제의 노력에 수반되는 개인의 다양한 목표에 대한 이해가 우선 필요하다. 때때로 이러한 목표들은 자기 명백성(self-evident)을 띠고 있다. 아동들과 성인들은 어려운 상황을 이겨내기 위해 정서들을 조절한다. 그러나 이러한 목표는 또한 사회적 맥락에 의해 형성되기도 한다. 능숙한 정서 조절은, 예를 들어 아동이 성인과 가까이 있을 때는 괴롭힘에 대해 강하게 저항하지만, 성인이 없을 때는 괴롭힘을 참는 모습에서 가장 잘 관찰된다(Thompson, 1994). 이러한 점에서 정서 규제의 과정은 표출 규칙의 사용처럼 사회적이고, 정서 규제의 기술이 아동의 뛰어난 사회성과 관련이 있다는 것은 당연한 이치다(예, Gilliom, Shaw, Beck, Schonberg, & Lukon, 2002).

정서 조절은 또한 사회적 특성을 갖고 있다. 왜냐하면 정서 조절의 가장 초기 형태는 영아들의 정서를 조절하려는 양육자의 노력에 달려 있기 때문이다. 부모들은 아동을 위로하거나 달래기 위해 직접적으로 관여하고 가정에서나 보육원과 같은 친숙한 환경에서의 정서적 조절을 요구한다. 이는 아동의 기질적 특성이나 취약성의 개념과 일치된다. 아동의 정서적 흥분은 경험의 구성을 변화시키기도 한다(치과 의사에게 가거나 자전거를 타는 동안 격렬히 반응하는 것). 그리고 정서 조절에 대한 기대나 전략들을 아동에게 알려 준다(Garner & Spears, 2000; Spinrad, Stifter, Donelan-McCall, & Turner, 2004). 그러나 아동이 성숙해짐에 따라 정서는 내면적으로 매우 섬세하게 조절된다(Thompson, 1990, 1994). 신생아는 통제할 수 없을 정도로 울고, 유아기에는 다른 사람의 도움을 받을 수 있게 되고, 취학 전에는 감정이나 원인들에 대해서 이야기할 수 있게 되고, 학령기에는 주의나 상황이 요구하는 것, 다른 세밀한 인지적 전략들을 감정을 조절하기 위해 이용할 수 있게 된다. 청소년기에는 정서 조절을 위해 개인적으로 효과적인 수단(의미 있는 음악을 듣는다거나 가까운 친구와 수다를 떠는 등)을 사용할 수 있는 수준에 이르게 된다. 그리고 성인이 되면 계획을 조절하고 책임과 (때로는) 관계를 정서 요구에 맞추어 변화시킬 수 있게 된다. 이러한 정서 조절의 본질적 능력의 성장은 정서적 이해와 자기 이해의 진보로 이루어진다. 그리고 이것이 정서적 흥분의 결과와 원인을 이해하고 정서 조절의 세밀하고 효과적인 수단의 고안을 가능케 했다.

정서와 관계

정서발달에 대한 현대 연구들은 정서가 단지 내적인 경험이 아니라 그것이 일어나는 사회적 맥락에 강하게 영향을 받는다고 보았다. 형식주의 정서이론가들이 언급한 것처럼, 개인에게 사람과 환경의 중요성은 일반적으로 사회적이고, 또한 관계는 정서 표출뿐만 아니라 표출 규칙의 열거하며, 정서 경험과 그것의 표현을 조절하는 전략들에도 영향을 미친다고 보았다. 사회적 맥락은 또한 정서 개념의 성장과 정서 이해에 매우 중요한 역할을 하는데, 아동들은 자신과 타인에게 영향을 미치는 정서가 의미하는 것에 대해 평가하기 시작하고, 정서적 발달은 동정과 정서적 전염의 다양한 경험에 의해 더 활기를 띠게 된다. 정서의 지각과 이해, 자기 규제에서 아동의 기술은 아동의 사회적 허용과 사회적 수완에 중요한 영향을 미친다(Denham et al., 2003; Rubin, Coplan, Nelson, Cheah, & Legace-Seguin, 1999; Saarni, 1999). 요약하면, 삶의 전반에 걸쳐 정서적 행동의 의미를 부여하는 사회적 상황의 언급을 제외하고 정서발달을 개념화하는 것은 불가능하다.

사회적 맥락의 가장 중요한 특성은 사람들의 지지를 원하는 밀접한 관계에 있다. 이는 생애 초기 동안 양육자에 대한 아동의 애착이 안정과 위안 혹은 불안과 불확신성과 같은 정서적 맥락을 제공하고, 이는 자기 개념과 타인에 대한 이해에 영향을 주게 된다는 점에서 특히 그렇다(Thompson, 1998a). 밀접한 관계는 정서발달에 영향을 준다. 왜냐하면 이는 어린 아동이 일상의 사회적 상호작용, 대화하기, 지지하기, 지시나 역할화, 정서적 발달의 다른 다양한 영향과 같은 맥락에서 정서를 경험하거나 이해하거나 해석하는 많은 상황을 형성하기 때문이다. 더 근본적으로 부모-자녀의 관계는 아동의 지지와 민감성(혹은 그것의 부족)에 대한 기대를 통해서 정서적 발달에 영향을 주고, 성인의 귀속 성향과 관계의 정서적 요구 등에 의한 상황의 구성에도 영향을 받는다.

불행히도 이러한 관계적 영향은 때때로 복잡한 부모-자녀 관계에서 아주 명백히 드러난다. 이는 초기 정서발달에서 집에서의 정서적 소란의 결과가 분명할 때 일어난다(Thompson & Calkins, 1996; Thompson, Flood, & Goodvin, 인쇄 중; Thompson, Flood, & Lundquist, 1995). 우울과 같은 감정적인 장애를 가진 아동은 정서와 정서 규제에서 위험한 문제를 갖게 된다. 예를 들어, 양육자가 정서적 지지를 부족하게 제공한다거나, 부실한 훈육으로 아동을 책임감과 자괴감의 감정에 빠지게 한다(Goodman & Gotlib, 1999). 그 결과, 우울한 양육자의 자녀는 부모의 감정적 문제에 지나치게 빠져들고 부적절한 죄의식을 느끼며 부모의 정서 상태를 책임지려고 하지만, 그들의 노력은 실패한다. 또한 부부 갈등이 있는 가정의 아동은 우울이나 분노와 같은 감정에 매우 높은 민감성을 보여 주는데, 이들은 과도한 죄의식을 느끼고 성인과 논쟁할 때 상황을 다룰 수 있는 능력이 떨어진다(Cummings & Davies, 1994; Davies & Cummings, 1994). 취학 전 아동기에 이러한 아동들은 부모의 정서적 갈등에 지나치게 관여하여 강한 정서를 조절하는 데 어려움을 겪는다. 잘못된 훈육을 하는 어머니들은 아동의 감정을 잘 읽지 못하여 아동들이 정서적으로 흥분된 상황을 다루는 데 도움을 주지 못한다(Shipman & Zeman, 2001). 이와 같은 결과들은 아동이 정서적으로 건강한 상태로 발달하는 데 밀접한 관계가 제공하는 민감도와 지지가 얼마나 많은 영향을 주는지를 알게 해 준다. 불행히도 가정에서의 정서적 과정이 부모와 아동의 정서적 문제로 일반화되는 방식에 대한 설명은 아직 밝혀지지 않았다.

결론과 이후 연구의 방향

사회적 관계가 정서적 경험에 어떻게 영향을 주는지를 이해하는 것은 정서의 복잡성과 그것의 발달에 대한 이해뿐만 아니라 후속 연구에 중요한 방향을 제공해 준다. 정서가 내면의 주관성의 외적 표현이라는 관점과 반대로 최근 연구들은 정서의 자극원에 대해서 강조하고, 이는 정서적 흥분의 의미, 정서적 표현의 이해 그리고 그 표현이 각 사회적 과정들에 깊게 관련되어 있다고 한다(Thompson et al., 2003). 이 연구는 또한 성격발달에서 정서의 역할을 이해하는 데 중요하다. 왜냐하면 유아나 어린 아동들은 정서와 함께 그들 자신과 타인에 대해서 이해하기 시작하고, 사회적으로 일어나고 구성되는 사안들과 의

사소통하게 되기 때문이다. 그때의 정서는 특별한 문화와 연관되어 그 의미를 공유하게 된다.

기원뿐만 아니라 발달에서 정서의 기본적 조직화와 기능 또한 주요 논쟁거리가 된다. 예를 들어, 뇌 발달의 심리학적 관심이 높아 가는 가운데, 연구자들은 유아와 초기 아동기의 정서적 성숙의 신경생물학적인 면과 그것의 행동적 상관을 탐색해 왔다(Fox, Henderson, Rubin, Calkins, & Schmidt, 2001 참조). 그렇게 함으로써 연구자들은 정서적 경험의 기준에서 얼굴표정에 적게 의존하고, 대신에 행동 경향성(위축 혹은 공격), 자기 보고, 심리생물학적(심장박동, 피부 전도) 반응, 신경생물학(뇌 스캔)과 같은 다양한 방식으로 정서 연구에 접근해 왔다. 이는 유아와 아동기의 정서가 시간에 걸쳐 일관성 있게 발달하는 진보적 수단에 일치와 불일치를 보여 왔다. 정서는 행동, 표현, 경험들의 조합으로 존재하는 것이 아니다. 정서는 성숙과 사회 경험의 자기 조직화에 의해 형성되는 것이다.

정서 이해에 관한 연구들의 흥미로운 점은 초기 아동기의 아동들을 대상으로 심리생물학적 개념을 언급했다는 것이다(Banerjee, 1997b). 왜냐하면 정서는 타인의 마음에 무슨 일이 일어나고 있는지에 대한 중요성과 특출성을 알려 주기 때문이다. 연구자들은 어린 아동들이 타인의 정서에 대한 주요 원인과 결과를 이해하고, 다양한 측면에서 심리적인 이해를 하고 있다는 것을 밝혀냈다. 발달적 연구들은 특히 아동이 어떻게 다양한 원천으로부터 정서를 이해하는가에 대해 흥미를 가졌다. 그러한 원천은 정서적 흥분에 대한 자신의 경험이나 타인(또래)의 정서에 대한 부모와의 대화를 통해 얻을 수 있다(Thompson & Lagattuta, 인쇄 중). 또한 앞서 언급한 것처럼, 정서적 지식에서의 개인차가 초기 아동기의 사회적 능숙함에 영향을 미칠 수 있다고 보았다. 정서를 이해하는 어린 아동의 능력에 영향을 끼치는 양육자의 경험과 타인의 정서에 대한 아동들의 사회적 반응 사이의 연관성을 이해하는 것은 현재 정서발달 연구들에 보다 많은 설명을 제공해 줄 수 있을 것이다.

4. 자아

사람들은 성숙해 감에 따라 자신에 대한 개념 없이 삶을 지각한다는 것이 불가능하다는 것을 알게 된다. '나' 라는 통합된 개념은 모든 삶의 경험에 피할 수 없는 개념이다. 하지만 우리가 '자기' 라는 개념이 포함하는 모든 것을 염두에 두지 않는다면 이 개념은 우리가 주관적으로 경험한 것보다 복잡하고, 생애 전반에 걸쳐 다면적으로 진행되는 과정이라는 것이 명백해진다. 게다가 자아 개념은 우리의 삶을 변화시키는 맥락에서 우리의 경험을 통합하고 조직화한다. 이는 성격발달에 본질적 기반을 제공한다. 자아의 성숙에 대한 연구는 발달적 과제에서 필수적인 부분이고, 자아의 각기 다른 측면에 대한 다양한 방법론을 요구한다.

자아란 무엇인가?

물론 '자아' 의 핵심은 주관적인 자기 지각이다. 이는 행하는 사람, 지각하는 사람, 자극하는 사람, 생각하는 사람, 경험하는 사람으로서 의식적인 지각을 하는 자아의 개념이다. 'I-self' 는 William James(1890)가 그의 동료들(Harter, 1999)과 함께 언급한 개념인데, 'I-self' 는 독특한 개인의 경험인 반면, 'me-self' 는 한 사람에 대해 객관적으로 알려진 다양한 특성을 가리킨다고 했다. 주관적인 자기 의식은 인생의 초기에 발달하고 자기 성장의 토대를 제공해 준다. 그러나 자아는 당신은 스스로가 어떤 사람이라고 생각하는가와 같은 자기 표상 또한 포함한다. 이는 신체적 자기 인식, 자아를 스스로 분류화하는 것(성별, 인종, 윤리적 정체성, 나이 등), 자아에 기여하는 특성(수줍음, 친절함, 명랑함, 강한 의지력 등) 그리고 자아와 관련된 과정들이 기능하는 방식에 대한 이해(사고, 감정, 동기 등) 등을 포함한다. 이러한 신체적, 심리학적 자기 정의를 형성하는 것들은 자아와 타인 사이의 유사성과 차이점에 대한 기반을 제공해 주며, 자기 행동의 기제 동기, 집단 안팎의 차이를 만드는 것 및 자기 개념을 창조한다. 자기 표상이 확장되고, 삶의 전반에 걸쳐 자의식이 더 복잡하고 분화된 특성으로 추정되는 것처럼 여겨지지만, 이 과정은 꽤 일찍 시작된다. 예를 들어, 2세가 되기 전에 유아들은 자신의 신체상을 이해할 수 있게 된다(Lewis & Brooks-Gunn, 1979). 그리고 간단한 언어를 통해 자기 묘사를 하기 시작하며(Stern, 1985), 기본적 정서 상태도 확인할 수 있다(Bretherton, Fritz, Zahn-Waxler, & Ridgeway, 1986). 반면에 아동기 후반과 청소년기에 이르러서야 아동은 비로소 사회적 집단의 구성원으로서 자신을 인식하기 시작하고 집단 안팎의 차이를 평가할 수 있게 된다(Killen, Lee-Kim, McGlothlin, & Stangor, 2002).

자아의 또 다른 특성은 과거에 일어났던 특정 사건들의 기억이 통합되는 자전적 이야기라는 것이다. 이는 개인적인 의미와 자아와의 관계성 때문이다(Nelson & Fivush, 2004). 어린 아동은 과거에 일어났던 일반적인 사건들을 회상하는 데 꽤 능숙하지만, 3세가 되어서야 비로소 자서전적 기억을 하고, 대부분의 성인은 이 연령 이전에 일어났던 사건들을 기억하지 못한다(Pillemer & White, 1989; Welch-Ross, 1995). 자서전적 기억은 일반적 사건 기억과는 다른데, '자기' 의 개념이 사건을 설명하고 조직화하는 데 중심이 된다. 상대적으로 자서전적 기억이 늦게 출현하는 이유 중 하나는 바로 자아-지식의 종류가 과거 사건을 회상하고 그것을 개인의 의미로 이해할 수 있도록 발달하는 데 시간이 걸리기 때문이다(Nelson & Fivush, 2004; 대안적 관점은 Howe & Courage, 1993, 1997 참조).

자아의 네 번째 특성은 자기 표상에 영향을 주고 자기 개념과 자아상이 통합되는 자기 평가의 다양성으로 구성되어 있다는 것이다(Cole et al, 2001; Harter, 1999). 자기 평가는 타인 평가의 내면화로부터 발생하지만, 개인의 자기 기준의 특성과 자기 이해의 발달된 능력으로부터 이끌어지기도 한다(Stipek, 1995). 예를 들어, 단호함이나 외향성을 더 가치 있는 것으로 보는 사회에서 사는 기질적으로 수줍은 아동은 자신의 수줍음이 다른 사람들과 어울려 지내는 데 방해가 된다는 것을 깨닫게 되면서 이 특징을 부담으로 생각하게 될 수 있다. 이러한 자기 평가는 개인의 성격 특성이 어떻게 강점과 약점, 이익 혹은 책임감, 우호적 혹은 비우호적으로 평가되는가에 영향을 미친다. 우리는 자아를 지각하는 기본적인 방법을 알고 있다. 초기 2년 동안에는 선함 혹은 악함에 대해 평가할 수 있는 자아가 발달한다. 그러나 자기 평가는 시간이 지남에 따라서 더 세밀해지고 분화되어 보다 다양한 측면에서 고려된다.

마지막으로, 자아의 또 다른 측면은 '사회적 자아' 다. 즉, 사회적 맥락에서 간주되는 초기의 자기다. 자아의 개념은 사회적 상호작용과 관계(특히, 부모에 의해)에 의해 지속적으로 영향을 받는다. 어린 아동은 2세경이 되어야 그들의 행동이 어떻게 양육자에게 받아들여지는가를 신경 쓰고 관심을 갖기 시작한다(Emde & Buchsbaum, 1990; Stipek, 1995). 이는 자아가 사회적 맥락에서 보다 복잡한 과정을 통해 형성되기 시작한다는 것을 알려준다. 예를 들어, 사회적 비교 과정은 자기 평가의 중요한 부분이 된다(Frey & Ruble, 1990). 아동과 청소년은 자기 감찰 전략을 통해서 자기 표상을 조절하는 데 더 신경을 쓴다(Snyder, 1987). 또한 청소년들은 다른 사회적 상황의 요구와 기대에 부흥하는 '여러 개의 자아' 가 있다는 것을 깨닫고 때때로 자신의 '진짜 자기(true self)' 에 대해 의문을 갖게 된다(Harter & Monsour, 1992). 사회적 맥락은 실제 자기와 이상화된 자기 혹은 현실에서 가능하지 않은 자기를 구분하게 한다(Markus & Nurius, 1986). 이러한 차이는 '자기' 가 단순히 독립적인 요인이 아니고 발달하는 과정에서 여러 상호작용에 의해 영향을 받는다는 것이라는 증거가 된다. 자기상(self-image)은 많은 부분이(심지어 무의식적일 수 있는) 개인적인 영향들에 의해 조절됨에도 불구하고, 사회적 자기는 자기 평가적 과정에서 매우 중요한 역할을 한다. 그리고 이는 또한 자기 표상의 특성이 된다.

그러나 '자기' 의 개념을 개념적으로 '푸는 것(unpacking)' 의 가치는 미처 알아차리지 못할 수도 있었던 '자기' 발달의 두 가지 특성을 찾아냈다는 것이다. 첫째, 자기의 성장은 매우 일찍 시작되기는 하지만 엄청나게 복잡한 과정이고 따라서 확장된 발달적 과정이다. 자기 지각의 일부는 매우 초기에 일어나지만 유아와 어린 아동기, 청소년기, 성인기와 노인기에 질적으로 다르게 나타난다. 왜냐하면 자기 표상의 변화, 자서전적 개인 이야기 그리고 자기 평가적 과정이 시간에 지남에 따라 변화하기 때문이다.

둘째, 자기의 발달은 개인 발달과 성격 성장의 핵심이다. 자기의 개념은 주관적 자기 의식의 감정과 경험이 해석되는 자기 표상을 통해서 개인의 경험에 일관성과 조직화를 제공해 준다(Sroufe, 1996; Stern, 1985). 개인의 과거, 현재 경험 그리고 미래의 기대 사이의 일관성에 현실화를 제공하고, 이는 자서전적 이야기와 지속적인 자기 개념을 통해 이루어진다(Moore & Lemmon, 2001). 또한 자기 이해의 의미를 제공해 주고 자신이 타인과 어떻게 유사하거나 다른지에 대한 인식을 통해 타인을 이해하는 데 기여한다(Harter, 1999). 이러한 방식으로 자기의 발달은 기질과 정서적 성장처럼 성격발달에 중요한 발판이 되어 준다.

이와 같은 자아의 특성은 자기의 특성에 대한 문화적 신념의 맥락 안에서 발달한다. 따라서 아동은 자신과 타인을 일반적으로 구분하고 그들이 누구인지에 대해 범주화할 수 있지만, 아동이 스스로에 대해서 구성하고 가치를 두는 것(혹은 가치를 두지 않는 것)은 그들이 사는 문화적 맥락의 영향을 받는다. 문화적으로 다양한 자아의 개념으로 잘 알려진 것은 개인주의와 집합주의(Triandis, 1989) 혹은 독립성과 상호 의존성이다(Markus & Kitayama, 1991). 자아를 독립적으로 보는 문화에서는 타인과의 차이성에 중점을 덜 두고, 타인과의 관계성을 더 많이 강조한다. 자신의 사고나 감정이 덜 두드러지고, 타인의 지각하는 사고와 감정이 더 두드러진다. 자신과 관련된 상황이나 시간에 핵심을 두기보다는 타인이 정의하는 자신의 성격이나 특정 상황에 더 중점을 둔다. 상호 의존적 자기 체계에서 타인의 역할은 그것을 평가하는 존재이기보다는 자기를 정의해 주는 것으로 본다(Markus & Kitayama). 자기에 대한 이러한 문화적 관점은 매우 일찍 발달한다. 예를 들어, 미국의 어머니들은 취학 전 아동의 자율성과 사회적 상호작용을 일본 어머니들보다 더 많이 강조한다. 미국에서는 어머니의 행동이 사회적 계층에 따라 별로 큰 차이가 나지 않는다(Dennis, Cole, Zahn-Waxler, & Mizuta, 2002; Wiley, Rose, Burger, & Miller, 1998). 이러한 사회화의 차이는 독립성과 상호 의존적 문화로부터 아동의 자서전적 이야기에 반영된다(Han, Leichtman, & Wang, 1998; Wang, 2004). 자아의 개념에서 이와 같은 문화적 차이는 중요하다. 왜냐하면 서구적 사고방식은 자기 발달이 개념화되는 방식의 측면에서 동시대적 심리학의 연구와 일치할 뿐만 아니라 자아가 서로 다른 방식으로 사회적으로 구성되는 면이 있다는 것에도 주의를 두기 때문이다.

발달적 윤곽

자아의 성숙에 관해서는 많은 흥미로운 점이 있다. 이는 그것이 성격의 출현에 대한 통찰력을 제공하기 때문이다. 또한 자아의 경험은 사람들이 보상이나 불쾌함을 느끼는 것에 대해 설명한다. 사람들이 어떻게 동기화되고, 개인의 경험을 어떻게 해석하는지 설명하고, 많은 다른 발달적 과정에서 자아의 성숙에 대한 이해는 개인차에 대한 설명을 제공한다.

영아기 전통적으로 신생아는 심리적으로 부조화된 혹은 양육자로부터 심리적으로 구별되지 않은 상태로 세상에 발을 들여놓게 된다. 일부에서는 신생아가 자기에 대한 개념의 발달에 매우 능숙하지 못하다고 믿어 왔다. 하지만 이와는 대조적으로 현대의 관점은 어린 아동이 일상의 경험으로부터 주관적인 자의식이 발달할 수 있도록 하는 견고한 구조를 만들 수 있는 놀라운 능력을 갖고 있다고 한다(Cicchetti & Beeghly, 1990; Meltzoff, 1990; Stern, 1985). 유아들은 신체를 움직이고 어떤 것을 만지고 본능적인 감각들을 조합하는 경험을 하기 때문에 어린 영아들도 신체의 기능과 관련된 신체적인 자의식을 갖게 된다. 그들이 사회적, 비사회적인 물체와 활동할 때(특히, 일관되게 반응하는 것들) 그와 같은 경험은 의지에 대한 지각에 기여하고, 또한 그것의 결과를 가져온다. 영아들은 특히 사회적 상호작용에 대한 반응으로 다양한 정서를 경험하기 때문에 주관적 감정은 더 풍부해지고 공고해진다. 이러한 경험은 생후 6~8개월 동안에 주관적 자아의 기본적 경험의 발달에 기여한다.

이 과정 이후에 자아는 극적으로 성장한다. 1세 후반경에 대인관계에서 자의식(혹은 상호의존적)적 사건들은 영아의 현실화(실상을 알아 감)의 징조이고, 또한 잠재적으로 자아와 공유할 수 있고, 다른 사람들과 구분할 수 있는 주관적인 특성이라고 볼 수 있다(Tomasello & Rakoczy, 2003). 자의식은 최초의 의사소통에 해당되는 활동만큼이나 행동의 다양성을 보여 주는데(의도나 요구에 대한 신호로서의 소리 같은 것), 공동주의를 성취하고자 하는 노력(예, 유아가 높은 의자에 올라가 앉고 싶을 때 어머니에게 눈 접촉을 시도하고 긴급한 소리를 내는 것), 주의를 받지 못할 때 사회적 상호작용을 이끌어 내기 위한 노력 그리고 사회적 참조(Rochat & Striano, 2002; Stern, 1985; Tomasello & Rakoczy, 2003) 등이 그것이다. 어린 영아들은 타인이 주관적인 상태(주의나 감정과 같은)에 있을 때 암묵적인 지각을 할 수 있고, 이는 아동의 노력에 의해 변화될 수 있다. 2세가 되기 전에 유아들은 거울에 비친 자신의 모습(image)을 보고 신체적 자의식이 생기기 시작한다(Lewis &

Brooks-Gunn, 1979). 그들은 거울 속의 자기를 만질 수 있다.

2세 후반과 3세 초반에 영아들은 자신의 이름을 사용하거나 '나'라는 단어를 사용함으로써 언어적 참조에서 초기 자기 표상을 보여 주고(Bates, 1990; Stern, 1985), 자신의 경험을 기술하기 위해서 간단한 정서적 용어도 사용한다(Bretherton et al., 1986). 자기 표상이 나타나는 다른 지표는 '나 스스로 할 거야.'와 같은 주장이나(Bullock & Lutkenhaus, 1988; Stipek, Gralinski, & Kopp, 1990), 성별과 다른 방식으로 자기를 규정하는 것처럼(Ruble & Martin, 1998) 능력의 확신을 갖는 것에서도 볼 수 있다. 그리고 자존감, 당혹감, 죄의식과 같은 자의식 정서가 출현한다(Barrett, 1998; Lewis, 2000). 이 시기 동안에 유아는 자아에 대한 평가와 기준의 민감성을 획득하기 시작한다(Kochanska, Casey, & Fukumoto, 1995). 또한 양심에 대한 초기 징조도 나타나며(Thompson, Meyer, & McGinley, 인쇄 중), 자기 통제를 하기 시작한다(Kopp & Wyer, 1994). 요약하면, 2~3세의 어린 아동들은 자의식과 자기 표상을 넓혀 가는 것을 빠르게 경험한다.

자기의 성숙은 아동기 동안의 변화에 의해서 일어나고 관계적 영향에 의해서도 생겨난다. 초기 경험에서 조직화의 일관성은 자의식의 출현에 기반을 제공한다. 이 조직화는 부모가 어떻게 관리하고, 반복적이고 예측 가능한 일상에서 아동이 다양한 경험을 할 수 있도록 하는가에 달려 있다. 따라서 아동은 일어날 수 있는 일련의 사건들을 예측할 수 있게 된다(Stern, 1985). 양육자들은 또한 사회적 상호작용 경험을 제공해 준다. 그 경험은 정서적으로 두드러지며 상호작용적이다. 따라서 아동의 사회적 시도와 반응은 매우 의미 있고 일관성 있는 결과를 가지게 된다(Thompson, 1998a). 이와 같은 특성은 민감한 양육자는 경험을 제공할 때 아동의 자의식이 조직화될 수 있는 방향으로 구조와 일관성을 제공해 준다는 것이다. 또한 양육자는 영아가 사람들이 갖는 다른 주관적 관점을 학습할 수 있는 사회적 상호작용의 기회를 제공해 준다. 그리고 대안적 주관성에 접근할 수 있는 기술(몸짓이나 언어적 의사소통, 사회적 참조와 같은 방식)도 알려 준다(Tomasello & Rakoczy, 2003). 나중에 자기 표상은 특정 형태를 취하고 양육자와 사회적 상호작용을 한다. 그 상호작용은 영아가 자신감을 느끼거나, 수치심을 느끼거나, 독립적으로 행동하거나, 도움을 받거나 하는 능력과 자신뿐만 아니라 타인을 표상하고 구체화하기 시작하는 방식과 같은 상태를 일컫는다(Stipek, 1995). 이러한 점에서 자아의 고전적 이론과의 연장선상에서(예, Mead, 1934) 어린 아동들은 타인의 눈으로 자신을 바라보기 시작한다.

불행히도 모든 양육자들이 긍정적이고 건강한 자기 관점의 발달을 위해 민감한 관계적 맥락을 제공해 주는 것은 아니다. 자기 표상은 2~3세경에 자리가 잡히기 시작하는데, 부모의 부적절한 기대나 잘못된 판단 혹은 조급함은 어린 아동의 수치심이나 회피와 같은 표현으로 부정적 '자기'에 영향을 미칠 수 있고, 이것은 어린 아동이 자신을 표현하는 언어적인 능력을 갖추기 전에도 적용된다(Kelley & Brownell, 2000). 실제로 부정적 자기 표상의 뿌리는 좀 더 일찍 시작하는 것이 가능한데, 이것은 유아가 일상의 사회 활동이나 양육자의 일상생활 등에서 양육자와의 긍정적이거나 지지적인 지원 혹은 보다 갑작스럽거나 부정적인 상호작용을 통해서 가능하다. 이것은 많은 발달적 연구가 부모와 유아의 안정된 애착이 건강한 자기애의 중요한 기반이 된다고 보는 큰 이유 중 하나다. 왜냐하면 어린 아동기의 발달적 자기 표상 혹은 일부 애착이론가들의 표현을 빌리면 자아의 내적 '작동 모델'에 영향을 미치기 때문이다(Thompson, 1998a).

아동 초기　이 작동 모델은 초기 아동기의 관계적 경험을 통해서 보다 강화되는데, 이는 취학 전 어린 아동들의 자기 표상에 대한 주요 성장을 통해 나타난다. 이 시기 동안 아동들은 자신과 타인에 대한 심리학적 상태의 평가를 획득하고, 정서와 욕구에 대한 이해가 증가하고, 사고나 신념 및 기대와 같은 것들이 '마음이론'의 기초가 된다(Bartsch & Wellman, 1995; Wellman, 2002). 이는 타인에 대한 사고와 정서를 이해하는 것을 도울 뿐만 아니라 자신의 감정이나 사고 등을 이해하는 데도 도움을 준다. 이는 스스로를 어떻게 기술하는가에 반영된다. 어린 아동들은 주로 구체적이고 관찰 가능한 특성을 기술하는 데 그친다(예, '나는 크다.' '나는 빨리 달릴 수 있다.' '나는 100을 셀 수 있다.'). 그들은 또한 자신을 기술할 때 심리학적 용어를 사용한다('나는 때로 말썽꾸러기이지만 어른들 말을 잘 듣는다.')(Eder, 1989, 1990; Harter, 1999). 어린 아동들의 용어의 사용은 성인들이 자신의 성격을 기술할 때 사용하는 개념에 비해서는 의미가 많이 부족하다. 나이가 들면 성격을 기술할 때보다 안정된 특성을 사용하고, 어머니를 포함한 다른 사람들이 자신에 대해서 설명하는 용어들을 많이 사용하게 된다(Brown, Mangelsdorf, Ho, & Agathen, 2004; Eder & Mangelsdorf, 1997). 심지어 취학 전 아동들은 구체적 특성을 언급하면서 자신을 소년 혹은 소녀로 말하는 것처럼 심리학적 특성에 대한 기본적 이해와 남성 혹은 여성과 관련된 전형성의 특성을 수반한다(Ruble & Martin, 1998). 요약하면, 취학 전 아동은 기질 특성을 포함하여 어떻게 사람들이 자신의 신체적, 심리학적 특성을 지각하는가에 기반을 두어 복잡하고 다양한 자기 표상을 습득하기 시작한다(Brown et al., 2004; Marsh, Ellis, & Craven, 2002; Measelle, Ablow, Cowan, & Cowan, 1998).

이러한 자기 표상은 사람들의 믿음과 타인에게 자신이 받아들여지는 방식에 강하게 영향을 받는다. 실제로 초기 아동기 특징의 하나는 아동이 그들의 삶에서 중요한 사람들에게 보이는 방식에 대한 걱정이 증가하는 것이다(Barrett, 1995, 1998; Stipek, 1995;

Thompson et al., 인쇄 중). 예를 들어, 사람들이 도전적인 과제를 방해하거나 잘못된 행동을 할 때, 어린 아동들은 자신의 행동에 대한 부모의 평가에 기반한 행동의 내면적 혹은 외면적 기준에 민감하다. 그들은 종종 부모의 긍정적인 반응을 기대하고 부정적인 반응을 피하려고 한다. 그들은 자신이 하는 자기 평가에 부모의 기준을 부여한다(Barrett, 1995; Stipek, 1995). 부모의 가치와 기대 그리고 신념은 많은 다른 맥락들에 영향을 준다. 앞서 언급한 것처럼, 어린 아동과 부모 사이의 일상의 대화는 행동적 기대, 정서적 반응, 원인의 귀인 그리고 일상의 회상에 필요한 맥락 속에서 자기에 대한 의미 있는 교훈을 형성한다. 예를 들어, 아동과 어머니가 아침에 일어난 사건에 대해 다음과 같은 대화를 나누는 것을 살펴보자(Dunn & Brown, 1991, p. 97).

아동: 내 'Weetabis' 먹었잖아. 내 'Weetabis' 먹었잖아. (운다)
엄마: 울 거야? 이것 때문에 아침에 싸웠잖니. 마이클, 너 한 입 가득 먹고 어떻게 했지? 뱉어 버렸잖아!
아동: (우는 척한다)

이러한 짧은 대화에서 보듯이, 아침 식사에 대한 회상은 사건의 원인, 마이클이 우울한 이유 그리고 잘못된 행동으로 어머니에게 꾸중을 듣는 것이 주요한 메시지가 된다. 아동에게 이러한 메시지는 물론 '자기' 에 대한 교훈을 준다. 어머니의 설명에 의해 마이클의 울음은 비협조적 행동의 결과이고, 반면에 마이클이 아침에 보였던 사건은 먹고 싶지 않은 시리얼을 자꾸 먹이는 어머니의 고집에 의해 유발된 반응일 것이다. 일상의 사건에 대해서 아동과 이야기하는 것은 아동의 일상에 대한 간단한 표상을 구성하는 데 영향을 주고 또한 어머니가 정교화하고 분류하는 데 암묵적인 영향을 준다는 것을 보여 준다.

게다가 많은 발달 연구들이 성인과의 일상의 초기 경험들이 자서전적 개인사에 기반을 제공한다는 것을 보여 왔다(Fivush & Haden, 2003; Miller, 1994; Nelson & Fivush, 2004; Welch-Ross, 1995). 그 이유는 간단하다. 양육자는 아동이 경험한 개인사와 함께 조직화된 해석적 구조를 통해 아동에게 중요한 사건에 대한 이해뿐만 아니라 회상을 강화하고 확고히 하는 것을 도와주는 방식으로 자신의 공유된 개인적 경험을 구성한다. 이는 사건이 더 잘 기억되게 해 줄 뿐만 아니라 사건에 대한 표상을 통합하는 데도 도움을 준다. 그리고 이는 '자기' 와의 연관성으로 서로 연결되어 있다. 실제로 어린 아동이 경험한 중요한 개인사들에 대해 어머니가 사용하는 풍부한 정서 언어들은 아동의 초기 개념발달과 상관이 있다(Welch-Ross, Fasig, & Farrar, 1999).

연구자들에 따르면, 자서전적 기억은 3세가 되어서야 비로소 가능해지는데, 이는 그 이전의 아동들은 자신에 대한 지식에 한계가 있기 때문이다. 그리고 자동적으로 사건에 대한 표상을 하는 데 심리적으로 자의식이 충분하지 못하고 부모와의 의미 있는 대화를 할 수 있는 능력이 부족하기 때문이다(Nelson & Fivush, 2004; Reese, 2002; Welch-Ross, 1995). 게다가 아동이 자기에 대해 개념화하는 능력은 4세경에 이르러서야 발달한다(Povinelli & Simon, 1998). 일단 이 능력이 발달하면 양육자와의 대화는 자서전적 기억 성장에 중요한 토대를 제공한다. 아동의 자선적적 개인사 혹은 자기의 '작동 모델'이 도덕적 가치, 원인의 귀인, 정서적 추론 그리고 개념화에 영향을 받기 때문에 양육자는 아동이 경험을 회상하는 데 영향을 주게 되어 있다(Thompson, 1998a). 장난을 치고 난폭하고 혹은 감정적인 어린 아동을 다루는 부모는 일상의 사건에 대해 이야기를 하면서 이와 같은 개념들을 주입시킬 수 있고, 이러한 특성들은 아동의 자기 표상에 영향을 주게 된다. 연령이 높아져서 아동이 더 나은 기억술을 갖게 되면 자서전적 사건을 기억하는 데 부모와의 대화에 덜 의존한다. 그러나 어린 아동들에게 대화의 영향력은 매우 크다. 그러므로 어린 아동의 심리적 자기 표상은 어떻게 부모가 그것들을 받아들이는가와 매우 유사하다. 하지만 이는 보다 많은 연구들을 필요로 한다(Brown et al., 2004; Eder & Mangelsdorf, 1997).

이는 또한 비록 취학 전 아동들이 대부분 성취한 맥락에서 긍정적인 자기 평가를 자동적으로 갖게 되지만, 어린 아동들은 양육자들의 부정적 혹은 잘못된 판단에 매우 취약하다는 것을 의미한다. 어린 아동들은 많은 것들을 스스로 할 수 있다고 생각하고, 심지어 실패했을 때도 성공을 예감하는 자신감을 갖고, 미래에 대해서 즐거운 기대를 유지한다(Harter & Pike, 1984). 어린 아동이 기대하는 것과 실제 수행 사이를 구별하는 데 어려움을 겪는 이유 중 하나는 능력이 투자하는 노력에 따라 변할 수 있고 자신의 능력의 한계점을 쉽게 인정하지 않기 때문이다(Stipek, 1984). 또 다른 이유는 취학 전 아동들은 타인의 행동에 근거하여 평가하는 사회적 비교에 능숙하지 못한다는 것이다. 대신에 그들은 자신들이 그것을 더 어린 연령대에 했던 것과 비교해서 평가한다(Frey & Ruble, 1990). 물론 일시적인 비교는 대부분의 어린 아동들에게 자신의 능력에 대해서 긍정적이고 낙관적인 감정을 갖게 한다. 그러나 4세 반경에 사회적 비교가 가능해지면 아동들은 자신의 능력을 평가하는 데 그 정보를 이용한다(Butler, 1998).

아동 중기 아동이 보다 더 분화되고 현실적이 되고 자기 표상과 자기 평가에서 보다 더 정교화된 형태를 갖추는 학령기가 되면서 자기 이해도 두드러지게 변화한다. 그 이유

중 하나는 사회적 비교가 가능해짐에 따라서 자기를 평가하게 되고, 아동기 중기의 아동들은 자발적으로 자신의 능력과 또래의 능력을 비교하여 자신들을 잘 '평가' 하기 때문이다(Frey & Ruble, 1990; Harter, 1999). 모든 면에서 뛰어난 아동은 없으므로 사회적 비교는 자신의 강점과 약점을 지각하는 것을 도와준다. 예를 들어, 누군가가 스포츠에 능하고 수학에 능하지 못하면 평균적인 사회적 인기도를 갖는다(Cole et al., 2001). 사회적 비교의 과정은 이 시기의 지적 능력에도 영향을 받는다(Case, 1991). 학교는 수행에 기반을 둔 평가가 이루어지는 곳(단순히 노력하는 것으로 보상을 주는 것과는 달리)으로, 아동들은 연령별 집단을 조직화하는 데 클럽이나 운동 모임 그리고 그 밖의 모임들을 구성하여 자신과 또래와의 능력을 비교하게 된다(이 책의 Eccles & Roesner 참조).

사회적 비교 과정은 인지적 능력도 수반하는데, 아동기 중기에 자기 이해의 발달에 따른 몇 가지 결과들이 나타난다. 첫째, 이는 보다 복잡하고 정교화된 자기 평가에 영향을 미친다. 취학 전 아동들이 상대적으로 긍정적인 자기 평가를 한다면, 보다 높은 연령의 아동기의 자기 기술은 개인의 강점과 약점의 균형을 맞추는 평가를 한다. 이는 자기 평가가 보다 현실적이고 다른 사람의 기준과도 일치하게 한다(Oosterwegel & Oppenheimer, 1993). 예를 들어, 아동기 중기에는 능력의 차이가 쉽게 변하는 것이 아니라는 것을 인식하기 시작하는데, 이는 아동의 잠재적인 성취를 억제할 수 있다(Dweck, 2002). 또한 과거 수행이나 개인적 자의식을 보다 잘 이용할 수 있게 된다. 이는 그들이 어떻게 수행할 것인가를 보다 정확하게 예측함으로써 가능해진다.

둘째, 아동은 취학 시기가 되면 보다 다면적인 관점으로 자신을 보기 시작한다. 학업 성취, 운동 능력, 또래 간의 인기도, 신체적 외양, 행동적 측면 그리고 좀 더 나중에는 부드러운 매력이나 직업 능력과 같은 다양한 측면에서의 능력을 구별하기 시작한다. 아동은 자신을 각각의 많은 다른 영역에서 바람직한지 여부에 대해 평가할 수 있게 된다(Cole et al., 2001; Harter, 1999). 이는 보다 복잡한 자기 개념에 기여하는데, 아동이 강점과 약점을 포함한 인간으로서 스스로를 경험하기 시작하기 때문이다. 아동은 또한 가족구성원, 학생, 집단구성원, 클럽 회원과 같은 다양한 역할 안에서 자신을 보기 시작한다. 또한 흑인, 유대인, 여성, 중산층 등과 같은 다양한 특성과 관련해서도 자신을 인식하기 시작한다(Harter, 1999).

셋째, 학령기에 이르면 특정 영역의 자존감은 감소하기 시작하는데, 이는 아동이 보다 현실적이 되고 자기 평가와 자기 비판을 할 수 있게 되며, 사회 비교에 영향을 받기 때문이다. 예를 들어, 자신의 신체적, 지능적 능력에 대한 아동의 지각은 학령기를 거치면서 점차 감소한다(Eccles, Wigfield, Harold, & Blumenfeld, 1993; Phillips & Zimmerman,

1990; 다른 결론은 Cole et al., 2001 참조). 성별에 따라 다소 감소율의 영역차가 있기는 하지만(Jacobs, Lanza, Osgood, Eccles, & Wigfield, 2002) 이러한 감소는 남녀 아동 모두에게 일어난다. 학업적 자존감의 감소는 학령기에 비현실적인 낙관론의 관점에서 보자면 피할 수 없는 부분이다. 그러나 이는 왜 자신감에서의 개인차와 그들의 동기적 암시가 아동기 중기에 그렇게 중요한가를 설명해 준다(Dweck, 2002). 반면에 자존감의 다른 측면들, 예를 들어 자신의 사회적 능력의 지각과 같은 것들은 아동기 중기에 감소하기보다는 증가한다(Cole et al., 2001). 이러한 자기 개념에서의 다양한 변화는 고양된 심리학적 통찰력 때문인데, 높은 연령의 아동들은 내적 성향인 성격 특성들에 대해 보다 깊은 이해를 하고, 다양한 행동들을 조명하고, 복잡한 성격의 개인으로서 자신을 지각하기 시작한다(Harter, 1999).

개인-이해의 발달에서 사회적 비교와 다른 사회적 영향의 출현은 또한 사회적 자기의 성숙을 보여 준다. 아동은 사회적 맥락에서 스스로를 지각하기 시작한다. 그러므로 아동기 중기에 아동들은 자기 표현에 보다 능숙해지게 되는데, 그들은 어떻게 다른 사람 앞에 자신을 보여야 하는가를 조절할 수 있게 된다(Snyder, 1987). 예를 들어, 정서와 관련해서 아동들은 정서를 보다 잘 이해하게 되면서 정서 규제의 기술을 발달시켜 가고 정서 표출 규칙을 사용하여 타인에게 진짜 감정을 속일 수 있게 된다(Saarni, 1999; Thompson, 1990). 아동들은 이와 같이 각기 다른 사회적 상황에서 적절히 반응해야 하는 것을 알고 자기 통제를 한다. 연주회장에서 조용히 해야 한다든지, 교실에서는 집중을 해야 하고, 친구에게는 편안한 태도를 취한다든지 하는 것들 말이다. 아동기 중기에 이와 같은 행동 특성은 고양된 자기 감찰을 반영해 주는데, 아동들은 자신에게 중요한 타인에게 보다 긍정적이고 우호적인 인상을 주기 위해서 자기 표현을 변경할 수 있다(Snyder, 1987). 사회적으로 적절한 행동을 하기 위한 자의식의 증가는 연령이 높아질수록 사회적 자기에 대한 통찰력이 생기게 하고, 이는 청소년기에 이르면 자기 이해의 진보에 대한 토대를 제공해 준다.

청소년기와 그 이후 추상적 사고를 위한 지적 능력은 청소년기 동안 풍부해진다. 그리고 추상적 사고는 10대로 하여금 자신에 대해서 생각하고, 전과 달리 타인에 대해서 더 많이 생각하는 것을 가능케 한다. 그것은 성격 특성의 일관성뿐만 아니라 차이점도 반영하는데, 이러한 차이는 그들이 누구인지에 대한 정직성을 의미한다(Harter, 1999). 그들은 각기 다른 사회적 상황에서 다른 성격을 평가할 수 있고 진실된 자기를 나타내는 것에 대해서 놀랄 수 있다(Harter & Monsour, 1992). 이상적인 자기와 현실의 자기를 대조할 수 있고 그 차이에 대해 고민한다(Markus & Nurius, 1986). 한 10대의 말을 옮기면 "나는 항상 우호적이고 참을성 있는 사람이고 싶다. 그것이 내가 원하는 사람이며, 내가 그렇지 않을 때 실망하곤 한다." (Harter, 1990)

청소년들은 또한 독특한 성격에 기여하는 삶의 경험들에 영향을 받고 아무도 그들과 동일한 관점을 갖고 있지 않다고 생각한다(Elkind, 1967). 그들은 타인이 어떻게 그들을 바라보는지에 대해서 고민하고 중요한 자의식을 경험한다. 그 자의식은 그들이 스스로를 평가하는 수준과 동일한 세밀함으로 타인을 평가하는 것으로부터 이루어진다. 그들은 또한 성인으로서의 역할과 책임감에 대해서 지각하기 시작하고 직접적, 종교적, 정치적 그리고 성적 정체성에 대해서 숙고하기 시작한다(Erikson, 1968; Kroger, 1993). 추상적 사고 능력은 청소년기의 사회적 상황들에도 영향을 받고 사춘기를 동반하는 심리적 변화가 자기 이해, 자기 평가 그리고 사회적 자기에 중요한 변화를 자극한다. 청소년기는 또한 자기 반성의 기반으로서 자의식 출현의 새로운 형태로 탈선, 자기 비판, 고통뿐만 아니라 즐거움 등이 나타난다.

청소년기에 스스로에 대한 '발견' 의 노력은 자기 이해의 결핍에서 나온다기보다는 자의식뿐만 아니라 자기 역할 및 새로운 형태의 환경 안에서의 자기에 대한 새로운 질문들로부터 나온다. 사춘기의 심리학적 변화는 10대가 스스로에 대해서 지각하고 타인에 의해 평가를 받고, 아동기보다는 성인에 가깝게 변화하는 것을 말한다. 이렇게 타인으로부터 어떻게 평가되는가 하는 문제의 변화는 사춘기가 언제 찾아오며, 그것이 10대에게 갖는 의미에 영향을 받는 자기 지각에 반갑고도 혼란스러운 수정을 가져온다(Brooks-Gunn & Reiter, 1990). 성 정체성은 10대에 강화되어 자기 분리가 성 특정적 활동과 흥미에 의해 이루어진다(Ruble & Martin, 1998). 동시에 아동의 역할을 벗어나서 청소년기에는 학교가 보다 커지고, 수업이 보다 객관화되고, 기대가 보다 엄격해지고, 교사들의 권위가 더욱 높아진다(Eccles & Roesner, 이 책; Eccles et al., 1993). 또한 성인의 역할과 활동(방과 후 시간제 일을 하고, 수업시간에 직업 기술에 대해서 배우고, 대학을 준비하고, 낭만적이고 성적인 관계를 맺는 등)에 입문한다. 신체적 외양과 사회적 맥락이 개인의 정체성에 많은 영향을 준다고 볼 때, 이러한 사춘기의 역할과 관련된 변화가 청소년기에 자기에 대한 중요한 질문들을 생겨나게 한다는 것은 당연하다. 그러한 질문들은 자기 회상을 갈망하게 하고 과감한 실험을 하게 한다. 실제로 청소년기에는 '거짓 자기' 행동을 보이기도 하는데, 중요한 타인에게 자기의 표현을 받아들이게 하기 위한 노력의 일부다. 이는 타인들은 ① 그들이 실제로 누구인가에 그다지 가치를 두지 않고, ② 각기 다른 가능한 자기들과 다른 역할들을 시도하기 위해서다(Harter, Marold, Whitesell, & Cobbs, 1996).

초기 청소년기에는 이러한 심리생물학적, 인지적, 맥락적 변화의 결과로 자기존중감이 떨어진다. 그러나 청소년기는 아동기 중기와 비슷한 부분이 있다. 자기존중감은 학업 수행, 사회적 · 신체적 능력 등 자기 지각적 능력과 같은 다른 영역들에 다양한 방식으로 변화를 줄 수 있다(Cole et al., 2001). 초기의 다른 경험들과 마찬가지로 청소년들은 긍정적이고 지지적인 부모들로부터 이득을 얻을 수 있는데, 그러한 부모들은 자기 표현을 인정하고 행동적 지침을 이성적으로 함께 이야기해 주고, 수용과 승인을 제공해 주기 때문이다(Harter, 1999). 실제로 부모들은 청소년들의 자기존중감에 중요한 역할을 하며 또래 또한 중요한 역할을 한다. 부모의 중심성의 일부가 청소년의 경험이 되기 때문이다 (Lamborn & Sternberg, 1993; Ryan & Lynch, 1989).

초기 청소년기에 심리학적, 심리생물학적, 사회적 변화의 많은 부분은 서로 연결되어 있고 함께 나타난다. 10대들은 목표를 갖고 성인을 바라보며 자신이 성취하고자 하는 것에 대해 계획을 세운다. 그리고 '나는 누구인가' 에 대한 질문에 대해 끊임없이 해답을 찾고자 하나, 몇 해 안에 그 해답을 완성하지는 못한다. 정체성의 문제나 다중자기, 실제와 이상적 자아의 불일치가 초기 성인기까지 계속되며, 이는 중요한 삶의 변화를 자극하기도 한다(예, 이혼, 해고, 개인적 상처). 그러나 청소년기에 자아에 대한 이와 같은 의문을 품는 것은 성인이 되어서 직업을 선택하고, 배우자를 찾고, 누구인가를 정의하는 것에 도움을 준다. 그리고 삶의 다양한 상황에서 안정성과 일관성을 제공해 준다. 이러한 점에서 자아의 개념은 성인기 때보다는 신뢰성이 높아진다. 왜냐하면 10대는 탐색을 하는 과정이고 성인기에는 선택하고 전념하는 시기이기 때문이다. 이는 만족과 직업, 가족 그리고 다양한 삶의 추구에 토대를 제공해 준다.

결론 및 후속 연구의 방향 자아의 의미는 우리에게 매우 친숙하게 다가오기 때문에 자기 이해가 영아기, 아동기, 청소년기를 지나는 고통스러운 과정을 거쳐 구성된다는 것을 쉽게 잊도록 한다. 게다가 자아의 의미는 개인적 경험의 중심적 토대가 된다. 이 개인적 경험은 사회적 영향이 얼마나 큰가를 쉽게 간과하게 한다. 이러한 영향들은 유아가 받는 양육의 특성에서 시작하여, 어떻게 자서전적 자의식이 대화를 통해서 해석되는가로 계속 이어지게 되고, 청소년기에 또래관계의 맥락에서 자아의 발견으로 확장된다. 이는 특히 우리가 자아의 개념을 성격발달의 핵심 특성이라는 것으로 평가할 때 중요하다. 성격은 부분적으로 사람들이 어떻게 개인이 자기 평가를 하는가 그리고 타인의 거울에 비춰지는 것에 따라 자신을 얼마만큼 간주하는가에 영향을 받는다.

이 자아발달의 복잡하고 다양한 논의처럼 연구자들은 이해적인 방법으로 발달적 '자아' 를 연구하려고 하지 않는다. 연구자들은 자기 개념, 자서전적 기억, 자기 경영, 사회적 비교 과정, 자존감과 같은 요소들에 대한 성숙을 연구하며, 이는 앞으로도 계속될 것이다. 연구 방법들은 특정한 '자기' 관련 과정에서 신중하게 선택되어야 하고, 아동의 연령을 잘 고려해야 한다. 연구자들은 자서전적 기억의 성숙에 대해 자기 경영의 발달적 변화에 대한 조사를 하기보다는(가정이나 실험실에서 평가될 수 있는 것으로 허락되지 않은 행동들을 시도했을 때 저항하는 능력과 같은) 자존감(면담자의 질문으로 신중하게 반응하는 애정적 자기애)이나 경험적 도구(아동의 자기 참조적 발언에 특별한 주의를 두고 최근 혹은 과거의 사건에 대해서 회상하는 것)를 이용해야 한다. 각기 '자기' 의 발달적 요소이지만 각각은 관심을 두고 있는 '자기' 의 특정 영역에 적합한 방법을 사용해서 평가되어야만 한다.

'자기' 발달의 연구는 경험적 호기심의 초점이 어린 아동의 자기 개념에 있다는 점에서 도전적인 분야다. 따라서 연구 방법은 주로 자기 보고가 사용된다. 발달적으로 적합한 자기 보고 측정은 아동기의 연령에 따라 다르다. 발달과학자들은, 예를 들어 유아기와 취학 전 아동들의 개념적 능력들이 과소평가되어 왔다고 주장한다. 자신의 사고와 이해를 언어화할 수 없다는 이들의 제한된 능력 때문에 말이다. 그래서 이 분야의 연구자들은 매우 어린 아동, 즉 자신의 사고나 감정을 말로 표현할 수 없는 어린 아동들을 대상으로 자의식의 발달을 평가하는 발달 측정치를 만들었다. 이에는 이야기 구성이나(Emde, Wolfe, & Oppenheim, 2003) 인형(Measelle et al., 1998) 혹은 어린 아동들이 스스로에 대해서 알고 사고할 수 있는 것을 보여 줄 수 있는 다른 것들이 사용된다. 연구자들은 어린 아동들이 우리가 믿어 왔던 것 이상으로 복잡하고 심리학적 통찰력을 가지고 있다는 것을 밝혔다. 후속 연구에서는 어떻게 자기 개념의 출현이 초기 아동기에 일어나는지를 밝힐 필요가 있을 것이다.

동시에 새로운 연구의 자극이 청소년기의 자기 발달과 관련하여 생겨났다. 10대들의 개인적 반영, 또래 경험, 교사와 코치, 부모 그리고 다양한 지도자들과의 조우가 자기존중감과 관련하여 복잡한 자기 개념에 기여해 왔다. 그 결과, 발달과학자들은 성별, 교육환경의 특성, 훈육의 특성 등의 영향이 청소년기의 지능적, 사회적, 신체적 능력과 같은 각기 다른 영역에서 자신의 약점과 강점에 대한 지각에 어떻게 영향을 미치는지에 대해 관심을 갖고 있다(Cole et al., 2001; Jacobs et al., 2002 참조).

5. 결론: 성격

신생아는 생물학적으로 독특한 개인으로 세상에 발을 들여놓지만, 기질적 개인은 성격 발달에서 가장 기본적 핵심의 하나로 제공된다. 정서적 반응과 이해의 능력이 생기면서 기질적 능력은 정교화되고 보다 넓은 능력과 통합된다. 자아와 자기 이해의 초기 개념이 또한 발달하면서 기질은 아동이 어떻게 자기를 경험하고, 어떻게 타인이 자신에 대해서 평가하고, 어떻게 자기 이해가 이러한 과정에서 상호작용을 하는지와 통합된다.

물론 성격발달은 단지 기질, 정서 및 자의식뿐만 아니라 더 넓은 범위에 영향을 미친다. 이 논의는 성격 성숙에 기여하는 많은 부가적인 부분을 다루어 왔다. 성격은 중요한 관계를 형성하고 안정과 안락(혹은 불안정과 불확실성)이라는 정서적 맥락을 제공해 주는, 특히 어머니나 아버지와 같은 초기 양육자와의 관계에 의해 형성된다. 그것은 자신감, 자존감, 사회성 및 공감(혹은 반대)이 나타나게 한다(Lamb & Lewis, 이 책; Thompson, 1998a). 성격은 또 학교나 이웃의 또래와 같은 사회적 맥락에도 영향을 받는다(Eccles & Roesner, 이 책). 삶의 도전과 기회를 제공하는 가족의 사회경제적 지위 그리고 문화적 규범이나 신념도 '아동 개인' 의 발달에 영향을 미친다. 성격발달은 또한 양심과 도덕적 이해, 사회 인지의 출현에 영향을 받고 이는 사회적 행동에 영향을 준다. 또한 성 정체성의 출현은 정서적 성숙과 자아의 성숙에 영향을 준다. 성격발달은 심리생물학적, 개념적, 사회적, 맥락적 영향을 골고루 받고, 삶의 전반에 걸쳐서 개인의 발달에 구성적 요인으로서 자기 조직화에 영향을 준다고 볼 수 있다(Lewis, 1997).

그러나 기질, 정서, 자기에 중점을 두면 우리는 이 세 가지가 성격 성숙의 기반이 되고 연령이 증가하면서 성격이 보다 정교화되는 것을 볼 수 있다(Caspi, 1998). 삶의 초기에 성격은 많은 방식으로 수정되고 통합되고 강화된다(Caspi, 1998; Thompson, 1988). 성격은 경험이 사람들에게 어떻게 구성되고 해석되는가에 영향을 주고, 따라서 사회적, 비사회적 사건에 어떻게 반응하는가에도 영향을 준다. 이는 미래의 발달에 상호적인 영향을 주게 된다. 성격은 사회협력자, 활동, 환경적 상황의 선택에 영향을 미치고 이러한 선택의 기회와 도전들은 더 나은 성숙을 이끈다. 성격은 모든 개인이 경험하는 스트레스나 일상의 사건들에 대한 취약성과 탄력성에 영향을 준다. 성격은 자기 구성에 영향을 주어서 다양한 방식으로 자신의 현재 상태, 예를 들어 자신이 과거에 대해서 어떻게 이해하는지, 현재의 위치에 대해서 그리고 자신의 욕구나 희망에 대해서 조망하게 한다. 그러므로 성격은 개인과 사회 그리고 비사회적 세상 사이를 조절해 줄 뿐만 아니라 많은 발달적 영역의 성숙에 영향을 주는, 나아가 성격 성숙을 형성하는 사회적 맥락과의 상호작용에 의한 것으로 볼 수 있다.

개인의 발달은 자아만이 지각할 수 있는 심장이 뛰는 것과 같은 개인적인 것뿐만 아니라 사회적인 것과도 함께 구성된다. 이는 삶의 초반기뿐만 아니라 삶의 전반에 걸쳐서 변하지 않는 사실이다. 우리는 세상의 독특한 행위자로서 우리 스스로를 경험하지만, 우리가 살고 있는 삶은 많은 부분이 타인들과 함께 공유되는 것이다.

참·고·문·헌

Asendorpf, J. B. (1990). Development of inhibition during childhood: Evidence for situational specificity and a two-factor model. *Developmental Psychology, 26,* 721-730.

Ashman, S. B., & Dawson, G. (2002). Maternal depression, infant psychobiological development, and risk for depression. In S. H. Goodman & I. H. Gotlib (Eds.), *Children of depressed parents* (pp. 37-58). Washington, DC: American Psychological Association.

Banerjee, M. (1997a). Hidden emotions: Preschoolers' knowledge of appearance-reality and emotion display rules. *Social Cognition, 15,* 107-132.

Banerjee, M. (1997b). Peeling the onion: A multilayered view of children's emotional development. In S. Hala (Ed.), *The development of social cognition* (pp. 241-272). East Sussex, UK: Psychology Press.

Barrett, K. C. (1995). A functionalist approach to shame and guilt. In J. P. Tangney & K. W. Fischer (Eds.), *Self-conscious emotions* (pp. 25-63). New York: Guilford.

Barrett, K. C. (1998). The origins of guilt in early childhood. In J. Bybee (Ed.), *Guilt and children* (pp. 75-90). San Diego: Academic Press.

Barrett, K. C., & Campos, J. J. (1987). Perspectives on emotional development. II. A functionalist approach to emotions. In J. D. Osofsky (Ed.), *Handbook of infant development* (2nd ed., pp. 555-578). New York: Wiley.

Bartsch, K., & Wellman, H. M. (1995). *Children talk about the mind.* New York: Oxford University Press.

Bates, E. (1990). Language about me and you: Pronomial reference and the emerging concept of self. In D. Cicchetti & M. Beeghly (Eds.), *The self in transition* (pp. 165-182). Chicago: University of Chicago Press.

Bates, J. E. (1980). The concept of difficult temperament. *Merrill-Palmer Quarterly, 29,* 299-319.

Bates, J. E. (1987). Temperament in infancy. In J. D. Osofsky (Ed.), *Handbook of infant development* (2nd ed., pp. 1101-1149). New York: Wiley.

Bates, J. E. (1989). Applications of temperament concepts. In G. A. Kohnstamm, J. E. Bates, & M. K. Rothbart (Eds.), *Temperament in childhood* (pp. 321-335). Chichester, England: Wiley.

Bates, J. E., Bayles, K., Bennett, D. S., Ridge, B., & Brown, M. M. (1991). Origins of externalizing behavior problems at eight years of age. In D. Pepler & K. Rubin (Eds.), *Development and treatment of childhood aggression* (pp. 93-120). Hillsdale, NJ: Lawrence Erlbaum Associates.

Belsky, J. (1999). Interactional and contextual determinants of security. In J. Cassidy & P. Shaver (Eds.), *Handbook of attachment: Theory, research and clinical applications* (pp. 249-264). New York: Guilford.

Bornstein, M. H. (1995). Form and function: Implications for studies of culture and human development. *Culture & Psychology, 1,* 123-137.

Bornstein, M. H. (1998). Stability in mental development from early life: Methods, measures, models, meanings and myths. In F. Simion & G. Butterworth (Eds.), *The development of sensory, motor and cognitive capacities in early infancy: From perception to cognition* (pp. 301-332). Hove, United Kingdom: Psychology Press.

Bornstein, M. H., & Arterberry, M. E. (2003). Recognition, discrimination, and categorization of smiling by 5-month-old infants. *Developmental Science, 6,* 585-599.

Bornstein, M. H., Gaughran, J. M., & Segui, I. (1991). Multimethod assessment of infant temperament: Mother questionnaire and mother and observer reports, evaluated and compared five months using the Infant Temperament Measure. *International Journal of Behavioral Development, 14,* 131-151.

Bretherton, I., Fritz, J., Zahn-Waxler, C., & Ridgeway, D. (1986). Learning to talk about emotions: A functionalist perspective. *Child Development, 57,* 529-548.

Brooks-Gunn, J., & Reiter, E. O. (1990). The role of pubertal processes. In S. S. Feldman & G. R. Elliott (Eds.), *At the threshold* (pp. 16-53). Cambridge, MA: Harvard University Press.

Brown, G. L., Mangelsdorf, S. C., Agathen, J. M., & Ho, M. (2004). *Young children's psychological selves: Convergence with maternal reports of child personality.* Manuscript submitted for publication, University of Illinois at Champaign.

Bullock, M., & Lutkenhaus, P. (1988). The development of volitional behavior in the toddler years. *Child Development, 59,* 664-674.

Buss, A. H., & Plomin, R. (1984). *Temperament: Early developing personality traits.* Hillsdale, NJ: Lawrence Erlbaum Associates.

Buss, K. A., & Goldsmith, H. H. (1998). Fear and anger regulation in infancy: Effects on the temporal dynamics of affective expression. *Child Development, 69,* 359-374.

Butler, R. (1998). Age trends in the use of social and temporal comparison for self-evaluation: Examination of a novel developmental hypothesis. *Child Development, 69,* 1054-1073.

Calkins, S. D., & Fox, N. A. (1994). Individual differences in the biological aspects of temperament. In J. E. Bates & T. D. Wachs (Eds.), *Temperament: Individual differences at the interface of biology and behavior* (pp. 199-217). Washington, DC: American Psychological Association.

Calkins, S. D., Fox, N. A., & Marshall, T. R. (1996). Behavioral and physiological antecedents of inhibited and uninhibited behavior. *Child Development, 67,* 523-540.

Campos, J., Barrett, K. C., Lamb, M. E., Goldsmith, H. H., & Stenberg, C. (1983). Socioemotional development. In P. H. Mussen (Ed.), *Handbook of child psychology* (4th ed., Vol. 2). *Infancy and developmental psychobiology* (M. M. Haith & J. J. Campos, Vol. Eds., pp. 435-571). New York: Wiley.

Camras, L. A. (2000). Surprise!: Facial expressions can be coordinative motor structures. In M. Lewis & I. Granic (Eds.), *Emotion, development, and self-organization* (pp. 100-124). New

York: Cambridge University Press.

Camras, L. A., Oster, H., Campos, J., Campos, R., Ujiie, T., Miyake, K., et al. (1998). Production of emotional facial expressions in European American, Japanese, and Chinese infants. *Developmental Psychology, 34,* 616-628.

Case, R. (1991). Stages in the development of the young child's first sense of self. *Developmental Review, 11,* 210-230.

Caspi, A. (1998). Personality development across the life course. In W. Damon (Ed.), *Handbook of child psychology* (5th ed., Vol. 3). *Social, emotional and personality development* (N. Eisenberg, Vol. ed., pp. 311-388). New York: Wiley.

Caspi, A., Harrington, H., Milne, B., Amell, J. W., Theodore, R. F., & Moffitt, T. E. (2003). Children's behavioral styles at age 3 are linked to their adult personality traits at age 26. *Journal of Personality, 71,* 495-513.

Caspi, A., Henry, B., McGee, R. O., Moffitt, T. E., & Silva, P. A. (1995). Temperamental origins of child and adolescent behavior problems: From age three to age fifteen. *Child Development, 66,* 55-68.

Caspi, A., & Silva, P. A. (1995). Temperamental qualities at age three predict personality traits in young adulthood: Longitudinal evidence from a birth cohort. *Child Development, 66,* 486-498.

Cassidy, J. (1994). Emotion regulation: Influences of attachment relationships. In N. A. Fox (Ed.), *The development of emotion regulation and dysregulation: Biological and behavioral aspects. Monographs of the Society for Research in Child Development, 59*(2-3, Serial No. 40). 228-249.

Chen, X., Hastings, P. D., Rubin, K. H., Chen, H., Cen, G., & Stewart, S. L. (1998). Child-rearing attitudes and behavioral inhibition in Chinese and Canadian toddlers: A cross-cultural study. *Developmental Psychology, 34,* 677-686.

Chess, S., & Thomas, A. (1986). *Temperament in clinical practice.* New York: Guilford.

Cicchetti, D., & Beeghly, M. (Eds.). (1990). *The self in transition: Infancy to childhood.* Chicago: University of Chicago Press.

Cole, D. A., Maxwell, S. E., Martin, J. M., Peeke, L. G., Seroczynski, A. D., Tram, J. M., et al. (2001). The development of multiple domains of child and adolescent self-concept: A cohort sequential longitudinal design. *Child Development, 72,* 1723-1746.

Cole, P. (1986). Children's spontaneous control of facial expression. *Child Development, 57,* 1309-1321.

Cole, P. M., Bruschi, C. J., & Tamang, B. L. (2002). Cultural differences in children's emotional reactions to difficult situation. *Child Development, 73,* 983-996.

Cole, P. M., & Dennis, T. A. (1998). Variations on a theme: Culture and the meaning of socialization practices and child competence. *Psychological Inquiry, 9,* 276-278.

Cole, P. M., Martin, S. E., & Dennis, T. A. (2004). Emotion regulation as a scientific construct: Methodological challenges and directions for child development research. *Child Development, 75,* 317-333.

Cole, P. M., & Tamang, B. L. (1998). Nepali children's ideas about emotional displays in hypothetical challenges. *Developmental Psychology, 34,* 640-646.

Cummings, E. M., & Davies, P. (1996). *Children and marital conflict.* New York: Guilford.

Davies, P. T., & Dummings, E. M. (1994). Marital conflict and child adjustment: An emotional security hypothesis. *Psychological Bulletin, 116,* 387-411.

Denham, S. (1998). *Emotional development in young children*. New York: Guilford.

Denham, S. A., Blair, K. A., DeMulder, E., Levitas, J., Sawyer, K., Auerbach-Major, S., et al. (2003). Preschool emotional competence: Pathway to social competence. *Child Development, 74,* 238-256.

Denham, S. A., Zoller, D., & Couchoud, E. A. (1994). Socialization of preschoolers' emotion understanding. *Developmental Psychology, 30,* 928-936.

Dennis, T. A., Cole, P. M., Zahn-Walxer, C., & Mizuta, I. (2002). Self in context: Autonomy and relatedness in Japanese and U.S. mother-preschool dyads. *Child Development, 73,* 1803-1817.

Dienstbier, R. A. (1989). Arousal and physiological toughness: Implications for mental physical health. *Psychological Review, 96,* 84-100.

Donaldson, S. K., & Westerman, M. A. (1986). Development of children's understanding of ambivalence and causal theories of emotion. *Developmental Psychology, 22,* 655-662.

Dunn, J. (1987). The beginnings of moral understanding: Development in the second year. In J. Kagan & S. Lamb (Eds.), *The emergence of morality in young children* (pp. 91-112). Chicago: University of Chicago Press.

Dunn, J. (1994). Changing minds and changing relationships. In C. Lewis & P. Mitchell (Eds.), *Children's early understanding of mind* (pp. 297-310). Hove, UK: Lawrence Erlbaum Associates.

Dunn, J., & Brown, J. (1991). Relationships, talk about feelings, and the development of affect regulation in early childhood. In J. Garber & K. A. Dodge (Eds.), *The development of emotion regulation and dysregulation* (pp. 89-108). New York: Cambridge University Press.

Dunn, J., Brown, J., Slomkowski, C., Tesla, C., & Youngblade, L. (1991). Young children's understanding of other people's feelings and beliefs: Individual differences and their antecedents. *Child Development, 62,* 135-1366.

Dweck, C. S. (2002). The development of ability conceptions. In A. Wigfield & J. S. Eccles (Eds.), *Development of achievement motivation* (pp. 57-88). San Diego: Academic Press.

Eccles, J. S., Midgley, C., Wigfield, A., Buchanan, C. M., Reuman, D., Flanagan, C., et al. (1993). Development during adolescence: The impact of stage-environment fit on young adolescents' experiences in schools and in families. *American Psychologist, 48,* 90-101.

Eccles, J. S., Wigfield, A., Harold, R. D., & Blumenfeld, P. (1993). Age and gender differences in children's self- and task perceptions during elementary school. *Child Development, 64,* 830-847.

Eder, R. A. (1989). The emergent personologist: The structure and content of 3 1/2-, 5 1/2-, and 7 1/2-year-olds' concepts of themselves and other persons. *Child Development, 60,* 1218-1228.

Eder, R. A. (1990). Uncovering children's psychological selves: Individual and developmental differences. *Child Development, 61,* 849-863.

Eder, R. A., & Mangelsdorf, S. C. (1997). The emotional basis of early personality development: Implications for the emergent self-concept. In R. Hogan & S. Briggs (Eds.), *Handbook of personality psychology* (pp. 209-240). Orlando, FL: Academic Press.

Eisenberg, N., & Morris, A. S. (2002). Children's emotion-related regulation. In R. Kail (Ed.), *Advances in child development and behavior* (Vol. 30, pp. 190-229). San Diego: Academic Press.

Eisenberg, N., & Fabes, R. (1998). Prosocial behavior. In W. Damon (Ed.), *Handbook of child psychology* (5th ed., Vol. 3). *Social, emotional and personality development* (N. Eisenberg, Vol. Ed., pp. 707–778). New York: Wiley.

Elkind, D. (1967). Egocentrism in adolescence. *Child Development, 38,* 1025–1034.

Emde, R. N., & Buchsbaum, H. K. (1990). "Didn't you hear my mommy?" Autonomy with connectedness in moral self emergence. In D. Cicchetti & M. Beeghly (Eds.), *The self in transition* (pp. 35–60). Chicago: University of Chicago Press.

Emde, R. N., Wolfe, D. P., & Oppenheim, D. (2003). *Revealing the inner worlds of young children: The MacArthur Story Stem Battery and parent-child narratives.* New York: Oxford University Press.

Erikson, E. H. (1968). *Identity, youth, and crisis.* New York: Norton.

Fivush, R. (1994). Constructing narrative, emotion, and self in parent-child conversations about the past. In U. Neisser & R. Fivush (Eds.), *The remembering self* (pp. 136–157). Cambridge: Cambridge University Press.

Fivush, R. (1998). Gendered narratives: Elaboration, structure, and emotion in parent-child reminiscing across the preschool years. In C. P. Thompson & D. J. Herrmann (Eds.), *Autobiographical memory: Theoretical and applied perspectives* (pp. 79–103). Mahwah, NJ: Lawrence Erlbaum Associates.

Fivush, R., & Haden, C. A. (Eds.). (2003). *Autobiographical memory and the construction of the narrative self: Development and cultural perspectives.* Mahwah, NJ: Lawrence Erlbaum Associates.

Fox, N. A., Henderson, H. A., Rubin, K. H., Calkins, S. D., & Schmidt, L. A. (2001). Continuity and discontinuity of behavioral inhibition and exuberance: Psychophysiological and behavioral influences across the first four years of life. *Child Development, 72,* 1–21.

Fox, N. A., Schmidt, L. A., & Henderson, H. A. (2000). Developmental psychophysiology: Conceptual and methodological perspectives. In J. T. Cacioppo, L. G. Tassinary, & G. G. Berntson (Eds.), *Handbook of psychophysiology* (2nd ed., pp. 665–686). New York: Cambridge University Press.

Frey, K. S., & Ruble, D. N. (1990). Strategies for comparative evaluation: Maintaining a sense of competence across the life span. In R. J. Sternberg & J. Kolligian, Jr. (Eds.), *Competence considered* (pp. 167–189). New Haven, CT: Yale University Press.

Frijda, N. H. (1986). *The emotions.* Cambridge: Cambridge University Press.

Garner, P. W., & Spears, F. M. (2000). Emotion regulation in low-income preschoolers. *Social Development, 9,* 246–264.

Gilliom, M., Shaw, D. S., Beck, J. E., Schonberg, M. A., & Lukon, J. L. (2002). Anger regulation in disadvantaged preschool boys: Strategies, antecedents, and the development of self-control. *Developmental Psychology, 38,* 222–235.

Gnepp, J., & Chilamkurti, C. (1988). Children's use of personality attributions to predict other people's emotional and behavioral reactions. *Child Development, 59,* 743–754.

Goldsmith, H. H. (2002). Genetics of emotional development. In R. J. Davidson, K. R. Scherer, & H. H. Goldsmith (Eds.), *Handbook of affective sciences.* New York: Oxford University Press.

Goldsmith, H. H., Buss, A. H., Plomin, R., Rothbart, M. K., Thomas, A., Chess, S., et al. (1987). Roundtable: What is temperament? Four approaches. *Child Development, 58,* 505–529.

Goldsmith, H. H., & Campos, J. J. (1982). Toward a theory of infant temperament. In R. N.

Emde & R. J. Harmon (Eds.), *The development of attachment and affiliative systems* (pp. 161-193). New York: Plenum.

Goldsmith, H. H., Lemery, K. S., Buss, K. A., & Campos, J. J. (1999). Genetic analyses of focal aspects of infant temperament. *Developmental Psychology, 35,* 972-985.

Goodman, S. H., & Gotlib, I. H. (1999). Risk for psychopathology in the children of depressed mothers: A developmental model for understanding mechanisms of transmission. *Psychological Review, 106,* 458-490.

Gunnar, M. R. (2000). Early adversity and the development of stress. In C. A. Nelson (Ed.), *The effects of early adversity on neurobehavioral development. Minnesota Symposia on Child Psychology* (Vol. 31, pp. 163-200). Mahwah, NJ: Lawrence Erlbaum Associates.

Gunnar, M. R., & Davis, E. P. (2003). Stress and emotion in early childhood. In R. M. Lerner & M. A. Easterbrooks (Eds.), *Handbook of psychology,* Vol. 6. *Developmental Psychology* (pp. 113-134). New York: Wiley.

Halverson, C. F., Jr., Kohnstamm, G. A., & Martin, R. P. (Eds.). (1994). *The developing structure of temperament and personality from infancy to adulthood.* Hillsdale, NJ: Lawrence Erlbaum Associates.

Han, J. J., Leichtman, M. D., & Wang, Q. (1998). Autobiographical memory in Korean, Chinese, and American children. *Developmental Psychology, 34,* 701-713.

Harris, P. L. (1989). *Children and emotion: The development of psychological understanding.* Oxford, UK: Blackwell.

Harris, P. L., Guz, G. R., Lipian, M. S., & Man-Shu, Z. (1985). Insight into the time-course of emotion among Western and Chinese children. *Child Development, 56,* 972-988.

Harris, P. L., Johnson, C. N., Hutton, D., Andrews, G., & Cooke, T. (1989). Young children's theory of mind and emotion. *Cognition and Emotion, 3,* 379-400.

Harter, S. (1990). Causes, correlates and the functional role of global self-worth: A life-span perspective. In R. J. Sternberg & J. Kolligian, Jr. (Eds.), *Competence considered* (pp. 67-98). New Haven, CT: Yale University Press.

Harter, S. (1999). *Developmental approaches to self processes.* New York: Guilford.

Harter, S., & Pike, R. (1984). The pictorial scale of perceived competence and social acceptance for young children. *Child Development, 55,* 1969-1982.

Harter, S., Marold, D. B., Whitesell, N. R., & Cobbs, G. (1996). A model of the effect of parent and peer support on adolescent false self behavior. *Child Development, 67,* 360-374.

Harter, S., & Monsour, A. (1992). Developmental analysis of conflict caused by opposing attributes in the adolescent self-portrait. *Developmental Psychology, 28,* 251-260.

Harter, S., & Whitesell, N. R. (1989). Developmental change in children's understanding of single, multiple, and blended emotion concepts. In C. Saarni & P. Harris (Eds.), *Children's understanding of emotion* (pp. 81-116). New York: Cambridge University Press.

Harwood, R. L., Miller, J. G., & Irizarry, N. L. (1995). *Culture and attachment.* New York: Guilford.

Howe, M. L., & Courage, M. L. (1993). On resolving the enigma of infantile amnesia. *Psychological Bulletin, 113,* 305-326.

Howe, M. L., & Courage, M. L. (1997). The emergence and early development of autobiographical memory. *Psychological Review, 104,* 499-523.

Izard, C. E. (1991). *The psychology of emotions.* New York: Plenum.

Izard, C. E., & Ackerman, B. (2000). Motivational, organizational, and regulatory functions of discrete emotions. In M. E. Lewis & J. M. Haviland-Jones (Eds.), *Handbook of emotions* (2nd ed.). New York: Guilford.

James, W. (1890). *The principles of psychology.* New York: Henry Holt.

Jacobs, J. E., Lanza, S., Osgood, D. W., Eccles, J. S., & Wigfield, A. (2002). Changes in children's self-competence and values: Gender and domain differences across grades one through twelve. *Child Development, 73,* 509-527.

Jones, D. C., Abbey, B. B., & Cumberland, A. (1998). The development of display rule knowledge: Linkages with family expressiveness and social competence. *Child Development, 69,* 1209-1222.

Kagan, J. (1998). Biology and the child. In W. Damon (Ed.), *Handbook of child psychology* (5th ed., Vol. 3). *Social, emotional and personality development* (N. Eisenberg, Vol. Ed., pp. 177-235). New York: Wiley.

Kagan, J., Reznick, J. S., & Gibbons, J. (1989). Inhibited and uninhibited types of children. *Child Development, 60,* 838-845.

Kagan, J., Reznick, J. S., & Snidman, N. (1988). Biological bases of childhood shyness. *Science, 240,* 167-171.

Keily, M. K., Bates, J. E., Dodge, K. A., & Pettit, G. S. (2001). Effects of temperament on the development of externalizing and internalizing behaviors over 9 years. In F. Columbus (Ed.), *Advances in psychology research* (Vol. 6, pp. 255-288). Hauppauge, NY: Nova Science Publishers.

Kelley, S. A., & Brownell, C. (2000). Mastery motivation and self-evaluative affect in toddlers: Longitudinal relations with maternal behavior. *Child Development, 71,* 1061-1071.

Killen, M., Lee-Kim, J., McGlothlin, H., & Stangor, C. (2002). How children and adolescents evaluate gender and racial exclusion. *Monographs of the Society for Research in Child Development, 67.*

Kochanska, G. (1993). Toward a synthesis of parental socialization and child temperament in early development of conscience. *Child Development, 64,* 325-347.

Kochanska, G. (1995). Children's temperament, mothers' discipline, and security of attachment: Multiple pathways to emerging internalization. *Child Development, 66,* 597-615.

Kochanska, G., Casey, R. J., & Fukumoto, A. (1995). Toddlers' sensitivity to standard violations. *Child Development, 66,* 643-656.

Kochanska, G., & Knaack, A. (2003). Effortful control as a personality characteristic of young children: Antecedents, correlates, and consequences. *Journal of Personality, 71,* 1087-1112.

Kopp, C. B., & Wyer, N. (1994). Self-regulation in normal and atypical development. In D. Cicchetti & S. L. Toth (Eds.), *Disorders and dysfunctions of the self. Rochester Symposium on Developmental Psychopathology* (Vol. 5, pp. 31-56). Rochester, NY: University of Rochester Press.

Kroger, J. (1993). Ego identity: An overview. In J. Kroger (Ed.), *Discussions on ego identity* (pp. 3-20). Hillsdale, NJ: Lawrence Erlbaum Associates.

Lagattuta, K. H., & Wellman, H. M. (2002). Differences in early parent-child conversations about negative versus positive emotions: Implications for the development of emotion understanding. *Developmental Psychology, 38,* 564-550.

Lamborn, S. D., & Steinberg, L. (1993). Emotional autonomy redux: Revisiting Ryan and Lynch. *Child Development, 64,* 483-499.

LeDoux, J. E. (2000). Emotion circuits in the brain. *Annual Review of Neuroscience, 23,* 155–184.

Lemery, K. S., Goldsmith, H. H., Klinnert, M. D., & Mrazek, D. A. (1999). Developmental models of infant and childhood temperament. *Developmental Psychology, 35,* 189–204.

Lewis, M. D. (1997). Personality self-organization: Cascading constraints on cognition-emotion interaction. In A. Fogel, M. C. Lyra, & J. Valsiner (Eds.), *Dynamics and indeterminism in developmental and social processes* (pp. 193–216). Mahwah, NJ: Lawrence Erlbaum Associates.

Lewis, M. D. (2000). Self-conscious emotions: Embarrassment, pride, shame, and guilt. In M. Lewis & J. M. Haviland-Jones (Eds.), *Handbook of emotions* (pp. 563–573). New York: Guilford.

Lewis, M. D., & Brooks-Gunn, J. (1979). *Social cognition and the acquisition of self.* New York: Plenum.

Lewis, M. D., & Michalson, L. (1983). *Children's emotions and moods.* New York: Plenum.

Lutz, C. (1988). *Unnatural emotions: Everyday sentiments on a Micronesian atoll and their challenge to Western theory.* Chicago: University of Chicago Press.

Markus, H. R., & Kitayama, S. (1991). Culture and the self: Implications for cognition, emotion, and motivation. *Psychological Review, 98,* 224–253.

Markus, H., & Nurius, P. (1986). Possible selves. *American Psychologist, 41,* 954–969.

Marsh, H. W., Ellis, L. A., & Craven, R. G. (2002). How do preschool children feel about themselves? Unraveling measurement and multimensional self-concept structure. *Developmental Psychology, 38,* 376–393.

Mead, G. H. (1934). *Mind, self, and society.* Chicago: University of Chicago Press.

Measelle, J. R., Ablow, J. C., Cowan, P. A., & Cowan, C. P. (1998). Assessing young children's views of their academic, social, and emotional lives: An evaluation of the self-perception scales of the Berkeley Puppet Interview. *Child Development, 69,* 1556–1576.

Meltzoff, A. N. (1990). Foundations for developing a concept of self: The role of imitation in relating self to other, and the value of social mirroring, social modeling, and self-practice in infancy. In D. Cicchetti & M. Beeghly (Eds.), *The self in transition* (pp. 139–164). Children: University of Chicago Press.

Miller, P. J. (1994). Narrative practices: Their role in socialization and self-construction. In U. Neisser & R. Fivush (Eds.), *The remembering self: Construction and accuracy in the self-narrative* (pp. 158–179). New York: Cambridge University Press.

Moore, C., & Lemmon, K. (2001). *The self in time: Developmental perspectives.* Mahwah, NJ: Lawrence Erlbaum Associates.

Mullen, M. K., & Yi, S. (1995). The cultural context of talk about the past: Implications for the development of autobiographical memory. *Cognitive Development, 10,* 407–419.

Mumme, D. L., Fernald, A., & Herrera, C. (1996). Infants' responses to facial and vocal emotional signals in a social referencing paradigm. *Child Development, 67,* 3219–3237.

Nelson, K., & Fivush, R. (2004). The emergence of autobiographical memory: A social cultural developmental theory. *Psychological Review, 111,* 486–511.

Newman, D. L., Caspi, A., Silva, P. A., & Moffitt, T. E. (1997). Antecedents of adult interpersonal functioning: Effects of individual differences in age 3 temperament. *Developmental Psychology, 33,* 206–217.

Oatley, K., & Jenkins, J. M. (1996). *Understanding emotions.* Oxford, UK: Blackwell.

Ontai, L. L., & Thompson, R. A. (2002). Patterns of attachment and maternal discourse effects on children's emotion understanding from 3 to 5 years of age. *Social Development, 11,* 433-450.

Oosterwegel, A., & Oppenheimer, L. (1993). *The self-system: Developmental changes between and within self-concepts.* Hillsdale, NJ: Lawrence Erlbaum Associates.

Ortony, A., & Turner, T. J. (1990). What's basic about basic emotions? *Psychological Review, 97,* 315-331.

Oster, H., & Rosenstein, D. (1996). *Baby FACS: Analyzing facial movement in infants.* Unpublished manuscript, New York University.

Owens, E. B., & Shaw, D. S. (2003). Predicting growth curves of externalizing behavior across the preschool years. *Journal of Abnormal Child Psychology, 31,* 575-590.

Panksepp, J. (1998). *Affective neuroscience.* London: Oxford University Press.

Park, S.-Y., Belsky, J., Putnam, S., & Crnic, K. (1997). Infant emotionality, parenting, and 3-year inhibition: Exploring stability and lawful discontinuity in a male sample. *Developmental Psychology, 33,* 218-227.

Pfeifer, M., Goldsmith, H. H., Davidson, R. J., & Rickman, M. (2002). Continuity and change in inhibited and uninhibited children. *Child Development, 73,* 1474-1485.

Phillips, D. A., & Zimmerman, M. (1990). The developmental course of perceived competence and incompetence among competent children. In R. J. Sternberg & J. Kolligian, Jr. (Eds.), *Competence considered* (pp. 41-66). New Haven, CT: Yale University Press.

Pillemer, D. B., & White, S. H. (1989). Childhood events recalled by children and adults. In H. W. Reese (Ed.), *Advances in child development and behavior* (Vol. 2, pp. 297-340). San Diego: Academic Press.

Plomin, R., DeFries, J. C., Craig, I. W., & McGuffin, P. (Eds.). (2003). *Behavioral genetics in the postgenomic era.* Washington, DC: American Psychological Association.

Plomin, R., DeFries, J. C., & Loehlin, J. C. (1977). Genotype-environment interaction and correlation in the analysis of human behavior. *Psychological Bulletin, 84,* 309-322.

Porges, S. W. (2003). The polyvagal theory: Phylogenetic contributions to social behavior. *Physiology & Behavior, 79,* 503-513.

Porges, S. W., Doussard-Roosevelt, J. A., & Maiti, A. K. (1994). Vagal tone and the physiological regulation of emotion. In N. A. Fox (Ed.), *Emotions regulation: Behavioral and biological considerations. Monographs of the Society for Research in Child Development, 59* (Serial No. 240), 167-186.

Povinelli, D. J., & Simon, B. B. (1998). Young children's understanding of briefly versus extremely delayed images of self: Emergence of the autobiographical stance. *Developmental Psychology, 34,* 188-194.

Reese, E. (2002). Social factors in the development of autobiographical memory: The state of the art. *Social Development, 11,* 124-142.

Repacholi, B., & Gopnik, A. (1997). Early reasoning about desires: Evidence from 14- and 18-month-olds. *Developmental Psychology, 33,* 12-21.

Rochat, P., & Striano, T. (2002). Who's in the mirror? Self-other discrimination in specular images by four-and nine-month-old infants. *Child Development, 73,* 35-46.

Rothbart, M. K., & Bates, J. E. (1998). Temperament. In W. Damon (Ed.), *Handbook of child psychology* (5th ed., Vol. 3). *Social, emotional and personality development* (N. Eisenberg, Vol. Ed., pp. 105-176). New York: Wiley.

Rothbart, M. K., & Derryberry, D. (1981). Development of individual differences in temperament.

In M. E. Lamb & A. L. Brown (Eds.), *Advances in developmental psychology* (Vol. 1, pp. 37-86). Hillsdale, NJ: Lawrence Erlbaum Associates.

Rothbart, M. K., Derryberry, D., & Posner, M. I. (1994). A psychobiological approach to the development of temperament. In J. E. Bates & T. D. Wachs (Eds.), *Temperament: Individual differences at the interface of biology and behavior* (pp. 83-116). Washington, DC: American Psychological Association.

Rothbart, M. K., Ellis, L. K., & Posner, M. I. (2004). Temperament and self-regulation. In R. F. Baumeister & K. D. Vohs (Eds.), *Handbook of self-regulation* (pp. 357-370). New York: Guilford.

Rothbart, M. K., & Goldsmith, H. H. (1985). Three approaches to the study of infant temperament. *Developmental Review, 5,* 237-260.

Rubin, K. H., Coplan, R. J., Nelson, L. J., Cheah, C. S. L., & Lagace-Seguin, D. G. (1999). Peer relationships in childhood. In M. H. Bornstein & M. E. Lamb (Eds.), *Developmental psychology: An advanced textbook* (4th ed., pp. 451-501). Mahwah, NJ: Lawrence Erlbaum Associates.

Ruble, D. N., & Martin, D. L. (1998). Gender development. In W. Damon (Ed.), *Handbook of child psychology* (5th ed., Vol. 3). *Social, emotional and personality development* (N. Eisenberg, Vol. E., pp. 933-1016). New York: Wiley.

Rueda, M. R., Posner, M. I., & Rothbart, M. K. (2004). Attentional control and self-regulation. In R. F. Baumeister & K. D. Vohs (Eds.), *Handbook of self-regulation* (pp. 283-300). New York: Guilford.

Ruff, H. A., & Rothbart, M. K. (1997). *Attention in early development.* New York: Oxford.

Ryan, R., & Lynch, J. (1989). Emotional autonomy versus detachment: Revisiting the vicissitudes of adolescence and young adulthood. *Child Development, 60,* 340-356.

Saarni, C. (1999). *The development of emotional competence.* New York: Guilford.

Saarni, C., Mumme, D. L., & Campos, J. J. (1998). Emotional development: Action, communication, and understanding. In W. Damon (Ed.), *Handbook of child psychology* (5th ed., Vol. 3). *Social, emotional and personality development* (N. Eisenberg, Vol. E., pp. 237-309). New York: Wiley.

Scarr, S., & McCartney, K. (1983). How people make their own environments: A theory of genotype-environment effects. *Child Development, 54,* 424-435.

Shaw, D. S., Miles, G., Ingoldsby, E. M., & Nagin, D. S. (2003). Trajectories leading to school-age conduct problems. *Developmental Psychology, 39,* 189-200.

Shiner, R., & Caspi, A. (2003). Personality differences in childhood and adolescent: Measurement, development, and consequences. *Journal of Child Psychology and Psychiatry, 44,* 2-32.

Shipman, K. L., & Zeman, J. (2001). Socialization of children's emotion regulation in mother-child dyads: A developmental psychopathology perspective. *Development and Psychopathology, 13,* 317-336.

Snyder, M. (1987). *Public appearances, private realities: The psychology of self-monitoring.* New York: Freeman.

Spinrad, T. L., Stifter, C. A., Donelan-McCall, N., & Turner, L. (2004). Mothers' regulation strategies in response to toddlers' affect: Links to later emotion self-regulation. *Social Development, 13,* 40-55.

Sroufe, L. A. (1996). *Emotional development.* New York: Cambridge University Press.

Stern, D. N. (1985). *The interpersonal world of the infant.* New York: Basic.

Stipek, D. (1984). Young children's performance expectations: Logical analysis or wishful thinking? In J. Nicholls (Ed.), *The development of achievement motivation* (pp. 33-56). Greenwich, CT: JAI Press.

Stipek, D. (1995). The development of pride and shame in toddlers. In J. P. Tangney & K. W. Fischer (Eds.), *Self-conscious emotions* (pp. 237-252). New York: Guilford.

Stipek, D., Gralinski, J. H., & Kopp, C. B. (1990). Self-concept development in the toddler years. *Developmental Psychology, 26,* 972-977.

Teti, D. M., & Candelaria, M. A. (2002). Parenting competence. In M. H. Bornstein (Ed.), *Handbook of parenting,* Vol. 4. *Social conditions and applied parenting* (2nd ed., pp. 149-180). Mahwah, NJ: Lawrence Erlbaum Associates.

Thomas, A., & Chess, S. (1977). *Temperament and development.* New York: Brunner/Mazel.

Thomas, A., Chess, S., & Birch, H. G. (1968). *Temperament and behavior disorders in children.* New York: New York University Press.

Thompson, R. A. (1988). Early development in life-span perspective. In P. B. Baltes, D. L. Featherman, & R. M. Lerner (Eds.), *Life-span development and behavior* (Vol. 9, pp. 129-172). Hillsdale, NJ: Lawrence Erlbaum Associates.

Thompson, R. A. (1989). Causal attributions and children's emotional understanding. In C. Saarni & P. Harris (Eds.), *Children's understanding of emotion* (pp. 117-150). New York: Cambridge University Press.

Thompson, R. A. (1990). Emotion and self-regulation. In R. A. Thompson (Ed.), *Socioemotional development. Nebraska Symposium on Motivation* (Vol. 36, pp. 367-469). Lincoln, NE: University of Nebraska Press.

Thompson, R. A. (1994). Emotion regulation: A theme in search of definition. In N. A. Fox (Ed.), *The development of emotion regulation and dysregulation: Biological and behavioral aspects. Monographs of the Society for Research in Child Development, 59,* 25-52.

Thompson, R. A. (1998a). Early sociopersonality development. In W. Damon (Ed.), *Handbook of child psychology* (5th ed., Vol. 3). *Social, emotional, and personality development* (N. Eisenberg, Vol. E., pp. 25-104). New York: Wiley.

Thompson, R. A. (1998b). Empathy and its origins in early development. In S. Braten (Ed.), *Intersubjective communication and emotion in early ontogeny* (pp. 144-157). New York: Cambridge University Press.

Thompson, R. A., & Calkins, S. (1996). The double-edged sword: Emotional regulation for children at risk. *Development and Psychopathology, 8,* 163-182.

Thompson, R. A., Flood, M. F., & Lundquist, L. (1995). Emotional regulation and developmental psychopathology. In D. Cicchetti & S. Toth (Eds.), *Rochester symposium on developmental psychopathology.* Vol. 6. *Emotion, cognition, and representation* (pp. 261-299). Rochester, NY: University of Rochester Press.

Thompson, R. A., Flood, M. F., & Goodvin, R. (in press). Social support and developmental psychopathology. In D. Cicchetti & D. Cohen (Eds.), *Developmental psychopathology* (2nd ed., Vol. III). Risk, disorder, and adaptation. New York: Wiley.

Thompson, R. A., & Lagatutta, K. (in press). Feeling and understanding: Early emotional development. In K. McCartney & D. Phillips (Ed.), *The Blackwell handbook of early childhood development.* Oxford, UK: Blackwell.

Thompson, R. A., Laible, D. J., & Ontai, L. L. (2003). Early understanding of emotion, morality, and the self: Developing a working model. In R. V. Kail (Ed.), *Advances in child development and behavior* (Vol. 31, pp. 137-171). San Diego: Academic Press.

Thompson, R. A., & Limber, S. (1990). "Social anxiety" in infancy: Stranger wariness and separation distress. In H. Leitenberg (Ed.), *Handbook of social and evaluation anxiety* (pp. 85-137). New York: Plenum.

Thompson, R. A., Meyer, S., & McGinley, M. (in press). Understanding values in relationship: The development of conscience. In M. Killen & J. Smetana (Eds.), *Handbook of moral development*. Mahwah, NJ: Lawrence Erlbaum Associates.

Tomasello, M., & Rakoczy, H. (2003). What makes human cognition unique? From individual to shared to collective intentionality. *Mind & Language, 18,* 121-147.

Triandis, H. C. (1989). The self and social behavior in differing cultural contexts. *Psychological Review, 96,* 506-520.

Wachs, T. D. (1992). *The nature of nurture*. Newbury Park, CA: Sage.

Wachs, T. D., & Gandour, M. J. (1983). Temperament, environment, and six-month cognitive-intellectual development: A test of the organismic specificity hypothesis. *International Journal of Behavioral Development, 6,* 135-152.

Wachs, T. D., & Kohnstamm, G. A. (Eds.). (2001). *Temperament in context*. Mahwah, NJ: Lawrence Erlbaum Associates.

Wang, Q. (2004). The emergence of cultural self-constructs: Autobiographical memory and self-description in European American and Chinese children. *Developmental Psychology, 40,* 3-15.

Welch-Ross, M. K. (1995). An integrative model of the development of autobiographical memory. *Developmental Review, 15,* 338-365.

Welch-Ross, M. K., Fasig, L. G., & Farrar, M. J. (1999). Predictors of preschoolers' self-knowledge: Reference to emotion and mental states in mother-child conversation about past events. *Cognitive Development, 14,* 401-422.

Wellman, H. M. (2002). Understanding the psychological world: Developing a theory of mind. In U. Goswami (Ed.), *Blackwell handbook of childhood cognitive development* (pp. 167-187). United Kingdom: Blackwell Publishing.

Wellman, H. M., & Banerjee, M. (1991). Mind and emotion: Children's understanding of the emotional consequences of beliefs and desires. *British Journal of Developmental Psychology, 9,* 191-124.

Wellman, H. M., & Woolley, J. D. (1990). From simple desires to ordinary beliefs: The early development of everyday psychology. *Cognition, 35,* 245-275.

Wiley, A. R., Rose, A. J., Burger, L. K., & Miller, P. J. (1998). Constructing autonomous selves through narrative practices: A comparative study of working-class and middle class families. *Child Development, 69,* 833-847.

Zahn-Waxler, C. (2000). The development of empathy, guilt, and internalization of distress: Implications for gender differences in internalizing and externalizing problems. In R. J. Davidson (Ed.), *Anxiety, depression, and emotion* (pp. 222-265). New York: Oxford University Press.

Zahn-Waxler, C., & Radke-Yarrow, M. (1990). The origins of empathic concern. *Motivation and Emotion, 14,* 107-130.

10 아동발달에서 부모-자녀 관계의 역할

CHAPTER>>

Michael E. Lamb
Cambridge University, Cambridge, U. K.
Charlie Lewis
Lancaster University, U. K.

1. 서론

지금까지 연구자들은 아동발달, 특히 아동 간의 개인차를 더 잘 이해하기 위해 노력해 왔다. 사회화와 성격발달에 대한 설명에서 부모-자녀 관계의 핵심적인 역할은 공통적으로 강조되어 왔다. Freud는 개인적 심적 상태와 동기가 가족관계에 의해 주로 영향을 받는다고 주장한 최초의 연구자는 아니었지만, 양육과 가족의 발달이론과 학문적 개념에 커다란 영향을 미쳤다는 점은 부인할 수 없다. 다음에서 자세히 설명하겠지만, 정신분석이론의 두 가지 중요한 측면, 즉 초기 부모-자녀 관계의 중요성에 대한 Freud의 강조와 초기 삶에서 아동의 경험이 이후 발달에도 지속적인 영향을 가질 수 있다는 그의 결론은 그의 이후 연구에서 영아-어머니 관계에 초점을 맞추게 하면서 특히 큰 영향을 미쳤다(예, Freud, 1940).

많은 측면에서 Freud의 주장은 그와 동시대에서뿐만 아니라 20세기 후반기를 특징짓는 이론적 논쟁에서 재조명되었으며, 많은 연구자들은 정신분석이론에서 애착 이론에 기반한 관점으로 초점을 전환했다. 애착이론은 정신분석적, 인공지능학적, 생태학적 이론을 반영하였으며, 발달과학의 출현을 돕는 역할을 했다. 애착이론은 인지 연구(심리학은 심적 과정에 초점을 두어야 한다고 가정하는) 패러다임을 채택하였기 때문에, 정신분석이론의 영향을 받은 관점과 관찰 가능한 상호작용 패턴들의 중요성을 강조하였던 학습이론의 영향을 받은 관점들(연구 역사에 대해서는 Maccoby, 1992 참조) 간의 폭넓은 논쟁에서 부모-자녀 관계에 대한 지배적인 관점이 되어 왔다.

과거 30년 이상 계속된 발달심리학자들의 증가된 관심으로부터 두 가지 더 진전된 쟁점들이 도출되었다. 첫째, 가족은 부모가 아동을 '사회화시키는' 것만큼(역사적 분석에 대해서는 Danziger, 1971, 제1장 참조) 아동도 부모에게 영향을 미치는 체계이며, 그 체계의 각 부분은 다른 부분과의 관련성에서 이해되어야 한다는 주장이 점차 강해진다(Bell, 1968). 결과적으로, 양육에 대한 그 어떤 동시대의 설명도 다른 발달적 요인들을 배제하고 단일한 요인만을 고려할 수 없다.

> 최근의 사회화 연구들에서 양육 특성과 아동발달 결과 간의 단순 일차 상관은 거의 지지되지 않았다. 때때로 그러한 상관은 관찰되지 않는 경우도 있었다. 대신 주어진 양육의 측면이 다른 환경에서 생활하는 아동이나 가족에 다른 효과를 미쳤는지 아니면 양육의 서로 다른 측면들이 서로 상관이 있는지 여부와 같은 질문들에 답하기 위해 다변량분석이 사용되었다(Maccoby, 2000, pp. 6-7).

복잡한 영향력의 체계는 가정을 넘어서 확장된다. Bronfenbrenner의 외체계의 개념에 따라 몇몇 연구자들은 아동의 현재 관계(양육 제공자와 같은)에서 지역사회와 문화에 이르기까지 사회적 관계망의 맥락에서 가족을 보려는 시도를 해 왔다(예, Lamb, 1999b; Pence, 1988).

둘째, 아동발달에 미치는 유전적 영향력에 대해서는 점점 더 많은 인식과 논의가 진행되고 있다. 행동유전학적 접근은 1930년대 출현하였지만, 최근 20년에 걸쳐 점점 더 영향력을 지니게 되었다(Plomin, DeFries, McClearn, & McGuffin, 2000). 이러한 전통을 가진 연구자들은 공유 및 비공유 환경요인의 영향과 유전적 요인의 영향을 구분하기 위해 일란성 쌍생아와 이란성 쌍생아 간 혹은 입양아와 비입양아 간의 비교를 한다. 아동기에서는 행동 문제, 특히 공격성 및 성격발달에 초점이 맞추어졌다. Deater-Deckard(2000)와 같은 연구자들은 부모의 반응성과 부모-자녀 간 감정적 관여는 유전적 요소를 가지고 있다고 주장했다. 그와 같은 발견과 주장들은 유전 및 환경요소들 간의 발달적 상호작용의 복잡성을 설명해 주는 사례가 된다. 예를 들어, 한 종단 연구에서 O'Conner, Neiderhiser, Reiss, Hetherington 및 Plomin(1998)은 생물학적 어머니가 반사회적 행동 경력을 가지고 있어서 유전적으로 반사회적 행동에 대한 위험성을 지닌 입양아들을 비교했다. 이 연구자들은 반사회적 행동에 대한 위험을 지닌 입양아들은 그들의 양부모에 의해 보다 부정적으로 취급받으며, 부모의 부정성 수준은 아동의 유전적 성향이 설명되지 않았을 때조차도 그 아동의 행동 문제 수준과 상관이 있음을 발견했다. 이와 같은 발견은 개인차에 대한 행동유전학적 접근이, 특히 최근 분석에서 아직까지 주도적인 전통적 심리학적 관점들과 일관된 결과를 도출함에 따라 앞으로도 연구자들 사이에서 활발하게 활용될 수 있음을 시사한다(논의는 Collins, Maccoby, Steinberg, Hetherington, & Bornstein, 2000 참조).

양육에 대한 현재의 연구들은 너무나 많은 다양한 요인들로 구성되기 때문에 아동발달에 미치는 부모의 영향에 대하여 우리가 알고 있는 것을 요약하기는 어렵다. 양육에 대한 어떤 '일원화된 이론' (예, O'Connor, 2002)도 없다는 사실에 주목해야 한다. 여러 관점들의 다양성은 양육의 복잡한 속성과 아동발달에 미치는 영향력을 반영하며, 동시에 그 분야가 영아기뿐 아니라 이후 연령에서도 계속 발전하고 있음을 나타낸다. 이 장에서 우리의 과제는 정신분석학적 이론이 명백하게 현재의 연구, 이론, 임상 실제에 영향을 끼쳐왔으며 학제 간 연구를 촉진하여 왔음을 인식하면서 현재와 미래의 연구를 활성화하고 동기화하는 주요 주제들을 요약하는 것이다. 우리는 애착을 하나의 안전기지로서 바라보는 이론에 포함된, 부모-자녀 관계에 대한 현재의 관점을 살펴보는 것에서부터 시작할 것이다. 다음으로 발달의 과정에서 점차적으로 형성되는 기제들을 살펴봄으로써 학령전기, 초등학교 시기, 청소년기의 부모-자녀 관계를 살펴볼 것이다. 여기서 한 가지 주된 메시지는 부모가 영아와 관계를 맺는 방식은 부모들이 청소년기 자녀와 관계 맺는 방식과 본질적으로 다른 것처럼, 양육은 하나의 역동적인 구성 개념이며 양육에서의 연령에 따른 변화들이 반드시 고려되어야 한다는 것이다. 양육 방식과 어머니와 아버지의 영향을 비교함으로써 체계요인이 강조되는데, 그것은 가족체계의 복잡성을 우리가 짐작할 수 있게끔 한다. 이 장의 마지막 부분에서는 부모와 그 아동 간의 관계의 적절성 혹은 질, 아동발달에 대한 그들의 영향을 좌우하는 보다 광범위한 사회적 요인들을 탐색한다. 이 맥락에서 우리는 부모와 아동 성별, 사회문화적 및 사회경제적 변산, 이혼과 편부모, 가정폭력이 미칠 수 있는 영향에 대하여 논의하고자 한다.

2. 애착이론: 부모-영아 관계를 이해하기 위한 하나의 틀

정서발달에 대한 주요 이론들은 애착의 발달을 논의해 왔지만, 가장 영향력 있는 설명은 영아와 그 부모들 간의 초기 정서적 의사소통에 대한 생태학적 이론들의 영향을 받은 정신분석학자 John Bowlby(1969)에 의하여 제시되었다. Bowlby의 애착이론은, 성인들이 생물학적으로 반응하도록 결정된 신호들을 보내는 영아들의 선천적인 능력이 어떻게 애착의 발달을 촉진하는지를 강조했다.

Bowlby(1969)의 이론은 영아와 부모들의 생물학적 특성이 인류가 진화되어 온 환경의 맥락에서 고려되어야 한다는 가정에서 구성되었다. '진화적 적응의 환경' 에서 영아의 생존은 보호해 주는 성인으로부터의 근접성을 유지할 수 있는 능력에 달려 있다. 다른 동물들과는 달리, 인간 영아들은 생후 여러 달 동안 성인에게 더 가까이 다가갈 수 있는 능력이 없다. 그들은 성인들과의 접촉을 유지할 수 있도록 매달릴 수 있는 능력도 없다. 인간 영아들은 대신 성인들의 접근을 유도하는 신호에 의존해야만 한다. 이러한 신호들이 효과적이기 위해서는 성인들이 그것에 반응할 준비가 되어 있어야 한다. 그와 같은 신호의 가장 좋은 예가 영아의 울음이다. 이것은 성인들로 하여금 아기에 접근하고 안고 달래도록 유도하는 데 매우 효과적이다.

Bowlby(1969)는 부모-영아 애착의 발달에서 다음과 같은 네 가지 단계를 기술했다.

① 신생아의 비변별적 사회적 반응성 단계(출생~생후 1, 2개월)
② 변별적 사회성 단계(2~7개월)
③ 신호뿐 아니라 운동을 통해 변별적 대상에 대한 근접성의 유지(7~24개월)
④ 목표-수정된 협력 단계(3세~)

단계 1: 신생아의 비변별적 사회적 반응성(출생~생후 1, 2개월)

이 단계는 영아에 의한 신호 레퍼토리의 발달로 특징지어진다. 영아의 울음은 그것을 듣는 사람들을 현저하게 흥분시키는 효과를 지닌다. 전형적으로 성인들은 아기들이 불쾌해하는 원인을 제거하는 행동을 하도록 동기화된다(예, Frodi et al., 1978b; Murray, 1979). 울음에 대한 가장 보편적인 반응은 아기를 안아 올리는 것이며(Bell & Ainsworth, 1972), 영아의 불쾌감을 멈추는 가장 효과적인 방법 역시 아기를 안아 주는 것이다

(Korner & Thoman, 1970, 1972). 이것은 영아와 성인 모두 영아의 생존 기회를 극대화하기 위해 기능하는 생물학적으로 결정된 행동경향성을 가지고 있다는 Bowlby의 가정을 지지한다. 울음은 Bowlby(1969)에 의해 애착 행동으로 명명된 행동 유형의 첫 번째 예다. 이러한 행동은 공통적으로 아기를 보호하고 돌보는 성인을 아기 가까이에 있도록 기능한다는 특징이 있다.

두 번째 잠재적인 애착 행동인 미소는 생후 2개월경 영아의 행동 레퍼토리에 포함된다. 울음과 마찬가지로 미소도 성인의 행동에 영향을 미치는 신호다. 울음은 성인으로 하여금 그들이 혐오적인 자극을 제거하기 위해 아기 가까이 접근하도록 촉진하는 반면, 미소는 성인이 아기 가까이 머무르도록 하고 상호작용이 즐겁다는 것을 발견하면서, 그것을 지속하도록 촉진하는 효과가 있다(Ambrose, 1961; Frodi, Lamb, Leavitt, & Donovan, 1978a).

비록 이 단계에서 아기들이 근접성-촉진 신호들(proximity-promoting signals)을 비변별적으로 사용함에도 불구하고, 출생 시부터 아기는 자신의 환경과 그 안의 사람들에게 영향을 미칠 수 있다. 영아는 미소, 울음 및 다른 신호들에 반응하는 누군가에 의해 만족을 얻을 수 있으며, 아직까지 특정인에 대한 어떤 선호도 보이지 않는다. 이것은 놀라운 일이 아니다. 왜냐하면 아기들은 사람들을 변별하거나 인식할 능력을 가지고 있지 않기 때문이다. 이 단계의 마지막으로 갈수록 관련된 지각 능력과 인지 능력이 발달하며, 아기들은 다양한 맥락에서 사람들을 인식하기 시작하고, 대부분 일관되게 상호작용하는 특정인을 선호하게 된다. 이는 두 번째 애착발달 단계로의 이행이 시작됨을 보여 준다.

단계 2: 변별화된 사회성(1, 2~6, 7개월)

비록 Bowlby(1969)는 두 번째 단계가 생후 2, 3개월에 시작된다고 주장하였지만, 영아들은 그 이전에도 청각적, 시각적, 후각적 및 운동적 단서들을 이용하여 사람을 변별할 수 있다(Lamb, Bornstein, & Teti, 2002). 매우 어린 영아들은 목소리나 체취로 어머니를 인식하고 알아보지만, 이것이 동일인의 상이한 특성이라는 것을 인식하지는 못한다(Bushnell, Sai, & Mullin, 1989; Field, Cohen, Garcia, & Greenberg, 1984). 우리는 영아들이 사람에 대한 여러 측면의 개념을 언제 발달시키는지, 따라서 언제부터 어머니의 목소리를 들으면 눈을 떴을 때 어머니의 얼굴을 볼 것을 기대하는지 알지 못한다.

일단 아기들이 친숙한 사람들을 알아볼 수 있으면, 아기는 그들 중 일부에게 선호를 표현하기 시작할 수 있다. 영아들은 특정인을 즐거운 경험(예, 수유, 달래기, 흔들기, 놀기)

및 불쾌함의 감소와 연합시키고 또한 친숙성은 긍정적인 느낌을 산출하는 경향이 있기 때문에 아기들은 곧 친숙한 사람과 상호작용하는 것을 선호하게 된다.

이 단계 동안 아기들은 어렸을 때보다 더 협응된 행동을 보인다. 그들의 각성 수준은 이전보다 변화가 적고, 이전보다 더 많은 시간을 깨어 있는 상태로 지낸다(Emde & Robinson, 1979). 부모-영아 놀이는 보다 빈번해지고, 많은 서구 문화에서 면대면 게임은 성인과 영아 모두에게 즐거움의 원천이 된다. 이러한 유형의 초기 상호작용에서 성인은 진행되는 상호작용을 유지하는 데 주된 역할을 하는 것으로 가정된다. 아기가 가르릉 소리를 내고, 미소 짓고, 혀를 내밀면 성인들은 유사한 행위로 반응한다(Kaye & Marcus, 1981). 이러한 유형의 반복된 경험들로부터 아기는 다음과 같은 세 가지를 학습하는 것으로 보인다. 즉, 상호성의 규칙(즉, 사회적 상호작용에서 상대자들은 다른 사람의 행동에 대하여 번갈아 가면서 행동하고 반응한다), 영향력(자신의 행동이 일관적이고 예측 가능한 경향으로 다른 사람의 행동에 영향을 미칠 수 있다) 그리고 신뢰(신호를 보낼 때 양육자로부터 반응을 얻을 수 있다)다. 이러한 개념들은 면대면 상호작용의 과정에서뿐 아니라 영아의 불쾌감과 그것을 경감하려는 성인의 시도의 중심이 되는 상호작용에서도 학습된다(Lamb, 1981a, 1981b). 또한 이것은 사회적 존재가 되는 과정에서 중요하다. 일단 영아가 자신의 울음이 타인으로부터 예측 가능한 반응을 끌어낼 수 있음을 인식하면, 그들은 사회적 세계에 대한 일관성 있는 관점을 가지기 시작하고, 스스로를 타인에게 유의미한 영향을 미칠 수 있는 개인으로서 지각하기 시작한다. 아기들이 타인의 행동에 대한 그들의 예측에서 자신감을 느끼게 되는 정도, 즉 특정인에 대한 신뢰나 믿음의 정도는 그들의 애착관계의 안정성을 결정한다. 명백하게도 각 영아가 발달시키는 신뢰 혹은 지각된 효과성에서의 개인차는 아기가 상호작용하는 성인의 반응성에서의 개인차에 부분적으로 의존한다(다음 절 참조).

단계 3: 애착-특정적이고 지속적인 정서적 관계(7~24개월)

7개월경 영아들은 분명히 그들의 상호작용에서 상호성의 규칙을 이해하고 존중한다. 의도적인 사회적 행동 또한 가능하다. 세 번째 단계의 다음과 같은 시작은 두 가지 중요한 행동적 변화에 의해 나타난다. 첫째, 아기는 자신이 애착을 형성한 누군가가 떠날 때 저항하는 분리불안을 보이기 시작한다. 둘째, 아기는 도움 없이 한 장소에서 다른 장소로 움직일 수 있다. 이것은 영아로 하여금 탐색에 대한 풍부한 기회를 제공하고 애착대상에 대한 근접성을 획득, 유지하는 데 점차 활동적 역할을 담당하게끔 한다. Ainsworth, Waters 및

Wall(1978)은 이것을 애착 단계로 명명하는데(Thompson & Goodvin, 이 책), 왜냐하면 부모에 대한 근접성은 핵심적 고려사항이며 상호작용의 질은 영아의 자아를 구성하는 데 중요한 역할을 담당하기 때문이다(Bowlby, 1969).

단계 4: 목표 관련 협력(24~30개월)

비록 3세 이전에 영아들이 의도적으로 행동하고 언어적으로 의사소통하며 매우 다양한 맥락에서 적절하게 반응하는 능력이 점점 더 정교화됨에도 불구하고, Bowlby(1969)는 3세가 되면서 다음과 같은 중요한 전환이 일어난다고 보았다. 성장함에 따라 아동들은 점차 자신이 먼저 상호작용을 시작한다. 그들은 애착대상으로부터 거리가 멀어지더라도 잘 참을 수 있으며, 점점 더 또래나 친숙하지 않은 성인들과 상호작용할 수 있게 된다. Bowlby에 따르면, 중요한 질적 변화는 상호작용할 때 아동이 담당하는 능력과 부모의 요구를 받아들이는 능력을 포함한다고 말했다.

애착관계의 측정　앞서 설명한 것처럼, 영아들은 자신들의 신호에 일관적으로 반응하는 성인을 신뢰하거나 그들에게 의지하게 된다. 즉, Bowlby(1969)에 따르면, 성인의 반응성에서의 차이는 아동의 그 성인에 대한 '내적 실행모형(internal working model)'을 형성한다. 그러나 모든 성인이 적절하게 반응적이거나 민감할 수는 없으며, 따라서 영아들은 그들이 느끼는 신뢰의 양과 그들이 행동하는 방식에서 차이를 보인다. 이러한 문제를 탐색하기 위하여 Ainsworth 등(1978)은 영아-성인 애착의 안정성을 측정하기 위한 낯선 상황 절차(Strange Situation)를 개발했다. 이 절차는 친숙하지 않은 환경에 처해 불쾌감을 느낄 때 그 부모를 둘러싼 애착 행동을 어떻게 조직하는지를 관찰하기 위하여, 스트레스가 증가된 상태에 영아를 노출시키도록 고안된 일곱 가지 에피소드로 구성되어 있다.

애착이론에 따르면, 영아들은 새로운 환경을 탐색하기 위해 안전기지로 애착대상을 이용할 수 있어야 한다. 낯선 사람의 등장은 적어도 일시적으로 영아로 하여금 탐색을 억제하고 부모에게 더 가까이 접근하게 한다. 부모의 떠남에 대한 반응으로 영아들은 부모를 돌아오게 하기 위해 울거나 탐색을 제한하고, 그들을 찾는 행동을 시도하게 된다. 부모가 돌아온 다음에, 영아들은 상호작용에서의 재결합을 추구하거나 스트레스를 받은 경우에는 안아달라고 요구한다. 동일한 반응이 두 번째 분리와 재결합 이후에도 일어날 것이다. 실제로 미국에서 연구된 영아의 65%가 낯선 상황 절차에서 이렇게 행동했다(Teti & Teti, 1996; Thompson, 1998). Ainsworth와 동료들의 연구 이후, 이러한 영아들은 안정적으로 애착된 것으로 간주되었다(Type B로 불리기도 한다).

대조적으로 어떤 영아들은 탐색하는 데 부모를 안전기지로 활용하지 못하는 것처럼 보이며, 이들은 불안정 애착 유형으로 불린다. 어떤 영아들은 부모의 부재로 불안을 느끼고 재결합 시 접촉과 상호작용을 원하는 동시에, 분노하여 거부하는 것처럼 양가적인 행동을 한다. 이러한 영아들을 불안정-저항 혹은 양가적 유형(Type C)이라 부른다. 그들은 미국 연구 표집의 15% 정도에 해당된다(Teti & Teti, 1996; Thompson, 1998). 영아 중 세 번째 집단은 부모의 부재에 그다지 개의치 않는 것처럼 보인다. 재결합 시에 부모를 환영하는 대신, 그들은 상호작용을 격렬히 회피하고 부모의 신호를 무시한다. 이러한 영아들은 불안정-회피 유형(Type A)으로 분류되며, 미국 표집 중 20%의 영아가 이에 해당된다(Teti & Teti, 1996; Thompson, 1998). Main과 Solomon(1990)은 행동이 '분열되고' '비조직화된' 영아들을 네 번째 집단(Type D)으로 기술했다. 이러한 영아들은 모순적인 행동 패턴을 보여 주며, 불완전하거나 분열된 움직임을 드러내고, 부모의 접근에 대하여 혼란스러워하거나 당황하는 것처럼 보인다. 이러한 영아들은 어떤 측면에서는 다른 세 집단 모두와 유사할 수 있다.

애착이론가들은 그들의 초기 상호작용에 의해 형성된 내적 실행모형을 반영하는 것으로 믿어지는 행동 패턴의 형성에서 이전의 영아-어머니 간의 상호작용이 중요한 역할을 한다고 강조하여 왔다. 민감하거나 반응적인 양육, 즉 양질의, 주의 깊은, 비제한적 부모의 보살핌과 영아-어머니 간의 동시적 상호작용이 낯선 상황에서의 안정적인 영아 행동과 연합된다는 생각에 대한 일반적인 지지 증거들이 존재하며, 이것은 미국뿐 아니라 다른 문화권의 표집에서도 지지된다(De Wolff & van IJzendoorn, 1997; Posada et al., 1999; Thompson, 1998). 불안정-회피 혹은 불안정-저항 경향으로 행동하는 영아의 어머니는 사회적으로 바람직한 행동 패턴을 덜 보인다. 그들은 자극을 지나치게 많이 혹은 적게 주거나 그들의 행동을 영아 행동에 수반적으로 만드는 데 실패하며, 냉담하거나 거부적인 것처럼 보이고, 때로는 비공감적으로 행동한다. 유사한 비율의 영아들이 그들의 아버지와 측정된 상호작용에서 비슷한 범주로 구분된다(Lamb & Lewis, 2004).

이러한 결과에는 많은 변산이 존재하므로 부모 행동의 어떤 측면이 중요한지를 정확하게 규정하는 것은 어렵다. 어떤 연구들은 민감성이 아닌 따뜻한 행동을 중시하는 반면, 어떤 연구들은 따뜻함이나 자극의 양보다는 자극의 패턴이 중요하다고 본다. 그러나 불안정-회피 애착이 지나치게 강압적이며 지나치게 자극을 많이 주는 양육과 관련되는 반면, 불안정-저항 애착은 비일관적이며 비반응적인 양육과 관련된다는 일반적인 믿음이 존재한다(Belsky, 1999; De Wolff & van IJzendoorn, 1997). 비록 비조직화 애착의 전조가 잘 알려지지는 않았지만, 비조직화 애착은 학대받고 방임되거나 다른 병리적 양육 환경에 노출된 영아들 사이에서 보다 보편적이며(Lyons-Ruth & Jacobvitz, 1999; Teti, Gelfand, Messinger, & Isabella, 1995), 영아에게 겁을 주거나 불안하게 만드는 부모 행동의 결과일 수 있다(Main & Hesse, 1990; Schuengel, Bakermans-Kranenburg, van IJzendoorn, & Blom, 1999).

누구에게 애착을 형성하는가? Bowlby(1969)에 따르면, 민감기—생후 첫 6개월—동안 한 성인의 존재와 가용성의 일관성은 아기가 애착을 형성하게 될 사람이 누구인가를 결정한다. 만일 이 기간에 일관적인 양육자가 없다면(예, 병원과 같은 시설에서 일어날 수 있는 것처럼) 영아는 애착을 형성하지 않는다. Ainsworth 등(1978)과 Bowlby는 대부분의 영아들이 애착대상의 위계를 가지고 있으며 그들의 일차적인 양육자—대부분은 그들의 어머니—가 일차적인 애착대상이 된다고 주장했다(Bretherton & Munholland, 1999). Ainsworth 등과 Bowlby는 일단 영아들이 이러한 애착을 형성하면 아버지나 손위 형제 등과 같은 타인과의 관계도 형성하게 된다고 주장했다. 이러한 개인들과 영아가 애착을 형성하기 위해서는 최소한의 시간을 정기적으로 보내야 하지만, 우리는 이러한 최소 수준이 어느 정도인지는 알지 못한다.

성인-영아 간 상호작용은 또한 영아-성인 간 애착이 형성될지 여부를 결정하는 데 중요하다. 왜냐하면 영아들은 시간에 걸쳐 그들의 신호와 요구에 일관적이고 예측 가능하며 적절하게 연합된 사람들에게 애착을 형성하기 때문이다. 양육의 양보다 상호작용의 질에 대한 중요성은 영아들이 어머니보다 더 적은 시간을 보낸 아버지에게도 애착을 형성한다는 증거에 의해 강조된다(Lamb, 2002a; Lamb & Lewis, 2004). 집과 같이 스트레스로부터 자유로운 상황에서 아기들은 한쪽 부모에 대한 어떤 일관적인 선호도 보이지 않는다. 피로, 분리의 위협, 낯선 사람의 방문 등에 의해 일어나는 스트레스가 존재할 때, 근접성을 추구하는 애착 행동들이 증가되며 한쪽 부모에 대한 선호가 나타난다. 1970년대의 연구들은 아버지와 아기 간에 거의 접촉이 없을지라도 영아들은 아버지에게 애착하게 되며, 비록 양부모가 모두 존재할지라도 10~18개월의 영아들은 전형적으로 스트레스를 받을 때 어머니를 선호하는 경향이 있음을 보여 주었다(Lamb, 1976a, 1976c). 그와 같은 발견들은 어머니가 어린 영아들의 일차적인 애착대상이 되는 경향이 있으며, 영아들은 그럼에도 불구하고 아버지와 어머니 모두에게 애착을 형성하게 된다는 것을 확증한다.

미국과 영국을 포함한 많은 문화권에서 어머니와 아버지는 아기와 상당히 다른 방식으로 상호작용한다. 부모와 매우 어린 영아들(2~6개월) 간의 면대면 놀이 녹화 자료에 대한 면밀한 분석은, 아버지들은 어머니보다 덜 예측적이고 덜 언어적인 상호작용을 포함한다고 보고했다(Yogman, 1981). 좀 더 높은 연령의 영아와 그 부모에 대한 자연스러운 가정 관찰에서도 유사한 결과가 나타났다(Lamb, 1976b). 아버지들은 또한 어머니보다 신체적으로 더 자극적이며 예측 불가능한 유형의 놀이에 개입하는 경향을 보였다(Lamb, 1976b, 1977a). 반면에 어머니들은 까꿍놀이와 같은 게임을 시작하는 경향이 더 많으며, 장난감이 개입된 놀이를 한다. 비록 놀이 유형에서의 이러한 차이가 모든 사회문화적 맥락에서 명백한 것은 아니지만(Lamb, 1977b, 2002a), 어머니와 아버지가 아기를 안는 이유에는 일관된 차이가 존재한다. 어머니들은 아기를 양육적 목적에서 안는 반면, 아버지들은 아기와 놀이하기 위해 안아 준다(Lamb, 1976b, 1977b).

접촉의 양, 민감성 그리고 애착 아버지들은 영아와 아동 양육에 점점 더 관여하지만(Pleck & Masciadrelli, 2004), 아기와 부모 간의 접촉의 양과 질에서의 광범위한 변산은 여전히 남아 있으며(Korman & Lewis, 2001; Lewis, 1986), 어머니는 여전히 가족 내에서 초기 아동 양육에 많은 시간을 보내고, 양육에 일차적 책임이 있는 것으로 가정된다. 양육의 질을 고려할 때, 부모 민감성의 개인차가 영아-아버지 간 상호작용의 안정성에 영향을 미친다는 가정은 논리적이다. 그러나 Notaro와 Volling(1999)은 낯선 상황에서 미국 어머니-영아 및 아버지-영아 애착의 측정치 간에 그리고 짧은 시간 동안 아버지의 반응성에 대한 측정치들 간에 어떤 유의미한 상관도 발견하지 못했다. 이러한 발견은 영아가 6~9개월일 때 집에서 아버지-영아 상호작용에 대한 측정치가, 12개월일 때 낯선 상황에서 영아-아버지 애착의 안정성에 대한 측정치와 상관이 없다는 선행 연구(Volling & Belsky, 1992) 및 어머니와 아버지의 행동 모두가 이후 낯선 상황에서의 애착 안정성에 대한 측정치와 약한 상관을 보인다는 Rosen과 Rothbaum(1993)의 관찰과 일치하는 것이다. 대조적으로 Goossens와 Van IJzendoorn(1990)은 네덜란드 아버지들을 대상으로 자유놀이 상황에서 아버지의 민감성은 영아-아버지 애착 측정치와 상관이 있으며, 낯선 상황에서의 아버지의 민감성과 영아-아버지 애착의 질에 대한 연구들을 메타분석한 결과, 어머니의 민감성과 영아-어머니 애착 안정성 간의 상관보다는 작지만 통계적으로 유의미한 상관이 있음을 보고했다(Van IJzendoorn & DeWolff, 1997). 이러한 차이의 원인은 명확하지 않다. Cox, Owen, Henderson 및 Margand (1992)는 자애롭고, 그들의 3개월 된 영아와 더 많은 시간을 보내고, 보다 긍정적인 태도를 가진 미국 아버지들은 9개월 이후에 자녀와 더 안정적으로 애착을 형성하는 경향이 있음을 발견했다. Caldera, Huston 및 O'Brien(1995)는 12개월에 반구조화된 실험실에서 아버지와 영아가 보다 많이 분리된 것처럼 보인 경우, 18개월에 낯선 상황에서 불안정 애착을 보이는 경향이 더 많다고 보고했다. 더 나아가 Van IJsendoorn(1995)은 영아-아버지 애착의 안정성과 네덜란드 아버지 자신의 아동기 애착 표상 간의 상관을 보고했다. 그와 같은 상관은 이후의 사회인지적 기술에 대해 아동을 준비시키는 영아기 동안의 애착 방식에 대한 흥미로운 의문을 불러일으킨다.

영아기에서의 애착 방식의 예언타당도 낯선 상황 절차에서의 행동과 타인과의 상호작용 방식 간의 상관은 잘 알려져 있다(Berlin & Cassidy, 1999; Kerns, 1996; Sroufe, 1996). 어머니에게 안정 애착된 아기들은 낯선 사람이나 또래와 상호작용할 때 불안정 애착 영아들보다 더 협동적이며 놀이를 잘한다. 다른 연구자들은 낯선 상황 분류와 이후 아동기의 성취 동기 간 관련성을 연구해 왔다. 12개월 혹은 18개월에 안정 애착된 영아-어머니는 학령전기 동안 스트레스가 심하고 도전적인 맥락에서 보다 고차적인 문제해결력과 상관을 보였다. 특히, 영아기 때 어머니에게 안정 애착된 아동들은 불안정 애착되었던 아동들보다 인지적으로 도전적인 상황에서 과제에 더 오래 집중하고 더 열정적으로 임하는 경향이 있었다(Frankel & Bates, 1990; Grossmann, Grosmann, & Zimmerman, 1999; Sroufe, 1983). 안정 애착 영아들은 또한 스트레스가 있거나 도전적일 때 보다 유연하고 강한 것처럼 보이며, 이후 유치원에 들어갔을 때 보다 사회적으로 유능하고 독립적인 것처럼 보인다(Teti & Teti, 1996). 영아기 동안 불안정 애착, 특히 혼란되고 비조직화된 유형(Type D)은 아동 후기에서의 반사회적 및 외현화된 행동 문제의 높은 비율과 상관이 있었다(Lyons-Ruth, Easterbrooks, & Davidson, 1997; Shaw, Owens, Vondra, & Keenan, 1996).

영아-아버지 애착이 이후 행동에 미치는 효과 또한 연구되어 왔다. Sagi, Lamb 및 Gardner(1986)는 이스라엘의 키부츠에서 어머니-영아 애착과 아버지-영아 애착 모두의 안정성은 영아가 가진 낯선 사람과의 사회성 지표와 상관이 있음을 보고했다. 안정적으로 애착된 영아들은 불안정-저항 애착 영아보다 더 높은 사회성을 보였다. 그 이전에 Lamb, Hwang, Frodi 및 Frodi(1982)는 아버지에 안정 애착된 스웨덴 영아들은 낯선 사람에 대하여 더 사회성이 높았음을 보고하였으며, Main과 Weston(1981)은 어머니-영아 애착과 아버지-영아 애착 모두의 안정성은 비친숙한 사람에 대한 미국 영아의 반응에 영향을 미침을 발견했다. Belsky, Garduque 및 Hrncir(1984)는 두 가지 애착관계 모두, 특히 영아-어머니 애착의 안정성은 미국 걸음마기 아동들의 표집에서 실행 기능, 인지적 능력에 영향을 미침을 보고했다.

다른 연구 결과들은 영아-어머니 애착이 영아-아버지 애착보다 더 크고 더 일관적인 예측력을 가지고 있다고 주장한다. Main, Kaplan 및 Cssidy(1985)는 초기 혹은 동일 시점에서의 어머니-아동 애착의 측정치는 아동-아버지 애착의 측정치보다 아동의 애착 관련 반응에 더 큰 효과를 미침을 보고했다. 유사한 결과가 독일 아동들을 대상으로 부모-영아 애착 안정성과 또래와의 이후 상호작용의 질 간의 관련성을 연구한 Suess, Grossmann 및 Sroufe(1992)에 의해서도 보고되었다. 흥미롭게도 12개월 자녀에 대한 부모의 민감성이 이후의 행동 문제를 예측하지 못했음에도 불구하고(Benzies, Harrison, & Magill-Evans, 1998), Verschueren과 Marcoen(1999)은 아동-아버지 애착 안정성이 아동의 행동 문제 여부를 가장 잘 예측한 반면, 아동-어머니 애착 안정성은 아동-아버지 애착보다 5~6세의 긍정적인 자기 지각에 더 큰 영향을 미쳤음을 보고했다. 이 연구 모두에서 한쪽 부모에 대한 안정 애착의 긍정적인 이점은 부분적으로, 하지만 완벽하지는 않게 다른 한 부모에 대한 불안정 애착의 부정적인 효과를 상쇄하지 못했다. 대조적으로 Steele, Steele, Croft 및 Fonagy(1999)는 만화에서 정서적인 표현을 읽는 영국 6세 아동의 능력은 5년 전의 영아-어머니 애착의 안정성에 의해 예측되지만, 18개월에서의 영아-아버지 애착이나 태내기 동안 부모가 느끼는 애착의 감정에 의해서는 예측되지 않음을 보고했다. 이 장의 마지막 부분에서는 영아-부모 애착의 발달적 함의를 보다 심층적으로 논의할 것이다.

가족체계 내에서의 애착: 영아, 어머니, 아버지 이 장을 시작하면서 양육을 충분히 이해하려면 가족구성원들 간의 개별 관계뿐 아니라 모든 관계를 고려해야 한다는 점을 강조했다. 대부분의 증거들이 영아의 애착이나 그들 부모 모두와의 정서적 관계를 설명해야 함을 시사한다(Fagot & Kavanagh, 1993; Suess et al., 1992). 예를 들어, Fagot와 Kavanagh는 어머니와 아버지 모두 불안정하게 애착된 영아와의 상호작용은 덜 즐겁고, 특히 남아의 경우 둘 다 불안정하게 애착된 자녀와의 상호작용에 덜 개입하게 된다고 보고했다. 흥미롭게도 아버지들은 어머니로부터 가장 적은 지시를 받는 불안정-저항 여아들과 현저하게 높은 수준의 상호작용을 보였다. 이러한 현상에 기저하는 관련 요인의 복잡성은 결혼생활의 질, 부모-자녀 관계의 질, 2세경 아동의 발달 간 관련성을 연구한 Bable, Crnic 및 Belsky(1994)에 의해 강조되었다. 1세경 부적 정서성으로 특징지어진 영아들은 영아의 아버지가 그 결혼생활에 불만족하고 아동에 민감하지 않으며 개입하지 않을 때 더 부적으로 되는 반면, 활동적이고 민감하며 행복한 결혼생활을 하는 어머니를 가졌을 때는 더 긍정적으로 되는 경향이 있었다(Belsky, Fish, & Isabella, 1991). 애착은 다른 요인들, 특히 부모 간 관계와 분리하여 다루어질 수 없다는 것은 명백한 사실이다. 예를 들어, 20개월 된 아동을 대상으로 한 연구에서 Easterbrooks와 Goldberg(1984)는 아동들의 적응은 부모의 개입, 특히 아버지 행동의 질과 민감성 모두에 의해 촉진됨을 발견했다. 대조적으로 초기 영아-양육자 관계의 안정성이 이후의 행동을 예측한 반면, 영아-어머니 혹은 영아-아버지 애착 둘 중 어느 것도 이스라엘의 전통적인 키부츠에서 양육된 5세 영아들의 적응을 예측하지 못했다(Oppenheim, Sagi, & Lamb, 1988).

Lamb과 그의 동료들(Lamb, Thompson, Gardner, & Charnov, 1985; Thompson, 1998)은 아동-어머니 혹은 아동-아버지 애착이 얼마나 많이 연구되었는지와는 상관없이 애착 안정성에 대한 측정치로부터 예언 타당도의 정도는 완벽하지 않음을 강조했다. 그보다는 영아기 동안 낯선 상황 행동과 이후의 아동 행동 간의 예언적 관련성은 양육자와 가족 환경에서 안정성이 존재할 때만 발견된다. 이는 흥미로운 질문을 제기한다. 시간에 걸친 적응의 예측이 초기 영아-부모 애착 질에서의 개인차 때문인가 아니면 시간에 걸쳐 연속적인 아동-부모 상호작용의 질 때문인가? 후자는 그것이 이후의 차이를 직접적으로 야기한다기보다는 아동의 행동에서 연속적인 차이를 가져오는 이후 관계의 질에서의 차이를 예언하기 때문에 초기 관계의 질이 예언적으로 가치 있음을 함축한다. 즉, 초기 상호작용은 행동을 안내한다고 믿어지는 초기의 내적 실행모형을 형성하지만, 이러한 내적 실행모형들은 계속적으로 수정되며 이후의 상호작용의 관점에서 개선된다. 이와 같은 발견의 패턴은 생애 초기에 부모와의 발달적 상호작용에 의해 고정된 아동의 몇몇 특징보다는 연속되는 부모-아동 상호작용에서의 안정성에 그 원인이 있다. 우리는 초기 아동-부모 관계의 질에서의 개인차에 대한 장기간의 함의를 논의할 때 이 논쟁을 다시 다룰 것이다.

3. 사회적 세계로의 점진적 진입: 학령전기와 학령기

영아와 아동은 정규 교육을 받게 되기까지의 기간 동안 극적인 발달적 변화를 경험한다. 신체적 및 운동 능력 발달, 언어, 충동 통제, 사회인지적 발달, 자기 개념화, 인지적 실행 과정 및 자율성에 대한 욕구와 같은 몇 가지 영역에서의 변화는 영아기와 학령전기 기간의 특징이며, 부모-자녀 관계의 본질에 현저한 영향을 미친다(Maccoby, 1984). 중요한 것은 영아기로부터 초기 아동기로의 이행은 신체적, 심적, 언어적 발달이 새로운 행동적 능력과 보다 복잡한 부모의 의사소통에 대한 이해를 가능케 하기 때문에 부모의 역할에서 극적인 변화를 내포한다는 점이다. 영아기 후반부터 부모에 의한 아동 양육의 양은 점진적으로 감소한다(DeLuccie, 1996; Galinsky, 1999). 2세 후반이 되면서 부모들은 점차적으로 아동을 적절한 방식으로 행동하게끔 직접적으로 격려하고, 부적절하고 사회적으로 금지된 행동을 금지함으로써 자녀의 사회화를 시도한다. 상징적으로 개념화할 수 있는 능력은 그 관찰자가 기억에서 모델의 행동을 저장하고 학습의 형태를 효과적으로 하기 위해 그것을 이후의 수행에서 인출할 수 있게 하므로, 또 다른 중요한 과정인 관찰 학습을 촉진한다(Bandura, 1969, 1977).

학령전기 아동의 사회적 관계에 대한 이해

1980년대까지의 연구들은 학령전기 아동들의 자아중심성을 강조했다. 그러나 최근 20년간 많은 연구자들은 틀린 믿음 패러다임을 이용하여, 타인의 행위나 생각을 예언하는 능력의 관점에서 사회적 관계에 대한 이해를 연구하여 왔다. 틀린 믿음 패러다임에서 아동은 한 개인의 행동이 그/그녀가 현실과는 다른 개념을 가지고 있음을 시사할 때 다른 사람의 믿음에 대해 판단해야 한다. 이와 같은 상황에서 4세 무렵부터 학령전기 아동들은 타인의 관점을 인식한다(Wellman, Cross, & Watson, 2001). 비록 이러한 기술의 기원에 대해서는 격렬한 논쟁이 존재하지만(Carpendale & Lewis, 2004; Lewis & Carpendale, 2002), '마음을 읽는' 능력은 일상의, 특히 부모와 다른 가족구성원과의 사회적 상호작용 과정에서 점진적으로 출현하는 경향이 있다. 따라서 3~4세 아동들은 전형적으로 더 많은 형제를 가지고 있을 때 틀린 믿음 과제에서 더 좋은 수행을 보인다(Jenkins & Astington, 1996; Lewis, Freeman, Kyriakidou, Maridaki-Kassotaki, & Berridge, 1996; Perner, Ruffman, & Leekam, 1994). 이러한 '형제 효과'는 가족요인이 조망 수용 기술의 출현에 영향을 미침을 시사한다. 학령전기 아동이 확대가족, 특히 나이 많은 사촌, 삼촌, 숙모와 같은 사회적으로 유능한 친척과 접촉을 더 많이 할수록 이와 같은 기술을 더 빨리 습득하게 된다(Lewis et al., 1996). 또한 부모-자녀의 상호작용의 질은 아동이 사회적 세계의 중요한 측면들을 이해하는 속도를 예측한다.

세 가지 유형의 증거가 이 가설을 지지한다. 일차적으로 영아기에 아동들은 일상의 경험, 특히 놀리기와 공동주의를 포함한 경험의 과정에서 사회적 상호작용을 어떻게 이해할 것인지를 학습한다(Reddy, 2003; Tomasello, 1999). 둘째, 양육 방식에서의 차이는 사회인지 발달에서의 차이와 상관이 있는데, 이는 부모가 걸음마기 아동과 학령전기 아동의 사회적 상호작용과 사회적 이해 모두에 영향을 미침을 의미한다(Astington, 1996; Ruffman, Perner, & Parkin, 1999; Vinden, 2001). 예를 들어, Ruffman 등은 부모가 자녀에게 희생자의 느낌에 대하여 생각하도록 요구할 때 아동들이 틀린 믿음 과제에서 더 높은 점수를 받음을 발견했다. 이와 유사하게 3세경 마음에 대한 어머니의 언어와 협동적인 형제 간 상호작용은 심적 상태 추론의 획득 연령을 예측했다(Dunn, Brown, & Beardsall, 1991; Dunn, Brown, Slomkowki, Tesla, & Youngblade, 1991). 셋째, 애착관계 내에서의 요인들은 심적 상태를 이해하는 아동의 능력에서 측정된 것처럼 동일 시점과 이후의 심리사회적 기능을 예측했다(Fonagy & Target, 1997; Hobson, 2002; Meins, 1999). 영아기 동안의 애착과 사회적 이해 간의 관련성에 대한 초기 증거는 Bretherton, Bates, Benigni, Camaioni 및 Volterra(1979)에 의해 보고되었는데, 이 연구에서 안정적으로 애착된 12개월 된 영아들은, 한 달 전에 가리키기를 더 많이 하고 부모가 무엇을 보고 있는지 알고 있는 것처럼 보였다. 1세 때 안정적으로 애착된 아동들은 4세에는 틀린 믿음 과제를 더 많이 통과하였으며(Meins, 1997), 5세 때 보다 복잡한 마음 읽기 검사를 통과하는 등(Meins, Fernyhough, Russell, & Clarke-Carter, 1998) 다양한 '마음이론' 과제에서 더 좋은 수행을 보였다(Fonagy, Redfern, & Charman, 1997; Symons & Clark, 2000).

안정 애착과 이후의 보다 숙련된 사회적 이해 간의 상관은 어떻게 설명할 수 있는가? Bretherton 등(1979)의 연구 이후 Fonagy와 Target(1997)은 사람이 심적 상태를 가지고 있음을 이해하는 능력과 내적 작동모형 개념에 의해 가정된 초기의 자기 표상적 기술 간에는 밀접한 관련성이 있다고 주장했다. Fonagy와 Target은 개념적으로 관련된 '반성적' 기능이 부모와의 애착 이후 일반화된 자연스러운 결과인 이후의 사회적 이해의 기초로 작용한다고 보았다. Meins(1999; Meins, Fernyhough, Fradley, & Tuckey, 2001)는 부모의 의사소통 방식이 이러한 발달에서 중요하다고 주장했다. 자녀를 '마음을 가지고' 생각과 느낌을 가진 '사람'으로 취급하는 부모들에 대해 기술하면서, Meins는 그와 같은 부모는 '자녀를 마음을 가진 개인으로 취급'(p. 332)하며 심리적 구성 개념에 대한 대화를 더 많이 하는 경향이 있다고 주장했다. 이러한 관점에서 심적 상태 언어에의 노출과 안정 애착은 서로 깊은 관련이 있다. 5개월 된 아동의 마음에 대한 어머니의 언어(다른 사람에 대한 마음 읽기 언어가 아닌)는 4세 무렵 그 아동의 틀린 믿음 과제 수행을 예측했다(Meins et al., 2002). 이러한 방식으로 사회적 이해는 아동들이 사회적 관계에 대하여 그리고 그 관계 내에서 학습하는 동안 획득된다(Carpendale & Lewis, 2004).

어머니와 아버지는 남아와 여아를 다르게 사회화시키는가?

아동을 보다 복잡한 사회적 관계로 인도하는 부모 애착 및 언어 형태의 사용 이외에 사회적 이해의 발달에 영향을 미치는 다른 요인이 존재하는가? 비록 연구자들이 생후 1년간 부모가 남아와 여아를 취급되는 방식이 거의 차이가 없다는 점을 발견해 왔음에도 불구하고(Lytton & Romney, 1991; Russell & Saebel, 1997; Siegel, 1987) 성별은 일반적으로 사회화, 특히 부모-자녀 간 상호작용에 깊은 영향을 미친다(Fagot, 1995; Ruble & Martin, 1998). 예를 들어, Lytton와 Romney의 27,000명 아동에 대한 172개 연구에 대한 메타분석은 어머니와 아버지 간의 한 가지 일관적인 차이점, 즉 아버지가 성 특정적 장난감의 사용을 어머니보다 더욱 격려한다는, 유의미하지만 작은 경향성을 밝혀냈다. 하지만 어머니와 아버지들이 자녀의 성 역할 발달에 상이하게 영향을 미친다는 주장을 지지하는 자료들은 불충분하다. Lytton과 Romney는 학령전기를 넘어서면서 어머니와 아버지 간 행동의 유사성이 증가한다는 것을 보고했다. 예를 들어, 프랑스 아버지들은 프랑스 어머니들보다 걸음마기 아동과 놀이할 때 더 지시적인 경향이 있지만(Labrell, 1994), 42개월 경부터는 어머니보다 더 요구적이지 않았다(Labrell, Deleau, & Juhel, 2000). 비록 유치원 교사들이 어린 아동들에게 강력하지만 미묘한 성 변별적 신호들을 보내는 것처럼 보이지만(Leaper, 2002; Maccoby, 1998) 학령전기 동안의 부모-자녀 간 의사소통 패턴에서는 부모-자녀 간 언어에서 나타났던 초기 차이(Gleason, 1975)가 분명히 드러나지 않는다(Pellegrini, Brody, & Stoneman, 1987; Welkowitz, Bond, Feldman, & Tota, 1990).

연구자들은 대부분 어머니와 아버지가 자녀와의 전형적 상호작용을 완벽하게 대표하지 않을 수 있는 맥락에서 관찰한다. 상이한 상황들은 부모에게 상이한 제약을 부과하고(Lewis & Fregory, 1987; Ross & Taylor, 1989), 대부분의 연구자들은 부모의 방식을 극대화하거나 최소화하는지를 결정하는 방식으로 맥락을 표집하지 않는다. 일부 연구자의 이러한 경향은 이러한 어머니와 아버지의 행동 간 차이가 분명하게 드러나지 않게 한다. 예를 들어, 최근의 한 연구에서 Lindsey와 Mize(2001)는 '가장놀이' 와 '신체놀이' 동안의 부모-자녀 아동-또래 쌍을 관찰했다. 아버지-아들 쌍이 신체적 놀이를 주로 하는 반면, 어머니-딸 쌍은 주로 가장놀이에 개입하였고, 부모-자녀의 가장놀이와 신체놀이는 또래와의 동일한 유형의 놀이 양을 예언했다.

학령전기에서조차 다양한 문화권의 아동들은 명백하게 상이한 역할의 아버지와 어머니를 접한다. 예를 들어, Raag와 Rackliff(1998)는 학령전기 아동들을 다양한 성 중립적 및 성 고정관념적 장난감이 구비된 실험실 놀이방으로 데려온 다음, 아동들에게 부모와 함께 놀이하기에 적절하다고 생각하는 장난감이 무엇인지 물어보았다. 많은 남아들, 특히 성 고정관념적 장난감을 선택한 많은 남아들은 그들의 아버지가 성 중립적 장난감을 가지고 노는 것은 '나쁘다' 고 응답했다. 이는 여아보다는 남아들이 아버지가 어머니보다 더 엄격한 행동 규칙을 가지고 있다고 인식함을 보여 준다. 학교 입학부터 아동들은 부모 역할에 대한 고정관념을 가지는 것처럼 보인다. 학령기 동안 집안일은 어머니의 몫으로 기술되지만, 생계유지를 위한 직업 활동은 아버지의 역할로 간주된다(Hartley, 1960; Langford, Lewis, Solomon, & Warin, 2001; Williams, Bennet, & Best, 1975). 4개 사회의 800명 이상의 5~15세 아동을 대상으로 한 면담은 이러한 믿음이 아동 중기에서 청소년기까지 지속됨을 밝히고 있다(Goldman & Goldman, 1983). 비록 관찰 연구에서 밝히기에는 어려움이 있지만, 이와 같은 차이는 학령전기 아동들이 성 역할 차이에 영향을 미치는 양육 행동과 사회적 고정관념에서의 미묘한 차이를 알아차리기 때문에 어머니의 방식과 아버지의 방식이 아동들에게 강력한 영향력을 미침을 시사한다.

학령기 아동

극소수의 연구자들만이 6~12세 아동들을 포함하는 부모-자녀 관계에 초점을 맞추어 연구해 왔다. 학령기는 과거 2세기 동안 활발하게 연구의 초점이 되어 왔지만, 연구자들은 대개 어머니와 아버지의 역할 혹은 부모의 전반적인 양육 방식 중 어느 하나에 초점을 맞추어 왔다. 이 절에서는 양육의 몇몇 본질적인 측면들을 기술하기 전에 간단하게 어머니와 아버지를 비교할 것이다.

아동의 연령이 증가함에 따라 어머니는 아버지보다 아동들과 더 많은 시간을 보낸다(Collins & Russell, 1991; Pleck & Masciadrelli, 2004). 그러나 함께 관찰하면 어머니와 아버지는 동일한 빈도로 활동을 시작하며(Noller, 1980), 아동들의 놀이와 인지 방식에 대해 상당히 유사한 반응을 보인다(Bornstein, 1984). 부모 친밀성에서의 개인차는 아동 중기 동안 비교적 안정적이다(Herman & McHale, 1993). 이 기간 동안의 사회화에 대한 대부분의 연구들은 아동 적응에 미치는 또래, 교사, 교육기관의 영향을 고려하여 왔다(이 책의 Eccles & Roeser; Ribin & et al. 참조). 초등학교 기간 동안의 부모-자녀 관계를 연구해 온 연구자들은 부모-자녀 관계의 질과 아동의 사회정서적 발달의 측면 간 연관성보다는 성취와 성취동기 혹은 부모와 또래 영향 간의 경쟁에 초점을 맞추어 왔다. 그러나 부모들은 이 기간에서 청소년기에 이르기까지 깊은 영향을 미치며, 정서적으로 중요한 존재로 남아 있다. 부모와의 상호작용은 아동으로 하여금 또래와의 이후 상호작용을 촉진하는 기술들을 연습하고 정교화하도록 한다(MacDonald & Parke, 1984; Parke et al., 2002, 2004). 아동 중기 무렵 또래들이 이전보다 더 중요해지더라도 부모들은 계속해서 핵심적인 위치에 있다. 그들의 역할은 없어지는 것이 아니라 변화되는 것이다(Buhmeister & Furman,

1990; Collins, Harris, & Susman, 1995; Lamborn & Steinberg, 1993; Oosterwegel & Oppenheimer, 1993).

아동 중기의 양육 방식

부분적으로 아동의 인지 기술과 능력에서의 발달 때문에 학령기 아동들은 더 어린 아동들보다 덜 집중적이지만 보다 더 세세한 모니터링을 필요로 하며, 보다 자기 통제적인 성향을 드러낸다. 그러나 대부분의 부모와 전문가들은, 부모가 계속해서 감독자 역할을 해야 하며, 필요할 경우 적절한 제재를 가해야 한다고 믿는다(Greenberg & Speltz, 1988). 부모의 모니터링은 아직까지는 필요하다. Crouter, MacDermid, McHale 및 Perry-Jenkins(1990)는 부모로부터 감독을 받은 남아들보다 그렇지 못한 남아들이 학교에서 더 낮은 성적을 받는다는 것을 발견했다. 그러므로 성공적인 부모는 성장하는 아동의 변화하는 욕구에 민감해야 하며, 책임과 가사의 분배와 같은 가족 결정에서 아동의 개입을 점진적으로 증가시켜야 한다(Goodnow, 1996). 부모가 점점 더 선행 지도와 정서적 지지에 개입하게 되면서 부모-자녀 관계는 계속해서 정교해지고 재정의된다. 비록 자녀가 그들의 정서적, 사회적 생활에 있어 부모로부터 벗어나기 시작하더라도 부모는 계속해서 '안전기지' 로서 기능함으로써 정서적 안정을 촉진한다. 행동 통제에 대한 갈등은 성취와 근면성에 관한 고려로 대체되며, 아동이 성인 역할을 할 수 있도록 변화하는 것을 돕는 것을 강조하게 된다. 부모와 아동 모두 그들 관계의 재정의에 중요한 역할을 담당한다.

Maccoby(1984, 1992)가 주장한 것처럼 양방향성의 영향 패턴보다는 '협응' 과 '공동-조절' 이 아동 중기 부모-자녀 관계를 특징짓는다. 비록 이전보다 아동 중기 동안 부모-자녀 관계에서 평등과 공정성에 대해 더 많은 고려사항이 존재함에도 불구하고 모니터링, 지도, 지원의 새로운 방법에 기초하여 부모들은 아동의 도덕적 기준에 대한 이해를 강화시킨다. 결과적으로, 자녀를 지도하는 것보다는 점차 자녀를 모니터링해 주는 것이 사회화에 효과적이다(Baumrind, 1991; Hetherington & Clingempeel, 1992).

부모들은 아동 중기에서 청소년기에 도달하는 시점까지 아동들의 행동이 성인 기준에 도달해야 한다는 기대를 제시한다. 예를 들어, 더 어린 아동의 부모와 비교할 때 학령기 아동의 부모들은 자녀에게 신체적 강제는 덜 하며 자녀의 자긍심, 유머감각 혹은 실수에 대한 죄책감에는 더 의존하는 경향이 있다(Maccoby, 1984, 1992). 통제에 대한 언어적 중재는 신체적 통제를 대체하며, 이러한 변화는 아동의 행동에 영향을 미친다. 어머니들이 추론과 제안에 의존할 때 아동들은 협상하는 경향이 있다. 반면 어머니가 직접적인 방법을 사용할 때 아동들은 반항하는 경향이 있다(Kuczynski, Kochanska, Radke-Yarrow, & Girnius-Brown, 1987). 인지발달에서의 진전은 아동들이 부모 권위의 합법성을 이해하도록 한다(Damon, 1983). 최근의 이론적 분석들은 부모-자녀 관계의 양방향적 영향력과 그들이 차지하는 더욱 광범위한 맥락을 고려할 필요성이 있음을 강조한다(Kuczynzki, 2003).

이 기간에는 아동이 부모와 상호작용하는 방식 또한 변화한다. 학령기 아동들은 부모에게 어렸을 때 그랬던 것처럼 공개적으로 분노를 표현하지 않으며, 좀처럼 울거나 소리지르거나 때리지 않는다. 부분적으로 이것은 학령기 아동의 부모가 자율성 촉진과 생활습관의 확립을 덜 고려하고, 아동의 생산성과 성취를 더 많이 고려하기 때문이다. 가족 의사소통 방식에 대한 최근의 사회학적 분석은 '민주주의' 적 상호작용으로 변화할 것을 강조한다(예, Beck & Beck-Gernsheim, 1995; Giddens, 1998). 지난 세대에서는 교육을 학교의 책임이라고 생각한 반면, 현 시대 부모는 그들이 자녀들의 학교 수행에 어느 정도 개입해야 하는지, 자녀에게 가사를 요구해야 하는지, 요구해야 할 수행의 기준은 무엇인지, 자녀의 사회적 삶을 어느 정도까지 모니터해야 하는지(Maccoby, 1984)에 대하여 우려한다(Soloman, Warin, & Lewis, 2002). 이 기간 동안 아동에 대한 지도, 아동 활동에 대한 모니터링, 정서의 표현, 부모의 가르침은 모두 행동 문제를 예방하기 위해 기능한다(Holden, 1995; Holden & Miller, 1999). 그것은 단지 개입하지 않는 부모를 가진 아동이 보다 사회적으로 무능하고, 무책임하며, 미성숙하고 가족으로부터 일탈하고, 또한 또래와 더 나쁜 관계를 갖고, 학교에서 더 나쁜 수행을 함을 의미하는 것은 아니다(Baumrind, 1991; Patterson, Reid, & Dishion, 1992). 부모의 개입은 사회성 및 인지 능력의 발달 모두에 중요한 역할을 하는 반면, 부모 모니터링의 결여가 품행 문제의 위험과 강력한 상관을 보이는 것은 명백하다(Andrew & Dishion, 1994).

Freud에 따르면, 초자아는 아동 중기에 지배적으로 되며, 그 결과 아동들은 성인의 행동 기준을 숙달해야 하는 과제를 받는다. 아동들은 부모의 기대에 부응하기를 원하며, 실패 시 부정적인 감정을 느낀다. 이러한 모호성은 청소년기 동안 지배적인 개인 내 및 개인 간 갈등의 시작을 나타낼 수 있다(Freud, 1958). 하지만 다음 절에서 논의하는 것처럼, 대부분의 연구는 청소년기를 중요한 개인 내 및 개인 간 갈등의 기간으로 묘사하는 정신분석적 관점에 의문을 던진다.

Baumrind의 양육 방식 모형

특정한 자녀양육 패턴이 특정한 발달 결과와 관련되는 방식에 대한 가장 영향력 있는 몇몇의 연구들은 1960년대 Baumrind의 영향을 받았다(Baumrind, 1967, 1971, 1973, 1975, 1991; Baumrind & Black, 1967). Baumrind는 권위주의적(authoritarian), 권위적(authoritative), 허용적(permissive) 및 비순응적(nonconformist)인 양육의 네 가지 양육 패턴을 구별했다. Baumrind에 따르면, 권위주의적 부모는 복종과 부모의 의지를 강조하고, 허용적 부모는 간섭하지는 않지만 자원으로서 가용적이어야 한다고 믿는다. 반면에 비순응적인 부모들은 "허용적 부모보다 덜 수동적이고 보다 통제적인 경향을 드러낸다." (Baumrind, 1975, p. 14) 권위주의적 부모와 허용적 부모에 의해 대표되는 양 극단 사이에 권위적 부모가 위치한다. 이들은 독립성을 격려하고 합리적 설명을 통해 학령전기 아동의 행동을 조형하고자 한다.

Baumrind(1971, 1973, 1975)에 따르면, 권위적 부모는 자녀의 변화하는 자아에 대한 감각에 민감하고 그것을 촉진한다. 그들 스스로 자녀로부터 배우기를 허용함으로써 권위적 부모들은 그들의 긍정적인 영향을 극대화하고, 권위주의적 부모와 허용적 부모들과는 달리 개인 간 주고받음의 맥락 내에서 사회적 유능성이 발달되도록 한다. 비록 권위적 부모들이 독립성을 장려하는 경향이 있지만, 그들은 또한 추론과 처벌 모두를 골고루 사용함으로써 문화 및 사회적 규준에의 적응으로 특징지어지는 가치체계를 자녀에게 심어 준다.

권위적 부모는 자기 주장, 의지 및 독립성에 가치를 두며, 활동적이고 합리적인 부모 역할을 함으로써 이러한 목표를 추구한다. Baumrind(1967, 1973)는 권위적 부모의 자녀들은 사회적으로 책임감 있다고 설명한다. 그들의 부모는 적당한 긴장감을 주며, 지적 자극을 주는 현실적인 요구를 명확하게 전달하기 때문이다.

어머니, 아버지, 양육 방식에 영향을 미치는 문화

지금까지 양육에 대한 어머니와 아버지의 접근을 설명하기 위한 시도들은 명확한 결론을 내지 못했다. Baumrind(1971, 1973, 1974)의 분석은 부모의 자녀 양육 철학을 연구할 필요성을 강조하지만, 어머니와 아버지보다는 부모에 초점을 맞추며 왜 부모가 그들의 책략들을 채택하는가에 대해서 다루지는 않는다. 호주의 305명의 학령전기 아동의 부모를 연구하면서, Russell과 그의 동료들(1998)은 어머니들은 스스로를 권위적 양육 방식으로 규정하는 경향이 있는 반면, 아버지들은 스스로를 권위주의적 혹은 허용적 방식 둘 중 하나로 규정하는 경향이 있음을 발견했다. 부모들은 또한 논의되는 자녀가 아들일 때 권위주의적 관점으로 규정하는 경향을 보였다. 이러한 연구 결과는 부모의 자녀 양육 신념에 미치는 아동의 영향과, 왜 어머니와 아버지가 양육 철학에서 다른지를 고려할 필요가 있음을 시사한다. 이것은 가족 내에서 그들이 가정하는 다양한 역할에 의해 가장 잘 나타나기 때문이다. 물론 이러한 주장은 다양한 범위의 문화 및 하위 문화에서 실증적으로 연구될 필요가 있다.

비록 권위적 부모가 자녀의 독립심을 키워 줌에도 불구하고, 그들은 또한 추론과 처벌 모두를 골고루 사용함으로써 문화적 및 사회적 기준에의 순응으로 특징지어지는 가치체계를 주입시킨다. 많은 연구자들은 확고하고 책임감 있는 양육이 보다 큰 협력, 더 적은 품행 문제, 보다 뛰어난 사회적 및 인지적 능력을 촉진한다는 Baumrind(1971, 1973)의 이전 결론을 확증하여 왔다. 그러나 상이한 문화적 맥락들을 비교하는 후속 연구는 그러한 결론을 다소 복잡하게 만든다. 아프리카계 미국 가정에서 권위주의적 양육, 특히 신체적 체벌과 관련된 양육은 행동 문제를 증가시키지 않으며, 이는 Baumrind에 의해 보고된 발견의 패턴이 문화에 특정적임을 시사하는 것이다(Baumrind, 1972). 게다가 Baumrind는 권위적 부모가 그들 자녀의 사회화를 촉진하는 발달적 과정을 아직까지 설명하지 않았다(Darling & Steinberg, 1993).

그러나 과거 20년간 부모가 자녀의 행동을 조형하고 아동이 그들 부모의 행동을 조형하는 과정을 밝힌 Patterson(1976, 1982) 등의 다른 연구자들은 사회화 과정에 대한 우리의 이해를 풍부하게 만들었다(Bugental & Goodmow, 1998). 예를 들어, 어떤 부모들은 자녀가 의도적으로 부정적인 몸짓(gestures)을 사용하도록 무의식중에 훈련시킬 수 있으며, 다른 부모들은 자녀의 바람직하지 못한 행동을 고치는 데 실패하거나, 나아가 품행 문제를 조장하기도 한다(Andrew & Dishion, 1994). 품행장애를 가진 10대들은 또한 성인으로부터 강압적인 행동을 이끌어 내기도 한다(Patterson et al., 1992).

Mackinnon-Lewis와 그녀의 동료들(MacKinnon-Lewis, Lamb, Arbuckle, Baradaran, & Volling, 1992; MacKinnon, Lamb, Belsky, & Baum, 1990; MacKinnon-Lewis, Volling, Lamb, Dechman, Rabiner, & Curtner, 1994; MacKinnon-Lewis, Volling, Lamb, Hattie, & Baradaran, 2001)은 또한 부모와 아동의 행동 모두가 서로에 대한 기대나 귀인에 의해 영향을 받으며, 귀인과 행동경향성 모두 이 양자적(dyadic) 상호작용 역사에 의해 영향을 받음을 보여 주는 Patterson의 연구와 일맥상통하는 연구를 실시했다. 이와 같은 연구들은 가족 사회화에서 인지의 역할을 기술한다. 즉, 가치와 믿음은 점차 동기요인 및 모든 연령의 부모와 아동이 서로를 해석하는 렌즈로 여겨지고, 부모-자녀 사회화의 인지적 측면에 대한 분석은 점차 주도적인 연구가 되어 가고 있다(Bugental & Goodnow, 1998).

관계에 대한 개인적 구성 개념: 내적 작동모형

비록 부모-자녀 애착에 대한 대부분의 연구들이 낯선 상황의 재결합 에피소드 내에서 부모와 영아 간의 상호작용에 초점을 맞추어 왔지만, 많은 이론가들은 부모-자녀 관계의 변화하는 속성과 기능 그리고 성숙하는 개인들이 변화하는 사회적 맥락에 적응하기 위한 협응과 통합에 대해 연구했다(Greenberg, Cicchetti, & Cummings, 1990; Sroufe, 1988, 1996 참조). 앞서 언급한 것처럼, 자기 표상의 중요성에 대한 인지과학 내 개념들(예, Mandler, 1985)은 애착이론가들로 하여금 영아들과 어린 아동들이 관계에서 자아의 경험을 반영하고, 이후 관계에서의 그들의 행동을 안내하는 초기 상호작용의 과정에서 '내적 작동모형' 을 구성한다고 주장하게 했다(Bowlby, 1969, 1973, 1988; Bretherton, 1990, 1991, 1993). 비록 내적 작동모형이 아동 초기와 이후에 계속해서 형성되고 개인적 발달 경로에서 연속성을 유지함에도 불구하고, 내적 작동모형이 그/그녀의 인지적, 언어적 및 행동적 기술뿐 아니라 개인 자신의 경험을 반영하는 정도에서는 개인차가 존재한다(Bowlby, 1973).

내적 작동모형은 부모-자녀 간 상호작용과 아동이 부모로부터 받은 피드백에서 반영된 것과 같이 애착대상에 대한 아동의 개념을 표상한다. 작동모형은 아동들의 연령이 높아짐에 따라 외적인 애착 행동에 영향을 미치고, 애착 행동은 연령에 따라 좀 더 미묘하게 변화된다. 왜냐하면 높은 연령의 아동들은 애착대상의 의도, 동기, 행동을 평가할 수 있는 더 많은 능력을 가지고 있기 때문이다. Crittenden(1990, 1992, 1994)은 더 나아가 개인들이 상이한 기억체계와 연합된 중다작동모형(multiple working model)들을 획득한다고 주장했다. 한 가지 유형은 행동적 기대(절차기억)와 연합되어 있다. 의미기억에 기반한 두 번째 유형은 자기와 양육자에 대한 언어적으로 부호화된 일반화와 관련된다. 그리고 일화기억에 기반한 세 번째 유형은 개인이 혼란스럽고 설명이 불가능한 경험에 직면할 때 무의식적 기억에 대한 기반을 제공한다.

내적 작동모형의 구성 개념은 아동의 사회적 관계에서의 애착관계와 개인적 심리사회적 기능에 의해 담당되는 역할에 대한 설명의 핵심이다. Main, Kaplan 및 Cassidy(1985)는 가상의 부모-자녀 분리와 부모와의 관계에 대한 아동의 심적 표상의 측면을 반영하는 부모와의 대화를 논의하면서 정서적 개방성을 제시했다. 특히, 12개월에 안정 애착된 아동들은 6세 무렵에 보다 일관적이고 정교하며 정서적으로 개방적인 것처럼 보였다. 반면에 12개월에 불안정 애착된 아동들은 이후 더 자주 슬프고 비논리적이고 혹은 기이한 반응을 보이는 경향이 있었다. Slough(1988)도 유사한 결과를 보고하였다. Cassidy(1988)는 이야기 완성 과제를 이용하여 어머니와의 재회에서 안정적으로 행동한 아동들을 불안정 애착된 아동과 비교하였는데, 그들은 면담에서 스스로를 긍정적으로 표상하였으며, 자아의 여러 측면에 대해 더 많이 알고 있음을 발견했다.

4. 청소년기

애착이론에 대한 한 가지 예측은 애착 방식에서 세대 전이적 연속성이 존재할 것이라는 것이다. Main과 그녀의 동료들(George, Kaplan, & Main, 1985; Main & Goldwyn, 1994)은 관계에 대한 중요한 작동모형으로 부모와의 관계에 대한 초기 기억을 통합하는 성인의 능력을 측정하기 위하여 성인 애착 면접(Adult Attachment Interview: AAI)을 개발했다. Main에 따르면, 이러한 작동모형은 세 가지 범주 중 하나에 해당되는데, 자율(그들의 초기 애착관계를 평가하는 것에 대한 자유로움), 그들의 애착관계에 대한 거부, 애착관계에의 집착이 그것이다. Kobak과 Sceery(1988)에 따르면, 안정 혹은 자율 집단의 청소년들은 또래에 의해 보다 자아가 건강하며, 덜 불안하고, 덜 적대적인 것으로 평정되었다. 이들 청소년들은 적은 스트레스와 높은 수준의 사회적 지지를 보고한 반면, 거부 집단의 청소년들은 낮은 자아 강도, 높은 적대감을 가진 것으로 또래에 의해 평가되었다. 집착 집단의 청소년들은 또래에 의해 자아 강도가 약하고 보다 불안한 것으로 평정되었으며, 거부 집단의 청소년들보다 더 높은 수준의 개인적 스트레스와 가족지지를 보고했다. Steinberg(1990)는 안정 애착된 청소년들은 거부 청소년이나 집착 청소년들보다 부모와 건강한 관계를 성공적으로 재조직하는 경향이 있다고 가정했다. 자율적 성인들은 거부 성인이나 집착 성인들보다 자신들의 영아에게 보다 더 민감하게 반응하는 것처럼 보이며, 그들의 자녀들은 안정적으로 애착되는 경향이 있었다(개관은 van IJzendoorn, 1995 참조). 앞서 언급한 것처럼, 예를 들어 임신 기간 동안 영국 어머니와 아버지의 부모에 대한 애착지각은 이후 자녀에 대한 애착의 안정성을 예측했다(Fonagy, Steele, & Steele, 1991; Steele, Steele, & Fonagy, 1996).

개인 내적 작동모형과 부모-자녀 관계 간 관련성에 대한 이들 연구는 애착대상을 일차적으로 긍정적으로 보는 안정 애착된 아동, 청소년 및 성인들은 쉽게 의사소통할 수 있으며, 융통성 있는 대인관계 방식을 가지고, 타인에 대한 공감을 표시하며, 상대를 이상화하지 않고 일관적으로 애착관계를 논의하는 경향이 있음을 제시한다.

정신분석학자에 따르면, 부모와 성적으로 부하된 관계는 아동 초기 동안 아동을 너무나 다루기 힘들게 만들고, 그 결과 정서적 애착의 행동적 표시가 억제된다. 이러한 가정은 사춘기부터 청소년기를 거쳐 부모-자녀 관계에서 질적, 기능적 이행에 대한 연구에 토대를 제공한다(Collins, 1990; Hauser et al., 1987; Hill, 1988; Parke & Buriel, 1998; Shulman & Seiffge-Krenke, 1997). 서구 산업화 문화에서의 연구는 청소년기에서 중요한 주제가 되는 자기 변별과 개별화의 과정이 계속되는 동안 아동들은 처음에는 동성 친구, 다음으로는 이성 친구에게 의존하게 됨을 제시한다(Grotevant, 1998). 발달의 이전 단계에서 어머니와 아버지를 비교하는 연구는 어머니와 아버지의 상호작용 방식 간에 거의 차이가 없음을 밝혀냈다(Russell & Saebel, 1997; Silverberg, Tennenbaum, & Jacob, 1992). 초기 청소년기 생물학적 변화는 부모와 아동 간의 변화를 조장하고 거리를 촉진하는 사춘기와 관련된다(Collins, 1990; Hill & Holmbeck, 1987; Steinberg, 1988, 1990). 인간과 비인간 영장류 모두에서 아동이 발달함에 따라 부모-자녀 관계에서 자기 주장, 거리, 갈등이 점점 더 커진다. Steinberg(1987)는 비록 이러한 과정이 어머니-자녀 및 아버지-자녀 관계에서 상이한 형태와 의미를 가질 수 있지만, 조숙한 아들과 딸은 늦된 아동보다 어머니와 더 많은 갈등을 보고하는 것을 발견했다. 사춘기의 효과는 초등학교에서 중학교 혹은 중학교에서 고등학교로의 진학과 같은 연령과 관련된 변화의 효과와 빈번하게 혼입되지만(Collins & Russell, 1991; Simmons & Bryth, 1987) 그 상대적인 중요성이 무엇이든 사춘기와 연관된 생물학적, 사회적 및 인지적 변화들은 모두 적어도 산업화된 사회에서 청소년들이 성인사회의 규준과 역할에 대한 그들의 지식을 공고화할 것을 기대받는 초기 청소년기를 중요한 이행기로 만든다(Grotevant, 1998).

Baumrind(1991)는 청소년기에 독특한 도전과 변화에 직면할 때, 이들의 부모는 이전에 언급된 기본적 패턴들의 점점 더 복잡한 변산을 사용하는 경향이 있다는 점에 주목했다. 그녀는 다음과 같이 결론 내렸다.

> 청소년의 발달적 진전은 지시적이며, 참견하기 좋아하거나 비개입적인 실행에 의해 퇴행하며, 권위적인 부모의 상호적이며 균형 잡힌 상호작용 특성에 의해 촉진된다. 권위주의적이고 지시적인 부모들은 내재화된 문제 행동을 생성하며, 약물 사용 감소에 성공할 확률이 낮다. 반면에 권위주의적이지 않은 지시적인 부모들은 효과적으로 긍정적인 능력을 촉진한다(p. 753).

유사하게 Dornbusch, Ritter, Leiderman, Roberts 및 Fraleigh(1987)는 권위적 부모의 청소년 자녀들이 권위주의적 혹은 허용적 부모의 자녀들보다 학교에서 더 높은 점수를 받는다는 것을 보고했다. 그러나 양육 방식과 학교 수행 간의 관련성은 청소년기의 심리사회적 성숙, 직업적 지향 및 사회정서적 적응에 의해 매개될 수 있다(Steinberg, Elman, & Mounts, 1989).

어머니, 아버지 그리고 청소년

연구자들은 어머니와 아버지가 남자 청소년 혹은 여자 청소년과 관련되는 방식에서 몇 가지 흥미로운 차이가 있음을 기술했다(Collins & Russell, 1991; Steinberg, 1987, 1990). Collins와 Russell은 중위 계층 가정의 부모-자녀 관계의 세 측면에 초점을 맞추었다. 빈도, 범위 및 구조에 의해 측정되는 상호작용과, 긍정적 정서, 친밀성, 결합력의 정도로 알 수 있는 정서 그리고 부모와 아동의 관계에 대한 지각 간의 차이로 알 수 있는 인지가 그것이다. 그들은 영아기에서와 마찬가지로 어머니들이 아동 중기와 청소년기에 아버지들보다 더 빈번하게 자녀와의 상호작용(특히, 양육과 일상적인 가족 과제를 포함하는 상호작용)에 개입하며, 대부분의 아버지-자녀 간 상호작용은 놀이, 여가, 및 목표 지향적 행위와 과제라고 결론 내렸다(Lamb, 1997; Montemayor & Brownlee, 1987; Russell & Russell, 1987 참조). 부모-청소년 관계의 양자적(dyadic) 및 체계적 측면이 연구될 때(Larson & Richards, 1994; Steinberg, 1990) 비록 두 관계 모두 높은 친밀성과 불화 수준이 특징이지만, 어머니는 아들보다는 딸과 더 많은 공유된 활동에 개입하는 것처럼 보인다. 대조적으로 아버지는 아들에게 더 많이 관여하며, 딸과는 거의 접촉이 없고, 일반적으로 어머니보다 자녀와 더 거리를 두는 경향이 있다(Hosley & Montemayor, 1997; Montemayor & Brownlee, 1987; Youniss & Ketterlinus, 1987). 어머니와 아버지는 자녀의 학업적, 교외적 활동과 성취에 점점 더 같은 정도로 개입하지만(Youniss & Smoller, 1985), 부모 모두 빈번한 양육적 활동에 계속해서 개입한다(Russell & Russell, 1987). 실제로 대부분의 상호작용 영역에서 북아메리카(Hosley & Motemayor, 1997)와 영국(Langford et al., 2001)의 청소년들이 아버지보다는 어머니와 더 친밀하다고 일관적으로 보고하고 있으나, 어머니와 아버지 간의 차이는 많은 연구자들이 가정하는 것만큼 크거나 일관적이지 않다(Lamb, 1997). 청소년들은 어머니가 아버지보다 자신을 더 잘 안다고 믿으며, 딸은 아들보다 친밀감의 정도가 부모에 따라 다르다는 보고를 더욱 많이 하는 경향이 있다(Langford et al., 2001; Hosley & Montemayor, 1997; Youniss & Ketterlinus, 1987). 한국인을 대상으로 한 연구에 따르면, 딸들은 아버지를 보다 거리가 있으며 통제적인 것으로 본다(Rohner & Pettengill, 1985).

아버지들이 일반적으로 덜 중요하다고 생각되는 것은 그들이 청소년 자녀들과 더 적은 시간을 보내고, 더 적게 의사소통하며, 덜 정서적으로 중요하기 때문이다. 이와 일관되게 딸들은 비교적 아버지의 영향을 덜 받았다고 보고하며(Larson & Richards, 1994), 아들조차도 어머니가 아버지보다 더 많은 지지를 제공한다고 느낀다(Youniss & Smoller, 1985). 한편, 어떤 아버지들은 자녀의 학업 수행(Chen, Liu, & Li, 2000)과 성취, 특히 스포츠(Jodl, Michael, Malanchuk, Eccles, & Sameroff, 2001)에 긍정적인 영향을 미친다는 명백한 증거가 있다. 또한 Phares(1996, 1997)는 아동 정신병리에 대한 논문들을 개관한 결과, 아버지가 자녀의 적응에 강력한 직간접적 영향을 미친다고 결론 내렸다. 예를 들어, Brennan, Hammen, Katz 및 Le Broque(2002)는 어머니와 아버지의 우울증은 청소년들의 적응에 부정적으로 영향을 미치며, 어머니의 우울증은 아버지가 약물을 남용할 때 청소년에게 보다 큰 영향을 미친다고 보고했다.

물론 이전 시기에서와 마찬가지로 청소년기 영향력의 패턴들은 분명히 복잡하고 간접적이다. 예를 들어, 한 관찰 연구에서 Gjerde(1986)는 아버지-아들 상호작용이 양자적일 때보다는 삼자적일 때 질이 더 낮은 반면, 어머니-아들 상호작용은 어머니와 아들만이 관찰될 때보다는 아버지가 있을 때 덜 논쟁적이라는 것을 발견했다. 부모와 청소년들은 그들의 상호작용을 서로 다르게 바라볼 수 있다. Noller와 Callan(1988)은 41명의 어머니-아버지-청소년의 삼자가 청소년의 행동에 대해 논의하도록 한 다음, 훈련된 관찰자, 상호작용 당사자, 다른 어머니-아버지-청소년 삼자로 하여금 그 논의 장면을 불안, 주도성, 개입 및 우호성의 정도로 평정하도록 했다. 전문가에 의한 평정은 다른 가족구성원에 의한 평정과 매우 유사했다. 비록 논쟁에 참여한 부모와 그렇지 않은 부모에 의한 평정이 청소년들에 의한 평정보다 더 다양했지만, 다른 구성원들에 의해 평정된 상호작용은 그들이 스스로를 평정한 것보다 더 부정적이었다.

Gjerde(1986), Noller와 Callan(1988)의 연구들은 부모-청소년 관계를 이해하는 데 혁신적인 기법을 보여 주었으며, 여러 정보원으로부터 자료를 얻는 것의 중요성을 강조했다. 이러한 관점을 보다 확장하여 Sternberg 등(1993; Sternberg, Lamb, & Dawud-Noursi, 1998)은 문제행동에 대한 어머니와 청소년들의 관점이 정보 제공원의 경험과 관점에 따라 달라짐을 보여 주었다.

부모-청소년 관계에서의 긴장

긴장은 10대들이 독립을 위한 투쟁을 하는 동안 부모가 애착과 의존성을 유지하려고 할 때, 피할 수 없는 부분이다. 1970년대 중반까지 청소년기는 가치, 규준, 행동에 대한 세대 간 갈등의 결과로, 또래집단의 영향에 의해 부모의 영향력이 점차 사라지는 시기로 받아들여졌다(Coleman, 1969). 부모-청소년 관계에 대한 연구들은 사춘기와 관련된 생물학적 변화가 정서적 스트레스를 일으키고, 이것은 다시 두 번째 오이디푸스 콤플렉스의 맥락에서 반항과 가족 갈등을 초래한다고 믿었던 Anna Freud(1958)와 같은 정신분석학자들의 영향을 크게 받았다(Blos, 1979; Josselson, 1980; Sebald, 1977). 이러한 정상적인 과정은 청소년과 부모 간의 정서적 분리를 초래하고, 이것은 다시 아동에서 성인으로의 성공적인 전환을 촉진하는 것으로 믿어졌다. 실제로 Anna Freud는 부모와 밀접한 관계를 가진 청소년들은 이후의 정신병리에서 더 커다란 위기에 처한다고 여겼다(Steinberg, 1990). 더욱이 청소년기가 전형적으로 친밀성과 조화보다는 갈등과 혼란에 의해 특징지어진다는 생각은 대부분의 아동들이 특별한 자아의 불안정 없이 성인기로 이행한다는 현실적 증거에 의해 대체되어 왔다. 대규모 조사는 대다수의 청소년들이 조언, 지원 및 정서적 친밀성을 위해 부모에게 계속적으로 의존한다는 것을 보여 주었다(Maccoby & Martin, 1983; McGrellis, Henderson, Holland, Sharpe, & Thompson, 2000; Noller & Callan, 1986; Offer, Ostrov, & Howard, 1981). 이는 부모-청소년 관계가 증가되는 분리와 갈등보다는 독립성과 상호성을 특징으로 한다는 것을 시사한다. 전통적인 '질풍노도' 모형과는 대조적으로 Coleman과 Hendry(1990)는 청소년기가 다른 모든 단계와 마찬가지로 개인들이 연속적인 이행을 통해 부모, 또래, 이성 관계로 진입하게 되는 발달의 한 단계라고 개념화했다.

Solomon, Warin, Lewis 및 Langford(2002)는 가족구성원들이 청소년과 그 부모 간의 친밀성과 책임감의 패턴을 기술하는 방식을 연구했는데, 많은 10대들과 부모(특히, 어머니)는 서로를 친구나 '동반자'로 기술했다. 이와 같은 패턴은 부모, 특히 어머니들이 청소년의 '존경하는 인물' 목록에서 높은 순위로 기술된다는 McGrellis 등(2002)의 영국 10대들에 대한 대규모 조사에서도 발견되었다. 그러나 Solomon과 동료에 의해 수행된 보다 자세한 면접과 양적 분석들은, 이러한 보고들이 서로 갈등하는 부모-청소년 관계에 기저하는 역설과 모순을 모호하게 만든다는 것을 보여 주었다. 극단적인 예로 몇몇 부모, 특히 어머니들은 어린 10대 자녀들이 친구를 만나기 위해 버스를 타고 갈 때, 직접 자동차를 운전하고 뒤를 따라간다고 보고했다. 혹은 그들은 자녀가 이성 친구와 많은 시간을 보내는 것은 허용하지만 성적인 경험은 허용하지 않는다.

비록 부모-청소년 관계에서 갈등과 혼란이 주된 특징이 아니더라도 부모와 청소년 사이에는 적지만 지속적인 갈등이 존재하며(Collins, 1991, 1997; Holmbeck & O'Donnell, 1991; Smetana, 1995), 이는 청소년 중기에 절정에 이르고 이후 감소한다(Offer et al., 1981; Steinberg, 1981). 청소년 자녀를 가진 가족들은 일주일에 평균 2회 정도 논쟁을 겪지만(Montemayor, 1983) 이러한 일상적인 논쟁들(학교 숙제, 집안일, 형제와의 갈등, 개인적 수면, 활동 친구 및 흔히 있는 불복종)이 건강한 부모-청소년 관계의 발달을 방해할 정도로 심각한 경우는 매우 드물며, 충돌로 격화되는 경우도 드물었다(Acock & Benegton, 1978; Youniss & Smollar, 1985). Steinberg(1990)는 가족 문제의 질에서 극적인 손상을 일으킬 만한 심각한 갈등은 약 5～10%의 가족에서만 일어난다고 추정했다. 가사 책임에 대한 논쟁은 후기 청소년기 동안 가장 빈번했고, 학업 수행에 대한 논쟁은 초기 청소년기에 절정에 이르는 경향이 있었으며(Hamburg, 1985), 가족 논쟁의 초점은 청소년 이전 시기부터 청소년 후기에 걸쳐 거의 변화하지 않는다(Hosley & Montemayor, 1977; Smetana, 1989).

비록 청소년 이전 시기와 청소년기의 자녀들이 부모가 만든 규칙이 일방적이어서는 안 된다고 생각함에도 불구하고, 그들은 규범을 만드는 부모의 권위에 이의를 제기하는 경우가 거의 없다(Damon, 1977; Hunter, 1984). 그러므로 아마도 가족 갈등은 부모의 일방적인 권위와 요구에 대한 부모의 논리와 청소년들의 저항에 관한 개방적인 논쟁을 통해서 의사소통과 청소년 자율성을 촉진할 것이다(Youniss, 1989; Youniss & Smollar, 1985). 아동들이 부모의 권위를 시험한다는 사실은 또한 부모-청소년 갈등이 각각 다르게 해석되어야 할지도 모른다는 사실을 강조한다(Larson & Richards, 1944). 부모들은 갈등에 대해 전통적인 해석을 하는 경향이 있는 반면, 청소년들은 갈등을 개인적인 권한의 관점에서 해석하는 경향이 있다(Smetana, 1988, 1989, 1995).

요 약

변화하는 부모-자녀 관계의 질과 의미는 이와 병행하는 사춘기와 관련된 생물학적 변화와 함께 시작된다. 자기 변별화와 개별화는 아동의 성장하는 성적 발달과 관련되어 있으며, 그것은 부모-자녀 관계에 거리감과 갈등을 가져올 수 있다. 이 기간 동안 관계의 이행을 연구하는 연구자들은 아직까지 같은 시기의 역할 전환 효과로부터 사춘기의 효과를 성공적으로 분리해 내지 못했다.

청소년기 동안에 청소년들은 성인사회의 역할과 규칙에 대한 지식을 공고화하고 응용하도록 기대받으며, 부모로부터 정서적, 경제적 독립성을 성취하기 시작하고, 청소년 이전 시기에 시작하는 생물학적, 신체적 변화를 완성한다. Anna Freud(1958)와 같은 정신분석학자들은 '두 번째 오이디푸스' 적 사건과 연합된 개인 내적 압력이 사춘기 발달과 관련된 생물학적 변화와 상호작용하며, 정서적 기능을 혼란시키고, 청소년기의 반항과 가족 간 갈등을 산출한다고 믿는다. 이러한 관점은 단지 5~10%의 가족만이 청소년기 동안 부모-자녀 관계의 질에서 극적인 악화가 있음을 보여 주는 대규모 조사 연구에 의해 도전받아 왔다. 더욱이 정신분석학적 관점과는 대조적으로 청소년들이 부모로부터 모두 독립하는 것은 아니다. 대신 부모-자녀 관계는 질적, 기능적으로 변화한다. 몇몇 연구자들은 부모-자녀 관계가 가족 결정에 대한 자기 주장과 갈등에 의해 점점 더 특징지어진다는 결과를 통해 청소년이 스스로 부모로부터 점점 더 거리를 둔다고 가정했다. 다른 사회과학자들은 일방적인 권위에 의해 특징지어지는 부모-자녀 관계가 협조적 협상(상호성), 정서적 친밀성, 지속적인 부모 지지와 영향에 의해 특징지어진다고 주장했다.

5. 장기적인 관점: 십대와 성인 초기의 부모의 영향

가족이 이사할 수도 있고 혹은 연구자와 반복된 접촉을 바라지 않을 수도 있기 때문에 개인이 성인기가 될 때까지 추적하는 장기적 연구를 수행하는 것은 상대적으로 어렵지만, 극소수의 종단 연구들은 흥미로운 결과들을 산출해 왔다. 예를 들어, 그들의 관계와 또래 상호작용에 대한 성인의 느낌은 청소년기 동안의 부모 양육에 대한 경험과 정적 상관을 보였으며(Burns & Dunlop, 1998), 이는 태내기 동안의 성인의 애착 느낌과 그들 자녀의 낯선 상황에서의 행동 간의 연속성을 보여 주는 결과와 일관되는 것이다. 초기의 부모 개입 또한 성인 자녀의 배우자 관계와 자기 보고된 양육 기술에서의 만족감을 예측했다(Franz, McClelland, & Weinberger, 1991). 또한 아버지의 16세 자녀에 대한 적개심을 표현하는 정도와 자녀의 자율성을 무시하는 정도는, 25세 때 친한 친구가 그 '자녀' 에 대하여 보고한 적대감과 낮은 자기 강도를 예측했다(Allen, Hause, O'Conner, & Bell, 2002). 한편, 10대 어머니의 적대감에 대한 측정치 또한 자녀의 25세에서의 적응을 예측했다.

다른 연구자들은 동일 시점의 부모-자녀 측정치와 그 아동의 이후 심리사회적 기능 모두와 관련하여 부모의 개입을 연구했다. 예를 들어, Lewis, Newson 및 Newson(1982)은 7세와 11세 때 영국 부모의 개입은, 자녀의 16세 때 전국적 검사에서의 수행과 21세 때

범죄기록 유무를 예측한다는 결과를 보고했다. 영국 아동발달 연구(U.K. National Child Development Study)에서 Flouri와 Buchman(2002a, 2002b)는 다양한 범위의 가능한 매개 요인들(즉, 성별, 부모의 사회경제적 지위, 가족 구조, 부모의 심적 건강 및 어머니의 개입)을 통제했을 때조차 부모의 개입 패턴과 이후의 심리사회적 적응 지표('아동'이 33세가 되었을 때) 간에 다양한 정적 예언적 관련이 있음을 보고했다. 아동 7세 때 어머니가 보고했던 아버지의 개입은, 아동 16세 때 아버지에 대해 보고한 친밀감과 아동과 교사에 의해 보고된 더 적은 경찰서 출입을 예언했다(Flouri & Buchanan, 2002a). 이것은 다시 33세 때 결혼만족도와 심리적 스트레스를 예언했다(Flouri & Buchana, 2002b). 동시에 16세 때 어머니에 대한 자기 보고된 친밀감은 17년 이후의 결혼만족도만을 예언했다. 또한 Koestner, Frantz 및 Weinberger(1990)는 5세 때 아버지의 개입과 그들이 30대 초반이 되었을 때 자녀의 아버지 개입에 대한 느낌 간 유의미한 관련이 있음을 보고했다. 유사하게 Frnatz, McClelland, Weinberger 및 Peterson(1994)은 Sears, Maccoby 및 Levin(1957)에 의해 처음 연구된 아동들과 재접촉했으며 "36년에 걸쳐 따뜻하고 공감적인 아버지의 자녀들, 따뜻한 어머니의 아들들 그리고 스트레스가 덜한 아동기를 보낸 사람은 41세 때 보다 잘 적응된, 즉 정신적으로 건강하고, 적절하게 적응하며, 심리사회적으로 성숙된 성인이 될 가능성이 높다."(p. 141)는 결과를 발견했다. 이러한 결과는 장기적 관점에서 비록 어머니와 아버지의 영향력이 좀 더 심층적으로 연구되어야 하지만, 아버지-자녀 친밀성이 이후의 심리사회적 적응에 중요한 예언변인일 수 있음을 시사한다.

하지만 이러한 종단적 연구들은 주로 초기의 아버지 개입과 온정에 대한 어머니 보고에 의존하므로, 이러한 자료에서 아버지의 영향을 추론할 때에는 주의하여야 한다(Cummings, Goeke-Morey, & Raymond, 2004; Davies & Cummings, 1994; Grych & Fincham, 1990). 이는 아버지의 높은 개입에 대한 어머니의 보고가 가족 조화 혹은 본인의 심리적 행복 등을 반영하며, 이것은 부모 개입의 수준이 왜 때로 동일 시점에서의 적응의 지표와 관련되지 않는지를 설명할 수 있다. 예를 들어, 이스라엘 10대의 학업 수행은 어머니의 개입에 대한 그들의 기술과 관련되었지만 아버지의 개입에 대한 기술과는 상관이 없었다(Feldman, Guttfreund, & Yerushalmi, 1998).

앞으로 부모-아동 간 관계와 이후 심리적 기능 간의 연관성의 이유를 살펴보기 위한 후속 연구가 필요하다. 현재의 연구 증거들은 아버지-자녀 관계의 몇몇 측면들, 즉 아버지가 전형적으로 자녀와 함께 보내는 시간의 양 등이 생각보다 더 영향력이 있음을 시사하는 것처럼 보인다. 아버지의 영향은 부수적 현상일 수 있다. 예를 들어, 그들의 유선적 토대의 50%가 공유되었기 때문에 더 많이 개입하는 아버지는 더 잘 적응하는 성인 자녀를 가질 확률이 높다. 이 장의 시작 부분에서 요약된 이론적 논쟁들은 아버지 존재 가족 및 아버지 부재 가족 간의 비교를 지나치게 단순하게 해석하지 말아야 함을 강조한다.

6. 가족 패턴과 관계에서의 다양성

이 마지막 부분에서 우리는 아동과 청소년에게 미치는 문화적 변산, 이혼과 편부모 양육의 영향, 가정폭력의 영향에 대한 연구들을 간단하게 기술함으로써 다양성의 논쟁을 보다 자세히 살펴보고자 한다. 편부모 및 이혼가족에 대한 연구들은 아동발달에서 양육 관계의 중요성뿐 아니라 이들에게 강력한 영향을 미치는 요인들—가족체계에 영향을 미칠 수 있는 부모들 사이의 관계, 사회경제적 요인들 그리고 이러한 요인들이 시간에 걸쳐 연속적으로 변화하는 방식—을 강조한다. 아동과 청소년발달에 미치는 가족 영향을 보다 깊이 이해하기 위해 가정폭력에 대해 논의하겠다.

문화와 하위 문화적 변산

현대사회의 다문화적 속성에도 불구하고 아동의 사회정서적 발달에 대한 대부분의 정보들은 백인 중류층에 대한 연구로부터 나왔다. 발달과학에서 민족중심성은 발달적 규칙과 규준의 일반화와 보편화를 제한하여 왔으며, 문화와 하위 문화에 걸쳐 인간행동과 경험에서의 변산에 대한 우리의 이해를 국한시켜 왔다. 상이한 민족 집단의 가족 유형과 구성원 간의 유사성과 차이점에 대한 가정을 세우는 것은 너무 쉽다. 예를 들어, 사회과학자들은 대부분의 가정이 자녀와 함께 사는 두 명의 성인 부모를 포함하는 것으로 가정한다(Rapoport, Rapoport, & Strellitz, 1975).

연구자들은 또한 민족적 차이, 특히 20세기 후반 국제 이민가정에는 다소 무지하다. 예를 들어, 오늘날 젊은 미국인 중 30% 이상이 소수민족 배경을 가지고 있으며, 소수민족 가족들은 미국 내에서 빠르게 증가하고 있다(McAdoo, 1993; Parke & Buriel, 1998). 아프리카계 미국인들은 미국 청년 총인구에서 그 비율이 증가하고 있으며, 이민자에게서 태어난 히스패닉계 청년과 아동의 수는 급속하게 늘어나고 있다. 더불어 미국에서 빈곤계층은 점점 더 증가하고 있으며 이는 부모-자녀 관계의 속성과 질에 부정적인 영향을 미친다(Brooks-Gunn, Britto, & Brady, 1999; Duncan & Brooks-Gunn, 1997). 예를 들어, 가족의 재정난은 아동과 청소년에 대한 덜 반응적이며 낮은 질의 부모 행동과 관련된다

(Brooks-Gunn & Chase-Lansdale, 1995; Lempers, Clark-Lempers, & Simon, 1989; Osofsky, Hann, & Peebles, 1993). 이와 같이 사회경제적 및 사회문화적 요인들이 사회화의 과정과 결과에 강력한 영향력을 가지는 것으로 보이기 때문에(Parke & Buriel, 1998) 사회과학자들의 인간발달에 대한 연구에서 문화와 문화적 경험을 중요한 변인으로 포함시키도록 하는 요구가 증가되어 왔다. 그럼에도 불구하고 아직까지 라틴아메리카와 아프리카계 미국 가족에서의 사회화 과정에 대한 연구가 더 많이 필요함을 인식하는 연구자들은 매우 드물다(Gadsden, 1999; Leyendecker & Lamb, 1999).

사회문화적 요인의 중요성은 또한 부모의 훈육 방식에 대한 연구들에서도 명백하다. 예를 들어, Steinberg와 Darling(1994; Steinberg, Darling, & Flectcher, 1995)은 양육 방식의 효과는 사회문화적 집단에 걸쳐 상이함을 발견했다. 권위적 양육은 유럽계 미국인과 라틴계 청소년들에게 긍정적으로 영향을 미치고, 권위주의적 양육은 아시아계 미국인 청소년들에게는 긍정적인 영향을 미치지만, 유럽계 미국인 청소년들에게는 다른 집단보다 더 부정적인 영향을 미친다.

몇몇 연구자들은 여러 국가에서의 부모-청소년 관계를 비교했다. Kroger(1985)는 미국, 뉴질랜드, 영국의 6, 8, 10, 12학년 청소년들이 모두 부모의 권위에 대하여 유사한 태도를 가지고 있다는 것을 발견했다. 모든 연령대의 미국 여아들은 부모에 대하여 보다 긍정적으로 느꼈지만, 어린 연령에서 부모에 대하여 긍정적인 태도를 가졌던 뉴질랜드의 여아들은 연령이 증가함에 따라 덜 긍정적으로 지각했다. 한편, Feldman과 동료들(Feldman & Rosenthal, 1991; Feldman, Rosenthal, Mont-Reynaud, Leung, & Lau, 1991)은 홍콩 청소년들을 대상으로 연구한 결과, 이들이 호주 및 미국의 청소년보다 비행을 더 많이 저지르고 보다 높은 연령에서 행동적 자율성을 성취할 것으로 기대되지만, 비행과 행동적 자율성에 대한 기대 수준은 중국과 서구 문화권 모두에서 가정환경 및 청소년 가치관과 유사하게 관련되어 있다는 것을 발견했다. 이러한 유형의 연구들은 부모의 사회화 책략의 효과로부터 광범위한 문화적 요인의 효과를 구분하려고 할 때 특히 더 많은 정보적 가치가 있다.

이혼과 편부모

최근 이혼 빈도 증가세가 멈추긴 하였지만, 아직도 미국과 북유럽의 아동 중 약 절반이 성인이 되기 전에 부모의 별거를 경험하는 듯하다. 흥미롭게도 지리적, 문화적 요인이 부모의 이혼 후 부모와 자녀 간의 접촉에 영향을 미친다. 북아메리카에서는 많은 아동들이 아버지와의 의미 있는 접촉을 못하는 반면, 인구가 보다 조밀한 영국에서는 십여 년 전 법적으로 미성년자 보호(custody)가 보장되면서 아동들은 대개 초기의 어려운 시기 이후에는 어느 정도 아버지와 관계를 이어 간다(Maclean & Eekelaar, 1997). 그럼에도 불구하고 상식적, 과학적 연구는 이혼과 이어지는 부모의 이별 경험이 심리적 대가를 지닐 수 있는 경험임을 말해 준다. 1970년대와 1980년대에 여러 논쟁과 이념이 그러한 대가에 대한 지식과 분석을 촉구했지만, 아동들이 편부모가정보다는 양부모가 모두 있는 가정에서 심리적, 발달적으로 더 좋은 결과를 보인다는 오늘날의 기본적인 동의가 존재하며(개관은 Amato, 2000; Amato & Sobelewski, 2004; Cooksey, 1997; Downey, 1994; Goodman, Emery, & Haugaard, 1998; Hetherington & Stanley-Hagan, 1999; Lamb, 1999a, 2002b; McLanahan, 1999; McLanahan & Teitler, 1999), 부모의 이혼에 따른 아버지 부재의 효과는 죽음에 의한 아버지 부재의 효과보다 더 크고 확실하게 나타난다(Amato & Keith, 1991; Maier & Lachman, 2000). 연구자들은 평균적으로 아버지 부재 가정에서 성장한 아동들이 부모 가족에서 성장하는 또래와 비교해 볼 때, 심리사회적 적응의 관점에서 학교에서의 행동과 성취, 교육적 성취, 취업, 수입, 반사회적 및 범죄 행위에의 개입, 친밀한 관계를 확립하고 유지하는 능력에서 불리한 조건에 처한다는 것에 동의하고 있다(Lamb, 2002a).

물론 우리의 첫 번째 과제는 왜 이러한 차이가 나타나는가를 결정하는 것이다. Biller (1981, 1993)와 Blankenhorn(1995)과 같은 사회과학자들과 평론가들은 각각 아동에게 아버지상이 결핍될 때 아동 적응은 부정적인 영향을 받는다고 주장하는 단순하고 직접적인 해석을 제시했다. 많은 사회과학자들은 이러한 해석에 의문을 제기하는데, 이러한 해석이 부모가 함께 살지 않는 가정의 아동이 경험하는 많은 잠재적 위해 가능성 있는 조건이나 사건을 고려하지 못하고, 별거와 이혼에 대한 반응의 다양성을 설명하는 데 실패했기 때문이다(Lamb, 1999b, 2002b). 편부모가정과 부모가 모두 있는 가정의 아동들 간의 집단 차이에서 편부모가정의 아동 중 소수만이 부적응적이었다. 대다수의 아동들은 그들이 심리적 고통을 경험했는지 여부와는 상관없이 정신병리적 혹은 행동적 징후를 보이지 않았다(Emery, 1999; Hetherington & Kelly, 2002). 이와 같은 개인차는 우리로 하여금 이혼과 편부모 양육이 아동의 생활에 영향을 미칠 수 있는 방식과 부모의 이혼이나 별거 이후 아동의 적응에서의 개인차를 설명하는 요인들을 보다 정확하게 규명하도록 요구한다.

네 가지 상호 관련된 요인들이 특히 중요한 것으로 보인다. 첫째, 전형적으로 편부모 양육은 부모가 스스로 반드시 대처해야 하는 다양한 사회경제적 스트레스와 관련되어 있다. 편부모가정은 부모가 모두 있는 가정보다 경제적으로 더 많은 스트레스를 경험하며,

경제적 스트레스 혹은 빈곤은 편부모 양육의 많은 영향들을 설명하는 것으로 보인다(Hetherington & Kelly, 2002; McLandahan, 1999).

둘째, 편모는 집 밖에서 보다 집중적으로 일을 해야 하기 때문에 자녀들과 더 적은 시간을 보내며, 관리와 지도의 수준은 부모가 모두 있는 가정에서보다 더 낮고 덜 확실하다(Hethrington & Kelly, 2002; McLanahan, 1999). 부모의 자극 및 주의의 수준과 질에서의 감소는 성취, 복종, 사회적 기술에 영향을 미칠 수 있는 반면, 부모 감독의 감소는 반사회적 행동과 비행을 보다 빈번하게 만든다(Hetherington & Kelly, 2002).

셋째, 부모들 간의 갈등은 보편적으로 별거와 이혼 과정에서 선행하여 발생하거나 증가되며, 때로는 이혼 이후에까지 지속된다. 부모 사이의 갈등은 결혼생활의 화목뿐 아니라 자녀의 부적응과도 상관을 보이는 중요한 요인이다(Cummings & O'Reily, 1997; Johnston, 1994; Kelly, 2000). 불행하게도 미국에서와 같이 두 당사자를 적대관계로 보는 법적 체계는 이혼시기 동안 갈등을 촉진하며, 그 결과 대부분의 이혼 가정은 갈등을 피할 수 없게 된다. 결혼생활에서 분노에 기반한 갈등은 자녀의 공격성 및 외현화된 행동 문제와 관련되며(Jenkins, 2000), 아마도 이것은 이런 상황에 있는 부모와 아동이 부정적인 정서를 조절하는 데 유사한 어려움을 가지기 때문일 것이다(Katz & Gottman, 1993).

넷째, 이혼은 보통 그 아동의 가장 중요하고 영속적인 관계 중 하나를 붕괴시킨다. 그러나 Amato(1993; Amato & Gilbreth, 1999)가 분명하게 보여 준 것처럼, 아버지 부재와 아동의 적응 간에 양방향적 상관은 기대보다 약하다. Amato와 Gilbreth의 메타분석 결과, 아버지-자녀 접촉 빈도와 아동의 발달적 결과 간에는 어떤 유의미한 관련성도 밝혀지지 않았다. 우리는 학대하거나 무능하거나 무관심한 아버지들은 헌신적이고 개입을 많이 하며 민감한 아버지들과 비교하여 매우 다른 영향을 줄 것이라고 예상할 수 있다. 예상한 것처럼 Amato와 Gilbreth는 아동의 행복은 함께 살지 않는 아버지와의 관계가 긍정적일 때 그리고 함께 살지 않는 아버지들이 '적극적인 양육'(물론 어머니와의 긍정적인 관계 또한 도움이 된다)을 할 때 현저하게 향상됨을 발견했다. Simons와 동료들(1996), Hetherington, Bridges 및 Insabella(1998), Clarke-Stewart와 Hayward(1996)는 아동들은 함께 살지 않는 아버지가 일상적인 활동에 적극적으로 개입할 때 더 도움을 받는다고 유사하게 보고했다. 또한 미국 국가교육통계센터의 자료들은 함께 사는 아버지와 그렇지 않은 아버지 모두 자녀의 학교생활에 개입할 때 아동의 적응을 증진시킴을 보여 주었다(Cooksey & Fondell, 1996; Father Times, 1997). 명백한 것은 아버지와 아동 간의 만남의 횟수나 시간이 아니라 적극적인 아버지의 개입이 아동 적응을 예언한다는 것이다. 이는 이혼 이후 함께 살지 않는 부모에 의한 방문을 최소로 허용하기보다는 양쪽 부모에 의한 긍정적이고 의미 있는 개입을 최대화하여야 함을 제안한다.

부모와 자녀 간의 개입 수준과 관계의 질, 부모 간의 갈등의 양, 아동이 거주하는 사회경제적 환경은 모두 이혼과 편부모 생활에 적응하는 데 영향을 미친다. 집중적이고 확실한 종단적 연구 자료 없이는, 인과관계를 명확하게 밝히고 상이한 요인들의 상대적 중요성을 확립하는 것이 어렵다. 아동 적응, 의사결정에서 부모의 개입, 함께 살지 않는 부모와 아동이 가지는 양질의 접촉 양 그리고 아동이 받는 지원의 양은 모두 상관이 있으며(Amato & Gilbreth, 1999; Braver & O'Connell, 1998; Braver et al., 1993; Furstenberg & Cherlin, 1991; McLanahan & Sandefur, 1994; Seltzer, 1991, 1994, 1998; Zill & Nord, 1996), 이는 어떤 요인이 가장 중요한지를 결정하는 것을 어렵게 만든다. 증가된 아동에 대한 지원이 아동과의 접촉을 장려하고 아동 적응을 증진시키는 것도 가능하지만(Zill & Nord, 1996), 적절한 접촉이 함께 살지 않는 아버지들이 보다 많이 개입되었다고 느끼고, 따라서 아동에 대한 재정적 지원을 기꺼이 하도록 만들어 아동의 행복을 다시 향상시키는 것 또한 가능하다. 그리고 잘 적응된 행복한 아동들은 함께 살지 않는 부모들이 그들과 함께 있고 재정적으로 지원하기를 원하도록 만들 수 있다. 이러한 요인들은 또한 복잡한 방식으로 함께 작용한다. 예를 들어, 함께 살지 않는 부모와의 접촉은 부모 사이에 잠재적인 갈등이 존재하는지 여부에 따라 아동에게 동일하게 긍정적인 영향을 미치지 않을 수 있다(Amato & Rezac, 1994; Johnston, Kline, & Tschann, 1989). 재혼은 아동 행복에 미치는 다양한 효과를 이해하기 위한 노력을 보다 복잡하게 만든다(Hanson, McLanahan, & Thomson, 1996, 1996; Hetherington & Henderson, 1997; Hetherington & Kelly, 2002; Issacs & Leon, 1988).

갈등은 여러 가족뿐 아니라 현대의 이혼가정에서 매우 흔하지만, 얼마나 많은 양의 갈등이 그리고 어떤 유형의 갈등이 얼마나 병리적일까?(Cumming & Davis, 1994; Cummings & O' Reilly, 1997; Kelly, 2000) 이혼 전과 이혼 후의 갈등 모두 아동에게 해로울 수 있다. Kelly는 '이혼의 효과' 중 몇몇은 별거 전 부부 갈등의 효과보다 아동에게 덜 해로운 영향을 미친다고 주장했다. 더불어 대부분의 전문가들은 소송과 이혼을 전후한 갈등은 연구에서 상대적으로 덜 고려되어 왔다는 것에 동의하고 있다(Cummings & Davis, 1994; Cummings & O' Reilly, 1997). 유사하게, 아동에게 노출되지 않은 갈등은 아동의 적응에 영향을 미치는 것으로 보이지 않는 반면(Hetherington et al., 1998), 물리적 폭력을 포함하는 갈등은 폭력이 배제된 높은 수준의 갈등보다 더 병리적이다(Jouriles, Norwood, McDonald, Vincent, & Mahoney, 1996; McNeal & Amato, 1998).

갈등, 관계의 질, 방문, 아동 지원 혹은 아동 행동 문제를 측정하기 위해 노력하는 연구자들은 어떤 보고를 사용해야 할까?(Braver, Wolchik, Sandler, Fogas, & Zvetina, 1991; Seltzer, 1991; Sternberg & Lamb, 1999; Sternberg et al., 1998; Zill & Nord, 1996) 전반적으로 많은 요인들이 이혼의 효과에서 개인차를 설명하는 것을 돕고, 그것들이 상호 상관되어 있기 때문에 그들의 상대적이고 독특한 중요성을 측정하는 것이 어렵다.

가정폭력

놀랍게도 미국과 다른 산업화 국가에서 대부분의 심각하고 덜 물리적인 폭력 사건은 가정 내에서 가족구성원들 간에 일어난다(Straus & Gelles, 1986, 1990; Straus, Gelles, & Steinmetz, 1980). 어떤 표준화된 자료수집 기법이나 공유된 정의도 존재하지 않기 때문에 아동학대의 발생에 대한 추정치는 매년 20~400만 건 사이에서 변화된다. 이 중 100만 건 정도는 '심각한 학대' 이며, 매년 2,000~5,000건의 사망이 보고된다(American Association for Protecting Children, 1986; Finkelhor & Dziuba-Leatherman, 1994; Sedlak & Broadhurst, 1996; Straus & Gelles, 1990). 이에 더하여 미국의 10~30%의 아동의 부모는 서로에게 폭력적이며(Geffner & Pagelow, 1990; Hughes & Luke, 1998; Straus & Gelles, 1986, 1990), 심지어 아동이 있을 때에도 폭력을 행사한다(Hughes, Parkinson, & Vargo, 1989 O'Brien, John, Margolin, & Erel, 1994). 아동의 연령, 성별, 사회인구학적 계층과 같은 다양한 요인들은 보고된 학대에 대한 정보를 제공하는 보고된 가정폭력 사건과 상관을 보인다(Sternberg & Lamb, 1999).

비록 학대받은 아동에게 보편적인 행동적 혹은 정서적 특성이 없고 아동 환경의 다른 측면들이 크게 영향을 미칠 수 있지만, 가정폭력의 결과는 광범위하다(Emery, 1989). 더불어 많은 초기 연구들은 심각한 방법론적 문제(적절한 비교 집단을 포함하는 것에서의 실패, 폭력이나 아동 적응의 객관적인 측정치를 얻는 데에서의 실패 등)를 가지고 있었으며, 연구자들은 아직까지 자신의 연구에서 모든 가능한 유형의 가정폭력을 기술하는 데 대부분 실패했다(National Research Council, 1993). 학대받지 않은 아동들과 비교했을 때 모든 연령의 학대받은 아동들이 더 많은 심리적 문제를 드러내지만, 사건과 증후 간의 어떤 일대일 관련성은 존재하지 않는다(Ammerman, Cassisi, Herson, & Van Hasselt, 1986; Emery & Billings, 1998). 신경발달적 손상에 더하여(Lynch & Roberts, 1983; Oates, Peacock, & Forrest, 1984), 사회정서적 및 심리적 손상 또한 보편적이다. 사회학습이론가들은 신체적 학대가 이후의 공격성을 가져온다는 것에 동의한다. 왜냐하면 공격적인 반응들은 빈번하게 모델링되고 때로 예상되는 결과를 가져오기 때문이다(Dodge, Bates, & Pettit, 1990;

Emery, 1989). 쉽게 예상할 수 있듯이 학대받은 아동들은 또래와의 관계가 원만하지 못하며(Dodge et al., 1990; Dodge, Perrir, & Bates, 1994; George & Main, 1979; Salzinger, Feldman, Hammer, & Rosario, 1993; Wolfe & Mosk, 1983), 공격적으로 행동하고(Bousha & Twentyman, 1984; Dodge et al., 1990; Egeland & Sroufe, 1981; George & Main, 1979; Kaufman & Cicchetti, 1989; Price & Van Slyke, 1991), 사회인지의 결함을 경험하며(Barahal, Waterman, & Martin, 1981), 공감이 결여되어 있고(Main & George, 1985), 우울한 것처럼 보이며(Kasdin, Moser, Colbus, & Bell, 1985; Sternberg et al., 1993), 인지 과제와 학교에서의 수행이 저조하다(Eckenrode, Laired, & Doris, 1993; Hoffman-Plotkin & Twentyman, 1984; Kendall-Tackett & Eckernrode, 1996). 학대받은 아동들은 또한 공격적이고 비복종적인 행동을 보이는 경향이 있다(Pianta, Egeland, & Erickson, 1989; Sternberg et al., 1993). 학대받은 아동은 적대적인 단서에 과잉주의를 기울일 수 있고, 타인의 행동을 오해하고 공격적으로 반응할 수 있으며(Dodge et al., 1990; Price & Van Slyke, 1991), 불안정 애착을 발달시킬 수 있다(Carlson, Cicchetti, Barnett, & Braumwald, 1989; Crittenden, 1988; Crittenden & Ainsworth, 1989; Lamb, Gaensbauer, Malkin, & Shultz, 1985). 왜냐하면 학대받은 아동들도 대부분 공격적인 부모와 애착을 형성하고 그 관계의 긍정적인 측면을 보게 되지만, 기본적으로 그들은 세상을 위협적인 장소로 보게 되기 때문이다(Sternberg, Lamb, Greenbaum, Dawud, Cortes, & Lorey, 1994). 학대받고 방임된 아동들은 또한 비행에 연루되고, 성인 범죄자가 되며, 폭력적인 범죄 행동을 보이는 경향이 있다(Widom, 1989, 1994). 연구자들은 아직까지 어떤 청소년들이 다른 청소년들보다 더 정신적으로 탄력성이 있는지를 구별하지는 못하지만, 모든 학대받거나 방임된 아동들이 이러한 부정적인 결과를 경험하는 것은 아니다. 학대와 방임의 시작 연령과 심각도와 같은 요인들은 아마도 장기간의 결과를 결정하는 데 중요한 역할을 할 것이다. 한편, 아동들이 '단순히' 폭력의 목격자이고 직접적으로 공격받거나 방임되지 않았을 때조차도 가정폭력에 의해 부정적인 영향을 받을 수 있다는 증거가 점점 더 많아지고 있다(Holden, Geffner, & Jouriles, 1998).

7. 결론

Freud의 1940년대 부모-자녀 관계의 발달적 중요성에 대한 통찰력 있는 강조 덕분에 사회성 및 성격발달 연구자들은 여러 해에 걸쳐 부모-자녀 관계를 연구해 왔다. 시간이 흐름에 따라 그들은 초기 경험과 관계의 '결정적인' 중요성에 대한 강조를 덜 하게 되었으며, 대신 전 생애의 다양한 단계에서 변화하는 것으로 관계를 파악하게 되었다. 우리가 이 장에서 주목한 것처럼, 부모-자녀 관계는 아동의 연령이 높아지고 부모가 성숙함에 따라 변화한다. 처음에 부모는 아동이 자신의 행동에 따른 결과를 학습하고 자기 행동의 효과성에 대한 개념을 형성하고, 타인의 반응성에 대한 신뢰를 발달시키는 맥락을 제공한다. 다음으로 부모는 자녀가 청소년기로 접어들어 독립성과 자율성을 추구하기 전에 행동과 자기 통제의 기준을 주입시킨다. 두말할 나위 없이 부모는 자녀의 개별적 욕구와 특성에 대하여 민감하게 반응하는 능력과 아동을 훈육하고 사회화시키는 방식에서 차이가 난다. 비록 그 상대적인 중요성이 아동이 경험하는 많은 다른 영향력 있는 사건의 맥락에서 변화함에도 불구하고, 이러한 차이는 부모-자녀 관계의 질에 영향을 미치며, 다시 아동 행동과 적응에 장기적인 영향을 미칠 수 있다. 명백하게 연구자들은 오늘날 부모-자녀 관계를 개인적, 가족적, 사회적 및 문화적 환경에 따라 그 질적 측면이 변화하는 역동적인 체계로 본다.

몇몇 연구 주제들(특히, 부모-영아, 부모-청소년 관계)은 매우 잘 연구되어 왔지만, 다른 주제(즉, 성인 초기 자녀나 아동 중기 자녀를 '양육하는 것')는 상대적으로 무시되어 왔다. 이러한 주제들을 연구할 필요성이 있다. 현재의 많은 연구들은 이전에 관련되지 않았던 영역들 간의 관련성에 초점을 맞춘다. 예컨대, Parke와 동료들(2002, 2004)은 가족과 또래체계 간의 영향력의 패턴을 밝히기 위해 집중적인 노력을 기울여 왔다. 동시에 최근 행동유전학과 사회학습 전통의 연구자들은 유전과 사회적 요인들 간 상호작용의 복잡성을 연구하려는 노력을 하고 있다(Hetherington et al., 1998). 이러한 통합적 접근에 의해서만 우리는 부모가 그들 자녀의 발달을 조형하는 방식에 대한 보다 폭넓은 이해를 획득할 것이다.

비록 우리가 양육의 복잡성을 이해하기 위한 노력에서 상당한 진보를 이루어 왔지만, 세 가지 핵심 주제가 특히 고려될 필요가 있다. 첫째, 우리의 연구 방법론에 대한 이해에서는 많은 격차들이 있다. O'Conner(2002)가 제시한 것처럼, 다양한 방법론에 대한 의존은 바람직하지만 상이한 방법론이 서로 불일치하는 결과를 산출하는 것과 같은 문제를 야기할 수 있다. 둘째, 어머니들이 자녀 양육과 사회화에서 주된 역할을 아직까지 담당하고 있기 때문에 우리는 '양육'을 '어머니의 양육'으로 계속해서 다루고 있다. 후속 연구에서는 아버지-자녀 관계, 어머니-자녀 관계 및 그 영향력을 구별해야 할 것이다. 마지막으로, Hay와 Nash(2002), Lamb(1999b)이 강조한 것처럼 우리는 '전통적인' 핵가족이 모든 가족 유형은 아니라는 점을 가정해야 한다. 후속 연구에서 심리학자들은 백인, 특히 앵글로색슨 족의 배경을 가진 전형적인 가정에 국한되기보다는 소수집단 가족에 초점을 맞출 필요성이 있다.

참·고·문·헌

Acock, A. C., & Bengston, V. L. (1978). On the relative influence of mothers and fathers: A covariance analysis of political and religious socialization. *Journal of Marriage and the Family, 40,* 519-530.

Ainsworth, M. D. S., Blehar, M. C., Waters, E., & Wall, S. (1978). *Patterns of attachment: A psychological study of the strange situation.* Hillsdale, NJ: Lawrence Erlbaum Associates.

Allen, S. M., Hauser, S. T., O'Connor, T. G., & Bell, K. L. (2002). Prediction of peer-rated adult hostility from autonomy struggles in adolescent-family interactions. *Development and Psychopathology, 14,* 123-137.

Amato, P. R. (1993). Children's adjustment to divorce: Theories, hypotheses, and empirical support. *Journal of Marriage & the Family, 55,* 23-38.

Amato, P. R. (2000). Diversity within single-parent families. In D. H. Demo, K. R. Allen, & M. A. Fine (Eds.), *Handbook of family diversity* (pp. 149-172). Oxford, UK: Oxford University.

Amato, P. R., & Gilbreth, J. G. (1999). Nonresident fathers and children's well-being: A meta-analysis. *Journal of Marriage & the Family, 61,* 557-573.

Amato, P. R., & Keith, B. (1991). Parental divorce and the well-being of children: A meta-analysis. *Psychological Bulletin, 110,* 26-46.

Amato, P. R., & Rezac, S. J. (1994). Contact with nonresidential parents, interparental conflict, and children's behavior. *Journal of Family Issues, 15,* 191-207.

Amato, P. R., & Sobelewski, J. M. (2004). The effects of divorce on fathers and children: Nonresidential father and stepfathers. In M. E. Lamb (Ed.), *The role of the father in child development* (4th ed., pp. 341-367). New York: Wiley.

Ambrose, J. A. (1961). The development of the smiling response in early infancy. In B. M. Foss (Ed.), *Determinants of infant behavior* (pp. 179-196). London: Methuen.

American Association for Protecting Children (1986). *Highlights of official child neglect and abuse reporting 1984.* Denver, CO: The American Humane Association.

Ammerman, R. T., Cassisi, J. E., Herson, M., & Van Hasselt, V. B. (1986). Consequences of physical abuse and neglect in children. *Clinical Psychology Review, 6,* 291-310.

Andrews, D. W., & Dishion, T. J. (1994). The microsocial structure underpinnings of adolescent problem behavior. In R. D. Ketterlinus & M. E. Lamb (Eds.), *Adolescent problem behaviors: Issues and research* (pp. 187-207). Hillsdale, NJ: Lawrence Erlbaum Associates.

Astington, J. W. (1996). What is theoretical about the child's understanding of mind?: A Vygotskian view of its development. In P. Carruthers & P. K. Smith (Eds.), *Theories of theories of mind* (pp. 184-199). Cambridge, England: Cambridge University.

Bandura, A. (1969). *Principles of behavior modification.* New York: Holt, Rinehart, & Winston.

Bandura, A. (1977). Self-efficacy: Toward a unifying theory of behavioral change. *Psychological Review, 84,* 191-215.

Barahal, R. M., Waterman, J., & Martin, H. P. (1981). The social cognitive development of abused children. *Journal of Consulting and Clinical Psychology, 49,* 508-516.

Baumrind, D. (1967). Child care practices anteceding three patterns of preschool behavior. *Genetic Psychology Monographs, 75,* 43-88.

Baumrind, D. (1971). Current patterns of parental authority. *Developmental Psychology Monographs, 4,* 1-103.

Baumrind, D. (1972). An exploratory study of socialization effects on Black children: Some Black-White comparisons. *Child Development, 43,* 261-267.

Baumrind, D. (1973). The development of instrumental competence through socialization. In A. Pick (Ed.), *Minnesota symposia on child psychology* (Vol. 7, pp. 3-46). Minneapolis: University of Minnesota.

Baumrind, D. (1975). *Early socialization and the discipline controversy.* Morristown, NJ: General Learning.

Baumrind, D. (1991). Parenting styles and adolescent development. In R. M. Lerner, A. C. Petersen, & J. Brooks-Gunn (Eds.), *Encyclopedia of adolescence* (Vol. 2, pp. 746-758). New York: Garland Publishing.

Baumrind, D., & Black, A. E. (1967). Socialization practices associated with dimensions of competence in preschool boys and girls. *Child Development, 38,* 291-327.

Beck, U., & Beck-Gernsheim, E. (1995). *The normal chaos of love.* Cambridge: Polity.

Bell, R. Q. (1968). A reinterpretation of the direction of effects in studies of socialization. *Psychological Review, 75,* 81-95.

Bell, S. M., & Ainsworth, M. D. (1972). Infant crying and maternal responsiveness. *Child Development, 43,* 1171-1190.

Belsky, J. (1999). Interactional and contextual determinants of attachment security. In J. Cassidy & P. R. Shaver (Eds.), *Handbook of attachment: Theory, research, and clinical applications* (pp. 249-264). New York: Guilford.

Belsky, J., Fish, M., & Isabella, R. A. (1991). Continuity and discontinuity in infant negative and positive emotionality: Family antecedents and attachment consequences. *Developmental Psychology, 27,* 421-431.

Belsky, J., Garduque, L., & Hrncir, E. (1984). Assessing performance, competence, and executive capacity in infant play: Relations to home environment and security of attachment. *Developmental Psychology, 20,* 406-417.

Benzies, K. M., Harrison, M. J., & Magill-Evans, J. (1998). Impact of marital quality and parent-infant interaction on preschool behavior problems. *Public Health Nursing, 15,* 35-43.

Berlin, L. J., & Cassidy, J. (1999). Relations among relationships: Contribution from attachment theory and research. In J. Cassidy & P. R. Shaver (Eds.), *Handbook of attachment: Theory, research, and clinical applications* (pp. 688-712). New York: Guilford.

Biller, H. B. (1981). Father absence, divorce, and personality development. In M. E. Lamb (Ed.), *The role of the father in child development* (2nd ed., pp. 489-552). New York: Wiley.

Biller, H. B. (1993). *Fathers and families: Paternal factors in child development.* Westport, CT: Auburn House.

Blankenhorn, D. (1995). *Fatherless America.* New York: Basic Books.

Blos, P. (1979). *The adolescent passage.* New York: International Universities.

Bousha, D. M., & Twentyman, C. T. (1984). Mother-child interactional style in abuse, neglect, and control groups: Naturalistic observations in the home. *Journal of Abnormal Psychology, 93,* 106-144.

Bowlby, J. (1969). *Attachment and loss: Vol. 1. Attachment.* New York: Basic Books.

Bowlby, J. (1973). *Attachment and loss: Vol. 2. Separation: Anxiety and anger.* New York: Basic Books.

Bowlby, J. (1988). *A secure base: Parent-child attachment and healthy human development.* New York: Basic Books.

Braver, S. H., Wolchik, S. A., Sandler, I. N., Fogas, B. S., & Zvetina, D. (1991). Frequency of visitation by divorced fathers: Differences in reports by fathers and mothers. *American Journal of Orthopsychiatry, 61,* 448-454.

Braver, S. L., & O'Connell, E. (1998). *Divorced dads: Shattering the myths.* New York: Thatcher Putnam.

Braver, S. L., Wolchik, S. A., Sandler, I. N., Sheets, V. L., Fogas, B., & Bay, R. C. (1993). A longitudinal study of noncustodial parents: Parents without children. *Journal of Family Psychology, 7,* 9-23.

Brennan, P. A., Hammen, C., Katz, A. R., & Le Brocque, R. M. (2002). Maternal depression, paternal psychopathology, and adolescent diagnostic outcomes. *Journal of Consulting & Clinical Psychology, 70,* 1075-1085.

Bretherton, I. (1990). Open communication and internal working models: Their role in the development of attachment relationships. In R. A. Thompson (Ed.), *Socioemotional development* (pp. 57-114). Lincoln, NE: University of Nebraska.

Bretherton, I. (1991). Pouring new wine into old bottles: The social self as internal working model. In M. R. Gunnar & L. A. Sroufe (Eds.), *Self process and development: Minnesota symposia on child psychology* (Vol. 23, pp. 1-41). Hillsdale, NJ: Lawrence Erlbaum Associates.

Bretherton, I. (1993). From dialogue to internal working models: The co-construction of self relationships. In C. A. Nelson (Ed.), *Memory and affect in development* (pp. 237-263). Hillsdale, NJ: Lawrence Erlbaum Associates.

Bretherton, I., Bates, E., Benigni, L., Camaioni, L., & Volterra, V. (1979). Relations between cognition, communication, and quality of attachment. In E. Bates (Ed.), *The emergence of symbols: Cognition and communication in infancy* (pp. 223-269). New York: Academic.

Bretherton, I., & Munholland, K. A. (1999). Internal working models in attachment relationships: A construct revisited. In J. Cassidy & P. R. Shaver (Eds.), *Handbook of attachment: Theory, research, and clinical applications* (pp. 89-111). New York: Guilford.

Bronfenbrenner, U. (1979). Contexts of child rearing: Problems and prospects. *American Psychologist, 34,* 844-850.

Bronstein, P. (1984). Differences in mothers' and fathers' behaviors toward children: A cross-cultural comparison. *Developmental Psychology, 20,* 995-1003.

Brooks-Gunn, J., Britto, P. R., & Brady, C. (1999). Struggling to make ends meet: Poverty and child development. In M. E. Lamb (Ed.), *Parenting and child development in "nontraditional" families* (pp. 279-304). Mahwah, NJ: Lawrence Erlbaum Associates.

Brooks-Gunn, J., & Chase-Lansdale, P. L. (1995). Adolescent parenthood. In M. Bornstein (Ed.), *Handbook of parenting* (pp. 113-150). Hillsdale, NJ: Lawrence Erlbaum Associates.

Bugental, D. B., & Goodnow, J. S. (1998). Socialization processes. In W. Damon & N. Eisenberg (Eds.), *Handbook of child psychology: Vol. 3. Social, emotional and personality development* (5th ed., pp. 289-463). New York: Wiley.

Buhrmeister, D. P., & Furman, W. C. (1990). Perceptions of sibling relationships during middle childhood and adolescence. *Child Development, 61,* 1387-1398.

Burns, A., & Dunlop, R. (1998). Parental divorce, parent-child relations, and early adult relationships: A longitudinal Australian study. *Personal Relationships, 5,* 393-407.

Bushnell, I. W. R., Sai, F., & Mullin, J. T. (1989). Neonatal recognition of the mother's face. *British Journal of Developmental Psychology, 7,* 3-15.

Caldera, Y. M., Huston, A. C., & O'Brien, M. (1995). *Antecedents of father-infant attachment: A longitudinal study.* Paper presented at the Society for Research in Child Development, Indianapolis.

Carlson, V., Cicchetii, D., Barnett, D., & Braunwald, K. G. (1989). Finding order in disorganization: Lessons from research on maltreated infants' attachment to their caregivers. In D. Cicchetti & V. Carlson (Eds.), *Child maltreatment: Theory and research on the causes and consequences of child abuse and neglect* (pp. 494-528). New York: Cambridge University.

Carpendale, J. I. M., & Lewis, C. (2004). Constructing an understanding of mind: The development of children's social understanding within social interaction. *Behavioral and Brain Sciences, 27,* 79-151.

Cassidy, J. (1988). Child-mother attachment and the self in six-year-olds. *Child Development, 59,* 121-134.

Chen, X., Lui, M., & Li, D. (2000). Parental warmth, control and indulgence and their relations to adjustment in Chinese children. *Journal of Family Psychology, 14,* 401-409.

Clarke-Stewart, K. A., & Hayward, C. (1996). Advantages of father custody and contact for the psychological well-being of school-age children. *Journal of Applied Developmental Psychology, 17,* 239-270.

Coleman, J. C., & Hendry, L. (1990). *The nature of adolescence* (2nd ed.). London: Routledge.

Collins, W. A. (1990). Parent-child relationships in the transition to adolescence: Continuity and change in interaction, affect, and cognition. In R. Montemayor, G. R. Adams, & T. Gullotta (Eds.), *From childhood to adolescence: A transitional period? Advances in adolescent development* (Vol. 2, pp. 85-106). Beverly Hills, CA: Sage.

Collins, W. A. (1991). Shared views and parent-adolescent relationships. In R. L. Paikoff (Ed.), *Shared views in the family during adolescence: New directions for child development* (Vol. 51, pp. 103-110). San Francisco: Jossey-Bass.

Collins, W. A. (1997). Relationships and development during adolescence: Interpersonal adaptation to individual change. *Personal Relationships, 4,* 1-14.

Collins, W. A., Harris, M. L., & Susman, A. (1995). Parenting during middle childhood. In M. H. Bornstein (Ed.), *Handbook of parenting* (Vol. 1, pp. 65-89). Mahwah, NJ: Lawrence Erlbaum Associates.

Collins, W. A., Maccoby, E. E., Steinberg, L., Hetherington, E. M., & Bornstein, M. H. (2000). Contemporary research on parenting? The case for nature and nurture. *American Psychologist, 55,* 218-232.

Collins, W. A., & Russell, G. (1991). Mother-child and father-child relationships in middle childhood and adolescence: A developmental analysis. *Developmental Review, 11,* 99-136.

Cooksey, E. C. (1997). Consequences of young mothers' marital histories for children's cognitive development. *Journal of Marriage & the Family, 59,* 245-261.

Cooksey, E. C., & Fondell, M. M. (1996). Spending time with his kids: Effects of family structure on fathers' and childrens' lives. *Journal of Marriage and the Family, 58,* 693-707.

Cox, M. J., Owen, M. T., Henderson, V. K., & Margand, N. A. (1992). Prediction of infant-father and infant-mother attachment. *Developmental Psychology, 28,* 474-483.

Crittenden, P. M. (1988). Relationships at risk. In J. Belsky & T. J. Nezworski (Eds.), *Clinical implications of attachment* (pp. 136-176). Hillsdale, NJ: Lawrence Erlbaum Associates.

Crittenden, P. M. (1990). Internal representational models of attachment relationships. *Infant Mental Health Journal, 11,* 259-277.

Crittenden, P. M. (1992). Treatment of anxious attachment in infancy and early childhood. *Developmental Psychopathology, 4,* 575-602.

Crittenden, P. M. (1994). Peering into the black box: An exploratory treatise on the development of self in young children. In D. Cicchetti & S. L. Toth (Eds.), *Disorders and dysfunctions of the self* (pp. 79-148). Rochester, NY: University of Rochester.

Crittenden, P. M., & Ainsworth, M. D. S. (1989). Child maltreatment and attachment theory. In D. Cicchetti & V. Carlson (Eds.), *Child maltreatment: Theory and research on the causes and consequences of child abuse and neglect* (pp. 432-463). New York: Cambridge University.

Crouter, A. C., MacDermid, S. M., McHale, S. M., & Perry-Jenkins, M. (1990). Parental monitoring and perceptions of children's school performance and conduct in dual- and single-earner families. *Developmental Psychology, 26,* 649-657.

Cummings, E. M., & Davies, P. T. (1994). *Children and marital conflict: The impact of family dispute and resolution.* New York and London: Guilford.

Cummings, E. M., Goeke-Morey, M. C., & Raymond, J. (2004). Fathers in family context: Effects of marital quality and marital conflict. In M. E. Lamb (Ed.), *The role of the father in child development* (4th ed., pp. 196-221). New York: Wiley.

Cummings, E. M., & O'Reilly, A. W. (1997). Fathers in family context: Effects of marital quality on child adjustment. In M. E. Lamb (Ed.), *The role of the father in child development* (3rd ed., pp. 49-65). New York: Wiley.

Damon, W. (1977). Measurement and social development. *Counseling Psychologist, 6,* 13-15.

Damon, W. (1983). *Social and personality development.* New York: Norton.

Danziger, K. (1971). *Socialization.* Hamondsworth, UK: Penguin.

Darling, N., & Steinberg, L. (1993). Parenting style context: An integrative model. *Psychological Bulletin, 113,* 487-496.

Davies, P. T., & Cummings, E. M. (1994). Marital conflict and child adjustment: An emotional security hypothesis. *Psychological Bulletin, 116,* 387-411.

Deater-Deckard, K. (2000). Parenting and child behavioral adjustment in early childhood: A quantitative genetic approach to studying family processes. *Child Development, 71,* 468-484.

DeLuccie, M. (1996). Predictors of paternal involvement and satisfaction. *Psychological Reports, 79,* 1351-1359.

De Wolff, M. S., & van IJzendoorn, M. H. (1997). Sensitivity and attachment: A meta-analysis on parental antecedents of infant attachment. *Child Development, 68,* 571-591.

Dodge, K. A., Bates, J. E., & Pettit, G. S. (1990). Mechanisms in the cycle of violence. *Science, 250,* 1678-1683.

Dodge, K. A., Pettit, G. S., & Bates, J. E. (1994). Effects of physical maltreatment on the development of peer relations. *Development and Psychopathology, 6,* 43-55.

Dornbusch, S. M., Ritter, R. L., Liederman, H., Roberts, D., & Fraleigh, M. (1987). The relation of parenting style to adolescent school performance. *Child Development, 58,* 1244-1257.

Downey, D. B. (1994). The school performance of children from single-mother and single-father families: Economic or interpersonal deprivation? *Journal of Family Issues, 15,* 129-147.

Duncan, G., & Brooks-Gunn, J. (Eds.). (1997). *Consequences of growing up poor.* New York: Russell Sage Foundation.

Dunn, J., Brown, J., & Beardsall, L. (1991). Family talk about feeling states and children's later understanding of others' emotions. *Developmental Psychology, 27,* 448-455.

Dunn, J., Brown, J., Slomkowki, C., Tesla, C., & Youngblade, L. (1991). Young children's understanding of other people's feelings and beliefs: Individual differences and their antecedents. *Child Development, 62,* 1352-1366.

Easterbrooks, M. A., & Goldberg, W. A. (1984). Toddler development in the family: Impact of father involvement and parenting characteristics.*Child Development, 55,* 740-752.

Eckenrode, J., Laird, M., & Doris, J. (1993). School performance and disciplinary problems among abused and neglected children. *Developmental Psychology, 29,* 53-62.

Egeland, B., & Sroufe, L. A. (1981). Attachment and early maltreatment. *Child Development, 52,* 44-52.

Emde, R. N., & Robinson, J. (1979). The first two months: Recent research in developmental psychology and the changing view of the newborn. In J. Noshpitz & J. Call (Eds.), *Basic handbook of child psychiatry.* New York: Basic Books.

Emery, R. E. (1989). Family violence. *American Psychologist, 44,* 312-329.

Emery, R. E. (1994). *Renegotiating family relationships: Divorce, child custody, and mediation.* New York: Guilford.

Emery, R. E. (1999). *Marriage, divorce, and children's adjustment* (2nd ed.). Thousand Oaks: Sage.

Emery, R. E., & Billings, L. L. (1998). An overview of the nature, causes, and consequences of abusive family relationships. *American Psychologist, 53,* 121-135.

Fagot, B. I. (1995). Parenting boys and girls. In M. H. Bornstein (Ed.), *Handbook of parenting* (Vol. 1, pp. 163-183). Mahwah, NJ: Lawrence Erlbaum Associates.

Fagot, B. I., & Kavanagh, K. (1993). Parenting during the second year: Effects of children's age, sex and attachment classification. *Child Development, 64,* 528-271.

Father's involvement in their children's schools. *Father Times, 6*(2), 1, 4-6.

Feldman, R., Guttfreund, D., & Yerushalmi, H. (1998). Parental care and intrusiveness as predictors of the abilities-achievement gap in adolescence. *Journal of Child Psychology & Psychiatry & Allied Disciplines, 39,* 721-730.

Feldman, S. S., & Rosenthal, D. A. (1991). Age expectations of behavioral autonomy in Hong Kong, Australian, and American youth: The influence of family variables and adolescents' values. *International Journal of Psychology, 26,* 1-23.

Feldman, S. S., Rosenthal, D. A., Mont-Reynaud, R., Leung, K., & Lau, S. (1991). Ain't misbehavin': Adolescent values and family environment as correlates of misconduct in Australia, Hong Kong, and the United States. *Journal of Research on Adolescence, 1,* 109-134.

Field, T. M., Cohen, D., Garcia, R., & Greenberg, R. (1984). Mother-strange face discrimination by the newborn. *Infant Behavior and Development, 7,* 19-25.

Finkelhor, D., & Dziuba-Leatherman, J. (1994). Children as victims of violence: A national survey. *Pediatrics, 91,* 413-420.

Flouri, E., & Buchanan, A. (2002a). Father involvement in childhood and trouble with the police in adolescence: Findings from the 1958 British cohort. *Journal of Interpersonal Violence, 17,* 689-701.

Flouri, E., & Buchanan, A. (2002b). What predicts good relationships with parents in adolescence and partners in adult life: Findings from the 1958 British birth cohort. *Journal of Family Psychology, 16,* 186-198.

Fonagy, P., Steele, H., & Steele, M. (1991). Maternal representations of attachment during pregnancy predict the organization of infant-mother attachment at one year of age. *Child Development, 62,* 891-905.

Fonagy, P., Redfern, S., & Charman, T. (1997). The relationship between belief-desire reasoning and a projective measure of attachment security (SAT). *British Journal of Developmental Psychology, 15,* 51-61.

Fonagy, P., & Target, M. (1997). Attachment and reflective function: Their role in self-organization. *Development and Psychopathology, 9,* 679-700.

Frankel, K. A., & Bates, J. E. (1990). Mother-toddler problem solving: Antecedents in attachment, home behavior, and temperament. *Child Development, 61,* 810-819.

Franz, C. E., McClelland, D. C., & Weinberger, J. (1991). Childhood antecedents of conventional social accomplishment in midlife adults: A 36-year prospective study. *Journal of Personality & Social Psychology, 60,* 586-595.

Franz, C. E., McClelland, D. C., Weinberger, J., & Peterson, C. (1994). Parenting antecedents of adult adjustment: A longitudinal study. In C. Perris, W. A. Arrindell, & M. Eisemann (Eds.), *Parenting and psychopathology* (pp. 127-144). New York: Wiley.

Freud, S. (1940). *An outline of psychoanalysis.* New York: Norton.

Freud, A. (1958). Adolescence. *Psychoanalytic Study of the Child, 13,* 255-278.

Frodi, A. M., Lamb, M. E., Leavitt, L. A., & Donovan, W. L. (1978a). Fathers' and mothers' responses to infant smiles and cries. *Infant Behavior and Development, 1,* 187-198.

Frodi, A. M., Lamb, M. E., Leavitt, L. A., Donovan, W. L., Neff, C., & Sherry, D. (1978b). Fathers' and mothers' responses to the faces and cries of normal and premature infants. *Developmental Psychology, 14,* 490-498.

Furstenberg, F. F., Jr., & Cherlin, A. J. (1991). *Divided families: What happens to children when parents part.* Cambridge, MA: Harvard University.

Gable, S., Crnic, K., & Belsky, J. (1994). Coparenting within the family system: Influences on children's development. *Family Relations: Journal of Applied Family & Child Studies, 43,* 380-386.

Gadsden, V. L. (1999). Black families in intergenerational and cultural perspective. In M. E. Lamb (Ed.), *Parenting and child development in "nontraditional" families* (pp. 221-246). Mahwah, NJ: Lawrence Erlbaum Associates.

Galinsky, E. (1999). *Ask the children: What America's children really think about paternal employment.* New York: Morrow.

Geffner, R., & Pagelow, M. D. (1990). Victims of spouse abuse. In R. T. Ammerman & M. Hersch (Eds.), *Treatment of family violence* (pp. 113-135). New York: Wiley.

George, C., Kaplan, N., & Main, M. (1985). *Adult attachment interview.* Unpublished manuscript, University of California, Berkeley.

George, C., & Main, M. (1979). Social interactions of young abused children: Approach, avoidance, and aggression. *Child Development, 50,* 306-318.

Giddens, A. (1998). *The third way.* Cambridge, UK: Polity.

Gjerde, P. F. (1986). The interpersonal structure of family interaction settings: Parent adolescent relations in dyads and triads. *Developmental Psychology, 22,* 297-304.

Gleason, J. B. (1975). Fathers and other strangers: Men's speech to young children. In D. P. Dato (Ed.), *Language and linguistics* (pp. 289-297). Washington, DC: Georgetown University.

Goldman, J. D. C., & Goldman, R. J. (1983). Children' s perceptions of parents and their roles: A cross-national study in Australia, England, North America and Sweden. *Sex Roles, 9,* 791-812.

Goodman, G. S., Emery, R. E., & Haugaard, J. J. (1998). Developmental psychology and law: Divorce, child maltreatment, foster care, and adoption. In W. Damon, I. Siegel, & A. Renninger (Eds.), *Handbook of child psychology: Vol. 4. Child psychology in practice* (5th ed., pp. 775-875). New York: Wiley.

Goodnow, J. J. (1996). From household practices to parents' ideas about work and interpersonal relationships. In S. Harkness & C. Super (Eds.), *Parents' cultural belief systems* (pp. 313-344). New York: Guilford.

Goossens, F. A., & van IJzendoorn, M. H. (1990). Quality of infants' attachments to professional caregivers: Relation to infant-parent attachment and day-care characteristics. *Child Development, 61,* 832-837.

Greenberg, M. T., Cicchetti, D., & Cummings, E. M. (Eds.). (1990). *Attachment in the preschool years: Theory, research, and intervention.* Chicago: University of Chicago.

Greenberg, M. T., & Speltz, M. (1988). Attachment and the ontogeny of conduct problems. In J. Belsky & T. J. Nezworski (Eds.), *Clinical implications of attachment* (pp. 177-218). Hillsdale, NJ: Lawrence Erlbaum Associates.

Grossmann, K. E., Grossmann, K., & Zimmermann, P. (1999). A wider view of attachment and exploration: Stability and change during the years of immaturity. In J. Cassidy & P. R. Shaver (Eds.), *Handbook of attachment: Theory, research, and clinical applications* (pp. 760-786). New York: Guilford.

Grotevant, H. D. (1998). Adolescent development in family contexts. In W. Damon & N. Eisenberg (Eds.), *Handbook of child psychology: Vol. 3. Social, personality, and emotional development* (5th ed., pp. 1097-1149). New York: Wiley.

Grych, J. H., & Fincham, F. D. (1990). Marital conflict and children's adjustment: A cognitive-contextual framwork. *Psychological Bulletin, 108,* 267-290.

Hamburg, B. A. (1985). Early adolescence: A time of transition and stress. *Journal of Early Adolescence, 78,* 158-167.

Hanson, T. L., McLanahan, S. S., & Thomson, E. (1996). Double jeopardy: Parental conflict and stepfamily outcomes for children. *Journal of Marriage & the Family, 58,* 141-154.

Hartley, R. (1960). Children's concepts of male and female roles. *Merrill Palmer Quarterly, 6,* 83-91.

Hauser, S., Book, B., Houlihan, J., Powers, S., Weiss-Perry, B., Follansbee, D., et al. (1987). Sex differences within the family: Studies of adolescent and parent family interaction. *Journal of Youth and Adolescence, 16,* 199-220.

Hay, D., & Nash, A. (2002). Social development in different family arrangements. In P. K. Smith & C. Hart (Eds.), *Blackwell handbook of childhood social development* (pp. 238-261). Oxford, UK: Blackwell.

Herman, M. A., & McHale, S. M. (1993). Coping with parental negativity: Links with parental warmth and marital adjustment. *Journal of Applied Developmental Psychology, 14,* 121-130.

Herzog, E., & Sudia, C. E. (1973). Children in fatherless families. In B. M. Caldwell & H. N. Ricciuti (Eds.), *Review of child development research* (Vol. 3, pp. 141–232). Chicago: University of Chicago Press.

Hetherington, E. M., Bridges, M., & Insabella, G. M. (1998). What matters? What does not? Five perspectives on the association between marital transitions and children's adjustment. *American Psychologist, 53,* 167–184.

Hetherington, E. M., & Clingempeel, G. (1992). Coping with marital transitions. *Monographs of the Society for Research in Child Development, 57*(Serial No. 227).

Hetherington, E. M., & Henderson, S. H. (1997). Fathers in stepfamilies. In M. E. Lamb (Ed.), *The role of the father in child development* (3rd ed., pp. 212–226). New York: Wiley.

Hetherington, E. M., & Kelly, J. (2002). *For better or for worse: Divorce reconsidered.* New York: Norton.

Hetherington, E. M., & Stanley-Hagan, M. M. (1999). Stepfamilies. In M. E. Lamb (Ed.), *Parenting and child development in "nontraditional" families* (pp. 137–159). Mahwah, NJ: Lawrence Erlbaum Associates.

Hill, J. (1988). Adapting to menarche: Familial control and conflict. In M. Gunnar (Ed.), *Minnesota symposium on child psychology* (Vol. 21, pp. 43–77). Hillsdale, NJ: Lawrence Erlbaum Associates.

Hill, J., & Holmbeck, G. N. (1987). Familial adaptation to biological change during adolescence. In R. M. Lerner & T. Foch (Eds.), *Biological-psychological interactions in early adolescence: A life-span perspective* (pp. 207–223). Hillsdale, NJ: Lawrence Erlbaum Associates.

Hobson, P. (2002). *The cradle of thought: Explorations of the origins of thinking.* London: Macmillan.

Hoffman-Plotkin, D., & Twentyman, C. T. (1984). A multimodal assessment of behavioral and cognitive deficits in abused and neglected preschoolers. *Child Development, 55,* 794–802.

Holden, G. D., & Miller, P. C. (1999). Enduring and different: A meta-analysis of the similarity in parents' child rearing. *Psychological Bulletin, 125,* 223–254.

Holden, G. W. (1995). Parental attitudes towards childrearing. In M. H. Bronstein (Ed.), *Handbook of parenting* (Vol. 3, pp. 359–392). Mahwah, NJ: Lawrence Erlbaum Associates.

Holden, G. W., Geffner, R., & Jouriles, E. W. (Eds.). (1998). *Children exposed eto marital violence: Theory, research, and applied issues.* Washington, DC: American Psychological Association.

Holmbeck, G. N., & O'Donnell, K. (1991). Discrepancies between perceptions of decision making behavioral autonomy. In R. Paikoff (Ed.), *Shared views in the family during adolescence: New directions for child development* (pp. 51–69). San Francisco: Jossey-Bass.

Hosley, C. A., & Montemayor, R. (1997). Fathers and adolescents. In M. E. Lamb (Ed.), *The role of the father in child development* (3rd ed., pp. 162–178). New York: Wiley.

Hughes, H. M., & Luke, D. A. (1998). Heterogeneity of adjustment among children of battered women. In G. W. Holden, R. Geffner, & E. W. Jouriles (Eds.), *Children exposed to marital violence: Theory, research, and applied issues* (pp. 185–221). Washington, DC: American Psychological Association.

Hughes, H. M., Parkinson, D. L., & Vargo, M. C. (1989). Witnessing spouse abuse and experiencing physical abuse: A "double whammy"? *Journal of Family Violence, 4,* 197–209.

Hunter, F. T. (1984). Socializing procedures in parent-child and friendship relations during adolescence. *Developmental Psychology, 20,* 1092-1099.

Isaacs, M. B., & Leon, G. H. (1988). Remarriage and its alternatives following divorce: Mother and child adjustment. *Journal of Marital & Family Therapy, 14,* 163-173.

Jarvis, P. A., & Creasey, G. L. (1991). Parental stress, coping, and attachment in families with an 18-month-old infant. *Infant Behavior & Development, 14,* 383-395.

Jenkins, J. M. (2000). Marital conflict and children's emotions: The development of an anger organization. *Journal of Marriage and the Family, 62,* 723-736.

Jenkins, J. M., & Astington, J. W. (1996). Cognitive factors and family structure associated with theory of mind development in young children. *Developmental Psychology, 32,* 70-78.

Jodl, K. M., Michael, A., Malanchuk, O., Eccles, J. S., & Sameroff, A. (2001). Parents' roles in shaping early adolescents' occupational aspirations. *Child Development, 72,* 1247-1265.

Johnston, J. R., Kline, M., & Tschann, J. M. (1989). Ongoing postdivorce conflict: Effects on children of joint custody and frequent access. *American Journal of Orthopsychiatry, 59,* 576-592.

Johnston, J. R. (1994). High conflict divorce. *The Future of Children, 4,* 165-182.

Josselson, R. (1980). Ego development in adolescence. In J. Adelson (Ed.), *Handbook of adolescent psychology* (pp. 188-210). New York: Wiley.

Jouriles, E. N., Norwood, W. D., McDonald, R., Vincent, J. P., & Mahoney, A. (1996). Physical violence and other forms of marital aggression: Links with children's behavior problems. *Journal of Family Psychology, 10,* 223-234.

Katz, L. F., & Gottman, J. M. (1993). Patterns of marital conflict predict children' s internalizing and externalizing behaviors. *Developmental Psychology, 29,* 940-950.

Kaufman, J., & Cicchetti, D. (1989). Effects of maltreatment of school-age children' s socioemotional development: Assessments in a day-camp setting. *Developmetnal Psychology, 4,* 516-524.

Kaye, K., & Marcus, J. (1981). Infant imitation: The sensory-motor agenda. *Developmental Psychology, 17,* 258-265.

Kazdin, A. E., Moser, J., Colbus, D., & Bell, R. (1985). Depressive symptoms among psychically abused and psychiatrically disturbed children. *Journal of Abnormal Psychology, 94,* 298-307.

Kelly, J. B. (2000). Children' s adjustments in conflicted marriage divorce: A decade review of research. *Journal of the American Academy of Child and Adolescent Psychiatry, 39,* 963-973.

Kendall-Tackett, K. A., & Eckenrode, J. (1996). The effects of neglect on academic achievement and disciplinary problems: A developmental perspective. *Child Abuse & Neglect, 20,* 161-169.

Kerns, K. A. (1996). Individual differences in friendship quality: Links to child-mother attachment. In W. M. Bukowski, W. W. Hartup, & A. F. Newcomb (Eds.), *The company they keep: Friendship in childhood and adolescence. Cambridge studies in social and emotional development* (pp. 137-157). New York: Cambridge.

Kobak, R., & Sceery, A. (1988). Attachment in late adolescence: Working models, affect regulation, and representation of self and others. *Child Development, 59,* 135-146.

Koestner, R., Franz, C., & Weinberger, J. (1990). The family origins of empathic concern: A 26-year longitudinal study. *Journal of Personality & Social Psychology, 58,* 709-717.

Korman, M., & Lewis, C. (2001). Mothers' and fathers' speech to infants: Explorations of the complexity of context. In M. Almgren, A. Barrena, M.-J. Ezeizabarena, I. Idiazabal, & B. Macwhinney (Eds.), *Research on child language* (pp. 431-453). Somerville, MA: Cascadilia

Press.

Korner, A. F., & Thoman, E. G. (1970). Visual alertness in neonates as evoked by maternal care. *Journal of Experimental Child Psychology, 10,* 67-78.

Korner, A. F., & Thoman, E. G. (1972). The relative efficacy of contact and vestibular-proprioceptive stimulation in soothing neonates. *Child Development, 43,* 443-453.

Kroger, J. (1985). Relationships during adolescence: A cross-national study of New Zealand and United States teenagers. *Journal of Adolescence, 8,* 47-56.

Kuczynski, L. (2003). Beyond directionality: Bilateral conceptual frameworks for studying dynamics in parent-child relations. In L. Kuczynski (Ed.), *Handbook of dynamics in parent-child relations* (pp. 3-24). Thousand Oaks, CA: Sage.

Kuczynski, L., Kochanska, G., Radke-Yarrow, M., & Girnius-Brown, O. (1987). A developmental interpretation of young children's noncompliance. *Developmental Psychology, 23,* 799-806.

Labrell, F. (1994). A typical interaction behavior between fathers and toddlers: Teasing. *Early Development and Parenting, 3,* 125-130.

Labrell, F., Deleau, M., & Juhel, J. (2000). Father's and mother's distancing strategies towards toddlers. *International Journal of Behavioral Development, 24,* 356-361.

Lamb, M. E. (1976a). Effects of stress and cohort on mother- and father-infant interaction. *Developmental Psychology, 12,* 435-443.

Lamb, M. E. (1976b). Interactions between eight-month-old children and their fathers and mothers. In M. E. Lamb (Ed.), *The role of the father in child development* (1st ed., pp. 307-328). New York: Wiley.

Lamb, M. E. (1976c). Twelve-month-olds and their parents. Interaction in a laboratory playroom. *Developmental Psychology, 12,* 237-244.

Lamb, M. E. (1977a). The development of mother-infant and father-infant attachments in the second year of life. *Developmental Psychology, 13,* 637-648.

Lamb, M. E. (1977b). Father-infant and mother-infant interaction in the first year of life. *Child Development, 48,* 167-181.

Lamb, M. E. (1981a). Developing trust and perceived effectance in infancy. In L. P. Lipsitt (Ed.), *Advances in infancy research* (Vol. 1, pp. 101-130). Norwood, NJ: Ablex.

Lamb, M. E. (1981b). The development of social expectation in the first year of life. In M. E. Lamb & L. R. Sherrod (Eds.), *Infant social cognition* (pp. 155-175). Hillsdale, NJ: Lawrence Erlbaum Associates.

Lamb, M. E. (Ed.). (1997). The development of father-infant relationships. In M. E. Lamb (Ed.), *The role of the father in child development* (3rd ed., pp. 104-120, 332-342). New York: Wiley.

Lamb, M. E. (1999a). Noncustodial fathers and their impact on the children of divorce. In R. A. Thompson & P. R. Amato (Eds.), *The post-divorce family: Research and policy issues* (pp. 105-125). Thousand Oaks, CA: Sage.

Lamb, M. E. (Ed.) (1999b). *Parenting and child development in "nontraditional" families.* Mahwah, NJ: Lawrence Erlbaum Associates.

Lamb, M. E. (2002a). Infant-father attachments and their impact on child development. In C. S. Tamis-LeMonda & N. Cabrera (Eds.), *Handbook of father involvement* (pp. 93-118). Mahwah, NJ: Lawrence Erlbaum Associates.

Lamb, M. E. (2002b). Nonresidential fathers and their children. In C. S. Tamis-LeMonda & N. Cabrera (Eds.), *Handbook of father involvement* (pp. 169-184). Mahwah, NJ: Lawrence

Erlbaum Associates.

Lamb, M. E., Bronstein, M. H., & Teti, D. M. (2002). *Development in infancy* (4th ed.). Mahwah, NJ: Lawrence Erlbaum Associates.

Lamb, M. E., Gaensbauer, T. J., Malkin, C. M., & Shultz, L. (1985). The effects of abuse and neglect on security of infant-adult attachment. *Infant Behavior and Development, 8,* 35-45.

Lamb, M. E., Hwang, C. P., Frodi, A. M., & Frodi, M. (1982). Security of mother and father-infant attachment and its relation to sociability with strangers in traditional and nontraditional Swedish families. *Infant Behavior & Development, 5,* 355-367.

Lamb, M. E., & Lewis, C. (2004). The development and significance of father-child relationships in two-parent families. In M. E. Lamb (Ed.), *The role of the father in child development* (4th ed., pp. 273-307). Chichester, UK: Wiley.

Lamb, M. E., Thompson, R. W., Gardner, E. L., & Charnov, E. L. (1985). *Infant-mother attachment: The origins and development significance of individual differences in Strange Situation behavior.* Hillsdale, NJ: Lawrence Erlbaum Associates.

Lamborn, S. D., & Steinberg, L. (1993). Emotional autonomy redux: Revisiting Ryan and Lynch. *Child Development, 64,* 483-499.

Langford, W., Lewis, C., Solomon, Y., & Warin, J. (2001). *Family understandings: Closeness, authority and independence in families with teenagers.* London: Family Policy Study Centre & Joseph Rowntree Foundation.

Larson, R., & Richards, M. H. (1994). *Divergent realities: The emotional lives of mothers, fathers, and adolescents.* New York: Basic Books.

Leaper, C. (2002). Parenting girls and boys. In M. Bornstein (Ed.), *Handbook of parenting: Children and parenting* (2nd ed., Vol. 1, pp. 189-225). Mahwah, NJ: Lawrence Erlbaum Associates.

Lempers, J. D., Clark-Lempers, D., & Simons, R. L. (1989). Economic hardship, parenting, and distress in adolescence. *Child Development, 60,* 25-39.

Lewis, C. (1986). *Becoming a father.* Milton Keynes: Open University Press.

Lewis, C., & Carpendale, J. I. M. (2002). Social cognition. In P. K. Smith & C. Hart (Eds.), *The handbook of social development* (pp. 375-393). Oxford, UK: Blackwell.

Lewis, C., Freeman, N. H., Kyriakidou, C., Maridaki-Kassotaki, K., & Berridge, D. (1996). Social influences on false belief access: Specific sibling influences or general apprenticeship? *Child Development, 67,* 2930-2947.

Lewis, C., & Gregory, S. (1987). Parents' talk to their infants: The importance of context. *First Language, 7,* 201-216.

Lewis, C., Newson, J., & Newson, E. (1982). Father participation throughout childhood. In N. Beail & J. McGuire (Eds.), *Fathers: Psychological perspectives* (pp. 174-793). London: Junction.

Leyendecker, B., & Lamb, M. E. (1999). Latino families. In M. E. Lamb (Ed.), *Parenting and child development in "nontraditional" families* (pp. 247-262). Mahwah, NJ: Lawrence Erlbaum Associates.

Lindsey, E. W., & Mize, J. (2001). Contextual differences in parent-child play: Implications for children's gender role development. *Sex Roles, 44,* 155-176.

Lynch, M., & Roberts, J. (1982). *Consequences of child abuse.* London: Academic.

Lyons-Ruth, K., Easterbrooks, M. A., & Davidson, C. C. (1997). Infant attachment strategies, infant mental lag, and maternal depressive symptoms: Predictors of internalizing and externalizing problems at age 7. *Developmental Psychology, 33,* 681-692.

Lyons-Ruth, K., & Jacobvitz, D. (1999). Attachment disorganization: Unresolved loss, relational violence, and lapses in behavioral and attentional strategies. In J. Cassidy & P. R. Shaver (Eds.), *Handbook of attachment: Theory, research, and clinical applications* (pp. 520-554). New York: Guilford.

Lytton, H., & Romney, D. M. (1991). Parents' differential socialization of boys and girls: A meta-analysis. *Psychological Bulletin, 109,* 267-296.

Maccoby, E. (1984). Middle childhood in the context of the family. In W. A. Collins (Ed.), *Development during middle childhood: The years from six to twelve* (pp. 184-239). Washington, DC: National Academy of Sciences.

Maccoby, E. E. (1992). The role of parents in the socialization of children: A historical overview. *Developmental Psychology, 28,* 1006-1017.

Maccoby, E. E. (2000). Parenting and its effects on children: On reading and misreading behavior genetics. *Annual Review of Psychology, 51,* 1-27.

Maccoby, E. E. (1998). *The two sexes: Growing up apart, coming together.* Cambridge, MA: Harvard University Press.

Maccoby, E. E., & Martin, J. (1983). Socialization in the context of the family: parent-child interaction. In P. H. Mussen & E. M. Hetherington (Eds.), *Handbook of child psychology: Vol. 4. Socialization, personality, and social development* (4th ed., pp. 1-101). New York: Wiley.

MacDonald, R. H., & Parke, R. D. (1984). Bridging the gap: Parent-child play interaction and peer competence. *Child Development, 55,* 1265-1277.

MacKinnon, C., Lamb, M. E., Arbuckle, B., Baradaran, L. P., & Volling, B. (1992). The relationship between biased maternal and filial attributions and the aggressiveness of their interactions. *Development and Psychopathology, 2,* 1-14.

MacKinnon, C., Lamb, M. E., Belsky, J., & Baum, C. (1990). An affective-cognitive model of mother-child aggression. *Development and Psychopathology, 2,* 1-14.

MacKinnon-Lewis, C., Volling, B. L., Lamb, M. E., Dechman, K., Rabiner, D., & Curtner, M. E. (1994). A cross-contextual analysis of children's social competence: From family to school. *Developmental Psychology, 30,* 325-333.

MacKinnon-Lewis, C., Volling, B. L., Lamb, M. E., Hattie, J., & Baradaran, I. (2001). A longitudinal examination of the associations between mothers' and children's attributions and their aggression. *Development and Psychopathology, 13,* 69-81.

Maclean, M., & Eekelaar, J. (1997). *The parental obligation: A study of parenthood across households.* Oxford, UK: Hart.

Maier, E. H., & Lachman, M. E. (2000). Consequences of early parental loss and separation for health and well-being in midlife. *International Journal of Behavioral Development, 24,* 183-189.

Main, M., & George, C. (1985). Response of abused and disadvantaged toddlers to distress in age mates: A study in the day care setting. *Developmental Psychology, 21,* 407-412.

Main, M., & Goldwyn, R. (1994). *Adult attachment classification system.* Unpublished manuscript, University of California, Berkeley.

Main, M., & Hesse, E. (1990). Parents' unresolved traumatic experiences are related to infant disorganized attachment status: Is frightened and/or frightening parental behavior the linking mechanism? In M. T. Greenberg, D. Cicchetti, & E. M. Cummings (Eds.),

Attachment in the preschool years: Theory, research, and intervention. The John D. and Catherine T. MacArthur Foundation series on mental health and development (pp. 161-182). Chicago: University of Chicago.

Main, M., Kaplan, N., & Cassidy, J. (1985). Security in infancy, childhood, and adulthood: A move to the level of representation. In I. Bretherton & E. Waters (Eds.), Growing points of attachment theory and research. *Monographs of the Society for Research in Child Development, 50* (1/2, Serial No. 209), 66-104.

Main, M., & Solomon, J. (1990). Procedures for identifying infants as disorganized/disoriented during the Ainsworth Strange Situation. In M. T. Greenberg, D. Cicchetti, & E. M. Cummings (Eds.), *Attachment in the preschool years: Theory, research, and intervention. The John D. and Catherine T. MacArthur Foundation series on mental health and development* (pp. 121-160). Chicago: The University of Chicago.

Main, M., & Weston, D. R. (1981). Security of attachment to mother and father: Related to conflict behavior and the readiness to establish new relationships. *Child Development, 52,* 932-940.

Mandler, G. (1985). *Cognitive psychology: An essay in cognitive science.* Hillsdale, NJ: Lawrence Erlbaum Associates.

McAdoo, H. P. (1993). Ethnic families: Strengths that are found in diversity. In H. P. McAdoo (Ed.), *Ethnic families: Strength in diversity* (pp. 3-14). Newbury Park, CA: Sage.

McGrellis, S., Henderson, S., Holland, J., Sharpe, S., & Thomson, R. (2000). *Beyond the moral maze: A quantitative study of young people's values.* London: Tuffnell.

McLanahan, S. S. (1999). Father absence and the welfare of children. In E. M. Hetherington (Ed.), *Coping with divorce, single parenting, and remarriage: A risk and resiliency perspective* (pp. 117-145). Mahwah, NJ: Lawrence Erlbaum Associates.

McLanahan, S. S., & Sandefur, G. (1994). *Growing up with a single parent. What hurts, what helps?* Cambridge, MA: Harvard University.

McLanahan, S., & Teitler, J. (1999). The consequences of father absence. In M. E. Lamb (Ed.), *Parenting and child development in "nontraditional" families* (pp. 83-102). Mahwah, NJ: Lawrence Erlbaum Associates.

McNeal, C., & Amato, P. R. (1998). Parents' marital violence: Long-term consequences for children. *Journal of Family Issues, 19,* 123-139.

Meins, E. (1997). Security of attachment and maternal tutoring strategies: Interaction within the zone of proximal development. *British Journal of Developmental Psychology, 15,* 129-144.

Meins, E. (1999). Sensitivity, security and internal working models: Bridging the transmission gap. *Attachment & Human Development, 1,* 325-342.

Meins, E., Fernyhough, C., Fradley, E., & Tuckey, M. (2001). Rethinking maternal sensitivity: Mothers' comments on infants' mental processes predict security of attachment at 12 months. *Journal of Child Psychology and Psychiatry, 42,* 637-648.

Meins, E., Fernyhough, C., Russell, J., & Clark-Carter, D. (1998). Security of attachment as a predictor of symbolic and mentalising abilities: A longitudinal study. *Social Development, 7,* 1-24.

Meins, E., Fernyhough, C., Wainwright, R., Das Gupta, M., Fradley, E., & Tuckey, M. (2002). Maternal mind-mindedness and attachment security as predictors of theory of mind understanding. *Child Development, 73,* 1715-1726.

Montemayor, R. (1983). Parents and adolescents in conflict: All families some of the time and some families most of the time. *Journal of Early Adolescence, 3,* 83-103.

Montemayor, R., & Brownlee, J. (1987). Fathers, mothers, and adolescents: Gender based differences in parental roles during adolescence. *Journal of Youth and Adolescence, 16,* 281-291.

Murray, A. D. (1979). Infant crying as an elicitor of parental behavior: An examination of two models. *Psychological Bulletin, 86,* 191-215.

National Research Council. (1993). *Understanding child abuse and neglect.* Washington, DC: National Academy.

Noller, P. (1980). Cross-gender effect in two-child families. *Developmental Psychology, 16,* 159-160.

Noller, P., & Callan, V. J. (1986). Adolescent and parent perceptions of family cohesion and adaptability. *Journal of Adolescence, 9,* 97-106.

Noller, P., & Callan, V. J. (1988). Understanding parent-adolescent interactions: Perceptions of family members and outsiders. *Developmental Psychology, 24,* 707-714.

Notaro, P. C., Volling, B. L. (1999). Parental responsiveness and infant-parent attachment: A replication study with fathers and mothers. *Infant Behavior & Development, 22,* 345-353.

Oates, K., Peacock, A., & Forrest, D. (1984). The development of abused children. *Developmental Medicine and Child Neurology, 26,* 649-659.

O'Brien, M., John, R. S., Margolin, G., & Erel, O. (1994). Reliability and diagnostic efficacy of parents' reports regarding children's exposure to marital aggression. *Violence and Victims, 9,* 45-62.

O'Connor, T. G. (2002). The effects of parenting reconsidered: Findings, challenges and applications. *Journal of Child Psychology and Psychiatry, 43,* 555-572.

O'Connor, T. G., Neiderhiser, J. M., Reiss, D., Hetherington, E. M., & Plomin, R. (1998). Genetic contributions to continuity, change, and co-occurrence of antisocial and depresisve symptoms in adolescence. *Journal of Child Psychology & Psychiatry & Allied Disciplines, 39,* 323-336.

Offer, D., Ostrov, E., & Howard, K. (1981). *The adolescent: A psychological self-portrait.* New York: Basic Books.

Oosterwegel, A., & Oppenheimer, L. (1993). *The self-system: Developmental changes between and within self-concepts.* Hillsdale, NJ: Lawrence Erlbaum Associates.

Oppenheim, D., Sagi, A., & Lamb, M. E. (1988). Infant-adult attachments on the kibbutz and their relation to socioemotional development 4 years later. *Developmental Psychology, 24,* 427-433.

Osofsky, J. D., Hann, D. M., & Peebles, C. (1993). Adolescent parenthood: Risks and opportunities for parent and infants. In C. Zeanah (Ed.), *Handbook of infant mental health* (pp. 106-119). New York: Guilford.

Parke, R. D., & Buriel, R. (1998). Socialization in the family: Ethnic and ecological perspectives. In W. Damon & N. Eisenberg (Eds.), *Handbook of child psychology: Vol. 3. Social, emotional, and perspective development* (5th ed., pp. 463-552). New York: Wiley.

Parke, R. D., Dennis, J., Flyr, M., Morris, K. L., Killian, C., McDowell, D. J., et al. (2004). Fathering and children's peer relationships. In M. E. Lamb (Ed.), *The role of the father in child development* (4th ed., pp. 32-57). New York: Wiley.

Parke, R. D., Simpkins, S. D., McDowell, D. J., Kim, M., Killian, C., Dennis, J., et al. (2002). Relative contributions of families and peers to children's social development. In P. K.

Smith & C. Hart (Eds.), *Blackwell handbook of childhood social development* (pp. 156-177). Oxford, UK: Blackwell.

Patterson, G. R. (1976). The aggressive child: Victim and architect of a coercive system. In L. A. Hamelynch, L. C. Handy, & E. J. March (Eds.), *Behavior modification and families* (pp. 267-316). New York: Brunner/Mazel.

Patterson, G. R. (1982). *Coercive family processes*. Eugene, OR: Castalia.

Patterson, G. R., Reid, J. B., & Dishion, T. J. (1992). *A social learning approach IV: Antisocial boys*. Eugene, OR: Castalia.

Pellegrini, A. D., Brody, G. H., & Stoneman, Z. (1987). Children's conversational competence with their parents. *Discourse Processes, 10,* 93-106.

Pence, A. R. (Ed.). (1988). *Ecological research with children and families: From concepts to methodology*. New York: Teachers College Press.

Perner, J., Ruffman, T., & Leekam, S. R. (1994). Theory of mind in contagious: You catch it from your sibs. *Child Development, 65,* 1228-1238.

Phares, V. (1996). *Fathers and developmental psychopathology*. New York: Wiley.

Phares, V. (1997). Psychological adjustment, maladjustment, and father-child relationships. In M. E. Lamb (Ed.), *The role of the father in child development* (3rd ed., pp. 261-283). New York: Wiley.

Pianta, R., Egeland, B., & Erickson, M. F. (1989). The antecedents of maltreatment: Results of the Mother-Child Interaction Research Project. In D. Cicchetti & V. Carlson (Eds.), *Child mlatreatment: Theory and research on the causes and consequences of child abuse and neglect* (pp. 203-253). New York: Cambridge University.

Pleck, E. (2004). The dimensions of fatherhood: A history of the good dad-bad dad complex. In M. E. Lamb (Ed.), *The role of the father in child development* (4th ed., pp. 32-57). New York: Wiley.

Pleck, J. H., & Masciadrelli, B. P. (2004). Paternal involvement by U.S. residential fathers: Levels, sources and consequences. In M. E. Lamb (Ed.), *The role of the father in child development* (4th ed., pp. 222-270). New York: Wiley.

Plomin, R., DeFries, J. C., McClearn, G. E., & McGuffin, P. (2000). *Behavioral genetics* (4th ed.). New York: Worth.

Posada, G., Jacobs, A., Carbonell, O. A., Alzate, G., Bustamante, M. R., & Arenas, A. (1999). Maternal care and attachment security in ordinary and emergency contexts. *Developmetnal Psychology, 35,* 1379-1388.

Price, J. M., & Van Slyke, D. (1991, April). *Social information processing patterns and social adjustment of maltreated children*. Paper presented to the Society for Research in Child Development, Seattle, WA.

Raag, T., & Rackliff, C. L. (1998). Preschoolers' awareness of social expectations of gender: Relationships to toy choices. *Sex Roles, 38,* 685-700.

Rapoport, R., Rapoport, R., & Strellitz, Z. (1975). *Fathers, mothers and others*. London: Routledge.

Reddy, V. (2003). On being the object of attention: Implications for self-other consciousness. *Trends in Cognitive Sciences, 7,* 397-402.

Rohner, R. P., & Pettengill, S. M. (1985). Perceived parental acceptance-rejection and parental control among Korean adolescents. *Child Development, 56,* 524-528.

Rosen, K. S., & Rothbaum, F. (1993). Quality of parental caregiving and security of attachment.

Developmental Psychology, 29, 358-367.

Ross, H., & Taylor, H. (1989). Do boys prefer daddy or his physical style of play? *Sex Roles, 20,* 23-33.

Ruble, D. M., & Martin, C. L. (1998). Gender development. In W. Damon & N. Eisenberg (Eds.), *Handbook of child psychology: Vol. 3. Social, emotional, and personality development* (5th ed., pp. 933-1016). New York: Wiley.

Ruffman, T., Perner, J., Naito, M., Parkin, L., & Clements, W. A. (1998). Older (but not younger) siblings facilitate false belief understanding. *Developmental Psychology, 34,* 161-174.

Ruffman, T., Perner, J., & Parkin, L. (1999). How parenting style affects false belief understanding. *Social Development, 8,* 395-411.

Russell, A., Aloa, V., Feder, Y., Glover, A., Miller, H., & Palmer, G. (1998). Sex-based differences in parenting styles in a sample with preschool children. *Australian Journal of Psychology, 50,* 89-99.

Russell, G., & Russell, A. (1987). Mother-child and father-child relationships in middle childhood. *Child Development, 58,* 1573-1585.

Russell, A., & Saebel, J. (1997). Mother-son, mother-daughter, father-son, and father-daughter: Are they distinct relationships? *Developmental Review, 17,* 111-147.

Sagi, A., Lamb, M. E., & Gardner, W. (1986). Relations between Strange Situation behavior and stranger sociability among infants on Israel kibbutzim. *Infant Behavior & Development, 9,* 271-282.

Salzinger, S., Feldman, R., Hammer, M., & Rosario, M. (1993). The effects of physical abuse on children's social relationships. *Child Development, 64,* 169-187.

Schuengel, C., Bakermans-Kranenburg, M., van IJzendoorn, M. H., & Blom, M. (1999). Unresolved loss and infant disorganization: Links to frightening maternal behavior. In J. Solomon & C. George (Eds.), *Attachment disorganization* (pp. 71-94). New York: Guilford.

Sears, R. R., Maccoby, E. E., & Levin, H. (1957). *Patterns of child rearing*. Palo Alto, CA: Stanford University.

Sebald, H. (1977). *Adolescence: A social psychological analysis* (2nd ed.). Englewood Cliffs, NJ: Prentice Hall.

Sedlak, A. J., & Broadhurst, D. D. (1996). *Third national incidence study of child abuse and neglect: Final report.* Washington, DC: U.S. Department of Health and Human Services.

Seltzer, J. A. (1991). Relationships between fathers and children who live apart: The father's role after separation. *Journal of Marriage & the Family, 53,* 79-1010.

Seltzer, J. A. (1994). Consequences of marital dissolution for children. *Annual Review of Sociology, 20,* 235-266.

Seltzer, J. A. (1998). Men' s contributions to children and social policy. In A. Booth & A. C. Crouter (Eds.), *Men in families: When do they get involved? What differences does it make?* (pp. 303-314). Hillsdale, NJ: Lawrence Erlbaum Associates.

Shaw, D. S., Owens, E. B., Vondra, J. I., & Keenan, K. (1996). Early risk factors and pathways in the development of early disruptive behavior problems. *Development & Psychopathology, 8,* 679-699.

Shulman, S., & Seiffge-Krenke, I. (1997). *Fathers and adolescents: Developmental and clinical perspectives*. London: Routledge.

Siegel, A. U. (1987). Are sons and daughters more differently treated by fathers than by mothers? *Developmental Review, 7,* 183-209.

Silverberg, S. B., Tennenbaum, D. L., & Jacob, T. (1992). Adolescence and family interacion. In V. B. Van Hasselt & M. Hersen (Eds.), *Handbook of social development: A lifespan perspective. Perspectives in developmental psychology* (pp. 347–370). New York: Plenum.

Simmons, R. G., & Blyth, D. A. (1987). *Moving into adolescence: The impact of pubertal change and school context.* New York: Aldine DeGruyter.

Simons, R. L., and Associates (1996). *Understanding differences between divorced and infant families: Stress, interaction, and child outcome.* Thousand Oaks, CA: Sage.

Slough, N. (1988). *Assessment of attachment in five-year-olds: Relationship among separation, the internal representation, and mother-child functioning.* Unpublished doctoral dissertation, University of Washington.

Smetana, J. G. (1988). Adolescents' and parents' conceptions of parental authority. *Child Development, 59,* 321–335.

Smetana, J. G. (1989). Adolescents' and parents' reasoning about actual family conflicts. *Child Development, 60,* 1052–1067.

Smetana, J. G. (1995). Context, conflict, and constraint in adolescent-parent authority relationships. In M. Killen & D. Hart (Eds.), *Morality in everyday life: Developmental perspective (Cambridge studies in social and emotional development* pp. 225–255). Cambridge, UK: Cambridge University.

Solomon, Y., Warin, J., & Lewis, C. (2002). Helping with homework: Homework as a site of tension for parents and teenagers. *British Educational Research Journal, 28,* 603–622.

Solomon, Y., Warin, J., Lewis, C., & Langford, W. (2002). Intimate talk between parents and their teenage children: Democratic openness of covert control. *Sociology, 36,* 965–983.

Sroufe, L. A. (1983). Individual patterns of adaptation from infancy to preschool. In M. Perlmutter (Ed.), *Development and policy concerning children with special needs* (pp. 41–83). Hillsdale, NJ: Lawrence Erlbaum Associates.

Sroufe, L. A. (1988). The role of infant-caregiver attachment in development. In J. Belsky & T. J. Nezworski (Eds.), *Clinical implications of attachment* (pp. 18–40). Hillsdale, NJ: Lawrence Erlbaum Associates.

Sroufe, L. A. (1996). *Emotional development.* Cambridge, England: Cambridge University.

Steele, H., Steele, M., Croft, C., & Fonagy, P. (1999). Infant-mother attachment at one year predicts children's understanding of mixed emotions at six years. *Social Development, 8,* 161–178.

Steele, H., Steele, M., & Fonagy, P. (1996). Associations among attachment classifications of mothers, fathers, and their infants. *Child Development, 67,* 541–555.

Steinberg, L. (1981). Transformation in family relationships at puberty. *Developmental Psychology, 17,* 833–840.

Steinberg, L. (1987). Impact of puberty on family relations: Effects of pubertal status and pubertal timing. *Developmental Psychology, 23,* 451–460.

Steinberg, L. (1988). Reciprocal relations between parent-child distance and pubertal maturation. *Developmental Psychology, 24,* 122–128.

Steinberg, L. (1990). Interdependence in the family: Autonomy, conflict, and harmony in the parent-adolescent relationships. In S. S. Feldman & G. Elliott (Eds.), *At the threshold: The developing adolescent* (pp. 255–276). Cambridge, MA: Harvard University.

Steinberg, L. D., & Darling, N. E. (1994). The broader context of social influence in adolescence. In R. K. Silbereisen & E. Todt (Eds.), *Adolescence in context* (pp. 25–45). New York:

Springer-Verlag.

Steinberg, L. D., Darling, N. E., & Fletcher, A. C. (1995). Authoritative parenting and adolescent development: An ecological journey. In P. Moen, G. H. Elder, & K. Luscher (Eds.), *Examining lives in context* (pp. 423-466). Washington, DC: American Psychological Association.

Steinberg, L., Elmen, J. D., & Mounts, N. S. (1989). Authoritative parenting, psychosocial maturity, and academic success among adolescents. *Child Development, 60,* 1424-1436.

Steinberg, K. J., & Lamb, M. E. (1999). Violent families. In M. E. Lamb (Ed.), *Parenting and child development in "nontraditional" families* (pp. 305-325). Mahwah, NJ: Lawrence Erlbaum Associates.

Steinberg, K. J., Lamb, M. E., & Dawud-Noursi, S. (1998). Understanding domestic violence and its effects: Making sense of divergent reports and perspectives. In G. W. Holden, R. Geffiner, & E. W. Jouriles (Eds.), *Children exposed to family violence* (pp. 121-156). Washington, DC: American Psychological Association.

Steinberg, K. J., Lamb, M. E., Greenbaum, C., Cicchetti, D., Dawud, D., Cortes, R. M., et al. (1993). Effects of domestic violence on children's behavior problems and depression. *Developmental Psychology, 29,* 44-52.

Steinberg, K. J., Lamb, M. E., Greenbaum, C., Dawud, S. Cortes, R. M., & Lorey, F. (1994). The effects of domestic violence on children's perceptions of their perpetrating and nonperpetrating parents. *International Journal of Behavioral Development, 17,* 779-795.

Straus, M. A., & Gelles, R. J. (1986). Change in family violence from 1975-1985. *Journal of Marriage and the Family, 48,* 465-479.

Straus, M. A., & Gelles, R. J. (1990). How violent are American families? Estimates from the national family violence resurvey and other studies. In M. A. Straus & R. J. Gelles (Eds.), *Physical violence in American families* (pp. 95-108). New Brunswick, NJ: Transaction Books.

Straus, M. A., Gelles, R. J., & Steinmetz, S. (1980). *Behind closed doors: Violence in the American family.* New York: Doubleday/Anchor.

Suess, G. J., Grossmann, K. E., & Sroufe, L. A. (1992). Effects of infant attachment to mother and father on quality of adaptation in preschool: From dyadic to individual organization of self. *International Journal of Behavioral Development, 15,* 43-65.

Symons, D. K., & Clark, S. E. (2000). A longitudinal study of mother-child relationships and theory of mind in the preschool period. *Social Development, 9,* 3-23.

Teti, D. M. (Ed.). (2005). *Handbook of research methods in developmental psychology.* Oxford: Blackwell.

Teti, D. M., Gelfand, D. M., Messinger, D. S., & Isabella, R. (1995). Maternal depression and the quality of early attachment: An examination of infants, preschoolers, and their mothers. *Developmental Psychology, 31,* 364-376.

Teti, D. M., & Teti, L. O. (1996). Infant-parent relationships. In N. Vanzetti & S. Duck (Eds.), *A lifetime of relationships* (pp. 77-104). Belmont, CA: Brooks/Cole.

Thompson, R. A. (1998). Early sociopersonality development. In W. Damon & N. Eisenberg (Eds.), *Handbook of child psychology: Vol. 3. Social, emotional, and personality development* (5th ed., pp. 25-104). New York: Wiley.

Tomasello, M. (1999). *The cultural origins of human cognition.* Cambridge, MA: Harvard University.

van IJzendoorn, M. H. (1995). The association between adult attachment representations and infant attachment, parental responsiveness, and clinical status: A meta-analysis on the predictive validity of the Adult Attachment Interview. *Psychological Bulletin, 113,* 404-410.

van IJzendoorn, M. H., & De Wolff, M. S. (1997). In search of the absent father? Meta-analysis of infant-father attachment: A rejoinder to our discussants. *Child Development, 68,* 604-609.

Verschueren, K., & Marcoen, A. (1999). Representation of self and socioemotional competence in kindergartners: Differential and combined effects of attachment to mother and father. *Child Development, 70,* 183-201.

Vinden, P. G. (2001). Parenting attitudes and children's understanding of mind. A comparison of Korean American and Anglo-American families. *Cognitive Development, 16,* 793-809.

Volling, B. L., & Belsky, J. (1992). Infant, father, and marital antecedents of infant-father attachment security in dual-earner and single-earner families. *Journal of Behavioral Development, 15,* 83-100.

Welkowitz, J., Bond, R. N., Feldman, L., & Tota, M. E. (1990). Conversational time patterns and mutual influence in parent-child interactions: A time series approach. *Journal of Psycholinguistic Research, 19,* 221-243.

Wellman, H. M., Cross, D., & Watson, J. (2001). Meta-analysis of theory of mind development: The truth about false belief. *Child Development, 72,* 655-684.

Widom, C. S. (1989). The cycle of violence. *Science, 244,* 160-166.

Widom, C. S. (1994). Childhood victimization and risk for adolescent problem behaviors. In M. E. Lamb & R. D. Ketterlinus (Eds.), *Adolescent problem behaviors* (pp. 127-164). Hillsdale, NJ: Lawrence Erlbaum Associates.

Williams, J., Bennett, S., & Best, D. (1975). Awareness and expression of sex stereotypes in young children. *Developmental Psychology, 11,* 635-642.

Wolfe, D. A., & Mosk, M. D. (1983). Behavioral comparisons of children from abusive and distressed families. *Journal of Consulting and Clinical Psychology, 51,* 702-7080.

Yogman, M. (1981). Games fathers and mothers play with their infants. *Infant Mental Health Journal, 2,* 241-248.

Youniss, J. (1989). Parent-adolescent relationships. In W. Damon (Ed.), *Child development today and tomorrow. The Jossey-Bass social and behavioral science series* (pp. 379-392). Hoboken, NJ: Jossey-Bass.

Youniss, J., & Ketterlinus, R. D. (1987). Communication and connectedness in mother and father-adolescent relationships. *Journal of Youth and Adolescence, 16,* 265-280.

Youniss, J., & Smollar, J. (1985). *Adolescent relations with mothers, fathers, and friends.* Chicago: University of Chicago.

Zill, N., & Nord, C. W. (1996). *Causes and consequences of involvement by non-custodial parents in their children's lives: Evidence from a national longitudinal study.* Paper presented to the National Center on Fathers and Families Roundtable, New York.

11 아동기의 또래관계

CHAPTER>>

Kenneth H. Rubin
University of Maryland
Xinyin Chen
University of Western Ontario
Robert Coplan
Carleton University
Allison A. Buskirk, Julie C. Wojslawowicz
University of Maryland

1. 서론

아동기와 청소년기 동안에 일어나는 적응적이고 부적응적인 행동발달에 대한 초기 관점들은 아동과 부모와의 관계, 부모가 보여 주는 사회화의 형태가 주로 연구의 대상이었다. 부모-자녀 관계가 발달에 미치는 중요성은 Freud(1933)에 의해 성적 발달이라는 이론으로 제시되었고, Sears, Maccoby 및 Levin(1957)의 연구에서는 훈련의 다양성과 사회학습의 중요성으로 언급되었다. Bowlby(1958)는 어머니-영아의 애착관계의 장기적 발달의 중요성에 대해서 언급해 왔다. 이렇게 대체적으로 이론가들은 초기 부모-자녀 관계와 양육이 발달에 미치는 중요성에 대해서 논의해 왔다.

이러한 논쟁의 타당성에 대해서는 부인할 필요 없이 아동기의 적응과 부적응에 관한 문제는 유전 및 생물학적 토대와 타인으로부터의 사회적 영향이 포함된 보다 더 다양한 관점으로부터 출발한다는 것은 당연하다. 예를 들어, 아동과 청소년기에는 대부분의 시간을 잠재적 영향력을 가진 타인들과 집 안팎에서 상호작용하며 보낸다. 이러한 타인들에는 형제, 교사 혹은 집 밖에서의 양육자 그리고 또래들이 해당된다. 이 장에서 논의하는 아동들의 또래는 바로 이러한 의미에서 사용된다.

아동기에서의 또래의 중요성을 살펴보기 위해 이 장은 다음과 같이 구성되어 있다. 먼저 현재까지 또래 연구들을 이끌어 온 역사와 이론들을 논의하고, 유아기부터 후기 아동기와 초기 청소년기에 이르기까지 또래들의 일반 상호작용 패턴을 살펴보고자 한다. 예를 들어, 무엇이 친구를 맺어 주는지와 친구들과 상호작용하면서 보여 주는 아동의 질적 특성을 살펴본다. 다음으로, 또래집단의 기능과 형성 과정에 포함되는 것들 그리고 또래집단의 규준과 조직화 등을 기술한다. 이 장에서는 또래집단에 의해 수용되거나 혹은 거부되는 것의 상관관계, 결정인자 그리고 그 결과들을 논의해 보고자 한다. 마지막 부분에서는 아동이 또래에 의해 수용되거나 거절되는 것을 결정하는 하위의 과정(예, 가족요인과 문화요인들)을 설명하고자 한다. 이 장은 후속 연구에서 이루어질 수 있는 부분들에 대해서도 일부 논의했다.

요약하면, 이 장은 아동기에서 또래관계의 중요성과 그 특징에 대해서 기술하는 것에 목적을 두고 있다. 우리의 의도는 그러한 관계가 적응적 발달에서 나타나는 중요성을 가진 맥락을 설명하고, 일반적인 또래관계의 경험 없이도 부적응적 발달이 따를 수 있음을 설명하고자 한다.

2. 또래관계 연구에 대한 이론적 관점들

아동기의 또래관계에 대한 현대 연구들의 이론적 토대는 1970년대로 거슬러 올라간다. Piaget(1932)는 아동기의 또래관계가 성인과의 관계와 확연히 구분된다고 보았다. 성인-아동 관계는 비대칭적으로 구성되어서 지배와 힘의 수직적 관계라고 보았다. 아동들은 일반적으로 성인의 규칙을 따르고, 그것을 이해하지 못하더라도 복종해야 한다. 반면에 또래와 아동의 관계는 힘과 권력에서 보다 수평적, 평등적, 균형적이다. Piaget는 이러한 또래 간의 상호작용의 맥락에서 아동의 사고와 해설상의 갈등을 살펴보고, 다양한 관점에서 논의하고 협상하기 위해서 또래들에 의해 이루어진 개념들에 상응하거나 거부하기 위한 기회들을 경험할 수 있다고 보았다. Piaget는 아동들의 또래관계와 관련하여 많은 연구를 했다. 특히, 아동이 세상을 어떻게 인식하는가(사회인지)와 관련된 것이나 아동의 사회적 행동, 또래관계의 특성 등에 대해서 연구했다(예, Hubbard, Dodge, Cillessen, Coie, & Schwartz, 2001). 또래관계에 대한 또 다른 초기 이론적 관점은 Sullivan(1953)의 연구에서 시작되었다. Piaget(1932)처럼, Sullivan은 또래관계로부터 발달하는 상호 존중, 평등, 호혜성의 개념에 대해 믿었다. 그러나 Sullivan은 단짝관계(chumships)와 우정

(friendship)이라는 '특별한' 관계의 중요성에 대해서 강조했다. Sullivan은 초기 학령기의 아동들은 기본적으로 또래에 민감하지 않다고 보았다. 그러나 청소년기에 접어들면서(초등학교 고학년) 아동들은 서로에 대한 가치를 인식하기 시작한다고 했다. 그 결과, 또래들은 성격 형성의 조력자로서 힘을 얻는다. Sullivan의 이론은 아동의 우정에 관한 동시대적 연구들을 증명해 왔으며(예, Furman, Simon, Shaffer, & Bouchey, 2002), 발달과 적응에서 외로움을 주요한 동기로 이해해 왔다(예, Asher & Paquette, 2003).

시대를 변화시키는 개념인 Cooley(1902)의 연구에 기반하여 George Herbert Mead(1934)는 영향력 있는 이론을 발전시켰는데, 그 이론은 또래놀이와 또래 상호작용의 역할에 초기 '자아'의 발달이 반영하는 것에 관한 것이다. 이 이론적 입지는 아동의 또래관계의 특징과 자아체계의 조직화와 관련해서 동시대의 연구에 매우 중요한 영향을 미쳐 왔다(예, Boivin & Hymel, 1997).

학습과 사회적 학습이론은 아동의 또래관계에서 현재의 주요 연구들과 다른 관점을 갖고 있다. 사회적 학습의 골자는 직접적인 또래 감독(peer tuteelage)과 간접적인 또래들의 행동 관찰을 통해 아동이 세상에 대해서 어떻게 배우고, 이러한 맥락에서 어떻게 행동하는가에 대한 접근이다(Bandura & Walters, 1963). 이러한 관점에서 또래들은 서로 행동을 통제하고 변화하는 것을 본다. 아동들은 규범적 사회행동을 무시하거나 벌하고 혹은 문화적으로 적절하고 능숙하다고 여겨지는 행동들에 대해 강화나 보상을 받기도 한다.

아동의 또래관계 연구들은 생물학적인 관점에서도 중요한 영향력을 제공한다. 생물학적 관점에서는 특정한 관계를 시작하고 유지하고 혹은 속이는 능력 사이의 관계가 논의되어 왔다. 사회적 행동과 조직화된 구조는 생물학적인 제약을 받고, 그것이 적응 진화적 기능을 한다는 것이 행동학적 이론의 골자였다(Hinde & Stevenson-Hinde, 1976). 동시대의 인간행동학적 연구는 사회적 행동과 집단 간의 조직과 구조를 자세하게 기술하는 것에 초점을 맞추어 왔다(Strayer & Santos, 1996). 게다가 행동은 자연적 환경에서 관찰되는 것이 가장 바람직하다는 가정 하에 행동학적 이론은 아동의 또래 상호작용 및 관계를 이루는 방법 연구에 주로 영향을 미쳐 왔다.

마지막으로, Harris(1995, 1999)의 조직사회화 이론이 있다. Harris는 부모가 아동의 성격을 형성한다는 관점에 대해 논의했다. 그녀는 또래집단이 성격과 사회성발달에 주요한 영향을 미친다고 주장했다. 요약하면, 일단 아동은 집 밖에서 자신을 확인하여 그 집단 내에서 시간을 보낸다. 이러한 집단은 대부분 다른 아동들이 포함된다. 사회심리학자들은 아동들이 집단 규범의 중요성을 인지하기 시작한다고 보았다(적응하고자 하는 동기). 집단 내의 편향과 집단 밖의 적의 그리고 집단 과정의 사회인지적 관점과 같은 것들을 아동이 또래집단 내에서 경험함으로써 정체성이 발달한다고 주장해 왔다. Harris는 부모와의 그러한 역동적인 관계는 상대적으로 덜 중요하다고 주장하지만, 많은 점에서 비판을 받고 있다(예, Collins, Maccoby, Steinberg, Hetherington, & Bornstein, 2000). 여러 연구들은 정상적, 비정상적 발달에 미치는 또래 상호작용, 또래관계, 또래집단의 중요성을 보여 주는 것에 불일치하는 결과들을 보여 준다. 수세기 동안 이론가, 연구자 및 정책가들은 부모와 아동과의 관계가 아동의 또래 경험보다 더 중요하다고 강조해 왔다. Harris에게 이의를 제기하면서 도전이 시작되었다. 이제 연구자들은 유전, 생물학, 가족 및 또래들이 청소년기의 적응과 부적응에 미치는 역할들에 대한 연구를 시작해야 한다.

3. 또래 교류의 발달적 과정

아동들이 자라면서 능숙하게 사회적 교류를 시작하고 유지한다는 것은 당연하다. 놀라운 것은 어떻게 그렇게 어린 아동이 사회적으로 요구되는 행동을 또래에게 배우는가 하는 점이다.

명백한 운동 근육, 인지적, 언어적 한계를 인정하면 어린 영아들에게 관찰되는 상호적 행동들은 많지 않다. Buhler(1935)는 6개월 이전의 영아들을 대상으로 처음으로 영아의 또래 상호작용에 대한 연구를 했다. 영아들은 서로의 존재를 잘 알지 못한다. 그러나 매우 어린 영아들의 사회적 지각 능력이 과소평가되어 왔다는 것이 밝혀졌다. 예를 들어, Eckerman(1979)은 2개월 된 영아들이 또래의 존재를 지각하고 상호 응시를 한다는 것을 밝혀냈다. 사회적으로 지향되는 상호작용의 또 다른 증거는 미소, 발성, 또래를 향한 접근이다(Fogel, 1979). 6~9개월 된 영아들은 타인을 향해 응시하고 발성하고 미소 짓는다. 그리고 그런 행동들을 되받는다(Hay, Pederson, & Nash, 1982).

이러한 사회 지향적 행동은 아동 초기에 점차적으로 발달한다. 게다가 사회적 제안에 반응하는 경향성은 1세 후반의 마지막 3개월경이 되면 급격히 발달한다(Jacobson, 1981). 반응은 주로 모방적인 행동들이다. Mueller와 Silverman(1989)은 이러한 모방이 협력적 또래 활동의 전조인 또래들과 의미를 공유한다는 것의 주요한 증거가 된다고 주장했다. 그러나 영아들의 명백한 사회화에도 불구하고, 또래와의 사회적 상호작용은 상대적으로 드물고 상호작용이 일시적으로만 나타날 뿐, 길지 않다고 했다.

2세 영아들의 사회적 학습은 한 단계 더 나아간다. 운동력과 말하는 능력의 출현과 함께(Adolph & Bauer, 이 책; MacWhinney, 이 책) 사회적 상호작용은 복잡하게 증가한다.

다소 예측 불가능한 사회적 반응들도 영아들 사이에서 관찰된다. 상호작용적 교환은 더 예측 가능하고 복잡하고 더 상호 조정적인 행동으로 특성화될 수 있다(Ross & Conant, 1992; Verba, 1994). 이러한 상호작용은 전형적으로 간단한 '게임'의 형태, 상호작용적 모방행동에 의한 것으로 보인다. 번갈아 가며 하기(turn-taking)는 상대를 관찰하고 반응하고 기다리는 일련의 행동들을 서로 주고받는 것이다(Howes, 1988; Ross, Lollis, & Elliot, 1982). 중요한 것은, 영아기의 아동들은 성인들보다 또래의 사회적 모방을 더 많이 한다는 것이다(Ryalls, Gull, & Ryalls, 2000).

3세경이 되면 주요 사회적인 모방은 사회적 가장(pretense)을 통한 상징적 의미들을 공유하는 것이 된다(Howes & Matheson, 1992). 아동들은 자발적으로 상호 보완적인 역할을 시작하고, 규제와 통제가 있는 맥락 내에서 이러한 보완적인 역할들에 동의한다. 이 주목할 만한 성취는 24~48개월 영아들에게서 나타난다. 연구자들은 이러한 가장의 개념을 '상호 주관성(intersubjectivity)'이라고 언급하기도 했다(Trevarthen, 1979). Goncu(1993)는 3세와 4세 반의 아동들에게서 사회적 교환의 상호 주관성의 특성에 체계적인 변화가 있다고 보고했다. 예를 들어, 취학 전 아동의 사회적 상호작용은 더 긴 순서와 차례를 포함하고 역할, 규칙, 가장놀이의 역할과 같은 부분에서 더 많은 조직화된 동의와 협력의 형태를 보여 준다고 했다.

요약하면, 앞서도 언급하였듯이 이와 같은 사실은 유아가 사회 집단 내에 있을 때 가능한 경우다. 홀로 시간을 보내고 있을 때나 타인을 단순히 보고 있을 때는 이러한 복잡한 사회적 교환은 이루어지지 않는다.

사회적 참여

1932년에 Parten은 사회적 참여 범주를 다음과 같은 여섯 가지로 기술했다. 즉, 아직 일어나지 않은 행동, 혼자 놀기, 방관자 행동(아동은 타인을 관찰하지만 활동에 참여하지는 않는다), 평행적 놀기(옆에서 놀지만 다른 친구들과 함께 노는 건 아니다), 연합적인 놀이(다른 사람과 함께 노는 것), 협조적인 놀이(노동이라고 분류될 수 있는 사회적 놀이)다. Parten은 2~5세에 아동들의 한가하고 고독하고 구경꾼적인 행동이 감소하고, 협력하고 협동하는 빈도가 증가한다고 보았다. Parten의 사회적 참여 척도와 그녀의 연구 성과는 거의 50년 동안 아동의 놀이와 사회성에 대한 연구에서 지배적이었다. 그러나 그녀의 연구는 한 대학교의 실험실에 참가한 단 40명의 아동들만을 대상으로 한 것이었다. 게다가 그 결과는 매우 단순화되어 있다. 예를 들어, 3세 아동은 고독놀이자 혹은 평행놀이자로 특징지어졌고, 5세 아동은 연합된 놀이자 혹은 협조적 놀이자로 기술되었다.

Parten(1932)의 연구를 비판하는 연구는 더 복잡한 결과를 제시했다. 우선 모든 연령에서 아동들은 일어나지 않은, 방관하는, 고독한, 평행한 그리고 집단놀이 활동을 수행한다(Howes & Matheson, 1992). 심지어 5세 아동은 단순히 타인 옆에 있거나 홀로 있는 시간이 친구들과 함께 상호작용하는 시간보다 더 많았다. 게다가 취학 전 아동들의 주요 발달적 변화는 고독, 평행 그리고 집단 상호 활동의 인지적 성숙을 동반한다(Rubin, Watson, & Jambor, 1978). 고독 감지적 행동들은 취학 전 시기에 증가하지만 탐색 혹은 고독 구조의 상대적인 빈도는 똑같다. 게다가 연령이 증가할수록 사회극과 같은 활동과 규칙이 있는 게임을 즐겨 한다. 현존하는 자료들은 혼자 그리고 집단 행동에서 특정한 형태의 연령차를 보여 준다.

기타 발달상의 차이점

또래를 도와주고 공유하는 행동은 걸음마기에서 취학 전 아동들에 이르기까지 증가한다(Benenson, Markovits, Roy, & Denko, 2003; Eisenberg & Fabes, 1998). 이는 갈등되는 관점을 고려하려는 아동들의 의지를 증가시키려는 의도로서 곧 사회인식적 결과의 증가를 말한다. 나아가 도구적인 공격(예, 다른 아동의 장난감을 압수하는 것) 또한 연령에 따라 감소하는 것을 설명해 준다(Coie & Dodge, 1998).

마지막으로, 취학 전 아동기 동안에는 아동들의 사회-의사소통 능력 또한 증가한다(Goldstein, Kaczmarek, & English, 2002). 예를 들어, 유아기부터 취학 전 아동기까지 아동들은 몸짓을 사용하고, 물체를 표상하고, 가장놀이에서 조정할 수 있는 능력이 생긴다(Sawyer, 1997). 게다가 높은 연령의 취학 전 아동들은 어린 아동들보다 상대적으로 또래에게 더 직접적인 명령언어(예, 평서적, 심문적, 추론된 요구)를 많이 구사한다(Garvey, 1984). 그러나 연령과 무관하게 취학 전 아동들의 2/3는 친화적인 언어를 이해할 수 있게 구사하고 원하는 결과를 얻는다(Levin & Rubin, 1983). 이와 같은 결과는 Piaget(1932)의 취학 전 아동들의 언어가 자아 중심적인 발화에 그친다고 하는 가정에 많은 의문들을 갖게 한다.

학령전기 이후의 발달

아동기 중기에 또래와의 상호작용은 본질적으로 보다 복잡해지고 다면적으로 증가한다. 많은 부분에서 이러한 발달은 타인의 사고, 의도 및 감정을 이해하고 인식하는 능력에 달려 있기 때문이다(Selman, 1980; Selman & Schultz, 1990). 따라서 사회적 의사소통 능력은 연령에 따라 증가하고, 아동들은 그들의 또래와 함께 의미를 공유하는 것에 더 능숙해진다(Goldstein et al., 2002). 사회적 기술의 향상은 그들이 사회적 목표를 성취하고 상호 간의 문제를 해결하는 것을 도와준다(Rubin & Rose-Krasnor, 1992). 게다가 연령이 높아짐에 따라 아동들은 규칙이 있는 경쟁적인 게임을 더 잘하게 된다(Hartup, Brady, & Newcomb, 1983). 또한 이타주의적 행동이 아동기 초기에서 중기, 후기로 갈수록 증가한다(Eisenberg & Fabes, 1999).

우리는 또래와 함께 아동의 상호작용 기술의 발달적 진보를 기술해 보았다. 이러한 기술은 아동들로 하여금 타인과의 관계를 시작하고 유지하는 것을 돕는다. 이 특별한 양자적(dyadic) 관계는 아동기와 청소년기, 참으로 일생 동안 많은 적응적인 기능을 수행하게 한다. 다음에서는 아동기의 우정에 대해 살펴보고자 한다.

4. 아동과 친구들

가까운 또래관계를 확립하고 유지하는 것은 아동기에서의 매우 가치 있는 도전이다. 그러나 아동기에 우정을 형성하고 유지하는 구성요인은 연령에 따라 매우 다양하다. 우정의 의미는 실제로 발달적 변화를 동반한다. 다음에서는 아동기와 청소년기 동안에 우정의 기능, 우정의 이해, 보급, 안정에 대해 살펴보고자 한다. 여기에는 우정의 형성 과정, 친구와 친구가 아닌 타인과의 상호작용 행동, 성별 관련 문제, 친구가 없는 아동, 우정의 적응 등이 포함될 것이다. 아동기의 심리사회적 발달에서 우정의 중요성은 최우선의 주제라고 해도 과언이 아니다.

우정의 기능

우정은 가깝고 상호 보완적이고 자발적인 관계를 반영한다. 이는 또래들로부터 사랑을 받는다거나 인기를 얻는 것과는 구별된다. 우정의 특징은 개개인의 대등함과 호혜성이다. 호혜성이란 서로 상대가 좋아하는 행동을 주고받는 것을 의미하고, 이것은 우정의 정의에서 가장 필수적인 요소다.

아동기의 우정은 ① 지지감을 주고, 자기존중감을 고양시키며, 긍정적인 자기 평가를 도와주고, ② 정서적인 안정을 제공하고, ③ 애정과 마음속의 이야기를 털어놓을 기회를 제공하고, ④ 친밀감을 제공하고, ⑤ 흥미, 희망, 두려움의 정당성을 제공하고, ⑥ 도움이 되며, 정보를 주고, ⑦ 대인 민감성을 성장시키며, ⑧ 훗날 남녀관계나 결혼 및 부모관계의 원형을 제공해 준다(Newcomb & Bagwell, 1995; Sullivan, 1953). 일반적으로 우정의 가장 중요한 기능은 그들이 자신뿐만 아니라 또래와 환경이 자신들의 행동에 미치는 영향을 탐색함으로써 안전의 기반을 제공하는 것이다.

발달적인 관점에서 Parker와 Gottman(1989)은 우정이 아동들에게 각 발달의 시점에 따라서 각기 다른 기능을 한다고 보았다. 그들에 따르면, 어린 아동에게서 우정은 놀이 상황에서 흥분과 즐거움을 최대화하는 기능을 하고, 흥분에 직면했을 때 행동을 조직화하는 것을 돕는다. 아동기 중기에 우정은 행동 규범에 대한 지식을 획득하고, 성공적인 자기 표현과 수완을 위해 필요한 기술을 습득하는 데 도움을 준다. 이러한 기술들은 또래관계에 대한 고민이 발달하는 아동기 중기에 매우 중요하다. 마지막으로, 청소년기의 우정은 자기 탐색을 위한 욕구를 충족시켜 주는 역할과 논리와 정서를 통합하는 것을 도와주는 역할을 한다.

우정에 대한 개념

발달 연구에서 가장 활발하게 논의되는 것 가운데 하나는 아동들이 우정에 관해 사고하고 정의하는 방법이다. 일반적으로 우정이라는 개념은 "가장 좋은 친구란 무엇이니?" 혹은 "너는 좋은 친구로부터 무엇을 기대하니?"와 같은 질문들로 평가되어 왔다.

어린 아동들에게 우정의 개념은 사회적 맥락에 의해 이루어지고, 현재 일어나고 있는 일들에 근간을 두는 것으로 알려져 왔다. 사회 활동과 무관하게 학령기 초기 아동들의 우정에 대한 개념은 안정적이고 지속적이다. 후에 아동들은 그들의 우정에 대한 생각에 근거하여 우정의 개념에 더 구분을 둔다. Bigelow와 LaGaipa(1980)는 7~13세의 캐나다와 스코틀랜드 아동들과의 면담에 근거하여, 아동의 우정 개념은 크게 3단계를 거친다고 하였다. 첫 번째 단계는 보상-비용 단계(7~8세)로 이 시기 아동의 친구는 가까이 살고, 좋은 장난감을 가지고 있으며, 놀이 활동에 대한 기대를 공유하는 동료다. 두 번째, 규범적 단계(10~11세)에서 친구는 가치를 공유하고, 규칙이 중요해지며, 서로를 지지하고 서로에게 충실하다. 마지막으로, 세 번째인 공감적 단계(11~13세)에서의 친구는 비슷한 관심사를 공유하고, 서로를 이해하려고 하며, 기꺼이 자기 노출을 한다.

다른 연구자들은 우정이라는 개념은 위계적이고 단계적으로 발달한다고 보았다. 예를 들어, Selman과 Schultz(1990)는 아동에게 우정이라는 개념의 가장 중요한 발달적 변화는 관점 취하기(perspective-taking) 능력이라고 했다. 어린 아동들은 다른 사람들이 자신과 다르게 느끼고 생각한다는 것을 알지 못한다. 아동들은 연령이 높아질수록 점차 다른 사람의 관점을 취할 수 있게 되고 자아 중심적에서 상호적인 관점으로 이동하게 된다. 마지막 단계에 이르면 아동과 청소년들은 자기 체제 밖에서 정신적으로 다른 사람의 관점을 취하고 그리고 나아가 '제3의 관점'에서 관계를 조망할 수 있는 능력을 갖게 된다. 이러한 타인을 보는 방법의 변화는 아동이 우정을 이해함으로써 명확해진다.

또 다른 연구자들은 아동기의 우정은 아동이 호혜성을 이해함과 함께 발달한다고 주장했다(예, Youniss, 1980). 우정에 대한 자신들의 기여가 가장 중요한 것이라고 믿는 어린 아동들은 순간의 교류와 자신들이 영향 받는 방식에 입각하여 우정을 이해하는 경향이 있다. 청소년 시기에 우정은 진행되는 관계로 인식되고 친구들은 지속적인 이해와 절친한 사회적 지지를 제공해 주는 사람이라고 여겨진다.

Selman(1980), Youniss(1980), Bigelow와 LaGaipa(1980)에 따르면, 관계에 대한 아동들의 이해는 한 단계에서 다음 단계로 넘어갈 때 점진적이고, 단일 방향성이고, 뒤집을 수 없고, 위계적이며, 질적으로 다르다. 이 주장을 지지하기 위해 Selman은 우정에 대한 아동의 사고는 언제나 한 가지 단계에 속한다는 것을 증명했다. 덧붙여 장기 연구 결과에 따르면, 우정 개념의 발달은 일반적으로 진보적이고 불변한다. 예를 들어, 2년간의 종단 연구에서 Selman은 대상의 83%가 점진적인 변화를 보였고, 나머지 17%는 개념적 발달의 고유 수준을 유지했다고 보고했다.

이와 대조적으로 Berndt(1981)는 우정에 대한 개념이 공통된 흥미와 자기 노출처럼 기본적으로 관계없는 주제나 범위들의 누적된 동화를 나타낸다고 하였다. Berndt에 따르면, 아동들은 친근감과 신뢰의 중요성을 깨달은 후에도 놀이나 상호관계에 대한 초기 개념을 버리지 않는다.

연구자들은 여전히 무엇이 우정을 발달시키는 데 기여하는가에 대해 의문을 제기하지만 그럴듯한 결론은 이미 있다. 본질적으로 아동들의 우정에 대한 개념은 구체적인 것부터 추상적인 것에 이르기까지 자신들의 변화를 반영한다. 아동이 우정에 요구하고 필요로 하는 것은 세상에 대해 이해하는 기능과 확장된 사회적 필요의 결합을 발달시킨다. 초기 아동기부터 시간이 흐름에 따라 사회는 인지적으로 분화된다. 결국 아동들은 우정이 친구가 아닌 사람들과 있는 상태와는 다른 정보와 맥락의 역할을 잠재적으로 한다는 것을 깨닫기 시작한다.

우정의 보급과 안정

우정 개념 발달은 아동이 친구들과 함께 있을 때 어떻게 행동하는지 등의 연령대에 따른 특징들을 예측하는데, 몇 가지의 방향을 잡을 수 있다. 예를 들어, 아동의 우정이 시대와 연령을 넘어 보다 안정적이고, 친사회적이고, 심리적으로 유사성을 띠고, 친밀한 인간관계의 지식을 묘사한다면, 이러한 모델과 일치한다. 대부분의 아동과 청소년들은 상호적인 친구들을 가진다(Hartup & Stevens, 1999). 초등학교 시기에 아동의 우정은 우정을 지명하는 방법에 의해 설명된다. 예를 들어, 아동들에게 학교, 학년 혹은 반에서 3명의 가장 친한 친구를 지명하게 하고 지명된 아동들의 상호성을 평가한다. 서로 가장 친한 친구라고 지명한 아동은 상호 간에 가장 친한 친구를 가지고 있는 것으로 판단되었다. Parker와 Asher(1993)에 따르면, '가장 친한' 친구라는 개념에 따라 변화하긴 했지만, 대략 75~80%의 아동들은 상호적으로 가장 친한 친구들을 가진다. 일단 상호 간에 우정이 형성되면, 우정은 모든 연령대에서 뚜렷한 안정성을 보인다. 서로를 친구로 지명한 취학 전 아동들의 2/3는 4~6개월 후에도 똑같이 서로를 지명한다(Gershman & Hayes, 1983). Berndt와 Hoyle(1985)은 5(50%)~10세(75%)까지 우정의 상호성에 대한 안정성이 증가한다는 것을 밝혔다. 그러나 10~14세에 이르러서는 그런 결과를 보이지 않았다. 이처럼 안정성의 증가가 높은 연령의 아동에게서 나타나지 않는 것은 두 가지 요인 때문이다. 첫째, 우정은 연령에 따라 보다 배타적으로 되는 경향이 있다. 일부 아동들은 우정관계를 끊어 버리기도 하기 때문이다. 둘째, 아동이 사춘기에 접어들면 관심사가 빠르게 변하고, 발달 속도도 다양하게 나타나기 때문에 우정의 선택에도 변화를 줄 수 있다(Berndt, 1985). 그러나 연령이 더 높아지면 우정의 안정성의 증가는 지속된다(Cairns, Leung, Buchanan, & Cairns, 1995). 남아들이 영아들보다 안정적인 상호 우정을 더 잘 유지한다는 연구도 있다(Benenson & Christakos, 2003; Hardy, Bukowski, & Sippola, 2002).

아동의 친구가 누구인지 식별해 내는 것은 생각만큼 쉬운 일이 아니다. 단순히 아동에게 가장 친한 친구가 누구인가를 물어보는 것은 사회적으로 바람직한 응답을 하게 만들거나 혹은 혼자 일방적으로 친하다고 생각하는 친구를 지명하게 만든다. 나아가 아동들은 친구의 '의미'를 잘못 이해하여 지나치게 총괄적인 개념으로 응할 수도 있다(예, '가장 친한 친구'의 이름 대신에 '급우'나 '아는 사람'의 이름을 말한다). 또한 우정에 관한 대부분의 연구들은 '반에서' 혹은 '학년에서' 등으로 제한을 한다. 그러나 많은 아동들이 다른 환경의 친구들을 가진다(이웃, 다른 학교, 운동 모임, 다른 도시 등).

대부분의 연구자가 이성이 아닌 동성 친구만을 고려하였다는 사실도 주목하여야 한다.

물론 이에는 합당한 이유가 있다. 대부분의 아동들은, 특히 아동기 중기와 초기 청소년기에는 이성의 친구를 가장 친한 친구라고 대답하지 않는다(Haselager, Hartup, van Lieshout, & Riksen-Walraven, 1998). 게다가 아동의 상호 우정은 대개 동성의 또래들을 대상으로 한다(Brendgen, Little, & Krappmann, 2000). 그러나 후속 연구들은 동성과 이성 간의 우정을 모두 고려해야 할 것이다. 동성 간의 상호 우정이 없는 아동도 이성과의 상호 우정을 가지고 있을 수 있기 때문이다. 이러한 경우, 이성과의 우정이 동성과의 우정 부족에서 오는 '공백'을 충분히 채우는지 판단하는 것이 중요하다.

친구들 간의 유사성 아동의 우정 형성에 영향을 미치는 요인은 무엇인가? 우선 연령과 성별이 중요하고 같은 인종과 민족적 배경이라는 것 또한 영향을 미친다(Aboud & Mendelson, 1996). 따라서 어린 아동들은 자신과 눈에 보이는 특성들이 비슷한 아동들에게 끌리고 친구가 된다. 예를 들어, 아동들은 자신과 비슷한 행동 특성을 가진 아동들에게 이끌린다(Rubin, Lynch, Coplan, Rose-Krasnor, & Booth, 1994). 행동의 유사성은 친구가 아닌 사람들보다 친구들 사이에서 더 많이 존재한다. 그리고 아동들은 친사회적이고 반사회적인 면에서 자신과 비슷하게 행동하는 사람들과 우정을 공유한다(Haselager et al., 1998). 수줍음이나 내적 고민(Hogue & Steinberg, 1995), 사회성, 또래 인기도 그리고 학업 성취나 동기(Altermatt & Pomerantz, 2003) 등이 그 유사성의 항목에 해당될 수 있다. 청소년기 우정의 안정성은 학교 혹은 학업 포부, 약물이나 알코올의 사용 등과 같은 일반적인 10대들의 행동의 유사성이 주요 요인이 되기도 한다(예, Urberg, Degirmencioglu, & Piligrim, 1997; Vitaro, Tremblay, Kerr, Pagani, & Bukowski, 1997).

친구들끼리의 행동 친구끼리는 친구가 아닌 사람들과는 다르게 교류한다. 일반적으로 모든 연령의 아동들은 친구가 아닌 사람들보다 친구들과 함께일 때 더 많이 이야기하고 과제 적응, 협력, 긍정적 감정, 효과적인 갈등 해결 등을 더 잘 수행하게 된다(Hartup, 1996). 이러한 점에서 우정은 사회적으로 긍정적인 관계적 맥락에서 요구될 뿐 아니라 감정의 표현과 조절을 위해서도 필요하다(Parker & Gottman, 1989).

발달적 관점에서 3세 반의 아동들은 친구가 아닌 사이보다 친구일 때 더 사회적 제안, 사회적 상호작용을 잘하고 보다 더 복잡한 방식으로 놀이를 한다(Doyle, 1982). 취학 전 아동들은 놀이를 할 때 더 협력적이고(Charlesworth & LaFreniere, 1983), 4~5학년 아동들은 친구가 아닌 사람보다 친구들과 함께할 때 더 정교한 놀이(예, 긍정적인 환상놀이나 협상 등)를 한다(Simpkins & Parke, 2002). 친구와 친구가 아닌 사람과 있을 때의 행동 차이는 취학 전이나 아동 중기 때보다 청소년기에 더 강하게 나타난다. 이타적 행동, 특히 친구들 간의 관대함, 협동, 도움을 주는 것은 연령에 따라 증가하며 청소년기까지도 계속 진행된다(Berndt, 1985; Windle, 1994).

친구들과 친구가 아닌 사람들 사이의 갈등을 다룬 연구들은 다소 양립되는 결과들을 보여 준다. 친구끼리는 친구가 아닌 사람들과 있을 때보다 더 우호적으로 상호작용을 할 뿐 아니라 말다툼, 모욕이나 협박과 같은 적극적 적의, 거절이나 저항과 같은 반응적 적의도 더 많이 나타내었다. 예를 들어, Hartup과 그의 동료들(Hartup & Laursen, 1995; Hartup, Laursen, Stewart, & Eastenson, 1998)은 유치원에서 아동들이 대체적으로 중립적인 관계일 때보다 친구관계일 경우에 더 많은 갈등을 보였다고 보고했다. 또한 Simpkins와 Parke(2002)는 친구가 아닌 사람보다 친구들과 함께 있을 때 부정적인 영향과 행동, 죄의식 등의 전반적인 부정적 행동을 더 많이 하는 것으로 보고하였다. 이는 친구들이 아닌 사람보다 친구들과 더 많은 시간을 공유하기 때문일 것이다.

그러나 친구 사이와 친구가 아닌 사이의 갈등 해결 방법과 이 갈등들에 의해 빚어지는 결과들에는 중요한 차이가 있다. 예를 들어, 친구가 아닌 사람들과 비교할 때, 친구들은 갈등을 해결하기 위해 완고한 태도를 취하기보다 더 많은 협상과 자유를 보인다. 갈등이 생기면 친구들은 동등한 해결책을 찾으려고 노력하고(Newcomb & Bagwell, 1995) 합의를 본다(Tomada, Schneider, & Fonzi, 2002). 즉, 갈등이 친구들이 아닌 경우보다 친구들 사이에서 더 많이 일어나더라도 친구들 사이에서는 갈등을 넘어서 관계를 더 잘 지속할 수 있는 방향으로 해결하고 미래에도 그 관계를 지속해 가는 방법을 찾는다(Laursen, Hartup, & Keplas, 1996).

요약하면, 아동들은 친구가 아닌 사람과 있을 때보다 친구와 함께할 때 행동을 달리한다. 친구들과 상호작용할 때 아동들은 친사회적 행동을 더 보이고 갈등도 더 많이 보인다. 이런 경우 이러한 갈등을 협상을 통해서 해결하고 그 결과 상호 합의에 다다르는 선에서 동등한 해결책을 찾는다. 이러한 차이는 아동들이 우정을 친구가 아닌 사람들과의 경험과는 따로 분리시키고 독특한 맥락에서 해석한다는 것을 알려 준다.

성별과 관련된 문제들

남아들과 여아들이 우정에 대해서 생각하는 방식에는 비슷한 점이 있다. 예를 들면, 남아와 여아 모두 동료, 인정, 지지 등을 친구에게 의존한다고 한다(Craft, 1994). 그러나 아동들에게 성차는 다음과 같은 질문들에서 나타난다. "좋은 친구에게 어떤 것을 기대하니?" 여아들은 좋은 친구로부터 '받는 것' 에 대해 응답을 하는 반면, 남아들은 주고받는 현상인 '상호 호혜성' 에 대해 언급했다(Craft, 1994). 이러한 차이는 또한 아동들이 동성 또래에 대해서 응답을 요구받을 때도 나타난다. 여아들은 동성일 때 그 또래를 좋게 생각하는 반면, 남아들은 격투, 예술, 운동 능력, 어리석음, 학업 능력과 같은 그들의 흥미에 따라 친구를 기술한다(Benenson, 1990). 이러한 발견은 남아들이 또래 집단 내에서 자신의 위치를 많이 고려하는 반면, 여아들은 우정이나 친화력을 더 많이 고려한다는 것을 의미한다.

아동의 우정에 관한 연구들은 또한 우정의 질에 대한 성차가 어떠한지를 밝혀냈다. 여아들은 친밀한 교환, 갈등 해결, 타협이나 보호, 협조나 인내 등을 남아들보다 더 많이 보고하는 것으로 나타났다(Parker & Asher, 1993; Rubin et al., 인쇄 중). 그러나 여아들은 친구들 사이에서 매일의 사건이나 감정에 대한 것 혹은 정서적으로 부정적 삶 등에 대해 '반추적인' 형태로 자신을 나타내거나 혹은 상호 반추하는 경향이 많았다(Rose, 2002). 게다가 여아들은 그들의 우정 내에서 관계적 피해를 더 많이 보고했다('내 친구들은 나에게 화났을 때 나를 무시한다.'). 반면에 남아들은 신체적 피해를 더 많이 보고했다('내 친구들은 나에게 화났을 때 나를 치거나 민다(Crick & Nelson, 2002).

친구가 없는 아동

몇몇 아동들은 친구를 사귀는 데 성공적이지 못하다. Parker와 Seal(1996)은 여름 캠프를 통해 아동들의 15%가 만성적으로 친구가 없거나 지속적인 친구가 없다고 보고했다. 이렇게 친구가 없는 아동은 사회적 기술이 부족하고 친구들에게 비호감적인 행동을 하는지도 모른다. 그러나 친구가 없는 이유와 무관하게, 우정이 있는 친구들보다 우정이 없는 아동들이 더 외로움을 많이 보고했다(Parker & Seal; Parker & Asher, 1993). 게다가 Bagwell, Newcomb과 Bukowski(1998)는 5학년 아동들의 친구가 없는 것은 나중에 청소년기에 자기 가치에 대한 부정적 평가를 가져올 수 있다고 했다.

중요한 것은 또래에게 배척되는 아동이라고 해서 친구가 없는 것은 아니다(Cairns, Cairns, Neckerman, Gest, & Gariepy, 1998). 다시 말하지만, 상호 우정을 갖기 위해서는 매우 인기가 많아야 할 필요도 없다(Parker & Asher, 1993). 이는 친밀한 우정을 형성하기 위한 흥미 있는 질문들이 생기게 한다. Hodges, Boivin, Vitaro와 Bukowski(1999)의 연구에 따르면, 또래관계에서 희생자는 학교에서 내적으로뿐만 아니라 외적으로 어려움을 겪게 되는데, 이것은 또래 사이에서 가장 친한 친구가 없는 경우에서만 일어나는 것이 아니다. 따라서 가장 친한 친구가 한 명 있더라도 또래의 다수에서 고립되거나 미움을 받게 되는 것과 같은 부정적인 영향을 받을 수 있다.

우정과 적응

연구자들은 우정이 긍정적인 적응을 고양시키고 지지한다는 것을 보여 주었는데, 특히 스트레스가 많은 과도기에 그러하다(Berndt & Keefe, 1995). 예를 들어, 초등학교에 입학하여 학년이 바뀔 때, 친구 없이 시작하는 아동보다 친구가 있는 아동들이 학업 흥미나 학교에 대한 만족도가 더 높게 나타났다. 그러나 우정과 적응 사이의 이러한 관계는 연령에 따라 더 복잡해진다. Berndt, Hawkins와 Jiao(1999)는 우정의 안정성과 질 사이의 복잡한 관계를 밝혔다. 이는 중학교로 옮겨 갈 때의 아동의 적응도를 예측해 볼 수 있다. 사회성과 지도력에서는 질적, 안정적인 우정을 갖춘 아동일수록 높게 평가되었다. 또한 6~7학년 학생들 중 행동 문제가 있는 아동들과 안정적인 우정을 나누고 있는 아동들만 역시 행동 문제가 증가했다. 이러한 결과는 안정적인 우정이 친구의 특성에 따라 어떤 긍정적인 영향을 미치는가를 살펴볼 수 있게 한다.

수줍고 위축된 아동들의 우정 수줍고, 경계심이 있고, 안절부절못하는 아동은 우정을 형성하고 유지하는 데 어려움이 있다. 결국 사회성은 우정을 만드는 기회를 예측할 수 있게 한다. 그리고 사회적 기술의 부족은 시간이 지남에 따른 우정의 형성과 유지를 억제시킨다. 그러나 수줍음이 없고 위축되지 않은 아동과 그런 아동들 사이의 우정의 확대와 우정의 안정성에서의 차이는 보고된 것이 없다. 예를 들어, 사회적으로 위축된 아동이 그렇지 않은 아동들보다 유의미하게 우정의 확대에 차이가 있다는 결과는 보이지 않고 있다(Ladd & Burgess, 1999). 그리고 8~10세의 위축된 아동들의 60%가 상호적인 우정을 갖고 있는 것으로 나타났다(Schneider 1999; Wojslawowicz, Burgess, Rubin, Rose-Krasnor, & Booth, 2002). 이러한 결과들은 사회적 위축과 수줍음이 아동기의 우정의 형성과 유지에 영향을 주지 않는다고 볼 수 있다. 그러나 위축과 수줍음이 있는 아동들은 상호 우정의 기술이 부족할 수 있고, 이는 부정적인 진단을 내리게 한다. 유사하게 수줍음이 많고 위축된 아동들은 그들과 유사한 아동들과 친한 친구가 된다. 이는 부적응을 예측하게 한다. 수줍음을 정의하는 것의 하나는 '말이 없음'이다. 위축된 아동은 위축되지 않은 아동과 비교해서 상대적으로 친한 친구에게 말이 없다(Schneider, 1999). 아동들이 청소년기에 들어서면서 친밀함의 교환과 자기 노출은 우정의 가장 중요한 항목이 된다. 따라서 수줍거나 위축적인 청소년들은 그들의 우정을 유지하는 데 어려움을 겪게 된다.

최근에 위축적인 남아들의 다수가 친한 친구 간의 우정을 형성하지 못한다는 결과를 보였다. 그러나 위축적인 영아들 사이에서는 친한 친구와의 우정이 안정적으로 유지된다고 한다. 게다가 위축적인 아동들의 우정은 상대적으로 재미, 친밀감, 도움, 안내 등의 역할이 부족하다고 한다(Rubin, Wojslawowicz, Burgess, Booth-LaForce, & Rose-Krasnor, 2004; Wojslawowicz et al., 2002).

우정과 외향적 아동들 공격, 반대, 강압적인 성향이 우정을 형성하는 것을 어렵게 하는 요인은 아니다. 그런 행동들이 인기를 저해하거나 더 싫어하게 할 수는 있지만(Newcomb, Bukowski, & Pattee, 1993), 연구자들은 공격적인 행동을 하는 아동들의 다수가 좋은 우정을 간직하고 있고 서로에게 잘 적응하고 있다는 것을 보여 주었다(예, Vitaro, Brendgen, & Tremblay, 2000; Wojslawowicz et al., 2002).

그러나 공격은 우정의 안정성에 부정적인 영향을 줄 수 있다(예, Hektner, August, & Realmuto, 2000). 공격에 거스르는 특성을 고려해 보면 그리 놀랄 일도 아니다. 게다가 공격적인 아동은 더 공격적인 친구를 두고, 그들의 우정은 더 직설적이고 반사회적이 된다(Dishion, Andrews, & Crosby, 1995; Dishion, Eddy, Hass, Li, & Spracklen, 1997). 우정 내에서 높은 수준의 관계적 공격(위축되는 우정을 위협한다거나)은 배타성, 질투의 수준이 높은 것을 말한다. 반대로 우정 밖에서 공격적인 아동은 낮은 친밀성을 보고한다(Grotpeter & Crick, 1996).

놀랍게도 공격적인 행동은 연령이 증가함에 따라 더 받아들여지고 매력적으로 보인다고 보고되었다(Bukowski, Sippola, & Newcomb, 2000). 게다가 탈선적인 아동들과 친구하는 것에 종종 뒤따르는 사회적 어려움을 예측하기도 한다(Berndt & Keefe, 1995; Dishion, McCord, & Poulin, 1999). 연구자들은 공격적인 행동이 증가하여 받아들여지는 감정을 살펴보고, 우정이 아동기 후기와 초기 청소년기 동안에 융화되기보다 악화되는 데 어떻게 작용하는가를 살펴볼 필요가 있다.

요 약

대부분의 아동들은 적어도 한 명의 친구가 있다. 아동들은 '표면적' 특성과 '행동적' 특성이 비슷한 사람들과 친구를 한다. 청소년기 동안에 유사한 태도, 의견, 가치를 갖고 있는 사람과 친구를 하는 것처럼 말이다. 아동들이 갖는 '우정' 이라는 개념은 연령이 증가함에 따라 좀 더 추상적으로 변하고, 이러한 변화는 친구들의 행동에 반영된다. 연령이 증가함에 따라 아동의 우정은 더 안정적이고, 더 상호 이타주의적이고, 친밀한 개인적 지식을 공유할 수 있는 수준에 이르게 된다. 모든 연령대에서 친구는 친구가 아닌 경우와는 질적으로 다른 상호작용을 한다. 그리고 이러한 상호작용의 성격은 우정 형성 과정을 예측하고 기술할 수 있게 한다. 친구를 형성하는 과정에서의 아동들은 친구가 아닌 경우보다 친구인 경우에 분명하게 의사소통을 하고, 자기 노출을 자주 하고, 갈등을 효과적으로 해결한다. 갈등은 우정에서 종종 일어나는 것이지만, 친구는 그 관계를 지속 혹은 계속하기 위한 가능성을 고양시키는 방향으로 갈등을 해결한다. 또한 남아, 여아의 우정에도 성차가 있다. 또한 일련의 연구들에 따르면, 우정은 그들 자신에 대해, 또래에 대해, 세상에 대해서 배우고 그 맥락이 아동에게 제공하는 사회 발달에 중요한 역할을 한다고 보았다.

5. 아동들의 집단

지금까지 또래관계에서의 상호 간 중요성과 사회적 상호작용의 발달적 경향에 대해서 알아보았다. 그러나 아동들은 우정으로 고려되지 않는 또래들과 함께 형식적이거나 비형식적 집단 안에서 시간을 보낸다. 여기서는 또래집단의 형식적이고 구조적인 특성을 탐색해 보고자 한다. 집단 형성과 규범, 조직화와 그 과정에 대해서 알아본다.

사회적 맥락으로서의 또래집단

교실에서, 학교 운동장에서, 이웃 마당에서 3명 혹은 12명씩 아동들이 어울려 놀고 있는 것을 쉽게 볼 수 있다. 이 시기의 아동들의 행동을 살펴보면 대부분이 자신에게 집중되어 있고, 그들의 사고 역시 자기와 즉각적으로 관련된 것에 집중해 있다(Isaacs, 1933). 그러나 아동기 중기에는 변화가 나타나기 시작하는데, 이러한 변화는 집단들 간에 하나의 집단으로 형성해 갈 때 두드러진다.

또래집단은 보통 3~10명 정도로 평균 5~6명 정도이고, 대부분이 동성으로 구성되어 있다(Chen, Chang, & He, 2003; Kindermann, MaCollom, & Gibson, 1995). 아동기에는 상대적으로 집단의 크기가 작고 절친한 친구들이 주도권을 가진다. 그러나 청소년기에는 아동들의 집단에서의 관여는 점차 감소하는 반면, 보다 큰 집단에서의 친화력을 두드러지게 보여 준다(Brown, Eicher, & Petrie, 1986). 이러한 발달적 변이는 사회인지 능력과 사회생태학적 상황에서 더 나은 변화를 보여 준다. 반면에 아동기에는 부모로부터 개인적 자율성을 확립하기 위해 필요한 심리학적인 의존을 위한 절친한 친구들의 집단을 형성하게 된다. 청소년들은 다른 삶의 방식이나 가치관을 가진 친구들 안에서 자신의 정체성을 찾고자 노력한다(Brown, 1990). 또한 연령이 높아짐에 따라, 더 많은 사회적 기술들이 늘어 감에 따라 청소년들은 또래관계의 각기 다른 형태들을 확장시키고 유지할 수 있게 된다.

집단 특성에 성차를 고려하는 연구들의 결과는 일관적이지 않다. 몇몇 연구들에서는 남아들이 여아들보다 집단 활동을 더 잘 수행하고, 남아들의 집단이 여아들의 집단보다 크기가 크다고 하였다(Benenson, Apostoleris, & Parnass, 1977; Maccoby, 1995; Ruble & Martin, 1998; Thorne & Luria, 2001). 그러나 다른 연구자들은 성차에 대한 유의미한 차이를 발견하지 못했다(예, Cairns, Leung, Buchanan, & Cairns, 1995; Tarrant, 2002). 이러한 결과는 연구자들이 사용한 방법론상의 차이로 볼 수 있다. 예를 들어, 성차는 관찰하는 방식에 따라서 매우 다르게 나타나기 때문인데(예, Benenson et al., 1997), 집단 친화에 대한 자기 보고는 같은 결과를 나타내지 않기도 한다(예, Cairns et al.).

지금까지 또래집단의 특성을 고려할 때 연구자들(Strayer & Strayer, 1976)은 집단의 특성이 특정한 행동(예, 지배)에 부가적인 영향을 받는다고 기술해 왔다. 또한 공격적인 관계성에 대해서도 인식해 왔다(Hinde, 1987). 그럼에도 불구하고, 많은 연구자들은 또래의 특성은 집단을 구성하고 있는 개인들의 특성을 감소시키는 것은 아니라고 보았다(Cairns & Cairns, 1994; Chen, Chen, & Kaspar, 2001). 친구와 같은 양자적 관계의 사회적 관계와는 달리, 또래집단은 집단 규준과 가치에 기반해서 집단적인 기능을 통해 발전해 왔다(Brown, 1990; Cairns & Cairns, 1994). 집단에서 아동들은 공통적인 흥미와 집단 규범을 강요하여, 집단의 '사회적 성격' 은 아동들이 어떻게 사회적 상호작용과 개인 행동의 맥락에서 기능하는가에 기여한다(Brown).

또래집단의 기능

또래집단과의 상호작용에서 아동들은 집단 기능을 위해서 특수한 기술을 배울 것을 요구받는다. Fine(1987)은 또래집단이 아동들에게 가르치는 것에 대해서 다음과 같이 나열했다. ① 개인의 목표보다 집단 활동의 목표에 어떻게 맞추는가, ② 사회적 구조, ③ 타인을 따르고 협력하는 기술, ④ 구성원들의 적의적인 충동을 어떻게 통제하는가, ⑤ 어떻게 '타인' 을 향한 신뢰를 형성하고 공격을 조정하는가 등이다.

게다가 아동들이 다른 구성원들과 함께 만들고 유지하는 사회적 연결망과 감정적인 결합은 아동들이 스트레스와 적응의 어려움을 다룰 수 있도록 하는 사회적 지지의 주요 요소를 형성한다(Hartup, 1992). 요약하면, 집단 구성원들 간의 빈번한 접촉과 공동 활동, 대인 간 관계에서 애정적 결합은 아동의 집단이 더 사회화된 영향을 갖도록 만든다(Kindermann, 1993).

친구와의 경험이 사회적 상황에서 특수한 것과는 반대로, 또래집단은 사회적, 감정적 그리고 행동적 기능이 만연해지고, 그것은 더 큰 사회적 구조에 적응을 할 수 있도록 도와준다. 경험적 연구는 이와 같은 논의에 일치된 결과를 보여 주고 있다(예, Cairns & Cairns, 1994; Kinderman et al., 1995). 예를 들어, 또래집단이 아동의 동기적인 요인들에 기반한 것과 반대로, 또래집단의 형태는 학교에서 아동의 동기를 변화시켜 줄 수 있는 예측원이 되기도 한다(Kinderman, 1993). 이와 같은 결과들은 학교 중퇴, 10대 임신, 비행 등과 같은 문제에 또래집단의 기여가 고려되어야 함을 말해 준다(예, Cairns & Cairns, 1994; Chen et al., 2001; Xie, Cairns, & Cairns, 2001).

파벌과 군중

Brown(1990)에 의하면, 또래집단에는 두 가지 주요 형태가 있다. 즉, 파벌(clique)과 군중(crowd)이다. 파벌이 상대적으로 우정에 기반한 작은 집단이라면, 군중은 명성에 기반한 집단으로 태도 혹은 구성원들이 공유하는 활동에 의해 개인들이 모여 형성된 집단이라고 보면 된다. 파벌 활동은 종종 집단 구성원들 간의 정서적인 교감과 상대적으로 집중적인 상호작용을 갖고 있다. 그러나 군중은 보다 느슨한 조직화로 이루어져 파벌보다 덜 친밀하다. 군중의 구성원들은 상호작용을 잘하지 않는다. 그러나 군중은 종종 보다 큰 사회 구조로서 청소년기에 생긴다. 고등학교에서는 'normals' 'jocks' 'brains' 'populars' 'greasers' 'partyers' 'loners' 그리고 'druggies' 등으로 불리는 일반적인 군중들이 있다(Brown, Mounts, Lamborn, & Steinberg, 1993). 예를 들어, 'jocks' 은 운동선수들로 인기 있는 사람들, 'brain' 은 자신의 점수를 걱정하며 또래들과는 적정 거리에서만 지내는 아동들 그리고 'druggies' 는 학교에서 행동이 불성실하고 권위 있는 존재에 대항하며 건강에 위험한 행동들을 하는 집단으로, 예를 들어 안전하지 않은 방식의 성관계를 한다거나 술을 지나치게 마신다거나 하는 집단을 일컫는다(La Greca, Prinstein, & Fetter, 2001).

군중에의 소속은 청소년기 때 사회적 기능 수행에서 매우 중요한데, 이것이 사회적 접촉과 또래들 간의 관계에 영향을 주기 때문이다. 예를 들어, 특정 군중의 구성원들에게 형성되어 있는 각인은 같은 구성원들끼리 관계나 데이트 패턴에 있어 큰 흐름을 형성한다. 이는 새로운 정체성을 탐색하는 것을 방해하고 다른 군중 구성원으로의 이동을 방해할 수도 있다. 낙점(stigma)은 청소년기를 형성하고 사고 판단에 영향을 준다고 알려져 왔다(Horn, 2003). 공격적인 평판과 사회인지와 관련해서는 일치된 결과들이 보이고 있다(Dodge, 1980). Horn은 청소년들이 특정한 집단에 대해 편견을 갖거나 혹은 고정관념적 정보를 사용하는 것을 발견했다. 이러한 군중 특정적 평가는 집단의 고정관념과 집단의 구조를 영속시키는 것에 기여한다.

집단 내의 구조들에 차이가 존재함에도 불구하고, 모든 구조들은 청소년기 후기에 해체된다. 이는 성의 통합 때문이라고 보이는데, 처음에는 복합적인 성이 한 파벌에 생기지만 결국 큰 집단으로 나누어지고, 청소년기 후반이 되면 남아, 여아가 자신의 파벌에 관계없이 서로에게 편안한 감정을 느낀다. 또 다른 기여 요인은 청소년기 후반이 되면 개인의 가치와 도덕 규준에 대한 중요성을 지각하기 시작한다는 것이다. 따라서 특정 집단에 대한 그들만의 구성원 자격에 더 이상 논쟁을 하려고 하기보다는 특정 집단으로부터 떨어져 있는 것에 만족하기 시작한다.

또래집단 연구의 방법론적 쟁점들

최근까지도 또래집단의 자질에 대한 평가는 어려웠다. 전통적으로 연구자들은 아동이나 청소년들에게 가장 가까운 친구들 혹은 또래 구성원들을 열거해 보라는 식의 자기 보고에 의존해 왔다. 이러한 접근은 자료의 신뢰도와 타당성에서 많은 측정적 문제점을 일으킨다. 다른 주요 방법론적인 문제점은 아동들의 개인적 행동과 집단 맥락에서의 상호작용 행동이 사회적 복잡성에 따라 다른 '수준'으로 나타난다는 점이다(Hinde, 1987).

이는 사회 네트워크 분석(Social Network Analysis: SNA; Richards, 1995)과 사회인지적 지도(Social Cognitive Map: SCM; Carins, Gariepy, & Kindermann, 1989)라는 두 가지 기법으로 최근에 소개되어 왔다. SNA는 우정을 지명하는 데 기반을 둔다. 아동들은 전형적으로 학교에서 가장 많이 어울리는 10명의 친구 이름을 적는다. 그리고 NEGOPY (Richards, 1995)라는 컴퓨터 프로그램으로 분석으로 서로에게 가장 자주 접촉을 하는 사람의 이름을 보고하는 것이다. 게다가 NEGOPY는 우정의 연결고리 형태와 그 연결고리의 강도를 통해서 집단 구성원들의 결속도, 고립 정도 등도 탐지할 수 있다. 집단 구성원들은 적어도 3명에게 다른 구성원들보다 50% 이상의 강도로 집단의 구성원으로 지명받아야 한다. 연락(liaison)은 집단 구성원들 간에 우정을 갖고 있지만, 집단 그 자체는 아닌 경우다. 양자관계(dyads)는 서로 간이 아니라 한 사람의 상호적인 우정을 갖고 있는 개인을 가리켜 말하는 것이다. 이러한 개인은 집단에 속하지 않지만 상호 우정을 갖는다. 마지막으로, 고립은 상호적인 우정을 갖고 있는 않은 아동 실태를 말한다. 이는 SNA가 우정의(상호적이든 비상호적이든) 연결에 기반을 두고 있기 때문이라고 지적하고 있다. 여기서 집단은 우정 연결망을 명시한다.

SNA와 비교해서 사회인지적 지도(SCM)는 Cairns 등(1989)에 의해 발견되었다. 이는 더욱 직접적으로 또래집단을 평가할 수 있다. 아동들은 "학교에서 많은 친구들과 함께 노니?" "그들이 누구니?" 와 같은 질문을 받는다. 그리고 응답자 본인에게도 해당되는 질문 "너는 어때? 너도 그 집단에서 많이 노니? 너와 같이 노는 사람들은 누구니?" 에 해당되는 질문을 하고 아동들은 응답을 한다. 모든 참여자의 보고를 기반으로 행렬을 구성한다. 특별히 각 참여자의 집단 구성원의 프로파일은 그 학급에서 매일 다른 아동과 함께 있는 경우의 가상적 집단의 구성원에 지명되는 빈도에 근간해서 생긴다. 그러고 나서 하나의 프로파일과 유사한 목록이 개인 집단 구성원의 프로파일과의 상관으로 해서 얻어진다. 유사한 집단 구성원의 프로파일의 아동들은 동일 집단으로 형성된다(Cairns & Cairns, 1994). 이러한 방법은 몇 가지 이점을 제공한다. 우선 모든 아동들은 또래집단에서 자연스럽게 나타나는 정확한 표상을 얻기 위한 응답을 잘해야 하는 것은 아니다. 특정한 환경에서 아동들의 반수로부터 호명된 것이면 충분하다. 뿐만 아니라 개인의 연계성도 관찰할 수 있고, 인기 있는 아동과 그렇지 않은 아동에 대한 공적인 정보도 얻을 수 있다. 인기 있는 아동이 항상 모든 사회단체에서 인기 있는 것은 아니며, '사회적 지도' 가 또래집단의 이런 양상을 잘 보여 준다.

요 약

또래집단은 아동에게 자신과 타인에 대해서 배우는 데 독특한 맥락을 제공해 준다. 친구와의 초기 양자적 경험은 또래 수용에서 필요한 적절한 사회적 기술을 습득하도록 도와준다. 일단 아동이 또래에게 받아들여지면, 다른 다양한 집단이 형성되고 그 구성원들은 그 집단에 대해서 탐색할 기회를 갖게 된다. 가끔씩 청소년들은 '군중' 에서 구성원 자격을 얻는다. 이런 집단들에서의 구성원 자격을 통하여 청소년들은 자신의 감각을 키워 가고, 동일한 목표, 복잡한 상호관계, 단체 구조에 대해서 학습한다. 중요한 것은 사회적 기술과 자질은 보다 종합적인 맥락에서 효과적인 기능을 요구한다는 것이다. 파벌과 군중은 청소년들에게 분리된 사회적 기회들을 제공해 준다. 집단은 청소년들에게 성인 감찰의 부재에서 역할과 가치를 발달하고 검증하도록 도와주고, 집단은 자아의 발달에 전폭적인 지지를 제공한다.

6. 또래 수용과 거부

또래집단에게 받아들여지거나 사랑받는 것을 '인기' 라고 한다. 이전에는 또래에게 인기가 있으면 다른 것들도 모두 괜찮을 것이라고 생각되었기 때문에, 연구자들은 또래관계가 좋지 않은 아동에게만 관심을 보였었다. 그러나 최근의 연구 결과는 거부뿐 아니라 수용 또한 문제가 될 수 있다는 사실을 보여 주었다. 여기서는 연구자들이 또래집단 내에서 아동이 겪는 어려움과 수용을 평가하기 위해 사용하는 방법을 살펴볼 것이다. 또한 또래의 수용을 결정짓는 요인들과 또래들과의 지속적인 문제가 수반할 결과에 대해 알아보고자 한다.

아동의 또래관계의 질 평가

아동의 또래관계의 질을 평가하기 위해서는 다양한 방법이 있다. 기본적으로 이런 방법들은 '아동이 인기가 있는가?' '그 아동이 왜 인기가 있는가?' 라는 두 가지 질문에 대한 응답에 따라 하위 범주로 나뉜다(Parker & Asher, 1987). 이 질문들에 답하기 위해 연구자들은 아동의 또래관계에 대한 부모, 담당의사, 기록 등의 다양한 출처를 사용하고, 그중 주로 아동, 교사 그리고 아동의 직접적인 행동 관찰을 통해 정보를 얻는다. 아동들은 또래집단에서 누가 좋고 나쁜 관계를 맺고 있는지에 대해 잘 알려 준다. '내부인(insider)' 으로서 아동의 또래들은 결국 또래 사이에서 아동의 사회적 지위와 융합을 결정할 자신들의 관점과 관련 있는 아동들의 성격과 관계를 식별할 수 있다. 또한 또래에 대한 판단은 많은 다양한 경험에 기반을 둔다. 예를 들어, 또래들은 얼굴에 주먹을 날리거나 다른 사람의 소중한 물건을 빼앗는 등의 특정 사회적 평판을 형성하거나, 군건히 할 자주 일어나지는 않지만 심리적으로 중요한 사건을 떠올릴 수 있을 것이다. '외부인(outsider)' 은 이런 사건들은 모를 수도 있다. 마지막으로, 아동의 행동과 관계에 대한 또래의 평가는 대상 아동과 다양한 관계를 맺어 온 많은 관찰자들의 관점을 대변한다(Rubin, Bukoswki, & Parker, 1998). 언급된 것들을 고려할 때 특성, 상호관계성과 아동의 또래관계 결정요인에 대한 현대의 연구들이 또래 평가 방법을 주로 사용한다는 것은 당연하다.

또래들처럼, 교사들도 아동의 교우관계에 영향을 미칠 수 있는 사회적 교류에 대해 유용하고 풍부한 정보를 줄 수 있다. 교사 평가의 이점은 정보 수집을 단기에 훨씬 효율적으로 할 수 있다는 점이다. 이는 정보를 모으기 위한 학급 시간을 필요로 하지 않는다. 또 다른 이점은 교사들이 또래보다 사회적 행동 평가에서 더 객관적일 것이라는 점이다. 교사들은 평가 대상인 집단 구조나 아동의 행동 도식에 영향을 받지 않는다. 그러므로 그들은 매우 유용하고 객관적인 정보를 제공한다. 다른 한편, 교사들은 아동들과는 다른 '성인의' 관점으로 사회적 행동을 평가할 수 있다. 또한 그들은 그들 스스로의 아동들과의 관계나 아동의 성별에 따라 선입견을 가지고 판단할 수도 있다(예, Ladd & Profilet, 1996).

또래 수용의 평가

사회 측정적 명명법 Moreno(1934)는 또래집단 내에서 호감과 반감을 평가하는 데 사회측정학을 사용했다. Coie, Dodge 및 Coppotelli(1983)는 오늘날에도 널리 쓰이는 평가 방법을 개발하여 Moreno의 연구를 더욱 발전시켰다. 이 평가 방법에서 아동들의 집단 내 위치는 또래들로부터 받은 긍정/부정적 평가를 바탕으로 구분된다. 일반적으로 아동들에게 3~5명의 가장 좋아하는 또래와 가장 좋아하지 않는 또래가 누구인지 물어본다. 학급 크기를 통제하기 위해 지명 아동들은 각 학급(또는 학년) 내에서 표준화된다. 아동기에 일어나는 반대 성 부정성 편파(opposite-sex negative bias)를 피하기 위해 대체로 동성의 아동들만을 대상으로 제한한다.

사회적 영향과 선호에 대한 이러한 명명법을 바탕으로 아동들은 5개의 사회 측정적 범주로 분류된다. '좋아한다' 를 많이 받고 '싫어한다' 를 거의 받지 않은 아동들은 '인기 있는' 아동으로 간주되고, '좋아한다' 의 평가도 많고 '싫어한다' 의 평가도 많은 아동은 '논쟁의 여지가 있음' 으로 분류된다. '좋아한다' 는 적고 '싫어한다' 는 많은 경우에는 '배척됨' 으로, '좋아한다' 도 적고 '싫어한다' 도 적은 경우는 '무시' 로, 그 밖의 다른 것들은 모두 '평균' 으로 분류된다. 수년간 연구자들은 사회 측정적 분류의 양극이 상대적으로 안정적으로 지속된다는 사실을 확인했다. 즉, 인기 있는 아동들은 계속 인기 있고 배척된 아동들은 계속 배척된 상태에 있다(Brendgen, Vitaro, Bukowski, Doyle, & Markiewicz, 2001). 그러나 또래 거부와 그에 관련된 부정적 결과의 관계를 검토해 보면 많은 변수가 설명되지 않고 있다. 최근의 연구는 사회 측정적 평가의 민감도를 '계층 강도(classification strength)'의 구조를 조사하고 있다(DeRosier & Thomas, 2003). 계층 강도란 아동이 규정된 사회계층적 지위로 분류되는 정도를 의미한다. DeRosier와 Thomas의 연구는 계층 강도가 사회 측정적 지위를 예측하는 데 큰 도움을 준다는 것을 제시한다.

측정 도구로 자주 쓰이지만, 사회 측정적 기법에는 잠재적 단점들이 있다. 예를 들어, 몇몇 연구자들은 사회 측정적 명명과 평가의 사용은 윤리적으로 문제가 될 수 있다고 주장한다. 부정적 명명 측정은 또래에 대한 부정적 평가를 암묵적으로 인정하고, 아동들이 싫어하는 또래를 더욱 싫어하게 만들 수도 있다(Bell-Dolan, Foster, & Sikora, 1989). 이 논쟁을 설명하기 위해 Iverson, Barton과 Iverson(1997)은 4, 5학년 아동들과 집단 사회 측정적 명명법을 한 후의 반응에 대해 면담을 했다. 아동들은 지위가 낮은 아동 몇 명이 '없는 데서' 이야기하는 것에 대해 보고했지만, 이러한 부정적인 평가는 지위가 낮은 아동들에게는 전혀 알려지지 않았다. Iverson과 그의 동료들은 사회 측정적 평가가 아동들이 일상에서 접할 해 이상의 어떤 윤리적 해를 입히지 않는다고 주장했다.

사회 측정적 기법은 또한 실용적 측면에서 한계가 있다. 사회 측정적 평가는 대개 아동들이 대부분의 시간을 또래들과 보내는 학교에서 이루어진다. 그러나 이 경우 모든 관계자들, 즉 교장, 부모, 교사, 아동들의 동의를 얻는 것은 쉬운 일이 아니다. 아동들이 참가하지 않는 급우를 지명한다면 연구자들은 윤리적인 이유로 그 자료를 사용할 수 없다. 그러므로 연구자들이 학교 사회 구조에 대한 자료를 정확하게 얻으려면 학교에 다니는 아동들의 대부분에게서 동의를 얻어야만 한다.

마지막으로, 몇몇 연구자들(Merten, 1997; LaFontana & Cillessen, 1998)은 호감을 받는 아동은 또래집단에 잘 수용되지만, 또래집단에 잘 수용되는 아동이 언제나 호감을 얻는 것은 아니라고 주장했다. 아동들이 '인기 있다'는 것은 무엇을 의미하는가? 연구자들은 인기도에 대한 아동들의 또래지각을 측정함으로써 이 의문들을 해결하려 해 왔다.

또래 인지 인기도 연구자들은 아동들에게 인기 있다고 생각하는 아동과 가장 인기 없다고 생각하는 아동을 지명하라고 했다. 이 과정은 인지(perceived) 아동 지위와 수용의 직접적인 평가다. 사회 측정적 명명법에서처럼, 또래 인지 인기도도 표준화되고, 아동들은 '인기 있는' '인기 없는' '평균(그 밖의 모든 것)'의 셋 중 한 집단에 배정받는다. 사회 측정적 인기도와 또래 인지 인기도를 동시에 조사한 결과, 이 두 종류의 측정법이 아동을 두 집단으로 나눈다는 사실이 밝혀졌다(Parkhurst & Hopmeyer, 1998; LaFontana & Cillessen, 1999). 또래들은 사회 측정적으로 '인기 있는' 아동들의 대부분을 인기 있다고 받아들이지 않았다. 또한 또래에게 인기 있는 아동들은 사회 측정적으로 인기 있지 않았다. 결론적으로, 호감에 대한 전통적인 평가는 또래집단이 인기를 지각하는 것과는 다른 방식으로 행해지는 것 같다. 중요한 것은 둘 중 어느 방법도 지명되거나 인지된 아동의 행동적 특성들에 대해 알려 주지 않는다는 것이다. 다음에서는 아동의 행동적 특성을 밝히기 위해 고안된 방법론에 대해 다루고자 한다.

아동 행동의 평가

사회적 행동에 대한 또래 평가 일반적으로 또래 평가 과정은 아동들에게 다양한 행동적 역할이나 성격 묘사에 기반을 두어 또래를 지명하도록 묻는 과정을 포함한다. 예를 들어, "너희 반에서 가장 좋아하는 리더가 누구니?" "싸움을 자주 하는 건 누구니?" "혼자 놀기 좋아하는 건 누구니?" 와 같은 질문들을 한다. 또래들이 한 지명은 여러 방법으로 정리되어 또래집단 내에서 아동의 전형적인 사회적 행동이나 평판의 개요를 보여 준다. 흔히 사용되는 또래 평가 방법은 '변경된 교실놀이(revised class play)' (Masten, Mohrison, & Pellegrini, 1985)다. 이 방법을 사용한 아동들의 명명에 대한 요인분석은 사회성-리더십(sociability-leadership), 공격성-파괴성(aggressive-disruptive), 예민함-고립됨(sensitive-isolated)의 세 가지 행동요인을 산출하였다.

앞에서도 언급하였지만, 또래가 주는 정보에는 많은 이점이 있다. 특히, 또래들은 집단 내에서는 두드러지지만 너무 드물거나 미묘해서 연구자들이 신뢰도를 평가하기 힘들다 (Rubin et al., 1998) 그러나 또래 평가는 잠재적으로 평판에 따른 선입견이 있을 수 있다는 단점이 있다(Hymel, Wagner, & Butler, 1990). 즉, 아동의 행동이 시간에 따라 변하더라도 그 아동의 '평판' 은 또래들 사이에서 지속될 수 있다. 평판은 특히, 공격적인 폭발이나 공공장소에서의 실수와 같은 자주 일어나지 않는 특정한 사건에 의해 좌우되기 쉽다. 게다가 또래 평가는 행동적 평판, 또래의 지위, 연령, 대상에 대한 호감도, 상황적 요인 등과 같은 '평가자' 의 특성에도 영향을 받는다(Younger & Boyko, 1987).

마지막으로, 행동의 형태(type)는 또래 지명과 평가에 영향을 줄 수 있다. 예를 들어, 사회성과 공격성에 대한 또래 평가는 사회적 위축에 대한 것보다 더 안정적으로 나타난다(예, Moskowitz, Schwartzman, & Ledingham, 1985). 아동기 초기에 공격성은 일반적이지 않고 수용될 수 없는 것으로 보인다. 그러나 사회적 위축은 아동기 후반에 이르러서야 비로소 또래들에게 부정적인 것으로 비춰진다(예, Younger, Gentile, & Burgess, 1993). 사회적 위축에 대한 또래 평가의 불안정성은 이러한 행동이 어린 아동들에게 정확하게 개념화되지 않았기 때문일 수도 있다.

사회적 행동에 대한 교사 평가 연구자들은 종종 교사들에게 학생들의 사회적, 정서적 특징을 평가해 줄 것을 요청한다. 표준화된 다양한 척도들이 있다. 일반적으로 이 척도들은 긍정적인 아동 행동, 공격성, 과잉행동, 불안 등의 범주에 속하는 여러 사회정서적 군집 혹은 요인으로 세분화된다(Coplan & Rubin, 1998; Ladd & Profilet, 1996).

아동의 사회적 행동에 대한 교사와 또래 평가는 강한 연관성이 있는데, 특히 공격성과 사회성 측면에서 그렇다(Ledingham, Younger, Schwartzman, & Bergeron, 1982). 게다가 사회적 위축에 대한 교사와 또래 평가의 상관은 아동기 초기에서 후기까지 증가한다. 아동기 후기에서 청소년기 초기에 공격성에 대한 또래-교사의 상관은 거의 일치하는 수준에까지 이른다(Hymel, Rubin, Rowden, & LeMare, 1990). 사회적 위축에 대한 또래와 교사 평가 일치의 증가는 그런 행동들이 보다 높은 연령의 또래 사이에서 더 뚜렷하게 나타난다.

사회적 행동의 행동적 관찰 행동적 관찰은 사회적 행동 평가의 다른 형태들이 측정되는 것과는 반대되는 표준을 나타낸다. 이런 점에서 보면 공격성, 위축 혹은 사회적으로 능숙한 행동의 '진실된' 상은 자연스러운 상황에서 아동들을 관찰할 때 가장 잘 나타날 것이다. 이 관찰에서 나이와 성별의 '표준'은 사회적 행동의 특정 형태를 위해 정해진다. 이 '표준'들로부터 동갑내기나 동성의 아동들과 다른 아동을 구별하기 위한 절차가 개발될 것이다.

여러 관찰적 분류법이 다양한 행동 양식, 관계적 역할 그리고 사회적 능력 수준의 빈도를 평가하기 위해 개발되어 왔다. 예를 들어, Rubin(2001)은 아동기 초기와 중기의 자유놀이 행동을 평가하기 위해 표준에 기반을 두어 시간을 측정한 과정인 '놀이관찰 척도(Play Observation Scale: POS)'를 개발했다. 교실이나 실험실 놀이방에서의 자유놀이 동안 또래가 있을 때와 없을 때의 행동들이 앞서 말한 고독, 평행 그리고 집단 활동 등의 사회적 참가 범주에 포함되는 기능적-감각운동적, 탐색적, 구성적, 극적인 그리고 규칙이 있는 게임 행동의 인지적 놀이 범주에 대한 체크리스트에 기록된다. 그 외에도 명백하고 상관적인 공격성, 마구잡이 놀이, 방관자적 놀이 그리고 또래들과의 대화도 기록된다. POS와 같은 관찰적 방법은 공격성과 사회적 위축 등의 행동이 동년배 집단의 표준에서 벗어난 아동들에게 적합하다. 또한 이런 방법들은 아동들의 사회적 행동에 대한 또래와 교사 평가의 정당성을 입증할 때에도 사용된다.

그러나 관찰적 방법에는 몇몇의 문제요소가 있다. 첫째, 관찰을 하는 데 시간, 노력 및 비용이 든다. 또래와 교사 평가가 몇 분에서 몇 시간에 끝나는 데 반해, 관찰은 수주에서 수개월의 데이터 수집을 필요로 한다. 둘째, 비록 영상 녹화 기술의 발달로 멀리 떨어져서도 아동들의 교류와 대화를 관찰할 수 있게 되었지만, 아동들이 커 갈수록 '자유놀이' 동안 그들을 관찰하는 것이 점점 어려워진다(예, Pepler & Craig, 1995). 셋째, 관찰이 반응적일 수 있다. 예를 들어, 자신들이 관찰되고 있다는 것을 아는 아동들은 부정적 행동을 하지 않고, 친사회적인 행동을 하는 등 평소와 다르게 행동할 수 있다.

정리하면, 또래집단에서의 아동의 기능을 평가하기 위해 많은 다양한 연구 방법들이 사용되어 왔다. "이 아이가 좋으니?"와 같이 묻는 사회 측정적 방법은 아동들이 특정 아동에 대해 어떻게 느끼는지를 알고 싶을 때 적합하다. 그러나 이 방법은 행동들이 이런 평가와 어떻게 연관되어 있거나 기여하는지에 대해서는 알려 주지 않는다. 반대로 아동의 사회적 행동에 대한 평가와 행동적 관찰로는 '아동이 어떤지'에 대해서는 알 수 있지만, 아동들이 또래집단에서 어떤 위치에 있는지는 알 수 없다. 다음에서는 또래 수용과 아동들의 사회적 행동 사이의 관계를 알아보고자 한다.

7. 또래 수용의 상관관계와 결정요인

어떤 아동이 질적으로 좋은 또래관계를 이루는가? 이런 아동들은 어떤 특성을 갖고 있는가? 반세기가 넘는 동안 이 두 질문에 대해 수많은 연구들이 행해져 왔다(예, Bonney, 1942; Northway, 1944). 두 가지 주의점을 알아야 한다. 첫째, 이 질문들에 대한 많은 데이터들이 상호관계적 연구들로 이루어져 있기 때문에, 또래 수용이나 배척과 관련된 행동들이 반드시 아동들의 사회적 지위를 결정하는 것은 아니다. 둘째, 또래 수용과 배척의 상호관계적이고 잠재적인 원인들이 모두 행동으로 나타나지는 않는다. 예를 들어, 인기도는 학업성취력(Coie & Krehbiel, 1984)과 매력적 외모(Langlois & Stephan)를 가지면 정비례하고, 평범하지 않은 이름(관련 개관은 Hartup, 1983 참조)을 가질 때는 반비례한다. 그러나 중요한 것은 외모나 평범하지 않은 이름이 또래 수용과 특별히 큰 상관이 있는 것은 아니라는 점이다. 또래집단 내에서의 지위와 가장 크게 연관된 변인은 아동들의 사회적 행동과 사회적 현상을 받아들이는 그들의 사고방식이다.

또래 수용의 행동적 상관관계

아동의 또래관계에 대한 연구에 현재 유행하는 분류표를 적용한다면 인기 있는, 배척되는, 무시되는 그리고 평균인 아동의 위치와 관련된 다른 독특한 행동들을 발견할 수도 있다. 그러나 실제로 사회계층적으로 분류된 각 집단들의 구성원 자격은 보다 다양한 방식으로 얻어진다.

'사회계층적으로 인기 있는' 아동은 긍정적인 관계를 시작하고 질적으로 유지하는 기술을 갖고 있다. 새로운 또래 상황에 들어서면, 인기 있는 아동은 다른 사회계층에 속하는 아동들보다 놀이 집단의 준거 기준을 더 잘 고려하고 있으며, 그 준거 기준을 공유하며 자신의 위치를 쌓아 간다(Putallaz & Wasserman, 1990). 즉, 스스로에게 '무슨 일이 벌어지고 있지?'와 '내가 어떻게 거기에 맞출 수 있을까?' 라고 묻는 것이다. 사회계층적으로 인기 있는 아동은 또한 진행 중인 놀이 집단에 들어갈 때, 부당한 관심을 덜 끄는 경향이 있다. 즉, 아동은 배타적이거나 거만하게 이야기하지 않고, 진행 중인 놀이가 자신의 사회적 욕구나 갈망 때문에 방해되는 일이 없도록 한다(Dodge, Schlundt, Schocken, & Delugach, 1983). 놀이 집단에 들어갈 때와 다른 사회적 활동을 할 때 인기 있는 아동은 분명하게 이야기를 하고, 다른 아동들의 사회적 제안에 대해 의존적으로 반응한다(Black & Logan, 1995). 갈등이 생기면 인기 있는 아동은 협상과 타협이 해결해 줄 수 있을 것으로 믿고, 또래와의 긍정적인 관계를 유지하기를 원한다(Hart, De Wolf, Wozniak, & Burts, 1992; Hart, Ladd, & Burleson, 1990). 또한 사회 측정에서 인기 있는 아동은 또래, 교사 그리고 행동관찰자들에게 협력적이고 사교적이고 우호적이고 감수성이 높다는 평가를 받는다(Parkhurst & Hopmeyer, 1998). 요약하면, 사회 측정에서 인기 있다고 평가되는 아동은 사회적으로도 능숙한 특성을 보여 준다.

이와는 대조적으로, 아동들에게 인기 있다고 '지각되는' 아동은 종종 또래에게 부정적으로 비춰진다. Parkhurst와 Hopmeyer(1998)는 인기 있다고 지각되는 아동은 또래에게 지배적이고 공격적이고 거만하며 친절하지 않고 신뢰가 없는 것으로 비춰질 수 있다고 했다. 그러나 다른 연구자들은 지각된 인기도가 사회적 위신, 사회적 영향과 관련된 활동, 물질적인 소유, 달성, 기여 등과 상관이 있다고 밝혔다. 사회 측정에서 인기 있는 아동과는 반대로, 또래에게 인기 있는 아동으로 지각된 경우는 또래들과의 상호관계에서 조작과 지배 등의 특성을 보여 주기도 하였다. Adler, Kless 및 Adler(1992)가 초등학생들을 대상으로 한 연구에서, 남아들에서는 성인들의 권위에 도전하고 존재하는 규칙에 도전하는 아동들이 인기가 많았다. Adler와 동료들의 연구에서는 인기 있는 여아는 접근이 제한된 배타적인 운동장놀이나 과외 활동에 참가하는 것으로 나타났다.

최근 연구에서는 인기 있는 아동들에게 두 가지의 개별적이고 독특한 집단이 있을 가능성을 조사하고 있다. 초등학생 남아들을 대상으로 한 연구에서 연구자들은 인기 있고 친사회적인 집단과 인기 있고 반사회적인 집단을 살펴보았다(Rodkin, Farmer, Pearl, & Van Acker, 2000). 게다가 최근에 연구가들은 4~8학년 아동들은 인기도를 친사회적이고 반사회적 행동 둘 다와 연관짓는다는 것이 밝혔다(LaFontana & Cillessen, 2002). Rubin(2002)은 최근에 이 두 아동 집단들을 '점잖게 인기 있는(popular-as-decent)' 과 '지배적으로 인기 있는(popular-as-dominant)' 으로 구분지었다.

'소외된' 아동들, 즉 또래 친구들로부터 어떤 지명도 받지 않은 아동들은 종종 수줍어하거나 위축되는 특성을 보이기도 한다(예, Coie & Kupersmidt, 1983; Dodge, Murphy, & Buchsbaum, 1984). 소외된 아동들은 일반적인 아동들보다 친구들과 적게 상호작용한다는 것을 보여 왔다. 그리고 다른 아동들보다 덜 사교적이고 덜 공격적이고 덜 파괴적이고 덜 부정적이다(Coie & Dodge, 1988).

논란이 되고 있는 것은 사회 측정적으로 소외된 아동들이 실제로 다른 아동들보다 더 사회적으로 위축되었나 하는 것이다(Rubin, LeMare, & Lollis, 1990). 앞에서도 언급하였지만, 소외된 아동들은 또래와의 상호작용 빈도가 적지만, 이들이 사회적 위축에 동반되는 사회적 경계나 불안과 같은 심리적 그리고 정서적 특성을 보인다는 것에는 일치되는 결과가 없다. 나아가 많은 연구자들은 심리 측정적으로 소외된 아동이 평균 아동보다 더 위축된 특성을 보인다는 것을 밝히는 데 실패했다(예, Rubin, Chen, & Hymel, 1993).

요약하면, 사회 측정적으로 소외된 아동의 특징적인 행동은 아직 밝혀지지 않았다. 실제로 소외된 아동들이 서로 같은 양상의 행동을 보이는 경우는 매우 드물다(Newcomb et al., 1993 참조). 중요한 것은 이러한 심리 측정적 분류가 또한 상대적으로 안정적이지 못하고 짧은 기간에 이루어졌다는 점이다(Newcomb & Bukowski, 1984). 게다가 이 집단을 정의하는 특성인 '주목성' 의 부족은 또래 평가에서 좋은 점수를 획득하기 어렵다. 이러한 점에서 소외된 위치와 특정적 행동 사이에 강한 연계성이 없다는 것은 그리 놀라운 일이 아니다.

논쟁적인 아동 긍정적이고 부정적인 명명이 혼합된 경우의 아동, 즉 논쟁의 대상이 되는 아동은 긍정적이고 부정적인 사회적 행동의 조합의 특성을 나타낸다. 사회 측정값과 또래가 지각한 인기도를 비교한 연구는, 이 집단은 이름이 잘못 명명된 것이라고 주장한다. Parkhurst와 Hopmeyer(1998)는 '논쟁의 대상인' 으로 명명된 아동들의 대부분이 또래지각 측정으로는 인기 있는 아동으로 분류된다는 사실을 발견했다. 그러나 LaFontana와 Cillessen(1999)은 이들은 일반적인 아동과 같이 지각되는 경향이 짙다고 하였고 Franzoi, Davis 및 Vasquez-Suson(1994)은 고등학생의 경우 인기 있는 것과 논쟁적인 것은 거의 같다고 보았다.

또래 배척 또래 배척과 가장 일반적인 상관관계에 있는 것은 공격이다. 도구적 공격, 왕따 및 관계적 공격 등의 세 가지 공격의 형태는 사회 측정적 배척과 강하고 분명하게 연관되어 있다. 도구적 공격은 물건이나 영역, 위신을 획득하고자 타인에게 직접적으로 행하는 공격이다. 왕따는 타인에게 해를 가하는 것으로 신체적인 것일 수도 있고 언어적일 수도 있으며, 특히 피해자에게 위협을 가하는 행위다(Olweus, 1993). 관계적 공격은 특정 대상의 추방과 우정의 위축 조장을 포함한다. 관계적 공격의 초기 목표는 다른 사람들에게 직접적으로 심리적 해를 가하는 것이다(Crick, Casas, & Mosher, 1997). 공격의 형태와 관계없이, 측정 형태와 무관하게(또래 평정 관찰, 교사 평정) 공격은 또래 배척과 높은 상관이 있다(Crick et al., 1997; Haselager, Cillessen, Van Lieshout, Riksen-Walraven, & Hartup, 2002; McNeilley-Choque, Hart, Robinson, Nelson, & Olsen, 1996).

여기에 기술하는 데이터의 대부분이 상관관계가 있다는 것을 기억해야 한다. 그러나 Dodge(1983), Coie와 Kupersmidt(1983)의 연구에서 친하지 않은 또래들과의 상호작용이 며칠 동안 관찰되었는데, 점차적으로 아동의 일부는 인기가 상승했고, 다른 아동들은 배척되었다. 가장 또래 배척을 예상하게 했던 행동은 공격성이었다. Crick(1996)은 또한 학교생활에서도 유사한 결과를 도출했다.

공격성은 배척과 상관이 있을 뿐만 아니라 그것을 예측하게 한다. 연령이 높아짐에 따라 공격성과 배척의 연결성은 감소하는 것처럼 보인다. 특히, 남아들 사이에서(Sandstrom & Coie, 1999) 공격적 아동은 단지 40~50%만이 배척 집단에 해당되었다. 게다가 Newcomb과 동료들(1993)은 다른 아동과의 관계에 긍정적으로 균형을 잘 맞추고 있을 경우는 또래의 배척을 일으키지 않는다고 보았다. 예를 들어, Cairns와 그의 동료들(1988)은 사회적 지지 연결망의 발달에 능숙한 공격적인 아동은 또래에게 배척당하지 않는다는 것을 보여 주었다. 그리고 Haselager와 동료들(2002)은 유치원부터 초등학교 시기 동안 배척된 소년들의 친사회적 행동과 공격성을 3회에 걸쳐 조사했다. 그들은 배척된 소년들이 다음의 네 가지 하위 집단으로 나뉜다는 것을 발견했다. ① 평균 혹은 그 이하의 친사회적 행동과 평균적인 공격성, ② 평균적이고 안정된 친사회적 행동과 평균적이고 안정적인 공격성, ③ 평균 이하의 안정적인 친사회적 행동과 높은 공격성, ④ 평균보다 낮지만 증가하는 친사회적 행동과 평균보다 높지만 감소하는 공격성 등이다. 세 번째 집단은 높고 안정된 수준으로 배척하는 경향이 있다. 초등학교를 졸업할 무렵에는 초기에 배척된 아동의 다수가 더 이상 배척되지 않았다.

마지막으로, 배척된 아동들의 행동 특성이 다양하다는 많은 증거가 있다. 몇몇의 배척된 아동들은 미성숙하기 때문에 배척된 것으로 나타났다. 그 밖에 사회적 기술이 부족하기도 하고, 공격적 행동을 보이거나, 사회적으로 경계하기 때문에 또래에게 배척된 아동들도 있다(Newcomb & Bukowski, 1984). 따라서 Newcomb, Bukowski와 Pattee(1993)는 배척된 아동은 긍정적인 사회적 행동이 부족하고, 긍정적 사회적 특성과 우정 등이 부족하다고 했다. 그들이 초기에 집단에 들어가는 방법은 인기 있는 아동과 많이 다르고, 그것이 지속적인 배척을 설명할 수도 있다. 예를 들어, 배척 아동은 주저하고, 또래집단의 참여를 위한 초대를 지속적으로 기다리고, 집단을 파괴하는 위험적 특성들을 끌고 오는 경향이 있다(예, Dodge et al., 1983).

사회적으로 안절부절못하는 모습을 많이 보여 주고 겁이 많고 위축된 아동은 배척되는 것으로 보고되었다. 이는 배척 집단의 10~20%를 차지한다(예, Parkhurst & Asher, 1992; Volling MacKinnon-Lewis, Rabiner, & Baradaran, 1993). 그러나 이미 언급한 것처럼, 사회적 위축과 또래 배척 간의 연관성은 후기 아동기에서 초기 청소년기로 갈수록 더 강해진다.

사회적 행동의 형태들은 일반적으로 또래 배척과 관련이 있는 것으로 보인다. 그러나 중요한 것은 이 연구들이 현존하는 서구 문화에서 이루어진 것이라는 점이다. '정상'인 상태에 대해 서구 문화권에서 다른 정의를 사용하고 있다면, 서부 문화에서의 또래 배척과 관련된 행동이 다른 문화에서도 전형적인 배척과 관련된다고 생각할 수 없다. 우리는 이 가능성을 다음에 다시 살펴볼 것이다.

또래 수용의 사회인지적 상관

연구자들은 또래 수용과 사회인지 사이의 상관을 밝히기도 했다. 일반적으로 아동의 사회적 행동을 결정짓는 일반적인 규칙은 아동들이 세상에 대한 정보처리 방식과 해석하는 방식에 대한 것이다(Crick & Dodge, 1994; Lemerise & Arsenio, 2000). 다시 말하면, 이러한 행동은 또래 수용 혹은 배척을 이끈다.

사회인지가 어떻게 또래관계의 특정 형태와 관련되는가의 예로, Rubin과 Rose-Krasnor(1992)의 연구에서 기술된 사회 정보처리 모델이 있다. 이 모델에서는 아동이 대인관계의 문제에 직면했을 때(새로운 친구를 만든다거나, 다른 사람으로부터 물건을 얻는다거나), 그들의 사고는 특별한 순서를 따른다. 첫 번째로 아동들은 사회적 목표를 선택한다. 두 번째로 그들은 과제 환경을 조사한다. 이는 모든 관련된 사회적 단서들을 해석하고 읽는 것을 포함한다. 예를 들어, 남아와 여아들은 성별이 다른 또래와 성별이 같은 또래들이 사회적 문제에 직면하였을 때 다른 해결책을 내놓는다(Rubin & Krasnor, 1986). 또한 과제를 수행하는 환경에서 아동의 사회적 위치, 친숙성 및 연령은 아동의 목표와 전략 선택에 영향을 준다(Krasnor & Rubin, 1983). 세 번째로 전략에 다가가고 선택한다. 이 과정은 사회적 목표를 지각하여 성취하고, 특수한 상황의 하나로 가장 적합한 것을 선택하는 것과 같은 가능한 모든 활동들을 포함한다. 네 번째로 선택된 전략의 이행이다. 마지막으로, 전략의 결과물을 평가한다. 이 단계는 사회적 목표를 성취하고 선택된 활동 과정에서 상대적인 성공을 결정하는 단계다. 이 초기 전략이 성공적이지 않으면 아동은 그것을 반복하고 선택하고 그리고 새로운 전략을 세우거나 혹은 그 상황 자체를 포기한다.

Crick과 Dodge(1994)는 아동의 공격성을 설명하기 위해 유사한 사회인지적 모델을 제안했다. 이는 ① 사회적 단서의 부호화, ② 부호화된 단서의 해석, ③ 목표의 분류, ④ 잠재적인 반응들의 평가와 생성, ⑤ 반응의 평가와 선택, ⑥ 선택된 반응들의 수행등의 여섯 가지로 구성되어 있다.

Lemerise와 Arsenio(2000)는 Crick과 Dodge(1994)의 사회 정보처리 모델에서 정서적인 경험들을 통합시켰다. 예를 들어, 문제적 사회 상황에서 아동의 공격적 정서 반응들은 좌절 혹은 분노를 포함할 수 있으며, 공포에 의해 불안이나 위축될 수도 있다. 이러한 감정은 아동이 회상해야 할 혹은 주목해야 할 정보에 영향을 미칠 수 있다. 이러한 감정과 연관된 정보처리는 공격적 아동의 사회적 도식 혹은 사회는 적의적이라는 '작동 모델' 이나 사회는 공포를 조장한다는 아동들의 생각을 강화한다. 이러한 정서적 반응들은 공격적이고 위축된 아동이 부정적인 사건에 어떻게 반응하는가를 예측할 수 있도록 해 준다.

공격적이고 배척된 아동은 이러한 모델에서 여러 단계를 수행하는 데 질적 차이와 특성적 결함을 보여 준다. 그들은 공격적이지 않고, 사회적 단서가 애매할 때라도 부정적인 상황을 악의적인 의도로 해석할 가능성이 많다(Dodge et al., 2003). 사회적 목표를 선택할 때, 배척 아동은 그들의 사회적 관계를 고양시키기보다는 손상시키려는 동기를 보이는 경향이 있다. 예를 들어, 그들의 목표에는 자신들의 또래에게 '복수하거나' 혹은 '패배시키는' 것이 포함된다(Rabiner & Gordon, 1992).

이전에 언급했듯이, 아동들은 그들의 사회적 목표에 맞추기 위해 광범위한 전략의 목록에 접근해야만 한다. 연구자들은 공격적이고 배척된 아동은 보다 작은 전략 목록을 가지고 있고, 그들은 배척되지 않은 또래들의 전략들과 비교해 볼 때 질적으로 다르다는 것을 밝혔다. 예를 들어, 공격적이고 배척된 아동들은 물건의 습득 혹은 우정의 시작과 같은 사회적 문제들에 반응하는 데 친사회적 전략이나 비공격적인 것보다는 논쟁적이거나 혹은 강탈적인 전략을 선택하는 경향이 있다(예, Crick, Grotpeter, & Bigbee, 2002; Orobio de Castro, Veerman, Koops, Bosch, & Monshouwer, 2002).

그리고 어리고 위축된 아동은 그들의 대인관계 문제를 풀기 위해서 단정적이지 않은 사회적 전략과 보다 성인에 의존하는 전략을 사용한다는 것을 면담을 통해 발견했다(Rubin, 1982). 그리고 단정적이지 않은 전략의 실제 생산에도 불구하고, 위축 아동은 그렇지 않은 아동보다 더 자주 거절당하는 경향이 있었다(Stewart & Rubin, 1995).

이와 같은 결과는 아동기 초기에 사회 측정적으로 배척 아동은 아니지만 위축된 아동은 질적으로 좋지 않은 또래관계를 갖고 있다는 것을 보여 준다. 행동적인 거절을 경험함에 의해서 말이다.

극도로 위축되거나 공격적인 아동의 사회인지적 프로파일은 상당히 다르다. 공격적 아동은 애매한 사회적 자극, 다른 사람을 잘못 비난하는 것, 부적합한 분노-악화된 적의와 같은 반응을 나타낸다. 왜 그러한 사회 행동 순서가 또래 거부와는 관련이 되는지에 대해서는 의심할 여지가 없다. 중학교에서의 위축 아동은 사회적 단서를 해석하고 대인관계 문제를 능숙하게 해결하는 데 어려움이 없는 것처럼 보인다. 그들의 문제는 연속된 과정에서 일어나는 것이다(Stewart & Rubin, 1995). 사회적 문제는 정서적으로 불안-공포 반응이 위축 아동들에게서 나타난다는 것이다. 그들의 근심을 극복하고 조절할 수 없는 능력은 단정적이지 못하고, 복종적인 사회 문제 해결 형태를 가져오게 한다.

자기와 또래 수용에 대한 인지와 감정

아동은 긍정적인 또래관계를 경험할 때 자신에 대해 더 잘 느끼고 사고할 수 있는가? 부정적인 자기 개념과 또래 배척 간에는 어떤 관계가 있는가? 이러한 의미 있는 질문들은 많은 연구들의 관심사가 되어 왔다.

지각된 사회적 자신감은 처음에 Harter(1988)에 의해 정의되었는데, 이는 자신의 또래 수용 혹은 사회적 기술에 대한 아동의 자각 척도다. 일반적으로 사회적 자신감이 높은 아동은 또래들 사이에 인기가 많은 경향이 있고, 이러한 상관의 강도는 연령이 높아짐에 따라 더 높아지는 것으로 나타났다(Ladd & Price, 1986).

배척 아동은 자신의 인기보다 자신의 사회적 자신감에 대해서 더 낮게 생각한다. 그러나 이러한 결론은 불안-위축, 복종, 민감도 그리고 경계라는 특성을 갖춘 배척 아동의 집단에게만 해당되는 것으로 나타났다(Boivin & Hymel, 1977). 실제로 연구자들은 위축 아동이 사회적 상황에서 자기 비하적인 귀인(즉, 사회적 실패를 안정된 내적 원인의 탓으로 돌리고, 사회적 성공은 불안정하고 외적 단서로 돌리는 것)을 많이 하는 것으로 밝혔다(Rubin & Krasnor, 1986; Wichmann, Coplan, & Daniels, 인쇄 중).

배척되고 공격적인 아동은 또래와의 사회적 관계에 대해 올바르게 보고하지 못한다. 실제로 그들은 자신들의 사회적 자신감과 또래 수용을 보다 과대평가하는 경향이 있다(Zakriski & Coie, 1996). 이러한 발견은 연구 결과, 극도로 위축되고 공격적인 아동에게 잘 나타난다. 사회적 기술과 또래관계에 어려움을 겪는 것은 위축 아동에게만 나타나는 결과였다(Rubin et al., 1993).

자기효능감(self-efficacy)은 아동이 희망하는 결과물을 얻기 위해 필요한 행동을 성공적으로 수행할 수 있다고 믿는 정도로 정의된다(Bandura, 1977). 일반적으로 정적 상관은 아동의 사회적 자기효능감의 지각과 긍정적 사회 측정 지명 점수와의 관계에서 발견되었다(Wheeler & Ladd, 1982). 흥미롭게도 연구자들은 공격적이고 사회적으로 위축된 아동이 그들이 지각한 사회적 자기효능감과는 다르게 나타내는 것을 알 수 있었다. 공격적이거나 비공격적인 아동의 친사회적 행동의 자기효능감 지각에서 서로 다르지 않았다. 그러나 공격적인 아동은 언어적이고 신체적인 공격적 행동을 하는 것에 더 높은 자기효능감을 보고했다. 반대로 위축 아동은 언어적이고 신체적인 공격행동에 낮은 자기효능감을 보고했다(Quiggle, Garber, Panak, & Dodge, 1992).

사회적으로 능숙하지 못하다고 느끼는 아동과 다른 사람들이 자신을 좋아하지 않는다고 믿는 아동에게 고립과 외로움의 감정이 발달한다는 것은 놀라운 일이 아니다. 실제로 연구자들은 위축된 아동과 인기 있는 아동들을 비교한 사회 측정에서 위축된 집단의 아동들이 외로움의 감정을 강하게 드러낸다는 것을 발견했다(Asher & Wheeler, 1985). 중요한 것은 단지 배척-복종적이고 수줍어하고 위축된 하위 집단의 아동들이 더 외로움을 많이 보고한다는 것이다. 배척-공격적인 아동은 이러한 점에서 부정적인 감정을 표현하지 않았다. 이러한 관계는 아동기 때 발견되었고(Cassidy & Asher, 1992; Crick & Ladd, 1993) 초기 청소년기에서 발견되었다(Parkhurst & Asher, 1992).

따라서 이와 관련하여 뚜렷한 두 가지 결론을 내릴 수 있다. 첫째, 배척 아동은 또래들과의 사회적 어려움을 내면화하여 자신들이 능력이 없고, 효과적이지 못하고, 사회 기술과 또래관계에 만족하지 못함을 보고하였다는 것이다. 둘째, 이 결론은 위축, 소심 혹은 복종적으로 기술될 수 있는 배척 아동에게만 해당된다는 것이다.

마지막으로, 사회적 삶에 대한 부정적 감정의 발달을 보고하기 위해서는 좋은 친구가 필요하다. 예를 들어, 우정의 질은 자기존중감과 같은 심리사회적 적응의 기능과 연관되어 있다(Berndt, 1996; Rubin et al., 인쇄 중). 이러한 데이터들은 배척-공격적 아동이 자기 체계에서 어려움을 보고하지 않는다는 것을 설명해 줄 수 있다. 또래들은 일반적으로 이 집단을 좋아하지 않지만, 공격적인 아동은 그들을 좋아하는 다른 사람들과 관계를 맺는 경향이 있다(Cairns & Cairns, 1991). 탈선적인 하위 집단과는 다르지만, 사회적 지지는 공격적인 아동들의 부정적 자기 개념과 외로움을 중화시키는 역할을 하는 것으로 보인다.

요 약

우리는 인기 있고 배척되고 소외되고 논쟁의 대상이 되는 아동의 특성에 대해서 기술해 보았다. 이러한 집단 중에서 단지 배척되고 논쟁의 대상이 되는 아동이 본질적인 문제로 대두되었다. 게다가 또래 배척과 관련된 어려움은 공격적인 아동이나 복종적, 경계적 그리고 위축된 아동과는 다르게 보인다. 배척-공격적 아동은 적의적인 행동을 보이고, 그들의 대인관계 문제를 해결하는 데 사회인지적 목록에 한계가 있다. 실제로 그들은 공격적인 행동을 통해서 '해결된다'(그들의 사회적 목표를 맞춘다)고 믿는다. 게다가 그들은 자신들의 행동을 다른 사람들이 좋아하지 않는다는 것을 이해하지 못한다. 그들은 자신의 사회적 기술 혹은 관계에 대해 좋지 않은 감정을 보고한다. 반면에 배척-위축된 아동은 행동적으로 복종적이고, 자신에 대한 그리고 사회적 관계에 대해 좋지 않은 사고와 감정을 갖고 있는 것으로 기술한다. 그들은 또한 고립감과 외로움의 감정을 나타낸다. 이러한 특성에서 볼 때, 또래 배척은 부정적인 심리적 '소산'을 발달시킬 수 있는 위험성 있는 아동에게 '적신호'를 보여 주는 것이다. 우리는 이것을 다음에서 논의하고자 한다.

8. 또래관계의 어려움의 소산들

또래집단과 심리적인 부적응 사이의 전형적으로 보고되는 관계가 '주요' 특성으로 암시되는 것에 대해 연구자들 사이에 논란이 있다. 예를 들어, 내부 행동 기제는 아동들이 또래에게 배척되는 것(공격) 또한 후에 부정적인 결과(청소년 비행)에 기여함을 설명할 수 있다는 것이다. 이러한 점에서 또래 배척의 경험은 실제로 부적응의 어려움을 가져오는 것은 아니다. 그러나 최근의 장기 종단 연구의 결과는 또래 배척 자체가 미래의 부적응에 독특한 기여를 하는 것에 대해 압도적으로 지지하고 있다.

또래 배척과 외면화된 문제들

장기 종단 연구들의 결과에 따르면, 아동기의 또래 배척이 청소년기의 넓은 범위에서의 외재화 문제를 예측케 한다. 여기에는 비행이나 품행장애, 주의집중 문제, 약물남용 등이 포함된다(Kupersmidt & Coie, 1990). 이러한 발견은 공격과 또래 배척 간의 높은 상관을 보여 주는 것으로 특별히 놀라운 일은 아니다. 그리고 공격적-배척 아동은 지속적으로 배척을 당하는 것으로 나타난다.

그러나 다른 연구들에 따르면, 초기 또래 배척은 미래에 반사회적 결과를 예측하는 데 특별한 요소를 제공한다. 이는 심지어 공격성과 외재화된 문제들의 이전 수준을 통제한다고 보았다(Ladd & Burgess, 2001; Miller-Johnson, Coie, Maumary-Gremaud, Lochman, & Terry, 1999; Wentzel, 2003). 예를 들어, Laird, Jordan, Dodge, Pettit 및 Bates(2001)는 아동기 초기부터 청소년기까지 400명의 아동들을 대상으로 하여 조사했다. 6~9세에 또래가 평정한 사회 측정에서 배척 아동은 청소년기의 외면화된 문제들을 예측할 수 있고, 심지어 외면화된 문제들의 안정도가 이 연령대에 의해 통제될 수 있었다.

새로운 통계방법론적 기법의 발달은 또래 배척과 뒤따르는 부적응 사이의 관계를 재구성하는 것을 가능하게 한다. 예를 들어, Dodge와 그의 동료들(2003)은 또래 배척이 시간에 따른 공격성의 '성장'을 아동기 초기와 중기부터 청소년기까지 장기 종단적으로 예측할 수 있다고 했다(공격성의 원래의 수준을 통제하여). 이는 또한 또래 배척이 부정적인 정보처리 방식을 이끌어서 공격적인 행동을 증가시키는 발달적 경로도 예측해 줄 수 있다(적의적 단서 해석). 또래 수용에의 변화가 시간에 따라 공격성을 변화시키는 경향을 볼 수 있지만 그 반대는 그렇지 않다(Haselager et al., 2002). 실제로 또래 배척과 외면화된 문제의 관계에서 변화기의 특성은 시간에 지남에 따라 이해될 수 있는 문제다.

또래관계와 내면화된 문제들

위축적 특성이 자기존중감과 불안, 외로움 그리고 억압된 징후들을 포함하여 삶의 전반에 걸친 내면화된 문제를 예측할 수 있다는 많은 연구 결과들이 있다(예, Coplan, Prakash, O'Neil, & Armer, 인쇄 중; Crozier, 1995; Gest, 1977; Prior, Smart, Sanson, & Oberklaid, 2000). Rubin과 그의 동료들은 유치원 아동들(5세)부터 9학년 아동(15세)까지 추적 연구를 했다. 그들은 유치원에서 위축된 아동이 2학년 때의 우울과 외로움, 부정적 자기 가치를 예측했고, 5학년 때(11세) 교사가 평정하는 불안을 예측할 수 있다고 했다(Hymel, Rubin et al., 1990; Rubin & Mills, 1988). 5학년 때 사회적 위축 아동은 외로움과 우울, 사회적 능력의 부정적 자기 평가, 집단에 속하지 못하는 느낌 등을 예측했고, 9학년 때의 부모가 평정하는 내면화된 문제를 예측할 수 있다(Rubin, Chen, McDougall, Bowker, & McKinnon, 1995).

연구자들은 또한 내면화된 문제들을 예측케 하는 또래 배척의 독특한 역할을 탐색하기 시작했다. 예를 들어, 유치원 아동부터 7학년 아동까지 405명을 대상으로 한 장기 종단 연구에서 Kraatz-Keily, Bates, Dodge 및 Pettit(2000)는 또래 배척이 시간에 걸쳐 내면화와 외면화된 문제들을 증가시키는 것을 예측할 수 있다고 했다. 관계적인 면에서 Gazelle와 Ladd(2003)는 또래에게 배척되고 수줍고 불안한 아동은 4학년 때의 불안과 고독의 안정된 형태를 잘 예측해 주고, 또래 배척을 경험하지 않은 수줍고 불안한 아동과 비교해 억눌린 징후들을 높은 수준으로 나타내었다.

또래 배척과 심리적 적응 사이의 관련성을 이해하는 데 자신의 또래 거절 자각의 역할을 고려하는 것은 중요하다. 아동의 지각된 배척은 시간에 걸친 우울의 증가와 연관되어 왔다(예, Kistner, Balthazor, Risi, & Burton, 1999). 게다가 Sandstrom, Cillessen 및 Eisenhower(2003)은 또래 거절에 대한 아동의 자기 평가는 실제 또래 배척을 통제한 후에도 증가된 내면화와 외면화된 문제와 관련이 있는 것으로 나타났다고 언급했다. 따라서 배척되는 아동의 신념은 심리적 부적응의 발달에 중요한 역할을 하는 것으로 보인다.

9. 아동들의 또래관계와 사회적 기술의 근원

여기서는 아동의 일상 경험에서 중심적 역할을 하는 또래관계와 사회적 기술에 대해서 알아보고자 한다. 인기 있고 사회적으로 능숙한 아동은 그들 스스로를 좋게 여긴다. 배척 아동은 학업적으로나 성격적으로 덜 성공적인 삶을 이끌어 가는 것으로 보인다.

아동의 또래관계와 사회적 기술의 중요성을 생각해 볼 때, 그것에 영향을 미치는 요인들에 대해서 의문을 품는 것은 당연하다. 생물학적 혹은 기질적 요인(아동 기질)은 아동의 또래관계의 질에 직간접적으로 영향을 준다. 아동의 사회적 안녕감 또한 부모-자녀 관계에도 영향을 주고 부모의 사회화와 신념 그리고 행동에까지 영향을 미친다. 이제 우리는 아동의 또래관계와 연관된 기질, 양육, 생태적인 요인들에 대해서 살펴보고자 한다.

기질과 또래관계

기질은 감정적인 흥분, 표현, 성격을 규제하는 요인들에 생물학적인 기반을 두고 널리 정의될 수 있다(Goldsmith et al., 1987). 이러한 요인들은 개인의 성격 특성과 발달적 결과의 넓은 범위에 따라 다르게 변화한다(Wachs & Kohstamm, 2001). 아동의 기질이 또래 아동들과 사회적 상호작용에서 특히 강력한 역할을 하는 명백한 증거가 있다. 예를 들어, 초기 아동기에서 청소년기까지 장기 종단 연구에 따르면, Prior와 그의 동료들(2000)은 아동의 사회적 기술의 다양성은 거의 절반 정도가 기질적 특성에 의해서 설명될 수 있다고 보고하였다.

연구자들은 또래집단 내에서 아동의 사회성 기능과 연관지어 기질적 특성을 세 가지 집단으로 나누어 설명했다. 첫 번째 집단은 통제에 저항하는 것과 관련이 있다(manageability로 명명된다). 집단의 특성으로 주의집중이 부족하고, 낮은 동의 그리고 보상 자극에 대한 강한 주의 등을 들 수 있다. 이렇게 다루기 어려운 아동은 난폭하고, 사회적으로 미성숙하며, 그들의 활동을 조절하고자 하는 부모나 교사의 시도에 잘 반응하지 않는다(Bates, 2001). 또래집단에서 이들은 낮은 사회적 기술을 갖고 있고, 다른 외면화된 문제들을 많이 보이는 것으로 나타났다(Coplan, Bowker, & Cooper, 2003; Fabes, et al., 1999; Patterson & Sanson, 1999).

기질적 특성 분류에 따른 두 번째 집단은 아동의 또래집단에서 부정적 영향과 관련이 있다(주로 reactivity로 명명된다). 이는 부정적 정서 반응과 조절 혹은 통제의 어려움을 포함한다. 높은 반응성과 낮은 규제력의 아동은 쉽게 분노하고 좌절하고 또래들을 자극시킨다. 그리고 이러한 부정적인 정서의 표현을 적절하게 통제하지 못한다. 이런 아동들은 내면화와 외면화된 문제들을 표현하는 데서 낮은 사회적 기술을 갖고 있는 경향이 있다(Eisenerg et al., 2001; Guerin, Gottfried, & Thomas, 1997; Rubin, Burgess, Dwyer, & Hastings, 2003). 분명히 이러한 조합은 또래 배척 아동들의 행동을 기질적으로 잘 조합하고 있다.

또한 정서적 규제는 아동의 사회성과 사회적 적응 사이에 위험-보호요인일 것이다. Rubin, Coplan, Fox 및 Calkins(1995)는 정서-규제 통제가 부족하고, 기질적으로 사교적인 아동은 또래들 사이에 파괴적이고 공격적인 성향이 있다고 보고했다. 그러나 그들의 정서를 규제하는 사회적 상대는 사회적으로 능숙했다. 정서적 조절을 잘하는, 기질적으로 비사교적 아동은 사회적 행동의 부족에 대한 고통을 받지 않는 것으로 나타났다. 이러한 아동들은 또래집단에 있을 때 건설적이고 탐험적인 놀이에 생산적으로 참여했다. 그러나 정서 조절을 잘하지 못하는 비사교적 아동은 불안과 경계적 행동을 보이고 또래놀이에 더 행동적으로 억제되었다. 또한 비사교적이고 정서 규제를 잘하지 못하는 아동은 부모의 평가에서 또래보다 내면화된 문제를 더 많이 갖고 있는 것으로 나타났다. 따라서 정서적으로 규제가 어려운 학령전기 아동들은 사교성과 무관하게 또래 배척이라는 결과를 보인다. 게다가 정서 규제의 어려움은 내면화와 외면화의 발달 모두에 영향을 줄 수 있다.

마지막으로, 기질적 형태의 세 번째 요소는 수줍음, 억제이고 이는 사회적 상황에 경계적인 반응을 하는 것을 포함한다. 기질적으로 수줍음이 많은 아동은 다른 친구들과 놀기를 원하지만 사회적 두려움과 불안 때문에 말을 하거나 상호작용하는 것을 꺼린다(Coplan et al., 인쇄 중; Henderson, Marshall, Fox, & Rubin, 인쇄 중; Rubin, Burgess, & Hastings, 2002). 또래들과 비교해서 수줍어하는 아동들은 사회적으로 덜 능숙하고 친사회적 행동을 덜 보인다. 그리고 긍정적인 대응 전략이 적고 불안을 더 많이 보여 준다(예, Eisenberg, Shepard, Fabes, Murphy, & Guthrie, 1998) 또한 앞에서 언급했듯이, 수줍음과 사회적으로 위축된 아동은 시간이 지날수록 배척되고 희생양이 되는 경우가 증가한다.

부모와 또래관계

개인의 특성 혹은 성향은 아무것도 없는 것에서 갑자기 나타나는 것이 아니다. 아동은 부모와 하나 혹은 그 이상의 형제들과 함께 산다. 아동의 가족은 아동에게 사회적이고 문화적인 기대와 가치, 스트레스와 지지를 제공한다. 이는 아동의 사회적 레퍼토리에 영향을 준다. 부모는 아동의 사회적 능숙과 질적으로 긍정적인 또래관계 발달에 적어도 세 가지 역할을 한다. 첫째, 부모-자녀 간의 상호작용으로, 아동의 사회적 상호작용 발달에 필요한 많은 맥락들 속에서 이루어진다. 둘째, 부모-자녀 관계는 사회적 안전망을 제공하며, 아동에게 사회적 특성을 파악할 수 있는 자유를 주고, 이는 아동의 사회적 기술 발달을 고양시킨다. 셋째, 아동은 부모와의 관계를 통해 타인과의 관계와 상호작용에 대한 기대와 가정을 발달시키기 시작한다.

부모-자녀 애착관계와 또래관계　부모-자녀 관계가 또래보다 먼저 이루어지기 때문에 가족 내에서의 경험은 또래관계 발달에 매우 중요한 영향을 미친다(Granot & Mayseless; 2001; Rubin & Burgess, 2002). 애착이론은 부모-자녀 관계에서 또래관계를 예측할 수 있게 있는 토대와 방법론을 제공한다. 애착이론에 따르면, 아동의 정서적 신호를 잘 이해하고, 아동의 관점을 잘 고려하고, 아동의 요청에 대해 빠르고 적절하게 반응하는 부모일수록 아동의 신념체계는 잘 발달하고, 부모의 보호, 양육, 안락, 안전망에 덜 의존한다(Belsky & Cassidy, 1995). 관계에 대한 신뢰는 영아-부모, 유아-부모의 안정 애착에서 생긴다. 또한 아동은 자신이 능력 있고, 다른 이들로부터 긍정적 반응을 일으키는 가치 있는 존재라고 믿게 된다.

안정 애착된 아동은 새로운 환경에서 안정 및 자신감과 자기 확신을 느낀다. 이러한 안전하다는 생각은 사회적 환경에서 아동의 탐색을 더 증가시킨다. 사회적 환경의 탐색은 또래와의 상호작용과 놀이를 이끌고, 이는 긍정적인 또래관계의 확립과 유지에 필수적인 기술의 발달을 도와준다. 반면에, 불안정 애착된 아동은 대인관계에서 거부되고 무시된다고 느낀다. 그러한 관계의 개념은 아동이 또래에게 공격적으로 대하게 하거나 또래와의 상호작용을 피하게 하는 결과를 이끈다. 이러한 행동적 특성은 또래 상호작용의 유익을 저해한다.

부모-자녀 애착관계의 질과, 5세 아동의 또래와의 사회적 상호관계의 질 사이의 관련성에 대한 자료가 있다(개관은 Belsky & Cassidy, 1995 참조). 예를 들어, ① 불안-회피 영아들은 학령전기에, ② 안정 애착된 영아들보다 적의, 분노, 서먹하고 공격적인 행동을 나타낸다(예, Egeland, Pianta, & O'Brien, 1993). ③ 불안-양면적 영아는 2세경에 안정 애착 아동에 비해 쉽게 좌절하고 사회적으로 억압되었다(Fox & Calkins, 1993; Spangler & Schieche, 1998). ④ 영아기의 불안-부주의-혼란 애착 상태는 취학 전 그리고 초등학교에서의 공격성을 예측케 한다(예, Lyons-Ruth, Easterbrooks, & Cibelli, 1997). 마지막으로 연구에 따르면, 안정 애착 영아는 불안정 애착 영아보다 초등학교 때에 또래집단에서 인기 있는 학생이 되었다(Elicker, Englund, & Sroufe, 1992).

애착과 아동의 사회적 행동의 관련성에 대한 연구는 이러한 장기 종단적 자료를 지지한다. 예를 들어, 아동기 초기와 중기뿐만 아니라 초기 청소년기에 어머니와의 안정된 관계를 경험하는 아동들은 불안정 애착의 아동들에 비해 보다 인기 있고 사교적이고 또래들과 잘 지낸다. 반면에 불안정 애착의 아동은 보다 공격적이고 위축된 행동들을 나타낸다(Granot & Mayseless, 2001; Rose-Krasnot, Rubin, Booth, & Coplan, 1996).

아동의 내적 작동 모델의 개념은 아동의 사회인지와 행동의 내용을 제공한다. Cassidy, Scolton, Kirsh 및 Parke(1996)는 3세 반에 안정 애착으로 평가된 아동이 불안정 애착으로 평가된 아동보다 10세 때 부정적 사건에 보다 더 친사회적으로 반응하고, 애매한 부정적 행동에 대한 또래의 의도를 보다 긍정적으로 표상한다고 했다. 애착이론에 따르면, 어머니들은 안정 애착 아동을 민감하고 반응적이라고 생각하게 된다. 따라서 어머니들은 그들을 의도적으로 해치지 않을 것이다. 이러한 내재적 표상은 아동들에게 또래에 대한 유사한 개념을 발달시키도록 이끈다.

마지막으로, 부모-자녀 애착관계는 양자적(dyadic)이기 때문에 안정 애착 아동의 양자적 우정관계는 불안정 애착 아동과는 다를 것이다. 이에 대한 연구에서 안정 애착된 아동들은 불안정 애착된 아동과는 대조적으로 ① 한 명 혹은 그 이상의 좋은 친구들이 있었고, ② 집단 활동으로부터 제외되거나 조롱을 당하는 것과 같은 문제들이 적었고, ③ 부정적이고 비동시적인 우정을 가지지 않았고, ④ 가깝고 친밀한 우정을 형성하고 유지할 수 있었다(Lieberman, Doyle, & Markiewicz, 1999; Shulman, Elicker, & Sroufe, 1994; Youngblade & Belsky, 1992).

부모 행동과 또래관계 부모들은 아동의 사회적 행동의 발달에 영향을 미칠 수 있고, 궁극적으로 아동의 또래관계의 질에 영향을 줄 수 있다. 부모는 ① 또래들과 접촉할 수 있는 기회를 제공하며, ② 필요로 할 때 아동의 또래 접촉을 조정해 주며, ③ 능숙하게 대인관계와 관련한 과제에 코치를 해 주고, ④ 받아들여지지 않고 비적응적인 또래 관련 행동들을 훈련한다(Parke, Burks, Carson, Neville, & Boyum, 1994; Parke & O'Neil, 1999; Pettit & Mize, 1993).

예를 들어, Ladd와 Golter(1988)는 아동 또래관계 이행을 잘 수반하는 어머니들은 아동이 취학 전에 ① 더 많은 또래들과 관계를 맺고 있고, ② 형식적이지 않은 관계망에서 더 많은 놀이를 하고, ③ 또래에게 더 많은 호감을 얻는다고 보고했다. 또래 활동을 시작한 아동의 어머니들은 또래의 가정에서 아동이 더 많은 시간을 보내게 한다(Ladd, Hart, Wadsworth, & Golter, 1988). 게다가 초기에 또래 기회를 부여하는 부모들의 아동은 사회적으로 더 능숙해진다(Kerns, Cole, & Andrews, 1988; Ladd & Hart, 1992). 이러한 발견에서 또래관계를 위한 기회를 주는 부모들은 자녀들이 또래관계를 시작하고 관리하는 능력을 강화시키는 것을 도와준다는 사실을 알 수 있다.

부모는 또한 아동의 또래 활동 동안 정기적으로 아동을 관찰하고 감독하며 조언해 준다. 부모의 조정이 부족한 경우, 아동의 외면화된 행동 부재와 청소년기 비행은 일반적으로 연관이 있다(예, Barber, 2002). 또한 직접적이기보다 간접적으로 자녀의 또래 접촉을 관찰하는 부모의 아동은 타인에게 덜 적대적이었다(Ladd & Golter, 1988). 게다가 부모가 어떻게 사회적 딜레마를 잘 헤쳐갈 수 있는지를 조언해 주는 아동의 경우, 부모와 교사의 평정에서 사회적으로 능숙한 아동으로 평가되었다(McDowell, Parke, & Wang, 2003). 그리고 또래집단과의 접촉에 관여하지 않은 부모의 아동은 사회적 성공에서 난점이 있었다. 적어도 남아들 사이에서는 그러한 결과가 나왔다(Ladd & Hart, 1992).

인기 있는 아동의 어머니들은 아동의 또래관계 행동 감독에 더 활동적이고 효과적이었다. 인기가 없는 아동의 어머니들은 또래들을 포함한 가상의 문제들에 더 회피적으로 반응하는 반면, 인기가 있는 아동의 어머니들은 아동을 더 긍정적으로 격려하고 또래의 대인관계 문제에 더 단호한 전략들을 제공해 준다(Finnie & Russell, 1988).

요약하면, 부모가 아동에게 또래와 놀 기회를 주고, 또래와의 어려움을 해결할 수 있도록 조언해 주고, 또래와 상호작용할 수 있도록 잘 조절해 주는 경우, 아동이 더 많은 인기를 얻었다.

부모의 행동　부모와 또래관계에 대한 많은 연구들이 양육의 두 가지 면, 즉 정서적 지지와 통제에 초점을 맞춰 왔다. 지지는 전형적으로 칭찬, 격려, 애정어린 신체 접촉, 신체적 그리고 심리적 접근성 및 승인과 같은 부모의 행동을 뜻한다. 통제는 아동의 연령에 요구되는 행동을 지속적으로 강요하는 것이다. 인기가 없고 또래에게 거부되는 아동들의 부모는 부적절하고, 가혹하고 권위적인 훈육을 하고, 인기 있는 아동들의 부모보다 사회화 연습을 더 많이 시키는 것으로 나타났다(예, Bierman & Smoot, 1991; Dishion, 1990). 이는 학령 전 아동과 초등학교 아동들에게 나타났다. 반면에 인기 있고 사회적으로 능숙한 아동들의 부모는 아동이 감정을 더 논리적으로 추론하도록 했고, 따뜻한 지지와 의사소통에서 긍정적인 형태를 보였다(Mize & Pettit, 1997).

언급한 것처럼, 아동의 행동은 또래에 의한 수용과 배척에 영향을 미친다. 이러한 점에서 부모의 행동과 또래 수용의 인식이 단순히 상관이 있다고 하는 것은 두 가지 현상 간의 연결 '단계'를 놓치는 것으로 보인다. 그러나 부모 양육과 아동의 사회적 행동 사이의 연결고리에 대한 연구들은 양육과 또래 수용 사이의 관련성을 이해하는 데 필요한 정보를 제공해 준다. 예를 들어, 사회적으로 능숙하지 못한 행동의 사회화와 관련해서 신체적으로 벌하고 차갑고 거부적이고 비난적이고 일치되지 않은 훈육을 하는 특성을 지닌 부모의 아동들은 또래관계에서 공격적으로 행동할 수 있다(예, Campbell, Pierce, Moore, & Markavitz, 1996; Weiss, Dodge, Bates, & Pettit, 1992). 즉, 차갑고 거부적이고 벌을 주는 부모의 아동은 적의적인 특성을 갖게 된다(Carson & Parke, 1996; Patterson, 1983). 연구자들은 또한 공격적인 아동의 부모는 의도와는 상관없이 아동의 공격적이고 충동적인 행동을 강화시킨다는 것을 보여 주었다(Weiss et al). 중요한 것은 차갑고 적의적이고 권위적인 부모의 양육이 아동기의 공격성을 촉진시킨다는 것이다. 또한 공격적인 아동의 부모는 정서적으로 소홀하고 반응 민감성에서 떨어지는 것이 밝혀졌다(Greenberg, Speltz, & Deklyen, 1993). 따라서 부모의 지나친 허용과 나태, 감독의 부재는 또래집단에서 아동의 공격적인 행동과 연관되어 있다(개관은 Rubin & Burgess, 2002 참조). 요약하면, 벌 주고 거부적이고 차갑거나 지나치게 응석을 받아 주는 양육 행동은 아동기의 공격성과 상관이 있으며, 또래 배척과도 관련이 있고 예측할 수 있게 한다.

양육 행동과 형태를 또래 배척과 관련된 또 다른 행동인 사회적 위축과 연관시킨 연구는 과잉통제와 과잉보호에 초점을 둔다. 권위를 지나치게 강조하거나 아동의 독립성과 탐색을 억제하는 부모들은 또래 상호작용에서 능숙함의 발달을 방해한다(Rubin et al., 2002; Rubin, Cheah, & Fox, 2001). 게다가 사회적으로 위축된 아동은 부모의 과잉통제와 보호를 받는다(Mills & Rubin, 1998). 또한 부모가 의도치 않게 아동기의 수줍음이나 사회적 불안을 악화시킨다는 증거도 있다(예, Barrett, Dadds, & Rapee, 1996; Masia & Morris, 1998). 하지만 부모의 과잉통제 및 억제와 관련된 연구들은 극히 드물다. 따라서 양육과 사회적 위축 그리고 또래 배척을 연결하는 발달적 경로는 아직 확실하게 밝혀지지 않았다.

10. 문화와 또래관계

아동의 사회적 행동과 관계의 결과, 단서들의 발달과 상호관계 등에 대해 우리가 알고 있는 것은, 우리가 이러한 현상들을 연구하는 문화에 의해서도 영향을 받는다는 것이다. 지금까지 아동의 또래 경험과 관련한 많은 연구들이 북아메리카와 서부 유럽에서 이루어졌다. 즉, 우리는 서부 문화권이 아닌 곳에서의 아동의 또래 수용이나 배척, 우정에 대해서 거의 알지 못하고, 이에 대한 문화의 다양성에 대해서는 더욱 아는 것이 없다. 인간발달에는 사회 측정적, 인지적 기능의 많은 양상이 있지만, 또래집단에서 아동의 경험은 아마도 문화에서 가장 민감하게 영향을 받을 것이다(Hinde, 1987). 또래관계에서 아동의 행동, 또래 평가와 반응, 또래관계의 형성과 기능, 또래집단의 조직화는 문화의 영향을 받는데, 이는 문화적 의사소통, 규범 그리고 가족이나 교사 그리고 그 밖의 문화적 역할모델과 상호작용하면서 습득된 관습이나 규범, 가치와 직결되기 때문이다.

문화적 영향은 아동의 또래 상호작용 방식, 또래 수용이나 배척, 우정, 사회적 관계망에 반영된다. 문화적 승인이나 제약으로부터 얻어진 사회화의 압박은 협동(Domino, 1992), 순종(Chen, Rubin et al., 2003), 정서적 표현(Schneider, 1998)과 같은 특수한 행동의 발달과 보급에 직접적으로 관련된다. 전반적인 또래 수용 수준에서 문화적 가치체계는 상당한 수준까지 독단적(Chen, Li, Li, Li, & Liu, 2000)이고, 공격적(Casiglia, Lo Coco, & Zappulla, 1998)인 아동에 대한 또래 수용과 거절의 기준을 결정한다. 마지막으로, 아동의 우정과 또래집단의 기능적 역할은 문화에 따라 매우 다양하다(예, French, Setiono, & Eddy, 1999; French, Jansen, Rianasari, & Setiono, 인쇄 중). 예를 들면, 서부 문화권에서는 자기존중감을 매우 중요한 것으로 간주하지만 다른 문화권(예, 중국)의 아동들은 그렇게 중요하게 평가하지 않는다(Chen, Zhang, Yang, & Wang, 인쇄 중). 이와 유사하게 집단 친화에 대해 서부 문화권에서는 자아발달과 자기가치감 고양(예, Sullivan, 1953)과 같이 개인의 심리적 필요를 만족시키는 것으로 보지만, 중국 문화는 구성원들을 적절한 집단적 행동으로 사회화시키는 또래집단의 역할을 크게 강조한다. 이런 면에서 동아시아 문화에서는 개인의 기능보다 또래집단의 관계망의 특성에 많은 관심을 둔다.

또래 상호작용과 관계에 대한 문화 영향의 주요 논점은 사회적 행동의 '의미'를 정의하는 데서의 문화적 규범과 가치의 역할이다. 문화는 특별한 사회적 행동의 발달과 보급뿐만 아니라 사회적 판단에도 영향을 미친다. 또한 사회적 수용과 배척을 결정하는 행동의 평가에도 영향을 미친다. 문화적 양상, 특히 사회화의 목표와 기대에 대한 문화적 양상은 집단 및 개인의 신념과 태도, 가치관에 영향을 미친다. 예를 들어, 서부 문화권에서 사회화의 중요 목표의 하나는 자율화, 단언적인, 독립성과 같은 개인의 발달이다. 이러한 특성은 사회적 상호작용에 매우 강조된다(Triandis, 1990). 반면에 사회적 관계성, 상호 의존성 그리고 순응과 같은 것은 대부분 아시아나 라틴계의 집단주의 문화에서 강조된다(Greenfield, 1994). 이러한 다른 문화적 신념과 규범은 적응적이고 비적응적인 행동의 사회적 평가 틀을 제공해 준다(Bornstein, 1995). 사회적 평가는 아동들이 어떻게 서로 다른 행동들을 평가하고 반응하는가에 영향을 주고, 결과적으로 아동이 또래에게서 받아들여지는지 혹은 아동이 발전시키는 관계의 형태가 집단에서 받아들여지는가를 결정한다.

사회 행동과 상호작용의 패턴이 다른 문화에서는 각기 다른 의미를 갖고 있다는 것에 대한 논쟁은 일련의 문화 연구에서 이루어졌다(Chen et al., 1998; Chen, Rubin, & Sun, 1992). 서구 문화권의 연구 결과와 일치되게 친사회적이고 협동적인 행동의 빈번한 노출은 또래 수용과 교사들의 능력 평가와 정적인 상관이 있었다. 공격적이거나 파괴적인 행동의 빈번한 노출은 중국 아동들에게 또래 배척과 관련이 있었다(Chen, Rubin, & Li, 1995). 그러나 반대로 중국에서 공격적인 아동은 외로움과 좌절을 보고하였는데, 이는 북아메리카의 공격적인 아동들에게서 나타나는 전형적인 특성과 다르다(Chen et al., 1995). 이 차이는 중국 아동들에게는 파괴적이고 공격적인 행동이 엄격하게 금지된다는 점에서 설명될 수 있다. 중국 학교에서는 그러한 탈선행동을 보이는 학생들은 공공연하게 비판을 받고, 교사로부터 꾸중을 듣고, 또래들로부터도 창피를 당하기 때문이다.

문화의 역할은 수줍음을 억제하는 행동에 대한 사회적 해석에 대해서도 증거로 제시될 수 있다. 서구 문화권에서는 수줍음의 노출이 사회적으로 금지되는 행동이고 사회적 상황에서 접근-회피 갈등으로 받아들여진다. 따라서 사회적으로 위축되고 억제된 행동이 내면의 두려움과 사회적 자신감의 부족으로 고려된다(Rubin et al., 2003). 수줍음 타고 행동을 억제하는 아동은 사회적으로 능숙하지 못하고 미성숙하고 부적응적이라고 보며, 경쟁적이고 표현을 잘하고 단정적인 성격이 가치를 인정받고 격려를 받는다(Triandis, 1990). 그러나 중국에서는 수줍음의 행동은 전통적인 성취의 표현으로 여겨지고, 수줍거나 경계하고 억제된 아동은 이해를 잘하고 예의가 바르다고 생각된다(Luo, 1996). 행동에 대한 사회적, 문화적 승인은 수줍고 민감한 아동에게 사회적 지지를 제공해 주고, 사회적 상황에서 자신감을 발달시켜 주는 것이다. 따라서 미국이나 캐나다에서 수줍은 아동은 사회적으로, 심리적으로 어려움을 겪고, 중국에서는 수줍은 아동이 또래에게 받아들여지고 학교 환경에 잘 적응하며 우울이나 좌절을 덜 경험한다(Chen, Rubin, Li, & Li, 1999). 최근 관찰 연구에 따르면, 중국에서는 수줍음을 타는 아동은 또래관계를 시작할 때 승인이나 협동, 순응과 같은 긍정적이고 지지적인 반응을 얻지만, 캐나다에서는 배척이나 무시와 같은 부정적인 반응을 얻는다고 한다(DeSouza & Chen, 2002). 게다가 캐나다에서보다 중국에서 수줍음을 타는 아동들의 행동을 도와주고 공유하는 자발적으로 긍정적 상호작용을 시작하는 경우가 더 많다. 이는 사회적 행동과 또래관계의 발달에서 문화적 규범의 중요성을 잘 알려 준다.

요약하면, 특히 중국과 다른 아시아 국가들에서 행해진 최근의 문화 간 연구들은 서구문화권에서 비적응적이고 비정상적으로 여겨진 어떤 행동들이 중국이나 다른 아시아 문화들에서는 정상적이고 용납된다고 밝혔다. 이 연구들은 또래 수용이 문화 내에서 수용적으로 받아들여지는 것과 관련이 있고, 또한 문화적으로 부적합한 것으로 여겨지는 행동은 또래 배척과 관련이 있다고 하였다. 그러나 장기 종단 연구를 포함하여, 문화적 차이에 따른 또래 수용과 배척을 설명할 기질, 가족 요소 등의 예측요소에 대한 연구는 거의 없다. 이러한 연구는 아동의 사회적 행동과 관계의 문화적 '의미' 들에 대한 우리의 지식을 풍부하게 할 것이다.

11. 요약 및 결론

이 장에서는 아동의 또래관계와 관련하여 살펴보았다. 또래집단에서 아동들이 얻는 경험은 명백하게 중요한 발달 현상이다. 따라서 또래에게 받아들여지는 아동과, 질적으로 풍부한 우정을 쌓은 아동들이 또래집단에서 배척당하고 우정이 부족한 아동들에 비해 아동기를 더 잘 보내는 것은 당연하다.

아동이 또래에게 받아들여지거나 배척되는 것 혹은 우정이 있거나 없는 것은 상당히 분명하게 나타났다. 이 장에서는 아동의 또래와 우정의 상태에 대해 살펴보았다. 기질이나 정서 규제 그리고 사회인지적 능력 같은 개인 내 요인뿐만 아니라 가족관계(애착), 양육 방식, 문화적 규범이나 가치 등과 같은 개인 간 요인들이 미치는 영향에 대해서도 살펴보았다.

아동의 또래 상호작용과 관계, 집단의 중요성은 매우 크지만, 여전히 해결되지 않은 중요한 문제들이 남아 있다. 그 예로, 매우 어린 아동이 보여 주는 사회적으로 능숙한 행동과 그렇지 못한 행동의 개인차에 대한 것이 있다. 실제로 1, 2세에 보여 주는 사회적으로 능숙한 행동이라는 것이 무엇인가? 아동은 2세 후반기에 또래에게 상호 호혜적인 상호작용을 할 수 있다. 그러나 그런 행동의 개인차로 나중에 그 아동의 사회적 능력과 또래 수용과 친구를 만들고 유지하는 데서의 능력을 제대로 예측할 수 있는가? 기질적과 사회화의 요인이 영아마다 매우 다르다면, 사회적 기술의 개인차는 2학년, 3학년이 되어도 존재하고, 이러한 차이는 초등학교 혹은 유치원에서의 발달적 적응에 초석이 될 수 있다. 이 장에서는 아동의 우정의 중요성에 대해서 간략한 개관을 했다. 아동의 우정은 정서적 사회적 지지를 포함하는 다양한 기능을 한다. 우정에 대한 아동의 사고는 연령이 증가함에 따라서 추상적이 된다. 그러나 우정은 가속제, 촉진제의 역할을 하거나 부모나 또래의 수용이나 배척과 같은 영향에 완충제 역할을 해 주기도 한다. 우정의 기능적 중요성으로 인해 사회적 기술이 잘 발달하지 못해서 또래관계에 어려움을 갖는 아동들에게 예방 프로그램으로 도움을 제공해 줄 수 있다.

3세 초반의 아동들은 안정되고 엄격한 위계 질서를 갖고 있다. 이러한 위계의 주요 기능은 또래의 집단 구성원들 사이에서 갈등과 공격을 감소시킨다는 것이다. 아동기 초기에 또래집단의 가장 지배적인 구성원은 가장 인기 있는 구성원이 된다. 그러나 이 아동기 초기의 지배적인 위치는 대인 간의 갈등에서 지속적인 승리를 통해서 얻어진다. 그러나 아동기 중반과 후반기에 이르면 지배적인 위치는 중요하게 여겨지지 않는다. 지배 위치와 또래 수용 사이의 관계는 아동기 동안에 지속적으로 남아 있다. 실제로 초기 아동기에 평가된 지배 위치는 아동기가 중학생으로 옮겨 갈 때 권력과 인기도를 예측할 수 있는가? 이 시기의 인기는 다소 공격적이고 독단적인 그리고 과장을 잘하는 것과 관련된 것으로 알려져 있다. 초기 청소년기의 인기도와 지배 그리고 지도력은 연구자들의 주요 관심사였다.

아동의 또래관계의 주제는 대중의 관심사였다. 주요 신문, 잡지, 기사 그리고 영화에서도 인기, 배척, 우정, 왕따, 갈등, 또래 압력 등에 대한 문제를 다루어 왔다. 이러한 대중의 관심은 아동기와 청소년기의 또래집단의 중요성에 대한 연구자들의 관심을 유지시킨다. 실제로 정책자들과 교육자들이 "어떤 아동도 방치하지 말자."라는 운동으로 사회적 기술이 떨어지고 학업 과정에서 관계를 잘 맺지 못하는 학생들을 보호하자고 제안하고 있다. 궁극적으로 아동들이 학교에서 또래에 의해 배척되거나 희생당한다면, 읽고 쓰고 수학적 문제를 해결하는 것은 매우 어려울 것이다. 아동이 학교에서 친구가 없거나 사회적 기술이 부족하다면, 집단 프로젝트에서 편안하게 느낄 가능성이 얼마나 되겠는가? 아동의 또래 상호작용과 관계 그리고 집단은 심리적이고 정서적인 적응과 관련되어 있을 뿐만이 아니라 아동이 학교에서 매일의 일상을 보내는 것과도 관련이 있다.

참·고·문·헌

Aboud, F., & Mendelson, M. (1998). Determinants of friendship selection and quality: Developmental perspectives. In W. Bukowski & A. Newcomb (Eds.), *The company they keep: Friendship in childhood and adolescence* (pp. 87-112). New York: Cambridge University Press.

Adler, P. A., Kless, S. J., & Adler, P. (1992). Socialization to gender roles: Popularity among elementary school boys and girls. *Sociology of Education, 65,* 169-187.

Altermatt, E., & Pomerantz, E. (2003). The development of competence-related and motivational beliefs: An investigation of similarity and influence among friends. *Journal of Educational Psychology, 95*(1), 111-123.

Asher, S. R., & Paquette, J. (2003). Loneliness and peer relations in childhood. *Current Directions in Psychological Science, 12,* 75-78.

Asher, S. R., & Wheeler, V. A. (1985). Children's loneliness: A comparison of rejected and neglected peer status. *Journal of Consulting and Clinical Psychology, 53,* 500-505.

Bagwell, C. L., Newcomb, A. F., & Bukowski, W. M. (1998). Preadolescent friendship and peer rejection as predictors af adult adjustment. *Child Development, 69,* 140-153.

Bandura, A. (1977). *Social learning theory.* Englewood Cliffs, NJ: Prentice Hall.

Bandura, A., & Walters, R. H. (1963). *Social learning and personality development.* New York: Holt, Rinehart, & Winston.

Barber, B. K. (2002). *Intrusive parenting: How psychological control affects children and adolescents.* Washington, DC: American Psychological Association.

Barrett, P. M., Dadds, M. R., & Rapee, R. M. (1996). Family treatment of childhood anxiety disorders: A controlled trial. *Journal of Consulting and Clinical Psychology, 64,* 333-342.

Bates, J. E. (2001). Adjustment style in childhood as a product of parenting and temperament. In

T. D. Wachs & G. A. Kohstamm (Eds.), *Temperament in context* (pp. 173–200). Mahwah, NJ: Lawrence Erlbaum Associates.

Bell-Dolan, D., Foster, S., & Sikora, D. (1989). Effects of sociometric testing on children's behavior and loneliness in school. *Developmental Psychology, 25,* 306–311.

Belsky, J., & Cassidy, J. (1995). Attachment: Theory and evidence. In M. L. Rutter, D. F. Hay, & S. Baron-Cohen (Eds.), *Developmental principles and clinical issues in psychology and psychiatry* (pp. 373–402). Oxford, England: Blackwell.

Benenson, J. F. (1990). Gender differences in social networks. *Journal of Early Adolescence, 10,* 472–495.

Benenson, J. F., Apostoleris, N. H., & Parnass, J. (1997). Age and sex differences in dyadic and group interaction. *Developmental Psychology, 33,* 538–543.

Benenson, J. F., & Christakos, A. (2003). The greater fragility of females' versus males' closest same-sex friendships. *Child Development, 74,* 1123–1129.

Benenson, J. F., Markovits, H., Roy, R., & Denko, P. (2003). Behavioural rules underlying learning to share: Effects of development and context. *International Journal of Behavioural Development, 27,* 116–121.

Berndt, T. J. (1981). Relations between social cognition, nonsocial cognition, and social behavior: The case of friendship. In J. H. Flavell & L. Ross (Eds.), *Social cognitive development* (pp. 176–199). Cambridge, UK: Cambridge University Press.

Berndt, T. J. (1985). Prosocial behavior between friends in middle childhood and early adolescence. *Journal of Adolescence, 5,* 307–313.

Berndt, T. J. (1996). Friendship quality affects adolescents' self esteem and social behavior. In W. M. Bukowski, A. F. Newcomb, & W. W. Hartup (Eds.), *The company they keep: Friendship during childhood and adolescence.* New York: Cambridge University Press.

Berndt, T. J., Hawkins, J. A., & Jiao, Z. (1999). Influences of friends and friendships on adjustment to junior high school. *Merrill-Palmer Quarterly, 45,* 13–41.

Berndt, T. J., & Hoyle, S. G. (1985). Stability and change in childhood and adolescent friendships. *Developmental Psychology, 21,* 1007–1015.

Berndt, T. J., & Keefe, K. (1995). Friends' influence on adolescents' adjustment to school. *Child Development, 66,* 1313–1329.

Bierman, K. L., & Smoot, D. L. (1991). Linking family characteristics with poor peer relations: The mediating role of conduct problems. *Journal of Abnormal Child Psychology, 19,* 341–356.

Bigelow, B. J., & LaGaipa, J. J. (1980). The development of friendship values and choice. In H. Foot & A. Chapman (Eds.), *Friendship and social relations in children* (pp. 15–44). New Brunswick, NJ: Transaction Publishers.

Black, B., & Logan, A. (1995). Links between communication patterns in mother-child, father child, and child-peer interactions and children's social status. *Child Development, 66,* 255–271.

Boivin, M., & Hymel, S. (1997). Peer experiences and social self-perceptions: A sequential model. *Developmental Psychology, 33,* 135–145.

Bonney, M. E. (1942). A study of social status on the second grade level. *Journal of Genetic Psychology, 60,* 271–305.

Bornstein, M. H. (1995). Form and function: Implications for studies of culture and human development. *Culture and Psychology, 1*(1), 123–138.

Bowlby, J. (1958). The nature of the child's tie to his mother. *International Journal of Psychoanalysis, 39*, 350-373.

Brendgen, M., Little, T. D., & Krappmann, L. (2000). Rejected children and their friends: A shared evaluation of friendship quality? *Merrill-Palmer Quarterly, 46*(1), 45-70.

Brendgen, M., Vitaro, F., Bukowski, W. M., Doyle, A. B., & Markiewicz, D. (2001). Developmental profiles of peer social preference over the course of elementary school: Association with trajectories of externalizing and internalizing behavior. *Developmental Psychology, 37*, 308-320.

Brown, B. B. (1990). Peer groups and peer cultures. In S. S. Feldman & G. R. Elliott (Eds.), *At the threshold* (pp. 171-196). Cambridge, MA: Harvard University Press.

Brown, B. B., Eicher, S. A., & Petrie, S. (1986). The importance of peer group ("crowe") affiliation in adolescence. *Journal of Adolescence, 9*, 73-96.

Brown, S. B., Mounts, N., Lamborn, S. D., & Steinberg, L. (1993). Parenting practices and peer group affiliation in adolescence. *Child Development, 64*, 467-482.

Buhler, C. (1935). *From birth to maturity: An outline of the psychological development of the child*. London: Routledge & Kegan Paul.

Bukowski, W. M., Sippola, L. K., & Newcomb, A. F. (2000). Variations in patterns of attraction same- and other-sex peers during early adolescence. *Developmental Psychology, 36*(2), 147-154.

Cairns, R. B., & Cairns, B. D. (1991). Social cognition and social networks: A developmental perspective. In D. J. Pepler & K. H. Rubin (Eds.), *The development and treatment of childhood aggression* (pp. 249-278). Hillsdale, NJ: Lawrence Erlbaum Associates.

Cairns, R. B., & Cairns, B. D. (1994). *Lifelines and risks: Pathways of youth in our time*. Cambridge, University Press.

Cairns, R. B., Cairns, B. D., Neckerman, H. J., Gest, S., & Gariepy, J. L. (1988). Peer networks and aggressive behavior: Peer support or peer rejection? *Developmental Psychology, 24*, 815-823.

Cairns, R. B., Gariepy, J. L., & Kindermann, T. (1989). *Identifying social clusters in natural settings*. Unpublished manuscript. University of North Carolina at Chapel Hill, Social Development Laboratory.

Cairns, R. B., Leung, M. C., Buchanan, L., & Cairns, B. (1995). Friendships and social networks in childhood and adolescence: Fluidity, reliability, and interrelations. *Child Development, 66*, 1330-1345.

Campbell, S., Pierce, E., Moore, G., & Markavitz, S. (1996). Boys' externalizing problems at elementary school age: Pathways from early behavior problems, maternal control, and family stress. *Development & Psychopathology, 8*(4), 701-719.

Carson, J., & Parke, R. D. (1996). Reciprocity of parent-child negative affect and children's social competence. *Child Development, 67*, 2217-2226.

Casiglia, A. C., Lo Coco, A., & Zappulla, C. (1998). Aspects of social reputation and peer relationships in Italian children: A cross-cultural perspective. *Developmental Psychology, 34*, 723-730.

Cassidy, J., & Asher, S. R. (1992). Loneliness and peer relations in young children. *Child Development, 63*, 350-365.

Cassidy, J., Scolton, K. L., Kirsh, S. J., & Parke, R. D. (1996). Attachment and representations of peer relationships. *Developmental Psychology, 32*, 892-904.

Charlesworth, W. R., & LaFreniere, P. (1983). Dominance, friendship, and resource utilization in preschool children's groups. *Ethology and Sociobiology, 4,* 175–186.

Chen, X., Chang, L., & He, Y. (2003). The peer group as a context: Mediating and moderating effects on the relations between academic achievement and social functioning in Chinese children. *Child Development, 74,* 710–727.

Chen, X., Chen, H., & Kaspar, V. (2001). Group social functioning and individual socio-emotional and school adjustment in Chinese children. *Merrill-Palmer Quarterly, 47,* 264–299.

Chen, X., Hastings, P., Rubin, K. H., Chen, H., Cen, G., & Stewart, S. L. (1998). Childrearing attitudes and behavioral inhibition in Chinese and Canadian toddlers: A cross-cultural study. *Developmental Psychology, 34,* 677–686.

Chen, X., Li, D., Li, Z., Li, B., & Liu, M. (2000). Sociable and prosocial dimensions of social competence in Chinese children: Common and unique contributions to social, academic and psychological adjustment. *Developmental Psychology, 36,* 302–314.

Chen, X., & Rubin, K. H. (1992). Correlates of peer acceptance in a Chinese sample of six-year-olds. *International Journal of Behavioral Development, 15,* 259–273.

Chen, X., Rubin, K. H., & Li, B. (1995). Social and school adjustment of shy and aggressive children in China. *Development and Psychopathology, 7,* 337–349.

Chen, X., Rubin, K. H., Li, B., & Li, Z. (1999). Adolescent outcomes of social functioning in Chinese children. *International Journal of Behavioural Development, 23,* 199–223.

Chen, X., Rubin, K. H., Liu, M., Chen, H., Wang, L., & Li, D., et al. (2003). Compliance in Chinese and Canadian toddlers. *International Journal of Behavioral Development, 27,* 428–436.

Chen, X., Rubin, K. H., & Sun, Y. (1992). Social reputation and peer relationships in Chinese and Canadian children. *Social Development, 3,* 269–290.

Chen, X., Zhang, Y., Yang, Y., & Wang, L. (in press). Peer relationships among Chinese and North American boys: A cross-cultural perspective. In N. Way & J. Chu (Eds.), *Adolescent boys in context.* New York: New York University Press.

Coie, J. D., & Dodge, K. A. (1988). Multiple sources of data on social behavior and social status. *Child Development, 59,* 815–829.

Coie, J. D., & Dodge, K. A. (1998). Aggression and anti-social behavior. In N. Eisenberg (Ed.), *Handbook of child psychology* (5th ed.): *Social, emotional, and personality development* (pp. 779–862). New York: Wiley.

Coie, J. D., Dodge, K. A., & Coppotelli, H. (1983). Continuities and changes in children's social status: A five-year longitudinal study. *Merrill-Parlmer Quarterly, 29,* 261–282.

Coie, J. D., & Krenhbiehl, G. (1984). Effects of academic tutoring on the social status of low-achieving, socially rejected children. *Child Development, 55,* 1465–1478.

Coie, J. D., & Kupersmidt, J. (1983). A behavioral analysis of emerging social status in boys' groups. *Child Development, 54,* 1400–1416.

Collins, W., Maccoby, E. E., Steinberg, L., Hetherington, E. M., & Bornstein M. H. (2000). Contemporary research on parenting: The case for nature and nurture. *American Psychologist, 55,* 218–232.

Cooley, C. H. (1902). *Human nature and the social order.* New York: Scribner.

Coplan, R. J., Bowker, A., & Cooper, S. (2003). Parenting stress, child temperament, and social adjustment in preschool. *Early Childhood Research Quarterly, 18,* 376–395.

Coplan, R. J., Prakash, K., O'Neil, K., & Armer, M. (in press). Do you 'want' to play? Distinguishing between conflicted-shyness and social disinterest in early childhood. *Developmental Psychology*.

Coplan, R. J., & Rubin, K. H. (1998). Exploring and assessing non-social play in the preschool: The development and validation of the Preschool Play Behavior Scale. *Social Development, 7,* 72-91.

Craft, A. (1994). Five and six year-olds views of friendship. *Educational Studies, 20*(2), 181-194.

Crick, N. R. (1996). The role of overt aggression, relational aggression, and prosocial behavior in the prediction of children's future social adjustment. *Child Development, 67,* 2317-2327.

Crick, N. R., Casas, J. F., & Mosher, M. (1997). Relational and overt aggression in preschool. *Developmental Psychology, 33,* 579-588.

Crick, N. R., & Dodge, K. A. (1994). A review and reformulation of social information-processing mechanisms in children's social adjustment. *Psychological Bulletin, 115,* 74-101.

Crick, N. R., Grotpeter, J. K., & Bigbee, M. A. (2002). Relationally and physically aggressive children's intent attributions and feelings of distress for relational and instrumental peer provocations. *Child Development, 73*(4), 1134-1142.

Crick, N. R., & Ladd, G. W. (1993). Children's perceptions of their peer experiences: Attributions, loneliness, social anxiety, and social avoidance. *Developmental Psychology, 29*(2), 244-254.

Crick, N. R., & Nelson, D. A. (2002). Relational and physical victimization within friendships: Nobody told me there'd be friends like these. *Journal of Abnormal Child Psychology, 30*(6), 599-607.

Crozier, W. R. (1995). Shyness and self-esteem in middle childhood. *British Journal of Educational Psychology, 65,* 85-95.

DeRosier, M. E., & Thomas, J. M. (2003). Strengthening sociometric prediction: Scientific advances in the assessment of children's peer relations. *Child Development, 74,* 1379-1392.

DeSouza, A., & Chen, X. (2002, July). *Social initiative and responses of shy and non-shy children in China and Canada*. Presented at the Biennial Conference of International Society for the Study of Behavioral Development (ISSBD), Ottawa, Canada.

Dishion, T. J. (1990). The family ecology of boys' peer relations in middle childhood. *Child Development, 61,* 874-892.

Dishion, T. J., Andrews, D. W., & Crosby, L. (1995). Antisocial boys and their friends in early adolescence: Relationship characteristics, quality, and interactional process. *Child Development, 66,* 139-151.

Dishion, T. J., Eddy, M., Haas, E., Li, F., & Spracklen, K. (1997). Friendships and violent behavior during adolescence. *Social Development, 6*(2), 207-223.

Dishion, T. J., McCord, J., & Poulin, F. (1999). When interventions harm: Peer groups and problem behavior. *American Psychologist, 54*(9), 755-764.

Dodge, K. A. (1980). Social cognition and children's aggressive behavior. *Child Development, 51,* 162-170.

Dodge, K. A. (1983). Behavioral antecedents of peer social status. *Child Development, 54,* 1386-1399.

Dodge, K. A., Lansford, J., Burks, V., Bates, J. E., Pettit, G., Fontaine, R., et al. (2003). Peer rejection and social information-processing factors in the development of aggressive behavior problems in children. *Child Development, 74,* 374-393.

Dodge, K. A., Murphy, R. R., & Buchsbaum, K. (1984). The assessment of intention-cue detection skills in children: Implications for developmental psychopathology. *Child Development, 55,* 163-173.

Dodge, K. A., Schlundt, D. G. Schocken, I., & Delugach, J. D. (1983). Social competence and children's social status: The role of peer group entry strategies. *Merrill-Palmer Quarterly, 29,* 309-336.

Domino, G. (1992). Cooperation and competition in Chinese and American children. *Journal of Cross-Cultural Psychology, 23,* 456-467.

Doyle, A. (1982). Friends, acquaintances, and strangers: The influence of familiarity and ethnolinguistic background on social interaction. In K. H. Rubin & H. S. Ross (Eds.), *Peer relations and social skills in childhood.* New York: Springer-Verlag.

Eckerman, C. O. (1979). The human infant in social interaction. In R. Cairns (Ed.), *The analysis of social interactions: Methods, issues, and illustrations* (pp. 163-178). Hillsdale, NJ: Lawrence Erlbaum Associates.

Egeland, B., Pianta, R., & O'Brien, M. A. (1993). Maternal intrusiveness in infancy and child maladaptation in early school years. *Development & Psychopathology, 5*(3), 359-370.

Eisenberg, N., Cumberland, A., Spinrad, T. L., Fabes, R. A., Shepard, S. A., Reiser, M., et al. (2001). The relations of regulation and emotionality to children's externalizing and internalizing problem behavior. *Child Development, 72,* 1112-1134.

Eisenberg, N., & Fabes, R. A. (1998). Prosocial development. In N. Eisenberg (Ed.), *Handbook of child psychology, Vol. 3: Social, emotional, and personality development* (5th ed., pp. 701-708). New York: Wiley.

Eisenberg, N., Shepard, S. A., Fabes, R. A., Murphy, B. C., & Guthrie, I. K. (1998). Shyness and children's emotionality, regulation, and coping: Contemporaneous, longitudinal, and across-context relations. *Child Development, 69,* 767-790.

Elicker, J., Englund, M., & Sroufe, L. A. (1992). Predicting peer competence and peer relationships in childhood from early parent-child relationships. In R. Parke & G. Ladd (Eds.), *Family-peer relationships: Models of linkage.* Hillsdale, NJ: Lawrence Erlbaum Associates.

Fabes, R. A., Eisenberg, N., Jones, S., Smith, M., Guthrie, I., Poulin, R., et al. (1999). Regulation, emotionality, and preschoolers' socially competent peer interactions. *Child Development, 70,* 432-442.

Fine, G. A. (1987). *With the boys: Little league baseball and preadolescent culture.* Chicago: University of Children Press.

Finnie, V., & Russell, A. (1988). Preschool children's social status and their mothers' behavior and knowledge in the supervisory role. *Developmental Psychology, 24,* 789-801.

Fogel, A. (1979). Peer- vs. mother-directed behavior in 1- to 3-month olds infants. *Infant Behavior and Development, 2,* 215-226.

Fox, N. A., & Calkins, S. (1993). Relations between temperament, attachment, and behavioral inhibition: Two possible pathways to extroversion and social withdrawal. In K. H. Rubin & J. Asendorpf (Eds.), *Social withdrawal, inhibition, and shyness in childhood* (pp. 81-100). Chicago: University of Chicago Press.

Franzoi, S. L., Davis, M. H., & Vasquez-Suson, K. A. (1994). Two social worlds: Social correlates and stability of adolescent status groups. *Journal of Personality and Social Psychology, 67,* 462-473.

French, D. C., Jansen, E. A., Rianasari, M., & Setiono, K. (in press). Friendships of Indonesian children: Adjustment of children who differ in friendship presence and similarity between mutual friends. *Social Development.*

French, D. C., Setiono, K., & Eddy, J. M. (1999). Bootstrapping through the cultural comparison minefield: Childhood social status and friendship in the United States and Indonesia. In W. A. Collins & B. Laursen (Eds.), *Relationships as developmental contexts: Minnesota Symposium of Child Psychology* (Vol. 30, pp. 109–131). Hillsdale, NJ: Lawrence Erlbaum Associates.

Freud, S. (1933). *New introductory lectures on psychoanalysis.* New York: Norton.

Furman, W., Simon, V., Shaffer, L., & Bouchey, H. A. (2002). Adolescents' working models and styles for relationships with parents, friends, and romantic partners. *Child Development, 73,* 241–255.

Garvey, C. (1984). *Children's talk.* Cambridge, MA: Harvard University Press.

Gazelle, H., & Ladd, G. W. (2003). Anxious solitude and peer exclusion: A diathesis-stress model of internalizing trajectories in childhood. *Child Development, 74,* 257–278.

Gershman, E. S., & Hayes, D. S. (1983). Differential stability of reciprocal friendships and unilateral relationships among preschool children. *Merrill-Palmer Quarterly, 29,* 169–177.

Gest, S. D. (1997). Behavioral inhibition: Stability and association with adaptation from childhood to early adulthood. *Journal of Personality and Social Psychology, 72,* 467–475.

Goldsmith, H. H., Buss, A., Plomin, R., Rothbart, M. K., Thomas, A., Chess, S., et al. (1987). What is temperament? Four approaches. *Child Development, 58,* 505–529.

Goldstein, H., Kaczmarek, L. A., & English, K. M. (2002). *Promoting social communication: Children with developmental disabilities from birth to adolescence.* Baltimore: Brookes.

Goncu, A. (1993). Development of intersubjectivity in the dyadic play of preschoolers. *Early Childhood Research Quarterly, 8,* 99–116.

Granot, D., & Mayseless, O. (2001). Attachment security and adjustment to school in middle childhood. *International Journal of Behavioral Development, 25*(6), 530–541.

Greenberg, M. T., Speltz, M. L., & Deklyen, M. (1993). The role of attachment in the early development of disruptive behavior problems. *Development and Psychopathology, 5,* 191–213.

Greenfield, P. M. (1994). Independence and interdependence as developmental scripts: Implications for theory, research, and practice. In P. M. Greenfield & R. R. Cocking (Eds.), *Cross-cultural roots of minority child development* (pp. 1–40). Hillsdale, NJ: Lawrence Erlbaum Associates.

Grotpeter, J. K., & Crick, N. R. (1996). Relational aggression, overt aggression, and friendship. *Child Development, 67,* 2328–2338.

Guerin, D. W., Gottfried, A. W., & Thomas, C. W. (1997). Difficult temperament and behavior problems: A longitudinal study from 1.5 to 12 years. *International Journal of Behavioural Development, 21,* 71–90.

Hardy, C. L., Bukwoski, W. M., & Sippola, L. K. (2002). Stability and change in peer relationships during the transition to middle-level school. *Journal of Early Adolescence, 22*(2), 117–142.

Harris, J. R. (1995). Where is the child's environment? A group socialization theory of development. *Psychological Review, 102*(3), 458–489.

Harris, J. R. (1999). How to succeed in childhood. In S. J. Ceci & W. Williams (Eds.), *The nature–nurture debate: The essential readings. Essential readings in developmental psychology* (pp. 83–95). Malden, MA: Blackwell Psychology.

Hart, C. H., DeWolf, M. D., Wozniak, P., & Burts, D. C. (1992). Maternal and paternal disciplinary styles: Relations with preschoolers' playground behavioral orientations and peer status. *Child Development, 63,* 879–892.

Hart, C. H., Ladd, G. W., & Burleson, B. R. (1990). Children's expectations of the outcomes of social strategies: Relations with sociometric status and maternal disciplinary styles. *Child Development, 61,* 127–137.

Harter, S. (1998). The development of self-representations. In N. Eisenberg (Ed.), *Handbook of child psychology* (5th ed.): *Social, emotional, and personality development* (pp. 553–618). New York: Wiley.

Hartup, W. W. (1983). Peer relations. In E. M. Hetherington (Ed.), *Handbook of child psychology: Vol. 4. Socialization, personality and social development* (4th ed., pp. 103–196). New York: Wiley.

Hartup, W. W. (1992). Social relationships and their developmental significance. *American Psychologist, 44,* 120–126.

Hartup, W. W. (1996). The company they keep: Friendships and their developmental significance. *Child Development, 67,* 1–13.

Hartup, W. W., Brady, J. E., & Newcomb, A. F. (1983). Social cognition and social interaction in childhood. In E. T. Higgins, D. N. Ruble, & W. W. Hartup (Eds.), *Social cognition and social development.* New York: Cambridge University Press.

Hartup, W. W., & Laursen, B. (1995). Conflict and context in peer relations. In C. H. Hart (Ed.), *Children on playgrounds.* Ithaca, NY: State University of New York Press.

Hartup, W. W., Laursen, B., Stewart, M. A., & Eastenson, A. (1998). Conflicts and the friendship relations of young children. *Child Development, 69,* 1590–1600.

Hartup, W. H., & Stevens, N. (1999). Friendships and adaptation across the life span. *Current Directions in Psychological Science, 8,* 76–79.

Haselager, G. J. T., Cillissen, H. N., Van Lieshout, C. F. M., Riksen-Walraven, J. M. A., & Hartup, W. W. (2002). Heterogeneity among peer-rejected boys across middle childhood: Developmental pathways of social behavior. *Child Development, 73,* 446–456.

Haselager, G. J. T., Hartup, W. M., van Lieshout, C. F. M., & Risken-Walraven, J. M. (1998). Similarities between friends and nonfriends in middle childhood. *Child Development, 69*(4), 1198–1208.

Hay, D. F., Pedersen, J., & Nash, A. (1982). Dyadic interaction in the first year of life. In K. H. Rubin & H. S. Ross (Eds.), *Peer relationships and social skills in childhood.* New York: Springer-Verlag.

Henderson, H., Marshall, P., Fox, N. A., & Rubin, K. H. (in press). Converging psychophysiological and behavioral evidence for subtypes of social withdrawal in preschoolers. *Child Development.*

Hektner, J. M., August, G. J., & Realmuto, G. M. (2000). Patterns and temporal changes in peer affiliation among aggressive and nonagressive children participating in a summer school program. *Journal of Clinical Child Psychology, 29*(4), 603–614.

Hinde, R. A. (1987). *Individuals, relationships and culture.* Cambridge: Cambridge University Press.

Hinde, R. R., & Stevenson-Hinde, J. (1976). Toward understanding relationships: Dynamic stability. In P. Bateson & R. Hinde (Eds.), *Growing points in ethology* (pp. 451-479). Cambridge, Cambridge University Press.

Hodges, E. V. E., Boivin, M., Vitaro, F., & Bukowksi, W. M. (1999). The power of friendship protection against an escalating cycle of peer victimization. *Developmental Psychology, 35*(1), 94-101.

Hogue, A., & Steinberg, L. (1995). Homophily of internalized distress in adolescent peer groups. *Developmental Psychology, 31*(6), 897-906.

Horn, S. (2003). Adolescents' reasoning about exclusion from social groups. *Developmental Psychology, 39*(1), 71-84.

Howes, C. (1988). Peer interaction of young children. *Monographs of the Society for Research in Child Development, 53*(No. 217).

Howes, C., & Matheson, C. C. (1992). Sequences in the development of competent play with peers: Social and social-pretend play. *Developmental Psychology, 28,* 961-974.

Hubbard, J. A., Dodge, K. A., Cillessen, A. H. N., Coie, J. D., & Schwartz, D. (2001). The dyadic nature of social information processing in boys' reactive and proactive aggression. *Journal of Personality and Social Psychology, 80,* 268-280.

Hymel, S., Rubin, K. H., Rowden, L., & LeMare, L. (1990). Children's peer relationships: Longitudinal predictions of internalizing and externalizing problems from middle to late childhood. *Child Development, 61,* 2004-2021.

Hymel, S., Wagner, E., & Butler, L. (1990). Reputational bias: View from the peer group. In S. R. Asher & J. Coie (Eds.), *Peer rejection in childhood* (pp. 156-186). Cambridge, London: Cambridge University Press.

Isaacs, S. (1933). *Social development in young children: A study of beginnings.* London: Routledge.

Iverson, A. M., Barton, E. A., & Iverson, G. L. (1997). Analysis of risk to children participating in a sociometric task. *Developmental Psychology, 33,* 104-112.

Jacobson, J. L. (1981). The role of inanimate objects in early peer interaction. *Child Development, 52,* 618-626.

Kerns, K. A., Cole, A. K., & Andrews, P. B. (1998). Attachment security, parent peer management practices, and peer relationships in preschoolers. *Merrill-Palmer Quarterly, 44,* 504-522.

Kindermann, T. A. (1993). Natural peer groups as contexts for individual development: The case of children's motivation in school. *Developmental Psychology, 29,* 970-977.

Kindermann, T. A., McCollom, T. L., & Gibson, E., Jr. (1995). Peer networks and students' classroom engagement during childhood and adolescence. In K. Wentzel & J. Juvonen (Eds.), *Social motivation: Understanding children's school adjustment.* New York: Cambridge University Press.

Kistner, J., Balthazor, M., Risi, S., & Burton, C. (1999). Predicting dysphoria from actual and perceived acceptance in childhood. *Journal of Clinical Child Psychology, 28,* 94-104.

Kraatz-Keily, M., Bates, J. E., Dodge, K. A., & Pettit, G. S. (2000). A cross-domain analysis: Externalizing and internalizing behaviors during 8 years of childhood. *Journal of Abnormal Child Psychology, 28,* 161-179.

Krasnor, L., & Rubin, K. H. (1983). Preschool social problem solving: Attempts and outcomes in naturalistic interaction. *Child Development, 54,* 1545-1558.

Kupersmidt, J. B., & Coie, J. D. (1990). Preadolescent peer status, aggression, and school adjustment as predictors of externalizing problems in adolescence. *Child Development, 61,* 1350-1362.

Ladd, G. W., & Burgess, K. B. (1999). Charting the relationship trajectories of aggressive, withdrawn, and aggressive/withdrawn children during early grade school. *Child Development, 70*(4), 910-929.

Ladd, G. W., & Burgess, K. B. (2001). Do relational risks and protective factors moderate the linkages between childhood aggression and early psychological and school adjustment? *Child Development, 72,* 1579-1601.

Ladd, G. W., & Golter, B. (1988). Parents' initiation and monitoring of children's peer contacts: Predictive of children's peer relations in nonschool and school settings? *Developmental Psychology, 24,* 109-117.

Ladd, G. W., & Hart, C. H. (1992). Creating informal play opportunities: Are parents' and preschoolers' initations related to children's competence with peers? *Developmental Psychology, 28,* 1179-1187.

Ladd, G. W., Hart, C. H., Wadsworth, E. M., & Golter, B. S. (1988). Preschoolers peer networks in nonschool settings: Relationship to family characteristics and school adjustment. In S. Salzinger, J. Antrobus, & M. Hammer (Eds.), *Social networks of children, adolescents, and college students.* Hillsdale, NJ: Lawrence Erlbaum Associates.

Ladd, G. W., & Price, J. M. (1986). Promoting children's cognitive and social competence. The relation between parents' perceptions of task difficulty and children's perceived and actual competence. *Child Development, 57,* 446-460.

Ladd, G. W., & Profilet, S. M. (1996). The child behavior scale: A teacher report measure of young children's aggressive, withdrawn, and prosocial behaviors. *Developmental Psychology, 32,* 1008-1024.

LaFontana, K. M., & Cillessen, A. H. N. (1998). The nature of children's stereotypes of popularity. *Social Development, 7,* 301-320.

LaFontana, K. M., & Cillessen, A. H. N. (1999). Children's interpersonal perceptions as a function of sociometric and peer-perceived popularity. *Journal of Genetic Psychology, 160,* 225-242.

LaFontana, K. M., & Cillessen, A. H. N. (2002). Children's perceptions of popular and unpopular peers: A multimethod assessment. *Developmental Psychology, 38,* 635-647.

La Greaca, A., Prinstein, M., & Fetter, M. (2001). Adolescent peer crowd affiliation: Linkages with health-risk behaviors and close friendships. *Journal of Pediatric Psychology, 26*(3), 131-143.

Laird, R. D., Jordan, K. Y., Dodge, K. A., Pettit, G. S., & Bates, J. E. (2001). Peer rejection in childhood, involvement with antisocial peers in early adolescence, and the development of externalizing behavior problems. *Development and Psychopathology, 13,* 337-354.

Langlois, J. H., & Stephan, C. W. (1981). Beauty and the beast: The role of physical attraction in peer relationships and social behavior. In S. S. Brehm, S. M. Kassin, & S. X. Gibbans (Eds.), *Developmental social psychology: Theory and Research* (pp. 152-168). New York: Oxford University Press.

Laursen, B., Hartup, W. W., & Keplas, A. L. (1996). Towards understanding peer conflict. *Merrill-Palmer Quarterly, 42,* 76-102.

Ledingham, J., Younger, A., Schwartzman, A., & Bergeron, G. (1982). Agreement among teacher, peer and self-ratings of children's aggression, withdrawal and likeability. *Journal of Abnormal Child Psychology, 10,* 363-372.

Lemerise, E. A., & Arsenio, W. F. (2000). An integrated model of emotion processes and cognition in social information processing. *Child Development, 71,* 107-108.

Levin, E., & Rubin, K. H. (1983). Getting others to do what you wanted them to do: The development of children's requestive strategies. In K. Nelson (Ed.), *Child language* (Vol. 4). Hillsdale, NJ: Lawrence Erlbaum Associates.

Lieberman, M., Doyle, A., & Markiewicz, D. (1999). Developmental patterns in security of attachment to mother and father in late childhood and early adolescence: Associations with peer relations. *Child Development, 70*(1), 202-213.

Luo, G. (1996). *Chinese traditional social and moral ideas and rules.* Beijing, China: The University of Chinese People Press.

Lyons-Ruth, K., Easterbrooks, M. A., & Cibelli, C. D. (1997). Infant attachment strategies, infant mental lag, and maternal depressive symptoms: Predictors of internalizing and externalizing problems at age 7. *Developmental Psychology, 33*(4), 681-692.

Maccoby, E. E. (1995). The two sexes and their social systems. In P. Moen, G. H. Elder, Jr., & K. Luescher (Eds.). *Examining lives in context: Perspectives on the ecology of human development* (pp. 347-364). Washington, DC: American Psychological Association.

Masia, C. L., & Morris, T. L. (1998). Parental factors associated with social anxiety: Methodological limitations and suggestions for integrated behavioral research. *Clinical Psychology: Science and Practice, 5,* 221-228.

Masten, A. S., Mohrison, P., & Pellegrini, D. S. (1985). A Revised Class Play method of peer assessment. *Developmental Psychology, 3,* 523-53.

McDowell, D. J., Parke, R. D., & Wang, S. (2003). Differences between mothers' and fathers' advice-giving style and content: Relations with social competence and psychological functioning in middle childhood. *Merrill-Palmer Quarterly, 49,* 55-76.

McNeilley-Choque, M. K., Hart, C. H., Robinson, C. C., Nelson, L. J., & Olsen, S. F. (1996). Overt and relational aggression on the playground: Correspondence among different informants. *Journal of Research in Childhood Education, 11,* 47-67.

Mead, G. H. (1934). *Mind, self, and society.* Chicago: University of Chicago Press.

Merten, D. E. (1997). The meaning of meanness: popularity, competition, and conflict among junior high school girls. *Sociology of Education, 70,* 175-191.

Miller-Johnson, S., Coie, J., Maumary-Gremaud, A., Lochman, J., & Terry, R. (1999). Relationship between childhood peer rejection and aggression and adolescent delinquency severity and type among African-American youth. *Journal of Emotional and Behavioral Disorders, 7,* 137-146.

Mills, R. S. L., & Rubin, K. H. (1998). Are behavioral control and psychological control both differentially associated with childhood aggression and social withdrawal? *Canadian Journal of Behavioral Sciences, 30,* 132-136.

Mize, J., & Pettit, G. S. (1997). Mother's social coaching, mother-child relationship style, and children's peer competence: Is the medium the message? *Child Development, 68*(2), 312-332.

Moreno, J. L. (1934). *Who shall survive? A new approach to the problem of human inter-relations.* Washington, DC: Nervous and Mental Disease Publishing Co.

Moskowitz, D. S., Schwartzman, A. E., & Ledingham, J. E. (1985). Stability and change in aggression and withdrawal in middle childhood and early adolescence. *Journal of Abnormal Psychology, 94,* 30-41.

Mueller, E., & Silverman, N. (1989). Peer relations in maltreated children. In D. Cicchetti & V. Carlson (Eds.), *Child mistreatment: Theory and research on the causes and consequences of child abuse and neglect* (pp. 529–578). New York: Cambridge University Press.

Newcomb, A. F., & Bagwell, C. (1995). Children's friendship relations: A meta-analytic review. *Psychological Bulletin, 117,* 306–347.

Newcomb, A. F., & Bukowski, W. M. (1984). A longitudinal study of the utility of social preference and social impact sociometric classification schemes. *Child Development, 55,* 1434–1447.

Newcomb, A. F., Bukowski, W. M., & Pattee, L. (1993). Children's peer relations: A meta-analytic review of popular, rejected, neglected, controversial, and average sociometric status. *Psychological Bulletin, 113,* 99–128.

Northway, M. L. (1944). Outsiders: A study of the personality patterns of children least acceptable to their age mates. *Sociometry, 7,* 10–25.

Olweus, D. (1993). Victimization by peers: Antecedents and long-term outcomes. In K. H. Rubin & J. B. Asendorf (Eds.), *Social withdrawl, inhibition, and shyness in childhood.* Hillsdale, NJ: Lawrence Erlbaum Associates.

Orobio de Castro, B., Veerman, J. W., Koops, W., Bosch, J. D., & Monshouwer, H. J. (2002). Hostile attribution of intent and aggressive behavior: A meta-analysis. *Child Development, 73*(3), 916–934.

Parke, R. D., Burkis, V. M., Carson, J. L., Neville, B., & Boyum, L. A. (1994). Family-peer relationships: A tripartite model. In R. D. Parke & S. G. Kellam (Eds.), *Exploring family relationships with other social contexts.* Hillsdale, NJ: Lawrence Erlbaum Associates.

Parke, R. D., & O'Neil, R. (1999). Social relationships across contexts: Family-peer linkages. In W. A. Collins & B. Laursen (Eds.), *Minnesota Symposium on Child Psychology* (Vol. 30, pp. 211–239). Hillsdale, NJ: Lawrence Erlbaum Associates.

Parker, J. G., & Asher, S. R. (1987). Peer relations and later personal adjustment: Are low-accepted children at risk? *Psychological Bulletin, 102,* 357–389.

Parker, J. G., & Asher, S. R. (1993). Friendship and friendship quality in middle childhood: Links with peer group acceptance and feelings of loneliness and social dissatisfaction. *Developmental Psychology, 29,* 611–621.

Parker, J. G., & Gottman, J. M. (1989). Social and emotional development in a relational context: Friendship interaction from early childhood to adolescence. In T. J. Berndt & G. W. Ladd (Eds.), *Peer relations in child development* (pp. 15–45). Wiley series in personality processes, Wiley-Interscience.

Parker, J. G., & Seal, J. (1996). Forming, losing, renewing, and replacing friendships: Applying temporal parameters to the assessment of children's friendship experiences. *Child Development, 67,* 2248–2268.

Parkhurst, J. T., & Asher, S. R. (1992). Peer rejection in middle school: Subgroup differences in behavior, loneliness, and interpersonal concerns. *Developmental Psychology, 28,* 231–241.

Parkhurst, J. T., & Hopmeyer, A. (1998). Sociometric popularity and peer-perceived popularity: Two distinct dimensions of peer status. *Journal of Early Adolescence, 18,* 125–144.

Parten, M. B. (1932). Social participation among preschool children. *Journal of Abnormal and Social Psychology, 27,* 243–269.

Patterson, G. R. (1983). Stress: A change agent for family process. In N. Barmezy & M. Rutter (Eds.), *Stress, coping, and development in children* (pp. 235–264). Baltimore: John

Hopskins University.

Patterson, G., & Sanson, A. (1999). The association of behavioral adjustment to temperament, parenting and family characteristics among 5-year-old children. *Social Development, 8,* 293-309.

Pepler, D. J., & Craig, W. (1995). A peek behind the fence: Naturalistic observations of aggressive behavior with remote audiovisual recording. *Developmental Psychology, 31,* 548-553.

Pettit, G. S., & Mize, J. (1993). Substance and style: Understanding the ways in which parents teach children about social relationships. In S. Duck (Eds.), *Learning about relationships* (pp. 118-151). Newbury Park, NJ: Sage.

Piaget, J. (1932). *The moral judgment of the child.* Glencoe, IL: Free Press.

Prior, M., Smart, D., Sanson, A., & Oberklaid, F. (2000). Does shy-inhibited temperament in childhood lead to anxiety problems in adolescence? *Journal of the American Academy of Child and Adolescent Psychiatry, 39,* 461-468.

Putallaz, M., & Wasserman, A. (1990). Children's entry behaviors. In S. R. Asher & J. D. Coie (Eds.), *Peer rejection in childhood.* New York: Cambridge University Press.

Quiggle, N., Garber, J., Panak, W., & Dodge, K. A. (1992). Social-information processing in aggressive and depressed children. *Child Development, 63,* 1305-1320.

Rabiner, D., & Gordon, L. (1992). The coordination of conflicting social goals: Differences between rejected and nonrejected boys. *Child Development, 63,* 1344-1350.

Richards, W. D. (1995). *NEGOPY 4.30 Manual and User's Guide.* Burnaby, Canada: School of Communication, Simon Fraser University.

Rodkin, P. C., Farmer, T. W., Pearl, R., & Van Acker, R. (2000). Heterogeneity of popular boys: Antisocial and prosocial configurations. *Developmental Psychology, 36,* 14-24.

Rose, A. J. (2002). Co-rumination in the friendships of girls and boys. *Child Development, 73,* 1830-1843.

Rose-Krasnor, L., Rubin, K. H., Booth, C. L., & Coplan, R. (1996). Maternal derectiveness and child attachment security as predictors of social competence in preschoolers. *International Journal of Behavioral Development, 19,* 309-325.

Ross, H. S., & Conant, C. L. (1992). The social structure of early conflict: Interactions, relationships, and alliances. In C. U. Shantz & W. W. Hartup (Eds.), *Conflict in child and adolescent development.* Cambridge: Cambridge University Press.

Ross, H. S., Lollis, S. P., & Elliot, C. (1982). Toddler-peer communication. In K. H. Rubin & H. S. Ross (Eds.), *Peer relationships and social skills in childhood.* New York: Springer-Verlag.

Rubin, K. H. (1982). Social and social-cognitive developmental characteristics of young isolate, normal and sociable children. In K. H. Rubin & H. S. Ross (Eds.), *Peer relationships and social skills in childhood* (pp. 353-374). New York: Springer-Verlag.

Rubin, K. H. (2001). *The Play Observation Scale (POS).* University of Maryland. Available from author.

Rubin, K. H. (2002). *The Friendship Factor: Helping our children navigate their social world?And why it matters for their success and happiness.* New York: Viking Penguin.

Rubin, K. H., Bukowski, W., & Parker, J. (1998). Peer interactions, relationships, and groups. In N. Eisenberg (Ed.), *Handbook of child psychology: Social, emotional, and personality development* (5th ed., pp. 619-700). New York: Wiley.

Rubin, K. H., & Burgess, K. (2002). Parents of aggressive and withdrawn children. In M. Bronstein (Ed.), *Handbook of parenting* (2nd ed., Vol. 1, pp. 383-418). Hillsdale, NJ: Lawrence Erlbaum Associates.

Rubin, K. H., Burgess, K. B., Dwyer, K. D., & Hastings, P. D. (2003). Predicting preschoolers' externalizing behaviors from toddler temperament, conflict, and maternal negativity. *Developmental Psychology, 39,* 164-176.

Rubin, K. H., Burgess, K. B., & Hasings, P. D. (2002). Stability and social-behavioral consequences of toddlers' inhibited temperament and parenting behaviors. *Child Development, 73,* 483-495.

Rubin, K. H., Cheah, C. S. L., & Fox, N. (2001). Emotion regulation, parenting and display of social reticence in preschoolers. *Early Education & Development, 12,* 97-115.

Rubin, K. H., Chen, X., & Hymel, S. (1993). Socioemotional characteristics of withdrawn and aggressive children. *Merrill-Palmer Quarterly, 39,* 518-534.

Rubin, K. H., Chen, X., McDougall, P. Bowker, A., & McKinnon, J. (1995). The Waterloo Longitudinal Project: Predicting internalizing and externalizing problems in adolescence. *Development and Psychopathology, 7,* 751-764.

Rubin, K. H., Coplan, R. J., Fox, N. A., & Calkins, S. (1995). Emotionality, emotion regulation, and preschoolers' social adaptation. *Development and Psychopathology, 7,* 49-62.

Rubin, K. H., Dwyer, K. M., Booth, C. L., Kim, A. H., Burgess, K. B., & Rose-Krasnor, L. (in press). Attachment, friendship, and psychosocial functioning in early adolescence. *Journal of Early Adolescence.*

Rubin, K. H., & Krasnor, L. R. (1986). Social-cognitive and social behavioral perspectives on problem solving. In M. Perlmutter (Ed.), *Cognitive perspectives on children's social and behavioral development. The Minnesota Symposia on Child Psychology* (vol. 18, pp. 1-68). Hillsdale, NJ: Lawrence Erlbaum Associates.

Rubin, K. H., LeMare, L., & Lollis, S. (1990). Social withdrawal in childhood: Developmental pathways to peer rejection. In S. Asher & J. Coie (Eds.), *Peer rejection in childhood* (pp. 217-249). New York: Cambridge University Press.

Rubin, K. H., Lynch, D., Coplan, R., Rose-Krasnor, L., & Booth, C. L. (1994). "Birds of a feather...": Behavioral concordances and preferential personal attraction in children. *Child Development, 65,* 1778-1785.

Rubin, K. H., & Mills, R. S. L. (1988). The many faces of social isolation in childhood. *Journal of Consulting and Clinical Psychology, 6,* 916-924.

Rubin, K. H., & Rose-Krasnor, L. (1992). Interpersonal problem solving. In V. B. Van Hassat & M. Hesen (Eds.), *Handbook of social development* (pp. 283-323). New York: Plenum.

Rubin, K. H., Watson, K., & Jambor, T. (1978). Free play behaviors in preschool and kindergarten children. *Child Development, 49,* 534-536.

Rubin, K. H., Wojslawowicz, J. C., Burgess, K. B., Booth-LaForce, C., & Rose-Krasnor, L. (2004). *The best friendships of shy/withdrawn children*. Unpublished manuscript under review, University of Maryland.

Ruble, D. N., & Martin, C. L. (1998). Gender development. In N. Eisenberg (Ed.), *Handbook of child psychology: Vol. 3. Social, emotional, and personality development* (pp. 933-1016). New York: Wiley.

Ryalls, B. O., Gull, R. E., & Ryalls, K. R. (2000). Infant imitation of peer and adult models: Evidence for a peer model advantage. *Merrill-Palmer-Quarterly, 46,* 188-202.

Sandstrom, M. J., Cillessen, A. H. N., & Eisenhower, A. (2003). Children's appraisal of peer rejection experiences: Impact on social and emotional adjustment. *Social Development, 12,* 530-550.

Sadnstrom, M. J., & Coie, J. D. (1999). A developmental perspective on peer rejection: mechanisms of stability and change. *Child Development, 70,* 955-966.

Sawyer, R. K. (1997). *Pretend play as improvisation: Conversation in the preschool classroom.* Mahwah, NJ: Lawrence Erlbaum Associates.

Schneider, B. H. (1998). Cross-cultural comparison as doorkeeper in research on the social and emotional adjustment of children and adolescents. *Developmental Psychology, 34,* 793-797.

Schneider, B. (1999). A multimethod exploration of the friendships of children considered socially withdrawn by their school peers. *Journal of Abnormal Child Psychology, 27,* 115-123.

Sears, R. R., Maccoby, E., & Levin, H. (1957). *Patterns of child rearing.* White Plains, NY: Peterson.

Selman, R. L. (1980). *The growth of interpersonal understanding.* New York: Cambridge University Press.

Selman, R., & Schultz, L. (1990). *Making a friend in youth: Developmental theory and pair therapy.* Chicago: University of Chicago Press.

Shulman, S., Elicker, J., & Sroufe, L. A. (1994). Stages of friendship growth in preadolescence as related to attachment history. *Journal of Social & Personal Relationships, 11,* 341-361.

Simpkins, S., & Parke, R. (2002). Do friends and nonfriends behave differently? A social relations analysis of children's behavior. *Merrill-Palmer Quarterly, 48,* 263-283.

Spangler, G., & Schieche, M. (1998). Emotional and adrenocortical response of infants to the strange situation: The differential function of emotional expression. *International Journal of Behavioral Development, 22,* 681-706.

Stewart, S. L., & Rubin, K. H. (1995). The social problem solving skills of anxious-withdrawn children. *Development and Psychopathology, 7,* 323-336.

Strayer, F. F., & Santos, A. J. (1996). Affiliative structures in preschool peer groups. *Social Development, 5,* 117-130.

Strayer, F. F., & Strayer, J. (1976). An ethological analysis of social agonism and dominance relations among preschool children. *Child Development, 47,* 980-989.

Sullivans, H. S. (1953). *The interpersonal theory and psychiatry.* New York: Norton.

Tarrant, M. (2002). Adolescent peer groups and social identity. *Social Development, 11,* 110-123.

Thorne, B., & Luria, Z. (2001). Sexuality and gender in children's daily worlds. In J. M. Henslin (Ed.), *Down to earth sociology: Introductory readings* (11th ed., pp. 156-167). New York: The Free Press.

Tomada, G., Schneider, B., & Fonzi, A. (2002). Verbal and nonverbal interactions of four- and five-year-old friends in potential conflict situations. *Journal of Genetic Psychology, 163,* 327-339.

Trevarthen, C. (1979). Communication and cooperation in early infancy: A description of primary intersubjectivity. In M. Bullowa (Ed.), *Before speech* (pp. 321-347). Cambridge, England: Cambridge University Press.

Triandis, H. C. (1990). Cross-cultural studies of individualism and collectivism. *Nebraska Symposium on Motivation* (Vol. 37, pp. 41-133). Lincoln: University of Nebraska Press.

Urberg, K. A., Degirmencioglu, S. M., & Pilgrim, C. (1997). Close friend and group influence on adolescent cigarette smoking and alcohol use. *Developmental Psychology, 33,* 834–844.

Verba, M. (1994). The beginnings of collaboration in peer interaction. *Human Development, 37,* 125–139.

Vitaro, F., Brendgen, M., & Tremblay, R. (2000). Influence of deviant friends on delinquency: Searching for moderator variables. *Journal of Abnormal Child Psychology, 28,* 313–325.

Vitaro, F., Tremblay, R. E., Kerr, M., Pagani, L., & Bukowski, W. M. (1997). Disruptiveness, friends' characteristics, and delinquency in early adolescence: A test of two competing models of development. *Child Development, 68,* 676–689.

Volling, B. L., MacKinnon-Lewis, C., Rabiner, D., & Baradaran, L. P. (1993). Children's social competence and sociometric status: Further exploration of aggression, social withdrawal, and peer rejection. *Development and Psychopathology, 5,* 459–483.

Wachs, T. D., & Kohstamm, G. A. (2001). *Temperament in context.* Mahwah, NJ: Lawrence Erlbaum Associates.

Weiss, B., Dodge, K. A., Bates, J. E., & Pettit, G. S. (1992). Some consequences of early harsh discipline: Child aggression and maladaptive social information processing study. *Child Development, 63,* 1312–1335.

Wentzel, K. R. (2003). Sociometric status and adjustment in middle school: A longitudinal study. *Journal of Early Adolescence, 23,* 5–28.

Wheeler, V. A., & Ladd, G. W. (1982). Assessment of children's self-efficacy for social interactions with peers. *Developmental Psychology, 18,* 795–805.

Wichmann, C., Coplan, R. J., & Daniels, T. (in press). The social cognitions of socially withdrawn children. *Social Development.*

Windle, M. A. (1994). A study of friendship characteristics and problem behaviors among middle adolescents. *Child Development, 65,* 1764–1777.

Wojslawowicz, J. C., Burgess, K. B., Rubin, K. H., Rose-Krasnor, L., & Booth, C. B. (2002, August). *The stability and quality of shy/withdrawn and aggressive children's best friends.* Presented at the 17th Biennial Meetings of the International Society for the Study of Behavioral Development, Ottawa, Canada.

Xie, H., Cairns, B. D., & Cairns, R. B. (2001). Predicting teen motherhood and teen fatherhood: Individual characteristics and peer affiliations. *Social Development, 10,* 488–511.

Youngblade, L. M., & Belsky, J. (1992). Parent-child antecedents of five-year olds' close relationships: A longitudinal analysis. *Developmental Psychology, 1,* 107–121.

Younger, A. J., & Boyko, K. A. (1987). Aggression and withdrawal as social schemas underlying children's peer perceptions. *Child Development, 58,* 1094–1100.

Younger, A., Gentile, C., & Burgess, K. (1993). Children's perceptions of social withdrawal: Changes across age. In K. H. Rubin & J. Asendorpf (Eds.), *Social withdrawal, inhibition, and shyness in childhood.* Hillsdale, NJ: Lawrence Erlbaum Associates.

Youniss, J. (1980). *Parents and peers in social development: A Piaget-Sullivan perspective.* Chicago, University of Chicago Press.

Zakriski, A. L., & Coie, J. D. (1996). A comparison of aggressive-rejected and nonaggressive-rejected children's interpretations of self-directed and other-directed rejection. *Child Development, 67,* 1048–1070.

12 학교 및 지역사회가 인간발달에 미치는 영향

CHAPTER>>

Jacquelynne S. Eccles
University of Michigan

Robert W. Roser
Stanford University

1. 서론

1979년, Bronfenbrenner는 인간발달을 좀 더 넓은 맥락적 관점에서 연구해야 할 필요성을 느끼고 이를 발달과학(developmental science)에 촉구하는 시리즈의 첫 번째 논문을 발표했다. 그는 인간발달이란 생물학적 조합에서 시작하여 정치적, 역사적 맥락에 이르기까지 깊숙이 뿌리박힌 하나의 전체 맥락 내에서 이루어진다고 강조했다. Bronfenbrenner는 이들 각 수준에 미치는 맥락의 영향력에 대한 이해 없이는 아동발달을 이해할 수 없다고 역설했다. 비록 아동들이 직접 얼굴을 맞대고 살아가는 사람들, 특히 부모, 교사, 친구들로부터 영향을 가장 많이 받는다 할지라도 이러한 직접적인 상호작용 역시 좀 더 큰 사회적 맥락 내에서 형성되고 영향을 받는 것이 사실이다. 예를 들어, 부모의 직장은 그들의 정신건강과 경제적 자원에 영향을 주고, 이는 다시 부모의 양육 행동에 영향을 미친다. 마찬가지로, 어느 지역에 거주하느냐는 아동이 집 밖에서 접할 수 있는 기회나 위험요소들을 결정하고, 또한 부모가 주변 환경으로부터 어떤 부모 역할을 배우게 될지에도 영향을 미치게 된다. 마지막으로, 학교는 교사와 학생 간의 상호작용 패턴부터 부모 참여의 요구 여부에 이르기까지 폭넓은 방식으로 아동발달에 영향을 주는 여러 복잡한 수준이 포함되어 있는 기관이다.

1979년 이래로, 가족 외적(extrafamilial) 맥락이 인간발달에 미치는 영향에 대한 관심이 높아져 왔다. 연구자들은 거주 지역, 지역사회, 학교뿐 아니라 그보다 더 큰 사회적, 역사적, 정치적 및 사회적 힘과 같은 다양한 맥락에 관심을 가지기 시작했다. 이 장에서는 이러한 맥락 중 학교와 지역사회를 중점적으로 살펴보고자 한다. 아동과 청소년들은 깨어 있는 많은 시간을 학교 또는 지역사회의 다양한 환경(교회, 놀이터 및 동네 길거리)에서 보내며, 자랄수록 그 시간은 더 늘어난다. 이러한 가족 외적 환경들이 아동들에게 기회와 위험이라는 두 가지 요소를 모두 제공함에도 불구하고, 이에 대한 연구는 최근에 이르기까지 발달과학자들의 관심을 거의 받지 못했다. 지금까지 이루어진 대부분의 연구는 교육심리학자들과 사회학자들에 의해 이루어진 것이다.

국가를 막론하고 학교는 아동과 관련된 '발달 과제'에 대한 설명에서 가장 중심적인 위치에 있다. 가정을 제외하면, 학교는 아동과 청소년에게 가장 오랫동안 체계적이고 일관적인 영향을 끼치는 가족 외적 맥락이다. 처음 학교에 입학하여 정규 교육과정을 마칠 때까지 아동과 청소년은 집을 제외하고는 가장 많은 시간을 학교에서 보내게 된다. 결과적으로 교육 기관은 아동이 지식을 습득하고 그들이 자신의 주의와 정서 및 행동을 조절하는 법을 배우는 데 핵심적인 역할을 한다. 교육 기관이 인간발달에 어떠한 영향을 미칠 수 있는지 그 모든 가능성을 알아보는 것은 이 장만으로는 역부족이다. 여기에서는 학교가 어떻게 아동의 발달 능력을 촉진하는지 또는 발달적 어려움을 초래하는지, 그 방식에만 초점을 맞추고자 한다. 먼저 학교란 서로 다른 수준의 조직적, 사회적 교수 과정을 통해 아동의 사회-정서 및 행동발달에 영향을 주는 다중 수준 맥락(multilevel context)이다. 이러한 수준들은 학생과 그들이 수행해야 할 과제 간의 관계처럼 매우 직접적이고 가까운 부분부터 교장의 역할이나 학교 정책을 결정하고 학교 공동체 조직에 영향을 미치는 학교위원회의 역할에 이르기까지 매우 다양하다. 그러므로 우리는 이러한 다양한 수준들이 아동과 청소년이 학교체계를 거쳐 나가는 동안, 그들의 일상생활 속에서 어떻게 작용해서 발달에 영향을 미치게 되는지 세 가지 예를 들어 논의해 보려 한다. 첫 번째는 초등학교에 적응하는 단계에 대한 것이고, 두 번째는 초등학교에서 중학교로 진학하는 단계, 세 번째는 고등학교로 진학하는 단계에 대한 것이다.

발달과학에서 지역사회나 거주 지역의 영향에 대한 발달과학의 관심은 학교에 대한 것보다 나중에 나타났다. 10년 전만 해도 거주 지역의 영향력에 대한 논문은 발달과학의 어떠한 주요 저널에서도 찾아보기 힘들었다. 아직도 그러한 논문은 드물지만, 지난 몇 년 동안에 이러한 논문의 수가 극적으로 증가했다. 이러한 변화의 주된 이유는 빈곤 속에서 자라나는 아동에 대한 관심이 고조되었기 때문이다. 1987년 사회학자인 William Julius Wilson이 주거 지역이 인간발달에 미칠 수 있는 잠재적인 역할에 대한 매우 영향력 있는 책인 『진정 불이익을 받고 있는 사람들: 도심 내 최하류층을 위한 공공정책(*The Truly Disadvantaged: The Inner City, the Underclass and Public Policy*)』을 출판했다. 그 후로 다양한 학제 간 연구 팀에서 주거지와 지역사회가 인간발달에 미치는 영향에 대한 대규모 프로젝트를 시작했다. 이 장의 후반에서는 이 새로운 연구에서 나온 결과를 요약할 것이다.

이 장의 마지막 부분은 학교와 지역사회가 또래집단에 미치는 영향 그리고 단체 활동 참여의 기회를 통해 학교와 지역사회가 발달에 미치는 영향을 논의할 것이다. 학교와 지역사회는 개인이 가장 많은 시간을 보내게 되는 또래집단의 특성에 지대한 영향을 준다. 또한 학교는 집단 형성이나 교수 실제를 통해 이러한 상호작용의 특성을 만들어 나간다. 우리는 이러한 영향력을 상세히 짚어 볼 것이다. 그다음은 학교와 지역사회가 아동과 청소년의 방과 후 특별 활동이나 지역사회 활동 참여에 미치는 간접적인 영향을 정리하고자 한다. 아동과 청소년은 학교 밖에서 많은 시간을 보내는데 점점 자라 감에 따라 대부분의 시간을 집 밖에서 보내게 된다. 우리는 아동과 청소년이 이 시간에 무엇을 하는지가 중요한지, 단체라는 봉사 활동 또는 종교적 활동들에 참여하는 것이 사회적 심리 발달에는 어떤 영향을 미치는지 등등 많지는 않지만 이러한 질문과 관련된 연구 결과들을 이 장의 결론 부분에서 정리할 것이다.

2. 학교와 인간발달

학교가 아동들의 인지와 사회성 발달에 결정적인 역할을 한다는 인식이 높아지고 있음에도 불구하고, 교실 또는 학교를 하나의 전체적인 체계로 보고 그 생태학적 영향을 이해하려는 노력은 아직 미미하다. 최근에서 와서야 학교에 관심을 가진 연구자들이 지적인 영역을 넘어서서 교실과 학교에서의 경험들이 어떤 방식으로 아동의 느낌, 정체감 확신 그리고 행동 선택에 영향을 미치는지를 연구했다. 대부분의 경우, 발달연구자들은 학교보다는 가족과 또래집단을 중심으로 연구했다. 반면에 교육연구자들은 사회정서적 측면보다는 지적인 측면에 미치는 학교의 영향에 중점을 두었다. 비록 이러한 특징들에 중요한 예외들이 있긴 하지만, 몇몇 학자들은 '학교의 영향력' 에 대한 학제 간 공동 연구가 여전히 부족하다는 것을 지적해 왔다(Eccles, 1993; Eccles, Wigfield, & Schiefele, 1998 참조).

대개의 교육학자, 심리학자, 정신의학 및 사회학자들은 발달에 미치는 학교의 영향에 대해 개별적인 연구들을 진행해 왔으며, 이에 각기 다양한 연구방법들을 사용했다. 그러나 이러한 다양성 때문에 연구 결과들을 서로 비교하고 학교의 영향에 대한 통합적 지식체계를 구축하기가 어려웠다. 다음에서는 학교의 영향력에 대해 밝혀진 사실들을 정리해 볼 것이다.

우리는 학교 환경을 위계적이고 상호 의존적인 수준들을 지니고 있는 하나의 조직이라고 보는데, 이에 몇 가지 기본 가정이 있다. ① 학교는 여러 수준의 규제 과정들(본질적으로 조직적이고 사회적 및 교수 과정들)을 특성으로 하는 체계다. ② 이러한 과정들은 분석 수준에 따라 서로 연관되어 있다. ③ 일반적으로 그러한 과정들은 역동적이며 때때로 다양한 사회적 행위자들(예, 교사와 학생들) 간에는 매일 일어나기도 한다. ④ 이러한 과정들은 아동이 상급 학교(초등학교, 중학교, 고등학교)로 진학함에 따라 '발달' 또는 변화한다. ⑤ 이러한 과정들은 아동의 인지적, 사회정서 및 행동발달을 조절한다.

모델에 대한 가정

가정 1 거시 규제(macro regulatory) 체계는 국가와 각 도 및 지역 학군의 법규와 교육 정책에 의해 특성화된다. 위로는 거시 규제 체계 내에서 한 학교가 위치한 장소에서부터, 아래로는 특정 학생과의 관계에서 나타나는 교사의 눈 맞춤 혹은 몸짓과 같은 미시 규제(miniregluation)에 이르기까지, 학교는 아동 자신의 자기 규제 능력과 행동에 영향을 끼치는 복잡하고 다양한 수준의 규제 과정들로 이루어진 시스템이다. 학교 환경 내의 각기 다른 수준의 조직들은 위계적으로 순서화되어 있어, 개별 아동에서부터 시작해서 학군, 주 그리고 국가 차원으로 커져 나간다. 이러한 수준들은 과제의 특성이나 교수 설계에서부터 학급 내 활동과 집단의 특성과 구조, 학급 구조 및 정신, 학습 과정, 학교 조직의 구조와 정신, 학교와 지역사회 내의 다른 기관들과의 연계(가정과 지역사회 내의 조직들) 그리고 국가의 행정체계, 주, 행정구 내에서의 학교의 위치 등을 포함한다.

가정 2 우리는 또한 어떠한 학교 환경에도 여러 수준의 과정들이 서로 얽혀 있다고 가정한다. 수준이 서로 다른 학교 내의 조직들 간의 관계는 서로 보완적일 수도 있고 상충될 수도 있는데, 이러한 관계는 아동에게 직간접적으로 영향을 미치게 된다. 예를 들어, 교장이 한 가지 정책으로 협동 학습과 같은 특정 학습 방법을 지시하면(학교 수준) 교사는 교실 수준에서 이를 수행할 것이다. 만약 이 정책이 잘 수행된다면 이 학교의 특정 학급의 학생들은 협동 학습법을 위해 특별히 설계된 다소 복잡하고 개념적인 문제(과제 수준)를 해결하기 위해 집단을 만들어 공부하게 될 것이다(집단 수준). 이러한 학교 정책이 잘 수행되는 경우 간접적으로는 아동들의 자신감을 향상시키고 다인종적 관계에 긍정적인 역할을 하게 될 것이다. 특히, 학습 능력이 낮은 아동이나 저소득층 아동들에게 더 도움이 될 것이다(Stevens & Slavin, 1995). 만약 반대로 이러한 학교 정책이 잘 수행되지 않는 경우, 혼란이 야기될 것이며 학생 수준에서 긍정적인 결과는 기대하기 어려울 것이다.

이번에는 성취도 검사에서 학생들의 수행을 높이기 위해 학교 수준에서 엄격한 지시를 할 경우 생길 수 있는 간접적이고 부정적인 영향에 대해 생각해 보자. 학교 수준에서 시험을 강제적으로 치르게 하는 경우, 대개 교실 수업은 시험 문제를 반복적으로 풀거나 연습하는 방식으로 이루어진다. 그러나 이러한 교육 실제는 많은 경우 교사의 교육 목적이나 교수 방법과 맞지 않을 수 있다(Ball, 2002). 여기에서 발생하는 불일치는 교사의 열정을 꺾게 되고, 결과적으로는 학생들의 학습동기나 노력 및 학습 자체를 저하시킬 수도 있다(Eccles, Wigfield, & Schiefele, 1998). 이 예에서 보면 국가, 주 또는 교육 행정부에서 주도하는 좋은 의도의 지침도 교사의 신념과 교수 실제에 영향을 끼쳐 의도하지 않게 학생들의 수행을 저하시킬 수 있다.

가정 3 교과과정이나 교사, 학교는 각기 고정적이라기보다는 서로 역동적으로 상호작용하는 여러 수준들과 합쳐져서 학생에게 영향을 주게 된다. 더욱이 아동이 학교 환경 내에서 일어나는 사건을 어떤 의미로 받아들이고 해석하느냐가 학교 특성과 아동의 느낌, 신념 그리고 행동 사이에서 결정적인 매개요소가 된다.

가정 4 마지막으로, 우리는 학교와 관련된 이러한 서로 다른 과정들은 아동이 초등학교, 중학교, 고등학교로 올라가면서 발달 과정 전반에 걸쳐 변화한다고 본다. 이는 아동의 발달뿐 아니라 그들이 다니는 학교의 전체적 특성에 있어서도 마찬가지다. 예를 들어, Eccles와 그녀의 동료들(1993)은 학교 내의 조직적, 사회적 및 교수 과정이 학생들이 초등학교에서 중학교로 진학함에 따라 변화하는 것을 발견했다. 이러한 변화는 많은 학생들에게서 나타난 동기적 신념 및 행동의 저하와 관련이 있었다. 서로 다른 발달 연령의 아동들과 서로 다른 학교 특성 간에 나타나는 상호작용을 이해하는 것은 아동발달에서 학교 교육의 역할을 이해하는 결정적인 요소다(Eccles & Midgley, 1989; Midgley, 2002).

다음에서는 이러한 맥락적 수준들 각각을 설명하고, 결합된 그 과정들이 어떻게 아동의 학업 및 사회정서적 기능에 영향을 미치는지에 대해 논의하고자 한다. 또한 아동이 다른 유형의 학교로 진학함에 따라(초등학교, 중학교, 고등학교) 이러한 맥락적 과정 내에서 발달에 어떤 변화가 일어나는지 또한 이러한 맥락적 변화들이 어떻게 아동발달에 영향을 주는지를 요약할 것이다.

학교 내 조직의 수준들: 수준 1: 학업 과제와 교수

학업은 학교 생활의 중심이라고 할 수 있다. 학업 과제의 두 가지 국면, 즉 교과과정의 내용과 교수 설계는 매우 중요하다. 학업 내용의 특성은 아동의 주의, 흥미 그리고 인지적 노력을 조절하는 데 중요한 영향을 미친다. 아동의 경험에 역사적으로 또한 발달적으로 의미 있는 학업 과제는 아동으로 하여금 지속적인 주의를 기울이게 하고, 학습 시 많은 인지적, 정서적 자원을 투여하게 하고, 교육 목표와 방향성에 대한 강한 동일시를 촉진시킨다(Dewey, 1990). 지루한 학교 생활, 낮은 흥미, 관련성 없는 교과과정이 학생들의 주의력을 떨어뜨리고, 성취도를 낮추고, 참여를 저하시킬 뿐만 아니라 결국 학교로부터 멀어지게 한다는 연구 결과를 미루어 보아, 학생들이 의미 있게 탐색해 볼 만한 학습 내용을 제공하는 것은 매우 중요한 일이다(Eccles, 1983; Jackson & Davis, 2000; Larson & Richards, 1989; Newmann, Wehlage, & Lamborn, 1992; National Research Council and Institute of Medicine [NRC/IOM], 2004). 전통적으로 잘 드러나지 않았던 소수민족의 '의견', 이미지 그리고 역사적 경험들을 배우는 교과과정들은 특히 더 중요하다(Ball, 2002; Romo & Falbo, 1996). 소수 집단의 경험을 반영하지 않았던 전통적인 교과과정은 특정 인종 집단의 학생들이 교육과정에서 소외감을 느끼고, 결국에는 학교를 중도하차하게 되는 이유가 될 수 있다(Ball, 2002; Fine, 1991).

교수 설계 또한 아동이 학교 생활에서 자신의 관심사, 인지, 동기부여, 학습 및 열의에 대한 조절에 영향을 미친다(Ball, 2002; Blumenfeld, 1992; Deci & Ryan, 1985, 2000; Dewey, 1990). 특정 학급의 수준에 맞는 적절한 난이도의 문제를 학습 자료로 선택하는 것, 다양한 인지적 조작을 요하는 학습 활동들을 설계하는 것(예, 의견 제시하기, 일상적으로 일하기, 기억하기 및 이해하기), 체계적인 방식으로 서로 연관관계를 지어 나갈 수 있도록 수업을 구성하는 것, 하나의 주어진 문제에 다양한 표상 방법을 사용해 보는 것 그리고 효과적인 학습을 위한 책략들을 확실히 가르쳐 주는 것 등은 학습에 '발판화(scaffold)'를 제공하는 수업 설계들이며, 이는 학생들로 하여금 성취감과 학습에의 흥미, 노력을 고취시킨다.

발달적 관점에서 보면, 학교 공부의 본질적인 특성은 시간이 지나도 변하지 않는다. 즉, 아동과 청소년은 초등학교에서 상급학교로 진학하면서 인지적 정교성과 삶의 다양성이 증가하고 정체감에 대한 요구가 증가하는 데도 불구하고, 학교 공부의 특성은 이러한 발달적 변화에 부합하는 방식으로 변하지 않는다는 것이다(Eccles et al., 1998 참조). 한 예로, 중학생들이 학교 수업을 가장 지루해했는데, 특히 수동적인 학습(예, 교사가 일방적으로 강의를 하는 교육 방법)과 사회, 수학, 과학 등의 특정 과목 수업에서 더 그렇게 느끼는 것으로 나타났다(Larson, 2000; Larson & Richards, 1989). 학교 공부에서 필요로 하는 인지적 요구는 상급학교로 진학하면서 복잡해지기보다는 오히려 더 단순해지는 것으로 나타났다(Eccles et al., 1998 참조). 상급학교로 진학하는 과도기에 학생들의 동기가 저하되는 현상은 아마도 아동의 인지 및 정서적 요구에 부합하지 않고 적절한 도전의식을 불러일으키지 못하는 학교 공부의 특성에서 비롯되었을 것이다(Eccles et al., 1998; Jackson & Davis, 2000; Lee & Smith, 2001).

또 학교에서 가르치는 교과과정의 내용이 아동이 사춘기가 되면서 중요해지는 건강 문제나 사회적 쟁점 등과 연결시키기도 어렵고, 청소년기와 관련된 자아정체성의 탐색과 같은 문제 등을 다룰 만큼 광범위하지 않다는 증거도 있다(Carnegie Council, 1989; Jackson & Davis, 2000; Romo & Falbo 1996). 예를 들어, 아프리카계 미국인 남학생들에 관하여, 결국에는 학교를 중도 탈락한 이 남학생들의 요구를 충족시키는 데 실패한 캘리포니아 주 왓슨 시 학교들의 사례에 비추어 Glasgow(1980, p. 58, p. 62)는 다음과 같이 쓰고 있다.

> …… 이 학생들을 정말 화나게 만들었던 것은 자신들의 삶에서 중요한 일상들을 사람들이 은근히 또는 드러내놓고 무시한다는 점이었다. 예를 들어, 흑인 댄스, 흑인 음악 및 흑인 대화 방식은 부정적이고 부적절한 것으로 인식되었다.… 문화적 열등감을 느끼게 하는 메시지는 무수히 다양한 방식으로 전달되었다. 교과과정에서 노골적으로 그들의 언어를 교정하거나 일상적으로 흑인을 지칭하는 사물들을 빼거나 흑인의 역사를 삭제하는 등. 유럽계 미국인 학생이 다수인 학교들은 영국식 교과과정만을 중시할 뿐 다른 민족들이 공헌한 바에 대해서는 무시하거나 아예 인정하지 않았다.

수준 2: 활동 구조와 집단들

다음 수준에서의 학교 영향은 학급 내에서 일어나는 활동 구조와 관련된 것이다. 교실에서 일어나는 교육 활동은 전체 집단을 대상으로 한 교수, 개별 교수 및 소규모 집단 교수 등 다양한 활동 구조로 이루어진다. 집단은 대부분 학생들의 능력 수준에 따라 결정되는데, 반대로 협력을 요하는 활동의 경우에는 때때로 다양한 능력의 학생들로 집단을 구성하기도 한다(예, Oakes, Gamoran, & Page, 1992; Stevens & Slavin, 1995). 이렇게 서로 다른 활동 구조는 아동들의 능력과 사회적 관계에 대해 매우 다른 암묵적 메시지를 전달한다. 다시 말하면, 각기 다른 활동 구조는 자신의 학습 능력과 사회적 수용성에 대한 아동의 지각에 영향을 미친다. 이러한 집단 구조는 또한 교사의 행동 패턴이나 또래집단에 서로 다른 반응 유형을 불러일으킨다. 이에 대해서는 다음 단락에서 보다 자세히 설명하도록 한다.

학급 전체가 함께하는 학습 혹은 학급 내 능력별 집단 활동은 학생들 간 능력 차이를 부각시켜 학급 내 사회적 비교의 심화, 우수한 학생과 열등한 학생에 대한 교사의 차별적 대우 두 가지를 유도한다(Eccles et al., 1998; McIver, 1988; Oakes et al., 1992 참조). 이러한 경우, 학습 활동 구조는 성취에 따른 상하 위계 구조의 형성, 상위 성취와 하위 성취자 간에 능력에 대한 서로 다른 믿음, 비슷한 학업 능력에 바탕을 둔 친구 선택 패턴을 촉진한다. 결과적으로, 학업 능력이 낮은 학생들은 그들의 낮은 학업 능력이 확연하게 드러나게 되므로 점점 더 능력 부족과 낮은 가치감을 느끼게 된다(Oakes, 1981; Oakes et al., 1992; Rosenholtz & Simpson, 1984). 또한 낮은 학업 능력을 가진 아동은 또래집단에서 뛰어난 학업 능력을 가진 아동들에 비해 상대적으로 매력적이지 않은 친구로 자리잡게 되고, 결과적으로 그들의 사회적 소외감은 더 증가할 수 있다.

공동 혹은 협력 집단을 통한 학습 활동은 초등학교 수준에서 사용하는 학급 전체 교수나 능력별 집단 교수 혹은 개인 교수를 대체할 수 있는 훌륭한 대안이다. Stevens과 Slavin(1995)은 학생들이 소규모 집단으로 함께 공부하고 그룹 단위로 칭찬을 듣거나 상을 받는 협동 학습 기법이 서로 다른 사회적 지위, 인종 또는 민족 배경을 다른 학생들 사이에서 학생들의 성취감, 자신감 및 사회적 수용성을 높여 주는 것으로 결론지었다. 그룹 활동에 필요한 사회적 기술에 대한 적절한 지도가 이루어지면, 협동 집단은 서로 다른 강점을 가진 학생들을 학습 과정에 참여할 수 있는 수많은 기회를 제공할 수 있으며, 복잡한 학습 자료에 대해 학급 내에서의 사회적 지지와 강화의 양을 증가시키며, 각기 다른 능력을 가진 학생들 간의 접촉의 기회를 늘린다. 결국 학생들 간에 더욱 폭넓은 우정관계를 고취시켜 사회적 고립이 줄어들게 된다(Stevens & Salvin).

발달적 관점에서 보면, 학급 전체가 함께 학습하거나 또는 능력에 따라 집단을 만들어 학습하는 것은 학생들이 초등학교에서 중학교, 고등학교로 진학할수록 그 빈도가 증가하는 것으로 나타난다. 읽기의 경우 능력별 집단이 이미 저학년부터 만연되어 있고, 수학,

영어 및 과학 수업에서의 다양한 능력별 집단 학습은 학생들이 중학교에 들어가고 학년이 올라가는 동안 급격하게 늘어난다(Eccles et al., 1998; NRC/IOM, 2004 참조). 동시에 개인 교수나 협동 집단을 통한 학습은 감소한다. 이러한 학년 관련 경향성의 의미는 이후 중학교로의 과도기를 논의할 때 다룰 것이다.

수준 3A: 교사의 신념

다음 수준의 학교 맥락 과정들은 교사와 밀접하게 관련되어 있다. 우리는 이 수준에서 세 가지 과정의 예를 언급할 것이다. 교사의 신념, 교수 실제 그리고 교사-학생 간의 관계다. 비록 이 세 가지 맥락 특징들이 독립적으로 각기 다른 연구자들에 의해 연구되었지만, 이 세 가지는 학급 내에서 항상 상호 의존적으로 작용하며, 그렇기 때문에 아동들에게도 상호작용적 효과를 끼칠 수 있다.

자신의 역할에 대한 교사의 일반적 신념 '교사' 역할에 대한 교사 자신의 신념은 학생과 교사 간의 상호작용의 특성에 영향을 주기 때문에 아동의 역할에 대한 중요한 의미를 지니게 된다(Calderhead, 1996). 이러한 일반적 수준의 신념의 예는 수학 과목 신청에서 나타난 성차 연구에서 드러났다(Eccles, 1984). 어떤 교사들은 자신을 학습 능력이 떨어지는 학생들을 뽑아내야 하는 책임자라고 생각하고, 다른 교사는 자신을 모든 학생들의 경작자라고 생각한다. 전자의 교사들은 흔히 '제초기'로 불리고 후자는 '농부'로 불린다. 이러한 차이점은 다양한 신념과 실제들, 예를 들어 ① 지능을 훈련을 통해서 향상될 수 없는 하나의 실재로 보느냐 아니면 훈련을 통해 향상될 수 있는 점증적인 특성으로 보느냐(Dweck, 1999), ② 숙련이 목적이냐 아니면 수행이 목적이냐(Midgley, 2002), ③ 경쟁적 교수나 동기부여 전략을 사용하느냐 아니면 협동적 교수나 협동적 동기 부여 전략을 사용하느냐 등과 관련이 있다. 제초기 성향의 교사들은 지능을 변화되지 않는 실재 관점으로 본다. 이들은 학생들의 수행에만 치중하는 경향을 보이며 경쟁적 동기부여 전략을 더 많이 사용하는 것으로 나타났다. 여기서 우리는 문화적으로 뿌리 깊은 지능의 특성에 대한 신념을 찾아볼 수 있으며, 또한 교사의 역할이란 장차 그 사회가 필요로 하는 요구를 충족시켜 주는 것이라는 신념도 찾아볼 수 있다. 교사 활동에 영향을 주는 이러한 신념들은 학생들의 성취를 돕거나 아니면 수행과 동기부여 측면에서 학생들 간에 불균형을 증폭시킨다.

일반적인 효능감 학생들의 수행에 대한 교사들의 일반적 기대(예, 교수 효능감)는 또 다른 중요한 신념이다. 교사가 학생들의 성취에 대해 높은 기대를 가지고 있고 학생들이 이를 지각하는 경우, 학생들은 더 높은 성취를 하고, 학습자로서 높은 자존감과 능력을 경험하여 청소년기와 유년기에 걸쳐 문제행동에 빠지지 않는 것으로 나타났다(Calderhead, 1996; Eccles et al., 1998; Lee & Smith, 2001; NRC/IOM, 2004; Roeser, Eccles, & Sameroff, 1998). 그러한 기대감이 아동에게 전달되면 긍정적인 자기 평가로 내면화되는데, 이는 존재감과 성취의 느낌을 높여 준다. 유사하게도 자신이 가장 까다로운 학생조차도 잘 다룰 수 있고, 자신이 학생들의 삶에 영향을 줄 수 있는 능력을 가지고 있다고 믿으며, 교사란 아동의 발달을 결정하는 데 다른 사회적 영향력을 넘어서는 중요한 요소라고 믿는 교사들은 그러한 긍정적인 기대감과 신념을 학생들에게 전달하는 경향이 있는 것으로 나타났다. 따라서 높은 교사 효능감은 학생들로 하여금 자신이 학습 자료를 완전히 이해할 수 있는 능력을 가지고 있다고 믿게끔 함으로써, 학생들의 노력과 성취를 고양시키게 된다(Ashton, 1985; Midgley, Feldlaufer, & Eccles, 1989b). 반면에 낮은 교사 효능감은 학생들에게 뭔가 부족한 느낌을 강화하는 것 같은 행동을 이끌며, 학급 내에서는 실패에 대한 학습된 무력감과 우울증적인 징후를 강화하는 행동을 이끌 수 있다(Cole, 1991; NRC/IOM, 2004 참조).

교사의 차별적인 기대 이와 마찬가지로 중요한 것은 학급 내에서 교사가 학생들에게 가지는 차별적인 기대 그리고 종종 이러한 차별적인 기대와 함께 수반되는 차별적 대우다. Weinstein(1989)과 그녀의 동료들은 대부분의 초등학교 학급에서 우등생과 열등생이 학습 능력에 따라 교사로부터 다른 대우를 받는 것을 발견했다. 모든 학생들에게 우등생은 높은 기대를 받는 학생으로 비춰지며, 수업에 참여할 기회가 더 많아 보이고, 활동에서 더 많은 선택권이 있는 것처럼 보이는 반면, 열등생들은 좀 더 부정적인 평가를 받으며, 더 많이 지적을 받고, 더 통제받으며, 과제를 완수하고 규칙을 지키라는 지적을 더 많이 받는 것으로 보인다. 학급 내에서의 처우가 불평등할수록 교사의 기대는 성취나 능력에 대한 아동 자신의 지각에 더 큰 영향을 미치게 된다(Weinstein). 교사 행동에 관한 관찰 연구에서 이러한 지각을 확인할 수 있었는데, 교사들은 열등생과 우등생을 이런 식으로 다르게 처우하고 있었다(Brophy, 1988; Calderhead, 1996; NRC/IOM, 2004).

실제로 교사의 행동이나 학생들의 성취나 동기에 대한 교사의 차별적 기대와 관련된 연구의 대부분은 교사의 기대 효과라는 제목 하에서 수행되었다. Rosenthal(1969)과 Rist(1970)의 연구를 시작으로, 많은 연구자들이 교사의 기대 효과를 연구했다. 그들의 연구에서 교사-기대 효과는 교사가 높은 기대 학생과 낮은 기대 학생에 따라 다르게 활동을 구조하고 상호작용하는지의 여부와 학생들이 이러한 차이를 지각하는지에 좌우되었다(Brophy, 1998; Jussim, Eccles, & Madon, 1996; Parsons, Kaczala, & Mecci, 1982; Weinstein 1989).

교사의 기대 효과에 대한 연구의 대부분은 성, 인종과 민족 및 사회적 계층에 따른 차별적 대우에 초점이 맞춰져 있다. 이들 연구의 대부분은 교사의 낮은 기대가 여학생(수학과 과학에서), 소수인종의 학생(모든 과목에서) 그리고 저소득층의 가족 배경(모든 과목에서)을 가진 학생들에 미치는 잠재적인 손상 효과를 연구했다(Ball, 2002; Eccles et al., 1998; Jussim et al., 1996; Romo & Falbo, 1996 참조). 좀 더 최근에 Steele과 Aronson (1995, 1998) 같은 연구자들은 이러한 차별적 대우, 특히 흑인 학생들에 대한 차별적 처우를 학업 중퇴나 자아 상실(학교 관련 모든 형태의 피드백으로부터 자아존중감 분리)과 관련지어 연구했다. Steele과 Aronson은 흑인 학생들이 교사와 성인들이 흑인 학생들의 학업성취 능력에 대해 부정적인 편견을 가지고 있다는 사실을 지각하고 있다고 말했다. 이러한 인식은 불안감을 증가시키고, 결국 그들은 자신들의 자아존중감을 보호하기 위해서 학교 환경과 멀어지게 된다.

그러나 최근 연구들은 교사의 기대 효과가 생각했던 것만큼 부정적이지는 않다는 의견을 보이고 있다. 그러한 결과에 대해 우려를 나타내기 위해서는 그 기대 효과가 부정적 편견 효과를 가진다는 것(예, 교사의 기대가 이미 알고 있는 특정 학생들의 특성 이상으로, 시간이 지남에 따라 그 학생의 동기와 수행에 변화를 가져왔다든가 하는 것)을 증명해야 한다(Jussim et al., 1996; Jussim, Palumbo, Chatman, Madon, & Smith, 2000; Madon et al., 2001). 이러한 부정적 편견의 효과에 대한 증거는 미미하다. 각 학생들에 대한 교사의 기대와 그에 따른 학생의 동기와 수행 사이의 관계는 이전의 성취 수준이나 행동 패턴과 같은 학생의 특성과 교사의 기대 사이의 '분명한' 관계를 반영한다(Jussim et al., 1996; Madon et al., 2001). 더욱이 모든 교사들이 자신들의 기대치를 기대가 낮은 학생들의 동기와 수행에 나쁜 영향을 미칠 수 있는 행동으로 반응하지는 않는다. 어떤 교사들은 특정 학생들에 대한 낮은 기대치에 더 많은 학습적 그리고 동기부여적 노력으로 대응하여 그들의 의욕과 학습을 높이는 데 성공을 거두기도 했다(Goldenberg, 1992). 그럼에도 불구하고, 미약하지만 장기간에 걸친 지속적인 교사의 기대 효과는 의욕과 성취의 두 측면 모두에서 축적된 커다란 효과를 가져올 수 있으며(Jussim et al., 1996; Smith, Jussim, & Eccles, 1999), 특히 이러한 효과는 유치원과 저학년에서 시작되는 경우에는 더욱 그러하다(Entwisel & Alexander, 1993). 결국 Jussim 등은 여학생, 낮은 사회경제적 지위(SES)의 학생들 그리고 소수민족 출신의 학생들이 유럽계 백인, 중산층 출신의 남학생보다 이런 영향에 더 민감하다는 것을 발견했다.

능력의 본질에 대한 교사의 신념 발달심리학자와 교육심리학자들 모두 능력의 본질에 대한 교사의 신념에 관심을 가지기 시작했다. 어떤 학자들은 지적 능력을 안정적이며 타고난 잠재력으로 간주하는 반면, 다른 학자들은 획득된 기술로 간주한다. Dweck(1999)은 이런 구분을 지능에 대한 실재적 관점 대 점증적 관점이라고 언급했다. 최근에 와서야 교육심리학자들은 학생이나 교사의 행동에 있어서 그러한 신념이 의미하는 바를 연구하기 시작했다. Ames(1992), Maehr와 Midgley(1996) 그리고 Midgley(2002)는 이러한 신념은 학습에 대한 교사와 학생들의 목표에 영향을 미치고, 이들 목표는 이어서 교사의 교수 실제와 학생들의 학습 행동에 영향을 미친다고 가정했다. 성취 목표를 '수행 대 숙달' 두 가지로 나누고, 이 두 가지 목표가 서로 다른 두 가지의 교육 패턴과 연결되어 있다는 가설을 세웠다. 먼저 '능력-목표 지향' 적인 교육 패턴에서는 상대적인 능력과 사회적 비교, 경쟁을 강조한다. 능력에 따른 집단 편성, 우등생에 대한 차별적 보상, 공개적인 평가 피드백, 학업 경쟁 및 기타 활동들은 학업에서의 성공이 다른 사람들보다 더 우수함을 의미하고, 자신의 뛰어난 능력을 증명하는 것이라는 풍토를 조장할 수 있다. 불행하게도 대부분의 청소년들 모두가 '최고' 의 학생이 될 수는 없으며, 따라서 상대적인 능력을 강조하는 학급 내에서 능력을 인정받고 보상을 받기는 어려울 것이다. 능력 지향적인 학급에서 공부할 때 학생들은 낮은 수준의 학습 전략을 더 많이 사용하며, 불안과 부정적 영향을 더 많이 경험하고, 실제로 공부보다는 더 영리해 보이기 위해서 혹은 다른 학생들에 비해 덜 어리석게 보이기 위해 신경을 쓰게 된다(Midgley., 2002). 특히 학업에 대한 자신감이 부족한 학생들은 이러한 환경 내에서 더 취약하다. 능력 위주의 환경 내에서 낮은 능력의 학생들은 학업 실패로 인한 학습된 무기력감, 학습 참여에 대한 회피 및 부정적인 정서 경험을 더 많이 하게 된다(Dweck, 1999; Strobel & Roeser, 1998).

반면에 지능에 대해 점증적인 관점을 가지고 있는 교사들은 교수 실제에서 '과제-목표 지향' 적인 경향을 보인다. 이 관점에서는 자기 발전과 노력을 학업적 성공의 주요 이정표로 간주한다. 교사들은 아동의 현재 능력 수준에 관계없이 개별적인 노력과 향상을 인정하고, 선택과 협동적 학습의 기회를 제공해 주고, 학생들에게 새로운 내용을 습득하게 하고, 실수로부터 배우며, 끊임없이 노력하는 것이 가장 가치 있는 성공의 잣대라고 강조한다. 이러한 교육적 실제는 또래와의 상대적인 비교에서 비롯되는 자신의 능력에 대한 염려나 그에 동반되는 자의식이나 불안감, 상대적 박탈감을 감소시킨다(Maehr & Midgley,

1996; Midgley, 2002; IRC/IOM, 2004). 이러한 숙련 위주의 환경에서 학생들은 더욱 고차원적인 학습 전략을 사용하고, 보다 긍정적이고 덜 부정적인 감정 상태를 보이며, 현재 자신의 학업 능력에 대해 염려하기보다는 과제 숙지와 이해 그리고 자기 향상에 더 많은 관심을 기울이게 된다.

교사 신념의 발달적 변화 학년이 달라짐에 따라 교사의 신념 유형도 변하는 것으로 보고되었다. 다시 말해, 학업의 목표를 숙달(mastery)로 보느냐 능력(ability)으로 보느냐에 대한 교사의 신념에서 학년 간 차이가 나타났다. Midgley와 그녀의 동료들(Midgley, 2002; Midgley, Anderman, & Hicks, 1995; Roeser, Midgley, & Maehr, 1994)은 아동이 초등학교에서 중학교로 진학하게 되면 학교는 교사와 학생 모두에게 경쟁, 상대적 능력 및 사회적 비교를 중시하는 환경으로 변해 버린다고 보고했다. 이러한 변화는 청소년들이 특히 또래와의 사회적 비교에서 쉽게 상처받는 시기 동안에 일어난다. 그들은 노력과 능력을 구분하기 시작하고, 학업 능력을 점진적으로 쌓아 가는 기술이라기보다는 '고정된 능력'으로 보기 시작한다. 능력차를 심하게 강조하는 학교 환경에서 학업 능력에서 또래를 따라가지 못하는 경우, 많은 청소년들의 자아존중감과 학업 성취동기는 손상되기 쉽다(Roeser & Eccles, 2000; Roeser, Eccles, & Strobel, 1998; Roeser, Eccles, & Quihuis, 2002).

교사 효능감(예, 자신이 담당한 학급 내의 모든 학생들을 가르치고 영향을 줄 수 있다는 생각과 느낌)에도 학년 차이가 있다. 예를 들어, Midgley, Feldlaufer 및 Eccles(1998)는 초등학교 교사들과 중학교 교사들 간의 교사 효능감에서 큰 차이가 있다는 것을 발견했다. 중학교 교사들은 초등학교 교사들보다 낮은 효능감을 느끼는 것으로 나타났다. 중학교 교사는 초등학교 교사들에 비해 많은 수의 학생들 때문에 학생들과 접촉이 어렵고, 교과 내용 위주의 교육을 실시해야 한다는 면에서 보면, 이런 결과가 나왔다는 것은 별로 놀라운 일은 아니다. 그럼에도 불구하고, 이러한 교사 효능감의 감소는 많은 학생들의 발달, 특히 학업 능력이 낮은 학생들에게 중요한 영향을 미칠 수 있다.

수준 3B: 교수 실제

교수 실제와 교사의 화법(discourse)는 학습의 목적과 목표가 무엇인지, 왜 학업 활동에 참여해야 하는지와 같이 아동들의 도덕적, 사회적 및 지적 능력에 관한 암묵적 및 명시적인 메시지들을 전달한다. 또한 아동들이 메시지를 어떻게 이해하느냐에 따라 그들의 학업 및 사회정서적 기능의 질에 영향을 미치게 된다(Ball, 2002; Deci & Ryan, 1985, 2000; Roeser, Midgley, & Urdan, 1996). 학업동기를 연구하는 학자들은 특히 학급 운영이나 학급 내의 분위기와 관련된 교육 방법에 관심을 나타내고 있다.

학급 분위기와 정서적 지지 지금껏 교사의 교육 실제의 영향력을 살펴보는 대부분의 연구들은 교사의 개인적 성향과 교육 방식이 아동의 전반적인 학업 성취, 동기, 만족도 및 자아개념에 미치는 효과에 중점을 두었다(Eccles et al., 1998 참조). 교사의 일반적인 성향(따뜻함 같은)과 교수 방법(솔직함 같은)이 전반적인 학급 분위기에 영향을 미쳐 학생들의 만족도, 지속성, 호기심 및 문제해결력을 강화시킬 것이라 보았고, 이 가설을 지지하는 많은 연구들이 보고되어 왔다(Eccles et al., 1998).

학급 분위기의 효과를 조사한 최근 연구들에서는 교사의 성격이나 교사가 교육 실습 및 학급 운영 방식에서 보이는 따스함과 같은 요소들이 따로 어떤 영향을 미치는지 언급하고 있다. 연구 결과, '교실 분위기' 의 효과는 교사의 신념 및 교수 실제의 다른 특징들과 어떻게 결합되느냐에 따라 달라졌다. 예를 들어, 학생의 만족감, 개인적 성장 및 성취는 교사의 지지가 효율적 조직화와 학업 강조, 목표 지향을 강조하는 수업 제공과 함께 수반되었을 경우에만 극대화되었다(Fraser & Fisher, 1982). 이는 학생들의 학업 수행과 미래의 성취 가능성에 영향력을 미칠 수 있다고 믿는 교사들이 흔히 선택하는 교육 실제 방법이다(NRC/IOM, 2004).

학급 운영 학급 운영과 관련된 연구는 예측 가능성, 책임감, 신뢰감에 대한 문제들과 학급 운영에서의 규제 및 자율성 문제에 초점을 맞추고 있다. 일반적으로 기대되는 것처럼, 학생들은 질서 정연하고 잘 관리되는 학급 환경에서 더 많이 배우고 좋은 태도를 가지게 된다(NRC/IOM, 2004). 또한 아동은 학업에 대한 책임을 지는 교실 환경에서 성공의 가치를 높이 두고, 자신을 더 능력 있는 사람으로 생각하며, 더 많은 것을 배우게 된다(NRC/IOM, 2004).

통제와 자율성 교실에서의 교수 실제가 권위 구조와 어떻게 관련되어 있는지 역시 아동들의 정서 조절 측면과 학업 성취 행동에 대한 자기 규제 능력 발달에 중요한 영향을 끼친다. Deci와 Ryan의 자기조절이론에 따르면(Deci & Ryan, 1985, 2000; Ryan & Deci, 2000a, 2000b) 내적 동기가 학습에 도움이 되는데, 통제가 심하고 적절한 자율성이 보장되지 않는 교실 환경은 아동들로 하여금 내적 동기, 숙달 지향성, 자아개념과 기대감 및 자기 지시 능력을 저하시키고, 어려운 과제에 봉착했을 경우 학습된 무기력감을 보이게 된다. 이 가정에 대한 입증은 실험실 연구와 현장 연구 모두에서 이루어졌다(예, Boggiano et al., 1992; Grolnick, Gurland, Jacob, & Decourcey, 2002; Jackson & Davis, 2000; NRC/IOM, 2004). 아동이 선택권을 가지고, 자신이 흥미를 느끼는 부분을 연구하고, 학급 내 토론과 결정에 참여하는 학급 환경에서 그들은 학교 공부와 관련된 자율성과 자기조절감을 터득하게 된다. 자율성은 아동이 학교에 대해, 학습, 학업 수행 및 자존감에 쏟아 붓는 인지적 정서적 질에 대해 또 개인의 통제력에 대해 어떤 가치를 가지고 있는가와 관련이 있다(NRC/IOM, 2004; Ryan & Deci, 2000a). 이와 반대로 스스로 결정하는 일이 거의 없고 학업 성과를 유도하기 위해 외적인 보상과 처벌, 칭찬이 자주 사용되는 학급 환경에서는 아동이 자신의 행동이 외부 요인들에 의해 통제된다고 느끼기 쉽다. 이러한 느낌은 아동에게 외적 동기를 유발시키고, 외적 통제를 따르며, 학습 활동에 진지하게 참여하지 않는 결과를 낳게 된다(Maehr & Midgley, 1996; Pintrich & De Groot, 1990; Ryan & Deci, 2000b).

문제 학생들을 강한 통제로 다스리는 학급은 특히 문제가 많은데, 이러한 학급은 학생들의 문제행동을 확대시키고 학업 의욕을 상실하게 만든다(Cooper & Upton, 1990). 교사들은 흔히 폭력성, 충동성 그리고 주의산만 같이 통제가 어려운 행동을 보이거나 학업 성적이 좋지 않은 학생들을 바로잡기 위해 통제적 방법(제재 조치와 공개적 평가)을 사용하는 경우가 많다. 문제 학생들이 학업에 다시 초점을 맞추도록 하기 위해서는 어느 정도의 구조와 통제가 필요하지만, 지나친 행동 제재나 외적 보상은 아동들의 내적 동기를 저하시키고(Skinner & Belmont, 1993) 정서적으로 문제가 있는 아동들의 부정적 행동과 반항심만 증폭시킨다(Cooper & Upton, 1990).

통제 전략에서의 발달적 변화 아동이 발달하고 성숙해지면 교사의 통제가 감소할 것이라는 사람들이 기대와 달리, 중·고등학교 교사들이 초등학교 교사들보다 교실에서 더 강한 통제 전략을 사용하고, 엄격한 규칙을 적용하며, 학생의 자율성과 결정권을 덜 허용하는 것으로 나타났다(Midgley, 2002; Midgley & Feldlaufer, 1987; Midgley et al., 1988). 아동이 초등학교에서 중학교로 진학함에 따라 교사들은 학생들을 신뢰하지 못하고 오히려 더 많은 규제를 가해야 한다고 생각하는 것이 분명하다. Willower와 Lawrence(1979)는 이러한 현상의 이유를 아동이 연령이 높아지고, 체격이 커지고, 성숙해짐에 따라 또한 청소년기를 거치면서 또래 하위 문화들이 강해짐에 따라 교사는 학생을 자신의 권위를 위협하는 존재로 보고, 더 많은 통제와 강한 규율로써 대응하기 때문이라고 보았다. 청소년은 거칠고 통제 불가능하다는 고정관념 역시 교사의 신념과 통제 전략을 강화시킨다. 최근 들어 심각해진 학교폭력은 교사 자신의 안전뿐만 아니라 다른 교직원 및 학생의 안전에 대한 우려를 증가시키고, 이에 따라 중 · 고등학생들의 행동에 더 심한 통제와 제재를 가하게 되는 것이다(Elliott, Hamburg, & Williams, 1998, Lee & Smith, 2001). 마지막으로, 교사들이 더 많은 수의 학생들을 통제해야 하는 중 · 고등학교 환경에 따라 학년이 높아질수록 보다 강한 통제 전략이 사용되기도 한다.

일반적 실제와 신념에 대한 통합적인 접근 여기에서 검토된 연구들은 한 번에 하나 혹은 두 개의 신념체계들과 맥락적 특징들에 중점을 둔 연구들을 토대로 하고 있다. 그동안 학습 맥락이 학습동기에 미치는 영향에 대한 관점은 보다 전반적이고 통합적인 방향으로 변해 왔다. 그러한 최초의 노력 중에 Rosenholtz와 Simpson(1984)은 학급 내에서, 특히 학생들에게 현저한 능력 차이를 초래함으로써 아동의 학습동기에 영향을 미치게 되는 일련의 교수 실제들(예, 개인 교수 대 전체 집단 교수, 능력별 집단 교육 실제 및 공개적 평가)을 제안하였다. 이와 같은 교육 실제들은 외적 동기와 자아 중심적 학습 목표를 명확히 함으로써 모든 학생들에게 동기를 부여하고, 이는 곧 사회적 비교 행동을 증가시키게 되고, 능력에 대해서는 점증적 관점보다는 실재적인 관점을 증가시킨다. 이 모든 변화들은 아동의 학습과 동기의 질을 저하시킨키는데, 이러한 부정적인 영향은 학업 능력이 떨어지는 학생들에게서 가장 크게 나타난다. 다시 말해, 상대적으로 낮은 자신의 위치를 깨달을수록 아동은 학습과 숙련을 저해하는 다양한 자아 방어 책략들을 사용하게 된다. 이와 같은 가설들은 연구 결과에 의해 증명되었다(Covington, 1992; Eccles et al., 1998; Maehr & Midgley, 1996; Midgley, 2002 참조).

학업 성취에 대한 집단 간 차이나 성취 선택에 대한 연구는 동기와 관련된 일련의 다양한 학급 특징들을 확인하려는 시도의 또 다른 예들이다. 여학생과 수학에 대한 연구도 이러한 접근 방법의 한 가지 예다. 다른 종류의 학습 맥락에 대해 학생들이 보이는 선호도에는 성차가 있는데, 학습 맥락은 성차를 보이는 주제 영역에 따라 각기 다르게 상호작용한다(Eccles, 1989). 여학생에게 수학과 과학을 가르치는 경우 경쟁적이기보다는 협동적 또는 개별적 양상으로 가르칠 때, 이론적이고 추상적이기보다는 응용적이고 개인 중심적인 관점으로 가르칠 때, '교과서 위주 학습' 보다는 실천 위주의 접근 방식으로 가르칠 때 그리고 교사가 여러 형태에서 성차별주의를 보이지 않을 때 보다 긍정적인 반응을 보이는 것으로 나타났다. 교수 유형과 교육 초점 그리고 여성의 가치, 목표, 동기 귀인 및 학습 유형이 서로 잘 맞아떨어져야 이러한 효과를 볼 수 있다. 이와 관련한 수많은 연구들이 이를 증명해 주고 있다(Eccles et al., 1998; Mecci, 2002; Mecci & Eccles, 1993 참조). 만약 그런 학급 실제가 다른 과목에 비해(예, 생물학 또는 사회과학) 특정한 한 과목에서 널리 사용된다면(예, 물리학 또는 수학), 학생들은 이러한 분야를 공부하는 동기에 성별의 차이가 있다고 예상할 것이다. 그러나 수학과 물리학을 반드시 이런 방법으로만 가르쳐야 하는 것은 아니다. 좀 더 '여학생들에게 친숙한' 교육 방식으로 접근할 수도 있을 것이다. 이렇게 되면 남학생들과 마찬가지로 여학생들 역시 그 분야의 수업들을 계속해서 수강하게 될 것이고, 성인이 되어서도 그 분야에서 일할 것을 고려해 볼 수 있을 것이다.

이러한 결론은 개인과 환경의 적합성을 보여 주는 하나의 좋은 예다. 많은 연구자들이 아동은 자신의 흥미와 현재의 능력 수준 그리고 심리적 욕구가 잘 부합하는 환경에서 배우려는 의욕이 가장 높아지고, 그때에서야 학습 자료를 해 볼 만하고 흥미로우며 의미 있는 것으로 여긴다고 주장했다(Eccles et al., 1993; Krapp, Hidi, & Renninger, 1992; NRC/IOM, 2004). 여기에는 학교생활에서의 성취와 활동 선택에서 집단 간의 차이를 설명하는 한 가지 변인으로서 문화적 일치 또는 불일치를 강조하는 이론과 처치적 상호작용에 의한 적합성 여부가 포함된다(예: Fordham & Ogbu, 1986; Meece & Kurtz-Costes, 2001).

수준 3C: 교사-학생 관계

마지막으로, 학급생활에서 고려할 점은 교사와 학생 간의 관계다. 연구에 따르면, 교사와 학생 간의 관계의 질은 학업동기와 성공에 정서적 토대를 제공한다(예, Eccles et al., 1998; NRC/IOM, 2004). 학생들을 믿고 잘 돌보고 존중해 주는 교사가 아동과 청소년들이 학습 과제에 접근하여 지속적으로 수행해 나가는 데 필요한 또한 학업 성취와 관련하여 긍정적인 자기 인식과 가치를 발달시키는 데 필요한 사회정서적 지지를 제공한다(Goodenow, 1993; Midgley, 2002; Midgley et al., 1989b). 청소년에 대한 상관 연구들에서도 학생에게 관심을 보이는 교사에 대한 학생들의 인식이 그들의 자아존중감, 학교에 대한 소속감 및 학교 생활에 대한 긍정적인 정서를 향상시키는 것으로 나타났다(Roeser & Eccles, 1998; Roeser et al., 1996).

교사는 학생의 학업동기를 강화시킬 뿐만 아니라 고도로 복잡한 사회에서는 청소년에게 부모 이외에 가장 안정적으로 역할모델을 제공해 줄 수 있는 사람이기도 하다. 교사는 단순히 학생을 가르치기만 하는 것이 아니다. 사회정서적 또는 학업 관련 문제가 발생했을 때 그들을 도와주고 지도해 줄 수 있고, 특히 학생의 가족 및 주변 환경이 아동의 발달적 능력을 촉진시켜 주지 못할 경우, 그를 보완해 주는 매우 중요한 역할을 한다

(Eccles, Lord, & Roeser, 1996; Mortimer, Shanahan, & Ryu, 1994; Simmons & Blyth, 1987; Staff, Mortimer, & Uggen, 2004).

수준 3: 요약

학급 수준의 영향력에 대한 연구 결과들을 바탕으로 요약하면, 학생들은 숙달 지향적인 환경에서, 즉 적절한 정서 및 인지적 지지와 배우고 익히는 데 의미가 있는 학습 자료 그리고 자신들의 자율성과 자발성을 충분히 제공해 주는 환경에서 흥미를 끄는 학업 과제를 접했을 때 최대한의 발달을 보이는 것으로 나타났다. Connell과 Wellborn(1991)은 인간은 다음의 세 가지 기본 욕구를 가지고 있다고 보았다. 즉, 자신의 유능함을 느끼고 싶은 욕구, 사회적 소속감을 느끼고 싶은 욕구 그리고 자신의 삶을 스스로 통제해 나가고 싶은 욕구다. 또한 이러한 각각의 욕구들을 만족시키는 기회가 주어지는 맥락에서 개인은 가장 잘 발달할 수 있다고 주장했다. 따라서 사회정서적 발달과 지적 발달 모두에서 중요한 요소로 떠오르고 있는 학급 특성의 유형들은 학생들에게 그러한 기회들을 제공해 줄 수 있을 것이다.

수준 4: 능력별 반 편성과 교과과정의 차별화

다음 단계로 능력별 반 편성 또는 '교과과정의 차별화 정책' 이 미치는 영향에 대해 알아보자. 이는 학교에서 각각의 학생들에 따라 학습의 전반적인 틀을 달리 구성하는 정규 방식을 의미한다. 다른 능력 수준을 가진 학생들에게 각기 다른 학습 경험을 제공하는 이 방법은 미국 학교에 널리 보급되어 있으나, 동시에 많은 논란을 일으키고 있다. 학업 방향은 학년에 따라 다른 형태로 나타난다. 한 학급 내에서 각 과목에 따라 능력별로 집단을 달리 나눌 수도 있고, 능력별로 학급을 나누어 놓고 각각의 학생들이 각기 배정된 교사를 찾아 학급을 옮기기도 한다. 초등학교에서는, 특히 독해와 수학 시간에 학급 내에서 능력별 그룹 짓기를 흔히 한다. 반면에 중학교와 고등학교에서는 능력에 따른 학급 간 수업 편성이 더욱 보편적이고, 졸업 이후의 다양한 진로(사립대학, 일반 및 직업 교육)를 계획하는 학생들을 위해 특정 과목을 연계하여 제공하기도 한다. 각기 다른 능력 수준의 학생들을 위한 차별화된 수업 과정은 크게 두 가지로 학생들의 경험과 행동을 구성한다. 첫째, 능력별 편성은 아동이 받게 될 배움의 기회의 종류와 질을 결정한다(Oakes et al., 1992). 둘째, 그 편성을 통해 아동이 만나게 될 또래들이 달라지고, 따라서 학생들이 학교에서 만들어 나가는 사회적 관계의 특징에 영향을 미친다(Fuligni, Eccles, & Barber, 1995).

능력별 반 편성의 영향에 대한 수년간의 연구에도 불구하고, 아직 명확하고 설득력 있는 결과는 많지 않다(Fuligni et al., 1995 참조). 이러한 결과는 측정, 연구대상 집단, 연구기간, 통제집단 및 교육적 실제들이 드러나는 맥락의 독특한 특성에 따라 차이를 보였다. 이와 같은 교육 실제를 평가하기 위하여 어떤 이론을 사용하는가에 따라 그 효과의 방향 및 크기에 대한 가설들이 상반되었기 때문에 연구는 단순하게 이루어지지 않았다. 교육 실제에 대해서는 개인-환경 간의 적합성 관점이 가장 잘 설명해 주고 있다. 만약 아동들의 현재 능력 수준이 주어진 교육 자료와 경험에 부합하면 아동은 배우고자 하는 의욕을 더 가지게 될 것이다. 상위 능력 학급, 학급 내 상위 능력 집단과 대학 수업에 참여한 학생들을 대상으로 한 연구 결과들은 이 관점을 잘 증명해 주고 있다(Fuligni et al., 1995; Gamoran & Mare, 1989; Kulik & Kulik, 1987; Pallas, Entwisle, Alexander, & Stluka, 1994).

이와 반대로, 하급반에 있거나 대학 진학과 관련 없는 수업을 들은 아동들에게서는 장기적으로 부정적인 효과가 나타났는데, 이들은 일반적으로 부족한 교육과 지원을 받았기 때문으로 보인다(예, Jackson & Davis, 2000; Lee & Smith, 2001; Pallas et al., 1994; Vanfossen, Jones, & Spade, 1987). 하위 편성 집단에 속한 학생들은 학교에 대한 태도가 나쁘고, 스스로를 무능력하다고 느끼고, 학교 내에서나(결석, 범죄행위, 비행) 더 넓은 사회에서(약물 복용 및 구속) 문제행동을 보일 뿐만 아니라 학업성취도도 낮은 것으로 나타났다(Oakes et al., 1992). 그러나 능력별 학업 배치가 이런 결과를 촉진시키는 것인지, 아니면 이미 존재하던 차이를 그저 반영하는 것인지에 대해서는 아직 논의의 여지가 남아 있다. 또한 고정관념에 따른 능력별 그룹 짓기가 부정적 결과를 초래한다는 사실도 짚고 넘어가야 할 것이다. 만약 교사가 보다 개인-환경 간의 적합성 관점에 따라 목표를 세우고 실천한다면, 다시 말해 학생의 현재 능력 수준에 맞춰 높은 수준의 교육과 동기를 제공한다면, 낮은 능력을 가진 학생들에게서도 다른 결과가 나타날 수 있을 것이다.

사회적 비교 이론은 능력별 그룹 짓기나 학업 진로 배치가 발달능력에 대한 자아개념 발달에 미치는 영향에 대하여 또 다른 예측을 하고 있다. 사람들은 흔히 자신의 성과와 다른 사람의 성과를 비교하여 자신이 얼마나 잘하고 있는지를 결정한다(Marsh, Chessor, Craven, & Roche, 1995; Ruble, 1983). 자신이 주변 사람들보다 뛰어날 때, 잘 해 나가고 있으며 우수한 능력을 가지고 있다고 생각한다. 이런 생각은 학습 자료를 숙지할 수 있다는 확신을 심어 준다. 이 이론에 따르면, 능력별 그룹 짓기는 능력이 낮은 사람에게는 능력에 대한 자기 지각을 높여 주고, 능력이 뛰어난 사람에게는 자신의 능력에 대한 자기 지각을 줄임으로써 개인마다 가능한 사회적 비교의 폭을 좁혀 준다. 몇 가지의 기존 연구가 이 가설을 지지한다. 예를 들어, Reuman, Mac IVer, Eccles 및 Wigfield(1987)은 쉬운 입문 단계의 수학 수업을 듣는 중학교 1학년 학생들이 자신의 수학 능력에 대해 좀 더 높게 생각하고 시험에 대한 근심이 줄어든 것을 발견했다. 반면에 어려운 고급 단계의 수학반에 편성된 학생들은 수학 능력에 대한 자아 개념이 감소한 것으로 나타났다(6학년 학생들에서 학급 내 보다 학급 간의 그룹 짓기 효과가 더 크게 나타난 증거는 Reuman, 1989 참조). 이와 유사하게 Marsh 등(1995)은 영재 프로그램에 참여한 학생들에게서 시간이 지날수록 학업적 자아개념이 줄어드는 것을 발견했다.

이러한 변화가 발달의 다른 측면들에 미치는 효과는 다양한 개인적 또는 맥락적 요인에 따라 변할 수 있다. 예를 들어, Atkinson(1957)의 초기동기이론에 따르면, 성공의 가능성이 반반일 때 의욕이 강한 사람들이 참여할 가능성은 최대화된다. 만약 '작은 연못의 큰 물고기 효과'의 최종 결과가 뛰어난 성취자와 그렇지 못한 성취자 모두에게 .5 정도의 확률 수준이라면, 능력별 그룹 짓기는 능력 수준에 상관없이 의욕이 높은 모든 학생들에게는 긍정적인 영향을, 의욕이 낮은 모든 학생들에게는 부정적 영향을 미쳐야 한다. 한편, 지지적인 환경 내에서 흥미를 돋구는 학습 자료의 중요성을 강조하는 이론들은 의욕을 북돋는 학습 자료는 모든 학생들에게 학습 동기를 증가시키는데, 모든 능력 수준의 학생들에게 동등한 수준의 도전성을 지닌 학습 자료들이 곧 교수의 질과 통한다고 보았다. 이와는 반대로, 만약 사회 비교적 맥락이 능력에 대한 점진적 관점보다는 실재적 관점을 부각시킨다면(앞서 언급한 지적 능력에 대한 교사의 신념 부분 참조; Dweck, 1999), 뛰어난 능력을 가진 개인은 자신의 능력에 대한 자아개념이 감소함에 따라 보다 실패-회피적이고 자아-방어적인 책략들을 사용하게 될 것이다(앞에서도 언급했듯이, 이러한 책략들은 학업의 동기를 감소시키는 부정적인 결과를 초래한다).

능력별 그룹 짓기가 발달에 미칠 수 있는 또 다른 효과는 또래집단에 미치는 영향력이다. 능력별 학급 편성과 교과과정의 차별화를 통해 아동 및 청소년들은 학교 생활에서 학업 성취와 참여 정도가 비슷한 학생들과 지속적으로 교류할 수 있게 된다. 학업 성적이 좋지 않은 학생들에게는 이러한 교수 실제들이 자신처럼 학교에서 소외된 학생들과의 우정을 쌓고 유지해 나가는 데 도움이 되며, 따라서 위험한 행동이나 비행행동을 할 가능성은 더욱 높아진다(Dryfoos, 1990). 학교 생활에 문제가 있거나 학업 성적이 좋지 못한 학생들이 모여 있는 것은 그 학급을 가르쳐야 할 교사에게 부담을 주기도 한다(Oakes et al., 1992).

또한 능력별 반 편성 및 능력별 그룹 짓기는 비슷한 행동적 취약성을 가진 학생들의 집결이라고도 볼 수 있다. 예를 들어, Kellam, Rebok, Wilson 및 Maehr(1994)가 한 초등학교 1학년 두 반을 대상으로 조사하였는데, 약간의 공격적 행동을 보이는 학생들의 비율은 7~8%, 심하게 공격적 행동을 보이는 학생들의 비율은 63%였다. 이러한 차이는 능력별 반 편성의 직접적인 결과라고 보고되었다. 능력별 반 편성의 정책 결과, 두 학급의 학생들은 매우 다른 환경에 노출되게 되었다. 한 학급에서는 폭력적인 것이 비정상이었고(오직 7~8%의 학생들만이 폭력적이었다), 다른 학급에서는 폭력적인 것이 매우 일반적이었다(63%의 학생들이 폭력적이었다). 폭력이 일상적인 학급에서는 아동이 공격적인 행동을 한다고 해서 반드시 또래집단으로부터 거부를 당하는 것은 아니었다. 오히려 공격적 행동이 또래들 사이에서 자신의 위치와 사회적 보상을 마련해 줌으로써 보다 강화될 수도 있다. 비슷한 행동 취약성이 있는 아동들을 같은 환경에 놓음으로써 비슷한 문제점이 있는 아동들 사이에서 부정적 행동은 강화되고, 그들 간의 우정은 그렇게 더 깊어질 것이다.

능력별 반 편성과 교과과정 차별화는 한마디로 학교의 정책, 교사의 신념 및 교육 실제 그리고 학생이 가진 특징들이 어떻게 부적응적인 방향으로 협력하여 능력이 부족한 아동들로 하여금 지속적으로 낮은 성취도와 좋지 않은 행동을 보이게 하는지를 보여 주는 사례다. 능력이 낮은 많은 학생들을 낮은 수준의 학급에 배치하는 것은 교사들로 하여금 부담을 느끼고, 교육 효과가 없다고 느끼게 할지도 모른다. 이러한 교사들의 생각은 성의 없는 교수, 낮은 기대감과 통제 전략 사용의 현실화로 나타날 수 있다. 이는 다시 학생들의 학습 참여를 저하시키고(예, Kagan, 1990) 교사들의 그런 신념과 교수에 영향을 미치게 된다. 결과적으로, 낮은 능력의 학생들이 학업에 실패하는 원인은 이와 같은 상호 과정 속에서 찾아볼 수 있다.

교과과정 차별화에서 또 하나의 중요하고 논의의 여지가 있는 측면은 학생들이 어떻게 각기 다른 학급에 배치되는지 또한 일단 배치가 되고 나면 학생들의 학업동기와 능력이 변화하여도 정해진 학급 수준을 바꾸는 것이 얼마나 어려운지에 관한 것이다. 이 문제는 한 아동이 학교생활을 시작하는 초기(예, Entwistel & Alexander, 1993)와 학업 진로 배치가 고교 졸업 후 선택할 수 있는 교육적 진로와 직접적으로 연관되어 있는 청소년기 후기에 모두 중요한 영향을 끼친다. Dornbusch(1994)는 다양한 인종이 거주하고 있는 캘리포니아 주 북부의 한 고등학교를 대상으로 능력별 학업 진로 배치의 영향력을 살펴보았다. 각 진로별로 자료를 분석한 결과, 학생들의 85%가 고등학교 내내 동일한 학업 수준에 머물러 있었으며, 수준 간의 이동은 거의 없었다. 더욱이 중위 수준의 많은 학생들이 하위 수준의 수업에 배치되어 있는 것을 발견했다. 이에 따른 장기적인 결과로, 학생들은 캘리포니아 주 내에서 고등교육 체계로 진학하기 위한 필요 조건들을 충족시키는 못하는 부적절한 진로를 밟게 되었다. 특히 중요한 사실은 소수민족 또는 저소득층의 대다수 학생들과 부모들은 고교 입학 초기 학교위원회에서 정해 주는 학업 진로에 따른 이러한 잠정적 결과들에 대해 아무런 설명도 들을 적이 없다는 점이다. 따라서 교과과정 차별화와 학교-가정 간 의사소통 실제는 능력에 비해 하위 수준 학급에 배치된 학생들의 인생 경로에 지대한 영향을 끼쳤다고 볼 수 있다.

수준 5: 조직체로서의 학교

학교는 공식 기관으로서의 역할도 한다. 전반적인 학교 환경은 아동들의 지적, 사회정서적 및 행동발달에 영향을 미친다. 학교가 지니는 중요한 조직적 요인들은 학생들의 특성과 재정적 자원(Lee, Bryk, & Smith, 1993; Lee & Smith, 2001), 학교 분위기와 단체감(Bryk, Lee, & Holland, 1993; Goodenow, 1993; Lee & Smith, 2001) 그리고 학교와 관련된 모든 활동에서부터 비롯된다(Carskadon, 1990, 1997).

학교 자원　능력이 낮은 학생의 수나 소수민족 학생의 비율과 같은 학생 조합의 문제는 확실히 학교 조직 내부와 분위기에 영향을 미치고, 이는 다시 학생들의 교육 및 행동적 결과에도 영향을 미칠 수 있다(예, Rutter, Maughan, Mortimore, & Ouston, 1979). 적절한 학습 자료, 안전한 환경 및 안정적인 교직체계와 같은 학교 자원 역시 청소년의 학습과 복지에 중요한 역할을 한다. 학교 자원 중에서도 학군의 차이는 미국 내 다양한 소수민족을 위한 교육 결과에서 지속적인 불균형을 초래하는 주요 요인으로 손꼽히고 있다. 유럽계 학생들은 5%, 동양계 학생들은 22%인 데 비해 흑인(아프리카계) 청소년들의 35%, 라틴계 청소년들의 32%가 미국 전역의 47개 대도시 학군에서 학교를 다니고 있다. 더욱이 흑인 및 라틴계 학생들은 미국 내 최빈곤층 학군에서 학교를 다니고 있다. 도시 학군에서 학교를 다니고 있는 학생 중 28%는 빈곤층이고 55%는 무료 또는 보조금 급식을 받고 있다. 이는 성공의 차이를 확인하는 데서 계층 간의 차이는 인종 간의 차이만큼이나 중요하다는 것을 시사한다. 이런 학군의 교사들은 다른 학군의 교사들보다 안전감을 덜 느끼고, 중퇴율은 가장 높고, 모든 학년의 성취 수준은 가장 낮게 나타났다(Council of the Great Gty Schools, 1992; Lee & Smith, 2001). 마지막으로, 이런 학생들을 위한 학교는 보다 나은 수준의 학생들이 다니는 학교에 비해 질 좋은 의료 서비스나 수업, 고차원적 사고 기술 및 능동적인 학습 전략 습득을 장려하는 고등 수업 과정을 제공할 가능성이 적다. 이러한 교육 환경에서는 아무리 의욕이 넘치는 학생이라도 뛰어난 학업 성과를 이루기가 어려울 것이다.

학교의 크기 학교에 대한 초기 연구들에서는 학교의 크기, 교사-학생 비율, 도서관의 보유 책 권수 및 학생당 비용과 같은 객관적인 특징들에 초점을 맞추었다(Barker & Gump, 1964). 학교의 크기는 이러한 구조적 특징 중 가장 중요한 요인으로 부각되었다. 학생이나 교사 모두 규모가 큰 학교에 있는 경우보다 작은 학교에 있는 경우, 성공적 발달지표에서 다양한 영역에 걸쳐 높은 점수를 받았다. Elder와 Conger(2000)의 최근 연구가 이를 증명해 주었는데, 아이오아 주의 청소년을 대상으로 한 연구에서 소규모의 학교는 건강한 청소년기 발달과 높은 학교 성과를 예측해 주는 주요인으로 나타났다. 이는 소규모의 학교들이 학생들에게 더 많은 기회—교사와 학생 간의 돈독한 관계, 학생들의 학업 향상과 문제에 대한 적극적인 점검, 다양한 특별 활동 참여, 그리고 부모들의 높은 참여—를 제공하기 때문으로 보인다.

전반적인 학교 분위기 최근 학자들은 학교 전체의 사회적 분위기에 관심을 갖기 시작했다. 다른 지역사회 집단들처럼 학교 역시 학교 분위기와 학생들의 잠재력에 대한 기대에 의해 좌우된다고 보고, 이를 뒷받침해 주는 자료를 제시했다(예, Bryk et al., 1993; Comer, 1980; Lee & Smith, 2001). 전반적인 학교 분위기는 교사와 학생의 발달에 근본적으로 영향을 준다. Cauce, Comer 및 Schwartz(1987)는 학교 분위기가 아동들의 학업 능력에 대한 자신감에 확실히 영향을 미친다고 보고하였다. 이와 비슷하게 Bryk 등은 가톨릭학교에 다니는 학생들이 일반적으로 높은 학업 성과를 보이는 것에 관심을 가지고, 가톨릭학교의 독특한 문화가 공립학교의 문화와 어떻게 다르며, 이러한 문화가 어떻게 학생들, 학부모들 그리고 교사들에게 긍정적인 영향을 미치는지를 분석하였다. 연구 결과, 가톨릭학교의 문화(학교 분위기)는 학문적 가치를 높이 두고, 모든 아동들이 배울 수 있다는 높은 기대감을 가지며, 학교는 배움의 장이라는 신념을 가지고 있었다(Lee & Smith, 2001). 비슷하게 Bandura는 학교 간 차이는 교사들의 개인적 효능감에 대한 신념(Bandura, 1994)의 차이에서 비롯되며, 이런 차이가 학교에서 많은 학생과 교사들의 동기를 감소시키는 교수 실제로 이어진다고 주장했다. Mac Iver, Reuman 그리고 Main(1995)은 얼마나 많은 학교들이 학생들의 학습 기회를 제한하고 있는지 제시하고, 이에 따라 학생들의 동기와 학업 성취가 떨어진다고 평가하고 있다(Midgley, 2002; NRC/IOM, 2004).

학교의 학구적, 사회적 분위기 Maehr와 Midgley(1996)는 교실 분위기가 특정한 성취 목적을 위해 중요하듯이, 학교 분위기 자체도 특정 정책과 그 이행에 영향을 미친다고 주장했다(Midgley, 2002 참조). 학교 차원에서 다양한 성취 목표들에 대해 설명해 보자면,

학교는 학생들의 학구적 신념, 정서 및 행동에 영향을 주는 '학교의 심리적 환경'(Maehr, 1991)을 조성한다(Midgley, 2002; Roeser et al., 1996; Urdan & Roeser, 1993). 예를 들어, 공개적인 우등생 발표 및 우등반 조성, 성적표에 표기된 학급 등수 그리고 다양한 수준의 학생들에게 제공되는 다양한 교과과정은 모두 학교에서의 상대적 능력, 경쟁 그리고 사회적 비교를 강조하는 조치들이다('능력 지향 학교'). 반면에 능력이 각기 다른 모든 학생들에 대하여 학구적 노력과 향상을 인정하고 보상해 주는 것을 통해 또한 학습과 과제 숙지를 중시하는 교수 실제(블록 계획, 역자 주: 미국 중·고등학교에서 부분적으로 사용되고 있는 하루 일과 체계. 한 시간 단위로 수업을 진행하는 것이 아니라 교수 활동 및 실제에 따라 과목 시간을 배분하는 방식. 주로 한 시간보다 길게 시간단위를 잡는다. 학제적 교과과정 그리고 협동 학습 등)를 통해 학교는 발견, 노력과 개선 그리고 학구적 숙련('과제 지향 학교') 중심으로 발전할 수 있을 것이다. Maehr와 Midgley는 이와 같은 사실을 알아보기 위하여 3년 동안 중학교에서 실험을 하였다. 학교의 관행을 바꾼다는 것은 사실상 매우 힘든 일이지만, 학교가 능력 중심에서 과제 중심으로 변하면서 학생들의 학업동기 역시 증가했다(NRC/IOM, 2004 참조).

학교가 중점을 두고 있는 학구적 목표는 학생들의 정신건강에 중요한 의미를 갖는다. 많은 연구들에서 7~8학년의 중학생들이 자신의 학교가 능력 중심적이라고 생각할 때 교육적 가치, 성취 및 자신감을 잃어버리고 분노와 우울, 학교 무단결석 등을 보이는 것으로 나타났다. 각 적응 결과에 대한 사전 수준, 청소년의 학구적 능력 그리고 인구 통계적 배경(인종, 성별 그리고 가족 수입)이 통제되었다(Roeser & Eccles, 1998; Roeser, Eccles, & Sameroff, 1998). 이 결과는 학교가 능력을 강조하면 최상위 수준이 아닌 대다수의 학생들은 고립되어 불안, 분노, 환멸 그리고 학교 환경 밖에서 자기 선택을 하게 된다는 주장을 뒷받침해 준다(Eccles & Midgley, 1989; Maehr & Midgley, 1986; Midgley, 2002). 반면에 노력, 향상, 과제 숙달 그리고 모든 학생들이 배울 수 있다는 기대는 아동들을 학습 과정에 참여하게 하고, 적응력을 증진시키고(예, 성취는 노력에 기반을 두기 때문에 영향받기 쉽다), 우울함을 줄이고, 학업 성취 환경에서 발생될 수 있는 좌절감과 불안을 감소시킨다.

Fiqueira-McDonough(1986)는 고등학생들의 학구적 분위기에 대해 보다 심층적인 연구를 했다. 연구를 시작할 당시의 학교 특성과 학업 성취 결과는 비슷하지만 학교의 학구적 목표와 학생들의 비행행동 비율이 다른 2개의 고등학교를 선정했다. 경쟁과 높은 성적(능력 중심적)에 중점을 두는 고등학교에서 학생들의 비행행동 비율이 더 높게 나타났고, 이는 성적이 비행행동에 참여하게 하는 주요 요인이었다(즉, 낮은 성적은 비행행동의 증가와 관련이 있었다). 반면에 '다양한 목표와 학생들의 비학문적인 욕구에 많은 관심을' 갖는 학교의 경우, 학생들은 학교에 더욱 애착(학교를 높이 평가하고 교사들을 선호하는 경향)을 보이고, 애착에서의 개인차는 비행행동과 부적 상관을 보이는 것으로 나타났다. Fiqueria-McDonough는 학생들의 동기와 다양한 욕구를 고려한 학교들이 청소년들의 학교에 대한 애착을 강화시키고 비행행동의 참여를 감소시켰다.

학교 차원에서의 학구적 목표의 중요성에 관한 마지막 주장: 학교의 학업 목표는 학교의 사회적 분위기에 대한 청소년의 인식과 밀접한 연관이 있다. 학교에서 과제 지향적 인식을 가진 청소년은 교사들이 친절하고, 배려적이며 존중적이라고 생각하고, 이는 다시 청소년들 사이에서 학교에 대한 소속감을 증가시킨다(Goodenow, 1993; Midgley, 2002; Roses et al., 1996). 반면에 학교를 능력 중심적이라고 인식할수록 학생은 교사들이 학생을 배려하지 않다고 보고했다. 청소년이 생각하는 배려 깊은 교사란 학생들 간의 비교와 경쟁을 덜 강조하고 개인의 노력과 능력 향상을 강조하는 교사다.

등교 및 하교 시간 등교 시간은 학교와 관련된 규제적 과정이 개인적 규제 과정과 어떻게 상호작용하여 아동의 발달에, 여기서는 생물학적인 측면에서의 발달에 영향을 미치는지를 보여 주는 좋은 예다. Carskadon(1990, 1997)의 연구 결과, 아동은 사춘기로 접어들면서 오히려 이전보다 더 많은 잠을 필요로 하는 것으로 나타났다. 초등학교에서 중학교, 고등학교로 진학함에 따라 더 아침 일찍 등교를 해야 하기 때문에 더 빨리 일어나야만 한다(Carskadon, 1997). 점점 늦어지는 취침 시간을 포함한 다른 변화들과 점점 빨라지는 중·고등학교 등교 시간의 '발달적 불일치'에 따라 청소년들은 낮에 졸기 쉽고 제시간에 등교하여 깨어 있는 상태에서 수업 준비를 하는 데 어려움을 느낀다.

하교 시간 또한 아동과 청소년의 적응에 영향을 미친다. 조직적인 방과 후 활동 기회가 별로 없는 지역사회에서는, 특히 빈곤한 지역사회의 경우 아동이 오후 2~6시에 마약 복용, 범죄, 폭력 그리고 성관계 등의 매우 위험한 활동에 참여할 가능성이 커진다. 학교 또는 지역사회 단체에서 조직적인 방과 후 활동을 제공하는 것은 아동을 지도하고, 성인이 집에 없을 때 아동이 위험 행동에 빠져드는 것을 방지할 수 있는 중요한 방법이다(Carnegie Council 1989; Eccles & Templeton, 2002).

수준 6: 학교, 가정 및 지역사회 간의 연계

가정-학교 간 연계 부모가 아동의 학교생활에 참여하는 것은 아동의 학업 성취와 사회정서적 정신건강에 중요한 변수가 된다(Comer, 1980; Eccles & Harold, 1993). 부모는 학업 활동과 과제에 대한 점검을 해 주기도 하고, 아동의 과제를 도와주거나, 학교 이외의 교육적 가치가 있는 활동에 참여하기도 하고, 또한 교실 내 활동과 학교 조직들(예, 육성회나 부모-교사 협의회)에 활발하게 참여할 수도 있다(Epstein, 1992). 이러한 부모 참여는 교육적 기대, 관심 그리고 지지의 긍정적 표현이라 볼 수 있다. 뿐만 아니라 아동들의 학업 및 사회정서적 발달을 도와주고, 학교 생활 적응에 문제가 생길 경우 그들을 지지해 줄 수 있는 성인들(부모와 교사들)의 '안전망'을 설립하는 데 도움이 된다(Jackson & Davis, 2000; NRC/IOM, 2004).

가정-학교 간 연계는 아동의 초등학교 시절에는 그래도 종종 나타나다가 중학교와 고등학교로 가면서 거의 사라진다고 보고되었다(Carnegie Council on Adolescent Development, 1989; Eccles & Harold, 1993; Epstein, 1992; Stevenson & Stigler, 1992). 이러한 부모 참여의 결여는 학부모들을 참여시키려는 학교 측의 노력 부족으로 나타나는 현상이다. 거주 지역 중심의 초등학교에서 보다 광역적인 중·고등학교 환경으로 옮겨 갈수록 이러한 현상은 더 심해진다(Eccles & Harold, 1993). 또한 교사들이 학생의 학습에 책임을 진다는 문화적 신념 때문에 미국 학교 학부모들이 낮은 참여도를 보이는 것으로 추정된다(Stevenson & Stigler, 1992). 학부모의 낮은 참여도를 설명해 주는 또 다른 특징들로는 시간, 에너지 그리고 경제적 형편의 부족을 꼽을 수 있다. 다시 말해, 지식의 결여, 무능하다는 느낌, 교육에서의 부모 역할에 대한 이해 부족 또는 학교와의 부정적 상호작용 등이 학부모들의 참여를 감소시키는 것으로 나타났다(Eccles & Harold, 1993; NRC/IOM, 2004).

학교-지역사회 간 연계　Comer(1980)는 학교와 지역사회 간 연계의 중요성을 강조했다. 학교는 더 큰 지역사회의 한 부분이며 모든 차원에서 이 지역사회에 잘 통합되어야만 성공적일 수 있다고 보았다. 예를 들어, 학교가 지역사회의 사회복지사업과 잘 연결되어 있어야 학교가 아동과 그 가족의 복지를 위해 협력적인 역할을 할 수 있다. 한편, 이 두 사회 활동 집단의 활발한 참여를 위해서는 지역사회 차원에서의 학교 투자가 필요하다. 예를 들어, 지역사회 경제가 학교와 잘 연결되어 있으면 학생들이 경제 사회로 진출할 수 있는 기회가 많아질 것이다. 다양한 직업 현장 견학에서부터 인턴십 및 기업 직원들의 학교 프로그램 참여까지 그 기회는 다양하다.

지역사회-학교 간의 연계 강화는 곧 학생들의 지역사회 활동 참여의 기회 증가로 이어진다. 1989년 청소년발달의 전환점에 대한 보고서(Carnegie Council on Adolescent Development, 1989)에서는 모든 중학교는 지역사회 차원에서 또는 학교의 주요 교과과정으로 청소년들의 봉사활동을 포함시켜야 한다고 제안했다. 현재 25%의 초등학교, 38%의 중학교 그리고 46%의 고등학교에서 필수적, 자발적 학습으로 봉사활동을 포함하고 있다(National Center for Education Statistics [NCES], 2004).

봉사활동이 아동과 청소년의 발달에 미치는 긍정적인 영향에 대해서는 이미 많은 지표들이 제시되었다(NRC/IOM, 2004). 예를 들어, 잘 설계된 봉사-학습 프로그램에 참가한 학생들은 문제해결력, 읽기와 수학 그리고 과락 기준에서 다른 학생들에 비해 우수한 결과를 보여 주었다(Eyler, Root, & Giles, 1998; Fisher, 2001; Kirby, 2002; Melchior & Bailis, 2002; Moore & Allen, 1996). 뿐만 아니라 이러한 프로그램에 참가하는 것은 긍정적인 사회적 자산, 시민적 참여, 지역사회에의 관여 그리고 사회적, 개인적 책임감의 증가(Kahne, Chi, & Middaugh, 2002; Scales, Blyth, Berkas, & Kielsmeier, 2000), 심도 깊은 이해(Scaleds et al., 2000), 사회 내 다양한 집단에 대한 태도 향상(Yates & Youniss, 1996), 이타적 동기부여(scales et al., 2000), 부모와의 깊은 대화(Scales et al., 2000), 학교 활동에 대한 긍정적이고 숙달 중심적인 동기부여 증가(Scales et al., 2000), 학업에 대한 책임감 증가(Scales et al., 2000), 개인적 효능감 및 자신감 증가(Jane et al., 2002; Yates & Youniss, 1996) 그리고 자신에 대한 더 좋은 느낌 등과도 밀접한 관계가 있는 것으로 나타났다(Hart et al., 인쇄 중). 마지막으로 봉사 활동 학습은 학생들의 문제행동 감소와도 상관이 있었다. Kirby(2002)는 청소년들의 임신을 방지하고 피임 사용을 권장하는 프로그램의 효과를 분석한 결과, 봉사 활동 학습은 효과적인 접근법이라고 결론을 내렸다. 그 외에도 과락, 학교 퇴학 및 자퇴(Allen, Philliber, Herrling, & Kupermine, 1997), 학교 규칙을 위반하는 문제(Calabrese & Schumer, 1986) 그리고 결석(Melchior & Balis, 2002) 등의 다른 문제행동 역시 감소시키는 것으로 나타났다.

시간제로 일하는 것은 청소년들의 적응 능력을 질적으로 향상시켜 줄 수 있는 학교-지역사회 간 연계의 좋은 예다. 이는 학교 생활 이외에 청소년들에게 조직적이고 안전한 기회들을 제공해 줌으로써 기술을 획득할 수 있게 해 주고 정해진 일과 따르기, 다른 사람과 협력하기 그리고 다른 사람들 돕기(Mortimer, Shanahan, & Ryu, 1994) 등을 통해 발달적 능력을 촉진시킨다. 그러나 과도한 취업 생활은 학교에서의 성공을 방해하고 문제행동에 가담할 수 있는 가능성을 높여 준다는 지적도 있다. 한 예로 Steinberg, Fegley 및 Dornbusch(1993)는 주당 20시간 이상 일을 하는 청소년들은 더 낮은 성적을 받았고, 학교에 대해 낮은 의무감을 보였고, 일하지 않는 또래들에 비해 교실 활동에서 덜 참여하는 것으로 나타났다. 그 이유 중 하나는 일을 많이 하는 청소년들은 충분한 수면을 취할 수 없기 때문으로 추정된다. 이 연구 결과, 주당 20시간 이상 근무하는 학생들의 1/3 정도가 과제를 하기에 너무 지쳐 있거나 빡빡한 근무 일정을 위해 좀 더 쉬운 과목을 수강하는 경향을 보였다. 물론 학업에 몰입하기 싫어하는 청소년들이 시간제 일과 같은 학업 이외의 다른 활동들을 찾아 자신들의 욕구를 충족시키고 있는 것도 사실이나, 과도한 근무 시간이 학생들의 학업적 참여를 감소시키는 것 역시 사실이다(Steinberg et al., 1993).

Mortimer와 그녀의 동료들(1994)은 고등학생 때 일을 하는 것과 성공적인 청소년기 발달이 보다 긍정적으로 연관되어 있다고 보았다. 청소년 1,000명을 대상으로 종단 연구를 한 결과, 주당 20시간 이하로 일하는 청소년들은 뛰어난 자신감, 시간 계획, 진로 탐색 및 책임감을 보였다. 또한 대학 진학 및 성공적인 졸업과도 연관이 있는 것으로 나타났다(Mortimer et al., 1994; Staff et al., 2004). 이 연구 결과를 설명하기 위한 두 가지 결정적인 요인이 있다. 하나는 근무시간의 양이고, 다른 하나는 학생들이 기존에 지니고 있던 학구적, 심리적 기능이다. 고등학교를 다니면서 거의 종일제로 일을 하는 청소년들은 학교 생활에서 많이 소외되기 때문에 직장 생활에서 더 큰 보상을 받는다고 생각함에 따라 학교 생활로부터 더욱 멀어지게 된다. 그에 비해 주당 10~20시간 이하로 일하는 학생들의 경우, 다른 발달 영역에서도 긍정적인 성장을 보이는 것으로 나타났다.

학교와 지역사회의 긴밀한 관계는 위험요인이 많은 거주 지역에서 더욱 중요한 역할을 한다. 연구자들과 정책가들 모두 방과 후 청소년들을 위한 조직적 활동들이 없는 실정에 대하여 우려를 표명하고 있다(Carnegie Corporation of New York, 1992; Eccles & Gootman, 2002; Eccles & Templeton, 2002). 대부분의 지역사회에서 청소년들은 오후 2~3시경에 하교한다. 일하는 것을 제외하고는 조직적인 활동들이 그다지 많지 않고, 부모들은 일반적으로 초저녁까지는 일을 해야 하기 때문에 청소년들은 그 누구의 지도 없이 혼자서 시간을 보내게 된다. 여기에 두 가지 위험요소가 존재한다. 첫째, 지역사회는 의미 있는 활동을 통해 청소년들의 긍정적인 발달을 촉진시킬 수 있는 기회를 놓치고 있다. 둘째, 이렇게 아무런 지도를 받지 않을 때, 청소년들이 문제행동에 가담할 수 있는 가능성은 커진다. 지역사회와 학교 간의 긴밀한 협력을 통해서 이런 문제점들은 해결될 수 있을 것이다. 가장 근본적인 차원으로는 일단 학교 건물을 청소년들의 활동 장소로 활용할 수 있을 것이다. 보다 협력적 차원에서는 학교와 지역사회 위원회가 함께하여 청소년들의 다양한 욕구를 충족시켜 줄 수 있는 여러 프로그램을 개발할 수 있을 것이다. 이 부분에 대해서는 이후에 보다 심도 있게 논의할 것이다.

학교 수준 분석에 관한 요약

지금까지 복합적 조직체인 학교가 아동과 청소년의 발달에 어떻게 영향을 미치는지를 살펴보았다. 일단 학교 조직의 다양한 수준들은 아동, 청소년 그리고 교사들이 일상 경험을 만들어 나가는 데 상호작용을 하고 있다. 또한 학교 조직의 이러한 특성들에는 체계적인 차이가 존재하고 있으며, 그 차이들이 학교 내에서의 교사의 행동 및 아동의 발달을 설명해 준다.

다음에서는 이러한 과정들이 어떻게 상호작용하고 발달적 단계에 따라 어떻게 관련되어 있는지 세 가지 구체적 시기를 예로 들어 살펴보겠다. 첫 번째, 아동이 초등학교에 입학하는 시기, 두 번째, 초등학교에서 중학교로 진학하는 시기 그리고 세 번째, 중학교에서 고등학교로 진학하는 시기에 초점을 두었다. 구체적인 예시들을 통해 아동이 가정 밖의 환경에서 어떻게 체계적인 연령별 변화에 반응하고 또 그 변화가 아동의 발달에 어떻게 영향을 미치는지 알아볼 것이다.

3. 학교 맥락 효과의 결정적 매개체: 학교 전환기

학교의 다양한 수준이 어떻게 발달에 영향을 미치는지 보여 주는 훌륭한 예로 학교 전환기를 꼽을 수 있다. 모든 학군은 언제 아동이 학교 생활을 시작할지와 어떻게 학교 수준별로 학년을 묶을지를 결정해야 한다. 학년을 묶는 보편적인 한 가지 방법으로는 유치원~6학년까지를 초등학교로, 7~9학년을 중학교로 그리고 10~12학년까지를 고등학교로 구성하는 것이다. 또 다른 보편적인 방법은 5학년까지를 초등학교로, 8학년까지를 중학교로 그리고 그 이후를 고등학교로 묶는 것이다. 이 두 가지 방법 모두 공립학교 교육은 5세에 유치원에 입학하는 것부터 시작한다. 또한 학교를 전환할수록(예, 중학교에서 고등학교로의 전환) 좀 더 크고 새로운 건물로 옮겨 가는 것이 일반적이다. 또한 통학 버스를 보다 많이 이용하게 되고 다양한 학생 집단을 접하게 된다. 학교의 전환이 아동의 발달에 영향을 미친다는 이론적 근거는 탄탄하지만(Eccles, Midgley, & Adler, 1984) 최근까지도 이에 대한 실험적 연구는 많지 않았다. 우리는 여기에서 초등학교 입학 시기, 초등학교에서 중학교 진학기 그리고 중학교에서 고등학교 진학기에 대해 논의하고자 한다. 대부분의 실험적 연구들이 중학교에서 고등학교로의 전환에 초점을 두었기 때문에 우리도 그 전환기에 중점을 두고 살펴보고자 한다.

초등학교 입학

초등학교에 입학하거나 유치원에서 1학년으로 전환하면서 아동의 사회적 세계에는 체계적인 변화가 생긴다. 첫째, 교실은 연령별로 나누어져 연령에 따른 능력의 사회적 비교가 한층 수월해진다. 둘째, 전문가에 의한 능력에 대한 공식적 평가가 이루어지기 시작한다. 셋째, 공식적인 능력별 그룹 짓기는 일반적으로 그룹별 읽기 과제를 통해 시작된다. 넷째, 아동의 생활에서 또래의 역할이 보다 뚜렷하고 일정하게 나타난다. 이러한 변화들은 아동의 발달에 영향을 준다. 유치원생보다 1학년 아동이 실패했다는 평가를 받은 후 자신의 기대와 행동을 더 많이 수정하는 것으로 나타났다(Parsons & Ruble, 1977; Stipek & Hoffman, 1980). 이러한 변화들은 실패에 반응하는 아동들의 변화에 영향을 미쳤을 것이다. 또한 아동의 학업 능력에 대한 부모의 인식과 기대는 성적표나 표준화된 시험 점수, 특히 초등학교 초기에 보는 수학 점수에 의해 영향을 많이 받는 것으로 보고되었다(Alexander & Entwisel, 1988; Arbreton & Eccles, 1994).

Morriosn과 그의 동료들은 학교에 입학하기 위한 연령 제한이 있다는 사실에 주안점을 두었다. 당연히 이 연령 제한에 근소하게 걸리는 아동들이 있기 마련이다(학기가 시작되는 9월 1일 기준으로 만 5세가 되어야만 학교에 입학할 수 있다). 이 연령 제한에 걸리는 아동들은 공식적인 학교 생활을 하기 위해 1년을 더 기다려야 한다. Morrison와 그의 동료들은 이런 아동들이 보이는 다양한 척도에서의 수행들을 비교하는 방법을 사용하여 인지발달의 다양한 측면에서 학교 입학 대 성숙의 효과를 측정했다(Christian, Morrison, Frazier, & Massetti, 2000). 그 결과, 학교 입학의 효과가 매우 구체적으로 나타났다. 즉, 유치원생과 1학년생은 학교 생활을 시작하지 않은 아동에 비해 읽기와 문자 인식, 산수 기술, 일반적 정보 그리고 음소 식별에 대한 시험에서 우수한 성적을 보였다. 그러나 받아쓰기와 음소 이하 단위를 식별하는 시험에서는 그렇지 않았다.

아동의 1학년 학교 생활 경험은, 특히 능력별 그룹 짓기와 학급 내 교사의 차별적 대우와 같은 경험들은 장기적으로 유의미한 영향을 미친다. 일반적으로 교사들은 1학년 학생들의 기질적 성향(흥미와 끈기), 인종, 성별 그리고 사회적 계층과 같은 다양한 정보를 바탕으로 읽기 집단을 나누는 것으로 보고되었다(Alexander, Entwisle, & Dauber, 1994; Rist, 1970). 연구 결과, 1학년에서의 읽기 집단 배정과 교사-학생 간의 상호작용이 그 이후 오랫동안 아동의 동기부여, 성취도 및 행동에 실질적인 영향을 미치는 것으로 나타났다. Pallas 등(1994)은 이러한 영향의 일부분은 차별적 교수 방법에 의해 또 일부분은 능력별 그룹 배정이 아동의 능력, 재능 및 학업동기에 대한 부모와 교사의 견해에 지나치게 영향을 받아 나타난 것이라고 보고했다.

중학교 진학

수많은 연구들이 청소년 초기, 특히 중학교로 올라가는 시기에 청소년들은 학업동기 저하, 학교에 대한 관심 감소, 학업 성취 감퇴를 보인다고 보고하였다(약 11~14세; Anderman & maehr, 1994; Anderman, Maehr, & Midgley, 1999; Eccles et al., 1993; Juvonen et al., 2004; Wigfiled, Eccles, & Pintrich, 1996). 또한 시험불안(Wigfield & Eccles, 1989), 과제 숙련보다는 자기 평가 중시(Nicholls, 1990) 그리고 무단결석 및 자퇴(NRC/IOM 2004; Rosenbaum, 1976, 1991) 등의 행동도 증가했다. 이러한 변화가 대다수의 청소년들에게 심각하게 나타나는 것은 아니지만, 이 시기에 학생들의 학업동기, 행동 및 자기 지각의 감소가 놀라울 정도로 뚜렷하게 나타나는 것은 사실이다. 이런 결과에 대한 인종 및 사회계층별 차이는 거의 보고되지 않았지만, 학업 실패와 중퇴는 특정 민족 집단이나 사회경제적 지위가 낮은 가정과 지역사회에 속해 있는 청소년들에게 특히 문제가 되고 있었다. 이러한 집단들이 학업동기와 자기 지각의 감소를 보이는 시기도 역시 중학교로의 전환기일 가능성이 높다.

학업동기에 대한 부정적 변화는 여러 가지로 설명될 수 있다. 어떤 학자들은 초기 청소년기 발달과 연관된 학생들의 심리 내적 대혼란(intraspsychic upheaval)을 이유로 들고 있다(Blos, 1965). 또 어떤 이들은 동시다발적으로 일어나는 생활의 변화를 원인으로 규정하고 있다. 예를 들어, Simmons와 Blyth(1987)는 특히 여학생들의 경우, 사춘기와 중학교 전환기가 동일한 점을 학업동기 감소의 원인으로 지적했다. 반면에 중학교의 환경 자체가 변환 시기라는 특성보다 본질적으로 영향을 미친다고 보는 학자들도 있다. Eccles와 Midgley(1989)는 개인-환경 간 적합성 이론(Hunt, 1975)을 발달적 관점으로 확장시켜 이러한 부정적인 발달변화를 설명했다. 다시 말해, 현재의 전통적인 중학교체계가 청소년기 초기의 아동들을 위해 발달적으로 적합한 교육 환경을 제공하지 못하고 있다는 것이다. 이들은 다양한 연령 집단을 위한 다양한 교육 환경들이 잘 맞아떨어질 때, 개별적 발달 욕구를 충족시키고 아동의 지속적인 발달을 촉진할 수 있다고 제안했다. 발달적으로 적합한 환경에 놓이면 아동의 학업동기와 발달이 증가하는 반면, 발달적으로 부적합한 환경에 놓이면 특히 발달적으로 퇴보하는 환경일 경우, 개인-환경 간 적합성이 떨어져 동기 감소뿐만 아니라 교육 기관의 본래 목적과의 괴리를 초래하게 된다.

여기에서 몇 가지 중요한 발달적 질문을 던질 수 있다. 첫째, 초기 청소년기의 발달적 욕구는 무엇인가? 둘째, 이러한 욕구를 충족시키고 더 나아가 발달을 자극하는, 즉 발달적으로 적합한 교육적 환경이란 어떤 환경인가? 셋째, 중학교 진학기 전후에 나타나는 일반적인 학교 환경 변화는 무엇인가? 가장 중요한 넷째, 이러한 변화들이 초기 청소년기에 경험하는 생리적, 인지적 및 심리적 변화와 일치하는가? 혹은 청소년기 초기의 학생들의 성숙 정도와 중학교 전후의 달라진 교실 환경이 어떤 학생들에게는 학업적 또는 사회정서적 발달을 저해할 수 있을 정도로 부합하지 않는가?

단계별-환경 적합성과 중학교 진학기 최근까지도 학년 및 학교 수준에서 학급 또는 학교 환경의 차이에 중점을 둔 실험적 연구들은 거의 없는 실정이다(Juvonen et al., 2004). 기존의 많은 연구들은 주로 학교의 크기, 조직의 세분화 정도 또는 관료화 정도와 같이 학교 수준에서의 특성들에 초점을 맞추고 있다. 한 예로, Simmons와 Blyth (1987)는 중학교가 초등학교보다 일반적으로 더 크며 중학교 교사는 초등학교 교사에 비해 부서별로 조직될 가능성이 많다고 보았다. 따라서 중학교 교사들은 다른 여러 집단의 학생들을 가르치게 되며, 학생들은 부모 이외의 성인으로부터 지지 및 지도를 받을 필요가 있는 발달적 시점에 있지만, 교사와의 긴밀한 관계를 형성하는 것은 쉽지 않다. 학생-교사 관계의 이러한 변화들은 학생-교사 간의 공동체 의식과 신뢰를 훼손시켜 교사들로 하여금 낮은 효능감을 갖고, 권위적인 통제 교수 실제를 사용하고, 학생들과의 괴리감을 느끼게 할 위험이 있다. 마지막으로, 학생들이 가지는 어려움을 일찍 감지하고 그에 필요한 도움을 줄 가능성을 감소시킨다. 이에 따라 학생들은 부정적으로 동기를 부여하고, 결과 중심적으로 빠지게 되어 학업 실패와 중퇴라는 결과를 초래한다. 다음에서 이 문제들을 상세히 살펴보자.

교사 통제 학생들은 더 성숙해지는 반면, 교사의 통제와 규율은 초등학교 때보다 더 강조되고, 학생들의 의사결정, 선택 및 자기 관리의 기회는 줄어든다(예, Jackson & Davis, 200; Juvonen et al., 2004; Midgley, 2002; Midgley & Feldlaufer, 1987). 단계별 환경 적합성 이론에 따르면, 자율성과 통제에 대한 청소년들의 욕구와 학습 환경에서 자신들에게 주어진 기회에 대한 인식과의 불일치는 청소년의 내적 동기와 학교에 대한 관심을 감소시킨다. Mac Iver와 Reuman(1988)의 연구는 이런 가설을 지지해 주었다. 수학에 대한 7학년 학생들의 내적 흥미 변화와 의사결정의 기회 변화를 비교한 결과, 6학년 수학 교실에서 의사결정의 기회가 줄었다고 지각하는 7학년 청소년들은 수학에 대한 내재적 관심에 가장 큰 폭의 감소를 보였다.

정서적 관계 중학교는 초등학교에 비해 교사-학생 관계가 보다 일반적이고 보다 부정적이다. 앞서 언급한 학급 분위기와 학업 동기 간의 관계를 고려했을 때, 덜 지지적인 학급으로의 전환은 초기 청소년들의 교과 과목에 대한 관심 저하로 이어진다는 것은 놀라운 사실이 아니다. 이는 특히 학업 성취가 낮은 학생들의 경우 더 심한 것으로 나타났다(Juvonen et al., 2004; Midgley et al., 1988).

교사 효능감 또한 중학교 교사들은 초등학교 교사들보다 낮은 효능감을 보였다. 특히, 낮은 성취를 보이는 학생들을 대할 경우에 더욱 그러한 것으로 나타났다(Juvonen et al., 2004; Midgley et al., 1988). 교사의 효능감과 학생들의 신념이나 태도, 동기, 성취 간 관련성(Ashton, 1985; NRC/IOM, 2004)을 생각해 보면, 중학교 진학기 전후에 보이는 교사 효능감의 차이가 초기 청소년기, 특히 낮은 성취를 보이는 학생들의 학업이나 잠재력에 대한 자신감 저하에 기여한다는 것은 놀라운 일이 아니다(Midgley et al., 1989b).

교수법의 조직화 중학교로의 이동은 전체 학급 과제나 능력별 반 편성과 같은 교수실제의 증가와도 상관이 있다(예, Jackson & Davis, 2000; Juvonen et al., 2004; Oakes et al., 1992). 앞에서도 언급하였듯이, 이러한 변화들은 사회적 비교와 평가에 대한 불안 및 경쟁을 증가시킨다(Eccles, Midgley, & Adler, 1984; Rosenholtz & Simpson, 1984 참조). 또한 교사들은 규범적인 성적 평가 기준이나 공식적인 형태의 평가를 보다 많이 사용하는데, 이는 모두 초기 청소년들의 자기 인식과 동기부여에 부정적인 영향을 미치는 것으로 나타났다.

성적 채점 학생들이 받는 성적만큼 학생의 자신감과 효능감을 예측할 수 있는 강력한 요소는 없을 것이다. 중학교로의 전환기에 학업 성적이 떨어지면 청소년의 자기 인식과 학업동기 역시 감소한다. 실제로 중학교 교사들이 초등학교 교사들보다 좀 더 엄격하고 좀 더 사회적인 비교를 바탕으로 한 기준들을 사용해서 학생들의 능력과 성과를 평가한다. 이에 따라 중학교로의 입학 시기에 대다수의 학생들의 성적이 떨어지는 현상이 나타나기도 한다(Eccles & Midgley, 1989; Roderick, 1993; Simmons & Blyth, 1987). 그러나 이러한 성적 저하는 표준화된 성취도 검사에서의 성적과 맞지 않는다. 학생들의 학습량이 변했기 때문이기보다는 성적 채점 방식이 변했기 때문이다(Kavrell & Petersen, 1984). 그럼에도 불구하고, 성적 저하는 청소년들의 자신감과 동기에 영향을 미칠 것이다. Simmons와 Blyth는 성적 저하가 학생들의 이후의 학교 수행을 떨어뜨리고, 결국 중퇴에 영향을 주었다고 보고했다. 학교 전환기 이전의 학생들의 성적을 통제했음에도 불구하고, 전환 이후에 나타나는 성적 하락의 정도가 학교 중도 포기의 주요한 예측 변수로 나타났다(Roderick, 1993 참조).

학습동기의 목표 앞서 언급한 여러 변화들은 목적이론(goal theory)과 연결되어 있다. 성적 채점, 자율성 허용 그리고 교수 조직과 같은 학급 실제들은 학생들이 학습 과제를 실시할 때에 숙달 지향적인지, 수행 지향적인지 등의 학습 목표에 크게 영향을 미친다. 중학교 전환기에 나타나는 변화들은 수행 목표에 더 큰 비중을 두고 있어야 한다. Midgley 등(Midgley, 2002; Midgley et al., 1995)의 연구 결과, 초등학교 교실에서는 과제 중심적 목표들이 일반적인 데 비해, 중학교 교실에서는 수행 중심적 목표들이 더 일반적이었다. 또한 초등학교 교사들은 중학교 교사들에 비해 과제 중심적 교수 방법을 더 자주 사용했다. 학업 성적이 같은 경우, 교사의 과제 중심적인 정도가 학생과 교사의 개인적 효능감을 예측해 주었다. 예상한 것처럼, 중학생들의 개인적 효능감이 초등학생들보다 낮게 보고되었다.

Anderman 등(1999)은 청소년들을 두 집단으로 구분했다. 한 집단은 과제 중심적인 교수 실제를 강조하는 중학교로 진학한 학생들로, 또 다른 집단은 보다 전통적인 성과와 능력 중심적인 교수 실제를 실시하는 중학교로 진학한 학생들로 구성되었다. 중학교 전환기 이전에는 두 집단 간 학업동기 목표에 차이가 없었음에 불구하고, 변환기 이후에는 첫 번째 집단은 두 번째 집단보다 더 낮은 외재적 동기와 수행 중심적인 학업동기를 보여 주었다.

학교 개혁을 위한 노력 Jackson과 Davis(2000)는 중학교의 학교 개혁 노력들에 대해 정리한 결과, 다음과 같은 중학교 특성들이 학습과 긍정적 청소년발달을 장려한다고 주장했다. ① 엄격한 학문적 기준에 입각한 교과과정과 학생들의 관심을 고려한 학습을 잘할 수 있는 방법에 대한 현재 지식, ② 모든 학생들에게 높은 성취 결과를 주는 교수 방법, ③ 지적 발달의 분위기를 장려하고 공동의 교육적 목표를 공유하는 배려적 공동체, ④ 젊은 청소년들을 가르칠 훈련된 전문가들, ⑤ 교사들을 위한 지속적 전문적 개발 기회, ⑥ 성인과 청소년 모두가 참여하는 민주적인 관리 방식, ⑦ 부모와 지역사회의 확대 참여, ⑧ 높은 수준의 안전과 건강을 위한 교육 실제 등이다. Juvonen 등(2004)도 비슷한 결론을 내리고 있다.

요 약 초기 청소년기 발달의 특징으로는 자율적, 또래 중심적, 자기중심적 및 자의식적 욕구, 정체성에 대한 뚜렷한 문제의식, 이성관계에 대한 고민 그리고 추상적 인지 활동을 위한 능력 등이 있다(Eccles & Midgley, 1989; Keating, 1990; Simmons & Blyth, 1987; Wigfield et al., 1996 참조). Simmons와 Blyth는 청소년들이 전환기에 잘 적응하기 위해서는 안전하고 지적 자극을 줄 수 있는 환경이 필요하다고 주장했다. 중학교 입학기의 환경적 변화는 관심의 초점이 자기에게로만 향해 있는 시기에 경쟁, 사회적 비교 그리고 자기 능력 평가를 중시하는 유해한 영향을 줄 수도 있다. 예를 들면, 자율 통제에 대한 욕구가 커지면, 오히려 의사결정과 선택의 기회는 줄어든다. 또한 상위 수준의 책략에 대한 능력이 증가할 때 하위 수준의 인지 책략을 중시하게 된다. 청소년들이 또래관계에 관심을 가질 때 그리고 부모 이외의 성인과의 긴밀한 관계가 필요할 때 그들의 사회적 관계망은 원활하지 않게 된다. 개인의 일반적인 발달 과정과 짝지어진 환경적 변화의 특징은 발달적 불일치를 보이기 쉽고, 이런 초기 청소년기와 교실 환경과의 낮은 '적합성'은 특히 학교에서 학업적 어려움을 느끼는 청소년들에게 부정적인 동기를 부여하는 위험을 증가시킬 수도 있다.

중학교 진학기의 장기적 효과 지금까지 중학교 진학기가 어떻게 초기 청소년 발달에 영향을 미치는지에 대해 알아보았다. 그렇다면 중학교 진학기에 나타나는 개인차가 청소년기 이후의 적응에도 영향을 미치는가? 중학교 진학기에 잘 적응하지 못하는 아동 및 청소들이 이후의 발달 과정에서 심리적 문제를 일으키거나 위험한 문제행동을 보이는가? 모든 청소년들이 중학교 진학기의 부정적 영향으로 고통을 받는 것은 아니다. 어떤 사람들은 이 시기를 거쳐 긍정적인 도전의식을 증진시키고, 건강한 발달적 변화를 경험하는 반면, 어떤 이들은 이 전환기 동안을 무척 힘들게 보내고, 부정적인 발달변화를 경험하게 된다.

우리의 종단 연구 결과를 바탕으로, 중학교 적응에 대한 개인차가 이후의 학교 생활에 어떻게 영향을 주는지 검토해 보자(Eccles, Lord, Roeser, Barber, & Jozefowicz, 1997; Lord, Eccles, & McCarthy, 1994). 첫째, 6학년 말에서 7학년 초의 학생들에게서 나타나는 자아존중감의 변화에 따라 3개의 집단으로 나눌 수 있었다. 전환기에 자아존중감이 증가한 집단, 감소한 집단 그리고 아무런 변화를 보이지 않은 집단으로 나누어 그 학생들이 고등학교를 졸업할 때까지 추적해서 비교했다.

결과를 살펴보기 전에 초기 청소년기 동안 이 세 집단이 보인 공통점과 차이점을 먼저 이해하고 넘어갈 필요가 있다. 첫째, 6학년 당시 이 세 집단은 자아존중감의 정도에서 별 차이를 보이지 않았다. 다시 말해, 자아존중감이 감소한 집단이나 증가한 집단이나 측정의 시작점은 같았음을 의미한다. 둘째, 중학교 진학기 이전의 이 세 집단의 학업 성취도에도 별 차이가 없었다. 셋째, 불안과 자아의식에 관해서는 6학년 때 이미 차이가 있는 것으로 나타났다. 자아존중감이나 학업 성취도에 비해, 이 특성에서의 감소가 가장 심한 것으로 나타났다. 마지막으로, 남학생들보다 여학생들이 감소를 보이는 집단에 더 많이 속해 있었다. 반면에 유지했거나 증가를 보인 집단의 남녀 성별을 동일한 것으로 나타났다. 흥미로운 점은 진학기 이전의 차이가 발견되었는데, 감소 집단의 아동은 다른 집단의 아동에 비해 우울과 고민의 정도가 높게 나타났고, 마약과 알코올의 사용하는 것으로 보고되었다.

이러한 차이는 고등학교까지 계속 이어졌다. 12학년이 다 끝나고서 자아존중감이 감소했던 아동들은 다른 두 집단의 아동들보다 현저하게 낮은 자부심을 가지고 있었다. 또한 높은 우울 증세와 마약과 술을 복용하는 것으로 보고되었다. 그러한 남학생들의 상당 부분이 학교를 자퇴했다. 이러한 결과들은 초등학교 말부터 심리적 취약 증세를 보이는 청소년들의 경우 중학교 진학기가 장기적으로 부정적 영향을 줄 수 있다는 뜻을 내포하고 있다.

고등학교 진학

고등학교 진학기에 대한 연구는 많지 않지만 대개 비슷한 문제들을 지적하고 있다(Coleman & Hoffer, 1987; Jackson & Davis, 2000; Lee & Smith, 2001; NRC/IOM, 2004; Wehlage et al., 1989). 예를 들어, 고등학교는 중학교에 비해 전형적으로 더 크고 더 관료주의적이다. Lee와 Smith는 고등학교의 규모와 관료주의가 교사와 학생 간의 공동체 의식을 훼손시킨다고 보았다. 학생과 교사가 서로를 알게 될 기회는 매우 적으며, 따라서 그들 간에 신뢰감이 형성되지 않을 뿐만 아니라 공동의 목표 및 가치에 대한 애착이 결여되어 있다고 설명했다. 부모 이외의 성인과 도제관계(멘터 관계)를 형성할 만한 기회가 거의 없고, 학생들에게 관련 교육을 제공해 주려는 교사의 노력 역시 미흡할 따름이었다. 아직 실험적으로 검증되지는 않았지만, 이러한 환경은 학업 성적이 뛰어나지 않고, 중요과목을 수강하지 않고 있으며, 성인들이 중요시 여기는 가치들로부터는 동떨어져 있는 수많은 학생들의 동기와 학교 활동 참여를 저하시키기 쉽다.

대부분의 공립 고등학교는 능력별로 학생들을 구분짓는 교과과정 배치를 주된 교수 방법으로 사용하고 있다. 따라서 고등학교 학생들은 중학교 학생들보다 훨씬 다양한 교육적 활동을 경험할 수 있지만, 불행하게도 이러한 다양한 활동들은 학생들의 재능이나 흥미보다는 그들의 민족적 또는 사회계층적 차이에 의해 제공되는 경우가 더욱 많다(Bryk et al., 1993; Lee et al., 1993; Lee & Smith, 2001). 결과적으로 능력별 교과과정 배치 제도는, 특히 규모가 큰 고등학교에서 최상의 교육을 모든 학생들에게 제공하기 보다는 사회계층화를 강화시키는 역할을 해 왔다(Bryk et al., 1993; Dornbusch, 1994; Lee et al., 1993; Lee & Smith, 2001). Bryk 등은 평균적인 학교의 학업 성취도 수준에서는 이 교육 제도가 별로 유익한 도움을 주지 못한다고 보았다. 그러나 공립 고등학교와 가톨릭 고등학교를 비교한 결과, 모든 학생들에게 동일한 수준의 교과과정을 제공하면 평균적인 학교 성취도 수준이 증가한다고 보고했다. 학생들의 선택변인을 통제한 후에도 결과는 동일하게 나왔다. 고등학교의 조직과 구조가 인지적, 학업 동기적 그리고 성취 결과에 어떻게 영향을 주는지에 대한 면밀한 검토가 필요할 것이다.

요 약

지금까지 학교 전환기가 발달에 미치는 영향과 관련된 근거들을 정리해 보았다. 예상했던 것처럼, 중학교 진학기의 생태학적 특징을 고려했을 때 학업 성취가 낮고 불안감을 심하게 느끼고 있는 대부분의 청소년들이 이 시기에 어려움을 겪고 있다. 여러 측면에서 보았을 때, 이 시기는 학교 맥락 내에서 발달적으로 퇴보를 보이는 시기라고도 특징지을 수 있을 것이다. 단계별 환경 적합성 관점에서 보면, 이러한 변화는 대다수 청소년들의 학교 활동 참여와 학업 성과에서 부정적인 결과를 초래하는 것으로 나타난다. 한편, 이 관점에 맞추어 중학교 진학기의 부정적인 결과를 중재해 줄 수 있는 연구들 역시 활발히 진행되고 있다. 청소년들의 발달적 진보를 향상시키는 방향으로 중등 교육 기관들을 설계하고, 그렇게 할 경우 많은 청소년들이 중학교 진학기에 겪는 고통으로부터 빠져나올 수 있게 될 것이다.

학교가 아동 및 청소년들의 발달에 미치는 영향에 대한 논의는 여기서 마치고자 한다. 이 장에서는 학교가 아동과 청소년의 사회정서적 발달에 미치는 여러 영향에 대해 알아보았다. 학교는 체계적인 차원 및 발달적인 관점에서 재해석되어야만 한다. 다음에서는 거주 지역이 발달에 미치는 영향을 살펴보고자 한다. 학교와 비슷하게 거주 지역은 청소년들이 많은 시간을 보내는 매우 복잡한 공간이다. 그러나 학교에서와는 달리, 거주 지역에서 보내는 시간들은 일반적으로 구조화되어 있거나 계획되어 있지 않다. 학교보다 훨씬 덜 통합된 맥락이라 볼 수 있다. 거주 지역에는 아주 다양한 사람들, 맥락 그리고 폭넓은 기회와 위험요소들이 내재되어 있다. 따라서 거주 지역 효과의 이론적이고 실험적 연구들은 훨씬 더 다양하고 분산되어 있다. 최근에서야 이에 관한 연구가 시작되었기 때문에 양적으로도 충분치 않다. 다음에서는 거주 지역에 관한 주요 주제들을 살펴보기로 하자.

4. 거주 지역의 영향

최근에 거주 지역과 지역사회가 인간발달에 미치는 잠재적 영향에 대한 관심이 증가하였는데, 이는 Bronfennbrenner의 발달에 대한 생태학적 관점과 빈곤이 아동 및 청소년들에게 미치는 영향에 대한 관심에서부터 비롯되었다.

Wilson의 저서, 『진정 불이익을 받고 있는 사람들: 도심 내 최하류층과 공공정책(*The Truly Disadvantaged: The Inner City, the Underclass and Public Policy*)』(1987)은 지난 50년간 빈곤에 대한 연구를 촉진시킨 최고의 원동력일 것이다. 그는 대도시 내 거주 지역 문제들을 유난히 심한 빈곤의 집중화로 설명하고, 이런 거주 지역이 다음 세대의 사회화에 주요 위협을 가하고 있다고 주장했다. Wilson에 따르면, 1980년대와 1990년대의 도심부의 빈곤은 그 이전 세대의 빈곤과는 사뭇 다르다. 이는 취업 기회가 사라지고 성인들이 자신들이 사는 동네 또는 지역사회에서도 취업할 수 없는 상태가 되었기 때문이라고 본다. 이러한 상황은 높은 실직률, 사기 저하 그리고 마약 복용과 함께 부모, 가정과 지역사회의 안녕의 붕괴를 가져온다. 아동을 위한 성공적인 역할 모델이 줄어들고 학교에서의 의욕마저 사라지게 한다. 반면에 절망적이고 불법적인 행동모델들을 제공하고, 상당히 위험하고 황폐한 거주지로 만들어 버린다. 거주지를 벗어날 수 있는 경제적 수단이 없는 부모들은 이러한 악조건 하에서도 자녀들이 희망에 차고 건강하고 더 큰 사회의 한 일원으로 기능할 수 있도록 지도해야 한다. Wilson은 이와 같이 극도로 불리한 거주 지역에서 산다는 것이 얼마나 힘든 일인지를 강조하였다.

Wilson(1989)의 가설과 관련된 연구들과 Bronfenbrenner와 그의 동료들(Bronfenbrenner & Morris, 1998)의 연구 그리고 빈곤이 인간발달에 미치는 영향에 대한 지대한 관심은(McLoyd, 1990) 계속 축적되어 왔다. 첫째, 모든 연구자들은 거주 지역 특성이 갖는 직접적이고 간접적인 효과에 대한 중요성을 피력했다(Brooks-Gunn, Duncan, & Aber, 1997a, 1997b; Elder & Conger, 2000; Furstenber et al., 1999; Sampson, Raudenbush, & Earls, 1997). 연구들은 주로 가정, 학교 그리고 또래집단에 의해 중재된 거주 지역 특성의 간접적인 효과에 중점을 두고 있다. 예를 들어, 자원이 없는 극빈곤층의 동네에 사는 부모들은 자신들이 받는 스트레스 때문에 자식들을 효과적으로 양육하지 못한다. 특히, 실직하거나 다른 심각한 문제들을 가지고 있어 상처받기 쉬운 사람들은 더욱 그러하다. 뿐만 아니라 거주 지역의 현실은 부모의 양육 목표와 주거 지역 기관과 주민들과의 상호작용에도 영향을 미친다고 주장했다(예, 만약에 거리와 공원이 위험하다면 아동을 되도록 집에 머물러 있게 할 것이다). 일반적으로 학교는 지역사회의 자원으로 운영되기 때문에 학교의 질은 그 거주 지역에 사는 가정들의 수입과도 직결되어 있다. 마지막으로, 거주 지역에 사는 가정과 아동들의 유형 또한 그들의 또래집단 형성에 직접적인 영향을 끼친다. 거주 지역의 간접적인 요인들을 평가하는 작업은 시작에 불과하다. 지금까지 보이는 결과들은 이러한 요인들의 중요성을 증명해 주고 있다(Brooks-Gunn et al., 1997a, 1997b).

둘째, 발달에 미치는 거주 지역의 영향의 본질과 범위는 연령별로 다르다. 유아와 취학 전 아동들은 거주 지역 특성의 간접 요인인 부모의 행동에 의해 그리고 다른 유형의 지역사회에서 사는 것처럼 신체적 건강과 직결되는 직접적인 요인에 의해 영향을 받는다. 아동이 성장하면서 거주 지역의 다른 기관, 즉 학교와 지역사회 레크리에이션 시설 그리고 이웃의 또래집단과 성인들 등과 같은 보다 직접적인 요인에 의해 영향을 받는다. 이러한 가정 밖 거주 지역의 영향은 특히 청소년기와 초기 성인기에 매우 크다고 보고되고 있다(Brooks-Gunn et al., 1997a, 1997b).

셋째, 이제 막 거주 지역 문화가 발달에 미치는 영향에 대한 연구들이 활발하게 진행되고 있다. 지금까지의 많은 연구들이 '거주 지역의 영향이 있다' 는 가설을 성립하는 데 초점을 맞추어 왔다. 다시 말하면, 아동의 발달은 가족의 특성과는 무관하게 자신이 사는 거주 지역의 특성에 의해 영향을 받는다는 것이다. 이를 증명하기란 쉽지 않은데, 다른 거주 지역에 사는 가족들은 또한 매우 다르기 때문이다. 이 문제를 해결해 주는 가장 좋은 방법은 가정의 수입을 살펴보는 것이다. 빈곤한 가정들은 빈곤한 동네에서 살고 부유한 가정들은 부유한 동네에서 산다. 하지만 이 경우 연구자는 동네의 빈곤과 아이의 학교 성적 관계가 '거주 지역 영향' 에 따른 것인지 아니면 가족 수입으로 비롯된 것인지 어떻게 알 수 있을까? 이 질문에 대해 정확하게 답을 주기 위한 연구는 계속되고 있다.

이러한 영향들을 분리시키려는 시도가 Rosenbaum과 그의 동료들(Rosenbaum, 1980, 1991; Rosenbaum, Kulieke, & Rubinowith, 1988)에 의해 이루어졌다. 1976년에 시카고 법정에서는 시카고 주택위원회(Chicago Housing Authority)에게 빈곤한 가정들에게 더 나은 주거의 기회를 제공함으로써 주택 배정에서 인종차별을 바로 잡으라는 시정 명령을 내렸다. 이 기회를 받아들인 가정들은 임의적으로 더 나은 도심부 동네 또는 중산층 시카고 교외의 동네로 배정되었다. Rosenbaum과 그의 동료들은 이 두 유형의 가정에서 자란 아동을 대상으로 발달의 장기적 결과의 차이를 비교했다. 교외에서 자란 아동들은 도심부에 사는 아동들에 비해 고등학교를 졸업하고, 대학 준비 과정을 끝마치고, 대학에 진학하는 가능성이 높았다. 이 연구를 실험적으로 설계한다면, 아동이 자라나는 동네가 아동의 발달적 결과에 영향을 준다는 결론에 가장 확실한 실험적 증거를 제시할 수 있을 것이다. 그러나 그 영향의 원인은 이 연구에서 확인되지 않았다. 연구자들은 이러한 거주 지역 효과를 유발하는 과정에 대한 이해에 관심을 더 많은 갖고 있다.

최근에 미국 정부는 하나의 주요한 사회정책사업을 시험해 보았다. 이는 임의적으로 여러 대도시 출신의 매우 빈곤한 가정들을 대상으로 가까운 교외에 중산층 지역으로 이주할 수 있도록 하는 것이었다(Move to Opportunity Program: MTO). 여러 분야의 연구자들이 아동발달을 위한 이 실험의 결과에 관해 연구하고 있다. 한 가지 결과로, 이 정책은 초등학교 아동과 어머니에게 긍정적 영향을 미치는 것으로 나타났다. 거주 지역을 옮겨간 아동은 통제집단의 아동보다 학교와 일반적 사회 기능에서 더 우수하였으며, 어머니들 역시 아동의 학교 보내기와 자신의 취직 결과에서 통제집단의 어머니들보다 좋은 성과를 거두었다(Leventhal & Brooks-Gunn, 2004). MTO에 참가한 청소년은 통제집단 청소년보다 범죄 행위에 덜 가담하는 것으로 나타났다.

이러한 과정은 어떻게 일어나는 것일까? Jencks와 Mayer(1990)는 이 장에서 매우 중요한 세 과정들을 설명했다. 전염 과정, 집단적 사회화 과정 그리고 자원의 노출 과정이다. 우선 Jenck와 Mayer는 또래와 젊은 성인들이 아동의 행동, 목표 그리고 가치에 미치는 근본적인 영향을 '전염적' 과정이라고 정의 내렸다. 어린 아동들이 나이가 더 많은 아동, 청년들을 보면서 좋거나 나쁜 행동들을 쉽게 흉내 내고 순식간에 형성해 나간다는 의미에서 붙여진 말이다. 만약에 한 동네에서 많은 청소년들이 자퇴를 하고 마약과 알코올을 복용한다면, 그 지역의 어린 아이들도 비슷한 행동 패턴과 가치를 성장하면서 받아들이게 될 것이다. 더욱이 연장자는 어린 아동 및 청소년들을 그 지역사회에서 가장 전형적인 활동들로 이끌어 주는 역할도 한다(예, 폭력 집단일 수도 있고 걸스카우트와 같이 종교적 혹은 사회적 활동 조직인 긍정적인 환경일 수도 있다). 따라서 아동과 청소년들이 자신이 속해 있는 지역사회의 연장자들의 행동 패턴과 가치들을 그대로 흡수할 가능성이 높다. 많은 연구들이 이 가설을 뒷받침해 주고 있다(Brooks-Gunn et al., 1997a, 1997b; Furstenberg et al., 1999).

'집단적 사회화' 란 다음 세대를 사회화시키려는 지역사회의 협동적인 노력을 의미한다. 앞에서 설명한 전염 과정에서 아동 및 청소년들이 모여지는 효과와 비슷하게, 한 지역사회 내의 성인들은 그에 속한 아동들을 위하여 공통적인 목표를 세우기도 한다. 만약에 이러한 목표를 위해 공동의 전략을 사용하고 협력하여 사회화 과정을 실천한다면, 그들이 원하는 방향으로 아동을 성장시킬 수 있을 것이다. 성인들이 원하는 성공을 거두어 아동들에게 다양하고 일관성 있는 역할모델을 제공해 준다면 이 가능성은 한층 더 높아질 것이다. 이 가설을 평가하는 작업은 아직 시작 단계에 불과하지만, 지금까지의 초기 결과는 매우 고무적이다(Brooks-Gunn et al., 1997a, 1997b).

Sampson, Raudenbush 및 Earls(1997)는 집단적 사회화와 밀접하게 관련된 집단적 효능감에 대한 연구를 실시했다. '집단적 효능감'은 사회적 결합력(공유된 가치와 목표)과 공유된 사회적 통제 체제의 신뢰라는 두 가지 요소로 이루어진다. 수입, 교육, 취업과 같은 가정 수준의 특성들, 빈곤선 이하에 포함되는 가정 비율, 이민자와 흑인계 미국 가정의 비율 그리고 거주자 구조의 불안정성과 같은 거주 지역의 인구 통계적 특성들을 통제한 결과, 높은 집단적 효능감을 보이는 거주 지역이 낮은 범죄와 비행률을 보였다. 더 나아가 Sampson 등은 이 동네에 거주하는 아동들에 대한 발달적 자료들을 계속 확장하여 수집하고 있다. 곧 거주 지역의 높은 '집단적 효능감'이 아동의 발달에 보호적 요인으로 작용할 수 있는지 여부를 알게 될 것이다.

Jencks와 Mayer에 따르면, '자원의 노출(resource exposure)'은 기회 제공 대 위험성을 말한다. 지역사회에 따라 학교, 종교 단체 그리고 다른 유형의 활동 조직들, 레크리에이션 시설, 건강 시설, 합리적인 가게와 시장 그리고 경찰 모니터링과 같은 좋은 면들과 알코올과 마약 판매, 황폐한 주택과 부유한 주택 그리고 폭력 단체와 경찰 월권 남용 등과 같은 위험한 면들이 서로 다르게 존재할 수 있다. Jencks와 Mayer는 이러한 형태의 위험과 기회에 대한 노출은 지역사회의 모든 구성원들에게 영향을 미치며 가정과 또래집단의 영향에 의해 중재되는 것으로 보인다. 이러한 추측은 설득력은 있지만, 그 효과는 아직 미약한 것으로 보고되고 있다(Brooks-Gunn et al., 1997a, 1997b 참조).

Furstenberg와 그의 동료들(1999)은 거주 지역의 영향에 대한 또 다른 체제로 '가정 관리'를 제안하였다. 아동의 발달에 미치는 영향은 부모들의 양육에 의해 완화될 수 있는데, 그중 효과적인 양육은 아동을 교육하는 실제와 자신들이 살고 있는 지역사회의 유형에 따라 가정 밖에 노출된 다른 기회들과 위험들의 특성을 잘 관리, 조정하는 것이라고 보았다. 부모들은 자녀들이 잠재적인 위험에 노출되는 것을 완화하거나 또는 긍정적인 기회에 노출시켜 아동의 성장을 촉진시킬 수 있는데, 이러한 실제를 가정 관리라고 부른다. 아직 더 많은 연구가 필요하지만, 관리 기능을 잘하는 부모들은 지역사회에 따라 실행을 달리하며, 지역 내에서 효과적인 전략들을 성공적으로 이행하는 것은 특히 초기 및 중기 아동기의 발달에 미치는 거주 지역 위험성의 부정적인 영향들을 완화시켜 줄 수 있다고 보고했다(Brooks-Gunn et al., 1997a, 1997b; Duncan & Brooks-Gunn, 1997; Furstenberg et al., 1999).

요약하면, 거주 지역 효과에 대한 연구의 양적, 질적 성장은 최근에서야 이루어지고 있다. 아직은 걸음마 단계이지만, 지역사회 구성원들에게 미치는 지역사회 특성들을 기술해 나가고 있다. Bronfenbrenner(1979)가 예측한 것처럼, 아동발달에 미치는 지역사회 영향은 주로 미시체계 내(부모의 양육, 교사 행동, 학교 자원 그리고 또래집단 행동)에서 이루어진다. 미시체계의 중요성 때문에 거주 지역 효과의 중요성은 다소 적을 수 있다. 그 중에서도 효과적인 부모의 양육은 거주 지역의 여러 위협과 위험들로부터 아동의 발달을 완화시킬 수 있다. 그럼에도 불구하고, 거주 지역이 아동의 발달에 미치는 영향은 아동의 연령이 높아지면서 더욱 증가하는 것으로 나타났다(Elliott et al., 2004). 아동이 청소년기와 청년기에 접어들면서 부모의 통제와 영향이 감소하기 때문인 것으로 보인다. 이 단계에 이르면, 개인이 자신의 행동을 스스로 통제하고 가정 밖에서의 거대한 사회단위 체계와 상호작용을 해 나가게 된다. 그러나 아동이 독립적이 되어 갈수록 아동의 발달에 가정 외의 영향력들이 위험요소로 작용할 가능성들이 커지는 것 역시 사실이다.

5. 학교와 지역사회 효과에 대한 주요 매개체: 또래 문화

발달에 대한 학교와 지역사회 효과의 논의에서 우리는 특정한 특성이 또래 간 상호작용에 영향을 준다고 제안했다. 여기에서 그러한 연결들을 상세히 살펴보기로 하자. 하지만 불행하게도 이와 관련된 실험 연구는 거의 없는 실정이다. 학교 효과와 관련해서는 더욱 그러하다. 대부분의 교육연구자들은 학교가 인간발달에 미치는 주요 부분으로 학교에서의 또래집단의 역할을 조사하지 않았다. 대신에 또래집단의 영향력은 주로 발달심리학자와 사회학자들에 의해 연구되었다(이 책에서 Rubin et al.이 쓴 장을 참조하라). 그러나 몇몇 연구들을 제외하고는 이에 관련한 연구들 역시 또래집단 과정을 이해하는 주요한 맥락으로 학교를 포함시키지 않고 있다. 앞에서도 주장했듯이, 교실 내와 교실 간의 학교 실제는 또래집단의 학교 내외의 상호작용에 영향을 주기 때문에 학교와 지역사회 경험은 매우 중요하다고 본다. 원래 또래집단의 영향에 관한 인식은 지역사회 효과에 관심이 보이던 연구자들에 의해 시작되었지만, 여기서는 또래집단이 범죄, 비행 그리고 학교 생활 실패에 어떤 역할을 하는지에 대해 구체적으로 살펴보기로 하자(Brown, 2004). 지역사회는 또래집단의 상호작용이 많이 일어나는 장소다. 또래집단은 주로 지역사회의 거주자들로 구성이 된다. 이 또래집단의 관계망이 어는 곳에 밀집해 있는가는 개인이 공유하고 있는 그 집단의 규범 및 가치에 따라 긍정적 또는 부정적 효과를 줄 수 있다. 또래집단 관계가 가장 밀접하게 연결된 학교와 지역사회 맥락을 중심으로 전반적인 영향을 살펴볼 것이다. 여기에서는 특히, 협동 학습자로서의 또래집단, 또래집단 내에서의 강화와 사회적 체제 그리고 다중 목표의 조정에 중점을 두기로 한다.

6. 협동 학습자로서의 또래집단

협동 학습의 장점에 관한 심도 있는 연구들은 또래집단과 학교를 하나로 묶어서 본다. 이러한 연구들은 협동 학습자로 또래의 다양한 역할들을 강조했다. 사회적 맥락 속에서 직접 하는 학습 활동들은 대체로 재미가 있고, 따라서 내적 흥미를 유발시킨다(Slavin, 1990). 또래들은 집단 토론, 자료의 공유, 학업 기술 형성 등을 통해 서로의 이해와 학습을 도울 수가 있으며, 서로에게 과제에 대한 확실한 설명과 해설을 제공해 주기도 한다(NRC/IOM, 2004; Schunk, 1987). 이러한 각 특성들은 아동들의 성공에 대한 기대, 활동의 평가 그리고 수행 목표보다는 학습 자체에 중점을 두는 것을 통하여 학업 성취에도 영향을 미치게 된다. 교실에서의 긍정적 사회적 상호작용이 가능한 것은 모두 협동 학습 덕택이라 볼 수 있다(Slavin, 1990). 마지막으로, 협동 학습은 앞에서 언급했던 체제와도 밀접한 관계가 있다. 만약 교실에서 협동 학습을 이행하면 아동은 서로를 더 쉽게 포용할 수 있게 되며 사회적으로 고립되는 아동의 수도 줄어들 것이다. 따라서 협동 학습의 활발한 사용은 또래 거부와 소속감 결여가 학업동기에 미치는 효과를 완화시켜 줄 것이다.

협동 학습과 밀접하게 연관된 또 하나의 연구는 또래 교수다. 아동은 다른 친구들을 가르치면서 많은 것을 배우게 된다(Eccles & Templeton, 2002; Jackson & Davis, 2000; McLaughlin, 2000; Sieber, 1979). 이러한 교수는 교수를 하는 아동과 교수를 받는 아동 모두에게 도움이 된다. 또래 교수의 흥미로운 변형 방법이 『청소년 발달의 전환점(*Turning Point*)』(카네기 교육위원회, 1989)에 게재되었다. 바로 연령 통합 교수다. 이 실제에서는 8학년 학생들로 이루어진 특별한 집단을 훈련시켜서 1학년 아동들의 읽기를 가르치도록 하였다. 이 8학년 집단이 특별한 것은, 이들 모두 학교에서 성적이 좋지 않고 읽기 능력이 평균 이하였다는 사실이다. 그럼에도 불구하고 1학년 아동들보다는 나은 실력이었다. 이 실제로 8학년과 1학년 아동들에게 모두 도움이 되기를 기대했었고, 실제로 도움이 된 것으로 나타났다. 8학년 그룹의 학교 참여도와 성취도는 현저하게 증가하였다. 중도하차 없이 학교에 남아 있었으며, 졸업할 때가 되자 평균 수준의 읽기 능력을 보였다. 반면에 8학년 학생들의 제자였던 1학년 학생들은 자기보다 나이가 많은 학생, 교사와 상호작용하면서 계속 수준에 맞는 읽기 능력을 보였다. 이러한 개입은 연령 통합 교수의 영향력을 보여주었으며, 나이가 많은 학생들에게는 의미 있고 보람 있는 과제를 통해, 어린 학생들에게는 뒤떨어지지 않기 위해 필요한 추가 수업으로써 도움을 주었다.

이와 비슷한 연령 통합 프로젝트는 지역사회에서 운영된다. 앞에서도 언급하였듯이, 나이 많은 아동들과 청소년들이 대다수인 또래집단 중심 활동에 가끔 나이 어린 아동들을 모집하는 경우가 있다. 이는 종교기관 또는 레크리에이션 센터와 같이 긍정적인 상황에서 일어날 수도 있으며, 폭력 집단과 같은 부정적인 상황에서 일어나기도 한다. 『*A Matter of Time*』(Carnegie Corporation of New York, 1992)에서 선정한 가장 성공적인 청소년발달 프로그램 중에는 연령 통합 멘터링 프로그램도 포함되어 있다(McLaughlin, 2000 참조).

또래집단 영향력

또래집단의 영향에 관심을 둔 많은 기존 연구들은 또래집단이 학교생활을 잘하려고 노력하는 청소년의 태도에 어떻게 부정적인 영향을 주는가에 초점을 맞추어 왔다. 최근에는 학교 참여와 다른 긍정적 활동에 미치는 영향을 통해 또래집단이 청소년들의 긍정적 발달을 지지하는가 혹은 손상시키는가의 문제에 더 많은 관심을 갖기 시작했다. 연구 결과, 아동들은 비슷한 동기부여 성향과 활동 선호도에 따라 또래집단을 이루고, 이러한 집단 형성은 다시 지니고 있던 동기부여 성향과 활동 선호도를 강화시켜 오랫동안 아동들의 개인차를 강화시키는 효과를 보였다(Berndt & Keefe, 1995; Berndt, Laychak, & Park, 1990; Epstein, 1983; Kindermann, McCollam, & Gibson, 1996; Youniss, 1980). 그러나 이러한 효과들이 긍정적인지 부정적인지는 또래집단의 동기부여적 가치와 행동적 성향에 의해 많이 좌우된다(Eccles, Barber, Stone, & Hunt, 2003). 예를 들어, 성취도가 높은 아동은 높은 성취를 보이는 다른 아동과 친구가 되며, 비슷한 동기를 지닌 아동과의 상호작용을 통해 더욱 긍정적인 학업동기를 만들게 된다. 반면에 낮은 성취를 보이는 아동은 성취도가 낮은 다른 아동과 친구가 되고, 학업보다는 다른 활동 상황에 더 관심을 쏟게 된다(Fuligni et al., 1995; Kindermann, 1993; Kinderman, McCollam, & Gibbson, 1996).

또래집단 영향의 역할은 연령별로 다르다. 예를 들어, 청소년기의 또래들은 특히 더 중요한 역할을 하는데, 또래집단 과정에서 아동과 청소년의 주된 차이는 다음과 같다. ① 청소년은 또래집단의 인정에 대해 더 신경을 쓰고 고민한다. ② 청소년은 성인의 지도 없이 더 많은 시간을 또래와 함께 사회적 활동, 스포츠 활동 그리고 다른 방과 후 활동을 하면서 보낸다(Eccles & Templeton, 2002). 예를 들어, 초기 청소년은 사회적 활동을 중요하게 평가하며 다른 활동들을 학업 활동보다 더 좋아한다(Brown, 2004; Wigfield, Eccles, Mac Iver, Reuman, & Midgley, 1991). 더 나아가 Harter(1990)는 초기 청소년의 일반적인 자아존중감을 결정짓는 요인은 자신의 인지적 능력에 대한 지각보다는 신체적 외형과 사회적 수용에 있다고 보고했다. 이는 또래집단의 잠재적 역할이 청소년기에 더 크게 나타나며, 그 효과의 본질은 또래집단의 가치에 따라 다를 수 있다는 점을 의미한다. 높은 동기를 지닌 친구들과 어울리는 것은 다른 영역의 동기를 저하시킬 만큼 학업동기와 성취를 자극한다. 이와 비슷하게 낮은 학업동기를 지닌 또래집단과 어울리다 보면 학업동기는 감소되고, 그들의 가치에 따라 다른 영역의 활동에 동기를 부여하게 될 것이다.

Stattin과 Magnusson(1990)의 연구는 이러한 과정의 실례를 제공한다. 일찍 성숙한 젊은 여자들은 어린 나이에 이성 교제 및 또래집단과 또래 활동들에 참여할 가능성이 높다고 한다. 여자들이 성적으로 더 성숙해 보이기 때문에 더 나이가 많은 남자 또래들과 어울리게 된다는 것이다. 물론 나이가 좀 더 많은 남자는 성 역할에 대한 일반 연령별 태도로 여자와 상호작용하게 된다. 따라서 이러한 이성 교제 관계에서는 성숙한 젊은 여자는 학업 활동으로부터 멀어지고 이성적인 활동과 역할에 몰입하게 된다. 그 결과, 교육적 열망이 줄어들고 학문적 추구의 가치에서 벗어나 사춘기 이전의 학업동기와 성취도를 바탕으로 예측했던 것보다 교육을 덜 받게 된다. 그 대신 결혼을 하고 다른 여자 또래들에 비해 어린 나이에 부모가 되기 쉽다.

Stattin, Kerr, Mahoney, Persson 및 Magnusson(2005)은 이와 비슷한 연구 결과를 보다 구체적으로 설명했다. 현재 청소년기에서 청년기로 전환하고 있는 청소년들을 대상으로 한 살펴본 결과, Stattin과 Magnusson(1990)이 언급했듯이 조숙한 여자들은 보다 늦게 성숙한 또래들보다 빨리 학교를 자퇴하고 결혼하여 아기를 낳고 사는 경향을 보였다. 그러나 이러한 현상은 조숙한 여자아이들의 일부에서만 나타나는 것이었다. 지역사회의 레크리에이션 센터에 다니는 여자아이들은 더 나이가 많은 남자들과 만나고 데이트를 하는 것으로 나타났다. 따라서 Stattin 등은 빨리 성숙한 여자아이들이 나이가 더 많고 더 위험한 또래집단으로 옮겨 가는 경로를 제시할 수 있었다. 지역사회의 레크리에이션 센터는 이러한 또래집단 영향력이 분명한 환경을 제공한다.

다중 목표의 조정에서의 또래집단 역할

Sattin 등(1990)의 연구에서는 또한 다중 목표 조정의 중요성에 대해 언급하고 있다. 학교와 지역사회뿐만 아니라 개인도 다중 목표를 가지고 있다. 자신의 목표들을 잘 관리하고 조정하는 것은 중요한 발달적 과제다. 또래는 다양한 목표나 활동을 더 중요하게 하거나 덜 중요하게 혹은 더 매력적으로 만들어 주거나 덜 매력적으로 만들어 주면서 이러한 과정에서 핵심적인 역할을 한다. 청소년기는 이러한 과정의 원동력을 관찰할 수 있는 좋은 시기다. 다양한 민족 집단에 비슷한 과정들을 제시하였을 때, 어떤 집단은 유럽계 미국인 청소년들보다도 또래로부터 학업 성취에 대한 지지를 덜 받았다(Fordham & Ogbu, 1986; Willis, 1977). Steinber, Dornbusch 및 Brown(1992)은 낮은 성취도를 가진 흑인계 미국인과 라틴계 미국인 그리고 높은 성취도를 가진 유럽계 미국인과 동양계 미국인들의 차이를 비교했다. 그 결과, 이러한 차이는 동양계 부모들이 가진 교육열이나 높은 학업 성과가 직업으로 이어진다는 청소년의 신념에 있기보다는 학업 성취에 대한 또래집단의 지지 정도의 차이에 의한 것이라고 주장했다. 모든 민족 집단 청소년들이 부모들로부터 학업 성과에 대한 강한 지지를 받지만, 라틴계 미국인과 흑인계 미국인 학생들은 유럽계 미국인 또는 동양계 미국인 학생들보다 학업 성과에 대한 또래 간 지지를 덜 받은 것으로 나타났다. 몇몇 흑인계 미국인들의 경우, 부모가 지니는 교육적 성공에 관한 가치에 맞먹을 만큼 자신을 격려해 주는 또래집단을 찾는 데 상당히 어려움을 겪었다고 보고했다. 따라서 어떤 친구와 가깝게 지낼 것인지 신중하게 생각하고 선택해야만 했다. 유럽계와 동양계 미국인 학생들은 이러한 또래 딜레마에 대한 문제점을 덜 보고하는 것으로 나타났다.

요 약

또래집단 영향력은 학교와 거주 지역 효과에 통합적인 부분이다. 또래와 시간을 보내는 것은 두 가지 가족 외적 맥락에서 주요한 활동이다. 사실 또래와 많은 시간을 보내는 것은 이러한 가족 외적 맥락의 주요 특성 중 하나다. 지금까지 이러한 환경에서의 또래집단의 영향이 본래 또래 맥락적인 개인과 활동의 특성들에 따라 어떻게 변화하는지 살펴보았다. 학교와 거주 지역 특성들은 아동들과 청소년들이 어떤 또래와 어떤 또래집단의 활동들에 노출될지에 영향을 미친다. 만약에 각 특성들이 긍정적이면 아동의 긍정적인 발달적 결과를 촉진시킬 것이고, 만약에 각각 문제가 있다면 이러한 연관성이 아동의 발달에 위험을 초래할 것이다.

학교와 거주 지역은 개인의 여가 활동의 종류를 구성하기도 한다. 다음에서는 이런 여가 활동들의 영향력에 대해 살펴보자.

7. 여가 활동과 발달

뉴욕의 카네기 사(1992)가 『*A Matter of Time*』을 출판한 이래로, 성공적인 발달에서 생산적인 시간의 활용이 어떤 역할을 하는지에 대한 사람들의 관심이 늘어나기 시작했다. 이 책에서는 아동 및 청소년들이 얼마나 많은 여가 시간을 보내고 있는지 또한 얼마나 많은 여가 시간을 친구들과 어울리기, TV 시청하기 그리고 음악 듣기와 같은 구조화되지 않은 활동들에 쏟아 버리고 있는지를 보여 주었다. 여가 시간을 보낼 때는 구조적이고 조직적인 활동들을 찾아하는 것이 좋다. 그러한 활동들을 통해 청소년들은 ① 위험한 활동에 참여하게 될 기회를 줄이고, ② 유용한 것들을 배울 수 있으며(특정한 재능, 사회적 가치 및 태도), ③ 긍정적인 사회적 지원과 관계를 형성할 수 있는 가능성이 증가하기 때문이다. 아동과 청소년들이 자신들의 자유시간을 어떻게 사용했는지 그 이득과 대가에 관한 종단적 발달 연구는 아직까지 거의 없는 실정이다. 비슷한 연구들의 대부분은 사회학과나 여가 활동에 관련하여 청소년을 대상으로 한 연구들이었다.

활동 참여에 대한 사회학적 및 심리학적 연구들은 대부분 방과 후 활동에 초점을 두고 있다. 이러한 연구들에서는 사회계층과 능력의 변인을 통제한 후, 청소년의 방과 후 활동과 성인의 교육적 달성, 직업 그리고 수입의 관계를 살펴보았다(Ecclse & Templeton, 2002). 연구 결과, 방과 후 활동 참가는 보호적인 가치를 형성하여 청소년들의 비행 및 다른 위험한 행동에의 참여를 감소시킨다고 보고했다(Eccles et al., 2003; Mahoney, Larson, & Eccles, 2005).

여가 활동 관련 연구에서는 휴식을 즐기는 여가와 건설적이고 조직화된 활동을 즐기는 여가 활동 간의 차이와 그 경로에 초점을 두었다. 설명하면, 긴장을 늦추고 휴식을 위한 여가는 즐겁지만 활동이 요구하는 것은 없다(예, TV 시청하기). 반면에 건설적이고 조직화된 여가 활동(예, 팀 스포츠, 행위예술, 조직적인 자원봉사 활동)은 노력과 헌신을 요하며 활동을 통해 자신의 정체성을 표출하거나 열정을 불태울 수 있다(Larson & Kleiber, 1993; Osgood, Anderson, & Shaffer, 2004). 두 종류의 여가 활동을 비교했을 때, 후자의 활동들이 전자의 활동들보다 발달적 혜택을 수반한다고 본다. 그 이유는 ① 다양한 상황에서의 특정한 사회적, 신체적 및 지적 기술을 습득할 수 있고, ② 지역사회의 안녕에 기여할 뿐만 아니라 지역사회의 구성원으로 자부심을 느낄 수 있으며, ③ 사회적으로 인정받는 가치 있는 집단에 속하게 되고, ④ 현재 혹은 미래에 누군가를 도울 수 있는 성인 혹은 또래들의 지지적 사회 연결망을 형성할 수 있고, ⑤ 도전을 하고 그를 성취해 나가는 기회를 제공하기 때문이다.

최근의 연구들은 조직화된 활동에 참여하여 얻을 수 있는 긍정적인 효과에 대한 가정들을 지지해 주고 있다(Mahoney et al., 인쇄 중). 예를 들어, Mahoney와 Cairns(1997), McNeal(1995)은 방과 후 활동의 참가는 특히 고위험 청소년들의 자퇴율의 감소와 연관되었다고 밝혔다. Mahoney(1997)는 또한 방과 후 활동이 범죄의 감소와도 상관이 있다고 보고했다. 더욱이 성인에 의해 다양한 활동들에 참여한 청소년들은 참여하지 않은 또래들에 비해 낮은 약물 복용률을 보였다(Youniss, Yates, & Su, 1997). 특히, 스포츠는 낮은 자퇴율과 높은 대학 진학률과 관련이 있는데(Eccles et al., 2003; McNeal, 1995), 이는 특히 학업 성취도가 낮은 저소득층 운동선수에게서 더욱 두드러졌다(Holland & Andre, 1987).

학교가 운영하는 방과 후 활동에의 참여는 높은 GPA, 학교 활동에의 높은 참여도 그리고 고등교육에 대한 열망 등의 긍정적인 발달적 결과를 초래하는 것으로 나타났다(Barber, Eccles, & Stone, 2001; Eccles & Barber, 1999; Lamborn, Brown, Mounts, & Steinberg, 1992). 이와 비슷하게 고등학교의 방과 후 활동과 교외 자원봉사 활동 참여는 성인이 된 이후 정치 과정에서의 높은 참여와 다른 유형의 자원봉사 활동, 지속적인 스포츠 활동 그리고 더 나은 신체적 및 정신적 건강을 예측해 주었다(Barber, Eccles, & Stone, 2001; Glancy, Willits, & Farrell, 1986; Youniss, McLellan, & Yates, 1997; Youniss, Yates et al., 1997).

반면에 스포츠는 학교에서의 일탈 행동, 알코올 및 마약 복용의 증가와 같이 부정적인 결과를 초래한다는 연구 결과도 있다(Eccles & Barber, 1999; Lamborn et al., 1993). 이런 상반된 결과는 조직화된 활동에의 참여가 긍정적으로 또한 부정적으로 모두 효과가 있다는 것을 암시한다. 왜 그런 것일까?

여가 활동과 관련하여 긍정적인 결과를 초래하는 요인으로 Rehberg(1969)는 학구적인 또래와의 어울림, 학구적 가치에 노출, 자아존중감 고취, 높은 개인적 효능감 그리고 진로 상담과 용기 북돋아 주기 등을 제시했다. Coleman(1961)은 다양한 유형의 방과 후 활동에서 자신에게 적합한 또래집단을 만나는 것이 중요하고, 그 집단의 가치와 규범들이 중요하게 영향을 미친다고 보았다. Otto와 Alwin(1977)은 개인적 및 대인적 기술과 태도의 습득을 긍정적 결과 유발 요인으로 덧붙이고, 중요한 사회적 관계망 내에서 참여 구성원을 증가시켜야 한다고 주장했다. 최근 연구자들은 또래집단 형성, 정체성 형성 그리고 활동 참여의 연관성에 초점을 두기도 했다(Eccles & Barber, 1999; Eccles & Templeton, 2002; Eckert, 1989; Mahoney et al., 인쇄 중). 예를 들어, Fine(1992)은 어린이 야구단에 참여하는 것이 아동에게 어떻게 자신을 '운동선수'로서 정의 내리는지와 이 참여를 통해 아동에게 가장 중요한 또래집단을 어떻게 만들어 나가는지를 설명했다. 자신의 정체성과 주위 또래집단과 같은 이러한 특성들은 다시 자신의 모습에 대한 상호 의존적인 체계를 형성하여 이후 자신의 활동 선택에 영향을 주게 된다.

이렇게 활동 참여와 또래집단 구성원 간의 밀접한 연결은 알코올 및 마약 복용 등의 부정적인 결과에도 영향을 미친다. 청소년의 행동을 잘 관찰하면 그들이 누구와 함께 시간을 보내는지 쉽게 알 수 있다. 조직화된 활동에의 참여는 또래집단 간의 상호작용을 상당히 구조화시키기 때문에 그런 활동에 참여하는 것 자체가 직접적인 영향을 준다고 볼 수도 있을 것이다. 즉, 함께 참여하는 친구가 자신의 또래집단이 되는 것이다. 일반적으로 또래집단은 함께하는 활동을 기반으로 하여 자신들만의 '문화'를 만들어 나가고, '스타일'을 공유하는 하나의 집단으로서 개개인의 청소년들에게 정체성을 확립할 기회를 제공한다. 학교 조직이나 스포츠에 참여하여 자신과 비슷한 또래들을 만날 수 있고, 경험이나 목표를 함께 공유하고, 또래 간의 우정을 돈독히 할 수 있게 된다(Larson, 1994; Mahoney et al., 2005).

대부분 이러한 기회들은 긍정적 발달에 영향을 미친다. 그러나 자신의 또래집단이 술을 마시고 마약을 복용하는 등의 위험한 행동에 가담하게 되면 그런 또래 활동 상황에 놓이는 것 자체가 문제행동을 증가시킬 수도 있다. 이처럼 위험한 행동에 동참하는 것이 아동에게 더욱 더 부정적인 결과를 초래하는지 여부는 개인의 심리적 특성과 가치와 넓게는 또래집단의 가치에 따라 좌우된다.

8. 결론

이 장에서는 학교와 지역사회가 발달에 미치는 여러 가지 영향들에 대해 알아보았다. 우선 학교 조직의 다양한 수준들이 어떻게 상호작용하여 아동과 교사의 일상 경험을 만들어 나가는지를 살펴보았다. 각 수준에서의 결정과 규제 과정들이 학교라는 발달 맥락 내에서 어떻게 영향을 미치는지를 이해하려면 학교를 복잡한 조직체계로 보아야만 한다. 학교는 또한 개인의 발달 궤도에 따라 복잡하게 변화해 가는 기관이기도 하다. 학교가 어떻게 아동 및 청소년발달에 영향을 주는지 이해하려면 개인 수준과 기관 수준에서의 변화를 모두 이해해야만 한다. 단계별 환경 적합성 이론은 개인 수준과 학교 수준에서의 두 가지 발달적 궤도를 잘 연결시켜 설명한다. 학교는 학년 수준에 따라 여러 양상으로 변화할 수 있다. 이러한 변화의 특징들은 그 변화가 성숙과 성인기를 향해 지속적으로 발달을 촉진시키는 정도에 따라 발달적으로 적합할 수도 있고 적합하지 않을 수도 있다(물론 그러한 변화들이 발달과는 상관없을 수도 있지만, 이런 논의는 여기서는 하지 않았다). 학년과 학교를 올라감에 따라 모든 아동들은 변화하는 맥락을 경험하게 된다. 나이가 들어 감에 따라서도 발달하고 변화해 가는데, 점점 성숙해지고 그에 따라 합당한 권리를 갖게 될 것이라고 기대하게 된다. 우리는 이 두 변화의 궤도가 서로 조화를 이룰 때, 다시 말하면 맥락적 변화가 개인 수준에서 나타나는 변화 양상과 잘 맞아떨어질때 혹은 조금 앞설 때 바람직한 발달이 이루어진다고 본다. 게다가 이 두 개의 궤도가 조화롭게 맞아떨어지지 않을 때 부정적 발달적 결과를 초래하는 위험요인이 증가한다는 것을 확인했다.

다음으로 학교의 여러 특성들이 발달의 다른 맥락들, 특히 지역사회와 또래집단에 어떻게 연관되어 있는지 살펴보았다. 그리고 학교와는 상관없이 거주 지역의 특성들이 어떻게 발달에 영향을 주는지 알아보았다. 마지막으로는, 학교와 거주 지역의 영향이 또래집단 활동 및 상호작용에 의해 어떻게 중재되는지를 정리해 보았다. 우리가 주장하는 것은 이렇게 다양한 맥락적 영향들 사이의 상호작용을 살펴볼 필요가 있다는 것이다. 많은 연구자들이 발달 맥락들 간의 상호작용을 거의 고려하지 않고 있다. 오히려 가족이나 또래집단 등의 한 가지 맥락만 놓고 보는 경향이 있다. 그러나 사람들은 복합적인 맥락 내에서 살고 있다. 그 복합적 맥락들을 이해하고 맥락 내에서 요구되는 것들을 조정하는 일이 더 어려운 발달적 과제일 것이다. 개인이 어떻게 이러한 과제들을 관리해 나가는지 또 이러한 관리 능력이 시간이 지나면 자연히 발달하는 것인지에 대해서는 알려진 것이 거의 없다. 뿐만 아니라 한 맥락의 특성이 다른 맥락의 특성에 어떻게 영향을 미치는지에 대해서도 상대적으로 알려진 것이 많지 않다. 이 장에서 학교와 거주 지역의 특성이 또래집단 및 또래와의 상호작용에 어떻게 영향을 미치는지 살펴보았지만, 사실상 보다 많은 연구와 이론 확립이 필요한 실정이다.

인간의 욕구를 충족시키기 위한 상대적 능력이라는 측면에서 이러한 복합적인 맥락들을 생각해 볼 수도 있다. 앞서도 지적했듯이, Connell과 Wellborn(1991)은 개인은 자신이 능력 있는 존재이며, 사회적으로 밀접하게 연결되어 있고, 존중받는다고 느낄 수 있을 때 그리고 자신의 운명을 자기 스스로 통제할 수 있는 기회가 제공되는 맥락 내에서 가장 잘 발달할 수 있다고 주장한다. 이것이 사실이라면, 인간은 발달적으로 적합한 활동 속에서 이러한 느낌을 경험할 수 있는 맥락에 놓여야만 한다. 그리고 맥락적 특성의 변인을 가지고 개인들이 어떤 한 맥락을 다른 맥락보다 선호하는 이유를 설명할 수 있을 것이다. 예를 들어, 학업 성적이 뛰어나지 않거나 부모와의 관계가 원활하지 않은 청소년은 자신에 대한 유능감과 자아존중감을 갖기 위해 또래집단을 찾을 것이다. 자신이 어디에서 시간을 보낼지에 선택을 할 수 있다면 인간은 당연히 유능감에 대한 욕구, 질 좋은 사회적 관계에 대한 욕구, 자신의 자율성과 개인 성향에 대해 존중을 받고 싶은 욕구 그리고 사회적으로 자신의 가치를 인정받고 싶은 욕구 등을 가장 잘 만족시켜 주는 사회적 맥락 내에서 대부분의 시간을 보낼 것이다. 규범적인 행동을 중요하게 여기는 사회적 맥락 내에서 이러한 욕구들이 충족될 수 있다면 학생들은 학교와 문화적으로 그 가치를 인정받는 다른 기관들에서 잘 생활할 수 있을 것이다. 반대로 그러한 사회적 맥락 내에서 자신들의 욕구가 충족되지 않는다면 그들은 규범을 깨뜨리고 문제행동을 강화시키는 다른 사회적 맥락을 찾아 나설 것이다. 따라서 아동 및 청소년들을 긍정적이고 규범적인 발달 경로로 이끌고 싶다면 이런 발달 경로를 강화시킬 수 있는 사회적 맥락 내에서 학생들이 인간의 기본 욕구를 충족시킬 수 있는 폭넓은 기회를 제공하는 것이 매우 중요하다.

참·고·문·헌

Allen, J. P., Philliber, S., Herrling, S., & Kuperminc, G. P. (1997). Preventing teen pregnancy and academic failure: Experimental evaluation of a developmentally-based approach. *Child Development, 64,* 729-742.

Alexander, K. L., & Entwisle, D. (1988). Achievement in the first two years of school: Patterns and processes. *Monographs of the Society for Research in Child Development, 53*(2, Serial No. 218).

Alexander, K. L., Entwisle, D. R., & Dauber, S. L. (1994). *On the success of failure: A reassessment of the effects of retention in primary grades.* Cambridge: Cambridge University Press.

Ames, C. (1992). Classrooms: Goals, structures, and student motivation. *Journal of Educational Psychology, 84,* 261-271.

Anderman, E. M., & Maehr, M. L. (1994). Motivation and schooling in the middle grades. *Review of Educational Research, 64,* 287-309.

Anderman, E. M., Maehr, M. L., & Midgley, C. (1999). Declining motivation after the transition to middle school: Schools can make a difference. *Journal of Research and Development in Education, 32,* 131-147.

Arbreton, A. J. A., & Eccles, J. S. (1994). *Mother's perceptions of their children during the transition from kindergarten to formal schooling: The effect of teacher evaluations on parents' expectations for their early elementary school children.* Paper presented at the

American Educational Research Association Conference, New Orleans, LA.

Ashton, P. (1985). Motivation and the teacher's sense of efficacy. In C. Ames & R. Ames (Eds.), *Research on motivation in education; Vol. 2. The classroom milieu* (pp. 141-171). Orlando, FL: Academic Press.

Atkinson, J. W. (1957). Motivational determinants of risk taking behavior. *Psychological Review, 64,* 359-372.

Ball, A. F. (2002). Three decades of research on classroom life: Illuminating the classroom communicative lives of America's at-risk students. In W. G. Secada (Ed.), *Review of research in education* (Vol. 26, pp. 71-112). Washington DC: American Educational Research Association Press.

Bandura, A. (1994). *Self-efficacy: The exercise of control.* New York: Freeman.

Barber, B. L., Eccles, J. S., & Stone, M. R. (2001). Whatever happened to the Jock, the Brain, and the Princess?: Young adult pathways linked to adolescent activity involvement and social identity. *Journal of Adolescent Research, 16,* 429-455.

Barker, R., & Gump, P. (1964). *Big school, small school: High school size and student behavior.* Stanford, CA: Stanford University Press.

Berndt, T. J., & Keefe, K. (1995). Friends' influence on adolescents' adjustment to school. *Child Development, 66,* 1312-1329.

Berndt, T. J., Laychak, A. E., & Park, K. (1990). Friends' influence on adolescents' academic achievement motivation: An experimental study. *Journal of Educational Psychology, 82* (4), 664-670.

Blos, P. (1965). The initial stage of male adolescence. *The Psychoanalytic Study of the Child, 20,* 145-164.

Blumenfeld, P. C. (1992). Classroom learning and motivation: Clarifying and expanding goal theory. *Journal of Educational Psychology, 84,* 272-281.

Boggiano, A. K., Shields, A., Barrett, M., Kellam, T., Thompson, E., Simons, J., et al. (1992). Helplessness deficits in students: The role of motivational orientation. *Motivation and Emotion, 16,* 271-296.

Bronfenbrenner, U. (1979). *The ecology of human development: Experiments by nature and design.* Cambridge, MA: Harvard University Press.

Bronfenbrenner, U., & Morris, P. A. (1998). The ecology of environmental processes. In W. Damon (Series Ed.) & R. M. Lerner (Vol. Ed.), *Handbook of child psychology* (5th ed., Vol. 1, pp. 993-1028). New York: Wiley.

Brooks-Gunn, J., Duncan, G. J., & Aber, J. L. (Eds.). (1997a). *Neighborhood poverty, Vol. 1.* New York: Russell Sage Foundation.

Brooks-Gunn, J., Duncan, G. J., & Aber, J. L. (Eds.). (1997b). *Neighborhood poverty, Vol. 2.* New York: Russell Sage Foundation.

Brophy, J. (1988). Research linking teacher behavior to student achievement: Potential implications for instruction of Chapter 1 students. *Educational Psychologist, 23,* 235-286.

Brown, B. B. (2004). Adolescents' relationships with peers. In R. L. Lerner & L. Steinberg (2004). *Handbook of adolescent psychology* (2nd ed., pp. 363-394). Hoboken, NJ: Wiley.

Bryk, A. S., Lee, V. E., & Holland, P. B. (1993). *Catholic schools and the common good.* Cambridge, MA: Harvard University Press.

Calabrese, R., & Schumer, H. (1986). The effects of service activities on adolescent alienation. *Adolescence, 21*(83), 675-687.

Calderhead, J. (1996). Teachers, beliefs, and knowledge. In D. C. Berliner & R. C. Calfee (Eds.), *Handbook of educational psychology* (pp. 709-725). New York : Simon & Schuster.

Carnegie Corporation of New York. (1992). *A matter of time : Risk and opportunity in the non school hours*. New York : Carnegie Corporation.

Carnegie Council on Adolescent Development. (1989). *Turning points : Preparing American youth for the 21st century*. New York : Carnegie Corporation.

Carskadon, M. A. (1990). Patterns of sleep and sleepiness in adolescents. *Pediatrician, 17,* 5-12.

Carskadon, M. A. (1997, April). *Adolescent sleep : Can we reconcile biological needs with societal demands?* Lecture given at Stanford University.

Cauce, A. M., Comer, J. P., & Schwartz, D. (1987). Long term effects of a systems oriented school prevention program. *American Journal of Orthopsychiatric Association, 57,* 127-131.

Christian, M. K., Morrison, F. J., Frazier, J. A., & Massetti, F. (2000). Specificy in the nature and timing of cognitive change. *Journal of Cognition and Development, 1*(4), 429-448.

Cole, D. A. (1991). Preliminary support for a competency-based model of depression in children. *Journal of Abnormal Psychology, 100,* 181-190.

Coleman, J. S. (1961). *The adolescent society*. New York : Free Press.

Coleman, J. S., & Hoffer, T. (1987). *Public and private high schools : The impact of communities*. New York : Basic Books.

Comer, J. (1980). *School power*. New York : Free Press.

Connell, J. P., & Wellborn, J. G. (1991). Competence, autonomy, and relatedness : A motivational analysis of self-system process. In R. Gunnar & L. A. Sroufe (Eds.), *Minnesota symposia on child psychology* (Vol. 23, pp. 43-77). Hillsdale, NJ : Lawrence Erlbaum Associates.

Cooper, P., & Upton, G. (1990). An ecosystemic approach to emotional and behavioral difficulties in schools. *Educational Psychology, 10,* 301-321.

Council of the Great City Schools. (1992). *National urban education goals : Baseline indicators, 1990-91*. Washington, DC : Council of the Great City Schools.

Covington, M. V. (1992). *Making the grade : A self-worth perspective on motivation and school reform*. New York : Cambridge University Press.

Deci, E. L., & Ryan, R. M. (1985). *Intrinsic motivation and self determination in human behavior*. New York : Plenum.

Deci, E. L., & Ryan, R. M. (2000). The "what" and "why" of goal pursuits : Human needs and the self-determination of behavior. *Psychological Inquiry, 11,* 227-268.

Dewey, J. (1990). *The child and the curriculum*. Chicago : The University of Chicago Press. (Original published in 1902.)

Dornbusch, S. M. (1994). *Off the track*. Presidential address at the biennial meeting of the Society for Research on Adolescence, San Diego, CA.

Dryfoos, J. G. (1990). *Adolescents at risk : Prevalence and prevention*. Oxford : Oxford University Press.

Duncan, G. J., & Brooks-Gunn, J. (Eds.). (1997). *Consequences of growing up poor*. New York : Russell Sage Foundation.

Dweck, C. S. (1999). *Self-theories : Their role in motivation, personality and development*. Philadelphia : Psychology Press.

Eccles, J. S. (1983). Expectancies, values, and academic behavior. In J. Spence (Ed.), *Achievement and achievement motivation*. San Francisco : Freeman.

Eccles, J. S. (1984). Sex differences in achievement patterns. In T. Sonderegger (Ed.), *Nebraska*

Symposium of Motivation (Vol. 32, pp. 97–132). Lincoln, NE: University of Nebraska Press.

Eccles, J. S. (1989). Bringing young women to math and science. In M. Crawford and M. Gentry (Eds.). *Gender and thought: Psychological perspectives* (pp. 36–57). New York: Springer-Verlag.

Eccles, J. S. (1993). School and family effects on the ontogeny of children's interests, self-perceptions, and activity choice. In J. Jacobs (Ed.), *Nebraska Symposium on Motivation, 1992: Developmental perspectives on motivation* (pp. 145–208). Lincoln: University of Nebraska Press.

Eccles, J. S., & Barber, B. L. (1999). Student council, volunteering, basketball, or marching band: What kind of extracurricular involvement matters? *Journal of Adolescent Research, 14,* 10–43.

Eccles, J. S., Barber, B. L., Stone, M., & Hunt, J. (2003). Extracurricular activities and adolescent development. *Journal of Social Issues, 59,* 865–889.

Eccles, J. S., & Gootman, J. A. (Eds.). (2002). *Community programs to promote youth development.* Washington, DC: National Academy Press.

Eccles, J. S., & Harold, R. D. (1993). Parent-school involvement during the early adolescent years. *Teachers' College Record, 94,* 568–587.

Eccles, J. S., Lord, S., & Roeser, R. (1996). Round holes, square pegs, rocky roads, and sore feet: The impact of stage/environment fit on young adolescents' experiences in schools and families. In D. Cicchetti & S. L. Toth (Eds.), *Rochester Symposium on Developmental Psychopathology, Volume VIII: Adolescence: Opportunities and challenges* (pp. 47–93). Rochester, NY: University of Rochester Press.

Eccles, J. S., Lord, S. E., Roeser, R. W., Barber, B. L., & Jozefowicz, D. M. H. (1997). The association of school transitions in early adolescence with developmental trajectories through high school. In J. Schulenberg, J. Maggs, & K. Hurrelmann, K. (Eds.), *Health risks and developmental transitions during adolescence* (pp. 283–320). New York: Cambridge University Press.

Eccles, J. S., & Midgley, C. (1989). Stage/environment fit: Developmentally appropriate classrooms for early adolescents. In R. Ames & C. Ames (Eds.), *Research on motivation in education* (Vol. 3, pp. 139–181). New York: Academic Press.

Eccles, J. S., Midgley, C., & Adler, T. (1984). Grade-related changes in the school environment: Effects on achievement motivation. In J. G. Nicholls (Ed.), *The development of achievement motivation* (pp. 283–331). Greenwich, CT: JAI Press.

Eccles, J. S., Midgley, C., Wigfield, A., Buchanan, C. M., Reuman, D., Flanagan, C., et al. (1993). Development during adolescence: The impact of stage-environment fit on adolescents' experiences in schools and families. *American Psychologist, 48,* 90–101.

Eccles, J. S., & Templeton, J. (2002). Extracurricular and other after-school activities for youth. In W. S. Secada (Ed.), *Review of educational research* (Vol. 26, pp. 113–180). Washington DC: American Educational Research Association Press.

Eccles, J., & Wigfield, A. (1985). Teacher expectations and student motivation. In J. B. Dusek (Ed.), *Teacher Expectations* (pp. 185–217). Hillsdale, NJ: Lawrence Erlbaum Associates.

Eccles, J. S., Wigfield, A., & Schiefele, U. (1998). Motivation. In N. Eisenberg (Ed.), *Handbook of child psychology* (Vol. 3, 5th ed., pp. 1017–1095). New York: Wiley.

Eckert, P. (1989). *Jocks and burnouts: Social categories and identity in the high school.* New York: Teachers College Press.

Elder, G. H., & Conger, R. D. (2000). *Children of the land.* Chicago: University of Chicago Press.

Elliott, D. S., Hamburg, B. A., & Williams, K. R. (1998). *Violence in American schools.* Cambridge, England: Cambridge University Press.

Elliott, D. S., Menard, S., Rankin, B., Elliott, A., Wilson, W. J., & Huizinga, D. (2004). *Overcoming disadvantage: Successful youth development in high risk neighborhoods.* Manuscript in preparation.

Entwisle, D. R., & Alexander, K. L. (1993). Entry into school: The beginnings school transition and educational stratification in the United States. *Annual Review of Sociology, 19,* 401-423.

Epstein, J. L. (1983). The influence of friends on achievement and affective outcomes. In J. L. Epstein & N. L. Karweit (Eds.), *Friends in school* (pp. 177-200). New York: McGraw-Hill.

Epstein, J. L. (1992). School and family partnerships. In M. Alkin (Ed.) *Encyclopedia of educational research* (pp. 1139-1151). New York: MacMillan.

Eyler, J., Root, S., & Giles, D. E., Jr. (1998). Service-learning and the development of expert citizens: Service-learning and cognitive science. In R. Bingle & D. Duffey (Eds.), *With service in mind.* Washington, DC: American Association of Higher Education.

Fine, G. A. (1992). *With the boys: Little league baseball and preadolescent culture.* University of Chicago Press.

Fine, M. (1991). *Framing dropouts: Notes on the politics of an urban public high school.* Albany, State University of New York Press.

Fiqueira-McDonough, J. (1986). School context, gender, and delinquency. *Journal of Youth and Adolescence, 15,* 79-98.

Fisher, D. (2001). "We're moving on up": Creating a schoolwide literacy effort in an urban high school. *Journal of Adolescent & Adult Literacy 45* (2), 92-101.

Fordham, S., & Ogbu, J. U. (1986). Black students' school success: Coping with "the burden of 'acting white'." *The Urban Review, 18,* 176-206.

Fraser, B. J., & Fisher, D. L. (1982). Predicting students' outcomes form their perceptions of classroom psychosocial environment. *American Educational Research Journal, 19,* 498-518.

Fuligni, A. J., Eccles, J. S., & Barber, B. L. (1995). The long-term effects of seventh-grad ability grouping in mathematics. *Journal of Early Adolescence, 15* (1), 58-89.

Furstenberg, F. F., Cook, T., Eccles, J. S., Elder, G., & Sameroff, A. (1999). *Managing to succeed.* Chicago: University of Chicago Press.

Gamoran, A., & Mare, R. D. (1989). Secondary school tracking and educational inequality: Compensation, reinforcement, or neutrality? *American Journal of Sociology, 94,* 1146-1183.

Glancy, M., Willits, F. K., & Farrell, P. (1986). Adolescent activities and adult success and happiness: Twenty-four years later. *Sociology and Social Research, 70,* 242-250.

Glasgow, D. G. (1980). *The Black underclass: Poverty, unemployment, and entrapment of ghetto youth* (1st ed.). San Francisco: Jossey-Bass.

Goldenberg, C. (1992). The limits of expectations: A case for case knowledge about teacher expectancy effects. *American Educational Research Journal, 29,* 517-544.

Goodenow, C. (1993). Classroom belonging among early adolescent students: Relationships to motivation and achievement. *Journal of Early Adolescence, 13* (1), 21-43.

Grolnick, W. S., Gurland, S. T., Jacob, K. F., & Decourcey, W. (2002). The development of self-determination in middle childhood and adolescence. In A. Wigfield & J. S. Eccles (Eds.),

Development of achievement motivation (pp. 147-171). San Diego: Academic Press.

Hart, D., Yates, M., Fegley, S., & Wilson, G. (in press). Moral commitment in inner-city adolescents. In M. Killen & D. Hart (Eds.), *Morality in everyday life: Developmental perspectives*. New York: Cambridge University Press.

Harter, S. (1990). Causes, correlates and the functional role of global self-worth: A life-span perspective. In J. Kolligian & R. Sternberg (Eds.), *Perceptions of competence and incompetence across the life-span* (pp. 67-98). New Haven, CT: Yale University Press.

Holland, A., & Andre, T. (1987). Participation in extracurricular activities in secondary school: What is known, what needs to be known? *Review of Educational Research, 57,* 437-466.

Hunt, D. E. (1975). Person-environment interaction: A challenge found wanting before it sas tried. *Review of Educatioanl Research, 57,* 437-466.

Jackson, A. W., & Davis, G. A. (2000). *Turning points 2000: Educating adolescents in the 21st century.* New York: Teachers College Press.

Jencks, C., & Mayer, S. E. (1990). The social consequence of growing up in a poor neighborhood. In L. E. Lynn, Jr. & M. G. M. McGeary (Eds.), *Inner-city poverty in the United States*. Washington DC: National Academy Press.

Jussim, L., Eccles, J. S., & Madon, S. (1996). Social perception, social sterotypes, and teacher expectations: Accuracy and the quest for the powerful self-fulfilling prophecy. In L. Berkowitz (Ed.), *Advances in experimental social psychology* (pp. 281-388). New York: Academic Press.

Jussim, L., Palumbo, P., Chatman, C., Madon, S., & Smith, A. (2000). Stigma ans self-fulfilling prophecies. In T. F. Heatherton, R. E. Kleck, M. R. Hebl, & J. G. Hull (Eds.), *The social psychology of stigma* (pp. 374-418). New York: Guilford.

Juvonen, J., Le, V. N., Kaganoff, T., Augustine, C., & Constant, L. (2004). *Focus on the wonder years: Challenges facing the American middle school*. Santa Monica, CA: Rand Co.

Kagan, D. M. (1990). How schools alienate students at risk: A model for examining proximal classroom variables. *Educational Psychologist, 25,* 105-125.

Kahne, J., Chi, B., & Middaugh, E. (2002). City Works Evaluation Summary, Surdna Foundation and Mills College.

Kavrell, S. M., & Peterson, A. C. (1984). Patterns of achievement in early adolescence. In M. L. Maehr (Ed.), *Advances in motivational and achievement* (pp. 1-35). Greenwich, CT: JAI Press.

Keating, D. P. (1990). Adolescent thinking. In S. S. Feldman & G. R. Elliott (Eds.), *At the threshold: The developing adolescent* (pp. 54-89). Cambridge, MA: Harvard University Press.

Kellam, S. G., Rebok, G. W., Wilson, R., & Mayer, L. S. (1994). The social field of the classroom: Context for the developmental epidemiological study of aggressive behavior. In R. K. Silbereisen & E. Todt (Eds.), *Adolescence in context: the interplay of family, school, peers, and work in adjustment* (pp. 390-408). New York: Springer-Verlag.

Kindermann, T. A. (1993). Natural peer groups as contexts for individual development: The case of children's motivation in school. *Developmental Psychology, 29* (6), 970-977.

Kindermann, T. A., McCollam, T. L., & Gibbson, E., Jr. (1996). Peer networks and students' classroom engagement during childhood and adolescence. In K. Wentzel & J. Juvonen (Eds.), *Social motivation: Understanding children's school adjustment*. New York: Cambridge University Press.

Kirby, D. B. (2002). Effective approaches to reducing adolescent unprotected sex, pregnancy, and childbearing. *The Journal of Sex Research, 39,* 51-57.

Krapp, A., Hidi, S., & Renninger, K. A. (1992). Interest, learning and development. In K. A. Renninger, S. Hidi, & A. Krapp (Ed.), *The role of interest in learning and development* (pp. 3-25). Hillsdale, NJ: Lawrence Erlbaum Associates.

Kulik, J. A., & Kulik, C. L. (1987). Effects of ability grouping on student achievement. *Equity & Excellence, 23,* 22-30.

Lamborn, S. D., Brown, B. B., Mounts, N. S., & Steinberg, L. (1992). Putting school in perspective: The influence of family, peers, extracurricular participation, and part-time work on academic engagement (pp. 153-181). In F. M. Newmann (Ed.), *Student engagement and achievement in American secondary schools.* New York: Teachers College Press.

Larson, R. W. (2000). Toward a psychology of positive youth development. *American Psychologist, 55,* 170-183.

Larson, R. (1994). Youth organizations, hobbies, and sports as developmental contexts. In R. K. Silberiesen & E. Todt (Eds.), *Adolescence in context.* New York: Springer-Verlag.

Larson, R., & Richards, M. (Eds.). (1989). *The changing life space of early adolescence* (Special Issue). *Journal of Youth and Adolescence, 18,* 501-626.

Lee, V. E., Bryk, A. S., & Smith, J. B. (1993). the organization of effective secondary schools. In L. Darling-Hammond (Ed.), *Review of research in education* (Vol. 19, pp. 171-267). Washington, DC: American Educational Research Association.

Lee, V. E., & Smith, J. (2001). *Restructuring high schools for equity and excellence: What works.* New York: Teachers College Press.

Leventhal, T., & Brooks-Gunn, J. (2004). Diversity in developmental trajectories across adolescence: Neighborhood influences. In R. L. Lerner & L. Steinberg (2004). *Handbook of adolescent psychology* (2nd ed., pp. 451-486). Hoboken, NJ: Wiley.

Lord, S., Eccles, J. S., & McCarthy, K. (1994). Risk and protective factors in the transition to junior high school. *Journal of Early Adolescence, 14,* 162-199.

Mac Iver, D. (1988). Classroom environments and the stratification of students' ability perceptions. *Journal of Educational Psychology,* 1-40.

Mac Iver, D., & Reuman, D. A. (1988, April). *Decision-making in the classroom and early adolescents' valuing of mathematics.* Paper presented at the annual meeting of the American Educational Research Association, New Orleans.

Mac Iver, D., Reuman, D. A., & Main, S. R. (1995). Social structuring of school: Stuyding what is, illuminating what could be. In M. R. Rosenzweig & L. W. Proter (Eds.), *Annual review of psychology* (Vol. 46). Palo Alto, CA: Annual Reviews.

Madon, S., Smith, A., Jussim, L., Russell, D. W., Eccles, J. Palumbo, P., et al. (2001). Am I as you see me or do you see me as I am? Self-fulfilling prophecies and self-verification. *Personality and Social Psychological Bulletin, 27,* 1214-1224.

Maehr, M. L. (1991). The "Psychological Environment" of the school: A focus for school leadership. In P. Thurstone & P. Zodhiates (Eds.), *Advances in educational administration* (Vol. 2, pp. 51-81). Greenwich, CT: JAI.

Maehr, M. L., & Midgley, C. (1996). *Transforming school cultures to enhance student motivation and learning.* Boulder, CO: Westview Press.

Mahoney, J. L. (1997). *From companions to convictions: Peer groups, school engagement, and the development of criminality*. Paper presented at the Biennial Meeting of the Society for Research on Child Development, Washington DC.

Mahoney, J. L., & Cairns, R. B. (1997). Do extracurricular activities protect against early school dropout? *Developmental Psychology, 33,* 241-253.

Mahoney, J. L., Larson, R., & Eccles, J. (Eds.). (2005). *Organized activities as contexts of development: Extracurricular activities, after-school and community programs*. Hillsdale, NJ: Lawrence Erlbaum Associates.

Marsh, H. W., Chessor, D., Craven, R., & Roche, L. (1995). The effects of gifted and talented programs on academic self-concept: The big fish strikes again. *American Educational Research Journal, 32,* 285-319.

McLaughlin, M. W. (2000). *Community counts: How youth organizations matter for youth development*. Washington DC: Public Education Network.

McLoyd, V. C. (1990). The impact of economic hardship on Black families and development. *Child Development, 61,* 311-346.

McNeal, R. B. (1995). Extracurricular activities and high school dropouts. *Sociology of Education, 68,* 62-81.

Meece, J. L. (2002). *Child and adolescent development for educators* (2nd ed.). New York: McGraw-Hill.

Meece, J. L., & Eccles, J. S. (1993). Introduction: The schooling of ethnic mimority children and youth. *Educational Psychologist, 28,* 313-319.

Meece, J. L., & Kurtz-Costes, B. (2001). Introduction: The schooling of ethnic minority children and youth. *Educational Psychologist, 36,* 1-7.

Melchior, A., & Bailis, L. N. (2002). Impact of service-learning on civic attitudes and behaviors of middle and high school youth: Findings from three national evaluations. In A. Furco & S. H. Billig (Eds.), *Service-learning: The essence of the pedagogy* (pp. 201-222). Greenwich, CT: Information Age.

Midgley, C. (2002). *Goals, goal structures, and patterns of adaptive learning*. Mahwah, NJ: Lawrence Erlbaum Associates.

Midgley, C., Anderman, E., & Hicks, L. (1995). Differences between elementary and middle school teachers and students: A goal theory approach. *Journal of Early Adolescence, 15,* 90-113.

Midgley, C., & Feldlaufer, H. (1987). Students' and teachers' decision-making fit before and after the transition to junior high school. *Journal of Early Adolescence, 7,* 225-241.

Midgley, C., Feldlaufer, H., & Eccles, J. S. (1988). The transition to junior high school: Beliefs of pre- and post-transition teachers. *Journal of Youth and Adolescence, 17,* 543-562.

Midgley, C. M., Feldlaufer, H., & Eccles, J. S. (1989a). Changes in teacher efficacy and student self- and task-related beliefs during the transition to junior high school. *Journal of Educational Psychology, 81,* 247-258.

Midgley, C., Feldlaufer,. H., & Eccles, J. S. (1989b). Student/teacher relations and attitudes toward mathematics before and after the transition to junior high school. *Child Development, 60,* 981-992.

Moore, C., & Allen, J. P. (1996). The effects of volunteering on the young volunteer. *Journal of Primary Prevention, 17,* 231-258.

Mortimer, J. T., Shanahan, M., & Ryu, S. (1994). The effects of adolescent employment on school-related orientation and behavior. In R. K. Silbereisen & E. Todt (Eds.), *Adolescence in context: The interplay of family, school, veers, and work in adjustment* (pp. 304–326). New York: Springer–Verlag.

National Center for Education Statistics. (2004). Washington DC: (http://nces.ed.gov/surveys/frss/publications/1999043/5.asp)

National Research Council and Institute of Medicine. (NRC/IOM). (2004). *Engaging schools.* Washington DC: National Academic Press.

Newmann, F. M., Wehlage, G. G., & Lamborn, S. D. (1992). The significance and sources of student engagement (pp. 11–39). In F. M. Newmann (Ed.), *Studnent engagement and achievement* in *American secondary schools.* New York: Teachers College Press.

Nicholls, J. G. (1990). What is ability and why are we mindful of it? A developmental perspective. In R. J. Sternberg & J. Kolligian (Eds.), *Competence considered.* New Haven. CT: Yale University Press.

Oakes, J. (1981). *Tracking policies and practices: School by school summaries. A study of schooling* (Technical report No. 25). Los Angeles, CA: University of California Graduate School of Education.

Oakes, J., Gamoran, A., & Page, R. N. (1992). Curriculum differentiation: Opportunities, outcomes, and meanings. In P. Jackson (Ed.), *Handbook of research on curriculum* (pp. 570–608). New York: MacMillan.

Osggod, D. W., Anderson, A. L., & Shaffer, J. N. (2005). Unstructured leisure in the after–school hours. In J. L. Mahoney, R. Larson, & J. S. Eccles (Eds.), *After–school activities: Contexts of development* (pp. 45–64). Mahwah, NJ: Lawrence Erlbaum Associates.

Otto, L. B., & Alwin, D. (1977). Athletics, aspirations and attainments. *Sociology of Education, 50,* 102–113.

Pallas, A. M., Entwisle, D. R., Alexander, K. L., & Stluka, M. F. (1994). Ability–group effects: Instructional, social, or institutional? *Sociology of Education, 67,* 27–46.

Parsons, J. S., Kaczala, C. M., & Meece, J. L. (1982). Socialization of achievement attitudes and beliefs: Classroom Influences. *Child Development, 53,* 322–339.

Parsons, J. E., & Ruble, D. N. (1977). The development of achievement–related expectancies. *Child Development, 48,* 1075–1079.

Pintrich, P., & De Groot, E. V. (1990). Motivational and self–regulated learning components of classroom academic performance. *Journal of Educational Psychology, 82,* 33–40.

Rehberg, R. A. (1969). Behavioral and attitudinal consequences of high school interscholastic sports: A speculative consideration. *Adolescence, 4,* 69–88.

Reuman, D. A. (1989). How social comparison mediates the relation between ability–grouping practices and students' achievement expectancies in mathematics. *Journal of Educational Psychology, 81,* 178–189.

Reuman, D. A., Mac Iver, D., Eccles, J., & Wigfield, A. (1987, April). *Changes in students' mathematics motivation and behavior at the transition to junior high school.* Paper presented at the annual meeting of the American Educational Research Association, Washington, DC.

Rist, R. C. (1970). Student social class and teacher expectations: The self–fulfilling prophecy in ghetto education. *Harvard Educational Review, 40,* 411–451.

Roderick, M. (1993). *The path to dropping out.* Westport, CT: Auburn House.

Roeser, R. W., & Eccles, J. S. (1998). Adolescents' perceptions of middle school: Relation to longitudinal changes in academic and psychological adjustment. *Journal of Research on*

Adolescence, 88, 123-158.

Roeser, R. W., & Eccles, J. S. (2000). Schooling and mental health. In A. J. Sameroff, M. Lewis, & S. M. Miller (Eds.), *Handbook of developmental psychopathology* (2nd ed., pp. 135-156). New York: Plenum.

Roeser, R. W., Eccles, J. S., & Sameroff, J. (1998). Academic and emotional functioning in early adolescence. Longitudinal relations, patterns, and prediction by experience in middle school. *Development and Psychopathology, 10,* 321-352.

Roeser, R. W., Eccles, J. S., & Strobel, K. (1998). Linking the study of schooling and mental health: Selected issues and empirical illustrations at the level of the individual. *Educational Psychologist, 33,* 153-176.

Roeser, R. W., & Midgley, C. M. (1997). Teachers' views of aspects of student mental health. *Elementary School Journal, 98* (2), 115-133.

Roeser, R. W., Midgley, C. M., & Maehr, M. L. (1994, February). *Unfolding and enfolding youth: A development study of school culture and student well-being.* Paper presented at the Society for Research on Adolescence, San Diego.

Roeser, R. W., Midgley, C. M., & Rudan, T. C. (1996). Perceptions of the school psychological environment and early adolescents' psychological and behavioral functioning in school: The mediating role of goals and belonging. *Journal of Educational Psychology, 88,* 408-422.

Roeser, R. W., Strobel, K. R., & Quihuis, G. (2002). Studying early academic motivation, social-emotional functioning, and engagement in learning: Variable- and person-centered approaches. *Anxiety, Stress, and Coping,* 1-24.

Romo, H. D., & Falbo, T. (1996). *Latino high school graduation.* Austin, TX: University of Texas Press.

Rosenbaum, J. E. (1976). *Making inequality: The hidden curriculum of high school tracking.* New York: Wiley.

Rosenbaum, J. E. (1980). Social implications of educational grouping. *Review of Research in Education, 7,* 361-401.

Rosenbaum, J. E. (1991). Black pioneers? Do their moves to the suburbs increase economic opportunity for mothers and children? *Housing Policy Debate, 2* (4), 1179-1213.

Rosenbaum, J. E., Kulieke, M. J., & Rubinowitz, L. S. (1988). White suburban schools' responses to low-income Black children: Sources of successes and problems. *Urban Review, 20,* 28-41.

Rosenholtz, S. J., & Simpson, C. (1984). The formation of ability conceptions: Developmental trend or social construction? *Review of Educational Research, 54,* 301-325.

Rosenthal, R. (1969). Interpersonal expectations effects of the experimenter's hypothesis. In R. Rosenthal & R. L. Rosnow (Eds.), *Artifact in behavioral research* (pp. 182-279). New York: Academic Press.

Ruble, D. (1983). The development of social comparison processes and their role in achievement-related self-socialization. In E. T. Higgins, D. N. Ruble, & W. W. Hartup (Eds.), *Social cognition and social development: A sociocultural perspective* (pp. 134-157). New York: Cambridge University Press.

Rutter, M., Maughan, B., Mortimoer, P., & Ouston, J. (1979). *Fifteen thousand hours: Secondary schools and their effects on children.* Cambridge: Harvard University Press.

Ryan, R. M., & Deci, E. L. (2000a). Self-determination theory and the facilitation of intrinsic motivation, social development, and well-being. *American Psychologist, 55,* 68-78.

Ryan, R. M., & Deci, E. L. (2000b). When rewards compete with nature: The undermining of intrinsic motivation and self-regulation. In C. Sansone & J. M. Harackiewicz (Eds.), *Intrinsic and extrinsic motivation: The search for optimal motivation and performance* (pp. 13-54). San Diego: Academic Press.

Sampson, R. J., Raudenbush, S. W., & Earls, F. (1997). Neighborhoods and violent crime: A multilevel study of collective efficacy. *Science, 277,* 918-924.

Scales, P. C. Blyth, D. A., Berkas, T. H., & Kielsmeier, J. C. (2000). The effects of service-learning on middle school students' social responsibility and academic success. *Journal of Early Adolescence, 20* (3), 332-358.

Schunk, D. H. (1987). Peer models and children's behavioral change. *Review of Educational Research, 57,* 149-174.

Sieber, R. T. (1979). Classmates as workmates: In formal peer activity in the elementary school. *Anthropology and Education Quarterly, 10,* 207-235.

Simmons, R. G., & Blyth, D. A. (1987). *Moving into adolescence: The impact of pubertal change and school context.* Hawthorn, NY: Aldine de Gruyler.

Skinner, E. A., & Belmont, M. J. (1993). Motivation in the classroom: Reciprocal effects of teacher behavior and student engagement across the school year. *Journal of Educational Psychology, 85,* 571-581.

Slavin, R. E. (1990). Achievement effects of ability grouping in secondary schools: A best-evidence synthesis. *Review of Educational Research, 60,* 471-499.

Smith, A. E., Jussim, L., & Eccles, J. S. (1999). Do self-fulfilling prophecies accumulate, dissipate, or remain stable over time? *Journal of Personality and Social Psychology, 77,* 548-65.

Staff, J., Mortimer, J. T., & Uggen, C. (2004). Work and leisure in adolescence. In R. L. Lerner & L. Steinberg (2004). *Handbook of adolescent psychology* (2nd ed., pp. 429-450). Hoboken, NJ: Wiley.

Stattin, H., & Magnusson, D. (1990). *Pubertal maturation in female development.* Hillsdale, NJ: Lawrence Erlbaum Associates.

Stattin, H., Kerr, M., Mahoney, J., Persson, A., & Magnusson, D. (2005). Explaining why a leisure context is bad for some girls and not for others. In J. L. Mahoney, R. W. Larson, & J. S. Eccles (Eds.), *Organized activities as contexts of development: Extracurricular activities, after-school and community programs* (pp. 211-234). Mahwah, NJ: Lawrence Erlbaum Associates.

Steele, C. M., & Aronson, J. (1995). Stereotype threat and the intellectual test performance of African-Americans. *Journal of Personality and Social Psychology, 69* (5), 797-811.

Steele, C. M., & Aronson, J. (1998). How stereotype influence the standardized test performance of talented African American students. In C. Jencks & M. Phillips (Eds.), *The Black-White Test Score Gap* (pp. 410-427). Washington, DC: Brookings Institution.

Steinberg, L., Dornbusch, S., & Brown, B. (1992). Ethnic differences in adolescents' achievements: An ecological perspective. *American Psychologist, 47,* 723-729.

Steinberg, L., Fegley, S., & Dornbusch, S. M. (1993). Negative impact of part-time work on adolescent adjustment: Evidence from a longitudinal study. *Developmental Psychology, 29,* 171-180.

Stevens, R. J., & Slavin, R. E. (1995). The cooperative elementary school: Effects on students' achievement, attitudes, and social relations. *American Educational Research Journal, 32,*

321-351.

Stevenson, H. W., & Stigler, J. W. (1992). *The learning gap: Why our school are failing and what we can learning from Japanese and Chinese education.* New York: Summit Books.

Stipek, D. J., & Hoffman, J. M. (1980). Children's achievement-related expectancies as a function of academic performance histories and sex. *Journal of Educational Psychology, 72,* 861-865.

Strobel, K., & Roeser, R. W. (1998, April). *Patterns of motivation and mental health in middle school: Relation to academic and emotional regulation strategies.* Paper presented at the Annual Meeting of the American Educational Research Association, San Diego.

Urdan, T. C., & Roeser, R. W. (1993, April). *The relations among adolescents' social cognitions, affect, and academic self-schemas.* Paper presented at the annual meeting of the American Educational Research Association, Atlanta.

Vanfossen, B. E., Jones, J. D., & Spade, J. Z. (1987). Curriculum tracking and status maintenance. *Sociology of Education, 60,* 104-122.

Wehlage, G., Rutter, R., Smith, G., Lesko, N., & Fernandez, R. (1989). *Reducing the risk: Schools as communities of support.* Philadelphia: The Falmer Press.

Weinstein, R. (1989). Perceptions of classroom processes and student motivation: Children's views of self-fulfilling prophecies. In C. Ames & R. Ames (Eds.), *Research on motivation in education: Vol. 3. Goals and cognitions* (pp. 13-44). New York: Academic Press.

Wigfield, A., & Eccles, J. S. (1989). Test anxiety in elementary and secondary school students. *Educational Psychologist, 24,* 159-183.

Wigfield, A., Eccles, J., Mac Iver, D., Reuman, D., & Midgley, C. (1991). Transitions at early adolescence: Changes in children's domain-specific self-perceptions and general self-esteem across the transition to junior high school. *Developmental Psychology, 27,* 552-565.

Wigfield, A., Eccles, J. S., Pintrich, P. R. (1996). Development between the ages of eleven and twenty-five. In D. C. Berliner & R. C. Calfee (Eds.), *The handbook of educational psychology.* New York: MacMillan.

Willis, P. L. (1977). *Learning to labor: How working class kids get working class jobs.* Driffield, England: Nafferton.

Willower, D. J., & Lawrence, J. D. (1979). Teachers' perceptions of student threat to teacher status and teacher pupil control ideology. *Psychology in the Schools, 16,* 586-590.

Wilson, W. J. (1987). *The truly disadvantaged: The inner city, the underclass and public policy.* Chicago: University of Chicago Press.

Yates, M., & Youniss, M. (1996). A developmental perspective on community service in adolescence. *Social Development, 5* (1), 85-111.

Youniss, J. (1980). *Parents and peers in social development.* Chicago: University of Chicago.

Youniss, J., McLellan, J. A., & Yates, M. (1997). What we know about engendering civic identity. *American Behavioral Scientist, 40,* 619-630.

Youniss, J., Yates, M., & Su, Y. (1997). Social integration: Community service and marijuana use in high school seniors. *Journal of Adolescent Research, 12,* 245-262.

찾아보기

《인 명》

《내 용》

편저자 소개

- **Marc H. Bornstein**

  Columbia College, B.A.

  Yale University, M.S. 및 Ph. D.

  editor of 『Child Development』 『Parenting: Science and Practice』

  co-author of 『Development in Infancy』(4판)

  현재 Senior Investigator and Head of Child and Family Research at National Institute of Child health and human development

- **Michael E. Lamb**

  Yale University, Ph. D.

  co-author of 『Development in Infancy』(4판)

  현재 Cambridge University 심리학과 교수

역자 소개

• **곽금주**(kjkwak@snu.ac.kr)
서울대학교 심리학 석사(발달심리학)
George Washington University 대학원 졸업(Ed.S, 교육학)
연세대학교 심리학 박사(발달심리학)
오산대학 유아교육과 교수/오산대학 아동발달상담소장
한국심리학회 부회장
현 서울대학교 심리학과 부교수
한국발달심리학회 회장

• **김민화**(educhild@korea.com)
성균관대학교 아동학과 박사(아동심리학)
서울대학교 심리과학연구소 한국영아발달연구센터 책임연구원
성균관대학교 아동학과 연구교수
현 한북대학교 생활보육학과 교수

• **신혜은**(sheentp@hanmail.net)
성균관대학교 아동학과 박사(아동심리학)
Florida Atlantic Univ. Post-Doc
서울대학교 심리과학연구소 연구원
마중물 아동 연구소 Project director
현 성균관대학교 아동/인재개발학과 연구교수

• **김연수**(kimysoo@snu.ac.kr)
서울대학교 심리학 석사(발달심리학)
서울대학교 심리학 박사 수료(발달심리학)

• **이새별**(riverofstar@gmail.com)
서울대학교 심리학 석사(발달심리학)

• **이승진**(seungjin@email.unc.edu)
서울대학교 심리학 석사(발달심리학)
University of North Carolina at Chapel Hill 심리학과 박사 수료(발달심리학)

발달과학

Developmental Science: An Advanced Textbook (5th Edition)

2009년 3월 20일 1판 1쇄 인쇄
2009년 3월 27일 1판 1쇄 발행

편저자 • Marc H. Bornstein · Michael E. Lamb
옮긴이 • 곽금주 · 김민화 · 신혜은 · 김연수 · 이새별 · 이승진
펴낸이 • 김진환
펴낸곳 • (주)학지사
121-837 서울시 마포구 서교동 352-29 마인드월드빌딩 5층
대표전화 • 02)330-5114 팩스 02)324-2345
홈페이지 • http://www.hakjisa.co.kr
등록 • 제313-2006-000265호

ISBN 978-89-6330-060-3 93180

정가 25,000원

역자와의 협약으로 인지는 생략합니다.
파본은 구입처에서 바꾸어 드립니다.